Matthias Wolfes

Öffentlichkeit und Bürgergesellschaft

II

Arbeiten zur Kirchengeschichte

Begründet von
Karl Holl† und Hans Lietzmann†

herausgegeben von
Christian Albrecht, Christoph Markschies
und Gerhard Müller

Band 85/II

Walter de Gruyter · Berlin · New York

Matthias Wolfes

Öffentlichkeit und Bürgergesellschaft

Friedrich Schleiermachers politische Wirksamkeit

Schleiermacher-Studien. Band 1

Teil II

Walter de Gruyter · Berlin · New York

♾ Gedruckt auf säurefreiem Papier,
das die US-ANSI-Norm über Haltbarkeit erfüllt.

ISBN 3-11-017579-7

Bibliografische Information Der Deutschen Bibliothek

Die Deutsche Bibliothek verzeichnet diese Publikation in der Deutschen Nationalbibliografie;
detaillierte bibliografische Daten sind im Internet über http://dnb.ddb.de abrufbar.

Printed in Germany
Umschlaggestaltung: Christopher Schneider, Berlin

Inhalt des zweiten Bandes

Siebenter Teil
Schleiermacher und die Demagogenverfolgung

Achter Teil
Das Spätstadium von Schleiermachers Staatstheorie

Neunter Teil
Schleiermacher und das Judentum

Zehnter Teil
„Die Oeffentlichkeit des Lebens". Schleiermacher als Programmatiker einer liberalen Staatsbürgergesellschaft

Anhang

Sechster Teil
Die Ausarbeitung der Staatstheorie in den Jahren seit 1813

Im folgenden wird eine vergleichsweise eingehende Analyse der staatstheoretischen Konzeption, wie Schleiermacher sie in den Vorlesungen von 1813 bis 1817/18 entfaltet hat, unternommen. Da das Kolleg zur Staatstheorie aus dem Sommersemester 1813 unzulänglich dokumentiert ist, andererseits aber die Vorlesung zur Philosophischen Ethik aus dem vorangegangenen Wintersemester sich detailliert dem Staatsbegriff widmet, werden auch die entsprechenden Passagen dieser Vorlesung in der Untersuchung berücksichtigt. Ein weiterer Schwerpunkt liegt auf zwei großen Akademieabhandlungen des Jahres 1814, deren Ausarbeitung Schleiermacher ein Höchstmaß an Sorgfalt gewidmet hat und von deren Publikation er sich, wie er Carl Gustav von Brinckmann am 31. Dezember 1818 mitteilte, eine Klärung des in der Öffentlichkeit verbreiteten Bildes von seiner politischen Position erhoffte.[1]

Im Anschluß wird die Kontroverse mit dem Juristen Theodor Anton Heinrich Schmalz von 1815 geschildert, in der Schleiermacher sich erstmals zu den zum Teil absurden Vorwürfen äußerte, die wegen seines Engagements während der Besatzungszeit gegen ihn vorgebracht wurden. Er zeigt sich hier von einer polemischen, unduldsam-kämpferischen Seite, die sonst in seinen politischen Stellungnahmen bei weitem nicht so deutlich hervortritt. Sodann werden die beiden Politikvorlesungen des Sommersemesters 1817 und des Wintersemesters 1817/18 – die letzten vor einer mehr als zehnjährigen Unterbrechung in dieser Kollegreihe – in Aufbau und Ausführung vorgestellt und auf ihren zeitgeschichtlich-politischen Kontext hin erörtert. Schließlich soll, wenn auch nur in aller Kürze, unter Bezugnahme auf wenige Einzelbeispiele aus den Jahren 1815 bis 1818 auf den Bereich der gottesdienstlichen Reden eingegangen werden.

---

[1] Abgedruckt in: Aus Schleiermacher's Leben. In Briefen. Band 4, 240–243, vgl. hier: 242. Tatsächlich hat Schleiermacher nur eine der beiden Abhandlungen selbst publiziert. Sie erschien 1818 im offiziellen Veröffentlichungsorgan der Akademie der Wissenschaften; die zweite wurde 1835 posthum herausgegeben (siehe dazu unten die Angaben in den Anmerkungen 103 und 133).

1. Schleiermachers Einschätzung der politischen Situation anhand brieflicher Zeugnisse aus den Jahren 1813 bis 1818

Es ist für das Verständnis der staatstheoretischen Reflexionen nicht ohne Bedeutung, sich die persönliche Lage Schleiermachers nach 1813, jener Zeit größter Unruhe und Anspannung, zu vergegenwärtigen. Einleitend wird daher anhand einer Reihe brieflicher Zeugnisse Schleiermachers Einschätzung der politischen Situation seit der sich zunächst nur abzeichnenden, dann aber unerwartet rasch sich vollziehenden Überwindung von Besatzung und Fremdherrschaft geschildert. Die Kritik an König und Regierung tritt dabei seit Ende 1814 deutlich hervor. Dies ist nicht ohne biographischen Anhalt, denn in jenen Monaten war Schleiermacher wegen seiner Wahl zum Vorsitzenden der Philosophischen Klasse der Akademie in eine schwierige Lage gebracht und vom preußischen Innenminister aus dem Departement für Kultus und öffentlichen Unterricht verdrängt worden. Die dadurch herbeigeführte Konstellation, in der in gewisser Weise die Zeit der Demagogenverfolgung schon aufschien, stand in krassem Gegensatz zu Schleiermachers Selbstverständnis, wonach er sich, wie es in einem Brief an Gneisenau gelegentlich heißt, viel eher zu den „Stillen im Land" rechnete, „die Volk und Jugend bearbeiten".[2]

1.1. „Ich sehe überall, daß man die Zukunft verdirbt." Zur Situation in den Jahren 1813 und 1814

Der Rückblick auf das bewegte und ereignisreiche Jahr 1813 fällt erstaunlich verhalten aus. Ein langes Schreiben an den Freund und Kollegen, den Breslauer Theologieprofessor Joachim Christian Gaß, vom 18. Dezember 1813 läßt kaum einen Niederschlag der soeben wiedergewonnenen Freiheit erkennen. Vielmehr charakterisiert Schleiermacher „dieses thatenreiche Jahr" in dunklen Farben: „Literarisch ist nichts zu Stande gekommen, für die Universität konnte nichts Bedeutendes geleistet werden; die Departementsgeschäfte waren natürlich höchst beschränkt und sind es eigentlich noch immer. [...] Gelesen wird bei unserer Universität auch nicht viel; ich glaube nicht, daß wir fünfzehn Theologen haben, ich bin als Dekan eben erst bei der Ausmittelung."[3]

---

[2] Brief an August Graf Neithardt von Gneisenau vom 13. September 1815, in: Albert Pick: Aus der Zeit der Noth 1806 bis 1815. Schilderungen zur Preußischen Geschichte aus dem brieflichen Nachlasse des Feldmarschalls Neidhardt von Gneisenau, Berlin 1900, 358. Ein weiterer Brief Schleiermachers an Gneisenau – überliefert sind nur diese beiden –, der wohl in der ersten Julihälfte 1815 geschrieben wurde, findet sich hier: 338.

[3] Abgedruckt in: Fr. Schleiermacher's Briefwechsel mit J. Chr. Gaß, 113–115, hier: 113.

Am 14. November heißt es gegenüber Reimer: „Mein Gott wie viel mehr hätte geschehen können mit diesem ungeheuren Aufwand von Kräften! und wieviel scheitert nicht noch immer an der schlechten Führung von mancher Seite! In die Ferne darf man das Auge aber auch nicht wenden, denn daß jetzt kein Zustand gebaut wird, der dieser Anstrengung würdig wäre, und Schuz auf die Dauer gewährt, das ist wol klar. Darum wäre wol nachgerade zu wünschen, daß die Nationalkräfte etwas geschont würden, da man nicht weiß, ob sie nicht in 10 Jahren auf ähnliche oder auf ganz verschiedene Art wieder in höchsten Anspruch genommen werden. Man scheint sich aber überall in der größtmöglichen Verschwendung zu gefallen." Um „wenigstens zehn Jahre" sei er in diesem einen Monatsumlauf älter geworden.[4]

In beruflicher wie auch in politischer Hinsicht war Schleiermacher entmutigt. Der integrierende Effekt, der bis zur Völkerschlacht im Oktober 1813 von der militärischen Anspannung ausgegangen war, verlor sich im Winter 1813/14. Statt dessen bot sich nun ein diffuses Bild. Von Reformwilligkeit war in der öffentlichen Diskussion kaum noch etwas zu bemerken. Vor allem der Rückfall der Regierung in alte Denkstrukturen zu einem Zeitpunkt, als der Krieg noch gar nicht endgültig gewonnen war, frustrierte Schleiermacher. Er bemängelte, daß es an einer klaren politischen Perspektive für den deutschen Einigungsprozeß fehle und sich landesherrliches Provinzdenken überall wieder durchsetze. Daß Preußen in den ungeheuren Anstrengungen der zurückliegenden militärischen Auseinandersetzungen sein früheres politisches Gewicht wiedergewonnen hatte, wog vor diesem Hintergrund nicht schwer. Kritisch beobachtete Schleiermacher, daß die große Friedenssehnsucht, die weite Teile der Bevölkerung mittlerweile erfaßt hatte, instrumentalisiert wurde, um eine konservativ-restaurative Wende in den staatlichen und gesellschaftlichen Verhältnissen herbeizuführen.

Der negativen Reaktion auf die Verflüchtigung des reformerischen Impulses in Politik und Öffentlichkeit entsprechen auch die Mitteilungen über die persönliche Situation. Immer wieder klagt Schleiermacher jetzt über sein „weniges Arbeiten", das er auf seinen schlechten Gesundheitszustand und die vielfältigen Belastungen zurückführt.[5] Vor allem aber die strapaziösen Konflikte mit der Zensurbehörde und dem autoritär auftretenden Staatskanzler trugen das Ihre dazu bei, daß er nun ernsthaft einen Fortgang aus Berlin erwog: „Es sind mir auch wieder neue Chikanen gemacht

---

4   Brief an Georg Andreas Reimer vom 14. November 1813, in: Ernst Müsebeck: Neue Briefe Schleiermachers und Niebuhrs an Georg Reimer und Schleiermachers an E. M. Arndt, in: Forschungen zur brandenburgischen und preußischen Geschichte 22 (1909), 216–239, hier: 227–228 (Zitat: 227).
5   Vgl. den Brief an Joachim Christian Gaß vom 18. Dezember 1813, in: Fr. Schleiermacher's Briefwechsel mit J. Chr. Gaß, 114.

worden vom Staatskanzler über die Lecoq'sche Geschichte, so daß ich nun auch fest entschlossen bin, sobald sich nur ein leidliches anderes Unterkommen darbietet zu gehen, auch schon hie und da Einleitungen dazu gemacht habe."[6] Der Schwester gegenüber deutete Schleiermacher in denselben Tagen ähnliches an: „[...] noch weniger kann ich dafür stehn bei allen verrükten Anfechtungen die man mir in der lezten Zeit gemacht hat ob ich noch lange in meiner gegenwärtigen Lage bleibe."[7]

Einen Ausdruck noch stärkerer Belastung durch die unbefriedigende Situation gibt ein Brief vom Beginn des Jahres 1814, in dem Schleiermacher sich gegenüber seinem Vertrauten, dem Grafen Alexander zu Dohna, offen ausspricht. Auch hier ist die Stimmung niedergedrückt. Das Bild, das sich bereits zu Beginn des Jahres 1813 gezeigt hatte, kehrt jetzt in manchen Zügen wieder: Schleiermacher klagt über körperliche Beschwerden und über Erschöpfung. Besonders erbittert ihn, daß er Kränkungen und Verdächtigungen wegen seiner politischen Haltung ausgesetzt ist. Er kommt sich vor „als unter die meisten Menschen nicht passend mit meinen Ansichten". „Ich vermisse überall das recht klare Hineinschauen in den Geist und die Forderungen der Zeit, das geschichtlich schöpferische Talent." Im Wissen darum, daß sein Wunsch unerfüllt bleiben wird, gibt er auch in diesem Brief einer Sehnsucht Ausdruck „nach irgend einem ruhigen Unterkommen außerhalb des preußischen Staates": „Nach den Rheingegenden, die mein Vaterland sind von väterlicher Seite, und wo es ja eine reformierte Kirche giebt, steht mein Sinn am meisten."[8]

In einem weiteren Brief an Dohna, datiert auf den 12. März 1814, äußert Schleiermacher seine Zweifel darüber, ob sich auf absehbare Zeit die politische Situation so ändern werde, „daß ein Mann von Grundsätzen wieder Freude am öffentlichen Dienst haben kann".[9] Auf die Idee,

---

[6] Brief an Georg Andreas Reimer vom 14. November 1813, 228. Zu den „neuen Chikanen" siehe oben Abschnitt V.9.: Nachspiel: Die Oktober-Untersuchungen.
[7] Brief an Charlotte Schleiermacher vom 23. November 1813, in: Schleiermacher-Nachlaß 767/2, Bl. 3–4, hier: 3v. – Solche Äußerungen rufen auch die schwierigen Verhältnisse in Erinnerung, die Schleiermachers Privatleben in dieser Zeit aufwies. Die Ehe mit der um zwanzig Jahre jüngeren Henriette war nicht spannungsfrei. Gerade um 1813 war die Gattin, zeitlebens im Schatten Schleiermachers stehend, von einer schwärmerischen Begeisterung für den dann 1814 in der Schlacht bei Montmirail gefallenen Alexander von der Marwitz erfüllt. Besonders belastend wirkte sich aber in den anschließenden Jahren die knechtische Hörigkeit aus, in die Henriette seit 1816 von der Offizierswitwe Karoline Fischer, einer medial begabten Somnambulistin, geriet und derentwegen Schleiermacher äußerste Selbstentsagung aufzubringen hatte, wenn er an der Ehe festhalten wollte. Schließlich verlangte die große Kinderzahl ihm auch finanziell Erhebliches ab, so daß dotierte Nebenämter, trotz der damit verbundenen zusätzlichen Pflichten, sehr erwünscht sein mußten.
[8] Brief an Alexander Graf Dohna vom 7. Januar 1814, in: Schleiermacher als Mensch. Band II. Briefe 1804–1834, 208–210, hier: 209.
[9] Zitiert nach: Landwehrbriefe 1813. Ein Denkmal der Erinnerung an den Burggrafen Ludwig zu Dohna-Schlobitten. Herausgegeben von C.[hristian] Krollmann (Quellen

Berlin zu verlassen, kommt Schleiermacher auch später zurück. In einem
Brief vom Herbst 1814, geschrieben im Anschluß an eine gelungene Reise
an den Rhein und nach Heidelberg, heißt es: „In Heidelberg sind wir
aber beide, meine Frau und ich, besonders verliebt, und sollte mich mein
Schikksal noch von Berlin forttreiben [...], so wünschte ich, es wäre mir
verstattet, dort zu leben. Die Natur ist einzig schön, und an eine Regierung
würde ich mich sehr hüten mich je wieder irgend zu attachiren; also mag
diese so schlecht sein wie sie will.“[10]
   Hinter Schleiermachers Äußerungen verbirgt sich eine tiefe Enttäuschung. Er scheint zu diesem Zeitpunkt ein durchweg negatives Resümee
im Blick auf die politischen Aktivitäten der zurückliegenden Jahre zu ziehen. Ihn beherrscht die Empfindung, mit seinen Ideen und Vorschlägen für
eine Erneuerung des preußischen Staates alleine zu stehen. Seine Worte
sind von Bitterkeit erfüllt: „[...]; ich sehe überall, daß man die Zukunft
verdirbt, dem Moment zu gefallen, und ungeheuerste Verschwendung
mit Menschenkräften und Menschenleben wie mit dem Eigentum. Doch
an den lezten Punkt und an die ganze innere Administration will ich lieber
gar nicht denken.“ Mit Empörung registriert er, daß selbst unter führenden Repräsentanten des Staates und Mitgliedern der Regierung ein Geist
der Verantwortungslosigkeit, eine Gleichgültigkeit gegenüber den Belangen
des Gemeinwesens eingezogen war. Als Beispiel führt er – die Vertraulichkeit solcher Bemerkungen voraussetzend – ein Diktum des preußischen
Finanzministers an, der bemerkt hatte, Staatsdiener seien „Leute [...], die
vom Staat Wohltaten genießen“. Es spreche sich hierin, so Schleiermacher,
„eine ungeheure Noth“ aus; der Satz selbst „ist mir ein solcher Greuel,
daß ich gern gleich öffentlich dagegen geredet hätte, wenn eine Möglichkeit gewesen wäre durch die Censur zu kommen“.[11]

---

und Darstellungen zur Geschichte Westpreussens. Band 9), Danzig 1913, 244–245,
hier: 245. Das handschriftliche Original dieses für Schleiermachers Verhältnis zum
Hause Dohna wichtigen Briefes liegt vor in: GStA PK, VI. HA Familienarchive und
Nachlässe, Fürstliches Hausarchiv Dohna-Schlobitten, Karton 34. Nr. 119.

[10]   Brief an Joachim Christian Gaß vom 29. Oktober 1814, in: Fr. Schleiermacher's Briefwechsel mit J. Chr. Gaß, 118–121, hier: 120. – Überraschend ist in diesem Zusammenhang das Urteil über den in Heidelberg dominierenden spekulativen Theologen
Carl Daub: „Daub ist ein ganz herrlicher, ehrwürdiger und heitrer Mensch, und ich
glaube auch, daß ich mich sehr mit ihm würde verstän-
digen können“ (Ebd., 120–121). Zum Aufenthalt in der so gelobten Neckarstadt vgl.
Walther Sattler: Schleiermachers Besuch in Heidelberg, in: Neue Heidelberger Jahrbücher. Neue Folge [2] 1925, Heidelberg 1925, 97–110.

[11]   Brief an Alexander Graf Dohna vom 7. Januar 1814, 208 und 209; siehe an dieser
Stelle auch die folgende Bemerkung: „Die Einrichtung seines Ministerii kann ich ihm
[scil.: dem Minister] nicht sehr verargen; die Finanzsachen eignen sich noch am ehesten dazu in Bureaus verhandelt zu werden, der Unterschied gegen bisher ist so sehr
groß nicht, und vielleicht will er es denen, die bisher in scheinbar unabhängigern
Verhältnissen am Finanzruder saßen, zur Ehrensache machen nicht in die Bureaus
zu treten, um ihrer los zu werden“ (209). – Der hier von Schleiermacher kritisierte

1.2. Synodalverfassung und „bürgerliche Versammlungen". Die politische Dimension von Schleiermachers kirchenpolitischem Engagement

Einen völligen Rückzug aus der Öffentlichkeit, den einige der angeführten Formulierungen nahelegen, trat Schleiermacher jedoch nicht an. Vielmehr suchte er in seinen öffentlichen Äußerungen weiterhin, die Erfahrung von Aufbruch und Selbstbefreiung wachzuhalten und für die politische Entwicklung fruchtbar zu machen. Dies geschah nicht zuletzt im Kontext der kirchenpolitischen Auseinandersetzungen. In seinem im Oktober 1814 ohne Namensnennung publizierten „Glückwünschungsschreiben" an die Mitglieder der vier Wochen zuvor vom König ernannten Liturgiekommission etwa hieß es: „Mit einem großen Schlage ist das Wichtigste geschehen, um unsere äußere Freyheit wieder zu erobern und den Grund zu neuem Leben und Glück des Volkes zu legen. Muth und Eifer wenden sich nun nach innen, um das Gewonnene zu sichern, um in neuen Banden der Liebe die erwachte Kraft zusammen zu halten und allmählig erstarken zu machen, und die tiefer liegenden Gründe früherer Uebel aufzusuchen und hinwegzuräumen."[12]
Die selbstbewußte Haltung Schleiermachers – seine Verfasserschaft blieb nicht lange verborgen – erregte noch Jahre später den Zorn der Behörden.

Politiker ist Ludwig Friedrich Victor Hans Graf von Bülow (1774–1825). Formell leitete Hardenberg seit seiner Ernennung zum Staatskanzler auch die preußische Finanzpolitik, doch stand ihm seit Ende Oktober 1813 sein Cousin Bülow faktisch in der Funktion eines Ministers zur Seite. Die Berufung erfolgte regulär erst durch eine Kabinettsorder vom 3. Juni 1814. Hardenberg gab mit diesem Schritt einen Teil seiner Vollmachten ab, ohne allerdings auf sein *alleiniges* Vortragsrecht beim König zu verzichten. Bülow hatte seit Mai 1808 bis zum Zusammenbruch infolge der Schlacht bei Leipzig als Finanzminister im Königreich Westphalen gewirkt. Seine Amtsführung als preußischer Minister wurde später wegen des Ausbleibens einer tiefgreifenden Neuregelung der Finanzverwaltung vielfach kritisiert. Nachdem Hardenberg ihm die Unterstützung entzogen hatte, mußte Bülow 1818 zurücktreten, doch blieb er weiterhin Mitglied der Regierung und wurde auch in den Staatsrat berufen. Während der letzten Monate seines Lebens amtierte er als Oberpräsident der Provinz Schlesien. Siehe auch Karl August von Hardenberg: Tagebücher und autobiographische Aufzeichnungen. Herausgegeben und eingeleitet von Thomas Stamm-Kuhlmann (Deutsche Geschichtsquellen des 19. und 20. Jahrhunderts. Band 59), München 2000, 749.

12 Glückwünschungsschreiben an die Hochwürdigen Mitglieder der von Sr. Majestät dem König von Preußen zur Aufstellung neuer liturgischer Formen ernannten Commission, Berlin 1814, 5–6 (abgedruckt in: Kirchenpolitische Schriften. Herausgegeben von Günter Meckenstock unter Mitwirkung von Hans-Friedrich Traulsen (KGA I/9), Berlin / New York 2000, 51–78, hier: 54). – Zu den Schwierigkeiten, die die Veröffentlichung des Schreibens Reimer eintrug – er hatte unterlassen, das Manuskript der Zensur vorzulegen und mußte deshalb eine Strafe von vierzig Talern zahlen –, und zu dem kirchenpolitischen Hintergrund dieser Maßnahme gegen den Verleger vgl. Albrecht Geck: Schleiermacher als Kirchenpolitiker, Bielefeld 1997, 285 (siehe auch die Historische Einführung in: KGA I/9, XXXVIII–XLVI).

Im Zuge der antidemagogischen Ermittlungen spielte auch das „Glückwünschungsschreiben" eine Rolle, weil sich hier seine Absicht ausspreche,
das Volk zu verführen und aufzuwiegeln. Er verbreite „Feindschaft und
Widerspenstigkeit gegen die Absichten der Regierung". In diesem Sinne
wurde in einer Stellungnahme aus dem Umfeld einer seit September 1819
bestehenden MinisterialUntersuchungskommission auf den Text verwie-
sen. Schleiermacher lasse hier „mit dem Tone des giftigsten, bei diesem
Gegenstande besonders frevelhaften, Hohngespöttes seiner beleidigen-
den Schmähschrift den Zügel schießen" und suche, „den ehrwürdigen
Zweck dem unziemlichsten Gelächter Preis zu geben".[13]
Seit seiner Kritik an dem königlichen Liturgieentwurf, die er in der zur
Jahreswende 1816/17 erschienenen Schrift „Ueber die neue Liturgie für die
Hof- und Garnison-Gemeinde zu Potsdam und für die Garnisonkirche in
Berlin" vorgetragen hatte, sah Schleiermacher sich auch vor persönliche
Konsequenzen gestellt.[14] Die offizielle Mißbilligung seines kirchenpoliti-
schen Einsatzes wurde hier für ihn direkt fühlbar. In einem Brief an Au-
gust Detlev Christian Twesten vom 11. Mai 1817 berichtete er: „[...] und
verhaßt bin ich ja doch einmal und gewissermaßen in die Acht erklärt,
wenigstens gehen seitdem die königlichen Geschwister und Kinder nicht
mehr in meine Kirche."[15]
Schleiermacher war durchaus imstande, diese Demonstration offener
Ablehnung zu verkraften; aus seinen Worten spricht sogar eine gewisse
Ironie. Geradezu zuversichtlich gab er sich in seinem Entwurf für eine neu
einzurichtende Synodalverfassung, den er im Juli 1817 veröffentlichte.[16]
Die kirchenpolitischen Stellungnahmen aus dieser Zeit sind für eine Analyse

---

13   Schreiben des Polizeiagenten Klindworth an den Minister von Schuckmann vom 4.
     März 1822, in: GStA PK, I. HA. Rep. 77 Tit. 21. Lit. Sch. Nr. 6, Bl. 59–62, hier: 60v
     (abgedruckt bei Dankfried Reetz: Schleiermacher im Horizont preussischer Politik,
     421–426, hier: 422–423). – *Georg Klindworth* (1797–1880) war, nach anfänglicher
     Tätigkeit als Schreiber Hardenbergs, Beamter im Polizeiministerium. Nachdem er aus
     dem preußischen Regierungsdienst entlassen worden war, stellte ihn 1827 der Herzog
     von Braunschweig im Range eines Staatsrates an. Diese Tätigkeit endete wiederum
     mit der Entlassung (vgl.: Deutsches Biographisches Archiv. Neue Folge bis zur Mitte
     des 20. Jahrhunderts [DBA II] [Mikrofiche] 716, [Eintrag] 455). Zu der von Harden-
     berg eingesetzten Immediatuntersuchungskommission, der Klindworth aber nicht an-
     gehörte, vgl. unten S. 159–164.
14   Die genannte Schrift erschien mit dem Impressum „Berlin 1816" im Verlag der
     Realschulbuchhandlung; vgl. den Abdruck in: Kirchenpolitische Schriften (KGA
     I/9), 79–105. Seine eigenen Exemplare erhielt Schleiermacher am 13. Januar 1817
     (vgl.: Kirchenpolitische Schriften (KGA I/9), XLVI–XLVIII).
15   Abgedruckt in: Schleiermacher als Mensch. Band II. Briefe 1804–1834, 249–251,
     hier: 250 und 251.
16   Ueber die für die protestantische Kirche des preußischen Staats einzurichtende Syn-
     odalverfassung. Einige Bemerkungen vorzüglich der protestantischen Geistlichkeit
     des Landes gewidmet, Berlin 1817 (abgedruckt in: Kirchenpolitische Schriften (KGA
     I/9), 107–172; zur Veranlassung und Entstehung des Textes vgl. die Hinweise von
     Günter Meckenstock in: Ebd., XLIX–LIV).

von Schleiermachers politischem Denken unmittelbar relevant. Denn mit
dem entschiedenen und konsequent betriebenen Einsatz für eine presbyte-
rialsynodale Kirchenordnung wollte er zur Ausbildung demokratischer
Strukturen im kirchlichen Verfassungsrecht beitragen und so über die
kirchliche Selbstverwaltungspraxis die Praktikabilität der Reformideen
auch für den Staat unter Beweis stellen.

Sein Repräsentativmodell stand insofern der Vorstellung strikt entgegen,
die sich in zwei Kabinettsbeschlüssen aus dem Jahr 1816 ausgesprochen
hatte.[17] Anders als bei den dort vorgesehenen und vom König gebilligten
kirchlichen Verwaltungskörperschaften sollten nach Schleiermacher nicht
allein die Pfarrer, die aufgrund ihrer beamteten Dienststellung an administrative Anweisungen gebunden waren, sondern auch standesunabhängige
Gemeindevertreter den Synoden angehören. Die Entsprechung zu den
politischen Verfassungsforderungen ist unübersehbar. Ihr Gewicht wird
zudem durch die quantitative Dimension noch verstärkt, denn der weit
überwiegende Teil der preußischen Bevölkerung wäre auf diese Weise in
ein kirchlich-repräsentatives System einbezogen worden.[18]

Hätte sich die Idee eines, wie es auch später noch in der Vorlesung
über Praktische Theologie heißt, „von unten herauf", also durch Wahl
gebildeten Synodenwesens verwirklichen lassen, so wäre die gesamte politische Begründungskonzeption des autoritär-monarchischen Staates, jener
Spätgestalt des friderizianischen Absolutismus, unterhöhlt und erodiert

---

[17]   Es handelt sich um die Kabinettsordren vom 27. Mai und 26. November 1816. Die
erste Verordnung ist abgedruckt bei Erich Foerster: Die Entstehung der Preußischen
Landeskirche unter der Regierung König Friedrich Wilhelms des Dritten. Band 1, Tübingen 1905, 423–428; zur zweiten vgl.: Ebd., 255 und die Angaben in: Kirchenpolitische Schriften (KGA I/9), L (mit dem archivalischen Fundort). In der Verordnung
vom 26. November stellte der König eine kirchliche Nationalrepräsentation, also
eine Generalsynode, in Aussicht, und zwar nach „Ablauf von fünf Jahren", das heißt
spätestens im Jahre 1821. Dieses Versprechen wurde ebensowenig eingelöst wie die
parallelen Ankündigungen für den staatlichen Bereich. – Nach Albrecht Geck sollten
die Anordnungen „eine unverrückbare Rechtsgrundlage und [...] auch den Abschluß
der bisherigen Diskussion über die Reform der Kirchenverfassung" bilden. Den Synoden kam hier lediglich die Aufgabe von „Transmissionsriemen des landesherrlichen
Kirchenregiments" zu. Weitergehende, auf eine vollständige kirchliche Selbständigkeit drängende Reformvorhaben waren hingegen ausgeschlossen (Schleiermacher als
Kirchenpolitiker, 126).

[18]   Im Jahre 1815, das heißt nach der neuen Territorialordnung und der mit ihr verbun-
denen Expansion Preußens in stark katholisch besiedelte Gebiete, lag der protestanti-
sche Bevölkerungsanteil in der Monarchie bei sechzig Prozent. Auf knapp über zehn
Millionen Einwohner kamen annähernd neununddreißig Prozent Katholiken (vgl. J. F.
Gerhard Goeters: Der Anschluß der neuen Provinzen von 1815 (Sachsen, Vorpom-
mern, Posen, Westpreußen, Westfalen, beide Rheinprovinzen) und ihre kirchliche
Ordnung, in: Die Geschichte der Evangelischen Kirche der Union. Ein Handbuch.
Band I: Die Anfänge der Union unter landesherrlichem Kirchenregiment (1817–1850).
Herausgegeben von J. F. Gerhard Goeters und Rudolf Mau, Leipzig 1992, 77–82,
hier: 82).

worden.[19] Insofern war auch die scharf ablehnende Beurteilung, die von Behördenseite gegen sie vorgetragen wurde, nicht unbegründet.[20] Insbesondere der Innenminister Schuckmann erkannte sehr deutlich, in welcher „Beziehung" die kirchenpolitischen Forderungen „auf die Staatsverfassung" standen. In einem selbständigen Synodalsystem, gar in der Errichtung unabhängiger Provinzial- und Oberkonsistorien, sah er nichts anderes als eine „rein-geistliche republikanische Verfassung".[21]

Diese Vorbehalte bilden die unmittelbare Kehrseite der politischen Konnotationen von Schleiermachers Engagement auf kirchenpolitischem Gebiet. Ganz offen gibt er etwa gegen Ende der Schrift über die Synodalverfassung – ungeachtet des Umstandes, „daß wir Alle aus Schuld der Zeit ungeübt sein müssen in freier Versammlung zu rathschlagen" – der Hoffnung Ausdruck, es sei „nicht zu besorgen, daß wir den Widersachern des Christenthums oder der protestantischen Kirche und ihrer Freiheit sollten ein erwünschtes Schauspiel geben; vielmehr wird sich dann bald zeigen, daß mehr Geist und Leben in der Kirche waltet, als sich bis jezt zeigen konnte, und daß mehr auf diesem Wege zur Förderung wahrer Gottseligkeit gewonnen werden wird als auf allen bisherigen". Auch die politische Folgewirkung seines Vorschlages, daß nämlich die kirchlichen Beratungsgremien die Funktion von „Vorläufer"-Einrichtungen übernehmen, um einen analogen Konstitutionalisierungsprozeß auf staatlicher Ebene in Gang zu setzen, spricht Schleiermacher offen aus:

---

[19] Die praktische Theologie nach den Grundsäzen der evangelischen Kirche im Zusammenhange dargestellt. Herausgegeben von Jacob Frerichs (Sämmtliche Werke. Band I/13), Berlin 1850, 539. – Zu der gleichen Einschätzung kommt Albrecht Geck; vgl.: Ders.: Schleiermacher als Kirchenpolitiker, 291. Geck weist unter exemplarischer Bezugnahme auf das Protokoll der Ersten Provinzial-Synode zu Magdeburg vom 24. bis 30. November 1818 auch darauf hin, daß Schleiermacher mit seinen Überlegungen zu einem zeitlich verschobenen Konstitutionalisierungsprozeß in Kirche und Staat keine isolierte Position vertrat (siehe: Ebd., 290).

[20] So heißt es mit Blick auf den Kirchenverfassungsentwurf von 1817 in dem angeführten Schreiben Klindworths, Schleiermachers Standpunkt laufe „offenbar auf Bestreitung der von oben herab gegebenen oder noch erst erwarteten Bestimmungen" hinaus. Erkennbar sei „die freche Anmaßung [...], dem Verfahren der höchsten Auktorität im voraus Gesetze vorschreiben zu wollen" (GStA PK, I. HA. Rep. 77 Tit. 21. Lit. Sch. Nr. 6, Bl. 60v; Dankfried Reetz: Schleiermacher im Horizont preussischer Politik, 423).

[21] Kaspar Friedrich von Schuckmann: Gesamtbericht des Staatsministeriums über das von der Liturgischen Kommission eingereichte Gutachten (datiert auf den 16. Januar 1816); abgedruckt bei Erich Foerster: Die Entstehung der Preußischen Landeskirche. Band 1, 403–423, die Zitate hier: 403 und 413. – Die am 17. September 1814 einberufene Geistliche Kommission für die Liturgiereform, der Schleiermacher nicht angehörte und deren Arbeit er skeptisch beobachtete, hatte ihr Gutachten am 6. Juni 1815 vorgelegt. Vgl. dazu und zur Kommissionstätigkeit insgesamt Albrecht Geck: Schleiermacher als Kirchenpolitiker, 120–122; siehe auch: Kirchenpolitische Schriften (KGA I/9), XXXIX. Das in der Synodalfrage kompromißbereite, für die kirchenpolitische Debatte deswegen aber gerade nicht repräsentative Gutachten findet sich bei Erich Foerster: Ebd., 319–395.

„Ja unsere Versammlungen werden dann würdige und lehrreiche Vorläufer und, in mancher Hinsicht wenigstens, Vorbilder sein von jenen bürgerlichen Versammlungen in den einzelnen Provinzen und für das ganze Reich, die auch schon verheißen sind, und denen obliegen wird die allgemeinen bürgerlichen Angelegenheiten des Volkes wie uns die kirchlichen zu berathen und zur Gesezgebung darin mitzuwirken."[22]

Doch täuschen solche Formulierungen nicht darüber hinweg, daß Schleiermachers Einschätzung von der Erfahrung bestimmt wurde, in einer Zeit des Überganges zu leben, in der Chancen zur Erneuerung, die ein oder zwei Jahre zuvor noch bestanden hatten, halb, vielleicht schon ganz verspielt waren. Schleiermacher, der politische Publizist, dessen unermüdlicher Einsatz im und für den *Preußischen Correspondenten* der Sicherung und freiheitlichen Entwicklung des Vaterlandes gegolten hatte, der politische Denker von Modernisierung und Demokratisierung des Staates, fand für sich selbst keinen Ort in der politischen Landschaft der real existierenden preußischen Monarchie. Es zeigte sich jetzt aber auch, wie schwer er die Kränkungen empfunden hatte, die ihm im Verlaufe der Auseinandersetzungen um die Zensurbestimmungen und die Redaktionsleitung durch die preußische Staatsführung beigebracht worden waren: „[...] alles wäre vortreflich wenn ich nicht seit den fatalen Geschichten die Freudigkeit in meinen Geschäften ganz verloren hätte".[23]

---

[22] Ueber die für die protestantische Kirche des preußischen Staats einzurichtende Synodalverfassung, 53 (Kirchenpolitische Schriften (KGA I/9), 146). Schleiermacher bezieht sich auf das Verfassungsversprechen des preußischen Königs vom 22. Mai 1815 (siehe dazu unten Anmerkung 226). – Diese Position steht auch im Hintergrund einer aufschlußreichen Äußerung Wilhelm Diltheys, der sich bei seiner Arbeit am vierten Band der Briefsammlung „Aus Schleiermacher's Leben" (erschienen 1863) mit ähnlichen Stellungnahmen in der Korrespondenz konfrontiert sah: „Einiges Unliebsame [!] läuft auch mit unter, und im zweiten Bande [gemeint ist der zweite von Dilthey betreute, in der Gesamtzählung also vierte Band], der von kirchlichen Dingen handelt, giebts arge demokratische Dinge und Persönliches über Friedrich Wilhelm III. und seine Minister" (Brief an den Bruder Karl Dilthey vom 18. März 1860, in: Der junge Dilthey. Ein Lebensbild in Briefen und Tagebüchern 1852–1870. Zusammengestellt von Clara Misch geb. Dilthey, Leipzig / Berlin 1933, 110). Einschlägige Passagen finden sich in diversen Briefen, und zwar besonders in solchen an Carl Gustav von Brinckmann, die Dilthey im Zuge der Bandvorbereitung – allerdings erst im Sommer 1862 – aufspürte und deren Publikation die Familiensachwalter Hildegard von Schwerin und Ehrenfried von Willich, teilweise mit Erfolg, zu verhindern suchten (siehe dazu Andreas Arndt / Wolfgang Virmond: Schleiermachers Briefwechsel (Verzeichnis) nebst einer Liste seiner Vorlesungen, 41 und 51).

[23] Brief an Alexander Graf Dohna vom 7. Januar 1814, in: Schleiermacher als Mensch. Band II. Briefe 1804–1834, 209. – In diesem Zusammenhang kommt dem Umstand einige Bedeutung zu, daß Schleiermacher sich an den ohnedies eher verhaltenen kirchlichen Feierlichkeiten aus Anlaß von Ereignissen der Kriegszeit kaum beteiligt hat. Vgl. dazu unten S. 123–124; siehe auch die Studie von Rudolf Jungklaus: Wie die Ereignisse der Freiheitskriege zu ihrer Zeit in Berlin kirchlich gefeiert worden sind, in: Jahrbuch für Brandenburgische Kirchengeschichte 11/12 (1914), 304–330.

Im Frühjahr 1816 machte sich, wiederum in einem Brief an Dohna, bereits ein Ton von Verbitterung bemerkbar:

„Was soll denn werden? Soll der Staat ersticken an der immer zunehmenden Menge von Staatsdienern, die bald nichts als sich unter einander werden zu verwalten oder zu beaufsichtigen haben? Oder soll er auszehren an der sinnlos stockenden Circulation auf der einen Seite und an der Verschwendung auf der andern? oder soll er verfaulen durch die absolute Unthätigkeit aller innern Organe? Diese drei Todesarten sehe ich ganz gleich möglich und gleich nahe bevorstehend, zum Leben aber keine Hoffnung!"[24]

Auch über die Hintergründe einer solchen Verzögerungstaktik ist Schleiermacher sich im klaren: „Daß man alle versprochenen Verbesserungen auf die lange Bank schiebt, ist nicht Verlegenheit, wie man sie am zweckmäßigsten machen soll, denn diese würde nicht hindern, irgend einen vorläufigen Schritt zu thun, der ohne nachtheilige Consequenzen zu involviren am leichtesten aus der Verlegenheit helfen könnte. Sondern es ist böser Wille oder wenigstens absoluter und wissentlicher, also höchst strafbarer Mangel an aller Reaction gegen den bösen Willen."[25]

Von Gewicht ist hier auch der Umstand, daß Schleiermacher seine Klagen gerade gegenüber dem Grafen Dohna ausspricht, der selbst der preußischen Adelselite angehörte und mittlerweile als Generallandschaftsdirektor in der Provinz Preußen amtierte. Zeitweise war Schleiermacher wegen der mangelnden Aussichten für eine Fortsetzung der Reformpolitik derart mutlos, daß er als letzte Hoffnung auf den „ächten alten höheren Adel" meinte setzen zu müssen, „wenn er sich in wahrem Gemeinsinn, nicht zu Aufrechterhaltung alter Vorurtheile, vereinigt, auf die bestehende Gefahr aufmerksam macht und in fester Stellung auf die Erfüllung der gegebenen Versprechungen dringt". Daß es sich hierbei nur um eine der Not geschuldete Idee handelt, war ihm bewußt: „Wäre die Preßfreiheit wirklich verliehen worden, so könnten wir auch etwas thun; nun sind wir völlig gebunden und müssen die Passivsten sein, wenn wir nicht revolutionär sein wollen."[26]

Doch auch über den Bereich privater Mitteilungen hinaus hat Schleiermacher seiner Kritik an Verhältnissen Ausdruck gegeben, die mehr und mehr zu einer restaurativen Verfestigung der Situation führten und dem reformerischen Potential aus der Zeit des antinapoleonischen Befreiungskampfes keinen Raum mehr ließen. Schleiermacher erkannte die Gefahr,

---

[24] Brief an Alexander Graf Dohna vom 27. Februar 1816, in: Schleiermacher als Mensch. Band II. Briefe 1804–1834, 228–230, hier: 228.

[25] Ebd., 228.

[26] Ebd., 229. Zur Lage, in der sich die nichtprivilegierte Bevölkerung befand, heißt es: „Der dritte Stand kann nichts thun, weil er keinen gesezlichen Vereinigungspunkt hat. Das Volk darf man nicht in Bewegung sezen, und es würde auch ein vergebliches Unternehmen sein" (Ebd.).

als Vertreter einer entschlossenen Reformpolitik nunmehr ins politische
Abseits zu geraten. Insofern war ihm auch klar, daß eine Akademieabhandlung unter dem Titel „Ueber die Begriffe der verschiedenen Staatsformen", wie er sie am 24. März 1814 in der Königlichen Akademie vortrug, selbst wenn sie keine offenen tagesaktuellen Bezüge aufwies, auf
ihren kritischen Gehalt hin gehört und interpretiert werden würde. Das
gleiche galt für die Staatslehrevorlesung und die einschlägigen Passagen
der Ethikvorlesung, für die Pädagogikvorlesung und jede Äußerung literarischer Art, die sich, wenn auch nur indirekt, auf die gegenwärtige politische Diskussion beziehen ließ.

1.3. Kritik an König und Regierung

Die vorliegende Erörterung widmet sich Schleiermachers Haltung in allen
diesen Bereichen. Im Mittelpunkt stehen dabei die Politikvorlesungen und
die staatstheoretischen Akademievorträge. Die Universität, besonders aber
die Akademie boten sich Schleiermacher als Ort für eine unabhängige und
kritische Reflexion am ehesten an. Zudem konnte er sich der Solidarität
seiner Kollegen gewiß sein, eine Erwartung, deren Berechtigung sich in
der noch im gleichen Jahr, Ende Oktober 1814, erfolgenden Wahl zum
Sekretar der Philosophischen Klasse erwies.[27] Dennoch blieb diese Nomi-
nierung, die Schleiermacher auch als eine Anerkennung seines Wirkens im
philosophischen Fachgebiet verstehen durfte, nicht ohne Schatten. Denn
die damit verbundene Mehrbelastung wurde von dem preußischen Innenminister, Kaspar Friedrich von Schuckmann, geltend gemacht, um gegen
die Entscheidung der Akademie Einspruch zu erheben. Auf die sich daraus ergebenden Verwicklungen sei zunächst etwas näher eingegangen, da
die Schieflage, in die das Verhältnis zum Minister hier geriet, später zu
erheblichen Schwierigkeiten für Schleiermacher führen sollte.

Schuckmann war 1810 Humboldt in der Leitung der Abteilung für
Kultus und öffentlichen Unterricht im Innenministerium gefolgt. Die Kooperation mit Schleiermacher, der der Unterrichtssektion als ordentliches
Mitglied angehörte, war schon damals nicht ungetrübt geblieben. Zwischenzeitlich war Schuckmann in das Amt des Innenministers aufgerückt;
und in dieser Funktion hatte er Schleiermachers Wahl zum Klassenvorsitzenden zu bestätigen. Schuckmann begründete seine Ablehnung mit

---

27 Das Ministerium wurde am 27. Oktober 1814, wohl unmittelbar im Anschluß an die
    Wahl, durch eine von Philipp Karl Buttmann ausgestellte Benachrichtigung informiert;
    siehe: Archiv der Berlin-Brandenburgischen Akademie der Wissenschaften. Sign. II–
    III, 18, Bl. 49. Schleiermacher trat die Nachfolge Johann Peter Friedrich Ancillons an,
    der als Geheimer Legationsrat in das preußische Außenministerium berufen worden
    war und seinen Rücktritt vom Klassenvorsitz bereits im August erklärt hatte.

der allzu großen Beschäftigung Schleiermachers, nämlich „durch seinen dreifachen Beruf außer seinem Verhältnisse zur Academie, im Departement, bei der Universität und als Geistlicher". In einem Schreiben an die Akademie vom 16. November 1814 wies er nicht nur auf die einschlägige Gesetzeslage, sondern auch auf eine zu erwartende Ausweitung der Departementsaktivitäten hin:

„Wenn derselbe aber auch [...] bis jetzt noch die erforderliche Muße zu dem Academischen Sekretariat haben sollte; so kann das doch nun ferner, bei dem erweiterten Geschäfts-Kreise des Departements nicht der Fall sein. Denn wenn Herr p. Schleiermacher in demselben bleiben soll; so muß ich auch die volle Thätigkeit eines Mitgliedes, die dem auf dem Verwaltungs-Etate fundirten Gehalte angemeßen ist, von ihm fordern und kann in dieser Beziehung auf seine litterarischen Arbeiten keine Rücksicht nehmen. Dieser Pflicht aber würde ich entgegenhandeln, wenn ich annoch diese anderweitige Function [scil.: das Sekretarsamt] deßelben bei Sr. Majestät dem Könige in Antrag bringen wollte. Ich muß die Königliche Academie daher hiedurch zu einer anderweitigen Wahl des Sekretars der philosophischen Klasse auffordern."[28]

Schleiermacher suchte zunächst noch, die Situation zu entschärfen. Er reagierte am 26. November 1814 mit einer ausführlichen Stellungnahme. Adressat des Schreibens ist Philipp Karl Buttmann, der an dem Vorgang in seiner Eigenschaft als Vorsitzender der Historisch-Philologischen Klasse beteiligt war und gegenüber dem Ministerium als Sprecher der Akademie auftrat.[29] Schleiermachers bisher nicht veröffentlichte Erklärung hat folgenden Wortlaut:

„Dem Auftrage der Königl. Akademie mich über das anbei zurückgehende ablehnende Schreiben Sr. Excellenz des Herrn Ministers des Innern zu erklären, weiß ich nur dadurch zu genügen daß ich mein ganzes Verfahren in Beziehung auf diese Wahl auseinanderseze.
    Daß ich weit beschäftigter bin als einem KlassenSecretar der Akademie lieb sein muß, hat mir nicht entgehen können. Wie sehr ich aus eben diesem Grunde gewünscht habe nicht gewählt zu werden, weiß die Klasse. Da aber

28 Archiv der Berlin-Brandenburgischen Akademie der Wissenschaften. Sign. II–III, 18, Bl. 50r/v. Siehe zudem den Hinweis bei Adolf Harnack: Geschichte der Königlich Preussischen Akademie der Wissenschaften zu Berlin. Band I/2: Vom Tode Friedrich's des Großen bis zur Gegenwart, Berlin 1900, 664.
29 Buttmann bekleidete dieses Amt von 1811 bis 1826. Ihn verband mit Schleiermacher eine jahrzehntelange Zusammenarbeit, die sich, neben kontinuierlich betriebenen philologischen Erörterungen, in diversen Akademieprojekten, aber auch in einer gemeinsam verfaßten Streitschrift gegen Friedrich August Wolf niederschlug (Buttmann und Schleiermacher: Über Heindorf und Wolf, Berlin 1816). Siehe auch Schleiermachers akademischen Nekrolog: Gedächtnißrede auf Philipp Buttmann [vorgetragen am 8. Juli 1830], in: Abhandlungen der Königlichen Akademie der Wissenschaften zu Berlin. Aus dem Jahre 1830. Nebst der Geschichte der Akademie in diesem Zeitraum, Berlin 1832, XI–XXII.

diese auf dem Gedanken beharrte, vielleicht weil meine andern Herren Collegen in derselben noch weniger als ich in der eigentlich sogenannten Philosophie öffentlich versiren: so glaubte ich meine Protestation nicht weiter treiben
zu dürfen, und nahm | [51v] die Wahl um so eher an als ja doch die Klasse
eben in bezug auf die speculative Philosophie sich bald ergänzen muß, und
ich also absehen konnte es werde eine Zeit kommen, wo ein besser qualifi-
cirtes Mitglied sich das Vertrauen der Klasse würde erworben haben, und
das Secretariat in dessen Hände übergehen könnte. So lange glaubte ich, und
glaube auch noch, selbst bei bedeutender Vermehrung meiner Geschäfte im
Departement dieses Amt mit versehen zu können, das bei der philosophischen
Klasse wegen des geringeren litterarischen Verkehrs keinen sehr bedeutenden
Zuwachs zu den gewöhnlichen Geschäften eines Akademikers veranlaßt. Da
mir indeß möglich schien daß aus diesem Grunde Bedenken gegen die Wahl
entstehen könnten: so habe ich mich gegen Se. Excellenz mündlich erklärt,
daß ich, eben in Beziehung auf den in dem Schreiben derselben angeführten
Paragraph, das Geschäft nur ungern übernommen und mit dem Vorsaz es
wieder abzugeben sobald die Umstände dies erlauben würden. Hierdurch
glaubte ich die Sache in ihrem rechten Lichte dargestellt und alle mög-| [52r]
lichen Besorgnisse Sr. Excellenz gehoben zu haben. Hat meine Aeußerung
dieses nicht bewirken können so habe ich wenigstens das meinige gethan; und
kann überhaupt nicht anders als mein Verfahren in dieser Angelegenheit meinen Pflichten gegen die Akademie deren Mitglied ich zu sein die Ehre habe
gemäß finden und demselben auch jetzt noch inhäriren.
   Vielleicht haben indeß Se. Excellenz bei Ihrem Schreiben nur die Absicht
gehabt, eine der meinigen ähnliche Erklärung von Seiten der Königl. Academie zu erhalten, um davon in dem an Se. Majestät den König zu richtenden
Antrag Gebrauch zu machen, und so den ähnlichen Bedenklichkeiten, die
vielleicht Allerhöchsten Ortes entstehen könnten, vorzubeugen. Doch ich
will hiedurch der Königl. Akademie nicht vorgreifen, der ich vielmehr das
weitere lediglich anheim geben muß, und der ich Sie Herr Secretar ersuche
diese meine Erklärung mitzutheilen.
   Berlin d. 26t. Nov. 1814.
   Schleiermacher"[30]

Das von Schleiermacher hier erbetene Votum gab die Akademie am 1. Dezember 1814 ab, indem sie erklärte, an ihrer Entscheidung festhalten zu
wollen, und erneut um die Genehmigung der Wahl nachsuchte.[31] Als
wesentlicher Grund wird, wie schon in Schleiermachers Stellungnahme,
angeführt, daß „die Philosoph. Klasse auf eine so kleine Anzahl zurük-
gebracht ist, daß Schleiermacher, außer Ancillon der einzige ist welcher
die eigentl. spekulative Philosophie wovon die Klasse benannt ist zum
öffentlichen Gegenstand seiner gelehrten Arbeiten macht".[32]

---

[30] Archiv der Berlin-Brandenburgischen Akademie der Wissenschaften. Sign. II–III, 18,
      Bl. 51–52.
[31] Ebd., Bl. 53–55 (Konzept). Der Verfasser des mit „die Königliche Akademie der Wis-
      senschaften" unterzeichneten Schreibens ist wiederum Buttmann.
[32] Ebd., Bl. 53r.

Der Umstand, daß die Akademie auf ihrer Wahl beharrte, gab nun Schuckmann die wohl schon seit längerem gesuchte Gelegenheit, Schleiermachers starke kultur- und wissenschaftspolitische Stellung einzuschränken. Der Minister nutzte die Kontroverse, um ihn zur Beendigung seiner Mitarbeit im Ministerium zu nötigen. Trotz aller Entgegnung und Fürsprache mußte Schleiermacher sich der ministeriellen Vorgabe fügen. Erst daraufhin, am 26. Januar 1815, erfolgte die Wahlbestätigung durch eine Kabinettsorder.[33] Dies hatte zur Folge, daß der Übergang aus der Reformära in die Zeit der politischen Restauration für ihn mit dem Verlust nicht allein eines wichtigen Amtes, sondern auch der direkten Verbindung zu Regierungsstellen verbunden war. Den brieflichen Mitteilungen hierzu ist die Enttäuschung deutlich anzumerken. In einer Schilderung an den Grafen Dohna äußerte Schleiermacher sich in folgender Weise:

„Mich hatten wirklich die Unannehmlichkeiten [...] sehr angegriffen und meine Gesundheit merklich zerrüttet. Auch war ich noch immer entschlossen, die Sache ehrenthalber bei der Rückkunft des Königs wieder aufzunehmen, ohnerachtet fast alle Freunde sich dagegen erklärten, und so wollte ich lieber erst abwarten, wie das ablaufen würde. Nun ist dies alles zur Ruhe gekommen durch die Veränderung meiner Lage und ich hoffe vielleicht noch einmal aufzuleben. Nemlich Herr v.[on] S.[chuckmann] hat die auf mich gefallene und ohnerachtet seiner Protestation festgehaltene Wahl zum Sekretär bei der philosophischen Klasse der Akademie zur Gelegenheit benutzt um den König zu bitten, daß er mich von den Geschäften im Ministerio dispensiren möchte, da er mir sonst jetzt so viel zu thun geben müsse, daß meine Wirksamkeit bei der Universität und Akademie darunter leiden müßte. Der König hat es bewilligt, der Minister hat sich sehr höflich das Recht vorbehalten sich meines Gutachtens zu bedienen, und so bin ich aus dem Departement, in welches Sie mich gesezt haben, wieder herausgetreten."[34]

---

[33] Vgl. Schuckmanns Schreiben an die Akademie vom 12. Februar 1815, in: Ebd., Bl. 73: „Der Königl. Academie der Wissenschaften wird hiedurch auf das Gesuch vom 1ten December v.[origen] J.[ahres] bekannt gemacht, daß Se. Majestät geruht hat, die auf den Prediger und Profeßor *Dr. Schleiermacher* gefallene Wahl zum Secretair der philosophischen Klasse, mittelst höchster Cabinets-Order vom 26ten Januar, allergnädigst zu bestätigen [...]." Es heißt hier auch, daß infolge der Bestätigung „die Zahlung des mit dieser Stelle verbundenen Gehaltes von 300. rthl. an den Herrn p. Schleiermacher verfügt worden" sei. Einem der Akte beiliegenden Notizblatt (Bl. 74) läßt sich jedoch entnehmen, daß das ab dem 1. Juli ausgezahlte Sekretarsgehalt aufgrund einer Verfügung vom 17. August 1815 nur noch zweihundert Taler betrug. – Der genaue Termin von Schleiermachers Rücktritt aus dem Departement kann, wie bereits früher erwähnt, bisher nicht angegeben werden. Am 27. Dezember 1814 befand er sich noch im Amt (vgl. die folgende Anmerkung). Als *terminus ante quem* legen die hier zusammengestellten Zeugnisse den 26. Januar 1815 fest.

[34] Brief an Alexander Graf Dohna vom 6. März 1815, in: Aus Schleiermacher's Leben. In Briefen. Band 2, 312–314, hier: 312–313; Schleiermacher als Mensch. Band II. Briefe 1804–1834, 217–218, hier: 217 (in der Jacobischen Ausgabe von Schleiermachers Briefen an die Grafen Dohna fehlt dieses Schreiben). Ein weiterer Bericht über die Angelegenheit findet sich in einem Brief an Ludwig Gottfried Blanc vom 4. April 1815,

Die kritische Haltung der konservativen Adels- und Beamtenelite gegenüber seinen politischen und staatstheoretischen Anschauungen wird
Schleiermacher nicht überrascht haben. Dafür waren seine Stellungnahmen zu sehr von der Erfahrung des Aufbruchs geprägt. Weder den
akademischen Kollegen noch der Regierung konnte verborgen bleiben,
wie stark etwa die Abhandlung vom März 1814 aus dem Geist der Reformzeit heraus konzipiert war. Indem hier Monarch und Bevölkerung
in der Leitung des Staates aufs engste verbunden werden und damit ein
massives politisches Partizipationsrecht unterstellt wird, knüpft Schleiermacher an jene temporären Erfahrungen an, die ihn im Frühjahr und
Sommer des Jahres 1813 auch als politischen Publizisten und als Prediger motiviert und mit hohen Erwartungen an die Zukunft Preußens und
ganz Deutschlands erfüllt hatten.

Seine Einschätzung der tatsächlichen politischen Entwicklung jedoch,
zwei Jahre nach dem endgültigen Triumph über Napoleon, wurde, wie
gesehen, immer düsterer und zunehmend pessimistisch. Keine Zukunfts-
perspektive verband er mit der Person des Monarchen. Hatte er früher
noch „oft eine herzliche Sehnsucht" nach dem König empfunden und sogar
den Wunsch ausgesprochen, „dem guten König ein Wort zu sagen über
die Anhänglichkeit des besseren Theils der Nation",[35] so fiel sein Urteil
nun sehr viel kritischer aus. Im vertraulichen Verkehr mit Ernst Moritz
Arndt sprach er von ihm wenig respektvoll als von „dem Manne", der ein

---

in: Schleiermacher als Mensch. Band II. Briefe 1804–1834, 219–220. Ein früheres
Stadium der Auseinandersetzung reflektiert ein Brief an Blanc vom 27. Dezember
1814, in: Ebd., 214–216, hier: 216: „Herr v. Schuckmann hat gegen meine Wahl zum
Secretair der philosophischen Klasse der Akademie protestirt – vorzüglich wol um
nicht sich selbst zu widersprechen, indem er gewiß in dieser Zeit nach oben tüchtig verläumdet hat oder noch zu verläumden willens ist. Die Akademie hat reprote-
stirt, und es steht dahin, was Herr von Schuckmann nun thun wird. Ich sehe seinen
Maneuvres mit größter Gelassenheit zu; und wenn er mich am Ende nöthigt meinen
Abschied zu nehmen, so hoffe ich doch noch nicht lange zu hungern." Der Bericht
vom 4. April 1815 endet mit folgenden Sätzen: „[...] allein nach einiger Zeit erschien
von ihm [scil.: Schuckmann] ein Schreiben an die Akademie des Inhalts, daß er auf
meine Bestätigung nicht antragen könne, da ich schon viel zu sehr beschäftigt wäre
und er mir nun noch mehr würde zu thun geben müssen. Die Akademie aber bestand
auf ihrer Wahl und auf ihrem Recht, und nun berichtete er denn nach Wien [dem Auf-
enthaltsort des Königs und des Staatskanzlers], bei der vermehrten Geschäften des
Departements müsse er die ganze Thätigkeit aller Mitglieder in Anspruch nehmen,
und dadurch würde meine Wirksamkeit bei der Universität und bei der Akademie
zu sehr leiden. Er bäte also, daß der König mich von den Geschäften im Ministerio
dispensiren möchte, und das ist denn geschehen, und er hat es mir in dem allerver-
bindlichsten Schreiben bekannt gemacht, und sich ausdrücklich vorbehalten in allen
wissenschaftlichen Dingen mich noch ferner schriftlich und mündlich zu Rathe zu ziehen" (Ebd., 219–220).

35   Brief an Henriette Herz vom 14. November 1806, in: Schleiermacher als Mensch.
Band II. Briefe 1804–1834, 71–72, hier: 72; vgl. auch den Brief an Georg Andreas
Reimer vom 20. Dezember 1806, in: Ebd., 83–84, hier: 84.

„ungeheures Hinderniß" für den Fortgang der allgemeinen Angelegenheiten darstelle.[36]

Völlig im klaren war Schleiermacher sich auch über den rapide zurückgegangenen Einfluß der Reformwilligen am Hof. Zwar stand Hardenberg noch immer als Staatskanzler an der Spitze der Administration, doch hatte der König sich mit einer Vielzahl von Beratern umgeben, von denen eine streng konservative, auf Restauration ausgerichtete Politik betrieben wurde. Brieflich äußerte Schleiermacher sich gegenüber Dohna zu dieser Situation:

> „Es giebt eine Parthei, die ich in ihrem schädlichen Gegensatz gegen das wahre Wohl der Nation nicht anders als die Hofparthei zu nennen weiß, weil sie dort wenigstens ihren Brennpunkt hat. Zwischen dieser und dem Volk hielt sich die Regierung lange in einer Art von Neutralität. Auch das war schwach genug, allein nicht besser zu erwarten; aber nun scheint sie sich in verfluchter Apathie ganz und gar den Klauen dieser Parthei hinzugeben."[37]

Diese Entwicklung sei um so verhängnisvoller als ein „gesezmäßiges Gegengewicht" nicht existiere und der Zugriff auf die Regierungsgewalt insofern uneingeschränkt erfolgen könne. Alles Bestreben, die staatliche und politische Einheit Preußens herzustellen, wie es nach den territorialen Neuregelungen von 1815 die vordringliche Aufgabe sein mußte, werde hierdurch zunichte gemacht: „Die neuen Provinzen, von denen häufig Deputirte hier gewesen sind, sehen dies sichtliche Verfaulen und haben noch dazu Ursache, mit der persönlichen Behandlung höchst unzufrieden zu sein. Was soll sie also an Preußen heften, daß sie nicht bei dem ersten Anstoß von Außen, der so leicht kommen kann, abfallen?"[38] Einige Wochen später stellte Schleiermacher knapp fest: „[...] mit den armen neu erworbenen Rheinländern scheint man doch so schlecht als möglich umzugehn."[39]

In dem zuvor zitierten Brief geht Schleiermacher auch auf die Verfassungsthematik ein: „Ich habe mich lange Zeit gestemmt gegen die trübere Ansicht der Dinge; allein es ist jetzt fast nicht möglich noch Hoffnungen zu hegen. Und auch in der Ferne sieht es nicht besser aus. Dem Kronprinzen ist befohlen worden, an den Ministerial-Conferenzen Theil zu

---

[36] Briefe an Ernst Moritz Arndt vom 9. Dezember 1817 und vom 14. März 1818 (aus diesem das Zitat), in: Ebd., 268–269, hier: 269 und 270–272, hier: 271. Die Formulierung wurde Schleiermacher später, neben etlichen anderen, bei den antidemagogischen Ermittlungen vorgehalten (vgl. unten S. 199–200).

[37] Brief an Alexander Graf Dohna vom 27. Februar 1816, in: Ebd., 228–230, hier: 228–229. – Zu dem Beraterkreis um den Monarchen siehe Thomas Stamm-Kuhlmann: König in Preußens großer Zeit, 416–431.

[38] Brief an Alexander Graf Dohna vom 27. Februar 1816, 229.

[39] Brief an Alexander Graf Dohna vom 10. Mai 1816, in: Schleiermacher als Mensch. Band II. Briefe 1804–1834, 230–232, hier: 231–232.

nehmen; er hat zu seinen Geschwistern gesagt: ‚Ich weiß nicht was sich der Vater denkt! Was soll ich mit den alten Perücken machen?' Es ist in seiner Gegenwart die Rede gewesen von Constitution, und er hat gesagt: ‚Eine Constitution machen? Nein, das wollte ich mir sehr verbitten.' Das sind Aeußerungen, die nicht die beste Hoffnung wecken. Ich kann Ihnen nicht leugnen, daß ich sehr trübe bin [...]".[40] Für die unzeitgemäße, auch religionspolitisch ganz verquere Idee einer „Heiligen Allianz" und die unter ihrem Titel monstranzenhaft dargebotene imperiale Christlichkeit hatte Schleiermacher nur Spott übrig.[41]

Immerhin gab es trotz allem auch Zeichen der Besserung. So trat der Staatsrat, für dessen Einrichtung Stein jahrelang gerungen hatte, nach einer königlichen Verordnung vom 20. März 1817 endlich zu seiner konstituierenden Sitzung zusammen.[42] Jedoch handelte es sich nicht um jenes oberste Leitungsorgan, als das Stein den Staatsrat konzipiert hatte, sondern lediglich um ein beratendes Gremium, an dessen Sitzungen der König nicht ein einziges Mal teilnahm. Schleiermacher begrüßte dennoch die Einsetzung: Es „hat nun auch das Plenum des Staatsraths seine erste Sitzung gehabt, und viel Erfreuliches wird ja davon unter der Hand erzählt. Es ist von vielen Menschen schön und klar gesprochen worden, die Sitzungen sind sehr lebendig gewesen, eine freie Opposition ist hervorgetreten [...], treffliche Grundsätze sind ausgesprochen worden und haben sich unter den Mitgliedern festgestellt."[43] Die Einberufung wurde von Schleiermacher als eine Art Etappensieg im Kampf um eine sukzessive Demokratisierung des Staatswesens aufgefaßt. So lange es auch gedauert habe, bis dieser Schritt getan worden sei, so schwer werde es doch sein, „ihn zurück zu thun, und er muß allmählig weiter führen".[44]

Mit besonderer Aufmerksamkeit verfolgte Schleiermacher, daß der König den neuen Staatsrat neben einer Steuerkommission auch eine Kommission zur Beratung eines Verfassungsentwurfes bilden ließ. Friedrich Wilhelm kam damit, allerdings widerwillig, einer Verpflichtung nach, die er 1815 mit Unterzeichnung der Bundesakte übernommen hatte.[45] Zu-

---

[40] Brief an Alexander Graf Dohna vom 27. Februar 1816, 229.
[41] Ebd., 230: „Was sagen Sie denn zu der Heiligen Allianz? [...] Mich erinnert es sehr an die Zeit wo die große [französische] Nation das Dasein Gottes und die Unsterblichkeit der Seele anerkannte." Eine „tüchtige fromme Regung" konnte Schleiermacher in der Vorgehensweise des russischen Kaisers, der in dieser hochambitionierten Sache faktisch „nur der Sekretär der Frau von Krüdener" sei, nicht erkennen.
[42] Vgl. hierzu Hans-Ulrich Wehler: Deutsche Gesellschaftsgeschichte. Band 1, München 1987, 455; siehe auch: Ebd., 445–454.
[43] Brief an Alexander Graf Dohna vom 4. Juli 1817, in: Schleiermacher als Mensch. Band II. Briefe 1804–1834, 253–256, hier: 255.
[44] Ebd., 225.
[45] Artikel 13 der Deutschen Bundesakte vom 8. Juni 1815 besagte: „In allen Bundesstaaten wird eine landständische Verfassung stattfinden" (zitiert nach dem Abdruck in: Die deutsche Verfassungsfrage 1812–1815. Eingeleitet und zusammengestellt von

gleich handelte er aus finanzpolitischem Kalkül, da dringend erforderliche neue Besteuerungsmaßnahmen ohne Zugeständnisse auf verfassungspolitischem Gebiet nicht zu erlangen waren. Obwohl Schleiermacher diesen Zusammenhang durchschaute, sah er hier dennoch einen Weg, der zu weitreichenden Umgestaltungen führen konnte.[46] Gestützt auf Berichte, die ihn von der ersten Plenumssitzung erreichten, erwartete er, daß „man wol allmählich den Muth gewinnen" werde, „zu den ständischen Versammlungen zu schreiten".[47] Nicht wissen konnte er, daß der König den Staatskanzler bereits am 12. April 1817, noch vor dem ersten Zusammentreten der Verfassungskommission, mit Direktiven versehen hatte, durch die das Verfassungsprojekt erneut weit aufgeschoben wurde.[48]

Schleiermacher verfügte trotz des Verlustes seiner eigenen regierungsamtlichen Stellung auch in den anschließenden Jahren noch über einzelne private Kontakte zu hochrangigen Regierungsbeamten. Neben Alexander Graf Dohna ist hier vor allem der Militärreformer Hermann Ludwig von Boyen zu nennen. Boyen hatte 1814 das Wehrgesetz verantwortlich ausgearbeitet; 1817 amtierte er noch immer als Kriegsminister und war einer der am heftigsten attackierten Gegner der konservativen Hofkreise.

Manfred Botzenhart (Historische Texte / Neuzeit), Göttingen 1968, 70–78, hier: 74). Der Begriff der „landständischen Verfassung" barg jedoch von Beginn an eine Reihe interpretatorischer Probleme in sich; siehe dazu Hans-Ulrich Wehler: Deutsche Gesellschaftsgeschichte. Band 2, München 1987, 328.

[46] Vgl. den Brief an August Detlev Christian Twesten vom 11. Mai 1817, in: Schleiermacher als Mensch. Band II. Briefe 1804–1834, 249–251. Hier heißt es im Rahmen eines Berichtes über die neuesten kirchenpolitischen Ereignisse: „Jetzt thut es mir sehr leid, daß ich gehorchte und dieses entscheidende Wort [gegen die „vom Kabinet" ausgegangene Liturgie] nicht gleich damals gesprochen, denn nun geht er [scil.: der König] doch schon wieder mit einer Liturgie für die Domgemeinde, ja mit einer Vereinigung beider protestantischer Kirchen um, die er auch noch gern fertig machte, ehe die Synodalverfassung in Kraft tritt, eben wie das Steuersystem vor der Constitution" (Ebd., 250).

[47] Brief an Alexander Graf Dohna vom 4. Juli 1817, in: Ebd., 255.

[48] Siehe hierzu Thomas Stamm-Kuhlmann: König in Preußens großer Zeit, 413–420. In seinem Schreiben von diesem Tag hatte der König es „für nöthig" befunden, seinem Staatskanzler „auf das bestimmteste zu erklären", daß er „den Landes Repräsentanten nur eine berathende Stimme bei der Gesetzgebung einzuräumen entschlossen" sei (zitiert nach: Ebd., 419). In der rigiden Form dieser königlichen Willensäußerung spiegelt sich auch der Dissens zwischen dem Monarchen und Hardenberg in der Frage der Landesrepräsentation. Für den Staatskanzler muß das Verhalten Friedrich Wilhelms eine schwere Enttäuschung gewesen sein. Auch hier wird der Einflußverlust des Fürsten sichtbar. Zutreffend schildert Karl August Varnhagen den Sachverhalt: „Wenn auch Hardenberg den festen Vorsatz hatte, Preußen zu einem Verfassungsstaat zu erheben, und ihm viele der würdigsten und edelsten hohen Staatsbeamten beistimmten, so war doch die mächtige Hofpartei diesem Vorhaben entschieden feindlich" (Denkwürdigkeiten des eigenen Lebens. Herausgegeben von Karl Wolfgang Becker. Band 2, Berlin 1971, 270). Vgl. hierzu auch Paul Haake: König Friedrich Wilhelm III., Hardenberg und die preußische Verfassungsfrage, in: Forschungen zur Brandenburgischen und Preußischen Geschichte 28 (1915), 175–220 und 29 (1916), 305–369.

Mit Boyen stand Schleiermacher seit den Zeiten der antifranzösischen Konspiration in Verbindung. Briefliche Aussagen vom Mai 1816 zeigen, daß er sich intensiv für die militärgesetzlichen Beratungen interessierte und hierin vornehmlich auf den Kontakt zu Boyen zurückgriff.[49]

Seine Anteilnahme an Fragen der Militärpolitik kommt aber auch in der Politikvorlesung des Sommersemesters 1817 zum Ausdruck. Die Überlegungen, die Schleiermacher hier zur Wehrpflicht, zur Volksbewaffnung und zum sogenannten „Cantonwesen" vorträgt, sind mit den Zielen der Militärreformer eng verbunden.[50] Von besonderem Interesse ist die Verknüpfung, die Schleiermacher zwischen der allgemeinen Bewaffnung und der konstitutionellen Monarchie herstellt. Auch wenn in Preußen die Wehrpflicht bereits seit 1813 bestand, so könne sie doch „isolirt", das heißt ohne Konstitution, „nur zerstörend nach innen wirken". Die Begründung lautet: „[...] die Leichtigkeit der allgemeinen Bewaffnung, wo noch keine Constitution ist, würde einen vollständigen Zustand der Tyranney herbeiführen und ein allgemeines Eroberungssystem begünstigen".[51]

Ermutigende Zustimmung erfuhr Schleiermacher aus seiner Studenten- und Schülerschaft. Den Höhepunkt stellte in dieser Beziehung ein Fackelzug dar, den „eine bedeutende Anzahl hiesiger Studirender" ihm anläßlich seines Geburtstages am 21. November 1814, fünf Tage nach jenem Protestschreiben Schuckmanns gegen Schleiermachers Wahl zum Klassenvorsitzenden, darbrachte. Nicht ohne Grund dürfte der *Preußische Correspondent* in einem Bericht ausdrücklich darauf verwiesen haben, daß die Ehrung „mit Bewilligung der Behörden" stattfand.

---

[49] Vgl. den Brief an Alexander Graf Dohna vom 10. Mai 1816, in: Schleiermacher als Mensch. Band II. Briefe 1804–1834, 230–232, hier: 230–231: „[Die] Militärgesetze sind wol so schlimm nicht wenigstens nicht in der Meinung, wenn sie auch dem Buchstaben nach so klingen. Was die Barbarei betrifft, so hat mir Boyen die tröstlichsten Versicherungen darüber gegeben, wie das Gesetz in Bezug auf die studirende Jugend soll ausgeführt werden; und wenn man diesen Geist nur festhält so kann ich eben nicht viel dagegen haben, daß man im Buchstaben keine Exception hat machen wollen. Die Landwehrordnung kenne ich leider nicht; aber dem Herumziehen der Regimenter bin ich auch von Herzen gram. Selbst für den Zweck, die heterogenen Unterthanen durch den Kriegsdienst unter einander zu rütteln, ein Zweck, in der herrliche Grolmann mehr, als ich wünsche, verliebt ist, wäre ja eins von beiden genug gewesen, entweder die Regimenter sind provincial und ziehen herum, oder sie sind gemischt und bleiben sitzen. Nun hat man dem Herumziehen noch eine neue Barbarei beigemischt, so daß ein förmliches nomadisches Leben entstehen muß, indem man erklärt, die Soldatenfrauen sollten nur insofern Servis erhalten, als sie den Männern in die Garnisonstädte folgten. Das wird doch hoffentlich auch nicht bestehen." – Zu Boyen vgl.: Band I, S. 422 (Anmerkung 114). Die grundlegende biographische Darstellung für diese Zeit ist immer noch jene von Friedrich Meinecke: Das Leben des Generalfeldmarschalls Hermann von Boyen. Band 1, Stuttgart 1896.

[50] Vgl.: Vorlesungen über die Lehre vom Staat (KGA II/8), 357–361; siehe auch die detaillierten Hinweise bei Dankfried Reetz: Schleiermacher im Horizont preussischer Politik, 112–114.

[51] Vorlesungen über die Lehre vom Staat (KGA II/8), 360.

„Berlin am 24. November.
Eine bedeutende Anzahl hiesiger Studierenden brachte am 21. d. Mts. dem
Professor *Schleiermacher*, ihrem verehrten Lehrer, mit Bewilligung der Behörden, Abends bei Fackelschein ein feierliches Lebehoch. Mehrere Officiere
hatten sich, als ehemalige Schüler von Schleiermacher, dem Zuge angeschlossen. Der ganze Aufzug war ungemein erhebend. Der ruhige feste Anstand der
jungen Männer, die großen Theils als Freiwillige im letzten Kriege mitgestrit-
ten, die, bei edler und feuriger Begeisterung allgemein waltende Ordnung,
besonders aber die Hörnermusik der Gardejäger, die Manchem noch vor
kurzem zu ernsteren Zügen erklang, machten den erfreulichsten Eindruck,
und gaben dem Ganzen eine höchst eigenthümliche Beziehung."[52]

Wenig ergiebig war demgegenüber für Schleiermacher die Führung des
Universitätsrektorates im Studienjahr 1815/16. Dabei sei angemerkt, daß
sich bisher weder aus den Akten des Departements noch aus den Senats-
protokollen hat aufklären lassen, inwiefern zwischen Schleiermachers
abgenötigtem Rücktritt aus der Unterrichtssektion zu Jahresbeginn 1815
und der Übernahme des Rektorates im Oktober des gleichen Jahres eine
Verbindung besteht. Sicher ist aber, daß Schuckmann seinem *Antipa-
thicus* auch in dessen neuer Funktion mit Mißtrauen begegnete. Kaum
konnte es Schleiermacher daher gelingen, Einfluß auf die hochschulpolitischen Entscheidungsträger zu gewinnen. Ernüchtert faßte er gegen Ende
seiner Amtszeit zusammen: „Ohne daß ich eben sagen könnte, daß der
Minister mir persönlich sehr entgegen wirkte, blitzt doch das Beste ab,
was ich für die Universität wünsche."[53]
    Auch im Blick auf die kirchenpolitischen Debatten sah Schleiermacher
Anlaß zur Sorge. Die diversen Initiativen Friedrich Wilhelms III. auf diesem Gebiet provozierten immer wieder seinen Widerspruch. Als „Laie in
Kirchensachen" setzte der König sich schwerer fachlicher Kritik aus, die
nicht allein von Schleiermacher formuliert wurde. Dafür blieb der Protest
weitgehend aus, als es darum ging, die Freiheit von Kirche und Wissenschaft gegenüber dem episkopalen Anspruch des Monarchen zu behaupten. Enttäuscht mußte Schleiermacher schließlich feststellen, daß „alle,
denen es um die kirchliche und theologische Freiheit zu thun ist", anfangen zu zittern und „niemand [...] Hand anlegen" will. Dennoch sei es, so
eine briefliche Wendung vom Mai 1817, „höchste Zeit, daß man sich vor
den Riß stellt". In der Konsequenz bedeutete dies, daß neue Herausfor-
derungen mit vielleicht bedrohlichen Auswirkungen auf Schleiermacher
zukamen: „So muß ich Armer, dem Gott Muth gegeben hat, denn schon
die Kastanien aus dem Feuer holen. Die Pfote werde ich mir dabei schon

---

52   Der Preußische Correspondent. Nr. 187 vom 24. November 1814; zitiert nach Max
     von Lettow-Vorbeck: Zur Geschichte des Preussischen Correspondenten. Band II, 168.
53   Brief an Alexander Graf Dohna vom 10. Mai 1816, in: Schleiermacher als Mensch.
     Band II. Briefe 1804–1834, 231.

noch tüchtig verbrennen, und ich sehe im vollen Ernst noch harten Stürmen entgegen [...]."[54]
So schwankte Schleiermacher zwischen Resignation und immer wieder aufkeimender Hoffnung. Seine Entwürfe zur Staatstheorie, die er seit 1813 bis in den Winter 1817/18 vortrug, sind vor dem Hintergrund dieser Stimmungslage ausgearbeitet worden. Die Analyse wird zeigen, mit welchen Mitteln Schleiermacher als akademischer Lehrer nach Wegen suchte, seinen politischen Zielvorstellungen, der widrigen Lage zum Trotz, Ausdruck und Gewicht zu verleihen. Denn in dem Beharren auf der Idee eines freiheitlichen Staates, repräsentiert in einem konstitutionell verfaßten, protestantisch geprägten Preußen, bestand das Kontinuum seines politischen Denkens. Von dieser Idee konnte ihn keine noch so ungünstige Entwicklung mehr abbringen.[55]

2. Die staatstheoretische Konzeption im Krisenzeitraum 1812/13

Die Vorlesung zur Staatslehre aus dem Sommersemester 1813 stand unter völlig anderen äußeren Vorzeichen als jene des Winters 1808/09. Mittlerweile war Schleiermacher ein wichtiges Mitglied der Reformpartei geworden. Als Universitätsprofessor und populärer Prediger genoß er weit über die Residenzstadt hinaus großes Ansehen, zudem verfügte er als Mitglied der Einrichtungskommission der Berliner Universität und als Beamter in der Abteilung für öffentlichen Unterricht im Kultus- und Unterrichtsdepartement des Innenministeriums über interne Kenntnisse aus dem Regierungsapparat. Schleiermacher war in die oppositionellen Aktivitäten eingebunden. Durch seine Predigten gab er dem nationalen Aufbruch der Jahre 1812 und 1813 in breitenwirksamer Weise Stimme und Sprache.

2.1. Zur Vorlesung des Sommersemesters 1813

In der Sommersemestervorlesung von 1813 nahm Schleiermacher erstmals nach Gründung der Universität seine früheren staatstheoretischen Ansätze wieder auf. Entgegen der ursprünglichen Planung hatte er in der

---

[54] Brief an August Detlev Christian Twesten vom 11. Mai 1817, in: Ebd., 249–251, hier: 250 und 251.

[55] Vgl. den Brief an Alexander Graf Dohna vom 27. Februar 1816, in: Ebd., 228–230, hier: 229: „Ich kann Ihnen nicht leugnen, daß ich [...] mich freuen würde, wenn ich ein Heil außer Preußen für Deutschland sähe. Allein das sehe ich auch nicht. Vielmehr scheint mir von der Erhaltung Preußens sogar die Ruhe und Freiheit des protestantischen Deutschlands abzuhängen."

Zwischenzeit keine weiteren Niederschriften zur Staatslehre angefertigt
und insbesondere auch die Absicht, ein kompendienartiges Werk zum
Thema auszuarbeiten, es vielleicht sogar zum Druck zu befördern, nicht
mehr verfolgt. Wie es scheint, hat er, nachdem im Wintersemester 1810/11
der reguläre Universitätsbetrieb aufgenommen worden war, die weitere
Klärung seiner Überlegungen zunächst einer erneuten Vorlesung überlassen wollen. In den ersten Jahren der Berliner Lehrtätigkeit hat Schleiermacher die Staatslehre- bzw. Politikvorlesung 1813, 1817 und 1817/18
vorgetragen. Mißhelligkeiten und ein angekündigtes Verbot zogen dann
eine Unterbrechung von mehr als zehn Jahren nach sich, so daß Schleiermacher erst 1829 und schließlich noch einmal 1833 zu dieser Disziplin
zurückkehrte. Trotz der langen Zwischenzeit läßt sich doch feststellen,
daß die staatstheoretische Thematik eine Achse seines universitären Kol-
legprogrammes und der Vorträge in der Akademie der Wissenschaften
bildete.[56]
Für die Entwicklung von Schleiermachers Staatslehre ist das halbe
Jahrzehnt von 1813 bis 1818 die wichtigste Phase gewesen.[57] Die vorhandenen Nachschriften dokumentieren einen weit fortgeschrittenen Stand
der Theoriebildung. Dieses Niveau ist zwar im Kolleg von 1829 noch
einmal überboten worden, doch werden die Grundlinien der früheren
Konzeption nicht mehr revidiert. Schwierig gestaltet sich eine Einschätzung für das Jahr 1813 selbst. Wegen der unzulänglichen Quellenlage
ist es kaum möglich, sichere Anhaltspunkte für eine Rekonstruktion der
vorgetragenen Vorlesung auszumachen. Dies gilt auch dann noch, wenn
die beiden Akademieabhandlungen des Jahres 1814 einbezogen werden.
Zwar führt keine gerade Linie von Schleiermachers politisch-publizisti-
schem Engagement zu seiner akademischen Bearbeitung des politischen
Themenfeldes. Prägnante Hinweise auf die politische Lage oder die zeitgenössische Verfassungs- und Rechtsdiskussion sind den akademischen
Ausführungen zur Staatslehre aus dem Zeitraum 1813/14, anders als bei
den Predigten oder Briefen, kaum zu entnehmen. Beachtet man jedoch
den konzeptionellen Ansatz, von dem aus Schleiermacher besonders im
Frühjahr 1814 seine Theorie der Staatsorganisationsmodelle entfaltet hat,
so kann nicht übersehen werden, in wie eminentem Sinne die politische
Umbruchsituation im Hintergrund dieser Erörterungen steht.
Die Vorlesung von 1813 ist von Schleiermacher als „philosophische
Staatslehre" oder – in der lateinischen Fassung des Vorlesungsverzeichnis-
ses – als „Doctrinam de re publica philosophice" angekündigt worden.
Sie fand „4mal wöchentlich von 2 – 3 Uhr" statt. Genaue Angaben über

---

[56]   Vgl. Kurt Nowak: Schleiermacher. Leben, Werk und Wirkung, 193.
[57]   So auch Walter Jaeschke: Historische Einführung, in: Vorlesungen über die Lehre vom
        Staat (KGA II/8), XXV.

Anfangs- und Schlußtermin sind nicht überliefert. Gehört haben sieben Studenten die Vorlesung; eine größere Beteiligung wurde durch die Kriegsereignisse verhindert.[58] Über die Vorlesung liegen insgesamt derart wenige Zeugnisse vor, daß sie von der älteren Forschung nicht einmal als Faktum wahrgenommen worden ist. Sowohl Brandis, der erste Herausgeber der Nachlaßmaterialien zur Staatslehre, als auch Dilthey erwähnen sie nicht.[59]

Im Hinblick auf die inhaltliche Gestaltung ist auch die von Walter Jaeschke im Rahmen der ‚Kritischen Gesamtausgabe‘ jetzt vorgelegte Edition nicht imstande, dem mangelhaften Kenntnisstand abzuhelfen. Notizen, die sich mit einem Mindestmaß an Sicherheit dem Kolleg zuweisen ließen, liegen nicht vor. Allenfalls für jenes „Fragment eines frühen Heftes" und wenige weitere aphoristische Aufzeichnungen ist eine solche Zuordnung denkbar, wobei aber, wie dargestellt, im Einzelfall mehr gegen als für sie spricht. Doch selbst bei einer abweichenden Entscheidung ließen sich aus diesen Materialien substantielle Auskünfte über die Gesamtanlage der Vorlesung kaum erheben.[60]

2.2. Die Vorlesung zur Philosophischen Ethik von 1812/13

Es liegt daher nahe, auch die Vorlesung über Philosophische Ethik, die Schleiermacher im Wintersemester 1812/13 gehalten hat, einzubeziehen. Zu ihr sind umfangreiche autographe Aufzeichnungen vorhanden. Diese Niederschrift ist in Auszügen erstmals 1841 von August Twesten, dann 1870 gleichfalls auszugsweise von Julius Hermann von Kirchmann und schließlich vollständig 1913 von Otto Braun ediert worden. Im Kontext der für seine Kulturtheorie grundlegenden Lehre vom Höchsten Gut hat Schleiermacher sich in der Vorlesung eingehend mit der staatstheoretischen Thematik befaßt. Zugleich reflektiert er hier erstmals in größerem Rahmen den wissenschaftssystematischen Ort der Staatslehre. Für den

---

[58] Zu diesen Angaben vgl.: Schleiermachers Briefwechsel (Verzeichnis) nebst einer Liste seiner Vorlesungen, 308.

[59] Für Dilthey vgl. dessen Darstellung: Leben Schleiermachers. Band 2: Schleiermachers System als Philosophie und Theologie. Aus dem Nachlaß von Wilhelm Dilthey mit einer Einleitung herausgegeben von Martin Redeker. Erster Halbband: Schleiermachers System als Philosophie (Gesammelte Schriften. Band XIV/1), Göttingen 1966, siehe besonders: 359–417. Ebenso verhält es sich, worauf später näher eingegangen wird, mit dem Kolleg von 1817/18.

[60] Siehe dazu: Band I, S. 303–304. – Neben dem Heft-Fragment und den „Frühen Aphorismen", auf die ebenfalls bereits hingewiesen wurde, liegen einige „Frühe Notizen" vor; sie sind von Jaeschke erstmals ediert worden (KGA II/8, 45–51). Diese Notizen bilden eine undatiert überlieferte Fragmentengruppe. Sie zielen, wie das „Frühe Heft", thematisch auf eine vergleichende Charakterisierung von Monarchie und Demokratie. Ein weitergeführter Erkenntnisstand läßt sich nicht konstatieren. Insofern ist eine Frühdatierung auf den Zeitraum 1808/09 auch hier wahrscheinlich.

Entwicklungsstand der staatstheoretischen Konzeption in der unmittelbaren Vorphase des Krisenzeitraumes 1813/14 bilden die einschlägigen
Passagen das wichtigste Zeugnis.[61]

2.2.1. Zum wissenschaftssystematischen Ort der Staatslehre

Schleiermacher bleibt in der wissenschaftstheoretischen Fundierung seines
Systementwurfes zunächst innerhalb der Bahnen, die durch die klassische
Dreiteilung des Wissens in Physik, Ethik und Dialektik vorgezeichnet wa-
ren.[62] Dabei steht die Dialektik auf der einen Seite, der Funktion nach als
Grundwissenschaft für alle „speculativen Disciplinen". Auf der anderen
Seite stehen Physik und Ethik beziehungsweise – in allgemeinerer Bezeichnung – Naturkunde und Geschichtskunde. Sie repräsentieren selbst bereits
den Bereich der materialen Wissenschaften. Ihnen entspricht als vorge-
ordnete Grundwissenschaft die Psychologie, die Schleiermacher als vierte
Größe zu jener Dreiheit hinzufügt und die wissenschaftssystematisch den
Gegenpol zur Dialektik bildet. Den Bereich der Naturkunde, und zwar
sowohl als empirische Naturkunde wie als spekulative Physik, hat Schleiermacher selbst nicht bearbeitet. Sämtliche übrigen Disziplinen und Teil-
disziplinen seines Fächerkanons dagegen sind von ihm in zum Teil außerordentlich intensiver Weise erörtert worden. Dazu zählen insbesondere
die „Basiswissenschaften" Dialektik und Psychologie, aber auch die Ethik
sowie die zugeordneten „ethischen Wissenschaften".

---

[61] Friedrich Daniel Ernst Schleiermacher: Ethik (1812/13) mit späteren Fassungen der
Einleitung, Güterlehre und Pflichtenlehre. Auf der Grundlage der Ausgabe von Otto
Braun herausgegeben und eingeleitet von Hans-Joachim Birkner (Philosophische Bibliothek. Band 335), Hamburg 1981; siehe hier (IV) die bibliographischen Angaben
zu den von Twesten, Kirchmann und Braun veranstalteten Editionen. Die bis heute
maßgebliche, von Birkner nachgedruckte Braunsche Ausgabe erschien innerhalb der
von demselben Herausgeber edierten vierbändigen Werk-Ausgabe (Friedrich Schleiermacher: Werke. Auswahl in vier Bänden. Mit einem Geleitwort von August Dorner.
Herausgegeben und eingeleitet von Otto Braun und Johannes Bauer. Band 2: Entwürfe zu einem System der Sittenlehre. Herausgegeben und eingeleitet von Otto Braun
(Philosophische Bibliothek. Band 137), Leipzig 1913 [Zweite Auflage: Leipzig 1927;
Nachdruck: Aalen 1967], 241–420. 457–484. 513–626).
[62] Zu Schleiermachers Wissenschaftstheorie siehe die Studien von Hans-Richard Reuter:
Die Einheit der Dialektik Friedrich Schleiermachers. Eine systematische Interpretation
(Beiträge zur evangelischen Theologie. Theologische Abhandlungen. Band 83), Mün-
chen 1979 und Eilert Herms: Herkunft, Entfaltung und erste Gestalt des Wissenschafts-
systems beim späten Schleiermacher, Gütersloh 1974. Detaillierte Rekonstruktionen
der Wissenschaftssystematik bieten auch Hans-Joachim Birkner: Schleiermachers
Christliche Sittenlehre im Zusammenhang seines philosophisch-theologischen Sy-
stems (Theologische Bibliothek Töpelmann. Band 8), Berlin 1964, 30–64 und Martin
Rössler: Schleiermachers Programm der Philosophischen Theologie (Schleiermacher-
Archiv. Band 14), Berlin / New York 1994, 18–71.

Das Dilemma der Ethik besteht nach Schleiermacher in ihrer Entfernt-
heit vom Leben. Sie weiß um das Höchste Gut, kann aber lediglich „ver-
nünftiges" Wissen bieten, das aus reiner Spekulation erwächst und für das
Verständnis von Geschichte und Gegenwart nicht unmittelbar anzuwenden
ist. Um in dieser Lage zwischen abstrakter Vernunft und geschichtlicher
Wirklichkeit zu vermitteln, sucht Schleiermacher die Sittlichkeit und das
Wissen über sie in ihren konkreten Objektivationen auf. Er ist der Ansicht, daß die Sittlichkeit und der Grad, in dem sie innerhalb der individuellen und sozialen Lebenswelt bereits realisiert ist, in der Kultur ablesbar
sind. Sofern die ethischen Wissenschaften, als „kritische" und als „technische" Disziplinen, die Aufgabe haben, diesen Grad zu ermitteln, das heißt
das Maß der Verwirklichung des „höchsten Gutes" zu beurteilen, geht es
ihnen darum, das gegenwärtige kulturelle Geschehen kritisch zu analysie-
ren, zu verstehen und, zumindest indirekt, auch zu beeinflussen.
    „Kritik" bedeutet in diesem Zusammenhang, „das Empirische mit der
speculativen Darstellung" zu verbinden. In Anbetracht des Umstandes,
daß „alles in der Ethik Construirte [...] die Möglichkeit einer unendlichen
Menge von Erscheinungen" enthält, besteht die Aufgabe darin, „zu beurteilen, wie sich die einzelnen Erscheinungen als Darstellungen der Idee sowohl dem Grade als der eigentümlichen Beschränktheit nach verhalten".[63]
Das Wesen der „Technik" wird von Schleiermacher in folgender Weise
beschrieben: „Inwiefern der Einzelne mit seinem sittlichen Vermögen in
der Production jener Erscheinung begriffen ist, ist er in besondere Gegen-
säze und besondere Naturbedingungen gestellt und es ist ein Bedürfniß
besonders zusammenzustellen, wie diese zu behandeln sind."[64]
    Charakteristisch für die „critischen Disciplinen" ist es, „abhängig vom
Speculativen zwischen der Geschichte und der Ethik" zu „schweben".
Analog dazu besteht „das Geschäft der verschiedenen technischen Disciplinen, welche von dem Empirischen abhängig" sind, darin, „zwischen
der Ethik und der Geschichte zu schweben".[65] Auf die Seite der kritischen
Disziplinen gehört nun auch die Staatslehre, auf die der technischen die
sogenannte „Staatsklugheit". Schleiermacher wählt seine Terminologie
an dieser Stelle mit Bedacht. Von „Politik" spricht er zunächst noch nicht.
Neben Staatslehre und Staatsklugheit für den Bereich des Staates stellt
er für den Bereich der Kunst die „Kunstlehre" und die „praktischen Anweisungen für die Künste", um das Nebeneinander von kritischen und
technischen Disziplinen zu veranschaulichen.[66] Zu den technischen Disziplinen zählt außerdem die Pädagogik. In allen Fällen geht es darum, im

---

63 Ethik (1812/13), 12 (§ 57); zum Ganzen vgl. hier: 9–18 (Abschnitt III: „Die Ethik im
    Werden betrachtet").
64 Ebd., 12 (§ 59).
65 Werke. Band 2 [Ed. Otto Braun]: Entwürfe zu einem System der Sittenlehre, 505–506.
66 Ethik (1812/13), 12 (§§ 60. 61).

Ausgang vom empirischen Befund zwischen vorfindlicher Realität und Vernunft zu vermitteln.[67]

Eine Frage eigener Art wirft eine Feststellung auf, die Schleiermacher an späterer Stelle seiner Vorlesung formuliert: „Eine kritische Disciplin, welche der Politik entspräche, giebt es nicht. Die Einheit der Form tritt zu wenig heraus."[68] Nimmt man, wofür alles spricht, die Wortwahl auch hier genau, so muß man annehmen, daß die Staatslehre in jenem früher gebrauchten Sinne nicht als die komplementäre kritische Disziplin angesehen wird. Eine Erklärung bietet der Kontext: Die zitierte Notiz findet sich im direkten Anschluß an Ausführungen, die unter dem Titel „Von der nationalen Gemeinschaft des Wissens" stehen. Sie leitet ihrerseits die „Schlußbemerkung über die Nationalität" ein.[69]

Schleiermacher thematisiert hier das Problem der nationalen Individualisierung staatlicher und gesellschaftlicher Verhältnisse. Insofern wird man unter „Politik" jene besondere Ausprägung staatsleitenden Handelns verstehen müssen, die sich auf die konkrete Gestaltung einzelner nationalstaatlicher Ordnungsmodelle bezieht. Da aber die Staatslehre sich *per definitionem* nicht auf die Ebene der einzelstaatlichen politisch-rechtlichen Vorgänge begrenzen läßt, kann sie nicht als kritische Entsprechung zur „Politik" fungieren. Ebensowenig läßt sich nach Schleiermacher unter den gegenwärtigen Verhältnissen eine kritische Disziplin denken, die jene Aufgabenstellung, die die Staatslehre im Gegenüber zur allgemeiner gefaßten „Staatsklugheit" übernimmt, auf die nationalstaatliche Ebene transponiert. Denn „weit höher [...] ist die Aufgabe, über aller individuellen Speculation stehend und eben deshalb nur kritischer Natur, die verschiedenen nationalen Systeme des Wissens zu vergleichen, an welche aber noch gar nicht zu denken ist".[70]

Innerhalb der „Ethik" wird die Theorie vom Staat im Kontext der Güterlehre erörtert. Die Lehre vom Höchsten Gut selbst gliedert sich in drei Teile, von denen die ersten beiden eine einleitende allgemeine Übersicht sowie die methodischen und konzeptionellen Grundlagen für die ethische Theorie bieten. Der dritte, stärker inhaltlich angelegte Teil steht unter dem Titel „Von den vollkommenen ethischen Formen". Die Darstellung steigt hier von der kleinsten sozialen Einheit, der Familie, über die „Nationaleinheit" bis zum Staat hinauf. Hieran schließt sich eine Reflexion über die

---

[67] Zur Zusammenstellung von Politik und Pädagogik, die im Rahmen der materialen Ausführung auch von seiten der Pädagogik selbst bestätigt wird, vgl.: Ethik (1812/13), 92 (§ 74): „Die technische Seite [des Erziehungsvorganges] ist nur in der besonderen Disciplin der *Pädagogik* darzustellen, deren ursprüngliche Mannigfaltigkeit von den verschiedenen Formen der Familie und den verschiedenen Verhältnissen zum Staat ausgeht."
[68] Ethik (1812/13), 116 (§ 187).
[69] Ebd., 116 (§ 187).
[70] Ebd., 116 (§ 187).

„nationale Gemeinschaft des Wissens" an. Diese nationale Wissensgemein-
schaft bildet eine für den Kulturprozeß konstitutive Großform sozialer
Interaktion. Die Kirche und die freie Geselligkeit schließlich repräsentieren diejenigen beiden ethischen Formen, die sich auf die organisierende
sowohl wie auf die erkennende Funktion sittlichen Handelns beziehen.
Dabei entspricht die Unterscheidung zwischen beiden „Funktionen", die
in einem zweiten Schritt noch einmal nach den mehr rezeptiven und den
mehr spontanen Charaktereigenschaften der handelnden Person differenziert wird, im wesentlichen dem Schema, das Schleiermacher bereits im
Rahmen seiner 1805/06 konzipierten ethischen Theorie entwickelt hat.[71]

2.2.2. Staatenbildung und „Nationaleinheit"

Sittlichkeit ist nach Schleiermacher ihrem Wesen nach auf Gemeinschaftlichkeit bezogen. Sittliches Handeln ist nur als gemeinschaftsorientiertes
Handeln denkbar. Eheliche und familiäre Gemeinschaften gelten als Basis-
instanzen menschlicher Sozialität. Die Ehe, die als „unauflöslich" postuliert
wird, setzt, sofern sie als Geschlechtsgemeinschaft besteht und „den Ge-
meinbesiz der Kinder" hervorbringt, das Grundfaktum der Gemeinschaftlichkeit. Zugleich mit ihr sind auch elementare Rahmenbedingungen für
den Prozeß der Subjektwerdung des Individuums gegeben. Sie kann daher
sowohl im Hinblick auf die Ehepartner wie auch für das Kind als der
primäre Ort menschlichen Handelns nach sittlichen Normen aufgefaßt
werden.[72]
Die „Nationaleinheit" oder „Volkseinheit" bildet sich, „wenn eine
Masse von Familien unter sich verbunden und von anderen ausgeschlossen ist". Nach Schleiermacher ist diese Einheit auf der „realen Identität"
gegründet, die zum einen durch „ein Gefühl von Verwandtschaft der persönlichen Familienindividualitäten", zum anderen durch „einen gleichför-
migen Typus der erkennenden und organisirenden Function" konstituiert
wird. Die hierdurch bedingte „Einheit" wird jedoch nicht als geschlossener
Körper verstanden, sondern auf ihre Differenzierung und Entwicklungsfähigkeit hin beschrieben. Auf diese Weise bleibt auch die Offenheit einzelner „Volkseinheiten" anderen gegenüber gewahrt. Ein Selbstabschluß
zum Zwecke der Steigerung oder Sicherung ethnischer Homogenität liegt

---

[71] Vgl.: Ebd., V-VI (Gliederung). Die theoretische Grundlegung erfolgt im zweiten Teil
der Güterlehre (Ebd., 35–80).

[72] Ebd., 81–93; zum Entwicklungsprinzip siehe die Formulierung des Paragraphen 32:
„Wie das Kind allmählig aus einem Inneren ein Aeußeres, aus einem Theil des bewußten Selbst ein Object der Anschauung wird, so leitet sich an dem mütterlichen
Instinct, der Fortsezung des eigenen Gefühls ist, das Vermögen der Anschauung fort,
und das Kind wird Vermittelungspunkt der eigentlichen Erkenntniß" (86–87).

außerhalb von Schleiermachers Programm. Das gleiche gilt folglich auch für die von späteren Interpreten immer wieder unterstellten nationalistischen Implikationen.[73]

Für den Staat ist es nun kennzeichnend, daß sich in ihm, anders als im unorganisierten Zustand der Ansammlung einer Masse von Familien, „ein Gegensaz von Obrigkeit und Unterthanen" ausbildet. Obwohl das „Heraustreten" dieses Gegensatzes im Einzelfall geschichtlich kaum nachgewiesen werden kann, resultiert doch erst aus ihm „das Bewußtsein der größeren lebendigen Einheit". Mit dem sich bildenden binären Gegensatz von Herrschenden und Beherrschten geht der vorstaatlich-vorbürgerliche Zustand in den staatlich-bürgerlichen Zustand über. Die allgemein akzeptierte sittliche Überlieferung nimmt einen fixierten, regularienartigen Charakter an. Aus dieser Verwandlung der Sitte in das Gesetz, die zeitgleich mit der Etablierung jener Herrschaftsstruktur von „oben" nach „unten" erfolgt, entsteht der Staat. Die Ansicht hingegen, ein Staat sei durch Vertrag zu errichten, lehnt Schleiermacher ab. Denn eine solche Vertragsschließung könne nur entweder durch Überredung, durch Zwang oder durch bloße Formalisierung der zur Staatenbildung drängenden „Naturgewalt" zustande kommen. Das Wahrheitsmoment der Vertragstheorie allerdings liegt darin, daß die Ausbildung des politischen Gegensatzes beidseitig erfolgen muß. Entstünde er „einseitig", etwa indem er durch denjenigen, der sich zur Obrigkeit aufwirft, mit Zwangsmitteln bewirkt wird, „so bleibt in der Masse ein Vernichtungsstreben gesezt, und es ist also nur eine Usurpation vorhanden".[74]

Als kulturelle „Basis des Staates" bezeichnet Schleiermacher die gemeinsame, durch das Herkommen, also etwa ein „Familienband", bedingte „Eigenthümlichkeit" seiner Einwohnerschaft. Sie ist insofern konstitutiv für die Existenz des Staates, als nur durch sie „jeder Einzelne die Totalität der äußeren Sphäre des Staates als auch seine sittliche eigenthümliche Sphäre [...] sezt". Hierin erscheint der Staat „als absolut heilig und unverlezlich".[75] Zugleich jedoch eröffnet sich eine zweite Ebene, weil nämlich die Staatenbildung in ihrer geschichtlichen Realität mit Notwendigkeit auf eine „wesentliche Mehrheit" von Staaten führt. Im Mittelpunkt steht dabei die Frage nach Bedingungen und Möglichkeiten eines „friedlichen Nebeneinanders" von Staaten. Zu ihm legt allein der sittliche Prozeß den Grund. Da nun aber „im Nebeneinandersein mehrerer doch die Möglichkeit eines feindlichen Verhältnisses liegt", so muß eine „Tendenz entstehen[,] dieses durch Verschmelzung aufzuheben, d.h. die Richtung des

---

[73] Vgl.: Ebd., 93–94. Siehe auch die Akademieabhandlung „Ueber den Beruf des Staates zur Erziehung" von 1814, in: Sämmtliche Werke. Band III/3, Berlin 1835, 227–251, hier: 236–237.

[74] Ethik (1812/13), 95–96 (§ 89. 91).

[75] Ebd., 96–97 (§ 93).

Staates muß, wenn ihn die äußere Gewalt nicht zurückhielte, aufs Unendliche gehen, also auf den Universalstaat".[76] Auch dieser Gedanke, dessen konzeptionelle Bedeutung in den späten Vorlesungsfassungen immer weiter zunimmt, gehört zu den zentralen Motiven von Schleiermachers Staatslehre.[77]

2.2.3. Die Begrenzung staatlichen Handelns
und die Verfassungsproblematik

Aus dem Begriff des Staates ergeben sich einige elementare Folgerungen für die konkrete Aufgabenstellung administrativen Handelns. Schleiermacher kennt das Prinzip des staatlichen Machtmonopols, durch das jedem Einzelnen seine Tätigkeit im gesellschaftlichen Zusammenhang gesichert werden soll. Auch weiß er um die Begrenztheit staatlicher Regelungskompetenzen in Fragen von Wissenschaft und Religion. Beide können nicht „durch denselben Gegensaz von Obrigkeit und Untertan oder Spontaneität und Receptivität" „gemacht" werden. Diese Zurückhaltung entlastet den Staat jedoch nicht von der Aufgabe, die persönliche Freiheit des Einzelnen „auch in Sachen des Wissens und der Religion" zu schützen. Die Gewährleistung von Religionsfreiheit stellt eine unaufgebbare Verpflichtung des Staates dar.[78]

Gleichzeitig grenzt Schleiermacher die hier von ihm vertretene „negative Ansicht" von einer Auffassung ab, derzufolge der Staat eine reine „Rechtsanstalt" sei. Zu seinen primären Pflichten gehöre es auch, Rechtssicherheit, vornehmlich im Vertrags- und Eigentumswesen, herzustellen und so den kontinuierlichen Aufbau einer auf Besitz gegründeten Gesellschaft zu ermöglichen. Der Staat und das Eigentumsprinzip werden sogar so eng aneinander gebunden, daß beide sich wechselseitig bedingen. Arbeitsteilung, Geldwirtschaft, die Differenz von Arbeits- und Privatsphäre, das Gewerbewesen – alle diese Grundbestandteile eines bürgerlichen Gesellschaftsmodelles leitet Schleiermacher aus seinem Staatsbegriff her. Doch handelt es sich dabei keineswegs um einen omnipotenten, die Lebenswelt der Bürger allumfassend prägenden Staat. Denn seine wesentliche Begrenzung findet er im Prinzip der „bürgerlichen Freiheit": „Wie Befehlen und Gehorchen den Gegensaz zwischen Obrigkeit und Unterthan ausdrücken, so drückt der Begriff der bürgerlichen Freiheit als Minimum der Beschränkung des Unterthanen durch die Obrigkeit die Relativität dieses Gegensazes aus." Es ist nicht weniger als eine Kul-

---

[76] Ebd., 97 (§ 95).
[77] Siehe dazu unten S. 53–56, 292–293 und 414–415.
[78] Ethik (1812/13), 98 (§ 98).

tur der Freiheit, der Schleiermacher mit dieser Formulierung Ausdruck gibt.[79]

Der Einzelne hat nach Schleiermacher Anspruch darauf, in seinen wissenschaftlichen oder religiösen Betätigungen vom Staat, der „diese Prozesse nicht betreibt", unbehelligt zu bleiben. Das gleiche gilt für den ästhetischen und den familiären Bereich. Besonders die Sphäre von Familie und „Haus" soll dem staatlichen Eingriff entzogen sein: Da sich hier alle jene über den Staat hinausweisenden „Funktionen" sittlichen Handelns bündeln, „ist jedes Eindrängen der Obrigkeit in das Innere des Hauses das Verhaßteste, und die Heiligkeit desselben ist die erste Forderung der persönlichen Freiheit".[80]

In weiteren Ausführungen begrenzt Schleiermacher diese Freiheit gegenüber dem Staat jedoch wieder. Die „Eigenthumssphäre" wird als „Gemeingut" gesetzt und daraus die Folgerung abgeleitet, daß sie von den Einzelnen als „Lehen" vom Staat bezogen wird. Auch könne jeder den Bildungsprozeß „nur als Glied der Nation treiben", weshalb „die Erhaltung der Form" in seinem eigenen Interesse liege. Als „unstatthaft" gilt, wenn die einzelne Person bestrebt sei, sich mit ihrer privaten Sphäre vom Staat zu isolieren.[81] Eine zweite Forderung, die Schleiermacher an den Staat erhebt, wird im Ausgleichspostulat zusammengefaßt. Es sei eine aus dem Staatsbegriff selbst resultierende Notwendigkeit, daß sich die im Entstehen und Werden des Staates „ursprünglich gesetzte Ungleichheit" im Laufe des gesellschaftlichen Prozesses „immer mehr ausgleichen muß". Diese Forderung wird Schleiermacher später sowohl im Bereich der sozialpolitischen als auch der völkerrechtlichen Theorie weiter entfalten.[82]

Mit den Erörterungen zum Verhältnis von Einzelnem und Staat leitet Schleiermacher zur zentralen staatstheoretischen Thematik, der Verfassungsfrage, über. Die Verfassung des Staates ist gleichbedeutend mit der „Art und Weise des Gegensazes zwischen Obrigkeit und Unterthan". Bereits die Herkunft des Staates aus dem Familienverband bedingt die Polarität zwischen Monarchie und Demokratie. Denn auch die Familienorganisation weist monarchische und demokratische Züge auf. Die Verfassung eines Staates ist ebenso wandelbar und entwicklungsfähig wie

---

[79] Ebd., 100 (§ 111). – Den Begriff „Kultur der Freiheit" scheint Fichte geprägt zu haben; vgl. Johann Gottlieb Fichte: Werke 1791–1794. Herausgegeben von Reinhard Lauth und Hans Jacob unter Mitwirkung von Manfred Zahn und Richard Schottky (Gesamtausgabe der Bayerischen Akademie der Wissenschaften. Band I/1), Stuttgart – Bad Cannstatt 1964, 241. Zu Recht aber hat Christian Walther ihn auch auf Schleiermachers politische Konzeption angewendet; siehe: Ders.: Friedrich Daniel Schleiermachers Beitrag zu einer Kultur der Freiheit, in: Adel – Geistlichkeit – Militär. Festschrift für Eckardt Opitz zum 60. Geburtstag. Herausgegeben von Michael Busch und Jörg Hillmann, Bochum 1999, 235–247.

[80] Ethik (1812/13), 101 (§ 115).

[81] Ebd., 101 (§§ 116–119).

[82] Ebd., 101–102 (§ 122). Vgl. dazu näher unten S. 109–111 und 299–302.

seine soziale und kulturelle Gestalt. Verfassungsänderungen allerdings
können nur „als gemeinschaftlicher Act" von Obrigkeit und Untertanen
Legitimität beanspruchen, andernfalls sind sie revolutionär und illegitim.
Insgesamt bleibt Schleiermacher, bezogen auf die politische Situation
Preußens im Winter 1812/13, sehr reserviert. Gerade die Warnung vor
einem eigenmächtigen, gegen die Obrigkeit gerichteten Vorgehen läßt sich
als Ausdruck solcher Zurückhaltung deuten. Nach Schleiermacher liegt
der Schatten der Rebellion auf jeder Handlungsweise, die als einseitige
Vorbereitung einer Verfassungsänderung erscheint. Gelingt es dem Akteur
nicht, seine Initiative zu „einem gemeinschaftlichen Act" werden zu lassen,
so ist seine Bestrafung „als Rebell" unausweichlich. Um die Legitimität
des Verfahrens nicht zu verletzen, ist es erforderlich, einen Prozeß wechselseitiger Interaktion in Gang zu setzen, in dessen Verlauf es, wie Schleiermacher in seinen Aufzeichnungen zur Ethikvorlesung des Sommersemesters
1816 notiert, zu einer „Durchdringung" beider Seiten kommt. In der Vorlesung von 1812/13 spricht er lediglich davon, daß sich „das Materiale,
die bildende Thätigkeit, und das Formale, die Verfassung", immer mehr
verbinden. Hierin bestehe „das innere Wachsen des Staates".[83]
Es blieb der Auffassungsgabe der Hörer überlassen, die von Schleiermacher nicht ausgesprochenen Schlußfolgerungen nachzuvollziehen. Denn
der Sache nach läuft dieser Prozeß mit Notwendigkeit auf ein demokratisches Staatsmodell hinaus. Offen blieb zudem, welche Konsequenzen er
für den Fortbestand einer von Standesprivilegien gesicherten, jeder Kontrolle entzogenen, traditional legitimierten Herrschaftsschicht hat. Aber
auch die „öffentliche Meinung", die in den späteren Fassungen der Ethik-
und der Politikvorlesung die Motorik der politischen Entwicklung steuert,
wird noch nicht explizit zum Thema gemacht. Erst 1816 erklärt Schleiermacher: Der Einzelne „muß als Unterthan das Sein der Obrigkeit mit
sezen helfen. Dies geschieht formlos, d.h. durch die öffentliche Meinung,
förmlich in der Repräsentation." Im gleichen Zusammenhang heißt es,
daß im Zustand einer klaren Ausgestaltung der Differenz von Obrigkeit
und Untertanenschaft der Einzelne „selbst Obrigkeit sein" können muß,
sofern der Grundsatz gelte, daß ein jeder Anteil nehme an der Ausführung
staatlichen Handelns.[84]
Im Winter 1812/13 hält Schleiermacher sich, trotz einzelner Hinweise,
in Fragen der Verfassungsproblematik bedeckt. Wie auch in den Predigten

---

[83] Ebd., 105 (§ 136). Im Manuskript zur Vorlesung von 1816 heißt es: „Die Differenz
      der Vollkommenheit besteht in der Durchdringung beider Seiten. Annäherung der
      Extreme, denn auch hier muß der Gegensaz jedem selbständigen Element [...] ganz
      eingebildet sein" (zitiert nach: Ebd., 104).
[84] Zitiert nach: Ebd., 104; es handelt sich um eine Notiz unter dem Titel „Staaten sind
      verschieden[,] qualitativ und dem Grade der Vollkommenheit nach" (103). Vgl. dazu
      die Formulierung von 1812/13: Ebd., 105 (§ 137).

dieser Zeit und bei anderweitigen Gelegenheiten, auf die bereits früher näher eingegangen worden ist, vermeidet er es, seine reformorientierte Grundhaltung durch offene Sympathieerklärungen für solche politischen Programme zu schwächen, die sich mit der Forderung nach einer staatsrechtlichen Konstitution und damit nach einer Einschränkung der Befugnisse des Königs exponierten. Inwiefern dies auch für die zeitlich benachbarten Akademieabhandlungen gilt, werden die folgenden Ausführungen zeigen.

3. Die Staatstheorie anhand der Akademievorträge von 1814

Der Königlich Preußischen Akademie der Wissenschaften zu Berlin gehörte Schleiermacher seit dem Frühjahr 1810 an. Mit der Aufnahme in die Philosophische Klasse fiel ihm, ein Jahr nach Antritt des Pfarramtes an der Dreifaltigkeitskirche und wenige Monate vor Übernahme der theologischen Professur, noch ein drittes Amt mit weitreichendem Wirkungsfeld zu. Die königliche Bestätigung seiner Wahl erfolgte am 7. April 1810. Drei Tage später trat Schleiermacher offiziell in die Akademie ein, und im darauffolgenden Monat hielt er seine Antrittsvorlesung.[85]

3.1. Wissenschaftspolitik. Schleiermacher als Akademiereformer

Man muß sich die Verhältnisse innerhalb der Akademie während der ersten Jahrzehnte des neunzehnten Jahrhunderts insgesamt recht bescheiden vorstellen. Zum Zeitpunkt der Aufnahme Schleiermachers waren lediglich der reformierte Theologe Louis Frédéric Ancillon (1740–1814), der Philosoph Friedrich Castillon (1747–1814), der Historiker und Publizist Johann Peter Friedrich Ancillon sowie der Jurist Friedrich Karl von Savigny (1779–1861) Mitglieder der Philosophischen Klasse. Nach dem Tode Castillons und des älteren Ancillon bestand sie nur noch aus drei ordentlichen Mitgliedern, weshalb sich zeitweise Schwierigkeiten bei der Durchführung der Klassensitzungen ergaben. Die Zusammensetzung blieb bis 1825 unverändert; hinzukamen lediglich zwei auswärtige Gelehrte, darunter Goethe.

Bereits nach wenigen Jahren gehörte Schleiermacher zu den führenden Akademiemitgliedern.[86] Dies kommt nicht allein in seiner, durch die Sta-

---

[85] Die titellose („Meine Herren!") Antrittsvorlesung vom 10. Mai 1810 ist abgedruckt in: Sämmtliche Werke. Band III/3, Berlin 1835, 3–8. Schleiermacher entwickelt hier in Grundzügen sein Verständnis einer „kritischen und historischen Behandlung der Philosophie" (7).

[86] Auf Schleiermachers Akademiemitgliedschaft und insbesondere seine Mitwirkung an den administrativen Belangen kann hier nur am Rande hingewiesen werden. Vgl. noch

tuten gedeckten Zuwahl in die Historisch-Philologische Klasse am 23.
November 1812 zum Ausdruck, sondern mehr noch in der folgenreichen
Wahl zum Sekretar der Philosophischen Klasse, die Ende Oktober 1814
erfolgte.[87] Allerdings nutzte er diese Stellung vor allem dazu, die Auflösung der Klasse zu betreiben. Er folgte hierin seiner Überzeugung, daß
der Philosophie an der Akademie keine exponierte Stellung zukommen
könne, sie vielmehr in jede andere wissenschaftliche Disziplin eingehen
müsse und der ihr eigentlich gemäße Ort die Universität sei.[88]

Entsprechende Versuche, als Mitglied des im April 1818 gebildeten
„Ausschusses zur Revision des Zustandes der Akademie" eine Struktur-
reform einzuleiten, blieben zunächst noch ohne Erfolg. Zwei Gutachten,
die Schleiermacher im Juni und im Dezember 1818 vorlegte und in denen
er für die Auflösung der Philosophischen und die Einrichtung einer Historischen Klasse plädierte, fanden nicht die Zustimmung des Kultusministers
Altenstein. Ohne Ergebnis wurden die Arbeiten des Ausschusses daraufhin eingestellt.[89] Altensteins Weigerung, auf die Vorschläge einzugehen
und „den Selbstmord der philosophischen Klasse gut zu heißen", ist von
Schleiermacher dahin gedeutet worden, daß der Minister die Absicht
verfolgte, Hegel den Weg zur Akademiemitgliedschaft freizuhalten.[90]

---

immer die grundlegende Darstellung von Adolf Harnack: Geschichte der Königlich
Preussischen Akademie der Wissenschaften zu Berlin. Im Auftrage der Akademie bearbeitet. Drei Bände [in vier Bänden], Berlin 1900 [Nachdruck: Hildesheim 1970],
hier: Erster Band. Zweite Hälfte: Vom Tode Friedrich's des Großen bis zur Gegenwart, passim, besonders: 702–708; siehe auch die bei Kurt Nowak: Schleiermacher.
Leben, Werk und Wirkung, 562–563 angegebenen Archivalien. Eine detaillierte Studie
zu Schleiermachers Tätigkeit im Rahmen der Akademie steht noch aus.

[87] Die hier verwendete Titulatur „Sekretar" folgt der Funktionsbezeichnung für die Vorsitzenden der Klassen, wie sie in den Statuten von 1812 gebraucht wird; siehe: Statuten
der Königlich Preussischen Akademie der Wissenschaften zu Berlin vom 24. Januar
1812; abgedruckt bei Adolf Harnack: Geschichte der Königlich Preussischen Akademie der Wissenschaften zu Berlin. Zweiter Band: Urkunden und Actenstücke zur
Geschichte der Königlich Preussischen Akademie der Wissenschaften, Berlin 1900,
367–374. Paragraph 10 bestimmt: „Aus den ordentlichen Mitgliedern werden Sekre-
tare der Klassen gewählt" (369; vgl. auch 370: § 19). Schleiermacher selbst hat seine
amtliche Stellung meist mit „Sekretair" oder „Sekretär" bezeichnet.

[88] Vgl. die Ausführungen in: Gelegentliche Gedanken über Universitäten in deutschem
Sinn [1808], in: Universitätsschriften – Herakleitos – Kurze Darstellung des theologischen Studiums (KGA I/6), 15–100, hier: 37. Es heißt an dieser Stelle: „Sondern deswegen tritt die Philosophie hier [scil.: in der Akademie] zurükk, weil, wenn auf akademische Weise die Wissenschaften gemeinschaftlich sollen gefördert werden, alles
rein philosophische schon so muß in Richtigkeit gebracht sein, daß fast nichts mehr
darüber zu sagen ist. [...] Dagegen ist für die Universität allgemein anerkannt der
philosophische Unterricht die Grundlage von allem was dort getrieben wird; [...]."

[89] Zum Revisionsausschuß vgl. Adolf Harnack: Geschichte der Königlich Preussischen
Akademie der Wissenschaften zu Berlin. Band I/2, 683–711; zu Schleiermachers Gutachten siehe hier: 689–690 und 702.

[90] Vgl. den Brief Schleiermachers an Immanuel Bekker vom 9. Februar 1819, in: Briefwechsel Friedrich Schleiermachers mit August Boeckh und Immanuel Bekker 1806–

Schleiermachers Forderung ihrerseits ist oft so aufgefaßt worden, als wenn dadurch eine Mitgliedschaft Hegels ausgeschlossen werden sollte. Dies mag an sich nicht unzutreffend sein, doch ist gleichzeitig zu beachten, daß Schleiermacher seine Überlegungen zum spezifischen Charakter der Philosophie, der seiner Ansicht nach mit dem wissenschaftssystematischen Aufbau der Akademie nicht zur Deckung gebracht werden kann, bereits lange vor Beginn der Konfrontation mit Hegel entwickelt hat.[91]

1820. Für die Litteraturarchiv-Gesellschaft in Berlin herausgegeben [von Heinrich Meisner] (Mitteilungen aus dem Litteraturarchive in Berlin. Neue Folge. Band 11), Berlin 1916, 104–105, hier: 105: „Die inneren Verhältnisse [der Akademie], die, wie Sie hieraus sehn, durchaus einer Umbildung bedürfen, sind noch immer nicht geordnet, weil der Minister sich nicht entschließen kann, den Selbstmord der philosophischen Klasse gut zu heißen – vermuthlich zugleich, weil er gern seinen Freund Hegel hinein haben will." Siehe auch den Brief an Bekker vom 16. [9.–19.] Januar 1819, in: Ebd., 98–101, hier: 100: „Auf unsere Präliminarvorschläge hat auch der Minister bis jezt nicht geantwortet. Man sagt, er will die philosophische Klasse nicht aufheben, um Hegel hinein zu bringen. Solche Motion muß man nicht durchgehen lassen, und ich denke, wir werden uns nun darauf sezen, den Hegel doch nicht aufzunehmen. Wenigstens, wenn alle denken wie Savigny und ich, geschieht es gewiß nicht." Tatsächlich blieb Hegel die Mitgliedschaft dauerhaft verwehrt. Noch Ende 1830 scheiterte ein entsprechender Versuch, was in der Öffentlichkeit mit Verwunderung aufgenommen wurde. Siehe dazu die Korrespondentennachricht in: Staats und Gelehrte Zeitung des Hamburgischen unpartheiischen Correspondenten. Nr. 5 vom 7. Januar 1831, Sp. 10: „Unsre Akademie hat die als Mitglieder vorgesehenen HH. Schelling, Hegel, Cousin (Paris) nicht geeignet befunden, in den stillen Schooß ihrer altberühmten Anstalt aufgenommen zu werden." Hegel verweigerte Schleiermacher im Gegenzug die Mitarbeit an den *Jahrbüchern für wissenschaftliche Kritik*. Schleiermachers Annahme hinsichtlich der Intention des Ministers wird durch den Umstand gestützt, daß die Einleitung der Berufungsverhandlungen mit Hegel Ende Dezember 1817 zu den ersten Amtshandlungen Altensteins als Chef des neugeschaffenen Ministeriums für das preußische Kultus- und Unterrichtswesen gehörte (vgl. Horst Althaus: Hegel und die heroischen Jahre der Philosophie. Eine Biographie, München und Wien 1992, 311–312). – Zu dem Altphilologen *Immanuel Bekker* (1785–1871), mit dem Schleiermacher seit dessen Eintritt in die Akademie der Wissenschaften im Jahre 1815 in engem Kontakt stand und der sich besonders als Homer-, Platon- und Aristoteles-Herausgeber hervortrat, vgl.: NDB 2 (1955), 24–25 (Klaus Günther Loeben).

91   Ähnlich urteilt auch Adolf Harnack: Geschichte der Königlich Preussischen Akademie der Wissenschaften zu Berlin. Band I/2, 691–693; zum Thema siehe daneben Gunter Scholtz: Schleiermacher, Hegel und die Akademie, in: Die „Jahrbücher für wissenschaftliche Kritik". Hegels Berliner Gegenakademie [Vorgelegt vom Hegel-Archiv der Ruhr-Universität Bochum]. Herausgegeben von Christoph Jamme (Spekulation und Erfahrung. Abteilung 2. Band 27), Stuttgart – Bad Cannstatt 1994, 204–227. – Schleiermachers kritische Überlegungen zum wissenschaftssystematischen Status der Philosophie hatten sich auch schon 1814 ausgewirkt, als nach Fichtes Tod die Wiederbesetzung von dessen Lehrstuhl anstand. Den vorhandenen Dokumenten zufolge war er dafür eingetreten, die Berufung eines Nachfolgers zu verzögern oder sogar ganz auszusetzen. Es liegt eine gewisse Ironie in dem Umstand, daß Schleiermachers taktisches Vorgehen in dem komplizierten Verfahren letztlich mit dazu geführt hat, daß Hegel auf den Lehrstuhl berufen wurde (vgl. zu den verwickelten Vorgängen die ausführliche Schilderung bei Max Lenz: Geschichte der Königlichen Friedrich-Wilhelms-Universität zu Berlin. Band I, 571–578).

Nach einer längeren Phase der Stagnation legte Schleiermacher am
12. Juli 1826 seine Sekretarsamt in demonstrativer Absicht nieder. Im
Hintergrund stand auch jetzt sein gegen die Existenz einer eigenständigen
Philosophischen Klasse, deren Mitgliederzahl inzwischen vermehrt worden
war, gerichteter Reformplan. Er trat zur Philologisch-Historischen Klasse
über und bewog einzelne Kollegen, ihm zu folgen. Am 21. November
des gleichen Jahres wurde er zum Sekretar der Klasse gewählt. In dieser
Stellung gelang es ihm schließlich, gegen den Widerstand der zwei in der
Philosophischen Sektion noch verbliebenen Mitglieder die Vereinigung
beider Klassen zur „Vereinigten philosophischen und historischen Klasse"
zu bewirken.[92] Die Vereinigung fand am 6. Dezember 1827 statt; auch
jetzt übernahm Schleiermacher, dem von den Kollegen offensichtlich eine
überragende wissenschaftsorganisatorische Befähigung zugesprochen
wurde, das Sekretarsamt.

An dem Reorganisationsprozeß, der gegen Ende der zwanziger Jahre
die interne Struktur der Akademie noch einmal neu ordnete, hatte Schleiermacher wiederum maßgeblichen Anteil. Ein von ihm am 5. Februar
1829 vorgelegter Plan, den der Kultusminister im November des Jahres
aufgriff, wies der Akademie für die nächsten zehn Jahre ihren Weg in der
Frage, wie die organisatorischen Vorgaben beschaffen sein müßten, um die
wissenschaftliche Arbeit institutionell zu sichern. Zwar wollte Altenstein
die Schleiermachersche Satzung nur auf Probe einführen, doch galt sie, ohne
je offiziell bestätigt zu werden, anstelle der auf Niebuhr zurückgehenden
Fassung von 1812 bis in das Jahr 1838. Die dann erfolgte Statutenrege-
lung lehnte sich gleichfalls eng an Schleiermachers Vorschläge an und galt
bis zum Ende der Preußischen Akademie der Wissenschaften.[93]

Eine zusammenfassende Würdigung durch Harnack besagt, „daß Schleiermacher an Größe und Bedeutung unmittelbar neben Wilhelm v. Humboldt zu stellen ist, ja daß er ihn, was organisatorischen Scharfblick und
direkten Einfluß betrifft, noch überragt". „Man darf ohne Übertreibung
sagen, daß sowohl der innere Neubau der Geisteswissenschaften als auch

---

[92] Siehe Adolf Harnack: Geschichte der Königlich Preussischen Akademie der Wissenschaften zu Berlin. Band I/2, 742. Bei den zurückgebliebenen Mitgliedern handelte
es sich um Ancillon und den im Vorjahr aufgenommenen Botaniker Heinrich Friedrich Link (1767–1851).

[93] Der Statutenentwurf von 1829 war das Ergebnis der Arbeit einer neuen Revisions-
kommission, die im Zuge der Vereinigung der beiden geisteswissenschaftlichen Klassen gebildet worden war; vgl. hierzu Adolf Harnack: Ebd., 746–749. Der Text der
Statuten findet sich: Ebd. Band II, 424–431. Seit 1829 bestanden nur noch die Phi-
losophisch-Historische und die Physikalisch-Mathematische Klasse. Die Statuten
von 1812 hatten vier Klassen vorgesehen: „1. die Physikalische, 2. die Mathemati-
sche, 3. die Philosophische (die keineswegs blos auf Metaphysik beschränkt ist),
4. die Historisch-Philologische" (Statuten der Königlich Preussischen Akademie der
Wissenschaften zu Berlin vom 24. Januar 1812, § 2; zitiert nach Adolf Harnack:
Ebd. Band II, 368).

der Neubau der deutschen Universitäten und der Akademie ganz wesentlich das Verdienst dieses Professors der Theologie gewesen ist."[94] Präzise
faßt Harnack darüber hinaus in seiner Akademiegeschichte das wissenschaftliche Programm zusammen, von dem aus Schleiermacher auch im
akademisch-administrativen Bereich gewirkt hat:

„*Schleiermacher* ist es gewesen, der wirklich über *Kant* hinausgeführt, dem
Kantianismus die Reste des 18. Jahrhunderts abgestreift und ihn im Tiefsten umgebildet hat, ohne sich dabei in *Fichte*'schen Subjectivismus oder
in *Schelling*'sche Pansophie zu verlieren. Philologe, Philosoph und Theologe
zugleich – aber überall ‚im höheren Sinne' – hat er in der Akademie mit weiser
Zurückhaltung, die er in der ersten ihr geschenkten Abhandlung schlagend
begründet hat,[95] nicht sein ‚System' entwickelt, sondern einzelne wissenschaftliche Probleme gelöst. Man sagt vielleicht das Höchste von ihm aus, wenn
man ihn den ‚Übersetzer' im eminenten Sinn nennt; denn erst er hat gelehrt,
dass alles Verstehen im Grunde auf Übersetzen beruht, und er hat gezeigt,
wie diese Kunst zu üben ist. *Schleiermacher* ist der zweite grosse Philosoph
gewesen, der die Akademie geleitet hat, und stärker ist sein geistiger Einfluss
in ihr nachweisbar als der *Leibniz*ens [...]. In der Universalität und dem De-
terminismus bestand Wahlverwandtschaft zwischen den beiden Denkern;
aber in *Schleiermacher* ist *Spinoza*, der Rivale von *Leibniz*, wieder lebendig
geworden – doch mit dem principium individui. Hinter ihm leuchtete *Plato*
mit dem grossen, tiefen Auge in eine Welt hinein, welcher die Fackeln der
Aufklärung nicht mehr genügten. Aus dem Gegensatz des ‚geoffenbarten' und
des ‚natürlichen' Systems hat *Schleiermacher* die Weltanschauung hinaus-
führen wollen auf einen geschichtlichen und doch idealen Standpunkt, der
sehr mannigfalte Ausblicke zulässt und innerlich verbundenen, äusserlich
verschiedenen Weltbetrachtungen Raum giebt. Das Unternehmen selbst ist
seiner Natur nach eine immer neu gestellte Aufgabe, niemals ein Fertiges – so
lebte es in *Schleiermacher*, dem grossen Hermeneuten, der seiner Nation das
ästhetische, das religiöse, das patriotische und das wissenschaftliche Ideal
nahezubringen und zu interpretiren verstand."[96]

An den wissenschaftlichen Aktivitäten der Akademie nahm Schleiermacher
nicht allein durch seine vielfältige, intensive und auch thematisch breit angelegte Vortragstätigkeit teil. Er gehörte, neben Immanuel Bekker, Philipp
Karl Buttmann, Barthold Georg Niebuhr und dem Initiator August Böckh,

---

[94] Adolf von Harnack: Die Bedeutung der theologischen Fakultäten [1919], in: Ders.:
Wissenschaftspolitische Reden und Aufsätze. Zusammengestellt und herausgegeben
von Bernhard Fabian, Hildesheim / Zürich / New York 2001, 242–255, hier: 245.
[95] Gemeint ist die am 29. Januar 1811 vorgetragene Abhandlung „Über Diogenes von
Apollonia". Sie wurde zuerst veröffentlicht in: Abhandlungen der philosophischen
Klasse der Königlich-Preußischen Akademie der Wissenschaften aus den Jahren 1804–
1811, Berlin 1815, 79–96; siehe dort die grundsätzlichen Bemerkungen, mit denen
Schleiermacher seinen Vortrag einleitet: 79–80.
[96] Adolf Harnack: Geschichte der Königlich Preussischen Akademie der Wissenschaften
zu Berlin. Band I/2, 626–627.

auch zu den Mitgliedern der begleitenden Kommission, die das weitreichende Projekt einer Edition sämtlicher überlieferten antiken Inschriften
überwachte. Hieraus erwuchs seit 1828 das *Corpus Inscriptionum Grae-
carum*, mit dem der Grund zur modernen Epigraphik des klassischen
Altertums gelegt wurde.[97] Ein erhebliches Verdienst um die Erforschung
der antiken philosophischen Tradition erwarb Schleiermacher sich als
Anreger der großen Aristoteles-Ausgabe, die nach mehrjähriger Vorar-
beit 1831 in drei voluminösen Textbänden unter der herausgeberischen
Verantwortung Bekkers erschien. Schleiermacher war der maßgebliche
Initiator des Unternehmens. Die Aristoteles-Kommission, die erstmals
am 6. März 1821 zusammentrat, wurde von ihm geleitet.[98]

3.2. Die Staatstheorie als Thema der Akademievorträge

Im Laufe seiner fast fünfundzwanzigjährigen Akademiemitgliedschaft hat
Schleiermacher in Plenarsitzungen, vor den beiden geisteswissenschaftlichen
Klassen oder bei besonderen Anlässen mehr als sechzig Vorträge unterschiedlicher Art gehalten. Die äußere Spannbreite dieser Vorträge reicht
von ausgeführten wissenschaftlichen Abhandlungen bis hin zu knappen
Referaten über eingereichte Preisschriften. Nur ein kleinerer Teil der Vorträge, nämlich fünfzehn Reden und Abhandlungen, sind zu Lebzeiten im
Druck erschienen, davon die Mehrzahl im offiziellen Publikationsorgan
der Akademie.[99] Zweiunddreißig Abhandlungen sind aus dem Nachlaß
veröffentlicht worden. Sechs Vorträge, bei denen es sich zumeist um mehr
administrative und berichtende Stellungnahmen handelt, sind erst kürzlich
im Rahmen der vollständigen Edition aller erhaltenen Akademiebeiträge
innerhalb der ‚Kritischen Gesamtausgabe‘ in einer Druckfassung zugänglich geworden.[100]

---

[97] Vgl.: Ebd., 670–675. 724–725.
[98] Vgl. Aristotelis: Opera. Ex recensione Immanuelis Bekkeri edidit Academia Regia
Borussica. Drei Bände, Berlin 1831. Ein von Olof Gigon herausgegebener und er-
gänzter Nachdruck ist als „Editio Altera" 1960 im Verlag Walter de Gruyter, Berlin,
erschienen. Schleiermacher konnte das Projekt auch insofern effizient fördern, als er
seit Oktober 1820 die Leitung der Geldverwendungskommission der Akademie innehatte (vgl. seinen Brief an den Minister Altenstein vom 2. Oktober 1820, in: Staatsbibliothek zu Berlin Preußischer Kulturbesitz. Handschriftenabteilung: Sammlung
Darmstädter. 1913. 51).
[99] Es handelt sich um die „Abhandlungen der Königlich Preussischen Akademie der Wissenschaften", zu deren Herausgabe die Akademie nach Paragraph 43 der Statuten von
1812 verpflichtet war. In den Jahren von 1815 bis 1832 sind dreizehn Akademievorträge von Schleiermacher in dieser Schriftenreihe erschienen.
[100] Akademievorträge. Herausgegeben von Martin Rössler unter Mitwirkung von Lars
Emersleben (KGA I/11), Berlin / New York 2002; die bisher unbekannten Stücke hier:
309–312. 357–360. 385–390. 563–567. 757–762 und 763–767. Zu mindestens zehn

Die Akademiemitgliedschaft war für Schleiermacher auch insofern bedeutsam, als sie ihm erlaubte, Vorlesungen in der Philosophischen Fakultät zu halten.[101] Von diesem Recht hat Schleiermacher ausgiebig Gebrauch gemacht, wobei er zunächst in Konkurrenz zu Fichte, später zu Hegel stand. Insgesamt hat er zweiunddreißig Vorlesungen aus dem philosophischen Fachgebiet vorgetragen. Die Ethikvorlesung aus dem Wintersemester 1812/13 sowie die Staatslehrevorlesung aus dem Sommersemester 1813 gehören zu diesen Kollegien.[102]

Vorträgen, für die sich nachweisen läßt, daß Schleiermacher sie gehalten hat, sind keine Texte erhalten. Innerhalb der ‚Sämmtlichen Werke‘ werden die Akademiebeiträge in den Bänden III/2: Philosophische und vermischte Schriften. Zweiter Band, Berlin 1838 und III/3: Reden und Abhandlungen der Königl. Akademie der Wissenschaften vorgetragen. Aus Schleiermachers handschriftlichem Nachlasse herausgegeben von L.[udwig] Jonas, Berlin 1835 geboten.

[101] Zu dieser bereits im Entwurf eines Reglements der Universität von 1810 verankerten Bestimmung vgl. Max Lenz: Geschichte der Königlichen Friedrich-Wilhelms-Universität zu Berlin. Band I, 276–277. Siehe auch die entsprechende Regelung in Paragraph 28 der Akademiestatuten von 1812; abgedruckt bei Adolf Harnack: Geschichte der Königlich Preussischen Akademie der Wissenschaften zu Berlin. Band II, 371: „Jedes ordentliche Mitglied ist befugt, Vorlesungen bei hiesiger Universität zu halten und gleich den ordentlichen Professoren in den Hörsälen des Universitäts-Gebäudes, nach den Anordnungen, die deshalb in den Statuten der Universität festgesetzt sind.“ In den Vorlesungsverzeichnissen waren die von Akademiemitgliedern in dieser Eigenschaft gehaltenen Vorlesungen jeweils gesondert gekennzeichnet. Während der ersten Jahre findet sich auch bei Schleiermacher die Amtsbezeichnung „Professor“ nur bei solchen Vorlesungen, die er in der Theologischen Fakultät gehalten hat; seit dem Sommersemester 1817 wird eine klare Differenzierung nicht mehr vorgenommen. – Zur wissenschaftssystematischen Seite von Schleiermachers Engagement in diversen philosophischen Fachdisziplinen vgl. Gunter Scholtz: Die Philosophie Schleiermachers (Erträge der Forschung. Band 217), Darmstadt 1984 und Andreas Arndt: Grundriss des philosophischen Systems, in: Friedrich Schleiermacher: Schriften. Herausgegeben von Andreas Arndt (Bibliothek Deutscher Klassiker. Band 134), Frankfurt am Main 1996, 1104–1119.

[102] Schleiermacher hatte nach der Eröffnung der Berliner Universität den Vorsatz, keine Vorlesungen in der Philosophischen Fakultät zu halten, „so lange Fichte der einzige Professor der Philosophie ist“ (Brief an Joachim Christian Gaß vom 29. Dezember 1810, in: Fr. Schleiermacher’s Briefwechsel mit J. Chr. Gaß, 86–88, hier: 87). Zum Zeitpunkt dieser Äußerung hoffte er noch, sein Freund Steffens würde die zweite philosophische Professur erhalten. Weitere Kandidaten waren Jakob Friedrich Fries und der 1810 bereits auf eine theologische Professur berufene Wilhelm Martin Lebe-recht de Wette, ein Lutheraner, der in seinem theologischen Denken stark durch Fries geprägt war. Steffens nahm jedoch wenig später eine Professur an der ebenfalls neugegründeten Universität Breslau an. Auf ausdrücklichen Wunsch Kaspar Friedrich von Schuckmanns, der als Chef des Unterrichtsdepartements die Berufungsangelegenheiten leitete, wurde schließlich zum Sommersemester 1811 Karl Wilhelm Ferdinand Solger (1780–1819) berufen. Im gleichen Semester trug Schleiermacher, wie er auch in dem angeführten Brief an Gaß in Aussicht gestellt hatte, „als Einleitung zu meinen philosophischen Vorlesungen die Dialectik“ vor, „die mir schon lange im Kopfe spukt“ (Ebd., 87). Die Hermeneutikvorlesung des Wintersemesters 1810/11 fand dagegen, wohl wegen jenes Vorsatzes, in der Theologischen Fakultät statt. Erst die erneute Durchführung im Sommersemester 1814 wurde als philosophische Vorlesung an-

Von den sechsunddreißig Akademievorträgen, die einen strengeren wissenschaftlichen Charakter aufweisen, sind zwar mehr als die Hälfte Problemen der antiken Philosophie gewidmet, doch hat Schleiermacher sich auch immer wieder der ethischen Theorie zugewandt. Zweimal, im März und im Dezember 1814, hat er Aspekte der Staatstheorie in umfangreichen Abhandlungen erörtert. Eine dritte Abhandlung vom August 1820, die der staatstheoretischen Konzeption der Jahre 1812 bis 1814 nähersteht als späteren Fassungen, ergänzt diese Ausführungen. Dabei gilt für alle drei Studien, daß sie kaum tagesaktuelle Aspekte aufgreifen. Ihrer Anlage und Durchführung nach sind sie prinzipientheoretischer Natur. Dennoch lassen sie sich aus ihrem konkreten historischen Ort, dem eine klar bezeichnete politische Intention entspricht, interpretieren.

Neben dem Ethikkolleg des Winters 1812/13 bieten die Akademieabhandlungen einen weiteren wichtigen Zugang zu Schleiermachers staatstheoretischer Position während des hier interessierenden Zeitraumes, also bis zu dem tiefgreifenden Umschwung in der politischen Gesamtlage nach Bezwingung der französischen Übermacht. Da sie zugleich eine gedankliche Fundierung seines politisch-publizistischen Engagements bieten, ist ihr Wert für eine Rekonstruktion von Schleiermachers politischer Wirksamkeit erheblich. Zudem legt Schleiermacher mit ihnen Grundlinien seiner staatstheoretischen Konzeption fest, an denen auch die späteren Beiträge zum Thema orientiert sind. Die Abhandlungen machen deutlich, in wie konsequenter, zugleich aber auch subtiler Weise er seine Zielsetzung verfolgt hat, den gegebenen autoritär-monarchischen Staat, als welcher sich ihm das Preußen der Befreiungskriegszeit präsentierte, zu modernisieren und weiterzuentwickeln, indem konstitutionelle Elemente in den Staatsaufbau aufgenommen werden. Die folgende Darstellung konzentriert sich auf diejenigen Aspekte, die dieses Interesse zum Ausdruck bringen.

3.3. Staatsform und Zwei-Gewalten-Theorie

Die zentrale Frage nach dem Entstehungsgrund von Staaten wird in der Abhandlung „Ueber die Begriffe der verschiedenen Staatsformen" erörtert.[103] Schleiermacher geht, wie bereits dargestellt, davon aus, daß der

---

gekündigt (vgl.: Schleiermachers Briefwechsel (Verzeichnis) nebst einer Liste seiner Vorlesungen, 305. 309–310). Insofern trifft die Aussage, Schleiermacher habe „seit 1810/11" in der Philosophischen Fakultät gelehrt (Kurt Nowak: Schleiermacher. Leben, Werk und Wirkung, 184), nicht zu. Zu den Berufungsverhandlungen um die zweite philosophische Professur vgl. Max Lenz: Geschichte der Königlichen Friedrich-Wilhelms-Universität zu Berlin. Band I, 392–394.

[103] Ueber die Begriffe der verschiedenen Staatsformen [vorgetragen am 24. März 1814], in: Abhandlungen der philosophischen Klasse der Königlich Preussischen Akademie der Wissenschaften aus den Jahren 1814–1815, Berlin 1818, 17–49 (erneut abgedruckt

Staat sich durch die Verwandlung der Sitte in das Gesetz generiert.[104] Der
vorstaatlich-vorbürgerliche Zustand transformiert sich über die Gesetz-
werdung der allgemeinen Sitte in den staatlich-bürgerlichen Zustand.
Die sittliche Tradition nimmt im Laufe des Prozesses einen statuarischen
Charakter an; „indem der Staat wurde, ist nur die sonst schon vorhandene
Gesinnung und Thätigkeit im Gesetz zusammengefaßt und dargelegt worden". Zu diesem elementaren Vorgang heißt es weiter: „Was da war ist nun
auch ausgesprochen, die bewußtlose Einheit und Gleichheit der Masse hat
sich in eine bewußte verwandelt, und diese Entstehung des Bewußtseyns
der Zusammengehörigkeit ist das Wesen des Staates."[105]
Doch ist die Fixierung von Sitte und Brauch in einer bestimmten rechtlichen Form nicht nur die Geburtsstunde des Staates, sondern auch der
Anfangsgrund für die Entstehung der bürgerlichen Gesellschaft. Das
„Volk" tritt nicht als homogene Masse auf, dem die Regierungsseite ebenso
kompakt gegenüberstünde. Vielmehr wirkt sich die Bildung eines Staates
organisierend auch auf die Lebenswirklichkeit der Landesbewohnerschaft
aus. Mit der Gründung des Staates geht die zwar relative, faktisch aber doch
unüberwindliche Entgegensetzung von Herrschenden und Beherrschten
einher. Hierbei ist es unerheblich, um welche Organisationsform es sich
handelt. Die Ausbildung horizontaler Herrschafts- und Machtstrukturen
ist ein Vorgang, der in jeder Form von Staatenbildung angetroffen wird.
Denn es „besteht [...] im Volk das Bewußtseyn seiner Zusammengehörigkeit nur im Gegensatz mit dem Bewußtseyn des Fürsichbestehens jedes
Einzelnen". Hieraus erwächst „der Gegensatz von Herrschenden und Beherrschten, von Regierung und Unterthan". Dieser „irgendwie gebildete
Gegensatz ist das wesentliche Schema des Staates", und „das Bestreben[,]
diesen Gegensatz und mit ihm das Bewußtseyn von dem Verhältniß des
Einzelnen zu einem bestimmten Naturganzen hervorzurufen, dem ganzen
Leben einzuprägen und selbstthätig zu erhalten ist es, was ich im engeren
Sinne den politischen Trieb nenne".[106]
In der Abhandlung von 1814 führt Schleiermacher diese Motive weiter,
indem er sie in den Rahmen einer systematischen Analyse der drei klassi-

---

in: Sämmtliche Werke. Band III/2, Berlin 1838, 246–286; Philosophische Schriften.
Herausgegeben und eingeleitet von Jan Rachold, Berlin 1984, 267–301; Akademievorträge (KGA I/11), 95–124). Schleiermacher hat den Vortrag am 24. Januar 1815
in der Öffentlichen Sitzung der Akademie wiederholt. – Zum folgenden vgl. auch Kurt
Nowak: Friedrich Schleiermachers Verschmelzung von Monarchie und Demokratie,
in: Freiheit gestalten. Zum Demokratieverständnis des deutschen Protestantismus.
Kommentierte Quellentexte 1789–1989. Herausgegeben von Dirk Bockermann, Norbert Friedrich, Christian Illian, Traugott Jähnichen und Susanne Schatz (Festschrift
für Günter Brakelmann zum 65. Geburtstag), Göttingen 1996, 69–77.
[104] Siehe oben S. 28–30.
[105] Ueber die Begriffe der verschiedenen Staatsformen (Erstdruck), 29.
[106] Ebd., 29.

schen Grundformen staatlicher Organisation, der Demokratie – worunter
die republikanische Staatsform gefaßt wird –, der Aristokratie und der
Monarchie, stellt.[107] Das zweite zentrale Thema ist die Lehre von der
Gewaltenteilung. Ihr sind eingehende Passagen gewidmet, in denen die
spezifische Prägung des zugrundeliegenden Staatsverständnisses deutlich
zutage tritt. Schleiermacher erreicht mit dieser Abhandlung ein neues Niveau staatstheoretischer Abstraktion. Zugleich hat die in ihr verhandelte
Frage danach, was der Staat sein könne und sein solle, für ihn in der Zeit
der eigenen Konfrontation mit regierungsamtlichen Stellen eine geradezu
existentielle Bedeutung erhalten. In diesem Sinne spiegelt sich hier die
persönliche Situation, in der Schleiermacher sich zu Beginn des Jahres
1814 befand. Die Hoffnungen auf eine umfassende politische Neuordnung des preußischen Staates hatte er aufgeben müssen. Es galt nunmehr,
einen Weg zu beschreiben, der, trotz aller Rückschläge, nach vorne wies.
Die Ausführungen in der Akademievorlesung vom März des Jahres sind
hierzu sein wichtigster Beitrag.

Im Blick auf jene Trias der klassischen Formen oder „Hauptgattungen"
des Staates ergibt Schleiermachers Untersuchung, daß eine idealtypische
Differenzierung nicht möglich ist: „Jene drei antiken Formen zuerst erscheinen bei näherer Betrachtung auf alle Weise schwankend, so daß sie
durchgängig ineinander übergehen und miteinander verwechselt werden
können."[108] An Beispielen führt er vor, in welchen politischen Konstellationen sich derartige Übergänge ereignen. Dabei wird man es als eine der
Stärken von Schleiermachers Konzeption ansehen dürfen, daß er diese
Wandelbarkeit, die der Sache nach als relative Unbestimmtheit der Formen selbst aufgefaßt werden muß, klar erkannt hat. Die Dynamik, die
dem Politischen bei Schleiermacher immer eignet, kommt hier auf hoher
theoretischer Ebene zum Ausdruck. Es ist sogar denkbar, daß sich alle
drei Gattungen zu einer einzigen Mischform verbinden. Generell gilt, daß
„in demselben Augenblick" der Staat „das eine sein [kann], wenn man
auf den Buchstaben, ein anderes aber, wenn man auf das wahre Wesen
sieht". Für die Wirklichkeit des Staates hat folglich die Abgrenzung zwischen den drei Grundformen nur einen begrenzten Erklärungswert. Faktisch handelt es sich meist um komplexe organisatorische Strukturen, die
Elemente unterschiedlicher Herkunft zu einer mehr oder weniger stabilen
institutionellen Einheit integrieren.[109]

---

[107] Den Terminus „Republik" verwendet Schleiermacher eher selten. Er folgt in der
Gleichstellung der Begriffe „Demokratie", „Aristokratie" und „Monarchie" der seinerzeit üblichen Vorgehensweise. Im Kontext seiner Überlegungen zum Verhältnis
von Nationalstaat und Staatenbund kann er aber gelegentlich die föderative Verbindung einzelner Staaten als „Republik der höheren Ordnung" bezeichnen (Ebd., 39).
[108] Ebd., 21.
[109] Ebd., 22–23.

Solche Mischformen sind nach Schleiermacher in der Neuzeit sogar die Regel. Nirgends finden sich hier Demokratie, Aristokratie oder Monarchie in reiner Gestalt. Vielmehr handelt es sich immer um Organisationsmuster, bei denen einzelne Bestandteile jener Grundformen zu einem neuartigen und je spezifischen Gesamtgebilde verarbeitet und umgeprägt worden sind. Vor ihnen versagt das klassische Dreierschema. In diesem Umstand sah Schleiermacher den Grund dafür, daß in der neueren Staatslehre an die Stelle jener Modelltheorie die Lehre von der Gewaltenteilung getreten sei. Sie ersetze die schematische Vorstellung vom Staatsaufbau durch eine differenzierte Sicht der Staatstätigkeiten. Schleiermacher stand der analytischen Zugangsweise, die mit dieser Theorie verbunden war, sehr aufgeschlossen gegenüber, denn sie eröffnete seiner Ansicht nach überhaupt erst den Zugang zu einer Interpretation des Staatswesens, in der die Bewegungskräfte und Verfahrensabläufe präzise wahrgenommen und beschrieben werden können.

Doch haftet auch der Lehre von der Gewaltenteilung eine Schwäche an, die das Maß ihrer Erklärungskraft in Schleiermachers Augen nicht unerheblich beeinträchtigt. Mit ihrer Hilfe läßt sich zwar erkennen, daß der Staatsapparat als ein lebendiger, in Entwicklung und steter Umwandlung begriffener Zusammenhang miteinander verknüpfter Instanzen aufgefaßt werden muß. Doch auf welche Weise sie aufeinander einwirken, wie das Handeln durch den Staat und im Staat konkret erfolgt, kann nur ansatzweise erfaßt werden. Der wesentliche Grund für diese Unschärfe liegt darin, daß es nicht möglich ist, der Exekutive und der Legislative eigenständige, klar voneinander abgrenzbare Wirkungsbereiche zuzuordnen. Auch deren Funktionen im Aufbau des Staates sind nicht eindeutig definiert. Die alltägliche Praxis staatlicher Tätigkeit zeigt, daß die exekutive und die legislative Kraft permanent ineinandergreifen und gegenüber der Judikative ein gemeinsam agierendes Handlungszentrum bilden: „Also fällt die Dreiheit in dieser Einteilung schon weg, es bleibt nur die einfache Zweiheit übrig."[110]

Wie gestaltet sich nun vor dem Hintergrund dieser mehr prinzipiellen Überlegungen Schleiermachers eigenes Staatsmodell? Geht man von dem zeitgeschichtlichen Kontext aus, in dem die Akademieabhandlung steht, so fällt zunächst auf, wie entschieden Schleiermacher der Monarchie vor Demokratie und Aristokratie den Vorzug gibt. Sie sei am ehesten den komplexen gesellschaftlichen und politischen Verhältnissen angemessen,

---

[110] Ebd., 24. „Denn betrachtet man sie [*scil.*: die Staatsformen], in denen sich getrennte Gewalten zeigen, so wird man überall finden, daß entweder das Organ welches die gesetzgebende Gewalt repräsentirt etwas von der vollziehenden, oder umgekehrt das die vollziehende Gewalt repräsentirende etwas von der gesetzgebenden an sich gezogen hat, so daß es auch hier auf jeden Fall noch anderer Erklärungen bedarf und ein anderer Gesichtspunkt muß aufgesucht werden" (25).

die heute an die Stelle jener überschaubaren Situation getreten seien, durch die die antike Polis-Demokratie noch charakterisiert war. Betrachtet man „den Staat der höchsten Ordnung der die Gesammtheit eines Volkes umfaßt", so kann für Schleiermacher kein Zweifel daran bestehen, „daß ein solcher Staat [...] in der monarchischen Form allein feststehen müsse".[111]

Allerdings bleibt das promonarchische Plädoyer nicht ohne Vorbehalte und Einschränkungen. Die Monarchie als Staatsform müsse recht verstanden und gehandhabt werden. Dies schließe ein, und das ist Schleiermachers zentrale Forderung, daß sie wesentliche Elemente der Demokratie in sich aufnimmt. Es kennzeichne den Stand der politischen Entwicklung, daß die Bevölkerung „schon so weit durch die Länge der Zeit politisirt" ist und „ihre Bildung der des herrschenden [Teiles] so das Gleichgewicht halten" kann, daß eine „längere Fortdauer der politischen Ungleichheit unnatürlich erscheint".[112]

Die monarchische Struktur der Staatsform will Schleiermacher nicht grundsätzlich in Frage stellen, denn noch immer ist es vorzüglich der Monarch, der „die Idee" des „großen Werkes" in seiner eigenen Person verkörpere. Doch fällt seine Option für eine Demokratisierung der nach monarchischen Kriterien geprägten Herrschaftsverhältnisse offen und unmißverständlich aus. Die aktuelle Zeitlage im Übergang vom Aufbruchspathos des antifranzösischen Befreiungskampfes zur Konsolidierung des Staates unter konservativen Vorzeichen kommt darin zum Ausdruck, daß jetzt, anders als bei den früheren staatstheoretischen Reflexionen, das Urteil auf eine langfristigere Perspektive eingestellt wird. Aus einer solchen langfristigen Sichtweise heraus votiert Schleiermacher für eine – wie Kurt Nowak treffend formuliert hat – Verschmelzung von Monarchie und Demokratie, in der sich die legislativen und exekutiven Tätigkeiten des Staates zu einem einheitlichen Handlungszusammenhang verbinden.[113]

---

[111] Ebd., 39.

[112] Ebd., 42.

[113] Vgl. die Titelbezeichnung des in Anmerkung 103 genannten Aufsatzes von Nowak. – Eine in der Sache weitgehend ähnliche Analyse hat schon 1928 der Niederländer Andries David Verschoor vorgetragen (Die ältere deutsche Romantik und die Nationalidee, Amsterdam 1928, hier: 31). Verschoor spricht, indem er auch die staatstheoretischen Vorstellungen von Friedrich Schlegel, Novalis und Fichte einbezieht, von einer „Vereinigung von Monarchie und Demokratie". Innerhalb der politischen Schleiermacher-Interpretation vor 1945 stellt diese bei dem Groninger Historiker Johannes M. N. Kapteyn verfaßte Dissertation einen singulären Fall dar. Denn unbelastet durch die außerordentlich angespannte politische und soziale Situation, die während der späten 1920er Jahre in Deutschland herrschte und die auch die Erforschung der politischen Ideengeschichte vielfach schwer beeinträchtigte, gelingt es dem Autor, den offenen, freiheitlichen Charakter von Schleiermachers politischer Konzeption klar herauszuarbeiten (vgl. besonders: 121–125). Schleiermacher habe

Schleiermachers Ideal ist ein monarchischer Volksstaat. Die theoretische Grundfigur, durch die er die Praktikabilität seiner Vorstellungen erweisen will, besteht darin, den Gesetzgebungsprozeß, der einen derartigen monarchisch-demokratischen Staat kennzeichnet, als zirkuläres Verfahren zu beschreiben. Gesetzesinitiativen können demnach sowohl vom Monarchen als auch von Bevölkerungsseite, also aus der „Mitte" oder von den „Rändern" der Herrschaftsorganisation ausgehen. Immer werden solche Gesetzesinitiativen zu der jeweils anderen Seite „hinüberlaufen", von wo aus sie in modifizierter, weiterentwickelter Form zurückkehren. Monarch und Bevölkerung erfahren so ihre im Staat gegebene Zusammengehörigkeit und legen damit den Grund für ein integratives staatsbürgerliches Bewußtsein, das sich in der gemeinsamen Verantwortung für den Staat niederschlägt. Nach Schleiermacher führt das zirkuläre Gesetzgebungsverfahren zu einem fortwährenden Qualifizierungszuwachs. Das politische Urteils- und Entscheidungsvermögen nimmt auf beiden Seiten ständig zu.[114]

Für die Einschätzung von Schleiermachers Beitrag zur staatstheoretischen Diskussion im frühen neunzehnten Jahrhundert ist die Folgerung nicht ohne Belang, die er aus seiner Idee von einer Mischgestalt der staatlichen Organisationsformen zieht. Mit den Begriffen „Monarch" und „Volk" sind Instanzen eines komplexen Zusammenhanges bezeichnet, der auch die in weiten Teilen der älteren Staatstheorie des achtzehnten Jahrhunderts streng geschiedenen Gewalten der Exekutive und der Legislative umfaßt. Die alltäglichen Vollzüge staatlichen Handelns weisen eine permanente Überschneidung beider Bereiche auf. Deren Koordination ergibt sich gerade aus jener Voraussetzung, wonach die politische Willensbildung über einen zirkulären Prozeß erfolgt. Diese Voraussetzung zugestanden, ist nach Schleiermacher nicht mehr einsehbar, wie eine theoretische Scheidung zwischen ihnen noch möglich sein soll. Eine moderne Staatstheorie wird, so seine Schlußfolgerung, von sich aus die legislative und die exekutive Funktion aufeinander beziehen und in ihrem einheitlichen Ursprungsort erkennen. Die Zweigewaltentheorie erscheint aus dieser Perspektive als notwendige Konsequenz einer exakten Analyse staatlicher Tätigkeit.

---

jedoch in seiner Staatstheorie nicht nur Monarchie und Demokratie aufs engste ineinander verwoben, sondern vor allem eine „Synthese von nationalen und weltbürgerlichen Tendenzen" hergestellt (VI). Volk und Staat erscheinen demnach bei Schleiermacher als politisch zwar zentrale, geschichtlich jedoch höchst relative Bezugsgrößen. Anknüpfungspunkte für eine nationalistische Deutung findet Verschoor nicht. Es ist insofern kein Zufall, wenn die Studie in der hiesigen wissenschaftlichen Diskussion jener Zeit, die durch sinistre Werke wie das von Günther Holstein repräsentiert wird (siehe dazu Anmerkung 117), nicht zur Kenntnis genommen worden ist.

[114] Vgl.: Ueber die Begriffe der verschiedenen Staatsformen, 45.

3.4. „Natur und Geist", „Leib und Seele".
Zur Herrschaftsmetaphorik bei Schleiermacher

Schleiermachers Ausführungen zur Lehre von der Gewaltenteilung machen deutlich, daß er den Zugang zu einem theoretisch reflektierten, modernen Demokratiebegriff noch nicht gefunden hat. Insofern konnte er seiner eigenen politischen Konzeption nur partiell einen adäquaten staatstheoretischen Unterbau geben. Man wird an dieser Stelle in der Tat jenen Kritikern beipflichten müssen, die Schleiermacher vorgeworfen haben, er kombiniere „umstandslos antike und moderne Elemente, ohne die spezifisch neuzeitlichen Fragen nach der Legitimität und Souveränität des Staates und den rechtlichen Grundlagen seiner Konstitution ihrer aktuellen Bedeutung (auch für die Verfassungsdiskussion in Preußen) entsprechend in den Mittelpunkt zu stellen".[115] Zwar ist es verfehlt, in grober Generalisierung dieser Einwände von einer „der wissenschaftlichen Problemlage der Zeit überhobenen Theorie" zu sprechen, doch überrascht jedenfalls im vorliegenden Kontext allerdings der naive Begriffsrealismus, mit dem Schleiermacher arbeitet.

Ähnliche Grenzen werden sichtbar, wenn es um die nähere Erörterung des Staatsaufbaus selbst geht. Denn einer der charakteristischen Züge von Schleiermachers Überlegungen zur Staatslehre ist die Metaphorik, die er in der Beschreibung der Herrschaftsstruktur verwendet. Immer wieder greift er auf Begriffspaare zurück, die Spannungsverhältnisse markieren, die aber zugleich auch zwei Seiten einer Relation bezeichnen und insofern auf gegenseitige Ergänzung hin angelegt sind. Auf diese Weise soll das Bewegungshafte deutlich werden, das nach Schleiermacher den Zusammenhängen des staatlichen Lebens, wie der Politik überhaupt, zukommt. In erster Linie entlehnt er solche Begriffspaare dem physiologischen Gegenstandsbereich. In den Akademieabhandlungen von 1814 gebraucht er das Paar „Leib und Seele", gelegentlich findet sich aber auch das in verwandten thematischen Kontexten häufig verwendete Paar „Natur und Geist".

Diese Redeweise folgt nicht allein einer rhetorischen Vorliebe. Noch Jahre später war Schleiermacher der Ansicht, mit seiner Theorie eine Art „Physiologie des Staats" entworfen zu haben. In der Vorlesung vom

---

[115] Andreas Arndt: Rezension zu Dankfried Reetz: Schleiermacher im Horizont preussischer Politik, Waltrop 2002, in: http://hsozkult.geschichte.hu-berlin.de/rezensionen/id=3209. Der Rezensent formuliert diese Aussage in ausdrücklicher Zustimmung zu der kritischen Einschätzung, die Walter Jaeschke in seiner Historischen Einführung zu KGA II/8 vorgetragen hat (siehe dort besonders: XXV–XXVII). Beide Autoren gehören zu den namhaftesten Hegel-Forschern unserer Zeit. Inwiefern sie in ihren Vorhaltungen von einer hegelianisch geprägten staatstheoretischen Konzeption inspiriert sind, sich hier also eine alte Frontstellung reproduziert, wird wohl die weitere Diskussion zeigen. Sie wird gewiß auch einmal zu einer komparativen Untersuchung führen.

Sommersemester 1829 heißt es hierzu ausweislich einer Nachschrift:
„Der Ausdruck führt auf das Gebiet der Natur, und er bezeichnet damit
meine Absicht, welche ist, den Staat als Erzeugniß der menschlichen Natur zu betrachten, freilich auch der Intelligenz, aber doch immer aus dem
Gesichtspunkt einer natürlichen Produktion. Besonders aber führt jener
Ausdruck auf das Gebiet der lebendigen und organischen Natur, und so
ist meine Absicht, den Staat hier zu betrachten als einen bestimmten Organismus."[116]
Diese Selbsteinschätzung weist auf einen problematischen Aspekt in
der theoretischen Fundierung von Schleiermachers politischen Überlegungen hin. Denn seine Konzeption greift, indem sie einer solchen Zielsetzung
folgt, auf Motive zurück, die sich auch in der verhängnisvollen organizi-
stischen Traditionslinie der deutschen Staatswissenschaft finden lassen.
Organizistische oder „organologische" staatstheoretische Entwürfe haben
aber, seitdem sich im völkisch-nationalistischen Staat des Dritten Reiches
ihre Idealgestalt offenbart hat, ihren demokratiefeindlichen Charakter
bloßgelegt.
Schleiermacher ist in seiner Eigenschaft als Staatstheoretiker kein Or-
ganizist. Berufungen auf ihn in diesem Sinne sind konstruiert.[117] Und
dennoch bleibt jene zweideutige Terminologie, die zumindest ein Ana-
logieverhältnis zwischen organischen Prozessen und den Abläufen staat-

---

[116] Vorlesungen über die Lehre vom Staat (KGA II/8) (Nachschriften Hess und Willich
von 1829), 493–749, hier: 496. Vgl. zu der erörterten Thematik auch Kurt Nowak:
Friedrich Schleiermachers Verschmelzung von Monarchie und Demokratie, 74–75.

[117] Ihre ausgeführteste Form hat die These von einer „organologischen" Staatskonzeption
Schleiermachers bei dem Greifswalder Staats- und Kirchenrechtler Günther Holstein
(1892–1931) gefunden: Die Staatsphilosophie Schleiermachers (Bonner Staatswissenschaftliche Untersuchungen. Heft 8), Bonn und Leipzig 1923 [Nachdruck: Aalen 1972].
Ansatzpunkte findet Holstein bereits in den „Monologen", indem Schleiermacher hier
den Staat „aus den rationalen Zweckbezogenheiten der eudämonistischen Theorien
befreit" habe (52). Statt dessen werde er als „selbständige Größe von eigener Kraft
und eigner, nur auf sich selbst bezogener Wesenheit" aufgefaßt. Schleiermachers
Kulturideal finde im Staat seine höchste Konkretisierung. Individuum und Gemeinschaft werden in ihm idealisierend zusammengedacht. Von kosmopolitischen Tendenzen, wie sie die Aufklärungsgeneration noch vertreten hatte, finde sich, so Holsteins
Behauptung, keine Spur. Einen weiteren Schritt mache Schleiermacher mit den Predigten der Krisenzeit 1806/07. Sie zeichnen ein harmonistisches Bild vom Verhältnis
der Regierten und der Regierenden. Beide sind vereinigt im Bewußtsein, dem gleichen
Staat und damit einer einheitschaffenden kulturellen Sphäre anzugehören. In dieser
Auffassung komme „das junge Lebensgefühl eines neuen Staatsbewußtseins" zum
Ausdruck. Den Rückgriff Schleiermachers auf Kategorien aus der zwischenmensch-
lichen Privatsphäre interpretiert Holstein in der Weise, daß nur die „Gleichheit der
Gesinnung von Fürst und Volk" zu „wirklicher Staatsgesundheit" führen könne (198).
Die kritischen Implikationen von Schleiermachers Beschreibung des Verhältnisses von
Volk und Monarch sieht Holstein ebensowenig wie die Tendenz zum demokratischen
Staatsmodell, die seine Konzeption prägt. Vgl. auch die ablehnende Stellungnahme
zu Holsteins Deutung von Erich Foerster: Der Organismusbegriff bei Kant und bei
Schleiermacher und seine Anwendung auf den Staat, in: Zeitschrift für Theologie und
Kirche. Neue Folge 12 (1931), 407–421.

licher Tätigkeit nahelegt. Der Sache nach ist es Schleiermacher jedoch um
etwas anderes gegangen: Ihm stand jene Kategorienlehre der politischen
Aufklärungsphilosophie vor Augen, die, so jedenfalls seine Interpretation,
den Staat als Mechanismus auffaßte und alle Vorgänge des politischen
Geschehens aus diesem statischen Modell heraus erklären wollte.[118] Demgegenüber versuchte er, eine Sicht einzuführen, die von einem dynami-
schen, bewegungsintensiven Charakter politischer Vorgänge ausgeht. In
diesem Interesse liegt es begründet, wenn Schleiermacher den Staat als
„geschichtliches Naturgebilde" bezeichnet und auf jene analogisch verwendete physiologische Terminologie zurückgreift. Nicht ohne Grund
trat er der Unterstellung entgegen, es ginge ihm darum, „ein alleiniges,
allgemeinmenschliches Musterbild des Staates aufzustellen, zu welchem
sich alle früheren Erscheinungen nur als verunglückte Versuche verhielten". Nichts konnte seine Intentionen stärker verkennen als eine derartige
Deutung. Die praktische Anwendung, die Schleiermacher in der Durchführung seiner staatstheoretischen Analyse mit jener metaphorischen
Sprachform verbindet, setzt ihn dabei durchaus ins Recht.[119]

Schleiermachers Analyse ist elementar und doch den spezifischen
Verhältnissen angemessen, die es zu beschreiben gilt: Im Bereich des
Staates stehen Herrscher und Beherrschte einander gegenüber; ihnen ordnet Schleiermacher jeweils eine Seite des physiologischen Begriffspaares zu.
Das „Volk" bildet den Körper des Staates. In einer Ausdrucksweise, die
primär auf den Herrschaftsaspekt bezogen ist, kann auch von „Unterthan-
nen" die Rede sein. Der Inhaber der monarchischen Spitzenstellung steht
für den Geist des Staates. Wie beim Menschen Geist und Natur oder Seele
und Leib unlösbar miteinander verbunden sind und nur gemeinschaftlich
ein Ganzes bilden, so verhält es sich auch in der Beziehung zwischen Bevölkerung und Monarch. Jede Seite wirkt auf die andere ein und provoziert
eine Rückwirkung. Es entsteht ein wechselseitiger Zusammenhang, der
sich in einem kreislaufartigen Austausch konkretisiert. Zuletzt verfestigt
er sich in jenem zirkulär angelegten Gesetzgebungsverfahren. Ein solches
Verfahren ist nach Schleiermacher das entscheidende Charakteristikum
einer um wesentliche Aspekte der Demokratie erweiterten monarchischen
Staatsform.

---

[118] In ihrer generellen Form ist Schleiermachers Kritik ebenfalls fragwürdig. Sie wird
der Vielfältigkeit, Komplexität und Inhomogenität der politisch-sozialen Theorien
der Aufklärungszeit nicht gerecht. Es muß jedoch beachtet werden, daß Schleiermacher sich indirekt auf solche Positionen bezieht, die den Staat nach dem Vorbild
klassischer Staatslehren als strukturiertes Funktionsgebilde auffassen. Vgl. hierzu
den historischen Überblick der Herausgeber in: Von der ständischen zur bürgerlichen Gesellschaft. Politisch-soziale Theorien im Deutschland der zweiten Hälfte
des 18. Jahrhunderts. Herausgegeben von Zwi Batscha und Jörn Garber (suhrkamp
taschenbuch wissenschaft. Band 363), Frankfurt am Main 1981, hier: 9–38.
[119] Siehe: Ueber die Begriffe der verschiedenen Staatsformen, 19.

Der Staat kann bei der Ausübung seiner legislativen und exekutiven Funktionen „in der Peripherie, am Leibe, das heißt bei den Unterthanen", beginnen und beim Regenten enden. Ebenso ist denkbar, daß die Staatstätigkeit „im Regenten, dem Geist und Mittelpunkt, anfängt und im Umkreis bei den Unterthanen endet". Beide Richtungen sind jedoch nicht deckungsgleich, denn es „ist nicht schwer zu sehen, daß die erste unsere gesetzgebende Function ist, die andere aber unsere vollziehende".[120] Die Rede von „Mitte" und „Rand" oder auch von „innen" und „außen" sowie von „Peripherie" und „Mittelpunkt" signalisiert aufs neue Schleiermachers Interesse, in seiner Rekonstruktion die Bewegungskraft, die das staatliche Gesamtsystem kennzeichnet, in aller Klarheit herauszustellen. Es geht ihm um eine zulängliche Beschreibung dieser Vorgänge selbst, ihrer Wechselseitigkeit und Dynamik. Und hierin auch ist es begründet, wenn er zentralen Sätzen seiner politischen Theorie jene metaphorische Sprachgestalt gegeben hat.

3.5. Staatsbürgerschaft und Monarchie

Selbst im unentwickelten Zustand des Staates, in dem das Verhältnis zwischen Volk und Monarch nicht durch Interaktion und Kooperation bestimmt ist und das Volk an Gesetzgebungsakten und sonstigen Entscheidungen keinerlei Anteil hat, ist der Monarch, ungeachtet seiner faktisch uneingeschränkten Vollmacht, an die sittliche Vorgabe gebunden, in seinen Handlungen das Einverständnis einer ihm virtuell als Entscheidungspartner gegenüberstehenden Bevölkerung voraussetzen zu können. Er muß seine Resolutionen danach ausrichten, „im Geiste ganz eins mit dem Volk" zu sein. Der Monarch handelt stellvertretend für die Gesamtheit des Volkes und insofern in Vorwegnahme jenes geschichtlichen Entwicklungsstandes, in dem aus Untertanen Staatsbürger geworden sein werden.

Das Handeln des Monarchen ist nach Schleiermacher nur dann sittlich gerechtfertigt, wenn es im Interesse des Volkes erfolgt. Die Landesbewohner sind in diesem Zustand dem Monarchen weitgehend ausgeliefert. Allein das Mittel der Petition steht ihnen zu Gebote, um einen abweichenden Willen zum Ausdruck zu bringen. Auf eine derartige Willensbekundung allerdings haben sie ein Recht, wenngleich dieses Instrument kaum geeignet ist, der Gefahr der Despotie wirksam zu wehren. Immerhin kam auch in der Vergangenheit dem „Recht der Petition" doch keine bedeutungslose Rolle zu; vielmehr barg es einen eminent politischen Gehalt in sich. Denn seine Inanspruchnahme mußte gerade zur allmählichen Ausbildung, Stärkung und Sicherung des staatsbürgerlichen Bewußtseins bei-

---

[120] Ebd., 45–46.

tragen. So unverbindlich der durch Petitionen vorgebrachte Wille auch war
und so frei der Herrscher entscheiden konnte, so läßt sich doch konstatieren, „in allen Fällen wo sie ihre Wünsche vor ihn bringen, mag er nun
gewähren oder verweigern, wenn er sie nur berücksichtigt, haben doch
die Unterthanen angefangen das Gesetz zu machen". Dies aber ist nach
Schleiermacher der entscheidende Schritt in der Entwicklungsgeschichte
moderner Staaten. Denn mit ihm wird eine einseitige, unbeschränkte und
allein auf seiten des Monarchen liegende Gesetzgebungs- und Entschei-
dungsvollmacht obsolet.[121]

Schleiermachers Theorie spiegelt nun, indem es an dieser zentralen Stelle
der Argumentation um die Neustrukturierung der politischen Verfahrens-
und Entscheidungsabläufe und insofern um die Machtverhältnisse im Staat
geht, in sich selbst den grundlegenden Paradigmenwechsel im Staatsaufbau
wider: Auf der einen Seite gilt nach wie vor, daß das monarchische Prinzip
als unverzichtbares Element in der Geschichte der Staatenbildung anzusehen sei. Dabei ist hier „von der Persönlichkeit eines Einzelnen nicht die
Rede, sondern nur von dem König der nicht sterben darf". Der Monarch
als Amtsinhaber ist es, „durch welchen der Staat allein realisirt worden ist,
und durch welchen allein er auch fortbestehen kann". Vor allem aber ist
der Monarch „die einzige Quelle aller politischen Freiheiten und Rechte,
und jeder Antheil des Volkes an der regierenden Thätigkeit kann ihm nur
von dem Könige mitgetheilt seyn". Dieser Anteil „muß in jedesmaliger
Ausübung auf einem Herrscheract des Königs beruhen". Faktisch bleibt
die Souveränität allein an die Person des Monarchen geknüpft.[122]

Auf der anderen Seite zieht die von Schleiermacher befürwortete politische Entwicklung Folgerungen nach sich, die die Handlungsfreiheit des
Monarchen stark einschränken. Denn es müssen Formen einer „festste-
henden Kommunikation der Unterthanen mit dem Regenten" gefunden
werden. Gesetzgebende Versammlungen sind einzurichten und mit der

---

121 Vgl.: Ebd., 46.
122 Schleiermacher geht in seiner Akademieabhandlung vom März 1814 auf die Problematik der Souveränität im Staat der Sache nach zwar ein, doch vermeidet er eine explizite Erörterung. Er weist sogar die entsprechende Terminologie in einer längeren
Anmerkung ausdrücklich zurück: „Des verfänglichen Ausdrucks Souverain und Sou-
veraïnität habe ich mich hiebei nicht sowol absichtlich enthalten, als nur der Gang der
Auseinandersetzung mich nicht darauf bringen konnte. Wichtig aber wäre es diesem
Ausdruck in seinem Ursprung nachzuspüren, was meines Wissens noch nicht genügend
geschehen ist. Denn nichts verdirbt die wissenschaftlichen Untersuchungen mehr, als
der Gebrauch solcher Ausdrücke, die weder wissenschaftlich entstanden noch auch
wenigstens wissenschaftlich gestempelt sind, welcher Act doch eigentlich immer auf
einer durchgeführten historischen Forschung beruhen muß" (Ueber die Begriffe der
verschiedenen Staatsformen, 44–45). Die Frage, welche Maßnahmen im Falle persönlicher Unfähigkeit des Monarchen – eine Konstellation, die 1811/12 in den Diskussionen der Reformer durchaus eine Rolle gespielt hat – zu treffen wären, hat Schleiermacher nicht aufgeworfen.

Mitwirkung an den staatlichen Leitungsgeschäften zu betrauen. Schleiermachers Idee von einem politischen Kooperationsmodell führt unmittelbar zum parlamentarischen Prinzip.

Im Frühjahr 1814, als die erstmals bereits im Oktober 1810 gegebene Verfassungszusage des Königs weiter denn je von ihrer Einlösung entfernt zu sein schien, kam einer solchen Position, zumal sie vom Katheder der Königlich Preussischen Akademie der Wissenschaften vorgetragen wurde, eine beträchtliche Brisanz zu.[123] Dies gilt auch dann, wenn die Konsequenzen, die sich aus ihr für die weitere Entwicklung des Staates und seiner Herrschaftsorganisation ergeben, von Schleiermacher wiederum, wie schon in der Ethikvorlesung ein Jahr zuvor, nur teilweise ausdrücklich thematisiert worden sind. Sein Votum ist immerhin klar genug, um deutlich werden zu lassen, in wie starkem Maße hier Vorstellungen aus der Reformzeit wirksam waren. Denn das Modell, wonach Monarch und Bevölkerung als Glieder eines nahezu partnerschaftlichen Verhältnisses dargestellt werden und die Leitung der Staatsgeschäfte beiden Seiten gemeinsam zufällt, führt unmittelbar auf jene kurzen Jahre zurück, als sich für manchen kritischen Zeitgenossen mit dem preußischen Staat die Erwartung einer tiefgreifenden politischen Erneuerung verband.

Für die praktische Durchführung der Staatstätigkeit zieht Schleiermacher zwei Schlußfolgerungen: Zum einen soll das exekutive Handeln seinen Ausgang stets von staatlichen Behörden nehmen. Nur auf diese Weise läßt sich verhindern, daß gesetzliche Festlegungen der Legislative unausgeführt bleiben oder in den unklaren Bereich spontaner Initiativen geraten. Zum anderen sollen nicht einzelne Teilgruppen, sondern die Gesamtheit der Bevölkerung in das Gesetzgebungsverfahren einbezogen sein. Erst im Zuge einer solchen Mitwirkung entwachsen die Landesbewohner der Untertanenschaft und bilden jenes für die Entwicklung des Staates unabdingbare staatsbürgerliche „politische Bewußtseyn" aus.[124] Als „Bürger" des Staates sind sie selbst Teil des politischen Prozesses. Die Teilhabe am legislativen und auch exekutiven Staatshandeln muß institutionell ermöglicht und gesichert werden. Dies geschieht durch die Einrichtung von Kommunalbehörden, über die die Bürger „von unten herauf" – eine Formulierung die an Schleiermachers Ausführungen zum kirchlichen Synodalwesen erinnert – wirksam werden können:

„Hat nun der König das Gesetz ausgesprochen: so ist damit nothwendig zugleich auch der Anfang der Vollziehung gesetzt; denn eine gleichsam leere

---

[123] Zum sogenannten „ersten Verfassungsversprechen" vgl. Ernst Rudolf Huber: Deutsche Verfassungsgeschichte seit 1789. Band 1: Reform und Restauration 1789–1830. Zweite verbesserte Auflage, Stuttgart / Berlin / Köln 1967, 296–297. Die Zusage war Teil der Reformpolitik Hardenbergs; sie bildete den Abschluß des Finanzedikts vom 27. Oktober 1810 (vgl.: Band I, S. 66).

[124] Ueber die Begriffe der verschiedenen Staatsformen, 36.

Zeit zwischen beiden läßt sich nicht denken und wäre eine Ohnmacht des Staates. Diesem Anfange wird sich die Thätigkeit der mit der Verwaltung beauftragten Beamten anschließen, deren System unstreitig die Organisation der vollziehenden Gewalt ist, aber vollendet ist die Vollziehung auch hier nur in der die Gesammtheit der Gesetze und nichts anderes darstellenden Gesammtthätigkeit der Bürger. Daher auch häufig und gewiß zum Vortheil des Ganzen die Vollziehung sich zuletzt in den Händen der sich von unten herauf organisirenden und die Thätigkeit der Bürger zunächst bestimmenden Communalbehörden befindet."[125]

Diese Überlegungen zur wachsenden politischen Handlungskompetenz der Bürgerschaft und ihrer Partizipation an politischen Entscheidungsvorgängen werden noch nach einer anderen Seite hin entwickelt. Denn nicht allein die Rolle der Staatsbürger, ihre Befreiung aus der Untertanenschaft und die Übernahme wesentlicher Funktionen im Staat, ist es, der Schleiermacher in seiner Abhandlung nachgeht. Er erörtert ebenso die komplementäre Frage nach Aufgaben und Qualifizierungsmerkmalen im Blick auf jene Herrschaftsinstanz, die den Bürgern im monarchischen Staat gegenübersteht. Dabei sind, wie bereits der Bericht über Schleiermachers Verhalten in den politischen Auseinandersetzungen von 1813 gezeigt hat, an seiner wahrhaftig empfundenen Loyalität gegenüber dem im Preußen des Jahres 1814 regierenden Herrscherhaus keinerlei Zweifel erlaubt. Und dennoch zeigt sich, daß Schleiermacher die Monarchie mit kritischen Augen betrachtet. Er akzeptiert ihr Bestehen nicht aus sich selbst heraus als notwendig; vielmehr hält er es grundsätzlich für begründungsbedürftig. Das monarchische Prinzip kann nicht mehr aus geschichtlicher Dignität, unter Berufung auf traditionale Legitimation, oder gar aus einer transzendenten Begründungsquelle, wie in der rhetorischen Figur des Gottesgnadentums der Fürsten, hergeleitet werden. Es muß sich in seiner Effektivität und Unverzichtbarkeit selbst ausweisen. Dabei können ausschließlich solche Gründe auf Anerkennung rechnen, deren pragmatischer Gehalt offenkundig ist.

Schleiermacher findet eine hinreichende Begründung für die Berechtigung des monarchischen Prinzips in dem Argument, daß nur der Monarch, sofern er seiner Aufgabenstellung genügt, von den diversen, häufig auch widerstreitenden Interessen der Bürger frei sei. Sein Interesse habe allein auf das Wohl des Staates und damit auf das der Gesamtheit gerichtet zu sein. Nur dem Monarchen spricht Schleiermacher unter den gegenwärtig gegebenen Umständen die nötige Umsicht zu, die Gemeinschaftsdienlichkeit administrativer Handlungen angemessen beurteilen zu können. Wegen dieser speziellen, aus den Verhältnissen des bestehenden politischen Systems resultierenden Kompetenz sei die Bürgerschaft auch dann noch

---

[125] Ebd., 47.

an den Inhaber der staatlichen Spitzenstellung gewiesen, wenn sie selbst, durch Verantwortungsbewußtsein und Sachkenntnis dazu berechtigt, an den Geschäften des Staates Anteil habe. Konsequenterweise plädiert Schleiermacher in diesem Zusammenhang für das dynastische Königtum. Denn die Erbmonarchie sei, anders als das Wahlkönigtum, in deutlich geringerem Maße von der Gefahr bedroht, ihre Entscheidungsbefugnisse in den Dienst partikularer Interessen zu stellen.[126]

Auch hier argumentiert Schleiermacher allein unter Bezugnahme auf pragmatische Gesichtspunkte. In letzter Hinsicht ist es nicht das Schicksal des Königs, das seiner zelebritären Familie oder die geschichtliche Würde des monarchischen Prinzips an sich, die für Schleiermacher von Bedeutung sind. Vielmehr geht es ihm um die Funktions- und Entwicklungsfähigkeit des Staates. Der Staat aber ist nicht das Werk, das Betätigungsfeld oder das Eigentum einer Einzelperson, so exponiert sie auch sein möge, sondern das gemeinschaftliche politische Aufgabenfeld aller beteiligten Personen.

3.6. Nationalstaat und Weltstaat

Neben die Gesetzes- und die Herrschaftsthematik stellt Schleiermacher mit der geopolitischen Problematik einen dritten Sachzusammenhang. Denn nicht allein Gesetz und Herrschaft, sondern auch die geographische Dimension mit ihren ökonomischen und politischen Aspekten bildet nach Schleiermacher einen elementaren Faktor in der Existenz von Staaten. Deren „ethische Organisation" ist auf die Beherrschung des Erdbodens ausgerichtet und dient der Erschließung seines materiellen Reichtums. Da jedoch die Bodenfläche prinzipiell limitiert ist und zudem die jeweils auf begrenzten Flächen lebenden Bewohnergruppen durch kulturelle und sprachliche Eigentümlichkeiten voneinander abgesetzt sind, besteht die Notwendigkeit, Regelungssysteme auszubilden, die im Konfliktfall die Anwendung von Gewalt begrenzen oder erschweren. Solche Systeme sind es, die über die Etablierung stabiler Verständigungsprozesse einen permanenten Friedenszustand überhaupt erst möglich machen. Ob es den hierfür verantwortlichen Funktionsträgern gelingt, dieser Aufgabe nachzukommen, ist eines der entscheidenden Kriterien für die politische Einschätzung eines Staates.[127]

---

[126] Vgl.: Ebd., 44.
[127] Vgl.: Ethik (1812/13), 103 (§ 128) und 116 (§ 186). – Der Terminus „Geopolitik" taucht bei Schleiermacher natürlich nicht auf, doch kommt der Rede von Deutschland als dem „Kern von Europa" (siehe: Band I, S. 139 und 154–157) eine entsprechende Dimension zu. Zur Begriffs- und Problemgeschichte vgl. Michael Salewski: Geopolitik und Ideologie, in: Geopolitik. Grenzgänge im Zeitgeist. Band 1.2: 1945

Aus dem Gedanken der Vernunftbildung der Natur, den Schleiermacher in der „Ethik" als zentrales Motiv des Kulturprozesses hervorhebt, ergibt sich eine weitere Folgerung. Die Staatenbildung als Teil des kulturellen Gesamtprozesses ist durch ein stark universalistisches Element gekennzeichnet. Denn zwar konkretisiert sich jene Vernunftbildung in der durch den Staat betriebenen Beherrschung des Erdbodens. Sie kann aber im Modus der Partikularität nie über unzureichende Ansätze hinauskommen. Eine zulängliche Gestalt findet sie allein dann, wenn es gelingt, nationale und kulturelle Segmentierungen zu überwinden, das heißt im supranationalen, multiethnischen und kulturpluralen Weltstaat.

Dieser Gedanke wird bereits in den staatstheoretischen Überlegungen der Umbruchsjahre vor 1815 vorgetragen. In der Ethikvorlesung von 1812/13 ist Schleiermacher hinsichtlich der realpolitischen Möglichkeit einer nationenübergreifenden Staatenbildung noch sehr zurückhaltend. Staat und Nation stehen hier in enger Verbindung; „der natürliche äußere Umfang eines Staates geht also, soweit Sprache und Gestalt gehen, über Menschen und Boden". „Menschen und Boden gehören wesentlich zusammen, daher auch der Boden das erste Object der Anziehungskraft der Liebe für alle ist, und ein Volk es immer als Beraubung fühlen muß, wenn es einen Theil seines ursprünglichen Bodens einbüßt."[128]

Weitergehende Realisierungschancen erwachsen aus der Ausbildung jener „nationalen Gemeinschaften des Wissens": „Endlich entsteht eine Gemeinschaft daraus, daß jede Nation als Person auch das Fragmentarische an sich hat, jede gewisse Gebiete des Wissens besonders ausgearbeitet und in anderen zurückbleibt. Daher nimmt jedes Volk seine Zuflucht zu dem Volk, welches die Virtuosität eines Gebietes darstellt, muß aber dann das Individuelle mitnehmen." Das „Abhängigkeitsverhältnis", das auf diese Weise unter einer Mehrzahl von Völkern entsteht, bildet ein starkes Fundament für die weitere Entwicklung im Staatenverhältnis.[129]

Je länger Schleiermacher sich der politischen Thematik widmete, desto wichtiger wurde ihm die weltstaatliche Idee. In den Vorlesungen der späten zwanziger Jahre tritt sie als einer der Zielgedanken der staatstheoretischen

---

bis zur Gegenwart. Herausgegeben von Irene Diekmann, Peter Krüger und Julius H. Schoeps (Neue Beiträge zur Geistesgeschichte. Band 1.2), Potsdam 2000, 357–380.

[128] Ethik (1812/13), 103 (§ 128. 129). Vgl. hier, 103–104 (Anmerkung), auch die entsprechenden Ausführungen aus der Vorlesung von 1816. Unter anderem heißt es: „1. Staat ist Identität von Volk und Boden. Ein wanderndes Volk ist selten schon Staat. a) Zulänglichkeit des Bodens besteht darin, daß die wesentlichen Bedürfnisse in natura erzeugt werden. [...] b) Bestimmtheit des Bodens hängt am Volkscharakter und am Naturcharakter – beide laufen in einander auf den Berührungslinien, die also in gewissem Sinne unbestimmt erscheinen und um äußerer Motive willen verrückbar."

[129] Ebd., 116 (§ 186). In der Akademieabhandlung zu den Staatsformen spricht Schleiermacher von der „sonderbaren" Möglichkeit, daß ein Staat „nach einem noch größeren Umfange" strebt als durch den Existenzbereich eines Volkes gegeben ist (Ueber die Begriffe der verschiedenen Staatsformen, 39).

Konzeption prominent hervor.[130] Dabei dient sie Schleiermacher insgesamt weniger dazu, eine politische Vision oder eine utopische Vorstellung vom zukünftigen Staat zum Ausdruck zu bringen. Ihr kommt vielmehr ein „regulativer Charakter" zu; sie übernimmt die Aufgabe, die gegebenen Staaten in ihrer nationalen und kulturellen Begrenztheit auf das Bewußtsein ihrer geschichtlichen und sittlichen Relativität zurückzuführen.

Schleiermacher war nicht daran interessiert, die Idee von einem Universalstaat als konkrete tagespolitische Forderung in die Diskussion einzubringen. Ihm war bewußt, daß die mit einem solchen Zielbegriff intendierte geschichtliche Entwicklung nach Kriterien einer realistischen Politikbeurteilung mittel- und selbst langfristig unabsehbar und in ihren tatsächlichen Erfolgschancen kaum einschätzbar war. Ein universaler oder „weltbürgerlicher" Staat steht überdies quer zu Schleiermachers Vorstellung von der Notwendigkeit einer emotionalen Bindung des Einzelnen an den Staat, wie sie sich in der Regel über regional- und nationalgeschichtlich bedingte kulturelle Motive ergibt. Auf diesen Sachverhalt hat er seit den Hallenser politischen Predigten immer wieder verwiesen, und noch in der Akademieabhandlung „Ueber die verschiedenen Methoden des Uebersetzens" vom Juni 1813 heißt es in aller Eindeutigkeit:

„Denn so wahr das auch bleibt in mancher Hinsicht, daß erst durch das Verständniß mehrerer Sprachen der Mensch in gewissem Sinne gebildet wird, und ein Weltbürger: so müssen wir doch gestehen, so wie wir *die* Weltbürgergesellschaft nicht für die ächte halten, die in wichtigen Momenten die Vaterlandsliebe unterdrükt, so ist auch in Bezug auf die Sprachen eine solche allgemeine Liebe nicht die rechte und wahrhaft bildende, welche für den lebendigen und höheren Gebrauch irgend eine Sprache, gleichviel ob alte oder neue, der vaterländischen gleich stellen will. Wie Einem Lande, so auch einer Sprache oder der andern, muß der Mensch sich entschließen anzugehören, oder er schwebt haltungslos in unerfreulicher Mitte."[131]

Im Sinne eines praktikablen politischen Handlungsauftrages setzt Schleiermacher an die Stelle der Universalstaatsidee das Modell eines Staatenbundes. Ein derartiger Bund soll das Ergebnis eines vom Friedensgedanken bestimmten Verhältnisses der Staaten zueinander sein und zugleich selbst der Stärkung und Sicherung des Friedens dienen. Da jedoch die konkrete geschichtliche Gestalt eines Staates mindestens vorläufig an diejenigen begrenzten nationalen, kulturellen und ökonomischen Ressourcen gebunden bleibt, die innerhalb seines Territoriums vorhanden sind, bemüht Schleier-

[130] Vgl.: Vorlesungen über die Lehre vom Staat (KGA II/8), 555. Siehe hierzu die näheren Ausführungen unten S. 293 und 299–302.
[131] Ueber die verschiedenen Methoden des Uebersetzens [vorgetragen am 24. Juni 1813], in: Sämmtliche Werke. Band III/2: Philosophische und vermischte Schriften. Zweiter Band, Berlin 1838, 207–245, hier: 236 (Akademievorträge (KGA I/11), 65–93, hier: 87).

macher sich, die nationalstaatsüberschreitende Tendenz seiner Staaten-
bundidee nicht in ein Konkurrenzverhältnis zur nationalen Dimension des
Staatsbegriffes treten zu lassen. Den etliche Jahrzehnte später, mit Gründung der Europäischen Wirtschaftsgemeinschaft 1957, in Gang gesetzten
und erst gegenwärtig das Anfangsstadium einer realen Staatenbildung er-
reichenden europäischen Integrationsprozeß hätte er wohl als eine seiner
Vorstellung entsprechende Entwicklung begrüßt.

Für den kulturtheoretischen Kontext von Schleiermachers Staatslehre
ist überdies der Umstand bedeutsam, daß von denjenigen kulturellen Sek-
toren, die der staatlichen Gestaltung entzogen sind, also in erster Linie
Wissenschaft und Religion, Impulse ausgehen, die ihrerseits jene gleiche
universale Tendenz zum Ausdruck bringen. Sie verstärken damit eine normative politische Kraft, aus der sich, so Schleiermachers Erwartung, Ener-
gien für eine tatsächliche Annäherung im zwischenstaatlichen Bereich
und insofern für eine Überwindung jener Gebundenheit an partikulare
Faktoren gewinnen lassen.

3.7. Staatsverwaltung und Staatsverteidigung

Zwei weitere Begriffe, nämlich „Staatsverwaltung" und „Staatsvertheidigung", treten in Schleiermachers Konzeption markant hervor. Mit dem
ersten Terminus bezeichnet er jenes Gesamtgebiet von Handlungen, das
durch das dem Staat gesetzte Ziel der Naturbeherrschung bedingt ist.
In der Staatsverwaltung ist die Organisation und Koordination all jener
Kräfte zusammengefaßt, die auf eine immer intensivere Naturbeherrschung gerichtet sind.

Dieser Aspekt der Staatslehre ist deutlich von jenem Problembereich
unterschieden, der sich auf die Verfassungsthematik konzentriert. Denn
die Verfassung ist ausgerichtet auf den Prozeß der Staatskonstitution,
der gesetzmäßigen und politischen Organisation und der Regelung zwischenstaatlicher Verhältnisse. Die Staatsverwaltung hingegen setzt jene
Ebene voraus. Sie repräsentiert die Existenz des Staates im Gegenüber zur
Natur, ohne ihn prinzipiell, also im Blick auf seine Entstehungsbedingun-
gen, in Frage zu stellen. In den Akademieabhandlungen des Jahres 1814
bleiben die Erörterungen zu Begriff und Problem der „Staatsverwaltung"
insgesamt noch in einem Entwurfsstadium. Erst in den späteren Vorlesungen zur politischen Theorie hat Schleiermacher sich dem Komplex
eingehend zugewandt und den gesamten zweiten Teil seiner Staatslehre
unter diesen Titel gestellt. Hierauf wird an späterer Stelle näher eingegangen werden.[132]

---

[132] Siehe unten S. 108–115 und 294–298.

3.7.1. Die Erziehung als Aufgabe staatlichen Handelns

Mit der Frage nach dem Einfluß des Staates auf den Erziehungsprozeß widmete Schleiermacher sich jedoch bereits 1814 einem wichtigen Teilaspekt der Staatsverwaltung. Dabei schlug er den Bogen der Fragestellung bis zur antiken Pädagogikdiskussion. Bereits Platon hatte die Alternative formuliert, ob Kinder primär in den Erziehungsbereich der Eltern oder den des Staates gehören. Schleiermacher sucht einen vermittelnden Lösungsweg, indem der Erziehungsprozeß von Eltern und Staat gleichermaßen ausgehen soll. Detaillierte Ausführungen zu dieser Thematik gibt er in der Akademieabhandlung vom 22. Dezember 1814 unter dem Titel „Ueber den Beruf des Staates zur Erziehung".[133]

Ihretwegen wurde Schleiermacher, wie er brieflich berichtete, einige Monate später eine besondere Ehre zuteil: Trotz des angespannten Verhältnisses zum Innenminister Schuckmann, der nur kurze Zeit zuvor seine ministerielle Wirksamkeit hintertrieben hatte, wurde er von seinem obersten Vorgesetzten mit ausgesuchter Freundlichkeit behandelt und in näheren Verkehr gezogen: „Ich war kurz darauf beim Minister, und er war höchst freundlich, hat mich auch hernach einmal zu Tische gebeten, was er vorher nie gethan hätte; ja er hat sich unter vielen Lobsprüchen eine Abhandlung politischen Inhalts, die ich in der Akademie gelesen, ausgebeten um eine Abschrift davon zu nehmen."[134] Veröffentlicht wurde der Text, anders als der Vortrag vom März des Jahres, in den Jahrbüchern der Akademie nicht. Es scheint, als wenn er von Schleiermacher ursprünglich überhaupt nicht zum Druck bestimmt war. Die Abhandlung gehört aber zu jenem Bestand an Akademiereden, den Schleiermacher nach Auskunft des Nachlaßverwalters Ludwig Jonas „selbst als mittheilbar bezeichnet" hat.[135]

Inhaltlich steht der Vortrag mit den Staatslehre- und Pädagogikvorlesungen der betreffenden Jahre, aber auch mit der Tätigkeit in der Wissenschaftlichen Deputation und der Unterrichtssektion des Departements für Kultus und öffentlichen Unterricht in enger Verbindung. Die Erziehungs-

---

[133] Ueber den Beruf des Staates zur Erziehung, in: Sämmtliche Werke. Band III/3, Berlin 1835, 227–251 (abgedruckt in: Akademievorträge (KGA I/11), 125–146). Es ist nicht ganz sicher, immerhin aber doch sehr wahrscheinlich, daß Schleiermacher diese Abhandlung in der Philosophischen Klasse gelesen hat. – Nach Erich Weniger, der hierfür auf den zeitlichen Zusammenhang mit dem abgenötigten Rücktritt verweist, stellt der Vortrag eine Art Resümee von Schleiermachers Mitwirkung im Unterrichtsdepartement dar; vgl.: Pädagogische Schriften. Unter Mitwirkung von Theodor Schulze herausgegeben von Erich Weniger. Zweiter Band: Pädagogische Abhandlungen und Zeugnisse, Düsseldorf und München 1957, 238.
[134] Brief an Ludwig Gottfried Blanc vom 4. April 1815, in: Schleiermacher als Mensch. Band II. Briefe 1804–1834, 219–220, hier: 220.
[135] Sämmtliche Werke. Band III/3, XIII.

tätigkeit zählt für Schleiermacher zu den elementaren Handlungsfeldern staatlichen Wirkens. Dabei steht die Zielsetzung von Beginn an fest: Es geht um die „Erziehung seiner künftigen Bürger" und damit um eine zentrale Voraussetzung für die Entwicklungsfähigkeit des Staates selbst. Dessen Schicksal und die von ihm geübte Erziehungspraxis hängen aufs engste zusammen: „Wir finden Zeiten in der Geschichte unserer neuen Welt, wo Völker nur dadurch aus einer langen Dumpfheit und Roheit zu erwachen scheinen, daß ihre Regierung die Zügel dieses wichtigen Geschäftes in die Hand nimmt und durch andere Mittel in dem jüngeren Geschlecht die gewünschten höheren Kräfte aufzuregen sucht [...]."[136]

Grundlegend für eine theoretische Erörterung staatlichen Erziehungshandelns im Kontext der Staatslehre ist nach Schleiermacher die Abgrenzung gegenüber einer solchen Einwirkung auf die Einwohner, die ein tyrannischer Staat zu praktizieren bestrebt ist, indem er „eben dadurch das Joch der Knechtschaft erschwert und verlängert". Erziehung müsse vielmehr darauf gerichtet sein, Mündigkeit zu erwecken und vorhandene Urteils- und Entscheidungskompetenzen zu stärken. Von der Erziehung im familiären Umfeld unterscheide sich die von staatlicher Seite praktizierte Erziehung lediglich dadurch, daß hier „das große Geschäft der geistigen Entwickelung in einem größeren Stile betrieben" werde und es rascher gedeihe. Besonders die deutschen Fürstenhäuser hätten sich in dieser Hinsicht hervorgetan und Erhebliches geleistet, um das Volk durch Erziehung zu „veredeln". Schleiermacher ergänzt diese Aussage durch eine heftige Kritik am autoritären „napoleonischen Erziehungssystem", das auf eine fremdgeleitete Prägung der Gesamtpersönlichkeit des Zöglings gerichtet sei. Dieser Kritik entspricht eine generelle Zurückweisung solcher Konzepte staatlicher Erziehungspraxis, die von einem unbegrenzten, „allgemeinen" Zugriffsrecht auf das Kind oder den Jugendlichen ausgehen. Sie machen deutlich, wie nötig es ist, daß „man mit der Quelle, aus welcher der Beruf des Staates zur Erziehung entspringt, auch das Gebiet erkennt, worin derselbe eingeschlossen ist".[137]

Schleiermacher geht im Zusammenhang der Erziehungsthematik wiederum von dem Gegensatz zwischen Regierenden und Regierten aus. Alle Aussagen über den Charakter, die Aufgabenstellung und die Ausführungsgestalt staatlichen Handelns lassen sich als Aussagen über das Verhältnis dieser beiden Seiten zueinander und die dieses Verhältnis prägende Dynamik auffassen. Das gilt vom erzieherischen Handeln in besonderer Weise, denn eine pädagogische Einwirkung kann nur dann gelingen, wenn die anzuwendenden Erziehungsgrundsätze beiderseits akzeptiert werden. Regierung und Volk müssen in ihrer Ansicht vom Erziehungsprozeß über-

---

[136] Ueber den Beruf des Staates zur Erziehung (Erstdruck), 227–228.
[137] Ebd., 228–229.

einstimmen, wenn dem Staat ein Recht zur pädagogischen Einflußnahme zugestanden werden soll. Schleiermachers Position gründet hier in seiner Auffassung von der spezifischen Rolle des öffentlichen politischen Diskurses im Alltag. Für ein gegen den Willen der Bevölkerung durchgesetztes Erziehungsprogramm kann sich die Regierung nicht auf ein natürliches Recht zur Erziehung, das ihr angeblich zukomme, berufen. Eine solche Unterstellung ist vielmehr vom Begriff des Staates her illegitim. Alle Anmaßung herrschaftlicher Autorität aus einem „erdachten Naturzustand" kann diesen Mangel nicht beheben.[138]

Stärker noch als bei anderen thematischen Aspekten seiner Staatstheorie geht Schleiermacher in den Überlegungen zur Erziehungspraxis von der Voraussetzung aus, daß dem Anteil der Bevölkerung an der konkreten politischen Gestaltung eine grundlegende, faktisch bis in den administrativen Bereich hineinreichende Bedeutung zukomme. Dies wird durch den Rückgang auf „Sitten und Gebräuche" begründet. Sie repräsentieren gegenüber der Verfassung die ältere Würde, und insofern „kann auch dasjenige in der Erziehung, was auf der Sitte ruht, nie [...] als von der Regierung ausgegangen und von ihr erzeugt angesehen werden, sondern dieses ist wol überall [...] das gemeinsame aber freie und nur in freier Gemeinsamkeit gedeihende unbewußte Erzeugniß des Volkes".[139]

Die harte politische Realität gesellschaftlicher Verhältnisse tritt offen zutage bei den Einflußmöglichkeiten, die sich dem Staat durch Anwendung erzieherischer Mittel auf einzelne Bevölkerungsgruppen bieten. Der Staat kann die Einheit innerhalb des Volkes befördern oder auch stören, indem er „Vorzüge", etwa den privilegierten Zugang zu staatlichen Bildungseinrichtungen, gewährt oder Zugangsbeschränkungen verhängt und durchsetzt. Verfolge eine Regierung „aristokratisierende" Tendenzen, um bestimmte soziale Konstellationen hervorzurufen oder zu stützen, so bringe sie „fremdes" in die Erziehung ein und zerstöre die Relation zwischen Obrigkeit und Untertanen. Im äußersten Fall könne aus dieser Situation „gänzliche Auflösung" des Staates oder „gewaltsame Reaction" folgen, „denn durch Störung des naturgemäßen Erziehungsganges wird ein Volk in seinen innersten Tiefen erschüttert". Schleiermacher spricht hier vom „zerstörenden Beruf des aristokratischen Staates in der Erziehung".[140]

Die wichtigste Aufgabe der von staatlicher Seite betriebenen pädagogischen Einwirkung sieht Schleiermacher darin, die verschiedenen Gruppen und Teile der Bevölkerung zu einem Staatsvolk zu einen. Es geht um die Herstellung der inneren Einheit, „einer höheren Potenz der Gemeinschaft

---

[138] Ebd., 235 und 236.
[139] Ebd., 237.
[140] Ebd., 241.

und des Bewußtseins", die solange nicht besteht, wie standes- oder traditionsbedingte politische Sonderinteressen überwiegen. Der staatliche Einfluß auf das Erziehungswesen soll deshalb darauf abzielen, „die Vielheit in eine wahre Einheit umzuprägen", „die einzelnen Theile einander näher zu bringen, damit sie eben so zu einem Gefühl ihrer Identität mit dem ganzen kommen, wie die einzelnen Glieder des Stammes auf dieselbe Weise das Gefühl ihrer Identität mit diesem haben und immer wieder aufs neue empfangen". Den gemeinsamen Orientierungspunkt, auf den jenes Identitätsgefühl gerichtet sein soll, kann nur die Regierung selbst setzen, da eine derartige Zielgröße ihre Anziehungskraft eben nicht aus partikularen kulturellen oder politischen Überlieferungen bezieht. Die „Bildung einer größeren Nationaleinheit" muß insofern „ein Werk der Regierung sein, welche in einem solchen Staate von vorn herein das Gefühl der Einheit des ganzen ausschließend hat und es erst allmählig mittheilen kann".[141]

Im Volk dagegen kann dieses Nationalgefühl sich nicht vorfinden, wenn ihm nicht auf politischer Ebene, also in der institutionellen Gestalt des Staates, eine reale Erfahrungsgröße entspricht. In der Erziehung wird daher gleichsam die Realität der nationalen Einheit vorweggenommen. Zugleich erübrigt sich das Geschäft staatlichen Handelns für die Regierung in dem Maße, wie sich in der Bevölkerung ein Bewußtsein für die staatliche Einheit einstellt. Denn für Schleiermacher gilt: Hat sich das Verfahren bewährt, „so ist auch kein Grund, warum die Regierung länger sollte die Erziehung, die doch von Natur nicht ihr Geschäft ist, dazu machen, und sie nicht vielmehr in die Hände des Volkes zurükkgeben".[142]

Das Modell einer reinen „Privaterziehung" aber ist, „wenn man nämlich von den Söhnen redet, welche einst mit dem Staate zu thun haben", nach Schleiermacher mit der Ausbildung einer solchen Erziehungspraxis endgültig als überwunden anzusehen. Von Privaterziehung kann nicht mehr die Rede sein, „wenn ein wahres Volksgefühl wirklich lebendig geworden ist", da sie „nur Willkühr ausbrütet und nur in der Sehnsucht nach Willkühr oder in dem Mangel an Gemeinsinn ihren Ursprung hat". Erziehung von Söhnen – „nicht von den Töchtern, welche immer nur dem Hause anheimfallen" – ist also in einem entwickelten Stadium des „Volksgefühls" nur als „öffentliche Erziehung" denkbar. Sie findet „unter dem Betrieb und der Leitung des Volkes selbst" statt und wird, wie eine auf charakteristische Weise platonisierende Wendung anzeigt, „durch den in demselben herrschenden gleichen Sinn in Gleichheit gehalten".[143]

---

[141] Ebd., 245.
[142] Ebd., 246. Siehe hierzu auch die Bemerkungen von Reinhart Koselleck: Preußen zwischen Reform und Revolution. Allgemeines Landrecht, Verwaltung und soziale Bewegung von 1791 bis 1848. Zweite berichtigte Auflage, Stuttgart 1975, 218.
[143] Ueber den Beruf des Staates zur Erziehung, 247.

Hinter dieser Aussage steht die Vorstellung von der Aufgabe des Staates, innerhalb der Gesellschaft, zwischen Adel und Bürgertum, zwischen Oben und Unten einen Ausgleich herbeizuführen. Schleiermacher argumentiert hier zunächst von einer Vorordnung der Verwaltungs- vor der Verfassungsthematik aus. Erst ein solcher Ausgleichsprozeß kann in eine alle Ebenen der Staatsorganisation verfassungsrechtlich regulierende Kodifikation einmünden. „Auf diese Weise behält auch die Regierung in ihrer Gewalt, diesen Übergang, für den sich doch kein Augenblick als der einzig richtige nachweisen läßt, allmählich zu veranstalten und eben dadurch aller Verwirrung vorzubeugen."[144]
Der reformpolitische Impuls, von dem Schleiermacher bei diesen Überlegungen geleitet wird, wird sichtbar, wenn er seinen akademischen Hörern erklärt, daß „aber ein großer Staat von der Art wie wir zuletzt betrachtet haben auf der Stufe, auf die er eben durch die pädagogische Thätigkeit der Regierung gekommen ist, nicht bestehn [könne] unter andern ohne eine Communalverfassung". Kommunale Mitwirkungsinstanzen sind für den Staatsaufbau unerläßlich. „Schon der Augenschein" lehre den Rechtfertigungsgrund, der dieser Aussage zugrunde liege. Entscheidend ist auch hier die Vorstellung von einem, aus gemeinsamen politischen Interessen heraus erwachsenden Zusammenwirken von Bevölkerung und Regierung. Ist der exekutive Prozeß der Staatätigkeit einmal in Gang gesetzt, so richtet er sich auf die Gesamtheit der Bürger. Sie allein ist, wie Schleiermacher wenige Monate zuvor in seiner Abhandlung „Ueber die Begriffe der verschiedenen Staatsformen" ausgeführt hatte, in der Lage, die „Gesamtheit der Gesetze" praktisch zu realisieren.[145]
Am Beispiel der „öffentlichen Erziehung" wird deutlich, daß die Staatsbehörden in Schleiermachers Modell den Charakter autoritär administrierender Instanzen verlieren. Die „pädagogische Thätigkeit der Regierung" gewinnt paradigmatischen Charakter für die Zieldimension des Schleiermacherschen Staatsbegriffes. Denn an diese Tätigkeit, die zudem noch durch das Zusammenwirken des Staates mit der Kirche und den diversen Organisationen des wissenschaftlichen Bereiches unterstützt wird, „geht die Erziehung über und bleibt so auch mit der Regierung in dem indirecten Zusammenhang, in welchem alles was das Volk betrifft mit ihr stehen muß, nur daß diejenigen, die ihn vermitteln, nicht mehr eigentlich als Staatsbehörde sondern nur die einen als Vertreter des Volkes bei der Regierung, die andern als Vertreter der Regierung beim Volke anzusehen sind".[146]

---

[144] Ebd., 246–247.
[145] Ueber die Begriffe der verschiedenen Staatsformen, 47.
[146] Ueber den Beruf des Staates zur Erziehung, 247.

3.7.2. „Bildung für den Staat".

Der Staat als Thema der Pädagogik

Die Akademieabhandlung „Ueber den Beruf des Staates zur Erziehung"
läßt sich als Seitenstück zu Schleiermachers Pädagogikvorlesung auffassen. Diese Vorlesung trug er vor neun Hörern im Wintersemester 1813/14
vor, nachdem ein zunächst für das vorangegangene Sommersemester
angekündigtes Kolleg wegen der militärischen Ereignisse hatte ausfallen müssen. Weitere Vorlesungen zur Pädagogik hielt Schleiermacher
im Wintersemester 1820/21 sowie im Sommersemester 1826.[147] Seine
pädagogische Konzeption weist zahlreiche Aspekte auf, deren politische
Implikationen auf der Hand liegen. Dies gilt insbesondere für die hand-
lungstheoretischen Überlegungen, da nach Schleiermacher allem Handeln wegen des ihm innewohnenden Gemeinschaftsbezuges *per se* ein
politischer Charakter zukommt.

Für Schleiermachers zentrales sozialethisches Prinzip, die Verschrän-
kung von Individualität und Sozialität in sämtlichen Formen des Denkens
und Handelns, sind die grundlegenden Partien der Pädagogikvorlesung
von kaum zu überschätzendem Gewicht. Auf diesen Zusammenhang,
dessen weiterer thematischer Kontext in die Ethik und die Sittenlehre
fällt, ist hier nicht im einzelnen einzugehen, zumal bereits einige neuere
Untersuchungen vorliegen, die sich ihm eingehend widmen. Gerade in
jüngster Zeit ist die Forschung wieder auf die Bedeutung der Pädagogik
für Schleiermachers Theoriebildung aufmerksam geworden, nachdem
bereits in der ersten Schülergeneration einzelne Interpreten der Pädagogik
eine besondere Hochschätzung entgegengebracht hatten.[148]

---

[147] Vgl.: Schleiermachers Briefwechsel (Verzeichnis) nebst einer Liste seiner Vorlesungen,
309 (Wintersemester 1813/14), 316 (Wintersemester 1820/21) und 323 (Sommersemester 1826). Für die erste Vorlesung lautete die Ankündigung im Vorlesungsverzeichnis: „*Die Grundzüge der Erziehungskunst* [lateinische Fassung: *Paedagogicen*],
Herr Dr. Schleiermacher, Mitglied der Akademie der Wissenschaften, 3 Stunden wöchentlich von 5 bis 6 Uhr." Die Vorlesung begann am 8. November 1813 und endete
am 23. März 1814. Das Kolleg vom Wintersemester 1820/21 hat Schleiermacher
nicht im Vorlesungsverzeichnis angekündigt; laut Tagebuch fand es in der Zeit vom
23. Oktober 1820 bis zum 27. März 1821 statt. Schleiermacher hatte neunundvier-
zig Hörer, während die Vorlesung vom Sommersemester 1826 von fast dreimal so
vielen Studenten besucht wurde.

[148] Siehe jetzt die Edition der einschlägigen Druckschriften sowie wichtiger Vorlesungs-
materialien in: Friedrich Schleiermacher: Texte zur Pädagogik. Kommentierte Studi-
enausgabe. Zwei Bände. Herausgegeben von Michael Winkler und Jens Brachmann,
Frankfurt am Main 2000; vgl. auch die Einleitung von Winkler (Band 1, VII–LXXXIV).
Auf die relevante ältere Literatur wird hier, Band 1, 482, hingewiesen. Die erste
Ausgabe von Vorlesungsnachschriften zur Pädagogik erschien 1849 unter dem Titel
„Erziehungslehre" (Sämmtliche Werke. Band III/9. Herausgegeben von Carl Platz,
Berlin 1849). Sie wurde später, erweitert und überarbeitet, wiederholt neu heraus-
gegeben und prägt bis heute das Bild von Schleiermachers Pädagogikvorlesung.

Es steht zu erwarten, daß mit dem weiteren Fortgang der ‚Kritischen Gesamtausgabe' neue Materialien erschlossen werden und Schleiermachers pädagogische Konzeption noch klarer in ihrer systematischen Grundlegungsfunktion hervortritt. Für den in dieser Untersuchung erörterten Gegenstand ist es jedoch sinnvoll, einen einzelnen Aspekt herauszugreifen: In Schleiermachers Ausführungen zum individuellen Bildungsprozeß spielt auch die „Bildung zum Staat" eine wichtige Rolle. Im folgenden sei deshalb, im Sinne einer Spiegelung der Überlegungen zum Thema „Erziehung als Aufgabe staatlichen Handelns", dieses Stück aus der Pädagogik näher herangezogen.

Die Vorlesung von 1813/14 ist einer Erörterung der „allgemeinen Grundsätze der Erziehungskunst" gewidmet.[149] Sie stellt Schleiermachers ersten Versuch dar, die Thematik im Zusammenhang zu entfalten. Schleiermachers Entwurf kommt für die Geschichte der Erziehungswissenschaft insofern ein klassischer Rang zu, als die Pädagogik, entgegen überlieferter Gepflogenheit, hier als eine methodisch und systematisch angelegte Wissenschaft aufgefaßt wird. Schleiermacher befreit die Pädagogik von ihrem eklektizistischen Charakter, den sie im Kontext der moralphilosophischen Erziehungsdebatten des Aufklärungszeitalters angenommen hatte. Die Entwicklung der Pädagogik zu einer sozialwissenschaftlichen Disziplin wird durch ihn vorbereitet. Mit Recht ist festgestellt worden, daß Schleiermacher so präzise wie kein anderer „zeitgenössischer Theoretiker [...] den Einzelnen und sein Eingebundensein in die sittlichen Formen unter den Bedingungen der Moderne" thematisiert und „insbesondere die erzieherische Einwirkung als einen Indikator für den Grad von Sittlichkeit einer Gemeinschaft" begriffen habe. Mit ihm hat „das eigentliche wissenschaftliche Denken in der Pädagogik Einzug gehalten".[150]

---

[149] Das im folgenden zugrunde gelegte Manuskript zur Vorlesung von 1813/14 ist bereits in der ersten, von Carl Platz bearbeiteten Edition abgedruckt worden (Sämmtliche Werke. Band III/9, 585–672). Von dort wurde es in sämtliche Nachauflagen der „Erziehungslehre" übernommen und in weiteren Ausgaben, zumeist allerdings nur anhangsweise oder im Auszug, geboten. Das Originalmanuskript, über das der Herausgeber 1849 noch verfügte, ist heute verschollen. Es bestand ursprünglich aus einem Heft mit fünfzehn Bogen, wovon bereits Platz nur dreizehn vorlagen. Schleiermacher hatte es mit der Überschrift „Zur Pädagogik" versehen. Die Ausgabe Winkler / Brachmann bietet den Text unter dem Titel „Vorlesungen 1813/14" in Band 1, hier: 211–272.

[150] Jens Brachmann: Friedrich Schleiermacher. Ein pädagogisches Porträt (UTB für Wissenschaft. Band 2285), Weinheim / Basel 2002, 11 und 12. Brachmann, der gemeinsam mit Michael Winkler die Pädagogikmaterialien für die Vorlesungsabteilung der ‚Kritischen Gesamtausgabe' bearbeitet, orientiert sich in seinem Buch gleichfalls an der Vorlesung von 1813/14 (siehe hier: 22–35; zur Methodik vgl.: 51–65). Auf die politische Seite von Schleiermachers Pädagogikverständnis geht er nicht eigens ein. Siehe auch Ursula Frost: Die Wahrheit des Strebens. Grundlagen und Voraussetzungen der Pädagogik Friedrich Schleiermachers, in: Kanzel und Katheder. Zum Verhältnis von Religion und Pädagogik seit der Aufklärung. Herausgegeben von Marian Heitger

Die Erziehungslehre war bereits während seiner beruflichen Anfänge in Schleiermachers Blickfeld getreten, als er 1793/94 am Gedikeschen Seminarium zum Lehramtskandidaten ausgebildet worden war. Weitere praktische Erfahrungen sammelte er als Katechet und später als Schulpolitiker in Diensten des preußischen Innenministeriums. Seit der Schlobittener Hauslehrerzeit und den unerquicklichen Monaten bei Gedike stand für Schleiermacher die Notwendigkeit fest, die Pädagogik zu einer methodisch fundierten und thematisch definierten Wissenschaft auszubilden. Eine Ansammlung vager aphoristischer Erziehungsprinzipien konnte nicht den Lehrgegenstand der Pädagogik bilden. Mehr als jene erziehungstheoretischen Halbheiten, die Schleiermacher den Schulmeistern und Institutsdirektoren zum Vorwurf machte, ließen sich hier nicht gewinnen.

Erforderlich war vielmehr eine „philosophische Pädagogik", deren „Schematismus" mit der erzieherischen Praxis eng verknüpft zu sein hatte. Methodenlehre und Empirie sollten in einer Wechselbeziehung stehen und sich gegenseitig stützen. Aufgabe der Pädagogik war es, den ethischen Prozeß erziehungswissenschaftlich abzubilden. Dabei sollte die Pädagogik als Teil der Ethik, also der allgemeinen Kulturtheorie, entworfen werden. Insofern war für Schleiermacher die Suche nach dem „ethischen Ziel" der Erziehungslehre gleichbedeutend mit der ethischen Grundfrage: „Was soll aus dem Menschen werden? Und was ist der Mensch schon?"[151] Im Vergleich mit anderen Pädagogikkonzeptionen der Zeit fällt zudem auf, daß Schleiermacher in seiner Theorie den Aspekt der „nationalen" Ausrichtung von Erziehung nicht explizit anspricht.[152]

Die politische Relevanz der Pädagogik ergibt sich unmittelbar aus dem Gesellschaftsbezug des Erziehungsvorganges. Erziehung ermöglicht der folgenden Generation, am Leben und Tätigsein einer Gesellschaft teilzunehmen: „Die Erziehung [...] soll den Menschen abliefern als ihr Werk an das Gesamtleben im Staate, in der Kirche, im allgemeinen freien geselligen Verkehr und im Erkennen oder Wissen." In der Vorlesung von 1826 ordnet Schleiermacher die Pädagogik der Politik direkt zu.[153]

---

und Angelika Wenger, Paderborn / München / Wien / Zürich 1994, 227–248 (mit weiteren Literaturhinweisen).

151 Pädagogische Schriften. Unter Mitwirkung von Theodor Schulze herausgegeben von Erich Weniger. Erster Band: Die Vorlesungen aus dem Jahre 1826, Düsseldorf und München 1957, 371 (die Formulierungen stammen aus dem Kolleg von 1813/14); vgl. Kurt Nowak: Schleiermacher. Leben, Werk und Wirkung, 318–319.

152 Zum Kontext vgl. Karl-Ernst Jeismann: „Nationalerziehung". Bemerkungen zum Verhältnis von Politik und Pädagogik in der Zeit der preußischen Reformen 1806–1815, in: Geschichte in Wissenschaft und Unterricht 19 (1968), 201–218.

153 Pädagogische Schriften (Ed. Weniger). Band I, 12: „Die Pädagogik ist eine rein mit der Ethik zusammenhängende, aus ihr abgeleitete Wissenschaft, der Politik koordiniert [...]"; vgl. auch: Ebd., 31–33.

Der gemeinsame Bezugspunkt ist das Ideal des mündig und selbstbewußt agierenden Bürgers. Es gilt, die nachrückende Generation in die Lage zu versetzen, den Zustand von Staat und Gesellschaft kritisch zu erkennen, ihn in das eigene Handeln einzubeziehen und schließlich, als Teil des allgemeinen Kulturprozesses, selbständig weiterzuentwickeln.

Dies ist der Kontext von Schleiermachers Ausführungen zum Thema „Bildung für den Staat". Es markiert zweifellos eine problematische Bedingtheit durch die zeitgenössischen pädagogischen Anschauungen, wenn er zunächst autoritätsbezogene Aspekte nennt, um eine Erziehung zu beschreiben, deren Ziel es ist, die jungen Menschen gemeinschaftsfähig werden zu lassen. Als „Prinzip alles gemeinschaftlichen Daseins" gilt der Ordnungsgedanke. Die „Basis des bürgerlichen Zustandes" sei das gehorsame Moment. Unter den Titeln „Ordnung" und „Gehorsam" werden jene Erziehungsinhalte zusammengefaßt, die nach Schleiermacher für die Ausbildung von Gemeinschaftsfähigkeit unerläßlich sind.[154] Dies bezieht sich auf Dinge, „die dem Körper angehören", ebenso wie auf „sinnliche Substrate und Mittel" der Beschäftigung von Kindern. Als allgemeiner Grundsatz wird verlangt, daß nichts gegen seinen Zweck oder unterhalb seines Zweckes „als rohe Masse" gebraucht werden darf, weil andernfalls „zerstörende Verschwendung" droht, die alle Kultur untergraben würde.[155] Im Blick auf die Gehorsamsforderung geht Schleiermacher – auch hierin seiner Zeit verpflichtet – davon aus, daß eine argumentierende, dialogische Erziehungsmethode unwirksam bleiben müsse: „Die Regel, daß man, um Kindern den Gehorsam zu erleichtern, ihnen Gründe angeben müsse, ist nichtig; denn Gründe angeben, heißt den Gehorsam erlassen." Entscheidend für den Erziehungsprozeß sei, daß dem Kind „Konsequenz und Zusammenhang" der häuslichen Regeln einleuchte und gegenwärtig sei. Alles komme darauf an, daß sich die verlangten Verhaltensmaßregeln mit der „Wahrheit des ganzen Hauses" in Übereinstimmung befinden.[156]

---

[154] Siehe: Vorlesungen 1813/14, in: Texte zur Pädagogik (Ed. Winkler / Brachmann). Band 1, 266–267.
[155] Ebd., 266.
[156] Ebd., 267. – Ich persönlich denke nicht, daß man sich an die erstgenannte Maxime, so einleuchtend die zweite ist, halten sollte. Meine Frau und ich jedenfalls haben bei der Erziehung unseres Sohnes nicht das Ziel, ihm „den Gehorsam zu erleichtern", sondern ihn zu Einsicht, Verständnis und Verläßlichkeit zu befähigen. Von Interesse ist in diesem Zusammenhang auch eine Formulierung aus dem „Gedankenheft 1817– 1819". Dort notiert Schleiermacher unter dem Stichwort „Erziehungsprincip": „Bedenkt daß sie die Erben der bessern Zukunft sind – Achtung recht vor ihnen denn sie sind nichts sonder [im Sinne von: als] das geheimnisvolle Werk Gottes – Die Blüthe ist nur zu leicht abgestreift" (Schleiermacher-Nachlaß 147, Bl. 1v; Kleine Schriften 1786–1833 (KGA I/14), 273–301, hier: 288).

Das Familienleben gilt Schleiermacher, mit etwas anderer Gewichtung als in der Akademieabhandlung vom Dezember 1814, als primärer Ort, um Erziehung in adäquater Weise zu gewährleisten. Die Weitergabe von sittlichen Standards kann vornehmlich hier erfolgen, ebenso wie eine dem Kind gemäße Mitteilung von Bildungsgütern.[157] Die „bürgerliche Fortbildung" vermittelt dem Kind und dem Heranwachsenden Prinzip und Funktion gesetzlicher Regelungen, aber auch ein Verständnis für die Strukturiertheit der Gesellschaft. An dieser Stelle tritt die politische Seite von Erziehung deutlich hervor, denn jene „Idee des Gesetzes und des bürgerlichen Gegensatzes" werde als die notwendige Bedingung eines erfreulichen und gedeihlichen Lebens gefühlt. Hier wird Erziehung zur „politischen Propädeutik". Das gleiche gilt für die „Erziehung zur Geselligkeit". Soziale Schranken sollen in der Bestimmung des Umgangs keine Rolle spielen, denn bei Kindern verschiedener Stände hat das gemeinsame Leben „den Vorzug der Liberalität". Sofern die individuelle Anziehung weit mehr die näheren Verhältnisse regelt als die Standesgleichheit, so kommt dies der „politischen Fortbildung" zugute, denn soziale Schranken, indem sie im Spiel überwunden werden, büßen zugleich ihre absolute Geltung ein.[158]

In beiden Wendungen, in denen Schleiermacher von „Fortbildung" spricht, ist die pädagogische Zielsetzung die gleiche: Hier wie dort geht es um die Anleitung zu einem Verhalten und Handeln, das sich seines Bezuges zur Gesellschaft bewußt ist. Dabei bilden die Einwirkung des Einzelnen auf die Welt und die Einwirkung der Welt auf den Einzelnen ein nicht auflösbares Wechselverhältnis, aus dem sich am Ende die jeweilige individuelle Biographie formt. Die Erziehung kann in dieses „natürliche Verhältnis von Rezeptivität und Spontaneität" eingreifen, indem sie eine Veränderung der Wirkungskräfte herbeiführt. Ihr Interesse richtet sich dabei auf eine stabile Zuordnung beider Seiten, durch die sowohl die Individualität des Kindes geschützt, sie im Prozeß der Persönlichkeitsbildung aber auch zur Entwicklung gebracht wird. In den „Aphorismen zur Pädagogik", die aus dem gleichen Zeitraum wie die Vorlesung stammen, formuliert Schleiermacher diesen Sachverhalt in folgender Weise: „Die Erziehung setzt den Menschen in die Welt, insofern sie die Welt in ihn hineinsetzt; und sie macht ihn die Welt gestalten, insofern sie ihn durch die Welt läßt gestaltet werden."[159]

---

[157] Vorlesungen 1813/14, 268. Vermutlich nicht ohne eigene Kenntnis dieses oft wiederholten Fehlers bemerkt Schleiermacher: „Wenn Kinder die Dinge noch zweckwidrig behandeln, so ist es ein Zeichen, daß sie vom Wert derselben noch kein Gefühl haben; man muß sich hüten, sie mit zu gebildeten Dingen zu überladen" (Ebd., 266–267).

[158] Vorlesungen 1813/14, 271.

[159] Aphorismen zur Pädagogik, in: Ebd., 202–211, hier: 209 (Nr. 72). Das vorhergehende Zitat siehe: Ebd., 209 (Nr. 71). – Die „Aphorismen zur Pädagogik" stehen in engem Zusammenhang mit den Vorlesungen von 1813/14. Sie wurden erstmals 1849 in der Edition von Platz mitgeteilt (Sämmtliche Werke. Band III/9, 673–688). Der Heraus-

3.7.3. „Staatsvertheidigung" und Kriegsführung

Mit dem zweiten jener Basisbegriffe seiner Staatstheorie, der „Staatsvertheidigung", wendet Schleiermacher den Blick in die Außenrichtung. Ging es bei der Staatsverwaltung um die Innenseite des Staates, so geht es hier um die Sicherheit des Staates gegenüber externen Bedrohungen, die seine Integrität und Funktionstüchtigkeit in Frage stellen. In der Akademieabhandlung „Ueber die verschiedene Gestaltung der Staatsvertheidigung", die dieser Problematik gewidmet ist, unterscheidet Schleiermacher die Verteidigung nach außen von jener Gegenwehr des Staates, die er inneren Gefährdungen entgegenstellt.[160]

Außenpolitik und, im militärischen Konfliktfall, das Kriegswesen dienen der äußeren Gefahrenabwehr. Den Übergang aus dem Bereich der Diplomatie in das Gebiet der kriegerischen Auseinandersetzung sieht Schleiermacher nicht als prinzipiellen Kategorienwechsel an. Scheitert die Diplomatie in dem Bemühen, einen Ausgleich zwischen widerstreitenden Staaten herbeizuführen, so tritt gegebenenfalls – wie es in einer an Clausewitz erinnernden Bemerkung heißt – der Krieg als Mittel äußerer Staatenlenkung an ihre Stelle, um den Interessenkonflikt auszutragen. Wenngleich der Krieg „ein vorübergehender Zustand" ist, so sei doch „die Möglichkeit dazu [...] immer gegeben".[161] Überhaupt ist Schleiermachers Haltung zum Krieg an dieser Stelle betont pragmatisch: Zwar gehe vom Krieg stets eine schwere Störung des Kulturprozesses aus, doch

---

geber bemerkt dazu: „In dem von Schleiermacher selbst geschriebenen Hefte, welches den Vorlesungen 1813/14 zum Grunde lag, finden sich noch folgende einzelne Säze, numerirt bis 17; dann ohne Nummern und meist zwischen den einzelnen Stunden durch das ganze Heft zerstreut; sie beziehen sich selten auf die Stunde der sie hinzugeschrieben sind, und sind als einzelne Gedanken zu betrachten, die Schleiermacher theils früher theils später in den Vorträgen weiter entwikkelte" (Ebd., 673).

[160] Ueber die verschiedene Gestaltung der Staatsvertheidigung [vorgetragen auf der Gesamtsitzung der Akademie am 10. August 1820], in: Sämmtliche Werke. Band III/3, Berlin 1835, 252–270 (abgedruckt in: Akademievorträge (KGA I/11), 361–377); die handschriftliche Vorlage befindet sich im Schleiermacher-Nachlaß (dort: Bestand 200; dreizehn Blatt). – Die Abhandlung geht von einer Entfaltung des Staatsbegriffes aus, die Schleiermacher seinen Vorlesungen und Vorträgen aus den Jahren um 1813 zugrunde gelegt hat. Der dynamischere und auch materialreichere Zuschnitt der späteren staatstheoretischen Vorlesungen findet sich in dieser Abhandlung kaum. Sie wird daher hier in den Kontext der beiden Akademievorträge von 1814 einbezogen. Diese Situierung hindert nicht anzunehmen, daß Schleiermacher besonders in seiner dritten staatstheoretischen Akademieabhandlung die aktuelle Lage vor Augen stand. Walter Jaeschke äußert dazu folgende plausible Vermutung: Daß Schleiermacher „sich gerade das Thema ‚Staatsvertheidigung' stellt, kann seinen Grund darin haben, daß der Staat sich in diesen Jahren gegen die ‚Demagogen' verteidigen zu müssen glaubte und Schleiermacher sich genötigt sah, die Grundlinien, aber auch die Grenzen der Staatsvertheidigung sowohl gegen innere wie auch gegen äußere Feinde herauszuarbeiten; [...]" (Historische Einführung (KGA II/8), XXXV).

[161] Ueber die verschiedene Gestaltung der Staatsvertheidigung (Erstdruck), 266.

wird er als faktisch unvermeidbar aufgefaßt. Auch läßt sich nach Schleiermacher nachweisen, daß durch Kriege Folgewirkungen ausgelöst wurden, die für die fernere Entwicklung der betroffenen Staaten vorteilhaft waren.

Die Gesamttendenz von Schleiermachers Argumentation läuft jedoch nicht auf eine Rechtfertigung des Krieges oder einer bestimmten Form von Kriegsführung hinaus. Zumal das Modell des „kriegerischen Staates", dessen interne Organisation nach dem Vorbild militärischer Ordnung und Wertmaßstäbe angelegt ist, wird als unvereinbar mit der im Staatsbegriff selbst gesetzten Pflicht des Staates zur Sicherung der bürgerlichen Existenzverhältnisse angesehen. Denn „je mehr [...] die ganze Organisation eines Volkes nur die eines Heeres ist, um desto mehr befindet es sich in einem offensiven, d.h. nach Krieg verlangenden Zustande".[162]

Mit der Existenzsicherungspflicht, die sich unmittelbar aus der gleichen Notwendigkeit ergibt, die auch zur Bildung von Staaten selbst geführt hatte, läßt sich auf Dauer nur ein solcher Zustand vereinbaren, in dem der Krieg als Form zwischenstaatlicher Konfliktbereinigung auf eine marginale Rolle begrenzt bleibt, wenn er nicht überhaupt überwunden werden kann. Und in der Tat ist Schleiermachers Haltung, hierin der von Kant formulierten Position vergleichbar, auf das Ideal eines dauerhaften Friedenszustandes ausgerichtet. Ihn hält Schleiermacher nicht für unerreichbar, wenn sich auch im Überblick über den bisherigen Geschichtsverlauf allenfalls einige Anzeichen für eine erfolgreiche Friedenspolitik finden lassen.[163]

Der Krieg selbst setzt den Friedenszustand voraus. Die Politik muß daher „der Aufregung", die in eine Situation militärischer Konfrontation führen kann, von vornherein Grenzen setzen. Eine derartige Krisensituation „darf nicht ausarten weder in einen allgemeinen feindseligen Sinn noch in einen specifischen Nationalhaß". Immer soll die Politik von dem „Princip des künftigen friedlichen Verkehrs" geleitet und insofern grundsätzlich friedensorientiert sein.[164] Als hauptsächliche Gefahrenquelle gilt demgegenüber die Einflußnahme von Militärvertretern auf das staatliche Handeln. Schleiermacher formuliert deshalb folgende Regel: Abhängig ist das Maß der Annäherung an einen stabilen Friedenszustand von der Intensität des „politischen Lebens", das in dem gesellschaftlichen „Ganzen" herrscht. Denn wenn „in der Masse", also der Bevölkerung, eine lebendige

---

[162] Ebd., 258–259.

[163] Zum Begriff des „ewigen Friedens" vgl. Immanuel Kant: Zum ewigen Frieden. Ein philosophischer Entwurf, Königsberg 1795; siehe dazu Volker Gerhardt: Die republikanische Verfassung. Kants Staatstheorie vor dem Hintergrund der Französischen Revolution, in: Deutscher Idealismus und Französische Revolution. Vorträge von Manfred Buhr, Peter Burg, Jacques D'Hondt u.a. (Schriften aus dem Karl-Marx-Haus Trier. Band 37), Trier 1988, 24–48; „Zum ewigen Frieden". Grundlagen, Aktualität und Aussichten einer Idee von Immanuel Kant. Herausgegeben von Reinhard Merkel (suhrkamp taschenbuch wissenschaft. Band 1227), Frankfurt am Main 1996.

[164] Ueber die verschiedene Gestaltung der Staatsvertheidigung, 269–270.

Gesinnung sich offenbart, „weil diese überall nach irgend einer freien
Thätigkeit strebt", so scheint dieses Bestreben „die Genauigkeit des Gehorsams" und damit die Bedingung der Möglichkeit zur Kriegsführung
in Frage zu stellen. Befehlshaber und Militärs werden sich um so leichter
von der Sphäre des „bürgerlichen Lebens" entfernen und im Konfliktfall
die kriegerische Auseinandersetzung anstreben, „je weniger [...] politisches
Leben in dem ganzen ist". Je intensiver hingegen das politische Leben
ist, „um desto tiefer werden sie selbst darin eingetaucht bleiben und sich
dadurch vor jenem Haß gegen die mitwirkende [bürgerliche] Gesinnung
bewahren, indem sie sie selbst theilen".[165]
    Von Bedeutung für die ethische Beurteilung der Kriegsführung sind auch
Schleiermachers Ausführungen zum Ort des Militärs innerhalb des gesellschaftlichen Zusammenhanges. Eine Absonderung des „Kriegswesens"
als eigene soziale Sphäre will er vermeiden. Insofern ist auch sein Urteil
über das Söldnerheer, dessen Kriegseinsatz nicht der Sicherung oder Verteidigung des eigenen Staates dient, sondern das wesentlich „unpatriotisch"
sein muß, negativ. Nach Schleiermacher bedingen die von der Militärfüh-
rung verfolgte Strategie und das Maß der gesellschaftlichen Integration
der Streitkräfte einander. Je enger die Einbindung ist, desto stärker wird
das Militär eine defensive Gesamtplanung verfolgen. Eine Separierung
hingegen erleichtert die Ausbildung kriegsorientierter Strategien. Schleiermachers Zielvorstellung geht auf eine Reduzierung von Kriegsgefahr und
Militäreinsatz. Es sei eine von der Zeit selbst gestellte Aufgabe, das Heer
als Verteidigungsarmee anzulegen, weil nur dann eine Einbindung in die
Gesellschaft gelingen kann.[166]
    Gegenüber den inneren Gefahren wendet der Staat, neben der Poli-
zeigewalt, die Strafgesetzgebung und die Strafgerichtsbarkeit an. Auch
hierzu finden sich nähere Ausführungen in den Staatslehrevorlesungen.
Schleiermacher konzentriert sich dabei insbesondere auf die allgemeine
Kriminalität, von der eine Störung des Rechtsfriedens und eine Schwä-
chung der gesellschaftlichen Ordnung ausgehen, sowie auf den Aspekt
der „Staatsverbrechen", worunter Landesverrat, Revolutionsbestrebungen
und Anstiftung zum Bürgerkrieg fallen. Wichtigste Aufgabe der Gefahrenabwehr durch strafrechtliche Regelungen ist es zum einen, die Sicherheit
der einzelnen Personen zu schützen, zum anderen, die Integrität der Rechtsordnung und die Sicherheit des Staates zu gewährleisten. Beides hängt insofern unlösbar miteinander zusammen, als es Sache des Staates ist, „die
Sicherheit der Einzelnen als Sicherheit des Staates zu schirmen".[167]

---

[165] Ebd., 266.
[166] Ebd., 266. 254.
[167] Belege aus der Staatslehrevorlesung von 1813 oder den Akademieabhandlungen des
      Folgejahres liegen hierzu nicht vor; vgl. aber die Fassung von 1817, in der Schleierma-
      cher im Abschnitt III („Staatserhaltung") als Teil der inneren Erhaltung des Staates

3.8. Schleiermachers Theorie vom Staat. Ein Fazit

In diesen Erörterungen, aber auch in den mehr prinzipiellen Ausführungen zur Verfassungsproblematik und zur Frage der nationenüberschreitenden Staatenentwicklung, geht Schleiermacher von der Voraussetzung aus, daß der Staat eine der zentralen Kultursphären bildet. Ihm komme, wie den übrigen Kultursphären auch, Recht und Gewicht zu, die durch Gesetzgebung, politisches System und Herrschaftsausübung gewahrt und gesichert werden müssen. Nur so könne der Staat seiner Aufgabe gerecht werden, innerhalb des ethischen Gesamtprozesses die Entwicklung und Entfaltung der Gesellschaft, ihrer Kultur und der mit ihr gesetzten bürgerlichen Lebensform sicherzustellen.

Die Akademieabhandlungen des Jahres 1814 sowie die thematisch verwandten Vorlesungen dieser Zeit bieten Schleiermachers staatstheoretische Überlegungen in einem Stadium, das, verglichen mit den frühesten und den späteren Versionen, am stärksten von den politischen Erfahrungen der Krisenzeit seit 1806 geprägt ist. Besonders jene Hoffnungen, die mit dem erfolgreichen Befreiungskampf verbunden waren und die in der Vorstellung einer Durchdringung von Monarchie und Demokratie ihren theoretischen Ausdruck fanden, wirkten als Impuls zu diesen theoretischen Ausarbeitungen. In seinen späteren Vorlesungen hat Schleiermacher die Theorie weiter differenziert und anhand gewachsener Materialkenntnis auch mehr auf den konkreten Ablauf staatsorganisatorischer und politischer Zusammenhänge ausgerichtet. Im Blick auf das innovative Potential jedoch überbieten diese Fassungen, einschließlich jener so sehr inkriminierten vom Sommer 1817, das hier erreichte Stadium nicht. Sofern man das Maß persönlicher Beteiligung am politischen Geschehen und an dem Geschick des Staates in Rechnung stellt, bilden die Vorlesungen und Abhandlungen aus den Jahren 1813 und 1814 den Höhepunkt in der Entwicklung des Staatstheoretikers Schleiermacher.

Wie stark seine Konzeption in eine bessere Zukunft weist, wie sehr sie – dem tatsächlichen Verlauf der politischen Geschehnisse zum Trotz – geeignet war, als Antrieb für die Reformbewegung zu dienen, wird deutlich, wenn neben sie eine reaktionäre, monarchistische Staatstheorie gestellt wird, wie sie zur gleichen Zeit etwa Carl Ludwig von Haller (1768–1854) entwickelt hat. Haller vertrat in seiner „Allgemeinen Staaten-Kunde" von 1808 sowie in dem ersten, 1816 erschienenen Band seiner „Restauration der Staats-Wissenschaft" den Gedanken, daß Form und Inhalt des Staates im Willen des Monarchen konzentriert seien. Faktisch sei der Staat die Privatdomäne des Königs, dessen Handlungsbefugnisse in keiner Weise

---

Polizei und Justiz thematisiert (Vorlesungen über die Lehre vom Staat (KGA II/8), 370–376; Zitat: 374–375).

durch einen, wie auch immer artikulierten, allgemeinen Willen des Volkes oder durch ein politisch aktives Bürgertum eingeschränkt werden dürfen. So wie bei Haller der Staat auf die Person des Monarchen zurückverlegt wird, so betrachtet Schleiermacher ihn, in nicht geringerer Entschlossenheit, als Aufgabe und Werk aller, die in ihm leben.[168]

4. Schleiermacher und die Kontroverse um den „Tugendbund". Die Auseinandersetzung mit Theodor Anton Heinrich Schmalz (1815)

Die letzte Etappe innerhalb des Themenfeldes „Schleiermachers politische Wirksamkeit im Jahrzehnt der preußisch-französischen Konfrontation" stellt zugleich schon den Eingang in die Wirkungsgeschichte seines politischen Engagements dar. Denn mit der Auseinandersetzung um den Tugendbund, die 1815 zu einer wahren Flut von Aufsätzen, Sendschreiben und Artikeln führte, stand auch Schleiermachers eigenes Verhalten in den Jahren der antifranzösischen Konspiration 1808/09 zur Debatte. Doch wie zuvor schon in den verschiedensten Formen und an den unterschiedlichsten Orten, ob auf der Kanzel, dem Katheder oder in der Studierstube, nutzte Schleiermacher die Kontroverse, um seinen politischen Zielsetzungen Ausdruck zu geben. Dies geschah wiederum in der für ihn typischen Offenheit, die für Mißverständnisse keinen Raum ließ.

4.1. Schleiermacher und Schmalz

Als es im Jahre 1815 zum Streit mit dem Staatsrechtler Theodor Anton Heinrich Schmalz kam, stand Schleiermacher mit dem seinerzeit außerordentlich renommierten Wissenschaftler bereits seit Jahren in Kontakt.

---

[168] Carl Ludwig von Haller: Handbuch der allgemeinen Staaten-Kunde, des darauf gegründeten allgemeinen Staatsrechts und der allgemeinen Staatsklugheit nach den Gesetzen der Natur, Winterthur 1808 sowie: Restauration der Staats-Wissenschaft oder Theorie des natürlich-geselligen Zustands der Chimäre des Künstlich-Bürgerlichen entgegengesetzt. Sechs Bände, Winterthur 1816–1834 [Zweite Auflage: Winterthur 1820–1834]. Von der Titelformulierung des letzteren Werkes nahm die Bezeichnung „Restauration" für die Jahre von 1815 bis 1830 ihren Ausgang. – Zu Haller liegt eine umfangreiche Literatur vor; siehe besonders Heinz Weilenmann: Untersuchungen zur Staatstheorie Carl Ludwig von Hallers. Versuch einer geistesgeschichtlichen Einordnung (Berner Untersuchungen zur allgemeinen Geschichte. Heft 8), Aarau 1955; Ronald Roggen: „Restauration" – Kampfruf und Schimpfwort. Eine Kommunikationsanalyse zum Hauptwerk des Staatstheoretikers Karl Ludwig von Haller (Religion – Politik – Gesellschaft in der Schweiz. Band 24), Freiburg (Schweiz) 1999 und Burchard von Westerholt: Patrimonialismus und Konstitutionalismus in der Rechts- und Staatstheorie Karl Ludwig von Hallers (Schriften zur Verfassungsgeschichte. Band 59), Berlin 1999.

Schmalz – geboren am 17. Februar 1760 in Hannover, gestorben am 20.
Mai 1831 in Berlin – war nach dem Studium zunächst der Theologie, dann
der Rechtswissenschaft in Göttingen dort seit 1785 als Privatdozent und
seit 1787 als Professor in Rinteln tätig gewesen. 1788 folgte er einer Berufung zum Ordinarius nach Königsberg. 1796 trat er, unter Beibehaltung
der Professur, als Assessor bei der Kriegs- und Domänenkammer in den
preußischen Staatsdienst ein. 1798 wurde er zum Konsistorialrat ernannt.
Im akademischen Jahr 1801/02 amtierte Schmalz als Kanzler und Rektor
der Königsberger Universität. 1803 wurde er in gleicher Eigenschaft und
versehen mit dem Geheimratstitel nach Halle versetzt. Hier war Schleiermacher seit dem Wintersemester 1804/05 sein Kollege. Wie es scheint,
kam es zwischen beiden zu einer guten Zusammenarbeit. Es liegen sogar
Hinweise darauf vor, daß Schmalz sich in der schwierigen Frage des akademischen Gottesdienstes für Schleiermacher verwendet hat.[169] Infolge
der Auseinandersetzungen um die Universität und ihrer zwischenzeitlichen
Schließung gab Schmalz, wie auch Schleiermacher, seine Hallenser Stellung
auf und siedelte nach Berlin über. 1809 wurde er zum Rat am Oberappel-
lationssenat des Kammergerichtes ernannt und 1810, mit Eröffnung der
Universität, auf einen Lehrstuhl berufen. Aus seinen zahlreichen Publikationen sind besonders das „Handbuch der Staatswirthschaft" (Berlin
1808) und das 1825 erschienene „Teutsche Staats-Recht" von hohem
zeit- und wissenschaftsgeschichtlichen Wert.[170]
Mit Schmalz' naturrechtlichen Überlegungen hatte Schleiermacher
sich bereits in den späten neunziger Jahren im Rahmen eigener Studien
auf diesem Gebiet auseinandergesetzt.[171] Schmalz gehörte dann zu jener
Gruppe Hallenser Professoren, die im Jahre 1807 nach Berlin abwander-
ten, um am Aufbau der neuen Reformhochschule mitzuwirken. Wie auch
Johann Christian Reil, Justus Christian von Loder und Christoph Wilhelm

---

[169] Vgl. Schleiermachers Brief an Joachim Christian Gaß vom 4. Februar 1806, in: Fr.
Schleiermacher's Briefwechsel mit J. Chr. Gaß, 42–43, hier: 43.

[170] Das teutsche Staats-Recht. Ein Handbuch zum Gebrauche academischer Vorlesungen,
Berlin 1825; vgl. auch: Grund-Gesetze des teutschen Bundes. Zum Handgebrauch bei
Vorlesungen über das teutsche Staats-Recht, Berlin 1825. Bereits früh hatte Schmalz
sich zu staatstheoretischen Fragen geäußert: Das natürliche Staatsrecht, Königsberg
1794 [Zweite verbesserte Auflage: Königsberg 1804]; Erklärung der Rechte des Men-
schen und des Bürgers. Ein Commentar über das reine Natur- und natürliche Staats-
recht, Königsberg 1798. Zur Biographie siehe [Anonymus:] Theodor Anton Heinrich
Schmalz, in: Neuer Nekrolog der Deutschen. Neunter Jahrgang, 1831. Erster Theil,
Ilmenau 1833, 438–443; Ernst Landsberg: Schmalz, Theodor Anton Heinrich, in:
ADB 31 (1890), 624–627 sowie jetzt vor allem die umfassende Darstellung von Hans-
Christof Kraus: Theodor Anton Heinrich Schmalz (1760–1831). Jurisprudenz, Uni-
versitätspolitik und Publizistik im Spannungsfeld von Revolution und Restauration,
Frankfurt am Main 1999, hier besonders: 189–242; vgl. auch: Ders.: Theodor Anton
Heinrich Schmalz. Zur Biographie eines deutschen Juristen um 1800, in: Zeitschrift
für Neuere Rechtsgeschichte 20 (1998), 15–27.

[171] Siehe dazu: Band I, S. 291.

Hufeland, nicht aber Schleiermacher selbst, war Schmalz zum Fachgut-
achter bestellt worden und konnte so an den internen Beratungen über
Konzeption und Gesamtentwurf der Universität mitwirken. Schmalz war
im August des Jahres gemeinsam mit dem Mediziner Froriep – jenem
ehemaligen Kollegen Schleiermachers, der mit ihm im Februar 1808 die
Anzeige im *Hamburgischen unpartheyischen Correspondenten* unterzeichnet hatte – in Memel zur Audienz beim König erschienen und hatte
den Monarchen dort für die Gründungsidee gewinnen können. Von ihm
ist auch das bereits erwähnte Wort Friedrich Wilhelms überliefert, wonach der Staat durch geistige Kräfte ersetzen müsse, was er an physischen
verloren habe. Als Resultat dieser Audienz wurde am 4. September 1807
die von Beyme zusammengestellte Einrichtungskommission eingesetzt,
der nun auch Schleiermacher angehörte.

Wie er, bot Schmalz in dem zeitlichen Interim bis zur Universitätser-
öffnung private Vorlesungen an. Schleiermacher scheute sich nicht, im
Winter 1808/09 bei Schmalz ein Privatissimum über „Staatswirtschaft"
zu besuchen. Brieflich bat er ihn um reguläre Aufnahme. Denn er sei im
Vergleich zu Schmalz „ein wahrhafter Anfänger, und da ich nun dem
gemäß ein fleißiger Schüler bis jezt gewesen bin und ferner sein werde
so bitte ich daß Sie mich nun auch als einen ordentlichen Zuhörer und
nicht nur als einen Gast betrachten wollen".[172] In seinen parallelen Ausarbeitungen zur Staatslehre hat Schleiermacher sich intensiv dem gerade
erst erschienenen „Handbuch der Staatswirthschaft" von Schmalz gewidmet.[173] Doch auch den privaten Umgang mit Schmalz hat Schleiermacher geschätzt. Während der ersten Jahre der gemeinsamen Berliner
Lehrtätigkeit scheint dieser Kontakt sogar recht eng gewesen zu sein.[174]
Das hohe Ansehen, das Schmalz in Regierungskreisen und am Hof ge-

---

[172] Schreiben Schleiermachers an einen Ungenannten vom 27. Dezember 1808, in: Schleiermacher-Nachlaß 769/1; die Zuordnung zu Schmalz ergibt sich zweifelsfrei aus dem
Umstand, daß im Winter 1808/09 außer Schleiermacher nur noch Schmalz private
Vorlesungen angeboten hat (siehe Rudolf Köpke: Die Gründung der Königlichen
Friedrich-Wilhelms-Universität zu Berlin, Berlin 1860, 141). Während Schleiermacher
in dieser Zeit über Glaubenslehre und Staatslehre las, hielt Schmalz Vorlesungen über
die Pandekten, über Deutsches Recht, Handels- und Französisches Recht, Europäi-
sches Völkerrecht und Staatswirtschaft.
[173] Vgl. hierzu Walter Jaeschke: Historische Einführung (KGA II/8), XXIV. Jaeschke
weist die diversen Bezugnahmen auf Schmalz im einzelnen nach (siehe etwa für die
„Frühen Aphorismen": KGA II/8, 9–12. 17–26. 30).
[174] Schleiermacher beschreibt das persönliche Verhältnis folgendermaßen: „Wir haben
als Collegen freundlich, ja wirklich theilnehmend mit einander gelebt" (F. Schleiermacher an den Herrn Geheimenrath Schmalz. Auch eine Recension, Berlin 1815,
50–51). Der Dreifaltigkeitskirchgemeinde habe Schmalz sich „aus freier Wahl und
Zuneigung" angeschlossen, und insgesamt sei der Umgang zwischen beiden „wohl-
wollend" gewesen (Ebd., 51). Vgl. auch den Bericht von einem privaten Zusammen-
treffen im Brief an die Gattin vom 19./21. Juni 1813, in: Schleiermacher als Mensch.
Band II. Briefe 1804–1834, 196–198, hier: 198 (vom 21. Juni 1813).

noß, wird aus dem Umstand ersichtlich, daß nach Erstattung des Schluß-
berichtes der Einrichtungskommission am 22. September 1810 der König
ihn zum ersten Rektor der Universität ernannte.

4.2. Der durch Schmalz ausgelöste „Tugendbund-Streit"

In seinen staatstheoretischen Schriften nahm Schmalz insgesamt eine
äußerst konservative, aggressiv gegen jede Demokratisierungstendenz
gerichtete Haltung ein. Der Absolutismus galt ihm als die beste Verfas-
sungsform; jedes Repräsentationssystem wurde verworfen. Mit großem
argumentativen Aufwand suchte Schmalz überdies nachzuweisen, daß die
Differenzierung der Gewalten in eine legislative, eine exekutive und eine
judikative Teilgewalt für die Entwicklung des Staates hinderlich und auch
staatstheoretisch verkehrt sei. An der tagesaktuellen politischen Diskussion
beteiligte er sich bis 1815 nicht. Dies änderte sich schlagartig, als er im
August 1815 seine Kampfschrift „Berichtigung einer Stelle in der Bredow-
Venturinischen Chronik für das Jahr 1808" veröffentlichte. Der Titel war
bewußt abseitig gewählt; allein der Untertitel „Ueber politische Vereine"
weist auf den brisanten Gegenstand hin. Um diese Schrift entwickelte sich
binnen kurzem eine heftige publizistische Kontroverse.[175]
    Veranlaßt durch eine ihn persönlich betreffende biographische Notiz
in der „Venturinischen Chronik auf das Jahr 1808", eröffnete Schmalz
einen Feldzug gegen die in Deutschland angeblich noch immer bestehenden illegalen politischen Vereine und Geheimbünde.[176] Er verband seine
Attacke mit zahlreichen weiteren, zum Teil recht wirren Verdächtigungen
nach den unterschiedlichsten Richtungen hin, stellenweise unter nament-
licher Nennung einzelner Personen. Die Empörung über Schmalz war
außerordentlich. Dieser selbst wurde zur Symbolfigur für die politische
Reaktion. Bei seinen Kontrahenten machte er sich nicht zuletzt deshalb

---

[175] Berichtigung einer Stelle in der Bredow-Venturinischen Chronik für das Jahr 1808.
Ueber politische Vereine, und ein Wort über Scharnhorsts und meine Verhältnisse
zu ihnen. Vom Geheimenrath Schmalz zu Berlin, Berlin (Maurersche Buchhandlung)
1815.
[176] Vgl.: Chronik des neunzehnten Jahrhunderts. Fünfter Band, 1808. Ausgearbeitet von
Dr. Carl Venturini, herausgegeben von G.[abriel] G.[ottfried] Bredow, Altona [Paral-
lelausgabe: Erfurt] 1811, 410–413 (mit einigen Kürzungen zitiert bei Schmalz: Berichtigung einer Stelle in der Bredow-Venturinischen Chronik, 3–4). – In der von Schmalz
zurückgewiesenen Schilderung Venturinis geht es um das Verhalten einiger preußischer Patrioten, darunter Schmalz, im unmittelbaren Anschluß an die militärische
Niederlage sowie die in Tilsit beschlossene politische Neuordnung des preußischen
Territoriums. Sofern die Auseinandersetzung die Rolle von Schmalz selbst betrifft,
müssen die Einzelheiten in der folgenden Darstellung auf sich beruhen bleiben; vgl.
dazu aber die ausführlichen Erläuterungen im Sachapparat zur Edition von Schleiermachers Sendschreiben in: Kleine Schriften 1786–1833 (KGA I/14), 125–176.

verhaßt, weil er seine Schrift direkt an mehrere deutsche Regierungen sandte und so seinem Vorgehen einen denunziatorischen Charakter gab. Dem preußischen König schickte er ein Exemplar direkt ins französische Feldlager. Der mit der Kontroverse bald aufkommende Begriff „Schmalzianismus" stand, wie Heinrich Luden, der Herausgeber der Zeitschrift *Nemesis*, 1816 erklärte, für „alle politische Verketzerungssucht, alle politische Verfinsterungslust, alle politische Klatscherei und Anklägerei".[177]

Dennoch handelt es sich bei dieser Schrift um mehr als um das ressentimentgeladene Unternehmen eines Einzelnen. Denn aus ihr spricht eine rigorose Ablehnung der Erneuerungsbestrebungen, die an vielen Orten innerhalb der preußischen Regierung und am Hof geteilt wurde. Insofern gab Schmalz einer Stimmung Ausdruck, der sich die Anhänger der Reformpolitik in immer stärkerem Maße ausgesetzt sahen. Sein Text kann, nach Otto Dann, als „die erste öffentliche Dokumentation eines innenpolitischen Klimawechsels" bezeichnet werden, der von den antiliberalen Stimmen im Umfeld des Königs ausging und sich fortan in der Politik mehr und mehr Geltung verschaffen sollte.[178]

Wohl stand Schmalz mit seiner Broschüre in der offen ausgetragenen Kontroverse weithin alleine da; publizistische Unterstützung erfuhr er kaum. Daß hinter ihm aber dennoch reformfeindliche Kreise des Hofes wirksam waren, wurde einer breiteren Öffentlichkeit erstmals bewußt, als ihm unmittelbar nach der Rückkehr des Königs aus Paris der Rote Adlerorden Dritter Klasse verliehen wurde, und zwar ohne Wissen des Staatskanzlers.[179] Vorderhand richtete sich Schmalz' Angriff zunächst gegen die Burschenschaften. Zugleich rief die Kampfschrift aber auch all jene auf den Plan, die die Kritik an Geheimbundwesen und Konspiration auf ihr eigenes Engagement während der Besatzungszeit beziehen muß-

---

[177] [Heinrich Luden:] Auch ein Wort über politische Vereine, in Beziehung auf den Lärm, welchen Herr geheimer Rath Schmalz in Berlin erregt hat, in: Nemesis. Zeitschrift für Politik und Geschichte 6 (1816), 137–187, hier: 185.
[178] Otto Dann: Geheime Organisierung und politisches Engagement im deutschen Bürgertum des frühen 19. Jahrhunderts. Der Tugendbund-Streit in Preußen, in: Peter Christian Ludz (Hrsg.): Geheime Gesellschaften (Wolfenbütteler Studien zur Aufklärung. Band V/1), Heidelberg 1979, 399–428, hier: 408.
[179] Die Ordensverleihung erfolgte am 27. Oktober 1815. Kurz zuvor hatte Schmalz vom König von Württemberg, dem er seine Broschüre ebenfalls zugesandt hatte, den dortigen Verdienstorden erhalten. Zur preußischen Auszeichnung und der sich im späten neunzehnten Jahrhundert daran anschließenden Diskussion zwischen Heinrich von Treitschke und Hermann Baumgarten über die Gründe, die zu ihr geführt hatten, vgl. Hans-Christof Kraus: Theodor Anton Heinrich Schmalz [1999], 225–228; siehe daneben Justus von Gruner: Die Ordensverleihung an den Geheimen Rat Professor Schmalz 1815, in: Forschungen zur Brandenburgischen und Preußischen Geschichte 22 (1909), 169–182. Möglicherweise waren der Fürst Wittgenstein und der Staatsrat Ancillon, die beide in scharfem Gegensatz zu Hardenberg standen, vielleicht aber auch der russische Kaiser Alexander I. – ebenfalls ein Adressat der Schmalzschen Kampfschrift – die Initiatoren gewesen.

ten. Schmalz' Invektiven über das barbarisch wilde Wesen der alten Bünde und die von ihnen ausgesandten Aufforderungen zu Taten unbeschränkten Hasses provozierten leidenschaftlichen Widerspruch. Es entbrannte ein regelrechter Kampf um Stellung und Ansehen der geheimen Organisationen während der antifranzösischen Konspiration von 1808/09.

Gleichzeitig sahen sich die Gegner der Schmalz-Schrift veranlaßt, dem Verdacht entgegenzutreten, es gingen auch jetzt noch, nach Bezwingung des Feindes, von vermeintlich im Untergrund wirksamen Vereinigungen gegen König und Staatsordnung gerichtete Umtriebe und verschwörerische Bestrebungen aus.[180] Doch war die Zeit für umfassendes Spitzeltum und Gesinnungsüberprüfung noch nicht gekommen. Schmalz sah sich bald in die Defensive gedrängt. Nicht nur waren seine zahlreichen Vorwürfe und Anklagen der Sache nach problematisch, sondern auch die argumentative Konstruktion der ganzen Schrift hatte wenig Überzeugungskraft. Insgesamt war Schmalz nicht imstande, seine Behauptungen hinreichend zu begründen. Die inquisitorische Rede von den Geheimgesellschaften hing, ohne offengelegtes Beweismaterial, in der Luft. Andeutungen und nebulöse Hinweise, dazu Schlußfolgerungen aus der Rhetorik seiner Gegner, reichten nicht aus. Die Existenz solcher Vereinigungen – etwa des sogenannten „Hoffmannschen Bundes"[181] – blieb unklar und konnte jedenfalls von Schmalz nicht erwiesen werden. Als er später, sich selbst verteidigend, erklärte, er habe immer nur geheime Aktivitäten anprangern wollen, die nach der Leipziger Völkerschlacht unternommen worden waren, und insofern auf die Behauptung bestehender Kontinuitäten verzichtete, führte er seine Haltung selbst *ad absurdum*.[182]

Schmalz' unscharfe und, wie leicht erkennbar war, strategisch angelegte Unterscheidung zwischen Geheimbünden der Gegenwart und solchen vor Abzug der Franzosen wurde nicht akzeptiert. Ebensowenig fand seine Ansicht Zustimmung, daß positiv an der Erhebung des preußischen Volkes

---

[180] Diesen Vorwurf erhebt Schmalz direkt; vgl.: Berichtigung einer Stelle in der Bredow-Venturinischen Chronik, 11–12. – Zur gleichen Zeit, am 19. August 1815, legte der bereits in anderem Zusammenhang erwähnte Hofrat Janke – ein Agent Hardenbergs – dem König eine private Eingabe vor, in der er zu verschärfter Wachsamkeit gegenüber subversiven Aktivitäten aufrief. Über die Tätigkeit früherer Tugendbund-Mitglieder heißt es: „Sie wollen die öffentliche Meinung beherrschen und den Volksgeist berücken. Die Schriftsteller des Bundes schreiben mit einer Losgelassenheit, wie einst die Jakobiner in Frankreich." Zur Fortexistenz des Bundes erklärt Janke: „Der Bund ging in der Tat nie unter; er hatte sich mit unglaublicher Schnelligkeit in Preußen und einigen deutschen Ländern verbreitet, ja sogar auf dem Lande sollen sich Kammern gebildet haben" (zitiert nach Paul Stettiner: Der Tugendbund, Königsberg 1904, Anhang: 53–55). Die fast gleichlautenden Formulierungen von Janke und Schmalz legen die Vermutung nahe, daß beide in engerer Verbindung gestanden haben.

[181] Siehe Justus von Gruner: Justus Gruner und der Hoffmannsche Bund, in: Forschungen zur Brandenburgischen und Preußischen Geschichte 19 (1906), 167–189.

[182] Vgl. Theodor Schmalz: Letztes Wort über politische Vereine, Berlin 1816, 3–4.

gerade der Umstand gewesen sei, daß sie „als ernsthafte, stille Pflichterfüllung auf das Gebot des Königs hin" erfolgt sei, nicht als Ausdruck einer
ungezügelten Leidenschaft der Begeisterung.[183] Besonders diese Formulierung wurde von zahlreichen Mitkämpfen-
den der Jahre 1813 und 1814 als unerträgliche Mißachtung ihres Einsat-
zes verstanden. Sie selbst wurden überdies egoistischer Motive bezichtigt
und ihre Reformanliegen, an deren Verwirklichung 1815 noch etliche
deutsche Regierungen arbeiteten, zu staatsgefährdenden Projekten erklärt.
Schmalz' Schrift machte jetzt unübersehbar deutlich: Nur wenige Wochen
nach dem endgültigen Sieg über Napoleon wurde die patriotische Bewegung, die den Befreiungskampf getragen hatte, in ihrer Bedeutung für die
Entwicklung des preußischen Staates generell in Frage gestellt.

Die scharfen Reaktionen, die Schmalz auslöste, erklären sich weniger
aus dem Gegenstand seiner Polemik selbst. Sie werden erst verständlich,
wenn man in Rechnung stellt, daß sich die eigentliche Intention der Schrift
auf die Frage nach dem Anteil des „Volkes" an der Befreiung Preußens
und Deutschlands richtete. Die Erörterungen über den Tugendbund dienten dabei nur als Anknüpfungspunkt. Im Mittelpunkt stand vielmehr die
Rolle des Bürgertums und insofern auch die Forderung nach seiner Beteiligung an den Entscheidungsprozessen im Staat. Abgewehrt werden sollte
eine Position, die aus der Bewährung in der Stunde der Not den Anspruch
auf politische Rechte ableitete.

Zu denen, die noch im gleichen Jahr auf Schmalz öffentlich reagierten,
gehörten zahlreiche namhafte Autoren der Zeit, darunter der Regierungsrat Karl Wilhelm Koppe,[184] der Kriegshistoriograph Friedrich Förster,[185]
Friedrich von Cölln,[186] Friedrich Rühs[187] und Ludwig Wieland[188]. Beson-

---

[183] Theodor Schmalz: Berichtigung einer Stelle in der Bredow-Venturinischen Chronik,
    13–14.
[184] Karl Wilhelm Koppe: Die Stimme eines preußischen Staatsbürgers in den wichtig-
    sten Angelegenheiten dieser Zeit. Veranlaßt durch die Schrift des Herrn Geh. Raths
    Schmalz: Ueber politische Vereine, Köln 1815.
[185] Fr.[iedrich] Förster: Von der Begeisterung des Preußischen Volkes im Jahr 1813 als
    Vertheidigung unsers Glaubens, Berlin 1816.
[186] [Anonymus:] Die Deutschen Roth- und Schwarz-Mäntler. Eine Seiten-Patrouille zu
    den Französischen schwarzen und weißen Jakobinern, Neubrandenburg o.J. [1816].
    Die Verfasserschaft Friedrich von Cöllns ist nicht völlig gesichert; in der Literatur wer-
    den bisweilen auch andere Autoren genannt.
[187] Friedrich Rühs: Das Märchen von den Verschwörungen, Berlin 1815. Rühs' vier-
    undzwanzigseitige Broschüre erschien, wie auch Schleiermachers Schrift, in Georg
    Andreas Reimers Verlag.
[188] Ludwig Wieland: Über die Schmalzische Verteidigungsschrift gegen den Herrn Staats-
    rath Niebuhr. Ein Gespräch, Erfurt 1815; Ders.: Bemerkungen gegen die Schrift des
    Geheimenrath Schmalz zu Berlin über politische Vereine, Erfurt 1815. – Siehe dane-
    ben die anonyme Schrift „Gegen den geheimen Rath Schmalz zu Berlin wegen seiner
    jüngst herausgegebenen Worte über politische Vereine" (Leipzig und Altenburg 1815)
    sowie eine weitere ohne Autorennennung veröffentlichte Schrift unter dem Titel „Die

deres Gewicht hatte die Anfang 1816 erschienene Stellungnahme Wilhelm
Traugott Krugs, denn der frühere Lehrstuhlnachfolger Kants und mittlerweile in Leipzig lehrende Philosoph war selbst, wie er offen erklärte,
Mitglied des Königsberger Tugendbundes gewesen.[189] Daneben druckten
diverse Zeitungen und Zeitschriften Rezensionen.[190]
    Die prominentesten Opponenten waren Barthold Georg Niebuhr und
Schleiermacher. Niebuhr analysierte in seiner, im Oktober bei Reimer erschienenen Schrift „Ueber geheime Verbindungen im preußischen Staat,
und deren Denunciation" die diversen Vorwürfe und Unterstellungen auf
ihre sachliche Haltlosigkeit hin und bot so im Blick auf die konspirativen
Bestrebungen selbst eines der wichtigsten Zeitdokumente. Seine zentrale
Aussage war, „daß das ganze von Herrn Geh. Rath Schmalz ausgerufene
Gerücht von geheimen politischen Verbindungen die in unserm Staate bestehen sollen, ein leeres Mährchen; und auch keine Spur von dergleichen
vorhanden ist; sey es als Tugendbund, sey es in irgend einer andern Gestalt".[191] Niebuhrs Stellungnahme ist aber auch insofern von Bedeutung

neuen Obscuranten im Jahre 1815. Dem Herrn geheimen Rath Schmalz in Berlin
und dessen Genossen gewidmet" (Leipzig und Altenburg 1815). – Eine allerdings
nicht vollständige Zusammenstellung der in dieser Sache selbständig erschienenen
Schriften gibt August Lehmann (Hrsg.): Der Tugendbund. Aus den hinterlassenen
Papieren des Mitstifters Professor Dr. Hans Friedrich Gottlieb Lehmann, Berlin 1867,
IX–X; vgl. auch die Übersicht in: Friedrich Schleiermacher zum 150. Todestag. Handschriften und Drucke, 69 und 72. Eine Sammlung von dreizehn Schriften von und über
Schmalz aus dem Besitz Friedrich Meineckes befindet sich in der Universitätsbibliothek der Freien Universität Berlin: Auseinandersetzungen über Geheimrat Theodor
Schmalz zu Berlin über polit. Verbindungen. Sammelbd. 1–13. 1815–1816 [hand-
schriftliche Titelbezeichnung] (Signatur: 4 C 59).
[189] Wilhelm Traugott Krug: Das Wesen und Wirken des Tugendbundes. Eine geschichtliche Darstellung, Leipzig 1816; zu seiner eigenen Mitgliedschaft siehe hier: 7–14. Krug
stützte sich ganz auf die königliche Bestätigung der Bundesorganisation. Alle Rede
von „gefährlichen Elementen" im Tugendbund sei nichts als „leeres und gemeines
Geschrei, womit man selbst das Unschuldigste und Heiligste verdächtig machen"
könne (Ebd., 29–30). Eine illegale Fortexistenz habe es nach Auflösung des Bundes
nicht gegeben (21). Vgl. auch Krugs zweite Schrift: Darstellung des unter dem Namen
Tugendbund bekannten sittlich-wissenschaftlichen Vereins, Berlin 1816.
[190] Sogleich nach Erscheinen von Schmalz' Schrift wurden folgende Rezensionen veröffentlicht: Anonymus, in: Allgemeine Literatur-Zeitung. Nr. 215 vom September 1815,
142–144; Anonymus [August Wilhelm Rehberg], in: Göttingische gelehrte Anzeigen
unter der Aufsicht der königlichen Gesellschaft der Wissenschaften, Jahrgang 1815,
Band 3, 157. Stück vom 2. Oktober 1815, 1556–1560 (zur Autorschaft Rehbergs
vgl. Oscar Fambach: Die Mitarbeiter der Göttingischen Gelehrten Anzeigen 1769–
1836. Nach dem mit den Beischriften des Jeremias Reuß versehenen Exemplar der
Universitätsbibliothek Tübingen bearbeitet und herausgegeben, Tübingen 1976, 316);
Anonymus [„K."], in: Jenaische Allgemeine Literatur-Zeitung. Nr. 189 vom Oktober
1815, 74–76.
[191] Barthold Georg Niebuhr: Ueber geheime Verbindungen im preußischen Staat, Berlin
1815, 14. Der Text ist nachgedruckt in dem Band: Barthold Georg Niebuhr: Politische Schriften. In Auswahl herausgegeben von Georg Küntzel (Historisch-politische
Bücherei. Heft 2), Frankfurt am Main 1923, 65–91.

als er hier versucht, zwischen politischen „Partheien" einerseits, politisch
wirksamen „Gesellschaften" andererseits möglichst exakt zu unterscheiden.
den. Nur den ersteren komme ein legitimer Status im staatlichen System
zu, während jene anderen als staatsgefährdend abzulehnen seien. Diese
Ausführungen sind singulär innerhalb der breiten, durch Schmalz ausgelösten
lösten Kontroversliteratur. Sie markieren nicht weniger als den Beginn der
politischen Parteientheorie in Deutschland.[192]

Auffällig ist, daß Theodor von Schön – in der Reformzeit ein enger
Mitarbeiter Steins und später einflußreicher Oberpräsident der Provinz
[Ost-]Preußen –, der während seiner Königsberger Studienjahre nicht
allein in Kant, sondern auch in Schmalz seinen akademischen Lehrer gefunden
funden hatte, öffentlich nicht hervortrat. Brieflich konnte er jedoch mit
äußerster Schärfe urteilen: „Niebuhr hat sehr unüberlegt gehandelt, sich
mit Schmalz einzulassen. Auch mir muthete man zu, gegen ihn zu schreiben,
ben, aber wie konnte ich mich mit der Schmeiss-Fliege befassen! [...] Ich
könnte den Herrn total zerquetschen, aber wer wird Krieg gegen ein solches
ches Gewürm führen? Niebuhr hätte es auch bleiben lassen sollen. [...]
Schmalz und Niebuhrs Schriften sind traurige Zeichen der Zeit."[193]

Schmalz selbst reagierte, ebenfalls noch im Jahre 1815, auf Niebuhrs
Entgegnung und weitere Gegenschriften mit einem zweiten Pamphlet,
doch erfuhr er wiederum die einhellige Ablehnung seiner Kontrahenten.
ten.[194] Insbesondere versuchte er nun, Niebuhr selbst ins Zwielicht zu
stellen und nachzuweisen, daß der „Ingrimm", mit dem er das Dasein jener
Gruppen läugne, „schon ahnden lassen muß, er streite für eine schlimme
Sache". An seiner Behauptung, es existierten revolutionäre Geheimbünde,
die „nach Constitution" strebten, und so „die Macht der Fürsten" untergraben,
graben, hielt er fest.[195] Als Gewährsmann berief er sich auf Ernst Moritz

---

[192] Vgl. hierzu Johannes Rogalla von Bieberstein: Geheime Gesellschaften als Vorläufer
    politischer Parteien in Deutschland, in: Peter Christian Ludz (Hrsg.): Geheime Gesell-
    schaften, 429–460, hier: 444; Hans Fenske: Deutsche Parteiengeschichte. Von den
    Anfängen bis zur Gegenwart (UTB für Wissenschaft. Band 1284), Paderborn / Mün-
    chen / Wien / Zürich 1994, 12.
[193] Brief Schöns an Friedrich August von Stägemann vom 13. November 1815, in: Franz
    Rühl (Hrsg.): Briefe und Aktenstücke zur Geschichte Preussens unter Friedrich Wil-
    helm III., vorzugsweise aus dem Nachlass von F. A. Stägemann. Band 1, Leipzig 1899,
    417–418. Zum Verhältnis Schöns zu Schmalz vgl. Hans-Christof Kraus: Theodor
    Anton Heinrich Schmalz, 57–59.
[194] Theodor Schmalz: Ueber des Herrn B. G. Niebuhrs Schrift wider die meinige, poli-
    tische Vereine betreffend, Berlin 1815. Diese Broschüre erschien vermutlich im No-
    vember 1815. Schleiermacher erhielt von ihr Kenntnis, als er die Ausarbeitung seines
    Sendschreibens schon fast abgeschlossen hatte. In einer „Nachschrift" nahm er noch
    Bezug auf sie. Wenig später hat Schmalz eine dritte, um die Zeit des Jahreswechsels
    1815/16 erschienene Schrift veröffentlicht: Letztes Wort über politische Vereine, Berlin
    1816. Hierzu vgl. Hans-Christof Kraus: Theodor Anton Heinrich Schmalz, 207–209.
    Sein „letztes Wort" war allerdings auch damit noch nicht gesprochen.
[195] Theodor Schmalz: Ueber des Herrn B. G. Niebuhrs Schrift wider die meinige, 5 und 4.

Arndt, der in seiner 1815 anonym veröffentlichten Schrift „Über Preußens rheinische Mark und über Bundesfestungen" mit drohender Gebärde den Fürsten ihren Untergang für den Fall angekündigt hatte, daß sie das Volk ins Verderben führen würden. Schmalz sah sich vor diesem Hintergrund als Anwalt Preußens; dessen Ansehen leide „in ganz Teutschland" Schaden, „weil jene [Bünde] sich rühmten, in Preußen ihr Centrum unter dem Schutze bedeutender Männer zu haben". Er habe es als seine Pflicht betrachtet, „an das Licht der Publicität ein Gezücht zu ziehen, was am Lichte stirbt, und nur im Finstern brütet". „Vor dem Auslande" wollte er „uns von der Schmach reinigen, als ob bedeutende Männer bei uns solch Unwesen schützten".[196]

Diesen ganzen Diskussionsgang setzt Schleiermachers Sendschreiben, das zum Jahresende erschien, voraus. Der Text markiert zugleich den Höhe- und Endpunkt der Kontroverse. Ihren Abbruch bewirkte jedoch ein anderer Umstand: Ungeschickterweise hatten nämlich die Gegner von Schmalz an die früheren Sympathien des Monarchen für den Tugendbund erinnert. In einer ungezeichneten Schrift eines ehemaligen Mitgliedes aus Ostpreußen wurde ausgeführt: „Nicht nur die höchsten Staatsbeamten, sondern der König selbst besaß eine genaue Kenntniß davon; viele Mitglieder waren in den höchsten Behörden beheimatet, ein Anverwandter des königlichen Hauses selbst war im Verein und der Monarch ließ sich von Zeit zu Zeit über die Arbeiten der Gesellschaft Bericht erstatten."[197] Es konnte dem König ganz und gar nicht recht sein, wenn nun auch seine eigene Rolle in dem ohnehin schon überhitzt ausgetragenen Streit ans Licht gezogen wurde.

Die Situation eskalierte, als im Dezember 1815 eine Gruppe von fünfundvierzig Gelehrten in einer Petition die Einsetzung einer unabhängigen Untersuchungskommission forderte. Deren Aufgabe sollte es sein, den Wahrheitsgehalt der von Schmalz aufgestellten Behauptungen über die Fortexistenz subversiver Vereinigungen zu überprüfen. Die Eingabe wurde dem Staatskanzler am 12. Dezember durch Niebuhr übergeben. In einem Schreiben an Gneisenau vom 18. des Monats berichtete Niebuhr von dieser Tat: „Daher haben wir dem Fürsten Staatskanzler, mit einer Begleitschrift an ihn, eine Eingabe an den König überreicht, die um eine commissarische Untersuchung des Daseins der angeblichen geheimen Gesellschaften, und der Echtheit der [...] Schmalzischen Behauptung daß eine Menge Bundesglieder der Polizei bekannt wären, suppliciert."[198]

---

[196] Ebd., 10–11.

[197] [Anonymus:] Darstellung des unter dem Namen des Tugendbundes bekannten sittlich-wissenschaftlichen Vereins nebst Abfertigung seiner Gegner, Berlin und Leipzig 1816, 32.

[198] Abgedruckt in: Die Briefe Barthold Georg Niebuhrs. Herausgegeben von Dietrich Gerhard und William Norvin. Im Auftrage der Literaturgesellschaft zu Berlin. Band 2:

Die Liste der Unterzeichner umfaßt einen beträchtlichen Teil der Berliner Intellektuellenelite. Es finden sich Immanuel Bekker, August Ferdinand Bernhardi, August Böckh, Philipp Karl Buttmann, Johann Friedrich Gottlieb Delbrück, Johann Friedrich Ludwig Goeschen, Philipp Marheineke, Georg Heinrich Ludwig Nicolovius, Georg Andreas Reimer, Friedrich Rühs, Friedrich Karl von Savigny, Karl Friedrich Schinkel, Karl Wilhelm Ferdinand Solger, Friedrich August Stägemann, Johann Wilhelm Süvern, Albrecht Daniel Thaer und Wilhelm Martin Leberecht de Wette. Auch Schleiermacher gehörte zu den Petenten.

Die sehr ausführlich gehaltene Eingabe macht die Empörung der Antragsteller über den denunziatorischen Charakter der Schmalzschen Beschuldigungen deutlich. Mehr oder minder unverdeckt sei die „Anklage des Hochverraths" erhoben worden, wogegen vorzugehen den „Angeschwärzten", sofern Schmalz sie nicht unmittelbar und unter Nennung ihres Namens attackiert hatte, nach geltendem Recht kein anderer Weg offenstehe als die Appellation an den König.[199] Dieser sei zu einer Reaktion verpflichtet, da dem Staat „die verbreiteten Gerüchte noch weniger gleichgültig seyn [können] als dem Privatmann, dessen Unschuld am Ende ans Licht kommen muß; indem Preußens Feinde diese Stimmen aus Berlin für die unzweydeutigsten Zeugnisse für ihre Beschuldigungen erklären". Insofern handele es sich um „eine grobe Kränkung der Ehre der Monarchie nicht weniger als der Nation".[200]

In ihrer zentralen Forderung sind sich die Unterzeichner, bei aller Unterschiedenheit sonst, einig. Die betreffende Passage lautet:

> „Es ist durch ganz frische Beyspiele ausgemacht gewiß, daß diejenigen, welche die Gerüchte vom Daseyn geheimer Bünde verbreiten, bey ihrer Taktik beharren, mit unermüdlicher Dreistigkeit ihre Behauptungen zu wiederholen, zu thun als ob sie widerlegt wären, sich auf die handgreiflichsten Erdichtungen mit unerröthender Stirn wie auf Thatsachen zu berufen, in der Hoffnung die Vernunft auf diesem Wege zu betäuben und zu überwältigen, und sich Glauben zu erzwingen.
> Die Unterzeichneten erbitten also von der Gerechtigkeit und landesväterlichen Weisheit Ew. Majestät, daß es Allerhöchstdenselben gefallen möge,

---

1809–1816 (Das Literaturarchiv. Veröffentlichungen der Literaturarchiv-Gesellschaft zu Berlin. Zweiter Band), Berlin 1929, 649–654, hier: 650. Bei den erwähnten „Bundesgliedern" handelt es sich um Angehörige des „Deutschen Bundes". Im gleichen Brief erwähnt Niebuhr auch, daß er, „zugleich [...] abgesondert für mich", in einer weiteren Eingabe „um Untersuchung der Schmalzischen gegen mich gerichteten Schmähungen gebeten" habe.

[199] Immediat-Eingabe von Niebuhr und Genossen. Berlin, 12. Dezember 1815; abgedruckt in: O.[tto] M.[ejer] (Hrsg.): Niebuhr und Genossen gegen Schmalz, in: Historische Zeitschrift 61 (1889), 295–301. Die Eingabe hier: 296–299, das Zitat: 297, die Unterzeichnerliste: 299.

[200] Ebd., 297.

eine Commission anzuordnen, um die von dem Geheimen Rath Schmalz und ähnlichen Schriftstellern vorgebrachten Behauptungen zu prüfen, und mithin zu untersuchen: ob irgendwo in den Staaten Ew. Majestät eine Gesellschaft oder Verbindung existirt, wie sie in diesen [*scil.*: den zuvor erwähnten] Schriften charakterisirt worden, und ob die oft angeführten angeblichen Statuten einer deutschen Gesellschaft etwas anderes, als das Machwerk eines betrügerischen Abentheurers sind; woraus dann hervorgehen muß, ob die Behauptung des Geheimen Raths Schmalz, die Behörden hätten viele wichtige Data und die Nahmen vieler Schuldigen, etwas anderes als ein Hirngespinnst oder eine ersonnene Unwahrheit ist.

Eine solche Untersuchung und Bekanntmachung ihrer Resultate mit den Akten kann allein, nach der festen Ueberzeugung der Unterzeichneten, dem Wahn ein entschiedenes Ende machen, so wie sie diejenigen unter ihnen, deren Ehre in dieser Hinsicht angegriffen worden, von der Nothwendigkeit befreyet, sich durch Anklage gegen ihre Verläumder von dem Vorwurfe zu reinigen, sie ertrügen eine Beschuldigung gleichgültig oder räumten sie ein, die für den guten Unterthan beleidigender ist und seyn muß, als jede andere."[201]

Trotz des beträchtlichen Gewichtes der versammelten Namen erfolgte eine Antwort von offizieller Seite nicht. Auch ein ergänzendes Begleitschreiben an Hardenberg, das Niebuhr der Petition am 18. Dezember hinterhersandte, führte nicht zu einer Reaktion.[202] Statt dessen entschloß der König sich zum autoritären Mittel des Publikationsverbotes. Durch eine vom Staatskanzler entworfene Verordnung vom 6. Januar 1816 wurde die Fortsetzung des Streites und jede weitere Publikation über die geheimen Organisationen während der Besatzungszeit für das preußische Staatsgebiet untersagt. Insbesondere hieß es hier: Der „in öffentlichen Druckschriften geführte Streit über die Existenz geheimer Gesellschaften und über ihre Zwecke [wird] unnütz, beunruhigt Unsere getreuen Unterthanen und nährt einen schädlichen Parteigeist. Wir wollen und verordnen also: [...] daß von nun an, bei nahmhafter Geld- oder Leibesstrafe von Niemand in Unsern Staaten Etwas darüber gedruckt oder verlegt werde."[203]

---

[201] Ebd., 297.
[202] Das Schreiben ist abgedruckt in: Ebd., 299–301. Hier gesteht Niebuhr zu, daß er persönlich „den Geheimenrath Schmalz vor ein Gericht citiren" könnte (Ebd., 300). Insofern ist die Vorgehensweise der Petenten strategisch nicht ganz geschickt gewesen. Denn in der Eingabe kam dem Argument eine tragende Rolle zu, daß den nicht unmittelbar Beschuldigten – zu denen Niebuhr nicht zählte – ein solcher Weg nicht offen stehe. „Man [nämlich Schmalz] würde es läugnen, sie gemeint zu haben, und dabei viel Gewicht darauf legen, daß sie sich getroffen gefühlt, da sie doch nur gewußt, welche Anschwärzung gegen sie verbreitet war" (Ebd., 297).
[203] Verordnung wegen der angeblichen geheimen Gesellschaften vom 6. Januar 1816, in: Gesetz-Sammlung für die Königlichen Preußischen Staaten 1816, Berlin o.J. [1817], 5–6, hier: 6; nachgedruckt in: Dokumente zur deutschen Verfassungsgeschichte. Herausgegeben von Ernst Rudolf Huber. Band 1, 62–63, hier: 63. Bemerkenswert ist in diesem Zusammenhang, daß mit der Verordnung das Vereinsedikt vom 20. Oktober 1798 noch einmal vollständig abgedruckt und auf diese Weise zum zweiten Mal of-

Ein am gleichen Tage „an den Geheimen Staats-Rath Niebuhr und
Consorten" ergangener Kabinettsbefehl fügte erklärend hinzu, daß die
von den Unterzeichnern geforderte Vorgehensweise „weder nöthig noch
räthlich [sei], weil der größte Theil derselben von Niemand beschuldigt
worden ist, und da, wo persönliche Beschuldigung aus dem Inhalt jener
Schriften hergeleitet werden möge, der Weg Rechtens offen steht", wo-
hingegen „die Ernennung einer Commission [...] nur dazu geeignet seyn
würde, den Partheygeist aufs Aeußerste zu bringen".[204]
Es muß festgestellt werden, daß mit dieser abweisenden Entscheidung
endgültig der Weg zu einer konservativen Revision der preußischen Politik eingeschlagen war. Nicht nur wurde die rechtlich ohnehin nicht garantierte Meinungsfreiheit aufgehoben, sondern es sollte auch die Deu-
tungshoheit über die historische Interpretation der Kriege von 1813 bis
1815 gewonnen werden. Die Freiheit, die die „Befreiungskriege" gebracht hatten, erlebte im Streit um den politischen Charakter dieser
Kriege ihre erste tiefgreifende Einschränkung.[205]
Hierin liegt auch die Verbindung zu einer weiteren aufsehenerregenden
Verordnung aus dem gleichen zeitlichen Zusammenhang. Am 3. Januar
1816 nämlich verbot die preußische Regierung den von Joseph Görres in
Koblenz seit Anfang 1814 herausgegebenen *Rheinischen Merkur*. Den
unmittelbaren Anlaß, um gegen das in Berliner Hofkreisen verhaßte Blatt

---

fiziell verkündet und in Kraft gesetzt wurde (Edikt wegen Verhütung und Bestrafung
geheimer Verbindungen, welche der allgemeinen Sicherheit nachtheilig werden konnten, in: Gesetz-Sammlung für die Königlichen Preußischen Staaten 1816, 7–12; nachgedruckt in: Dokumente zur deutschen Verfassungsgeschichte. Herausgegeben von
Ernst Rudolf Huber. Band 1, 63–66). Dieses Edikt hatte seinerzeit erstmals in Preußen die Handhabe geliefert, um ein Vereinsverbot aussprechen zu können. Es betraf
zum einen die politisch ausgerichteten Vereine, zum anderen sämtliche geheimen Gesellschaften. Allerdings wurden die bedeutendsten Geheimorganisationen des Landes,
die drei Mutterlogen und deren Filiationen, von dem Verbot ausgenommen.
[204] Zitiert nach: Historische Zeitschrift 61 (1889), 301.
[205] Dementsprechend zeigte Niebuhr sich in Privatbriefen aus der ersten Januarhälfte 1816
von dem negativen Ergebnis seiner Initiative getroffen. Die königliche Verordnung
stelle „eine merkwürdige Einleitung zur Preßfreiheit [dar], welche uns wiederholt
verheißen wird" (Brief an Dora Hensler; undatiert, vermutlich etwa 10. Januar 1816,
in: Die Briefe Barthold Georg Niebuhrs. Band 2, 654–657, hier: 654). In einem Brief
an Gneisenau vom 13. Januar heißt es: „Über die Verordnung trauern wir in vielfachen
Rücksichten. Sie zeigt wie sehr der König und der Staatskanzler von jenen arglistigen
Lügnern betrogen sind: sie gibt diesen gewonnenes Spiel [...]" (Ebd., 657–659, hier:
657). Unklar bleibt allerdings, ob Niebuhr tatsächlich mit einem anderen Ausgang
der Sache gerechnet hatte. Erwähnt sei schließlich auch, daß das in der Verordnung
ausgesprochene Publikationsverbot für Niebuhr unmittelbare Auswirkungen hatte.
Ein unveränderter Neudruck seiner gegen Schmalz gerichteten Broschüre, der bereits
von der Reimerschen Druckerei hergestellt worden war und zur Auslieferung bereit-
lag, durfte nicht erscheinen. Erst nachdem Reimer sich mit einer besonderen Eingabe
an Hardenberg gewandt hatte, wurde ihm erlaubt, die Exemplare unter der Hand, das
heißt außerhalb des regulären Vertriebsweges, zu verbreiten.

vorgehen zu können, bot ein Artikel vom 8. Dezember 1815, in dem der
mit Görres befreundete Achim von Arnim Schmalz heftig angegriffen und
Niebuhrs Entgegnung gerühmt hatte. Auch Görres selbst hatte dann in der
Zeitung den Tugendbundstreit noch einmal mit viel Ironie rekapituliert
und dabei mit Kritik an Schmalz und den, so seine Voraussetzung, hinter
ihm stehenden Gruppen nicht gespart. Insbesondere erkannte Görres hier
schon die fatale Signalwirkung, die von den Auseinandersetzungen für die
zukünftige politische Entwicklung Preußens ausging.[206]
Ihr Ziel, die öffentliche Debatte zu beenden, erreichte die preußische
Regierung mit ihrer Verordnung nicht. In der außerpreußischen Presse
wurden die Erörterungen unvermindert fortgesetzt.[207] Am Ende zog
Schmalz sich sogar selbst noch den Unwillen der Regierung zu. Dies geschah, nachdem er, entgegen seiner früheren Erklärung, sich nicht mehr
zur Sache äußern zu wollen, in einer Zuschrift an eine in Hamburg erscheinende Zeitung sogenannte „Meldungen" erwähnt hatte, durch die
ihm in den zurückliegenden Monaten mehrere Personen von Anwerbe-
versuchen geheimer Vereinigungen berichtet hatten. Er sah hierin einen
Beweis für seine Behauptungen und unterließ es nicht, ausführlich aus
diesen Mitteilungen zu zitieren.[208]
Nicht ohne Schadenfreude registrierten seine Gegner, daß Schmalz
offensichtlich die Toleranzgrenze der Regierung überschritten hatte. Es
wurde eine scharfe Verwarnung ausgesprochen und sogar eine kammer-
gerichtliche Untersuchung, die dann aber ohne Folgen blieb, über ihn
verhängt. Friedrich Ludwig Jahn etwa gab seiner Genugtuung in einem
Brief an Heinrich Luden vom 16. Oktober 1816 Ausdruck, indem er davon berichtete, daß Schmalz „gestern [...] einen ungeheuren Wischer vom
Fürsten Witgenstein [sic] bekommen" habe. Auch der König sei „außerordentlich aufgebracht" und Schmalz „durch das neue Geklätsch in völlige Ungnade geraten".[209] Schmalz sah sich nun auf allen Seiten isoliert.
Sich aus dieser Situation wieder zu befreien, gelang ihm nicht, denn jeder
Rechtfertigungsversuch scheiterte an dem auch ihm gegenüber rigoros
gehandhabten Publikationsverbot. Eine Schmach besonderer Art mußte
er im Herbst des folgenden Jahres einstecken, als Teilnehmer des Wartburgfestes am Abend des 18. Oktober 1817 in einem Autodafé seine drei
Broschüren zum Tugendbundstreit verbrannten. Sie taten dies – was wie-

[206] Vgl. hierzu mit näheren Angaben und Literaturhinweisen Hans-Christof Kraus: Theodor Anton Heinrich Schmalz, 232–233.
[207] Siehe: Ebd., 215–222.
[208] Theodor Schmalz: Brief an den Herausgeber [datiert: Berlin, 13. 9. 1816], in: Deutscher Beobachter oder Hanseatische privilegirte Zeitung. Nr. 409 vom 1. Oktober
1816 (unpaginiert). Vgl. die Wiedergabe der wichtigsten Passagen bei Hans-Christof
Kraus: Theodor Anton Heinrich Schmalz, 238 (Anmerkung 207).
[209] Zitiert nach: Ebd., 238.

derum große Aufregung und öffentliche Diskussionen provozierte – mit
dem Beiwort: „Das Buch ist wider den redlich strebenden Tugendbund,
den Vaterlandsbund in der Not, und somit wider die Tugend." Das auf-
lodernde Feuer wurde mit dem Ruf begleitet: „Gänse-, Schwein- und
Hundeschmalz; alles aber ohne Salz!"[210] –
Bis heute entziehen sich manche Aspekte des Tugendbundstreites einem Einblick. Über mögliche Hintermänner von Schmalz ist schon unter
den zeitgenössischen Kritikern viel gerätselt worden. Nicht nur Schleiermacher, sondern auch Gneisenau, Savigny, Friedrich Perthes und Varnhagen äußerten sich in ihren privaten Korrespondenzen dazu. Als Draht-
zieher und Urheber der Aktion wurden zum Beispiel, so von Niebuhr,
Johann Peter Friedrich Ancillon oder, etwa von Caroline von Humboldt,
Schuckmann genannt. Die neuere Forschung sieht in dem Fürsten Wittgenstein und seinem Beamten, dem später auch für Schleiermacher so
beschwerlich gewordenen Polizeidirektor Karl von Kamptz, zentrale
Hintergrundpersonen. Lichten lassen hat sich das Dunkel bisher nicht;
offenkundig ist nur, daß die konservativen, reformfeindlichen Gegner
des Staatskanzlers die Auseinandersetzungen zu nutzen suchten, um gegen Hardenberg zu intrigieren.[211]
Aber auch die Motivation, die Schmalz selbst zu seinem Vorgehen
getrieben hat, ist nicht völlig klar. Er hatte sich an den Aktivitäten des
„Sittlich-Wissenschaftlichen Vereins" in Brandenburg beteiligt und dort
anscheinend keine unbedeutende Rolle gespielt. Schmalz selbst war zweimal, in Hamburg und in Berlin, unter dem Vorwurf antifranzösischer
Agitation von der Polizei verhaftet und bedroht worden.[212] Als Schwa-
ger Scharnhorsts war er persönlich mit einem der wichtigsten Führer der
Reformergruppe am Hof verbunden. Auch handelt es sich nicht um eine
Abkehr Schmalz' von der patriotischen Bewegung der Besatzungszeit.
Der weithin sehr allgemein gehaltene Ton seiner Schrift macht es unwahr-

---

[210] Die Bücher- und Schriftenverbrennung spielte sich im Anschluß an die eigentliche
Feier ab. Siehe den Bericht von dem auf der Wartburg anwesenden Berliner Medizinstudenten Hans Friedrich Maßmann: Das Wartburgfest am 18. Oktober 1817.
Kurze und wahrhaftige Beschreibung des großen Burschenfestes auf der Wartburg
bei Eisenach. Nebst Reden und Liedern. Herausgegeben von Raimund Steinert,
Leipzig 1917 (die angeführten Formulierungen hier: 44).
[211] Vgl. Hans-Christof Kraus: Theodor Anton Heinrich Schmalz, 234–235. – Erwähnt
sei, daß Hardenberg sich unmittelbar nach Erscheinen der Schmalzschen Broschüre
von Paris aus gegenüber Wittgenstein von Schmalz distanziert hat. Der Angriff auf
den Tugendbund sei gänzlich ohne sein Zutun erfolgt (siehe den Brief Hardenbergs
an Wittgenstein vom 26. September 1815, in: Hans Branig (Hrsg.): Briefwechsel
des Fürsten von Hardenberg mit dem Fürsten von Sayn-Wittgenstein 1806–1822,
218).
[212] Siehe Schmalz' Bericht von den Umständen seiner Berliner Verhaftung am 12. November 1808, in: Theodor Schmalz: Berichtigung einer Stelle in der Bredow-Venturinischen Chronik, 10–11.

scheinlich, daß es ihm primär um die Anprangerung einzelner persönlicher oder politischer Gegner gegangen wäre. Selbst die Gegenschriften haben ihm kein solches Interesse unterstellt. Möglicherweise beabsichtigte er, in einer politisch instabilen Lage, wie sie zunächst nach dem Sieg gegen Napoleon bestand, seine Loyalität gegenüber König und Staat in unanzweifelbarer Weise zu demonstrieren. Ohnehin schon einer der herausgehobenen Vertreter der Berliner Gelehrtenschaft, sah er in einem kompromißlosen Angriff auf alles Geheim- und Dunkelmännerwesen vielleicht den Weg, sich als „weitblickenden, einfühlenden, mannigfache Beziehungen und Kenntnisse mannigfach verwerthenden Staats- und Hofmann" auszuweisen.[213] Überdies versuchte Schmalz wohl, mit seinem spektakulären Auftritt dem wachsenden Einfluß einiger Universitätskollegen, vor allem Savignys, aber auch Schleiermachers, entgegenzuwirken, durch die er sich immer mehr in den Schatten gestellt sah.[214]

So ist es für ihn „unbegreiflich, wie rechtliche und verständige Männer solche Verbindungen eingehen können". Er ist überzeugt, daß die Mitglieder des Tugendbundes „auch damals schon irrten und unrecht taten, indem Maßregeln des Staates schlechthin nie Gegenstand einer Privatverbindung, noch weniger einer geheimen, sein dürfen".[215] Das Geheimwesen widerstreite dem Machtmonopol der Regierung, denn das latente Konkurrenzverhältnis zu den staatlichen Behörden könne bei einer geheimen Verbindung dazu führen, daß ihre „Mitglieder die Staatsbeamten [...] beobachten und nöthigenfalls denunciren". Am Ende dieser Entwicklung sieht Schmalz eine geheime Fehmepolizei, die in verdeckter Vorgehensweise die Arbeit der Polizeibehörden untergräbt.[216]

Der zentrale Punkt seiner Kritik, auf den Schmalz wiederholt hinweist, besteht darin, daß mit einer subversiven Widerstandsorganisation in der Regel auch Verfassungskritik und, wie er meint, zerstörerische innenpolitische Forderungen verbunden seien. Das „löbliche" Wirken des Tugendbundes „für die Befreiung des Vaterlandes von auswärtigen Unterdrückern" verwandele sich in ein „fluchwürdiges" Bestreben, „wenn dadurch Zwecke im Innern ohne des Königs Willen durchgesetzt werden sollen".[217] In der Verfassungsforderung sieht Schmalz ein solches Bestre-

---

213   So Ernst Landsberg: Schmalz, Theodor Anton Heinrich, 626. Kraus sieht den wichtigsten Grund für Schmalz' Vorgehen in einem „seit 1807 immer wieder als besonders demütigend empfundenen Gefühl der Benachteiligung und Zurücksetzung" in verschiedenen amtlichen Stellungen (Hans-Christof Kraus: Theodor Anton Heinrich Schmalz, 195).

214   Vgl. ebenso Adolf Stoll: Friedrich Karl v. Savigny. Ein Bild seines Lebens mit einer Sammlung seiner Briefe. Band II: Professorenjahre in Berlin 1810–1842, Berlin 1929, 40.

215   Theodor Schmalz: Berichtigung einer Stelle in der Bredow-Venturinischen Chronik, 15 und 7.

216   Theodor Schmalz: Über des Herrn B. G. Niebuhrs Schrift wider die meinige, 8.

217   Theodor Schmalz: Berichtigung einer Stelle in der Bredow-Venturinischen Chronik, 11.

ben wirksam: „Nicht minder streben sie nach Constitutionen, welche die
Macht der Fürsten vernichten sollen, wie heuchlerisch sie sich auch sonst
stellen."[218] Damit ist nicht weniger ausgesprochen, als daß die Geheimgesellschaften eine revolutionäre Umgestaltung der bestehenden politischen Ordnung herbeiführen wollen: „Vereinigung des ganzen Teutschlands unter eine Regierung, womöglich sogar unter eine republikanische;
und dafür Krieg der Teutschen gegen Teutsche, Aufstand, Zerrüttung aller Verhältnisse."[219]

Schmalz selbst ist später von dieser rabiaten Position wieder zurückgekommen. Man hat bei ihm sogar ein Bestreben erkennen wollen, „sich
Vergessenheit oder Vergebung jener traurigen Episode zu sichern".[220] Ob
solche Vermutungen allerdings verifiziert werden können, bleibt zweifelhaft. Denn zumindest seine politischen und staatstheoretischen Schriften
selbst noch aus den späten zwanziger Jahren weisen die gleiche Orientierung am absolutistischen Staatsideal auf, wie sie schon den frühen Werken
zugrunde gelegen und sich auch in der Kampfschrift von 1815 niederge-
schlagen hat. Eine immer stärker hervortretende Neigung zum Pietismus,
die an das anfängliche akademische Interesse für die Theologie anknüpft,
mag zusätzlich diese Linie markieren.

Unklar ist, ob Schmalz sich der zeitgeschichtlichen Bedeutung der von
ihm ausgelösten Kontroverse bewußt war. In den Jahren um 1815 kam
es in den deutschen Staaten zu einer Verfassungsbewegung, in der neue
politische und soziale Erwartungen des Bürgertums sichtbar wurden.
Die Regierungen, und unter ihnen in vorderster Linie die preußische,
wandten sich dagegen im Gefolge Metternichs von dem zuvor eingeschla-
genen Reformkurs völlig ab. Indem sie zur „Politik einer restaurativen
Verweigerung" (Otto Dann) übergingen, verleugneten sie zugleich die
zukunftsoffenen Ideale von 1813.[221] Die Gegner von Schmalz konnten
sich mit vollem Recht als Sachwalter dieser Ideale betrachten; Schmalz
selbst wurde zum Sprachrohr aller reformfeindlichen, restaurativen politischen Interessen.

---

[218] Theodor Schmalz: Über des Herrn B. G. Niebuhrs Schrift wider die meinige, 8.
[219] Theodor Schmalz: Berichtigung einer Stelle in der Bredow-Venturinischen Chronik,
6–7.
[220] Ernst Landsberg: Schmalz, Theodor Anton Heinrich, 626.
[221] Otto Dann: Geheime Organisierung und politisches Engagement im deutschen Bürgertum, 399–400. Otto Dann betrachtet die Bildung von geheimen Verbindungen
als „allgemeines Entwicklungsproblem der bürgerlichen Gesellschaft in Deutschland
zu Beginn des 19. Jahrhunderts". Sie stellt seiner Ansicht nach einen signifikanten
Aspekt innerhalb des emanzipatorischen Aufbruchs dar: „Das Bürgertum schaltete sich
in die Auseinandersetzung mit dem napoleonischen Frankreich durch eigene Initiativen
ein [...]." Folgerichtig beanspruchte es „größere Mitspracherechte" im politischen
Diskurs, die über eine gegen die Vereinigungen gerichtete Argumentation, wie Schmalz
sie vortrug, leicht zurückgewiesen werden konnten (400).

4.3. Schleiermachers Sendschrift gegen Schmalz

Zu den Repräsentanten von Freiheit und Modernisierung zählte auch
Schleiermacher. Seine Sendschrift „F. Schleiermacher an den Herrn Geheimenrath Schmalz. Auch eine Recension", die – wie das Titelblatt ausdrücklich, wenn auch nicht ganz präzise vermerkt – im November 1815
in der Berliner Realschulbuchhandlung von Georg Andreas Reimer erschien, gehörte zu den vehementesten Entgegnungen.[222] Schmalz wurde
hier erbarmungslos der Lächerlichkeit preisgegeben. Der Grad der von
Schleiermacher aufgewandten Polemik hat schon bei den Zeitgenossen
Verwunderung hervorgerufen. Für Karl August Varnhagen sprach sich
darin „eine besondere Bitterkeit und Schärfe Schleiermachers" aus, „die
in manchen Äußerungen bis zur wahren Grausamkeit ging".[223]

So einfach, wie Varnhagen suggeriert, ist Schleiermachers Schrift jedoch
nicht zu fassen. Auf sechsundfünfzig Seiten setzt er sich mit den zahlreichen
unausgesprochenen Vorwürfen, angedeuteten Verdächtigungen, kaum
identifizierbaren persönlichen Bezugnahmen und ähnlichen Ausführungen von Schmalz auseinander. Daneben bestand bei ihm ein erhebliches
persönliches Interesse an der Kontroverse. Denn auch unabhängig von
Schmalz wurde Schleiermacher seit seinen früheren öffentlichen Stellung-

---

[222] F. Schleiermacher an den Herrn Geheimenrath Schmalz. Auch eine Recension, Berlin
1815 (Nachdruck in: Sämmtliche Werke. Band III/1: Philosophische und vermischte
Schriften. Erster Band, Berlin 1846, 645–694). Eine kritische Edition der Schrift, die
seit 1846 nicht wieder gedruckt worden ist, findet sich in: Kleine Schriften 1786–
1833 (KGA I/14), 125–176; siehe dort auch: LVIII–LXVIII. – Hinsichtlich des Er-
scheinungszeitpunktes führt eine Angabe im „Allgemeinen Verzeichniß der Bücher,
welche in der Frankfurter und Leipzigermesse des Jahres 1816 entweder ganz neu
gedruckt, oder sonst verbessert, wieder aufgelegt worden sind, auch ins künftige
noch herauskommen sollen", wonach das Sendschreiben erst zur Ostermesse 1816
erschienen sei, in die Irre (vgl.: Bibliographie der Schriften Schleiermachers nebst einer Zusammenstellung und Datierung seiner gedruckten Predigten, 49). Der genaue
Zeitpunkt dürfte in der ersten Dezemberhälfte gelegen haben, denn nach dem „Hauptbuch II", dem zentralen Geschäftsbuch des Reimerschen Verlages, erhielt Schleiermacher seine persönlichen Exemplare am 21. Dezember 1815 (vgl.: Ebd., 49).

[223] Karl August Varnhagen: Schleiermacher und Friedrich Schlegel [1836], in: Ders.:
Biographien, Aufsätze, Skizzen, Fragmente. Herausgegeben von Konrad Feilchenfeldt
und Ursula Wiedenmann, Frankfurt am Main 1990, 668–673, hier: 670. Ähnlich
urteilte 1841 im Rückblick ein anonymer Autor – möglicherweise handelt es sich
um Arnold Ruge – in den *Hallischen Jahrbüchern*. Es heißt hier, daß Schleiermacher
sich gegen Schmalz „mit beißender Schärfe, mit dem köstlichsten Humor, ja mit einer
Art wollüstiger Grausamkeit" geäußert habe ([Anonymus:] Die Universität Berlin, in:
Hallische Jahrbücher für deutsche Wissenschaft und Kunst. Jahrgang 1841, Nr. 5
vom 6. Januar 1841, 17–19, hier: 18; der Text ist Teil eines in insgesamt vierzehn
Stücken vom 16. Oktober 1840 bis zum 8. Januar 1841 in den von Ruge herausgegebenen *Jahrbüchern* erschienenen Aufsatzes). – Eine etwas abseitige Rezeption erfuhr
Schleiermachers Schrift in einem Brief des Grafen Karl von Geßler vom 7. Januar
1816 an ihn. Das Schreiben ist abgedruckt in: Aus Schleiermacher's Leben. In Briefen. Band 4, 203–205. Dilthey datiert irrtümlich auf den 7. Januar 1815.

nahmen von einer „gewissen Clique" – gemeint ist die reformfeindliche
Beratergruppe um den König – als politischer Risikofall angesehen. Er
wurde in die Nähe jener vermeintlich staatsgefährdenden Geheimgesellschaften gerückt und mit dem Namen eines „Tugendbundpredigers" versehen.[224] Der Widerspruch gegen Schmalz bot die Gelegenheit, sich zu
dieser Sache zu äußern. Im Mittelpunkt von Schleiermachers Text aber
steht nicht das antikritische Interesse. Vielmehr ging es ihm auch hier,
wie schon bei zahlreichen anderen Gelegenheiten, darum, sein wichtig-
stes politisches Anliegen, die Selbstverantwortung und Mündigkeit der
Bürger als grundlegendes politisches Strukturmerkmal eines modernen
Staates, herauszustellen.

Dies wird auch aus der direkten Auseinandersetzung mit dem Kontrahenten selbst deutlich. Schmalz hatte seine Sicht vom Wirken der geheimen Organisationen mit deutlichen Worten beschrieben. Nicht weniger
entschieden erklärte Schleiermacher demgegenüber, daß es sich bei dem
Berliner Kreis, zu dem er persönliche Kontakte unterhalten hatte, weder
um eine subversive noch um eine für König und Staat bedrohliche Vereinigung gehandelt habe. Für Schleiermacher steht der von Schmalz verklagte
Tugendbund für den Geist der antinapoleonischen Erhebung. Er steht für
das patriotische Bündnis zwischen König und Volk, ebenso aber auch für
die verfassungspolitischen Erwartungen, die unmißverständliche Erklärungen von höchster Stelle im Bürgertum geweckt hatten: „Der König hat
mehr als einmal das Wort aussprechen lassen, er wolle seinen gesammten
Staaten eine angemessene Verfassung geben. Wollen Sie nun etwa insinu-
iren, dies sei niemals des Königs Wille gewesen, sondern solche Worte
seien ihm gegen seinen Willen durch Ueberredung abgedrungen worden
von den Bündlern?"[225]

Schleiermacher hätte darauf hinweisen können, daß das Verfassungsversprechen erst am 22. Mai 1815 erneut bekräftigt worden war, und
selbst innerhalb der preußischen Truppen war nach der siegreichen Wiederaufnahme des Krieges gegen Napoleon das Drängen auf politische
Veränderungen nicht mehr zu überhören. Weshalb sollte er also Anlaß
haben, von der Aussichtslosigkeit der Verfassungserwartung auszugehen? Insofern konnte es auch keinen Grund geben, im Rahmen einer

---

[224] Vgl. schon den Brief an Alexander Graf Dohna vom 2. Januar 1813, in: Schleiermacher als Mensch. Band II. Briefe 1804–1834, 148–150, hier: 150.
[225] An den Herrn Geheimenrath Schmalz, 17. Im gleichen Zusammenhang wendet
Schleiermacher sich gegen den Vorwurf politischer Radikalität: „Nun, so recht deutlich steht es in Ihrer Schrift nicht, und ich hätte auch nicht geglaubt, daß dieser alberne, sinnlose Wahn, der anderwärts in Deutschland sich finden soll, wo die Leute,
wenn ein ehrlicher Preuße eingewandert kommt, neugierig fragen, ob denn die Revolution nicht bald ausbrechen werde, ich hätte nicht geglaubt, daß dieser hier bei uns
vor- oder nachgesprochen würde" (19).

sachgerechten Beurteilung der antifranzösischen Konspiration von der Benennung dieses brisanten Sachverhaltes abzusehen.[226]

Seine direkte Rückfrage an Schmalz galt dem tatsächlichen Bestehen und dem gegenwärtigen Wirken von Geheimgesellschaften: „Was bringen Sie uns denn für Beweise, daß es Bünde wirklich giebt? Ich sehe immer nur zweierlei, die Schriften, Reden und Geberden gewisser Leute, Schriften, die wir Alle kennen, Reden und Geberden, die Sie gehört und gesehen haben, aber von denen Sie nirgend beweisen, sondern nur mit zuversichtlichem Ton aber leeren Worten behaupten, daß sie Bünde voraussetzen und von Bünden ausgehen."[227] Statt Beweise bringe Schmalz nur Vermutungen vor, so daß man ihm die Absicht böswilliger Verleumdung und übler Nachrede anlasten müsse: „[...] man ficht mit erschrecklichem Aufheben gegen Fantome." Und selbst „der ehrliche Don Quixot" sei zu gut, um hiermit verglichen zu werden.[228]

Auch Niebuhr hatte scharf kritisiert, daß „der erfundene Ketzername [...] zur Verunglimpfung einer großen Zahl unbescholtener Männer unter unseren eigenen Mitbürgern" diente.[229] Die Empörung, die aus diesen Worten spricht, mag es verständlich werden lassen, wenn auch Schleiermacher hinter Schmalz' Schrift eine gegen die Reformergruppe gerichtete Kampagne vermutet. Es handele sich um eine geplante Aktion, die mit den publizistischen Aktivitäten von Schmalz erst ihren Anfang nehme. Weitere Schriften „werden nun gewiß aufschießen wie die Pilze im feuchten Wetter"; „gewiß es muß einen geheimen Bund geben gegen die Bündler oder gegen die Leute, die man gern dazu stempeln möchte, einen geheimen Bund, der Verfolgungen erregen will und Fehmgericht spielen; hin und her rennen sie und schreiben sich, und bezeichnen wer genannt werden soll und angegriffen, um Vertrauen und guten Namen gebracht, während jene Unschuldigen nur lächeln und Achseln zucken!"[230]

---

[226] Zu diesem Aspekt der innenpolitischen Situation Preußens im Jahre 1815 vgl. Paul Haake: Der preußische Verfassungskampf vor hundert Jahren, München und Berlin 1921, 51–70. Zum Verfassungsversprechen vom 22. Mai 1815 siehe Thomas Stamm-Kuhlmann: König in Preußens großer Zeit, 413 und Reinhart Koselleck: Preußen zwischen Reform und Revolution, 213–216; vgl. auch Ernst Rudolf Huber: Deutsche Verfassungsgeschichte seit 1789. Band 1, 302–304. Die von Wien aus gegebene „Verordnung über die zu bildende Repräsentation des Volks" findet sich in: Gesetz-Sammlung der Königlichen Preußischen Staaten 1815, Berlin o.J. [1816], 103 (wieder abgedruckt in: Dokumente zur deutschen Verfassungsgeschichte. Herausgegeben von Ernst Rudolf Huber. Band 1, 61–62). In dieser Verordnung war der Begriff der „Landes-Repräsentation" verwendet worden, der in Schleiermachers Politikvorlesung des Sommersemesters 1817 eine wichtige Rolle spielt (vgl. dazu unten S. 117–120).

[227] An den Herrn Geheimenrath Schmalz, 27.

[228] Ebd., 16.

[229] Barthold Georg Niebuhr: Über geheime Verbindungen im preußischen Staat und deren Denunciation, Berlin 1815, 5.

[230] An den Herrn Geheimenrath Schmalz, 30.

Geschickter hätte Schleiermacher den Vorwurf geheimer Bundestätig-
keit kaum in Richtung auf seine Urheber zurücklenken können. Schmalz
sei faktisch nur ein Werkzeug gewesen in der Hand anderer. Ein Mann
wie er, subjektiv ehrlich, objektiv aber dumm und leicht in die Irre zu
führen, dabei bis zuletzt von seiner Sache überzeugt, sei „ein unvergleich-
barer Fund" für alle diejenigen, „die gern Anderer Hände gebrauchen,
weniger um etwas aus dem Feuer zu holen, als um wo möglich in ihre politischen Scheiterhaufen hineinzuwerfen, auf wen sie es gemünzt haben".
Schmalz habe sich in seiner Attacke zum Instrument solcher machen
lassen, „die gern Mißtrauen erregen und Andern üble Händel machen,
Menschen, die, indem sie Feuer riefen, irgend ein verstecktes böses Spiel
trieben".[231]
    Seine eigenen Beziehungen zum Tugendbund hält Schleiermacher in
einer eigentümlichen Schwebe. Im Zusammenhang mit der von Schmalz,
nicht völlig zu Unrecht, unterstellten Beziehung der Berliner Gruppe zum
Schillschen Unternehmen erklärt er: „[...] ich möchte wol behaupten, daß
Sie unrecht haben, und daß Schills Auszug mit dieser Gesellschaft nichts zu
thun gehabt hat. Ich glaube, ich kann das behaupten, denn mir will träu-
men, Sie meinen dieselbe Gesellschaft, unter der ich mich auch öfter befunden habe."[232] Nicht im Sinne förmlicher Mitgliedschaft sei er beteiligt
gewesen, sondern „durch Vaterlandsliebe und gegenseitiges Vertrauen",
wie er auch heute noch durch die gleichen Ideale sich mit seinen politischen Gesinnungsgenossen zusammengeschlossen wisse.[233]

---

[231] Ebd., 42–43.
[232] Ebd., 24–25; siehe jedoch auch: Ebd., 38 (Anmerkung), wo Schleiermacher sich differenzierter äußert. Zum Schillschen Zug selbst heißt es hier: „Ueberhaupt sollte das
Schillsche Unternehmen nachdem der König es mit so bewundernswürdiger Weisheit
behandelt, nicht beschwazt werden, sondern höchstens, in wie fern das lehrreich sein
könnte, noch einmal geschichtlich dargestellt." – *Ferdinand Baptista von Schill* (1776–
1809), ein Offizier in einem preußischen Kavallerieregiment, führte seit 1806 als Anführer eines Freikorps einen erfolgreichen Kleinkrieg gegen die Besatzungsmacht. 1808
wieder in die Armee übernommen, rückte er am 24. März 1809 mit einem von ihm
geführten Husarenregiment ohne Wissen des Königs und der Militärbehörden, doch
mit Unterstützung des österreichischen Gesandten aus, um im norddeutschen Raum
Aufstände zur Unterstützung der österreichischen Erhebung zu provozieren. Er schlug
die ihm entgegengestellten preußischen Verbände, fand jedoch in den Kampfgebieten
keine weiteren Mitstreiter. Nachdem der Versuch, von britischen Schiffen aufgenommen zu werden, fehlgeschlagen war, fiel er in Stralsund im Straßenkampf gegen eine
erdrückende Übermacht dänischer und holländischer Einheiten. Mehr als fünfhundert
Angehörige seines Regimentes gerieten in französische Gefangenschaft, elf Offiziere
wurden erschossen. Der „Schillsche Zug", ein militärisch völlig ungenügendes und
politisch verfehltes Unternehmen, ist nach 1813 zu einem nationalen Aufbruchsfanal
stilisiert worden. Siehe Hanns Hubert Hofmann: Schill, Ferdinand, in: Biographisches
Wörterbuch zur deutschen Geschichte. Band III, München 1975, 2483–2484; vgl. auch
Helmut Bock: Schill – Rebellenzug 1809. Vierte Auflage (Kleine Militärgeschichte:
Biographien), Berlin [DDR] 1988; Ders.: Ferdinand von Schill (Preußische Köpfe.
Band 33), Berlin 1998.
[233] An den Herrn Geheimenrath Schmalz, 28.

An anderer Stelle weist Schleiermacher es strikt von sich, überhaupt nur von der Existenz des Sittlich-Wissenschaftlichen Vereins in Berlin informiert gewesen zu sein. Er selbst sei mit „Männern vorzüglich von militärischen Einsichten" in näheren Kontakt getreten, „welche wegen ihrer persönlichen Verbindungen glauben konnten, daß man auf ihre stille Thätigkeit für gewisse mögliche Fälle rechnete". „[...] daß diese sich zusammenthaten, um für eben diese Fälle dies und jenes vorzubereiten und einzuleiten, das kann niemand anders als loben."[234] Im übrigen ruft Schleiermacher seine Leser dazu auf, für den Fall, daß sie mit den ihn selbst betreffenden Erklärungen nicht zufrieden seien und meinten, „ich habe dennoch zu einer andern geheimen Verbindung gehört" oder ihn gar sonst „irgend eines verwerflichen politischen Treibens beschuldigen zu können", solche Vorwürfe zusammenzufassen, in aller Öffentlichkeit vorzulegen und ihm so die Gelegenheit zu verschaffen, „daß ich mich vertheidigen kann".[235]

Eine der zentralen Intentionen Schleiermachers ist es nachzuweisen, daß der verleumdete Tugendbund in Wirklichkeit ein Ausdruck der öffentlichen politischen Meinung jener Zeit gewesen sei.[236] Dem entspricht auch die Entschiedenheit, mit der Schleiermacher jetzt, nach Beendigung der Besatzung und aller damit verbundenen Lasten, jede Form von Geheimpolitik als illegitim, als unzulässig und bedrohlich zurückweist. Er geht sogar so weit festzustellen, ein geheimer Verein „könne seiner Natur und Einrichtung nach so gefährlich werden als der Jakobinerklub".[237] Indem er sich vom Geheimwesen distanziert, wohl wissend, daß der Vorwurf selbst an dieser Stelle nicht völlig unzutreffend war, konnte Schleiermacher auf der anderen Seite an den reformerischen Idealen des Tugendbundes festhalten.

Dies betrifft zuallererst die Verfassungsforderung. Besonders am Ende seiner Schrift geht Schleiermacher auf diesen Aspekt mit aller Deutlichkeit ein:

„Ich darf hierüber reden, denn nie habe ich, weder öffentlich noch im Gespräch, ein ungeduldiges Wort hierüber verloren, weil noch immer meine

---

[234] Ebd., 37. Dies ist auch der Kontext jener Äußerungen, die oben im Zusammenhang der Schilderung von Schleiermachers Mitwirkung an konspirativen Unternehmungen angeführt worden sind (siehe: Band I, S. 218–219).

[235] Ebd., 39.

[236] Ebd., besonders: 28–29; siehe auch: 44–48. Ganz ähnlich ist die Zielsetzung von Ludwig Wieland; vgl.: Ders.: Bemerkungen gegen die Schrift des Geheimrath Schmalz zu Berlin über politische Vereine, 14.

[237] An den Herrn Geheimenrath Schmalz, 37. – In diese Kritik hat Schleiermacher immer wieder auch das Freimaurerwesen einbezogen. Sehr prägnant schreibt er noch am 5. Juli 1817 an Joachim Christian Gaß: „Man muß übrigens nie aufhören gegen die Maurerei zu kämpfen" (Fr. Schleiermacher's Briefwechsel mit J. Chr. Gaß, 136–141, hier: 141).

Freude an der Langsamkeit erklärt, womit die Regierung zu Werke geht, meine Ueberzeugung von der großen Weisheit und den behutsamen Vorbereitungen, deren es dazu bedürfen würde. Ich wiederhole es, diese übel verborgenen Insinuationen dürfen die guten Unterthanen unseres Königes nicht leiden, nicht leiden, daß Er, der eine Verfassung seinem Lande zu geben versprochen, als sein eigner Feind oder als von Feinden umringt dargestellt werde."[238]

Geradezu gefährlich für den Autor mutet die unmittelbare Fortsetzung an: „Oder die Regierung [wird] dargestellt, als müßte sie die Furcht vor solchen denuncirenden Schriftstellern zu Hülfe nehmen, um sich etwa zu retten gegen zudringliche Forderungen, womit sie bestürmt würde!" In der Tat gereichte es der Regierung wohl „zur Unehre", wenn diese Meinung sich öffentlich verbreitete.[239] Was aber das Vorgehen von Schmalz bestimme, das sei die Absicht, jeden, „der eine Verfassung wünscht, durch den eingeschlichenen Zusaz, eine Verfassung, welche die Macht der Fürsten schwäche, als einen Hochverräther zu bezeichnen, um dadurch allen Wortwechsel über diesen Gegenstand zu hindern".[240] Die Schlußfolgerung, die sich daher nahelegt, ist, so paradox sie auch anmuten mag, eindeutig: Schmalz arbeite, indem für ihn jede Art von Konstitutionsbegehren zwangsläufig auf eine Revolution hinausläuft, faktisch den Intentionen des Monarchen entgegen, der sich selbst an die Spitze der Verfassungsbewegung gesetzt habe. Die Schärfe, die Schleiermacher gegen Schmalz walten läßt, und die vielleicht darauf hindeutet, daß er um die Unernsthaftigkeit jener königlichen Versprechungen nur zu gut wußte, mag sich aus dieser Konstellation erklären.[241]
In einer eher grundsätzlichen Passage geht Schleiermacher auf die politische „Bestimmung" Deutschlands ein: „Mag man denken über Deutsch-

---

[238] An den Herrn Geheimenrath Schmalz, 54–55.

[239] Ebd., 55. Es handelt sich hier um einen Abschnitt aus der „Nachschrift", die Schleiermacher angefügt hat, als ihm kurz vor Drucklegung seines Textes die gegen Niebuhr gerichtete zweite Schmalz-Schrift zugegangen war.

[240] Ebd., 54.

[241] Es ist nicht sicher, ob Schmalz bei der Niederschrift seines „Letzten Wortes über politische Vereine" (Berlin 1816), in dem er sich vornehmlich mit Koppe und Niebuhr auseinandersetzte, Schleiermachers kritische Entgegnung bereits kannte; annehmen wird man es dürfen. Direkte Bezugnahmen finden sich nicht, doch lassen sich einige Ausführungen zur Verfassungsfrage auf Schleiermachers Standpunkt abbilden. So heißt es hier: „Ich habe aber in meiner Schrift nicht ein Wort gesagt, welches als gegen Volks-Repräsentation geschrieben, angesehen werden könnte. Nur gegen das, was unkundige und verworrene Köpfe so nennen – nur dagegen, daß Constitutionen gegen den Willen der Souveraine durchgesetzt werden sollen, habe ich geredet. Das letzte ist doch wohl allenthalben Hochverrath? Ich halte aber jede Constitution für gut, (und auch die ganz allein) welche sich aus der Eigenthümlichkeit einer Nation von selbst allmählich und in der Stille gebildet hat [...]. Nicht was dahin geschrieben, nicht was publicirt wird, ist die wirkliche Constitution des Staates. Sie ist das All aller öffentlichen Einrichtungen" (9).

lands Bestimmung, wie man will, wissen kann doch niemand, wie es in
hundert oder zweihundert Jahren aussieht, und was die geschichtliche Entwicklung, die bisweilen Riesenschritte macht, herbeibringen wird." „Ein
Volk" aber, nur eben ohne geeinten Staat, „sind wir Deutschen schon
lange gewesen, wenigstens seitdem es eine hochdeutsche Sprache giebt als
Träger Einer gemeinsamen Bildung [...]".[242] Der Begriff des Staates dürfe
nicht gegen den des Volkes gewendet werden, so als gäbe es ein zusam-
mengehöriges Volk nur in einem geeinten Staat. Doch selbst, wenn man
über den Zusammenhang von Volk und Staat unterschiedlicher Ansicht
sein könne, so werde doch keiner „das läugnen wollen, daß die deutschen
Staaten fest zusammenhalten müssen, damit das Verschlingungssystem
von Westen her sich nicht wieder erneuere". Preußen komme in dieser
Lage, als dem größten Staat im nördlichen Deutschland, die wichtigste
Rolle zu: „Wir haben uns gefreut, daß durch den letzten Krieg ein so bedeutender Fortschritt in dieser großen Angelegenheit geschehen ist, daß
Preußen Veranlassung gehabt hat, zu zeigen, wie es jedes gemeinsame
Interesse wahrnimmt, das Wohl der kleineren Staaten im Auge hat und
mit seinen großen Kräften mehr will als sich selbst schüzen und versorgen."[243]

Diese Ausführungen enthalten Beschreibung und Forderung in einem.
Schleiermacher fixiert das Bild von einem in die bessere Zukunft gewand-
ten Preußen, indem er, im Ton erhebender Erinnerung, an die Situation
des Jahres 1813 anknüpft. Der begeisternde kirchliche Redner und der
unermüdliche Publizist der Kriegszeit sind hier noch einmal gegenwärtig:

„Ein Kühner Entschluß, gefaßt mitten in der Bedrängniß und in der Schmach,
die wir fühlten, endlich auch an den großen Zug des Zerstörers als seine
treuen Bundesgenossen gefesselt zu sein, schmilzt wie ein großer elektrischer
Schlag König und Volk zusammen, von Einem Sinn und Geist, von Einem
Verlangen zu Einer That durchdrungen, sind auf einmal vergessen die frühern
vergeblichen Seufzer und Wünsche, alle kleine Zerspaltungen, die entstehen
wollten aus abrathender Bedenklichkeit hier, aus gewaltsamem Voraneilen
dort verschwinden, und im heiligen Vertrauen stehn König und Volk fest
ineinander verschlungen da."[244]

Das Grundereignis dieser Zeit bestand nach Schleiermacher darin, daß
„der König [...] seine und seines Volkes Sache für Eins und unzertrennlich" erklärt habe. Diese Einheits- und Zusammengehörigkeitsbezeugung
sei keine flüchtige Aufregung gewesen, „deren man sich bald schämt, wenn
Ruhe und Besonnenheit zurückkehren". Sondern sie war Ausdruck des

---

[242] An den Herrn Geheimenrath Schmalz, 44.
[243] Ebd., 44.
[244] Ebd., 45.

gemeinsamen Fühlens Aller. Überdies habe der König selbst sie kürzlich
erst bekräftigt, denn „aus der Ferne, nach seinem glänzenden Triumph-
zuge in jene unselige Stadt [...], von da begrüßt der König mit königlichen und erhebenden Worten, voll desselben Gefühls einer unzertrennli-
chen Einigkeit und Liebe, die alten und die neuen Unterthanen."[245] Des
Königs Aufgabe werde es nun sein, „alle Theile seines Reiches inniger
zu verschmelzen unbeschadet ihrer Eigenthümlichkeit", „sie mit einem
noch kräftigern, lebendigern Gefühl der großen Einheit zu beglücken"
und „durch freieren Umlauf und leichteren Gebrauch gemeinnüziger
Weisheit und Einsicht das geistige Leben des Staates zu erhöhen".[246]
    Schleiermacher verweist auf jenen Moment, wenn das siegreiche Heer
– „ein Heer, das größtentheils neu und ungeübt aber wie Minerva aus Ju-
piters Haupt hervorsprang, die Weisheit im Haupt, den starken Speer in
der Rechten schwingend und das vorstemmende Schild des dem bösen
Gewissen zugekehrten guten Gewissens vor der treuen Brust"[247] – nach
Hause zurückkehren wird, und „das erste, was es an der Prange vernimmt,
sind diese Schimpfreden auf das Volk, mit welchem es sich innig eins fühlte".
Wäre die nationale Einheit bereits hergestellt, so könnten solche herab-
setzenden Reden keine größere Wirkung entfalten. Doch die Situation ist
anders: „[...] wir sind zerstückelt gewesen, und einander zum Theil ent-
fremdet; wir haben neue Brüder bekommen, die sich noch nicht finden
können in unser eigenthümliches Wesen; und auch wir im Mittelpunkt
des Staates, wir sind, seitdem wir aus der langen Starrsucht erwachten,
durch jenen elektrischen Schlag noch nicht zur ruhigen Besinnung gekommen, das gesunde Kraftgefühl und das allgemeine gegenseitige Vertrauen
muß sich erst allmählig sezen aus der unruhigen Bewegung."[248]

---

[245] Ebd., 45–46. Zum Aufenthalt Friedrich Wilhelms III. in Paris nach Einnahme der
    Stadt am 30. März 1814 und dem von Schleiermacher angesprochenen Aufruf an die
    Untertanen vgl. Thomas Stamm-Kuhlmann: König in Preußens großer Zeit, 388–396.
    – Die offiziell angesetzte kirchliche Dankfeier aus Anlaß des Triumphes fand am 24.
    April 1814 statt (das hierzu vorgeschriebene Gebet siehe bei Gerhard Graf: Gottes-
    bild und Politik, 141–142). Das in allen Gottesdiensten in der Mark Brandenburg
    seit Kriegsausbruch Ende März 1813 gehaltene Kriegsgebet wurde am 25. Mai 1814
    abgesetzt. Eine Predigt von Schleiermacher zum 24. April ist nicht überliefert.
[246] An den Herrn Geheimenrath Schmalz, 46.
[247] Ebd., 47; diesem glanzvollen Heer stand das „französische consribirte corrumpirte
    jakobinisirte knechtische Heer" des Kaisers gegenüber (46–47).
[248] Ebd., 48. – In diesem Zusammenhang ist auch eine Äußerung Schleiermachers aus der
    Politikvorlesung vom Sommersemester 1817 von Interesse: „In dem Maasse als das
    politische Bewußtseyn der Einheit aus dem grossen Ganzen heraustritt in das einzelne,
    wird auch die grosse Einheit verloren gehen, und der frühere Zwiespalt wieder hervor
    treten. So ist die Geschichte des deutschen Volkes. In gewissen Zeiträumen hatte es
    eine politische Einheit; aber die entgegengesetzte Bewegung gewann die Oberhand,
    bis die Einheit wieder aufgelöst war in die frühere Vielheit. Seitdem hat es den Weg
    wieder von vorne angefangen, und es ist ungewiss, wenn und ob es überhaupt wieder
    gelingen möchte" (Vorlesungen über die Lehre vom Staat (KGA II/8), 262).

Insofern wäre es „Verrath" zu schweigen, wenn es um die politische Haltung des Volkes in den Jahren der Unterdrückung geht. Sein eigener Protest gegen die Schrift von Schmalz, in der mit der Anprangerung der Geheimwirksamkeit der „Bündler" zugleich auch der mutige und entschlossene Einsatz zahlloser Bürger in Verruf gebracht wurde, erfüllt genau diese Aufgabe.[249]

4.4. Zum historischen Ort von Schleiermachers Verteidigungsschrift

Mit dem Tugendbund-Streit des Jahres 1815 und der königlichen Intervention vom Januar 1816 bahnte sich eine grundlegende Wende in der preußischen Politik an. Anders als 1798, als das Verbot geheimer Vereinigungen wenig befolgt und auch kaum konsequent durchgesetzt worden war, erklärte die Regierung nun mit der zweiten Veröffentlichung des Vereinsediktes ihren Willen, fortan das Vereinigungswesen streng überwachen zu wollen.[250] Ihre Entschlossenheit machte sie sogleich im Verbot des *Rheinischen Merkurs* deutlich; wenig später wurde, auch dies ein Signal, der liberale Generalgouverneur und Oberpräsident Johann August Sack aus der Rheinprovinz nach Pommern versetzt. Daß die noch im Mai 1815 in Aussicht gestellte Verfassungskommission nun definitiv nicht einberufen werden würde, unterlag keinem Zweifel mehr.[251]

Für alle sichtbar, war nun die Epoche innenpolitischer Restauration eingeleitet. Die von bürgerlicher Seite ausgesprochenen politischen Erwartungen wurden zurückgewiesen. Jedes Bürgerengagement, nicht nur geheimes, wurde als revolutionär verdächtigt. Bürgerliches Selbstbewußtsein an sich galt der Regierung und der höfischen Gesellschaft als gefährlich und staatsbedrohend. Die während vieler Jahre der militärischen Bedrückung und staatlichen Erniedrigung dem König erwiesene Loyalität blieb unbelohnt. Es schien jener Moment erreicht zu sein, den Niebuhr schon geraume Zeit zuvor ahnungsvoll hatte kommen sehen, an dem nämlich „jeder sich rechtfertigen müsse, der 1813 vorzüglich begeistert gewesen".[252]

---

[249] Vgl.: An den Herrn Geheimenrath Schmalz, 48.

[250] Siehe hierzu auch Otto Dann: Geheime Organisierung und politisches Engagement im deutschen Bürgertum, 412–413.

[251] Zu Johann August Sack siehe die näheren biographischen Angaben oben: Band I, S. 429. – Sack stand seit dem 1. Juli 1815 als Oberpräsident der gesamten Zivilverwaltung der „preußischen Provinzen am Rhein" vor. Entgegen der Regierungsabsicht wollte er an der Gültigkeit des *Code Civil* in den linksrheinischen Gebieten festhalten. Vgl. Hermann Conrad: Preußen und das französische Recht in den Rheinlanden, in: Adolf Klein / Josef Wolffram (Hrsgg.): Recht und Rechtspflege in den Rheinlanden. Festschrift zum 150jährigen Bestehen des Oberlandesgerichts Köln, Köln 1969, 78–112, besonders: 79. Sack wurde im Juni 1816 als Oberpräsident versetzt.

[252] Brief Niebuhrs an Gneisenau vom 13. Januar 1816, in: Die Briefe Barthold Georg Niebuhrs. Band 2, 657–659, hier: 659. Seiner Stimmung nach dem königlichen Ver-

Welche Auswirkungen dieser Umbruch auf die politische Kultur in Deutschland haben sollte, wurde erst drei Jahrzehnte später vollends deutlich.[253] Die im Gefolge der Karlsbader Beschlüsse von der preußischen Regierung erlassene Zensurverordnung vom 18. Oktober 1819 war dabei von besonderem Gewicht. Denn nach Paragraph 2 dieser Verordnung wurden alle Versuche, im Lande oder außerhalb desselben Parteien oder ungesetzliche Verbindungen zu stiften, unter Strafe gestellt. Jedem öffentlichen politischen Einsatz war damit für lange Zeit eine nahezu unüberwindliche Schranke gesetzt.[254]

Schleiermachers Verteidigung des Tugendbundes galt weniger der geheimen Gesellschaft an sich, deren Mitglied er formell gar nicht gewesen war, sondern sie bezog sich in erster Linie auf jene, in eine freiheitlichere Zukunft weisenden Intentionen, die er im Wirken der preußischen Reformkreise des Jahres 1808 erkannte und die auch den Antrieb zur antifranzösischen Konspiration gebildet hatten. Auch hier scheint das Ideal des monarchischen Volksstaates durch die Argumentation hindurch. Es mag zutreffen, daß sich bei einer solchen Sichtweise die geschichtliche Realität, um deren Deutung es vorgeblich geht, und der an sie geknüpfte politische Anspruch nicht völlig zur Deckung bringen lassen. Für die Zielsetzung, mit der Schleiermacher sich zunächst den geheimen Aktivitäten angeschlossen und aus der heraus er später dann an der publizistischen Verteidigung des Unternehmens mitgewirkt hat, ist sie um so aussagekräftiger.

---

botsbeschluß vom 6. Januar 1816 gibt Niebuhr in diesem Brief folgenden Ausdruck: „Es ist ein schwermütiges Schicksal was wir alle erfahren, eine Zeit so schön wie man sie nie wieder erleben kann hinter sich zu sehen, und so viele ihrer Verheißungen getäuscht, und die Hydra des Schlechten hinter ihr heraufwachsen, und ihre wieder ergänzten Köpfe den Helden und der Tugend Hohn lachen zu hören" (Ebd., 658).

[253] Siehe hierzu noch immer die brillante Studie von Ernst Troeltsch: Die Restaurationsepoche am Anfang des 19. Jahrhunderts [zuerst: 1913], in: Ders.: Gesammelte Schriften. Band IV: Aufsätze zur Geistesgeschichte und Religionssoziologie. Herausgegeben von Hans Baron, Tübingen 1925, 587–614.

[254] Den Text der Preußischen Zensurverordnung siehe in: Dokumente zur deutschen Verfassungsgeschichte. Herausgegeben von Ernst Rudolf Huber. Band 1, 106–109. Die Karlsbader Beschlüsse bedurften, wie alle Bundesgesetze, der landesrechtlichen Verkündung und Vollziehung. In Preußen nahm der König die Inkraftsetzung durch eine Bekanntmachung vom 18. Oktober 1819 vor (Gesetz-Sammlung für die Königlichen Preußischen Staaten 1819, Berlin o.J. [1820], 218). Die Zensurverordnung vom gleichen Tage sowie die preußischen Universitätsverordnungen vom 18. November 1819, darunter vor allem die „Instruktion für die außerordentlichen Regierungsbevollmächtigten bei den Universitäten" und das „Reglement für die künftige Verwaltung der akademischen Disziplin und Polizeigewalt bei den Universitäten", dienten als Vollzugsverordnungen für die Ausführung der Karlsbader Beschlüsse. Ähnlich wie in der preußischen Monarchie wurde auch in den übrigen deutschen Ländern verfahren. Vgl. Ernst Rudolf Huber: Deutsche Verfassungsgeschichte seit 1789. Band 1, 749–753.

5. Die Politikvorlesungen von 1817 und 1817/18

Den Weg, den Schleiermacher seit 1808 beschritten hatte, setzte er auch in seinen Vorlesungen weiter fort. Im folgenden wird auf die beiden spätesten Politikvorlesungen des hier interessierenden Zeitraumes, die des Sommersemesters 1817 und des Wintersemesters 1817/18, näher eingegangen. Zunächst widmet die Darstellung sich den äußeren Umständen der Vorlesungen sowie den für Schleiermacher nicht folgenlosen behördlichen Einwänden, anschließend wird der Aufbau und der Argumentationsgang skizziert. Insbesondere soll der Standpunkt deutlich gemacht werden, den Schleiermacher in der zeitgenössischen verfassungsrechtlichen Debatte formuliert hat. In der Sommersemestervorlesung 1817 hat er stärker als in den früheren oder späteren Fassungen seine Vorstellungen von einem konkreten politischen Handeln entwickelt. Dies dürfte auch der Grund für den bemerkenswerten Umstand sein, daß er, abweichend von seiner sonstigen Praxis, das Kolleg nicht unter dem Titel „Staatslehre", sondern als Vorlesung zur „Politik" angekündigt hat.[255]

Die Frage des wissenschaftssystematischen Verhältnisses von Staatslehre und Politik bleibt bei Schleiermacher bis zu einem gewissen Grade offen. In der Wissenschaftstheorie, die er 1812/13 im Rahmen seiner Vorlesung über Philosophische Ethik vorgetragen hat, steht neben der Staatslehre als einer „kritischen", sich an die Ethik *anschließenden* Disziplin nicht die „Politik" als korrespondierende „technische", von der Ethik *ausgehende* Disziplin, sondern die „Staatsklugheit". Dennoch sind „Politik" und „Staatsklugheit" in ihrer Aufgabenstellung eng verbunden, sofern beide das konkrete staatsleitende Handeln im Verhältnis zur Idee des Staates erörtern. Hieraus ergibt sich für die Rekonstruktion, daß man zwischen Staatslehre und Politik keine allzu große Differenz einziehen sollte.[256]

Immerhin läßt sich darauf verweisen, daß es in der Vorlesung vom Sommer 1817 insgesamt weniger um den administrativen Aufbau des Staatsapparates geht, als um die Frage nach den theoretischen Vorgaben für die politischen Lenkungsaufgaben selbst. In der Forderung nach einer Intensivierung des Konstitutionalisierungsprozesses, die Schleiermacher in unterschiedlichen Zusammenhängen, vor allem aber bei der Steuerbewilligungsthematik erhebt, läßt sich seine politische Option klar erkennen.

---

[255] Siehe: Schleiermachers Briefwechsel (Verzeichnis) nebst einer Liste seiner Vorlesungen, 313.

[256] Vgl.: Ethik (1812/13), 12 (§§ 60. 61). – Die Notwendigkeit, das Verhältnis von Staatslehre und Politik bei Schleiermacher einer genaueren Analyse zu unterziehen, hat Albrecht Geck in seiner Rezension von Walter Jaeschkes Staatslehre-Edition (KGA II/8) betont; siehe: Zeitschrift für Neuere Theologiegeschichte / Journal for the History of Modern Theology 9 (2002), 157–160, hier: 159–160.

Besonders hier kann gezeigt werden, daß Schleiermacher über den akademischen Vortrag seine politischen Intentionen zu befördern suchte. Die Einrichtung einer vom König längst in Aussicht gestellten, in der politischen Diskussion dann aber wieder in den Hintergrund gedrängten Nationalrepräsentation bildete dabei in seinen Augen einen unverzichtbaren Bestandteil des politischen Modernisierungsprogrammes.[257]

5.1. Die äußeren Umstände der Vorlesungen

Schleiermacher hat die Politikvorlesung des Sommersemesters 1817 viermal wöchentlich in der Zeit vom 21. April bis zum 13. August, jeweils morgens von 6 bis 7 Uhr, vorgetragen.[258] Eigenhändige Aufzeichnungen liegen nicht vor; eine abschließende Klärung der Frage, welcher Vorlage Schleiermacher sich bei dem Vortrag bedient hat, ist nicht möglich.[259] Doch wiegt dieser Mangel insofern nicht sehr schwer, als es sich um die erste Vorlesung zur staatstheoretischen Thematik handelt, zu der ausführliche Nachschriften überliefert sind. So ist hier auch erstmals die Anordnung und materiale Differenzierung des Vorlesungsaufbaus im Detail sichtbar. Zu beidem gab es für die früheren Fassungen lediglich wenige und unsichere Anhaltspunkte.[260]

Es ist ein auffälliger Umstand, daß Schleiermacher bereits im anschließenden Semester erneut eine Politikvorlesung vorgetragen hat. Die Forschung hat bis zum Erscheinen der Materialien zur Staatslehre im Rahmen der ‚Kritischen Gesamtausgabe‘ von dieser zweiten Vorlesung kaum Notiz

---

[257] Vgl.: Vorlesungen über die Lehre vom Staat (KGA II/8), 301–305.
[258] Vgl.: Schleiermachers Briefwechsel (Verzeichnis) nebst einer Liste seiner Vorlesungen, 313. Die Teilnehmerzahl betrug laut den Universitätsakten vierundsiebzig.
[259] Siehe Walter Jaeschke: Historische Einführung (KGA II/8), XXVIII–XXIX.
[260] Die wichtigste Quelle ist die sogenannte Nachschrift Varnhagen (von Jaeschke mit der Sigle Va bezeichnet; abgedruckt in: Vorlesungen über die Lehre vom Staat (KGA II/8), 205–376). Karl August Varnhagen ist allerdings nicht selbst der Skriptor, wie sich aus einem Vergleich mit seiner Handschrift ergibt. Vermutlich handelt es sich um die nachträglich vorgenommene Ausformulierung einer Mitschrift, deren Urheber nicht mehr identifiziert werden kann (anders Jaeschke: KGA II/8, LV; siehe aber Dankfried Reetz: Schleiermacher im Horizont preussischer Politik, 134 und 137). Eine Teilnachschrift zur Vorlesung vom Sommersemester 1817, die nicht in KGA II/8 aufgenommen worden ist und die punktuell aufschlußreiche Ergänzungen zu Va enthält, bietet Reetz: Ebd., 149–220 (Sigle Jo). Zum Charakter dieser Nachschrift, die weniger als ein Drittel des Vortrages, nämlich zwanzig von fünfundsiebzig Stunden, wiedergibt, und ihrer Bedeutung im Vergleich zu Va siehe Reetz: Ebd., 131–149. Wegen des hohen Maßes an Vollständigkeit, daneben aber auch aufgrund der klareren Auffassung von Schleiermachers Argumentation gebührt insgesamt der Nachschrift Varnhagen der Vorzug. Nachschriftliches Material, das dem älteren Herausgeber Brandis noch vorgelegen und aus dem er den Text für seine „Erläuterungen" gewonnen hat (von Jaeschke mit der Sigle An bezeichnet), ist nicht mehr verfügbar.

genommen. Von Brandis wird sie nirgends erwähnt, und auch Dilthey, der sich Schleiermachers staatstheoretischem Entwurf in werkinterpretierenden Ausarbeitungen eingehend gewidmet hat, geht an keiner Stelle auf dieses Kolleg ein.[261] Der Grund für die Nichtbeachtung mag darin gelegen haben, daß die Autoren voraussetzten, Schleiermacher habe nach einem gegen ihn ausgesprochenen Verbot nicht erneut über Politik gelesen. Diese Ansicht ist durch die nicht ganz zutreffende Darstellung bekräftigt worden, die Max Lenz von den Vorgängen während des Spätjahres 1817 gegeben hat.[262] Lenz zitiert ein Schreiben des Staatskanzlers Hardenberg vom 8. Dezember 1817 an den seit kurzem für sämtliche Unterrichtsangelegenheiten zuständigen Kultusminister Altenstein. Im Anschluß an Ausführungen über ein Gesuch Friedrich Ludwig Jahns „nach einer öffentlichen Wirksamkeit" heißt es in der hier – ohne Angabe des Fundortes – mitgeteilten Fassung des Schreibens:

„Bei dieser Gelegenheit mache ich Ew. Excellenz auf die Vorlesungen des Professors Schleiermacher aufmerksam. Sie hatten hauptsächlich eine politische Tendenz, dienten, ohne einen reellen Nutzen zu gewähren, dazu, die Gemüter zu bewegen und zu entzweien. Se. Majestät der König haben sich mehrmals mißfällig darüber geäußert, und sie dürfen unter diesen Umständen nicht ferner gestattet werden."[263]

---

[261] Vgl. Wilhelm Dilthey: Leben Schleiermachers (Ed. Redeker). Band II/1: Schleiermachers System als Philosophie, Göttingen 1966. Dilthey widmet den Vorlesungen zur Staatslehre fast sechzig Seiten (359–417) und erörtert auch die Überlieferungslage; die Vorlesung von 1817/18 kennt er jedoch offensichtlich nicht.

[262] Vgl. Max Lenz: Geschichte der Königlichen Friedrich-Wilhelms-Universität zu Berlin. Zweiter Band. Erste Hälfte: Ministerium Altenstein, Halle an der Saale 1910, 34–44; zum folgenden siehe auch Walter Jaeschke: Historische Einführung (KGA II/8), XXIX–XXXI.

[263] Max Lenz: Geschichte der Königlichen Friedrich-Wilhelms-Universität zu Berlin. Band II/1, 39. Das Schreiben ist im Original vermutlich nicht erhalten. Ein an mehreren Stellen geringfügig abweichender Entwurf findet sich in: GStA PK, I. HA Rep. 74 Staatskanzleramt, L.V. Brandenburg, Nr. 16 („Acta der geheimen Registratur des Staats-Kanzlers betreffend die Turn-Anstalt des Professors Jahn zu Berlin; ingleichen dessen Vorlesungen über deutsches Volksthum; ingleichen die Vorlesungen des Prof. Schleyermacher, 1814–1817"), Bl. 48–49, hier: 49v (die anderslautenden Angaben bei Jaeschke: Historische Einführung, XXX sind unzutreffend; siehe Dankfried Reetz: Staatslehre mit „politischer Tendenz"? Schleiermachers Politik-Vorlesung des Sommersemesters 1817, in: Zeitschrift für Neuere Theologiegeschichte / Journal for the History of Modern Theology 7 (2000), 205–250 [jetzt in erweiterter Form abgedruckt in: Ders.: Schleiermacher im Horizont preussischer Politik, 69–121], hier: 241–242). Aus diesem Entwurf ergibt sich unzweifelhaft, daß Hardenbergs Aussage auf die Sommersemestervorlesung zu beziehen ist, denn die entscheidende Wendung lautet hier: „Bey dieser Gelegenheit glaube ich Ew. p. auch auf die Vorlesungen die der Prof. Schleyermacher im vergangenen Sommer hielt, aufmerksam machen zu müßen. Sie hatten hauptsächlich eine politische Tendenz [...]." Den gleichen Wortlaut bietet eine abschriftliche Fassung des Schreibens, das sich im Archiv des Verlages Walter de Gruyter (Schleiermacher-Archiv. Bestand K) [jetzt: Staatsbibliothek zu Berlin Preußischer Kulturbesitz. Handschriftenabteilung: Depositum 42] befindet (abgedruckt

Hieraus und aus Hardenbergs anschließender Mitteilung, er habe dem
Polizeiminister Wittgenstein Nachricht gegeben, damit dieser bewirke,
daß weitere Vorlesungen unterbleiben, zog Lenz den unzutreffenden
Schluß, Schleiermacher habe „über die Politik [...] nie wieder gelesen".[264]
Als zusätzlichen Grund für das behördliche Vorgehen führte er an, daß
Schleiermacher sich im Jahre 1817 wiederholt im Umkreis burschen-
schaftlicher Gruppen aufgehalten habe. Schleiermacher schloß „sich nur
um so enger der vaterländischen Jugend an; er fehlte bei keinem ihrer
Feste, und kein Professor wurde bei diesen lieber gesehen, als der kleine,
behende Mann, der mit den Frohen so fröhlich sein konnte und für des
Vaterlands Größe und Freiheit schwärmte wie sie selbst".[265]
      Nachdem der König von derartigen Zusammentreffen informiert wor-
den war, hatte er den Minister Altenstein angewiesen, „sofort, bei Strafe
der Relegation, alle Verbindungen unter der Studentenschaft zu verbieten,
auch das Turnwesen scharf zu beaufsichtigen". Der König war, wie Lenz
unter Berufung auf einen entsprechenden Befehl an Altenstein feststellte,
entschlossen, „nicht den mindesten Anstoß [zu] nehmen diejenige Universität, auf welcher der Geist der Zügellosigkeit nicht zu vertilgen ist, aufzuheben".[266] Diese Weisung ist am 7. Dezember, also nur einen Tag vor
jenem Schreiben Hardenbergs an Altenstein, ergangen. Die Erklärung
des Staatskanzlers über „die Vorlesungen des Professors Schleiermacher"
belegt nun in der Tat, wie scharf das Auge der Regierung bereits zu diesem
Zeitpunkt, einhalb Jahre vor Beginn der Demagogenverfolgung, auf
Schleiermachers universitäre Tätigkeit gerichtet war. Im übrigen muß
allein schon deshalb von einer geheimpolizeilichen Überwachung des

---

bei Andreas Arndt / Wolfgang Virmond: Friedrich Daniel Ernst Schleiermacher (1768–
1834), in: Aus dem Archiv des Verlages Walter de Gruyter. Briefe – Urkunde – Dokumente. Bearbeitet von Doris Fouquet-Plümacher und Michael Wolter, 103–127,
hier: 126). Weshalb die von Lenz gebotene Fassung jene zeitliche Näherbestimmung
„im vergangenen Sommer" nicht enthält, ist unklar.

[264] Max Lenz: Geschichte der Königlichen Friedrich-Wilhelms-Universität zu Berlin.
Band II/1, 39; anmerkungsweise schränkt er allerdings ein: „Wenigstens nicht unter diesem Titel, sondern nur als ‚Lehre vom Staat', aber auch nur einmal und erst
1829, als er wieder in Gnaden war." – Eine Abschrift des Schreibens von Hardenberg
an Wittgenstein befindet sich gleichfalls im Archiv des Verlages Walter de Gruyter
(Schleiermacher-Archiv. Bestand K). Es hat folgenden Wortlaut: „Glienicke 8tn December 1817. Aus der abschriftlichen Anlage mit heutigen Tage werden Ew. Durchlaucht gefälligst ersehen was ich dem Herrn StaatsMinister Freiherrn von Altenstein
wegen der Vorlesungen der Professoren Jahn und Schleiermacher geschrieben habe.
Ich zweifle nicht, daß Ew. Durchlaucht meine Ansicht theilen werden und ersuche
dieselben mit dem genannten Herrn Minister gefälligst dahin zu wirken daß jene
Vorlesungen in Zukunft unterbleiben" (abgedruckt bei Andreas Arndt / Wolfgang
Virmond: Friedrich Daniel Ernst Schleiermacher (1768–1834), in: Aus dem Archiv
des Verlages Walter de Gruyter. Briefe – Urkunde – Dokumente, 126).

[265] Max Lenz: Geschichte der Königlichen Friedrich-Wilhelms-Universität zu Berlin.
Band II/1, 38.

[266] Vgl.: Ebd., 38.

Kollegs ausgegangen werden, weil nur sie Hardenberg in den Besitz jener Informationen hatte bringen können, die die Grundlage seiner Anweisung bildeten.[267]

Dennoch kommt dem Votum Hardenbergs die ihm von Lenz beigelegte Beweiskraft nicht zu. Denn so drakonisch die hier geführte Sprache auch klingen mag, so wenig ergibt sich doch daraus ein Anhaltspunkt für die Schlußfolgerung, Schleiermacher habe bereits nach der Vorlesung des Sommersemesters kein Politikkolleg mehr vortragen können. Lenz beachtet weder, daß die Anweisung keinen bestimmten Zeitpunkt nennt, zu dem ein Verbot in Kraft treten sollte, noch, daß sie auch keine Bezugnahme auf die eine Woche zuvor begonnene Politikvorlesung des Wintersemesters 1817/18 enthält.[268]

Auf der anderen Seite kann kein Zweifel daran bestehen, daß es dem Monarchen mit seiner strengen Haltung bitter ernst war. Während des gesamten November hatte Friedrich Wilhelm reihenweise Drohungen gegen Studenten und die Universität insgesamt ausgestoßen, da ihn die Bewegung, die sich dort auszubreiten im Begriff war, aufs Äußerste beunruhigte. Er fürchtete um seine Autorität und ließ infolgedessen, gestützt auf ein entsprechendes Konzept des Polizeidirektors von Kamptz, die Polizeigewalt mehrmals drohend und einschüchternd in Aktion treten. Während der Monate November und Dezember 1817 fehlte nicht viel, um ihn zu einem massiven Einschreiten gegen Studentenschaft und Universität zu veranlassen. Sein durch Kamptz zusätzlich geschürtes Mißtrauen war hellwach, und die negative Beurteilung Schleiermachers steht stellvertretend für seine tiefe Abneigung gegen mißliebige Intellektuelle.[269] In dieser Situation trat

---

[267] Die Ausführungen, die sich in Schleiermachers Vorlesung zum Geheimpolizeiwesen finden, werden von dem Umstand, daß er selbst sich im Moment des Vortrages überwacht sah, nicht unbeeinflußt geblieben sein. Im Kontext seiner Darstellung zu den staatlichen Instrumenten der inneren Gefahrenabwehr äußerte er scharfe Kritik am „Institut einer beobachtenden Polizei": „In Staaten, die nicht im revolutionairen Zustande, oder aus demselben getreten sind, würde ein solches Institut, dessen eigentliches Princip die Furcht vor politischen Gespenstern ist, höchst nachtheilig seyn, und bei den vielen grundlosen und getäuschten Muthmassungen und Untersuchungen endlich in den Guten eine Neigung für die unschuldig Angefeindeten entstehen, worin doch gerade der Anfang eines widerstrebenden anarchischen Elements gesetzt wäre" (Vorlesungen über die Lehre vom Staat (KGA II/8), 372).

[268] In der Literatur ist die von Lenz nahegelegte Annahme, es habe ein direktes Verbot weiterer Politikvorlesungen gegeben, wiederholt unkritisch aufgegriffen worden. Vgl. etwa Hans-Joachim Birkner: Der politische Schleiermacher [1968], in: Ders.: Schleiermacher-Studien. Eingeleitet und herausgegeben von Hermann Fischer, Berlin / New York 1996, 137–156, hier: 145; Wolfgang H. Pleger: Schleiermachers Philosophie, Berlin / New York 1988, 108; Thomas Stamm-Kuhlmann: König in Preußens großer Zeit, 427.

[269] Siehe hierzu auch Thomas Stamm-Kuhlmann: Ebd., 426–427. Stamm-Kuhlmann ist in seinem Urteil allerdings seinerseits von Lenz abhängig. – Zu Kamptz vgl. unten S. 160 (Anmerkung 73) und 161 (Anmerkung 79).

selbst der Einfluß des Staatskanzlers gegenüber den Einwirkungsmöglich-
keiten, die sich dem reaktionären höfischen Beraterstab mehr und mehr
eröffneten, deutlich zurück. Seine Anweisung vom 8. Dezember kann insofern auch als Versuch gewertet werden, den Erwartungen des Königs auf
eine insgesamt noch recht moderate Weise entgegenzukommen.[270]
Es liegt ein weiteres Zeugnis für die Brisanz vor, die den Schleiermacherschen Vorlesungen nach Ansicht der Behörden zukam. In einem Schreiben
des Geheimrates Christian von Rother, des späteren Finanzministers, an
Hardenberg vom 15. Dezember 1817 heißt es:

> „Der Fürst von Wittgenstein wird Ew. Durchlaucht wahrscheinlich geschrie-
> ben haben, daß die Vorlesungen des Herrn Schleiermacher schon seit sechs
> Wochen angefangen haben, und daß solche nach einer mit dem König genom-
> menen Verabredung jetzt nicht gestört werden könnten, weil die Sache zu viel
> Aufsehen machen würde."[271]

Diese Passage muß sich auf die Vorlesungen über Praktische Theologie und
über Paulinische Briefe beziehen, die Schleiermacher laut Ankündigungs-
verzeichnis am 20. Oktober 1817 begonnen hatte.[272] Die Politikvorlesung
des gleichen Wintersemesters war hingegen interessanterweise im Vorlesungsverzeichnis nicht angezeigt worden; zudem hat Schleiermacher sie
aus unbekannten Gründen erst am 1. Dezember 1817, also mit erheblicher
Verspätung, begonnen.[273] Über die Frage, weshalb er die Ankündigung
unterlassen hat und ob sich hier etwa ein gewisses strategisches Geschick
ausspricht, läßt sich nur spekulieren. Jaeschke zieht nun jedenfalls aus
diesen Umständen den Schluß, daß ein generelles Vorlesungsverbot für
Schleiermacher ausgesprochen werden sollte. Auch diese Annahme ist
jedoch mit dem ermittelbaren Sachverhalt nicht in Einklang zu bringen.
Tatsächlich wird sich eine geplante amtliche Restriktionsmaßnahme ausschließlich auf die Vorlesungen zur Politik beziehungsweise Staatslehre
bezogen haben, denn Hinweise auf Vorbehalte, die sich über diese Vorlesungen hinaus auch auf weitere Kollegien erstreckten, liegen nicht vor.
Eine sonst für Altenstein wiederholt bezeugte Verschleppungstaktik, wonach Rothers Zeitangabe bewußt gewählt worden wäre, um Schleierma-

---

[270] Mit Recht weist Dankfried Reetz (Schleiermacher im Horizont preussischer Politik, 84)
darauf hin, daß Hardenberg seine Anweisung mit dem Umstand begründet, der König
habe sich „mehrmals mißfällig" über Schleiermachers Politikvorlesung geäußert. Dies
genügt dem Staatskanzler, um festzustellen, daß die Vorlesungen „nicht ferner gestattet werden" können.
[271] Zitiert nach Max Lenz: Geschichte der Königlichen Friedrich-Wilhelms-Universität
zu Berlin. Band II/1, 39.
[272] Vgl.: Schleiermachers Briefwechsel (Verzeichnis) nebst einer Liste seiner Vorlesungen,
313.
[273] Siehe: Ebd., 313. Die Vorlesung dauerte bis zum 8. April 1818. Sie wurde von ein-
hundertundfünf Hörern besucht. Weitere Angaben liegen nicht vor.

cher zu schützen, ist angesichts der Berufung auf Wittgenstein unwahrscheinlich. Der Polizeiminister, der bald schon als rigider Verfolger alles Liberalen hervortreten sollte, dürfte kaum bereit gewesen sein, solche Aktionen zu ermöglichen.

Bedenkt man, daß Schleiermacher noch im Herbst 1817 in besonders hervorgehobener Weise an den Feierlichkeiten anläßlich des Reformationsjubiläums beteiligt gewesen war – er hatte in seiner Eigenschaft als Dekan der Theologischen Fakultät am 3. November, dem offiziellen Festtag, die Rede zur Säkularfeier gehalten –, so wird deutlich, wie tiefgreifend negativ die Politikvorlesung des Sommersemesters 1817 die Einschätzung Schleiermachers seitens des Staatskanzleramtes geprägt haben muß.[274]

Dennoch ist es derzeit nicht möglich, mit einem ausreichenden Maß an Sicherheit festzustellen, ob, sei es in mündlicher, sei es in schriftlicher Form, ein offizielles Verbot tatsächlich ausgesprochen wurde. Ein Beleg für eine derart gravierende Maßnahme gegen Schleiermachers akademische Lehrtätigkeit ist bisher nicht bekannt geworden, und auch briefliche Äußerungen, die eine solche Annahme stützen könnten, liegen nicht vor. Immerhin spricht der Umstand, daß Schleiermacher nach Durchführung der zweiten Politikvorlesung für mehr als zehn Jahre kein weiteres Staatslehrekolleg angeboten hat, doch auch eine deutliche Sprache.

Man wird kaum davon ausgehen können, daß Schleiermacher im Detail über die gegen ihn laufenden Beratungen informiert war. Es fehlte ihm zwar nicht an Verbindungen zu hochrangigen Behördenmitarbeitern. So stand er etwa zu dem bereits mehrfach erwähnten Staatsbeamten im Innen- und Kultusministerium, Georg Heinrich Ludwig Nicolovius, über lange Zeit, bis in die zwanziger Jahre, in engem Kontakt.[275] Doch dürfte allein schon die direkte Beteiligung des Königs dagegen sprechen, daß ein größerer Personenkreis in die Erörterungen einbezogen war. Auch geht aus einem Brief Schleiermachers an Carl Gustav von Brinckmann vom 31. Dezember 1818 eine völlig andere Einschätzung der Situation hervor:

---

[274] Aus Gründen des Zeremoniells hielt Schleiermacher seine Reformationsfestrede in lateinischer Sprache: „Oratio in sollemnibus ecclesiae per Lutherum emendatae saecularibus tertiis in Universitate litterarum Berolinensi die III. Novembris A. MDCCCVII habita"; abgedruckt in: Theologisch-dogmatische Abhandlungen und Gelegenheitsschriften. Herausgegeben von Hans-Friedrich Traulsen unter Mitwirkung von Martin Ohst (KGA I/10), Berlin / New York 1990, 1–15; siehe dort auch die näheren Angaben zur Beauftragung Schleiermachers und zur mühevollen Entstehung der Rede: VII–XIV.

[275] Über diese Beziehung vgl. zum Beispiel den Brief an Alexander Graf Dohna vom 4. Juli 1817, in: Schleiermacher als Mensch. Band II. Briefe 1804–1834, 253–256, hier: 254–255, wo Schleiermacher allerdings ein recht kritisches Urteil über Nicolovius, der zeitweise für die Leitung des neu zu errichtenden Kultusministeriums vorgesehen war, ausspricht.

„Meine Stellung sowol in der Synode als in der Akademie bringt mich in mancherlei Berührungen mit der Regierung, und ich stehe in dem vollständigen Ruf, auf das gelindeste gesagt, eines Oppositionsmannes. Daß aber Viele es so weit treiben mich für einen Jakobiner auszuschreien gehört zu den lächerlichsten Mißverständnissen, da ich selbst in der wildesten Revolutionszeit immer ein Monarchist gewesen bin. Da es mich in meiner Wirksamkeit nicht stört, und mir nicht so leicht jemand etwas anhaben kann, übersehe ich dieses Geträtsch in der größten Ruhe. Du wirst auch aus meinen Abhandlungen sehen, daß ich mich in meinen politischen Grundzügen eben so wenig geändert habe, als in meinen religiösen."[276]

Schleiermacher konnte, als er den Brief an Brinckmann schrieb, bereits auf eine Reihe von Beiträgen zu regulären Akademiesitzungen oder festlichen Akademieveranstaltungen zurückblicken, in denen er sich politischen Themenstellungen gewidmet hatte. Im Jahre 1817 hielt er zwei einschlägige Vorträge, deren erster als „Rede am Geburtstage Friedrichs des Großen am 24sten Januar 1817" größere Aufmerksamkeit auf sich zog und der sogar in den politischen Auseinandersetzungen im Vorfeld der antidemagogischen Verfolgungen eine Rolle spielte.[277] Ein zweiter Vortrag unter dem Titel „Ueber die Auswanderungsverbote" vom 28. Juli 1817 setzte sich mit einem in der zeitgenössischen Diskussion kontrovers erörterten Thema auseinander.[278]

---

[276] Abgedruckt in: Aus Schleiermacher's Leben. In Briefen. Band 4, 240–243, hier: 242.
[277] Der Titel lautete ursprünglich nur „Am 24. Januar 1817". Erstmals wurde der Text gedruckt in: Märkisches Provinzialblatt. Herausgegeben von F.[riedrich] A.[ugust] Pischon. Zweiter Band. Achtes Stück [erschienen im August], Berlin 1818, 90–109 (wieder abgedruckt in: Sämmtliche Werke. Band III/3, Berlin 1835, 28–40; Akademievorträge (KGA I/11), 239–250). Vgl. hierzu Schleiermachers Brief an Ernst Moritz Arndt vom 19. Dezember 1818: „Daß das Ungewitter, welches gegen Dich aufzog, glücklich abgeleitet ist, darüber wollen wir uns doch immer freuen; man sieht doch, daß es noch gewisse Grenzen giebt, über welche der Einfluß der schändlichsten Ohrenbläsereien und der eignen persönlichen Erbärmlichkeit nicht hinausgeht, das heißt, daß die Schlechtigkeit zum Glück ihre eigene Feigheit nicht überwinden kann; und ich hoffe, an der soll sie auch noch früher oder später ersticken. In der Ferne haben nun gar die Leute gefabelt, ich wäre über Friedrich den Zweiten öffentlich als Dein Gegner aufgetreten, womit wol nur meine unschuldige akademische Rede gemeint sein kann, die der ehrliche Pischon in unserm Provinzialblatt hat abdrucken lassen" (Schleiermacher als Mensch. Band II. Briefe 1804–1834, 287–288, hier: 288).
[278] Druckfassung in: Abhandlungen der philosophisch-historischen Klasse der Königlich-Preußischen Akademie der Wissenschaften aus den Jahren 1816–1817, Berlin 1819, 263–276; Sämmtliche Werke. Band III/2, Berlin 1838, 327–349 (wieder abgedruckt in: Akademievorträge (KGA I/11), 251–269). – Schleiermacher formuliert als Ergebnis seiner Überlegungen die Ansicht, „daß Staaten, welche die Auswanderungsfreiheit beschränken, so strenge Forderungen nicht machen dürfen, und daß eine solche Hingebung nur verlangt werden kann, wenn wirklich, wie auch dort die Geseze von sich rühmen, jedem einzelnen frei steht ohne allen Verlust sich den Gesezen und Verfahrungsweisen im Staat, wenn sie ihm nicht länger gefallen, durch Entfernung aus seinem Gebiet zu entziehen; und daß also, je strenger der Charakter eines Staates sei, um desto ungehemmter auch die Auswanderung sein müsse" (Sämmtliche Werke. Band III/2, 330). In politischer Hinsicht sei „die Aufgabe eigentlich die [...], dafür

Aus „der größten Ruhe", von der im angeführten Brief die Rede ist, wird Schleiermacher auch nicht gerissen worden sein, als er im Herbst 1817, nachdem er, wie Varnhagen bezeugt, „in politischen Dingen so entschieden gesprochen" hatte, „von vielen Seiten mit sichtbarer Kälte behandelt" wurde.[279] Insofern ist die gelegentlich geäußerte Vermutung abwegig, Schleiermacher habe die Politikvorlesung im Wintersemester erneut angeboten, um es zu einer Kraftprobe mit seinen Gegnern kommen zu lassen. Bisher lag zur Wintersemestervorlesung keinerlei Material vor. Erst mit der Edition der sehr ausführlichen und gut ausgearbeiteten Nachschrift Goetsch sowie der eigenhändigen „Notizen zum Kolleg 1817/18" kann nun auch dieses Kolleg in die Rekonstruktion von Schleiermachers staatstheoretischen Vorlesungen einbezogen werden.[280]

5.2. Aufbau und Konzeption der Politikvorlesungen

Die beiden Vorlesungen von 1817 und 1817/18 zeigen Schleiermacher erneut auf jener Höhe politischer Theoriebildung, die er erstmals im Winter 1812/13 erreicht und in den beiden großen Akademieabhandlungen von 1814 behauptet hatte. Ihre Bedeutung innerhalb der Folge von Vorlesungen zur Lehre vom Staat liegt in der umfassenden, im Material breit abgestützten Entfaltung des Theorieansatzes. Die Vorlesungen sind aber auch in ihrer aktuellen politischen Dimension von Gewicht. Das scharfe Urteil Hardenbergs und des Königs, das sich an das Sommersemesterkolleg anknüpfte, nahm durchaus zutreffend wahr, wie kritisch Schleiermacher hier, wenn auch im Modus akademischer Argumentation, auf die gegenwärtige politische Situation reagierte. Es trifft hingegen nicht zu, wenn in jüngster Zeit über die Vorlesung von 1817 geurteilt worden ist, sie entwerfe die Grundlinien eines „nahezu zeit- und ortlosen Verständnisses des Staates".[281]

---

zu sorgen, daß in den Unterthanen nirgend und nie die Lust entstehe auszuwandern, und eben deshalb auch die Regierung nirgend und nie bis zu dem Bedürfniß kommen könne die Auswanderung zu verbieten" (331). Zu diesem Problem siehe auch eine Passage in der Politikvorlesung des Sommersemesters 1817: Vorlesungen über die Lehre vom Staat (KGA II/8), 319–320.

[279] Karl August Varnhagen: Denkwürdigkeiten des eigenen Lebens. Herausgegeben von Karl Wolfgang Becker. Band 2, 224.

[280] Vorlesungen über die Lehre vom Staat (KGA II/8), 377–491 (Nachschrift Goetsch von 1817/18); 53–64 (Notizen zum Kolleg 1817/18).

[281] So Walter Jaeschke: Historische Einführung (KGA II/8), XXVII; weiter heißt es hier: „Anders als den Predigten sind den aus seinen Kollegien über die Lehre vom Staat überlieferten Quellen kaum prägnante Hinweise auf die politische Lage [...] zu entnehmen [...]." Jaeschke verzerrt die Fragestellung, wenn er den vermeintlich unpolitischen Charakter der Vorlesungen belegen möchte, indem er auf das Fehlen von Bezügen zu „politischen Tagesereignissen" oder zu regionalen Sachverhalten verweist.

Vielmehr ist der Staatskanzler Hardenberg im Recht, wenn er, wie oben angeführt, von der „politischen Tendenz" der Vorlesung spricht. Doch auch diese Aussage wäre fehlgedeutet, wollte man sie im Sinne eines Hinweises auf tagesaktuelle Kommentare oder Aufforderungen zu unmittelbarem politischen Handeln verstehen. Die Vitalität der politischen Theoriebildung Schleiermachers hat von Beginn an darin bestanden, daß politisch-soziale Entwicklungen nicht nur reflektiert, sondern über den Staatsbegriff normative Kriterien für eine analytisch urteilende Sicht auf sie formuliert werden. In diesem Sinne ist Wilhelm Dilthey beizupflichten, demzufolge seit dem ersten Entwurf von 1808/09 die Ausbildung seiner Staatslehre für Schleiermacher „ganz durch das praktische Ziel der Aufrichtung eines nationalen Staates mit repräsentativer Verfassung bestimmt" gewesen sei und insofern in einem klaren „Zusammenhang [...] mit seiner politischen Tätigkeit" gestanden habe.[282] In besonders evidenter Weise zeigt sich ein solcher Gegenwartsbezug gerade in der Sommersemestervorlesung von 1817.[283]

Bereits die Begründung für die Vorlesung selbst, die Schleiermacher an den Anfang seiner Ausführungen stellt, gibt in dieser Beziehung einen wichtigen Hinweis. Zum einen beruft er sich auf die wissenschaftssystematische Konsequenz, die darin liegt, im Anschluß an ein Kolleg über Philosophische Ethik – ein solches hatte Schleiermacher im Sommersemester 1816 vorgetragen – nun die staatstheoretische Thematik zu erörtern. Daneben aber läßt er sich in seinem Vorgehen von einem weiteren Motiv leiten: Einen schweren Mangel der politischen Theorie fand er „in den durch die Zeit, durch einzelne Urtheile, wie durch die historische Verbildung und Zernichtung der Staaten, in Verwirrung gerathenen Begriffen vom Staate".[284]

Schon die Rede von der „Zernichtung der Staaten" dürfte die Studenten beeindruckt haben. Geradezu elektrisieren mußte es sie, wenn Schleiermacher fortfuhr, die „deutsche Jugend", „zu der er spräche", habe „durch ihre Thaten jener Verwirrung ein Ziel gesetzt". „In ihr ruhe ein besonderes Recht an dem Staate, da sie seine Vernichtung gehindert hätte."[285] Gemeint ist der soldatische Einsatz in der Zeit der Befreiungskriege, auf den im Frühsommer 1817 immer noch ein erheblicher Teil der Hörerschaft zurückblicken konnte. Diese Aussagen, wenige Monate vor der Wartburg-

---

[282] Wilhelm Dilthey: Leben Schleiermachers. Band II/1: Schleiermachers System als Philosophie, 365 und 363 (Titelzeile).

[283] Eine detaillierte und insgesamt überzeugende Beweisführung für diese Aussage liefert Dankfried Reetz in seinem Beitrag: Staatslehre mit „politischer Tendenz"? Schleiermachers Politik-Vorlesung des Sommersemesters 1817, hier: 211–221.

[284] Vorlesungen über die Lehre vom Staat (KGA II/8), 205–376 (Nachschrift Varnhagen von 1817), hier: 208.

[285] Ebd., 208.

Demonstration, konnten nur als Parteinahme, und zwar als *öffentliche* Parteinahme, für die politisierte studentische Jugend in Preußen und in Deutschland insgesamt verstanden werden. Hardenbergs Urteil über Schleiermachers Kolleg wird von solchen Sätzen seinen Ausgang genommen haben.

Die Vorlesung ist in drei Teile untergliedert. Auf eine längere Einleitung zu Begriff und Wesen des Staates folgt der erste Teil unter dem Titel „Staatsbildung". Hier erörtert Schleiermacher „Staaten der niedern (oder democratischen) Ordnung", Staaten mit aristokratischer Form und „Staaten der höchsten (oder monarchischen) Form".[286] Der zweite Teil ist der „Staatsverwaltung" gewidmet. Er bildet den Schwerpunkt des gesamten Kollegs und umfaßt allein etwa die Hälfte der vorgetragenen Stundenzahl. Die Ausführungen zur Staatsverwaltung zerfallen in Abschnitte über die „Staatswirthschaft" und über das „Finanzwesen". Unter dem Titel „Staatswirthschaft" erörtert Schleiermacher die Themenkreise Bevölkerung, Bildung, Gewerbe und Handel. Zum Komplex Finanzwesen zählen Abgaben und Steuern, Schatz und Schulden sowie Geldwesen. Der dritte Teil schließlich steht unter dem Titel „Staatserhaltung". Er ist seinerseits in drei Unterabschnitte gegliedert, deren erster die äußere Staatserhaltung, im Sinne von militärischer und diplomatischer Sicherung des Staates, umfaßt. Ihm steht die innere Staatserhaltung, nämlich das Polizei- und Justizwesen, gegenüber. Zwischen diese beiden Seiten der Staatserhaltung schaltet Schleiermacher eine Betrachtung über das Verhältnis des Staates zur Wissenschaft ein.

Die Grobgliederung „Staatsbildung", „Staatsverwaltung" und „Staatserhaltung" kennzeichnet die Vorlesung von 1817 und auch – mit einigen Umstellungen in den nachgeordneten Untergliederungen – diejenige von 1817/18. An diesem Aufbau hat Schleiermacher später nicht mehr festgehalten. Charakteristisch ist auch die dominante Rolle, die der merkantilistische und physiokratische Begriff der „Staatswirthschaft" hier spielt. Er war Schleiermacher seit seinen Studien im Umkreis des Kollegs vom Winter 1808/09, insbesondere durch die Anregungen von Theodor Anton Heinrich Schmalz, vertraut. Auffällig ist, daß in der Fassung von 1817 die Erörterung des Themas „Staatswirthschaft" den ganzen ersten Teil des Abschnittes zur Staatsverwaltung einnimmt. Auch die eigenhändigen „Notizen zum Kolleg 1817/18" beziehen sich hauptsächlich auf diesen Sachkomplex.

Einige Grundgedanken der Vorlesung seien knapp zusammengefaßt: Der Staat wird als ethische Organisation vorgestellt, dessen primäre Aufgabe „die Bezähmung der äussern Natur und die Dienstbarmachung derselben [ist], so weit nur irgend eine Möglichkeit in ihr liegt, dem menschli-

---

[286] Ebd., 207.

chen Daseyn dienen zu können".[287] Die Staatsverfassung – Schleiermacher
gebraucht den Terminus hier in einem umfassenden, nicht allein grund-
gesetzlichen Sinne – erstreckt sich auf jenen Bereich der Staatstheorie, in
dem die Bildung des Staates und die Entstehung und Fixierung seines organisatorischen Aufbaus erörtert wird. Die Staatsverwaltung bezieht sich
demgegenüber auf jene Aspekte, die zusammenwirken, wenn die Beherrschung der Natur über eine koordinierte Bündelung aller Kräfte gelingen
soll. Die Überlegungen, die Schleiermacher in diesem Kontext, und in
noch weiter ausgeführter Form erneut 1829, vorträgt, zeigen ihn, wie
Kurt Nowak geurteilt hat, als einen Denker, „dessen Ideenwelt bis an die
Schwelle der modernen Soziologie heranführt".[288] Verhandelt werden im
Rahmen einer differenziert ausgebildeten Theorie von Produktion und
Konsumtion die Themen Eigentum, Arbeit und Arbeitsteilung, Tausch-
verhältnisse und Geldverkehr, aber auch die Probleme von Bodenverwal-
tung und Bevölkerungsbewegungen.[289]

Schleiermacher thematisiert die sozialpolitische Dimension der gesellschaftlichen Ordnung ausgesprochen intensiv und problemorientiert. Er
erweist sich als überaus sensibel im Blick auf soziale Spannungen, die aus
Mißverhältnissen in der materiellen Lastenverteilung erwachsen. Innerhalb
der Erörterungen zum Finanzwesen etwa geht er ausführlich auf Aspekte
von Steuerungerechtigkeit und „Opposition des Volkes" gegen indirekte
Steuern ein.[290] Auch das Problem der „Verarmung" als Folge „einer absoluten GewerbsFreiheit" und die damit einhergehenden sozialen Verwerfungen sind ihm bewußt: „Dem Wechsel und der Verarmung blosgestellt
und bei keiner gemeinschaftlichen Aufsicht[,] entsteht hier Ehrlosigkeit
und Schamlosigkeit, wie bei dem Zunftwesen Ehrliebe herrschend war.
Nun entsteht auch gegen die freygegebenen Gewerbe eine Opposition."[291]
Ebenso verhält es sich beim Grundeigentum und der Eigentumsordnung.
Auch hier muß eine „gemeinschaftliche Aufsicht" sicherstellen, daß die
jeweiligen Anteile von „Vortheilhaftem" und Nachteiligem zwischen den

---

[287] Ebd., 212.
[288] Kurt Nowak: Schleiermacher. Leben, Werk und Wirkung, 315–316.
[289] Schleiermacher kehrt damit zu einem Themenfeld zurück, das ihn bereits seit seinen frühesten Versuchen auf dem Gebiet der Philosophischen Ethik beschäftigt hat. Vgl. dazu die Untersuchung von Andreas Arndt: Tauschen und Sprechen. Zur Rezeption der bürgerlichen Ökonomie in der philosophischen Ethik Friedrich Schleiermachers 1805/06, dargestellt aufgrund einer unveröffentlichten Vorlesungsnachschrift, in: Philosophisches Jahrbuch 91 (1984), 357–376. Siehe daneben auch Albrecht Geck: Sozialethische und sozialpolitische Ansätze in der philosophischen und theologischen Systematik Schleiermachers, in: Sozialer Protestantismus im Vormärz. Herausgegeben von Martin Friedrich, Norbert Friedrich, Traugott Jähnichen und Jochen-Christoph Kaiser (Bochumer Forum zur Geschichte des sozialen Protestantismus. Band 2), Mün-ster / Hamburg / Berlin / London 2001, 133–146.
[290] Vorlesungen über die Lehre vom Staat (KGA II/8), 350 und 352.
[291] Ebd., 341.

Grundbesitzern und „der niedern Klasse" nicht so weit auseinanderklaf-
fen, daß es zu einer gewaltsamen Austragung der Interessengegensätze
kommt. Die Dynamik, die durch den sich stetig beschleunigenden Industria-
lisierungsprozeß erzeugt wird, findet bei Schleiermacher ihren theoretischen Niederschlag in Überlegungen zur sozialen und rechtlichen Sicherstellung der Arbeiter. An die Stelle romantisierender Ideen von einem
integrierten gesellschaftlich-ökonomischen System tritt, zumindest ansatzweise, das Bewußtsein für die politische und soziale Sprengkraft des
modernen Kapitalismus. Die Rechtsverhältnisse im „fabricirenden Gewerbe" dürfen nicht so geregelt sein, daß sich die Arbeiter gegenüber ihrem „Oberherrn" in voller „Hörigkeit" befinden. Dabei ist klar, daß es
eine Rückkehr zu den Ordnungsverhältnissen des Zunftwesens mit seinen sozialkaritativen Organisationsstrukturen nicht geben kann. Weil
der Gegensatz zwischen arbeitgebenden Fabrikherren und lohnabhängi-
ger Arbeiterschaft auf konsensualem Wege nicht überbrückbar ist, bedarf es des Eingreifens der Regierung:

> „[...] die Fabrication beruht auf der Theilung der Arbeiten. Bei der zuneh-
> menden Theilung der Arbeiten entsteht für den Einzelnen die zunehmende
> Unsicherheit für den Erwerb des übrigen, ausser seinem Gewerbe liegenden
> und seinem Hause nothwendigen und für den Absatz des Überschusses in der
> Verfertigung seiner Gewerbsarbeit. – Die Gewährleistung einer solchen Un-
> sicherheit kann nur in der Regierung liegen, und daher kommt es auf ihren
> Einfluss an, ob er hierin beschränkend oder befördernd wirke."[292]

Das Modell, dem Schleiermacher hier wie in der Erörterung weiterer sozialer Spannungsfelder folgt, geht von einem gewaltfreien Regelungsverfahren unter den Kontrahenten aus, indem die beiderseitigen Interessen
frei in einen auf wenigstens partiellen Ausgleich ausgerichteten Prozeß
eingebracht werden. Das bloße Beharren auf verbrieften Rechten und
Privilegien kann dagegen nicht mehr zum Tragen kommen: „Eine Form
ist aber wiederum nur lebendig, insofern sie mit dem Fortschreiten der
inneren Bedeutung ebenso fortschreitet, und daher kann von dieser Seite
etwas bestehendes, lediglich als ein seither bestandenes, nicht allein ein
Recht haben." Die von Schleiermacher skizzierte Strategie zum Abbau
sozialer Asymmetrien führt zugleich zu einer Verminderung revolutionä-

---

[292] Ebd., 339–340. – Schleiermacher setzt sich an dieser Stelle auch mit Fichtes Theorie
vom „geschlossenen Handelsstaat" auseinander (Johann Gottlieb Fichte: Der geschloßne Handelsstaat. Ein philosophischer Entwurf als Anhang zur Rechtslehre,
und Probe einer künftig zu liefernden Politik, Tübingen 1800). Die Schwäche dieser
„herbesten" aller denkbaren Formen, in der die Regierung ihren Pflichten nachkommen kann, sei, daß „eine grosse Einfachheit der Bedürfnisse und eine große Gewalt
der Sitte" vorausgesetzt wird. „Hier [scil.: bei Fichte] ist gar keine freie Bewegung
und Lebensregung [...]" (340).

rer Potentiale: „Es ist also in solchem Verhältniss eine Veränderung in der
allmähligen Fortentwicklung nothwendig. Diese wird nun vollkommen
ruhig seyn in dem Maasse, als das Ganze sich rein und harmonisch entwikkelt hat, und dies geschieht dadurch, daß die streitenden Interessen
frei werden." Im anderen Fall, wenn nämlich „dies Fortschreiten nicht
gleichmässig" erfolgt, „erscheint ein Theil immer revolutionair, während
der Andere fest am Alten beharrend bleibt".[293]

Das Kreislaufmodell von Produktion und Konsumtion bietet auch
für die innere Seite der Staatsverwaltung das formale Gerüst. Eingehend
widmet Schleiermacher sich in diesem Zusammenhang der Rolle von
Wissenschaft und Kirche im Staat sowie den unterschiedlichen Formen
einer Repräsentation der Stände.[294] Dies leitet über zur Verfassungsthematik.[295] Der Verfassung kommt für die Stabilität des Staatsaufbaus eine
eminente Rolle zu. Im Idealfall wird „eine vollkommene Gesetzmässigkeit
und allgemeine Fügung unter das durch die Verfassung ausgesprochene
Gesetz herrschen".[296] Schleiermacher läßt klar erkennen, daß er die Verfassung als Instrument betrachtet, „jeden einzelnen Bürger" an der Ausübung der vollziehenden Gewalt zu beteiligen. Dies gilt zunächst nur „in
localem Sinne", doch drängt der dynamische Charakter der Staatsorganisation auf eine Ausweitung bis auf die Provinzial- und Landesebene hinauf. Denn eine solche „volksmässige Vollziehung" kann fortbestehen sowohl in der „Commune" wie auch „bei den Provinzen"; „und es hat ja
das Bestehen der Provinzialstände unter den Reichsständen keinen andern
Sinn, als die Anerkennung der besondern provinziellen Eigenthümlichkeit
und der daraus entspringenden Verwaltung".[297]

Schleiermachers Argumentation läßt auch an dieser Stelle keine Zweifel
aufkommen. Die entsprechende Passage sei aus der Nachschrift Varnhagen
im Zusammenhang zitiert:

„Es ist früher gesagt worden, daß das negative Bewußtseyn der Regierten in
der Monarchie ein positives werden solle. Dieses geschieht nur dadurch, daß

---

[293] Vorlesungen über die Lehre vom Staat (KGA II/8), 339. Das hier formulierte Ausgleichspostulat spielt eine zentrale Rolle in zahlreichen weiteren Erörterungen dieser
Vorlesung, etwa im Zusammenhang mit den Themen „Eigenthum und Gemeingut"
(332–336), Agrikultur (335) und Handel (Verhältnis von Produzenten und Konsu-
menten) (343–344).

[294] Ebd., 298–302 (Repräsentation); 302–304 (Kirche und „Lehrstand"). – Siehe daneben
die Aufzeichnungen zur dreiundsiebzigsten Vorlesungsstunde, in der Schleiermacher
exkursartig das „Verhältniß des Staats zur Wissenschaft und Religion" thematisiert
(Ebd., 367–370). Als Beispiele für die Einwirkung wissenschaftlicher Argumentation auf die politische Realität nennt Schleiermacher „Rousseau's Emile und con-
tract social" (368; vgl. dazu auch die Anmerkung des Herausgebers).

[295] Siehe dazu auch unten S. 115–120.

[296] Vorlesungen über die Lehre vom Staat (KGA II/8), 305.

[297] Ebd., 305.

den Einzelnen dieser Antheil an der vollziehenden Gewalt eingeräumt werde.
Wird dies leztere gestört, so ist ebenso die Entwikkelung des politischen Bewußtseyns, als ein positives gestört, und eine Verfassung, welche nur entstehen
kann mit dem allgemeinen positiven Bewußtseyn, wird sich niemals bilden
können. Es geht also die Communal und Provinzialverwaltung der ausübenden Gewalt, als die gemeinsame Grundlage der Entwikkelung des politischen
Bewußtseyns, der Verfassung vorher; und diese wird in dem Maasse leichter,
als die volksmässige Einrichtung der vollziehenden Gewalt constituirt und
das Gefühl derselben in dem Einzelnen erzeugt ist."[298]

Die als Einwand verstandene Besorgnis, daß mit der Etablierung repräsentativer Organe und infolgedessen mit dem „Anwachs[en] der Volksfreiheit"
die königlichen Machtbefugnisse eingeschränkt würden, gibt Anlaß zu
einer weiteren Überlegung: „[...] wenn man von der im Monarchen, wenigstens im Stifter der Monarchie ruhenden Alleinigkeit des positiven
Lebens ausgeht, darf man diese doch nicht als fortgehendes Gesetz, sondern als das belebende Princip für die Masse ansehen. In dem Maass, als
das Bewußtseyn sich vertheilt, tritt also auch ein anderes Verhältniss ein."
Die „Unsicherheit", die hierdurch im Monarchen entstehen kann, und
das Mißtrauen von beiden Seiten machen es nötig, daß „eine Verfassung
festgesezt" wird. Es liegt fortan „die Ruhe des Regenten" darin, „jenes
Mißtrauen durch eine sichere Verfassung gehoben zu sehen". Dies aber
„ist keine Beschränkung, sondern gerade Erweiterung".[299] Schleiermacher
exemplifiziert diesen Gedanken am Problem der Steuerbewilligung. Die
Steuerbewilligung sei „die erste Frage" der Verfassung; „hier muß es
nun dem Könige die erste Sorge seyn, eine Gemeinschaftlichkeit, zur Be-
festigung der Ruhe und Sicherheit, in der Gesetzgebung zu erhalten, und
es zeigt sich neuerdings wie irrig es ist, hierin eine Beschränkung seiner
Macht zu finden, die ebendadurch befestigt und begründet wird."[300]
  In unmittelbarer Verknüpfung mit der „Verfassungsfrage" erörtert
Schleiermacher in der Vorlesung von 1817 auch die „öffentliche Meinung"
als Thema der Politik. Es ist dies die erste durch Zeugnisse belegbare ausführliche Darstellung Schleiermachers zu diesem zentralen Aspekt seiner
politischen Theorie. Den Ort für die Verhandlung bietet die Theorie der
Herrschaftsverhältnisse im monarchischen Staat. Diskutiert wird die Rolle
des Volkes im politischen Entscheidungsprozeß, wobei davon ausgegangen
wird, daß eine verfassungsmäßig garantierte Hinzuziehung eines „Ausschusses des Volkes" dann erfolgt, wenn Gesetze beraten werden, die unter
Bezugnahme auf „die Thätigkeit und das Vermögen des Staats gemacht
werden". Eine ideale Institutionalisierung dieses für die Staatsorganisation

---

[298] Ebd., 305.
[299] Ebd., 306–307.
[300] Ebd., 307.

konstitutiven Beratungsverhältnisses kann es nicht geben. Seine konkrete
Form muß vielmehr „dem Geist, dem Character und dem Geschichtlichen
des Volkes entsprechen und es wird sich daher hieraus eine Mannigfaltigkeit der Gestaltungen ableiten, die sich an das wirkliche Leben anschließt
[...]".³⁰¹ Der „Zusammenhang des Projekts" einer solchen Verfassung „mit
dem Innern des Volks" kann auf „allgemeinen Begriffen und Ahndungen"
beruhen; er bleibt dann aber willkürlich und wird zu keiner „dauernden
Schöpfung" führen. Oder aber er beruht „auf einer Anschauung, die möglichst gut- und auf den Geist des Volks gebaut" ist. Sofern sie subjektiv
akzeptiert, also „geglaubt" wird, „gäbe es allerdings eine gesunde Production". Diese politisch produktive Anschauung nennt Schleiermacher
die „öffentliche Meinung".³⁰²
     Im Begriff der „öffentlichen Meinung" ist ein „organischer Zusammen-
hang" mitgesetzt, der über eine bloß additive Herleitung der Meinungsbildung hinausweist. Insofern beruht die öffentliche Meinung „nicht auf
einer vollkommenen Einheit der Meinungen, sondern auf der Differenz
derselben, welche nun eben ordentlich constituirt werden soll". Faktoren,
die auf die Art der Differenz Einfluß nehmen, sind die Verschiedenheit
der äußeren Lage, des Standes oder Geschäftes, der Tätigkeit und der Bildung. Relevant für die Gestaltung einer bestimmten Verfassung sind die
„localen Differenzen", die sich meist massiver auswirken als normative
staatstheoretische Gesichtspunkte: „Man kann durchaus nicht sagen, daß
die eine Art schlecht und einseitig, die andre hingegen allein gut sey; dies
richtet sich lediglich nach den verschiednen Verhältnissen des Staates je
nachdem jene Differenzen auch wirkliche Differenzen sind, und es kommt
nur darauf an, daß bei Constituirung derselben nichts durchfällt und keine
Seite der Thätigkeit, kein Interesse vergessen sey."³⁰³ Der wesentliche
Anspruch, den Schleiermacher mit dem Terminus „öffentliche Meinung"
verbindet, ist also, „daß die constituirte Differenz den Character und das
Bedürfnis des Volkes in seinem ganzen Umfang in sich aufnehme". Nur
dann kann überhaupt der Öffentlichkeitsbezug gewahrt sein, durch den
allein die Meinungsäußerung als relevanter Faktor in den politischen Be-
ratungsprozeß eingeht.³⁰⁴
     Auf die fortschreitende Entwicklung des Staates nimmt die öffentliche
Meinung in zunehmendem Maße Einfluß. Ihr „Hervortreten" wird von
Schleiermacher direkt mit der „Annäherung zur Verfassung" in Verbin-

³⁰¹ Ebd., 295.
³⁰² Ebd., 296. Weiter heißt es hier: „Sie wird aber nur geglaubt werden, indem sie sich an
     das Geschichtliche anschließt." Dies bedeutet nicht, wie Schleiermacher ausdrücklich
     betont, daß sie „jede Spur des Geschichtlichen festhalten und alles neue ausschliessen"
     will (296. 295).
³⁰³ Ebd., 298.
³⁰⁴ Ebd., 298.

dung gebracht.[305] Dabei ist „die Anerkennung der öffentlichen Meinung"
selbst etwas „ganz formloses", das sich „nicht beurtheilen" läßt. Es „ist
nicht hier und nicht da, sondern überall".[306] Darum „wird nicht leicht
ein Volk von einigem Umfange getheilt in dieser öffentlichen Meinung
seyn". Sofern eine Spaltung „nicht entgegen gesezt in der Regierung und
im Volke" ist, sondern „in beiden gleichmäßig zusammen", so wird kein
„Mißverhältnis" entstehen. Derartige „Spaltungen" dienen lediglich dazu,
„auf den rechten Weg zu gelangen". „Wenn aber die Spaltung entgegen-
gesezt in der Regierung und dem Volk ist, so ist nicht anders möglich
als daß die Spaltung immer schroffer wird, die öffentliche Meinung wird
hier gar nicht anerkannt; es herrscht offenbare Opposition."[307]
„Das Volk" kann von der Verantwortung für eine solche prekäre Situation nicht entlastet werden. Denn „bey der Entwikkelung die wir in
der Monarchie gehabt haben", nachdem also „der Staat schon einen liberalen Karakter angenommen hat", ist das Handeln der Regierung
nicht mehr nach den Maßstäben zu beurteilen, die für die absolutistischen Regime des achtzehnten Jahrhunderts gegolten haben.

> „Wenn wir betrachten, wie das Volk die Regierung beschuldigt, daß sie sein
> Interesse nicht wahr nimmt, so können wir sagen, kann denn die Regierung
> eine andere Absicht haben, als das Wohlbefinden des Volkes? wie kann denn
> eine solche entgegengesezte Ansicht in die Regierung hineingekommen seyn?
> Die Regierung besteht aus dem Volk, also müssen wir dem Volk selbst die
> Schuld geben."[308]

Fehlentwicklungen resultieren daher aus einem Mangel „allgemeiner Anerkennung". Dem kann die Regierung, zu deren Aufgaben es zählt, „die
Revolution zu verhüthen", nur dadurch vorbeugen, daß sie „das Bedürfniß
nach einem andern Zustande", sofern es sich in der öffentlichen Meinung
niederschlägt, als legitim gelten läßt. Sie handelt dann der „Kunst in der
Politik" gemäß, wenn sie einen solchen Veränderungs- und Erneuerungs-
willen als Antriebskraft exekutiven Handelns nutzt. Sie muß, wie Schleiermachers weitreichende und in ihren Konsequenzen kaum angedeutete
Forderung lautet, „darnach trachten die Verwaltung liberal zu machen".[309]
Es ist unschwer zu erkennen, daß die hier vorgetragene Erörterung ein
hohes Maß an politischer Brisanz in sich birgt. Zum Teil hat Schleierma-

---

[305] Ebd., 372; vgl. 374. – Die öffentliche Meinung fungiert auch als zentrale Sicherungs-
instanz. Denn in einem „constituirten Staate" ist sie es, die „das antipolitische Element", also Bestrebungen, die sich gegen die Funktionsfähigkeit des Staates richten,
„unterdrückt" (372).
[306] Ebd., 416 (Nachschrift Goetsch von 1817/18).
[307] Ebd., 416.
[308] Ebd., 416; die Wendung vom „liberalen Karakter" des Staates: 417.
[309] Ebd., 417.

cher seine Position in der Wintersemestervorlesung sogar noch verschärft. So wird dort im Rahmen des Konsumenten-Produzenten-Themas eingehend über die Problematik künstlich herbeigeführter Teuerungen gehandelt. Der Aspekt der persönlichen Abhängigkeit, durch die das Arbeitsverhältnis im Produktionsprozeß bestimmt ist, wird anschaulicher und drastischer beschrieben. Auch spielt administratives Fehlverhalten der Regierung, etwa in der Finanzpolitik, in der Winterversion eine deutlich größere Rolle als in der Sommervorlesung.[310]

Doch stehen sich, abgesehen von solchen Unterschieden im einzelnen, beide Vorlesungen in Aufbau und Durchführung sehr nahe. In beiden Fassungen überrascht der außerordentlich lebendige Gehalt der Ausführungen. Schleiermacher bietet in der Darstellung eine Fülle konkreter Bezugspunkte; die Theorie wird allenthalben in Verbindung mit gegenständlichen Schilderungen vorgetragen. Insofern läßt sich für die Wiederholung der Vorlesung im Wintersemester auch folgende einfache Vermutung aufstellen: Schleiermacher hatte in den Jahren seit 1813 eine derart große Menge an Material angesammelt, daß es ihm nicht gelungen war, den Stoff im Laufe des Sommervortrages in einer ihm angemessen erscheinenden Weise zu verarbeiten. Die erneute Durchführung, die keine Fortsetzung der früheren Vorlesung war, sondern weitgehend den gesamten Themenumfang aufs neue ausmaß, gab ihm die Gelegenheit zu weiteren Erörterungen und Klärungen. Und tatsächlich läßt sich das Winterkolleg in zahlreichen Passagen als Weiterführung und Konkretisierung des Vortrages vom Sommer lesen.

5.3. Zur Verfassungsthematik

Abschließend sei der politische Gehalt der Vorlesung des Sommersemesters 1817 an einem einzelnen Beispiel, und zwar der bisher erst ansatzweise skizzierten Verfassungsthematik, näher herausgestellt. Ähnliche Belege ließen sich für die Themenbereiche „Staatswirthschaft", Finanzwesen, Militär und Diplomatie, Staat und Wissenschaft beziehungsweise Staat und Kirche sowie für den innenpolitischen Themenbereich beibringen.[311] Sie alle machen deutlich, mit welchem Recht der preußische Staatskanzler im Hinblick auf die Vorlesung generell von einer „politischen Tendenz" gesprochen hat.

---

[310] Vgl.: Ebd., 377–491 (Nachschrift Goetsch von 1817/18), hier: 455. 459.
[311] Siehe hierzu die näheren Ausführungen bei Dankfried Reetz: Staatslehre mit „politischer Tendenz"? Schleiermachers Politik-Vorlesung des Sommersemesters 1817, 229–243. Das von Reetz zu den einzelnen Aspekten beigebrachte Material ist nicht immer in gleicher Weise stichhaltig. An der Richtigkeit seiner Grundaussage über den spezifischen Charakter der Vorlesung kann jedoch meines Erachtens kein Zweifel bestehen.

Der besonderen Aufmerksamkeit seiner Studenten konnte Schleiermacher sich während jener zehn Vorlesungsstunden gewiß sein, während derer er seine verfassungstheoretischen Überlegungen vortrug. Denn durch die Beauftragung des Staatsrates mit der Bildung einer Verfassungskommission hatte der König selbst große Erwartungen in dieser Frage geweckt. Wenn in der Vorlesung von der Sorge des Regenten vor einer „Beschränkung" seiner Souveränität die Rede war, so wird jedem Hörer der Monarch unmittelbar vor Augen gestanden haben.[312] Und wenn Schleiermacher urteilte, daß es in der Frage der Verfassung „dem Könige die erste Sorge seyn" müsse, „eine Gemeinschaftlichkeit [...] in der Gesetzgebung zu erhalten", dann werden nicht wenige dies wiederum als eine Kritik an dem zögerlichen, sein Versprechen nicht einlösenden Hohenzollernherrscher verstanden haben.[313]

Berücksichtigt man Schleiermachers briefliche Äußerungen über die von ihm mit Empörung beobachtete „Hofparthei", so muten die Formulierungen über Beschränkung und Unbeschränktheit der Rechte eines Königs bewußt kontrafaktisch an: „In einer constitutionellen Monarchie ist der Regent in der vollkommensten Übereinstimmung mit dem Volke, und jeder mögliche Zwiespalt ist nur ein Durchgangspunkt. Hierin liegt gerade das Gefühl der Freyheit und Unbeschränktheit des Königs, so wie der Mangel an Übereinstimmung das Gefühl der Beschränkung hervorbringt." Das übliche Schema von Freiheit und Beschränkung wird auf paradoxe Weise umgekehrt, so daß das Ergebnis lautet: Im „Fortschritt der Masse", das heißt in einer Verstärkung der politischen Teilhaberechte, liegt „keine Beschränkung, sondern Erweiterung" königlicher Macht, da sie durch die Verfassung „befestigt und begründet" wird.[314] Nicht die souveräne Handlungsbefugnis, sondern eine ideale Koordination von Herrscher und Beherrschten erklärt Schleiermacher hier zum Prinzip monarchischer Machtausübung.

„Eben nur die Verfassung" sei imstande, die „Erbrechte und Hausgesetze" des Königs zu sichern. Schleiermacher scheut sich nicht, in der Begründung für diese Ansicht die Gefahr eines revolutionären Umsturzes heraufzubeschwören, die jenem Monarchen drohe, der eine Verfassung verweigert: „Zwar finden sich auch in constitutionellen Monarchieen Revolutionen gegen die Dynastie, und in verfassungslosen sind auch wohl nie dergleichen gewesen, wie z.B. in der Preussischen; – dies sind jedoch nur seltene Beispiele. In der Verfassung allein liegt die Bürgschaft für die Rechte des Monarchen und des Volkes."[315]

---

[312] Vorlesungen über die Lehre vom Staat (KGA II/8), 306 (Nachschrift Varnhagen von 1817).
[313] Ebd., 307.
[314] Ebd., 306.
[315] Ebd., 310–311.

Provozierend mußte auch wirken, wie Schleiermacher in den Passagen zu der noch zu schaffenden politischen Vertretung des Volkes über die Repräsentationsproblematik handelte. Der König selbst hatte im Frühjahr 1815 in mehreren Gesprächen mit Hardenberg die traditionelle und seit 1808 auch in der preußischen Reformgesetzgebung wiederholt gebrauchte Bezeichnung „Reichsstände" kritisiert, weil sie ihm für eine Deklaration an das ganze preußische Volk unpassend zu sein schien. In der von Wien aus gegebenen Erklärung vom 22. Mai 1815 war dann statt dessen von „Landes-Repräsentanten" die Rede gewesen.[316]

Hinter dieser begrifflichen Schwierigkeit verbirgt sich eine gewollte Unklarheit in bezug auf die Aufgabenstellung und Vollmacht der Repräsentation selbst. Es ist insofern nicht nur Ausdruck einer terminologischen Abneigung, wenn Schleiermacher den im offiziellen Sprachgebrauch bevorzugten Begriff der „Landesrepräsentation" sowohl in der Vorlesung als auch in seiner Korrespondenz dieser Zeit stark zurücktreten läßt. Bei ihm finden sich demgegenüber vor allem Bezeichnungen, die den Versammlungscharakter des verfassungsmäßigen Repräsentationsorgans betonen („Organe der Gesetzversammlung",[317] „gesetzgebende Versammlung",[318] „repräsentative Versammlung",[319] „ständische Versammlungen",[320] „berathschlagende Versammlungen"[321]). Daneben spricht er von „Repräsentation",[322] von „allgemeiner Repräsentation"[323] oder auch, seinerseits nun gerade jenen vom König kritisierten Begriff aufnehmend, von „Reichsständen"[324].

Der Sache nach entwirft Schleiermacher in seiner Vorlesung ein völlig klares Bild. Bei aller Vielfalt und geschichtlichen Bedingtheit in der konkreten Form müsse die Repräsentation „der Zusammengehörigkeit des Gan-

---

316 „Die Wirksamkeit der Landes-Repräsentanten erstreckt sich auf die Berathung über alle Gegenstände der Gesetzgebung, welche die persönlichen und Eigenthumsrechte der Staatsbürger, mit Einschluß der Besteuerung, betreffen" (Gesetz-Sammlung für die Königlichen Preußischen Staaten 1815, 103–104, hier: 103). – Siehe Edmund Richter: Friedrich August von Staegemann und das Königliche Verfassungsversprechen vom 22sten Mai 1815. Diss. phil., Greifswald 1913. Es fällt auf, daß die Erklärung vom Mai erst am 8. Juli 1815, also nach der Schlacht von Waterloo, in der amtlichen Gesetzessammlung publiziert wurde. Eine Zusammenstellung der wichtigsten Dokumente zur Verfassungsfrage bietet der Band: Die deutsche Verfassungsfrage 1812–1815. Eingeleitet und zusammengestellt von Manfred Botzenhart (Historische Texte / Neuzeit), Göttingen 1968. Die königliche Verlautbarung vom 22. Mai 1815 siehe hier: 69–70.
317 Vorlesungen über die Lehre vom Staat (KGA II/8), 296.
318 Ebd., 297–298 (mehrfach).
319 Brief an Ernst Moritz Arndt vom 14. März 1818, in: Schleiermacher als Mensch. Band II. Briefe 1804–1834, 270–272, hier: 271.
320 Brief an Alexander Graf Dohna vom 4. Juli 1817, in: Ebd., 253–256, hier: 255.
321 Ebd., 255.
322 Zum Beispiel: Vorlesungen über die Lehre vom Staat (KGA II/8), 301.
323 Brief an Ernst Moritz Arndt vom 14. März 1818, 271.
324 Zum Beispiel: Vorlesungen über die Lehre vom Staat (KGA II/8), 305.

zen" oder dem „Umfang der öffentlichen Meinung" Ausdruck geben.[325]
Eine generelle Vorgabe für die konkrete Einrichtung des repräsentativen
Organs läßt sich allerdings nicht aufstellen. Wie überhaupt in der Staatslehre, so gelte insbesondere an dieser Stelle der Grundsatz, daß sich „das
Geschichtlichgegebene und das Ideale Princip in ihrer Bildung vereinigen"
müssen. „Eine allgemein gültige Form ist hier ebenso wenig, wie bei irgend
einer lebendigen Organisation, möglich, und es ist wohl *die* Repräsentation
die beste, die aus der Lage, dem Character und dem Bedürfniss des Volkes
hervorgeht, und bei welcher sich die Grundbedingungen ihrer Bildung
wirklich vorfinden."[326]

Aus der angemessenen Repräsentanz „der besonderen provinziellen
Eigenthümlichkeiten" werde, wie Schleiermacher erneut betont, „die
größte Vaterlandsliebe und die sicherste Stütze der monarchischen Gewalt" entspringen.[327] Er weist darauf hin, daß dieser Sicherungsaspekt
für Preußen in der seit 1815 eingetretenen Situation besonders bedeutsam sei. Denn nach der territorialen Neuordnung müsse nun, wie bei jedem neuen, „jungen Staat", „ein inneres Zusammenwachsen der Theile"
erfolgen.[328] Ähnlich wie „die nordamerikanischen Freystaaten" sei Preußen vor die Aufgabe gestellt, seine verschiedenen Teile zusammenzufüh-
ren. Erst auf diese Weise bewähre es sich als Staat. Politische Entscheidungen, die die Gesamtheit des Staates betreffen, müssen daher nicht auf
der Ebene provinzieller Instanzen, sondern von einer gemeinsamen, landesweit autorisierten gesetzgebenden Versammlung beraten und getroffen werden; sie ruhen insofern „in dem Ganzen der Repräsentation".[329]

Den gleichen Gedanken hat Schleiermacher in einem, auch in anderem
Zusammenhang bedeutsamen Brief an Ernst Moritz Arndt vom 14. März
1818 entwickelt:

> „[...] mir sind Provinzialstände, die lange vor einer repräsentativen Versamm-
> lung hergehen, etwas sehr Bedenkliches, nemlich für einen Staat in der Lage
> und der Zusammensetzung des unsrigen. Denn je selbstständiger die einzelnen
> Provinzen sich fühlen, ohne auf eine starke Weise an den Mittelpunkt gebunden
> zu sein, um desto leichter und leichtsinniger werden sie bei der ersten Krisis
> an eine andere Herrschaft übergehn. Nur wenn Provinzialstände mit einer
> allgemeinen Repräsentation innig verbunden sind, erreichen sie den Zweck,
> die Eigenthümlichkeit und das unmittelbare Lebensgefühl in den Provinzen
> zu erhalten, ohne daß der Verband mit dem Ganzen dadurch leide."[330]

---

[325] Ebd., 301.
[326] Ebd., 301 (Hervorhebung von mir).
[327] Ebd., 305.
[328] Ebd., 300.
[329] Ebd., 300.
[330] Abgedruckt in: Schleiermacher als Mensch. Band II. Briefe 1804–1834, 270–272,
hier: 271. – Zu diesem Brief vgl. unten S. 168 und 199–200.

Die Unterordnung der regionalen politischen Versammlungen unter eine
allgemeine und landesweite Repräsentation, deren Notwendigkeit Schleiermacher mit dem Interesse an staatlicher Integration begründet, läuft faktisch
auf eine Zentralstellung jener Gesamtvertretung im politischen Entscheidungsprozeß hinaus. Dies wird in weiteren Überlegungen präzisiert. So
heißt es etwa in eingehenden Erörterungen zum Wesen der Diplomatie:
„[...] wenn gleich dieser [*scil.*: „der diplomatische Zweig"] vieles ohne das
Wissen der Repräsentation beginnen kann, so wird doch alles zur vollen
Gültigkeit durch die Repräsentation hindurch gegangen seyn müssen".[331]
Daneben sind die Ausführungen zur Rolle der gesetzgebenden Versammlung im Steuerbewilligungsverfahren von großem Gewicht. Der König
hatte schon im April 1815 in einem Schreiben an die neuen preußischen
Staatsbürger aus den Provinzen Jülich-Kleve-Berg und Niederrhein zu
dieser Frage lediglich ein Beratungsrecht in Aussicht gestellt.[332] Es war
klar, daß sich hieraus für eine zu schaffende Landesrepräsentation nur
das Recht ergab, zu den Erörterungen über steuergesetzliche Maßnahmen
in beratender Funktion hinzugezogen zu werden, jedoch keinesfalls ein
reguläres Bewilligungsrecht.

Schleiermacher hingegen, dessen Kenntnis der königlichen Haltung man
voraussetzen darf, geht wie selbstverständlich von einem Steuerbewilligungsrecht der Volksvertretung aus. Der „Hauptpunkt" sei die Steuerbewilligung und insofern die „Disposition über das Eigenthum" des Staates;
ohne dies sei „die ganze gesetzgebende Thätigkeit gewiss null".[333] An
späterer Stelle heißt es: „Die Steuerbewilligung ist die erste Frage dieser
Verfassung, weil Abgaben in ihrer weitesten Bedeutung als Leistungen jeder Art zu dem Gange der Staatsmaschine das Unerläßlichste sind."[334]

---

[331] Vorlesungen über die Lehre vom Staat (KGA II/8), 365.

[332] Siehe Thomas Stamm-Kuhlmann: König in Preußens großer Zeit, 413. Der Brief des
Königs „An die Einwohner der mit der preußischen Monarchie vereinigten Rheinlän-
der" findet sich in: Gesetz-Sammlung für die Königlichen Preußischen Staaten 1815,
26. Es heißt hier: „Die Steuern sollen mit Eurer Zuziehung reguliert und festgestellt
werden nach einem allgemeinen, auch für Meine übrigen Staaten zu entwerfenden
Plane." In ähnlicher Weise wandte der König sich an die Einwohner der neugewon-
nenen Provinzen Sachsen, Vorpommern, Posen, Westpreußen und Westfalen.

[333] Vorlesungen über die Lehre vom Staat (KGA II/8), 300. Ebenso lautet die Formulierung in der Vorlesung des Wintersemesters 1817/18: „Das dritte was man als Sicherheit des verfassungsmäßigen Zustandes ansieht, ist das Recht der Repräsentanten die
Abgaben zu bewilligen. Wo wir eine Verfassung finden, da ist dieses auch [...]" (Ebd.,
420).

[334] Ebd., 307; die Fortsetzung des Zitates enthält jene schon angeführte Wendung, wo-
nach sich neuerlich zeige, „wie irrig es ist, hierin eine Beschränkung seiner [*scil.*: des
Königs] Macht zu finden, die ebendadurch befestigt und begründet wird". – Ob
Schleiermacher in seiner Erörterung des Zusammenhanges zwischen einer repräsen-
tativen Versammlung und dem Recht zur Steuerbewilligung das große historische
Beispiel der *Boston Tea Party* von 1773 („No taxation without representation") vor
Augen stand, geben die einschlägigen Ausführungen nicht zu erkennen. Auf die „nord-

Die Konsequenz, mit der Schleiermacher den Gedanken verfolgt, kommt darin zum Ausdruck, daß für ihn mit dem Steuerbewilligungsrecht zwangsläufig das Recht zur Verweigerung von Steuern einhergeht. Auch von dieser Befugnis sei eine Beeinträchtigung der Funktionsfähigkeit des Staatsapparates nicht zu befürchten. Die geschichtliche Erfahrung zeige vielmehr, „daß wenn die Gesetzversammlung die Steuern verweigerte, nie ein Unheil für den Staat, im Gegentheil aber eine nothwendige nähere Gemeinschaft zwischen der Versammlung und dem Regenten zur Abstellung und Besserung des veranlassenden Verhältnisses, hervorgieng".[335] Es läßt sich leicht denken, wie sehr den geheimpolizeilichen Mithörern sowie deren Instruktoren in Ministerrang solche Ausführungen des berühmten Professors mißfallen mußten.

6. Die Predigten: Schleiermachers Beitrag
zur nationalprotestantischen Erinnerungskultur

Abschließend sei mit wenigen Strichen auch auf den Bereich der Predigttätigkeit Schleiermachers in den Jahren seit 1814 eingegangen. Aus der Vielzahl von kirchlichen Ansprachen werden drei Stücke näher herangezogen. Ihr politischer Gehalt ergibt sich aus dem Anlaß, dem sie gewidmet waren. Zum einen handelt es sich um die Predigt vom 22. Oktober 1815. An diesem Tage feierte man in der preußischen Monarchie das Fest des Friedens und zugleich den vierhundertsten Gedächtnistag der Hohenzollernherrschaft in der Mark Brandenburg. Die zweite, nicht im Druck erschienene Predigt hielt Schleiermacher bei der Totengedächtnisfeier am 4. Juli 1816, die dritte am 18. Oktober 1818 anläßlich der fünften Wiederkehr des Jahrestages der Schlacht bei Leipzig.

Schleiermacher hat, verglichen mit den Berliner Anfangsjahren, seit 1814 seine kirchliche Tätigkeit erheblich intensiviert. Er engagierte sich nicht allein im Pfarramt selbst, sondern auch in der kirchenadministrativen Arbeit, im Synodalwesen und vor allem in den kirchenpolitischen Debatten. Die ganze Breite seines kirchlichen Einsatzes, die Vielseitigkeit besonders auch der hierhergehörenden literarischen Wirksamkeit sowie die zahlreichen Konflikte, in die ihn diese Arbeit verwickelt hat, lassen sich erst seit kurzem, seitdem Günter Meckenstock die kirchenpolitischen Schriften im Rahmen der ‚Kritischen Gesamtausgabe' ediert hat, ermessen.[336]

---

amerikanischen Freystaaten" bezieht er sich allerdings auch hier des öfteren (vgl. zum Beispiel: Ebd., 318).

[335] Ebd., 307.

[336] Kirchenpolitische Schriften. Herausgegeben von Günter Meckenstock unter Mitwirkung von Hans-Friedrich Traulsen (KGA I/9), Berlin / New York 2000. Aus der umfangreichen Sekundärliteratur siehe Andreas Reich: Friedrich Schleiermacher als Pfarrer an der Dreifaltigkeitskirche 1809–1834 (Schleiermacher-Archiv. Band 12),

Politische Aspekte können zahlreichen Predigten der Jahre zwischen 1814 und 1819 entnommen werden. Auch das Bild, das Schleiermacher von einer bürgerlichen Gesellschaft entworfen hat, wird in etlichen gottesdienstlichen Reden, vor allem den 1818 gehaltenen, schon zu Lebzeiten hochgeschätzten und viel gelesenen „Predigten über den christlichen Hausstand", deutlich.[337] Allerdings fällt auf, daß Schleiermacher nach 1813 seine kirchlichen Vorträge kaum noch ausdrücklich der politischen Thematik gewidmet hat. Konnte für die letzten Hallenser Jahre (1806/07), für die Zeit um 1810 und das dramatische Krisenjahr 1813 eine nicht unerhebliche Anzahl solcher „politischen Predigten" identifiziert werden, so nehmen jetzt die Stellungnahmen zur politischen und sozialen Lage sowie zur Verfassung des Staates im Verhältnis zu den spezifisch religiösen Predigtinhalten einen deutlich nachgeordneten Rang ein.

Dies gilt im ganzen auch für einige bisher nicht bekannte Predigten, die Schleiermacher im Juni und Juli 1817, also parallel zu seiner Politikvorlesung, gehalten hat. Es handelt sich um vier Ansprachen aus den Vormittagsgottesdiensten vom 2., 4., 6. und 8. Sonntag nach Trinitatis, die von Ludwig Jonas in ausführlichen Nachschriften festgehalten worden sind. Schleiermacher selbst hat die Predigten auch äußerlich in einen Bezug zur aktuellen Situation gestellt. Denn sie bilden eine kleine Reihe unter dem Titel „Predigten über eigene Worte des Erlösers, die in den gewöhnlichen Abschnitten nicht enthalten sind und besonders auf die Zeit, in der wir leben, bezogen werden können". Auf diese Predigten, die als thematisch in sich geschlossener Komplex betrachtet werden können, sei hier nur hingewiesen; ich beabsichtige, an anderer Stelle näher auf sie einzugehen.[338]

Berlin / New York 1992 sowie für die Jahre bis 1823 Albrecht Geck: Schleiermacher als Kirchenpolitiker (Unio und Confessio. Band 20), Bielefeld 1997. Zum kirchenpolitischen Kontext vgl. auch die allerdings sehr tendenziöse Darstellung von Carl Büchsel: Über die kirchlichen Zustände in Berlin nach Beendigung der Befreiungskriege. Vortrag im evangelischen Verein gehalten, Berlin 1870. Hier heißt es etwa: „Der Besuch der Kirche war ganz außer Gewohnheit gekommen. [...] Unter den Geistlichen, die nach Beendigung des Befreiungskrieges hier noch im Amte standen, waren es eigentlich nur drei, um deren Kanzel sich noch eine Zahl von Zuhörern versammelte: [Johann] Jaenicke von der Bethlehemskirche, [Justus Gottfried] Hermes von der Spittelkirche [St. Gertraudenkirche] und Schleiermacher von der Dreifaltigkeitskirche" (17).

[337] Predigten über den christlichen Hausstand (Predigten. Vierte Sammlung), Berlin 1820. Eine zweite Ausgabe erschien 1826. Die Hausstandspredigten wurden nachgedruckt in: Sämmtliche Werke. Band II/1, Berlin 1834, 565–692 sowie bis 1981 in fünfzehn weiteren Drucken. Separat erschienen sie 1842 in dritter und 1860 in vierter Auflage. 1910 legte Johannes Bauer im Rahmen der vierbändigen Werkausgabe der „Philosophischen Bibliothek" eine Neuedition vor (hier: Dritter Band, Leipzig 1910, 223–398), die 1911 auch in einem Einzeldruck erschien (Predigten über den christlichen Hausstand. Neu herausgegeben und eingeleitet von D. Johannes Bauer, Leipzig 1911).

[338] Die Nachschriften liegen vor in: Staatsbibliothek zu Berlin Preußischer Kulturbesitz. Handschriftenabteilung. Depositum 42: De Gruyter – Schleiermacher-Archiv. Kasten 4, Sammlung Jonas 1817/18 [„Das größere Heft"], Seiten 89 bis 148. Die Reihe

Insgesamt muß in Rechnung gestellt werden, daß, wie bereits früher erwähnt, die Überlieferungslage für die Jahre seit 1814 zur Zeit noch recht problematisch ist. Nachdem schon 1813 lediglich jene eine März-Predigt im Druck erschienen war, liegen für die Jahre 1814 und 1816 überhaupt keine gedruckten homiletischen Zeugnisse vor. Aus dem Jahre 1815 ist wiederum nur ein einziges Stück im Druck überliefert.[339] Für 1817 liegen eine Reformationsrede und eine allerdings nicht ganz sicher zu datierende Adventspredigt vor.[340] Gäbe es nicht die neun Hausstandspredigten, so verhielte es sich mit dem Jahr 1818 ebenso wie mit 1813 und 1815. Denn von ihnen und einer knappen Disposition zur Predigt vom 8. Februar abgesehen, liegt nur noch die separat erschienene gottesdienstliche Rede vom 18. Oktober vor. Von den 1819 gehaltenen Predigten sind nur zwei Stücke, jeweils im Einzeldruck, erschienen, darunter eine Trauerrede für den Prediger an der St. Gertraudenkirche zu Berlin, Justus Gottfried Hermes.[341] Erst seither, als Schleiermacher bei rasch wachsender Popularität auf zum Teil mehrere gute Nachschreiber zurückgreifen konnte, setzt ein breiterer Strom der Überlieferung ein. Gerade die Hausstandspredigten aber zeigen, wie groß die Lücke hier ist und wie sehr zu hoffen steht, daß im Zuge der Arbeiten an der dritten Abteilung der Gesamtausgabe unser Kenntnisstand erweitert werden wird.[342]

---

besteht aus folgenden, von Jonas mit „I.", „II.", „III." und „IV." gekennzeichneten Ansprachen: Predigt vom 2. Sonntag nach Trinitatis, dem 15. Juni 1817 über Joh 2, 16 (Sammlung Jonas 1817/18, 91–104), Predigt vom 4. Sonntag nach Trinitatis, dem 29. Juni, über Lk 7, 28 (105–119), Predigt vom 6. Sonntag nach Trinitatis, dem 13. Juli, über Mt 5, 17 und 19 (120–133) und Predigt vom 8. Sonntag nach Trinitatis, dem 27. Juli, über Lk 9, 50 und 11, 23 (134–148). Die Seiten 149 bis 151 des Nachschriftenbandes sind leer; es kann also mit Sicherheit davon ausgegangen werden, daß die Sammlung tatsächlich nur diese vier Ansprachen umfaßt. Vermutlich bildete die kleine Nachschriftengruppe ursprünglich ein eigenes Heft, das später mit anderen Predigtaufzeichnungen zu jenem „Größeren Heft", einem voluminösen Band, zusammengebunden wurde. Zu den Predigten vom 4. und 8. Sonntag nach Trinitatis liegt je eine weitere Nachschrift vor (Sammlung Betty Maquet. Heft 1 mit zwölf Seiten und Heft 2 mit elf Seiten). Zu beiden Nachschriftensammlungen siehe auch die Angaben in Anmerkung 342.

[339] Vgl.: Bibliographie der Schriften Schleiermachers nebst einer Zusammenstellung und Datierung seiner gedruckten Predigten, 49 und 244 (Werknummer 1815/3; Predigtnummer 46).

[340] Ebd., 53 und 244 (Werknummer 1818/6; diese Predigt wurde „am zweiten Tage des Reformations-Jubelfestes", dem 1. November 1817, in der Dreifaltigkeitskirche gehalten) sowie 257 (Predigtnummer 103).

[341] Vgl.: Ebd., 55 (Werknummer 1819/4) und 56 (Werknummer 1820/3).

[342] Vgl.: Ebd., 334–335. – Die Forschung kann sich auf einen erheblichen Bestand mit- und nachschriftlicher Zeugnisse stützen. Für 1814 lassen sich fünf bisher unbekannte Predigten (vom 2. Januar, 15. Juni, 3. Juli, 18. Dezember und 26. Dezember) aus allerdings zum Teil nur sehr skizzenhaften Mitschriften rekonstruieren. Aus dem Jahr 1815 liegen vierzehn Nachschriften, die meisten von Friedrich August Pischon, vor, die elf bisher unbekannte Predigten dokumentieren. Zu der Predigt vom 10. Dezember sind drei Nachschriften vorhanden. Das Jahr 1816, aus dem bisher keine einzige Pre-

Im Blick auf jene drei Predigten, die noch am ehesten in die Reihe der stärker politisch akzentuierten Reden gehören, fällt nun auf, daß anders als früher eine retrospektive Sicht vorherrscht. Es wird deutlich, inwiefern Schleiermacher mit seinen Ansprachen anläßlich landesweiter Gedächtnisfeiern an der sich jetzt in Preußen ausbildenden nationalgeschichtlichen Erinnerungskultur teilnimmt. Doch hat er auf der anderen Seite keineswegs zu jeder derartigen Feier das Wort ergriffen. Dies gilt zum Beispiel für

---

digt bekannt war, wird durch zahlreiche Nachschriften erschlossen. Eine von Ludwig Jonas angefertigte Sammlung („Das kleinere Heft") bietet sechzehn Notate, eine weitere Sammlung („Nachmittagspredigten gehalten von dem Professor Herrn Schleiermacher im Jahre 1816, im Jahre 1819 von Jenny Balan") hält fünfzehn Predigten fest. Zumeist haben Jonas und Frau Balan die gleichen Predigten gehört. Insgesamt werden achtzehn Predigten dokumentiert. Einer zweiten Sammlung von Jonas („Das größere Heft") lassen sich Nachschriften zu neunundzwanzig Predigten des Jahres 1817 entnehmen. Innerhalb dieses „Heftes" – tatsächlich handelt es sich um einen Band von 492 Seiten (die Paginierung geht auf einen Archivar zurück) – finden sich zwei titelblattartige Seiten, die Jonas zusammenhängenden Predigten zugeordnet hat („Homilien über den Brief Pauli an die Philipper von Fr. Schleiermacher. Jonas" [Seite 421]; „Predigten über eigene Worte des Erlösers [...]. Von Fr. Schleiermacher. Jonas" [Seite 89; siehe oben im Text]). Aus dem gleichen Jahr liegt, neben zusätzlichen Einzelnachschriften, eine Sammlung vor, die eine Hörerin mit Namen Betty Maquet angefertigt hat. Diese Sammlung besteht aus fünfzehn, jeweils zu kleinen Heften gebundenen Nachschriften, die wohl – wie vielleicht auch die Sammlungen Jonas und Balan – auf der Grundlage von Mitschriften im Anschluß an den Gottesdienst niedergeschrieben worden sind. Die Stücke sind numeriert; die Hefte 1 bis 7 bieten Predigten von 1817. Darunter befindet sich Schleiermachers „Predigt bei der Eröffnung der [Berliner] Synode am 11. November 1817 gesprochen" (Aufschrift des Heftes Nr. 4) zu Phil 3, 12, die auch durch Jonas überliefert wird. Insgesamt werden zu neunundzwanzig Predigttagen dreißig bisher nicht bekannte Ansprachen dokumentiert (zum 1. Sonntag nach Trinitatis, dem 8. Juni, liegen Zeugnisse zu zwei verschiedenen Predigten vor). Das „Größere Heft" von Jonas sowie eine dritte Jonas-Sammlung, die sich nur auf das Jahr 1818 bezieht, bieten zusammen neunzehn Nachschriften aus diesem Jahr, wobei jedoch zu allen Predigten aus der Sammlung von 1818 Druckfassungen vorliegen (es handelt sich um die Hausstandspredigten; vgl. im Kalendarium von Meding die Nummern P 51 bis P 59: Bibliographie der Schriften Schleiermachers nebst einer Zusammenstellung und Datierung seiner gedruckten Predigten, 245–249 und 57 [Werknummer 1820/5]). Hinzu kommen die Maquet-Hefte 8 bis 10 und einige Stücke aus einer sehr umfangreichen Sammlung von Dispositionen, die der Theologiestudent und spätere Domkandidat August Friedrich Leopold Gemberg bis in das Jahr 1824 hinein angelegt hat. Insgesamt bietet das vorliegende Material Ansprachen oder Dispositionen zu siebzehn sonst nicht dokumentierten Predigttagen von 1818. Die knappen Gemberg-Dispositionen sind die wichtigste Quelle für das Jahr 1819. Durch sie lassen sich Hinweise auf zwanzig Predigten gewinnen, hinzu kommen drei ausführliche Nachschriften desselben Schreibers (zu Vormittagspredigten vom 7. März, 21. März und 26. Dezember). Einige weitere Mit- und Nachschriften von anderen Hörern erweitern die Überlieferung auf Zeugnisse für insgesamt achtundzwanzig Predigttage, für die bisher keine Ansprachen bekannt waren. Die genannten Materialien befinden sich im Verlagsarchiv Walter de Gruyter (jetzt: Staatsbibliothek zu Berlin Preußischer Kulturbesitz. Handschriftenabteilung. Depositum 42: De Gruyter – Schleiermacher-Archiv). Die Nachschrift vom 7. März 1819 ist Teil einer Gemberg-Sammlung in der Universitätsbibliothek Roskilde (Dänemark).

das „Nationalfest aller Teutschen" aus Anlaß des ersten Jahrestages der Leipziger Schlacht am 18. Oktober 1814 sowie für das „Friedens-Dank-Fest" am 18. Januar 1816. Für beide Tage sind bisher keine Zeugnisse bekannt geworden, die belegen würden, daß Schleiermacher hier gesprochen hätte.[343]
Anders verhält es sich mit der Totengedächtnisfeier vom 4. Juli 1816. Zwar hat Schleiermacher sich rückblickend sehr kritisch über die königliche Anordnung geäußert, auf die hin diese Feier durchgeführt wurde. Das kirchliche Gedenken an sich aber sah er wegen der „lebhaften" Anteilnahme „aller" am Schmerz der hinterbliebenen Angehörigen als begründet an. Bei dieser Gedächtnisfeier stand er daher an seinem Platz.[344] Eine aus-

---

[343] Die biographische Rekonstruktion ist für den an dieser Stelle interessierenden zeitlichen Zusammenhang vor allem auf briefliche Dokumente angewiesen, da Schleiermachers Tageskalender nicht vorliegen; sie werden wohl, wie auch die anderen Kalender der Jahre 1812 bis 1819, nicht erhalten geblieben sein. – Zu dem erwähnten Dankfest vgl. Dieter Düding: Das deutsche Nationalfest von 1814: Matrix der deutschen Nationalfeste im 19. Jahrhundert, in: Öffentliche Festkultur. Politische Feste in Deutschland von der Aufklärung bis zum Ersten Weltkrieg. Herausgegeben von Dieter Düding, Peter Friedemann und Paul Münch, Reinbek bei Hamburg 1988, 67–88.
[344] Vgl.: Ueber das liturgische Recht evangelischer Landesfürsten. Ein theologisches Bedenken von Pacificus Sincerus [= Schleiermacher], Göttingen 1824, 57–58 (abgedruckt in: Kirchenpolitische Schriften (KGA I/9), 211–269, hier: 250–251). Schleiermacher führt dort aus: „Am Ende der deutschen Befreiungskriege verordnete der jetztregierenden Königs von Preußen Majestät ein allgemeines Fest zum Gedächtniß der Gebliebenen. Ein förmlicher Antrag von Seiten der Gemeinen konnte dabei nicht zum Grunde liegen; denn in den meisten Provinzen jenes Staates sind die kirchlichen Gemeinen gar nicht organisirt, und haben also weder Veranlassung noch bestimmte Art und Weise sich zu äußern, welches freilich ein unläugbar großer Mangel ist. Auch ist nicht bekannt, daß viele einzelne Stimmen sich öffentlich vorher für diese Einrichtung erhoben hätten." Wenn „der fromme König" dennoch „einen allgemeinen Wunsch sehr richtig herausgefühlt" und insofern „als der Bevollmächtigte seiner Landeskirche und in ihrem Geist gehandelt" habe, so sei dies in dem Umstand begründet, daß „so viele Familien [...] Verluste zu betrauern" hatten und „alle [...] an diesem Schmerz einen so lebhaften Antheil [nahmen], daß das Fest mit ungetheilter Zustimmung aufgenommen wurde". Der kirchenpolitische Kontext dieser Argumentation wird aus der folgenden Bemerkung erkennbar: „Wenn hingegen ein Fürst, ohne daß weder ein Wunsch der Gemeinen sich ausgesprochen hat noch eine freudige Theilnahme derselben ihm Zeugniß giebt, liturgische Einrichtungen macht: so ist das ein Verfahren, welches nicht in der ihm von der Kirche übertragenen Vollmacht begründet sein kann; sondern er selbst leitet es fälschlicher Weise aus seinem Majestätsrecht ab; in dessen Gebiet er freilich wenn er unumschränkt herrscht nur seinem eignen Gewissen folgen, und also ohne Rücksicht auf die Meinungen seiner Unterthanen handeln kann. Eine solche unveranlaßte Ausübung des liturgischen Rechtes würde also immer und ohne Rücksicht auf den Inhalt unter die [kirchenpolitischen Handlungen des Landesherrn] gehören, gegen welche evangelische Gemeinen [...] auf jede erlaubte Weise protestiren sollten" (Ebd., 58; KGA I/9, 251). Eben diese Situation war nach Schleiermacher bei der Einführung der neuen Agende gegeben, die gegen erhebliche Widerstände seit Weihnachten 1821 von staatlicher Seite betrieben wurde (vgl. dazu unten S. 260–264). – Das Datum der Gedächtnisfeier war von der Regierung auf jenen Tag festgesetzt worden, weil die Kapitulation der napoleonischen Truppen am

führliche Nachschrift, die wiederum von Ludwig Jonas stammt, macht deutlich, mit welcher Intensität Schleiermacher seiner patriotischen Pflicht zu genügen wußte.[345]

Das Motiv des Kampfesmutes bis in den eigenen Untergang wird durch den makkabäischen Schlachtruf angestimmt: „Das sei ferne, daß wir fliehen sollten! Ist unsre Zeit gekommen; so wollen wir ritterlich sterben um unsrer Brüder willen, und unsre Ehre nicht lassen zu Schanden werden. " Im Anschluß an die apostolische Wendung „Siehe, wir preisen selig, die erduldet haben" aus Jak 5, 11 heißt es dann bei Schleiermacher: „Ganz von selbst und ohne, daß es einer weiteren Erklärung bedürfte, sind wir durch diese Worte daran gewiesen, wenn schon unser Herz am heutigen Tage aufgeregt ist, seelig zu preisen diejenigen, so erduldet haben und wir werden es am besten thun, indem wir 1. bedenken, wie wir es auf der einen Seite ansehen können, als den Wahlspruch derer, deren Gedächtniß wir heute feiern; aber auch 2. als das Wort der Ermahnung, welches sie allen, auch uns zurufen."[346] Die Predigt entfaltet beide Aspekte in eingehenden Darlegungen. Den Schluß bildet Schleiermachers Aufruf: „Laßt uns froh bekennen, die Wirkung ihres Glaubens und unsres Glaubens in der Kirche, die sey die schönste Unsterblichkeit ihres Namens!" Dies sei zugleich „das wahrhaft prächtigste Grabmahl", das den Gefallenen gesetzt werden könne."[347]

Auch die beiden anderen, hier etwas näher herangezogenen Predigten lassen erkennen, wie engagiert Schleiermacher daran mitgewirkt hat, daß bereits aus der Sichtweise der unmittelbar Beteiligten die Befreiungskriegs-

---

3. Juli 1815 stattgefunden hatte. Mit der Totenfeier sollte in der ganzen Monarchie das Andenken an die Krieger, „die die Freiheit des Vaterlandes mit ihrem Leben erkauft" haben, gepflegt werden. Das Departement für Kultus und öffentlichen Unterricht erinnerte im Vorfeld durch ein Rundschreiben alle Geistlichen des Landes an ihre Pflicht, die Namen der Gefallenen aus ihrer Gemeinde zu nennen und nach Möglichkeit über deren Leben und ihr Schicksal im Feld zu berichten. Das Fest wurde mit höchster Priorität versehen, so daß während der kirchlichen Feier sämtliche Geschäfte ruhten und am Vorabend und am Morgen des Feiertages jeweils ein einstündiges allgemeines Glockengeläut erklang. Vgl. Karen Hagemann: Tod für das Vaterland: Der patriotisch-nationale Heldenkult zur Zeit der Freiheitskriege, 336–338; Paul Graff: Beiträge zur Geschichte des Totenfestes, in: Monatschrift für Pastoraltheologie 2 (1906), 62–76, hier: 63–64.

[345] Nachschrift zur Predigt über 1. Makk 9, 10 und Jak 5, 11 unter dem Titel „Am 4ten Jul. 1816, dem Trauertage über die im Kriege Gefallenen", dreizehn Seiten (Staatsbibliothek zu Berlin Preußischer Kulturbesitz. Depositum 42. Kasten 2, Sammlung Jonas 1816 [„Das kleinere Heft"]. Predigt IX, Bl. 52–58). Daneben liegt, ebenfalls im Verlagsarchiv, eine dreiseitige Aufzeichnung zu dieser Predigt aus der Sammlung Balan vor. – Weshalb Schleiermacher von einer Veröffentlichung abgesehen hat, läßt sich – vielleicht mit Bezug auf die erwähnten Vorbehalte wegen des Zustandekommens der Gedächtnisfeier – nur vermuten.

[346] Ebd., Bl. 52v–53r.

[347] Ebd., Bl. 58r.

zeit zum zentralen historischen Bezugsort stilisiert wurde. Den Hintergrund bildeten umfassende Memorialbekundungen von offizieller Seite.
Mit allen genannten Feiern, dazu den gleichfalls überall unter Beteiligung
der Geistlichen stattfindenden Festakten bei Aufstellung der Gedächtnis-
tafeln, wurde in den ersten Jahren nach Kriegsende durch den Staat, das
Militär und die preußische Landeskirche eine patriotisch-nationale Erin-
nerungspraxis etabliert, die seither zu einem integralen Bestandteil der
nationalen politischen Kultur und insofern der kulturellen Formierung
Preußens und Deutschlands insgesamt wurde.

Als Predigttext für die Ansprache zum Friedensfest und Hohenzol-
lernjubiläum vom 22. Oktober 1815 diente Schleiermacher die salomo-
nische Wendung aus 1. Kön 8, 56–58, mit der der große biblische König
im Anschluß an die Tempelweihe „die ganze Gemeinde Israel mit lauter
Stimme" (1. Kön 8, 55) gesegnet hatte. Doch wird auf den geschichtlichen
Ort des Textes in der Predigt mit keinem Wort eingegangen. Selbst, daß
es sich um ein Segenswort handelt, bleibt unberücksichtigt. Statt dessen
stehen die Ausführungen unter dem Titel „Wofür wir Gott danken und
was für Wünsche und Gelübde wir vor ihn bringen sollen".[348] Schleiermacher identifiziert das biblische Israel aus der im Text vorausgesetzten
Szene mit der preußischen Bevölkerung und unterschlägt auf der anderen Seite den Verheißungsaspekt der Segnungsworte. Besonders der erste
Punkt ist aufschlußreich: Das Volk wird als Gemeinde angesprochen und
korporativ Gott zugeordnet. Ohne weitere theologische Reflexion setzt
Schleiermacher Gemeinde und Volk gleich und spricht sie, ungeachtet
seiner sonstigen Distanz zum Alten Testament, in genau der Weise an, als
handele es sich um das alttestamentliche Israel.[349]

Der Grundgedanke der Predigt lautet: Der erreichte Friedenszustand
ist als Ergebnis des geheiligten Bandes zwischen Herrscher und Volk anzusehen. Dieses Band habe die Voraussetzung für den Kriegserfolg geschaffen. Es reiche, und deshalb komme ihm für den Staat eine konstitutive Funktion zu, weit hinter die gegenwärtigen Zeiten zurück und
kennzeichne die jahrhundertelange Zusammengehörigkeit von Landesbe-
völkerung und hohenzollernschem Herrscherhaus. Hieraus leitet Schleier-

---

[348] Predigt am Zwei und Zwanzigsten Oktober in der Dreifaltigkeitskirche zu Berlin gesprochen, Berlin 1815; nachgedruckt in: Sämmtliche Werke. Band II/4, Berlin 1835,
51–64 (hiernach im folgenden; vgl. auch: Sämmtliche Werke. Band II/4. Neue Ausgabe, Berlin 1844, 84–97).

[349] Dieser Sachverhalt ist bereits von Wolfgang Trillhaas bemerkt worden: Schleiermachers
Predigt. Zweite um ein Vorwort ergänzte Auflage (Theologische Bibliothek Töpelmann. Band 28), Berlin / New York 1975, 115–118. – Trillhaas' Buch ist zuerst 1933
erschienen. Mit der zutreffenden Analyse verbindet der Autor allerdings eine problematische Deutung. Dies ist nicht unabhängig von dem Umstand, daß seine Schleiermacher-Interpretation – nach einer späteren Selbsteinschätzung des Verfassers – durch
„Spuren der Problemlage" ihrer Entstehungsjahre belastet wird (VIII).

macher den Wunsch ab, daß Gott dieses Königshaus auf lange hin seines
Segens teilhaftig sein lassen möge: „Haben wir nicht wohl gewußt, daß
mit unserm königlichen Herrn vereint Gott uns zwar züchtigen könne
aber nicht verderben, weil dies Volk und dies Königshaus, an dem sich
Gottes Gnade schon so sehr verherrlicht, auch noch müsse zu großem
aufgespart sein."[350] Worin dieses „Große" besteht, konnte den Predigt-
hörern angesichts der Rolle, die Preußen nach den erfolgreichen militärischen Auseinandersetzungen innerhalb des nationalen Einigungspro-
zesses zukam, nicht zweifelhaft sein.

Schleiermachers Rede vom 22. Oktober 1815 fand Jahre später im
Zusammenhang mit den antidemagogischen Ermittlungen die besondere
Aufmerksamkeit der Polizei. Im Bericht der Mainzer Bundeszentralkommission von Ende 1821, der sich im wesentlichen auf Material stützte, das
vom Polizeiministerium in Berlin zur Verfügung gestellt worden war, galt
sie, und zwar unter Bezugnahme auf die bei Reimer erschienene Druckfassung, als Beleg dafür, daß Schleiermacher „die Kanzel zum Schauplatze
politischer Streitigkeiten" gemacht habe.[351]

Tatsächlich finden sich in der Predigt Ausführungen, die offenkundig
gegen die von Theodor Anton Heinrich Schmalz im August veröffentlichte
Schrift „Ueber politische Vereine" gerichtet waren. Dieser Umstand überrascht nicht, denn Ende Oktober war Schleiermacher mit der Niederschrift
seiner kritisch-polemischen „Recension" beschäftigt. Die Kommission
führte insbesondere eine Formulierung an, mit der Schleiermacher die
gegenwärtige Situation in Preußen beschrieb: „So wenig Spuren eines solchen Frevels – der Empörung – giebt es in unserer Geschichte, daß sie sich
in dem unbeachteten Gebiete unsicherer Vermuthungen verlieren; und
daß jeder Argwohn, als ob hie und da etwas gebrütet würde, woraus sich
Zwietracht entspinnen könnte, wenn er nicht sollte absichtlich das gegenseitige Vertrauen untergraben wollen, nur mitleidig würde verlacht
werden."[352] Schleiermacher sprach von ängstlichen Gemütern, die, so
das Referat im Kommissionsbericht, „verschüchtert durch die schweren
Kämpfe und Leiden dieser letzten Zeit [...] sich und andere mit der Besorgniß quälen[,] wenige oder viele wären da, die Übels wollen und Empörung

[350] Sämmtliche Werke. Band II/4, 56.
[351] GStA PK, I. HA Rep. 77 Tit. 17. Sect. Pars Geh. Verbind. Gener. Nr. 40. Ministerium
des Innern und der Polizei. Vol. 1 („Acta betr. die demagogischen Umtriebe und geheime[n] Verbindungen in der Stadt Berlin. 9. Nov. 1821. bis 8. Decbr. 1821."), hier:
Paragraph 95 (Bl. 149v-151r; Druckfassung bei Dankfried Reetz: Schleiermacher im
Horizont preussischer Politik, 306–307). – Auf die Rolle der Mainzer Kommission
in den Ermittlungen gegen Schleiermacher wird im Rahmen der Schilderung seiner
Verwicklung in die Demagogenverfolgung näher eingegangen werden (siehe unten
Abschnitt VII.3.: Das Vorgehen gegen Schleiermacher in den Jahren 1822 und 1823).
[352] GStA PK, I. HA Rep. 77 Tit. 17. Sect. Pars Geh. Verbind. Gener. Nr. 40. Vol. 1, Bl.
149v–150r (Reetz: Ebd., 307). Siehe: Sämmtliche Werke. Band II/4, 57.

brüteten". Als unzulässige Politisierung der gottesdienstlichen Rede faßt
die Untersuchungskommission es auf, wenn Schleiermacher diesen „besorgten Gemüthern" wünscht, „daß Gott ihnen die Augen öffnen möge,
damit sie sähen, daß kein solcher da sey und daß sie sich vor Schatten
gefürchtet".[353] Im gleichen Zusammenhang charakterisiert die Kommission die Sendschrift gegen Schmalz mit der Bemerkung, sie sei „in ihrer
beissenden, ironischen Sprache" darauf berechnet, „den Gegner in den
Augen der Leser lächerlich zu machen und gänzlich zu vernichten".[354] An
anderer Stelle wird die Schmalz-Schrift darauf hin erörtert, was sie von
Schleiermachers „Aufnahme in den Kreis von Männern, vorzüglich von
militairischen Einsichten erzählt". Seine „Leugnung" einer förmlichen
Zugehörigkeit zum Tugendbund bleibt unwiderlegt, doch dienen die Ausführungen über „diese Vereinigung" dazu, den „Sittlich-Wissenschaftlichen Verein" als Vorläufer des Charlottenburger Kreises um den Grafen
Chasôt darzustellen.[355]

Auch der Predigt zum Gottesdienst aus Anlaß des fünfjährigen Gedächt-
nisses der Schlacht bei Leipzig am 18. Oktober 1818 legte Schleiermacher
mit Ps 68, 3–4 einen alttestamentlichen Text zugrunde: „Wie das Wachs
zerschmilzt am Feuer, so müssen umkommen die Gottlosen vor Gott.
Die Gerechten aber müssen sich freuen und fröhlich sein vor Gott und
sich freuen von Herzen."[356] Anders als die Worte des Psalmisten erwarten
lassen, entwickelt Schleiermacher keine dualistische Interpretation der

---

[353] GStA PK, I. HA Rep. 77 Tit. 17. Sect. Pars Geh. Verbind. Gener. Nr. 40. Vol. 1, Bl.
150r/v (Reetz: Ebd., 307). Vgl. die entsprechenden Ausführungen in Schleiermachers
Predigt: Sämmtliche Werke. Band II/4, 58.

[354] GStA PK, I. HA Rep. 77 Tit. 17. Sect. Pars Geh. Verbind. Gener. Nr. 40. Vol. 1, Bl.
150v (Reetz: Ebd., 307).

[355] Paragraph 7 des Berichtes der Untersuchungskommission: GStA PK, I. HA Rep. 77
Tit. 17. Sect. Pars Geh. Verbind. Gener. Nr. 40. Vol. 1, Bl. 32r–35v; vgl.: Bl. 150r
(Reetz: Ebd., 294–297; vgl.: 307). Die Kommission bezieht sich auf folgende, zum
Teil oben bereits angeführte Passage aus Schleiermachers Schrift: „Daß vorher, als
der Feind noch im Lande blieb, und der Friede täglich auf das frechste gebrochen
wurde, Männer vorzüglich von militärischen Einsichten, welche wegen ihrer persönlichen Verbindungen glauben konnten, daß man auf ihre stille Thätigkeit für gewisse
mögliche Fälle rechnete, daß diese sich zusammenthaten, um für eben diese Fälle dies
und jenes vorzubereiten und einzuleiten, das kann niemand anders als loben. [...] Ich
rechnete mirs zur Ehre, als sie mich in ihren Kreis zogen, gewiß mehr um mir selbst
einen erfreulichen Haltungspunkt mehr zu geben, als daß sie viel von mir erwartet
hätten" (An den Herrn Geheimenrath Schmalz, 37–38).

[356] Predigt am 18ten Weinmond [Oktober] 1818 in der Dreifaltigkeitskirche gesprochen,
Berlin 1819; nachgedruckt in: Sämmtliche Werke. Band II/4, Berlin 1835, 77–86 (Neue
Ausgabe: Berlin 1844, 110–119). Seither ist diese Predigt, abgesehen von einem einzel-
nen Nachdruck (Friedrich Schleiermacher's sämmtliche Werke. I. Predigten. Fünfter
Theil. Predigten über Christus und das Christenthum sowie Gelegenheitspredigten
aus den Jahren 1810–1830 und kleinere Amtsreden. Neue vollständige und revidirte
Ausgabe, Berlin [Verlag von Eugen Grosser] 1877, 61–69), in keinem weiteren Druck
erschienen.

gegenwärtigen Lage. Sein Thema lautet vielmehr: „Wovon unsere Freude frei sein müsse, wenn sie den Namen einer Freude vor Gott verdienen soll". Schleiermacher verbindet die rückwärtsgewandte Besinnung mit einer ermutigenden Perspektive. Zugleich wird vor unangebrachter Überschwenglichkeit gewarnt. Die Erinnerung an den Sieg über die napoleonische Besatzungsmacht dürfe keine triumphierende Selbstgenügsamkeit erzeugen. Überhaupt erklärt er es für problematisch, sich in Gottesdienst und Gedächtnisfeier ausschließlich der Freude über militärische Erfolge hinzugeben.[357]

Die Feier eines Sieges sei vom religiösen Standpunkt aus nur dann gerechtfertigt, wenn sich mit dem Bewußtsein der wiedererlangten Freiheit „Fürbitte für die Zukunft" verbinde. Das Gedächtnis der siegreichen Bewährung im Kampf sei zugleich Andenken göttlichen Beistandes. Daher müsse die Freude frei sein von Falschheit, träger Selbstgenügsamkeit und Eitelkeit.[358] Im Mittelpunkt des Gedenkens solle weniger der „Genuß"

---

[357] Sehr deutlich hat Schleiermacher seine Zurückhaltung gegenüber offiziellen Siegesfeiern in der Vorlesung über Praktische Theologie zum Ausdruck gebracht. Zu „Siegesund Friedensfesten" heißt es hier: „Gegen die lezteren wird sich niemand opponiren wollen; der Krieg von Christen untereinander ist ein unnatürlicher Zustand. Die Aufhebung desselben muß offenbar eine allgemeine Veranlassung zu Freude und Dankbarkeit sein, die in einem außerordentlichen Cultus heraustreten kann. Anders ist es mit den *Siegesfesten*, weil man nicht auch verlorne Bataillen feiert; dann wäre es ausgeglichen. Wenn das so betrachtet wird, daß der Sieger eine besondere religiöse Anregung hat, die der geschlagene nicht hat, so als wenn der Sieg eine göttliche Begünstigung wäre: so ist dagegen viel zu sagen, und mit gutem Gewissen läßt sich eine solche Feier nur anstellen wenn man ganz etwas anderes daraus macht als dabei beabsichtigt worden. Es ist nicht recht daß man Gott wenn man siegt anders dankt als wenn man geschlagen ist. [...] Sofern die Siegesfeste auf diese Differenzen gehen, sollte man sie abstellen und sagen, Der Krieg ist eine Zeit wo in der religiösen Anregung die Buße eintreten soll, und können wir das unbedingte ins bedingte nur unter diesem Gesichtspunkt führen. [...] Die Freude über den Sieg ist eine egoistische, die jene allgemeine religiöse Erregung unterbrechen würde; und ist ein solches Gebot [des Staates zu einer allgemeinen gottesdienstlichen Feier] gegeben, so muß man sich so aus der Sache ziehen daß jener allgemeine Charakter nicht dadurch gestört wird" (Die praktische Theologie nach den Grundsäzen der evangelischen Kirche im Zusammenhange dargestellt. Herausgegeben von Jacob Frerichs (Sämmtliche Werke. Band I/13), Berlin 1850 [Photomechanischer Nachdruck: Berlin / New York 1983], 155). Der Bearbeiter dieser Ausgabe, ein Theologe im Kirchendienst, sah sich angesichts der Materiallage und gestützt auf eine seinerzeit nicht unübliche Editionspraxis dazu berechtigt, „eine Verschmelzung" der verschiedenen ihm vorliegenden „Collegienhefte" vorzunehmen. Aufgrund der kompilatorischen Vorgehensweise ist es nicht möglich, die zitierte Passage eindeutig einer Vorlesung zuzuordnen. In Frage kommen die Kollegien von 1824, 1826, 1828, 1830/31 und 1833 (siehe die entsprechenden Angaben von Frerichs: Ebd., V–XII; Zitat: VIII).

[358] Predigt am 18ten Weinmond 1818 in der Dreifaltigkeitskirche gesprochen (Erstdruck), 6. – In Schleiermachers „Gedankenheft 1817–1819" findet sich zu dieser Predigt folgende Notiz: „Am 18. Octob. Wovon frommes Andenken an große Thaten frei sein muß. 1. Von *Falschheit*. [...] 2. Von *Trägheit*. 3. Von Eitelkeit. [...]" (Schleiermacher-Nachlaß 147, Bl. 3r; Kleine Schriften 1786–1833 (KGA I/14), 298–299).

der errungenen Tat stehen, als die Besinnung auf die Kraft, durch die sie
erst möglich wurde: „Denn des Aeußeren dürfen wir uns nicht vor Gott
freuen, der selbst kein Aeußeres hat und vor dem alles Aeußere nichts ist,
sondern nur des Innern; nicht der Erfolge und der Begebenheiten sondern
der Kraft und der That, aus der sie hervorgingen."[359]
    In beredten Worten weist Schleiermacher die Haltung jener zurück, die
auf dem Höhepunkt der damaligen Ereignisse in eine Euphorie, einen Sie-
gestaumel verfielen und denen die Teilnahme an den Ereignissen infolgedessen nur wie „ein vorübergehender Rausch" war. Ihnen habe die wahre,
lebendige Kraft gefehlt, weshalb wir heute von ihnen „auch nur eine matte
und stumpfe Freude" erwarten können. Diese Freude sei „nichts [...] als
die träumerische Erinnerung an einen ungewohnten Zustand, in dem sie
sich eine kurze Zeit befunden, ohne zu wissen woher er gekommen war,
und wohin er sich verloren hat".[360] Im Gegensatz dazu charakterisiert
Schleiermacher die dem Geschehenen allein angemessene Haltung, indem er erklärt: „Freuen aber können wir uns nur vor ihm [scil.: Gott],
wenn wir eine immer rege Kraft zum Guten in uns fühlen, sie fühlen als
seine Gabe, als einen Ausfluß von ihm, als das Wirken seines Geistes in
uns."[361]
    Die politische Relevanz dieser Aussage liegt unmittelbar zutage und
wird von Schleiermacher auch offen ausgesprochen: „Ja, nur wenn wir
fortfahren in der Thätigkeit, die wir damals bewiesen, nur, wenn Jeder
das Bild dessen, was Recht ist vor Gott und wohlgefällig vor den Menschen, denen, die sich in träger Ruhe vertiefen wollen, stets von neuem
vorhält, ihnen immer vor Augen stellt, was uns noch gebricht, wie viel
Feinde noch zu besiegen sind durch die Kraft des Glaubens und der Liebe;
nur wenn wir so gesinnt sind, können wir uns gemeinsam vor Gott alles
Guten und so auch jener großen Tage erfreuen."[362]
    Mit der Dankbarkeit aber verbindet sich eine zuversichtliche und le-
bendige Erwartung der kommenden Zeiten, denn „Dankbarkeit und Vertrauen sind zwei unzertrennliche Gefährten".[363] „Müssen wir nicht wenn
wir uns unsere Bedürfnisse unsere Wünsche unsere Hoffnungen lebendig vor Augen stellen, auch jezt noch bekennen, Menschenhülfe ist kein
Nutz, der Herr ists allein, auf den wir uns verlassen mögen?" So sei es
denn „auch nur die von aller Eitelkeit ferne Freude vor Gott", aus der
das rechte Vertrauen hervorgehen könne, und zwar „nicht solch ein Ver-

---

[359] Predigt am 18ten Weinmond 1818 in der Dreifaltigkeitskirche gesprochen, 6.
[360] Ebd., 10.
[361] Ebd., 11.
[362] Ebd., 11.
[363] Ebd., 14 (Hervorhebung von Schleiermacher). Demgegenüber gilt für die Gegenseite:
    „[...] was todt ist und träge fürchtet und meidet das Leben, wie das Falsche die Wahr-
    heit" (11).

trauen, daß nachdem die äußern Feinde besiegt sind, wir den menschlichen Dingen ihren Gang lassen dürfen, bis eine Zeit komme, wo es wieder Noth thut äußerlich zu kämpfen, sondern das Vertrauen, daß der Herr die Herzen der Seinen zusammenhalten werde zu einer lebendigen Einheit, daß er das Auge des Geistes erhalten werde, auf daß sie sehen, was Recht ist, daß er in der Zeit des Friedens so gut unter uns wirken werde, als er zu seinem Preise wirkte in der Zeit der Gefahr".[364] Dementsprechend lautet auch der Segenswunsch, mit dem Schleiermacher die Predigt abschließt: Er bittet darum, daß Gott, wie er zu jener Zeit geholfen habe, auch jetzt seine Zuwendung dem Volk erhalte und weiterhin in seiner inneren und äußeren Entwicklung wirksam sei.[365]

---

[364] Ebd., 14–15.
[365] Ebd., 15–16. – Interessant ist eine briefliche Äußerung Schleiermachers zu dieser Predigt gegenüber Gaß: „Nur in der Geschwindigkeit, lieber Freund, kann ich Dir [...] ein Paar Zeilen schreiben, als Hülle für die einliegende Predigt, die ich dem Küster zu Neujahr geschenkt. Ich kann nicht sagen, daß ich besonders damit zufrieden wäre, und erst, als ich sie gedruckt sah, fiel mir ein, daß eigentlich jede Zeile ein Stich auf unsern allergnädigsten Herrn ist: allein ich habe wirklich vorher nicht besonders an ihn gedacht. Die Predigt ist nicht recht sonderlich ausgeführt: allein sie hatte den Leuten doch gefallen und mag auch immer ein Wort zu seiner Zeit sein" (Brief an Joachim Christian Gaß vom 10. Januar 1819, in: Fr. Schleiermacher's Briefwechsel mit J. Chr. Gaß, 166–168, hier: 166; zum Separatdruck der Predigt vgl.: Bibliographie der Schriften Schleiermachers nebst einer Zusammenstellung und Datierung seiner gedruckten Predigten, 55 [Werknummer 1819/5]). Der Bezug dieser Äußerung auf die Ansprache vom 18. Oktober 1818 ergibt sich insofern zwingend, als im betreffenden Zeitraum keine andere Predigt im Druck erschienen ist. Eine „Rede vor dem Altare" [ohne Bibeltext] (abgedruckt in: Nachricht von der Leichenbestattung des wohlseligen Predigers an der St. Gertraudts-Kirche zu Berlin Dr. [Justus Gottfried] Hermes nebst der an seinem Sarge von dem Professor Dr. Schleiermacher gehaltenen Rede, Berlin 1819, 9–21) kommt, abgesehen von inhaltlichen Aspekten, deswegen nicht in Frage, weil Schleiermacher sie erst am 4. Januar 1819 gehalten hat und er sie dem Küster folglich nicht „zu Neujahr" überreichen konnte. Carl Friedrich Grahl (1765–1834) fungierte neben seiner Tätigkeit als Küster der Dreifaltigkeitskirche auch als Religionslehrer und Kantor. Schleiermacher stand also mit ihm in engstem beruflichen Kontakt.

Siebenter Teil
Schleiermacher und die Demagogenverfolgung

Die Restaurationspolitik, die nach längerer Vorbereitungsphase landesweit mit den Karlsbader Beschlüssen vom August 1819 ihren ersten Höhepunkt erreichte, stellte für Schleiermacher einen schweren Rückschlag dar. Denn er hatte auch über die desillusionierende Erfahrung des Wiener Kongresses und der aus ihm hervorgegangenen unmittelbaren Konsequenzen hinaus die Erwartung nicht aufgegeben, daß es zu einem Durchbruch der konstitutionellen Verfassungsidee kommen werde. Mit einem stetigen, schrittweisen Demokratisierungsprozeß, einem der Leitgedanken seiner politischen Konzeption, war jetzt jedoch, nach der erfolgreichen Wiederbelebung des legitimistischen Prinzips, nicht mehr zu rechnen. Statt dessen begann nun, und zwar besonders in Preußen, eine planmäßig betriebene, umfassend ausgeführte Verfolgung all jener Intellektuellen, deren publizistische und akademische Wirksamkeit von reformpolitischen Zielsetzungen getragen wurde. Innerhalb kurzer Zeit nahm die Situation polizeistaatliche Züge an.

Trotz der schweren Belastungen, die mit dieser Entwicklung auch für ihn persönlich verbunden waren, ließ Schleiermacher Resignation nicht aufkommen. Zwar riet er schon im Juni 1819 dringend davon ab, in öffentlichen Erklärungen noch eine Verbindung zwischen den Verfassungsbestrebungen und der Forderung nach einer kirchlichen Konstitution herzustellen.[1] In aller Schärfe sah er „die ganze Confusion unsers gegen-

---

[1] Vgl. den Brief an Joachim Christian Gaß vom 2. Juni 1819, in: Fr. Schleiermacher's Briefwechsel mit J. Chr. Gaß, 172–174. Gaß hatte in einer Abhandlung „Ueber das Wesen der Kirchenzucht im Sinne des Protestantismus und über die Möglichkeit ihrer Herstellung" (in: Jahrbuch des protestantischen Kirchen- und Schulwesens von und für Schlesien 2 (1820), 1–112) geschrieben: „Wie das Wesen der Kirchenzucht nur aus dem allgemeinen ethischen Princip des christlichen Handelns zu verstehen ist: so kann sie auch ihre Herstellung in der Praxis nur erhalten durch eine erneuerte kirchliche Verfassung, und diese wiederum nur entstehen mit einer Constitution des Staats, indem hier alles Vereinzelte mit dem gemeinsamen Leben des Ganzen verbunden ist" (73). Auf diese Äußerung bezog Schleiermacher sich: „Deine Schrift über die Kirchenzucht habe ich nur durchlaufen können und bis jezt nichts darin gefunden, womit ich nicht übereinstimme. Nur das Eine, wollte ich, hättest Du nicht so bestimmt ausgesprochen, daß die Kirchenverfassung nur mit der Constitution kommen kann, da ja auch die katholische Kirche überall eine Verfassung hat, und auch unsere Kir-

wärtigen Zustandes". Dennoch bewahrte er sich seine Hoffnung darauf, daß eine politisch sensible öffentliche Diskurskultur als Antriebskraft für eine Neugestaltung der Verhältnisse wirken würde: „Alles was geschieht, muss alle Menschen, die bisher noch gleichgültig gewesen sind, überzeugen wie notwendig constitutionelle Einrichtungen sind."[2]

Hierauf setzte Schleiermacher auch, wenn er an seine kirchlichen Zuhörer appellierte, sich der Angelegenheiten des Vaterlandes anzunehmen. Selbst noch im reglementierten Zustand kam der kritischen Öffentlichkeit eine Wächter- und Korrekturfunktion zu, die sich über Zensur- und andere Restriktionsinstrumente nicht völlig lahmlegen ließ und durch die es zum mindesten möglich sein würde, die Mißstände „ans Licht" zu bringen. „Im einzelnen" sei, „da doch nicht alle Pressen in Deutschland geschlossen sind", mit der „Drohung" der „Publicität" manches zu erreichen, auch wenn die Polizei sich „durch das naivste Aussprechen des überspanischen ärgsten Despotismus und durch einlenkende Widersprüche und schaamlose Lügen" schon „so viele Blößen gegeben" habe.[3]

Die Wertvorstellungen einer offenen Gesellschaft, in der die politischen Entscheidungsträger kontrolliert werden und ihre Machtbefugnisse klar umgrenzt sind, klingen in solchen Formulierungen bereits an. Wenn Schleiermacher sich gelegentlich als „eine äct bürgerliche Natur" bezeichnen konnte, dann hat diese Selbstbeschreibung eben auch einen politischen Sinn.[4] Andererseits hielt er, aller offiziellen Mißbilligung seiner politischen Haltung ungeachtet, an der Loyalität gegenüber dem König fest. Die Monarchie, so sehr sie ihrer patriarchalischen Absolutheit zu entkleiden war, blieb doch für ihn die unter den gegenwärtigen Bedingungen von Staat und Gesellschaft nicht in Frage zu stellende Staatsform für Preußen und für ein nationalstaatlich geeintes Deutschland.

Beide Motive, die Mahnung zum Einsatz für einen modernen Bürgerstaat und die konservative Beschränkung im Blick auf dessen Organisationsform, gehen während der 1820er und frühen dreißiger Jahre bei Schleiermacher Hand in Hand. Sie bilden gleichsam den Rahmen, innerhalb dessen die diversen Stellungnahmen zu Einzelfragen der politischen Diskussion ihren Ort haben.

---

che in Westphalen eine Verfassung hatte ohne das Land" (Fr. Schleiermacher's Briefwechsel mit J. Chr. Gaß, 173).

[2]   Brief an Joachim Christian Gaß vom 6. November 1819, in: Drei Briefe Schleiermachers an Gass. Mitgetheilt von Wilhelm Dilthey, in: Literarische Mitteilungen. Festschrift zum zehnjährigen Bestehen der Literatur-Archiv-Gesellschaft in Berlin, Berlin 1901, 37–50, hier: 38–42; das Zitat: 38. Wilhelm Gaß hatte diesen Brief seinerzeit nicht in die Edition des Briefwechsels aufgenommen.

[3]   Brief an Georg Andreas Reimer vom 24. August 1819, in: Schleiermacher-Nachlaß 761/1, Bl. 104, hier: 104r.

[4]   Brief an Luise Gräfin Voß vom 19. Juli 1817, in: Schleiermacher als Mensch. Band II. Briefe 1804–1834, 257–258, hier: 257.

Schleiermacher war wegen der Ermittlungen der Demagogenbekämpfer, denen er sich seit 1819 jahrelang ausgesetzt sah, gerade auch in politischer Hinsicht massiv herausgefordert. Auf diesen Sachverhalt, der eine eigenartige und zum Teil dramatische Seite in seiner Biographie bildet und der präsent sein muß, wenn man die späte Fassung der Staatstheorie in Augenschein nehmen will, soll im folgenden näher eingegangen werden.

1. Die Veranlassung der Ermittlungen

Das starke Mißtrauen, das die Regierung gegen Schleiermacher wegen der Politikvorlesung vom Sommersemester 1817 hegte, führte dazu, daß er sich spätestens seit dem Winter 1817/18 in einer bedrängten Situation befand. Auch wirkten die Auseinandersetzungen von 1813 mit der Zensurbehörde noch nach. Ungünstig war überdies der Umstand, daß es Schuckmann, der im Frühjahr 1815 Schleiermachers Austritt aus der Unterrichtsabteilung des Departements für Kultus und öffentlichen Unterricht erzwungen hatte, zwischenzeitlich gelungen war, als Innenminister eine erhebliche Machtfülle auf sich zu vereinigen. Eine weitere Steigerung war mit den diversen Neu- und Umverteilungen administrativer Kompetenzen verbunden, die, zum Teil im Vorfeld, zum Teil im Zusammenhang mit der einsetzenden Demagogenverfolgung, während des Jahres 1819 vorgenommen wurden. Vor allem erhielt er jetzt auch die Aufsicht über die reguläre und die geheimdienstlich agierende sogenannte „Sicherheitspolizei", die sich zuvor bei dem Fürsten Wittgenstein befunden hatte.[5]

---

5   Wittgenstein war von seiner früheren Aufgabe auf eigenen Wunsch am 16. August 1819 entbunden worden. Noch am gleichen Tage hatte der König Schuckmann das Polizeiressort zugewiesen, das ihm schon zu Jahresbeginn in Aussicht gestellt worden war. Wittgenstein wurde zum „Minister des Königlichen Hauses" ernannt. Doch auch nach dem Zuständigkeitswechsel gehörte der Oberkammerherr zu den maßgeblichen Wortführern der Restaurationspolitik. Vgl. die entsprechenden Bemerkungen von Bruno Gebhardt in: ADB 43 (1898), 626–629, hier: 628–629: „Nach Kotzebue's Ermordung dachte W. [...] daran, die Hülfe des Zaren anzurufen, um den König zu scharfen Maßregeln zu drängen; es war nicht nöthig, da es ihm ohnedies gelang durch Entdeckung angeblicher Verschwörungen aus geöffneten Briefen, gehörig präparirten Zeitungen und Flugschriften am preußischen Hofe wie an andern deutschen Höfen, mit denen er in Verbindung stand, die Revolutionsfurcht zu steigern. Diese Thätigkeit hörte auch nicht auf, als er [...] das Polizeiministerium niederlegte [...]. Je weniger er jetzt amtlich in politischer Beziehung hervorzutreten brauchte, desto mehr konnte er im Geheimen wirken, zumal er das unerschütterliche Vertrauen seines königlichen Herrn besaß. Er gehörte der Ministerialcommission an, die mit der obersten Leitung der gesammten Untersuchungen betraut war, und stimmte mit Schuckmann stets für Strenge; er war auch Mitglied aller der Finanz- und Verfassungscommissionen, die bis zu Hardenberg's Tode immer wieder zur Berathung der Pläne des Kanzlers eingesetzt wurden und sie meist zum Scheitern brachten. [...] Aeußerlich scheinbar bieder, treuherzig und liebenswürdig gegen Alle [...], wirkte er heimlich, da er das Ohr des

Über Jahre hin strahlten die Frequenzen der Macht im preußischen Staatswesen nun von Schuckmanns Behörde aus. Despotie verbreitete sich. Besonders die Universitäten wurden zum Gegenstand permanenter Überwachung. Die Liste der betroffenen Hochschullehrer und Publizisten nahm Länge an, und stärker noch als sein Vorgänger war der gefährliche Minister auch gegen Schleiermacher eingestellt. In der Folge sollte er seine Amtsgewalt mehr und mehr gegen ihn richten, um energisch auf eine Entlassung aus der Professur und dem Pfarramt zu drängen.

Bereits vor den Ereignissen des Jahres 1819 galt der prominente Gelehrte in Regierungskreisen als Problemfall, dem genauere Beobachtung gewidmet werden mußte. Immerhin konnte man dennoch insofern von einer momentanen Beruhigung ausgehen, als Schleiermacher zunächst keinen weiteren Anlaß zu akuten Interventionen gab. Nach der Ermordung des Schriftstellers und russischen Diplomaten August von Kotzebue durch den Theologiestudenten Karl Ludwig Sand am 23. März 1819 in Mannheim allerdings brachen die älteren Vorbehalte nicht nur wieder auf, sondern es kam zu einer bedrohlichen Zuspitzung der Lage.

Ein Indiz dafür, daß diese Veränderung von Schleiermacher selbst schon früh registriert wurde, gibt ein Brief an Gaß vom 2. Juni 1819, in dem er von der Warnung eines „guten Freundes" – wahrscheinlich handelt es sich um Johann Albrecht Friedrich Eichhorn, den späteren Nachfolger Altensteins – berichtet, „er wisse bestimmt, daß die in's Geheim neuerdings sehr verstärkte geheime Polizei auch mich ganz besonders in Obhut genommen".[6] Im gleichen Brief erwähnt Schleiermacher, daß Gneisenau

---

Königs besaß, bei jeder Gelegenheit im rückschrittlichen Sinne und benutzte dazu die Mittheilungen seiner bezahlten Spione, vor deren Beobachtungen niemand sicher war, und die, um ihren Sünderlohn zu verdienen, auch vor Erfindungen nicht zurückscheuten." Zu diesen „Spionen" zählt Gebhardt die „unsauberen Agenten" Witt-Dörring, Schlottmann, Klindworth, Amtsberg und Kombst (Ebd., 628). Wittgensteins wichtigste Mitarbeiter waren Karl von Kamptz (zu diesem siehe unten Anmerkungen 73 und 79) und Gustav Adolf Tzschoppe (Anmerkung 82). Vgl. insgesamt auch Hans Branig: Fürst Wittgenstein. Ein preußischer Staatsmann der Restaurationszeit (Veröffentlichungen aus den Archiven Preußischer Kulturbesitz. Band 17), Köln und Wien 1981.

6   Fr. Schleiermacher's Briefwechsel mit J. Chr. Gaß, 172–173. Durch Eichhorn wurde Schleiermacher mehrfach in kritischen Situationen gewarnt und vertraulich von Vorgängen in Regierungs- und Behördenkreisen informiert. Vgl. dazu etwa den Brief an Dohna vom 1. Juli 1826, in: Schleiermachers Briefe an die Grafen zu Dohna, 84–87, hier: 85. – Johann Albrecht Friedrich Eichhorn war seit 1811 Syndikus der Berliner Universität und als solcher auch amtlich auf vielfältige Weise mit Schleiermacher verbunden. Während der Befreiungskriegszeit intensivierte sich die Beziehung, weil Eichhorn, der zuvor schon an den konspirativen Aktivitäten des Berliner Patriotenkreises um Graf Chasôt teilgenommen hatte, beim Aufbau der Berliner Landwehr eine wichtige Rolle spielte. 1816 trat er als Geheimer Legationsrat in das Ministerium der auswärtigen Angelegenheiten ein. Seit dessen Gründung im Jahre 1817 gehörte er zudem dem Königlich Preußischen Staatsrat an, dem obersten Verwaltungsorgan des Landes. In den frühen dreißiger Jahren lag die politische Vorbereitung des

seit dem Sandschen Attentat keinerlei Kontakt mehr zu ihm pflege, „da ich sonst fast wöchentlich bei ihm war". Auch diesen Umstand führt er auf neue Verdächtigungen zurück.[7]

Die Situation, in der Schleiermacher sich seither für nahezu fünf Jahre befand, spiegelt die politische Entwicklung in großen Teilen Deutschlands wider. Am Anfang stand die rigoros ablehnende Haltung fast aller deutschen Regierungen – die wichtige Ausnahme bildet die Leitung des Großherzogtums Sachsen-Weimar und Eisenach – gegenüber der Burschenschaftsbewegung. Seit dem Wartburgfest vom 18. Oktober 1817 sahen sie in der burschenschaftlichen Vision eines auf Freiheit und Einheit zu gründenden deutschen Nationalstaates nichts anderes als „demagogische Umtriebe", die auf einen Umsturz der bestehenden Staatsordnung abzielten und denen daher die gesamte polizeiliche Gewalt der im Deutschen Bund zusammengeschlossenen Staaten entgegengesetzt werden mußte. Das Kotzebue-Attentat bot den willkommenen Anlaß zu energischen Maßnahmen. In der Zeit vom 6. bis zum 31. August 1819 versammelten sich in Karlsbad unter der Leitung des Fürsten Metternich Minister zehn deutscher Staaten. Ihre Beschlüsse, die im Kern bereits am 1. August in einer Vereinbarung zwischen Österreich und Preußen, der „Teplitzer Punktation", vorweggenommen worden waren, bildeten den rechtlichen Rahmen für die umfassend ausgeführte Restriktionspolitik.[8]

Zollvereins in Eichhorns Händen. Weniger erfolgreich war er als Kultusminister, nachdem ihm am 8. Oktober 1840 dieses Amt übertragen worden war. Vor allem auf kirchenpolitischem Gebiet verstrickte er sich in zahlreiche Auseinandersetzungen, die ihn, wohl zu Unrecht, in den Ruf eines politischen und kirchlichen Reaktionärs brachten und 1848 zu seinem Sturz führten (vgl.: NDB 4 (1959), 376–377 [Stephan Skalweit]; J. F. Gerhard Goeters: Die kirchlichen Vorstellungen König Friedrich Wilhelms IV. und das Ministerium Eichhorn, in: Die Geschichte der Evangelischen Kirche der Union. Band I. Herausgegeben von J. F. Gerhard Goeters und Rudolf Mau, Leipzig 1992, 271–283).

[7]   Fr. Schleiermacher's Briefwechsel mit J. Chr. Gaß, 174.

[8]   Zur Rechtslage vgl. Eberhard Büssem: Die Karlsbader Beschlüsse von 1819. Die endgültige Stabilisierung der restaurativen Politik im Deutschen Bund nach dem Wiener Kongreß von 1814/15, Hildesheim 1974. Einen knappen Überblick gibt Christoph Sowada: Die „Demagogenverfolgung" – Staatliche Unterdrückung politischer Gesinnung, in: Juristische Schulung. Zeitschrift für Studium und praktische Ausbildung 36 (1996), 384–389. Die wichtigsten Rechtsbestimmungen sind das Bundes-Universitätsgesetz vom 20. September 1819 (abgedruckt in: Dokumente zur deutschen Verfassungsgeschichte. Herausgegeben von Ernst Rudolf Huber. Band 1, 101–102), das Bundes-Preßgesetz vom 20. September 1819 (Ebd., 102–104), das Bundes-Untersuchungsgesetz vom 20. September 1819 (104–106) sowie die landesgesetzliche Preußische Zensur-Verordnung vom 18. Oktober 1819 (106–109) und die Preußische Universitäts-Verordnung vom 18. November 1819 (109–113). – Den Bundesbeschlüssen mußte sich zwar auch der sächsische Großherzog Carl August (1757–1828) unterwerfen, doch gelang es ihm, die 1816 eingeführte (früh-)konstitutionelle Landesverfassung zu verteidigen. Die Universität Jena und die Wartburg, jener Ort, der für die Burschenschaftsbewegung eine einzigartige Symbolkraft gewann, befanden sich auf seinem

Die Karlsbader Beschlüsse fungierten jedoch nicht nur als Rahmenricht-
linien für die Kontrolle mißliebiger Hochschullehrer, sondern auch als
formale Grundlage für deren disziplinarische Sanktionierung. Das staatliche Vorgehen richtete sich generell gegen alle Professoren und Dozenten,
die, wie es im Beschluß der Frankfurter Bundesversammlung vom 20. September 1819 hieß, „durch Mißbrauch ihres rechtmäßigen Einflusses auf
die Gemüther der Jugend, durch Verbreitung verderblicher, der öffentlichen Ordnung und Ruhe feindseliger oder die Grundlagen der bestehenden Staatseinrichtungen untergrabender Lehren, ihre Unfähigkeit zu[r]
Verwaltung des ihnen anvertrauten wichtigen Amtes unverkennbar an
den Tag gelegt" haben. Sie galt es, „von den Universitäten und sonstigen
Lehranstalten zu entfernen".[9]
       Sämtliche Presseerzeugnisse unterlagen der Vorzensur. Für Bücher
galt bei einem Umfang von mehr als zwanzig Bogen die „Nachzensur";
auch die sonst zumeist privilegierten Universitätsschriften waren nicht
ausgenommen. Es wurde – als, wie Schleiermacher mit Recht annahm,
„preussische Erfindung"[10] – eine Bundestagskommission mit Sitz in Mainz
eingerichtet, die die Einhaltung der Bestimmungen überwachte und der
staatspolizeiliche Mittel zu Gebote standen. Besonders die Regelungen
über das Zensurwesen hatten fatale Folgen. Die bis 1832 angewandte,
auf den Tag genau zwei Jahre nach dem Wartburgfest erlassene Zensurverordnung markierte wie kein anderes Gesetz den autoritär-gouverne-
mentalen Kurs, der die Neuausrichtung der politischen Konstellation in
Preußen prägte.
       Das Presse- und Druckwesen wurde unter Maßregeln und Vorgaben
gezwungen, wie sie nicht einmal das Zensuredikt vom 19. Dezember 1788
gekannt hatte. Das Ziel bestand darin, die gesamte Oppositionsliteratur,
von Büchern bis hin zur Tageszeitung, in einen eisernen Griff zu nehmen.
„Das neue Gesetz zerstörte die letzten Aussichten auf die Kontinuität der
Entwicklung des preußischen Volkes; es war eine revolutionäre Maßregel,
welche den Sturm vorbereitete. Mit der am 31. December 1819 erfolgten
Verabschiedung der Minister Humboldt, Boyen und Beyme aber gewann
diese Politik auch nach Außen hin ihren Ausdruck, ja sie drängte den Staat
in jene unheilvollen Bahnen, welche ihn in seinem öffentlichen Leben um
ein ganzes Menschenalter zurückwarfen und widerstandslos den tiefsten

---

Territorium. Ebenfalls eher widerstrebend wurden die antidemagogischen Regelungen
in Bayern und Württemberg umgesetzt.

[9]   Provisorischer Bundesbeschluß über die in Ansehung der Universitäten zu ergreifenden
       Maßregeln (Bundes-Universitätsgesetz) vom 20. September 1819, in: Ebd., 101–102,
       hier: 101 (Paragraph 2). Vgl. Elisabeth Droß (Hrsg.): Quellen zur Ära Metternich
       (Ausgewählte Quellen zur deutschen Geschichte der Neuzeit. Band 23a), Darmstadt
       1999, 78–79.
[10]   Brief an Joachim Christian Gaß vom 6. November 1819, in: Drei Briefe Schleier-
       machers an Gass, 39.

Demüthigungen aussetzten."[11] In der Konsequenz dieser radikal antiliberalen Gesetzgebung, die in ähnlicher Weise auch in anderen deutschen Staaten praktiziert wurde, kam es sehr schnell zu einer Vergiftung des politischen Klimas. Im öffentlichen Leben vollzog sich ein Mentalitätswechsel, der, besonders auf publizistischer Ebene, jede freimütige und kritische Bekundung zu einem unkalkulierbaren Risiko werden ließ. An die Stelle offener Diskussion trat das Geraune der dunklen Winkel. Niedertracht und Verschlagenheit dominierten; die Hosentrompeter waren obenauf.

Auch Schleiermacher geriet binnen kurzer Zeit in ein Netz von Spitzelei und Nachstellung. Schon im Mai 1818 hatte er unter dem Eindruck der „Skandale, welche sich über eine Wartburgische Studentenversammlung erhoben haben",[12] seinem in Italien weilenden Freund Immanuel Bekker geschrieben: „Wahrlich, es giebt keine Zeit, die man lieber außer Deutschland zubringen möchte als die gegenwärtige; auf Rosen wird hier nicht gewandelt, sondern jedes vaterländische Interesse fast jeden Augenblick aufs tiefste verwundet."[13] Seit Ende 1818 ging er davon aus, daß seine private Korrespondenz geheimpolizeilich visitiert wurde. In einem Brief an den Grafen Dohna vom 27. November 1818, in dem er unter anderem von der Feier seines fünfzigsten Geburtstages wenige Tage zuvor berichtete, heißt es gegen Ende: „Wenn der Staat auf den Einfall kommen sollte, diesen Brief zu lesen, so wundert er sich gewiß nichts von sich darin zu finden; aber, so gern ich wollte, ich wüßte wahrhaftig nicht, was ich Ihnen auf diesem Gebiet schreiben sollte. Mein Interesse daran hat sich gewaltig abgestumpft. Sollten einmal bedeutende Zeiten eintreten, so wird es schon wieder erwachen."[14]

Sowohl die Kritik an der immer weiter wachsenden Einschränkung der freien Meinungsäußerung als auch die Erklärung, daß er den politischen Angelegenheiten nur noch geringe Aufmerksamkeit entgegenbringe, finden sich erneut in einem wenige Wochen später gleichfalls an den vertrauten gräflichen Freund gerichteten Schreiben:

---

11 Friedrich Kapp: Die preußische Preßgesetzgebung unter Friedrich Wilhelm III. (1815–1840). Nach den Akten im Königl. Preußischen Geheimen Staatsarchiv, in: Archiv für Geschichte des deutschen Buchhandels. Herausgegeben von der Historischen Kommission des Börsenvereins der Deutschen Buchhändler. Band VI, Leipzig 1881, 185–249, hier: 217–218. Bei Kapp finden sich auch detaillierte Angaben zu den Einzelbestimmungen für die Presse- und Bücherzensur sowie zu deren Handhabung durch die Zensoren.
12 Brief an Immanuel Bekker vom 14. November 1817, in: Briefwechsel Friedrich Schleiermachers mit August Boeckh und Immanuel Bekker 1806–1820, 73–75, hier: 74.
13 Brief an Immanuel Bekker vom 16. Mai 1818 [Datierung unsicher], in: Ebd., 81–87, hier: 84.
14 Abgedruckt in: Schleiermacher als Mensch. Band II. Briefe 1804–1834, 286–287, hier: 287. Meisner kürzt den Brief an einigen Stellen; die vollständige Fassung findet sich in: Schleiermachers Briefe an die Grafen zu Dohna, 67–69; das Zitat hier: 69.

„Es ist mir auch ganz recht jetzt so gründlich beschäftigt zu sein, daß ich selbst an den öffentlichen Angelegenheiten wenig Theil nehme; denn der unsinnige Argwohn von oben herab und die Intriguen, die auf diesem Grund gegen einzelne Menschen gespielt werden, dies alles nimmt täglich zu, und man ist des unschuldigsten Wortes nicht mehr sicher, daß es nicht verdreht und herumgetragen wird. Ja bis in die Vorlesungen, sogar die theologischen, geht das Spioniren, wie einer meiner Kollegen noch kürzlich erfahren hat. Aus diesem unwürdigen Zustande sieht man noch gar keine Erlösung.“[15]

Statt „Erlösung“ brachte das Jahr 1819 eine erhebliche Aufrüstung des bisher eher schwach entwickelten Polizeiapparates. Es setzte, und zwar am Morgen des 7. Juli, als die ersten Verhaftungen vorgenommen wurden, eine bisweilen geradezu hysterisch betriebene Verfolgung vermeintlicher Volksverführer, sogenannter „Demagogen“, ein, deren Auswirkungen nicht auf den universitären Bereich beschränkt blieben.[16] Zwar dürfen, wozu die ältere Geschichtsschreibung geneigt hat, die Dimensionen des nunmehr errichteten repressiven Systems insgesamt nicht überzeichnet werden. Dennoch war der eingetretene Wandel beträchtlich. Die Entlassung der Reformpolitiker Humboldt und Beyme, die von Beginn an die staatlichen Maßnahmen kritisiert hatten, weil mit ihnen rechtsstaatliche Verfahrensnormen mißachtet wurden, war hierfür ein symptomatischer Ausdruck.

Hardenberg hatte bereits im August auf die von beiden Ministern vorgetragenen Einwände gegen die rechtswidrige Verhaftungspraxis mit äußerstem Mißfallen reagiert.[17] Die Teplitzer Vereinbarung stellte nach Humboldt einen Bruch der Bundesakte dar. Die Karlsbader Beschlüsse betrachtete er als Einleitung einer „Kriegsführung des Staats“ gegen Studenten und Professoren. Seine Ablehnung brachte er in einer großen Denkschrift zum Ausdruck, die er am 5. Oktober 1819 in einer Sitzung des Staatsministeriums vorlegte; durch sie besiegelte er sein politisches Schicksal.[18] Gleichzeitig mit der Entlassung wurde er, wie auch Beyme,

---

[15]	Brief an Alexander Graf Dohna vom 31. Januar 1819, in: Schleiermacher als Mensch. Band II. Briefe 1804–1834, 293–295, hier: 294.

[16]	Zum Aufbau der politischen Polizei in Preußen siehe Alf Lüdtke: „Gemeinwohl“, Polizei und „Festungspraxis“. Staatliche Gewaltsamkeit und innere Verwaltung in Preußen 1815–1850 (Veröffentlichungen des Max-Planck-Instituts für Geschichte. Band 73), Göttingen 1982 sowie Wolfram Siemann: Deutschlands Ruhe, Sicherheit und Ordnung. Die Anfänge der politischen Polizei 1806–1866 (Studien und Texte zur Sozialgeschichte der Literatur. Band 14), Tübingen 1985. Siemann erörtert auch die organisatorischen Details der von der preußischen Regierung betriebenen anti-demagogischen Aktivitäten.

[17]	Einer Tagebuchnotiz vom 19. des Monats zufolge, erschien ihm schon zu dieser Zeit ein „Ministerial Wechsel nöthig“ (Karl August von Hardenberg. Tagebücher und autobiographische Aufzeichnungen. Herausgegeben und eingeleitet von Thomas Stamm-Kuhlmann, München 2000, 874).

[18]	Vgl. Wilhelm von Humboldt: Gesammelte Schriften. Herausgegeben von der Preussischen Akademie der Wissenschaften. Zweite Abteilung: Politische Denkschriften.

von den Beratungen des Staatsrates ausgeschlossen. Das von Humboldt seit 1818 verwaltete Regierungsressort für Ständische Angelegenheiten wies der König Schuckmann zu. Der Innenminister sah sich dadurch nicht nur eines unbequemen Gegenspielers entledigt, mit dem er in den zurückliegenden Monaten beständig im Widerstreit gelegen hatte.[19] Vor allem gewann er durch die erneute Erweiterung seines Ressorts auch in allen verfassungspolitischen Fragen die spezielle Ministerzuständigkeit.

Die Einsprüche der bewährten und hochverdienten Staatsmänner blieben für die Orientierung der preußischen Politik bedeutungslos. Auch der Appell, geltende grundgesetzliche Regelungen zu respektieren, verhallte ungehört. Vielmehr wurde nun der Deutsche Bund selbst zum Instrument einer Unterdrückungspolitik, die sich gegen liberale und nationale Bestrebungen in allen Ausprägungen richtete. In keinem deutschen Staat aber traten die Konsequenzen härter und kompromißloser hervor als in der Hohenzollernmonarchie. Nirgendwo auch gingen die einzelstaatlichen Zusatzregelungen so weit über die von der Bundesversammlung beschlossenen Gesetze hinaus wie hier.[20]

Im Blick auf Schleiermacher zeigt der zuletzt angeführte Brief an den Grafen Dohna allerdings auch, daß man seine Bemerkung von dem „gewaltig abgestumpften" Interesse an der politischen Thematik nicht allzu eng auslegen darf. Denn im selben Schreiben äußerte er sich sehr kritisch über die Hardenbergsche Administration: „[...] ich glaube nicht, daß man Vertrauen zu einer Regierung verlangen kann, welche so deutlich zu erkennen giebt, daß sie sich selbst nur nach persönlichen Rücksichten einrichtet."[21] Weitere, zeitlich benachbarte briefliche Äußerungen wiederholten

---

Dritter Band: 1815–1834. Zweite Hälfte. Herausgegeben von Bruno Gebhardt (Gesamtzählung: Band XII), Berlin 1904, 362–381; siehe dort auch Gebhardts Erläuterungen und einen Entwurf zur Denkschrift: 359–362. Detaillierte Schilderungen geben Rudolf Haym: Wilhelm von Humboldt. Lebensbild und Charakteristik, Berlin 1856, 419–429 und Bruno Gebhardt: Wilhelm von Humboldt als Staatsmann. Band 2, Stuttgart 1899, 394–407.

[19] Siehe etwa Humboldts Schreiben an den Staatskanzler vom 17. August 1819, in dem er auf eine eindeutige Abgrenzung des Schuckmannschen Geschäftsbereiches gegenüber seinem eigenen Ministerium drängte; abgedruckt in: Wilhelm von Humboldt: Gesammelte Schriften. Vierte Abteilung: Politische Briefe. Zweiter Band: 1813–1835. Herausgegeben von Wilhelm Richter (Gesamtzählung: Band XVII), Berlin und Leipzig 1936, 320–322.

[20] Vgl. Wolfgang Neugebauer: Die Demagogenverfolgungen in Preußen – Beiträge zu ihrer Geschichte, in: Geschichte als Aufgabe. Festschrift für Otto Büsch zu seinem 60. Geburtstag. Herausgegeben von Wilhelm Treue, Berlin 1988, 201–245. Siehe außerdem, neben einigen speziellen, meist personenbezogenen Darstellungen, den Überblick von Ilja Mieck: Preußen von 1807–1850. Reformen, Restauration und Revolution, in: Handbuch der Preußischen Geschichte. Herausgegeben von Otto Büsch. Band II: Das 19. Jahrhundert und Große Themen der Geschichte Preußens, Berlin / New York 1992, 3–292, hier: 179–198 („Restauration und Reaktion").

[21] Brief an Alexander Graf Dohna vom 31. Januar 1819, 294. Den sich bereits ankündigenden Zuständigkeitswechsel im Polizeiressort kommentierte Schleiermacher an

die Kritik an der Politik des Staatskanzlers.[22] Die von Mainz aus zentral
organisierte Demagogenbekämpfung wies in Schleiermachers Augen auch
einen paradoxen Zug auf: „Das Lächerlichste ist, dass, indem die Macht-
haber schreien über die Idee einer deutschen Republik, sie wirklich eine
stiften, da ja offenbar die Fürsten wesentliche Teile ihrer Souveränität
hingeben und sich in Gegenständen, die ganz der inneren Verwaltung angehören, einer Majorität unterwerfen."[23]

Als Plausibilitätsgrund für die Karlsbader Beschlüsse mußte das Sand-
sche Attentat herhalten.[24] Dieser Umstand wirkte sich besonders nachteilig auf die Berliner Theologische Fakultät aus, denn ihr Mitglied Wilhelm
Martin Leberecht de Wette hatte am 31. März 1819 einen Trostbrief an
die Mutter des Attentäters, der zu seinen Studenten zählte und den er als
einen „reinen, frommen Jüngling" beschrieb, gesandt. Es wurde gegen de
Wette mit äußerster Strenge vorgegangen und, nach einem intensiven Ermittlungsverfahren, in dessen Verlauf auf eine für de Wette unerfindliche
Weise auch der betreffende Brief aufgespürt wurde, die sofortige Dienstentlassung bei gleichzeitigem Verlust aller Ansprüche verfügt. Der König
selbst entschied am 30. September auf dieses Urteil. In einem Schreiben
an den Senat der Universität erklärte er: „Ich würde Mein Gewissen ver-

---

dieser Stelle so: „[...]; ob aber die Polizei besser bei Herrn v. Schuckmann aufgehoben
ist als bei Fürst Wittgenstein, das bezweifle ich. Herr v. Kamptz soll in der betrübten
Lage sein, daß er nicht von der Polizei lassen will, und daß Herr v. Schuckmann ihn
deprecirt [herabsetzt]" (Ebd.). Tatsächlich stellte sich aber, wie Schleiermacher selbst
zu spüren bekommen sollte, schon bald eine enge Zusammenarbeit zwischen dem
Minister und Kamptz her.

22 Vgl. die Briefe an Joachim Christian Gaß vom 28. Dezember 1818, in: Fr. Schleiermacher's Briefwechsel mit J. Chr. Gaß, 157–160, hier: 158 und an Immanuel Bekker
vom 18. [9.–19.] Januar 1819, in: Briefwechsel Friedrich Schleiermachers mit August
Boeckh und Immanuel Bekker 1806–1820, 101–103, hier: 101.

23 Brief an Joachim Christian Gaß vom 6. November 1819, in: Drei Briefe Schleiermachers an Gass, 39.

24 Zum Attentat siehe Hagen Schulze: Sand, Kotzebue und das Blut des Verräters (1819),
in: Alexander Demandt (Hrsg.): Das Attentat in der Geschichte (Suhrkamp Taschenbücher. Nr. 2936), Frankfurt am Main 1999, 215–232; vgl. auch George S. Williamson: What Killed August von Kotzebue? The Temptations of Virtue and the Political
Theology of German Nationalism, 1789–1819, in: The Journal of Modern History 72
(2000), 890–943. – Sand selbst begründete die Tat in einem ausführlichen Brief „An
Vater, Mutter, Brüder, Schwestern, Schwager, Lehrer und alle Freunde"; abgedruckt
in: Staats- und Gelehrte Zeitung des Hamburgischen unpartheyischen Correspondenten. Nr. 66 vom 24. April 1819, Sp. 4–8. Der Brief endet mit einem Zitat aus Theodor Körners Gedicht „An mein Volk" von 1813: „Das letzte Heil, das Höchste liegt
im Schwerdte, Drück dir den Speer ins treue Herz hinein, Der Freiheit eine Gasse!"
(Ebd., 8). Der Ehrenrettung Sands war ein zeitgenössischer, anonym herausgegebener
Band gewidmet: Carl Ludwig Sand, dargestellt durch seine Tagebücher und Briefe
von einigen Freunde, Altenburg 1821. Zu Kotzebue siehe Mechthild Keller:
„Agent des Zaren" – August v. Kotzebue, in: Dies. (Hrsg.): Russen und Rußland aus
deutscher Sicht. Band 3: 19. Jahrhundert: Von der Jahrhundertwende bis zur Reichsgründung (1800–1871), München 1992, 119–150.

letzen, wenn ich einem Manne, der den Meuchelmord unter Bedingungen und Voraussetzungen [für] gerechtfertigt hält, den Unterricht der Jugend ferner anvertrauen wollte."[25]

Die Tötung Kotzebues durch den irregeleiteten Dolchstecher hatte Schleiermachers Fakultätskollege in seinem Brief ausdrücklich verurteilt. Doch war er in seiner Absicht, der Mutter Sands Trost zu spenden, zu einigen verfänglichen und von ihm später faktisch zurückgenommenen Äußerungen gekommen. Nicht akzeptabel war für die Regierung insbesondere, daß de Wette Verständnis für den Attentäter, der sein Handeln mit dem Leben bezahlte, aufbrachte. So hatte er die Ansicht formuliert, daß „die Leidenschaft" geheiligt werde „durch die gute Quelle, aus der sie fließt". Die Tat wird als „schönes Zeichen der Zeit" verharmlost und von Sand ein idealisiertes Charakterbild gezeichnet.[26]

Schleiermacher hatte neun Jahre zuvor selbst die Berufung de Wettes auf einen Lehrstuhl für Alttestamentliche Exegese und Historische Theologie an der Berliner Universität betrieben und in dem Kollegen inzwischen

---

[25] Zitiert nach Max Lenz: Zur Entlassung de Wettes, in: Philotesia. Paul Kleinert zum LXX. Geburtstag dargebracht von Adolf Harnack [und anderen], Berlin 1907, 337–388, hier: 368. – Die Vorgänge um de Wette sind eingehend in einer von ihm Anfang 1820 publizierten Sammlung einschlägiger Schriftstücke dokumentiert: Aktensammlung über die Entlassung des Professors D. de Wette vom theologischen Lehramt zu Berlin. Zur Berichtigung des öffentlichen Urtheils von ihm selbst herausgegeben, Leipzig (in Commission bei F. C. W. Vogel) 1820. De Wette sah davon ab, über die Mitteilung der Unterlagen hinaus seine Sicht der Vorgänge zu schildern. In dem auf den 10. Januar 1820 datierten Vorwort erklärte er dazu: „Ich lasse nun die vollständige Sammlung aller Aktenstücke, die bis jetzt in meinen Händen sind, folgen zur Berichtigung des öffentlichen Urtheils, welches durch hinzugefügte Erläuterungen zu meinem Vortheile zu lenken ich aus Achtung gegen die Preußische Regierung und das deutsche Publikum unterlasse" (4). Das außerordentliche Interesse, das die Affäre auf sich zog, erhellt aus dem Umstand, daß bis Anfang März, also innerhalb zweier Monate, zweitausendfünfhundert Exemplare der „Aktensammlung" verkauft wurden und weitere eintausend Stück unverzüglich nachgedruckt werden mußten (siehe den Brief de Wettes an Schleiermacher vom 11. März 1820, in: Ebd., 94). – Zum ganzen Komplex vgl. auch Ernst Staehelin (Hrsg.): Dewettiana. Forschungen und Texte zu Wilhelm Martin Leberecht de Wettes Leben und Werk (Studien zur Geschichte der Wissenschaften in Basel. Band II), Basel 1956, hier: 16–23. 85–94.

[26] Brief Wilhelm Martin Leberecht de Wettes an die Justizrätin Dorothea Sand vom 31. März 1819; zitiert nach Ernst Staehelin: Dewettiana, 85–87, hier: 86 (vgl.: Aktensammlung über die Entlassung des Professors D. de Wette, 2–6, hier: 3). Die Formulierung lautet im Zusammenhang: „Der Irrthum wird entschuldigt und gewissermaßen aufgehoben durch die Festigkeit und Lauterkeit der Ueberzeugung, und die Leidenschaft wird geheiligt durch die gute Quelle, aus der sie fließt [...]. So wie die That geschehen ist durch diesen reinen, frommen Jüngling, mit diesem Glauben, mit dieser Zuversicht, ist sie ein schönes Zeichen der Zeit. Und was auch das Schicksal Ihres Sohnes seyn mag, er hat genug gelebt, da er für den höchsten Trieb seines Herzens zu sterben beschlossen hat. Wer das Leben wagen kann, hat das wahre Hochgefühl desselben; und schätze man doch nicht den Werth desselben nach seiner Dauer, sondern nach seiner innern Fülle und Schönheit" (86–87).

einen guten Freund gefunden.[27] Über die unerbittliche Maßregelung war
er empört. Er sah in ihr eine „schreiende Ungerechtigkeit", die zugleich
zur schweren Beeinträchtigung einer glänzenden akademischen Karriere
führen konnte.[28] Die seelsorgerliche Absicht jenes Briefes war ihm bewußt. Auch beeindruckte ihn das Abschiedsschreiben an die Theologische Fakultät vom 16. Oktober 1819, in dem der Entlassene noch einmal
die Motive für sein Verhalten darlegte.[29]

Drei Tage später wandten sich die verbliebenen Fakultätsmitglieder –
neben Schleiermacher handelte es sich um Johann August Wilhelm Neander und Philipp Marheineke – mit einem ausführlichen Votum an den
Kultusminister Altenstein.[30] Sie betonten die „seltene Gelehrsamkeit",
„den uneigennützigen und unermüdeten Lehreifer" sowie „den strengen
sittlichen Ernst" de Wettes. Die ausgezeichnete Qualität seiner Hochschul-
tätigkeit habe „an und für sich nicht anders als heilsam auf die Gemüter
der Jugend einwirken können". Dies anzuerkennen, baten die Professoren
den Minister, indem „dem würdigen Manne" „wenigstens" die Ausführung mehrerer für die Wissenschaft wichtiger Arbeiten „durch die Zusi-
cherung eines sorgenfreien Lebens möglich gemacht werden möge".[31]

Im weiteren wird dann der Fall über die individuelle Problematik hinaus als Alarmsignal für eine schwere religions- und kulturpolitische Fehl-
entwicklung gedeutet. Zunächst führen die Votanten den Umstand an,
daß „die öffentliche Meinung" „zum Teil die Unzufriedenheit mit der

---

27 Die Ereignisse des Jahres 1819 vertieften die Freundschaft noch. Besonders in den Jahren 1820 bis 1823 führten beide Theologen einen regen Briefwechsel. 1820 wurde
de Wette der Pate von Nathanael Schleiermacher (vgl. in diesem Zusammenhang de
Wettes Brief vom 12. November 1829; mitgeteilt von Karl Gelzer: Ein Trostbrief de
Wettes an Schleiermacher, in: Die Christliche Welt 27 (1913), 1109–1110).
28 Brief an Joachim Christian Gaß vom 6. November 1819, in: Drei Briefe Schleiermachers an Gass, 38. – De Wette wurde jedoch nicht auf Dauer aus der universitären
Laufbahn geworfen. Von 1822 bis zu seinem Tod im Jahre 1849 lehrte er als Professor für Ethik und Praktische Theologie an der Universität Basel.
29 Vgl.: An die theologische Fakultät der Universität zu Berlin, in: Aktensammlung über
die Entlassung des Professors D. de Wette vom theologischen Lehramt zu Berlin, 20–34.
30 Das Schreiben ist abgedruckt bei Max Lenz: Geschichte der Königlichen Friedrich-
Wilhelms-Universität zu Berlin. Band IV, 366–370. – Der schon in der Gründungs-
phase der Universität nach Berlin berufene *Philipp Marheineke* war seit 1811 Mitglied
der Theologischen Fakultät und seit 1820 lutherischer Prediger an der Dreifaltigkeitskirche. *Johann August Wilhelm Neander* (1789–1850), der 1806 vom Judentum zum
Protestantismus konvertiert war, hatte seit 1812 eine außerordentliche und seit 1813
eine ordentliche Professur für Kirchengeschichte inne. In der Schleiermacher-Literatur,
so auch in den Erläuterungen, die Heinrich Meisner seiner Briefedition beigegeben
hat (siehe: Schleiermacher als Mensch. Band II. Briefe 1804–1834, 392 und 397; vgl.:
410), wird mit ihm nicht selten Daniel Amadeus Gottlieb Neander, seit 1830 Berliner Bischof und einer der maßgeblichen kirchenpolitischen Berater des Königs, verwechselt.
31 Schreiben der Theologischen Fakultät an Altenstein vom 19. Oktober 1819 (Ed. Lenz),
366.

dogmatischen Lehrweise des Dr. de Wette für einen vorbereitenden Grund des über ihn gefällten Urteils" erkläre.[32] Sofern dies zutreffe, werde mit jener Entlassung das „Interesse für die Erhaltung und Förderung gründlicher theologischer Wissenschaft und echter christlicher Religion" beeinträchtigt, wie „die von der Deutschen Bundesversammlung bekannt gemachten Beschlüsse [...] ja überhaupt mehr Beschränkung der akademischen Lehrfreiheit" herbeizuführen drohten.[33]

Sowohl von einem „politisch-juridischen Standpunkt" aus als auch von erweckungstheologischer Seite würden Tendenzen verfolgt, die ebenfalls eine solche Gefahr in sich bergen.[34] Hier sei Widerstand geboten, denn die protestantische Kirche könne „in diesem Zeitalter der Gärung und Krisis am wenigsten durch gewaltsame Unterdrückung einer der in diesem Gärungszustande hervorgetretenen und auf den Universitäten miteinander streitenden theologischen Geistesrichtungen jenem Ziele näher geführt werden". Die Geschichte der Kirche zeige vom apostolischen Zeitalter an, „daß die christliche Lehre am leichtesten verfälscht und verderbt wurde, wo menschliche Autorität sie schützen wollte, hingegen, wo sie sich streng entwickeln konnte, durch ihre innere göttliche Kraft im Kampf mit mancherlei Irrtümern desto reiner und gewaltiger sich offenbarte" und „durch die verschiedenen Gegensätze menschlicher Geistesrichtungen, deren eine der andern [...] das Gegengewicht hielt, den Weg sich bahnte".[35] Die Fakultät halte es daher „für ihre heilige Pflicht, im voraus für die Behauptung der unbeschränkten theologischen Lehrfreiheit, mit welcher die öffentlichen Lehrer der Theologie notwendig das Vertrauen der Jugend und die Freudigkeit in ihrem Beruf verlieren müssen, den Schutz Seiner für das Interesse der protestantischen Kirche so eifrigen Majestät anzuflehen".[36]

Das eindringliche Plädoyer für die Sicherung der theologischen Lehrfreiheit, die als Pflicht der Obrigkeit obliege, wird noch durch die Feststellung untermauert, daß jegliche Restriktion in diesem Bereich mit der protestantischen Kirchenverfassung unvereinbar sei. „Denn wer sollte hier über die Reinheit der Lehre entscheiden? Die höchste Staatsgewalt?

---

[32] Ebd., 366.

[33] Ebd., 367.

[34] Ebd., 367. Zur pietistischen Richtung in der protestantischen Theologie der Restaurationszeit heißt es: „Näher steht der theologischen Fakultät die andere Partei, bestehend aus wahrhaft frommen Männern, welche mit Freude bemerken, daß das Bedürfnis nach dem reinen göttlichen Worte, durch die großen Fügungen der Vorsehung hervorgerufen, sich wieder mächtiger bei dem Volke regt; aber mit einer dem menschlichen Eifer natürlichen Heftigkeit möchten sie gern auf einmal die Ernte vor sich sehen, die doch nach den Gesetzen menschlicher Entwicklung nur nach und nach reifen kann" (Ebd.).

[35] Ebd., 368.

[36] Ebd., 367.

Wäre ihr das Recht einmal zugestanden, so ließe sich für die Zukunft gar
keine Bürgschaft dafür geben, daß nicht aus der Anwendung desselben
alle jene traurigen Zerrüttungen sollten hervorgehen können, welche aus
dem Einflusse des Hofes auf die Kirche und der Vermischung des politischen und kirchlichen Interesses unter den byzantinischen Kaisern hervorgegangen sind."[37]
Eine Antwort des Ministers auf die nicht wenig provokanten Vorbringungen blieb aus. Statt dessen macht ein Aktenvermerk deutlich, daß Altenstein das Schreiben nicht an den Staatskanzler oder gar den König hat
weiterleiten lassen, wie es der Intention der Verfasser entsprochen hätte.[38]
Diese selbst beließen es nicht bei der Eingabe, zumal nun auch Gerüchte
umzulaufen begannen, wonach die Regierung sich mit der getroffenen
Entscheidung gegen de Wette nicht begnügen wollte und im Begriff stand,
die gesamte Fakultät in eine Untersuchung zu ziehen. Schleiermacher entschloß sich zu dem in einer solchen Lage durchaus gewagten Schritt, den
früheren Kollegen der Solidarität der Fakultät zu versichern.
Zwar war das auf den 25. Oktober 1819 datierte Schreiben zunächst
nur an de Wette selbst gerichtet, doch mußte Schleiermacher, der dessen
kämpferische Natur kannte, mit einer Veröffentlichung durch den Adressaten rechnen. Von einer entsprechenden Absicht informierte de Wette
Schleiermacher denn auch in einem Brief vom 21. November. Wohl hätte
er sich, wie er hier schrieb, „gern [...] eine geistreiche Betrachtung von
Dir über meine Streitfrage" gewünscht; er war aber auch so „ganz zufrieden".[39] Marheineke und Neander machten sich die im weiteren Verfahren von den Behörden immer wieder angeführte Erklärung zu eigen.
Sie lautet:

„Wir können uns gewiß überheben, was ohnedies der geschriebene Buchstabe
nicht leisten könnte, Ew. Hochwürden den tiefen Schmerz zu schildern, den es
uns verursacht, Sie, in dessen Gemeinschaft wir, so lange Gott uns das Leben
fristen will, unsere akademische Wirksamkeit fortzusetzen hofften, so unerwartet aus unserer Mitte gerissen zu sehen. Wir leiden durch dieses ungünstige Geschick eben so sehr als Sie; denn wenn Sie Sich aus Ihrer Laufbahn

---

[37] Ebd., 369–370.
[38] Vgl.: Ebd., 366. Am 9. November notierte Süvern auf dem ersten Blatt des Fakul-
tätsschreibens: „Geht nach Sr. Excellenz Beschluß zu den Akten", was Nicolovius
einen Tag später noch einmal bestätigte. – *Johann Wilhelm Süvern* leitete in dieser
Spätphase seiner Wirksamkeit neben Georg Heinrich Ludwig Nicolovius die Unterrichtsabteilung im Kultusministerium. Seit 1808 war er einer der maßgeblichen preußischen Unterrichts- und Bildungsreformer, mit dem Schleiermacher vor allem im
Rahmen der Universitätsgründung zusammengearbeitet hatte (siehe: Band I, S. 277–
278).
[39] Nach einer Teilabschrift abgedruckt bei Max Lenz: Geschichte der Königlichen Friedrich-Wilhelms-Universität zu Berlin. Band IV, 370–371, hier: 370. Das Original liegt
vor in: Schleiermacher-Nachlaß 419, Bl. 5–6.

herausgerissen sehen, so fühlen wir uns in derselben durch Ihren Austritt gehemmt und gelähmt.

Doch es ziemt uns deshalb eben so wenig, als Sie es thun, über das unver-
meidliche zu klagen. Aber danken müssen wir Ihnen in unserem Namen für
Ihre kollegialische Freundschaft und treue Mitberathung und Unterstützung,
so wie im Namen der akademischen Jugend, deren wissenschaftliche Bestrebungen bis itzo auch von Ihnen geleitet worden sind, für den musterhaften
Eifer, mit welchem Sie, seitdem unsere Universität besteht, Ihre Gelehrsamkeit und Ihre Gaben dem akademischen Lehramte gewidmet haben.

Und bitten müssen wir Sie, unsere geistige Verbindung für den Dienst der
Wahrheit und für die Förderung unserer Berufswissenschaften als unverletz-
lich anzusehen. Für die Mittheilung der beygefügten Aktenstücke und der uns
besonders bestimmten Erläuterung fühlen wir uns Ihnen verpflichtet. Hätten
Ew. Hochwürden ahnen können, daß Ihr Brief an die Frau Sand, wie es leider
geschehen zu seyn scheint, durch Abschriften vervielfältigt in mancherley
Hände kommen würde, denen er ursprünglich nicht bestimmt war: so würden
Sie gewiß manches genauer erwogen und vorsichtiger ausgedrückt haben, um
auch von denen, welche das einzelne nicht nach Ihrem Charakter und Ihren
allgemeinen Grundsätzen deuten können, nicht auf eine nachtheilige Weise
mißverstanden zu werden.

Wie wir uns nun außer Stande sehen, eine Aenderung zu bewirken, müssen
wir uns damit trösten, daß der harte, Schlag, der uns trifft, nicht ohne göttliche Schickung ist, und daß der Herr des Weinberges die Gaben eines Arbeiters, wie Sie sind, nicht wird unbenutzt lassen; in welcher Zuversicht zugleich
alle die besten Wünsche, mit denen wir Sie begleiten, mit eingeschlossen sind.
Berlin, den 25. October 1819.
(gez.) Schleiermacher. Marheinecke. Neander."[40]

Die Entscheidung Friedrich Wilhelms III. stellte einen Akt klassischer
Kabinettsjustiz dar. Zwar bot man de Wette noch eine einmalige Gehalts-
zahlung an.[41] Doch blieb der Konflikt ungeachtet weiterer Fürsprache

---

[40] Schreiben der theologischen Facultät zu Berlin an den Professor de Wette [vom 25.
Oktober 1819], in: Aktensammlung über die Entlassung des Professors D. de Wette
vom theologischen Lehramt zu Berlin, 41–43.

[41] Vgl. Schleiermachers Brief an Immanuel Bekker vom 6. Dezember 1819, in: Briefwechsel Friedrich Schleiermachers mit August Boeckh und Immanuel Bekker 1806–1820,
116–119, hier: 118: „Für de Wette, der nun seit mehreren Wochen in Weimar ist, hat
sich die Universität beim König unmittelbar verwandt, aber nur eine lange Nase bekommen, die mir sehr sauer geworden sein würde ruhig einzustecken, wenn die Verwendung nicht schon vor meiner Rükkunft [von einer Reise nach Bonn] wäre geschehen gewesen. Für de Wette ist weiter nichts herausgekommen, als daß man ihm noch
ein Almosen von Einem Gehaltsquartal hat nachwerfen wollen, welches er natürlich
ausgeschlagen hat. Unter guten Freunden und Collegen geht jetzt eine Subscription
herum, um vorläufig wenigstens für das bevorstehende Jahr sein Gehalt zusammen
zu bringen." – Zu einer solchen, der Regierung anscheinend unbekannt gebliebenen
Hilfsaktion ist es tatsächlich gekommen. Vgl. dazu den Auszug aus einem Bericht
Karl August Varnhagens in: Briefe von und an Hegel. Herausgegeben von Johannes
Hoffmeister. Band II: 1813–1822 (Philosophische Bibliothek. Band 236), Hamburg
1953, 446–447. Demnach gaben Schleiermacher fünfzig Taler, der Geheimrat Link

unüberwindlich. Dabei spielte, was schon im Fakultätsschreiben an Altenstein vom 19. Oktober offen ausgesprochen worden war, neben der Briefaffäre auch eine Rolle, daß die in diesen Jahren sich formierende Koalition von politischem und kirchlich-religiösem Konservatismus kein Abgehen von der drastischen Haltung gegenüber dem kritischen Theologen zuließ. Für Schleiermacher selbst zog der Fall, der auch anderwärts stark in das universitäre Feld einwirkte, sowohl in persönlicher wie in amtlicher Hinsicht schwerwiegende Konsequenzen nach sich.

Auf eine mehr mittelbare Folgewirkung im wissenschaftlichen Umfeld sei zunächst hingewiesen. Bekanntlich entzündete sich an der durch die Diskussion über die Amtsenthebung aufgeworfenen Frage, ob der Staat das Recht habe, akademische Lehrer zu entlassen, im Spätherbst 1819 ein spektakulärer Zusammenstoß mit Hegel. Während oder am Rande einer Sitzung der „Gesetzlosen Gesellschaft", in die er bald nach seiner Übersiedlung nach Berlin von Schleiermacher eingeführt worden war, hatte der Philosoph erklärt, „der Staat habe Recht, einen Lehrer abzusetzen, wenn er ihm nur sein Gehalt lasse". Diese Auffassung nannte Schleiermacher „erbärmlich", woraufhin er eine grobe Antwort zurückerhielt.[42] Die Nachricht von dem Vorfall wurde von einer sensationslüsternen Phantasie rasch in Szene gesetzt und erregte über die Hauptstadt hinaus großes Aufsehen. Die beiden seien aufeinander losgegangen und hätten sich „mit Messern" bedroht. Schleiermacher entschuldigte sich später für „das unartige Wort" in einem kleinen Schreiben, dem er begütigend die Adresse seines Weinhändlers beilegte. Auch Hegel lenkte ein, indem er seine „Erwiderung" auf die „Aufregung" des Augenblicks zurückführte, so daß vorderhand der Konflikt ausgeräumt war.[43]

Der Sache nach ließen sich jedoch die unvermittelbaren Standpunkte bis auf die Grundelemente der von Schleiermacher und Hegel vertretenen staatstheoretischen Positionen zurückführen. Insofern dürfte den Kontrahenten spätestens jetzt klar geworden sein, daß eine substantielle Verständigung zwischen ihnen, geschweige denn eine, wie Hegel in seiner Antwort geschrieben hatte, „Ausgleichung unserer Ansichten", nicht möglich sein würde, zumal sich schon in den Jahren zuvor tiefe Gegensätze in wesent-

---

dreißig „und andre in ähnlichen Verhältnissen ihres Willens und Vermögens". Auch Hegel beteiligte sich mit fünfundzwanzig Talern.

[42] Schleiermacher schildert den Wortwechsel, der sich wohl am 13. November 1819 zugetragen hat, in einem Brief an Joachim Christian Gaß vom 29. Februar 1820, in: Drei Briefe Schleiermachers an Gass, 46–50, hier: 47–48. – Hegel war im September 1818 in Berlin eingetroffen. Am 31. Oktober nahm er als Begleiter Schleiermachers gastweise an einer Sitzung der „Gesetzlosen Gesellschaft" teil (vgl. das Faksimile der betreffenden Protokollbuchseite in: Friedrich Schleiermacher zum 150. Todestag. Handschriften und Drucke, 28). Vermutlich Ende März 1819 wurde Hegel ordentliches Mitglied.

[43] Beide Billetts sind abgedruckt in: Briefe von und an Hegel. Band II: 1813–1822, 221.

lichen fachlichen Fragen aufgetan hatten. Seither herrschte eine kalte Distanz vor, die nur gelegentlich, bei einigen gezielten Angriffen Hegels auf Schleiermachers Religionstheorie und im Kontext von Schleiermachers wissenschaftspolitischen Initiativen, eine konkretere Gestalt annahm. Besonders nach Veröffentlichung des ersten Bandes der Glaubenslehre im Sommer 1821 sah Schleiermacher seine theologische Konzeption einer brutalen Zurückweisung durch Hegel ausgesetzt.[44]

Wichtiger noch als diese, in ihrer geistesgeschichtlichen Bedeutung gewiß äußerst unglückliche Situation waren in biographischer Hinsicht die Auswirkungen, die sich aus den Streitigkeiten um de Wette für Schleiermachers eigene akademische und kirchliche Stellung ergaben. Die schon seit Ende 1819 gegen ihn unternommenen antidemagogischen Aktivitäten wurden nach Bekanntwerden jener Solidaritätsadresse zu Anfang des neuen Jahres auf eine andere Ebene gehoben. In den Augen der Regierung war das Fakultätsschreiben, weil es nach dem definitiven Beschluß gegen de Wette verfaßt worden war, nichts anderes als ein Akt blanken Ungehorsams, für den sein Urheber zur Rechenschaft gezogen werden mußte.

In der behördlichen Verfolgung Schleiermachers lassen sich zwei Phasen unterscheiden, deren erste die Jahre 1819 und 1820, die zweite die Zeit von Ende 1821 bis April 1824 umfaßt. Beide Phasen sind durch eine relativ deutliche Zäsur voneinander abgesetzt. Eine tatsächliche Gefährdung bestand während des zweiten Zeitraumes, als es von ministerieller Seite zu einer Antragsstellung kam, die die Fortführung der universitären und kirchlichen Funktionen ernsthaft bedrohte.

Die folgende Darstellung unterliegt, was ausdrücklich hervorgehoben sei, engen Grenzen. Das gegenwärtig bekannte Material ist an wichtigen Stellen lückenhaft. Zudem können zentrale Schriftsätze derzeit nicht datiert werden. Auch ist im Rahmen dieser Untersuchung eine umfassende Auswertung der relevanten Unterlagen nicht beabsichtigt. Statt dessen konzentriere ich mich darauf, den Zusammenhang der einzelnen Ermittlungsstadien herauszuarbeiten und vor diesem Hintergrund den spezifischen Charakter der apologetischen Argumentation sichtbar werden zu lassen, die Schleiermacher mehrfach abgenötigt worden ist. Insofern trägt auch diese Thematik einige signifikante Aspekte zu einem Gesamtbild seiner politischen Wirksamkeit bei.[45]

---

[44] Vgl. die Darstellungen von Richard Crouter: Hegel and Schleiermacher at Berlin: A Many-Sided Debate, in: Journal of the American Academy of Religion 48, 1 (1980), 19–43 und Dietz Lange: Die Kontroverse Hegels und Schleiermachers um das Verständnis der Religion, in: Hegel-Studien 18 (1983), 201–224. Auf den hier angesprochenen Sachverhalt wird an späterer Stelle noch einmal Bezug genommen werden (siehe unten S. 269–270).

[45] Eine Reihe von Schriftsätzen, die im Laufe der Ermittlungen angefertigt worden sind, dokumentiert Max Lenz: Geschichte der Königlichen Friedrich-Wilhelms-Universität zu Berlin. Vierter Band: Urkunden, Akten und Briefe, Halle an der Saale 1910, 406–

2. Die Ermittlungen gegen Schleiermacher
in der ersten Phase der Demagogenverfolgung (1819/20)

Spätestens im Herbst 1819 wurde Schleiermacher zu einer festen Größe in den Berechnungen der Staatsschützer. Sein Ansehen in Regierungskreisen war außerordentlich schlecht: Er galt als Gegner der Monarchie, der den König in Person mißachtete und seine Studenten zu revolutionären Umtrieben aufstachelte. Bestärkt wurden die Ermittler durch Äußerungen Schleiermachers in Briefen an seinen Schwager Ernst Moritz Arndt aus der Zeit vom Frühjahr 1818 bis zum Frühsommer 1819.[46] Arndt selbst sah sich der Anschuldigung ausgesetzt, er habe an „geheimen Gesellschaften" teilgenommen. Dies wurde mit umfangreichem Material belegt, das im Juli 1819, etwa zeitgleich zur Durchsuchung der Reimerschen Räumlichkeiten in Berlin, in seiner Bonner Privatwohnung sichergestellt worden war. Hierunter befanden sich auch die Schleiermacher-Briefe.[47]

---

444 („Zur Verfolgung Schleiermachers"). Die einschlägigen Aktenbestände aus dem Innen- und Polizeiministerium sowie dem Kultusministerium führt Dankfried Reetz in seinem Buch „Schleiermacher im Horizont preussischer Politik" (hier: 226–227) an. Im Hauptteil (273–534) gibt er eine weit über Lenz hinausgehende Dokumentation von amtlichen Materialien aus der zweiten Verfahrensphase.

[46] *Ernst Moritz Arndt* (1769–1860) hatte am 18. September 1817 Schleiermachers (Halb-)Schwester Anna Maria Louise (1786–1869) geheiratet. Seit dem Wintersemester 1818/19 wirkte er als Professor der Geschichte in Bonn, doch wurde ihm aus politischen Gründen schon am 10. Februar 1820 jede weitere Lehrtätigkeit untersagt. Die im gleichen Jahr ergangene Versetzung in den vorzeitigen Ruhestand ist erst 1840 durch Friedrich Wilhelm IV. aufgehoben worden. – Eine Zusammenstellung von Unterlagen aus dem gegen ihn geführten Verfahren hat Arndt 1847 veröffentlicht: Nothgedrungener Bericht aus seinem Leben und aus und mit Urkunden der demagogischen und antidemagogischen Umtriebe. Zwei Theile, Leipzig 1847.

[47] Von einigen beschlagnahmten Korrespondenzstücken waren von Arndt selbst oder von dritten Personen Abschriften angefertigt worden, die im Freundes- und Bekanntenkreis umliefen (vgl.: Nothgedrungener Bericht aus seinem Leben. Erster Theil. Vorrede, V–XXI, hier: XI). Zwar wurden nach seiner „Wiederherstellung" diverse Originalmanuskripte an Arndt zurückerstattet (siehe: Ebd., X und XVII), doch verblieben andere in den amtlichen Untersuchungsakten. In diesem Fall werden jene Abschriften die Grundlage für die Druckfassungen gebildet haben, die Arndt in seinem „Nothgedrungenen Bericht" geboten hat. Sofern er auf die originalen Manuskripte zurückgreifen konnte, hat er die von einem amtlichen Leser, vielleicht Kamptz, markierten Passagen durch Unterstreichungen hervorgehoben. Bei den von Arndt gedruckten Briefen Schleiermachers handelt es sich um die beschlagnahmten Stücke vom 14. März 1818 (Nothgedrungener Bericht aus seinem Leben. Zweiter Theil, Leipzig 1847, 117–120), 19. Dezember 1818 (Ebd., 115–117; nach dem heute im Schleiermacher-Nachlaß befindlichen Original: Bestand 739/2, Bl. 4–5), 28. April 1819 (120–122), 17. Mai 1819 (122–125) und 28. Juni 1819 (125–127; wiederum nach dem Original). Daneben bietet er acht weitere Schleiermacher-Briefe (315–334) aus den Jahren 1819 bis 1825/26. – Eine kommentierte Ausgabe des Schleiermacher-Arndt-Briefwechsels ist seit langem ein Desiderat (vgl. die Bestandsübersicht von Andreas Arndt / Wolfgang Virmond: Schleiermachers Briefwechsel (Verzeichnis) nebst einer Liste seiner Vorlesungen, 83–86). Die Arndtschen Briefe sind, allerdings ohne

Fortan stand der Vorwurf der Majestätsbeleidigung im Raum. Als geringschätzig wurde etwa folgende Bemerkung gewertet:

„Seine [*scil.*: des Königs] Persönlichkeit wird immer ein ungeheures Hinderniß sein die allgemeinen Angelegenheiten vorwärts zu bringen; nie wird sich der Mann in ein frei öffentliches Wesen finden lernen, und wie ihm schon die Universität hier zu viel ist, wie sollte er je eine frei redende Versammlung in seiner Nähe dulden. Ich glaube, muß es endlich einmal so weit kommen, so begiebt er sich während der Sizungen an einen seiner Lieblingsörter Paris oder Petersburg."[48]

Einem Brief vom 27. Januar 1819 dürften die polizeilichen Leser gleichfalls großen Wert beigemessen haben. Man wird in der Tat einräumen müssen, daß Schleiermacher Friedrich Wilhelm III. hier nicht nur, was an sich harmlos gewesen wäre, als „den guten", das heißt einfältigen, in bekannter Weise kommunikationsgestörten „Mann" verspottet, sondern ihn in seiner zwanghaften Revolutionsfixierung geradezu lächerlich macht. In einer von Schleiermacher erwähnten gottesdienstlichen Ansprache hatte der Hofprediger und kirchliche Vertrauensmann des Königs, Rulemann Friedrich Eylert, seine Zuhörer vor den größten Feinden der Monarchie, „Rechthaberei und Übermuth", eindringlich gewarnt. Der Zusammenbruch der öffentlichen Ordnung stehe nahe bevor, wenn „der Untergebene seinem Vorgesetzten, und der Diener seinem Herrn es gleich thun" wolle. Dieses Vergehens seien, wie Eylert andeutete, selbst die „Diener [...] der evangelischen Kirche" schuldig geworden.[49] Eine derartige Unterstellung konnte Schleiermacher, der den Vorwurf zuvörderst auf sich selbst beziehen mochte, nicht unwidersprochen lassen:

„Der gute Mann [*scil.*: Friedrich Wilhelm] hat sich so wieder vor einigen Tagen sehr prostituirt. Da hat am Krönungstage der Eylert ein erbärmliches Geschreie in der Domkirche von der Kanzel gemacht über den schreklichen

---

eingehendere historische Erläuterungen, in der Ausgabe von Albrecht Dühr abgedruckt: Ernst Moritz Arndt: Briefe. Drei Bände (Texte zur Forschung. Bände 8–10), Darmstadt 1972 / 1973 / 1975. In der vorliegenden Untersuchung stütze ich mich nach Möglichkeit auf die originalen Manuskriptfassungen.

[48]   Brief an Ernst Moritz Arndt vom 14. März 1818, in: GStA PK, I. HA Rep. 76 I, Anhang II. Nr. 55, Bl. 40–41, hier: 41r (siehe: Schleiermacher als Mensch. Band II. Briefe 1804–1834, 270–272, hier: 272). Das Schreiben wird in dem am 16. März 1820 vorgelegten Bericht der Berliner Ministerialkommission (siehe dazu unten) angeführt; vgl.: GStA PK, I. HA Rep. 77 Tit. 21. Spec. Lit. W. Nr. 3, Bl. 100–105, hier: 104r (Max Lenz: Geschichte der Königlichen Friedrich-Wilhelms-Universität zu Berlin. Band IV, 406–414, hier: 410–411).

[49]   Rulemann Friedrich Eylert: Ermunterung zum Kampfe wider den nachtheiligen Einfluß unseres Zeitgeistes. Eine Predigt, gehalten bei der Feyer des Krönungs- und Ordensfestes, den 24sten Januar 1819 in der Domkirche zu Berlin, Berlin 1819, hier: 17 und 16.

Zeitgeist, wie alle Kräfte über die Ufer getreten wären, wie überall Freiheit und Gleichheit gefordert würde, aller Respekt vor den höhern Ständen verschwunden wäre, und wie sich nun die Ritter alle verbinden sollten dem Unwesen ein Ende zu machen. So daß sich auch die Ritter alle vornahmen, wenn Montag die Revolution ausbräche wollten sie sie tüchtig auf die Finger klopfen, sollte sie aber auch Dienstag noch nicht kommen: so wollten sie sie Abends mit der Laterne suchen. Da ist der gute Mann hernach auf der Cour herumgegangen und hat ausgerufen ‚Schöne Rede gehört, sehr zwekmäßig, kann sich Mancher ins Gewissen greifen.' – Doch was soll man über den albernen Schnack noch ein Wort verlieren."[50]

Als Belastungsmaterial dienten daneben weitere Korrespondenzstücke, Briefe an Reimer vom Spätherbst und Winter 1806, auf die bereits bei der Schilderung der Hallenser Zeit eingegangen worden ist. Allerdings wurde zunächst noch davon abgesehen, sie schon jetzt gegen Schleiermacher vorzubringen. Zu dem Bild, das man sich von den politischen Gesinnungen des Theologieprofessors machte, werden diese Briefe dennoch nicht unerheblich beigetragen haben. Denn Schleiermacher hatte hier unter anderem davon gesprochen, daß „Alles politische aber was bis jezt bestand [...] im Großen und im Ganzen angesehn ein unhaltbares Ding, ein leerer Schein [war], die Trennung des Einzelnen vom Staat und der Gebildeten von der Masse viel zu groß als daß Staat und Masse hätten etwas sein können". Dieser Schein müsse verschwinden, „und nur aus seinen Trümmern kann die Wahrheit sich erheben". Dann folgt jene Wendung von der „allgemeinen Regeneration", die notwendig sei und sich aus „diesen Begebenheiten", also der militärischen Niederlage, entwickeln werde.[51]

Solche Äußerungen konnten ohne größeren interpretatorischen Aufwand in die Nähe von Revolutionsvorstellungen gebracht werden. Zusätzliches aufgefangenes oder bei anderen Hausdurchsuchungen sichergestelltes briefliches Material fügte sich ein. Sehr prägnant gibt ein Schreiben des Berliner Studenten Bernhard Lindenberg an seinen Vater in Breslau, das

---

[50] Zitiert nach: GStA PK, I. HA Rep. 76 I, Anhang II. Nr. 55, Bl. 31–32, hier: 31v–32r (siehe: Schleiermacher als Mensch. Band II. Briefe 1804–1834, 291–293, hier: 292–293). – Dieser Brief fehlt in Arndts Sammlung, obwohl davon auszugehen ist, daß auch er sich unter den bei der Bonner Durchsuchung beschlagnahmten Dokumenten befunden hat. Erstmals hat Martin Rade das wichtige Schreiben 1910 veröffentlicht; vgl.: Ders.: Schleiermacher in politischer Untersuchung, in: Die Christliche Welt 24 (1910), 970–972, hier: 971. Eine Abschrift liegt im Schleiermacher-Nachlaß (Bestand 739/3, 2 Bl.) vor.

[51] Brief an Georg Andreas Reimer; undatiert, vom 14./30. November 1806, in: GStA PK, I. HA Rep. 76 I, Anhang II. Nr. 55, Bl. 46, hier: 46r (abgedruckt in: Neue Briefe Schleiermachers und Niebuhrs an Georg Reimer und Schleiermachers an E. M. Arndt. Herausgegeben von Ernst Müsebeck, in: Forschungen zur brandenburgischen und preussischen Geschichte 22 (1919), 216–239, hier: 224–225; gekürzt wiedergegeben in: Schleiermacher als Mensch. Band II. Briefe 1804–1834, 72). – Siehe: Band I, S. 154–156.

den Behörden gleichfalls vorlag, Zeugnis von den burschenschaftlichen Kontakten Schleiermachers. Lindenberg beschreibt hier einen studentischen Umtrunk auf dem nahe Berlin gelegenen Pichelsberg vom 2. Mai 1819. Neben Schleiermacher hatten auch Hegel und der zu dieser Zeit noch nicht entlassene de Wette an dem Treffen teilgenommen.

„Auf den Pichelsberg zogen wir am 2ten Mai, um 7, 9 und 11 Uhr, um 9 Uhr kamen die 3 eingeladenen Professoren *Schleiermacher*, ein alter, sehr fröhlicher, kleiner, bucklicher Mann, *Hegel, de Wette*. Endlich ging's ans Mahl, wir singen dabei das Lied: Sind wir vereint zur guten Stunde, dann ein Lied auf *Scharnhorsts* Tod bei Görschen. Endlich nahm Ulrich (ein Bursch) sein Glas, bot es *Schleiermacher*, und sagte: Bring *Du* das erste Lebehoch aus, und Jener stand auf, wir alle mit ihm, und er sprach: daß der Geist, der die Helden bei Görschen beseelte, nie erlösche; dann sprach Doctor Förster, nach Verlesung eines Gedichts auf Kotzebues Tod: Für Sand kein Lebehoch, sondern daß das Böse falle auch ohne Dolch. Aber der Wein fing schon an laut zu werden; wir alle riefen: Hoch lebe unser innig geliebter Freund und Bruder, der deutsche Bursch Sand! Dann tranken wir auch das andere. Auch die Professoren jubelten wie Jünglinge. *Haake* sagte zu *Schleiermacher*: Sieh, Du bist sehr klein, und ich sehr groß, doch ich bin Dir sehr gut. Ich selber sagte zu dem lieben alten Mann: Ach *Schleiermacher*, wie wirst Du in Deiner Aesthetik morgen um 6 Uhr Dich finden?, denn so früh lieset er schon. Er meinte: Ja so seid Ihr. Ihr liegt auf dem Ohre, und denkt: nun was, der Professor muß ja doch lesen. Wir haben 375 Flaschen, meist Rheinwein getrunken. Alles war trunken, und doch kein unfreundlich Wort den ganzen Tag. So geht's unter Burschen!"[52]

---

[52] Bericht der Ministerialkommission über das Schreiben der Theologischen Fakultät vom 25. Oktober 1819 und seinen Verfasser, in: GStA PK, I. HA Rep. 77 Tit. 21. Spec. Lit. W. Nr. 3, Bl. 104v (Max Lenz: Geschichte der Königlichen Friedrich-Wilhelms-Universität zu Berlin. Band IV, 412–413). Die Anführung im Kommissionsbericht geht zurück auf einen undatierten Auszug aus Lindenbergs Brief an seinen Vater; vgl.: GStA PK, I. HA Rep. 76 I, Anhang II. Nr. 55, Bl. 76–77, hier: 77r/v. – Der von Lindenberg genannte „Bursch" *Friedrich Karl Ulrich* war mehrere Jahre lang der antidemagogischen Verfolgung ausgesetzt. Seine namentliche Erwähnung reichte in den frühen zwanziger Jahren aus, um bei den Ermittlern die ganze Pichelsberg-Szene in ein grelles Licht zu setzen. Zu den Widerfahrnissen Ulrichs siehe die Schilderung in: Briefe von und an Hegel. Band IV. Teil 2: Nachträge zum Briefwechsel, Register mit biographischem Kommentar, Zeittafel. Herausgegeben von Friedhelm Nicolin (Philosophische Bibliothek. Band 238b. Dritte, völlig neubearbeitete Auflage. 1981, 498–502. Ungeachtet der dürftigen Quellenlage zeigt, so jedenfalls Nicolin, Ulrichs Fall „in der wohl hervorstehendsten Weise" den Anteil, den Hegel während der Verfolgungsjahre „an der geistigen Entwicklung der Jugend" genommen hat (Ebd., 498–499). Bei dem erwähnten „Doctor Förster" handelt es sich um *Friedrich Förster* (1791–1868), der später als freier Schriftsteller und Historiker (in diesem Zusammenhang ist bereits an anderer Stelle auf ihn verwiesen worden) hervortrat. Nach Hegels Tod war Förster, der auch die Grabrede hielt, der Verwalter des Nachlasses. An der „Freundesvereinsausgabe" von Hegels Werken hat er gleichfalls mitgewirkt. Sein Ausruf bei jenem Fest läßt sich als Widerhall von Hegels Ablehnung der Sandschen Mordtat verstehen.

Bei einer Vernehmung am 9. Mai 1822 in Breslau gab Lindenberg ergänzend an, Schleiermacher habe auf dem Fest „den Toast" ausgebracht, „daß sich doch Deutschlands Jugend die Begeisterung", die früher „ihre Waffen" geführt habe, „immer erhalten möge".[53] Die Mainzer Bundeszentralkommission, die die Berliner Behörden bei ihren Recherchen unterstützte, führte in einem Ende 1821 erstellten Bericht noch zwei weitere briefliche Schilderungen von der „Gesellschaft zwischen Professoren und Studenten auf dem Pichelsberge in Berlin" an. Der Student Franz Lieber hatte im Mai 1819 *privatim* berichtet:

> „Am lezten 2ten des Wonnemonds [...] haben die Bursche auf dem Pichelsberg eine Runde gehalten. Schleiermacher ist ganz lebendig geworden, und seine Predigten sind frisch. Der alte Wette hat auch gut geredet, und *Beide immer mitgespielt*. Hegel, als man ihn einlud, hat, stotternd so gefragt: ‚Nun meine Herren es ist doch nichts politisches?'."[54]

Nur einen Tag nach dem Ereignis gab der in den Akten auch sonst des öfteren genannte Carl Franz Joseph Bader einem Freund den folgenden, etwas deprimiert gestimmten Bericht:

> „Den 2. d. M. versammelte sich eine ziemlich große Anzahl Bursche, und bei ihnen auch viele andern *Gutgesinnte*, drei Stunden von hier auf dem Pichelsberge, einem für die hiesige Sand-Wüste nicht unangenehmen Platze an der Havel; auch die Professoren, Hegel, de Wette und Schleiermacher waren von der Parthie. Dort wurden [sic] in einem großen, offenen Pavillon, auf einem mit Tannen und Fichten bewachsenen Sand-Hügel, dicht am Ufer des Flusses, ein Mittagmal eingenommen. Es herrschte Fröhlichkeit und guter Geist unter den Leuten, der sich hauptsächlich darin aussprach, daß man die verschiedensten Meinungen friedlich und brüderlich gegen einander verfocht, und wohl vom Weine erhitzt, dennoch brüderlich friedlich blieb. – Wie ich aber wünschte und dachte, war das Fest nicht. Man war gekommen, um zu schmausen, und sprach nur so gelegentlich über ernste Gegenstände. – Es war freilich die Etikette verbannt, und man hörte nur das brüderliche Du. Aber doch kam man sich nicht so gemüthlich nahe, wie man wohl sollte, denn es wurde ein lärmendes Gewühl, worin man gar viele Menschen sahe, die sich im Genusse übernahmen, und es hatte nichts Erhebendes mehr. – In die kleinen Zirkel nur mußte man flüchten, die sich um die Professoren sammelten, und Theil

---

53 GStA PK, I. HA Rep. 76 I, Anhang I. Nr. 40, Bl. 8r (Druckfassung bei Dankfried Reetz: Schleiermacher im Horizont preussischer Politik, 387).

54 GStA PK, I. HA Rep. 77 Tit. 17. Sect. Pars Geh. Verbind. Gener. Nr. 40. Ministerium des Innern und der Polizei. Vol. 2, Bl. 123v–124r (Reetz: Ebd., 357). – *Franz [Francis] Lieber* (1798–1872) lebte später als philosophisch-politischer Schriftsteller und Staatswissenschaftler in den USA. Vgl.: Franz Lieber und die deutsch-amerikanischen Beziehungen im 19. Jahrhundert. Herausgegeben von Peter Schäfer und Karl Schmitt (Jenaer Beiträge zur Politikwissenschaft. Band 2), Weimar / Köln / Wien 1993.

nehmen mußte man an den Wortstreiten, die sich unter einzelnen, meist vortrefflichen Leuten entspannen."[55]

Der Mainzer Kommissionsbericht brachte daneben Zeugnisse für Schleiermachers Teilnahme „an den Bestrebungen der studirenden Jugend" bei, die sich auf einen früheren Zeitraum bezogen. Einer Tagebuchaufzeichnung des in Heidelberg immatrikulierten Studenten Gustav Asverus zufolge, waren bei „Zusammenkünften" in der ersten Hälfte des Jahres 1818 „bedeutende Fische gefangen" worden, nämlich „Blücher, Gneisenau, Schleiermacher, Nicolovius". In einer Vernehmung habe Asverus erklärt: „Leo [ein Jenenser Kommilitone][56], als er auf seiner Reise durch Heidelberg gieng, benachrichtigte mich, daß den Generalen v. Blücher, und v. Gneisenau, ferner dem Geh. RegierungsRath Nicolovius, und dem Professor Schleiermacher vorzüglich daran gelegen seie, daß die Verfassung nicht die jetzige bleibe, sondern daß baldigst Landstände berufen werden möchten. Wenn nun dieß gleich nicht unser eigentliches Ziel war, so correspondirte es doch mit unserm nächsten Streben [...]." Die Kommission bemerkte dazu, „daß die meisten der von Asverus genannten Personen, wirklich unter den Freunden gefunden werden, deren Streben für die Vereinigung und Verfassung Teutschlands wir bisher beobachtet haben."[57]

---

[55] GStA PK, I. HA Rep. 77 Tit. 17. Sect. Pars Geh. Verbind. Gener. Nr. 40. Vol. 2, Bl. 124r–125r (Reetz: Ebd., 357–358). Weiteres Aktenmaterial zum Treffen auf dem Pichelsberg weist Reetz: Ebd., 227 (Fußnote 6) nach. – *Carl Franz Joseph Bader* gehörte, wie Ulrich, Lieber und der sogleich zu erwähnende Asverus, zu den Personen, die unmittelbar bei Beginn der Verhaftungen Anfang Juli 1819 festgenommen wurden (siehe Wolfram Siemann: Deutschlands Ruhe, Sicherheit und Ordnung. Die Anfänge der politischen Polizei 1806–1866, 182).

[56] *Heinrich Leo* (1799–1878) war, neben Gustav Asverus, Friedrich Wilhelm Carové, Friedrich Förster und Leopold von Henning (der als Mittelsmann zwischen Hegel und Goethe wirkte), einer jener Burschenschaftler, die zu dem Schüler- und Freundeskreis Hegels zählten. Sein burschenschaftliches Engagement – zeitweise sogar als Anhänger der radikalen Gießener „Schwarzen" – machte Leo später durch eine um so staatstreuere Haltung vergessen. Seit 1825 war er in Berlin, seit 1828 in Halle als Professor der Geschichte tätig. 1838 löste er durch seine Schrift „Die Hegelingen. Aktenstücke und Belege zu der s. g. Denunziation der ewigen Wahrheit" (Halle 1838), in der er der „jung-hegelischen Partei" Atheismus und Heuchelei vorwarf, einen heftigen Streit aus (siehe dazu Ludwig Feuerbach: Ueber Philosophie und Christenthum, in Beziehung auf den Hegel'schen Philosophie gemachten Vorwurf der Unchristlichkeit, Mannheim 1839). Von 1863 bis zu seinem Tode gehörte Leo dem Preußischen Herrenhaus an. Siehe Gerhard Masur: Heinrich Leo, in: Mitteldeutsche Lebensbilder. Band 3, Magdeburg 1928, 392–413.

[57] GStA PK, I. HA Rep. 77 Tit. 17. Sect. Pars Geh. Verbind. Gener. Nr. 40. Ministerium des Innern und der Polizei. Vol. 1, Bl. 320v–321v und 324r (Reetz: Ebd., 332–334). – *Gustav Asverus* (1798–1843), später Professor der Rechtswissenschaften an der Universität Jena, hatte bereits im April 1819 wegen seiner burschenschaftlichen Aktivitäten eine vierzehntätige Haftstrafe verbüßen müssen. Anfang Juli wurde er erneut, weil er angeblich an hochverräterischen Verbindungen teilgenommen hatte,

Auch für Schleiermachers Teilnahme an einem Fest anläßlich des sechsten „Jahrestags des Aufrufs der Studirenden zu den Waffen" am 9. Februar 1819 führt der Bericht einen Zeugen an. Besonders erwähnt wird darüber hinaus, daß die während dieser Feier von de Wette ausgegangene „Stiftung einer monatlichen gesellschaftlichen Vereinigung zwischen Professoren und Studenten" gleichfalls Schleiermachers Zustimmung gefunden habe.[58]

Der Rückgang auf Vorkommnisse des Jahres 1818 macht die Schwierigkeit deutlich, die bei der Darstellung von Schleiermachers Position bestand. Eine bedingungslose Zustimmung zu den burschenschaftlichen Zielsetzungen läßt sich bei näherer Betrachtung schon für die Frühphase der Bewegung nicht konstatieren. Die Ermittlungsbeamten vereinfachten die Sachlage in ungerechtfertigter Weise. Aber auch das bis in unsere Zeit vorherrschende Bild ist hier – wie auch in vielfacher anderer Hinsicht – durch die Suggestionen einer national engagierten Historiographie getrübt. Max Lenz steht dabei neben etlichen anderen Autoren der Jahrhundertwendezeit.[59] Für einen entschiedenen Zuspruch, wie Schleiermacher ihn im Frühsommer 1817, wenige Monate vor dem Treffen auf der Wartburg, in seiner Politikvorlesung an die „deutsche Jugend" adressiert hatte, weil „in ihr" „ein besonderes Recht an dem Staate" ruhe,[60] finden sich seit der prekären Radikalisierung der opponierenden Studenten, die durch die im Sommer 1819 auf breiter Front einsetzenden staatlichen Zwangsmaßnahmen noch verschärft wurde, keine Belege mehr.[61]

---

arretiert und elf Monate ohne Anklageerhebung im Gefängnis festgehalten. Nach diversen Eingaben und Bittschriften, unter anderem an den König, befreite ihn erst die Fürsprache und Bürgschaft Hegels, der auch bereit war, fünfhundert Taler Kaution zu stellen und den Studenten, der ihm aus Heidelberg nach Berlin gefolgt war, in seiner Wohnung aufzunehmen. Das anschließende Verfahren zog sich bis in das Jahr 1826 hin und wurde schließlich, nachdem Asverus zu sechs Jahren Festungshaft verurteilt, in zweiter Instanz aber vorläufig freigesprochen worden war, durch eine Gnadenentscheidung beendet. Hegels Bürgschaft blieb bis Oktober 1826 bestehen. Vgl. die kommentierte Dokumentation zu diesen Vorgängen in: Briefe von und an Hegel. Band II: 1813–1822, 432–442 sowie: Ebd. Band IV. Teil 2: Nachträge, 111–116.

58   GStA PK, I. HA Rep. 77 Tit. 17. Sect. Pars Geh. Verbind. Gener. Nr. 40. Vol. 2, Bl. 49v–50v und Bl. 51r–55r (Reetz: Ebd., 349–350 und 350–352).

59   Vgl. Max Lenz: Geschichte der Königlichen Friedrich-Wilhelms-Universität zu Berlin. Band II/1, 38.

60   Vorlesungen über die Lehre vom Staat (KGA II/8), 208 (Nachschrift Varnhagen von 1817).

61   Bittere Urteile über Schleiermachers Mitschuld an der Entwicklung sind bereits in der zeitgenössischen Diskussion formuliert worden. Vgl. etwa Karl Wilhelm Ferdinand Solger: Nachgelassene Schriften und Briefwechsel. Herausgegeben von Ludwig Tieck und Friedrich von Raumer. Erster Band, Leipzig 1826, 722: „Man [gemeint sind neben Schleiermacher vor allem Jakob Friedrich Fries und de Wette] hat ihnen ja seit zehn Jahren genug gepredigt, sie seien die Weisen und Vortrefflichen, von denen die Wiedergeburt des Staats und der Kirche ausgehen müsse." Hegel führte diese und

Mit größerem Anhalt am Material kam nun aber den Ermittlern auch zu Bewußtsein, welche Brisanz in der politischen Konzeption geborgen war, die Schleiermacher in Akademiereden und Politikvorlesungen vorgetragen hatte. Problematisch erschien vor allem die Erwartung, es werde zu einer allmählichen Ausweitung der politischen Teilhaberechte kommen und damit zu einer tatsächlichen Mitwirkung der sich ihrer Verantwortung für das Gemeinwesen bewußten Staatsbürger. Das von Schleiermacher formulierte Prinzip politischer Partizipation stand in einem offenen Gegensatz zu dem Modell eines autoritären, seine Stärke gegenüber unbilligen Protestationen kompromißlos zeigenden Staates. Schleiermacher wurde zu einem Fundamentaloppositionellen stilisiert, der durch sein Lehramt und seine kirchliche Stellung in überaus unerwünschter Weise Zugang zu jungen Hörern hatte und dessen Aktivitäten folglich nicht nur die genaueste Beobachtung, sondern auch die entschiedenste Unterbindung verlangten.[62]

Infolgedessen wurden seine öffentlichen Äußerungen, die Predigten, Vorlesungen und Schriften polizeilich überwacht; zudem wurde sein persönliches und berufliches Umfeld sondiert. Bei der Beobachtung der Gottesdienste galt das Interesse nicht Schleiermacher allein, sondern auch der Gemeinde. So heißt es in einer Notiz eines Geheimpolizisten: „Zu den Zuhörern, worunter viel Studenten, gehörten: Reimer sen.[,] der Student Zelle, der Student Schultze, (der mit Asverus in einer Stube wohnt) der Dr. Eiselen und der erst aus dem Arreste entlassene Student Ulrich."[63]

---

weitere Aussagen ähnlicher Art in seiner Solger-Rezension von 1828 zustimmend an. Sie gehören bereits in die Wirkungsgeschichte von Schleiermachers politischem Engagement, weshalb ich hierauf im vorliegenden Zusammenhang nicht weiter eingehe. – Schleiermachers Haltung ist bei aller Distanzwahrung von derjenigen Hegels doch deutlich unterschieden. Dieser hat, ungeachtet seines beeindruckenden Einsatzes für manchen Verfolgten, den politischen Zielen der Burschenschaftsbewegung klar widersprochen. Die auch bei ihm anfänglich vorhandenen Sympathien wichen bald einer starken Abneigung gegen den nationalistischen Ton, den ausgeprägten Franzosenhaß und die judenfeindliche Grundstimmung, die im August und September 1819 in mehr als zweihundert Orten zu den sogenannten „Hep-Hep-Krawallen" führte.

[62] Diese schlechthin negative Einschätzung verbreitete sich in der zweiten Hälfte des Jahres 1819 weit über die Grenzen Preußens hinaus. So schrieb der konservative österreichische Publizist Friedrich Gentz am 8. August 1819 an den Herausgeber des *Österreichischen Beobachters*, Joseph Anton von Pilat, Schleiermacher habe „es über und über verdient", verhaftet zu werden. Neben weiteren „Leuten", von denen Gentz Joseph Görres und Reimer im besonderen nennt, habe er „*viel, viel* Böses gestiftet". „Wenn Sie alles wüßten was ich weiß, würden Sie die Reden der Menschen, die die Preuß. Regierung anklagen, wohl zu Boden schlagen können. Es wird aber mit der Zeit alles ans Licht kommen" (zitiert nach: Aus dem Archiv des Verlages Walter de Gruyter. Briefe – Urkunden – Dokumente. Bearbeitet von Doris Fouquet-Plümacher und Michael Wolter, 38).

[63] Aufzeichnung zu einem Gottesdienst vom 3. Oktober 1819; zitiert nach: Aus dem Archiv des Verlages Walter de Gruyter, 125. Es handelt sich um einen abschriftlichen Auszug aus bisher nicht näher bekannten Polizeiakten, der sich im Verlagsarchiv be-

Auf der anderen Seite war der Ertrag dieser Observationen, so bedrohlich der Vorgang an sich gewesen ist, doch auch immer wieder von erstaunlicher Belanglosigkeit. Als bemerkenswert erschien einem Polizeiagenten etwa ein Sachverhalt wie dieser: „Bei der hierauf erfolgten Communion, der ich leider nicht beiwohnte, war es, wenigstens bei evangelischen Gemeinden hiesiger Stadt, eine auffallende Erscheinung, daß 4 mit Bärten [einem vermeintlichen gesinnungsmäßigen Erkennungszeichen] versehene Studenten nach erhaltenem Abendmahl knieend, scheinbar inbrünstig beteten."[64]

Schleiermacher täuschte sich zunächst über den Umfang der Ermittlungen, indem er zwar von den Untersuchungen gegen Arndt, Reimer und andere Personen wußte, sich selbst aber ungefährdet wähnte: „Arndt's Papiere sind genommen, und sogar hat man ihm die Taschen am Leibe visitirt [...]. Ueber mich haben sich die Leute begnügt das unsinnigste Zeug zu schwazen; indessen Einige meiner Freunde glauben noch immer, man warte nur auf meine Abreise [zu Urlaubszwecken], um auch über meine Papiere herzufallen."[65] Eine Durchsuchung fand jedoch nicht statt, so daß Schleiermacher seinen Hallenser Freund Ludwig Gottfried Blanc in einem von sarkastischen Tönen durchzogenen Brief wissen ließ: „Arretirt also bin ich nicht, wie Sie sehen, auch meine Papiere sind mir nicht genommen. Wie weit es aber daran gewesen ist, das will ich nicht entscheiden."[66] Und noch am 6. November schrieb er an Gaß: „Meinetwegen waren auch [...] wieder viele Menschen sehr besorgt, indess scheint es ja nicht, dass mir etwas bevorstehe."[67] Allerdings sah Schleiermacher, nachdem Friedrich Ludwig Jahn „ohne Urtheil und Recht auf die Festung geschleppt" worden war und „junge Leute [...] seit vier Wochen festsitzen", ohne den Grund ihrer Inhaftierung zu erfahren, in aller Klarheit die mentalen Verwerfungen, die mit dem politischen Umbruch einhergingen: „Aber die Leichtigkeit, mit der man sich an diese Arrestationen und Versiegelungen gewöhnt, giebt mir nun eine Vorstellung von der Heiterkeit der Franzosen mitten in der ärgsten Schreckenszeit."[68]

Kurz nach der Jahreswende änderte sich die Lage erheblich. Anfang 1820 erschien bei einem Leipziger Verlag, also außerhalb des preußischen Staatsgebietes, die „Aktensammlung über die Entlassung des Professors D. de Wette vom theologischen Lehramt zu Berlin". Unter der Überschrift

---

findet (De Gruyter – Schleiermacher-Archiv. Bestand K) [jetzt: Staatsbibliothek zu Berlin Preußischer Kulturbesitz. Handschriftenabteilung. Depositum 42].
[64] Zitiert nach: Aus dem Archiv des Verlages Walter de Gruyter, 125.
[65] Brief an Joachim Christian Gaß vom 6. August 1819, in: Fr. Schleiermacher's Briefwechsel mit J. Chr. Gaß, 176–178, hier: 177.
[66] Brief an Ludwig Gottfried Blanc vom 7. August 1819, in: Schleiermacher als Mensch. Band II. Briefe 1804–1834, 303–304, hier: 303.
[67] Zitiert nach: Drei Briefe Schleiermachers an Gass, 38–42, hier: 40.
[68] Brief an Ludwig Gottfried Blanc vom 7. August 1819, 304.

„Schreiben der theologischen Facultät zu Berlin an den Professor de Wette"
konnten die Ermittler hier nun auch den Solidaritätsbrief vom 25. Oktober 1819 lesen. Das Fakultätsschreiben löste mannigfache Aktivitäten
aus. Man glaubte, jetzt eine sichere Handhabe gegen Schleiermacher zu
besitzen. Am 23. Februar 1820 setzte der Geheime Kabinettsrat Daniel
Ludwig Albrecht den Fürsten Hardenberg davon in Kenntnis, daß der
König einen „Antrag" darüber erwarte, „ob, und was, gegen die theologische Facultät der hiesigen Universität, wegen des von derselben am
25ten October v.[origen] J.[ahres] an den vormaligen Professor de Wette
erlassenen, und von diesem durch den Druck neuerlich bekannt gemachten, Schreibens, zu verfügen seyn mögte".[69] Der Staatskanzler ließ sich daraufhin die Fakultätsunterlagen persönlich vorlegen. Auf seine Anweisung
hin wurde die weitere Bearbeitung einer eigens zur Führung derartiger
Verfahren gebildeten „Immediat-Untersuchungs-Commission" übertragen.[70]
    Diese Kommission war am 16. September 1819 durch eine interne
Kabinettsorder eingesetzt worden. Sie löste eine frühere Untersuchungskommission ab, die seit Anfang Juli bestanden, jedoch, wie nach mehreren
Anträgen inhaftierter Personen auf Überstellung ihrer Sache an die ordentliche Gerichtsbarkeit deutlich geworden war, einer hinreichenden rechtlichen Fundierung entbehrt hatte.[71] Als „immediate", das heißt direkt dem
König unterstellte Behörde verfügte die neue Kommission nicht mehr nur
über polizeiliche, sondern auch über justizielle Kompetenzen. Prozeßrecht-
lich agierte sie in kriminalgerichtlicher Stellung.[72]

---

[69]   GStA PK, I. HA Rep. 77 Tit. 21. Spec. Lit. W. Nr. 3 („Acta betr. die Untersuchungen
       gegen den Professor Wilhelm Martin Leberecht de *Wette*, in Berlin, wegen des Ver-
       dachts der Theilnahme an demagogischen Umtrieben und sträflichen Verbindungen.
       9. Juli 1819 – 2. Januar 1846"), Bl. 99.
[70]   Vgl. zu diesen Vorgängen den Brief Schleiermachers an Immanuel Bekker vom 18.
       März 1820, in: Briefwechsel Friedrich Schleiermachers mit August Boeckh und Im-
       manuel Bekker 1806–1820, 119–121, hier: 119: „Außerdem aber scheint noch ein
       großes Ungewitter über dem Haupte meiner Wenigkeit zu schweben. Man soll wü-
       thend sein über den Brief der Facultät an De Wette und gar zu gern mir darüber zu
       Leibe wollen, nur sehe ich nicht, wie man in dieser Angelegenheit mich von den An-
       dern trennen kann. So viel ist gewiß, daß der Staatskanzler seit 14 Tagen sich die
       Facultäts Akten über diese Sache hat geben lassen, und daß er noch darüber brütet.
       Auch soll der Regierungsbevollmächtigte [es handelt sich um Christoph Friedrich
       Ludwig Schultz (1781–1834)] mich angeschwärzt haben, als ob ich Umtriebe machte
       im Senat."
[71]   Siehe hierzu Wolfram Siemann: Deutschlands Ruhe, Sicherheit und Ordnung. Die
       Anfänge der politischen Polizei 1806–1866, 182–184.
[72]   Diese besondere Rechtsstellung wurde durch eine zweite, nunmehr öffentlich bekannt-
       gemachte Einsetzungsorder vom 1. Oktober 1819 ausdrücklich unterstrichen (vgl.
       Wolfram Siemann: Ebd., 186). Faktisch blieb aber der problematische Status der
       Kommission bestehen. Auch hiergegen richtete sich in den Herbstmonaten des Jahres
       1819 der Einspruch Humboldts und Beymes.

Die Schriftsätze der „Umtriebscommission" dienten den mit der Demagogenverfolgung befaßten Ministern als Grundlage für Beschlüsse
und Anträge an den Monarchen. Zu deren Vorbereitung leistete sie die
Sammlung, Zusammenfassung und Auswertung aller eingehenden Dokumente und Materialien, aber auch die Durchführung von Verhören und
die Anordnung von Durchsuchungen. Sie bildete die zentrale Instanz bei
der praktischen Umsetzung der politischen Vorgaben.

Die Leitung der Untersuchungskommission oblag, obwohl er selbst
ihr formal nicht angehörte, dem Geheimen Oberregierungsrat und Direktor im Polizeiministerium Karl von Kamptz. Er war die treibende Kraft
auch bei den Schleiermacher betreffenden Ermittlungen, wobei er eine
geradezu verbissene Entschlossenheit an den Tag legte, das Verfahren
zum Erfolg zu führen. Nicht ohne Grund ist Kamptz als „eine der Haupt-
stützen der durch den preußischen Minister Fürsten von Wittgenstein
vertretenen reactionären Partei" bezeichnet worden.[73] Die Teilnehmer
des Wartburgfestes betrachtete er ausnahmslos als „verwilderte Professoren und verführte Studenten". Bereits 1815, als Theodor Anton Heinrich
Schmalz in seiner auch von Schleiermacher scharf attackierten Schrift
„Ueber politische Vereine" gefordert hatte, die nach den Befreiungskriegen auflebenden Verfassungsbestrebungen mit aller Macht zu bekämp-
fen, fand man Kamptz unter den Befürwortern erster polizeilicher Maßnahmen.[74]

Im Polizeiministerium dirigierte Kamptz seit 1817 die Abteilung „für
die gesammte Sicherheits-Polizei und die Gegenstände der Polizei im engeren Sinne des Wortes". In den Jahren von 1819 an wurde er, den „ein
ganz besonderer [...] persönlicher Eifer und eine leidenschaftlich reactio-
näre Gesinnung" auszeichneten, zu der „eigentlichen Seele der Demagogenverfolgung".[75] 1824 übernahm er, dem antiliberalen Geist der Zeit
entsprechend und unter Beibehaltung der Polizeifunktion, als Direktor
die Abteilung für den öffentlichen Unterricht im Kultusministerium, also
jene Stelle, die seit Errichtung des Ministeriums Georg Heinrich Ludwig

---

[73]   Karl Wippermann: Kamptz, Karl Christoph Albert Heinrich v., in: ADB 15 (1882),
66–75, hier: 67. – *Karl von Kamptz* (1769–1849) wurde erstmals 1804 mit einer Tätigkeit für die preußische Regierung beauftragt. Seit 1812 amtierte er als Vortragender Rat in dem von Wittgenstein geleiteten der Höheren Sicherheitspolizei. 1817 übernahm er das Direktorat im Polizeiministerium. In dieser Funktion war
er auch gegenüber dem Berliner Polizeipräsidenten weisungsberechtigt.

[74]   Ebd., 68. – Vgl. Günter Steiger: Das „Phantom der Wartburgsverschwörung" 1817
im Spiegel neuer Quellen aus den Akten der preußischen politischen Polizei. Eine
Quellenedition mit einem Beitrag zur preußischen Innenpolitik, der Reaktion Friedrich Wilhelms III., des Polizeidirektors v. Kamptz und des Senats der Universität
Berlin auf das Wartburgfest (Okt./Nov. 1817), in: Wissenschaftliche Zeitschrift der
Friedrich-Schiller-Universität Jena. Gesellschafts- und sprachwissenschaftliche Reihe
15 (1966), 183–212.

[75]   Karl Wippermann: Kamptz, Karl Christoph Albert Heinrich v., 69.

Nicolovius innegehabt hatte.[76] In dieser einflußreichen Position ließ er sich, wie ein früher Biograph formuliert hat, „die Unterdrückung aller freieren Regungen auf den Universitäten noch ganz besonders angelegen sein."[77]

Sein Einsatz erreichte ein Maß, das ihn nicht nur zu dem am meisten verhaßten Verfolger werden ließ, sondern das selbst unter Regierungsmitgliedern Kritik hervorrief. Schon 1821 sprach Wittgenstein gegenüber Schuckmann von Kamptz' „Verbrechen", weil er einen „etwas zu lebhaften Eifer für die Aufrechterhaltung der Staatsordnung" an den Tag lege.[78] Für Altenstein, der die Berufung von Kamptz zum Direktor in seinem Ministerium nicht hatte verhindern können, bildete dessen Wirken eine ständige Quelle von Ärgernis und Widerwillen. Zuletzt sah sich sogar Hardenberg genötigt, dem maßlosen, ins Krankhafte übergehenden Verfolgungswahn des Beamten Grenzen zu setzen. Als der König im Juli 1822 befahl, keine weiteren Verhaftungen mehr in den Umtriebssachen vorzunehmen, endete die Hochphase seiner Tätigkeit.[79]

Unter den Mitgliedern der Immediatuntersuchungskommission finden sich berüchtigte Namen, darunter Heinrich Rudolph Dambach, „der preußische Reim auf Hambach".[80] Die in dem gegen Schleiermacher gerichte-

---

[76] Siehe: Handbuch über den Königlich-Preußischen Hof und Staat für das Jahr 1824, Berlin o.J. [1825], 37 und 97. Nicolovius verblieb die Leitung der Kultusabteilung.

[77] Karl Wippermann: Kamptz, Karl Christoph Albert Heinrich v., 71. Vgl. auch Max Lenz: Geschichte der Königlichen Friedrich-Wilhelms-Universität zu Berlin. Band II/1, 175.

[78] Zitiert nach Hans Branig: Fürst Wittgenstein. Ein preußischer Staatsmann der Restaurationszeit, 150.

[79] Seit 1825 amtierte Kamptz, unter Fortführung seiner Aufgabe im Kultusministerium, als Direktor im Justizministerium. Außerdem übernahm er den Vorsitz der Justizabteilung des Staatsrates. Von der Tätigkeit im Innenministerium wurde er zwar entbunden, doch ließ man ihm eine besondere Mitwirkung bei der Mainzer Bundeszentralkommission. In den Jahren 1831/32 war er zunächst als kommissarischer Nachfolger Graf Danckelmanns und 1832 bis 1842 als regulärer Amtsinhaber preußischer Justizminister. In dieser Funktion leitete er die schon 1824 beschlossene Gesamtrevision der preußischen Gesetzbücher. 1840 wurde er, wenige Wochen vor dem Tod Altensteins und Friedrich Wilhelms III., mit dem Schwarzen Adlerorden, der höchsten Ordensstufe in der Monarchie, und der (fünfzehnten) Ehrenbürgerschaft der Stadt Berlin ausgezeichnet. Seine einflußreiche Rolle bei der Demagogenverfolgung ließ ihn zur literarischen Gestalt werden. In E. T. A. Hoffmanns „Meister Floh" (1822) begegnet er als „Geheimer Hofrat Knarrpanti" und in den „Lebensansichten des Katers Murr" (1820 / 1822) als „Katzphilister".

[80] Diesen Spottvers gibt Ludwig Geiger wieder; vgl.: Ders.: Berlin 1688–1840. Geschichte des geistigen Lebens der preußischen Hauptstadt. Band 2: 1786–1840, Berlin 1895, 557–558. – Heinrich Rudolph Dambach († 1845) war seit 1835 Direktor des Hausvogteigefängnisses (siehe: Handbuch über den Königlich-Preußischen Hof und Staat für das Jahr 1835, Berlin o.J. [1836], 436; vgl. auch: Deutsches Biographisches Archiv [Erste Folge] [DBA I] 219, 127). – Zur Zusammensetzung der Kommission aus Justizmitgliedern und Regierungsbeauftragten des Polizeiressorts siehe die Angaben bei Wolfram Siemann: Deutschlands Ruhe, Sicherheit und Ordnung. Die Anfänge der politischen Polizei 1806–1866, 185.

ten Verfahren wichtigen Mitarbeiter waren Johann Bogislav Grano[81] und Gustav Adolf Tzschoppe[82].

Vor allem die inquisitorische Tätigkeit dieser Kommission erzeugte, auch wenn die durch sie angestrengten Verfahren häufig im Sande verliefen, ein polizeistaatliches Klima. Die ältere Geschichtsschreibung hat über sie mit äußerster Ablehnung geurteilt. Nach Heinrich von Treitschke etwa bildeten die Kommissionsmitglieder „eine Rotte verworfener Menschen, wie sie in der Sumpfluft des Mißtrauens und des Verdachtes zu gedeihen pflegen [...], gemeine Ehrgeizige, die das Handwerk der Verfolgung mit dem Eifer des Schweißhundes trieben".[83] Allein bis Dezember 1819 wurden dreihundertfünfundvierzig Verdächtige ermittelt. Gerade weil der exekutive Polizeiapparat im Preußen dieser Zeit noch von relativ geringem Umfang war, kam der rigorosen Vorgehensweise der Kommission in den Augen der Zeitgenossen ein eminenter Gewaltcharakter zu.[84]

---

[81] *Johann Bogislav Grano* [oft auch: *Granow*] (1766–1831) stand seit 1816 in preußischen Regierungsdiensten. Die erste Untersuchungskommission hatte Grano geleitet; der Immediatkommission gehörte er an, bis er am 11. Oktober 1819 als Königlich preußischer Kommissar zur Bundeszentralkommission nach Mainz abgeordnet wurde. Nach Berlin zurückgekehrt, war er seit 1822 als Justitiarius beim Polizeipräsidium tätig. In dieser Eigenschaft leitete er im Januar 1823 die Vernehmungen Schleiermachers (vgl.: DBA I 415, 215–216). Bekannt wurde Grano als Vorsitzender des preußischen Oberzensurkollegiums, das er auf der Grundlage der Zensurverordnung vom 18. Oktober 1819 bis zu seinem Tode leitete.

[82] *Gustav Adolf* [seit 1836: *von*] *Tzschoppe* (1794–1842) war seit 1816 im preußischen Staatsdienst tätig, seit Ende 1817 als Hilfsexpedient im Büro des Staatskanzlers. Hardenberg förderte den jungen Mitarbeiter und zog ihn, nachdem er den Regierungschef bereits zu Kongressen in Aachen, Troppau, Laibach und Verona begleitet hatte, näher an sich. Am „nützlichsten" erwies Tzschoppe sich in den Jahren der Demagogenverfolgung, „ja er hat mit einer besonderen Vorliebe die Regierung in diesem unseligen Verfahren noch aufgehetzt und bestärkt". „Auf dieser Demagogenverfolgung beruht der ungeheure Haß, den sich T. zuzog. Keiner fand Gnade vor diesem fanatischen Bureaukraten" (Hermann von Petersdorff: Tzschoppe, Gustav Adolf (v.), in: ADB 39 (1895), 66–68, hier: 67). Seit Dezember 1819 fungierte Tzschoppe zunächst als Stellvertreter von Kamptz in der Berliner Ministerialkommission, später als deren Referent. 1833 trat er als Nachfolger Raumers an die Spitze des Preußischen Staats- und Kabinettsarchivs und der gesamten Archivverwaltung. Drei Jahre zuvor war er Mitglied des Oberzensurkollegiums geworden. 1836 wurde Tzschoppe auf Betreiben Wittgensteins nobilitiert (vgl. auch: DBA I 1291, 63–65; Handbuch über den Königlich-Preußischen Hof und Staat für das Jahr 1824, 34).

[83] Heinrich von Treitschke: Deutsche Geschichte im Neunzehnten Jahrhundert. Band 2. Neunte Auflage, Leipzig 1922, 531–532.

[84] Wolfgang Neugebauer übersieht diesen auf der Hand liegenden Zusammenhang, wenn er die Dramatik, die den Geschehnissen zukam, abschwächen möchte (Die Demagogenverfolgungen in Preußen – Beiträge zu ihrer Geschichte, 202–209). Aus dem von Neugebauer stark betonten Umstand, daß nur wenige *Professoren* aus ihrem Amt entlassen oder suspendiert wurden, kann nicht abgeleitet werden, daß die antidemagogischen Aktivitäten sich auch insgesamt in engen Grenzen hielten. Dies macht der mit ungeheurer Energie betriebene Fall Schleiermacher deutlich. – Zu der genannten Verdächtigenzahl siehe Paul Wentzcke: Geschichte der Deutschen Burschenschaft. Band 1: Vor- und Frühzeit bis zu den Karlsbader Beschlüssen (Quellen und Dar-

In hohem Maße trug dazu das sogenannte „Perlustrieren der Briefe", also die geheimpolizeiliche Überwachung der Privatsphäre, bei. Man setzte sich über geltendes Recht hinweg, griff zur Fälschung und konstruierte Beweismittel aus erfundenen Tatbeständen. Auch die Presse wurde instrumentalisiert. Vor allem die von Hardenberg soeben begründete, 1819 im ersten Jahrgang erscheinende *Allgemeine Preußische Staats-Zeitung* diente den Demagogenverfolgern, um Personen, gegen die konkrete Anklagen nicht erhoben werden konnten, durch gezielte Denunziationen zu verunglimpfen.[85]

War ein Unglücklicher einmal in die Fänge der Nachsteller geraten, so sah er sich sehr handgreiflichen Verfahrensformen ausgesetzt. Hundertfach hatten angebliche Staatsfeinde, neben der ungeheuren Zahl sonstiger Häftlinge jener Jahre, unter den menschenunwürdigen Haftbedingungen zu leiden. Die Berliner Gefängnisse waren überfüllt. Die polizeiliche Gewahrsamsstelle, die Stadtvogtei am Molkenmarkt, konnte zeitweise nicht einen einzigen weiteren Insassen mehr aufnehmen; und obwohl eine Folter nicht mehr angewendet wurde, führten doch die vielen Schikanen der Aufseher, die Ratten und das Millionenheer der Wanzen, „diese widerwärtigen Bundesgenossen der beleidigten Staatsgewalt" (Arnold Ruge), zu manchem „Geständnis", das der Hoffnung geschuldet war, auf der Festung warte ein besseres Schicksal.[86] Zugleich veranschaulicht die Häftlingszahl die insgesamt recht erhebliche Polizeieffizienz in den 1820er Jahren.[87] So ist jenes Urteil nur allzu berechtigt, wonach „das Jahrzehnt

---

stellungen zur Geschichte der Burschenschaft und der deutschen Einheitsbewegung. Band 6), Heidelberg 1919, hier: 358–359.

[85] Dies hat später insbesondere Ernst Moritz Arndt den Behörden zum Vorwurf gemacht (vgl.: Ders.: Nothgedrungener Bericht aus seinem Leben. Erster Theil, 104). Er selbst war, obwohl man das Verfahren gegen ihn längst eröffnet hatte, ebenfalls von dieser Praxis betroffen. Nachdem in Artikeln der Zeitung aus Briefen und Untersuchungsakten Mitteilungen gemacht worden waren, legte er hierüber am 9. März 1820 bei dem Staatskanzler Beschwerde ein. Zugleich drohte er damit, nun seinerseits politisch relevante Passagen aus Briefen und Papieren drucken zu lassen (siehe den Abdruck des Schreibens in: Ebd., 25–42, hier: 29–30). Schleiermacher war durch Arndt von diesen Vorgängen unterrichtet. Im Frühsommer 1820 schrieb er an Alexander Graf Dohna: „Mir ist es ungemein lieb daß ich auch nicht einen einzigen unfreiwilligen Beitrag zur Staatszeitung geliefert habe" (Schleiermachers Briefe an die Grafen zu Dohna, 72–74, hier: 74). Bereits am 29. Februar hatte er Gaß gegenüber geäußert: „Die Staatszeitung radotiert [faselt] über allen Begriff. [...] Wäre nun Preßfreiheit, so könnte man die Leute so in ihrer Blösse darstellen, dass kein ehrlicher Mensch mehr mit ihnen umgehen, geschweige dienen könnte, nun aber sitzen sie sicher" (Drei Briefe Schleiermachers an Gass, 46–47).

[86] Vgl. Ilja Mieck: Von der Reformzeit zur Revolution (1806–1847), in: Wolfgang Ribbe (Hrsg.): Geschichte Berlins. Erster Band. Von der Frühgeschichte bis zur Industrialisierung, München 1987, 405–602, hier: 525 (dort auch der Nachweis für das Ruge-Zitat).

[87] Zu den heute schwer vorstellbaren Dimensionen jener Verhaftungspraxis siehe die Angaben: Ebd., 528. Allein im Jahrzehnt nach 1829 gingen einhundertzweiundzwan-

von 1819 bis 1829 [...] besonders in seiner ersten Hälfte zu den trübsten in der Geschichte Berlins" gehört.[88]

Den immer weiter ausgreifenden Folgen ihrer eigenen Tätigkeit war die Untersuchungskommission selbst bald kaum mehr gewachsen. Um einem drohenden Chaos entgegenzusteuern, wurde am 6. Dezember 1819 auf Hardenbergs Antrag hin eine staatspolizeiliche Ministerialkommission eingerichtet, die zunächst eine Klassifizierung der zahlreichen Ermittlungsverfahren vornahm.[89] Sie übte fortan, unter dem Vorsitz des Staatskanzlers, die oberste Aufsicht über sämtliche Untersuchungen aus. Dem Gremium gehörten neben Hardenberg der Justizminister Kircheisen, der Innen- und Polizeiminister Schuckmann, der Minister des Königlichen Hauses und Oberkammerherr Wittgenstein, der Polizeidirektor Kamptz, der Geheime Kabinettsrat Albrecht und der frühere Oberpräsident der Provinz Sachsen, Friedrich August Wilhelm von Bülow, an. Aus der Zusammensetzung wird deutlich, daß das antidemagogische Programm von der preußischen Regierung mit höchster Priorität versehen wurde. Dennoch ist das Fehlen des Kultusministers Altenstein, in dessen Geschäftsbereich das hauptsächlich betroffene Universitätswesen fiel, signifikant dafür, daß innerhalb der Regierung eine völlige Einmütigkeit in dieser Sache nicht bestand.[90]

Sämtliche Angelegenheiten, die auf „die Staatspoliceyliche Untersuchung der politischen Umtriebe" Bezug hatten, wurden, wie es in einer Kabinettsorder vom Einsetzungstag hieß, behördlich bei der Ministerialkommission konzentriert. Die mündlichen und schriftlichen Vorträge erfolgten, sofern die Minister nicht persönlich berichteten, durch Bülow und Kamptz. Als Aufgabe bestimmte die Order, daß „die gefährlichen Umtriebe mit Sorgfalt und in allen ihren Zweigen verfolgt und die Mittel ergriffen werden, welche die Sicherheit Meines Staats und ganz Deutschlands fordern und nothwendig machen".[91] Institutionell war die Ministerialkommission eng an das Staatskanzleramt angebunden. Sie führte sein Siegel und nutzte dessen Räumlichkeiten. Alle Reinschriften ihrer Verfügungen und Schreiben mußten durch Hardenberg unterzeichnet werden. Wurden verdächtige Personen durch sie für hinreichend belastet erachtet,

---

zigtausend Inhaftierte durch die Berliner Gefängnisse. Beträchtliche Kapazitätserweiterungen brachten Um- und Neubauten auf dem Molkenmarkt und am Alexanderplatz. Das berüchtigte Hausvogteigefängnis, das nicht mit der Stadtvogtei verwechselt werden darf, diente bis 1827 zur Unterbringung politischer Gefangener.

[88] Adolf Streckfuß: 500 Jahre Berliner Geschichte. Vom Fischerdorf zur Weltstadt. Dritte Auflage, Berlin 1880, 764.
[89] Siehe Wolfram Siemann: Deutschlands Ruhe, Sicherheit und Ordnung. Die Anfänge der politischen Polizei 1806–1866, 186–187.
[90] Altensteins Sonderstellung kam auch in dem Verfahren gegen Schleiermacher zum Tragen. Siehe dazu unten S. 179–185.
[91] Zitiert nach Wolfram Siemann: Ebd., 187.

so gab sie das Verfahren an die Immediatuntersuchungskommission zurück.

Wenn die vorliegenden Zeugnisse nicht täuschen, so scheint Schleiermachers Name in den ministeriellen Konsultationen, bevor de Wette seine Aktensammlung veröffentlicht hatte, noch nicht genannt worden zu sein. Während einer Konferenz am 9. März 1820 kam es dann aber zu der Feststellung, „daß der Professor Schleiermacher, sowohl durch das Schreiben an de Wette, als durch manche in den polizeilichen UntersuchungsAkten gegen ihn vorkommenden Anzeigen in dem Maaße graviret und compromittirt sei, daß dadurch seine Entfernung von hier als nothwendig sich darstelle".[92]

Nur eine Woche später, am 16. März, legte die Kommission einen von Kamptz und seinen leistungsfähigen Mitarbeitern verfaßten Bericht vor, mit dem sie jener königlichen Aufforderung nachkam und der zugleich als Basis für eine durch Friedrich Wilhelm III. zu treffende Entscheidung dienen sollte.[93] Nachdem klar war, daß er, „der Klügsten und Verschmitzesten Einer, der den Werth der Worte genau kennt und wiegt, und die Kraft des Ausdrucks in seiner Gewalt hat", das von den drei Fakultätsmitgliedern unterzeichnete Schreiben an de Wette formuliert hatte, wurden jetzt schwere Vorwürfe gegen Schleiermacher erhoben.[94] Seitenweise werden die diversen Anklagepunkte vorgetragen und ihre sachliche Berechtigung mit einer Vielzahl von Beobachtungsergebnissen begründet. Zum Fakultätsschreiben heißt es:

„Der Inhalt des in Frage seyenden Schreibens, muß auf jeden Unbefangenen und Gutdenkenden einen höchst widrigen Eindruck machen. Nur zwey Wege gab es, auf welchen die theologische Fakultät, das an sie erlassene, eine Recht-

---

92 Dieser Beschluß wird angeführt in einem Schreiben Tzschoppes an die Ministerialkommission vom 20. September 1821, in: GStA PK, I. HA. Rep. 77 Tit. 21. Lit. Sch. Nr. 6 („Acta betr. den Professor und Prediger Schleiermacher wegen Theilnahme an demagogischen Umtrieben und sträflichen Verbindungen vom 22. Mai 1820. [–] 1847."), Bl. 7–8, hier: 7v. – In seinem Kalender notierte der Staatskanzler an diesem Tag: „Commiss[ion] et dîner des Ministres" (Karl August von Hardenberg. Tagebücher und autobiographische Aufzeichnungen, 886).

93 Bericht der Berliner Ministerialkommission über das Schreiben der Theologischen Fakultät vom 25. Oktober 1819 und seinen Verfasser [vom 16. März 1820], in: GStA PK, I. HA Rep. 77 Tit. 21. Spec. Lit. W. Nr. 3, Bl. 100–105 (Entwurfsfassung); hiernach abgedruckt bei Max Lenz: Geschichte der Königlichen Friedrich-Wilhelms-Universität zu Berlin. Band IV, 406–414; siehe auch die Darstellung in: Ebd. Band II/1, 85–87. 172–176. Eine Reinschrift ist bisher in den Akten nicht auffindbar gewesen. Auf Passagen aus Schleiermachers Briefen wird in dem Bericht nur anhand der ursprünglich als Anlagen beigegebenen Schriftstücke hingewiesen. Lenz fügt an den betreffenden Stellen seiner Druckfassung den jeweiligen Wortlaut ein.

94 GStA PK, I. HA Rep. 77 Tit. 21. Spec. Lit. W. Nr. 3, Bl. 103v (Lenz: Ebd. Band IV, 409). – Auf welchen Beleg die Identifizierung Schleiermachers gestützt wird, ergibt sich nicht. An seiner alleinigen Verfasserschaft bestand für die Kommission kein Zweifel.

fertigung enthalten sollende, Schreiben des de Wette vom 16. October v. J.
[...] angemessen, und mit Würde beantworten konnte. Entweder *ganz kurz*,
mit Zurücksendung des ebengedachten Schreibens, und Verweigerung jedes
ferneren Urtheils in einer Angelegenheit worüber des Königes Majestät bereits entschieden hatten; oder *ganz ausführlich*, mit gründlichster Widerlegung des ganzen sophistischen Gewebes, mit ernster Zurechtweisung, und
heilsamer Ermahnung. Statt dessen, enthält das Schreiben: Bezeigung des tiefen Schmerzes über das Ausscheiden des de Wette, durch welches die Facultät
in ihrer Laufbahn sich gehemmt und gelähmt fühle; großes Lob der collegiali-
schen Freundschaft, treuen Mitberatung und Unterstützung, des musterhaften
Eifers, der Gelehrsamkeit und der academischen Lehrgaben des Ausgeschie-
denen; Dank für die Anwendung dieser Eigenschaften, selbst im Namen der
academischen Jugend; Es enthält ferner: die Bitte, um die Fortdauer geistiger
Verbindung für den Dienst der Wahrheit und für die Förderung der Berufswissenschaften; die Aeußerung, daß wenn der de Wette das Bekanntwerden
seines Briefes an die Mutter des Meuchelmörders Sand hätte voraussehen
können, er manches darin Enthaltene *genauer erwogen*, und vorsichtiger ausgedrückt haben werde, um von denen die seinen Character und seine allgemeinen Grundsätze nicht kannten, nicht mißverstanden zu werden, endlich
noch den Ausdruck des Trostes, daß der Herr des Weinberges, die Gaben
eines Arbeiters, wie der de Wette sei, nicht unbenutzt lassen werde.
  Der unbefangene Beurtheiler muß in diesen Zusammenstellungen, *einen
starken Anschein*, der Rechtfertigung des de Wette, der Entschuldigung des
von demselben an die Mutter des Mörders Sand geschriebenen Briefes, und
der Vertheidigung der darin ausgesprochenen Grundsätze; *unverkennbar und
zweifelfrei* aber, einen Tadel der Verfügung des Königes Majestät gegen den
de Wette finden."[95]

Die Kommission wollte, so strafbar sich das eine wie das andere in jeder
Rücksicht auch darstelle, „zumal bey Männern die berufen sind, die christliche Religion und Moral zu lehren", davon absehen, gegen die Theologische Fakultät im ganzen vorzugehen. Eine solche Maßnahme könne, wie
die Formulierung bezeichnenderweise lautet, „nicht verschwiegen bleiben"
und würde „im Publico und besonders in der Gelehrtenwelt ein großes
und unangenehmes Aufsehen erregen, und der hiesigen Universität vielleicht nachtheilig werden".[96]
Man stellte zudem in Rechnung, daß de Wette sich in seinem Schreiben
an die Fakultät vom 16. Oktober von der Ansicht, der Mord an Kotzebue
könne unter Bedingungen und Voraussetzungen gerechtfertigt werden,
„ausdrücklich loßsaget". Dadurch verliere *„der Anschein* an seinem Ge-
wichte", als habe die Theologische Fakultät „jene Grundsätze vertheidigen
und den de Wette wegen derselben entschuldigen und in Schutz nehmen

95 GStA PK, I. HA Rep. 77 Tit. 21. Spec. Lit. W. Nr. 3, Bl. 100r–101r (Lenz: Ebd., 406–
    407). Die Interpunktion folgt der Vorlage.
96 GStA PK, I. HA Rep. 77 Tit. 21. Spec. Lit. W. Nr. 3, Bl. 101r (Lenz : Ebd., 407).

wollen".[97] Auch handele es sich bei Marheineke und Neander um „höchst achtbare, gutgesinnte Männer", die „bekanntlich mit den Verirrungen des de Wette gar nichts gemein haben, mit ihm in keiner vertrauten Verbindung, sondern im Gegentheil wegen der Lehre, und wegen mancher sehr wichtigen Puncte des theologischen Systems, im lauten Widerspruche stehen". Von ihnen sei „schlechterdings nicht" zu vermuten, „daß sie die Absicht gehabt haben könnten, die abscheulichen Grundsätze welche der de Wette in dem Briefe an die Mutter des Sand äußerte, in Schutz zu nehmen."[98]

Durchaus verschieden stelle sich aber das Verhältnis dar, „in welchem hier der Professor Dr. Schleiermacher erscheint". Er stand und stehe noch immer – auch diese Aussage ist bemerkenswert, weil sie die Kontrolle von Schleiermachers Korrespondenz voraussetzt – mit dem Entlassenen „in der vertrautesten freundschaftlichen Verbindung". Mit „Muße und Bedacht" habe er das Schreiben konzipiert. Die Vermutung der Übereilung oder eines „zu weit getriebenen Mitleidens" könne ihm daher nicht zustatten kommen, zumal er „ganz der Mann" sei, „zu dem man sich einer lebhaften Theilnahme an den bösartigen Verirrungen des de Wette versehen darf".[99]

Schleiermachers politischer Haltung widmet sich der Bericht in aller Ausführlichkeit, wobei der Breite der Darstellung die Massivität des Vorwurfs entspricht:

„Schon seit einer Reihe von Jahren, befaßte der Professor Schleiermacher, höchst unberufen dazu, sich mit politischen Zwecken und Verbindungen. Er mißbrauchte, bekanntermaßen, nicht selten die Canzel zu politischen Vorträgen, und verfaßte, durch den Abdruck bekannt gewordene politische Aufsätze, von denen einer, die nachstehende allerhöchste Cabinetts-Ordre vom 17. Julius 1813 an den damaligen Geheimen StaatsRath von Schuckmann veranlaßte. [...][100]

---

[97] GStA PK, I. HA Rep. 77 Tit. 21. Spec. Lit. W. Nr. 3, Bl. 102r/v (Lenz: Ebd., 408).
[98] GStA PK, I. HA Rep. 77 Tit. 21. Spec. Lit. W. Nr. 3, Bl. 103r (Lenz: Ebd., 409).
[99] GStA PK, I. HA Rep. 77 Tit. 21. Spec. Lit. W. Nr. 3, Bl. 103r/v (Lenz: Ebd., 409–410). – Die Aussage über die fortbestehende „gemeinschaftliche Verbindung" wird sich auf de Wettes Brief an Schleiermacher vom 21. November 1819 beziehen, von dem eine Teilabschrift in der de Wette betreffenden Untersuchungsakte vorliegt; vgl. den Nachweis bei Lenz: Ebd., 370.
[100] GStA PK, I. HA Rep. 77 Tit. 21. Spec. Lit. W. Nr. 3, Bl. 103v (Lenz : Ebd., 410). An dieser Stelle zitiert die Kommission die betreffende Kabinettsorder. Hier hatte es geheißen: „Aus der Anlage werden Sie ersehen, wie der Professor *Schleiermacher* geständigermassen einen höchst anstößigen Artikel über die politische Lage des Staats in den preussischen Correspondenten vom 14. d. M. [*scil.*: 14. Juli 1813] hat einrücken lassen. Der Censor wird dafür zur Verantwortung gezogen werden, daß er diesem Aufsatze das *Imprimatur* ertheilt hat. Dieses verringert aber die Schuld des p. *Schleiermacher* nicht, der schon bey mehreren Gelegenheiten eine Tendenz gezeigt hat, die Ich durchaus nicht gestatten kann." In der abgeschwächten Version der Endfassung war Schleiermacher streng ermahnt worden, während der ursprüng-

Das hat der p. Schleiermacher sich aber keinesweges zur Warnung dienen lassen. Mit vielen der jezt wegen revolutionairer Tendenz bekannt gewordenen und in Anspruch genommenen Individuen, stehet er in Bekanntschaft, und die mehrsten von diesen betrachten ihn, als einen vorzüglichen Stützpunct."[101]

Als Beweisstücke werden zunächst drei Briefe an Ernst Moritz Arndt angeführt. Hinzu kommen der Bericht des Studenten Lindenberg vom Treffen auf dem Pichelsberg sowie das Schreiben eines „sehr zuverlässigen und achtbaren Staatsbeamten zu Trier". Die Briefe enthalten in der Tat aufschlußreiche Mitteilungen. So hatte Schleiermacher am 14. März 1818 berichtet, daß Beyme „neulich" die alte Bekanntschaft wieder angeknüpft habe, „und ich glaubte ein Wunder Gottes zu hören, als auch der mir sagte, er sei überzeugt, es werde keine Generation vergehen, so würden alle europäische Regierungen Parlamente an ihrer Seite haben".[102] In einem Schreiben vom 17. Mai 1819 äußerte er sich zustimmend zu den Turnfesten und dem „Turnwesen" insgesamt, durch das Schleiermacher „die allgemeine Kameradschaft der Jugend" gefördert sah. Scharf kritisierte er die obrigkeitliche Zurückweisung derartiger Bestrebungen. Im besonderen der König, mehrfach despektierlich einfach „der Herr" genannt, erscheint dabei in ungünstigem Licht.[103]

In einem dritten Brief schließlich, vom 28. Juni 1819, war Schleiermacher auf die Verfassungsproblematik eingegangen. Nachteilig mußten schon Bemerkungen über den Minister Altenstein wirken, der „überhaupt ein gar wunderlicher Mensch" sei, „von sehr gutem Willen in dem gewöhnlichen Sinn des Wortes, aber er thut gar vielerlei was er nicht will denn er scheint sich in eine große Abhängigkeit gesteckt zu haben von Wittgenstein auf der einen und Koreff auf der andern Seite". Im folgenden schrieb Schleiermacher dann: „Unser ganzes Verwaltungswesen wird überhaupt immer miserabler und es will die höchste Zeit werden, daß etwas dazwischenfährt. Ich dachte die große Gelindigkeit mit welcher selbst die Bairische Regierung von den Ständen behandelt wird sollte den Leuten

---

liche Entwurf bereits die Dienstentlassung ausgesprochen hatte (siehe: Band I, S. 499–500 und *Anhang* Nr. 30). Schuckmann amtierte damals als Departementschef im preußischen Innenministerium.

[101] GStA PK, I. HA Rep. 77 Tit. 21. Spec. Lit. W. Nr. 3, Bl. 104r (Lenz : Ebd., 410).

[102] GStA PK, I. HA Rep. 77 Tit. 21. Spec. Lit. W. Nr. 3, Bl. 104r (Lenz: Ebd., 410–411; vgl.: Schleiermacher als Mensch. Band II. Briefe 1804–1834, 270–272, hier: 271). Im gleichen Brief nannte Schleiermacher die von Joseph Görres in einer „Adresse" am 12. Januar 1818 im Auftrag der Stadt Koblenz dem preußischen Staatskanzler vorgetragenen politischen Wünsche der Rheinlande „ein recht erfreuliches und kräftiges Wort" (Schleiermacher als Mensch. Band II. Briefe 1804–1834, 271).

[103] GStA PK, I. HA Rep. 77 Tit. 21. Spec. Lit. W. Nr. 3, Bl. 104r (Lenz: Ebd., 411; vgl.: Schleiermacher als Mensch. Band II. Briefe 1804–1834, 299–300, hier: 300). Es heißt hier unter anderem: „Der Herr hat unterdeß wichtigere Dinge zu thun" – als über einen neuen Plan zum Turnwesen zu entscheiden –, „nemlich uns armen Berlinern die Fenster einschießen zu lassen."

Muth, machen den Schritt endlich zu thun dem sie doch nicht ausweichen können."[104]

Darüber, in welcher Weise Schleiermacher hoffte, durch eine Reform des kirchlichen Verfassungsrechtes die Bereitschaft zu jenem entscheidenden „Schritt" auch hinsichtlich der staatlichen Konstitution zu stärken, enthält der Brief an Arndt gleichfalls klare Aussagen:

> „Mit unserer Provinzialsynode hier ist es sehr gut gegangen, und fast einmüthig beschlossen worden dem König den Wunsch vorzutragen die Consistorialverfassung ganz aufzuheben und eine reine Synodalverfassung natürlich mit Zutritt von Deputirten der Gemeinden einzurichten. In Magdeburg ist im wesentlichen dasselbe geschehen und nur zu wünschen, daß die rheinische und westphälische Geistlichkeit ihre Verfassung recht fest reclamirt, dann wird die Sache ja wohl durchgehen müssen. Es wäre ja wohl auch an sich ganz recht das Constituiren mit der Kirche anzufangen, und ich hoffe es soll dann darauf auch für das übrige ein besonderer Segen ruhen."[105]

Gemeint ist hier die Tagung der Berliner Provinzialsynode, die in der Zeit vom 4. bis zum 22. Juni 1819 in der Nikolaikirche stattgefunden hatte. Schleiermacher war einer der Versammlungsleiter gewesen; dabei hatte im Vorfeld nicht einmal festgestanden, ob er, wegen seines einfachen kirchlichen Amtes, der Synode überhaupt würde angehören können.[106] Den wichtigsten Beratungsgegenstand bildete die kirchliche Verfassungsproblematik. Gegen Schleiermachers Empfehlung – er meinte, aus pragmatischen Gründen lege sich zunächst ein interimistisches Nebeneinander synodaler und konsistorialer Strukturelemente nahe[107] –, trat die Synode für ein Maximalprogramm kirchlicher Selbständigkeit ein. Indem sie von der fortbestehenden Gültigkeit der königlichen Versprechungen zur Selbstorganisation der Kirche ausging, begnügte sie sich nicht mit den bereits

---

[104] GStA PK, I. HA Rep. 77 Tit. 21. Spec. Lit. W. Nr. 3, Bl. 104v (Lenz: Ebd., 411–412). Diese Passage, auf die die Kommission in ihrem Bericht, wie auch auf die zuvor angeführten Briefstellen, lediglich verweist, wird zitiert nach: GStA PK, I. HA Rep. 76 I, Anhang II. Nr. 55, Bl. 51r/v (vgl.: Schleiermacher als Mensch. Band II. Briefe 1804–1834, 300–301, hier: 301). – Der erwähnte *David Ferdinand Koreff* (1783–1851) gewann vor allem als Leibarzt und Vertrauter des Fürsten Hardenberg einigen Einfluß. Mit „magnetischen Kuren" wurde er zu einem beliebten Modearzt der Zeit (vgl.: DBA I 402, 116–134). Bei E. T. A. Hoffmann erscheint er als einer der Serapionsbrüder.

[105] Zitiert nach: GStA PK, I. HA Rep. 76 I, Anhang II. Nr. 55, Bl. 51v. Siehe im Kommissionsbericht: GStA PK, I. HA Rep. 77 Tit. 21. Spec. Lit. W. Nr. 3, Bl. 104v (vgl. Lenz: Ebd., 412, wo die Passage eingefügt wird).

[106] Vgl. den Brief an Joachim Christian Gaß vom 10. Januar 1819, in: Fr. Schleiermacher's Briefwechsel mit J. Chr. Gaß, 166–168, hier: 167. – Die Versammlung konnte strenggenommen auf den Titel einer brandenburgischen „Provinzialsynode" keinen Anspruch erheben. *De facto* handelte es sich um eine Provinzial-Teilsynode, da die Kirchenvertreter lediglich aus den Regierungsbezirken Berlin und Potsdam stammten.

[107] Vgl.: Ueber die für die protestantische Kirche des preußischen Staats einzurichtende Synodalverfassung, 21–22 (KGA I/9, 124–125).

bewilligten, staatlich kontrollierten Einrichtungen. Vielmehr stellte sie, ungeachtet der sich daraus möglicherweise ergebenden fatalen Konsequenzen für das kirchliche Reformwerk, das landesherrliche Kirchenregiment
überhaupt in Frage. In ihrem Votum formulierten die versammelten Superintendenten, Pröpste und sonstigen Kirchenrepräsentanten detaillierte
Vorschläge für die Umbildung der bestehenden Konsistorialverfassung zu
einer presbyterial-synodalen Grundordnung.[108]

Es läßt sich unschwer nachvollziehen, wenn jene brieflichen Äußerungen, in denen auch Schleiermacher sich als Anhänger der synodalen
Verfassungskonzeption zu erkennen gab, nicht nur die bereits gegen ihn
bestehenden Verdachtsmomente bestätigten, sondern wenn sie darüber
hinaus in den Augen der Kommissionsmitglieder seine Wirksamkeit als
Theologe und Kirchenpolitiker generell unter den Verdacht der Illoyalität
und revolutionären Gesinnung stellten. Freiräume für eine differenzierte
Einschätzung gab es zu dieser Zeit kaum mehr. Insbesondere der konstitutionelle Gedanke erschien in politischer und kirchenpolitischer Hinsicht
nur noch „als Einfallstor eines jakobinischen Egalitarismus".[109]

Eher allgemeiner Natur sind die Angaben, die das von der Kommission
angeführte Schreiben aus Trier enthält. Der nicht namentlich genannte Einsender hatte am 20. Januar 1820 berichtet, daß Schleiermacher eine Reise
in die westlichen Provinzen im Herbst 1819 genutzt habe, um öffentlich
für seine Verfassungsideen zu werben. Die betreffende Stelle lautet:

> „Für die große Masse der Einwohner dieses RegierungsBezirks wollte ich üb-
> rigens wohl gut sagen, daß sie vom revolutionairen Schwindel frey ist. Wenn
> aber noch öfters PropagandenMitglieder von Berlin hierher kommen, welche
> öffentlich äußern: Sie hätten geglaubt, in den Rheinprovinzen werde frey gere-
> det, das sey aber gar nichts gegen Berlin, da werde ganz anders loßgezogen[;]
> die Catholische Geistlichkeit habe ganz Recht, wenn sie völlige Unabhängig-
> keit vom Staate verlange, und die evangelische Geistlichkeit müsse auch eher
> nicht ruhen, bis sie gleiche Unabhängigkeit errungen habe u.s.w. – dann wird
> freilich das Gift nach und nach auch hier geimpft werden, und um sich grei-
> fen."[110]

---

[108] Vgl. Ludwig Jonas: Schleiermacher in seiner Wirksamkeit für Union, Liturgie und
Kirchenverfassung, in: Monatsschrift für die unirte evangelische Kirche 5 (1848),
251–490 [!], hier: 352–355 sowie Albrecht Geck: Schleiermacher als Kirchenpolitiker, 231–238. Siehe auch die von Schleiermacher mitunterzeichnete Erklärung des
Moderamens der ersten Berliner Provinzialsynode zur Neugestaltung der Kirchenverfassung vom 16. Juli 1819, in: Ebd., 295–301.
[109] Kurt Nowak: Schleiermacher. Leben, Werk und Wirkung, 370. – Zum Zusammenhang zwischen Schleiermachers politischen Forderungen und seiner Position in den
Debatten über das kirchliche Verfassungsrecht siehe oben Abschnitt VI.1.2.: Synodalverfassung und „bürgerliche Versammlungen". Die politische Dimension von
Schleiermachers kirchenpolitischem Engagement.
[110] GStA PK, I. HA Rep. 77 Tit. 21. Spec. Lit. W. Nr. 3, Bl. 104v–105r (Lenz: Ebd., 413).
– Während seiner Reise in den Westen war Schleiermacher mit Vertretern der Lipp-

Diesem Bericht folgte in einer von Berlin aus angeforderten Zusatzerklärung vom 21. Februar noch die ausdrückliche Versicherung des beflissenen Denunzianten, „daß der Professor Schleiermacher es sey, der, bey Gelegenheit seiner vorjährigen Reise nach den Rheingegenden, sich angeführtermaßen geäußert habe".[111] Der Umstand, daß der Trierer Beamte wohl zur Monatsmitte zu dieser Erklärung veranlaßt wurde, zeigt, daß die Ermittlungen gegen Schleiermacher seit jener ersten zusammenfassenden Ausarbeitung von Kamptz ununterbrochen fortgesetzt worden waren.

Nach Ansicht der Kommission war der Befund, der sich aus der Summe der einzelnen Belege für Schleiermachers unbotmäßige und staatsgefährdende Haltung ergab, eindeutig. In der entsprechenden Empfehlung wurde auf Versetzung und, im Weigerungsfalle, Dienstentlassung angetragen:

> „Wer so redet, so schreibt und so handelt, wie der Professor Schleiermacher, nach diesem allen, geschrieben, geredet und sich betragen hat, sollte nicht länger als Seelsorger, Prediger und academischer Lehrer der Religion und Moral, geduldet werden.
>
> Eine, nach den Vorschriften des Allgemeinen Landrechts [...] gegen den Schleiermacher zu verfügende Dienstverabschiedung, mögte jedoch, wegen der besonderen Beschaffenheit der dabey zum Grunde zu legenden Beweismittel, bedenklich und schwierig seyn.
>
> Zur Verminderung des Uebels, welches der Schleiermacher hier in seinem großen Wirkungskreise unstreitig stiftet, zu seiner Warnung, und – wenn es möglich ist – zu seiner Besserung, erscheint es daher ratsam:
>
> daß der Professor Schleiermacher, nach seiner Dienstanciennität, und mit Beybehaltung seines Diensteinkommens, in seiner doppelten Amtseigenschaft als Universitätslehrer und Prediger an eine andere Universität, und etwa nach Koenigsberg in Preußen als Professor der Theologie, ohne das Anführen eines besonderen Grundes dieser Translocation versetzet werde.
>
> Nach den Grundsätzen des Staatsdienstes, muß der Schleiermacher sich diese Versetzung gefallen lassen, und will er dieses nicht, so hat er die Folge davon, nehmlich die völlige Dienstentlassung, seiner Weigerung[,] der allerhöchsten Bestimmung zu folgen, zuzuschreiben. [...]"[112]

Dem Vorschlag, Schleiermacher nach Königsberg zu versetzen, scheint innerhalb des Ministerkollegiums eine Diskussion vorangegangen zu sein. Denn der von der Untersuchungskommission vorgelegte Berichtsentwurf hatte ursprünglich folgende Formulierung aufgewiesen: „[...] daß der Professor Schleiermacher, nach seiner Dienstanciennität, und mit Beybehaltung seines Diensteinkommens, in seiner doppelten Amtseigenschaft als

---

städter Provinzialsynode zusammengetroffen. Siehe dazu Albrecht Geck: Schleiermacher als Kirchenpolitiker, 263–265 („Das ,Hagener Gespräch' am 3./4. Oktober 1819").

[111] GStA PK, I. HA Rep. 77 Tit. 21. Spec. Lit. W. Nr. 3, Bl. 105r (Lenz: Ebd., 413).

[112] GStA PK, I. HA Rep. 77 Tit. 21. Spec. Lit. W. Nr. 3, Bl. 105r/v (Lenz: Ebd., 413–414).

Universitätslehrer [*davor gestrichen:* Professor] und Prediger zur Universität zu Greifswalde als Professor der Theologie, ohne das Anführen eines besonderen Grundes dieser Translocation versetzt werde."[113] Die Verhandlungen der Ministerialkommission lassen sich, solange protokollarische Aufzeichnungen nicht vorliegen, nicht rekonstruieren, weshalb auch offen bleibt, welche Mitglieder an den einzelnen Sitzungen teilgenommen haben. Bemerkenswert ist aber, daß der Justizminister, Friedrich Leopold von Kircheisen, sich dem Votum nicht anschließen mochte. Statt dessen leitete er dem König eine eigene Stellungnahme zu.[114]

Die Kommission versäumte nicht, darauf hinzuweisen, daß die von Schleiermacher eingenommene Pfarrstelle an der Dreifaltigkeitskirche unter königlichem Patronat stand. Insofern konnten die disziplinarischen Hoheitsrechte bei einer Maßregelung ohne weiteres zur Geltung gebracht werden.[115] Der Versetzungsvorschlag implizierte überdies, daß Schleiermacher am neuen Wirkungsort lediglich noch als Theologieprofessor, nicht mehr aber als Prediger tätig sein sollte.

Der Bericht vom 16. März 1820 erscheint bei genauerer Betrachtung in einem eigentümlichen Licht. Fragen wirft zunächst das Beweismaterial auf. Die Grundlage für die Anklage lieferten jene beschlagnahmten Briefe an Ernst Moritz Arndt sowie der Lindenbergsche Bericht. Diese Zeugnisse hielt man anscheinend noch nicht für hinreichend. Auf weiteres Material wird jedoch nur sehr allgemein Bezug genommen. Die Kommission greift Äußerungen Schleiermachers verschiedenster Art auf. Predigten und „politische Aufsätze", mit Hinweis auf den Artikel aus dem *Preußischen Correspondenten* vom 14. Juli 1813, werden speziell genannt. Auch an die Schmalz-Broschüre von 1815, die später die Mainzer Bundeszentralkommission in ihrem Bericht eingehender erörterte, und an die Vortragtätigkeit in der Akademie der Wissenschaften scheint gedacht worden zu sein.[116] Ansonsten bleibt die Beweisführung erstaunlich vage. Die Politikvorlesungen werden, anders als in nachfolgenden behördlichen Schriftsätzen, nicht ausdrücklich angesprochen.

Auch die Empfehlung selbst läßt, angesichts des sonst vorherrschenden apodiktischen Tones, eine gewisse Unsicherheit erkennen. Zu der Schärfe,

---

[113] GStA PK, I. HA Rep. 77 Tit. 21. Spec. Lit. W. Nr. 3, Bl. 105r.

[114] Vgl. Max Lenz: Geschichte der Königlichen Friedrich-Wilhelms-Universität zu Berlin. Band II/1, 87.

[115] Vgl.: GStA PK, I. HA Rep. 77 Tit. 21. Spec. Lit. W. Nr. 3, Bl. 105v (Lenz: Ebd. Band IV, 414).

[116] Von den beiden Akademievorträgen zu staatstheoretischen Themen aus dem Jahre 1814 kommt allerdings allein jene vom 24. März („Ueber die Begriffe der verschiedenen Staatsformen") in Betracht. Sie wurde 1818 in den „Abhandlungen der philosophischen Klasse der Königlich Preussischen Akademie der Wissenschaften aus den Jahren 1814–1815" publiziert. Die am 22. Dezember präsentierte Abhandlung („Ueber den Beruf des Staates zur Erziehung") ist erst 1835 innerhalb der ‚Sämmtlichen Werke' (Band III/3, Berlin 1835) gedruckt worden.

mit der Schleiermachers Vergehen aufgeführt werden, steht sie in einer
unübersehbaren Spannung. Die Minister und weiteren Kommissionsmitglieder waren sich offenkundig darüber einig, daß eine förmliche Dienstentlassung zunächst nicht in Frage kam, da damit nach den Bestimmungen
des Allgemeinen Landrechtes ein kompliziertes dienst- und strafrechtliches
Verfahren verbunden war, in dessen Verlauf die gegen Schleiermacher
vorgebrachten Argumente unter Umständen nicht standhielten.[117] Eine
unmittelbare Entlassungsentscheidung, wie bei de Wette, konnte zu diesem
Zeitpunkt noch nicht erwartet werden. So entschloß man sich zu dem Versetzungsvorschlag. Erst im Falle, daß Schleiermacher die „Translocation"
ablehnen sollte, galt die „völlige Dienstentlassung" als anwendbares Sanktionsmittel.

Schleiermacher selbst befand sich nun nicht mehr im unklaren über die
Vorgänge. Eine, wenn auch etwas verzerrte Kunde drang rasch gerüchte-
weise an die Öffentlichkeit. Schon am 18. März schrieb Schleiermacher an
Immanuel Bekker: „Gestern wollte die ganze Stadt aus sehr guter Hand
wissen, ich sei suspendirt, und es ist leicht möglich, daß ich es heut oder
Morgen auch erfahre."[118] An Arndt berichtete er drei Tage später, er
müsse „aus den Aeußerungen wohlunterrichteter Männer [...] schließen,
daß wirklich Absichten gegen mich obgewaltet haben".[119] Die mehrfach
von Freundesseite geäußerten Befürchtungen – es wurde sogar von einer
bevorstehenden Verhaftung gesprochen – schienen ihm dennoch über-
trieben.[120]

---

[117] Zu den einschlägigen Bestimmungen siehe: Allgemeines Landrecht für die Preußischen Staaten (1794): Zweiter Theil. Zehnter Titel: Von den Rechten und Pflichten
der Diener des Staats, §§ 94–103, besonders: §§ 99–100 (Allgemeines Landrecht für
die Preußischen Staaten von 1794. Textausgabe. Mit einer Einführung von Hans Hattenhauer und einer Bibliographie von Günther Bernert, Frankfurt am Main / Berlin
1970, 541–542).

[118] Abgedruckt in: Briefwechsel Friedrich Schleiermachers mit August Boeckh und Immanuel Bekker 1806–1820, 119–121, hier: 119. – Ein im Zuge ihrer antidemagogischen
Aktivitäten besonders ehrgeizig verfolgtes Ziel der Regierung war die Beseitigung
der wegen ihrer Symbolkraft bekämpften sogenannten „deutschen Tracht" aus dem
öffentlichen Leben. Schleiermacher notierte hierzu im gleichen Brief an den sich in
England aufhaltenden Bekker: „Noch sind neuerlichst allen Staatsdienern, geistlichen
und Schullehrern die deutschen Röcke verboten worden; und wenn Sie also etwa in
Italien gewesen sind, so französiren Sie sich nur wieder in England. Ich wollte
indeß doch auch Allen, die nicht Staatsdiener sind, rathen, diese Deutschheit allmählich abzutragen, denn das allgemeine Verbot wird gewiß nicht lange ausbleiben [...]."
Die häufige Darstellung von Personen in deutscher Tracht durch Caspar David Friedrich in den Gemälden dieser Zeit hat insofern einen evidenten politischen Hintergrund.

[119] Abgedruckt in: Aus Schleiermacher's Leben. In Briefen. Band 2, 373–375, hier: 373.

[120] Vgl. etwa Gaß' eindringliche Mahnung: „Zerreiß aber doch diese Blätter, wie ich auch
Deine Briefe alle bei Seite geschafft habe, denn ich bin nicht ohne Furcht, daß es noch
übler wird als es schon ist" (Brief von Joachim Christian Gaß an Schleiermacher
vom 12. April 1820, in: Fr. Schleiermacher's Briefwechsel mit J. Chr. Gaß, 183–186,

So blieb seine Einschätzung schwankend. Beruhigend wirkte, daß jene gegenüber Arndt erwähnten Gewährsleute „seit ein paar Tagen sagen [...], man könne die Sache für jezt als vorübergegangen ansehen; und so scheint es denn, als ob diesmal Recht vor Ungnade gewaltet habe". „Indeß die Akten sind noch nicht zurückgestellt, also wollen wir noch nicht zu früh triumphiren."[121] Auch ein Schreiben der Theologischen Fakultät an Hardenberg, in dem das frühere Plädoyer zugunsten de Wettes erläutert wurde, zog keine erkennbaren Folgen nach sich. Diese Situation reflektiert Schleiermacher in einem Brief an Dohna vom Sommer 1820:

> „Es soll [...] etwas mit mir vorgegangen oder vielmehr an mir vorübergegangen sein, man soll mich haben absezen oder gar die ganze theologische Facultät haben auflösen wollen; aber ich weiß weder warum man es gewollt, noch warum man es nicht gethan hat, auch nicht wer es gewollt und wer es gehindert hat, sondern nur ein etwas ängstlicher Freund bestürmte mich ich sollte irgend etwas thun, um die drohende Gefahr abzuwenden, da er mir aber nicht recht zu sagen wußte was und wie, so that ich nichts; und erst jetzt nach Marheinekes Zurückkunft, als dem Gerücht nach die Gefahr schon vorüber war hat die Facultät sich entschlossen zu einem confidentiellen Schreiben an den Staatskanzler über ihren Brief an De Wette, von dem nämlich das ganze Ungewitter soll ausgegangen sein. Von dem Erfolg dieses Schreibens wissen wir noch nichts."[122]

Aus Schleiermachers Beschreibung seiner Lage wird zugleich das Bestreben deutlich, sich der Konfrontation soweit als möglich zu entziehen: „[...] ich möchte immer am liebsten nichts persönliches in mein Bewußtsein aufnehmen und ignorire, wie der und jener über mich denkt und gegen mich handelt." Konsequent ließ sich diese Maxime nicht umsetzen, denn es konnte Schleiermacher auf Dauer nicht verborgen bleiben, daß er „der besondere Gegenstand des Hasses und der Verfolgung" der Regierung war.[123] Eine zuverlässige Bestätigung für den Versetzungsvorschlag erhielt er dennoch erst im September 1820. Er reagierte mit Erstaunen, aber auch mit einem leichten Anflug von Spott:

---

hier: 186). Ähnlich kritisch wurde die Lage von weiteren besorgten Freunden eingeschätzt. Zu den Gerüchten von Verhaftung und Festsetzung Schleiermachers auf der Glatzer Festung, die zweieinhalb Jahre später noch einmal aufkamen, siehe den Brief von Gaß an Schleiermacher vom 16. November 1822, in: Ebd., 193–196, hier: 196.

[121] Brief an Ernst Moritz Arndt vom 21. März 1820, in: Aus Schleiermacher's Leben. In Briefen. Band 2, 373–375, hier: 373.

[122] Brief an Alexander Graf Dohna vom Sommer 1820 [Datierung unsicher; vermutlich Frühsommer], in: Schleiermachers Briefe an die Grafen zu Dohna, 72–74, hier: 73–74. – Dieses wichtige Korrespondenzstück fehlt unerklärlicherweise in der Meisnerschen Briefausgabe. Bei dem „etwas ängstlichen Freund" wird es sich wohl erneut um Eichhorn gehandelt haben.

[123] Brief an Alexander Graf Dohna vom Sommer 1820, 73.

„Ich tröste mich für dies Jahr um so lieber als der Argwohn noch immer so groß ist, daß schwerlich eine Reise von mir zu Ihnen [*scil.*: dem Grafen Dohna] würde hingegangen sein ohne Aufmerksamkeit zu erregen und wer weiß, ob manche Leute sich nicht eingebildet hätten wir wollten eine militärische Revolution verabreden. Denn leider wird noch immer an politische Tendenzen geglaubt die ich haben soll; ohnerachtet ich Armer mit der Universität und der Kirche alle Hände voll zu thun habe. Aus ziemlich sicherer Quelle habe ich erst kürzlich gehört, daß wirklich seit den demagogischen Umtrieben die Rede davon gewesen ist mich nach Königsberg zu versezen. Gott sei Dank daß wir armen Kirchen- und Kathederleute uns doch nicht dürfen herumstoßen lassen wie das Militär."[124]

Mit dem Bericht der Ministerialkommission und ihrem Versetzungsvorschlag war das Verfahren gegen Schleiermacher um einen wesentlichen Schritt weitergeführt, auch wenn zunächst konkrete Wirkungen nicht eintraten. Eine Versetzungsorder blieb aus. Einem späteren Schreiben Hardenbergs an Schuckmann läßt sich sogar entnehmen, daß der Kommissionsbericht – jener am 23. Februar 1820 an den Regierungschef übermittelten Erwartung Friedrich Wilhelms III. zum Trotz – dem König gar nicht zugeleitet wurde. Hierin kam die besondere Vollmacht zum Tragen, die der Staatskanzler bei der Verfahrensführung besaß. Hardenberg wollte, seinen eigenen Worten zufolge, zu diesem Zeitpunkt nicht speziell Schleiermachers Verhalten, sondern „das tadelnswerthe Benehmen [...] unserer Lehrer allgemein" zum Gegenstand der Ermittlungen machen.[125] Eine Entscheidung in diesem Einzelfall scheint er deshalb zunächst aufgeschoben zu haben, zumal weitere Aufforderungen von königlicher Seite nicht ergingen.

Erst eineinhalb Jahre später, am 20. September 1821, gab der Regierungsrat Tzschoppe dem Verfahren neuen Schwung. Er brachte eine „Vernehmung und Untersuchung" in Anregung, die zunächst wiederum darauf hinauslaufen sollte, die Versetzung an eine entfernter gelegene Universität zu bewirken.[126] Tzschoppe ging davon aus, daß eine präzise rechtliche Würdigung jener bereits bekannten königskritischen Briefpassagen, zu denen ähnliche Äußerungen aus zusätzlichen Korrespondenzstücken hinzugenommen werden sollten, am Ende doch dazu führen mußte, Schleiermachers amtlicher Stellung den Boden zu entziehen.

---

[124] Brief an Alexander Graf Dohna vom 30. September 1820 [Datierung unsicher], in: Ebd., 76–77, hier: 76. Auch dieses Schreiben fehlt in der Edition von Heinrich Meisner.

[125] Schreiben Hardenbergs an Schuckmann vom 15. April 1822, in: GStA PK, I. HA Rep. 77 Tit. 21. Spec. Lit. W. Nr. 3, Bl. 129, hier: 129r.

[126] Schreiben Tzschoppes an die Ministerialkommission vom 20. September 1821, in: GStA PK, I. HA. Rep. 77 Tit. 21. Lit. Sch. Nr. 6, Bl. 7–8, hier: 7r (Lenz: Ebd., 414–416, hier: 414).

3. Das Vorgehen gegen Schleiermacher in den Jahren 1822 und 1823

Schleiermacher drohte jetzt in der Tat großes Unheil. Die Nachforschungen, behördlichen Maßnahmen und Berichterstattungen gegen ihn nahmen zu und erreichten bald eine gefährliche Intensität. Die folgende Schilderung ist an den einzelnen Verfahrensabschnitten orientiert. Der Schwerpunkt liegt auf Schleiermachers eigenen Stellungnahmen. Obgleich das gegenwärtig bekannte Material von erheblichem Umfang ist, wird dabei, wie schon erwähnt, immer wieder auch auf empfindliche Lücken und ungeklärte Fragen hinzuweisen sein.[127]

Zunächst wurde im Schuckmannschen Ministerium ein ausführlicher Bericht erstellt, fast zeitgleich trat die Mainzer Bundeszentralkommission mit ihrer Ausarbeitung hervor, bevor dann der Innen- und Polizeiminister, gestützt auf eine neue Rechtsverordnung, durch eine wiederum sehr eingehende Darstellung dem weiteren Vorgehen die Richtung wies. Die Erklärungen Schleiermachers während einer dreitägigen Vernehmung im Januar 1823 und eine unmittelbar anschließend niedergeschriebene detaillierte Selbstverteidigung hatten zunächst keinen erkennbaren Erfolg, während Schuckmann und Altenstein nach langen Beratungen schließlich ihr auf Dienstentlassung antragendes Votum an den König abgaben. Erst eine gleichfalls an Friedrich Wilhelm III. gerichtete Petition Schleiermachers, die auch deutlich werden läßt, unter welchem Druck er während der vergangenen Jahre gestanden hatte, führte dann zu der abschließenden Wendung zu seinen Gunsten.

---

[127] Einschlägige Dokumente aus dieser zweiten Verfahrensphase liegen in folgenden Druckfassungen vor: Max Lenz: Geschichte der Königlichen Friedrich-Wilhelms-Universität zu Berlin. Band IV, 420–444; Aus Schleiermacher's Leben. In Briefen. Band 4 [Ed. Wilhelm Dilthey], 430–443 („Schleiermacher in Untersuchung wegen brieflicher Aeußerungen 1819 [tatsächlich: 1822] – 1823") und in erster Linie Dankfried Reetz: Schleiermacher im Horizont preussischer Politik, 273–534. – Während Lenz sich auf wenige Dokumente beschränkt und Dilthey ausschließlich Nachlaßmaterialien heranzieht, gibt Reetz für den Zeitraum ab Ende 1821 eine sehr umfangreiche und weitgehend kritische Edition relevanter Unterlagen, soweit sie den im Geheimen Staatsarchiv zu Berlin verwahrten Aktenbeständen entstammen und nicht bereits von Lenz mitgeteilt worden sind. Die von Reetz gebotenen Transkriptionen können als im großen und ganzen zuverlässige Lesefassungen gelten. Schwere, sinnentstellende Irrtümer sind selten, und das Verdienst, das er sich mit seiner jahrelangen, entsagungsvollen Arbeit um die Schleiermacher-Forschung erworben hat, steht außer Frage. Auch der Autor der vorliegenden Untersuchung ist Reetz dankbar verpflichtet. Allerdings machen sich, abgesehen von einzelnen Wortausfällen, die sehr zahlreichen Flüchtigkeitsfehler, Versehen und Unzulänglichkeiten in der gewählten Druckanordnung doch stellenweise so stark bemerkbar, daß der wissenschaftliche Wert der Dokumentation beeinträchtigt wird. Eine spätere Veröffentlichung amtlicher Zeugnisse im Rahmen der ‚Kritischen Gesamtausgabe' wird nicht umhin können, die von Reetz ausgewerteten und edierten Bestände noch einmal heranzuziehen. In meiner Darstellung gehe ich auch bei den von Dilthey, Lenz und Reetz gedruckten Stücken auf die Quellen selbst zurück, wobei ergänzend aber die jeweiligen Druckorte angegeben werden.

3.1. Die Kamptzsche Ausarbeitung von Ende 1821

Der Polizeidirektor Kamptz faßte in der zweiten Hälfte des Dezember 1821 noch einmal alle bisherigen Erkenntnisse zusammen, durch die sich der Vorwurf belegen ließ, Schleiermacher betreibe eine aufrührerische Einwirkung auf die akademische Jugend. Diese Ausarbeitung liegt als undatierter Entwurf vor, der erneut die Grundlage für einen Bericht an den König bilden sollte. Allerdings dürfte es auch in diesem Fall nicht zu einer Berichterstattung gekommen sein. Neben Schleiermacher beschuldigte Kamptz weitere Personen staatsgefährdender Aktivitäten, darunter Eichhorn – also ein Mitglied des Staatsrates! –, Reimer, Joachim Christian Gaß und Ludwig Wachler, der als Historiker an der Universität Breslau lehrte.[128]

In scharfer Form ging Kamptz auf Schleiermacher ein. Dessen Kanzelvorträge enthielten „zum Theil versteckte, aber allen seiner zahlreichen, eingeweiheten Zuhörern hinreichend verständliche Aufforderungen, in den Grundsätzen und Bestrebungen der Demagogen fortzufaren [sic] und die dagegen sich erhebenden Kämpfe muthig zu überstehen". Schleiermacher sei ein „erklärter Beschützer der Burschenschaft" und habe „nicht allein den Festen derselben mehrmals beigewohnt, sondern auch mit den Studenten auf eine für einen öffentlichen Lehrer höchst unwürdigen Art sich in einem hohen Grade betrunken und mit den Studenten Bruderschaft gemacht". Aus den in Behördenbesitz befindlichen Dokumenten gehe „ein so entschiedener Entschluß" hervor, „an keine Vorschriften sich zu kehren, und eine so achtungslose Renitenz gegen seinen Regenten, ja selbst so Respectwidrige Äusserungen über Eurer Königl. Majestät Allerhöchste Person und über HöchstIhren Verfügungen [...], daß dieser Mann allerdings zu denjenigen gehört, welche auf die öffentliche Meinung und auf die Umtriebe auf eine sehr nachtheilige Art zu wirken fortfaren wird". Schleiermacher sei „wegen seiner entschloßenen Theilnahme an den demagogischen Umtrieben in einem solchen Grade compromittirt, daß dies auch auf sein Amt Einfluß haben muß und er insonderheit als öffentlicher Lehrer schwerlich wird erhalten werden können".[129]

---

[128] Brandenburg-Preussisches Hausarchiv [ehemaliges Königliches Hausarchiv; in: GStA PK]. Rep. 192, Nachlaß Wittgenstein, V. 5. 37., Bl. 21–30. Zum Entstehungskontext und zur Datierung des Kamptzschen Entwurfes vgl. Reetz: Ebd., 238–239. – *Johann Friedrich Ludwig Wachler* (1767–1838) war seit 1815 Professor in Breslau. In die antidemagogischen Ermittlungen wurde er verwickelt, nachdem er sich öffentlich für de Wette eingesetzt und die Beschränkung der universitären Lehrfreiheit durch die Karlsbader Beschlüsse kritisiert hatte. Im Zuge des gegen ihn angestrengten Verfahrens wurde er seiner amtlichen Nebenstellung als Konsistorial- und Schulrat enthoben.

[129] Brandenburg-Preussisches Hausarchiv. Rep. 192, Nachlaß Wittgenstein, V. 5. 37., Bl. 28v–29r (hiernach abgedruckt bei Reetz: Ebd., 239–240).

Kamptz hat in der Folge die Entwürfe für fast alle Schleiermacher betreffenden Schriftstücke verfaßt, die Schuckmann an Altenstein richtete.
Der Minister änderte in der Regel nur wenig an diesen Vorarbeiten. Zum
Teil hat er die Entwurfsfassungen unmittelbar an Altenstein gesandt, in
Einzelfällen sogar auf eine eigene Unterschrift verzichtet. War Schuckmann
abwesend, so führte Kamptz selbst die Verhandlungen mit dem Kultusminister, auch stand er mit der Mainzer Bundeszentralkommission in direkter Verbindung. Schuckmann stützte sich in einem solchen Maße auf
den Beamten, daß er während dessen Urlaubszeit alle Unterredungen mit
Altenstein über Schleiermacher aussetzte. Allerdings zeigt sich in Fällen,
bei denen ein Vergleich der Kamptzschen Position mit Schuckmanns Absichten möglich ist, also etwa dort, wo Korrekturen des Ministers an
Entwurfsfassungen vorliegen, daß Schuckmann zu einem sogar noch
schärferen Vorgehen neigte.[130]
Kamptz' Ausarbeitung von Ende 1821 gehört unmittelbar in die Vorgeschichte jener „Vorschläge zu einem zweckmäßigen Verfahren bei der
Amts-Entsetzung der Geistlichen und Jugend-Lehrer", die die Regierung
als gemeinschaftliche Vorlage aller neun Fachminister dem König am 22.
Dezember unterbreitete.[131] Die Vorschläge wurden am 12. April 1822 in
einer Kabinettsorder umgesetzt, die das Verfahren bei Amtsenthebungen
im einzelnen regelte.[132] Auch die Zuweisung eines anderen Dienstortes
war als Sanktionsmittel ausdrücklich vorgesehen. So berief sich Schuckmann etwa in einem Antrag vom 11. Juni 1822 an Altenstein, in dem er
die Versetzung von Schleiermachers Breslauer Freund Joachim Christian
Gaß als Theologieprofessor, daneben aber dessen Entfernung aus dem Amt
als Konsistorial- und Schulrat forderte, auf die Order vom 12. April.[133]
Entgegen den Bestimmungen des Allgemeinen Preußischen Landrechtes wurde jetzt solchen Geistlichen und Lehrern, die man „politischer Umtriebe" bezichtigte, das Recht auf eine förmliche gerichtliche Untersuchung
genommen. Disziplinarisch begründete Amtsenthebungen fielen in den
Kompetenzbereich des Kultusministers, wobei allerdings den Konsistorien

---

[130] Diese Tendenz wird besonders aus den Eintragungen, Streichungen und Korrekturen
deutlich, die Schuckmann an der Kamptzschen Entwurfsfassung einer „Darstellung
desjenigen, was dem Professor und Prediger Doctor Schleiermacher zu Berlin in Beziehung auf politische Umtriebe und seine Amtsführung zur Last fällt [...]" vom 5. Juni
1822 vorgenommen hat. Auf diese Ausarbeitung wird weiter unten näher eingegangen.
[131] Zitiert nach: GStA PK, I. HA. Rep. 76 I. Sekt. 30. I. Abteilung No. 90 („Acta betr.:
die Ausführung der Allerhöchsten Cabinets-Ordre vom 12ten April 1822 wegen
AmtsEntsetzung demagogischer Jugendlehrer und Geistlicher. Mai 1822 – 1824"),
Bl. 1r; vgl. Reetz: Ebd., 373 und 240–241.
[132] Publiziert in: Gesetz-Sammlung für die Königlichen Preußischen Staaten 1822, Berlin
o.J. [1823], 105–108.
[133] Vgl. Reetz: Ebd., 241.

bei Pfarrern ein Begutachtungsrecht zugestanden wurde. Im Falle von Beamten der höchsten „Categorie", also solchen, die der König ernannte,
sollten, sofern die Entfernung aus dem Dienst angestrebt wurde, der In-
nen- und der Kultusminister gemeinschaftlich dem Monarchen, dem die
Entscheidung oblag, binnen dreier Monate Bericht erstatten und ihren
Antrag unterbreiten. Diese Regelung war in erster Linie gegen Arndt und
die beiden Bonner Professoren Friedrich Gottlieb Welcker (1784–1868)
und Karl Theodor Welcker (1790–1869) gerichtet, doch bildete sie fortan auch in Schleiermachers Angelegenheit die Rechtsgrundlage.[134] Die
weitere Verfahrensführung ging nun von der Ministerialkommission in
die Hände der Minister Altenstein und Schuckmann über. Zugleich steigerte sich das angestrebte Ziel von der Versetzung Schleiermachers als
Hochschullehrer zu seiner gänzlichen Entfernung aus dem universitären
und dem kirchlichen Wirkungsfeld.[135]

3.2. Die Rolle des Kultusministers Altenstein

Ein charakteristisches Moment der seither unternommenen Schritte ist
eine innerhalb des Behördenzusammenspiels mehrfach zu beobachtende
Verzögerungstendenz. Sie ging in erster Linie auf das Verhalten des Kultusministers, Karl Freiherr von Altenstein, zurück und wirkte sich im Fortgang erheblich zugunsten Schleiermachers aus. Altenstein war gegenüber

---

[134] Max Lenz vertrat die Ansicht, die Order sei auf Schleiermacher „gemünzt" gewesen
(Geschichte der Königlichen Friedrich-Wilhelms-Universität zu Berlin. Band II/1, 172–
173 und Band IV, 413). Dieser selbst schrieb in einem Brief vom 2. Mai 1822 an Lud-
wig Gottfried Blanc im Anschluß an einige ironische Bemerkungen über die Verfügung:
„Wahrscheinlich werden nun Arndt und die Welkers zuerst auf die Proscriptionsliste
von Herrn von Schuckmann kommen" (abgedruckt in: Aus Schleiermacher's Leben.
In Briefen. Band 4, 294–295, hier: 294). Die polizeilichen Untersuchungen gegen die
Genannten füllen zahlreiche Aktenbände, die heute in diversen Beständen des Gehei-
men Staatsarchivs vorliegen. Die oben erwähnte Reise vom Herbst 1819 „nach den
Rheingegenden", unter anderem nach Trier, hatte Schleiermacher gemeinsam mit
Friedrich Lücke und „den Welckers" unternommen (Brief an August Detlev Christian
Twesten vom 30. September 1819, in: Schleiermacher als Mensch. Band II. Briefe
1804–1834, 306–308, hier: 307).
[135] Die Ministerialkommission bestand auch nach Änderung der Gesetzeslage weiter.
Nach Hardenbergs Tod trat an seine Stelle der preußische Außenminister Christian
Günther Graf Bernstorff. Die Kommissionstätigkeit fand erst einen Abschluß, als im
Oktober 1828 die Immediatuntersuchungskommission – jetzt als „Justizkommission"
bezeichnet – ihre Geschäfte für beendet erklärte und offiziell aufgehoben wurde (vgl.
Wolfram Siemann: Deutschlands Ruhe, Sicherheit und Ordnung. Die Anfänge der
politischen Polizei 1806–1866, 189). Im Jahre 1833 wurde, wiederum unter Mitwir-
kung von Kamptz, Tzschoppe und Wittgenstein, noch einmal eine staatspolizeiliche
Ministerialkommission eingesetzt. Ihr kam die entscheidende Rolle bei den Verfol-
gungsmaßnahmen der dreißiger Jahre zu, deren bekanntestes Opfer der Schriftsteller
Fritz Reuter war.

Schuckmann stets der Reagierende. Zwar sind seine Stellungnahmen zu dessen Schriftsätzen von kritischen Tönen nur so durchzogen. Auch war ihm der paranoide Eifer von Kamptz zuwider. Doch konnte er sich, wohl auch, weil er für einen gemäßigten Vorschlag keinen Raum sah, zu einem ausgearbeiteten Gegenkonzept nicht entschließen. Stereotyp erscheint dafür der Hinweis auf die eigene Arbeitsbeanspruchung, mit der die langen Fristen begründet werden, die bisweilen in der Beantwortung von Schreiben aus dem Innenministerium verstrichen.[136]

Altensteins Verhalten bedarf der Klärung. In der Forschung herrscht Uneinigkeit darüber, wie die Rolle des Kultusministers im Schleiermacherschen Verfahren zu beurteilen ist. Der Schilderung der weiteren Vorgänge vorgreifend, soll deshalb dieser Aspekt zunächst etwas näher erörtert werden. Nicht eigens kann dabei auf die Stellung eingegangen werden, die Altenstein im Kontext der preußischen Bildungs-, Wissenschafts- und Hochschulpolitik der Restaurationszeit eingenommen hat. Zu beachten ist immerhin, daß er der einzige Politiker aus den großen Tagen des Reformaufbruchs gewesen ist, der während der 1820er und dreißiger Jahre noch in hochrangiger Position tätig war. Altenstein sah seine Aufgabe darin, die epochalen bildungs- und kulturpolitischen Initiativen, für die der Name Humboldt steht, die aber auch mit ihm selbst, der als Regierungschef die Berliner Universitätsgründung betrieben hatte, verknüpft sind, unter nunmehr gänzlich anderen Bedingungen weiterhin zur Geltung zu bringen. Hierin liegt das entscheidende Charakteristikum seiner Amtsführung, aller, auch schon von zeitgenössischer Seite, geäußerten Kritik zum Trotz. Dieser Kritik erschien als Schwäche, was in Wirklichkeit Ausdruck der schwierigen Lage des Ministers war. Allzuoft mußte er sich unter den gegebenen Umständen darauf beschränken, das wenigstens partiell Erreichte zu bewahren und zu sichern. Dennoch ist Altenstein in seiner mehr als zwei Jahrzehnte dauernden Amtsführung den Leitlinien und Zielsetzungen des bildungspolitischen Konzeptes der Reformzeit treu geblieben. Die Herabminderung, die das Humboldtsche Bildungsmodell in der pragmatisch-realistischen Umformulierung durch ihn erfuhr, war zugleich die Bedingung dafür, daß dieses Modell im restaurativen Preußen verankert und anschließend weit über die Landesgrenzen hinaus zum schul- und hochschulpolitischen Musterbild aufsteigen konnte.[137]

---

[136] Vgl. etwa Altensteins Schreiben an Schuckmann vom 8. Dezember 1822, in: GStA PK, I. HA Rep. 77 Tit. 21. Lit. Sch. Nr. 6, Bl. 70–75, hier: 74r (Druckfassung bei Lenz: Ebd. Band IV, 423–428, hier: 426). An dieser Stelle ist die Rede von den „aufgehäuften laufenden Gegenständen", die den Minister bisher an einem näheren Eingehen gehindert hätten. Vgl. daneben Altensteins Schreiben an Schuckmann vom 21. April 1823, in: GStA PK, I. HA Rep. 77 Tit. 21. Lit. Sch. Nr. 6, Bl. 87 (Lenz: Ebd., 435–436).

[137] Vgl. Walter Jaeschke und Kurt Rainer Meist: Von Humboldt zu Altenstein, in: Hegel in Berlin. Preußische Kulturpolitik und idealistische Ästhetik. Zum 150. Todestag des

Im hier interessierenden Fall nun ist Max Lenz bei seinen intensiven
universitätsgeschichtlichen Studien zu dem Ergebnis gelangt, daß Altenstein eine protektive Haltung eingenommen habe: „Indessen wissen wir
bereits, daß unter dieser Regierung nichts so heiß gegessen wurde, wie es
gekocht war, und daß besonders Altenstein nach einem Ausdruck Schleiermachers selbst die Kunst besaß, die allzu heißen Gerichte solange ab-
zukühlen, bis sie unschädlich waren. Und niemals hat der Minister eine
größere Meisterschaft darin gezeigt als durch die Art, wie er die zu Zeiten sehr drohende Gefahr von dem Haupte Schleiermachers abgehalten
hat."[138] Lenz bezog sich darüber hinaus auf eine Aussage des Ministerialbeamten Georg Heinrich Ludwig Nicolovius. Altenstein sei demnach „in
schweren Gefahren" Schleiermachers „Beschützer" gewesen.[139] Die Darstellung läßt erkennen, daß die Mitteilung aus den späteren zwanziger
Jahren stammt. Nicolovius amtierte in dieser Zeit als Direktor der Kultusabteilung und verfügte über eine genaue und unbeschränkte Kenntnis
der internen Verhältnisse. Nach dem ihm freundschaftlich verbundenen
Minister war er der zweite Mann im Ministerium.[140]
    Die von Lenz formulierte Auffassung ist nicht unangefochten geblie-
ben. Neuerdings hat vor allem Dankfried Reetz, unter Zugrundelegung
eines weit umfangreicheren Aktenmaterials als es seinerzeit von Lenz
herangezogen worden war, der Ansicht widersprochen, der Kultusminister habe Schleiermacher geschützt und seine Entlassung verhindern
wollen. Vielmehr sei es ihm lediglich darum gegangen, „eine problematische Beweisführung zu vermeiden". Altenstein habe bereits gegen das in
der Order vom 12. April 1822 festgelegte Verfahren Bedenken gehabt
und sei „erst recht nicht" imstande gewesen, sich „guten Gewissens" dem
Vorgehen Schuckmanns und Kamptz' anzuschließen.[141]

Philosophen. Herausgegeben von Otto Pöggeler in Zusammenarbeit mit Wolfgang
Bonsiepen [und anderen] (Ausstellung der Staatsbibliothek Preußischer Kulturbesitz
Berlin in Verbindung mit dem Hegel-Archiv der Ruhr-Universität Bochum und dem
Goethe-Museum Düsseldorf), Berlin 1981, 29–39.
[138] Max Lenz: Geschichte der Königlichen Friedrich-Wilhelms-Universität zu Berlin.
    Band II/1, 173. Lenz gibt keinen näheren Aufschluß darüber, welchem „Ausdruck
    Schleiermachers" er folgt. Eine entsprechende Einschätzung hat sich aus den Briefen
    bisher nicht belegen lassen. Bekannt sind einige, zum Teil im folgenden angeführte
    Äußerungen, in denen Schleiermacher sich mit distanziertem, bisweilen aber auch
    verärgertem Unterton über Altenstein äußert. In den kirchenpolitischen Kontrover-
    sen der zwanziger Jahre mußte er in ihm einen seiner schärfsten Widersacher sehen.
[139] Ebd., 175.
[140] Der Gesprächspartner von Nicolovius war Daniel Amadeus Gottlieb Neander. Zwi-
    schen Altenstein und seinem Mitarbeiter hatte sich nach anfänglicher Spannung – Ni-
    colovius, der Nachfolger Humboldts in der Departementsleitung, war 1817 selbst als
    Kandidat für das Ministeramt genannt worden – eine enge und vertrauensvolle, nie
    getrübte Arbeitsgemeinschaft hergestellt. Siehe Ernst Friedlaender: Nicolovius, Georg
    Heinrich Ludwig, in: ADB 23 (1886), 635–640, hier: 638–639.
[141] Dankfried Reetz: Ebd., 253 und 248–249; vgl. insgesamt die ausführliche Erörterung:
    Ebd., 246–268.

Eine Interpretation von Altensteins Verhalten als Ausdruck rechtsposi-
tivistischer Prinzipienhaftigkeit wird jedoch dem tatsächlichen Sachverhalt
nicht gerecht. Auch Reetz räumt ein, daß der Kultusminister dem Drängen Schuckmanns mehrfach „Pausen in seiner Mitarbeit" entgegengesetzt habe.[142] Dieser Umstand darf nicht unterschätzt werden. In den
Zeiten von Anfang September bis Ende November 1822 und von Mitte
Februar bis Mitte April 1823 wurden überhaupt keine Besprechungen
oder Schriftwechsel über den zu erstattenden Bericht geführt. Dabei ist zu
beachten, daß Schuckmann auf Altensteins Mitwirkung angewiesen war,
in dessen ministeriellen Aufgabenbereich es fiel, die Entlassung eines Uni-
versitätslehrers nach erfolgter königlicher Entscheidung zu vollziehen.
Rechtliche Probleme machte der Minister immer gerade dann geltend,
wenn sich aus ihrer Berücksichtigung erneute Hemmnisse für einen raschen Verfahrensfortgang ergeben mußten. Insofern ist hier eine strategische Vorgehensweise unverkennbar.

Was allerdings den Gegenstand selbst betraf, so hat Altenstein sich seit
einer ersten Unterredung zum Fall Schleiermacher, die wahrscheinlich am
5. Juli 1822 stattfand, gegenüber dem Innenminister bedeckt gehalten.[143]
Dennoch werden seine schweren Bedenken aus mehreren Schreiben an
Schuckmann deutlich. Schon am 8. Dezember 1822 zeigte er sich durch
dessen Verhalten „beunruhigt" und „in der Fassung verletzt."[144] Vor allem in einem Brief vom 9. Juli 1823, also aus der Spätphase der ministeriellen Konsultationen, kritisierte er „das ernst bestimmte Aussprechen
einer Ueberzeugung auf nicht vollständige Materialien". Er brachte sein
„Widerstreben" dagegen zum Ausdruck, daß ein Antrag „auf die strengste Maasregel", das heißt die schwerste Bestrafung, vorgebracht werde
„mit Uebergehung der gesetzlich vorgeschriebenen Formen und selbst
mit Unterlaßung einer Zulaßung des Beschuldigten zu einer vollständigen
Vertheidigung".[145]

Nicht die Ermittlungsergebnisse der Mainzer Kommission, denen Altenstein zu mißtrauen schien, sollten die sachliche Grundlage des Verfahrens
bilden. Statt dessen wollte er sich allein auf die originalen, in Privatbriefen

---

[142] Ebd., 247.
[143] Zu dieser ersten Ministerkonferenz vgl. wiederum Altensteins Schreiben an Schuckmann vom 8. Dezember 1822, in: GStA PK, I. HA Rep. 77 Tit. 21. Lit. Sch. Nr. 6,
Bl. 70–71 (Max Lenz: Geschichte der Königlichen Friedrich-Wilhelms-Universität zu
Berlin. Band IV, 423–424). Altenstein gibt als Datum der Zusammenkunft irrtümlich
den 4. Juni an, was Lenz (Ebd., 423 [Fußnote 3]) auf den 4. Juli korrigiert. Schuckmann bezieht sich in einem Schreiben an den Kultusminister vom 5. Juli 1822 auf
„unsere heutige Unterredung" (siehe: GStA PK, I. HA Rep. 76 I. Sekt. 30. I. Abtheilung No. 90, Bl. 20r).
[144] GStA PK, I. HA Rep. 77 Tit. 21. Lit. Sch. Nr. 6, Bl. 70 (Lenz: Ebd., 423).
[145] GStA PK, I. HA Rep. 77 Tit. 21. Lit. Sch. Nr. 6, Bl. 105–106, hier: 105v (hiernach
abgedruckt bei Lenz: Ebd., 436–437, hier: 437). Im Original steht fehlerhaft „mit
Uebergehung dem".

ausgesprochenen Urteile Schleiermachers stützen. Die im Januar 1823 durchgeführte Vernehmung ging auf eine Forderung des Kultusministers zurück, während Schuckmann ursprünglich die Einvernahme nicht für nötig gehalten hatte.[146] Seit August 1822 konzentrierte sich Altenstein, wie vor allem aus den Diskussionen über ein von Schleiermacher im Vormonat gestelltes Urlaubsgesuch hervorgeht, darauf, zu gewährleisten, daß der Beschuldigte die Gelegenheit zu einer Rechtfertigung erhielt.[147] Unzufrieden mit Schuckmanns Bedenkenlosigkeit, kündigte er in jenem Schreiben vom 8. Dezember 1822 sogar an, im Falle, daß eine gemeinsame Linie nicht gefunden werden könne, den Vorgang dem Staatsministerium, also dem gesamten Ministerkollegium, vorlegen zu wollen.[148] Schuckmann antwortete am 15. Dezember, indem er auf Altensteins Forderung einging.[149]

Das gleiche Mißbehagen spricht auch aus einer internen Maßregel. Altenstein wollte für seine Seite die Verfahrensführung auf eine Minimalzahl beteiligter Personen begrenzen. Bereits am 7. August 1822 schrieb er deshalb an Schuckmann: „Aus mehreren Gründen habe ich übrigens diese Angelegenheit bisher nicht zum Gegenstand der Bearbeitung der Räthe meines Departements gemacht, sondern solche lediglich für mich behalten", weshalb Schuckmann „alle Eröffnungen in dieser Angelegenheit zu meiner eigenhändigen Erbrechung gelangen" lassen sollte. Allerdings konnte Altenstein nicht verhindern, daß Einzelheiten bekannt wurden. So räumte er im gleichen Schreiben ein, es sei „den Räthen meines Departements inzwischen zum Theil aus anderen Mittheilungen die Umtriebe betreffend im Allgemeinen bekannt, daß ein Verfahren gegen den Schleiermacher Statt finden werde".[150]

Den wichtigsten Hinweis jedoch auf eine ihm wohlgesonnene Tendenz im Verhalten Altensteins gibt Schleiermacher selbst. Nachdem sich die beiden Minister über ihren Bericht abschließend verständigt hatten, sah Schleiermacher eine Rettung nur noch in der unmittelbaren Appellation an den König. Er tat dies in Form eines ausführlichen Schreibens, das dann auch nicht ohne Wirkung blieb. Daß Schleiermacher aber überhaupt von der neuen Situation unterrichtet war und insofern auch wußte, wie dringend eine persönliche Intervention beim Monarchen geboten war, verdankte er niemand anderem als Altenstein. In der Eingangspassage zu einem Entwurf seines Schreibens an den König erwähnt er die Beschlag-

[146] Vgl.: GStA PK, I. HA Rep. 77 Tit. 21. Lit. Sch. Nr. 6, Bl. 71 (Lenz: Ebd., 424).
[147] Vgl.: GStA PK, I. HA Rep. 77 Tit. 21. Lit. Sch. Nr. 6, Bl. 73 (Lenz: Ebd., 426).
[148] Vgl.: GStA PK, I. HA Rep. 77 Tit. 21. Lit. Sch. Nr. 6, Bl. 75 (Lenz: Ebd., 427).
[149] Vgl.: GStA PK, I. HA Rep. 76 I, Anhang I. Nr. 40, Bl. 41. Es handelt sich um den einzigen Brief in dem Verfahren, dessen Entwurf der Innenminister selbst formuliert hat.
[150] GStA PK, I. HA Rep. 76 I, Anhang I. Nr. 40, Bl. 17–20, hier: 19v (Reetz: Ebd., 404–407, hier: 406).

nahme von Briefen an Reimer und Arndt sowie die Vernehmungen, während derer man ihn mit diesen Korrespondenzstücken konfrontiert hatte. Im anschließenden Satz heißt es dann: „Jezt erfahre ich durch d[en] Staatsm[i]n[ister] v[on] Altenstein daß diese Sache nachdem sie wiederum so lange geruht Ew. K.[öniglichen] M.[ajestät] Allerhöchstselbst zur Entscheidung vorliegt."[151]

Altenstein überschritt mit der ungewöhnlichen Aktion, weil es sich um ein laufendes Verfahren handelte, an dessen Durchführung er selbst maßgeblich beteiligt war, seine Kompetenzen erheblich. Bewußt durchbrach er die Prinzipien einer Politik der geschlossenen Türen. Wäre sein Vorgehen bekannt geworden, so hätte er sich zweifellos schwerer Vorwürfe ausgesetzt gesehen. Hierin wird auch der Grund dafür liegen, daß Schleiermacher am Ende doch auf die Nennung seines Informanten verzichtete.

Altensteins Haltung ist signifikant. Das ihm zugrundeliegende Amtsethos wird im Zuge einer eingehenden Analyse der Stellung, die der Minister im Gesamtkontext der Demagogenverfolgung eingenommen hat, wohl noch klarer hervortreten, denn auch andernorts hat er es verstanden, Universität und Wissenschaft den radikalen Angriffen der Reaktion zu entziehen. „Männlich und stolz war sein Verhalten nicht, aber man wird wol zugeben müssen, daß er – wie Bischof Eylert meint – durch sein Temporisiren, Häsitiren, Laviren, Cunctiren und *ad interim*-Verfügen manches Böse abgewendet und manche verwickelte, vielfach angefeindete Sache erhalten und gefördert, auch manchen tüchtigen Mann und verdienten Gelehrten geschützt hat, den sonst die Leidenschaft der Gegner aus dem Amt verdrängt haben würde."[152] Wenn er auch zuletzt seine Unterschrift unter die Sanktionsforderung gesetzt hat und insofern der

---

[151] Schleiermacher-Nachlaß 497/1, Bl. 1r (die Worte von „durch" bis „Altenstein" sind über der Zeile eingefügt). In einer weiteren Entwurfsfassung fehlt der Hinweis auf den Minister (Schleiermacher-Nachlaß 497/2). Die näheren Einzelheiten siehe unten im Text.

[152] Paul Goldschmidt: [Altenstein =] Stein, Karl Freiherr v. St. zum Altenstein, in: ADB 35 (1893), 645–660, hier: 656. Des weiteren heißt es hier zur Situation, in der der Minister sich seit 1817 befand: „Die burschenschaftliche Bewegung, das Wartburgfest, die blutige That Sand's haben diese Reaction gefördert und in den maßgeblichen Kreisen um die Universitäten abgeneigte Stimmung hervorgerufen. Altenstein's Gegner am Hofe glaubten, daß er den Ausschreitungen nicht energisch genug entgegentrete, daß er die Studirenden und ihre Lehrer nicht genügend im Zaume halte. Sie hätten ihn gern aus seinem Amte entfernt, und da sich dies bei der freundlichen Gesinnung des ihm persönlich wohlwollenden Königs nicht ohne weiteres durchsetzen ließ, so suchten sie ihm sein Amt zu erschweren und ihn zum freiwilligen Rücktritt zu drängen. Diesen Gefallen that A. seinen Gegnern nicht. Es würde noch schlimmer werden, wenn er ginge, sagte er zu seinen Vertrauten." Den Eintritt von Kamptz in sein Ministerium als Direktor der Unterrichtsabteilung habe Altenstein allerdings nicht verhindern können, wie auch, „daß diejenigen Räthe, denen er am meisten vertraute, in ihrer Wirksamkeit beschränkt" wurden (Ebd., 656).

Titel eines „Beschützers" die gegebene Lage verzeichnet, so ist es doch
Altenstein gewesen, der erst die Voraussetzung dafür geschaffen hat, daß
Schleiermacher am Ende der Entlassung aus seinen wissenschaftlichen
und kirchlichen Ämtern entging.[153]

3.3. Weitere Verfahrensschritte und Schuckmanns Votum vom Juni 1822

Vorläufig jedoch, im Frühjahr und Frühsommer 1822, war eine für
Schleiermacher günstige Entwicklung nicht absehbar. Vielmehr hatten
Recherchen der Mainzer Bundeszentralkommission, niedergelegt in ei-
nem umfangreichen Bericht über die „demagogischen Umtriebe und ge-
heimen Verbindungen in der Stadt Berlin" von Ende 1821, die früheren
Vorwürfe bestätigt.[154]

---

[153] Zur Rolle Altensteins in der Demagogenverfolgung siehe auch die Hinweise bei Wer-
ner Vogel: Karl Sigmund Franz von Altenstein, in: Berlinische Lebensbilder. Band 3:
Wissenschaftspolitik in Berlin. Minister, Beamte, Ratgeber. Herausgegeben von
Wolfgang Treue und Karlfried Gründer (Einzelveröffentlichungen der Historischen
Kommission zu Berlin. Band 60), Berlin 1987, 89–105, hier: 99–103 und Wolfgang
Ribbe: Von der Reformzeit zur Revolution 1786–1848, in: Preussen. Chronik eines
deutschen Staates. Herausgegeben von Wolfgang Ribbe und Hansjürgen Rosenbauer.
Zweite Auflage, Berlin 2001, 109–167, hier: 145–147. Eine eingehende historische
Würdigung dieses bedeutenden preußischen Politikers fehlt bisher.

[154] Die Mainzer Kommission, geleitet von dem Halberstädter Oberlandesgerichtspräsi-
denten Leopold von Kaisenberg, erstattete im November und Dezember 1821 dem
preußischen Staatskanzler Hardenberg sowie dem Präsidenten der deutschen Bundesversammlung in Frankfurt am Main, dem Grafen Buol-Schauenstein, einen Bericht
unter dem Titel „Die demagogischen Umtriebe und geheimen Verbindungen in der
Stadt Berlin" [*vulgo auch*: „Das Berliner politische Treiben"]. Er liegt vor in: GStA
PK, I. HA Rep. 77 Tit. 17. Sect. Pars Geh. Verbind.[ungen] Gener.[aliter] Nr. 40. Ministerium des Innern und der Polizei. Vol. 1 („Acta betr. die demagogischen Umtriebe
und geheime[n] Verbindungen in der *Stadt Berlin*. 9. Nov. 1821. bis 8. Decbr. 1821.")
und: GStA PK, I. HA Rep. 77 Tit. 17. Sect. Pars Geh. Verbind. Gener. Nr. 40. Ministerium des Innern und der Polizei. Vol. 2 („Acta betr. die demagogischen Umtriebe
und geheime Verbindungen in der *Stadt Berlin*. [9. Nov. 1821. bis 8. Decbr. 1821.]").
Die im Geheimen Staatsarchiv zu Berlin befindliche Ausfertigung geht auf eine Anforderung Schuckmanns nach Mainz vom 9. November 1821 zurück, in der der
Minister eine vollständige Fassung für seine Behörde erbat. Die Zusendung erfolgte
zwischen dem 3. und dem 31. Dezember 1821 in drei Lieferungen. Band 1 der voluminösen, in dreihundertsechsundvierzig Abschnitte gegliederten Vorlage enthält
die Paragraphen 1 bis 219 (Bl. 4–389), Band 2 die Paragraphen 220 bis 346 sowie
eine „Anlage" über den „Charlottenburger Verein" (Bl. 3–242; Anlage: Bl. 243–
254). Eine auszugsweise Druckfassung unter Beschränkung auf diejenigen Stücke, die
Schleiermacher direkt oder indirekt betreffen, bietet Reetz: Ebd., 288–371. – Um die
Darstellung auf die für Schleiermacher hauptsächlich relevanten Berliner Vorgänge
zu konzentrieren, gehe ich auf den Bericht der Bundeskommission nur in aller Kürze
ein. In den zentralen Aussagen und Anklagepunkten sowie in der Beweisführung aus
problematisierten Briefpassagen stimmt er mit der späteren Argumentation der beiden
Minister überein.

Die Mainzer Ausarbeitung beruhte auf einer Fülle von Materialien, darunter Privatbriefen und Vernehmungsprotokollen, die der Kommission von anderen Behörden, besonders dem preußischen Innen- und Polizeiministerium, zugänglich gemacht worden waren. Neben dem Bericht der Ministerialkommission vom März 1820 und den diversen Vorarbeiten für den Bericht Schuckmanns und Altensteins bildet die Mainzer Vorlage in ihren einschlägigen Partien den dritten großen amtlich erstellten Textkomplex aus dem antidemagogischen Verfahren gegen Schleiermacher. Im weiteren Verlauf war das Dokument insofern von Bedeutung, als zu den Arndt-Briefen vom 19. Dezember 1818 über das Turnwesen[155], vom 28. April 1819 über Kotzebues Ermordung und deren Folgen[156], vom 17. Mai 1819 über die Fortführung des Turnwesens[157] und vom 28. Juni 1819 zur politischen und kirchenpolitischen Situation[158] – die letzten beiden hatten schon der Berliner Ministerialkommission zur Begründung ihres Versetzungsvorschlages gedient – jetzt auch jene zwei Schreiben an Reimer von Ende 1806 hinzukamen, die gleichfalls sehr kritische Bemerkungen über den König enthielten. Nicht ohne Grund stellte man das Referat zu den Reimer-Briefen an den Anfang der auf Schleiermacher bezogenen Erörterungen.[159]

Für die Anführung dieser Stücke wie auch für alle anderen Wiedergaben aus Schleiermacherschen Briefen in den Ermittlungsakten gilt, daß sich Verfälschungen des Wortlautes oder durch die Zitierweise nahegelegte Sinnveränderungen nicht finden. Zwar unterliefen den Aktenschreibern bisweilen Versehen, doch kann, was im übrigen auch Schleiermacher nicht getan hat, von einem tendenziösen Umgang mit dem Material oder gar von Manipulationen nicht gesprochen werden.

Für Schleiermacher selbst mag hingegen vor allem ein Ereignis die Bedrohlichkeit der Situation deutlich gemacht haben: Im Juli 1822, also etwa ein halbes Jahr nach Vorlage des Mainzer Berichtes, stellte er einen Antrag auf Gewährung eines zweimonatigen Urlaubes, der vom Konsistorium zunächst akzeptiert, von Altenstein dann aber am 8. August zurückgewiesen wurde.[160] Der Minister erklärte, daß er „doch aus erheblichen

---

[155] GStA PK, I. HA Rep. 77 Tit. 17. Sect. Pars Geh. Verbind. Gener. Nr. 40. Vol. 2, Paragraph 227: Bl. 26v–29r (Reetz: Ebd., 344–346).
[156] GStA PK, I. HA Rep. 77 Tit. 17. Sect. Pars Geh. Verbind. Gener. Nr. 40. Vol. 2, Paragraph 270: Bl. 105v–108v (Reetz: Ebd., 354–356). Der Brief wird im Kommissionsbericht irrtümlich auf den 29. April datiert.
[157] GStA PK, I. HA Rep. 77 Tit. 17. Sect. Pars Geh. Verbind. Gener. Nr. 40. Vol. 2, Paragraph 284: Bl. 132v–134r (Reetz: Ebd., 358–359).
[158] GStA PK, I. HA Rep. 77 Tit. 17. Sect. Pars Geh. Verbind. Gener. Nr. 40. Vol. 2, Paragraph 293: Bl. 150v–152r (Reetz: Ebd., 359–360).
[159] GStA PK, I. HA Rep. 77 Tit. 17. Sect. Pars Geh. Verbind. Gener. Nr. 40. Vol. 1, Paragraph 4: Bl. 6v–9r (Reetz: Ebd., 290–292).
[160] Vgl. das auf den 24. Juli 1822 datierte Schreiben des Königlichen Konsistoriums der Provinz Brandenburg an Schleiermacher, in: GStA PK, I. HA Rep. 76 I, Anhang I.

Gründen Ihnen für jetzt den nachgesuchten Urlaub zu einer Reise nicht ertheilen" könne.[161] Die Ablehnung traf Schleiermacher, wie sich aus zahlreichen brieflichen Äußerungen ergibt, schwer. Zu Recht brachte er sie mit den Ermittlungen gegen ihn in Verbindung. Richtig war es wohl auch, wenn er „eine Aufforderung von Kampz" hinter der negativen Entscheidung vermutete.[162]

Schleiermacher sah „eine Art von Stadtarrest" gegen sich verhängt,[163] worüber er sich so sehr erregte, daß er seine „Zuflucht" beim König selbst suchte und am 15. August in einem eingehenden Schreiben um Aufhebung „dieser harten und mir in ihren Gründen völlig unbegreiflichen Beschränkung meiner persönlichen Freiheit" bat.[164] Daraufhin ließ Friedrich Wilhelm III. sich über die Angelegenheit berichten und gestattete schließlich den Urlaub.[165] Altenstein, dem es oblag, Schleiermacher die Urlaubsgewährung offiziell mitzuteilen, sah sich auf eine königliche Rückfrage hin zur Rechtfertigung genötigt. Demnach habe er „die Ertheilung des Urlaubs um so mehr versagen zu müssen geglaubt", da eine Zustimmung „von

---

Nr. 40, Bl. 22 (Abschrift vom 30. Juli) (Reetz: Ebd., 408–409); siehe auch: Schleiermacher-Nachlaß 505/2.

[161] Altensteins ablehnender Bescheid liegt vor in: Schleiermacher-Nachlaß 505/3 (Parallelfassung in: GStA PK, I. HA Rep. 76 I, Anhang I. Nr. 40, Bl. 23; hiernach abgedruckt bei Reetz: Ebd., 409). Schleiermacher verzeichnete den Eingang in seinem Tageskalender von 1822 am 9. August („Neues Schreiben von d[em] Minister"; Schleiermacher-Nachlaß 443, unpaginiert; Seite 59). Zur Ablehnung des Urlaubsantrages vgl. insgesamt: GStA PK, I. HA Rep. 76 I, Anhang I. Nr. 40, Bl. 15–33 (Reetz: Ebd., 400–418).

[162] In diesem Sinne äußerte er sich in einem Brief an Wilhelm Martin Leberecht de Wette vom 17. August 1822, in: Aus Schleiermacher's Leben. In Briefen. Band 4, 298–301, hier: 299. Es heißt dort: „Es soll denn eine Aufforderung von Kampz dahinter stecken und hinter dieser die Absicht mich zur Untersuchung zu ziehen – worüber weiß ich nicht und glaube auch um so weniger daß jetzt etwas geschehen wird, als Kampz so eben nach Carlsbad gereist ist. Desto barbarischer ist das Abschlagen des Urlaubes: denn daß ich nicht davon laufen werde, können sie ja wohl denken."

[163] Ebd., 299. Siehe auch den Brief an Joachim Christian Gaß vom 14. September 1822, in: Ebd., 301–303, hier: 302.

[164] GStA PK, I. HA Rep. 76 I, Anhang I. Nr. 40, Bl. 26 und 28 (Originalfassung), hier: 26v (Reetz: Ebd., 411–412). Schleiermacher fügte dem Brief eine Erklärung seines Arztes, Dr. Karl Christian Wolfart – jenes Mediziners, der ihn unter Anwendung des „Magnetismus" wegen seines chronischen Magenleidens behandelte – bei, in der die Dringlichkeit eines Erholungsurlaubes bestätigte (Ebd., Bl. 27; Reetz: Ebd., 413–414). Eine undatierte Entwurfsfassung des Schreibens an den König liegt vor in: Schleiermacher-Nachlaß 505/5, Bl. 1r/v (hiernach abgedruckt in: Aus Schleiermacher's Leben. In Briefen. Band 4, 430–431; Zitat: 430).

[165] Die an Schleiermacher ausgestellte, von Altenstein gezeichnete Genehmigung erging am 6. September 1822. Sie liegt vor in: Schleiermacher-Nachlaß 505/8 (hiernach abgedruckt in: Aus Schleiermacher's Leben. In Briefen. Band 4, 433). Zur Urlaubssache von 1822 befinden sich daneben im Nachlaß ein weiteres Schreiben Altensteins an Schleiermacher vom 23. Juli (SN 505/1), ein Schreiben von Nicolovius vom 10. August (SN 505/4) sowie ein Schreiben des Ministerialbeamten Albrecht vom 20. August (SN 505/6; hiernach abgedruckt in: Aus Schleiermacher's Leben. In Briefen. Band 4, 433).

meiner Seite als eine zu große Milde und Schonung des Schleiermacher und als Grund einer Verzögerung der Beendigung seiner Angelegenheit würde betrachtet worden seyn".[166]
Der König selbst scheint zu dieser Zeit den schikanösen Umgang der Behörden mit führenden Gelehrten im preußischen Staatswesen bereits nicht mehr gebilligt zu haben. Bei seiner Entscheidung mag aber auch ein Votum des Staatskanzlers eine Rolle gespielt haben, dem Schleiermacher eine Abschrift der Eingabe zugesandt hatte. Einem Bericht hierüber an Gaß zufolge, benutzte Schleiermacher die Gelegenheit, indem er Hardenberg „das unsinnige des Verfahrens vorgestellt [habe], ihm auch anheim gegeben zu verhindern, daß man sich nicht compromittire, wenn man nun noch einen Unschuldigen anzapft".[167] Im Brief an den Staatskanzler sprach er, anders als in der Petition an den König, seine Empörung über die Untersuchungen und Nachforschungen aus:

> „Je mehr ich überzeugt bin, daß das mir vorgesetzte Ministerium weder eine bedeutende Ausstellung gegen meine Berufsthätigkeit zu machen hat, noch mir persönlich übel will, um desto wahrscheinlicher ist mir, was ich äußerlich vernommen, daß die abschlägige Verfügung durch das Königliche Polizeiministerium veranlaßt worden, welches beabsichtige, sei es nun Nachweisungen von mir zu fordern, oder eine Untersuchung wider mich selbst einzuleiten. Was das erste betrifft: so ist nicht abzusehen, warum ich nicht längst auskunftsweise vernommen worden, wenn einiger Nuzen davon zu hoffen steht, oder nachdem diese Angelegenheiten einmal so wenig beeilt worden sind, warum meine Vernehmung nun nicht auch noch einige Wochen Anstand haben könnte, sondern ich dieser spätern Eile wegen etwas erfahren muß was in meiner Lage als eine harte Strafe anzusehen ist. Den andern Fall stelle ich ungern auf, weil ich nicht begreife, woher in meinem freien und offnen Lebensgang, in dem es nichts geheimes auszuspüren giebt, der Stoff zu einer Untersuchung wider mich genommen werden könnte; und irgend ein Triumph über diejenigen, welche mir böses nachgesagt haben mögen, mir bei weitem nicht so erfreulich sein könnte, wie es mir als gutem Bürger schmerzlich sein müßte, wenn die untersuchenden Behörden einen Mißgriff machen an einem Unschuldigen."[168]

---

[166] Schreiben Altensteins an den König vom 31. August 1822, in: GStA PK, I. HA Rep. 76 I, Anhang I. Nr. 40, Bl. 30r–31r, hier: 30v (Reetz: Ebd., 414–415). – Unzutreffend ist Reetz' Behauptung (vgl.: 401), Altenstein habe diese Begründung gegeben, nachdem der König den Antrag genehmigt hatte. Friedrich Wilhelm III. gab seine Einwilligung erst am 4. September und unter ausdrücklicher Bezugnahme auf Altensteins Schreiben (vgl.: GStA PK, I. HA Rep. 76 I, Anhang I. Nr. 40, Bl. 32). Am 6. September unterrichtete Altenstein Schuckmann von dem Vorgang (Ebd., Bl. 33).
[167] Brief an Joachim Christian Gaß vom 14. September 1822, in: Aus Schleiermacher's Leben. In Briefen. Band 4, 303. Eine Antwort erhielt Schleiermacher nicht. Zu dem Schreiben an Hardenberg liegt wiederum eine Entwurfsfassung vor: Schleiermacher-Nachlaß 505/5, Bl. 2r/v. Dieser Fassung folgt Dilthey in: Aus Schleiermacher's Leben. In Briefen. Band 4, 431–432.
[168] Ebd., 431–432.

Eine Verweigerung des Urlaubes bei gleichzeitiger Abreise des Geheimen Oberregierungsrates von Kamptz „in die Bäder" müsse, so Schleiermacher, „von einem nicht unbedeutenden Theile des Publicums, welches sich für meine Amtsführung interessirt", als „persönliche Anfeindung" betrachtet werden. Da „man so lange schon vor der Untersuchung mit der Strafe verfahre", könne seine Strafwürdigkeit in der öffentlichen Beurteilung „keinem Zweifel unterworfen sein". Mit Entschiedenheit forderte er deshalb vom Staatskanzler, ihn, wie „jeden der einen guten Namen für sich hat", bis zu einer „etwa erwiesenen Schuld zu schüzen".[169]

Schleiermacher schätzte das Maß der allgemeinen Beachtung, das dem Vorfall entgegengebracht wurde, zutreffend ein. Sogar in Breslau wurden „die Anfechtungen", die er erfahren mußte, allerdings „mit vielen Übertreibungen", in größerem Kreis erzählt.[170] Er selbst war entschlossen, „einen unerhörten Lärm [zu] schlagen", sofern sich herausstellen sollte, daß auch seine Korrespondenz mit Gaß in die Nachforschungen einbezogen wurde. Gerade diesem guten Freund gegenüber hatte Schleiermacher sich stets in aller Offenheit mitgeteilt. Gaß seinerseits war ebenfalls in schwere Verwicklungen geraten und hatte sich des antidemagogischen Verfolgungsdranges zu erwehren.[171]

Die Energie, mit der Schleiermacher hier seine Interessen vertrat, erklärt sich aus dem Umstand, daß er die Auseinandersetzung um das Urlaubsgesuch als „Vorpostengefecht" betrachtete. Er wollte jeden Schritt „mit der größten Behutsamkeit" abwägen; „aus der Fassung sollen sie mich gewiß nicht bringen": „Ich hoffe daher mit Gottes Hülfe, sie sollen es bedauern, und ich werde sie durch des Königs einfache und schlichte Gerechtigkeit im Haupttreffen eben so schlagen [...]."[172] Dieser Formulierung eignete divinatorische Kraft, denn genau so sollte es sich am Ende zutragen. Die Sommerreise schließlich wurde, nachdem die Genehmigung endlich, wenn auch für die ursprüngliche Planung zu spät, erteilt war, auf das kommende Jahr verschoben. Statt dessen unternahm Schleiermacher, gemeinsam mit der Gattin und Ehrenfried von Willich, eine mehrwöchige Fahrt nach Schmiedeberg zu seinem Bruder.

Wenn Schleiermacher im Schreiben an den Staatskanzler das Polizeiministerium als treibende Kraft bei den gegen ihn geführten Ermittlungen ausmachte, so wurde er darin auch insofern bestätigt, als jetzt, gestützt auf die mit der Kabinettsorder vom 12. April gegebene Rechtslage, sein vehementester Gegner entschlossener denn je in Aktion trat. Die königliche Anweisung schien Schuckmann eine ausreichende Handhabe zu bieten, um

---

[169] Ebd., 432.
[170] Brief an Joachim Christian Gaß vom 14. September 1822, in: Ebd., 301.
[171] Die betreffenden Ermittlungen sind dokumentiert in der Akte: GStA PK, I. HA. Rep. 77 Tit. 21. Lit. G 3.
[172] Brief an Joachim Christian Gaß vom 14. September 1822, 303.

nunmehr Schleiermachers Entfernung aus dem Staatsdienst zu erreichen.
Er legte dabei einen wiederum von Kamptz verfaßten zusammenfassenden
Bericht zugrunde, der die bisher gesammelten Verdachtsmomente unter
dem umständlichen Titel „Darstellung desjenigen, was dem Professor und
Prediger Doctor Schleiermacher zu Berlin in Beziehung auf politische Umtriebe und seine Amtsführung zur Last fällt, nebst dem Voto des Polizei-
Ministeriums" auflistete. Anders als noch bei dem Bericht der Mainzer
Bundeszentralkommission, der in erster Linie eine Zustandsbeschreibung
hatte geben sollen und der daher die verschiedenen Zeugnisse zunächst
in einen thematisch und chronologisch geordneten Rahmen stellte, ging es
hier darum, über die Präsentation des beweiskräftigen Materials den Weg
zu einem förmlichen Antrag zu beschreiten.[173]
Am 5. Juni 1822 plädierte der Minister des Innern und der Polizei
„ex officio" in einem, jene Kamptzsche Ausarbeitung bevorwortenden
Schreiben an Altenstein für Schleiermachers Entlassung.[174] Die wichtigste
Passage, in der Schuckmann seine Position zusammenfassend begründete,
lautet folgendermaßen:

---

[173] GStA PK, I. HA Rep. 77 Tit. 21. Lit. Sch. Nr. 6, Bl. 20–33 (Entwurf von Kamptz)
sowie: GStA PK, I. HA Rep. 76 I, Anhang I. Nr. 40 („Acta betr.: die Untersuchung
gegen den Profeßor und Prediger Dr. Schleiermacher wegen Theilnahme an den politischen Umtrieben. Juni 1822 – 1848."), Bl. 3–14 (an Altenstein gesandte Schluß-
version). Einen Abdruck der redigierten Schlußfassung bietet Reetz: Ebd., 380–399.
Lenz beschränkt sich darauf, die vorangestellte Übersicht der Anklagepunkte anhand
der Entwurfsfassung zu drucken, und vermerkt ansonsten: „Folgt die weitläufige
Ausführung dieser Anklagepunkte in sechs besonderen Paragraphen" (Geschichte
der Königlichen Friedrich-Wilhelms-Universität zu Berlin. Band IV, 423 [Fußnote
2]). Kamptz' „Darstellung" weist im Entwurf zahlreiche Korrekturen von der Hand
Schuckmanns auf (vgl. besonders: GStA PK, I. HA Rep. 77 Tit. 21. Lit. Sch. Nr. 6,
Bl. 23r, 24r, 31v und 32v). – Die beiden hier angeführten Aktenbestände werden
durch eine dritte Akte ergänzt: GStA PK, I. HA Rep. 76 I, Anhang II. [Schuckmann]
Nr. 55: „Acta betr. den Professor Schleiermacher 1806 / 23". Der von Lenz eingeführte, von Reetz übernommene Zusatz „Schuckmann", der sich in der offiziellen
Bezeichnung nicht findet, weist auf den Erstellungsort der Akte im Innen- und Polizeiministerium hin; archivalisch registriert ist sie innerhalb der Repositur des Kultusministeriums. Diese drei Bestände bilden im wesentlichen die Materialgrundlage
für eine Analyse von Schleiermachers Verstrickung in die behördliche Demagogenverfolgung. Daneben scheint es mehrere weitere auf Schleiermacher bezogene Akten
gegeben zu haben (vgl. dazu Reetz: Ebd., 228–229), in denen sich möglicherweise
die gegenwärtig fehlenden Stücke befanden. Insonderheit handelt es sich dabei um
eine, sofern die Berichterstattung schriftlich erfolgte, offiziell eingereichte Schlußfassung des Ministerberichtes von 1823, um die Originalfassung der darauf bezogenen
Eingabe Schleiermachers an den König und um einen aktenmäßigen Niederschlag der
abschließenden Entscheidung.
[174] Schreiben Schuckmanns an Altenstein vom 5. Juni 1822 („Ex officio 2389"), in: GStA
PK, I. HA Rep. 77 Tit. 21. Lit. Sch. Nr. 6, Bl. 18–19 (Druckfassung bei Lenz: Ebd.,
420–423). Altenstein erhielt das Schreiben, zusammen mit dem Kamptzschen Bericht,
erst zwei Wochen später am 19. Juni (siehe: GStA PK, I. HA Rep. 76 I, Anhang I.
Nr. 40, Bl. 1r).

„Im Materiellen beziehe ich mich auf das anliegende Votum, und [*dies nach Anfügung des Schlußvotums korrigiert aus:* In materieller Beziehung] werden Ew. Excellenz ohne Zweifel mit mir übereinstimmen, daß es hier überall nicht darauf, ob der CriminalRichter den Doctor Schleiermacher zur Strafe ziehen würde, sondern lediglich darauf ankommt, ob die von demselben geäußerten Grundsätze und Gesinnungen und die vorliegenden Handlungen desselben mit der ferneren Führung des Amtes eines akademischen Lehrers und eines Predigers vereinbarlich sind? eine Frage, die mit der Frage: ob es den Absichten Sr. Majestät des Königs entspreche und dem Staate unnachtheilig sei, wenn die Gesinnungen des D. Schleiermacher durch dessen Lehren auf die ihm anvertrauete Jugend und Gemeinde übertragen werden? zusammenfällt. Meiner Ansicht nach sind beide Fragen unbedenklich *verneinend* zu beantworten und daher die Entlassung des Doctor Schleiermacher aus seinem zwiefachen Dienstverhältnisse in weiterer Maasgabe der angeführten allerhöchsten Cabinettsordre [vom 12. April 1822] bei des Königs Majestät in Antrag zu bringen."[175]

Die „Rüksicht auf die Ehre des Königl. Dienstes" gebiete es, „daß ein Mann, der durch den actenmäßigen Bericht der BundesCentralCommission dem gesamten Deutschland als ein vorzüglicher Beförderer und Theilnehmer der politischen Umtriebe dargestellt worden, aus dem Königl. Dienste entfernt werde".[176] Überdies sei die Anwendung der vorgeschriebenen Grundsätze auf minder schuldige Geistliche und Lehrer „nicht blos ungerecht, sondern auch nuzlos", wenn ihrer Geltung ein Mann entzogen bleibe, „der seit einer Reihe von Jahren von den politischen Umtrieben recht eigentlich Profession gemacht hat und Warnungen, Verweisen und Anweisungen zum Troze in denselben beharrlich und mit seltener Dreistigkeit fortgefahren ist". So „wohlthätig" die Anwendung der Gesetze auf ihn für den ganzen Lehrstand sein werde, so „nachtheilig wird grade hier unzeitige Nachsicht sich äußern und das Vertrauen in die Aufrechterhaltung der allerhöchsten Vorschriften tief erschüttern".[177]

Die Vorwürfe, für deren Untermauerung der Minister sich auf Akten „sowohl der BundesCentralCommission zu Mainz und der MinisterialCommission als des PolizeiMinisteriums" berief, waren nicht nur im allgemeinen gegen Schleiermachers „Grundsätze", „Gesinnungen" und „Handlungen" gerichtet, sondern sie umfaßten auch sehr dezidierte Anklagen. Hierzu heißt es in Kamptz' „Darstellung":

„Dasjenige, was nach den über die demagogischen und andere politische Umtriebe erwachsenen Acten [...] dem *Professor und Prediger Doctor Schleiermacher zu Berlin* zur Last liegt, zerfällt in folgende Gegenstände:

---

[175] GStA PK, I. HA Rep. 77 Tit. 21. Lit. Sch. Nr. 6, Bl. 18v–19r (Lenz: Ebd., 421).
[176] GStA PK, I. HA Rep. 77 Tit. 21. Lit. Sch. Nr. 6, Bl. 19r (Lenz: Ebd., 422).
[177] GStA PK, I. HA Rep. 77 Tit. 21. Lit. Sch. Nr. 6, Bl. 19r/v (Lenz: Ebd., 422).

I. Theilnahme an den politischen Umtrieben überhaupt,
II. Theilnahme an den Verbindungen und Umtrieben auf den Universitäten,
III. Billigung und Beförderung des Turn- und übrigen unangemessenen Geistes unter der Jugend,
IV. Misbrauch der Kanzel zur Beförderung politischer Ansichten und Zwecke,
V. *Misbrauch des academischen Lehramts zu eben diesen Zwecken* und
VI. Verbrecherische [von Schuckmann korrigiert; im Konzept stand ursprünglich: Unehrerbietige] Äußerungen und Trotz gegen Se. Maj. den König [gestrichen: und die vorgesezten Behörden]."[178]

Schleiermacher habe bekanntlich, wie Kamptz voraussetzt, „seine Theilnahme an politischen Ereignissen dergestalt misbräuchlich und in grader Richtung gegen das System und den Gang der Regierung betrieben", daß auch die königliche Verfügung vom 17. Juli 1813 „überall keine Besserung desselben" bewirken konnte.[179] Als Beweis für den „Leichtsinn und frechen Trotz, mit welchem er die obgedachte Allerhöchste Weisung aufgenommen" habe, führt der Polizeidirektor Schleiermachers Brief an Arndt vom 27. Januar 1819 an. Hinzu kommen im Fortgang der Darstellung die Schreiben an den gleichen Adressaten vom 14. März 1818, 28. April 1819, 17. Mai 1819 und 28. Juni 1819 sowie der erst nach der Arndtschen Hausdurchsuchung verfaßte, also auf anderem Wege aufgefangene Brief vom 20. Juni 1820.[180] Sie alle waren als Anlagen beigefügt, das Schreiben vom 27. Januar 1819 sogar „originaliter".[181]

Weitere Belege für Schleiermachers Teilnahme an politischen Umtrieben entnahm Kamptz dem Mainzer Untersuchungsbericht. Wie dort, so

---

[178] GStA PK, I. HA Rep. 76 I, Anhang I. Nr. 40, Bl. 3r (Reetz: Ebd., 380–381). Die hier kursivierten Passagen sind im Original unterstrichen.

[179] GStA PK, I. HA Rep. 76 I, Anhang I. Nr. 40, Bl. 5v–6r (Reetz: Ebd., 383–384).

[180] Von der Mainzer Kommission waren die Briefe vom 19. Dezember 1818, 28. April 1819, 17. Mai 1819 und 28. Juni 1819 angeführt worden. – Ergänzend weist Kamptz auf den Brief vom 19. Dezember 1818 an Arndt hin, ohne ihn jedoch näher in die Beweisführung einzubeziehen (vgl.: GStA PK, I. HA Rep. 76 I, Anhang I. Nr. 40, Bl. 7r).

[181] GStA PK, I. HA Rep. 77 Tit. 21. Lit. Sch. Nr. 6, Bl. 33 (Entwurfsfassung); siehe hiernach den Abdruck der Kamptzschen Übersicht über die beigefügten Stücke bei Reetz: Ebd., 399. Die genannten Schreiben liegen der Akte in Bl. 34 bis Bl. 45 als Abschriften bei. Der Brief vom 27. Januar 1819 bildet die Anlage I (Bl. 34–35) – auch er, anders als Kamptz notiert, in abschriftlicher Form –, der Brief vom 14. März 1818 die Anlage II (Bl. 36–37), der Brief vom 28. Juni 1819 die Anlage III (Bl. 38), der Brief vom 20. Juni 1820 die Anlage V (Bl. 40), der Brief vom 28. April 1819 die Anlage VIII (Bl. 44) – Reetz gibt die entsprechende Notiz in Kamptz' Aufstellung falsch wieder; es steht da: „Schreiben des Prof. Schleiermacher an den Prof. Arndt d.[e] d.[ato] 28. April 1819" – und der Brief vom 17. Mai 1819 die Anlage IX (Bl. 45). Die Originalvorlagen zu den Anlagen I, II, VIII und IX sind, vielleicht wegen ihres besonderen Verfahrenswertes, später nicht an Arndt zurückgegeben worden. Diese Stücke wurden endgültig in der Akte: GStA PK, I. HA Rep. 76 I, Anhang II. Nr. 55 abgelegt, wo sie die Anlagen zu dem Entwurf Altensteins vom Juli 1823 für den Ministerbericht an Friedrich Wilhelm III. bilden (siehe Anmerkung 285).

sind auch in seiner Darstellung der im Druck vorliegenden Predigt vom 22. Oktober 1815, der Schmalz-Schrift und den brieflichen Äußerungen zum Turnwesen eingehende Erörterungen gewidmet.[182] Ausdrücklich bezog Kamptz sich zudem, hierin über die Mainzer Vorlage hinausgehend, auf Schleiermachers angeblich „ganz außerhalb der Grenzen seines Fachs und Berufs gehaltenen politischen Vorlesungen"[183]: „Aus seinen Vorlesungen gehören die über die Politik um so unmittelbarer hierher, wenn gleich über ihren Inhalt keine bestimmte actenmäßige Momente, sondern nur der Beifall vorliegt, mit welchem sie von Individuen von höchst zweideutigen und zum Theil staatsgefährlichen Grundsätzen aufgenommen sind."[184]

Das akademische Amt habe Schleiermacher „benutzt", „um seine politischen Ansichten und überhaupt sein System selbst wider das der Regierung durchzusetzen". Zum Beleg werden Passagen aus den Briefen vom 28. April und vom 27. Januar 1819 angeführt. Schleiermacher erklärt hier, daß „ein Ungewitter [...] auch wirklich über den Universitäten zu hängen" scheine; zudem informiert er Arndt von dem Plan einer „recht ernstlichen Gegenvorstellung an den Minister", die sich gegen die königliche Willensäußerung richten sollte, „auf seinen Universitäten keine Lehrer [zu] dulden, die so unnütze und unschickliche Sachen" treiben.[185] Als sehr schwerwiegend wird das Schreiben der Theologischen Fakultät an de Wette vom 25. Oktober 1819 gewertet, wobei Kamptz in der näheren Begründung die entsprechenden Ausführungen des Berliner Kommissionsberichtes vom 16. März 1820 übernahm.[186]

---

182 GStA PK, I. HA Rep. 76 I, Anhang I. Nr. 40, Bl. 6v (aus Paragraph 1: „Die Theilnahme an politischen Umtrieben überhaupt"), 9v–10r (Paragraph 3: „Mißbrauch des Turnens") und 10r–11r (Paragraph 4: „Mißbrauch der Kanzel"). Zu den Ausführungen im Bericht der Bundeszentralkommission über die Predigt vom 22. Oktober 1815 siehe oben S. 127–128.

183 GStA PK, I. HA Rep. 76 I, Anhang I. Nr. 40, Bl. 6v (Reetz: Ebd., 385). Das Wort „politischen" ist über der Zeile in den Text eingefügt.

184 GStA PK, I. HA Rep. 76 I, Anhang I. Nr. 40, Bl. 11r (Reetz: Ebd., 392).

185 GStA PK, I. HA Rep. 76 I, Anhang I. Nr. 40, Bl. 11r/v (Reetz: Ebd., 392–393). Vgl.: Schleiermacher als Mensch. Band II. Briefe 1804–1834, 299 („Ungewitter") und 293 („Gegenvorstellung"). – Zu der Aussage im April-Brief mußte Schleiermacher auch in der polizeilichen Vernehmung vom 19. Januar 1823 Stellung nehmen. Er erklärte bei dieser Gelegenheit: „Es giengen damals vielerlei Gerüchte über die Veränderungen welche den Universitäten bevorstehen sollten [um], und es schien mir zweckmäßig, und keineswegs unerlaubt, wenn die inländischen Universitäten sich die bei einer jeden herrschende Ansicht über das was etwa verfügt werden möchte, mittheilten und sie gegen einander ausglichen, um ihre etwanigen Remonstrationen desto übereinstimmender und also auch desto wirksamer einrichten zu können" (GStA PK, I. HA Rep. 76 I, Anhang II. Nr. 55, Bl. 63r; Reetz: Ebd., 452).

186 GStA PK, I. HA Rep. 76 I, Anhang I. Nr. 40, Bl. 12r–13r (Reetz: Ebd., 393–395); vgl. Max Lenz: Geschichte der Königlichen Friedrich-Wilhelms-Universität zu Berlin. Band IV, 406–410.

Von besonderem Interesse sind Erörterungen, die der Polizeidirektor dem Vorwurf widmete, Schleiermacher habe sich der „Beförderung eines dem Staat gefährlichen Systems über das Verhältniß der Geistlichkeit zum Staat" schuldig gemacht. In der an Altenstein übersandten Reinschriftfassung der „Darstellung" fehlt diese Passage, nachdem Schuckmann sie im Entwurf komplett gestrichen hatte.[187] Dem bei aller Voreingenommenheit doch klarsichtigen Beamten war die Beziehung zwischen Schleiermachers politischer Zielsetzung und seiner Position in den Debatten um eine Reform des kirchlichen Verfassungsrechtes nicht verborgen geblieben. Unter anderem führte er aus:

„Es ist bekannt, daß als Se. Majestät im Jahre 1814 eine Commißion zur Verbesserung der liturgischen Formen angeordnet hatte, bei dem Buchhändler Reimer ein im Ton der bittersten Satyre und einer giftigen Kritik abgefaßtes *Glückwünschungsschreiben* an die Mitglieder dieser Commißion im Druck erschien. Der Verleger ist deshalb in Strafe genommen, die Untersuchung wegen des anonymen Verfassers aber auf sich beruhen geblieben. Es ist aber allgemein bekannt, daß der Profeßor Schleiermacher der Verfasser dieser Pasquilartigen Druckschrift ist."[188]

Neben den bereits an früherer Stelle angeführten Abschnitt aus dem Brief an Arndt vom 28. Juni 1819 über den ermutigenden Ablauf der Berliner Provinzialsynode, in dem Schleiermacher erklärt hatte, es wäre „ja auch wohl an sich ganz recht das Constituiren mit der Kirche anzufangen, und ich hoffe es soll dann darauf auch für das übrige ein besonderer Segen ruhen", stellte Kamptz in der gestrichenen Passage seines Entwurfes belegweise zwei weitere Zeugnisse: „In diese Kathegorie gehören auch die beiden Flugschriften, welche der Profeßor Schleiermacher vor einigen Jahren über die in dem Preußischen Staat einzuführende Synodal-Verfaßung und über die neue Liturgie für die Hof und Garnison Gemeinde zu Potsdam, zum Theil mit einer höchst unbefugten Kritik herausgegeben hat."[189]
Bereits im Eingang zu seinem Begleitschreiben hatte Schuckmann erklärt, in Anbetracht der gesamten Berichtslage bestehe kein Zweifel daran, daß Schleiermacher „verbrecherischer Äußerungen und Trotz gegen des Königs Majestät" angeklagt werden könne.[190] Er sei „dergestalt compromittirt, daß seine Entfernung von seinem gegenwärtigen amtlichen

---

[187] GStA PK, I. HA Rep. 77 Tit. 21. Lit. Sch. Nr. 6, Bl. 30v–31v. Reetz, der in seinem Abdruck der Reinschriftfassung folgt, gibt den betreffenden Abschnitt aus dem Kamptzschen Entwurf anmerkungsweise wieder: Ebd., 395–396.
[188] GStA PK, I. HA Rep. 77 Tit. 21. Lit. Sch. Nr. 6, Bl. 30v (Reetz: Ebd., 395).
[189] GStA PK, I. HA Rep. 77 Tit. 21. Lit. Sch. Nr. 6, Bl. 31r (Reetz: Ebd., 396). Im Manuskript steht irrtümlich „über das [...] Synodal-Verfaßung". Auf die genannten „Flugschriften" ist oben, S. 7–10, näher eingegangen worden.
[190] GStA PK, I. HA Rep. 76 I, Anhang I. Nr. 40, Bl. 13r (Reetz: Ebd., 396–397).

Standpuncte aus Rüksichten sowohl Eurer Excellenz, als meines Ressorts begründet sein würde".[191] Im Anschluß an Kamptz' Darstellung formulierte er folgendes „Votum":

> „Alles dies belegt nun zwar keine Handlungen, durch welche der Professor Schleiermacher überführt wurde, daß er selbst eine Empörung oder Revolution unmittelbar habe erregen wollen. Es beweiset aber seine Grundsätze, nach welchen er eine Revolution für nothwendig und erlaubt hält, es beweiset seine Gesinnungen, denen es an aller pflichtmäßigen Treue und Ehrfurcht gegen Se. Majestät den König fehlt. Da nun die Bestimmung, zu der er von Sr. Majestät dem Könige berufen worden, Bildung der Jugend für die Staatszwecke ist, und da es hiebei nicht auf *seine* Meinung und Gefühle ankommen kann, sondern auf die Gesetze, unter denen er berufen worden und Sr. Majest. dem Könige Treue und Gehorsam geschworen hat, so folgt hieraus, daß ihm dieser Beruf nicht weiter anvertraut werden kann, sondern er desselben zu entsetzen ist."[192]

Die Position war damit eindeutig markiert. Von Schuckmanns Seite aus hätte es weiterer Vorbereitungen nicht mehr bedurft und unmittelbar dem König der Entlassungsvorschlag unterbreitet werden können. Dennoch nahm das Verfahren nicht den von ihm erhofften Verlauf. Trotz des eindringlichen Tones, den sein Amtskollege anschlug, ließ Altenstein sich auf Übereilung nicht ein. In einem ausführlichen Schreiben an den Innenminister vom 8. Dezember [!] 1822 zählte er eine lange Reihe unbefriedigend geklärter Punkte auf. Vor allem aber forderte er, wie erwähnt, zunächst, Schleiermacher zu einer Vernehmung vorzuladen.[193] Von diesem Anliegen war Altenstein nicht bereit abzurücken. So verständigten sich beide Minister in einer „finalen Berathung und Beschließung", die am 22. Dezember in der Privatwohnung von Schuckmann stattfand und an der auch Kamptz teilnahm, auf ein entsprechendes Vorgehen.[194]

War er schon hiermit erfolgreich gewesen, so hatte der Kultusminister sich jedenfalls zwischenzeitlich auch darin durchgesetzt, daß nun die privatbrieflichen Zeugnisse im Mittelpunkt der Anklage stehen und sämtliche

---

[191] GStA PK, I. HA Rep. 77 Tit. 21. Lit. Sch. Nr. 6, Bl. 19r (Lenz: Ebd., 421). Das Wort „begründet" ist im Entwurf von Schuckmann aus „nothwendig" korrigiert.

[192] GStA PK, I. HA Rep. 76 I, Anhang I. Nr. 40, Bl. 13v–14r (Reetz: Ebd., 398–399). Dieses „Votum" ist durch Schuckmann dem von Kamptz niedergeschriebenen Entwurf eigenhändig hinzugefügt worden: GStA PK, I. HA Rep. 77 Tit. 21. Lit. Sch. Nr. 6, Bl. 32v.

[193] GStA PK, I. HA Rep. 77 Tit. 21. Lit. Sch. Nr. 6, Bl. 70–75, hier: 75v (Lenz: Ebd., 423–428, hier: 427).

[194] Siehe das am gleichen Tage ausgefertigte und von den drei Konsultanten unterzeichnete Protokoll („Registratura"): GStA PK, I. HA Rep. 77 Tit. 21. Lit. Sch. Nr. 6, Bl. 84–85 (Reinschrift; Druckfassung bei Lenz: Ebd., 428–430) und GStA PK, I. HA Rep. 77 Tit. 21. Lit. Sch. Nr. 6, Bl. 81–83 (Entwurf von Kamptz; Druckfassung bei Reetz: Ebd., 431–434). Schon am 15. Dezember hatte Schuckmann brieflich sein Einverständnis erklärt; vgl.: GStA PK, I. HA Rep. 76 I, Anhang I. Nr. 40, Bl. 41.

weiteren Belastungsmaterialien auf eine Nebenrolle zurückgestuft werden sollten. Gänzlich wollte allerdings auch Altenstein nicht von den durch die Mainzer Kommission gesammelten „facta" absehen. Sie waren dann heranzuziehen, wenn sie zu einer Bekräftigung derjenigen Vorwürfe dienen konnten, die aus den originalen Äußerungen abgeleitet wurden.

In dieser Vorgabe hat man einen Beleg dafür sehen wollen, daß Altenstein genau wie sein Ministerkollege bestrebt war, das problematische Verfahren voranzutreiben. Die „Registratura", die die entsprechende Vereinbarung festhält, bestätige „die Fragwürdigkeit seiner Vorgehensweise, Materialien, deren Einbeziehung in die Beweismittel nicht zu rechtfertigen war, durch einen methodischen Kunstgriff den Anschein von Zuverlässigkeit zu geben".[195] In Wahrheit hingegen wird Altenstein hier einen Weg gesucht haben, um Schuckmann, der auf eine weitgehende Berücksichtigung aller vorhandenen Belastungsdokumente drängte, wenigstens einigermaßen entgegenzukommen. Sein „Häsitiren" wird auch an dieser Stelle deutlich: Der in Kamptz' Darstellung unter „IV." angeführte „Misbrauch der Kanzel zur Beförderung politischer Ansichten und Zwecke" blieb unerörtert. Auch eine Schlußredaktion des von dem Polizeidirektor verfaßten Sitzungsprotokolles behielt Altenstein sich vor.[196]

3.4. „Ich heiße Friedrich Daniel Ernst Schleiermacher". Die Vernehmungen vom Januar 1823

Nur einen Tag nach der Konferenz beauftragten beide Minister den Berliner Polizeipräsidenten, Ludwig Wilhelm von Esebeck, mit der Durchführung der Vernehmung.[197] Insgesamt sieben Schreiben Schleiermachers, die alle „im Jahre 1819 bei dem Profeßor Arndt in Bonn und bei dem hiesigen Buchhändler Reimer in Beschlag" genommen worden waren, übersandten sie als Anlage, und zwar „sämtlich urschriftlich". Dabei handelte es sich um die Briefe an Arndt vom 14. März 1818[198], vom 27. Januar 1819, vom 28. April 1819 und vom 17. Mai 1819[199] sowie um die bei-

---

[195] Dankfried Reetz: Schleiermacher im Horizont preussischer Politik, 253.
[196] Siehe hierzu die von dem Minister stammenden handschriftlichen Notizen zur Entwurfsfassung der „Registratura": GStA PK, I. HA Rep. 77 Tit. 21. Lit. Sch. Nr. 6, Bl. 81–83 (Reetz: Ebd., 431–434).
[197] Vgl.: GStA PK, I. HA Rep. 77 Tit. 21. Lit. Sch. Nr. 6, Bl. 78 (Reetz: Ebd., 437–438). – *Ludwig Wilhelm von Esebeck* († 1838) amtierte als Nachfolger Paul Louis le Coqs in den Jahren 1822 bis 1831 (siehe: DBA I 294, 93).
[198] In der Aufstellung der Briefe steht irrtümlich „19. März 1818" (GStA PK, I. HA Rep. 77 Tit. 21. Lit. Sch. Nr. 6, Bl. 78r). Im Vernehmungsprotokoll kehrt diese Fehldatierung wieder; vgl.: GStA PK, I. HA Rep. 76 I, Anhang II. Nr. 55, Bl. 56r.
[199] Auch hier war die ursprüngliche Datierung unrichtig. Im Schreiben an den Polizeipräsidenten steht „18. Mai 1819" (GStA PK, I. HA Rep. 77 Tit. 21. Lit. Sch. Nr. 6, Bl. 78r; siehe ebenso im Protokoll: GStA PK, I. HA Rep. 76 I, Anhang II. Nr. 55, Bl. 63r).

den auf den 14./30. November und den 6. Dezember 1806 zu datieren-
den Briefe an Reimer und das gleichfalls an Reimer gerichtete Schreiben
vom 14. November 1813. Dem Polizeipräsidenten wurde befohlen, „den
gedachten Profeßor, Doctor Schleiermacher mit der, seinen öffentlichen
Verhältnißen gebührenden Rüksicht baldmöglichst vorzuladen, demselben
diese Briefe zur Anerkennung der Handschrift vorzulegen und ihn auf-
zufordern, dasjenige, was er wegen des Inhalts zu seiner Rechtfertigung
anführen zu können vermeinen mögte, zu Protokoll zu geben". Zudem
wurde ihm die Verantwortung dafür übertragen, „daß der Inhalt der Anlagen geheim gehalten werde".[200]
    Die Vernehmung selbst hatte außerordentliche Ausmaße. Schleiermacher
cher mußte an drei Tagen, am 18., am 19. – einem Sonntag – und am 23.
Januar 1823 im Polizeipräsidium am Molkenmarkt Nr. 1 erscheinen. Im
Tageskalender notierte er die Begegnungen. Zum 18. Januar heißt es: „Erster Termin vor Esebeck[.] Besuch bei Humboldt",[201] zum 19. Januar:
„Frühpred.[igt] Zweiter Termin vor Granow [gestrichen: Esebeck] Abends
zu Minens Geburtstag bei Reimer"[202] und zum 23. Januar: „Dritter Termin vor Granow [...] Diner [?] v Humboldt[.] GesangbuchCommission
bei Theremin".[203] Am Vortag der dritten Zusammenkunft hat Schleiermacher, vielleicht wegen der erforderlichen Vorbereitung, mit seinem
„Seminarium ausgesetzt".[204] Es scheint, als wenn von seiten der Polizeibehörde zunächst nur eine einzelne Einvernahme geplant war. Als sich
die Erörterungen länger als erwartet hinzogen, wurde während des ersten
Tages auf Schleiermachers ausdrücklichen Wunsch hin der Sonntagster-
min, am zweiten dann der Abschlußtermin festgelegt.[205]

[200] GStA PK, I. HA Rep. 77 Tit. 21. Lit. Sch. Nr. 6, Bl. 78v (Reetz: Ebd., 437–438). Die
Geheimhaltungsverpflichtung findet sich als Ergänzung zum ursprünglichen Wortlaut
des Schreibens am Blattrand.
[201] Tageskalender von 1823, in: Schleiermacher-Nachlaß 444, Bl. 5v. – Möglicherweise
eröffnete der Polizeipräsident selbst die Vernehmung, bevor dann Grano die weiteren
Erörterungen leitete. Das Protokoll gibt über eine Anwesenheit Esebecks keine Auskunft.
[202] Ebd., Bl. 6v. „Mine" ist Wilhelmine Reimer, die Ehefrau des Verlegers.
[203] Ebd., Bl. 6v. – Zu Schleiermacher Mitwirkung an den Vorbereitungen eines neuen
Berliner Gesangbuches vgl.: Kirchenpolitische Schriften (KGA I/9), CXII–CXIV und
insbesondere Ilsabe Seibt: Friedrich Schleiermacher und das Berliner Gesangbuch von
1829 (Veröffentlichungen zur Liturgie, Hymnologie und theologischen Kirchenmu-
sikforschung. Band 34), Göttingen 1998. Der im Dezember 1817 von der vereinigten
Berliner Kreissynode eingesetzten Kommission gehörte Schleiermacher bis zum Abschluß der Arbeiten im August 1829 an. Franz Theremin war seit 1815 reformierter
Hof- und Domprediger.
[204] Tageskalender von 1823, Bl. 6v.
[205] Vgl. hierzu aus dem Verhandlungsprotokoll die Schlußnotiz vom 18. Januar: „Da die
Zeit verfloßen ist, so hat mit der Vernehmung abgebrochen werden müßen, und ist
bei der Verhinderung d. H. Prof. Schleiermacher, heute nachmittag zu erscheinen auf
seinen eigenen Wunsch behufs der Beschleunigung der Sache die Fortsetzung dieser

Wie kurzfristig die Vorladung durch Esebeck erfolgt war, ergibt sich aus einem wenige Tage zuvor an Dohna gerichteten Brief Schleiermachers: „Meine Angelegenheiten hier sind immer noch unentschieden; ich höre es wird noch immer – ohne daß ich irgend vernommen oder mir etwas zur Erklärung vorgelegt wäre – verhandelt darüber, ob ich bleiben soll oder fortgeschickt werden. Nun ich warte es ruhig ab. [...] Es wird sich jedoch alles müssen zum Guten wenden."[206] Um die Lokalität waren einige Unklarheiten aufgekommen, weil der Polizeipräsident in einem Schreiben vom 13. Januar die Wohnung des „Deputierten", des Regierungsrates Grano, als Durchführungsstätte angeboten hatte.[207] Doch ließ Schleiermacher sich auf keine Abweichung von den geltenden Formalitäten ein. Er hatte zwischenzeitlich einigen Einblick in die zwielichtigen Verfahrenstechniken der Demagogenverfolger genommen und wußte, sich gegen Fallstricke zu wappnen.[208]

Auch versäumte Schleiermacher es nicht, sich bei der Vorbereitung fachkundigen Beistandes zu versichern. Am 21. Januar traf er laut einer Kalendernotiz mit dem Konsistorialrat und späteren Bischof Georg Carl Benjamin Ritschl zusammen, doch kann der Anlaß sich auch auf die bevorstehende Sitzung der Gesangbuchkommission bezogen haben.[209] Die angeführten Vermerke zu zwei Treffen mit Wilhelm von Humboldt am 18. und 23. Januar weisen dagegen darauf hin, daß Schleiermacher sich mit diesem, wie später auch mit Eichhorn, in der Verhörsache beraten hat.[210]

Über die Vernehmungen selbst liegen ausführliche Protokolle vor.[211] Zumindest teilweise liefen Schleiermachers Erklärungen auf eine Entla-

---

Angelegenheit auf morgen Vormittag 10 Uhr obwohl es Sonntag ist verabredet worden" (GStA PK, I. HA Rep. 76 I, Anhang II. Nr. 55, Bl. 60v; Reetz: Ebd., 446).

[206] Brief an Alexander Graf Dohna vom 7. Januar 1823, in: Schleiermachers Briefe an die Grafen zu Dohna, 77–79, hier: 78.

[207] Das Schreiben liegt vor in: Schleiermacher-Nachlaß 501/1 (hiernach die Druckfassung in: Aus Schleiermacher's Leben. In Briefen. Band 4, 433).

[208] Siehe Schleiermachers Schreiben an den Polizeipräsidenten vom 15. Januar 1823; nach einer Abschrift abgedruckt in: Aus Schleiermacher's Leben. In Briefen. Band 4, 434. Auf seinen Antrag hin, die Vernehmung an einem öffentlichen Ort durchzuführen, entschied Esebeck auf „das Local des Polizeipräsidii [...] und werden Sie sich also bestimmten Tags und Stunde daselbst vor dem genannten Deputirten einfinden" (Schreiben des Polizeipräsidenten an Schleiermacher vom 16. Januar 1823; in: Schleiermacher-Nachlaß 501/2; Aus Schleiermacher's Leben. In Briefen. Band 4, 434).

[209] Tageskalender von 1823, Bl. 6v.

[210] Humboldt verbrachte die Wintermonate üblicherweise in seinem Stadthaus am Gendarmenmarkt. Tagebuchaufzeichnungen, die die Unterredungen mit Schleiermacher auch von seiner Seite dokumentieren, scheinen nicht vorhanden zu sein.

[211] Das gesamte Protokoll befindet sich in der „Anlage XI" zu den „Acta betr. den Professor Schleiermacher 1806 / 23." und trägt den separaten Titel „Bericht des Königl. Polizei-Präsidiums d.[e] d.[ato] Berlin den 29sten Januar 1823 mit Anlagen, die Vernehmung des Professors Schleiermacher betreffend": GStA PK, I. HA Rep. 76 I, An-

stung hinaus, obwohl ihm nunmehr vollends deutlich wurde, daß man ihn „für den unsichtbaren Oberer der Demagogen" hielt.[212] Neben den genannten Briefen, die den hauptsächlichen Gegenstand bildeten, hatte er sich zu einer Reihe von „Bemerkungen" zu äußern, die von der Polizeibehörde zu den Schriftstücken formuliert worden waren.[213] Die obligatorischen Personalangaben, die zu Beginn zu geben waren, lauten:

„Ich heiße Friedrich Daniel Ernst Schleiermacher, bin wie bekannt evangelischer Religion, bei der hiesigen Universität als öffentl. Profeßor, bei der Dreifaltigkeits Kirche als Prediger[,] bei ersterer 1809. bei letzterer 1810. angestellt, gegenwärtig 54. Jahre alt."[214]

Während des ersten Termins wurde „der Herr Komparent" unter anderem mit jener schon im Bericht der Ministerialkommission angeführten Formulierung aus dem Brief an Ernst Moritz Arndt vom 14. März 1818 über den König konfrontiert, wonach dessen „Persönlichkeit [...] immer ein ungeheures Hinderniß sein [werde], die allgemeinen Angelegenheiten vorwärts zu bringen"; „der Mann" werde sich „nie [...] in ein frei öffentliches Wesen finden lernen".[215]

---

hang II. Nr. 55, Bl. 54–75; die Titelformulierung: Bl. 54; die Protokolle für die drei Vernehmungstage hier: Bl. 56–71 (hiernach abgedruckt bei Reetz: Ebd., 439–465; vgl. auch die sich auf die gleiche Akte stützende Wiedergabe einzelner Abschnitte bei Max Lenz: Geschichte der Königlichen Friedrich-Wilhelms-Universität zu Berlin. Band IV, 430–435). Die „der Rechtfertigung bedürfenden Briefstellen" sind noch einmal gesondert aufgeführt in: GStA PK, I. HA Rep. 77 Tit. 21. Lit. Sch. Nr. 6, Bl. 137–138.
[212] Brief an Wilhelm Martin Leberecht de Wette vom 2. Februar 1825, in: Aus Schleiermacher's Leben. In Briefen. Band 4, 330–333, hier: 332. Die Wendung gibt rückblickend Schleiermachers Einschätzung der Lage in dieser Zeit wieder.
[213] Eine separate Zusammenstellung liegt vor in: GStA PK, I. HA Rep. 77 Tit. 21. Lit. Sch. Nr. 6, Bl. 139–140 (mit den Unterschriften Schleiermachers und Granos). – Vgl. auch die ebenfalls von Schleiermacher und Grano unterzeichnete Erklärung: „Berlin, d. 23sten Januar 1823. Nachrichtlich wird registrirt, daß bei der Vernehmung d. Profeßor Schleiermacher vom 18ten 19ten u. 23ten d. M. vorstehende Briefstellen und die anliegenden darauf gerichteten Bemerkungen als Leitfaden seiner Erklärungen und Gegenstand der nöthigen Erläuterungen punctweise neben der Vorlesung der Briefe selbst mitgetheilt worden sind, worüber derselbe diese Registratur mit unterschrieben und auch den Bemerkungen mit seinem Nahmen gezeichnet hat. Schleiermacher Grano" (GStA PK, I. HA Rep. 77 Tit. 21. Lit. Sch. Nr. 6, Bl. 138r; Reetz: Ebd., 261).
[214] GStA PK, I. HA Rep. 76 I, Anhang II. Nr. 55, Bl. 56r (Reetz: Ebd., 439).
[215] GStA PK, I. HA Rep. 76 I, Anhang II. Nr. 55, Bl. 57v (Reetz: Ebd., 442); siehe oben S. 151, wo die Passage im Zusammenhang zitiert wird. Auch Kamptz hatte in seiner „Darstellung" vom 5. Juni 1822 auf diese Äußerung Bezug genommen: GStA PK, I. HA Rep. 76 I, Anhang I. Nr. 40, Bl. 13r/v (Reetz: Ebd., 397); vgl. daneben Max Lenz: Geschichte der Königlichen Friedrich-Wilhelms-Universität zu Berlin. Band IV, 410–411 und den Abdruck des Briefes in: Schleiermacher als Mensch. Band II. Briefe 1804–1834, 270–272, hier: 272. – Das Manuskript dieses so vielfach problematisierten Schreibens liegt vor in: GStA PK, I. HA Rep. 76 I, Anhang II. Nr. 55, Bl. 40–41 und 42 (von Schleiermacher beschriftetes Umschlagblatt). Die zentralen Aussagen

Schleiermacher bedauerte den unangemessenen Ton dieser Äußerungen. Die Person des Monarchen sei ihm „geheiligt". Entschuldigend verwies er auf ständige Arbeitsüberlastung, die es ihm unmöglich mache, an Freunde gerichtete Briefe einer genauen stilistischen Kontrolle zu unterziehen.[216] Die dem Protokollanten „wörtlich in die Feder" diktierte Rechtfertigung lautet:

„Ich erkläre daß es mir dieser Stelle wegen, weil sie die geheiligte Person des Königs betrift einen tiefen Schmerz verursacht, daß etwas von meiner vertraulichen Korrespondenz in andere Hände gekommen ist, als für die es bestimmt war. Der Drang meiner Geschäfte und meiner literarischen Arbeiten machte es mir unmöglich in freundschaftlichen Briefen alle Ausdrücke genau abzuwägen, und da ich mich über solche Gegenstände nur zu den vertrautesten Freunden äußere, so bin ich sicher, daß sie bei ihrer genauen Bekanntschaft mit meiner ganzen Persönlichkeit mich nicht mißverstehen; da jeder Andere diese Stelle leicht auf eine Art misdeuten kann, welche mit meinen Gesinnungen gegen S. Maj. den König gänzlich in Widerspruch stehen würde. Der Gedanke der bei dieser Stelle zum Grunde liegt konnte nur der seyn daß es dem König nicht leicht seyn würde sich an eine sehr veränderte Regierungsweise zu gewöhnen und ich hofe, wenn man ihn so faßt wird man, den flüchtigen Ausdruck abgerechnet, nichts darin finden, was der Ehrfurcht gegen den König von der ich mir bewußt bin tief durchdrungen zu seyn, widerspräche. So liegt auch dem letzten scherzhaft klingenden Ausdruck nichts anderes zum Grunde, als der Schmerz über die damals ziemlich schnell auf einander folgenden Abwesenheiten des Königs aus seinem Reiche, welchen gewiß eben wie ich viele Unterthanen empfunden haben, welche nicht auf dem Standpunkte standen die Nothwendigkeit davon einzusehen."[217]

(Bl. 41r) sind von fremder Hand mit rötlich-braunem Stift hervorgehoben. Die Erstveröffentlichung erfolgte durch Ernst Moritz Arndt: Nothgedrungener Bericht aus seinem Leben. Zweiter Theil, 117–120. Dieser Druck ist wahrscheinlich nach einer Abschrift erfolgt, weil Arndt die von ihm sonst markierten Unterstreichungen hier nicht angibt. In die erste, 1858 erschienene Auflage des zweiten Bandes der Sammlung „Aus Schleiermacher's Leben" wurde der Brief noch nicht aufgenommen (vgl.: Aus Schleiermacher's Leben. In Briefen. Band 2, Berlin 1858, 328). Erst die neubearbeitete zweite Auflage von 1860 bietet ihn neben dem bereits früher angeführten Schreiben vom 9. Dezember 1817 (Schleiermacher-Nachlaß 739/2, Bl. 1–2). Die königskritische Passage wurde jedoch auf ausdrücklichen Wunsch Ehrenfried von Willichs, der darum bei dem Verleger Georg Ernst Reimer gebeten hatte, ohne Kennzeichnung fortgelassen (vgl.: Aus Schleiermacher's Leben. In Briefen. Band 2. Zweite Auflage, Berlin 1860, 335–337; hier die Streichung: 336, von Zeile 4 zu Zeile 5). Das entsprechende Schreiben Willichs an Reimer, den Sohn des Verlagsgründers, der mittlerweile die Geschäfte führte, vom 22. Mai 1860 findet sich bei Andreas Arndt / Wolfgang Virmond: Zur Entstehung und Gestaltung der beiden ersten Bände „Aus Schleiermacher's Leben". In Briefen", in: Zeitschrift für Kirchengeschichte 92 (1981), 60–80, hier: 66.

[216] GStA PK, I. HA Rep. 76 I, Anhang II. Nr. 55, Bl. 58r (Reetz: Ebd., 443).

[217] GStA PK, I. HA Rep. 76 I, Anhang II. Nr. 55, Bl. 58r/v (Reetz: Ebd., 443). Schleiermacher hatte in dem betreffenden Brief die Erwartung ausgesprochen, daß der König

Mit großer Sorgfalt wurden auch die anschließenden Erörterungen, die sich auf den Brief vom 27. Januar 1819 bezogen, notiert. Im Blick auf den privaten Mitteilungscharakter der ihm vorgeworfenen Formulierungen erklärte Schleiermacher: „Die folgenden Äußerungen würden höchst verbrecherisch seyn wenn sie nicht nur an einen vertraulichen Freund gerichtet wären. Im Gespräch wie im vertraulichen Briefwechsel muß es eine Möglichkeit geben auch solche Gedanken und Empfindungen auszudrücken die nur in augenblicklichen Gemüthsstimmungen ihre Entschuldigung finden können. Meiner Überzeugung nach sind solche Äußerungen nur eben so zu betrachten wie der Gedanke selbst." Dem Brief komme daher „gar kein anderes Dasein" zu „als zwischen uns beiden", dem Schreiber und dem befreundeten Adressaten.[218] – Weiter heißt es zum Inhalt des Briefes:

> „Wie aber für einen jeden Einzelnen selbst vorübergehende auf eigene Veranlaßungen beruhende Gemüthsstimmungen keinen Einfluß haben auf die Gesinnungen welche ihn leiten und sein Leben beherrschen, und also in mir selbst nichts meinen Pflichten nachtheiliges aus der Stimmung hervorgegangen ist, in welcher dieser Brief entstand, so konnte ich auch von meinem Freunde Arndt versichert seyn, daß er ihn als das bloße Erzeugniß einer augenblicklichen Laune werde zu würdigen wißen. Alle Wirkungen aber welche er erst dadurch hervorbringt, daß er in andere Hände gekommen ist, kann ich mir nicht zu rechnen, und wer ohne mich so genau zu kennen, wie der Empfänger des Briefes ein Urtheil über mich und über meine Gesinnungen als Unterthan darauf gründen wollte, welches gewiß nur sehr nachtheilig ausfallen könnte, der würde mir ein Unrecht anthun, welches nur dadurch entstehen könnte, daß was zur tiefsten Verborgenheit bestimmt war an ein Licht gezogen worden ist, welches es nicht vertragen kann."[219]

Schrecken ließ Schleiermacher sich zu diesem Zeitpunkt, nach Jahren der Nachstellung und Suspektion, nicht mehr. Vielmehr bildete auch hier die Erfahrung die Begleiterin der Zeit. Zur Verfassungsthematik, die im zweiten der vorgelegten Briefe eine Rolle gespielt hatte, äußerte er sich nur knapp. Über das Bekenntnis, „eine gute KommunalVerfaßung" für die „Basis einer guten Ständischen Errichtung" zu halten, ging er nicht hinaus.[220] Ein sehr selbstbewußter Geist tritt dagegen noch einmal in den Schlußausführungen hervor, mit denen der erste Vernehmungstag geschlossen wurde:

---

sich, wenn es „endlich einmal" zur Einrichtung einer Repräsentantenversammlung kommen müsse, „während der Sitzungen an einen seiner Lieblingsörter Paris oder Petersburg" begeben werde.
[218] GStA PK, I. HA Rep. 76 I, Anhang II. Nr. 55, Bl. 59r/v (Reetz: Ebd., 444–445).
[219] GStA PK, I. HA Rep. 76 I, Anhang II. Nr. 55, Bl. 59v–60r (Reetz: Ebd., 445).
[220] GStA PK, I. HA Rep. 76 I, Anhang II. Nr. 55, Bl. 60v (Reetz: Ebd., 446).

„Ich bemerke nur noch, daß, wenn alle meine Briefe vorlägen, die ich eben
so mit der ganzen Offenheit und Wahrheit welche die Freundschaft erfordert,
aber mehr aus dem Grunde des Herzens als aus einer vorübergehenden Stimmung geschrieben habe, [...] sich darin eine große Menge entgegengesetzter
Äußerungen finden würden. Am besten aber und sichersten können wohl
meine Gesinnungen als Unterthan aus meinem ganzen öffentlichen Leben
und Wirken entnommen werden auf welches ich mich mit der vollen Zuversicht des guten Gewißens berufen kann."[221]

Zu den Äußerungen über das Turnwesen im Brief vom 28. April 1819,
die ihm am zweiten Tag vorgehalten wurden, gab Schleiermacher an:
Sein „doppeltes Intereße" am Turnen sei von sittlich-pädagogischen Gesichtspunkten bestimmt, die ihm als „Vater und Lehrer und Seelsorger
der Jugend" naheliegen. Er sei der Meinung, „daß die geregelte Übung
der körperlichen Kräfte auch manchen Verkrüppelungen des Geistes vor-
beugt, und die häufigen und wohlgeordneten Leibesübungen besonders
auch dem früherhin unter der männlichen Jugend so gewöhnlichen Laster der Onanie entgegen wirkend [seien], dann auch daß in der größeren
Gemeinschaft, wo der Einzelne sich mehr verliehrt weniger Eitelkeit und
Selbstsucht aufkommt". Die Knabenjahre erhalten nach Schleiermacher
durch das Turnen „einen fröhlicheren Karakter", ja er erwartete, daß sich
mit der Zeit sogar „eine frohe Verbrüderung der ganzen Jugend" herstellen werde.[222]
Überdies konnte Schleiermacher sich darauf berufen, daß er bereits
1810 und 1811 keineswegs „gegen das Bedenkliche in der hiesigen Verwaltung des Turnwesens blind gewesen" sei. Schon damals habe er bei
den diese Sache betreffenden Diskussionen „mündlich in der Unterrichts-
Abtheilung des Ministerii" davor gewarnt, Jahn mit einer lokal an Berlin
gebundenen aufseherischen Funktion zu betrauen, denn nur ein häufiger
Ortswechsel werde den zum Fanatismus Neigenden daran hindern, durch
„unüberlegte Reden nachtheilig auf die Jugend" der Hauptstadt einzuwirken. „Diese Äußerung wurde damals nicht beachtet, vielleicht erinnert
sich aber doch noch ein oder das andere Mitglied des Ministerii."[223]

---

[221] GStA PK, I. HA Rep. 76 I, Anhang II. Nr. 55, Bl. 60r (Reetz: Ebd., 445).
[222] GStA PK, I. HA Rep. 76 I, Anhang II. Nr. 55, Bl. 61r/v (Reetz: Ebd., 448–449). Reetz
liest statt „Laster der Onanie" irrtümlich „Laster der Anderen". – An späterer Stelle
führte Schleiermacher aus, daß er die Turnfeste deswegen für „nützlich" gehalten
habe, „weil eine jede zahlreiche Genoßenschaft festliche Tage haben muß, die sie in
einem höhern Grade beleben, und die Turnfahrten sah ich besonders aus dem Gesichtspunkte an, daß sie Vorübungen wären zum Fußreisen, wodurch allein auch der
unbemittelten Jugend eine größere Bekanntschaft mit verschiedenen Gegenden möglich wird" (GStA PK, I. HA Rep. 76 I, Anhang II. Nr. 55, Bl. 64r; Reetz: Ebd., 454).
[223] GStA PK, I. HA Rep. 76 I, Anhang II. Nr. 55, Bl. 61v–62r (Reetz: Ebd., 449; vgl.
auch Lenz: Geschichte der Königlichen Friedrich-Wilhelms-Universität zu Berlin.
Band IV, 433). – An dieser Stelle wird man eine gewisse Fragwürdigkeit in Schleier-

Als Bestätigung dafür, daß Schleiermacher die „faktische widergesetzliche Opposition" „erfreue", die von der Fortführung des Turnwesens, einschließlich der Feste, Lieder und Fahrten, ausging, diente den Ermittlern der Brief vom 17. Mai 1819.[224] Doch ließ Schleiermacher sich nicht irritieren. Er wies darauf hin, daß eine Erneuerung des Turnens in Bonn, dem Wohnort Arndts, schwerlich hatte stattfinden können, ohne der dortigen Obrigkeit bekannt gewesen zu sein, deren Einverständnis er also voraussetzen mußte. „Daß ich nun fortwährend gewünscht etwas ähnliches möchte sich auch hier thun laßen stimmt überein mit den früheren hoffentlich hinlänglich gerechtfertigten Äußerungen."[225] Auf den politischen Aspekt des Themas ging er nur ganz am Rande ein. Den Vorwurf, er sei mitschuldig an der Erregung „eines diesen Jahren durchaus nicht angemeßenen politischen Intereße[s]", wies er mit der halb spöttischen Bemerkung zurück, daß „diesem Uebel" durch „eine strenge Zensur und Oberaufsicht" hätte „abgeholfen" werden können.[226]

Ihren Höhepunkt erreichten die Vernehmungen am dritten Tag. Nunmehr wurden Schleiermacher jene Briefe an Reimer vorgelegt, die am 11. Juli 1819 bei einer Durchsuchung in den privaten und geschäftlichen Räumlichkeiten des abwesenden Verlegers beschlagnahmt, jedoch nicht dem von der Mainzer Untersuchungskommission auszuwertenden Material beigefügt worden waren. Es handelte sich, wie erwähnt, um den Brief vom 6. Dezember 1806, der seinerseits auf einen zweiten Brief vom Spätherbst desselben Jahres (14./30. November) Bezug nahm, sowie um ein Schreiben vom 14. November 1813.[227]

---

machers Ausführungen kaum leugnen können. Jahn war zum Zeitpunkt der Erklärung, seit seiner überfallartigen Festnahme in der Nacht vom 13. zum 14. Juli 1819, bereits mehr als dreieinhalb Jahre in Haft beziehungsweise, seit dem 22. Mai 1820, unter Arrest, ohne daß eine Anklage gegen ihn erhoben worden wäre. Bei Jahns Festhaltung handelte es sich um einen eklatanten Rechtsbruch, wie auch Schleiermacher wußte. Die Umstände der Haft waren ebenfalls einem weiteren Kreis bekannt, da Jahns Briefe an seine Ehefrau in zahlreichen Abschriften kursierten (vgl. Friedrich Ludwig Jahn: Briefe. Herausgegeben von Wolfgang Meyer (Quellenbücher der Leibesübungen. Band 5), Dresden o.J. [1930], hier: 142–144 und 149–150).

[224] GStA PK, I. HA Rep. 76 I, Anhang II. Nr. 55, Bl. 63v (Reetz: Ebd., 452). Es handelt sich bei der zitierten Wendung um eine der polizeilichen „Bemerkungen" zu den Brieftexten, die im Vernehmungsprotokoll aufgeführt werden.

[225] GStA PK, I. HA Rep. 76 I, Anhang II. Nr. 55, Bl. 63v (Reetz: Ebd., 453).

[226] GStA PK, I. HA Rep. 76 I, Anhang II. Nr. 55, Bl. 64r (Reetz: Ebd., 454). – Die Turnplätze waren 1820 landesweit geschlossen und das Turnen in der bisherigen Weise verboten worden. Altenstein war mit diesen Maßnahmen nicht einverstanden gewesen, doch hatte er nur erreichen können, daß an einzelnen Gymnasien und Erziehungsanstalten weiterhin körperliche Übungen durchgeführt werden durften. Das Mißtrauen gegen die mit der Leibesertüchtigung verbundene Gemeinschaftsbildung war derart groß, daß erst 1837 das Turnen wieder in weiterem Umfang erlaubt und den Gymnasien empfohlen werden konnte.

[227] Protokoll über die Vernehmung vom 23. Januar 1823, in: GStA PK, I. HA Rep. 76 I, Anhang II. Nr. 55, Bl. 66–71 (Druckfassungen bei Reetz: Ebd., 456–465 und aus-

Zunächst hatte Schleiermacher sich für die im November 1806 niedergeschriebene, späteren Lesern schwer problematisch klingende Wendung
von der notwendigen „allgemeinen Regeneration" zu rechtfertigen.[228]
Er tat dies mit einer ausführlichen Erklärung, in der er, als Voraussetzung seines damaligen Standpunktes, die politische Situation während
der Frühphase der französischen Besatzung in Erinnerung rief:

„Der Brief ist, obgleich ohne Datum offenbar geschrieben nachdem die Uni-
versität Halle von den Franzosen aufgelöset war, und ehe Halle durch den
Tilsitter Frieden von Preußen abgetreten wurde. [...]
Das Unentschiedene war also zunächst der damalige Kampf zwischen
Preußen und Franckreich, von deßen Entscheidung ich glaubte daß auch das
Schiksal des ganzen übrigen noch nicht zum Rheinbund gehörigen Deutschlands abhängen werde. In diesem Sinne nun heißt ruhig zusehen, vor allen
Dingen aber[229] nicht Deutschland aufgeben nur so viel[:] sich nicht voreilig
der Besorgniß überlaßen, daß Deutschland ganz werde in französische Gewalt
kommen und dann als eine französische Provinz seine Eigenthümlichkeit
verliehren. [...]
Der ganze Satz welcher sich mit den Worten: alles politische u.s.w. anfängt[230] spricht zwei Gedanken aus, zuerst den daß man es für kein[231] großes

---

zugsweise bei Lenz: Geschichte der Königlichen Friedrich-Wilhelms-Universität zu
Berlin. Band IV, 433–435). – Zu den Nachforschungen, denen Reimer ausgesetzt
war und die seine verlegerische Arbeit zeitweise stark beeinträchtigten, siehe Doris
Fouquet-Plümacher: Jede neue Idee kann einen Weltbrand anzünden. Georg Andreas
Reimer und die preußische Zensur während der Restauration, in: Archiv für die Geschichte des Buchwesens 29 (1987), 3–14. Zu Reimers jahrelangem Kampf um Rehabilitierung und Rückgabe des beschlagnahmten Materials vgl.: Band I, S. 402–403.

[228] Brief an Georg Andreas Reimer; undatiert, vom 14./30. November 1806; in der Re-
gistraturzählung der Ermittlungsbehörde: „No. 559"; abgedruckt in: Neue Briefe
Schleiermachers und Niebuhrs an Georg Reimer und Schleiermachers an E. M. Arndt.
Herausgegeben von Ernst Müsebeck, in: Forschungen zur brandenburgischen und
preussischen Geschichte 22 (1919), 216–239, hier: 224–225. Das Originalmanuskript liegt vor in der Akte: GStA PK, I. HA Rep. 76 I, Anhang II. Nr. 55, dort: Bl.
46. Vgl. zu diesem Brief: Band I, S. 154–155.

[229] Korrigiert aus „aber,".

[230] Die im folgenden von Schleiermacher eingehend erläuterte zentrale Passage des Briefes sei hier, weil ohne ihre Kenntnis die Ausführungen unverständlich bleiben müssen,
noch einmal wiedergegeben: „Alles politische aber was bis jetzt bestand war im Großen und Ganzen angesehn ein unhaltbares Ding, ein leerer Schein, die Trennung des
Einzelnen vom Staat und der der Gebildeten von der Masse viel zu groß als daß Staat
und Masse hätten etwas sein können. Dieser Schein muß verschwinden und nur aus
seinen Trümmern kann die Wahrheit sich erheben. Eine allgemeine Regeneration ist
nothwendig und wird sich aus diesen Begebenheiten entwickeln. Wie? das kann man
jetzt noch nicht sehen; aber wir wollen dabei sein, und mit angreifen, sobald der Gang
der Dinge uns aufruft oder mit sich fortreißt. Keiner aber, und am wenigsten diejenigen, welche in das Leben der Wissenschaft auf irgend eine Weise verflochten sind,
soll daran denken, Deutschland zu verlassen" (Neue Briefe Schleiermachers und Niebuhrs an Georg Reimer und Schleiermachers an E. M. Arndt, 224–225).

[231] Auch hier muß die von Reetz gebotene Lesefassung (Ebd., 458: „daß man es für ein")
korrigiert werden.

Unglück an sich halten dürfe wenn, wie das Römische Reich schon verschwunden war durch den Rheinbund auch die noch übrigen deutschen Staaten durch diesen Kampf eine solche Krisis erführen, wodurch von dem bestehenden vieles verschwände, damit hernach wenn die feindliche Gewalt wieder aufhörte neue und beßere Einrichtungen Platz greiffen könnten. [...] Bei dem Ausdruk Trennung der Einzelnen vom Staat habe ich vornehmlich gedacht an die damals noch sehr allgemeine Gleichgültigkeit vieler Staatsbürger gegen die im Staate vorgehenden Veränderungen in Beziehung auf Gesetzgebung und Staatsverwaltung, denn durch diese Gleichgültigkeit trennt sich der Einzelne vom Staat, und unter der Trennung der Gebildeten von der Maße verstand ich den gänzlichen Mangel an Zusammenhang zwischen dem eigentlichen Volke und denjenigen die jene Gleichgültigkeit hätten in eine lebendige Theilnahme verwandeln können. Eben darauf bezieht sich auch der Ausdruck, daß alles Politische was bis zu der Zeit bestand ein unhaltbares Ding sey, nämlich unhaltbar gegen die französische Übermacht, indem ich die Leichtigkeit mit welcher die Franzosen siegten zum großen Theil jener Gleichgültigkeit und dem damit zusammenhängenden Mangel an Enthusiasmus in den Volksklaßen aus welchen die Streitkräfte genommen werden, zuschrieb.

Der Ausdruck leerer Schein bezieht sich auf das große Vertrauen, welches ich vor dem Beginn des Krieges gehabt hatte, daß Franckreich schon damals an der Macht Preußens scheitern werde; ich schloß nun daraus daß noch viel weniger andere Staaten, von denen ich nicht eine so gute Meinung hatte, sich würden gegen Franckreich halten können, und hieraus entstand die Ansicht daß die Kraft und zureichende Selbstständigkeit der deutschen Staaten ein leerer Schein gewesen sey. Es ist nun wohl kaum nöthig noch zu erklären was ich unter der allgemeinen Regeneration verstand nämlich ohne etwas Bestim[m]teres dabei zu dencken, solche Einrichtungen in welchen eine hinreichende Abhülfe gegen die vorher angeführten Unvollkommenheiten läge. Der zweite Gedanke ist der Vorsatz, wenn diese Veränderungen eintreten würden, dann dabei zu seyn; welches diejenigen nicht mehr konnten die voreilig Deutschland aufgegeben und verlaßen hätten, hier an schließt sich der Vorsatz mit anzugreiffen, welcher Ausdruck ein leitendes Eingreifen meines Erachtens geradezu ausschließt. Dieser Ausdruck welcher in den gestellten Fragen vorkömt[232], ist so viel ich sehen kann, durch nichts in diesen Briefen veranlaßt. Unter dem Mitangreiffen habe ich mir für meine Person nichts anderes gedacht, als zuerst das Allgemeine was jeder Einzel[n]e thun kann wenn er bei solchen Veränderungen dasjenige was ihm zugemuthet wurde willig leistet, und durch gutes Beispiel auf andere wirkt; dann aber das Besondere was ich als Lehrer und Schriftsteller durch mündliche oder schriftliche Erläuterungen glaubte thun zu können.

Auch hier scheint mir der Ausdruck: sobald der Gang der Dinge uns aufruft, deutlich genug zu zeigen daß in dieser ganzen Stelle der Gedancke nicht

---

232 Schleiermacher war, laut einer im Protokoll festgehaltenen „Bemerkung", während der Vernehmung gefragt worden: „Bei der Entwickelung wollen sie [scil.: Schleiermacher und Reimer] ja dabei seyn und mit angreifen. Welcher Zeitpunckt ist als der der Entwickelung gedacht, und wie will ein Profeßor und ein Buchhändler dabei mit angreifen, wie können sie dazu fortgerißen werden ohne Aufruf?" (GStA PK, I. HA Rep. 76 I, Anhang II. Nr. 55, Bl. 66v; Reetz: Ebd., 457).

herrscht daß ich irgendwie die gefaßten Veränderungen selbst bestimmen oder herbeiführen zu können glaubte. Was H.[errn] Reimer betrift welcher in diesem Wir mit eingeschloßen ist, so lag ihm jenes Allgemeine eben so gut ob als mir, und bei dem was ich als Schriftsteller würde gethan haben wäre er ebenfalls mitwirkend gewesen, weil ich schon damals mit ihm als Verleger ausschließlich in Verbindung stand. [...]
　　　H. p. Schleiermacher fährt fort die ganze Expektoration hat wohl nicht Reimer veranlaßt; alles Politische in diesem Briefe ist theils ganz allgemein theils hat es eine besondere Beziehung auf meine damalige prekäre Lage in Halle und auf meine mit meiner Ansicht von der damaligen allgemeinen Lage der Dinge so genau zusammenhängenden Entschließungen über das was ich in einem oder dem anderen Falle thun wollte[.] An meiner persönlichen Lage hat aber der p. Reimer immer einen großen Antheil genommen."[233]

Den Inhalt des Dezember-Briefes faßten die Ermittler sehr verkürzend dahin zusammen, daß Schleiermacher gefordert habe, „die alte Ordnung" müsse „verschwinden". „Das Mittel dazu ist daß die Nation aufstehe es sey nun gereizt durch feindlichen Druck im Wißenschaftlichen und Religiösen, oder daß sie nach glücklicher Aktion von den Fürsten aufgerufen werde." Für nötig halte der „Briefsteller" „eine neue Ordnung weil die Nation als solche nur in die wißenschaftliche und religiöse nicht aber in die politische Bildung eingegangen ist". Er wünsche die Auflösung der alten Ordnung, da er „das Palliativ und nichts so sehr als dies" fürchte. Insgesamt beinhalte der Brief „ein gefährliches Glaubensbekenntniß", das ein „Kathederlehrer" einem andern gegenüber ablege.[234]
　　　Der wesentliche Punkt war in dieser Lesart mißdeutet. Denn tatsächlich hatte Schleiermacher nicht die Veränderung der politischen Ordnung als solche gefordert, sondern den Prozeß beschrieben, in dessen Verlauf, bedingt durch den „wissenschaftlichen und religiösen Druck", den ein siegreicher Eroberer auf Deutschland ausüben werde, „die Nation aufstehn und sich also auch einen Staat bilden" müsse. Von hier aus ist die vor allem beanstandete Bemerkung zu verstehen: „Soll er [scil.: der Feind] aber in seine Grenzen zurückgewiesen werden, so kann es ebenfalls nur geschehn, wenn die Fürsten die Nation in Bewegung setzen, was nach einer glücklichen Action sehr thunlich ist, und dann wird auf diesem Wege die alte Ordnung der Dinge von selbst verschwinden."[235]

---

[233] GStA PK, I. HA Rep. 76 I, Anhang II. Nr. 55, Bl. 66r–69r (Reetz: Ebd., 458–461).
[234] GStA PK, I. HA Rep. 76 I, Anhang II. Nr. 55, Bl. 69v–70r (Reetz: Ebd., 461–462). Erneut handelt es sich um eine jener „Bemerkungen" der Ermittler.
[235] Brief an Georg Andreas Reimer; undatiert, vom 6. Dezember 1806; in der Zählung der Polizeibehörde: „No. 558"; abgedruckt in: Neue Briefe Schleiermachers und Niebuhrs an Georg Reimer und Schleiermachers an E. M. Arndt. Herausgegeben von Ernst Müsebeck, 225–227, hier: 226–227. Das Originalmanuskript liegt vor in: GStA PK, I. HA Rep. 76 I, Anhang II. Nr. 55, dort: Bl. 44. Auch zu diesem Brief vgl.: Band I, S. 155–156.

Zu dem Vorwurf, die Ausführungen enthielten „ein gefährliches Glaubensbekenntniß", erklärte Schleiermacher:

„Ich gestehe daß ich in dieser Stelle kein gefährliches Glaubensbekenntniß finde; [...]. [...] Daß ich glaubte[,] im Fall eines totalen feindlichen Sieges so daß auch an Rußland und England keine Stütze mehr zu finden wäre, eine Loßreißung des überwundenen Deutschlands von Franckreich nach der damals wohl befürchteten gänzlichen Auflösung der Preußischen Monarchie nur durch einen Aufstand der Nation selbst bewirkt werden könne, diese Meinung kann nichts gefährliches seyn; daß ich auf der andern Seite glaubte in einem glücklicheren Falle könnten die gewünschten Veränderungen dadurch eintreten daß die Fürsten *selbst* die Nation in Bewegung setzten hat der Erfolg gerechtfertigt, denn der Aufruf der Nation zur allgemeinen Bewafnung und die Verkündigung des Entschlußes eine Ständische Verfaßung einzurichten stehen wohl in einem unleugbaren Zusammenhange[.] Das also geglaubt zu haben was nachher wirklich geschehen ist, kann auch nichts gefährliches seyn; in ständischen Einrichtungen aber, der Umfang Ständischer Befugniße sey auch welcher er wolle liegt allemahl die Erfüllung des Wunsches der in diesen Briefen vorherrscht daß nämlich die Nation in die politische Organisation möge hinein gezogen werden. Auch das kann nicht gefährlich seyn, daß ich den Zustand scheuete, der hier ein Palliativ genannt wird, worunter ich nämlich eine solche Beendigung des Kampfes verstand, welche zu den gewünschten Veränderungen keine Veranlaßung dargeboten hätte, denn indem der König die Errichtung von Ständen beschloßen hat, hat Er selbst diesen bürgerlichen Zustand für beßer erklärt als den vormaligen, also für wünschenswerth."[236]

Auch in der emotionalen Sondersituation einer Polizeivernehmung blieb Schleiermacher ganz er selbst. Vor allem ließ er sich nicht davon abbringen, die zentralen Positionen seines politischen Programmes verhältnismäßig ungeschützt vorzutragen. Ins Angesicht seiner Widersacher hinein erhebt er die Forderung nach politischer Partizipation der Staatsbürger. Aber damit nicht genug: Dem Grundsatz folgend ‚Die beste Deckung ist der Hieb', scheut er sich nicht, in seiner Apologie einen unmißverständlichen Hinweis darauf anzubringen, daß der König in schwerer Stunde die Absicht bekundet hatte, „eine Ständische Verfaßung einzurichten". Eine solche Bemerkung mußte im Frühjahr 1823, nachdem ein autoritär agie-

---

[236] GStA PK, I. HA Rep. 76 I, Anhang II. Nr. 55, Bl. 69r–70r (Reetz: Ebd., 462–463). Im Protokoll stehen diese Ausführungen, wie sämtliche Aufzeichnungen zum Inhalt der Erörterungen, auf der rechten Blatthälfte, während die oben angeführte „Bemerkung", wie alle Aufzeichnungen zu den Vernehmungsgegenständen, auf der linken Hälfte notiert ist. Aus dieser Anordnung erklärt sich die Überschneidung der Blattangaben. – Der dritte Vernehmungstag endete, nachdem Schleiermacher auch noch zu zwei kurzen Passagen aus dem Brief an Reimer vom 14. November 1813 Erklärungen abgegeben hatte. Für die politische Thematik sind diese Ausführungen nicht bedeutsam (vgl.: GStA PK, I. HA Rep. 76 I, Anhang II. Nr. 55, Bl. 70r/v; Reetz: Ebd., 463–464).

rendes staatliches Regime bereits seit mehr als drei Jahren bestrebt war, alle liberalen Lebensäußerungen in der öffentlichen Diskussion zu unterbinden, schlechterdings als Provokation aufgefaßt werden.

Überdies stand ihm, worauf an dieser Stelle auch hingewiesen sein soll, im Schicksal eines entfernteren Anverwandten, des Cousins seiner Ehefrau, Ludwig von Mühlenfels, vor Augen, wir rigide die Polizeibehörde vorging und wie konsequent Strafmaßnahmen im gegebenen Fall durchgeführt wurden. Dem Mut, mit dem Schleiermacher, in vollständiger persönlicher Integrität, bei den Vernehmungen aufgetreten ist, kann man nur Respekt zollen.[237]

---

[237] Der bereits früher erwähnte Mühlenfels war ein ungestümer Mensch, dessen Leben den Stoff für einen Roman bietet. Er mußte, hauptsächlich wegen publizistischer Aktivitäten, in der Zeit der Demagogenverfolgung eine mehrjährige Haftstrafe verbüßen. Haftort war das Hausvogteigefängnis in Berlin, wohin Mühlenfels auf Betreiben von Kamptz aus österreichischem Gewahrsam überstellt worden war. Allerdings gelang ihm später die Flucht; die Goldstücke, aufgrund derer ihm das Entweichen ermöglicht wurde, hatte er im Buchdeckel einer mitgeführten Bibel verborgen. Nach einer Zwischenstation in Schweden, ging er nach England, wo er auf Fürsprache von Niebuhr am University College in London eine akademische Stellung erhielt. Als Schleiermacher im September 1828 London besuchte, empfingen er und sein Reisebegleiter, der preußische Offizier Alexander von Forstner, von Mühlenfels Quartier und ortskundige Führung. Weil das Bewegründe für die Englandreise nicht klar zutage liegen, kann nicht ausgeschlossen werden, daß Schleiermacher in Sachen des Exilanten tätig gewesen ist. 1830 durfte Mühlenfels nach Berlin zurückkehren, wobei ihm jedoch noch längere Zeit einschränkende Auflagen gemacht wurden. In Berlin unterhielt er mit der Schleiermacherschen und besonders mit der Reimerschen Familie enge Kontakte. Ehrenfried von Willich urteilte über den revolutionären Verwandten: „Er war ein schroffer Charakter und hatte einen Begriff von Freiheit, der ihm einen etwas demokratischen Zug verlieh" (Ehrenfried von Willich: Aus Schleiermachers Hause. Jugenderinnerungen seines Stiefsohnes, 125; vgl. insgesamt: 121–126). Schleiermacher selbst war Mühlenfels zugeneigt. Er sah jedoch auch mit Sorge dessen unnachgiebiges Verhalten, durch das die Jahre der Haft sehr erschwert wurden. In einem Brief vom 30. Januar [/ 1. Februar] 1820, während die erste Verfolgungswelle ihren Höhepunkt erreichte, äußerte er gegenüber Ernst Moritz Arndt: „So meint man auch, daß die noch Verhafteten, selbst Jahn, bald werden los kommen bis auf Mühlenfels, der mir ernstliche Sorgen macht. Er bleibt nemlich beharrlich bei seinem System sich nicht einzulassen [das heißt auszusagen], und kann mit der Zeit noch einmal eine interessante Rechtsfrage werden" (zitiert nach: Schleiermacher als Mensch. Band II. Briefe 1804–1834, 313–316, hier: 314). Mühlenfels bestritt, nicht ohne Grund, der Berliner Justiz die Zuständigkeit für seinen Fall. Auch Schleiermacher sah die Inhaftierung des „festen jungen Mannes" in Berlin als „gesetzwidrig" an (Brief an Joachim Christian Gaß vom 6. November 1819, in: Drei Briefe Schleiermachers an Gass, 38–42, hier: 39). Vgl. daneben seinen Brief an Mühlenfels vom 12. Mai 1819, der in den Akten der Mainzer Bundeszentralkommission angeführt wird (GStA PK, I. HA Rep. 77 Tit. 17. Sect. Pars Geh. Verbind. Gener. Nr. 40. Vol. 2, Bl. 108v–109v). – Siehe Paul Wentzcke: Ludwig von Mühlenfels, in: Hundert Jahre deutscher Burschenschaft. Burschenschaftliche Lebensläufe. Herausgegeben von Hermann Haupt und Paul Wentzcke (Quellen und Darstellungen zur Geschichte der Burschenschaft und der deutschen Einheitsbewegung. Band 7), Heidelberg 1921, 3–16. In London war Mühlenfels der erste Dozent für deutsche Literaturgeschichte.

3.5. Schleiermachers Rechtfertigungsschrift vom 26. Januar 1823

Der gleiche, in seiner imponierenden Unerschrockenheit an Lessing erinnernde Geist spricht auch aus der ausführlichen Rechtfertigungsschrift,
die Schleiermacher am 26. Januar, drei Tage nach der letzten Vernehmung,
an das Polizeipräsidium einsandte. Obwohl ihm jeweils nach Schluß der
Sitzung die Gelegenheit zur Überprüfung der Gesprächsaufzeichnung gegeben worden war und alle drei Teilprotokolle neben derjenigen Granos
auch seine Unterschrift tragen, hielt er doch die dort festgehaltenen Erklärungen im einzelnen für unzulänglich, so daß er auf eine zusammenhängende Selbstverteidigung in Form eines „schriftlichen Aufsatzes über
den Gegenstand überhaupt" nicht verzichten zu können meinte. Zugleich
stellte er den Antrag, daß sein Manuskript dem Protokoll als zugehöriger
Bestandteil „angehängt und beygefügt" werde.[238]
Unmittelbar vor der Absendung vergewisserte er sich des fachkundigen Beistandes Eichhorns, mit dem er, wie eine Tagebucheintragung belegt, die soeben verfaßte Erklärung besprach.[239] Denkbar ist, daß Schleiermacher dieses Verfahren von Anfang an intendiert hatte und er etwa
von Eichhorn selbst oder von Humboldt entsprechend instruiert worden war. Jedenfalls verschaffte es ihm die Möglichkeit, zu den nunmehr
genau bekannten Vorwürfen aus etwas größerer Distanz Stellung zu nehmen, und das heißt auch, ohne auf die belastenden Briefpassagen, deren
konkreten Wortlaut er nicht hinwegdisputieren konnte, im einzelnen reagieren zu müssen. Der damit erzielte Souveränitätsgewinn war, angesichts
der insgesamt doch etwas heiklen Lage, beträchtlich, und Schleiermacher
wußte ihn auch, wie sich sogleich zeigen wird, zu nutzen.
Erstmals hat Wilhelm Dilthey den Text 1863 im vierten Band der
Briefsammlung „Aus Schleiermacher's Leben" nach zwei im Nachlaß
vorliegenden Abschriften bekanntgemacht.[240] Das originale Manuskript

---

[238] Der Antrag ist festgehalten im Protokoll zum dritten Vernehmungstag. Grano setzte
folgende Bemerkung hinzu: „Diesem Antrag mußte nachgegangen werden und ver-
sprach H. Profeßor Schleiermacher jene Ausarbeitung spätestens den 28t d. M. dem
Deputirten zuzusenden" (GStA PK, I. HA Rep. 76 I, Anhang II. Nr. 55, Bl. 70v; Reetz:
Ebd., 464–465).

[239] Tageskalender von 1823, in: Schleiermacher-Nachlaß 444, Bl. 7v (Eintragung vom
Sonntag, dem 26. Januar: „H[aupt] Predigt. Eichhorn vorgelesen die Erklärung [...]").
– Über sein Verhältnis zu Eichhorn hatte Schleiermacher während der Vernehmung
angegeben: „In betreff d. H. p. Eichhorn muß ich besonders bemerken, daß seine
Schreiben an mich stets in den Schranken sich gehalten haben die sein Amt als Staatsdiener ihm zeichnen, so wie ich auch stets die Diskretion beobachtet habe über solche
hinaus ihm nie Notizen abzufordern" (GStA PK, I. HA Rep. 76 I, Anhang II. Nr. 55,
Bl. 57r; Reetz: Ebd., 441–442). Daß Schleiermacher bei der Vernehmung veranlaßt
worden war, sich zu der Frage zu äußern, ist bemerkenswert. Eine mündliche Unter-
richtung über behördliche Vorgänge wird durch seine Auskunft nicht ausgeschlossen.

[240] Aus Schleiermacher's Leben. In Briefen. Band 4, 437–443. Die beiden acht- bzw. neun-
seitigen Niederschriften liegen vor in: Schleiermacher-Nachlaß 498/1 und 498/2. Sie

befindet sich in den „Acta betr. den Professor Schleiermacher 1806 / 23.“, wo es, wie auch das Vernehmungsprotokoll, innerhalb der „Anlage XI“ abgelegt wurde.[241] Schleiermacher wählte einen mutigen Auftakt für sein Plädoyer in eigener Sache:

„Nachdem nun die von den beiden hohen Ministerien angeordnete Vernehmung geschlossen ist, erfreue ich mich der Ueberzeugung, daß, wenn ein Verdacht gegen mich obgewaltet hat, als sei ich in unerlaubten Verbindungen und gesezwidrigen Unternehmungen verwickelt gewesen, oder als hege ich gefährliche Grundsäze, von diesen nun keine Spur mehr übrig sein kann. Denn was in den mir vorgelegten Briefen einen solchen Verdacht hätte begünstigen können, wird durch meine einfachen und schlichten Erklärungen ohnfehlbar in das rechte Licht gesezt sein. Ist nun aber in allen meinen Briefen an Arndt und Reimer nichts weiter als das mir vorgelegte aufzufinden gewesen, hat sich in den Papieren aller übrigen zur Untersuchung gezogenen nichts gefunden, was mich compromittirt: so muß ich wol von dem Verdacht, als habe ich eine Rolle in den geheimen Verbindungen gespielt, vollkommen gereinigt dastehn.“[242]

Kritisch weist Schleiermacher auf die schon 1813 hervorgetretene Gegnerschaft Schuckmanns gegen ihn hin. Bereits damals, im Streit um die Redaktionsführung des *Preußischen Correspondenten*, habe der Minister den Vorwurf „eines politischen Treibens“ nicht belegen können. Es sei nicht zu einer Gegenüberstellung mit denen gekommen, die die Beschuldigung erhoben hatten. Schleiermacher sei deshalb nicht in die Lage versetzt worden, sich rechtfertigen zu können und so „die gute Meinung Sr. Majestät wieder zu erlangen“.[243] Nach Restituierung des Friedenszustandes „wollte ich diese Sache wieder aufnehmen; allein da mir der Herr Staatsminister v Schuckmann, damals mein höchster Dienstvorgesezter, dieses als über-

weisen geringfügige Abweichungen gegenüber der an das Polizeipräsidium eingesandten Fassung auf; vgl. dazu unten Anmerkung 324.
241 GStA PK, I. HA Rep. 76 I, Anhang II. Nr. 55, Bl. 72–75 (hiernach die Druckfassung bei Reetz: Ebd., 467–473). Am oberen Rand von Bl. 72r wird der Eingang des Schreibens festgehalten: „eingeg: 27. Jan. 1823“. Leider weist die von Reetz gebotene Transkription gerade bei diesem Dokument zahlreiche Verlesungen und Fehler auf.
242 GStA PK, I. HA Rep. 76 I, Anhang II. Nr. 55, Bl. 72r (Reetz: Ebd., 467).
243 Ganz ähnlich war schon seinerzeit Schleiermachers Argumentation gewesen. In der an Schuckmann gerichteten Rechtfertigungsschrift vom 27. Juli 1813 hatte er das gleiche Motiv hervorgehoben: „Da nun die gute Meinung Sr. Majestät ein unschäzbares Gut ist, welches keinem Unterthan am wenigsten einem Staatsdiener unverdienterweise entzogen werden darf; so erwarte ich von der höheren Gerechtigkeit, daß sie die angeblichen Thatsachen worauf jene Vorwürfe sich gründen, mir bekannt machen und mich dadurch in den Stand sezen werde die Verunglimpfung [...] abzuwehren und mich in jenes unschäzbare Gut zu restituiren [...]“ (GStA PK, I. HA Rep. 76 I, Anhang II. Nr. 55, Bl. 92–95, hier: 95v). Vgl. dazu Abschnitt V.8.2.: Schleiermachers Rechtfertigungsschrift vom 27. Juli 1813.

flüssig abrieth: so unterließ ich es um so leichter, da ich in meinem Gewissen völlig beruhigt war". Schleiermacher war sich bewußt, „in jener herrlichen Zeit" nichts anderes getan zu haben, „als nach meinen besten Kräften offen unter Aller Augen für die große Sache [zu] wirken, welche der König begonnen hatte".[244]

Was aber die Grundsätze „in politischer Hinsicht" betreffe, so müßten briefliche Äußerungen, sofern sie als politische Stellungnahmen aufgefaßt werden könnten, „doch vorzüglich aus den geordneten und streng zusammenhängenden Darstellungen" seiner Ansicht beurteilt werden. An solchen fehle es nicht, wie Schleiermacher wohl mit Bezug auf seine Staatslehre- bzw. Politikvorlesungen und die thematisch relevanten Akademiebeiträge erklärt. Sofern sich in ihnen etwas Verdächtiges hätte entdecken lassen, so würden sie gewiß ebenfalls zum Gegenstand der Vernehmung gemacht worden sein.[245]

Nach diesen einleitenden Bemerkungen geht Schleiermacher in einem ersten zentralen Abschnitt auf die „unseligen Stellen in meinen Briefen" ein:

„Indeß etwas höchst schmerzliches bleibt mir noch zu erwähnen aus dieser Vernehmung, nämlich die mir vorgelegten Aeußerungen über die Allerhöchste Person Sr. Majestät des Königs. Da sie mir gänzlich aus dem Gedächtniß entschwunden waren: so überraschten sie mich, als sie mir vorgelesen wurden, auf eine so erschütternde Weise, daß ich das nicht für hinreichend halten kann, was ich in dieser Stimmung darüber zum Protokoll gegeben. Was mir hiebei am meisten, und weit mehr als irgend ein Erfolg [*im Sinne von:* irgend eine Folge], der mir aus der Auffindung dieser Aeußerungen entstehen könnte, am Herzen liegt, ist die sittliche Beurtheilung der Sache. Nachdem ich nun mir selbst in aller Schärfe vorgehalten, was es auf sich habe[,] über die geheiligte Person des Monarchen auf eine unehrerbietige Weise reden oder schreiben, dann aber auch im Bewußtsein meiner wahren Gesinnung und meines ganzen Lebens mich beruhigt und gestärkt habe[246]: Kann ich doch kein andres Resultat aufstellen, als daß es sehr unbillig sein würde, aus diesen Aeußerungen auf eine Entfernung meines Herzens von der Person des Königs oder auf einen habituellen Mangel an wahrer innerer Ehrfurcht vor Allerhöchstdemselben schließen zu wollen; weil dann auf diese einzelnen Aeußerungen mehr Gewicht gelegt werden müßte, als auf ein ganzes Leben welches für das Gegentheil zeugt."[247]

Schleiermacher beruft sich auf sein Verharren in preußischen Dienststellungen, als er „Berufungen ins Ausland ausgeschlagen" habe, „ohne da-

---

244 GStA PK, I. HA Rep. 76 I, Anhang II. Nr. 55, Bl. 72v (Reetz: Ebd., 468).
245 GStA PK, I. HA Rep. 76 I, Anhang II. Nr. 55, Bl. 72r/v (Reetz: Ebd., 468).
246 Das Wort ist korrigiert. Gelesen werden kann auch „hatte".
247 GStA PK, I. HA Rep. 76 I, Anhang II. Nr. 55, Bl. 72v–73r (Reetz: Ebd., 469). Am Ende des letzten Satzes hatte Schleiermacher ursprünglich geschrieben: „[...] welches das Gegentheil bezeugt".

bei irgend einen äußeren Vortheil in Anspruch zu nehmen".[248] Keinen Zweifel zulassen will er an seiner „Liebe [...] zur Person des Monarchen". Hierfür verweist er auf die Übersiedlung von Halle nach Berlin, „denn wo war damals [„als Halle abgetreten ward"] der Staat von dem ein Theil nach dem andern verloren ging, und dessen übrig bleibendes auch wenig gesichert schien?"; „woran hätte damals die Liebe wol haften können, als an der Person des Königs und an seinem Hause?"[249]

Wenn während der Jahre der Befreiungskriege in den von Schleiermacher geleiteten Gottesdiensten „bei jeder bedeutenden Veranlassung" für den König gebetet worden sei, „so waren meine Gebete gewiß nicht minder eifrig als die irgend eines Geistlichen in dieser Hauptstadt". Aber auch in seinem Privatleben sei er sich „einer aufrichtigen und innigen Theilnahme bei allem was die Person und das Haus des Königs betrifft in meinem Herzen bewußt"; „und offen wie mein Leben vor Augen liegt kann ich jeden auffordern das Gegentheil darzuthun". Als ein „nicht unwürdiger Unterthan und Diener" des preußischen Königs erscheine er sich selbst, allerdings „freimüthig bin ich zugleich und sorglos wie wenig Andere, und werde es auch bleiben, weil ich sonst aufhören müßte derselbe zu sein".[250]

Die königskritischen Bemerkungen sucht Schleiermacher über eine hermeneutische Argumentation zu entschärfen. Auch hier geht er von dem privaten Charakter der Briefe aus:

„Bei jenen Aeußerungen aber ist vorzüglich zu berücksichtigen, daß sie aus einem vertraulichen FamilienBriefwechsel genommen sind, in welchem nicht nur die größte Flüchtigkeit unverkennbar ist, sondern auch überall die herbste Sprache vorherrscht, von welcher auch Aeußerungen über andere verehrte Personen zeugen, die anderwärts gewiß anders würden abgefaßt worden sein. Will man diese Stellen nun billig beurtheilen so muß man sie erst in die Sprache übersezen deren ich mich gegen irgendeinen dritten und überall, wo mehr Ueberlegung in dem Vortrag herrscht, würde bedient haben. Eine solche Uebertragung jeder einzelnen Stelle würde ich im Protokoll angegeben haben, wenn es mir nicht in dem Augenblick wo diese Aeußerungen mir in ihrer ursprünglichen Gestalt vorgelegt wurden, ehrfurchtswidrig erschienen wäre [*korrigiert aus:* gefunden hätte] sie, wenngleich in einer milderen Form, noch einmal zu wiederholen. Uebersezt man sie so, so bleiben sie ihrem Inhalt nach immer freimüthige Aeußerungen, aber das anstößige und ehrfurchtswidrige ist mit dem Ausdruck verschwunden. [...] Es ist also nur der Ausdruck, der tadelnswürdig ist und bleibt; denn gewiß kann man mit vollem Recht die Forderung [*dafür gestrichen:* Ueberzeugung] aufstellen, daß von geheiligten

---

[248] GStA PK, I. HA Rep. 76 I, Anhang II. Nr. 55, Bl. 73r (Reetz: Ebd., 469). – Gemeint sind, neben der Berufung auf eine Würzburger Professur im Jahre 1804, die beiden Vokationen aus Bremen von 1805 und 1806.
[249] GStA PK, I. HA Rep. 76 I, Anhang II. Nr. 55, Bl. 73r/v (Reetz: Ebd., 469).
[250] GStA PK, I. HA Rep. 76 I, Anhang II. Nr. 55, Bl. 73v (Reetz: Ebd., 470).

und verehrungswürdigen Personen nie anders als in gemessenen Ausdrücken
solle gesprochen werden."[251]

Derartige Formulierungen „in einer derben ungeglätteten Sprache", wie
sie „zwei vertraute Verwandte einmal gewohnt sind unter sich" zu reden,
haben nicht dasjenige Gewicht, das ihnen nach der „Skala des Wörter-
buches oder des gesellschaftlichen Tones" zukommt, „sondern ein weit
geringeres". Folglich müsse gelten, daß sie, „so wenig sie Grund zu einer
gerichtlichen Verfolgung geben können, eben so wenig sich auch eignen
eine disciplinarische Ahndung herbeizuführen, indem sie überall keine That
sind, sondern nur flüchtige Gedanken". Als solche seien sie „dem menschlichen Urtheil entzogen", wobei überdies, so Schleiermacher, in seinem
Leben und Wirken nichts nachgewiesen werden könne, „was als That
oder auch nur als zufälliger Erfolg aus ihnen hervorgegangen wäre".[252]
Hieraus leitet Schleiermacher die Erwartung ab, daß die beanstandeten
Bemerkungen „nun ohne weiteres der Vergessenheit übergeben" werden,
„für welche sie ursprünglich bestimmt waren". Sollten sie jedoch den
Anlaß zu fortgesetzten Verhandlungen bilden, so sei es unvermeidlich,
daß sich „die Neugierde des Publicums" auf sie richte. Diese Neugierde
aber werde sich „dann auch ihre Befriedigung zu verschaffen wissen",
wie denn „leider nur zu gewiß auch jezt schon diese und andre Briefe
Personen mitgetheilt worden sind, welche sie auf dem Wege des strengen
Geschäftsganges gar nicht würden gesehen haben". Erst durch die irre-
guläre Verbreitung aber erhalten „solche flüchtigen Aeußerungen" „ein
bleibendes Dasein" – ein Umstand, für den Schleiermacher keine Verantwortung zu übernehmen gewillt ist.[253]
In der abschließenden Passage wendet er sich von der bisher erörterten Thematik ab und der ihm ungleich bedeutsamer erscheinenden Frage
nach dem Charakter seines bisher ausgeübten „Lehrgeschäftes" zu. Es
heißt hier:

„Nur über die vorgelegten Briefe bin ich vernommen worden; von meinem
Wirken auf die Jugend ist nicht die Rede gewesen, und doch sind mir Spuren genug vorgekommen, daß auch dieses bei meinen Vorgesezten ist ange-
schwärzt worden. Was nun mein Lehrgeschäft betrifft: so ist dieses so öffentlich, daß keiner Beschuldigung kann Gehör gegeben werden, welche nicht
die bestimmtesten Beweise und Zeugnisse sogleich zur Hand bringt. Aber
mein außeramtliches[254] geselliges Leben mit der Jugend kann seiner Natur
nach einer eigentlichen Untersuchung nicht unterworfen werden. Ich hoffe

251 GStA PK, I. HA Rep. 76 I, Anhang II. Nr. 55, Bl. 74r (Reetz: Ebd., 470–471).
252 GStA PK, I. HA Rep. 76 I, Anhang II. Nr. 55, Bl. 74v (Reetz: Ebd., 471–472).
253 GStA PK, I. HA Rep. 76 I, Anhang II. Nr. 55, Bl. 74v (Reetz: Ebd., 472).
254 Hier muß die Reetzsche Lesefassung (Ebd., 472: „außerordentliches") korrigiert werden.

indeß, da seit so langer Zeit bei der genauesten Aufmerksamkeit auf der einen Seite und bei der ungestörtesten Unbefangenheit auf der andern noch nichts zum Vorschein gekommen ist, was sich dazu qualifizirt hätte mich darüber auch nur zu befragen, kann ich mit Recht erwarten, daß auch dieses abgethan sei, und im Dunkeln schleichende Insinuationen keinen Spielraum weiter finden werden, welche sich in so langer Zeit durch nichts ans Licht zu bringendes haben bewähren können."[255]

Mit diesen Formulierungen endet die Rechtfertigungsschrift. Auf welches Echo Schleiermachers selbstbewußte Argumentation gestoßen ist, kann schwer eingeschätzt werden. Aus einem Schreiben des Polizeipräsidenten an Altenstein und Schuckmann vom 29. Januar 1823 ergibt sich zwar, daß er beiden Ministern das Vernehmungsprotokoll „nebst der schriftlichen Eingabe des p. Schleiermacher" zugesandt hat.[256] Unmittelbare Reaktionen jedoch sind, nach derzeitigem Kenntnisstand, nicht erfolgt. Schuckmann zumal hielt unabänderlich an seiner negativen Beurteilung fest.

3.6. Der Bericht der Minister Altenstein und Schuckmann

Drei Wochen waren seit den Vernehmungen vergangen, als am 12. Februar Kamptz einen in Schuckmanns Auftrag verfaßten Entwurf für den nunmehr zu erstattenden Bericht an den König vorlegte.[257] Die Zustimmung des Kultusministers war damit jedoch nicht zu gewinnen.[258] Altenstein sah sogar das zuvor vereinbarte Vorgehen nicht mehr gewährleistet, wenn Kamptz' Text, der sich weitgehend an die „Darstellung" vom Juni 1822 anlehnte, die Grundlage für den Bericht bilden sollte. Insbesondere bemängelte er, daß der Polizeidirektor abermals auf die Mainzer Untersuchungsergebnisse zurückgegriffen hatte. Auch kritisierte er, daß Schleiermachers Predigttätigkeit angesprochen worden war, obwohl es hierzu eine anderslautende ministerielle Vereinbarung gab.[259]

---

[255] GStA PK, I. HA Rep. 76 I, Anhang II. Nr. 55, Bl. 74v–75r (Reetz: Ebd., 472–473).
[256] GStA PK, I. HA Rep. 76 I, Anhang II. Nr. 55, Bl. 55 (Reetz: Ebd., 438–439).
[257] GStA PK, I. HA Rep. 77 Tit. 21. Lit. Sch. Nr. 6, Bl. 88–97 (hiernach die Druckfassung bei Reetz: Ebd., 475–500).
[258] Von Altensteins Kritik geben zahlreiche Einklammerungen, Streichungen und Randnotizen Zeugnis, die sich in der angeführten Aktenfassung finden (vgl. dazu Reetz: Ebd., 474).
[259] Vgl.: GStA PK, I. HA Rep. 77 Tit. 21. Lit. Sch. Nr. 6, Bl. 92v–93r (Reetz: Ebd., 486–487). Das Protokoll der Ministerkonferenz vom 22. Dezember 1822 („Registratura") hatte festgehalten: „Der ad 4 [der Kamptzschen Vorlage vom 5. Juni 1822] gedachte Mißbrauch der Kanzel [...] soll in specie gar nicht, sondern im allgemeinen nur dahin erwähnt werden, daß darüber wegen Mangel an bestimmten Beweisen bey so widersprechenden Urtheilen und Ansichten über seine KanzelVorträge und der Schwierigkeiten die Grenzlinien für das zu Mißbilligende zu finden nichts angeführt werden könne" (GStA PK, I. HA Rep. 77 Tit. 21. Lit. Sch. Nr. 6, Bl. 82v; Reetz: Ebd., 433).

In der Folge ließ Altenstein, vielleicht auch aus Verärgerung, die Ausarbeitung wochenlang liegen. Dies wiederum versetzte Schuckmann in Unruhe, bis er schließlich am 12. April eine drängende Rückfrage an den Kollegen richtete.[260] In Wendungen, die bis an die Grenze des guten Tones gingen, stellte Schuckmann in Zweifel, ob es Altenstein „mit der Vollziehung dieses Allerhöchsten Befehls Ernst sei?" Er sehe sich verpflichtet, „Ewr. Excellenz ganz ergebenst dringend zu ersuchen, die von meiner Seite bei Ihnen, seit geraumer Zeit vorliegenden Anträge in diesen Angelegenheiten gefälligst zur Entscheidung zu bringen".[261]

Eine zusätzliche Komplikation trat ein, als der Kultusminister in Reaktion auf Schuckmanns Mahnung erklärte, es sei nötig, „einen ganz neuen Entwurf" anzufertigen. Bei gleicher Gelegenheit gab er aber auch zu verstehen, daß ihm „solches in meiner gegenwärtigen Geschäftslage ganz unmöglich" sei. Er schätzte die Aufgabe als „nicht schwierig" ein, „nur weitläufig in der Bearbeitung".[262] Altenstein schien inzwischen das Entlassungsprojekt an sich problematisch geworden zu sein. Er behauptete – ob mit oder ohne Recht, ist kaum zu entscheiden –, daß ein entsprechendes Votum, sollte es auf Erfolg rechnen können, in völlig anderer Weise fundiert werden müsse, als es bei der Kamptzschen Vorlage der Fall war.[263]

Schuckmanns Ungeduld steigerte sich nun erheblich, denn die Verzögerungen, die sich aus Altensteins Verhalten ergaben, nahmen beträchtliche Ausmaße an. Am 9. Mai schlug er vor, Kamptz möge zu einer von Altenstein zu bestimmenden Stunde bei diesem erscheinen „und ganz nach Ihrer Absicht den Entwurf jenes Berichtes abändern".[264] Auch auf dieses Angebot ging der Kultusminister zunächst nicht ein.[265] Zwischen Mitte Mai und der dritten Juniwoche kam es dann aber doch zu einer solchen Arbeitssitzung. Noch im Juni überarbeitete Kamptz daraufhin

---

[260] Vgl.: Schreiben Schuckmanns an Altenstein vom 12. April 1823, dem „Jahrestag" der Kabinettsorder, in: GStA PK, I. HA Rep. 76 I, Anhang I. Nr. 40, Bl. 48 (Reetz: Ebd., 254 datiert das Dokument irrtümlich in das Jahr 1822) sowie ein weiteres, zeitlich wohl früheres Schreiben vom gleichen Tag: GStA PK, I. HA. Rep. 76 I. Sekt. 30. I. Abteilung No. 90, Bl. 18.

[261] GStA PK, I. HA. Rep. 76 I. Sekt. 30. I. Abteilung No. 90, Bl. 18.

[262] Schreiben Altensteins an Schuckmann vom 21. April 1823, in: GStA PK, I. HA Rep. 77 Tit. 21. Lit. Sch. Nr. 6, Bl. 87 (Druckfassung bei Lenz: Geschichte der Königlichen Friedrich-Wilhelms-Universität zu Berlin. Band IV, 435–436, hier: 436). Ein zweites Schreiben vom 21. April führt Reetz an (Schleiermacher im Horizont preussischer Politik, 256). In einem weiteren Schreiben setzte Altenstein sich sechs Tage später gegen den Vorwurf zur Wehr, er lasse es an der nötigen Mitwirkung fehlen, indem er auf seine bisherigen Schriftsätze zu mehreren Verfahren verwies (GStA PK, I. HA. Rep. 76 I. Sekt. 30. I. Abteilung No. 90, Bl. 19).

[263] Vgl.: GStA PK, I. HA Rep. 77 Tit. 21. Lit. Sch. Nr. 6, Bl. 87 (Lenz: Ebd., 435).

[264] GStA PK, I. HA Rep. 77 Tit. 21. Lit. Sch. Nr. 6, Bl. 99 (Entwurf) und GStA PK, I. HA Rep. 76 I, Anhang I. Nr. 40, Bl. 50 (Reinschrift).

[265] Vgl.: GStA PK, I. HA Rep. 76 I, Anhang I. Nr. 40, Bl. 51–52.

seinen Entwurf, wobei er auch die früheren Altensteinschen Notizen und Korrekturen berücksichtigte.[266]

Selbst jetzt, nachdem Schuckmann ihm eine Revision der Erstfassung anheimgestellt hatte, blieb Altenstein kooperationsunwillig. Seine in einem Schreiben vom 9. Juli ausgesprochene Kritik an dem modifizierten Text fiel sogar noch deutlicher aus.[267] Die Niederschrift entspreche „dem von uns gewählten Gang nicht". Sie „sezt Vieles als ganz erwiesen voraus, wo höchstens eine Vermuthung begründet ist und enthält zu viel heftige Auffassungen [sic] über den Schleiermacher". Insonderheit tadelte Altenstein, daß „alles das, was zur Entschuldigung des Schleiermacher dienen" könne, „beinahe ganz mit Stillschweigen übergangen" worden sei. „[...] und doch ist es bei unserm Antrag [...] die strengste Maasregel, ohne daß er über das Ganze gehört worden ist, doppelt wichtig, nichts zu verschweigen, was er selbst anführen könnte".[268]

Die Bemerkung darüber, daß Schleiermacher nur partiell mit den vorhandenen Belastungsdokumenten konfrontiert worden war, bezieht sich auf den Umstand, daß, konträr zur früheren Forderung Altensteins, die Anklage nun doch auf weitere Zeugnisse aus Schleiermachers literarischer und universitärer Tätigkeit gestützt werden sollte. Insofern hatte Schuckmann sich mit seinem Bestreben durchsetzen können, von einer möglichst breiten Grundlage auszugehen. Die Schmalz-Schrift bildete dabei ebenso einen Bezugspunkt wie die Vorlesungen über Politik, die Sympathiebekundungen für die Burschenschaften und die Haltung im Streitfall de Wette.[269]

In dieser Situation kehrte der Minister zu seinem schon am 21. April ausgesprochenen Urteil zurück. Kamptz' Ausarbeitung wollte er jetzt komplett aufgeben, da er sich „nach verschiedenen vergeblichen Versuchen" davon überzeugt hatte, daß es „nicht möglich" sei, „das Ganze durch Abänderungen unserer Absicht entsprechender zu gestalten". Anders als bei jener früheren Erklärung ließ Altenstein nun auch Taten folgen: „So schwer es mir [...] bey meiner Geschäftslage geworden ist, habe ich mich

---

[266] Die neue Fassung liegt vor in: GStA PK, I. HA Rep. 77 Tit. 21. Lit. Sch. Nr. 6, Bl. 107–113 (Reetz: Ebd., 475–500). Reetz druckt diesen zweiten Entwurf parallel zu jenem ersten vom 12. Februar 1823 ab. Eine genauere Datierung der veränderten Version wie auch des Treffens von Altenstein und Kamptz ist derzeit nicht möglich. Der Titel des zweiten Entwurfes lautet: „Berlin d. [ ] Juni 1823 / An des Königs Majestät den Profeßor Schleiermacher betreffend. / Kamptz" (Ebd., Bl. 107r). Siehe auch die Abschlußdatierung, die ebenfalls die Tagesangabe offenläßt: „B[er]l.[in] d. [ ] Jun 1823." (Ebd., Bl. 113r).

[267] GStA PK, I. HA Rep. 77 Tit. 21. Lit. Sch. Nr. 6, Bl. 105–106 (hiernach die Druckfassung bei Lenz: Ebd., 436–437).

[268] GStA PK, I. HA Rep. 77 Tit. 21. Lit. Sch. Nr. 6, Bl. 105r/v (Lenz: Ebd., 437).

[269] Die entsprechenden Verweise finden sich in dem sogleich zu erörternden Altensteinschen Entwurf für einen Ministerbericht (siehe: GStA PK, I. HA Rep. 76 I, Anhang II. Nr. 55, Bl. 3v; Lenz: Ebd., 438).

doch endlich entschlossen, einen anderen BerichtsEntwurf zu fertigen."[270]
Plausibel wird sein Vorgehen dann, wenn man voraussetzt, daß eine solche Wendung spätestens von dem Moment an intendiert war, als Kamptz
die erste Textfassung vorgelegt hatte. Daß Schleiermacher nur zu den
brieflichen Äußerungen vernommen worden war, kam Altenstein entgegen, und hierin wird auch der Grund dafür zu suchen sein, daß der Minister zwischenzeitlich Schuckmann nachgegeben und einer Verwendung
jener anderen Materialien bei der Anklageformulierung zugestimmt hatte.
   Hinderlich wirkte allerdings, wie er vorgab, noch immer die andauernde
Arbeitsüberlastung. Zudem fehlten zur Niederschrift „verschiedene nicht
unerhebliche Actenstücke, wie das VernehmungsProtocoll des Schleiermachers".[271] Dies spricht wiederum dafür, daß Altenstein in strategischer
Absicht handelte, denn selbstverständlich hätten, auch wenn man eine
regierungsinterne Konkurrenz zwischen dem Kultusministerium auf der
einen, dem Innenministerium und der ihm zugeordneten Polizeiadministra-
tion auf der anderen Seite in Rechnung stellt, die benötigten Unterlagen
kurzfristig beschafft werden können. Die Erörterungen zeigen, daß die
Positionen, die die beiden Minister im Blick auf die antidemagogischen
Praktiken einnahmen, inkompatibel waren.
   Immerhin bestand Altenstein nicht darauf, daß die angeführten Hemmnisse zunächst aus dem Weg geräumt werden mußten. Auch ohne die fehlenden Schriftstücke sah er sich imstande, eine Ausarbeitung vorzulegen.
Er übersandte Schuckmann den Schriftsatz am 9. Juli 1823 in Verbindung mit jenem Schreiben vom gleichen Tage, in dem er die Kamptzsche
Zweitfassung ablehnte. Dabei unterließ er es nicht, ergänzend noch einmal sein Interesse klarzustellen, „dem Ganzen eine [...] angemessene Haltung in Beziehung auf die Sache und den Angeschuldigten zu geben".[272]
Altensteins Vorgehensweise wird hier endgültig klar, denn notwendigerweise mußte er die Bearbeitung des umfangreichen Alternativentwurfes
bei seinen Beamten geraume Zeit zuvor in Auftrag gegeben haben. Die
Zustimmung zu einem in Schuckmanns Ministerium erstellten Bericht
kam für ihn offenkundig nicht mehr in Frage. Hiergegen spricht auch
nicht, daß er sich auf des Innenministers Drängen hin zunächst noch,
wenngleich nach längerem Zuwarten, auf die Mitwirkung an jener Text-
revision eingelassen hatte, verschaffte ihm dies doch die für die Erstellung
der Niederschrift erforderliche zeitliche Frist.[273]

---

[270] GStA PK, I. HA Rep. 77 Tit. 21. Lit. Sch. Nr. 6, Bl. 105v (Lenz: Ebd., 437).
[271] GStA PK, I. HA Rep. 77 Tit. 21. Lit. Sch. Nr. 6, Bl. 106r (Lenz: Ebd., 437).
[272] GStA PK, I. HA Rep. 77 Tit. 21. Lit. Sch. Nr. 6, Bl. 106r (Lenz: Ebd., 437).
[273] Altensteins Entwurf liegt in der originalen Manuskriptfassung weder in der Akte:
       GStA PK, I. HA Rep. 77 Tit. 21. Lit. Sch. Nr. 6 noch in der Akte: GStA PK, I. HA
       Rep. 76 I, Anhang I. Nr. 40 vor. Er ist aber, wie sich aus dem in Anmerkung 276
       angeführten Schreiben Schuckmanns vom 13. Juli ergibt, an das Kultusministerium

Mit dem Hinweis auf außenstehendes Material, das zu berücksichtigen sei, wollte Altenstein sich, indem er die Vorläufigkeit auch noch des eigenen Entwurfes betonte, weiterhin jede Form der Verfahrensbeeinflussung offenhalten. Dies ist auch daraus zu ersehen, daß er den Konsultationsprozeß keineswegs für abgeschlossen hielt. Vielmehr erklärte er, er werde „mit Vergnügen" auf alles eingehen, was nach Schuckmanns Vorschlag „zu besserer Lösung der vorliegenden Aufgabe dienen" könne. Auch sei er „jeden Augenblick" bereit, erneut „mündliche Rücksprache" zu nehmen. Hinsichtlich einiger Punkte, „welche zur schriftlichen Mittheilung zu weitläufig sein dürften", behielt Altenstein sich eine solche Besprechung sogar ausdrücklich vor. Dabei handelte es sich um die Frage, welche Rolle die „Charlottenburger Gesellschaft", die Schleiermacher im Jahre 1813 erteilte Vermahnung und „seine Aeußerungen in verschiedenem Sinne auf der Kanzel" spielen sollten, daneben um „die Anordnung der Anlagen, die ich, da sie mir nicht vollständig vorgelegen haben, nicht bewirken konnte", und schließlich um „den schicklichsten Moment, den Bericht abgehen zu lassen".[274] Schuckmann ignorierte diese Vorbringungen jedoch weitgehend. Altensteins Schreiben samt der beigefügten Berichtsausarbeitung hatte er laut einer entsprechenden Aktennotiz schon am 10. Juli erhalten.[275] Drei Tage später antwortete er durch einen von Kamptz konzipierten Brief, in dem er sich mit Altensteins Text, abgesehen von einem marginalen Aspekt, „völlig einverstanden" erklärte; umstandslos bezeichnete er ihn sogar als „gemeinschaftlichen Bericht".[276] Die einzige Änderung betraf Schleiermachers burschenschaftliche Kontakte. Dazu teilte Schuckmann mit: „Indem ich Ew. Excellenz die Reinschrift [...], unter Wiederbeifügung des Concepts, hierbei ergebenst übersende, bemerke ich [...] daß die, die Burschenschaftliche Zusammenkunft zu Treptow betreffende Stelle deshalb die Veränderung erlitten hat, weil der Profeßor Schleiermacher nicht in dieser sondern in der Versammlung zu Pichelsberg alle Haltung verloren hatte."[277] Auf die von Altenstein angeführten drei inhaltlichen Punkte ging Schuckmann mit keinem Wort ein.

---

zurückgegangen. Der Verbleib des Dokumentes ist ungeklärt. Aus dieser Sachlage ergibt sich auch, daß zu den an der Ausarbeitung beteiligten, sonst in der Regel durch Aktenvermerke kenntlich gemachten Ministerialbeamten keinerlei Anhaltspunkte vorliegen.

[274] GStA PK, I. HA Rep. 77 Tit. 21. Lit. Sch. Nr. 6, Bl. 106r/v (Lenz: Ebd., 437).
[275] Vgl.: GStA PK, I. HA Rep. 77 Tit. 21. Lit. Sch. Nr. 6, Bl. 105r.
[276] GStA PK, I. HA Rep. 77 Tit. 21. Lit. Sch. Nr. 6, Bl. 144r/v (Reetz: Ebd., 259–260). Lenz scheint den wichtigen Brief, der Altenstein als den Urheber des Entwurfes vom Juli 1823 eindeutig festlegt, bei seinen Archivrecherchen übersehen zu haben.
[277] GStA PK, I. HA Rep. 77 Tit. 21. Lit. Sch. Nr. 6, Bl. 144r (Reetz: Ebd., 259). – Altenstein war, wie Schuckmanns Schreiben zu entnehmen ist, von einer auch schon von Kamptz angeführten Passage (siehe: GStA PK, I. HA Rep. 77 Tit. 21. Lit. Sch. Nr. 6 [Entwurfsfassung vom Februar 1823], Bl. 91v sowie GStA PK, I. HA Rep. 77 Tit. 21.

Der Innenminister hatte zu dieser Zeit allen Grund, sich in seinen Intentionen bestätigt zu sehen. Die aktuellen Entscheidungen des Hofes ließen keinen Zweifel daran, daß an eine Öffnung des politischen Systems nicht gedacht war. Vielmehr hatte der König gerade fünf Wochen zuvor, am 5. Juni 1823, auf Anraten seines reaktionären Stabes mit dem „Allgemeinen Gesetz wegen Anordnung der Provinzialstände" entschieden, daß die seit langem in Aussicht gestellten Repräsentativversammlungen nicht einberufen werden würden. Das auch von Schleiermacher mit großen Erwartungen aufgenommene, mehrfach bekräftigte Verfassungsversprechen war damit definitiv aufgehoben.[278]

Das Gesetz fixierte die antikonstitutionellen Zielsetzungen der Regierung, indem den Provinzialständen lediglich ein Beratungsrecht zugebilligt wurde. Ausschließlich in Kommunalangelegenheiten konnten, „unter Vorbehalt Unserer Genehmigung und Aufsicht", Beschlüsse gefaßt werden. Den Provinzialständen kam eine Ersatzfunktion zu, „so lange keine allgemeine ständische Versammlungen statt finden".[279] Wann deren „Zusammenberufung" „erforderlich seyn wird, und wie sie dann aus den Provinzialständen hervorgehen sollen", darüber blieben „die weiteren Bestimmungen Unserer landesväterlichen Fürsorge vorbehalten".[280]

Als oberster Administrator bei den polizeilichen Anstrengungen, jede demokratische Regung im öffentlichen Leben zu unterdrücken, wußte Schuckmann sich also im Einklang mit einer am Hof noch immer dominierenden Tendenz. Daß er nun die Altensteinsche Vorlage ohne weitere Korrekturwünsche akzeptierte und sie sich in vollem Umfang zu eigen machte, ergab sich aus seinem Interesse, dieses Hauptverfahren endlich zu einem Abschluß zu bringen. Es ging ihm darum, dem König den Entlassungsvorschlag möglichst bald zu unterbreiten. Die Details der Antragsbegründung scheinen demgegenüber für ihn von nachgeordnetem Rang gewesen zu sein. Gerade der in der rechtlichen Würdigung auffäl-

---

Lit. Sch. Nr. 6 [Juni-Fassung], Bl. 108v; Reetz: Ebd., 483) in Schleiermachers Brief an Arndt vom 20. Juni 1820 ausgegangen. Schleiermacher berichtete hier von der Teilnahme an einer Zusammenkunft in Treptow: „Unser munteres Studentenvolk, welches sich Gott sei Dank durch alle Plackereien nicht knicken läßt, hat den 18ten in Treptow gefeiert, und ich bin auf die Gefahr, daß wieder ein paar verhaftet und über meine ausgebrachten Gesundheiten inquirirt werden möchten, mitten unter ihnen gewesen; denn es thut wohl jezt mehr als jemals Noth, sich durch das Leben mit der Jugend zu erquicken" (Aus Schleiermacher's Leben. In Briefen. Band 2, 375–376, hier: 375). Diese Wendungen sind in Anbetracht des Umstandes, daß Schleiermacher mit einer polizeilichen Kontrolle seiner Korrespondenz rechnete (vgl. etwa den Brief an Immanuel Bekker vom 11. April 1820, in: Briefwechsel Friedrich Schleiermachers mit August Boeckh und Immanuel Bekker 1806–1820, 121–124, hier: 122), erstaunlich offenherzig.

[278] Die Bestimmung ist abgedruckt in: Gesetz-Sammlung für die Königlichen Preußischen Staaten 1823, Berlin o.J. [1824], 129–130.

[279] Ebd., 129.

[280] Ebd., 130.

lig zurückhaltenden Sachverhaltsbeschreibung Altensteins wird dann aber ihr Anteil daran zugekommen sein, daß Schleiermachers eigene Stellungnahme beim König einen tieferen Eindruck hinterließ.

Schuckmann sandte die Ausarbeitung des Ministers in einer unterzeichneten Reinschriftfassung und ergänzt um insgesamt dreizehn Anlagen mit seinem Schreiben vom 13. Juli an Altenstein zurück, verbunden mit der Bitte, sie nunmehr dem König zu präsentieren.[281] Die „Ordnung der Anlagen", die Altenstein angeblich nicht hatte „bewirken" können, stellte Schuckmann her. Was den geeigneten „Moment des Abgangs des Berichts" betraf, empfahl er, die Rückkehr Friedrich Wilhelms III. aus einem Kuraufenthalt abzuwarten. Zwar sei „Se. Majestät [...] über unehrerbietige Äusserungen erhaben", „allein diese Sache scheint doch nicht geeignet, um Allerhöchstdemselben während des Gebrauchs einer Cur vorgelegt zu werden". Nach erfolgter Absendung sollte Altenstein „zur Vollständigkeit der Acten meines Ministeriums über den Abgang und über das Datum des Briefes mich gefälligst benachrichtigen".[282] Von Bedeutung für die Einschätzung der weiteren zeitlichen Abfolge ist, daß Schuckmanns Schreiben noch bis zum 23. Juli im Innenministerium verblieb und frühestens an diesem Tage an das Kultusministerium überstellt wurde.[283] Die Ursache für die Verzögerung könnte darin gelegen haben, daß eine vom Innenminister für seine eigenen Akten in Auftrag gegebene Abschrift des gesamten Textkomplexes jetzt erst angefertigt wurde.[284]

Aus Gründen, die wohl erneut in den Differenzen zwischen beiden Ministern zu suchen sind, kam es dann aber nicht zu dem von Schuckmann

---

[281] Vgl.: GStA PK, I. HA Rep. 77 Tit. 21. Lit. Sch. Nr. 6, Bl. 144r (Reetz: Ebd., 259). Darauf, daß Schuckmann das Dokument bereits unterzeichnet, es mithin als fertiggestellt deklariert hatte, bezieht sich folgende Formulierung in seinem Schreiben an Altenstein: „[...] habe ich bei meiner nahe bevorstehenden Abreise nach Carlsbad ihn [scil.: den Entwurf] in meinem Ministerium mundiren [reinschriftlich ausfertigen] laßen und meiner Seits vollzogen." Altenstein unterschrieb die Reinschrift nach deren Empfang (siehe: GStA PK, I. HA Rep. 76 I, Anhang II. Nr. 55, Bl. 10r).

[282] GStA PK, I. HA Rep. 77 Tit. 21. Lit. Sch. Nr. 6, Bl. 144v (Reetz: Ebd., 259–260).

[283] Dies ergibt sich aus der Aktennotiz eines Ministerialbeamten auf der Vorderseite von Schuckmanns Schreiben; siehe: GStA PK, I. HA Rep. 77 Tit. 21. Lit. Sch. Nr. 6, Bl. 144r: „Am 23 / 7. mit dem Mundo [scil.: der Reinschrift] und Concepte des Immediat-Berichts und sämmtlichen dazu gehörigen [...] Anlagen an den Herrn w.[irklichen] G.[eheimen] O.[ber] R.[egierungsrat]- und Director p v[on] Kamptz zur weiteren Beförderung übergeben. Mumme." – Schleiermacher befand sich am 23. Juli „Abends bei Eichhorn" (Tageskalender von 1823, in: Schleiermacher-Nachlaß 444, Bl. 31v), doch ist kaum anzunehmen, daß dieser von dem Vorgang hat berichten können. Selbst aber, wenn Schleiermacher von der Weiterleitung informiert war, hat dies doch nicht dazu geführt, daß er sich sogleich an den König wandte. Die Veranlassung dazu bot Altensteins Benachrichtigung.

[284] Siehe: GStA PK, I. HA Rep. 77 Tit. 21. Lit. Sch. Nr. 6, Bl. 114–120. Ursprünglich haben, worauf die vollzähligen Deckblätter hindeuten, hier auch Abschriften aller dreizehn Anlagen vorgelegen (vgl.: Ebd., Bl. 121–143). Vorhanden sind heute nur noch Abschriften zu den Anlagen IV, V, X, XI und XII.

gewünschten Verfahren. Altenstein reichte die ihm zugesandte Reinschriftfassung nicht ein. Auch wenn es aufgrund der mangelhaften Quellenlage
derzeit nicht möglich ist, eindeutig zu klären, in welchem Verhältnis der
schließlich erstattete Bericht zu dem Altensteinschen Text vom 9. Juli
stand, so stimmten doch, wie aus Schleiermachers Eingabe an den König
hervorgeht, die zentralen Aussagen überein. Insofern muß für eine Einschätzung der Verfahrenslage zum Zeitpunkt vor Schleiermachers eigener
Intervention bis auf weiteres auf die im Kultusministerium formulierte
und anschließend von Schuckmann akzeptierte Fassung zurückgegangen
werden.[285]
Die Grundaussage lautete nach wie vor dahin, daß Schleiermacher
aus dem Staatsdienst entfernt werden solle. Obgleich nun Altenstein mittlerweile die gesamte Angelegenheit zu etwas ihm „Widerstrebenden"
geworden war, so erklärte er doch, daß die gesammelten Anhaltspunkte
ausreichten, um das Verfahren gegen Schleiermacher, gestützt auf die

---

[285] Entwurf für einen Bericht der Minister Altenstein und Schuckmann an den König
(Juli 1823), in: GStA PK, I. HA Rep. 76 I, Anhang II. Nr. 55, Bl. 3–10; Anlagen zum
Bericht Nr. I bis Nr. XIII: Ebd., Bl. 12 (Deckblatt) und 13–95. Es handelt sich hierbei
um die vom Innenminister veranlaßte und an Altenstein übersandte Reinschrift. Einen
Abdruck, allerdings ohne die Anlagen, bietet Max Lenz: Geschichte der Königlichen
Friedrich-Wilhelms-Universität zu Berlin. Band IV, 438–444. Lenz ging auf die genannte Akte zurück, ohne jedoch zu erkennen, daß es sich dem Inhalt nach ursprünglich um eine Altensteinsche Ausarbeitung gehandelt hat. – Die Anlagen zum Ministerbericht umfassen folgende Stücke (bei den Blattangaben werden die Titel- bzw.
Umschlagblätter separat in Winkelklammern genannt): Anlage I: „Auszug aus dem
in der Bundes-Central-Commission zu Mainz erstatteten Vortrage über das *Berliner
politische Treiben*" (GStA PK, I. HA Rep. 76 I, Anhang II. Nr. 55, Bl. <13> und 14–
29); Anlage II: Brief an Ernst Moritz Arndt vom 27. Januar 1819 (originales Manuskript) (Bl. <30> und 31–32) [vgl.: Schleiermacher-Nachlaß 739/3, 2 Bl. (Abschrift)];
Anlage III: Brief an Arndt vom 28. April 1819 (Original) (Bl. <33> und 34–35); Anlage IV: Brief an Arndt vom 17. Mai 1819 (Original) (Bl. <36> und 37–38); Anlage
V: Brief an Arndt vom 14. März 1818 (Original) (Bl. <39> sowie 40–41 [Brief] und
42 [mit Siegel versehener Umschlag]; siehe oben Anmerkung 215); Anlage VI: Brief
an Georg Andreas Reimer ohne Datum („No. 558") [vom 6. Dezember 1806] (Original) (Bl. <43> und 44); Anlage VII: Brief an Reimer ohne Datum („No. 559") [zweite
Hälfte (14./30.) des November 1806] (Original) (Bl. <45> und 46); Anlage VIII: Brief
an Reimer vom 14. November 1813 (Original) (Bl. <47> und 48–49); Anlage IX:
Brief an Arndt vom 28. Juni 1819 (beglaubigte Abschrift) (Bl. <50> und 51) [das
Original liegt vor in: Schleiermacher-Nachlaß 739/2, Bl. 3]; Anlage X: Brief an Arndt
vom 20. Juni 1820 (unbeglaubigte Abschrift) (Bl. <52> und 53); Anlage XI: „Bericht
des Königl. Polizei-Präsidiums d.[e] d.[ato] Berlin den 29sten Januar 1823 mit Anlagen, die Vernehmung des Professors Schleiermacher betreffend" (Bl. <54> und 55–75;
siehe oben Anmerkung 211); Anlage XII: „Auszug aus einem Briefe des Studiosus
Bernhard Lindenberg an seinen Vater, den Königl. Hauptmann außer Diensten Lindenberg zu Breslau" (Pichelsbergbericht) (Bl. <76> und 77) und Anlage XIII: „Acta
den Vollzug einer Allerhöchst verordneten Rüge gegen den Profeßor *Dr. Schleiermacher* als Verfaßer eines anstößigen Aufsatzes über die politische Lage des Staats
in dem preuß. Correspondenten vom 14ten July 1813. betreffend. 1813" (Bl. 78 [Ti-
telblatt], 79 [Umschlag] und 80–95; vgl.: Band I, S. 504).

Kabinettsorder vom 12. April 1822, „zu begründen".[286] Bei kritischer
Lektüre läßt sich nicht übersehen, daß die vorgetragene Beweisführung
deutlich markierte Angriffspunkte aufweist. Hierin wirkte sich noch einmal die spezifische Sicht Altensteins aus. Besonders die zahlreich einge-
streuten Rechtsbedenken nehmen einen so breiten Raum ein, daß sie den
Entlassungsantrag fast erdrücken. Von derartigen Kautelen waren die
Kamptzschen Ausarbeitungen vom Februar und Juni völlig frei gewesen,
weshalb bei aller inhaltlichen Parallelität der Darstellungsmodus von Altenstein doch erheblich verändert worden war. Einer geschickten Selbstverteidigung des Beschuldigten wurde so bereits mit der Anklageschrift
vorgearbeitet, zumal sich daneben auch in der sachlichen Darstellung einige signifikante Abschwächungen finden.

Die Minister werfen Schleiermacher mit Hinweis auf den anlageweise
in Auszügen beigefügten Bericht der Bundeszentralkommission von Ende
1821 vor, er sei „unter denjenigen aufgeführt, welche sich schon frühzei-
tig zu den Ansichten bekannt, die in dem politischen Treiben, welches die
folgende Zeit entwickelte, stets vorgeherrscht" hätten.[287] Er sei „wahrscheinlich ein Theilnehmer" verdächtiger Gesellschaften gewesen und
habe „in genauer Bekanntschaft mit vorzüglichen Beförderern des politischen Treibens gestanden und wahrscheinlich ihre Tendenz gekannt".
„In diesem Geiste" und „in dieser Richtung" habe er „gegen Schmalz
geschrieben" und auch Predigten vorgetragen sowie, wiederum „wahrscheinlich", „seine Vorlesungen über die Politik [...] gehalten".[288]
Zwar stützen sich die Berichterstatter, entgegen der ursprünglichen
Intention des Kultusministers, auf den Bericht der Bundeszentralkommission, doch werten sie ihn zugleich ab. Es handele sich „bloß [um] eine
Sammlung von Materialien", die „mehr dazu bestimmt" gewesen sei, „ein
Bild des Ganzen zu geben".[289] In diesem Zusammenhang wird darauf verwiesen, daß Schleiermacher noch nicht die Gelegenheit erhalten hatte, zu
jenen Vorwürfen Stellung zu nehmen, die aus den nicht-brieflichen Dokumenten abgeleitet wurden: „[...] auch ist der Professor *Schleiermacher* über

---

[286] Altenstein erklärte in seinem Schreiben an Schuckmann vom 9. Juli 1823 ausdrücklich, die Aufgabenstellung habe „etwas so Widerstrebendes", daß ihm ihre Ausführung schwer falle (GStA PK, I. HA Rep. 77 Tit. 21. Lit. Sch. Nr. 6, Bl. 105v; Lenz:
Ebd. Band IV, 437).

[287] GStA PK, I. HA Rep. 76 I, Anhang II. Nr. 55, Bl. 3r (Lenz: Ebd., 438). – Aus dem
Mainzer Bericht über „Die demagogischen Umtriebe und geheimen Verbindungen
in der Stadt Berlin" von Ende 1821 werden in der „Anlage I" die ersten vier sowie
zehn weitere Paragraphen angeführt (GStA PK, I. HA Rep. 76 I, Anhang II. Nr. 55,
Bl. 14–29; vgl. die Angaben bei Reetz: Ebd., 287).

[288] GStA PK, I. HA Rep. 76 I, Anhang II. Nr. 55, Bl. 3r/v (Lenz: Ebd., 438).

[289] GStA PK, I. HA Rep. 76 I, Anhang II. Nr. 55, Bl. 4r (Lenz: Ebd., 439). Das Urteil
nimmt eine entsprechende Selbsteinschätzung der Verfasser des Mainzer Berichtes
auf (vgl.: GStA PK, I. HA Rep. 77 Tit. 17. Sect. Pars Geh. Verbind. Gener. Nr. 40.
Vol. 1, Bl. 5r).

das Ganze und Einzelne noch nicht gehört, mithin außer Stand gewesen, etwas zu seiner Rechtfertigung anzuführen; [...]".[290] Außerdem geben die Minister zu, daß sich auch die Behauptung, Schleiermacher habe die Kanzel insgesamt für politische Zwecke „misbraucht", nicht hinreichend belegen lasse. Überhaupt fällt gerade an dieser Stelle auf, daß von den früher vorgebrachten, scharf formulierten Beschuldigungen vergleichsweise wenig übriggeblieben ist. So konnte etwa das „wahrscheinlich" Anstoß erregende Singen „verwerflicher Lieder" nicht ernsthaft zur Grundlage für einen Entlassungsantrag gemacht werden.[291]

Schwer wogen dagegen Schleiermachers Rolle im Streitfall de Wette sowie die brieflichen Äußerungen über den König. Sie dienten in erster Linie dazu, die Notwendigkeit eines strengen disziplinarischen Vorgehens plausibel zu machen. Aus dem Schriftsatz sei hier die Zusammenfassung der Anklagepunkte wiedergegeben:

„Es ergiebt sich aus schriftlichen Aeußerungen des p. *Schleiermacher* eine Vorliebe für die Burschenschaft und das Treiben der Studirenden, welche auf eine nachtheilige Einwirkung desselben auf die jungen Leute schließen läßt. Die Aeußerungen dieser jungen Leute in ihren Briefen und bei ihren Vernehmungen machen nicht unwahrscheinlich, daß derselbe durch sein vertrauliches Benehmen bei Theilnahme an Studenten-Festen und bei dem Gebrauch wegen politischer Tendenz verwerflicher Lieder, Anstoß gegeben habe. Er hat einen bedeutenden Antheil an dem unrichtigen Benehmen der hiesigen theologischen Facultät bei der Entlassung des Professors *de Wette* genommen, wenn gleich diese sein Verschulden durch die Vollziehung und nachherige Genehmigung der von ihm entworfenen Schreiben theilt. Eine Beschuldigung, daß er die Kanzel zur Aeußerung seiner politischen Ansichten misbrauche, hat sich geraume Zeit erhalten, so wenig sich auch zur Begründung derselben Beweise haben beibringen lassen und so sehr der Beifall, welchen Personen, an deren guten Gesinnungen nicht zu zweifeln ist, seinen Predigten geben, dagegen spricht."[292]

---

[290] GStA PK, I. HA Rep. 76 I, Anhang II. Nr. 55, Bl. 4v (Lenz: Ebd., 439).

[291] In den von der Mainzer Kommission sowie von Kamptz vorgelegten Ermittlungsberichten war dazu noch ein anderer Vorwurf erhoben worden. In Kamptz' Darstellung vom 5. Juni 1822 heißt es: „Eben so hat der Professor Schleiermacher seine Theilnahme an der Burschenschaft bei Gelegenheit des [...] für die Burschenschaft unter dem Titel: *Deutsche Lieder für Jung und Alt* in der Realschulbuchhandlung 1818 herausgegebenen Liederbuchs an den Tag gelegt, indem er nach dem [...] Bericht der Bundes-Central-Commission zu den ‚Einweihern dieses Liederbuchs' gehörte, eines Buchs, welches größtentheils aus einer Sammlung von Liedern besteht, durch welche die academische Jugend in ihrer überspannten und verderblichen Tendenz nothwendigerweise bestärkt werden mußte [...]" (GStA PK, I. HA Rep. 76 I, Anhang I. Nr. 40, Bl. 8v; Reetz: Ebd., 388). Aus dem Mainzer Kommissionsbericht siehe den Paragraphen 203 („Einwirkungen des Liederbuchs für Jung und Alt"): GStA PK, I. HA Rep. 77 Tit. 17. Sect. Pars Geh. Verbind. Gener. Nr. 40. Vol. 1, Bl. 348r–351v (Reetz: Ebd., 335–338).

[292] GStA PK, I. HA Rep. 76 I, Anhang II. Nr. 55, Bl. 3v–4r (Lenz: Ebd., 438–439).

Die Minister erklären, daß „alles dieses zusammengenommen" eine hinreichende Veranlassung biete, um gegen „den Professor *Schleiermacher*
nach Anleitung der Allerhöchsten Cabinets-Ordre vom 12ten April vorigen
Jahres" vorzugehen und die Dienstentlassung offiziell zu beantragen.[293]
Die Eigenart der sichergestellten Materialien habe sie jedoch zu dem Entschluß gebracht, mit ihrer jetzigen Vorlage ein spezielles Verfahren zu
wählen:

> „Ein ganz besonderer Umstand veranlaßt uns aber, statt diesen Weg einzu-
> schlagen, zu gegenwärtiger ehrerbietiger Berichts-Erstattung. Es haben sich
> nemlich unter den in Beschlag genommenen Papieren des Professor *Arndt* und
> des Buchhändlers *Reimer* verschiedene Briefe des Professors *Schleiermacher*
> gefunden, welche äußerst strafbare unehrerbietige Aeusserungen über Eure
> Königliche Majestät enthalten. [...] wir halten es für unsere Pflicht, solche
> nicht ohne Eurer Königlichen Majestät ausdrücklichen Befehl zum Gegen-
> stand eines weiteren Verfahrens zu machen, wobei deren weitere Verbreitung
> nicht zu verhüten sein würde. [...]"[294]

Die betreffenden Schreiben lagen dem Bericht bei. Es handelt sich um insgesamt neun Briefe, darunter alle sieben, die bereits den Gegenstand der
Vernehmungen im Januar gebildet hatten. Die im gleichen Zusammenhang vorgetragene Versicherung, sie seien, „um solchen keine Publicität
zu geben", „nicht zur Kenntniß der Bundestags-Commission gebracht
worden", ist in dieser Allgemeinheit unzutreffend.[295] Die Briefe an Arndt
vom 28. April 1819, 17. Mai 1819, 28. Juni 1819 sowie an Reimer vom
14./30. November und 6. Dezember 1806 waren auch von der Mainzer
Kommission im Bericht von Ende 1821 herangezogen worden.[296] Nicht
vorgelegen hatten die Briefe an Arndt vom 14. März 1818, 27. Januar
1819 und 20. Juni 1820 sowie der Brief an Reimer vom 14. November
1813.

Die Minister scheinen durch ihre Angabe die Brisanz der betreffenden
Korrespondenzstücke in den Augen des Monarchen, der über die Angelegenheit nicht im Detail informiert war, gesteigert haben zu wollen. Für
Schuckmann und seinen Beamten Kamptz mag in dieser Sache der Zweck
die Mittel geheiligt haben. Weshalb Altenstein sich auf ein solches Vorgehen einließ, bleibt unklar. Möglicherweise sah er hierin einen Weg, um
den Bericht der Bundeszentralkommission aus den Erörterungen heraus-
zuhalten.

---

[293] GStA PK, I. HA Rep. 76 I, Anhang II. Nr. 55, Bl. 4r (Lenz: Ebd., 439).
[294] GStA PK, I. HA Rep. 76 I, Anhang II. Nr. 55, Bl. 4v (Lenz: Ebd., 439).
[295] GStA PK, I. HA Rep. 76 I, Anhang II. Nr. 55, Bl. 4v (Lenz: Ebd., 439).
[296] Vgl.: GStA PK, I. HA Rep. 77 Tit. 17. Sect. Pars Geh. Verbind. Gener. Nr. 40. Vol.
2, Bl. 105v–108v, Bl. 132v–134r, Bl. 150v–152r sowie GStA PK, I. HA Rep. 77 Tit.
17. Sect. Pars Geh. Verbind. Gener. Nr. 40. Vol. 1, Bl. 6v–9r.

Die Erklärungen, die von Schleiermacher gegenüber der Polizeibehörde mündlich und schriftlich vorgetragen worden waren, weisen die Berichterstatter als untauglich zurück. Als „Ausflüsse einer augenblicklichen unglücklichen Verstimmung und Übereilung" könnten die königskritischen Passagen nach dem, was „über des *Schleiermacher* Beschuldigung in Beziehung auf seine politischen Ansichten und Tendenz" vorgebracht worden sei, sowie „bei deren mehrmaligem Vorkommen in diesen Briefen und bei deren übrigem Inhalt" nicht betrachtet werden.[297] Es „erhalten diese unehrerbietigen Aeußerungen ein besonderes Gewicht durch alles, was überhaupt über des *Schleiermacher* politische Ansichten und Bestrebungen vorgekommen ist". Die Bitterkeit, die sich in seinen Stellungnahmen zur politischen Lage ausspreche, „kann bei verkehrten Ansichten überhaupt, in entscheidenden Momenten höchst nachtheilig werden und giebt einen hohen Grad von Wahrscheinlichkeit, daß es bei Ansichten bei sich dargebotener Gelegenheit nicht geblieben ist oder nicht geblieben sein würde".[298] Der „Geist der Opposition" und der „Widersetzlichkeit", der sich allenthalben finde, zeige sich auch in der Art, wie Schleiermacher „die Verweise der vorgesetzten Behörden aufnimmt, indem er [...] sich über die erhaltenen Verweise lustig macht".[299]

---

[297] GStA PK, I. HA Rep. 76 I, Anhang II. Nr. 55, Bl. 5r/v (Lenz: Ebd., 440).

[298] GStA PK, I. HA Rep. 76 I, Anhang II. Nr. 55, Bl. 5v (Lenz: Ebd., 440).

[299] GStA PK, I. HA Rep. 76 I, Anhang II. Nr. 55, Bl. 6v und 8r (Lenz: Ebd., 441 und 442) mit Bezug auf Schleiermachers Brief an Ernst Moritz Arndt vom 27. Januar 1819. Schleiermacher hatte hier geschrieben: „Es thut mir sehr leid, lieber Bruder, daß ich Dir nicht gleich wieder geschrieben um Dir anzukündigen, daß Dir doch noch etwas Unangenehmes bevorstände, nemlich eine große Allerhöchste Nase. Nun fürchte ich, Du hast die schöne Bescherung schon unvorbereitet erhalten, da wir auch schon heute Abend ein allgemein drohendes und warnendes Ministerial-Rescript haben vorgelesen bekommen [...]. Gern hätte ich es Dir vorher verkündet, da Du in den strengeren Staatsdienstverhältnissen doch gewissermaßen noch ein Neuling bist. Nun begrüße ich Dich hintennach auf das Freundlichste als meinen Special-Collegen im Besitz der großen Nase." Hierauf folgte ein Bericht über die Auseinandersetzung mit Schuckmann im Sommer 1813; siehe das entsprechende Zitat: Band I, S. 511. Daran anschließend bekundete Schleiermacher, er habe seit jener Zeit „alles sehr lustig abgeschüttelt und halte mir die Sache nur noch als einen Schinken in Salz". „Hoffentlich, lieber Bruder, wirst Du es ebenso machen, und wenn Du noch eine zweite Nase bekommst, wie ich bald darauf noch eine staatskanzlerische bekam, wegen eines Censurstreites mit Le Coq, auch die ebenso deponiren. Ich denke, aller guten Dinge sind drei, aber bis zur dritten habe ich es trotz aller angewandten Mühe nicht bringen können. Dir wird nun gewiß Altenstein die Pille doch etwas anständiger versilbern, als wie Schuckmann that, der mit seiner ganzen Bärenhaftigkeit mündlich auftappte, aber so im Gespräch mit mir gekirrt wurde, daß er hernach ordentlich mit dem Maulkorb herumging. Es giebt wohl keine ärgere Erbärmlichkeit für einen König, als solche Schnippchen in der Tasche zu schlagen, und darum kann man sie ihm wol gönnen" (zitiert nach: GStA PK, I. HA Rep. 76 I, Anhang II. Nr. 55, Bl. 31–32, hier: 31r/v; vgl.: Schleiermacher als Mensch. Band II. Briefe 1804–1834, 291–293, hier: 291–292). Auch Kamptz hatte diese Äußerung in seiner „Darstellung" vom 5. Juni 1822 angeführt: GStA PK, I. HA Rep. 76 I, Anhang I. Nr. 40, Bl. 6 r/v (Reetz: Ebd., 384–385).

Schließlich spreche entschieden gegen Schleiermacher, daß sich, wenngleich nur „theilweise", „die öffentliche Meinung [...] nachtheilig über
seine politische Tendenz im Lehramte und auf der Kanzel, so wie über
seine äußere Haltung und Würde gegen junge Leute, gegen ihn erklärt"
habe. Als Beleg dienen „Aeußerungen einiger Studenten" über Schleiermachers Verhalten, die sich jedoch, was unterschlagen wird, auf seine
Mitwirkung an studentischen Festen, nicht auf die Vorlesungen oder
Predigten beziehen.[300]

Obwohl also unangreifbare Ermittlungsergebnisse in dieser Sache nicht
vorgebracht werden können, bleibt der Vorwurf doch bestehen: „Es ist
schlimm, wenn ein Geistlicher oder öffentlicher Lehrer hierzu [*scil.*: zu der
negativen Einschätzung seines Wirkens] auch nur entfernte Veranlassung
giebt, und selbst in sehr bewegten Zeiten, wo Partheien herrschen und die
öffentliche Meinung leicht irre geleitet wird, bildet sich eine solche Ansicht [...] wohl nie ohne sein Verschulden."[301]

Des weiteren heißt es in Ausführungen, die Altensteins Interesse bekun-
den, sämtliche Aspekte zu erörtern, die Schleiermacher zu seiner Rechtfertigung anführen konnte:

„Wir mißkennen nicht, daß das, was ihm zur Last liegt, sich größtentheils aus
älteren Zeiten herschreibt und daß die erste Veranlassung zu seiner Einmischung in politische Gegenstände sogar in eine Zeit fällt, wo es zum Verdienst
gereichte, Theilnahme an dem Schiksale des Staats zu betätigen, und wir wollen auch zugeben, daß der p. *Schleiermacher* uneigennützige Opfer gebracht
hat und daß er erbittert worden sein mag, als solches später nicht so anerkannt
wurde, wie er es wünschte, und wir wollen auch anerkennen, daß es schwer
fällt, eine einmal genommene politische Richtung zu verlassen, sich nach längerem Eingreifen in solche Angelegenheiten zurückzuziehen und unterzuord-
nen und alle früher geknüpfte Verbindungen ganz zu lösen. Es entschuldigt
dieses alles aber nur einigermaßen, daß er in eine mißliche Lage gekommen
ist und Verdacht erregt hat, allein es rechtfertigt ihn solches nicht und am
allerwenigsten das so lange fortgesetzte Beharren in denselben. Es war seine
Pflicht [...] sich an die Regierung anzuschließen und sich solcher mit Vertrauen hinzugeben, um ihre Zwecke zu befördern."[302]

---

[300] GStA PK, I. HA Rep. 76 I, Anhang II. Nr. 55, Bl. 8r (Lenz: Ebd., 442).

[301] GStA PK, I. HA Rep. 76 I, Anhang II. Nr. 55, Bl. 8r (Lenz: Ebd., 442). – Die gleiche,
wenig überzeugende Argumentation wird noch einmal im Rückgriff auf den Mainzer
Kommissionsbericht vorgetragen: „Es hat eine Behörde, wie die Bundestags-Commission zu Mainz, ihn beschuldigt, daß er zu denjenigen gehöre, welche an den politischen Umtrieben durch ihre Gesinnungen Theil genommen haben. Wenn auch eine
solche Beschuldigung, wie es hier der Fall ist, noch nicht hinreichend begründet geäußert wird, so muß sie doch immer von höchst nachtheiligem Einfluß auf die Wirksamkeit eines Geistlichen und öffentlichen Lehrers sein, wenn er sich nicht vollständig
rechtfertigen kann. Es gereicht ihm zum Vorwurf, wenn er solche auch nur entfernt
durch sein Benehmen veranlaßt hat" (GStA PK, I. HA Rep. 76 I, Anhang II. Nr. 55,
Bl. 7v–8r; Lenz: Ebd., 442).

[302] GStA PK, I. HA Rep. 76 I, Anhang II. Nr. 55, Bl. 8v–9r (Lenz: Ebd., 442–443).

Die Konsequenz mußte lauten, „daß der *Doctor Schleiermacher* in seinen Aemtern als öffentlicher Lehrer und Geistlicher nicht belassen werden kann".[303] In der Schlußpassage des Berichtes führen die Minister daher aus:

> „Eure Königliche Majestät verlangen eine Bürgschaft für die Wirksamkeit öffentlicher Lehrer und Geistlichen unter allen Umständen und Verhältnissen und deren unbedingteste Hingebung und Anhänglichkeit. Wir können diese Bürgschaft in Beziehung auf den Professor *Schleiermacher* nicht übernehmen. Wenn wir auch zugestehen wollen, daß die jetzt im Allgemeinen sehr veränderte Tendenz derer, die sich früher politischen Gegenständen hingegeben haben, auch bei ihm das Bedenkliche der Richtung verändert hat, daß in der neuesten Zeit von ihm kein Anstoß gegeben worden ist und daß sich daher die öffentliche Meinung über ihn mehr zu seinen Gunsten festgestellt hat, daß er sich bemüht hat, öffentlich seine früheren Ansichten und entgegengesetzte Gesinnungen auszusprechen; auch daß er Verzeihung zugleich mit der Versicherung der treuesten Hingebung an Eurer Königlichen Majestät Allerhöchste Person und den Staat in seiner Rechtfertigung über den Inhalt der Briefe nachgesucht hat, so ist doch sein ganzes Benehmen nicht entschieden genug, um seine gänzliche Sinnesänderung zu verbürgen und frühere üble Eindrücke ganz zu verlöschen, und wir können nicht annehmen, daß dadurch alles, was ihm zur Last liegt, ausgetilgt und daß bei einem Manne von seinen ausgezeichneten Talenten und von seiner Gewandtheit das, was er jetzt äußert und treibt, wirklich das Werk geänderter Gesinnungen und eigener Überzeugung sei, so daß mithin auf ihn unter veränderten Umständen und Verhältnissen mit voller Sicherheit gerechnet werden könne."[304]

Der Bericht endet mit folgendem Votum: „Eurer Königlichen Majestät unterwerfen wir hiernach ehrfurchtsvollest, ob Allerhöchstdieselben den *Doctor Schleiermacher* ohne weiteres vorhergehendes Verfahren seines Amtes als Geistlicher der Dreifaltigkeits-Kirche und als Professor der hiesigen Universität zu entlassen geruhen wollen."[305]

Schuckmann, der Napoleon der preußischen Innenpolitik, dürfte angenommen haben, mit dem exorbitanten Plädoyer in seinem Feldzug gegen Schleiermacher, den er schon viele Jahre zuvor als einen „rechten Teufel" betrachtet hatte, nunmehr dem Ziel nahegekommen zu sein.[306] Dem Beschuldigten selbst hingegen war während der gesamten Zeit ministerieller Beratungen keine einzige Zeile von amtlicher Seite zum Verfahrensstand zugegangen. Im Sommer 1823 berichtete er dem mittlerweile in Basel lehrenden de Wette:

---

303 GStA PK, I. HA Rep. 76 I, Anhang II. Nr. 55, Bl. 7v (Lenz: Ebd., 442).
304 GStA PK, I. HA Rep. 76 I, Anhang II. Nr. 55, Bl. 9r/v (Lenz: Ebd., 443–444).
305 GStA PK, I. HA Rep. 76 I, Anhang II. Nr. 55, Bl. 9v–10r (Lenz: Ebd., 444).
306 Vgl. Schleiermachers Brief an Ludwig Gottfried Blanc vom 27. Dezember 1814, in: Schleiermacher als Mensch. Band II. Briefe 1804–1834, 214–216, hier: 215.

„Endlich haben sie mich denn auch zu Anfang des Jahres in die Untersuchung gezogen und mir ein paar alte Briefe an Arndt und Reimer vorgelegt mit allerlei Aeußerungen über das Turnwesen, über den Verdacht gegen die Universitäten und andere dergleichen Albernheiten, worin indeß auch ein paar bitter scherzhafte Aeußerungen über den König waren. Ich habe zum Protokoll die andern Punkte sehr einfach erklärt und über das, was den König betrifft, eine allgemeine Erklärung eingereicht, wie dergleichen müsse angesehen werden. Das war noch im Januar, und seitdem ist alles still, so daß ich nicht weiß, was mir bevorsteht."[307]

Auch dem Kultusminister gegenüber beklagte Schleiermacher dies. Er nutzte ein Urlaubsgesuch vom 2. Juli 1823, um Altenstein deutlich zu machen, daß er immer noch nicht wisse, „ob ich die am Anfang dieses Jahres stattgehabte Vernehmung als eine abgemachte Sache ansehen darf, oder ob ich sie als eine noch schwebende betrachten muß".[308] Nach seinem guten Gewissen und der Art, wie er über die ihm vorgelegten Fragen Auskunft erteilt hatte, erwartete er nun „im Gefolg einer amtlichen Vernehmung auch ein amtliches Anerkenntniß darüber [...], daß der Verdacht, welcher aus diesen vertraulichen Briefen hat gegen mich erhoben werden wollen, sich ungegründet gezeigt hat". Infolgedessen ergriff er „sehr gern diese naheliegende Veranlassung, um Ein Hohes Ministerium als die mir vorgesezte und mich schüzende Behörde submissest zu bitten, Hochdasselbe wolle mir ein solches Anerkenntniß baldmöglichst verschaffen, als welches weit kräftiger als jedes andre Mittel beitragen würde, meine Gesundheit zu befestigen und meine durch das Niederdrückende des unverschuldeten Argwohns fast verschwundene Geschäftsfreudigkeit wieder herzustellen".[309]

Altenstein nahm hierzu in seiner Erwiderung vom 18. Juli nicht Stellung. Er erklärte lediglich, sich vorzubehalten, „Ihnen zu seiner Zeit das Weitere zu eröffnen".[310] Unter diesen Umständen blieb Schleiermacher

---

[307] Brief an Wilhelm Martin Leberecht de Wette vom Sommer 1823, in: Schleiermacher als Mensch. Band II. Briefe 1804–1834, 327–329, hier: 328. Schleiermacher wird diesen Brief vor Antritt seiner Urlaubsreise am 4. August geschrieben haben, da er von wissenschaftlichen Arbeiten spricht, die er „den Sommer hindurch" betreiben wolle (328–329).

[308] Eine Entwurfsfassung dieses Schreibens liegt vor in: Schleiermacher-Nachlaß 506/1; hiernach von Dilthey abgedruckt in: Aus Schleiermacher's Leben. In Briefen. Band 4, 434–435, hier: 435.

[309] Ebd., 435. Vgl. auch den Brief an Arndt vom 18. Juli 1823, wo es heißt: „Allein Urlaub habe ich noch nicht, wahrscheinlich, weil ich in demselben Gesuch – doch dies ganz unter uns – den Minister gefragt habe, ob ich die Vernehmungssache als abgethan ansehen könne oder nicht; was ihn vielleicht in Verlegenheit sezt" (Aus Schleiermacher's Leben. In Briefen. Band 2, 381–382, hier: 381).

[310] Schleiermacher-Nachlaß 506/2, Bl. 1r (hiernach die Druckfassung in: Aus Schleiermacher's Leben. In Briefen. Band 4, 435). Gegen Schleiermachers Absicht, eine Reise nach Eger zum Gebrauch des dortigen Bades sowie nach Regensburg, wo die jüngste

keine Hoffnung, in absehbarer Zeit in die relative Ruhe seiner früheren
wissenschaftlichen Tätigkeit zurückversetzt zu werden. Zahlreiche Pläne,
vor allem für die Platon-Übersetzung und druckreife Fassungen der Dialektik und der Christlichen Sittenlehre, bestanden, doch konnte „das Alles nur bei einer gänzlich veränderten Lage möglich" werden, und dazu
sah Schleiermacher „gar keinen Anschein" als etwa, wie es düster heißt,
„einen sehr unwünschenswerthen".[311] –
    So detailliert wir über die Vorgeschichte des Ministerberichtes an den
König informiert sind, so wenig ist über die Berichterstattung selbst bekannt. Daraus, daß die in den „Acta betr. den Professor Schleiermacher
1806 / 23." vorhandene Reinschriftfassung – es handelt sich um jene
Ausfertigung, die Schuckmann seinem Kollegen überstellt hatte – keine
vollständige Datierung aufweist, dürfen nicht zu weitgehende Schlüsse
gezogen werden. Die hier nachträglich durch Altenstein einzutragende
Tagesangabe ist offengelassen.[312] Die Signaturen der Minister hingegen
sind vorhanden.[313] Von der unzutreffenden Voraussetzung, beide Unterschriften fehlten, ist Max Lenz seinerzeit zu dem Schluß gelangt, daß der
Bericht nicht nur nicht an den König abgesandt wurde, sondern daß es
überhaupt zu keinem Vortrag gekommen sei und insofern, denn mit diesem Ergebnis habe sich seine eigentliche Absicht erfüllt, Altenstein Schuckmann und Kamptz „an der Nase herumgeführt" habe. Doch verzeichnet
Lenz mit einer solchen Konstruktion die gegebene Lage.[314]

Schwester seiner Frau lebte, zu unternehmen, hatte der Minister, anders als im Vorjahr, „kein Bedenken". Allerdings machte es die besondere Verteilung der behördlichen Kompetenzen erforderlich, daß Schleiermacher anschließend auch noch beim
Konsistorium einen Antrag auf Urlaubsgewährung zu stellen hatte.

[311] Brief an Wilhelm Martin Leberecht de Wette vom Sommer 1823, in: Schleiermacher
als Mensch. Band II. Briefe 1804–1834, 329. – Nur das erstgenannte Projekt konnte
Schleiermacher in den folgenden Jahren verwirklichen. 1828 erschien in Reimers
Verlag des „Dritten Theiles Erster Band" der Werkausgabe mit der Übersetzung von
Platons „Staat". Dieser Band war erstmals zur Michaelismesse 1810, dann wieder
1811, 1812, 1815, 1816, 1825, 1826 und 1827 angekündigt worden.

[312] GStA PK, I. HA Rep. 76 I, Anhang II. Nr. 55, Bl. 10r. An der betreffenden Stelle
steht: „Berlin den [   ]ten [   ] 1823."

[313] GStA PK, I. HA Rep. 76 I, Anhang II. Nr. 55, Bl. 10r.

[314] Max Lenz: Geschichte der Königlichen Friedrich-Wilhelms-Universität zu Berlin.
Band II/1, 174–175: „Es fehlte nur noch, und so liegt der Bericht bei den Akten, die
Unterschrift der Minister selbst, was doch nicht anders zu erklären ist, als daß es trotz
allem nicht zur Absendung gekommen ist – mit anderen Worten, daß Schuckmann
und Kamptz von Altenstein an der Nase herumgeführt worden sind." Lenz' Behauptung ist um so unverständlicher, als die archivalische Grundlage für seinen Abdruck
des Altensteinschen Berichtsentwurfes zweifelsfrei die Akte: GStA PK, I. HA Rep. 76 I,
Anhang II. Nr. 55, hier: Bl. 3–10, also die von Schuckmann veranlaßte Reinschriftfassung, gewesen ist (vgl. die Angabe bei Lenz: Ebd. Band IV, 438). Ein eingelegtes Be-
nutzerblatt bestätigt, daß Lenz persönlich, nicht etwa ein inkompetenter Mitarbeiter,
die Akte eingesehen hat („Geh. R. Lenz. Okt. 1909/10."). Weshalb er die am unteren
Rand von Bl. 10r vorhandenen, durch einen langen sogenannten „Devotionsstrich"

Soweit sich derzeit feststellen läßt, haben Altenstein und Schuckmann, anders als Lenz annimmt, dem König zwar einen Bericht erstattet, doch war dieser nicht mit derjenigen Textfassung identisch, die von Altenstein entwurfsweise am 9. Juli an seinen Kollegen übersandt und deren offizielle Vorlage von Schuckmann ausdrücklich gewünscht und vorbereitet worden war. Denkbar ist, worauf eine Wendung aus dem sogleich zu erörternden Brief Schleiermachers an den König („dem Vortrage, der Ewr. Königlichen Majestät über mich gemacht wird") deuten könnte, daß die Minister ihre Ausführungen lediglich in mündlicher Form unterbreitet haben. Doch läßt sich auch über ein solches Votum gegenwärtig keinerlei aktenmäßiger Niederschlag anführen.

Im Blick auf den Zeitpunkt der Berichterstattung kann immerhin ein *terminus post quem* festgelegt werden. Vieles spricht dafür, daß Altenstein Schuckmanns Rückkunft aus einem mehrwöchigen Aufenthalt in Karlsbad, den der Innenminister etwa zur Monatsmitte antrat, wird abgewartet haben. Vor dem 23. Juli kann er keinesfalls tätig geworden sein, weil Schuckmanns Schreiben frühestens an diesem Tag in seine Hände gelangte. Auf eine weitergehende Konsultation beider Minister in der Schleiermacher-Sache läßt der Umstand schließen, daß die betreffenden Unterlagen, einschließlich der originalen Schleiermacherschen Briefe, bei den Akten des Kultusministeriums verblieben, obwohl sie regulär in die Registratur des Innenministeriums hätten gegeben werden müssen, denn Schuckmanns Zustimmung war für dieses ungewöhnliche Verfahren unerläßlich.[315] Auch konnte Altenstein geltend machen, daß jene von ihm angesprochenen offenen Fragen, nachdem Schuckmann sie in seinem Schreiben vom 13. Juli nicht erörtert hatte, weiterhin der Klärung bedurften. Überdies ist kaum anzunehmen, daß Altenstein am 18. Juli Schleiermacher einen zweimonatigen Urlaub gewährte, um unmittelbar anschließend dem König einen Entlassungsantrag einzureichen. Mit der mehrfach von ihm vorgebrachten Forderung, Schleiermacher müsse die Gelegenheit erhalten, „über das Ganze" der Vorwürfe Stellung zu nehmen, ließe sich dies in keiner Weise vereinbaren.[316]

---

von der Schlußzeile des Textes abgesetzten, in tiefschwarzer Tinte ausgeführten Unterschriften nicht wahrgenommen hat, ist unerklärlich.

[315] Wie vorsichtig mit den Akten umgegangen wurde, ergibt sich daraus, daß, einer Formulierung von Kamptz zufolge, selbst dem König das Vernehmungsprotokoll und die Briefe Schleiermachers nur „mit Bitte um allergnädigste Rücksendung ehrerbietigst" zugeleitet werden sollten (GStA PK, I. HA Rep. 77 Tit. 21. Lit. Sch. Nr. 6, Bl. 89r).

[316] Schleiermacher hatte in jenem schon angeführten Schreiben an Altenstein vom 2. Juli 1823 um die Genehmigung eines Urlaubes von acht Wochen nachgesucht und dabei auch auf die schwierige Situation im Vorjahr, als seinem Gesuch „Hindernisse in den Weg gelegt" worden waren, verwiesen. Altensteins Schreiben vom 18. Juli (Schleiermacher-Nachlaß 506/2), in dem er zum Verfahrensstand keine Angaben machte, enthielt die Zustimmung des Ministers (Bl. 1r).

3.7. Schleiermachers Petition an den König und die Entscheidung

Das Faktum, daß Altenstein schließlich selbst – und zwar wohl, um eben eine solche Stellungnahme herbeizuführen – Schleiermacher von der Berichtsvorlage in Kenntnis gesetzt hat, ändert nichts daran, daß dieser seit langem schon die gegen ihn angestrengten behördlichen Maßnahmen als Verfolgung erlebte. Er sah sich von „Auflaurern" umgeben, die, „Gespenstern" auf der Spur, ihn seiner Freiheit berauben wollten.[317]

So wird auch verständlich, weshalb er sich, nachdem er durch den Minister informiert worden war, entschloß, unmittelbar an den König zu appellieren und die „wahrhaft königliche Gerechtigkeit" anzurufen. Zugleich schilderte er in seinem Brief die Bedrängnis, in der er sich nach monatelangem Stillschweigen der Behörden befand. Sein Schreiben stellt das späteste Dokument zum gesamten Verfahrenskomplex dar, das derzeit bekannt ist. Es wurde erstmals 1863 von Wilhelm Dilthey im vierten Band der Briefsammlung „Aus Schleiermacher's Leben" veröffentlicht.[318] Dilthey ging bei seiner Edition auf ein vollständig ausgearbeitetes Konzept zurück, das im Nachlaß vorliegt.[319] Der undatierte Briefentwurf, dessen achtungsvollstes Anrede- und Schlußformular, wenngleich konventionell, für Schleiermacher in dieser Intensität doch außergewöhnlich ist, hat folgenden Wortlaut:

„Allerdurchlauchtigster
Großmächtigster
Allergnädigster König und Herr
Nachdem im Jahre 1819 unter den in Beschlag genommenen Papieren zweier Verwandten und Freunde von mir mehrere Briefe von meiner Hand waren gefunden worden: so sind mir erst im Januar dieses Jahres in Auftrag der beiden Staatsminister Freiherr v[on] Altenstein und v[on] Schuckmann einige derselben vorgelegt worden, um gewisse Fragen über einige Stellen darin zu beantworten.
    Jezt erfahre ich, daß diese Sache, nachdem sie wiederum so lange geruht, Ewr. Königlichen Majestät Allerhöchstselbst zur Entscheidung vorliegt."[320]

In einem zweiten, ebenfalls im Nachlaß vorhandenen, von Dilthey nicht berücksichtigten Entwurf nennt Schleiermacher, nach wortgleicher Anrede, die Namen der beiden „Verwandten und Freunde von mir" sowie den Minister Altenstein als seinen Gewährsmann:

---

317 Brief an Ernst Moritz Arndt vom 21. Juli 1821 [die Jahresangabe ist erschlossen], in: Schleiermacher als Mensch. Band II. Briefe 1804–1834, 321–322, hier: 321.
318 Aus Schleiermacher's Leben. In Briefen. Band 4, 435–437. Dilthey hat, wie es auch sonst seine Praxis war, in zahlreichen, sachlich aber nicht bedeutsamen Fällen die Orthographie und Interpunktion geändert.
319 Schleiermacher-Nachlaß 497/2 (ohne Anlage).
320 Schleiermacher-Nachlaß 497/2, Bl. 1r.

„Nachdem im Jahr 1819 unter den in Beschlag genommenen Papieren meiner Freunde und Verwandten, Prof. Arndt und Buchhändler Reimer, mehrere Briefe von mir an jene Männer gefunden worden: so sind mir erst im Januar dieses Jahres in Auftrag der Staatsminister v[on] Altenstein u[nd] v[on] Schuckmann einige derselben vorgelegt worden um gewisse Fragen in Bezug auf einzelne Stellen derselben zu beantworten. Jezt erfahre ich durch d[en] Staatsm[i]n[ister] v[on] Altenstein [*von* „durch" *bis* „Altenstein" *über der Zeile eingefügt*] daß diese Sache nachdem sie wiederum so lange geruht Ew. K. M. Allerhöchstselbst zur Entscheidung vorliegt."[321]

Der weitere Text lautet:

„So unerwartet mir dieses ist, weil ich überzeugt bin jeden scheinbaren Verdacht, als ob gesezwidrige Absichten und Entwürfe aus jenen Briefen hervorgingen, vollkommen entkräftet zu haben: so herzlich freue ich mich über diese Wendung, weil ich nicht zweifle, der unmittelbare Befehl meines Allergnädigsten Königes Selbst werde mir nun auf eine für mich um soviel befriedigendere und rühmlichere Art jene lossprechende Erklärung verschaffen, auf welche ich seit meiner Vernehmung vergeblich gewartet und gedrungen habe. Da ich jedoch nicht weiß, in welcher Vollständigkeit Ewr. Königlichen Majestät diese Sache vorliegt: so glaube ich bin ich mir selbst schuldig Allerhöchstdenenselben auch meinerseits dasjenige in der Anlage allerunterthänigst vorzulegen und dessen huldreiche Beachtung zu er- | [1v] flehen, was ich nach geendigter Vernehmung zu meiner Rechtfertigung dem Protokoll habe beifügen lassen.

Sollte jedoch in dem Vortrage, der Ewr. Königlichen Majestät über mich gemacht wird noch Bezug genommen werden auf andere als die mir vorgelegten Briefe oder auf aus dem Zusammenhang gerissene Stellen aus Predigten und Vorlesungen: so lebe ich des festen Vertrauens Ewr. Majestät werden auf dergleichen keine Rüksicht nehmen ohne auch mich erst darüber hören zu lassen; und das um so mehr als Allerhöchstdieselben Sich leicht überzeugen werden, daß auch bei den mir gestellten Fragen nicht eine unbefangene und natürliche Auslegung meiner Briefe zum Grunde gelegen sondern eine ängstliche und argwöhnische Voraussezung, welche sich nicht eher beruhigen will, bis sie etwas sträfliches oder verdächtiges aufgefunden zu haben glaubt. Wie wohlgemeint für das Ganze und aus reinem Diensteifer entsprungen ein solches Bestreben auch sein mag; so kann es doch nur zu leicht fehlgreifen, und wo dieses geschehen, da wird Ewr. Majestät wahrhaft königliche Gerechtigkeit demselben gewiß die Wirksamkeit eines vieljährigen Dieners und den so zarten Ruf eines öffentlichen Lehrers nicht aufopfern. Daher freue ich mich der Gewißheit mein Allergnädigster König werde keinem Antrage auch nur auf die leichteste Ahndung gegen mich Folge geben, wenn er nicht auch nach Anhörung des angeschuldigten Theiles vor Allerhöchstdessen eignem Gewissen vollkommen gerechtfertigt bleibt.

In dieser unerschütterlichen Ueberzeugung sehe ich dem Ausgang meiner Sache mit Ruhe entgegen, und ersterbe in tiefster Devotion

Ewr. Königlichen Majestät

---

[321] Schleiermacher-Nachlaß 497/1 (undatiert und ohne Anlagen), Bl. 1r.

Meines Allergnädigsten Königs und Herrn
alleruntertänigst getreuester
dero Professor Schleiermacher
Berlin"[322]

Schleiermachers Wortwahl läßt nicht deutlich werden, ob die Minister dem König die beschlagnahmten Briefe tatsächlich vorgelegt haben.[323] Klar ist dafür, und diesem Sachverhalt kommt die entscheidende Bedeutung zu, daß dem Monarchen ein „Vortrag gemacht" wurde, der seinerseits auf die Briefe als Beweismaterial rekurrierte. Dem Schreiben Schleiermachers war als Anlage eine Abschrift jener Erklärung beigefügt, die von ihm dem Polizeipräsidium am 26. Januar 1823 eingereicht worden war. An einzelnen Stellen hat er dabei den Text gegenüber der ursprünglichen Fassung leicht verändert; inhaltlich relevante Korrekturen finden sich nicht.[324] Es ist in hohem Maße bedauerlich, daß auch in diesem Falle zur Zeit sichere Anhaltspunkte für eine Datierung kaum gegeben werden können. Schleiermachers Appellation setzt, worauf jedenfalls alles hindeutet, die ministerielle Berichterstattung an Friedrich Wilhelm III. voraus. Jene Wendung, wonach „Ewr. Königlichen Majestät" ein Vortrag „über mich gemacht wird", könnte zwar zu der Annahme führen, als stünde die Berichterstattung noch aus, doch spricht Schleiermacher zweimal ausdrücklich davon, daß „diese Sache" dem Monarchen „zur Entscheidung" „vorliegt". Auch ist es wenig wahrscheinlich, daß er sich entschlossen haben sollte, beim König zu intervenieren, bevor die Minister in der Angelegenheit vorstellig geworden waren.

Die Sommerreise, die ihn nach Eger, Regensburg, Salzburg, Gastein, Innsbruck, Botzen, München, Prag und Dresden führte, endete am 8. Oktober mit der Rückkehr nach Berlin.[325] Insofern liegt es nahe, davon aus-

---

[322] Zitiert nach: Schleiermacher-Nachlaß 497/2.

[323] Die gegenteilige Feststellung meint Dankfried Reetz in seiner gegen Altenstein gerichteten Interpretation aus dem Text herausschlußfolgern zu können: Schleiermacher im Horizont preussischer Politik, 267.

[324] Vgl. die Abschriften im Nachlaß: Schleiermacher-Nachlaß 498/1 und 498/2 (hiernach abgedruckt in: Aus Schleiermacher's Leben. In Briefen. Band 4, 437–443). Der auffälligste Eingriff betrifft den Satz „Vielmehr hoffe ich, daß man sie [scil.: „diese unseligen Stellen in meinen Briefen"] nun ohne weiteres der Vergessenheit übergeben werde, für welche sie ursprünglich bestimmt waren" (GStA PK, I. HA Rep. 76 I, Anhang II. Nr. 55, Bl. 74v). Er fehlt in der dem König übersandten Textfassung (siehe: Aus Schleiermacher's Leben. In Briefen. Band 4, 442, Zeile 7).

[325] Tageskalender von 1823, in: Schleiermacher-Nachlaß 444, hier: Bl. 42v (Eintragung vom 8. Oktober: „Ueb. Jüterbock, Malther[hausen] u Treuenbriez[en] u. üb Potsdam Abends nach 9 Uhr angekommen"). Schleiermacher hatte die Reise am 4. August angetreten (siehe: Ebd., Bl. 33v: „abgereist Nachts durch"). Vgl. auch den knappen Reisebericht im Brief an Joachim Christian Gaß vom 20. Dezember 1823, in: Aus Schleiermacher's Leben. In Briefen. Band 4, 316–321, hier: 316–317.

zugehen, daß die Eingabe erst nach diesem Datum verfaßt worden ist. In Frage käme an sich auch der Zeitraum zwischen dem 23. Juli, dem Tag, an dem der Ministerbericht frühestens kann erstattet worden sein, und dem 4. August, dem ersten Reisetag. Der Tageskalender für das Jahr 1823 bietet dafür keine sicheren Anhaltspunkte. Vor allem aber ist daran zu erinnern, daß Altenstein dann den Bericht unverzüglich, auf eigene Faust und ohne Schuckmanns Unterschrift oder, bei mündlichem Vortrag, persönliche Anwesenheit hätte geben müssen, da der Innenminister sich in diesen Wochen im Urlaub befand.

Schleiermacher selbst stand während seiner Abwesenheit von Berlin mit den dortigen Freunden und Bekannten, von denen einige Zugang zur Ministerialbürokratie hatten oder ihr selbst angehörten, in ununterbrochenem brieflichen Kontakt. Insofern konnten ihn, etwa durch Eichhorn oder Nicolovius, Informationen über eine neue Entwicklung auch unterwegs erreichen.[326] Allerdings deutet nicht allein der Umstand, daß Schleiermacher durch Altenstein von der Berichterstattung informiert wurde, auf eine Niederschrift des Briefes in der Hauptstadt hin; dies folgt vielmehr aus der Briefunterschrift selbst. Hieraus ergibt sich, zumal wenn man von fortgesetzten Erörterungen zwischen Altenstein und Schuckmann ausgeht, die den Prozeß weiter verzögerten, ein im Herbst oder gar noch näher gegen Jahresende liegendes Datum. Über den Dezember 1823 kann nicht hinausgegangen werden, da Schleiermacher sich auf die Vernehmungen im „Januar dieses Jahres" bezieht. So muß, solange die eingesandte Originalfassung seines Schreibens oder weitere briefliche und amtliche Zeugnisse nicht vorliegen und sich auch aus einer vollständigen Auswertung der Tagebucheintragungen kein näherer Aufschluß gewinnen läßt, die Frage bis auf weiteres offenbleiben.

Schleiermacher erzielte mit seinem Schritt den erhofften Erfolg. Zwar kann – dies ist eine weitere noch zu schließende Lücke – ein entsprechendes Votum aus unmittelbarer zeitlicher Nähe momentan nicht angeführt werden. Eine sehr viel spätere Äußerung Eichhorns, der Altenstein 1840 im Amt des Kultusministers nachgefolgt war, belegt jedoch, daß es in der Tat Schleiermachers Selbstverteidigung gewesen ist, die den entscheidenden Umschwung herbeigeführt hat. Eichhorn ersuchte am 7. November 1847 in einer Anweisung an den Geheimen Oberregierungsrat im preußischen Innenministerium, Ludwig Emil Mathis, um Übersendung von

---

[326] Vgl.: Tageskalender von 1823, Bl. 34v (Eintragung vom 12. August: „Nach Berlin geschrieben"), Bl. 35v (17. August: „Brief nach Berlin abgegangen" und 22. August: „Nach Berlin geschrieben."), Bl. 36v (27. August: „Berliner Briefe"), Bl. 37v (2. September: „Brief nach Berlin"), Bl. 38v (7. September: „Brief nach Berlin" und 10. September: „Briefe von Berlin"), Bl. 40v (21. September: „Briefe von Berlin" und 25. September: „Briefe nach Berlin"). Die meisten dieser Eintragungen hat Schleiermacher besonders hervorgehoben.

Dokumenten aus den Ermittlungen gegen Schleiermacher, da er an einer genaueren Einsicht in die seinerzeitigen Vorgänge interessiert war. Eichhorn gibt in den vorliegenden Schriftstücken keine Auskunft zu seiner Motivation, doch war er immerhin selbst als Berater an den Vorgängen beteiligt und Schleiermachers Entschluß, eine das Vernehmungsprotokoll ergänzende Erklärung nachzureichen, möglicherweise von seinem Rat nicht unabhängig gewesen.

In der Aufforderung des Ministers an den Beamten heißt es: „Ich wünsche nämlich meine Acten durch die bei derselbe[n] [scil.: einer bereits früher angeforderten Akte aus dem Innenministerium] fehlende Vertheidigungsschrift des verewigten Schleiermacher zu completieren, wodurch seine Angelegenheit bekanntlich eine andere Wendung erhielt."[327] Da Altenstein und Schuckmann die Auffassung vertreten hatten, Schleiermachers „Rechtfertigung über den Inhalt der Briefe" sei nicht geeignet, „seine gänzliche Sinnesänderung zu verbürgen und frühere üble Eindrücke ganz zu verlöschen",[328] kann jene von Eichhorn bezeugte „andere Wendung" nur von einer Entscheidung des Monarchen ausgegangen sein.

Überdies wird man für die Reaktion des Königs in Rechnung stellen müssen, daß, und damit bewiesen die von Altenstein verursachten Verzögerungen endgültig ihren Wert, in der zweiten Jahreshälfte 1823 über die treibenden Kräfte im Innen- und Polizeiministerium hinaus das antidemagogische Programm nur noch sehr begrenzt Unterstützung fand. Mehr und mehr verschaffte sich auch auf der höchsten Ebene der Staatsführung die Erkenntnis Gewicht, daß zumindest in der Hauptstadt die jahrelangen Nachstellungen zu einer Lockerung der bisher so emphatischen Beziehung zwischen Dynastie und Bevölkerung geführt hatten. Es deutete sich hier bereits eine Entfremdung an, aus der langfristig – bis hin zur Vorgeschichte der Märztage des Jahres 1848 – schwere Belastungen für die patriarchalischen Strukturen der preußischen Monarchie erwuchsen.[329]

Schleiermacher stand, vornehmlich als Prediger, mittlerweile in einem derart hohen Ansehen, daß eine Entlassung jetzt erst recht nicht durchgeführt werden konnte. Ein solches Vorgehen hätte zu einem beispiellosen Skandal geführt und die öffentliche Debatte über den politischen Restriktionskurs der Regierung stark angefacht. Dessen wird sich auch der Monarch bewußt gewesen sein. Vor diesem Hintergrund dürfte ihn vor

---

327 GStA PK, I. HA Rep. 76 I, Anhang I. Nr. 40, Bl. 91 (Entwurfsfassung), hier: 91r (hiernach abgedruckt bei Reetz: Ebd., 531–532; das Zitat: 531; vgl. die Reinschriftfassung in: GStA PK, I. HA Rep. 77 Tit. 21. Lit. Sch. Nr. 6, Bl. 151). – *Ludwig Emil Mathis* (1797–1874) war seit Januar 1844 Leiter der Abteilung für die höhere Polizei und die Preßangelegenheiten im Innenministerium. Im März 1848 trat er infolge des Ministerwechsels zurück (vgl.: ADB 21 (1885), 790–794 [Karl Wippermann]).

328 GStA PK, I. HA Rep. 76 I, Anhang II. Nr. 55, Bl. 9v (Lenz: Ebd., 443–444).

329 Siehe Ilja Mieck: Von der Reformzeit zur Revolution (1806–1847), 525.

allem Schleiermachers Argument, es sei „unbillig", auf jene kritischen
Briefpassagen ein größeres Gewicht zu legen „als auf ein ganzes Leben
welches für das Gegentheil zeugt", bewogen haben, den Entlassungsvorschlag abzulehnen.

Schuckmann blieb nach dem Beschluß nichts anderes mehr übrig, als
zurückzustecken. In der Folge, im Frühjahr 1824, hat allerdings Kamptz,
sein getreuer Vasall, noch einmal einen Vorstoß gegen Schleiermacher
zu unternehmen gesucht. Kurzzeitig scheint die Situation erneut kritisch
geworden zu sein, so daß, wie jedenfalls Max Lenz angeben zu können
gemeint hat, „die Freunde um Schleiermachers Schicksal [...] zitterten".[330]
Auch nach Eichhorn haben die „gegen den verstorbenen Professor Dr.
Schleiermacher wegen Theilnahme an demagogischen Umtrieben gepflo-
genen Untersuchungen" bis in das Jahr 1824 angedauert.[331] Die Gefahr
zog aber bald vorüber. Den Inquisitoren blieb nicht verborgen, daß ihre
eigene Position nun selbst unsicher zu werden begann.

Zwar konnte aufs ganze gesehen von einem Ende der Demagogenverfolgung noch keine Rede sein. Ihre Intensität erreichte jedoch nicht entfernt mehr das frühere Maß. Sogar wenn noch in den erst im September
1824 abgeschlossenen Vorarbeiten für den „Hauptbericht" der Mainzer
Bundeszentralkommission Schleiermacher zu denjenigen Männern gezählt
wurde, deren Namen „die Geschichte der politischen Umtriebe bis auf
die neueste Zeit" durchziehen, so hatten schließlich die behördlichen Ermittler keine Handhabe mehr, um ihr Ziel im Kampf gegen ihn zu erreichen.[332] Insgesamt war nach mehrjähriger Dauer das Ergebnis im „Fall
Schleiermacher" am Ende Null. Obgleich eine offizielle Bestätigung für
die Einstellung des Verfahrens nicht gegeben wurde, so hatte Schleiermacher doch recht, wenn er Anfang April 1824 davon ausging, daß „die
demagogischen Geschichten [...] wohl für mich vorbei" seien.[333]

---

[330] Max Lenz: Geschichte der Königlichen Friedrich-Wilhelms-Universität zu Berlin.
   Band II/1, 177–178; vgl. dort insgesamt: 177–185. – Die Grundlage für Kamptz'
   Schritt bildeten Ermittlungen gegen einen „Jugend- und Männerbund", dem frühere
   Berliner Studenten angehörten (siehe dazu das Protokoll von Vernehmungen im Kö-
   penicker Schloß am 1. April 1824: GStA PK, I. HA Rep. 77 Tit. 21. Lit. Sch. Nr. 6,
   Bl. 146–147; hiernach abgedruckt bei Reetz: Ebd., 501–503).
[331] GStA PK, I. HA Rep. 76 I, Anhang I. Nr. 40, Bl. 85r.
[332] GStA PK, I. HA Rep. 77 Tit. 9. Nr. 5 Vol. 2 („Acta betr. den von der *Central*-Un-
   tersuchungs-Commission zu Mainz zu erstattenden *Hauptbericht* über die geheimen
   Verbindungen und die demagogischen Umtriebe in Deutschland und deren hiernächstige Auflösung. v. 28. Jul. 1822 bis 3. Sept. 1824"), hier: Bl. 93v. Eine erste Fassung
   ihres „Hauptberichtes" erstattete die Kommission im Mai 1826. Ein „*Abgeänderter
   Haupt-Bericht* der *Central*-Untersuchungs-*Commission*" wurde am 8. Dezember
   1826 vorgelegt (vgl.: GStA PK, I. HA Rep. 77 Tit. 9. Sect: Pars Central-Commission
   in Mainz. Nr. 5. adhib.[enda]. 2, Vol. 1).
[333] Brief an Charlotte von Kathen vom 9. April 1824, in: Aus Schleiermacher's Leben.
   In Briefen. Band 2, 383–384, hier: 383. – Auf eine letzte, wegen des sofortigen Ein-

4. „Das Ritterthum des braven Mannes".
Die Ordensverleihung vom Januar 1831

Eine zukunftsfrohe Perspektive eröffnete sich jedoch auch damit nicht.
Erleichterung und Entlastung waren Schleiermacher nicht beschieden.
Die Lage gegen Jahresende reflektiert folgende Bemerkung in einem Brief
an Gaß: „Mir war während der [Sommer-]Reise sehr wohl und alles Unangenehme rein vergessen – allein das hat nicht vorgehalten; und ich fühle
nur zu sehr, daß das drückende und widrige der amtlichen Verhältnisse
ohne Ausnahme sehr nachtheilig auf meine Lebenskraft wirkt. Daher
meine Sehnsucht mich von allem loszumachen, um noch einige Jahre
recht in Ruhe und Stille zu leben, täglich größer wird; nur weiß ich es
eben nicht anzufangen."[334]
  Trotz jenes günstigen Ausganges war nicht absehbar, daß Friedrich
Wilhelm III. Schleiermacher nach Ablauf von immerhin weiteren sieben
Jahren einer besonderen Anerkennung für würdig halten sollte. Um so
überraschender war es daher, als er ihm im Januar 1831 den in der Rangfolge der preußischen Ordensauszeichnungen zwar nicht hoch angesiedel-
ten, dennoch aber ehrenvollen Roten Adlerorden Dritter Klasse verlieh,
und in der engsten Umgebung des Königs sogar die Rede davon war, Schleiermacher in ein kirchenleitendes Amt zu berufen. Die Ordensverleihung
kann durchaus als eine offizielle Rehabilitierung angesehen werden; in
diesem Sinne bildet sie den Schlußpunkt der hier erörterten biographischen Zusammenhänge. Der zugrundeliegende Sachverhalt ist, obwohl
sich aus ihm insofern auch eine gewandelte Einschätzung von Schleiermachers öffentlicher Wirksamkeit ablesen läßt, wenig bekannt. Er sei deshalb
mit einigen knappen Strichen nachgezeichnet.[335]
  Die Auszeichnung stand mit schweren Problemen in der schlesischen
Provinzialkirche in Verbindung. Hier gab es von lutherischer Seite heftige
Kritik an der neu einzuführenden, für die gesamte evangelische Kirche in
der preußischen Monarchie verbindlichen Gottesdienstagende, aber auch
an der Union insgesamt, als deren Signum die Agende betrachtet wurde.
Erster Widerstand war auf der Breslauer Unionssynode Anfang Oktober
1822 laut geworden. Seither wuchs der Protest immer mehr an, bis er 1830
in eine seither nicht mehr überwundene Separation einmündete. Den direkten Anlaß bildete das Vorhaben der Regierung, die bis dahin in Schle-

---

spruches Altensteins ins Leere laufende Initiative von Kamptz aus dem Jahre 1829 –
den Anlaß bot die Staatslehrevorlesung vom Sommersemester – wird im achten Teil
dieser Untersuchung eingegangen.
334 Brief an Joachim Christian Gaß vom 20. Dezember 1823, in: Aus Schleiermacher's
Leben. In Briefen. Band 4, 317.
335 Vgl. zum folgenden die auf Nachlaßmaterialien gestützte Dokumentation in: Aus
Schleiermacher's Leben. In Briefen. Band 4, 488–500.

sien noch anstehende Kirchenvereinigung mit dem Augustana-Jubiläum vom 25. Juni 1830 vollziehen zu lassen. Nachdem überdies klar war, daß die in der Provinz Brandenburg bereits geltende Agende nunmehr auf dem Wege behördlicher Anordnung in Kraft gesetzt werden würde, nahm die Unionsgegnerschaft – neun Zehntel der schlesischen Geistlichen scheinen die Gottesdienstordnung zunächst abgelehnt zu haben – einen unversöhnlichen Charakter an. Am 24. Juni, dem Vortag der Feierlichkeiten, kam es in Breslau zur Gründung einer außerhalb der Landeskirche stehenden lutherischen Gemeinde, die etwa zweitausendfünfhundert Mitglieder zählte.[336]

Einer Idee des Kronprinzen, des späteren Königs Friedrich Wilhelm IV., zufolge, war Schleiermacher genau der richtige Mann, um schlichtend in die immer prekärer werdenden Auseinandersetzungen einzugreifen, zumal ihn selbst mit Breslau Geburt und Herkunft verbanden. Trotz der tiefen theologischen und kirchenpolitischen Gegensätze, die von den Wortführern der dissentierenden Lutheraner, Johann Gottfried Scheibel und August Thiel, markiert worden waren, traute man seinem Einfluß zu, daß es doch noch gelingen könne, die Einheit wiederherzustellen. Zu diesem Zweck sollte ihm das seit September 1830 vakante Amt des Generalsuperintendenten der schlesischen Kirchenprovinz übertragen werden.[337] Im Hintergrund stand dabei die Empörung des in Glaubensdingen überaus sensiblen, von pietistischen und kirchlich-konservativen Neigungen erfüllten Kronprinzen nicht allein über die gegen beide Theologen verhängten disziplinarischen Strafmaßnahmen, sondern auch über die feh-

---

[336] Zur Separation in Schlesien siehe Wolfgang Nixdorf: Die lutherische Separation. Union und Bekenntnis (1834), in: Die Geschichte der Evangelischen Kirche der Union. Band I. Herausgegeben von J. F. Gerhard Goeters und Rudolf Mau, Leipzig 1992, 220–240 sowie Peter Hauptmann (Hrsg.): Gerettete Kirche. Studien zum Anliegen des Breslauer Lutheraners Johann Gottfried Scheibel (1783–1843) (Kirche im Osten. Monographienreihe. Band 20), Göttingen 1987. Sehr detailliert stellt die frühe Phase des Konfliktes Erich Foerster dar: Die Entstehung der Preußischen Landeskirche unter der Regierung König Friedrich Wilhelms des Dritten. Ein Beitrag zur Geschichte der Kirchenbildung im deutschen Protestantismus. Band 2, Tübingen 1907, 251–267. Schleiermachers Beteiligung erörtert auf der Grundlage neu erschlossener Zeugnisse Wichmann von Meding: Schleiermacher und die Schlesische Separation. Unbekannte Dokumente in ihrem Zusammenhang, in: Kerygma und Dogma. Zeitschrift für theologische Forschung und kirchliche Lehre 39 (1993), 166–210.

[337] Der frühere Amtsinhaber, Johann Gottfried Bobertag, war am 29. September 1830 gestorben. – Die Generalsuperintenturen für alle preußischen Kirchenprovinzen waren auf ausdrücklichen Wunsch des Königs durch eine Kabinettsorder vom 7. Februar 1828 errichtet worden (vgl. Erich Foerster: Die Entstehung der Preußischen Landeskirche. Band 2, 220–222). Schleiermacher hatte die Einführung dieser neuen kirchenleitenden Amtsebene als „auch so eine confuse unmittelbare königliche Idee" kritisiert (Brief an Joachim Christian Gaß vom 2. Mai 1829, in: Briefe Schleiermachers an Wilhelmine und Joachim Christian Gaß (Ed. Bauer), 274; die Formulierung fehlt in der Fassung, die Wilhelm Gaß in seiner Edition bietet: Fr. Schleiermacher's Briefwechsel mit J. Chr. Gaß, 210–211, siehe hier: 211).

lende Bereitschaft, mit jener religiösen Sondergruppe in Verhandlungen zu treten.[338] Schleiermacher lehnte zwar die Übernahme der Generalsuperintendentur ab, nachdem Bischof Eylert ihn warnend darauf hingewiesen hatte, daß man in jenem „Wirkungskreis in Schlesien" „als Werkzeug der Behörden, bei vielem Aerger und Verdruß, viel leeres Stroh dreschen" müsse.[339] Er erklärte sich jedoch in einem Schreiben an Eylert vom 30. Januar 1831 bereit, nach Breslau zu reisen und dort als Vermittler tätig zu werden. Schleiermacher begründete seine Absage damit, „noch eine kleine Anzahl Jahre auf der Kanzel u[nd] dem Katheder gutes wirken" zu wollen.[340] Im weiteren heißt es dann:

> „Gesezt also es gelänge mir auch diese Sache auf eine beruhigende Weise zu behandeln, ich wäre aber hernach nicht auch überhaupt der beste Generalsuperintendent für Schlesien; so könnte doch aus meiner Berufung dorthin mehr anderweitiger Nachtheil entstehen als jene wohlgelungene Leistung aufzuwiegen vermöchte. Und doch möchte ich dem Wunsch Sr. Königl. H[o]h.[eit] der mir ja fast ein Befehl sein soll, so herzlich gern entsprechen. Indeß vielleicht giebt es auch dazu noch ein andres Mittel. Ew. Hochw.[ürden] werden aus Ihrer genauen Kenntniß der Sache am besten beurtheilen können, ob sie so liegt, daß auf commissarischem[,] vielleicht nur halb amtlichem vertraulichem Wege etwas geschehen kann um die Verhältniße dort auf einen günstigeren u[nd] erfreulicheren Punkt zu stellen. Einen solchen Auftrag würde ich mit Freuden übernehmen, wenn ich nach genauer Kenntnißnahme nur auch einiges Vertrauen auf einen nicht ganz ungünstigen Ausgang fassen kann."[341]

---

338   Vgl. hierzu den Brief Rulemann Friedrich Eylerts an Schleiermacher vom 7. Februar 1831, in: Schleiermacher-Nachlaß 474/1, Bl. 2–3, hier: 2r (abgedruckt in: Aus Schleiermacher's Leben. In Briefen. Band 4,491–492, hier: 491). Eylert teilte Schleiermacher anlageweise ein Schreiben des Kronprinzen mit, aus dem dessen „edle Entrüstung" deutlich wurde. Schleiermacher hat dieses Schreiben später zurückgegeben, weshalb es nicht im Nachlaß vorliegt. – Die kirchenpolitische Haltung des Thronfolgers, des späteren „Romantikers auf dem Thron" und Wiedererbauers des Klosterstifts zum Heiligengrabe, ist vielfach erörtert worden. Zu seiner frühen Kritik am landesherrlichen Kirchenregiment und dem verschwommenen Konzept eines „apostolischen" Ekklesialsystems, das nach 1840 Einfluß auf die preußische Kirchen- und Kulturpolitik hatte, vgl. David E. Barclay: Anarchie und guter Wille. Friedrich Wilhelm IV. und die preußische Monarchie, Berlin 1995, 135–143. Für den hier interessierenden speziellen Zusammenhang die Ausführungen Medings: Schleiermacher und die Schlesische Separation, 192–193.

339   Brief Eylerts an Schleiermacher vom 29. Januar 1831, in: Schleiermacher-Nachlaß 474/1, Bl. 1, hier: 1r (Aus Schleiermacher's Leben. In Briefen. Band 4, 488–489, hier: 488).

340   Schleiermacher-Nachlaß 474/2, Bl. 1–2 (Abschrift; wohl von der Hand Henriette Schleiermachers), hier: 1r (Aus Schleiermacher's Leben. In Briefen. Band 4, 489–491, hier: 490 und 489).

341   Schleiermacher-Nachlaß 474/2, Bl. 1v (Aus Schleiermacher's Leben. In Briefen. Band 4, 490). – Siehe auch Schleiermachers Brief an Joachim Christian Gaß vom 8. Februar 1831, in dem er den Breslauer Freund von den Vorgängen unterrichtete und zugleich

Dieser Vorschlag fand die Zustimmung des Kultusministers. Am 9. März wurde Schleiermacher durch Bischof Neander der Wunsch Altensteins überbracht, er möge seine „Gedanken über die Behandlungsweise der Sache" äußern.[342] Unmittelbar anschließend erhielt er Einsicht in die Ministerialakten. Hieraus war, wie er Eylert zwei Tage später mitteilte, zu ersehen, „daß die Sache höchst schwierig ist, u[nd] daß es doch die höchste Zeit ist sie zu Ende zu bringen". Auf jeden Fall müsse es darum gehen, den kirchlichen Schaden des „schismatischen Projectes" auf ein Minimum zu begrenzen.[343]

Eylert zeigte sich in seiner Antwort vom 15. März voller Freude darüber, „daß der König den Wunsch des Kronprinzen Sie zum Commissarius zu ernennen genehmigt hat".[344] Schwierigkeiten, in die Schleiermacher sich aus Unkenntnis der höfischen Gegebenheiten würde verwickeln können, wollte er jedoch vorbeugen. Daher gab er ihm im gleichen Brief folgenden Ratschlag:

> „Soll es aber Ew. Hochwürden damit [scil.: mit dem „operiren" in „der Breslauer Angelegenheit"] gelingen: so ist vor allem nöthig, daß der Kronprinz mit dem Was Sie thun und Wie Sie die Sache angreifen wollen sich vorher einverstanden erkläre, damit man eine gerade Bahn gewinnen und alle Schlupfwinkel mit ihren geheimen Insinuationen für immer abschneide. Der Kronprinz hat ein für die Wahrheit höchst empfängliches Herz, und es kommt nur darauf an, Ihm dieselbe offen und klar vorzulegen. Dies kann keiner besser und wirksamer als Ew. Hochwürden selbst [...]."[345]

---

bemerkte: „Darum wäre es nun für mich gerade Zeit, alles die Sache betreffende zu erfahren, was in den hiesigen Acten nicht steht" (Briefe Schleiermachers an Wilhelmine und Joachim Christian Gaß (Ed. Bauer), 273–278, hier: 274; die von Bauer an gleicher Stelle gegebene Erläuterung zum schlesischen Generalsuperintendentenamt ist unzutreffend).

[342] Zur Benachrichtigung durch Neander siehe die vom gleichen Tag stammenden Eintragungen in Schleiermachers Kalender für das Jahr 1831: „N[ach]M[ittag] Dr. Neander" und „N[ach]M[ittag] Conferenz mit Neander" (Schleiermacher-Nachlaß 451, Seite 20). Das im Text gegebene Zitat findet sich in einem Brief an Eylert vom 11. März 1831, in: Schleiermacher-Nachlaß 474/2 (Abschrift; vermutlich durch Henriette Schleiermacher), Bl. 3–4, hier: 3r (Aus Schleiermacher's Leben. In Briefen. Band 4, 492–494, hier: 492). – *Daniel Amadeus Gottlieb Neander* (1775–1869) war, nach Jahren in Naumburg und Merseburg, 1823 zum Propst an der St. Petrikirche in Berlin und Vortragenden Rat im Kultusministerium ernannt worden. 1829 wurde er Generalsuperintendent der Mark Brandenburg mit Sitz in Berlin. Im Folgejahr verlieh der König ihm den Bischofstitel, den er neben dem Hofprediger Eylert trug.

[343] Schreiben Schleiermachers an Eylert vom 11. März 1831, Bl. 3r (Aus Schleiermacher's Leben. In Briefen. Band 4, 492 und 493).

[344] Schleiermacher-Nachlaß 474/1, Bl. 4–5, hier: 4r (Aus Schleiermacher's Leben. In Briefen. Band 4, 494–495, hier: 494).

[345] Schleiermacher-Nachlaß 474/1, Bl. 5r (Aus Schleiermacher's Leben. In Briefen. Band 4, 495). Abschließend heißt es: „Segne Sie Gott, mein hochwürdiger Herr Doctor, in dem christlichen Werke den kirchlichen Hader in Ihrer Vaterstadt zu schlichten und lasse alles wohl gelingen!"

Schleiermacher arbeitete einen Plan aus und bat Eylert, die Zustimmung des Kronprinzen dazu einzuholen.[346] Statt dessen folgte, auf Vermittlung des Hofpredigers, am 18. März eine Audienz beim Prinzen Friedrich Wilhelm, während derer nun Schleiermacher persönlich seine Vorstellungen erläutern konnte.[347] Am Folgetag suchte er Neander auf.[348] Möglicherweise diente die Zusammenkunft dazu, letzte Einzelheiten zu erörtern; vielleicht hat Schleiermacher sein gutachterliches Votum bei dieser Gelegenheit aber auch schon überreicht.[349]

Er sprach sich in aller Entschiedenheit – wenn auch wohl mit einem Seitenblick auf die Erwartungen der Regierung – dafür aus, die Separation zu verbieten. Den Breslauer Unionsgegnern müsse „als unwiderruflicher Allerhöchster Bescheid" bekanntgemacht werden, daß ihrem Wunsch, „als eine besondere Gemeine constituirt zu werden weder jezt noch jemals könne gewillfahrt werden". Theologisch rechtfertigt Schleiermacher dies mit dem Argument, „der ganzen Spaltung" liege „nur eine mißverstandene Anhänglichkeit an den alten Buchstaben zum Grunde". Durch den Beitritt zur Union werde niemand seinem Bekenntnis „abtrünnig", folglich bestehe „auch das lutherische Bekenntniß in der Union ungeändert und ungeschmälert" fort.[350]

Im Gegenzug allerdings, als „eine Maaßregel der Nachsicht", solle bei bestimmten gottesdienstlichen Feiern anstelle der landeskirchlichen Agende der Gebrauch lutherischer Tauf- und Abendmahlsformulare gestattet werden. Hierin bestand Schleiermachers eigentliches Interesse, denn „wir dürfen weder der Union noch der Agende nachsagen lassen, daß auch nur Ein ängstlicher evangelischer Christ geschweige denn mehrere hunderte [...] durch sie bedrängt werde".[351] Zudem plädierte er dafür, die

---

[346] Brief an Eylert vom 11. März 1831, Bl. 3v (Aus Schleiermacher's Leben. In Briefen. Band 4, 494).

[347] Siehe die Kalendereintragung von diesem Tag: „Nach der Katech[ese] beim Kronprinzen" (Schleiermacher-Nachlaß 451, Seite 20).

[348] Der Tageskalender verzeichnet für den 19. März: „Besuch bei Neander" (Ebd., Seite 20).

[349] Gutachten Schleiermachers (in Form einer brieflichen Stellungnahme an Bischof Neander); undatiert, 19. oder 20. März 1831, in: Evangelisches Zentralarchiv Berlin. Signatur 654/117. Dem autographen Manuskript folgt Wichmann von Meding in seinem Abdruck: Schleiermacher und die Schlesische Separation, 182–185. Eine weniger zuverlässige Fassung nach einer im Nachlaß vorliegenden Abschrift (Schleiermacher-Nachlaß 474/3, Bl. 1–2) bietet Dilthey in: Aus Schleiermacher's Leben. In Briefen. Band 4, 495–499 („Schleiermacher's Vermittlungsvorschlag"). – Medings Auffassung, die Übergabe des Textes falle mit jenem Treffen zusammen, ist nicht zwingend. Erich Foerster datiert das Votum im Rahmen seiner Darstellung von Schleiermachers Gutachtertätigkeit auf den 20. März (Die Entstehung der Preußischen Landeskirche. Band 2, 268 (Fußnote 1); vgl.: 267–269). Allerdings war ihm die Begegnung mit dem Bischof nicht bekannt.

[350] Zitiert nach dem Abdruck bei Meding: Schleiermacher und die Schlesische Separation, 182–183.

[351] Ebd., 183.

bereits ausgesprochenen disziplinarischen Sanktionen aufzuheben, sofern die betroffenen Geistlichen sich „entweder zum Gebrauch der Agende bequemten oder für alle Handlungen wobei diese betheiligt sei eine gehörige Vertretung durch Andre einrichteten". Auf diese Weise „würden sie doch bei ihren anerkannten Kanzelgaben fortfahren können im Segen wirksam zu sein oder es würde sich Jedermann überzeugen müssen daß auch die größte Milde eines ächt evangelischen Kirchenregimentes an ihrer unbesiegbaren Halsstarrigkeit scheitere".[352]

Altenstein, in dessen Zuständigkeitsbereich die Sache fiel, wies Schleiermachers Empfehlungen gänzlich von der Hand. Für ein Entgegenkommen in der Agendenfrage meinte er zwar, die Einwilligung des Monarchen gewinnen zu können. Gegen eine Rücknahme der schon erfolgten Amtsenthebungen hatte er jedoch erhebliche Bedenken. In einem Brief an Neander vom 25. März 1831 sprach er die Befürchtung aus, daß eine Umsetzung der Vorschläge „nicht nur nicht vermittelnd wirken, sondern im Gegentheil den Widerstand erst recht hervorrufen" werde.[353] Vier Tage später wurde Schleiermacher durch Neander von Altensteins Haltung informiert.[354] Die Ablehnung veranlaßte ihn jedoch nicht, seine im wesentlichen Punkt durchaus liberale Position aufzugeben. Vielmehr begründete er sie erneut in einem zweiten, ausführlicheren Gutachten, das er Neander am 8. April 1831 zur Weiterleitung an den Minister übergab.[355]

Sich selbst interpretierend, betonte Schleiermacher, er „habe überall nur auf die bedrängten Gewissen des aus Anhänglichkeit an das Alte opponirenden Theils der Gemeine Rüksicht genommen".[356] Wie bereits im ersten Votum argumentierte er im Sinne einer organisatorischen, institutionell verankerten, nicht aber bekenntnistheologisch fundierten Kirchenunion. Von einem Religionskonstrukt in Gestalt eines „mittleren Proportionalglaubens" wollte er, wie schon in seiner siebenundzwanzig Jahre zuvor veröffentlichten kirchenpolitischen Programmschrift, den

---

[352] Ebd., 184.
[353] Das Altensteinsche Schreiben ist abgedruckt bei Meding: Ebd., 185–187, hier: 185. Die Grundlage bildet die Originalausfertigung der ministeriellen Stellungnahme im genannten Bestand des Evangelischen Zentralarchivs. Vgl. auch Erich Foerster: Die Entstehung der Preußischen Landeskirche. Band 2, 268.
[354] Siehe Neanders Brief an Schleiermacher vom 29. März 1831, den der Bischof dem mitgeteilten Altensteinschen Schreiben vom 25. März beifügte, in: Schleiermacher-Nachlaß 474/4, Bl. 1 (Aus Schleiermacher's Leben. In Briefen. Band 4, 499). Auch das Schreiben des Ministers hat Schleiermacher später zurückgegeben.
[355] Der Text ist abgedruckt bei Meding: Schleiermacher und die Schlesische Separation, 187–189. Auch hier befindet sich die Vorlage an dem genannten Ort. In Diltheys Edition fehlt das Votum. Vgl. aber die Angaben bei Erich Foerster: Die Entstehung der Preußischen Landeskirche. Band 2, 268. Laut einer Tagebuchaufzeichnung hatte Schleiermacher am 8. April „Mittag Neander" zu Gast. Zudem heißt es für diesen Tag: „Memoria an Neander für Altenstein" (Schleiermacher-Nachlaß 451, Seite 24).
[356] Zitiert nach Meding: Schleiermacher und die Schlesische Separation, 187.

„Zwei unvorgreiflichen Gutachten in Sachen des protestantischen Kirchenwesens", nichts wissen.[357] So unbedenklich es ihm daher erschien, innerhalb der unierten Landeskirche spezielle gottesdienstliche Gebräuche zu akzeptieren, so problematisch war es seiner Ansicht nach, gegen jene Gruppe, die ihre Verbundenheit mit lutherischen agendarischen Traditionen über die Kircheneinheit stellte, disziplinarische Zwangsmittel einzusetzen. Der schwierigen Situation zum Trotz sah er Anlaß genug, zuversichtlich die weitere Entwicklung abzuwarten:

> „Das Gedeihen der Union beruht in einer Provinz, wo die Reformirten sparsam und zerstreut sind, vornehmlich auf dem Unirtsein der theologischen Facultät und dem von ihr ausgehenden Einfluß auf die künftige Geistlichkeit und nächstdem auf dem Einfluß, den der besser unterrichtete vom Joch des Buchstaben befreite Theil der evangelischen Gemeinen auf die Jugend ausübt. Die jezigen Dissidenten werden von ihrem Eifer allmählig destomehr nachlassen je weniger gegründete Ursache sie haben sich über Gewissensdrukk zu beklagen, und ihre Jugend wird bei weitem nicht ganz ihren Fußtapfen folgen, und auch um so weniger je weniger die Eitelkeit Nahrung findet."[358]

Obwohl Schleiermacher noch einmal hervorhob, daß der lutherische beziehungsweise reformierte Bekenntnisstatus der einzelnen Geistlichen durch den Gebrauch der Agende nicht beeinträchtigt werden könne und insofern den das Gegenteil behauptenden Dissentierenden, um nicht die gesamte Geistlichkeit gegen die Kirchenvereinigung aufzubringen, entschieden widersprochen werden müsse, so konnte er den Kultusminister doch nicht überzeugen. Altenstein war zu keinerlei Zugeständnissen an die separatistische Bewegung bereit. Allenfalls Konzessionen im persönli-

---

357   Zwei unvorgreifliche Gutachten in Sachen des protestantischen Kirchenwesens zunächst in Beziehung auf den Preußischen Staat, Berlin 1804, hier: 3 (wieder abgedruckt in: Schriften aus der Stolper Zeit (1802–1804) (KGA I/4), 359–460, hier: 370); vgl.: Band I, S. 168–177.
358   Zitiert nach Meding: Ebd., 188 (vgl. Erich Foerster: Die Entstehung der Preußischen Landeskirche. Band 2, 268–269). – Der wichtigste Repräsentant des Unionsgedankens an der Breslauer Theologischen Fakultät war Joachim Christian Gaß. Sein Tod am 19. Februar 1831 kam insofern sehr zur Unzeit. Neben ihm standen David Schulz (1779–1854), der am 25. Juni 1830 bei der Augustana-Feier die Festrede über das Thema „De vera et optabili ecclesiarum reconciliatione" hielt, und Daniel von Cölln (1788–1833). Beide traten, wie Gaß, in Doppelfunktionen, als Mitglieder der Fakultät und der Provinzialkirchenleitung, für die Union ein (vgl. die näheren Angaben in: Theologisch-dogmatische Abhandlungen und Gelegenheitsschriften (KGA I/10), XCII). Eine problematische Stellung nahm hingegen Schleiermachers Freund aus Hallenser Tagen, Henrich Steffens, ein. Er schloß sich den Lutheranern zwar an, ging dann aber Ende 1830 auf Distanz zu deren radikalen Vertretern, wobei anscheinend auch politische Erwägungen eine Rolle spielten. Nach Foerster zeigen Steffens' Lebenserinnerungen, „daß er eigentlich in jene Bewegung nicht hineinpaßte und sich in ihr von Anfang an nicht behaglich fühlte". Das Motiv für die ursprüngliche Haltung vermutet Foerster in der „persönlichen Anhänglichkeit und Treue gegen Scheibel" (Die Entstehung der Preußischen Landeskirche. Band 2, 266–267).

chen Einzelfall schienen ihm, und selbst dies nur unter gewissen Umständen, jetzt noch möglich, wobei seine Kompromißunwilligkeit wohl mit
dem bedingungslosen Festhalten am Staatskirchenprinzip in Verbindung
stand, das auch andernorts Altensteins Haltung in Sachen Kirchenvereinigung und Agendenstreit bestimmt hat.[359]
Dennoch befürwortete der Minister, Schleiermacher mit einer amtlichen Mission zu versehen und ihn nach Breslau zu entsenden. Hierin folgte
er dem Wunsch des seinerseits durch den Kronprinzen beeinflußten Monarchen. In der entsprechenden Verfügung, die auszustellen er Bischof
Neander noch im April instruierte, sollte dieser sich sogar ausdrücklich
an Schleiermachers Vorschläge „anschließen".[360] Aus Gründen, die nicht
ganz klar sind, erging eine amtliche Beauftragung dann aber doch nicht.
Das Engagement Eylerts und Neanders macht deutlich, daß das entscheidende Hemmnis nicht von der geistlichen Kirchenleitung ausgegangen
ist. Vermutlich wird die immer stärkere Konfrontation in Breslau, über
die man durch genaue Berichte der Provinzialverwaltung informiert war,
dazu geführt haben, daß Schleiermacher und seine kirchlichen Berater die
Aussichtslosigkeit ihres Unterfangens einsahen.[361]
Insgesamt ist wohl Erich Foerster, dem Historiographen der preußischen Landeskirche, beizupflichten, wenn er wenig Anlaß sah, die Entwicklung zu bedauern: „Es ist nicht zu Schleiermachers Sendung gekommen,
und wir dürfen uns dessen für ihn nur freuen. Denn zu klar hatte sich
bereits herausgestellt, daß die Herstellung des Friedens auf diesem Wege
unmöglich war. Mag sein, daß die von Schleiermacher empfohlenen klaren und offnen agendarischen Konzessionen die Position der Behörden

---

[359] Vgl. Erich Foerster: Ebd., 269. – Im Falle Scheibels blieb auch später jedes Entgegenkommen aus. Nachdem die Suspendierung vom Pfarramt bereits am 15. Juni 1830
durch den Oberpräsidenten der schlesischen Provinz, Friedrich Theodor von Merckel,
beim Breslauer Magistrat beantragt worden war, blieben alle weiteren Kontakte zur
Regierung konflikthaft. Im Jahre 1832 wurde Scheibel endgültig entlassen.

[360] Schreiben Neanders an Schleiermacher vom 23. April 1831, in: Schleiermacher-Nachlaß 474/4, Bl. 2, hier: 2r (Aus Schleiermacher's Leben. In Briefen. Band 4, 499–500,
hier: 500). Es heißt in dieser Benachrichtigung: „In den Anlagen übersende ich Ihnen, mein theurer Freund! die Fortsetzung der Verhandlungen über die Breslauische
Streitsache. Das Schreiben des Herrn Ministers fordert mich auf eine Verfügung zu
entwerfen und mich dabei an Ihre Vorschläge anzuschließen." – Für denselben Tag ist
durch eine Kalenderaufzeichnung eine weitere Begegnung Schleiermachers mit Neander bezeugt: „Besuch bei Neander" (Schleiermacher-Nachlaß 451, Seite 24).

[361] Dafür, daß die Beauftragung auch nicht durch das Ministerium vereitelt worden ist,
spricht der angeführte Brief Neanders vom 23. April. Hier wird zudem die mittlerweile außerordentlich angespannte Situation in Schlesien angesprochen. So machten,
wie Neander an Schleiermacher schrieb, „die beiliegenden Berichte des Oberpräsidenten von Merkel [...] eine nochmalige Erwägung unsres Planes, wie es mir scheint, sehr
nöthig" (Schleiermacher-Nachlaß 474/4, Bl. 2r; Aus Schleiermacher's Leben. In Briefen. Band 4, 500). Die Folge dieser Erwägung wird dann gewesen sein, daß von dem
Versuch einer Konfliktschlichtung wieder Abstand genommen wurde.

vor der Oeffentlichkeit und den Nachlebenden verbessert hätten: über die Notwendigkeit einer grundsätzlichen Entscheidung über das Recht der Separation konnten sie der Regierung nicht hinüberhelfen."[362] Foersters Auffassung gewinnt noch zusätzlich an Plausibilität, wenn man davon ausgeht, daß den eigentlichen Kern der Auseinandersetzungen nicht die Unionsproblematik gebildet hat, sondern die verfassungsrechtlich viel weitergehende Frage nach dem landesherrlichen Kirchenregiment mit dem sogenannten *ius liturgicum* des Monarchen.[363]

Obgleich vor diesem Hintergrund die königliche Ehrung eine strategische Ausrichtung erhält, durfte Schleiermacher sie doch mit Recht als ein Zeichen der Versöhnung ansehen. Ein Brief an Ludwig Jonas vom 13. Februar 1831 läßt aber auch die Überraschung erkennen, mit der er die Nachricht aufgenommen hat:

„Ich weiß noch nicht wie es zusammenhängt. Einige haben mich versichern wollen, der Kronprinz habe sich besonders beim Könige dafür verwendet; allein das verstehe ich eben so wenig da der Kronprinz bisher auch nicht die geringste Notiz von mir genommen hat. Hat der König wirklich seine Prävention gegen mich [...] fahren lassen so ist das als eine schöne Selbstüberwindung von ihm höchlich zu rühmen, und aus diesem Gesichtspunkt sehe ich die Sache am liebsten an."[364]

Die Ordensverleihung war auf den 18. Januar 1831, den Jahrestag des Krönungs- und Ordensfestes, datiert.[365] Schleiermacher scheint sehr kurzfristig und ohne Vorankündigung von der Auszeichnung unterrichtet worden zu sein. Die genaue zeitliche Abfolge ergibt sich aus den vorliegenden Zeugnissen zwar nicht, doch teilte er Jonas in jenem Brief mit, er sei bei der Einladung „wie aus den Wolken" gefallen.[366]

---

[362] Erich Foerster: Die Entstehung der Preußischen Landeskirche. Band 2, 269; vgl. auch: 281.

[363] Ebd., 269. – Zur weiteren Entwicklung des schlesischen Streites siehe Foersters eingehende Darstellung: Ebd., 270–321.

[364] Zitiert nach dem Abdruck bei Wichmann von Meding: Schleiermacher und die Schlesische Separation, 169. Der Brief ist zuerst veröffentlicht worden in: Ludwig Jonas und Schleiermacher. Briefwechsel und biographische Dokumente. Zusammengestellt von Wolfgang Virmond. Als Manuskript gedruckt, Berlin [Privatdruck] 1991, 50–52.

[365] Am 18. Januar 1701 hatte der Kurfürst von Brandenburg, Friedrich III. (1657–1713), in Königsberg als Friedrich I. die Königswürde („König in Preußen") angenommen. Die Krönung war im Audienzsaal des Schlosses erfolgt und von dem Fürsten selbst vorgenommen worden. Zur jährlich veranstalteten Memorialfeier siehe Louis Schneider: Das Preußische Krönungs- und Ordensfest, Berlin 1870. – Auf den 18. Januar 1831 waren auch die vom König unterzeichneten Beglaubigungsschreiben datiert. Vgl.: Briefe von und an Hegel. Band IV. Teil 1: Dokumente und Materialien zur Biographie. Herausgegeben von Friedhelm Nicolin (Philosophische Bibliothek. Band 238a. Dritte, völlig neubearbeitete Auflage), Hamburg 1977, 131 (Nr. 112).

[366] Zitiert nach Meding: Schleiermacher und die Schlesische Separation, 169. – Im Tageskalender findet sich am 22. Januar 1831 ein Hinweis auf die Ordensverleihung:

Die feierliche Zeremonie fand am Sonntag, dem 23. Januar, im Berliner Stadtschloß statt.[367] Neben Schleiermacher wurden zahlreiche weitere Amts- und Würdenträger ausgezeichnet. Die höchste Dekoration, den Schwarzen Adlerorden, erhielten der Königlich Preußische Generallieutenant, Johann August Karl Fürst zu Wied (1779–1836), der Kultusminister Altenstein sowie der Erzbischof in Preußen, Ludwig Ernst Borowski (1740–1831), für den die Ordensverleihung mit der Erhebung in den erblichen Adelsstand verbunden war.

Weit weniger gewichtig war im Vergleich dazu der Rote Adlerorden. Gestiftet im Jahre 1705 vom Erbprinzen Georg Wilhelm von Brandenburg-Bayreuth als Orden „De la Sincerité", wurde er 1712 zum brandenburgisch-bayreuthischen Hausorden erklärt. Eine Statutenänderung von 1734 benannte ihn in „Orden des Brandenburgischen Roten Adlers" um. Nachdem Bayreuth und Ansbach an Preußen gefallen waren, erhob Friedrich Wilhelm II. ihn 1792 zum zweiten Ritterorden des Königreiches. Zunächst bestand der Orden lediglich aus einer Klasse; um die zweite und die dritte erweiterte ihn erst 1810 Friedrich Wilhelm III. 1830 wurde sogar noch eine vierte Klasse eingeführt. Seither nahmen die klasseninternen Abstufungen immer weiter zu, bis der Orden 1907 in einhundertundachtzehn Varianten vergeben wurde. Er war schon in den 1830er Jahren das am weitesten verbreitete Ehrenzeichen der preußischen Monarchie, weil alle Verdienste um Staat und Gesellschaft mit ihm gewürdigt wurden. Seine Insignien besitzen die Kreuzform, die jedoch seit einer Festlegung Friedrich Wilhelms IV. seit 1851 entfernt wurde, wenn der Orden an einen Nicht-Christen verliehen wurde und der Geehrte es nicht ausdrücklich anders wünschte.[368]

„Einlad[un]g aufs Schloß" (Schleiermacher-Nachlaß 451, Seite 12). Dieser Umstand könnte zu der Annahme führen, daß Schleiermacher erst am Vortag des Ereignisses durch die Ordenskommission von der Auszeichnung benachrichtigt wurde. Doch scheint mir dies, allein schon, weil die Teilnahme an einer gewichtigen höfischen Festlichkeit doch auch die Observanz gewisser Äußerlichkeiten verlangte, nicht gut möglich zu sein.

[367] Schleiermacher notierte an diesem Tag: „Sydow predigt für mich. Ordensfest" (Schleiermacher-Nachlaß 451, Seite 12).

[368] Vgl. Maria Curter (Red.): Preußische Orden – eine Auswahl, in: Berlinische Monatsschrift (Edition Luisenstadt) 10 (2001), 107–111, hier: 109 (mit Abbildung). Das Ordenszeichen weist die Form des Malteserkreuzes auf. Die Vorderseite ist emailliert. Das Mittelstück besteht aus einem runden, reinweißen und mit einem schmalen silbernen Emaillerand versehenen Medaillon, das auf der Vorderseite den brandenburgischen roten Adler zeigt. Der Adler trägt einen Brustschild in den Landesfarben Schwarz und Weiß. Die Arme des Kreuzes sind weiß emailliert und mit einem schmalen silbernen Rand umsäumt. In der Ordensstufe „mit Eichenlaub" umkränzt stilisiertes Eichenlaub die Adlerkrallen. – Als Kuriosum sei erwähnt, daß sich die heutige Gestaltung des Verdienstordens des Landes Brandenburg bis ins Detail – mit allerdings roter Emaillierung der Kreuzesarme – am preußischen Roten Adlerorden orientiert (siehe: Gesetz über den Verdienstorden des Landes Brandenburg vom 10. Juli 2003,

Den „Stern zum rothen Adler-Orden 2ter Klasse mit Eichenlaub" erhielt der Oberregierungsrat Georg Heinrich Ludwig Nicolovius, der seit
den Tagen des reformpolitischen Aufbruches die preußische Bildungs-
und Kulturpolitik maßgeblich mitgestaltet hatte.[369] Zu den insgesamt
dreiundsiebzig mit der dritten Klasse dieses Ordens Gewürdigten gehörte, wie die in den Berliner Zeitungen mitgeteilte amtliche Liste auswies,
neben dem „Prof. und Prediger Dr. Schleiermacher in Berlin" auch der
„Prof. Dr. Hegel zu Berlin", der im vorangegangenen akademischen Jahr
1829/30 Universitätsrektor gewesen war.[370]
    Weitere Mitglieder des Lehrkörpers der Berliner Universität werden
nicht genannt, doch findet man unter den Ordensempfängern Schleiermachers Freund, den Breslauer Theologen Joachim Christian Gaß. Er
wird nicht in seiner akademischen Funktion, sondern als Konsistorialrat
angeführt, was insofern von Bedeutung ist, als das von Schuckmann im
Sommer 1822 gegen ihn eröffnete Verfahren gerade auf eine Entlassung
aus der kirchenadministrativen Stellung gerichtet gewesen war. Wie bei
Schleiermacher lag wohl auch dieser Ehrung ein unionspolitisches Kalkül
zugrunde.[371]

---

in: Gesetz- und Verordnungsblatt für das Land Brandenburg. Teil I / 2003, 200, hier:
Paragraph 3).

[369] Nicolovius leitete seit 1824, als er in bitterer Stunde die Abteilung für öffentlichen
Unterricht an Kamptz hatte abgeben müssen, noch die Kultusabteilung des Altensteinschen Ministeriums. 1832, nach Kamptz' Ernennung zum preußischen Justizminister, wurde ihm die Leitung der Unterrichtsabteilung zurückgegeben. Seit 1817
war er Mitglied des Staatsrates.

[370] Siehe die „Liste der von Sr. Maj. dem Könige am 18. Januar 1831 verliehenen Orden
und Ehrenzeichen", in: Spenersche Zeitung. Nr. 20 vom 25. Januar 1831, Sp. 2–6,
hier: 3; Vossische Zeitung. Nr. 20 vom 25. Januar 1831, Sp. 2–7, hier: 3. Vgl. auch
die auf den 22. Januar datierte Nachricht in: Staats und Gelehrte Zeitung des Hamburgischen unpartheiischen Correspondenten. Nr. 21 vom 26. Januar 1831, Sp. 13:
„Bei dem morgen abzuhaltenden Ordens-Capitel werden, dem Vernehmen nach, die
Professoren Hegel und Schleiermacher sich einer Ordens-Ertheilung zu erfreuen haben." In der mit einer Zählung versehenen Aufstellung erscheint Hegel unter der Nummer 31, Schleiermacher unter Nummer 21. – Nach Althaus stellte im Falle Hegels
die Auszeichnung eine Art Belohnung für die als Rektor erworbenen Verdienste dar:
„In Berlin gelang es ihm, alle politischen Strömungen und Umtriebe von der Universität fernzuhalten. Kein Student ist während seiner Amtszeit relegiert worden. Bei
den vierzehn Studenten, die man in den Karzer steckte, handelte es sich um die üblichen disziplinarischen Verstöße. Die Regierung dankt es ihm und erkennt ihm längst
nach der Entbindung von seinen Amtspflichten im Januar 1831 den Orden des Roten
Adlers Dritter Klasse zu" (Horst Althaus: Hegel und die heroischen Jahre der Philosophie, 573).

[371] Gaß wird in der amtlichen Liste unter Nummer 24 genannt: „Der Konsistorialrath
Gaß in Breslau" (Spenersche Zeitung. Nr. 20 vom 25. Januar 1831, Sp. 3). Krank-
heitshalber konnte er nicht nach Berlin reisen. In dem letzten an ihn gesandten Brief
schrieb Schleiermacher am 8. Februar: „Es freut mich sehr, mein lieber Freund, daß
an mir die Reihe ist, und daß ich Dir zuerst den Glückwunsch bringen kann zu un-
srem neuen Ehrenschmuck. Ich weiß nicht, weshalb Du so lange unberüksichtigt ge-

Ausführliche Berichte in der *Spenerschen* und der *Vossischen Zeitung* vom 25. Januar veranschaulichen den gesellschaftlichen Rang des Ordensfestes.[372] Die Eingeladenen „versammelten sich Vormittags im Königl. Schlosse". Dort empfingen sie „von der General-Ordens-Kommission im Auftrage Sr. Maj. die von Allerhöchstdenenselben ihnen bestimmten" Auszeichnungen. Im Anschluß an die Verleihungszeremonie, die allerdings nicht in Anwesenheit des Königs selbst vorgenommen wurde, und einem von Eylert geleiteten liturgischen Gottesdienst in der Schloßkapelle, kamen die Ausgezeichneten erneut zusammen: „Nach Beendigung dieser kirchlichen Feier begaben sich die vorgenannten Königl. Prinzen und Prinzessinnen, die allhier anwesenden hohen Fürstlichen Personen und alle in der Kapelle Anwesenden nach dem Rittersal [...]. Der Bischof Dr. Eylert hielt daselbst die der Feier des heutigen Tages gewidmete geistliche Rede."[373]

Hierauf folgte der protokollarische Höhepunkt, indem „die seit dem vorjährigen Feste und die heute ernannten Ordens-Ritter und Ehrenzeichen-Inhaber" dem Kronprinzen von der Generalordenskommission vorgestellt wurden. „Se. Königl. Hoh. geruhten den Sr. M. dem Könige gewidmeten ehrfurchtsvollen Dank derselben huldvoll entgegenzunehmen." Schließlich führte der Weg an die königliche Tafel. „Diese war in der Bildergallerie und im weißen Saal angeordnet, und es nahmen in der Bildergallerie 350 und im weißen Saal 250 Personen daran Theil." Nach Aufhebung der Tafel „begaben Ihre Königl. Hoheiten sich in den Rittersaal, wohin Ihnen die Versammlung folgte und daselbst huldvoll von Ihnen entlassen wurde". „Die treuen Wünsche der Anwesenden für das Wohl Sr. Majestät des Königs und des Königl. Hauses sind überall innig empfunden und herzlich ausgesprochen worden."[374]

Schleiermacher dankte dem König wenige Tage später für die erwiesene Gunst. Er sehe in dem Orden einen „freundlichen Stern [...], der manches Trübe und Dunkle in der Vergangenheit mit einem milden Glanz überdeckt".[375] Darüber hinaus heißt es in seinem Schreiben:

---

blieben bist, und kann daher auch nicht beurtheilen, ob beides von demselben Impuls ausgegangen ist. Bei Dir kann es leicht mit dem Durchsezen der Agende und Union in Schlesien zusammenhängen [...]" (Briefe Schleiermachers an Wilhelmine und Joachim Christian Gaß (Ed. Bauer), 273).

[372] Berlin, vom 23. Januar, in: Spenersche Zeitung. Nr. 20 vom 25. Januar 1831, Sp. 1–2; vgl.: Vossische Zeitung. Nr. 20 vom 25. Januar 1831, Sp. 1–2.

[373] Vgl. Rulemann Friedrich Eylert: Rede, gesprochen im Rittersaale des Königl. Schlosses, bei der Feier des Krönungs- und Ordensfestes, den 23. Januar 1831, vom evangelischen Bischofe und Königl. Hofprediger, Ritter des Rothen Adler-Ordens 2ter Klasse mit Stern, und des Civil-Verdienst-Ordens der baierschen Krone, Dr. Eylert, in: Spenersche Zeitung. Nr. 20 vom 25. Januar 1831, Sp. 7–9.

[374] Spenersche Zeitung. Nr. 20 vom 25. Januar 1831, 2.

[375] Schreiben an König Friedrich Wilhelm III. von Ende Januar / Anfang Februar 1831, in: Aus Schleiermacher's Leben. In Briefen. Band 2, 444.

„Wenn ich mir nun gleich bewußt bin, daß die Gesinnungen der ehrfurchtsvollen Treue und Hingebung gegen Ew. Majestät und der reinsten Liebe gegen das theure Vaterland, für dessen Wohlergehen Ew. Majestät Regierung
auf eine so ausgezeichnete Weise von Gott gesegnet ist, durch nichts Erfreuliches oder Ehrenvolles, das mir persönlich widerfährt, erhöht werden können,
so konnte ich mir doch nicht versagen Ew. Majestät die Empfindungen eines
dankerfüllten Herzens zu Füßen zu legen. Möge nur hinfort Alles, was ich, so
lange mir Gott die Kräfte dazu verleiht, als Geistlicher und als Universitätslehrer nach meiner besten Ueberzeugung für den Dienst der Evangelischen
Kirche zu leisten suchen werde, sich immer Allerhöchst Dero gnädigen Wohl-
wollens zu erfreuen haben."[376]

Die Feier der Ordensverleihung bot Bischof Eylert die Gelegenheit, am
Rande auf die Absichten des Kronprinzen zu sprechen zu kommen. Es
wird Schleiermacher, nachdem klar war, mit welchem Auftrag er versehen
werden sollte, mit besonderer Genugtuung erfüllt haben, daß er gerade in
seinem langwährenden engagierten Einsatz für die protestantische Kirchenvereinigung eine späte Anerkennung erfuhr. Denn nirgendwo war
in den zurückliegenden Jahren der Gegensatz zur konservativen weltan-
schaulichen und religiösen Orientierung des Monarchen deutlicher zum
Vorschein gekommen als auf kirchenpolitischem Gebiet. Insofern ist es
auch verständlich, wenn er die Ehrung als „ein Zeichen" dafür ansehen
wollte, daß „der alten Geschichten, und namentlich der vertraulichen
Aeußerungen in Briefen, nicht weiter soll gedacht werden". „Von dieser
Seite als einer, einem König gar nicht leichten, Selbstüberwindung hat es
mich herzlich gefreut."[377]
Schleiermacher war nun „mit einem Male", so Ehrenfried von Willich
in seinem autobiographischen Bericht, „ein populärer Mann auch in den
höchsten Regionen".[378] Allerdings ist daran zu erinnern, daß Friedrich
Wilhelm III. schon 1804 seinen damals von der Würzburger Universität
heftig umworbenen Stolper Hofprediger in Preußen zu halten gesucht
hatte, weil er in ihm einen theologischen Fürsprecher des Unionsgedankens und insofern einen Mitstreiter bei seinem Projekt erkannte, den preu-

---

[376] Ebd., 444.
[377] Brief an Joachim Christian Gaß vom 8. Februar 1831, in: Briefe Schleiermachers an
Wilhelmine und Joachim Christian Gaß (Ed. Bauer), 273. Siehe daneben den bereits
angeführten Brief an Ludwig Jonas vom 13. Februar 1831.
[378] Ehrenfried von Willich: Aus Schleiermachers Hause. Jugenderinnerungen seines Stiefsohnes, 141. Zur Auszeichnung heißt es hier: „Schon [...] im Januar 1831 [war] eine
Aussöhnung mit dem Könige erfolgt (d.h. von Seiten des Königs, denn meinem Vater
lag die echte Königstreue, ja die entschiedenste Pietät gegen seinen königlichen Herrn
im Blute und in der Gesinnung, und nie hat er es daran fehlen lassen) durch die über-
raschende Ordensverleihung, die meinen Vater eben *deshalb* innig erfreute. Dagegen war ihm *das* wohl ziemlich gleichgültig, daß er jetzt plötzlich auch am *Hofe* ein
beliebter Mann wurde. Es erfolgten Einladungen von Prinzen, die früher nie daran
gedacht hatten [...]."

ßischen Protestantismus zu einer Landeskirche zusammenzufügen.[379] Diese positive Würdigung bestimmte auch drei Jahrzehnte später, aus Anlaß von Schleiermachers Tod, ein offizielles Votum, in dem der König ihn zu „einem der gelehrtesten Theologen und angesehensten Geistlichen" erklärte.[380]
Einen Eindruck davon, wie Schleiermacher selbst die Ordensverleihung einschätzte, gibt ein Brief an die Schwester, Anna Maria Louise Arndt, die Ehefrau Ernst Moritz Arndts, vom 31. März 1831:[381]

> „Ueber meinen Orden habe ich mich eben so sehr gewundert als Ihr, er kam mir vollkommen überraschend, und ich weiß auch noch, weder woher diese plötzliche Änderung kommt, noch wie weit sie gehen mag. Einige meinen, der Bischof Neander habe sich dies Verdienst um mich erworben, andere behaupten, der Kronprinz habe es vorzüglich durchgesetzt. Mir ist dabei lieb, daß ich nun glauben darf, der König hege keinen Groll, weder über die aufgefangenen Briefe noch über mein kirchliches Widerstreben."[382]

Weniger im Blick auf die Auszeichnung als für die Persönlichkeit Schleiermachers ist ein Brief interessant, der ebenfalls vom 31. März 1831 stammt und an die drei Söhne der Schwester, alle noch im Kindesalter stehend, gerichtet ist. Auch er sei hier mitgeteilt:

> „Meine lieben Neffen, Siegerich, Roderich und Leubold.
> Ihr habt mir eine rechte Ueberraschung gemacht mit Euren lieben Briefchen, die mir zeigen, wieviel Theil ihr daran genommen, daß der König sein Auge auf mich geworfen hat. Unter unsern vorigen Königen gab es weniger solche Orden, und man sah sie nur an Prinzen, Generalen und andern Offiziren. Wer nicht zum Heer gehörte, mußte wenigstens Minister sein. Aber nach dem großen Unglück vom Jahr 1806 und 1807, da unser lieber König merkte,

---

[379] Vgl.: Band I, S. 134–137.
[380] Verfügung an den Minister Altenstein vom 21. Februar 1834, in: GStA PK, I. HA Rep. 92. Nachlaß Altenstein A. VI. c. 1, Nr. 1, Bl. 54r (abgedruckt in: Kirchenpolitische Schriften (KGA I/9), XXIV). Der Witwe setzte der König eine, zu weiteren Einkünften jährlich zu zahlende Pension in Höhe von dreihundert Talern aus. In einer entsprechenden ministeriellen Erklärung hieß es, die Zuwendung erfolge „in huldvoller Anerkennung der ausgezeichneten Verdienstlichkeit des verstorbenen pp. Schleiermacher" (zitiert nach Ehrenfried von Willich: Aus Schleiermachers Hause, 184). Vgl. auch das Schreiben des Königs „An die verwittwete Frau Professorin Schleiermacher geb. von Mühlenfels" vom 4. Januar 1836, in: Aus Schleiermacher's Leben. In Briefen. Band 4, 500.
[381] Das Manuskript dieses bisher nicht veröffentlichten Briefes befindet sich in: Stadtarchiv und Wissenschaftliche Bibliothek Bonn (Signatur: III, 11/16). Eine Abschrift liegt vor im Nachlaß Heinrich Meisners, in: Archiv der Berlin-Brandenburgischen Akademie der Wissenschaften. Bestand 118 (unpaginiert), 3 Bl. (hiernach im folgenden). Die Abschrift weist eine Reihe von Korrekturen auf. Sie sind in den Teilabdruck übernommen worden.
[382] Ebd. (Nachlaß Meisner), Bl. 1–2.

daß gar manches anders werden müßte, damit nicht ein solches wieder kommen könne, hat er unter andern auch diesen Orden gestiftet, den nun auch Leute unserer Art erhalten können. Das hat er nun vorzüglich deshalb gethan, damit das ganze Volk merke, daß er sich nicht um die Soldaten allein bekümmert, sondern daß er überall nachfragt, wer tüchtig ist und zuverlässig, nicht nur unter seinen Dienern sondern auch unter dem Volk. Nun wißt Ihr aber wohl, daß sich das nicht so sicher messen läßt, als wer der längste ist oder am schwersten wiegt; und da weiß denn jeder immer noch andere, die es besser verdient hätten.

Nun, Ihr lieben Knaben wißt noch nicht, was aus Euch werden will in der Welt; aber das Ritterthum des braven Mannes winkt Euch auf allen Wegen, und Ihr könnt nur frisch drauf los gehen. Und wenn Ihr einmal meint, Ihr könntet wohl eben so gut den Orden tragen als andere, so denkt nur gleich, daß es darauf nicht ankommt, sondern nur darauf, daß ihn brave Männer haben. Wenn Ihr aber tüchtige Schwimmer werdet und gewandte Läufer, daß Ihr es wagen könnt einmal, wo es Noth thut, durchs Feuer zu rennen, so könnt Ihr Euch, wenn es wo Unglück giebt, das Ehrenzeichen verdienen. Das ist noch schöner, weil, die es erhalten, die Haut und Haar dran gesezt haben ihrem Nächsten zu helfen.

Wann ich Euch wohl noch einmal wieder sehe, weiß ich nicht zu sagen; es will mir nicht vorkommen, als ob für dies Jahr etwas aus einer größeren Reise werden würde. Wir haben des Guten vor dem Jahre zuviel gethan, da war fast das ganze Haus ausgeflogen. Jetzt wünsche ich Euch von Herzen ein gutes Frühjahr, damit Ihr des Gartens und Eurer schönen Gegend recht froh werdet. Grüßt mir die andern Geschwister und auch die kleine Marie. Die Base und die Muhme grüßen Euch.

Euer getreuer Ohm Schleiermacher."[383]

Eine von Schleiermachers eigener Sichtweise völlig abweichende Beurteilung soll gleichfalls nicht unerwähnt bleiben. Sie stammt von Heinrich Heine und wirft ein anderes Licht auf die Auszeichnung. Heine hat einige Monate nach dem Geschehen, in der Vorrede zu seinen „Französischen Zuständen", die Ordensverleihung als Teil einer Kampagne gedeutet, deren Ziel es war, namhafte Gelehrte für eine loyalistisch-gouvernementale Propaganda zu instrumentalisieren:

„Dieses Preußen! wie es versteht seine Leute zu gebrauchen! Es weiß sogar von seinen Revolutionären Vorteil zu ziehen. Zu seinen Staatskomödien bedarf es Komparsen von jeder Farbe. Es weiß sogar trikolor gestreifte Zebras zu benutzen. So hat es in den letzten Jahren seine wütendsten Demagogen dazu gebraucht, überall herum zu predigen: daß ganz Deutschland preußisch werden müsse. Hegel mußte die Knechtschaft, das Bestehende, als vernünf-

[383] Brief an Siegerich (Schleiermachers Patenkind), Roderich und Leubold Arndt vom 31. März 1831; in: Stadtarchiv und Wissenschaftliche Bibliothek Bonn (Signatur: III, 11/15); Abschrift in: Nachlaß Heinrich Meisner 118, 2 Bl. (hiernach die Wiedergabe). Die Korrekturen sind wiederum übernommen worden. „Base" steht für Cousine, „Muhme" für Tante und „Ohm" für Onkel.

tig rechtfertigen. Schleiermacher mußte gegen die Freiheit protestieren und christliche Ergebung in den Willen der Obrigkeit empfehlen."[384]

Diese „Benutzung von Philosophen und Theologen" sei „empörend und verrucht", denn durch ihren Einfluß wolle man das gemeine Volk betrügen. Die Gelehrten würden gezwungen, sich „durch Verrat an Vernunft und Gott" öffentlich zu entehren. Wie manch schöner Name werde da zugrunde gerichtet für die nichtswürdigsten Zwecke. Neben Arndt, der nun „auf höheren Geheiß" „wie ein Hund wedelt und hündisch, wie ein wendischer Hund die Sonne des Julius anbellt", und Stägemann, „ein Name besten Klanges", stehe in dieser Reihe „ruinierter" Größen auch Schleiermacher: „Was soll ich von Schleiermacher sagen, dem Ritter des roten Adlerordens dritter Klasse! Er war einst ein besserer Ritter und war selbst ein Adler und gehörte zur ersten Klasse."[385]

5. Nachwirkungen

Man ginge fehl, wollte man annehmen, daß in den Jahren der antidemagogischen Verfolgung allein seitens der Regierungsbehörden gegen Schleiermacher operiert wurde. Das ganze Ausmaß der Verdächtigungen, Nachstellungen und Intrigen, die hier inszeniert wurden, ist bisher noch gar nicht aufgedeckt worden. Um einen Punkt herauszuheben, sei auf eine schulpolitische Initiative einflußreicher öffentlicher Amtsträger hingewiesen, bei der die moderne Lehrplangestaltung der Wissenschaftlichen Deputation und der Unterrichtsabteilung des Departements für Kultus und öffentlichen Unterricht die Grundlage für eine überaus negative Gegenwartsdiagnose bildete.

Die 1810 gegründete Wissenschaftliche Deputation, der Schleiermacher, wie in einem früheren Abschnitt geschildert, zeitweise sogar als deren Direktor angehört hatte, bestand formell bis zur Reorganisation des preußischen Bildungswesens Ende 1817. Zwar wurde sie erst durch die Verordnung vom 3. November 1817 aufgelöst, die sämtliche Kompeten-

---

384 Heinrich Heine: Französische Zustände [in Buchform zuerst: Hamburg 1833]; zitiert nach: Sämtliche Schriften. Herausgegeben von Klaus Briegleb. Band III: Schriften 1831–1837, München 1971, 89–279, hier: 97. Die „Vorrede", derentwegen Heine später heftige Auseinandersetzungen zu bestehen hatte, ist auf „Paris, den 18. Oktober 1832" datiert. Vgl.: Vorrede zu Heinrich Heine's Französischen Zuständen, nach der französischen Ausgabe ergänzt und herausgegeben von P.[aul] G[au]g[e]r, Leipzig 1833 sowie die Angaben des Herausgebers in: Sämtliche Schriften. Band III, 741–761.

385 Sämtliche Schriften. Band III, 97–98. Die Arndt-Kritik bezieht sich auf das 1831 in Leipzig erschienene Buch „Die Frage über die Niederlande und die Rheinlande". Friedrich August von Stägemann wird von Heine wegen seiner im gleichen Jahr anonym veröffentlichten „Vier lyrischen Gedichte zur Erinnerung an die Jahre 1830 und 1831" angegriffen.

zen im Schul- und Erziehungsbereich dem neu eingerichteten Kultusministerium – offiziell als „Ministerium der geistlichen, Unterrichts- und
Medizinalangelegenheiten" bezeichnet – übertrug. Doch waren bereits
im Dezember 1816 und im Oktober 1817 organisatorische Umstruktu-
rierungen vorgenommen worden, die der Deputation faktisch alle Befugnisse entzogen hatten. An ihre Stelle traten jetzt die schon im April 1815
geschaffenen kirchlichen Konsistorien.[386] Eine spezielle Dienstinstruk-
tion vom 23. Oktober 1817 teilte die administrativen Belange in der
Weise auf, daß die Konsistorien die Aufsicht über das Kirchen- und höhere Schulwesen, die Provinzregierungen die Aufsicht über die Vermö-
gensverwaltung und das Elementar- und Bürgerschulwesen erhielten.[387]
   Die administrationstechnischen Maßnahmen wurden von intensiven
bildungspolitischen Debatten flankiert. Als wichtigster Bezugspunkt diente
die Reformtätigkeit, die in den Jahren bis 1817 von der Deputation und
der Departementsabteilung geleistet worden war. Sie vor allem reprä-
sentierte in den Augen antiliberaler Politiker und Kirchenvertreter einen
schon in den Grundentscheidungen verfehlten Ansatz. Für ihn trug, wie
die Kritiker mehrfach erklärten, Schleiermacher als ehemaliges leitendes
Mitglied ein Hauptmaß an Verantwortung. So zählte etwa Wittgenstein
ihn in seinen 1819 angelegten und über Jahre hin geführten „Acta betr.
die Verbesserung des Schul- und Erziehungswesens in Preussen" zu den
Urhebern des 1809 eingerichteten und seither „immer allgemeiner und
zerstörender" gewordenen schul- und erziehungspolitischen „Systems".[388]
Schuckmann sprach 1823 rückblickend sogar von „Schleiermacher und
Consorten", um die Kräfte zu bezeichnen, von denen die reformpädago-
gischen Bestrebungen ausgegangen waren.[389]

---

[386] Siehe Ingrid Lohmann: Lehrplan und Allgemeinbildung in Preußen. Eine Fallstudie
zur Lehrplantheorie F. E. D. Schleiermachers, Frankfurt am Main / Bern / New York
1984, 30. Den Ausgangspunkt dieser Maßnahmen bildete die „Verordnung wegen
verbesserter Einrichtung der Provinzialbehörden" vom 30. April 1815, durch die neben
den Konsistorien auch die Verwaltungsorgane der neu gebildeten zehn, später acht,
preußischen Provinzen mit insgesamt fünfundzwanzig Regierungsbezirken gegründet
wurden.

[387] Vgl. Ingrid Lohmann: Ebd., 30. – Eine weitere Reform faßte 1825 die Schulaufsicht
in den Provinzialschulkollegien zusammen, während die Konsistorien seither ausschließlich für die Angelegenheiten des protestantischen Kirchenwesens zuständig
waren.

[388] „Acta des Oberkammerherrn Fürsten zu Wittgenstein betr. die Verbesserung des
Schul- und Erziehungswesens in Preussen / Int.[erna]: Fichte u. Schleiermacher. 1821."
[Datierung auf dem Aktenumschlag: „1819 – 21. 1823"], in: Brandenburg-Preussi-
sches Hausarchiv. Rep. 192, Nachlaß Wittgenstein, V. 5. 26.; zitiert nach Dankfried
Reetz: Schleiermacher im Horizont preussischer Politik, 225.

[389] Siehe Wilhelm Süvern: Johann Wilhelm Süvern. Preußens Schulreformer nach dem
Tilsiter Frieden. Ein Denkmal zu seinem 100. Todestage, dem 2. Oktober 1929, Lan-
gensalza 1929, 215. Die Äußerung entstammt einem Schreiben Schuckmanns an
Wittgenstein vom 20. April 1823.

Markant ist in diesem Zusammenhang ein *Promemoria*, das vier Wortführer des restaurativen bildungspolitischen Kurses – neben Bischof Eylert waren Georg Philipp Ludolf von Beckedorff, Bernhard Moritz Snethlage und Friedrich Schultz beteiligt – unter dem Titel „Über den gegenwärtigen Zustand des Schul- und Erziehungswesens" am 15. Februar 1821 dem Kultusminister Altenstein vorlegten.[390] Eine textgleiche Fassung wurde über Wittgenstein an den König weitergeleitet.[391] Dieser hatte durch eine Kabinettsorder vom 20. November 1820 seinen Entschluß kundgetan, den gesamten Unterrichts- und Schulbereich abermals überprüfen zu lassen. Im Zentrum sollten die Lehrmethoden, der Lehrstoff und auch das Betragen der Lehrerschaft stehen. Eylert und seine Mitstreiter waren durch eine weitere Order, datiert auf den 24. Dezember 1820, vom König unmittelbar zu einer Stellungnahme aufgefordert worden.[392]
Sie nutzten die Gelegenheit, um die Arbeit jener beiden Regierungsgremien einer vernichtenden Kritik zu unterziehen. Den Ausgangspunkt bildet „das zunehmende moralische Verderben", das sich in den Schulen und Hochschulen ausgebreitet habe. Neben dem Mangel an christlicher Gesinnung, für den der „Atheist" Fichte schuldig gesprochen wird, heben die Verfasser besonders das Ungenügen der geltenden Lehrplangestaltung hervor. Sie gehe in erster Linie auf Schleiermacher zurück, weil er wie kein

---

[390] Georg Philipp Ludolf von Beckedorff / Rulemann Friedrich Eylert / Friedrich Schultz / Bernhard Moritz Snethlage: Promemoria über den gegenwärtigen Zustand des Schul- und Erziehungswesens in der Preußischen Monarchie, und über die zweckmäßigsten und sichersten Maßregeln zu dessen Verbesserung; abgedruckt bei Max Lenz: Geschichte der Königlichen Friedrich-Wilhelms-Universität zu Berlin. Band IV, 390–401. – *Beckedorff* war Vortragender Rat in der Geistlichen Abteilung des Kultusministeriums, wo er seit 1820 das Dezernat für das Volksschulwesen leitete. Er gehörte, laut Max Lenz, zum engsten Kreis der „Mitverschworenen" um den Minister Wittgenstein. Sein Ideal habe in der „Katholisierung aller Bildung im preußischen Staate" bestanden (Max Lenz: Ebd. Band II/1, 175). Auch Schleiermacher sah in Beckedorff den „kryptokatholischen Erzieher", „der erst drohte gleich ins geistl. Ministerium zu kommen und sich nun [nach seiner Ende November 1819 erfolgten Ernennung zum Mitglied des Oberzensurkollegiums] begnügt, auf diesem Wege in den Dienst zu schleichen [...]. Das Spionieren, was diesem Collegio besonders zur Pflicht gemacht ist im Censuredikt, das wird wohl vorzüglich dem sauberen Beckedorff anheimfallen, und ich fürchte ganz besonders, dass er den Universitäten und der Akademie speciell wird vorgesetzt werden" (Brief an Joachim Christian Gaß vom 1. Dezember 1819, in: Drei Briefe Schleiermachers an Gass, 42–45, hier: 42). Der Staatsrat *Christoph Friedrich Ludwig Schultz* war Regierungsbevollmächtigter für die Berliner Universität. 1825 wurde er, nachdem seine ausgesprochen autoritäre Amtsführung vielfacher Kritik ausgesetzt gewesen war, aus dem Amt entlassen. Sein Nachfolger wurde Beckedorff. Der Konsistorialrat *Snethlage* leitete das Joachimsthalsche Gymnasium in Berlin (vgl. Max Lenz: Ebd. Band II/1, 101).
[391] Der Text liegt vor in: Brandenburg-Preussisches Hausarchiv. Rep. 192, Nachlaß Wittgenstein, V. 5. 26., Bl. 37–54; vgl. hierzu Reetz: Ebd., 236–238.
[392] Vgl.: Brandenburg-Preussisches Hausarchiv. Rep. 192, Nachlaß Wittgenstein, V. 5. 26., Bl. 37.

anderer durch öffentliche Vorträge und Schriften die seit 1810 ergangenen
Anordnungen im Schul- und Erziehungsbereich beeinflußt und geprägt
habe.

Dies sei geschehen, „indem derselbe seine ausgezeichnete Beredsamkeit, Scharf-
sinn und Gewandtheit zunächst nur der siegenden Durchführung und Befe-
stigung einer gänzlich unbeschränkten öffentlichen Lehr- und Lernfreiheit in
religiöser, wissenschaftlicher und politischer Beziehung als einer vermeintlich
dem Menschen zustehenden heiligen Berechtigung und Verpflichtung widmete, und sich, wie es scheint, nur in dieser Rücksicht und zur Beförderung
der dieserhalb für notwendig angenommenen politischen Regeneration dem
Fichteschen System anschloß und die Ausführung solcher und ähnlicher Ideen
durch seine persönlichen Verbindungen, auch von 1810 bis 1815 als Mitglied
des Unterrichtsdepartements, selbst täthig zu unterstützen beflissen war. Besonders wirksam aber war derselbe durch seine im Jahre 1808 herausgegebene Schrift: *über Universitäten im deutschen Sinne*, welche die äußere und
innere Unabhängigkeit dieser Lehrinstitute von dem Staate und der Kirche
als erstes Prinzip derselben aufstellt und den Grund zu dem System verderblicher Universitätseinrichtungen gelegt hat, die von dem Ministerium seit
1809 bis jetzt in Ausführung gebracht worden sind, indem die Vorschläge der
genannten Schrift für diesen Teil der Unterrichtsanstalten ebenso genau von
der obern Behörde befolgt zu sein scheinen, als die Fichteschen Vorschläge
in den *Reden an die deutsche Nation* für die untern Schul- und Erziehungsanstalten."[393]

Selbst die Karlsbader Beschlüsse erscheinen den vier Autoren als zuwenig
durchgreifend. Die Schäden, die durch die „törichten Ratschläge vermes-
sener Klügler" angerichtet worden seien, verlangten nach noch entschiede-
neren Gegenmaßnahmen. Die Wissenschaftliche Deputation identifizieren
Beckedorff, Eylert, Schultz und Snethlage als Brutstätte revolutionärer Gesinnung. Das Ergebnis ihrer Arbeit liege im sittlichen Verfall des Vaterlandes offen zutage. Eine grundlegende Neuorientierung in der Schul- und
Hochschulpolitik sei deshalb eines der dringendsten Erfordernisse.[394] Bei
aller dramatisierenden Überzeichnung wird deutlich, daß der freiheitliche
Geist, wie er durch Schleiermacher personifiziert wurde, in den Augen
der Verfasser keinen Platz mehr in einem reorganisierten, auf die alten
Werte von Religion, Gehorsam und Staatstreue zurückgeführten Preußen
hatte.[395] –

---

[393] Promemoria über den gegenwärtigen Zustand des Schul- und Erziehungswesens in
der Preußischen Monarchie (Ed. Lenz), 398–399.

[394] Ebd., 400–401; vgl. 391.

[395] Völlig negativ ist auch die Beschreibung der Lage in Theologie, Philosophie und
Rechtswissenschaft: „Im allgemeinen aber ist wesentlich zu beachten notwendig, daß
die Gefahren, welche gegenwärtig den positiven kirchlichen Gesetzen und staatsrechtlichen Lehren von seiten deren wissenschaftlicher Behandlung drohen, vornehmlich
von der in neueren Zeiten so nachteilig überwiegenden kritischen und spekulativen

Es ist schwer, Schleiermachers eigenes Empfinden in dieser Zeit zu er-
schließen. Man wird in Rechnung stellen müssen, daß er den tatsächlichen
Umfang der gegen ihn betriebenen Aktivitäten nicht zu übersehen ver-
mochte. Auch ist immerhin denkbar, daß er während des antidemagogischen Verfahrens davon ausgegangen ist, die Regierung werde sich seiner
wissenschaftlichen und kirchlichen Reputation wegen am Ende nicht zu
einer Entlassungsentscheidung verstehen.

Seine Beurteilung der Lage ist in dieser Hinsicht von einem schillern-
den Moment nicht ganz frei. Die Rede von der „albernen" Zensur etwa
könnte als Indiz dafür genommen werden, daß in seinen Augen der amtlichen Pressereglementierung in letzter Konsequenz eine wirklich gefährliche
Dimension doch nicht zukam. Im Blick auf die Vielzahl eindringlicher
Beschwerden Schleiermachers über die Zensurvorschriften und ihre dra-
stische Handhabung, mit Rücksicht auch auf seine diversen, gegenüber
vertrauten Freunden geäußerten Klagen über das Spitzeltum und Spio-
nierwesen erscheinen solche Annahmen insgesamt allerdings eher als unwahrscheinlich.[396]

Zudem hinterließ die mehrjährige spannungsreiche Situation in der
biographischen Entwicklung der zwanziger Jahre unübersehbare Spuren.
Mit der Glaubenslehre, deren zwei Bände er 1821 und 1822 vorlegen
konnte, erreichte Schleiermachers konzeptionelle Gestaltungskraft ihren
Höhepunkt. Danach fiel das Maß seiner zuvor so stark ausgeprägten
theologischen Erneuerungsbereitschaft deutlich ab. Der früher geradezu
kämpferische, oft scharf traditionskritische Argumentationsstil, in dem
nicht selten auch eine brillante polemische Prägnanz aufschien, wich einer moderaten, abwägenden Vorgehensweise, und selbst in Kontroversen mit heftigsten Gegnern, wie dem Tübinger Supranaturalisten Johann
Christian Friedrich Steudel (1779–1837), war Schleiermacher viel mehr

---

Richtung der geistigen Tätigkeit herrühren, und daß es daher notwendig ist, nicht
nur mittelst richtiger Vorkehrungen, ohne daß die Freiheit wissenschaftlicher Forschung dadurch beschränkt wird, zu verhüten, daß durch Spekulation und Kritik
nicht ferner, wie bisher, die Grundfesten der Kirche und des Staates angegriffen und
erschüttert werden, sondern andererseits der geistigen Tätigkeit eine zweckmäßig ab-
lenkende angemessenere Richtung zu verschaffen, indem vornehmlich auf die unter
uns vernachlässigten praktischen, realen, experimentellen Wissenschaften, auf mechanische und schöne Künste ein vorzüglicher Wert gelegt und für deren Beförderung
eifriger gesorgt wird, worüber nähere Anträge zu machen wir uns jedoch submissest
enthalten" (Promemoria über den gegenwärtigen Zustand des Schul- und Erziehungswesens in der Preußischen Monarchie, 401).
[396] Zur polizeilichen Kontrolle der privaten Korrespondenz heißt es zum Beispiel in einem Brief an Bekker vom 11. April 1820: „Die Verwirrung, in der alles schwebt,
und die Unsicherheit der Mittheilungen, dieses Gefühl hat drückenden Einfluß auf
alle Briefe, auch auf solche, die man dem sichersten Courier mitgiebt" (Briefwechsel
Friedrich Schleiermachers mit August Boeckh und Immanuel Bekker 1806–1820,
121–124, hier: 122).

an einer wenigstens partiellen Verständigung interessiert als daran, die
eigene Position zu behaupten.[397]
Zwar hegte er weiterhin zahlreiche Pläne. Sogar Veröffentlichungen
größeren Stils, darunter lehrbuchartige Werke, waren beabsichtigt. Doch
entstand in den gesamten noch verbleibenden zwölf Lebensjahren mit
Ausnahme der neubearbeiteten Fassung der Glaubenslehre und einer revidierten Ausgabe der Theologischen Enzyklopädie keine umfangreichere
theologische oder philosophische Schrift mehr. Die monographische Ausführung der Dialektik und der Christlichen Sittenlehre, die Schleiermacher vor allem ins Auge gefaßt hatte, erfolgte nicht.[398] Betrachtet man die
zweite Auflage des dogmatischen Hauptwerkes für sich, so weist Schleiermachers literarisches Schaffen im letzten Jahrzehnt einen evidenten
Verlust an Energie und Entschlossenheit auf.

Mit dieser nüchternen Einschätzung soll das Ausmaß der souveränen
Leistung, die die Neufassung der Glaubenslehre darstellt, auch dann nicht
geschmälert werden, wenn Schleiermacher sich hier, gegenüber der ge-
danklich sehr stringent ausgeführten Erstauflage, primär einer möglichst
allseitigen, bisweilen sogar etwas zwanghaft wirkenden Absicherung seines Lehrgebäudes befleißigt hat. Erst mit der zweiten, wesentlich veränderten und erheblich erweiterten Ausgabe von 1830 und 1831 wurde,
was jedoch auch rezeptionsgeschichtliche Gründe hat, „Der christliche
Glaube" zu jenem Werk, mit dem Schleiermacher in der protestantischen
Theologie Epoche gemacht hat.

Er selbst war sich am Ende seines Lebens bewußt, den Weg, den ihn
seine theologische Konzeption von den ersten systematischen Entwürfen
an gewiesen hatte, nicht geradlinig verfolgt zu haben. Den entscheidenden Schritt zu einer konsequenten Umsetzung der von ihm methodisch

---

[397] Siehe etwa Schleiermachers Text: Erwiderung [auf einen Artikel D. Steudels], in:
Allgemeine Kirchenzeitung. Ein Archiv für die neueste Geschichte und Statistik der
christlichen Kirche. Elfter Jahrgang. Nr. 66 vom 26. April 1832, 543 sowie die Erläuterungen dazu in der Historischen Einführung zu: Kleine Schriften 1786–1833
(KGA I/14), wo der Text sich gleichfalls findet: CXXI-CXXVIII und 359–362. Mit
Steudel und anderen Vertretern des zeitgenössischen Luthertums hat Schleiermacher
sich vor allem in den zwanziger Jahren auch andernorts immer wieder auseinandergesetzt.
[398] Vgl. etwa folgende Äußerung: „[...] und wünsche gar sehr, daß ich, wenn ich noch
ein Paar Kleinigkeiten beseitigt habe, die auf die Dogmatik folgen, dann dazu kommen
möchte, die Dialektik, wenn auch nur im höchsten Grade compendiarisch, für den
Drukk zu arbeiten, um damit meine philosophische Laufbahn zugleich zu beginnen
und zu schließen" (Brief an Joachim Christian Gaß vom 8. Februar 1831, in: Briefe
Schleiermachers an Wilhelmine und Joachim Christian Gaß (Ed. Bauer), 273–278,
hier: 277). – Ein Ende 1832 und in den Anfangsmonaten des Jahres 1833 vorberei-
tetes Druckmanuskript der „Dialektik" blieb liegen; über eine Reinschrift der Einleitung kam Schleiermacher nicht hinaus. Vgl.: Vorlesungen über die Dialektik. Teilband 1. Herausgegeben von Andreas Arndt (KGA II/10,1), Berlin / New York 2002,
391–426; siehe auch: XLII-XLV.

und prinzipientheoretisch eingeleiteten grundlegenden Erneuerung der dogmatischen Theoriebildung hat er, obgleich alle Mittel dazu in seinen Händen lagen, nicht getan. Die Gründe, die Schleiermacher hierfür als Erklärung anführt und die im wesentlichen auf eher sekundäre Kriterien Bezug nehmen – für jene „Umarbeitung" sei, wie es im zweiten Sendschreiben „Über die Glaubenslehre" an Friedrich Lücke von 1829 heißt, die Zeit noch nicht gekommen; ihr würden gegenwärtig „die rechten Anknüpfungspuncte" fehlen –, können letztlich nicht überzeugen. Auf subjektiver Ebene entspricht diesem Befund, daß aus den zwanziger Jahren mehrere Zeugnisse vorliegen, in denen Schleiermacher über starke geistige und körperliche Erschöpfung klagt und er sich überaus kritisch zu seiner eigenen Arbeit äußert.[399]

Schleiermacher war der Verfolgungssituation und der mit ihr verbundenen Pressionen überdrüssig. Selbst wenn das antidemagogische Verfahren 1824 eingestellt wurde, fiel es ihm immer schwerer, sich „durch die jezige Zeit durch[zu]kämpfen".[400] Ein übriges taten die zermürbenden, bis in das Jahr 1829 andauernden Auseinandersetzungen im sogenannten „Agendenstreit". Parallel zur politischen Restauration versuchte die Regierung seit Anfang der zwanziger Jahre, die Trennung von Staat und Kirche, soweit sie bisher erfolgt war, rückgängig zu machen und die Kirche wieder stärker in den administrativen Kontext einzubinden. Zu diesem Zweck wurden die Mittel des landesherrlichen Kirchenregimentes mit einer lange nicht mehr gekannten Rigorosität eingesetzt. Dabei kam dem von Altenstein geführten Kultusministerium eine zentrale Rolle zu, und der Minister selbst agierte als Motor dieser Anstrengungen, weil für ihn mit jeder Relativierung des staatskirchlichen Systems die Gefahr einer schleichenden Unterhöhlung des Prinzips an sich verbunden war.[401] Brief-

---

[399] Siehe etwa den Brief an Wilhelm Martin Leberecht de Wette vom 19. Januar 1824 [im Original fehlt die Jahresangabe]: „Mein Uebelaufgelegtsein hat seinen Hauptgrund darin daß ich mir ganz nichtsnuzig vorkomme indem ich gar nichts ordentliches mehr weder studire noch producire, sondern die Aemter nehmen alle Zeit hin; so daß wenn ich nur zu leben hätte ich schon deswegen gern mein Buch hier zumachte und wegginge um noch einige ruhige Jahre zu gewinnen in denen ich meine hauptsächlichsten Arbeiten beendigen könnte" (Staatsbibliothek zu Berlin Preußischer Kulturbesitz. Handschriftenabteilung: Autographensammlung I/1118, 1 Bl.). – Zu der angesprochenen Selbstbeschränkung Schleiermachers bei der inhaltlichen Durchführung des von ihm projektierten Modelles einer modernen protestantischen Glaubenslehre vgl. die näheren Erörterungen in meinem Buch: Protestantische Theologie und moderne Welt. Studien zur Geschichte der liberalen Theologie nach 1918 (Theologische Bibliothek Töpelmann. Band 102), Berlin / New York 1999, 582–584. Das angeführte Zitat siehe: Über die Glaubenslehre. Zwei Sendschreiben an Lücke, in: Theologisch-dogmatische Abhandlungen und Gelegenheitsschriften (KGA I/10), 307–394, hier: 364.

[400] Brief an Wilhelmine Gaß von 1828 [Datierung unsicher], in: Briefe Schleiermachers an Wilhelmine und Joachim Christian Gaß (Ed. Bauer), 265–267, hier: 267.

[401] Siehe Klaus Wappler: Karl von Altenstein und das Ministerium der geistlichen, Unterrichts- und Medizinalangelegenheiten, in: Die Geschichte der Evangelischen Kir-

lich äußerte Schleiermacher sich hierüber Ende 1824: „Das Ministerium aber wird immer despotischer nach unten, je kriechender es wird nach oben und außen und das zieht sich denn durch die Consistorien durch, ja ich glaube auch die Superintendenten werden davon angesteckt."[402] Die Regierung beschränkte sich bei ihren Interventionen nicht auf den verwaltungstechnischen Sektor. Sie beabsichtigte vielmehr, auch auf die kirchliche Praxis und die theologische Wissenschaft selbst einzuwirken. Im Hintergrund stand die Zielsetzung, die politische Restauration mit einer Revitalisierung religiöser Einstellungen, wie sie besonders durch die pietistische Erweckungsbewegung betrieben wurde, zu verbinden. Als Koalitionspartner trat eine in Kirche und Theologie sich formierende Orthodoxie auf, die ihre Aufgabe vornehmlich darin sah, der allmählichen Zurückdrängung der Religion auf einen gesellschaftlichen Teilbereich offensiv zu begegnen.

Signifikant für die staatliche Strategie ist folgender Fall: Gegen den Widerstand Schleiermachers, der im Studienjahr 1819/20 das Amt des Dekans der Theologischen Fakultät innehatte, wurde der konservative Theologe Friedrich August Gottreu Tholuck (1799–1877) habilitiert, damit er die Nachfolge de Wettes antreten könne. Seit dem Wintersemester 1820/21 hielt der junge Privatdozent Vorlesungen und gewann sich rasch ein begeistertes Publikum. Selbst der König gehörte zu seinen Bewunderern. Als Tholuck 1826, ungeachtet des Protestes der dortigen Fakultät, eine Professur in Halle erhielt, trat mit Ernst Wilhelm Hengstenberg (1802–1869) ein Wortführer der Erweckungsbewegung an seine Stelle. Für Schleiermacher war damit nicht allein ein skandalöser Eingriff der Regierung in die Freiheit von Forschung und Lehre verbunden, sondern auch eine schwere Qualitätsbeeinträchtigung der bibelwissenschaftlichen Fachvertretung an der Berliner Universität.[403]

Doch reichte die hier angezeigte Problematik noch wesentlich weiter. Von politischer Seite aus ging es um nicht weniger als darum, zugleich mit den staatlichen Verhältnissen, wofür die nach dem Vorbild altständi-

---

che der Union. Band I. Herausgegeben von J. F. Gerhard Goeters und Rudolf Mau, 115–125.

[402] Brief an Ludwig Gottfried Blanc vom 22. November 1824 [die Jahreszahl ist erschlossen], in: Aus Schleiermacher's Leben. In Briefen. Band 4, 327–328, hier: 327.

[403] Siehe Schleiermachers diesbezügliches Schreiben an das Kollegium der Theologischen Fakultät vom 16. Mai 1828, in: Archiv der Humboldt-Universität zu Berlin. Theologische Fakultät. Nr. 107 („Acta betreffend Promotionen. Von 1827–1836"), Bl. 54–55. Ausgelöst hatte den Protest gegen die, wie Schleiermacher schrieb, „ärmliche und mangelhafte" alttestamentliche Lehrstuhlbesetzung die Promotion Otto von Gerlachs, der Schleiermacher demonstrativ ferngeblieben war. Vgl. hierzu Kurt Nowak: Schleiermacher. Leben, Werk und Wirkung, 381 sowie die ausführliche Dokumentation bei Max Lenz: Geschichte der Königlichen Friedrich-Wilhelms-Universität zu Berlin. Band IV, 496–511.

scher Ordnungen revidierte Kommunalverfassung steht, auch die welt-
anschaulichen Fundamente der vorrevolutionären Welt zu erneuern. Im
Kampf gegen die sich abzeichnende gesellschaftliche Segmentierung der
Religion einerseits, die, wenn auch noch auf niedrigem Niveau, unaufhaltsam voranschreitende Modernisierung der Lebensformen und Sozial-
strukturen andererseits, waren die politische Restauration und der kirch-
lich-theologische Antimodernismus – oder in Schleiermachers Worten:
„Aristokratismus und Buchstabenorthodoxie" – zu einem „immer festeren
Bund" vereint.[404] Schleiermacher stand, wie in seinem Wirkungsumfeld
auch Hegel, solchen Tendenzen scharf entgegen. Sämtliche theologischen
und kirchenpolitischen Kontroversen, die er während der zwanziger Jahre
auszutragen hatte, sind durch diesen Widerstand gekennzeichnet, und
nur von hier aus erklärt sich auch die erstaunliche Vehemenz, mit der in
unterschiedlichster Weise gegen ihn vorgegangen wurde.

Wie belastend die Situation war, in die er sich, nachdem „die demagogischen Geschichten" gerade erst „vorbei" waren, nunmehr aufs neue
verwickelt sah, wird aus einem Brief an Charlotte von Kathen vom 9. April
1824 deutlich:

> „Von mir gäbe es mancherlei zu sagen [...]. Ich bin in einer äußerlich bedenk-
> lichen Lage, vielleicht jezt mehr als je. [...]; aber die kirchlichen Verhältnisse
> müssen bald zu einer Entscheidung kommen, und wenn die gewaltsam aus-
> fällt, so ist es unvermeidlich, daß ich eines der ersten Opfer davon werde. Ich
> kann nicht sagen, daß mir bange wäre oder daß es mich störte an und für sich;
> denn hier gerade habe ich nichts gethan, als was ich mußte, und ich glaube
> fast, auch alles, was ich mußte. Aber stehn solche Entscheidungen nahe, so
> drängt sich das Bewußtsein gar zu stark hervor, was sich im gewöhnlichen
> Leben auf eine wohlthätige Weise verbirgt, daß wir in unserm Berufsleben
> so ganz und gar der persönlichen Willkür bloßgestellt sind, und das ist etwas
> höchst unbehagliches. Nun dies muß einmal getragen sein und die Sache wird
> gehen, wie Gott will."[405]

Das angespannte Verhältnis zwischen Staat und Kirche fand seinen sym-
bolischen Ausdruck im Streit um eine neugefaßte, allgemein verbindliche
evangelische Gottesdienstordnung. Seit Weihnachten 1821 waren die Behörden auf königliches Geheiß hin bestrebt, für die gesamte preußische
Landeskirche eine einheitliche Agende durchzusetzen.[406] Der Text wurde

---

[404] Siehe Schleiermachers Brief an Joachim Christian Gaß vom 29. Februar 1820, in: Drei
Briefe Schleiermachers an Gass, 46–50, hier: 48.

[405] Abgedruckt in: Aus Schleiermacher's Leben. In Briefen. Band 2, 383–384.

[406] Zu diesem Datum wurde die „Liturgie zum Hauptgottesdienste" für die Berliner Domkirche und die preußische Armee in Geltung gesetzt. Dabei handelte es sich um eine
veränderte Version von Agenden, die bereits 1816 und 1817 in Potsdam und Berlin
eingeführt worden waren. Siehe die genaueren Angaben mit bibliographischen Nachweisen in: Kirchenpolitische Schriften (KGA I/9), LXXXI–LXXXII.

mit mehrfachen Änderungen und Erweiterungen 1824 in einer vorläufigen
Fassung landesweit verbreitet. Inhaltlich entsprach er den Intentionen
Friedrich Wilhelms III., die kirchlichen Feiern zu beleben und dafür auf
traditionelle liturgische Formen, wie sie vor allem der lutherische Meß-
gottesdienst bot, zurückzugreifen.[407]
Schleiermacher lehnte die Agende mit Leidenschaft ab, weil sie nur
kraft des kirchlichen Hoheitsrechtes des Königs erlassen worden war. Er
knüpfte darin an seine bereits 1799 in den Reden „Über die Religion"
vorgetragene Überzeugung an, wonach eine Einbeziehung der Kirche in
den administrativen Bereich des Staates dem Wesen der Kirche zuwider-
laufe und notwendigerweise zu ihrer Korrumpierung führen müsse. Die
Kirche der Zukunft sollte staatsfrei sein. Für den einzelnen Gläubigen hatte
sie sowohl in dogmatischer wie in kultischer Hinsicht Raum zu geben, und
eine autoritäre Abzirkelung des „christlichen Gemeingeistes" war in ihr
undenkbar.[408]
Damit, daß der König sein legitimes Amt, für die rechtlichen und institutionellen Rahmenbedingungen kirchlichen Lebens Sorge zu tragen, zu
einer geistlich-episkopalen Leitungsfunktion umdefinierte und nun selbst
in religiöser Mission tätig werden wollte, fand Schleiermacher sich nicht
ab. Er nutzte in den Jahren des Streites jede Gelegenheit, seiner Auffassung Nachdruck zu verleihen, der dringend erforderliche Fortschritt in
der Einrichtung des Kirchenregimentes könne allein im Übergang von der
bisherigen Konsistorialverfassung zu einer presbyterialen Verfassungsordnung erfolgen.[409] Zudem sprach die geltende Gesetzeslage, wie er in

---

[407] Eine entsprechende Konsistorialverfügung erging am 5. April 1824; vgl.: Ebd., LXXXII
(Fußnote 254). Siehe auch Schleiermachers Text „Zur Agende" von 1824/25, in: Ebd.,
271–283 sowie seine „Erklärung des Unterzeichneten wegen der Agende" vom 13.
September 1825, in: Ebd., 285–294.
[408] Vgl.: Über die Religion. Reden an die Gebildeten unter ihren Verächtern, in: Schriften
aus der Berliner Zeit 1796–1799 (KGA I/2), 185–326, hier: 281–288 (Erstausgabe:
210–226). Seine Ausführungen abschließend, ruft Schleiermacher aus: „Hinweg also
mit jeder solchen Verbindung zwischen Kirche und Staat! – das bleibt mein Catoni-
scher Rathspruch bis ans Ende, oder bis ich es erlebe sie wirklich zertrümmert zu
sehen [...]" (287; Erstausgabe: 223–224). – Im Text nehme ich eine Formulierung
Kurt Nowaks auf (Schleiermacher. Leben, Werk und Wirkung, 475), mit der er die
Bedeutung beschreibt, die dem Schleiermacherschen Kirchenkonzept für die kultur-
protestantische Theologie der Zeit um 1900 zukam. Gerade als Kirchentheoretiker
stand Schleiermacher demnach, etwa für Friedrich Naumann oder Ernst Troeltsch, als
„Leitfigur des neuzeitlich-modernen Protestantismus" am Beginn eines „gigantischen
Umformungsprozesses" (Ebd., 474–475; mit Bezug auf Ernst Troeltsch: Schleiermacher und die Kirche, in: Schleiermacher der Philosoph des Glaubens. Sechs Aufsätze
von Ernst Troeltsch [und anderen] und einem Vorwort von Friedrich Naumann (Moderne Philosophie. Band 6), Berlin-Schöneberg 1910, 9–35). Vgl. auch Hermann Mulert: Staat und Kirche bei Schleiermacher, in: Deutsch-Evangelisch. Monatsblätter
für den gesamten deutschen Protestantismus 1 (1910), 454–472.
[409] Aufschlußreiche gutachterliche Stellungnahmen zu dieser Thematik bieten schon zwei
Briefe Schleiermachers an den reformierten westfälischen Pfarrer und Kirchenpoliti-

einem 1824 erschienenen „theologischen Bedenken" unter dem Titel
„Ueber das liturgische Recht evangelischer Landesfürsten" zeigen konnte,
ausschließlich den Gemeinden die Befugnis zur Ordnung der Gottesdienste zu; die Behörden hatten demnach lediglich die Aufgabe, gemeindlich
beantragte Formulare zu genehmigen oder abzulehnen.[410] Indem Schleiermacher auf der damit gegebenen Kompetenzverteilung beharrte, war
klar, daß er entschlossen war, den Kampf um die Liturgiehoheit zugleich
als einen „Kampf um die Mündigkeit der Christen und Bürger" zu führen.[411]
Auf einer Linie mit dieser Argumentation steht, daß Schleiermacher
der Ansicht widersprach, die Geistlichen seien, als öffentliche Amtsträger, generell, und zwar auch in ihrer pastoralen Tätigkeit, an staatliche
Weisungen und Vorgaben gebunden. In einer Erklärung gegenüber dem
Konsistorium der Provinz Brandenburg vom 6. Februar 1827, deren sachlichen Hintergrund die Auseinandersetzungen um die Gottesdienstagende
bildeten, gab er seinem Amtsverständnis in dieser Hinsicht Ausdruck:

> „Evangelische Geistliche sind meiner Ueberzeugung nach, und sehr viele mei-
> ner Amtsgenossen theilen diese gewiß mit mir, Staatsdiener im eigentlichen
> Sinne nur insofern als gewisse Handlungen, welche sie zu verrichten haben
> per accidens dazu beitragen den bürgerlichen Stand ihrer Gemeindeglieder
> festzustellen; in Beziehung auf das wesentliche ihres Amtes aber sind sie nur
> Diener der evangelischen Kirche, und diesen Unterschied darf der Umstand,
> daß bei uns diese Kirche von dem jedesmalign Oberhaupte des Staates re-
> giert wird, nicht aufheben. Welch unsägliches Unheil müßte über die evange-
> lische Kirche kommen, wenn jemals eine entgegengesezte Ansicht Plaz griffe,
> wenn die Besorgung des Cultus, die Verkündigung des göttlichen Worts und
> die Austheilung der Sakramente als ein Theil der Staatsverwaltung angesehn,
> mithin der Gottesdienst ganz zum Herrendienst würde!"[412]

Noch ein weiterer Aspekt ist mit der Thematik eng verbunden. Nach
Schleiermacher führen Geistliche, als Inhaber ihres kirchlichen Amtes
einerseits, als Mitglieder des bürgerlichen Gemeinwesens andererseits,

---

ker Wilhelm Bäumer vom 27. März 1819 und von Anfang August 1819; abgedruckt
in: Hermann Mulert: Zwei Briefe Schleiermachers zur Kirchenverfassungsreform, in:
Zeitschrift für Kirchengeschichte 36 (1916), 509–533, hier: 520–527 und 527–530
(siehe dort auch die einleitenden Ausführungen von Mulert: 509–520). Auf Schleiermachers Briefwechsel mit Bäumer geht Albrecht Geck näher ein: Schleiermacher als
Kirchenpolitiker, 221–231.

[410] Ueber das liturgische Recht evangelischer Landesfürsten. Ein theologisches Bedenken
von Pacificus Sincerus, Göttingen (Vandenhoeck und Ruprecht) 1824 (wieder abgedruckt in: Kirchenpolitische Schriften (KGA I/9), 211–269).

[411] Kurt Nowak: Schleiermacher. Leben, Werk und Wirkung, 387.

[412] Die Erklärung ist abgedruckt in: Kirchenpolitische Schriften (KGA I/9), XCII–XCV;
die zitierte Passage hier: XCIII–XCIV (Aus Schleiermacher's Leben. In Briefen. Band 4,
477–483, hier: 480–481).

faktisch eine Art Doppelexistenz. Er war, wie er in seinen Vorlesungen
zur Praktischen Theologie ausführlich erörterte, nicht der Meinung, daß
es möglich sei, zwischen beiden Seiten eine strenge Scheidung einzuführen, und selbst die Übernahme von politischer Verantwortung, etwa als
Mandatsträger im kommunalen Bereich, war für ihn unproblematisch:
„Denken wir nur an unsere Städteordnung, warum sollte der Geistliche
nicht Stadtverordneter sein können?"[413]
    Ein unpolitisches, ja politikfremdes Pfarrerbild lehnt Schleiermacher
ab. Denn indem einem Geistlichen jeglicher Zugang zur politischen Sphäre
verwehrt sein soll, wird er von der Wahrnehmung des allen Bürgern zukommenden politischen Partizipationsrechtes ausgeschlossen. Probleme
könnten sich immerhin aus der Führung eines höheren öffentlichen Amtes
ergeben, sofern dadurch die brüderliche Gleichheit unter Pfarrern gestört
wird.[414] Grundsätzlich aber laufen die betreffenden Überlegungen auf
eine Ermutigung zu politischer Wirksamkeit hinaus: „Es gehört sich, daß
der Geistliche immer unter denen seines Gleichen sei die am meisten öffentliches Vertrauen haben; wird er also dazu berufen weil von allen Seiten
das Vertrauen ihn dazu auffordert: soll er dennoch Verzicht leisten?"[415]
Nach Schleiermacher stehen sich die Ausübung des geistlichen Amtes und
die Wahrnehmung der staatsbürgerlichen Verantwortung nicht in „Unver-
träglichkeit" gegenüber: „[...] darf er [scil.: der Geistliche] sich zutrauen
seinen persönlichen Charakter behaupten zu können, ohne der Sache, der
er vorstehen soll, etwas zu vergeben, und hat er Geschikk und Fähigkeit
dazu, warum sollte er es da nicht annehmen?"[416]
    Die bereits berührte Agendenfrage spielte schließlich eine zentrale Rolle
auch in der von Friedrich Wilhelm III. seit 1817, dem Jahr des Reformationsjubiläums, beharrlich und konsequent betriebenen Verbindung der
beiden evangelischen Konfessionen unter dem Dach einer unierten Kirche.
Von 1822 an, nachdem kein Zweifel mehr daran bestehen konnte, daß
der kirchliche Verfassungsbau nicht vollendet werden und es auch zur
Einberufung einer bereits angekündigten Generalsynode nicht kommen
würde, trat der Agendenstreit sogar in den Mittelpunkt der kirchenpolitischen Konfrontation. Formal sollte die Annahme der obrigkeitlich prä-
sentierten Gottesdienstordnung zwar freiwillig bleiben, doch wurden die
Pfarrer seither hochgradig unter Druck gesetzt. Dabei war nicht allein
die inhaltliche Frage, wie die Agende zu gestalten sei, sondern auch der
formale Aspekt heftig umstritten, wem die Befugnis zukam, eine Agende

---

[413] Die praktische Theologie nach den Grundsäzen der evangelischen Kirche im Zusammenhange dargestellt. Herausgegeben von Jacob Frerichs (Sämmtliche Werke. Band
I/13), Berlin 1850, 504; vgl. insgesamt: 501–504.
[414] Vgl.: Ebd., 502.
[415] Ebd., 502.
[416] Ebd., 504.

festzusetzen. Schleiermacher sprach, wie geschildert, dem Landesherrn das Recht ab, gestützt auf seine Stellung als Inhaber der Kirchengewalt gottesdienstliche Ordnungen zu geben. Als einzig zulängliche Basis für die Inkraftsetzung von Gottesdienstordnungen komme „*eine*, wenngleich formlose doch deutlich ausgesprochene oder wenigstens bestimmt vorhandene, *Forderung der Gemeinen*" in Betracht.[417]

Schleiermachers Einsatz in den kirchenpolitischen Kontroversen blieb weitgehend ohne Erfolg. Die aufgenötigte Agende wurde am 12. April 1829 in allen Berliner Kirchen eingeführt, nachdem sie schon Anfang Januar, unter Gewährung einiger liturgischer Freiheiten, für die Provinz Brandenburg zum verbindlichen Formular erklärt worden war.[418] Ein Ende des Streites ließ sich erst herbeiführen, als der König seine Forderung nach strikter liturgischer Uniformität aufgab. In einem am 4. Januar 1829 in Geltung gesetzten, von einer Konsistorialkommission erarbeiteten „Nachtrag" verzichtete er auf verschiedene agendarische Formulierungen und Handlungsanweisungen, die vor allem den Protest hervorgerufen hatten. Schleiermacher war allerdings auch jetzt nicht bereit, seine Vorbehalte hintanzustellen. Durch ein Ministerialschreiben Altensteins vom 3. März 1829 wurde er daraufhin von einer buchstäblichen Befolgung der Gottesdienstordnung befreit.[419]

Zwar gab Schleiermacher sich notgedrungen mit diesem, lediglich *ad personam* eingeräumten Zugeständnis zufrieden. Der Dauerkonflikt selbst wirkte jedoch nach und schränkte seine Bewegungsfreiheit weiter ein. Am sichtbarsten wird dies im politischen Themenfeld. In zusammen-

---

[417] Ueber das liturgische Recht evangelischer Landesfürsten, 57 (KGA I/9, 250). Siehe auch Schleiermachers anonym veröffentlichte, wiederum in einem Verlag außerhalb Preußens erschienene Broschüre: Gespräch zweier selbst überlegender evangelischer Christen über die Schrift: Luther in Bezug auf die neue preußische Agende. Ein letztes Wort oder ein erstes, Leipzig [E. B. Schwickert] 1827 (abgedruckt in: Sämmtliche Werke. Band I/5, Berlin 1846, 537–625; Kirchenpolitische Schriften (KGA I/9), 381–472). – Zum Kontext siehe neben Erich Foerster: Die Entstehung der Preußischen Landeskirche unter der Regierung König Friedrich Wilhelms des Dritten. Band 1, Tübingen 1905, 95–124 jetzt vor allem die Historische Einführung von Günter Meckenstock in: Kirchenpolitische Schriften (KGA I/9), IX–XXIV und CX–CXII. Vgl. auch Theodor Kappstein: Schleiermacher wider Friedrich Wilhelm III., in: Vossische Zeitung. Nr. 13 vom 31. März 1907. Sonntagsbeilage, 97–98. Zur kirchenpolitischen Haltung des Königs, von dem die durch Schleiermacher kritisierte Schrift „Luther in Beziehung auf die Preußische Kirchen-Agende vom Jahre 1822, mit den im Jahre 1823 bekannt gemachten Verbesserungen und Vermehrungen" (Berlin / Posen / Bromberg 1827) stammte, siehe noch immer die grundlegende Untersuchung von Walter Wendland: Die Religiosität und die kirchenpolitischen Grundsätze Friedrich Wilhelms des Dritten in ihrer Bedeutung für die Geschichte der kirchlichen Restauration (Studien zur Geschichte des neueren Protestantismus. Heft 5), Gießen 1905.

[418] Vgl. hierzu die näheren Angaben in: Kirchenpolitische Schriften (KGA I/9), XXIII–XXIV.

[419] Vgl.: Ebd., XXIV (Fußnote 47; mit Angabe des archivalischen Fundortes). – Keine Lösung stellte jene Regelung für den Streit in der schlesischen Kirchenprovinz dar.

hängender Form hat er zu Fragen von Staat und Gesellschaft seither nur noch in Vorlesungen Stellung genommen. Zwar finden sich in den späten Predigten nach wie vor immer wieder auch einschlägige Ausführungen. Sie treten jedoch keineswegs mehr so prominent in den Vordergrund, wie es früher nicht selten der Fall gewesen war.[420] Einige Akademieabhandlungen diskutieren Probleme der Herrschaftsorganisation, doch bleibt ihr theoretischer Gehalt, vom Einzelfall abgesehen, eng begrenzt.[421] Öffentliche Erklärungen, in denen Schleiermacher sich explizit zur politischen Lage geäußert hätte, liegen aus den letzten Jahren nicht vor.

Dies gilt mit einer Ausnahme. Den Anlaß bot im Februar 1831, wenige Monate nach der französischen Juli-Revolution, eine Reihe von Artikeln im Pariser *Messager des Chambres*, die, wie es hieß, auf der Grundlage von Korrespondentenberichten die Parteienverhältnisse in der preußischen Hauptstadt analysierte. In diesem Zusammenhang wurde auch Schleiermachers vermeintliche politische Position erörtert. Ihm wurden republikanisierende Neigungen attestiert und demgemäß sein Standort auf der „linken Seite" des Spektrums ausgemacht. Schleiermacher sah sich zu einer Entgegnung veranlaßt. Allerdings nahm die Redaktion einen an sie adressierten „berichtigenden Brief" vom 8. März nicht in das Blatt auf. Daraufhin wandte Schleiermacher sich an die in Berlin erscheinende *Allgemeine Preußische Staats-Zeitung*, eben jene Zeitung, die in den Jahren der Demagogenverfolgung eine finstere Rolle gespielt hatte. Sie druckte den Text in deutscher Fassung in ihrer Ausgabe vom 6. April 1831 ab.[422]

Der „ziemlich sonderbaren Weise", in der in Paris, so Schleiermacher eingangs, „meine Persönlichkeit öffentlich ausgestellt worden war", wird mit sechs korrigierenden Bemerkungen entgegengetreten. Die ihm verliehene Bezeichnung eines „großen" Gelehrten lehnt Schleiermacher als „pomphaft" ab, „da wir Deutsche uns dieses Wortes mit einer solchen Sparsamkeit bedienen, daß es von einem Manne meines Schlages nicht füglich gesagt werden kann, ohne ihn lächerlich machen zu wollen, was

---

[420] Vgl. unten Abschnitt VIII.1.: Kirche und Öffentlichkeit. Politische Äußerungen in den späten Predigten.

[421] Vgl. Abschnitt VIII.2.: Späte Akademieabhandlungen zur staatstheoretischen Thematik.

[422] An die Redaction der Staats-Zeitung, in: Allgemeine Preußische Staats-Zeitung. Nr. 95 vom 6. April 1831, 772; mit zahlreichen orthographischen Abweichungen nachgedruckt in: Aus Schleiermacher's Leben. In Briefen. Band 2, 445–447 (Erstauflage von 1858: 415–417). Eine kritische Edition des Textes findet sich in: Kleine Schriften 1786–1833 (KGA I/14), 353–357; vgl. dort die Historische Einführung: CXIX–CXXI. Das französischsprachige Original von Schleiermachers Brief ist aller Wahrscheinlichkeit nach nicht erhalten. Die deutschsprachige Manuskriptfassung liegt gleichfalls nicht vor. Eine Abschrift der Einsendung an die *Allgemeine Preußische Staats-Zeitung* ist im Nachlaß Meisner vorhanden (Archiv der Berlin-Brandenburgischen Akademie der Wissenschaften. Nachlaß Heinrich Meisner. Bestand 117 [unpaginiert], 4 Bl.).

ich doch nicht zu verdienen glaube".[423] Ebenso will Schleiermacher sich nicht berühmen lassen, er sei „der erste christliche Redner Deutschlands" und spreche in seinen Predigten voller Erhabenheit. Seine „Kanzelvorträge" könnten schon allein deshalb keine „Meisterstücke der Beredtsamkeit" sein, weil er sie nicht zuvor schriftlich fixiere. „Erhaben" sei die biblische Botschaft: „Je erhabener das Evangelium selbst ist, desto einfacher darf die Predigt seyn."[424]

Der Behauptung, er habe im Kirchengebet „Wünschen des Volkes" Ausdruck verliehen, die auf eine republikanische Umformung der Staats- und Verfassungsordnung zielen, begegnet Schleiermacher mit einem Hinweis auf die in der Dreifaltigkeitskirche gebräuchliche Gebetsformulierung („unter dem Schutz und Schirm des Königs ein geruhiges Leben zu führen und dem Ziel der christlichen Vollkommenheit näher zu kommen").[425] Zu einem, vom Korrespondenten erwähnten zeitweiligen Predigtverbot bemerkt er: „Es ist sehr wahr, daß mir für einige Zeit *untersagt* gewesen ist, *zu predigen*, aber das Verbot kam von meinem Arzt."[426]

In der zentralen Passage nimmt Schleiermacher dann zu der Lokalisierung seines politischen Standortes auf dem „linken" Flügel Stellung. Es heißt hier wörtlich:

„Fünftens: Gehöre ich zu keiner *linken Seite.* Ihre Ausdrücke rechte und linke Seite, linkes und rechtes Centrum, sind unsern Verhältnissen völlig fremd; und wenn Ihr Korrespondent in Wahrheit ein Preuße wäre, so würde er sich nicht solche Abtheilungen ersonnen haben, die sich bei uns Niemand wird aneignen mögen; vorzüglich aber würde er nicht von einer linken Seite geredet haben, welche Gedanken an eine Revolution im Hinterhalt hätte. Wir haben seit dem Tilsiter Frieden reißende Fortschritte gemacht, und das ohne Revolution, ohne Kammern, ja selbst ohne Preßfreiheit; aber immer das Volk mit dem König, und der König mit dem Volk. Müßte man nun nicht seiner gesunden Sinne beraubt seyn, um zu wähnen, wir würden von nun an besser vorwärts kommen *mit* einer Revolution? – Darum bin ich auch meines Theils

---

[423] An die Redaction der Staats-Zeitung, 772.
[424] Ebd., 772.
[425] Hinter dieser Aussage verbirgt sich ein komplexer Sachverhalt, der weit in die Streitigkeiten der zwanziger Jahre um die gottesdienstliche Agende hineinführt. Anstelle des allgemeinen Kirchengebetes, das in der seit 1829 geltenden Agende vorgesehen war, verwendete Schleiermacher nämlich eine Gebetsformulierung, die zwar auf das Kirchengebet der durch Friedrich Wilhelm I. in den Jahren 1713 und 1717 eingeführten Agende zurückging, von ihm selbst aber stark bearbeitet worden war (vgl. dazu Schleiermachers Ausführungen in einem Brief an Joachim Christian Gaß vom Frühjahr 1829, in: Fr. Schleiermacher's Briefwechsel mit J. Chr. Gaß, 211–213, hier: 213). Am 31. Oktober 1832 gab Schleiermacher in dieser Angelegenheit gegenüber dem Konsistorium eine Erklärung ab; vgl. dazu: Kirchenpolitische Schriften (KGA I/9), XXIV (Fußnote 48). Die näheren Einzelheiten werden im Sachapparat zu der Druckfassung des Schleiermacherschen Textes in KGA I/14 geschildert.
[426] An die Redaction der Staats-Zeitung, 772.

sehr sicher, immer auf der Seite des Königs zu sein, wenn ich auf der Seite der einsichtsvollen Männer des Volks bin."[427]

Die Ausführungen sind, gerade weil es sich um ein Stück politischer Selbstdokumentation handelt, im einzelnen nicht leicht zu entschlüsseln. Verschiedene Fragen stellen sich: Was soll es bedeuten, wenn Schleiermacher von „reißenden Fortschritten" spricht, die seit 1807 in Preußen zu verzeichnen seien? Mußte nicht im Rückblick die Enttäuschung über die ausgebliebene Erneuerung des Landes alle anderen Gemütsstimmungen weit überwiegen? Inwiefern läßt sich überhaupt ein Niederschlag der Juli-Revolution sowie der an sie sich anschließenden europaweiten Aufstands- und Protestwelle im Text finden? Auch in Deutschland hatten die spektakulären Ereignisse in liberalen Kreisen Hoffnungen auf einen politischen Aufschwung geweckt. Sie konnten als Vorboten einer allgemeinen Erhebung gegen die Fürstenherrschaft gedeutet werden. Vor allem aber schien sich das endgültige Ende der Unterdrückungspolitik, wie sie noch immer von einer machtbesessenen, freiheitsfeindlichen Bürokratie betrieben wurde, anzukündigen. Und tatsächlich war hier, wenngleich das despotische System der Restauration einstweilen noch unerschüttert blieb, eine neue geschichtliche Entwicklung eingeleitet, in der das Fortschreiten der Verfassungsbewegung von altständischen zu modernen konstitutionellen Formen vollends unaufhaltsam wurde.[428]
Liest man Schleiermachers Ausführungen von der Schlußwendung her, so wird deutlich, wie sehr er sich Schranken des Ausdrucks auferlegt. Allenfalls „auf der Seite einsichtsvoller Männer des Volkes", nicht auf seiten des Volkes selbst, will er stehen. Doch auch dies gilt nur insofern, als es sich zugleich um die „Seite des Königs" handelt. Mit allen Mitteln wehrt Schleiermacher den Eindruck ab, als sympathisiere er mit revolutionären Vorstellungen. Dieser Intention dient auch die Bezugnahme auf den preußischen Geschichtsgang seit jenem fatalen Friedensschluß. Immerhin werden die ursprünglichen Ziele der Verfassungsbewegung, „Kammern" und „Preßfreiheit", angesprochen, doch verbindet Schleiermacher mit ihnen keine weiteren positiven Aussagen. Vom republikanischen Ideal will er erst recht nichts wissen.
Man wird beachten müssen, daß es Schleiermacher mit der Erklärung zunächst, nachdem die Pariser Zeitung seinen Text nicht hatte drucken wollen, darum zu tun war, den Korrespondenten oder die Redaktion des *Messager des Chambres* zu einer Reaktion zu provozieren. Doch dürfte

---

[427] Ebd., 772.
[428] Vgl. Theodor Schieder: Vom Deutschen Bund zum Deutschen Reich, München 1975, 48–49. Zu den Auswirkungen der Juli-Revolution in Deutschland siehe Thomas Nipperdey: Deutsche Geschichte 1800–1866. Bürgerwelt und starker Staat, München 1983, 366–377.

ihm auch die Gelegenheit willkommen gewesen sein, auf diese Weise die heimische Leserschaft über seine Stellung in den öffentlichen Debatten zu unterrichten. Schleiermacher wollte sich seine Unabhängigkeit bewahren und in den entstehenden parteipolitischen Strukturen von niemandem vereinnahmt werden. Die Erklärung ist daher in einem Maße defensiv, wie es mit seiner weitreichenden, auf eine tiefgreifende Umgestaltung der staatlichen Organisationsform hinauslaufenden staatstheoretischen Konzeption kaum zu vereinbaren ist. Hierin spiegelt sich aber zugleich auch die prekäre Situation, in die die Regierung das Land manövriert hatte. In einem schon von Abschiedsstimmung erfüllten Brief an die Gattin vom 5. September 1832 heißt es: „Es macht mich doch oft wehmüthig, nach so schönen Ansätzen und Hoffnungen unsre deutsche Welt in einem so sehr zweideutigen Zustand zurücklassen zu müssen [...]".[429]

Hinzu kommen mehr persönliche Faktoren, die die Lagebeurteilung in den Jahren um 1830 bestimmten. Das konservative Klima in Staat und Kirche, dazu die fundamentalistische Erweckungsbewegung, die gerade in der preußischen evangelischen Kirche großen Einfluß gewann und deren Vertreter, voran Hengstenberg, Einzug in die Berliner Theologische Fakultät hielten, machten Schleiermacher das Leben schwer. Die Anfeindungen, die er von dem ungeliebten Fakultätskollegen zu gewärtigen hatte, verleideten ihm zeitweise die akademische Wirksamkeit und ließen erneut den Gedanken aufkommen, sich ganz aus dem Lehramt zurückzuziehen. Nach Veröffentlichung der beiden „Sendschreiben an Lücke" – Texte, die Schleiermacher durchaus als eine Art theologisches Testament stilisiert hatte – sah er sich von dieser Seite einer maßlosen Kritik ausgesetzt. Offen wurde er beschuldigt, die Glaubensgrundlagen eines wahrhaften Christentums zu zerstören.[430]

Überdies stellten sich jetzt weitere Widersacher auch aus anderen Lagern ein. Das Spektrum war breit gestreut: Es reichte von lutherischen Kon-

---

[429] Abgedruckt in: Schleiermacher als Mensch. Band II. Briefe 1804–1834, 364–365, hier: 365. Die Bemerkung schließt den Bericht von einem Gespräch ab, das Schleiermacher am selben Tage „auf der Straße" mit Alexander von Humboldt geführt und in dem dieser sich, „als ein erzliberaler", „sehr wüthend [...] über den gegenwärtigen Stand der deutschen Angelegenheiten" gezeigt hatte. Schleiermacher stimmte Humboldt zu, wenn auch „nicht ganz" (365).

[430] Hengstenberg hat diesen unüberbietbaren Vorwurf in zwei Abhandlungen erhoben, die Ende 1829 und Anfang 1830 in der von ihm herausgegebenen Evangelischen Kirchen-Zeitung erschienen (vgl. die bibliographischen Angaben unten S. 361 [Anmerkung 91]). Siehe hierzu und zu weiteren Attacken gegen Schleiermacher die Schilderung von Hans-Friedrich Traulsen in: Theologisch-dogmatische Abhandlungen und Gelegenheitsschriften (KGA I/10), LXXIX–LXXXI. Schleiermachers Fakultätskollege August Neander, der selbst der Erweckungsbewegung nahestand, kündigte in Reaktion auf die Angriffe demonstrativ seine Mitarbeit an der Zeitung auf, was zu einer heftigen Kontroverse zwischen dem ihn unterstützenden Ludwig Jonas und Hengstenberg führte (vgl.: Ebd., LXXXI–LXXXIV).

fessionalisten, Biblizisten und Supranaturalisten über spätaufklärerische Rationalisten bis hin zu linkshegelianischen Religionskritikern. Zahlreiche Rezensenten der Glaubenslehre äußerten sich ablehnend. Leitmotive von Schleiermachers dogmatischem Systementwurf wurden in radikaler Schärfe zurückgewiesen. Groß war am Ende die Zahl zeitgenössischer Theologen und Philosophen, die sich in die Phalanx einreihten und ihr kritisches Waffenarsenal gegen ihn richteten.[431]

Am bekanntesten sind in diesem Zusammenhang die außerordentlich unerquicklichen Streitigkeiten mit Hegel, dessen Polemik gegen den in den Reden „Über die Religion" und der Glaubenslehre formulierten Frömmigkeitsbegriff sogar die Grenze zur Beleidigung überschritt. So vielfältig die Berührungspunkte und Überschneidungen der Werke Schleiermachers und Hegels auch sein mögen, so sehr beide insbesondere darin verbunden waren, daß sie mit ihren thematischen Gedankengängen einen allgemeinen Wandel im Religionsverständnis der Zeit anzeigten, so tief war doch der philosophische und religionstheoretische Gegensatz. Die, wenn auch weitgehend in Anspielungen und Subtexten ausgetragene Auseinandersetzung wurde sowohl von Schleiermacher wie auch von Hegel als eine prinzipielle Kontroverse um den Gottes- und den Religionsbegriff geführt.[432]

Ihre Relevanz blieb aber, und insofern gehört der Sachverhalt in den vorliegenden Kontext, nicht auf die theoretische Debatte beschränkt. Die Schärfe der von Hegel an der Glaubenslehre geübten Kritik steht mit Differenzen in der theologischen und religionspolitischen Interpretation der protestantischen Kirchenunion unmittelbar in Verbindung. Den Anspruch Schleiermachers, eine Dogmatik der unierten evangelischen Kir-

---

[431] Vgl. die Angaben bei Hermann Peiter: Historische Einführung, in: Der christliche Glaube nach den Grundsätzen der evangelischen Kirche im Zusammenhange dargestellt. Teilband 1. Herausgegeben von Hermann Peiter (KGA I/7,1), Berlin / New York 1980, XV–LX, hier: XXXV–LVIII. Siehe daneben Hermann Mulert: Die Aufnahme der Glaubenslehre Schleiermachers, in: Zeitschrift für Theologie und Kirche 18 (1908), 107–139 und Ders.: Nachlese zu dem Artikel: Die Aufnahme der Glaubenslehre Schleiermachers, in: Ebd. 19 (1909), 243–246 sowie Kurt Nowak: Schleiermacher. Leben, Werk und Wirkung, 409–419 („Streit um die ‚Glaubenslehre'").

[432] Zum Thema „Schleiermacher und Hegel" vgl. neben den bereits angeführten Untersuchungen von Richard Crouter und Dietz Lange noch immer Hermann Glockner: Hegel und Schleiermacher im Kampfe um Religionsphilosophie und Glaubenslehre, in: Deutsche Vierteljahrsschrift für Literaturwissenschaft und Geisteskultur 8 (1930), 233–259 und Werner Schultz: Die Grundprinzipien der Religionsphilosophie Hegels und der Theologie Schleiermachers. Ein Vergleich, Berlin 1937. Wichtige Teilaspekte erörtern Walter Jaeschke: Schleiermacher und Hegel. Neue Ausgaben und alte Fragen, in: Hegel-Studien 23 (1988), 327–341; Ders.: Paralipomena Hegeliana zur Wirkungsgeschichte Schleiermachers, in: Internationaler Schleiermacher-Kongreß Berlin 1984. Herausgegeben von Kurt-Victor Selge. Teilband 1 (Schleiermacher-Archiv. Band 1/1), Berlin / New York 1985, 1157–1169 sowie Andreas Arndt: Schleiermacher und Hegel. Versuch einer Zwischenbilanz, in: Hegel-Studien 37 (2002), 55–67.

che gegeben zu haben, wies Hegel, dem die Positionen der Heidelberger Theologen Carl Daub und Friedrich Heinrich Christian Schwarz vor Augen standen, als „Unverschämtheit und Plattheit" zurück.[433] Auf der anderen Seite bestärkte die konflikthaft aufgeladene Situation Schleiermacher in den späten zwanziger Jahren bei seinen wiederholten Anstrengungen, im Hochschul- und Wissenschaftsbereich den wachsenden und von Altenstein geförderten Einfluß der „Hegelschen Partei" zurückzudrängen. Mit diesem Bestreben war es ihm bitter ernst, auch wenn man seinen Einsatz nicht von den schon in anderem Zusammenhang geschilderten Bemühungen um eine Strukturrefom der Akademie der Wissenschaften ablösen kann.[434]

Dies ist, in seinen wichtigsten Facetten, der Hintergrund, vor dem die im anschließenden Teil der Untersuchung zu erörterenden späten staatstheoretischen Vorlesungen und Vorträge zu lesen sind.

---

[433] Siehe dazu Walter Jaeschke: Schleiermacher und Hegel, 336–337, wo die Belegstellen aus Hegels Korrespondenz angegeben werden. Hegel hat, neben ihrer religionstheoretischen Abzweckung, mit seiner berüchtigten Vorrede zu Hermann Friedrich Wilhelm Hinrichs' Schrift „Die Religion im inneren Verhältnis zur Wissenschaft" (Heidelberg 1822) auch eine öffentliche Erörterung über den theologischen Charakter der preußischen Kirchenunion provozieren wollen. Daub und Schwarz waren beide maßgeblich an der Herbeiführung der Badischen Union von 1821 beteiligt.

[434] Vgl. etwa den Brief an Joachim Christian Gaß vom 7. Februar 1829, in: Fr. Schleiermacher's Briefwechsel mit J. Chr. Gaß, 208–209, hier: 209: „Mit unserer Facultät hat Altenstein sich wieder gesezt, nachdem wir gedroht, wir würden keine Promotionen mehr vornehmen. Er hat uns versichert, er sei immer unserer Meinung gewesen. Kurz ich glaube, wir werden für jezt nichts wieder von der Hegelschen Partei zu fürchten haben. Denn er hat nicht Geld genug, um eine Hegelsche Majorität einzusezen. Nun aber ist er durch die unvorsichtige Erhebung von Gans zum Ordinarius mit der Juristen-Facultät zerfallen. Diese hat sich in's Spruchcollegium so gut als aufgelöst, so daß auch Gans noch nicht introducirt ist, und es scheint fast, er wird wegen seiner Angriffe gegen Savigny irgend ein *pater peccavi* sagen." – Zur umstrittenen Berufung des Hegel-Schülers Eduard Gans (1798–1839) auf ein Ordinariat der Juristischen Fakultät vgl. Kurt Rainer Meist: Altenstein und Gans. Eine frühe politische Option für Hegels Rechtsphilosophie, in: Hegel-Studien 14 (1979), 39–72. Die Berufung erfolgte nach heftigen Auseinandersetzungen schließlich am 11. Dezember 1828. Zu den schärfsten Gegnern von Gans gehörte Savigny. Das Dekanat hatte während des Berufungsvorganges Schmalz inne.

Achter Teil
Das Spätstadium von Schleiermachers Staatstheorie

Im Mittelpunkt der folgenden Erörterungen stehen die späten Staatslehrevorlesungen. Hinzu treten Ausführungen über Schleiermachers Verhandlung des politischen Themenfeldes in der Vorlesung zur Christlichen Sittenlehre, jener theologischen Hauptvorlesung, der er neben dem Dogmatikkolleg die größte Aufmerksamkeit gewidmet hat. Zu beiden Vorlesungskomplexen werden knappe Überblicke gegeben. Eine eingehendere Rekonstruktion, wie sie für die früheren Fassungen der Staatslehre- bzw. Politikvorlesung angestrebt wurde, ist hier nicht beabsichtigt. Eröffnet wird die Darstellung mit exkursartigen Hinweisen auf einige thematisch relevante Predigten und Akademieabhandlungen der späten Jahre.

Selbst wenn ein Beleg für ein förmliches Verbot, im Anschluß an das Wintersemester 1817/18 weitere Vorlesungen zur Staatslehre zu halten, nicht existiert – ein Umstand, von dem man derzeit wohl auszugehen hat –, so ist doch anzunehmen, daß, in welcher Form auch immer, die vom Staatskanzler Anfang Dezember 1817 an den Polizeiminister ergangene ausdrückliche Weisung, darauf hinzuwirken, „daß diese [...] Vorlesungen in Zukunft unterbleiben", tatsächlich auch umgesetzt worden ist.[1] Briefliche Zeugnisse Schleiermachers hierzu scheinen gleichfalls nicht vorzuliegen. So muß bis auf weiteres das Faktum für sich sprechen, daß er sich erst 1829, also nach einer mehr als zehnjährigen Unterbrechung, imstande sah, jenen Vierjahresrhythmus wiederaufzunehmen, mit dem er seit dem Winter 1808/09 seine staatstheoretischen Kollegien veranstaltet hatte. Zumindest in dem politisch so sensiblen Zeitraum 1821/22, während dessen andernfalls wohl eine erneute Vorlesung zum Thema angekündigt worden

---

1 Schreiben Hardenbergs an den Polizeiminister Wittgenstein vom 8. Dezember 1817, in: Archiv des Verlages Walter de Gruyter: Schleiermacher-Archiv. Bestand K (Abschrift) [jetzt in: Staatsbibliothek zu Berlin Preußischer Kulturbesitz. Handschriftenabteilung: Depositum 42]; hiernach abgedruckt bei Andreas Arndt / Wolfgang Virmond: Friedrich Daniel Ernst Schleiermacher (1768–1834), in: Aus dem Archiv des Verlages Walter de Gruyter. Briefe – Urkunden – Dokumente, 126. Siehe auch das Schreiben Hardenbergs an Altenstein vom gleichen Tage, in: GStA PK, I. HA Rep. 74 Staatskanzleramt, L.V. Brandenburg, Nr. 16, Bl. 48–49 (Entwurf), hier: 49v (nach einer Abschrift im Verlagsarchiv abgedruckt bei Andreas Arndt / Wolfgang Virmond: Ebd., 126). Vgl. oben S. 100–103.

wäre, wird ein entsprechender Verzicht auch für ihn selbst nahegelegen
haben.

Immerhin trug Schleiermacher am 2. August 1820 die dritte seiner
staatstheoretischen Akademieabhandlungen vor – es handelt sich um jene
unter dem Titel „Ueber die verschiedene Gestaltung der Staatsvertheidigung"[2] –, weshalb eine völlige, sei es nun selbstgewählte, sei es von außen
auferlegte Abstinenz von theoretischen Erörterungen zur Politik auch während dieses außerordentlich langen Zeitraumes nicht bestanden hat. Dabei
ist allerdings zu beachten, daß die Akademie anderen Kriterien amtlicher
Supervision unterlag als die Universität. Der Freiraum wissenschaftlicher
Erörterung war hier ungleich weiter. Der Vorwurf, Schleiermacher wiegele
seine Studenten nach „den Grundsätzen und Bestrebungen der Demagogen" gegen die Staatsordnung auf, griff an diesem Ort wegen des Fehlens
einer größeren Öffentlichkeit nicht. In den gegen ihn erstellten offiziellen
Schriftsätzen hat denn auch seine Mitwirkung in der Akademie insgesamt
kaum eine Rolle gespielt.[3]

Ob, wie Walter Jaeschke vermutet, die Staatstheorie allein deshalb zeitweise aus Schleiermachers Blickfeld verschwand, weil andere fachliche
Interessen in den Vordergrund drängten, scheint in Anbetracht des gesamten prekären Umfeldes der Situation zweifelhaft.[4] Wenn Schleiermacher
im Sommersemester 1829 die staatstheoretische Thematik wieder zum
Gegenstand seines universitären Vortrags gemacht hat, so setzt dies immerhin eine Entspannung im Verhältnis zur Regierung voraus. In der Tat
zeigen briefliche Äußerungen, daß er schon 1826 und erneut 1829 bei
der erstrebten Dispensierung von den administrativen „Facultäts- und
Universitätssachen" auf Altensteins Unterstützung rechnen konnte. Als
allzu avanciert muß allerdings die Formulierung von Lenz gelten, er habe
nun „wieder in Gnaden" gestanden.[5]

---

2   Abgedruckt in: Sämmtliche Werke. Band III/3, 252–270 und Akademievorträge (KGA
    I/11), 361–377; vgl. oben S. 67–69.
3   Die zitierte Wendung stammt aus dem Kamptzschen Entwurf für einen Bericht an
    den König vom Dezember 1821 (siehe oben S. 177); vgl.: Brandenburg-Preussisches
    Hausarchiv [ehemaliges Königliches Hausarchiv; in: GStA PK]. Rep. 192, Nachlaß
    Wittgenstein, V. 5. 37., Bl. 21–30, hier: 28v (Dankfried Reetz: Schleiermacher im
    Horizont preussischer Politik, 239).
4   Vgl. Walter Jaeschke: Historische Einführung (KGA II/8), XXXV: „Plausibler läßt
    sich die Pause in seinen Vorlesungen über Staatslehre dadurch erklären, daß Schlei-
    ermacher sich, nach dem häufigen Vortrag und der fortgeschrittenen Ausbildung
    der Politik, in diesen Jahren auf die Ausarbeitung weiterer philosophischer wie auch
    theologischer Disziplinen wirft [...]."
5   Max Lenz: Geschichte der Königlichen Friedrich-Wilhelms-Universität zu Berlin.
    Band IV, 413–414 (mit Hinweis auf die Ordensverleihung vom 23. Januar 1831).
    Das Schleiermacherzitat findet sich in einem Brief an Joachim Christian Gaß vom 7.
    Februar 1829, in: Fr. Schleiermacher's Briefwechsel mit J. Chr. Gaß, 208–209, hier:
    209.

1. Kirche und Öffentlichkeit.
Politische Äußerungen in den späten Predigten

Schleiermacher hat, wie dargestellt, in den letzten Jahren außerhalb der Staatslehrevorlesungen von 1829 und 1833 nur noch sehr vereinzelt öffentlich zu politischen Themen Stellung genommen. Eine besondere Rolle spielen in diesem Zusammenhang die Predigten. Auf sie soll hier, wenngleich eher punktuell, zunächst etwas näher eingegangen werden. Für die späten Predigten gilt ähnliches wie für die kirchlichen Ansprachen aus den Jahren 1813 bis 1818. Auch sie widmen sich gesellschaftlichen und politischen Fragen sehr verhalten und ordnen solche Aspekte der religiösgottesdienstlichen Funktion unbedingt unter. Kirchliche Reden, in denen Schleiermacher sich eingehender zu den Belangen des Staatswesens geäußert und damit an seine früheren politischen Predigten angeknüpft hätte, finden sich nicht mehr.

Sucht man für diesen Sachverhalt nach einer Erklärung, so wird man in erster Linie die kritische Lage in Rechnung stellen müssen, die seit 1819 bestand. Doch reicht der Hinweis auf die Demagogenverfolgung und die mit ihr für Schleiermacher verbundenen Belastungen nicht aus. Denn schon viel früher hatte er ja darauf verzichtet, die Kanzel noch als Ort einer offenen politischen Wirksamkeit zu nutzen. Die Vermutung liegt nahe, daß ihm insgesamt nach der restaurativen Wende, die fast gleichzeitig mit der Überwindung der Besatzungs- und Kriegssituation einsetzte, die Erfolgschancen für ein derartiges politisches Engagement zu gering und die Hemmnisse, die für das kirchliche Amt hieraus erwachsen konnten, zu groß erschienen.

Dies gilt zumal deshalb, weil Fragen der Verfassungsordnung und des Staatsaufbaus, die nach der erfolgten Sicherung der staatlichen Souveränität Preußens den Kern der politischen Debatten unter den reformorientierten Intellektuellen bildeten, in viel geringerem Maße für breitenwirksame Stellungnahmen geeignet waren, als es das patriotische Aufbruchsmotiv im Jahrzehnt der preußisch-französischen Konfrontation gewesen war. Wesentliche Aspekte, wie die Entwicklungsrichtung der zukünftigen Gestaltung von Staat und Gesellschaft oder die Rolle des einzelnen Bürgers im politischen Kontext, konnten ohne großes persönliches Risiko in der überwachten und kontrollierten Öffentlichkeit auf freie Weise nicht mehr erörtert werden. Insofern ist es konsequent, wenn Schleiermacher sich auf einen weniger von unmittelbaren repressiven Einwirkungen bedrohten, langfristiger effektiven literarischen und akademischen Einsatz im Rahmen seiner Gelehrtenarbeit konzentriert hat.[6]

---

[6] Der kirchenpolitischen Thematik dagegen widmete Schleiermacher sich – und zwar gerade in den Jahren des Agendenstreites – in seinen Predigten mit weitgehender Un-

Manchem nachstellenden Zeitgenossen, vor allem solchen, die Schleiermacher in offiziellem Auftrag beobachteten, wollte dies anders erscheinen. Auch im Blick auf seine Predigten nach 1819 konnten sie von dem „revolutionären Treiben eines Geistlichen" sprechen. Sie hielten es für ihre Pflicht, höhern Ortes „auf das Gefährliche eines solchen unausgesetzten Trotzbietens gegen die Regierung durch öffentliche Rede an das versammelte Volk" aufmerksam zu machen und auf die „entzündendsten Reden an die Gemeinde" hinzuweisen, in denen sich eine „bösartige Widerspenstigkeit [...] gehässig ausspricht und wiederholt auflehnt". Diese Charakterisierungen entstammen einem Bericht des Polizeiagenten Georg Klindworth, einer zwielichtigen Gestalt, die bereits an anderer Stelle in Erscheinung getreten ist.[7] Der Bericht war unter dem 4. März 1822 an den Innen- und Polizeiminister adressiert und richtete sich gegen die gesamte öffentliche Wirksamkeit Schleiermachers. Auch zu seinen Predigten enthielt er eine kraftvolle Passage:

„Seitdem [*scil.*: seit den Auseinandersetzungen um die Entlassung de Wettes] hat der Doktor *Schleiermacher* nicht aufgehört, in seinen Predigten, zu denen jedesmal die Kirche vollgedrängt ist von Leuten allen Standes und Karakters, eine aufregende Tendenz mit Beharrlichkeit durchzuführen, durch Wahl der Texte und der Lieder, durch politische Anspielungen, die noch so gut versteckt doch niemals zu verkennen waren weder in ihrer Absicht noch in ihrer Wirkung, den Samen der Unzufriedenheit und Unruhe auszustreuen, wie denn im ganzen Publikum längst bekannt ist, daß hauptsächlich die Mißvergnügten und die Feinde der Regierung zu seinen Vorträgen strömen, und weniger Erbauung als Aergerniß in seiner Kirche suchen, um sich der ungestraften Frechheit, die dort ihr Spiel treibt, zu erfreuen und Stoff zu weitern üblen Reden zu finden, so daß die Kirche öfters nicht sowohl eine gottselige Gemeinde als vielmehr eine Versammlung von Klubbisten zu enthalten scheint."[8]

---

geschütztheit. Das ist von manchem Hörer deutlich wahrgenommen worden, wie etwa ein Zeugnis Heinrich Heines bestätigt. Im zweiten seiner „Briefe aus Berlin", datiert auf den 16. März 1822, heißt es: „Ich habe unlängst einer seiner Predigten beigewohnt, wo er mit der Kraft eines Luthers sprach, und wo es nicht an verblümten Ausfällen gegen die Liturgie fehlte. Ich muß gestehen, keine sonderlich gottseligen Gefühle werden durch seine Predigten in mir erregt; aber ich finde mich im besseren Sinne dadurch erbaut, erkräftigt, und wie durch Stachelworte aufgegeißelt vom weichen Pflaumenbette des schlaffen Indifferentismus. Dieser Mann braucht nur das schwarze Kirchengewand abzuwerfen, und er steht da als Priester der Wahrheit" (Briefe aus Berlin [zuerst erschienen zwischen Februar und Juli 1822; in Buchform zuerst in: Reisebilder. Zweiter Theil, Hamburg 1827]; zitiert nach: Sämtliche Schriften. Band II: Schriften 1822–1831, München 1969, 7–68, hier: 37).

7   GStA PK, I. HA Rep. 77 Tit. 21. Lit. Sch. Nr. 6, Bl. 59–62, hier: 61v (Druckfassung bei Reetz: Ebd., 421–426, hier: 424–425). Vgl. oben S. 7 und 9. – Es ist unklar, ob Klindworth auch in diesem Fall einer behördlichen Instruktion folgte. Er stand selbst unter Druck und mochte sich von einer aus eigenem Antrieb vorgenommenen Berichterstattung einen Nutzen für seine amtliche Beurteilung versprochen haben.

8   GStA PK, I. HA Rep. 77 Tit. 21. Lit. Sch. Nr. 6, Bl. 61r (Reetz: Ebd., 424).

Es handelt sich hier um die Tirade eines Denunzianten. Und doch mag sie zumindest als *memento* dafür dienen, daß bei einer umfassenderen Erörterung der politischen Wirksamkeit des späten Schleiermacher auch die Predigten eine größere Beachtung erfahren müssen. In der vorliegenden Untersuchung soll immerhin auf einzelne markante Beispiele eingegangen werden. Zum einen handelt es sich zunächst um eine Festansprache vom Herbst 1822, zum anderen um ein Stück aus der Homilie zur Apostelgeschichte aus dem Jahre 1832.

Den Anlaß bot im ersten Fall das fünfundzwanzigjährige Regierungsjubiläum König Friedrich Wilhelms III. Den Predigttext für die Ansprache vom 17. November 1822 lieferte Prov 22, 11: „Wer ein treues Herz und liebliche Rede hat, des Freund ist der König".[9] Nach Schleiermacher entsprechen sich die Treue zum König und die Verbundenheit mit dem Vaterland. Beide sind konstitutive Faktoren für die Stabilität des monarchisch verfaßten Staates. Insofern legt sich die Frage nahe, auf welche Weise Anhänglichkeit und Liebe zum König erhalten bleiben können. Dies geschieht, indem das Wohl des Landes sowohl in der individuellen Pflichterfüllung als auch in einem recht verstandenen Eigennutz das Handeln bestimmt. Im Verhältnis zum König räumt Schleiermacher den Bürgern das Recht zur Kritik gegenüber dessen Anordnungen ein. Alle Schmeichelei jedoch lehnt er genau so ab wie „rauhe Töne". Dabei verhehlt er nicht, daß es nur selten gelingt, eine angemessene Form für den Ausdruck der öffentlichen Meinung zu finden. Doch gerade der politische Meinungsstreit habe in der gemeinsamen Ausrichtung auf die Sicherung und Steigerung des Landeswohles einen Bezugspunkt, durch den alle Gegensätze überwunden werden können. Repräsentant dieses Interesses sei der Monarch selbst, und deshalb sollen die Bürger darin vereint sein,

„daß unser ganzes Gemüth mit sei bei der Erfüllung unsrer Pflichten, daß wir nicht nur thun was wir sollen, daß wir der Obrigkeit nicht nur unterthan sind – ich will nicht sagen um der Strafe, sondern auch um des Gewissens willen – aber nicht nur unterthan, sondern zugethan, daß unsre Wünsche sie begleiten bei allem was sie zum Wohl des Ganzen unternimmt, daß wir gern, wenn wir sicher erforscht haben was im Geiste des Königs sei, jeder in dem Kreise, wo er Recht und Befugniß hat, zugreifen und thun auch, was uns darin nicht bestimmt befohlen ist; daß wir überall den König und Herrscher, als der uns eben so sehr befreundet ist als von uns verehrt, auch in die Verhältnisse begleiten, die nicht unmittelbar zu seinem Beruf gehören, daß wir einen aufrichtigen Theil an allem nehmen, wovon sein Herz in Freude und Schmerz bewegt wird".[10]

---

9 Predigt am 17ten November 1822 in der Dreifaltigkeitskirche gesprochen, Berlin 1823 (nachgedruckt in: Sämmtliche Werke. Band II/4, 128–142 sowie anschließend in drei weiteren Ausgaben).
10 Predigt am 17ten November 1822, 11.

Einen stärker appellativen Charakter trägt die Predigt vom 19. Sonntag nach Trinitatis (28. Oktober) des Jahres 1832. Predigttext ist Apg 12, 19–23, jene Passage, die vom schrecklichen Ende des Christenverfolgers Herodes Agrippa I. berichtet.[11] Der Ausgangsgedanke lautet, daß der christliche Glaube ordnend über dem ganzen Leben seiner Anhänger walten solle. Deshalb gehe es nicht an, wenn Christen „sich auch izt noch so viel sie es nur irgend vermögen von aller Theilnahme an den größeren Beziehungen des gesellschaftlichen Lebens in der christlichen Welt zurückziehen wollen".[12] Schleiermacher spricht hier, wie er in einem charakteristischen Bild zeitgenössischer biedermeierlicher Lebensweise ausführt, von jenen, die zwar in ihrem Beruf allen Pflichten gewissenhaft nachkommen, darüber hinaus aber keine Wirksamkeit entfalten, sondern sich vielmehr „dem vertrauten Gespräch mit gleichgesinnten Seelen über die inneren Erfahrungen und Angelegenheiten des einzelnen Gemüthes" hingeben. Mit einer solchen Haltung gehe gewöhnlich die Auffassung einher, die öffentlichen Aufgaben fielen in das Tätigkeitsfeld bestellter Experten; mit der eigenen Berufswelt seien sie jedoch nicht verbunden und stellten insofern auch keine Anforderung im persönlichen Bereich dar.

Gerade das Gegenteil aber will Schleiermacher in seiner gottesdienstlichen Rede den Hörern mitteilen. Weder „in der gegenwärtigen Zeit" noch sonst irgendwann bestehe eine derartige Trennung, daß man sagen könne, die Belange von Staat und Gesellschaft seien „nur der Beruf einer gewissen Klasse von Menschen".[13] Es sei, und zwar heute mehr denn zuvor, „der Beruf" aller Staatsbürger, „darauf zu sehen, daß in den allgemeinen Angelegenheiten alles zum besten geführt werde, und alles unvollkommene immer mehr verschwinde". Eine solche Generalisierung der politischen Aufgabenstellung wirkt sich nun aber, je intensiver und ernsthafter die Gestaltungsmöglichkeiten im Staat durch die Bürger genutzt werden, um so stärker auch auf das politische Handeln derer aus, die durch ihr Amt mit der Lenkung der öffentlichen Geschäfte betraut sind: „Wie viel diejenigen wirklich ausrichten, welche zum unmittelbaren Einwirken in dieselben berufen sind; ja wie weit sie auch nur erkennen was eigentlich Zeit und Umstände von ihnen fordern: beides geht zum großen Theil izt hervor aus

---

[11] Am 19. Sonntage Trinitatis 1832, in: Sämmtliche Werke. Band II/3, Berlin 1835, 400–413 (hiernach im folgenden). Die Erstveröffentlichung der Predigt ist 1833 als Manuskriptdruck erfolgt: Predigten von Dr. F. Schleiermacher, Berlin 1833, 77–98; es handelt sich um die „für Freunde" gedruckte sogenannte „Reihe IV" Schleiermacherscher Predigten, vgl.: Bibliographie der Schriften Schleiermachers nebst einer Zusammenstellung und Datierung seiner gedruckten Predigten, 83 (Werknummer 1833/8).

[12] Sämmtliche Werke. Band II/3, 404. – Zu dem auffallenden und bei Schleiermacher seltenen Terminus „christliche Welt" vgl. Kurt Nowak: Schleiermacher. Leben, Werk und Wirkung, 337–340.

[13] Ebd., 405.

der freien und je länger je weniger zu beschränkenden Oeffentlichkeit des Lebens". Weil die gemeinsamen Angelegenheiten niemandem mehr verschlossen sind, kann es auch nicht mehr als etwas Erlaubtes gelten, wenn „sich einer von denselben zurükkziehen will".[14]

Die weitreichenden Konsequenzen, die sich von hier aus für die politische Theorie ergeben, werden in der Predigt nicht näher ausgeführt. Deutlich wird allerdings, daß Schleiermacher in dem politischen und gesellschaftlichen Handlungsauftrag, den er seinen Hörern vor Augen stellt, einen integralen Bestandteil christlicher Existenz sieht. Weltzugewandtheit und Anteilnahme am öffentlichen Leben sind Tugenden, die mit dem Glauben zusammenfallen, weil sie sich aus dem christlichen Ethos selbst ergeben. Im Hintergrund steht hier wiederum die Erwartung, daß aus einem aktiven politischen Verhalten der Prozeß einer allmählichen Konstitutionalisierung und Demokratisierung der staatlichen Ordnung wenn auch nicht in Gang gesetzt, so doch wesentlich beschleunigt und zumindest stabil verankert werden könne. Zugleich läßt die Predigt einmal mehr sichtbar werden, daß Schleiermacher sein politisches Engagement aus einer religiösen Motivation heraus entfaltet. Gerade als Christ versteht er sich als *homo politicus*.[15]

Ergänzend sei auf eine Predigt vom 4. Sonntag nach Trinitatis (25. Juni) 1820 über Apg 4, 13–21 hingewiesen.[16] In Anknüpfung an die bekannte petrinische Formulierung „Man muß Gott mehr gehorchen, denn den Menschen" handelt Schleiermacher hier vom Verhältnis der Bürger zur Obrigkeit. Wie schon in der Gründungs- und Konstitutionsphase der christlichen Kirche, wie auch in der dramatischen Zeit der Reformation, als Luther vor dem Kaiser stand, so sei heute wieder die Befolgung der apostolischen Maxime für den Bestand der Kirche von essentieller Bedeutung. Schleiermacher bezeichnet sie geradezu als die „nothwendige Bedingung ihres Fortbestehens", denn nur so sei die Einheit der kirchlichen Gemeinschaft gegenüber externen Zumutungen und Vereinnahmungen zu wahren.[17]

Zugleich betont Schleiermacher aber auch, daß „dieser Grundsatz nicht im mindesten die bürgerliche Ordnung stört". Die Voraussetzung dafür liege darin, daß „wir nicht mehr unter Heiden leben, sondern alle unsere

---

[14] Ebd., 406.
[15] Ebd., 406. – Vgl. auch Schleiermachers „Predigt, gehalten bey der Wieder-Eröffnung der Deutsch-Evangelisch-Lutherischen Kirche, in der SAVOY, zu London, am 16ten Sonntage nach Trinitatis, dem 21. Sept. 1828"; erschienen bei J. B. G. Vogel, 1. St. Georges's Place, Camberwell. Hier wird ebenfalls die religiöse Praxis des Christen mit der politisch-gesellschaftlichen Seite seiner Existenz in eine enge Verbindung gebracht (siehe besonders: 17–19).
[16] Predigt am vierten Sonntage nach Trinitatis 1820 in der Dreifaltigkeitskirche gesprochen, Berlin 1821 (nachgedruckt in: Sämmtliche Werke. Band II/4, 100–115).
[17] Ebd. (Erstdruck), 11.

Fürsten und Obrigkeiten denselben Gott wie wir anbeten und seinem Wort gehorchen". Auch diese Ausführungen laufen thematisch auf das Verhältnis von Bürgerschaft und Obrigkeit hinaus. „Alle evangelischen Christen und auch alle christlichen Obrigkeiten" sind in dem Bestreben vereint, wie dem Worte Gottes insgesamt, so auch der Aufforderung des Petrus insbesondere Geltung zu verschaffen.[18]

Schleiermachers Verhältnis zu „unseren Fürsten und Obrigkeiten" ist in dieser Predigt durchaus entspannt. Indizien für eine kritische Verarbeitung der belastenden Erfahrungen aus jüngster Zeit finden sich nicht. Die normative Gebundenheit regierungsamtlichen Handelns in einem politisch relevanten christlichen Selbstverständnis wird unterstellt. Man kann insofern konstatieren, daß Schleiermacher seinen Standpunkt seit den Tagen des reformpolitischen Aufbruchs, als er, veranlaßt durch die Einführung der preußischen Städteordnung, im Januar 1809 in einer Predigt über Röm 13, 1–5 erstmals über das Thema gesprochen hatte, weitgehend unverändert festhält.[19]

Ein kurzer Blick soll schließlich noch auf Schleiermachers Predigten aus Anlaß der Feierlichkeiten zum Jahrhundertjubiläum der Übergabe der Confessio Augustana geworfen werden. Diese zwischen dem 20. Juni und dem 7. November 1830 vorgetragene, im folgenden Jahr als sechste Predigtsammlung veröffentlichte Reihe gottesdienstlicher Ansprachen enthält zahlreiche Bemerkungen zum Verhältnis von Kirche und Staat, die auch für die hier interessierende staatstheoretische Thematik aufschlußreich sind.[20]

Obwohl von Schleiermacher selbst als allzu dogmatisch empfunden, stellen diese Predigten doch in exemplarischer Weise die Form dar, in der die Auslegung des Glaubens im homiletischen Kontext erfolgt. Ausgehend von dem im Erlösungsglauben gegründeten Freiheitsbewußtsein, entfaltet Schleiermacher hier nahezu sämtliche zentralen Aspekte christlicher Frömmigkeit. Insbesondere die Ausführungen zur reformatorischen Rechtfertigungslehre sowie zur Gotteslehre stellen wichtige Ergänzungen zu den

---

[18] Ebd., 20.
[19] Vgl.: Band I, S. 258–260.
[20] Predigten. Sechste Sammlung [Zwischentitel: Predigten in Bezug auf die Feier der Uebergabe der Augsburgischen Confession], Berlin 1831 (nachgedruckt in: Sämmtliche Werke. Band II/2, Berlin 1834, 611–758; separat: Reutlingen 1835; bis 1969 sind fünf weitere Nachdrucke nachweisbar, darunter: Friedrich Schleiermacher: Dogmatische Predigten der Reifezeit. Ausgewählt und erläutert von Emanuel Hirsch (Kleine Schriften und Predigten. Herausgegeben von Hayo Gerdes und Emanuel Hirsch. Band 3), Berlin 1969, 11–154). – Die offizielle, königlich angeordnete Feier fand am Jubiläumstag der Übergabe, dem 25. Juni 1830, statt. Vgl. Alfred Galley: Die Jahrhundertfeiern der Augsburgischen Konfession von 1630, 1730 und 1830. Ein Gedenkblatt zur 400jährigen Augustana-Feier von 1930, Leipzig 1930, hier: 93–125; Horst Stephan: Das evangelische Jubelfest in der Vergangenheit, in: Deutsch-Evangelisch. Monatsblätter für den gesamten deutschen Protestantismus 8 (1917), 2–12.

entsprechenden Passagen in der Glaubenslehre dar. Die neunte Ansprache „Daß wir nichts vom Zorne Gottes zu lehren haben" über 2. Kor 5, 17–18 ist überhaupt eines der markantesten Zeugnisse für Schleiermachers theologische Denkweise.[21]

In der Beschreibung des Verhältnisses der religiösen Gemeinschaft zur politisch-staatlichen Organisation orientiert Schleiermacher sich am Ideal einer „freien Kirche". Nur eine von staatlichen Zwängen und Vorgaben unbelastete Kirche bildet die Grundlage und den institutionellen Rückhalt „für die Freiheit der Kinder Gottes".[22] Im „Gebrauch des täglichen Lebens" aber ist der Christ zugleich an die vorhandene staatliche Ordnung gewiesen. Unserer „vollen Freiheit bewußt" können wir uns nur werden, wenn über eine intakte Sozial- und Rechtsverfassung verhindert wird, daß sich Bande der Knechtschaft wie lähmende Fesseln über die Existenz legen. Schleiermachers Auslegung des protestantischen Freiheitsgedankens bewegt sich daher von Anfang an in einem politischen Kontext. Mit der neutestamentlichen Grundaussage „Ihr seid theuer erkauft" (1. Kor 7, 23) – es handelt sich um den Predigttext der ersten Ansprache – ist der Appell verbunden: „werdet nicht der Menschen Knechte". Denn „theuer erkauft" seid Ihr, so Schleiermacher, „aus jenem Zustande der Knechtschaft, in dem so viele Geschlechter der Menschen geseufzt haben".[23]

Für die Kirche ergibt sich hieraus ein Selbstverständnis als offene, pluralitätsfähige Gemeinschaftsform, in der die christlichen Glaubensäußerungen polyphon mit- und nebeneinander erklingen: „Denn wollten wir uns das Leben bequemer machen dadurch, daß wir die Freiheit beengen, indem wir entweder die aussondern, welche nicht mit uns übereinstimmen, oder indem wir durch äußere Gewalt diese Verschiedenheit zur Einheit zu zwingen suchten: o wieviel mehr würde dadurch verloren gehen für das Reich Gottes!"[24] Mit Recht hat Emanuel Hirsch hervorgehoben, daß Schleiermacher hier ein „auf innerprotestantischer Toleranz größten Ausmaßes" beruhendes Ideal evangelischer Kirchlichkeit formuliert.[25]

---

[21] Predigten. Sechste Sammlung, 170–190 (einschließlich der bereits genannten Abdrucke ist diese Predigt bis 1969 zehnmal nachgedruckt worden; vgl. auch unten S. 384–385). In der „Vorrede" zu dem Sammelband entschuldigt Schleiermacher sich für den ausgesprochen theologischen Charakter der Predigten: „Demohnerachtet muß ich die Leser bitten wenigstens so weit jenes Fest im Sinne zu behalten, daß sie durch den hie und da stark hervortretenden dogmatischen Gehalt weniger befremdet werden, der sich freilich sonst in meinen Kanzelvorträgen nicht auf diese Art herauszusondern pflegt" (Ebd., III–XXXIV, hier: III–IV). Die Vorrede ist einer ausführlichen Stellungnahme zur Frage der Bekenntnisbindung evangelischer Geistlicher gewidmet.

[22] Warnung vor selbstverschuldeter Knechtschaft. Am Sonntag vor dem Jubelfeste, in: Ebd., 1–19, hier: 4.

[23] Ebd., 14.

[24] Ebd., 18.

[25] Emanuel Hirsch: Erläuterungen, zu: Friedrich Schleiermacher: Dogmatische Predigten der Reifezeit, 347–398, hier: 353. Hirschs Interpretation geht allerdings insofern

Zugleich machen die Ausführungen aufs neue deutlich, daß für Schleiermacher der Öffentlichkeitsanspruch der Kirche mit einer Separierung
von anderen Bereichen gesellschaftlicher Öffentlichkeit unvereinbar ist.
Eine von politischen Bezügen abgelöste, partikularisierte und insofern auf
sich selbst fixierte kirchliche Öffentlichkeit kann es wegen der kritischen
Offenheit der Kirche gegenüber der Gesellschaft nicht geben. Die Kirche
soll vielmehr ein Modell offener Diskurskultur ausbilden, dem für die Gesellschaft insgesamt ein paradigmatischer Charakter zukommt und von
dem deshalb ein starker innovativer Impuls auf die Entwicklung auch des
Staatswesens ausgehen kann.

Schleiermacher hat diesem Anspruch immer wieder mit emphatischen
Worten Ausdruck verliehen. Die evangelische Kirche war ihm überhaupt
„die öffentlichste Anstalt welche ich kenne". „Unter dem Schuz der größten Oeffentlichkeit" sei sie entstanden, und eine solche Öffentlichkeit
„ist immer in ihr von dem göttlichen Segen begleitet und ihre festeste
Stüze gewesen".[26] In ihr könne es generell, wie eine programmatische
Formulierung aus den Vorlesungen zur Praktischen Theologie lautet,
„keine Grenze der Oeffentlichkeit" geben.[27]

---

fehl, als er dieses Toleranzprogramm mit einem stark antikatholischen Akzent versieht.
Schleiermacher sei „um 1830 wohl der einzige evangelische Theologe gewesen, der
eine Witterung besessen hat für das damals erst noch bevorstehende Aufsteigen des
Katholizismus zur Großmacht in der modernen Gesellschaft". Insofern habe sich seine
Zielsetzung nicht primär auf die Erreichung eines freiheitlichen, auch für Minderhei-
ten und Sondergruppen offenen Kirchenwesens gerichtet, sondern auf eine institutio-
nelle Sammlung „aller evangelischen Christen und Kirchen". Hirsch verkehrt den von
Schleiermacher in der Ekklesiologie wirksam gemachten Freiheitsgedanken zu einem
kirchen- und kulturpolitisch höchst problematischen Instrument konfessionalistischer
Argumentation. Auch die preußische Union sei für ihn nur der Ansatzpunkt für eine
„um der Selbstbehauptung des Protestantismus willen nötigen" Einigungsbewegung
gewesen (Ebd., 353). Einem solchen katholizismusfeindlichen Denken läßt sich der
liberale und weltoffene Geist Schleiermachers, der zwar im Protestantismus fest verankert, nicht aber in ihm gefangen war, gewiß nicht zuordnen.

26   Diese Wendung entstammt einer Erklärung gegenüber dem Konsistorium der Provinz
Brandenburg vom 6. Februar 1827; abgedruckt in: Kirchenpolitische Schriften (KGA
I/9), XCII–XCV, hier: XCIV (Aus Schleiermacher's Leben. In Briefen. Band 4, 477–
483, hier: 481). Den kirchenpolitischen Hintergrund der Erklärung bilden die Auseinandersetzungen um die Gottesdienstagende.

27   Die praktische Theologie nach den Grundsäzen der evangelischen Kirche im Zusammenhange dargestellt. Herausgegeben von Jacob Frerichs (Sämmtliche Werke. Band
I/13), 723–724. In ihrem unmittelbaren Kontext lautet die Aussage folgendermaßen:
„Aus einer richtigen Organisation der Gemeine und des Lebens in derselben muß das
richtige Mittel hervorgehen, daß in dem beständigen religiösen Leben das geboten
wird was ein jeder braucht. Nur in dieser ganz freien Weise, womit keineswegs eine
beichtväterliche Leitung der einzelnen gemeint ist, – nur darin liegt das Gegengewicht,
und es giebt in der evangelischen Kirche keine Grenze der Oeffentlichkeit; so wie wir
keinen Unterschied statuiren können zwischen esoterischer und exoterischer Lehre:
so können wir auch gar keinen Grundsaz statuiren wodurch irgend ein Theil der Kirche von dem Ganzen ausgeschlossen würde" (Ebd.).

Diese Ausrichtung gehört zu den wichtigsten Motiven von Schleiermachers Öffentlichkeitskonzept. Sie behält über ihre historische Situierung in vordemokratischen politischen Gegebenheiten hinaus ihren bleibenden Wert für eine kritische Kirchentheorie. Die jüngst noch von prominenter theologischer Seite vorgetragene Auffassung, die Kirche stehe als „Öffentlichkeit *sui generis*" „anderen, weltlichen Öffentlichkeiten" gegenüber, wäre Schleiermacher völlig verfehlt erschienen.[28] Seine Position bezeichnet überdies noch einmal den politischen Horizont jener Erwartungen an den innerkirchlichen Reformprozeß und erklärt, weshalb er mit äußerster Vehemenz auf die Ausbildung synodaler Verfassungsstrukturen, das heißt einen der Demokratie faktisch analogen Rechtszustand gedrängt hat.

Auf ihre Weise der aus dem Glauben erwachsenden sittlichen Pflicht nachgekommen sind nach Schleiermacher in der Stunde der Not die Vertreter der Obrigkeit, als sie sich gegen die katholische Übermacht verbanden und vor aller Welt zum Werk der Kirchenerneuerung bekannten. Am 25. Juni 1830, dem Festtag, erläuterte er seiner Gemeinde, daß diese Tat nichts anderes gewesen sei, als eine „in dem rechten Geiste der Schrift und des christlichen Glaubens gemachte Anwendung" des biblischen Textes aus 1. Ptr. 3, 15: „Seid aber allezeit bereit zur Verantwortung jedermann, der Grund fordert der Hoffnung, die in euch ist."[29] Im Hintergrund habe seinerzeit eine doppelte, eine politische und eine theologische Aufgabenstellung gestanden:

> „Die Fürsten und Stände des deutschen Reiches, in deren Gebiet am meisten der erneuerte Geist des reinen Evangeliums sich verbreitet hatte, und die sich in ihrem Gewissen gedrungen fühlten, das Werk Gottes gewähren zu lassen, und die Reinigung der Lehre und des Gottesdienstes zu beschüzen, waren aufgefordert nach so vielen Mißdeutungen, nach so vielen Verläumdungen, wie sie bei solchen Gelegenheiten nicht ausbleiben können, nun einmal ein öffentliches Bekenntniß abzulegen, auf dessen Inhalt man sich verlassen könnte als Darlegung von dem, was bei ihnen abweichend von der römischen Kirche gelehrt und geübt wurde."[30]

Dieses Verhalten wird von Schleiermacher als beispielhaft für eine angemessene und pflichtgemäße Führung des Amtes der Obrigkeit aufgefaßt.

---

[28] Vgl. das merkwürdig beifällige Referat von Friedrich Wilhelm Graf: Für ein Linsengericht tauscht er seine Sache nicht. Eberhard Jüngels Theologen-Narr ist ein Aufklärer im Morgenglanz der Ewigkeit, in: Frankfurter Allgemeine Zeitung. Ausgabe vom 6. November 2003, 45. Unerfindlich wäre Schleiermacher wohl auch geblieben, inwiefern es möglich sein soll, auf diese Weise, unter vermeintlichem Rückgriff auf „klassische Unterscheidungen der lutherischen Zwei-Reiche-Überlieferung", ein „pluralistisches Konzept politischer Öffentlichkeit" zu entfalten.

[29] Die Uebergabe des Bekenntnisses als Verantwortung über den Grund der Hofnung, in: Predigten. Sechste Sammlung, 20–36, hier: 20.

[30] Ebd., 20–21.

Es dient ihm im weiteren als normativer Bezugspunkt, von dem aus die Rolle des Staates gegenüber religiösen Gemeinschaften bestimmt wird. Denn in dem Vorgehen von 1530 handelte es sich nicht um die parteiliche Stellungnahme innerhalb einer konfessionellen Streitigkeit – eine solche wäre mit dem regulativen Charakter der staatlichen Kompetenzen in Kirchensachen nicht in Einklang zu bringen gewesen –, sondern um die Sicherung von Glaubensfreiheit und religiöser Praxis. Die protestantischen Fürsten und Ständevertreter handelten, obwohl der Kaiser „noch immer ihr Oberhaupt" war, aus ihrer unmittelbaren politischen Verantwortung heraus. Indem sie selbst sich an die Spitze der reformatorischen Bewegung stellten, machten sie zugleich deutlich, „wie Unrecht die Gegner unsrer Kirche haben, wenn sie vorgeben, daß sie den Keim in sich enthielte zu verderblichen Neuerungen in der bürgerlichen Welt und zum Ungehorsam gegen die Fürsten".[31]

In Rücksicht auf die Gehorsamspflicht der protestantischen Obrigkeiten gegenüber der kaiserlichen Instanz rechtfertigt Schleiermacher jene Vorgehensweise mit der Feststellung, „daß die Oberherrschaft des Kaisers über die Fürsten nicht mehr so streng und fest war, als ehedem". Überdies ließen sich die in Augsburg Versammelten „nicht verleiten zu irgend einer unehrerbietigen Aeußerung; nicht mit einem Worte überschritten sie das Verhältniß, in dem sie zu ihrem selbstgewählten Haupte standen". Hierin „sind sie uns ein Vorbild geworden, und wir mögen diese That ansehen als eine solche, die den Geist der evangelischen Kirche ausspricht".[32]

Den Bezug zur gegenwärtigen Situation stellt Schleiermacher her, indem er das Verhalten der Fürsten und Obrigkeiten gegenüber den theologischen „Lehrern" beschreibt. Sie handelten zum einen darin vorbildlich, daß sie die Interessen der Gemeinden wahrnahmen. Zum anderen taten sie es, indem sie die fachliche Beratung und Fixierung des Bekenntnisses durch die Theologen, die ihrerseits „das Wort des Bekenntnisses aussprachen" und damit ihrer höchsten Amtsobliegenheit genügten, keinerlei Maßregeln oder in politischen Rücksichten gegründeten Einschränkungen unterwarfen: „Die Fürsten mischten sich nicht darein, wie die Lehrer das Bekenntnis stellen und anordnen sollten, die Art und das Maaß des Ausdrukks überließen sie ihnen als den Sachkundigen gern."[33] Ihr aktuelles politisches Gewicht erhält diese Aussage, wenn man sie den scharfen theologischen und kirchenpolitischen Auseinandersetzungen um die Gestaltung der protestantischen Kirchenunion gegenüberstellt. Nicht allein die problematischen Aktivitäten des Königs in der Agendenfrage, sondern mehr noch der autoritäre Zuschnitt des administrativen Vorgehens,

---

[31] Ebd., 27.
[32] Ebd., 27.
[33] Ebd., 30.

in dem Schleiermacher einen Mißbrauch der mit dem landesherrlichen Kirchenregiment verbundenen Befugnisse sah, läßt sich mit der Haltung der in Augsburg versammelten Fürsten und Stände nicht zur Deckung bringen. Doch geht Schleiermacher noch weiter. Denn die „Pflicht, mit der ihnen verliehenen Macht diese Lehre zu vertreten für ihre Unterthanen gegen Kaiser und Reich, sich allein auf Gott verlassend, der sein Werk werde zu schüzen wissen, diesen Beruf haben sie festgehalten und so das ihrige treulich erfüllt".[34] Im Wechselspiel der Aufgaben habe sich „die schöne Gesinnung in allen damals wesentlichen Theilen unserer evangelischen Kirche" erwiesen. So konnte „ein recht von Gott gesegnetes Werk" vollbracht werden, „wo jeder seine Stelle einnahm und sie erfüllte, ohne in das Werk des Andern einzugreifen". Sofern nur dieser gegenseitige Respekt und die Anerkennung der spezifischen Aufgaben, dieses „Vertrauen, wie es kein anderes ist, als das Vertrauen auf den Geist Gottes von dem alle Erleuchtung in der Christenheit ausgeht", „nie weichen" von unserer evangelischen Kirche, dann „würde sie ruhig fortschreiten, fruchtbar sein in guten Werken, und unter dem göttlichen Segen sicher gestellt bleiben gegen alle Anfechtungen für alle Zeiten".[35]

2. Späte Akademieabhandlungen zur staatstheoretischen Thematik

Von Interesse für das Spätstadium der politischen Theorie Schleiermachers sind neben den beiden letzten Staatslehrevorlesungen auch einzelne Akademievorträge. Am 3. August 1829, dem Geburtstag des Königs, sprach Schleiermacher über das Thema „Wie mußte sich das Verhältniß entwickeln zwischen Geschlecht und Volk, ehe ein königliches Leben nach dem Stil unserer jetzigen europäischen Welt konnte zu Stande kommen?"[36] Im Jahre 1830 handelte er „Ueber die Frage, welches Loos glücklicher sei, zu herrschen, oder beherrscht zu werden". Besonders dieser Beitrag bietet eine Reihe von Anhaltspunkten zu Schleiermachers staatstheoretischer Argumentation, die über die einschlägigen Passagen in den Vorlesungen noch hinausgehen.[37]
„In der modernen Welt" habe das geschichtliche Vorbild jener Regenten, „die durch ihre Geburt zur Herrschaft" bestimmt und „an alle mit

---

[34] Ebd., 30.
[35] Ebd., 31.
[36] Druckfassung in: Reden und Abhandlungen der Königl. Akademie der Wissenschaften vorgetragen von Friedrich Schleiermacher. Aus Schleiermachers handschriftlichem Nachlasse herausgegeben von L.[udwig] Jonas (Sämmtliche Werke. Band III/3), Berlin 1835, 107–115 (wieder abgedruckt in: Akademievorträge (KGA I/11), 589–598).
[37] Druckfassung in: Sämmtliche Werke. Band III/3, 130–137 (KGA I/11, 697–705). Die Rede wurde am 5. August 1830 gehalten.

derselben verbundenen zum Theil beengten Lebensformen von Kindheit an gewöhnt" waren, seine Plausibilität verloren. Auf der anderen Seite aber sei „unter uns" die Scheu weitverbreitet, „eine große und umfassende Verantwortung zu übernehmen".[38] Je „zusammengesezter die Verflechtung der Verhältnisse", desto komplexer gestalte sich auch die politische Aufgabenstellung. Eine diastatische Differenzierung in einen Herzog, der „das Zeichen giebt", und eine „Schaar", die folgt, erklärt Schleiermacher für obsolet. Die Gegenüberstellung von Herrscher und Beherrschten erhält nur dann einen rationalen Grund, wenn „der Unterschied wahrgenommen" wird „zwischen denen, die ihr einzelnes Leben dem gemeinsamen unterordnen, in welchem sie nichts selbstständiges thun können, und dem, der von seinem einzelnen aus vermittelst des gemeinsamen Lebens, das aus jenem seine Impulse bekommt, dem besonderen Leben vieler tausend freien und anmuthigen Raum geben kann".[39]

Ein Idealbild zeichnet Schleiermacher hier nicht, denn ein solcher Herrscher kann auch „störend und verwirrend" in das „gemeinsame Leben" eingreifen.[40] Dieser Gefahr läßt sich nur begegnen, wenn die „Verantwortlichkeit eines Alleinherrschers" durch eine andere Form der Machtverteilung abgelöst wird. Das geschieht mit Notwendigkeit; es ist „der natürliche Lauf". Wenn nämlich „die Ungleichheit zu groß ist", so bricht „der verletzte durch". Es gelte also, einen Zustand herbeizuführen, „welcher der Gleichheit näher kommt".[41]

Im Interesse des Regenten, dem an einer Verhinderung aller revolutionären Bewegung gelegen sein müsse, liege es daher, selbst den politischen Handlungswillen der „Unterthanen" anzuregen: Er wird ihnen vor Augen stellen, „es sei Trägheit für das ganze alles von oben her zu erwarten, und es zieme ihnen einen Antheil daran selbst zu übernehmen, und durch freie Vereinigung der Kräfte etwas für das ganze zu schaffen". Die Dynamik dieses Prozesses setzt nach Schleiermacher neue politische Maßstäbe: „Sind sie nun dazu entwikkelt, so daß, wenn des Herrschers Anordnung das heilsame andeutet, sie dann auch frei ohne auf das Gebot zu warten sich zusammenthun um es zu fördern oder vorzubereiten, so haben sie sich selbst mit verantwortlich gemacht" und, so der Wortlaut, „ihn entledigt".[42]

Schleiermacher ist sich im klaren darüber, daß seine Ausführungen leicht mißverstanden werden können. Anfang August 1830 waren auch in der preußischen Hauptstadt die Gemüter von den umwälzenden Geschehnissen im westlichen Nachbarland bewegt. Revolutionsfurcht breitete sich,

[38] Sämmtliche Werke. Band III/3, 131–132.
[39] Ebd., 133.
[40] Ebd., 133.
[41] Ebd., 135.
[42] Ebd., 135–136.

nachdem der Bourbonenkönig zur Abdankung gezwungen worden war, in den herrschenden Eliten allenthalben aus. In der Schlußpassage seiner Akademierede betont er daher ausdrücklich die Verbundenheit von Monarch und Volk:

> „Wo im Staatsleben alles wird durch Anmuthung von der einen Seite, die ihre Zustimmung findet auf der andern, da bleibt Regieren und Regiertwerden in ungestörter Ordnung, aber die Verantwortlichkeit ist getheilt und das Gewissen gemeinsam. Nur durch solche freie gemeinnüzige Thätigkeit eines wohl unterrichteten kräftig entwikkelten Volkes stellt sich mitten in dem großartigsten und vielseitigsten Leben jene schöne Uebereinstimmung auf einer höheren Potenz wieder her, die nur dem ruhigen nie dem bewegten Zustand der Natureinfalt anzugehören schien, daß nämlich Herrscher und Volk wie von selbst und von innen heraus nur dasselbe wollen und thun, Eine Richtung verfolgend und weit entfernt sich einander dies oder jenes Schuld zu geben vielmehr sich mit einander und an einander erfreuend des glükklichen Laufs und des immer edleren Daseins."[43]

Fast erstaunt ruft Schleiermacher am Ende aus: „Wie ruhig konnten wir die Frage aufwerfen! es war nicht möglich, daß sie einen Verdacht oder einen Argwohn erregte. Wie leicht ward es uns sie zu beantworten." Und dennoch bleibt, der harmonistischen Rhetorik zum Trotz, der harte politische Anspruch erhalten. Gekleidet in die indikativische Beschreibung souveränen königlichen Handelns – Schleiermacher behauptet, er habe nur zu „zeichnen" gebraucht, „was vor uns liegt" –, wird die Zielvorstellung von einem „aus der Unmündigkeit heraus" getretenen Volk entwikkelt, das „zu einem frischen vielseitig gebildeten Leben" herangewachsen sei.[44] Dies aber heißt nichts anderes, als daß ihm nun auch der Platz eingeräumt werden muß, der ihm als selbstbewußte, handlungsfähige Größe im politischen Prozeß zusteht.

Neben den genannten Reden liegt ein Text aus dem Jahre 1833 vor, der anläßlich der jährlichen Gedenkveranstaltung der Akademie am Geburtstag König Friedrichs II., dem 24. Januar, vorgetragen wurde und in dem Schleiermacher sich zu dem Thema „Ueber Denkmal und Biographie Friedrichs des Großen" äußerte. Diese Rede, zu der noch einige weitere akademische Memorialansprachen über Person und Wirksamkeit des Königs hinzukommen, ist besonders für Schleiermachers Einschätzung des Stellenwertes einzelner geschichtlicher Gestalten im Aufbau einer nationalen Erinnerungskultur von Interesse.[45]

---

[43] Ebd., 136.
[44] Ebd., 137.
[45] Druckfassung in: Sämmtliche Werke. Band III/3, 163–172 (KGA I/11, 795–806). – Es handelt sich um den letzten Beitrag, den Schleiermacher in der Akademie präsentiert hat.

So wie der preußische Staat „in seiner europäischen Bedeutsamkeit"
„das geistige Denkmal" sei, das der König sich selbst errichtet habe, so
sollen nun „durch das mächtig ergreifende Standbild des Helden", also
in der Darstellung eines einzelnen Lebens, „Alle in einem gewaltigen Gefühl der Vaterlandsliebe erhoben werden".[46] Darin liege überhaupt „der
Geist der Geschichte", daß „zwischen dem Einzelnen und den allgemeinen Lebensbewegungen" eine „Wechselwirkung" stattfinde, und ihr gelte
es in der Fixierung geschichtlicher Überlieferung gerecht zu werden.[47] Der
geschichtspolitischen Ausrichtung dieser Rede tritt eine autobiographische
Note zur Seite. Denn zugleich gibt sie der außerordentlichen Achtung Ausdruck, die Schleiermacher für den Schöpfer des modernen preußischen
Staatswesens im besonderen hegte. Der König galt ihm, wie er sieben Jahre
früher in einem anderen Akademiebeitrag aus gleichem Anlaß ausgeführt
hatte, überhaupt als Inbegriff des „großen Mannes".[48] Er nimmt hier eine
Beurteilung auf, die sich in brieflichen und weiteren Dokumenten bis weit
in seine Frühzeit zurückverfolgen läßt und die spätestens seit Beginn des
Jahrhunderts für eine Vielzahl der aufgeklärten Prediger und Intellektuellen in der Hohenzollernmonarchie gleichfalls zutraf.[49]

3. Die Staatslehrevorlesungen von 1829 und 1833

Verhandeln die Akademiebeiträge lediglich einzelne Aspekte, so hat Schleiermacher in den späten staatstheoretischen Vorlesungen noch stärker als

---

[46] Sämmtliche Werke. Band III/3, 164.

[47] Ebd., 172.

[48] Ueber den Begriff des großen Mannes [vorgetragen am 24. Januar 1826], in: Sämmtliche Werke. Band III/3, 73–84 sowie KGA I/11, 479–490.

[49] Weitere Gedenkreden Schleiermachers auf König Friedrich liegen vor aus den Jahren
1821 („Friedrich der Große auch darin groß, daß er zugleich die Volksschulen und
die Akademie der Wissenschaften fördert": Sämmtliche Werke. Band III/3, 45–48 und
KGA I/11, 379–384), 1825 („Erinnerung an die großartige und freisinnige Weise, in
welcher Friedrich der Große die Aufsicht des Staates auf die schriftstellerische Her-
vorbringung führen ließ": SW III/3, 69–72 und KGA I/11, 453–458), 1828 („Wie ist
es anzusehen, wenn ein Regent mit wissenschaftlichen oder künstlerischen Productio-
nen öffentlich hervortritt?": SW III/3, 100–106 und KGA I/11, 579–587) sowie 1832
(„Die Akademie der Wissenschaften ein Werk der königlichen Kunst": SW III/3, 150–
162 und KGA I/11, 743–755). Auf die akademische „Rede am Geburtstage Friedrichs
des Großen am 24sten Januar 1817" (Märkisches Provinzialblatt. Zweiter Band.
Achtes Stück, Berlin 1818, 90–109; abgedruckt in: SW III/3, 28–40 und KGA I/11,
239–250) ist bereits oben S. 105 hingewiesen worden. Das Urteil, das Schleiermacher
über Friedrich II. in seinen Predigten ausgesprochen hat, dokumentiert Johannes
Bauer in einer Zusammenstellung; vgl.: Ders.: Schleiermacher als patriotischer Prediger, 161–198. – Zur Verehrung für den großen König in der preußischen Pfarrer-
schaft vgl. Leopold Zscharnack: Die Pflege des religiösen Patriotismus durch die
evangelische Geistlichkeit 1806–1815, in: Harnack-Ehrung. Beiträge zur Kirchengeschichte, Leipzig 1921, 394–423, hier besonders: 412–413.

zuvor eine systematische, umfassend ausgeführte Erörterung der Thematik angestrebt. In der Ankündigung der Vorlesung über die „Lehre vom Staat" aus dem Sommersemester 1829 griff er auf ähnliche Titelformulierungen früherer Kollegien zurück.[50] Auch das Sommersemesterkolleg vier Jahre später stand unter dem Titel „Die philosophische Lehre vom Staat".[51]

Die Vorlesung von 1829 wird bereits in der Brandis-Edition anhand von nachschriftlichem und autographem Material breit dokumentiert, weshalb sie das Bild, das in der Forschung von Schleiermachers Konzeption besteht, bis heute stark geprägt hat. Es liegt ein ausführliches Manuskript unter dem Titel „Die Lehre vom Staat" vor, das Schleiermacher für die Vorlesung angefertigt hat. Zudem ist die Zahl der zu ihr erhaltenen Nachschriften größer als zu sämtlichen anderen Versionen. Im Rückgriff auf diese von ihm selbst zum Teil neu erschlossenen Zeugnisse läßt sich nun durch Walter Jaeschkes Edition unsere Kenntnis des Kollegs noch einmal erheblich erweitern.[52]

Das erwähnte Manuskript hat auch der Vorlesung von 1833 zugrunde gelegen, wobei einzelne Notizen ergänzend hinzugetreten sind. Zwei Nachschriften aus Schleiermachers letztem Sommersemester dokumentieren die Vorlesung überdies in detaillierter Form. Dabei wird deutlich, daß Schleiermacher 1833 gegenüber der Fassung von 1829 einzelne Akzentverschiebungen vorgenommen hat. So wird die Rolle der Aristokratie im modernen Staat kritischer beurteilt. Auch ist die Beobachtung konfessioneller Unruhen in Sachsen ausgeprägter. Zahlreiche historische Partien werden breiter ausgeführt.[53] In Aufbau und Konzeption jedoch ist die Vorlesung an ihrer Vorgängerin orientiert. Insofern kann sich der folgende Überblick im wesentlichen auf die Fassung von 1829 beschränken.

3.1. Zum historischen Ort der Vorlesung von 1829

Obwohl eine polizeistaatliche Verfolgungssituation jetzt nicht mehr bestand, war es doch für Schleiermacher auch Ende der zwanziger Jahre noch unmöglich, ein Kolleg über Staatslehre anzubieten, ohne daß die Ordnungs-

---

[50] Vgl. Andreas Arndt / Wolfgang Virmond: Schleiermachers Briefwechsel (Verzeichnis) nebst einer Liste seiner Vorlesungen, 326 („Die *Lehre vom Staat*"; „Privatim *de re publica*"). Schleiermacher hielt die fünfstündige Vorlesung in der Zeit vom 4. Mai bis zum 29. August 1829 vor einundachtzig Hörern.
[51] Ebd., 330 (gehalten in der Zeit vom 29. Mai bis zum 6. August 1833, fünfstündig; keine Angabe zur Hörerzahl).
[52] Vgl.: Vorlesungen über die Lehre vom Staat (KGA II/8), 65–169 (Manuskript „Die Lehre vom Staat" 1829 und 1833) sowie 493–749 (Nachschriften Hess und Willich von 1829).
[53] Siehe Walter Jaeschke: Historische Einführung (KGA II/8), XXXIX.

macht, und zwar wieder in der Person des ehemaligen Polizeidirektors von Kamptz – jenes bösen Geistes der Demagogenverfolgung –, seine diesbezüglichen Schritte genau überwachte.[54] Kaum war im Kultusministerium, der Aufsichtsbehörde für die Universität, der von Schleiermacher vorgesehene Ankündigungstext zur Vorlesung für das „Lektionenverzeichnis" des Sommersemesters 1829 bekannt geworden, sah sich der mittlerweile mit einer Doppelfunktion im Kultus- und im Justizministerium ausgestattete Beamte veranlaßt, an die früheren „staatswidrigen Äusserungen und Gesinnungen" zu erinnern.[55] Als Anknüpfungspunkt diente ihm die Vorlesungsbezeichnung „Lehre vom Staat", die seiner Ansicht nach, weil „die Lehre vom Staat mehr enthalte als die Politik, selbst so wie Schleiermacher sie bisher gelesen", den Fortbestand jener damals identifizierten gefährlichen politischen Überzeugungen erwies. Infolgedessen sei es geboten, die Polizeibehörde von dem Sachverhalt zu unterrichten.[56] Doch gewann Kamptz mit dieser Initiative das Gehör des Kultusministers nicht mehr, weshalb sich erneute Schwierigkeiten für Schleiermacher nicht ergaben und er die Vorlesung ungehindert halten konnte.

Altenstein scheint eine nochmalige Debatte über Schleiermachers politischen Standpunkt auf keinen Fall zugelassen haben zu wollen. Bevor er von Kamptz selbst in der Sache angerufen wurde, hatte dieser seine Bedenken zunächst bei einer Unterredung mit dem Geheimen Oberregierungsrat Johannes Schulze, dem zuständigen Vortragenden Rat im Ministerium, zur Sprache gebracht.[57] Schulze informierte seinerseits den Minister, wo-

---

[54]	Vgl. zum folgenden Dankfried Reetz: Schleiermacher im Horizont preussischer Politik, 520–527.

[55]	Kamptz amtierte seit 1825 als Direktor im Justizministerium, wobei er die im Vorjahr übernommene Leitung der Unterrichtsabteilung im Kultusministerium beibehalten hatte. Von den Aufgaben im Innen- und Polizeiministerium war er dagegen entbunden worden, ohne daß er allerdings gänzlich von den Ermittlungsarbeiten gegen die demagogischen Staatsfeinde abgezogen worden wäre. Insbesondere mit den Arbeiten der Mainzer Bundeszentralkommission war er nach wie vor befaßt. Seine Mitwirkung im Kultusministerium stellte Kamptz erst 1832 ein, als er zum preußischen Justizminister berufen wurde.

[56]	Schreiben von Kamptz an den Minister Altenstein vom 18. März 1829, in: GStA PK, I. HA Rep. 76 I, Anhang I. Nr. 40, Bl. 53–54, hier: 53r (abgedruckt bei Reetz: Ebd., 524–527, hier: 525). – Reetz datiert dieses Schreiben, wie auch das im folgenden erwähnte Schreiben Altensteins an Kamptz, irrtümlich in den Mai 1829 (entsprechend zu korrigieren sind die Angaben im Einleitungstext: 520 und 521). Falsch ist auch die hier aufgestellte Behauptung, es gäbe für Schleiermacher „keinen Unterschied zwischen Vorlesungen über die Politik und die Lehre vom Staat" (521).

[57]	Die Unterredung muß zwischen dem 13. und dem 16. März stattgefunden haben. – Kamptz' Gesprächspartner amtierte als Vortragender Rat in der Abteilung für geistliche Angelegenheiten im Kultusministerium. Er war einer der wichtigsten Mitarbeiter Altensteins im Aufbau des höheren preußischen Unterrichtswesens (vgl.: Conrad Varrentrapp: Johannes Schulze und das höhere preussische Unterrichtswesen, Leipzig 1889; Barbara Schneider: Johannes Schulze und das preußische Gymnasium (Europäische Hochschulschriften. Reihe 11. Band 363), Frankfurt am Main / Bern / New York / Paris 1989; zur Biographie siehe: ADB 33 (1891), 5–18 [Martin Hertz]). Von

raufhin Altenstein sich noch am gleichen Tage, am 16. März 1829, mit einem ablehnenden Schreiben an Kamptz wandte. Er erklärte, daß ihm „die Motive noch nicht hinreichend klar geworden" seien, „wegen welcher Ew. Excellenz in betreff seiner [*scil.*: Schleiermachers] fraglichen Vorlesung eine vorherige Kommunication mit dem K.[öniglichen] Policey Ministerium gerade jezt für nöthig und räthlich" halte, „da seit einer langen Reihe von Jahren deshalb eine Rücksprache Statt gefunden hat oder dessen philosophischen Vorlesungen eine besondere Aufmerksamkeit gewidmet worden ist".[58]

Zum anderen könne „es [....] auf die Benennung der Vorlesung nichts ankommen da ein jedes rein philosophisches Collegium die Frage über den Staat immer mehr oder weniger berühren wird und der Staat hier so in einer ganz andern Betrachtung genommen ist, als in praktischen Erörterungen über solchen".[59] Weiter schrieb der Minister: Wenn nicht „sehr erhebliche Gründe" Maßregeln gegen Schleiermacher „rechtfertigen und eine bestimmte Folge davon zu erwarten ist, so scheint es mir nicht rathsam Aufsehen zu erregen und zu Beschwerden von Seiten des Prof. Schleiermachers oder wohl gar der Akademie der Wissenschaften Veranlaßung zu geben". Der jetzige Augenblick „dürfte geeignet seyn dieses möglichst zu umgehen". Die abschließende abermalige Betonung des Umstandes, daß „alles dieses [...] inzwischen erst in Betracht kommen" könne, „so bald erhebliche Gründe" ein Vorgehen „erheischen", liest sich wie eine Zurechtweisung des Beamten.[60]

Aus dem in dieser Angelegenheit geführten Schriftwechsel zwischen dem Minister und Kamptz läßt sich nun aber noch ein anderer bemerkenswerter Sachverhalt entnehmen. Altenstein erwähnt nämlich ein Dekret, das er drei Tage zuvor, am 13. März, also sechs Wochen vor Vorlesungsbeginn, erlassen hatte. Zur Zeit sind die näheren Einzelheiten hierzu unklar, weil die Anweisung nicht vorliegt. Ihre Relevanz auch für Schleiermachers staatstheoretisches Vorlesungsprojekt ergibt sich jedoch daraus, daß Kamptz

---

Schulze (1786–1869), der ein begeisterter Anhänger und Freund Hegels war, ging, viel stärker als von dem Minister selbst, auch die ministerielle Förderung der Hegelschen Schule aus (vgl. hierzu Andreas Roser / Holger Schulten: Hegel und Johannes Schulze. Eine Mitteilung, in: Hegel-Studien 35 (2000), 9–10).

[58] GStA PK, I. HA Rep. 76 I, Anhang I. Nr. 40, Bl. 52, hier: 52r (Reetz: Ebd., 522–524, hier: 523).

[59] GStA PK, I. HA Rep. 76 I, Anhang I. Nr. 40, Bl. 52r (Reetz: Ebd., 523). Die hier wiedergegebene Passage hat Altenstein persönlich in winzigen, enggedrängten Lettern an den linken Rand des ansonsten von Schreiberhand stammenden Schriftstückes gesetzt. Die als „Betrachtung" und „solchen" gelesenen Worte sind unsicher.

[60] GStA PK, I. HA Rep. 76 I, Anhang I. Nr. 40, Bl. 52v (Reetz: Ebd., 524). Auch diese Passage hat der Kultusminister in kleinster Schrift am Rand hinzugefügt. – Der Hinweis auf die Akademie erklärt sich daraus, daß Schleiermacher zum Vortrag der Vorlesung in der Philosophischen Fakultät berechtigt war, weil er der „Vereinigten philosophischen und historischen Klasse" der Akademie der Wissenschaften angehörte.

bei jener Unterredung mit Schulze „in betreff der von dem Professor Dr. Schleiermacher für das nächste Sommer Semester angekündigten Vorlesung über die Lehre vom Staate" ausdrücklich auf sie Bezug genommen hat.[61] Die erneute, erst noch zu schließende Lücke in der Materiallage ist um so bedauerlicher, als sich dem Dekret möglicherweise ein genauerer Aufschluß über die Gründe entnehmen ließe, die dazu geführt haben, daß von Schleiermacher nach dem Wintersemester 1817/18 zunächst keine weitere Vorlesung zum Thema mehr vorgetragen worden ist.

Wie sich dies im einzelnen auch verhalten mag, so wird, was Schleiermachers eigene Motivation anbetrifft, die Wiederaufnahme des staatstheoretisch-politischen Sachgebietes in sein Vorlesungsprogramm jedenfalls von der aktuellen Entwicklung in Staat und Gesellschaft nicht unabhängig gewesen sein. Für die späten zwanziger Jahre ist, im Vorfeld der französischen Juli-Revolution, auch in Preußen eine zunehmende Polarisierung der Situation, eine wachsende Spannung zwischen den restaurativen Kräften und der in die Defensive gedrängten Reformbewegung zu konstatieren.[62] Die öffentliche Diskussion war, nachdem die Enttäuschung wegen der ausbleibenden Liberalisierung und des konservativen Umschwungs seit 1819 zunächst zu einer Phase der Depression geführt hatte, jetzt wieder in stärkerem Maße von politischen Aspekten bestimmt. Die älteren Reformanliegen, besonders die Verfassungsfrage, traten erneut in das allgemeine Bewußtsein. Das Versäumnis der Regierung, auf die militärische Befreiung ein innenpolitisches Reformwerk folgen zu lassen und so zugleich an die ambitionierten Stein-Hardenbergschen Ansätze anzuknüpfen, wurde nun weithin als Ausdruck einer prinzipiellen Reformfeindschaft der etablierten Führungseliten aufgefaßt.

Vor diesem Hintergrund kommt Schleiermachers staatstheoretischem Neueinsatz ein besonderes Gewicht zu. Irritierend mag allerdings zunächst die Eingangsformulierung aus der ersten Vorlesungsstunde vom 4. Mai 1829 wirken. Es heißt hier:

> „Zuvörderst will ich mich darüber erklären, in welchem Sinn ich diese Vorlesungen zu halten gedenke, was ich mit dem Ausdruck Lehre vom Staat habe bezeichnen wollen. Es ist besonders zweierlei, den Staat Betreffendes, was auch oft Gegenstand wissenschaftlicher Untersuchungen geworden ist, was ich aber hier nicht vorhabe, das Eine ist, was wir in der neueren Zeit Politik nennen, nämlich die Theorie der Kunst in Beziehung auf den Staat, die τεχνη für die den Staat Leitenden. Damit will ich hier nichts zu schaffen haben; denn das ist ein mir ganz fremdes Gebiet."[63]

---

[61] Dies ist dem Schreiben Altensteins an Kamptz vom 16. März 1829 zu entnehmen; vgl.: GStA PK, I. HA Rep. 76 I, Anhang I. Nr. 40, Bl. 52r (Reetz: Ebd., 523).

[62] Vgl. hierzu Theodor Schieder: Vom Deutschen Bund zum Deutschen Reich, München 1975, 42–59.

[63] Vorlesungen über die Lehre vom Staat (KGA II/8), 495 (Nachschrift Hess).

Die Sätze sind erklärungsbedürftig. Will man nicht geradezu eine entsprechende Vorgabe von ministerieller Seite unterstellen, der Schleiermacher hier seine Reverenz erweist, so fragt sich, welche Absicht ihn geleitet hat, sein Kolleg eben auf diese Weise zu eröffnen. Nicht nur für spätere Interpreten, sondern auch für manchen Hörer bestand zwischen einer Vorlesung über Staatslehre und einer solchen über Politik anscheinend kein notierenswerter Unterschied. So hat der Verfasser der „Nachschrift Hess" sein Manuskript ausdrücklich als Nachschrift einer „Vorlesung über Politik" gekennzeichnet.[64] Schleiermacher selbst wäre mit dem eigenmächtigen Eingriff in seine Titelgebung gewiß nicht zufrieden gewesen. Denn der begrifflichen Differenzierung von „Staatslehre" und „Politik" entspricht eine wissenschaftssystematische, inhaltlich durchaus relevante Unterscheidung.[65] Allerdings würde der Sachverhalt überzeichnet, wenn man die Vorlesung von 1829 explizit von den Überlegungen absetzen wollte, die Schleiermacher im Sommersemester 1817 entwickelt hat. In Aufbau und Gedankenführung sind die Übereinstimmungen derart evident, daß jene Eingangsformulierung nach einer anderen Erklärung verlangt.

Einen Hinweis gibt eine Notiz im Manuskript, wo es zur ersten Stunde heißt: „*Ueber Inhalt und Zweck.* Nicht *Kunstlehre* für die Staatsleitung. Zu dieser ist ohnedies jetzt in der Nähe der Revolutionen und im Kampf der Partheien nicht Zeit."[66] In die Auseinandersetzungen des „Parteienkampfes" will Schleiermacher nicht verwickelt werden. Sein Standpunkt soll von den partikularen Positionen, die er in den erregten Debatten vertreten sah, möglichst frei bleiben, um nicht durch den Vorwurf einer tagesaktuell motivierten Parteinahme getroffen zu werden. Die Veranlassung für die signifikante Wendung zu Beginn des Kollegs wird daher in der konkreten Situation zu finden sein, in der Schleiermacher sich mit seinem, für ihn wohl doch nicht völlig risikolosen Vorlesungsvorhaben befand und in der er auch auf die früher gegen ihn geltend gemachten schweren Einwände Rücksicht zu nehmen hatte.

Die Ausführungen selbst aber zielen der Sache nach mitten in das politische Themenfeld. Sie gehen in ihrer reformpolitischen Programmatik zum Teil weiter als diejenigen von 1817 und 1817/18 und können jedenfalls nur schwer auf das Maß zurückgeführt werden, das Schleiermacher

---

[64] Ebd., 495. Die Titelformulierung lautet wörtlich „Vorlesungen über Politik gehalten von Schleiermacher im Sommer 1829". – Der tatsächliche Autor dieser Nachschrift, die sich im Schleiermacher-Nachlaß unter der Signatur 589 befindet, ist nicht bekannt. Die Zuschreibung an einen Verfasser namens Heß oder Hess ist sekundär und zudem unsicher bezeugt (vgl. dazu die Angaben von Jaeschke: Ebd., LVI). Die Nachschrift reicht nur bis zur vierzehnten Stunde; in KGA II/8 wird sie durch eine Mitschrift ergänzt, die Ehrenfried von Willich angefertigt hat (siehe dazu Jaeschke: Ebd., LX und den Übergang im Text: 541, Zeile 12–13).

[65] Siehe dazu oben S. 25–28 und 98.

[66] Vorlesungen über die Lehre vom Staat (KGA II/8), 69.

bezeichnet, wenn er die Hörer wissen ließ: „Die Natur dieser Vorträge soll ganz *physiologisch* sein; die Natur des Staats im Leben betrachten und die verschiedenen Functionen in ihren Verhältnissen verstehen lernen und auf diesem Wege ein richtiges Handeln möglich machen."[67] Die Aussage dürfte bewußt offen gehalten sein, denn dem Vorlesungsinhalt insgesamt kommt die hier suggerierte technizistische Harmlosigkeit nicht zu. Schleiermachers Bemerkungen vom 4. Mai sind den Umständen geschuldet. Sie bilden einen späten Nachklang der Erfahrungen aus den Jahren der antidemagogischen Verfolgung und spiegeln zugleich die aktuelle politische Lage wider. Sie sind Ausdruck seines Bestrebens, einem Wiederaufleben der Vorwürfe von vornherein offensiv entgegenzuwirken und der Vorlesung den erforderlichen Freiraum zu verschaffen.

Es ist daher nur konsequent, wenn Schleiermacher seine Vorgehensweise von einer Tendenz fernhalten möchte, die er an anderer Stelle mit abwehrendem Ton „politisch in dem engsten Sinne des Wortes" nennt.[68] Tatsächlich aber hätte er den politischen Charakter seiner Ausführungen kaum bestreiten können, ohne sich in Widerspruch zu den eigenen Intentionen zu setzen. Obwohl mehr als ein Jahrzehnt vergangen war, seit er seine Staatslehrekonzeption einer offiziellen Mißbilligung hatte aussetzen müssen, wirkte, wie sich hier zeigt, die damalige Konfrontation doch noch massiv nach.

Schleiermachers Zurückhaltung wird auch deutlich in der Fortführung jener einleitenden Bemerkungen. Denn neben die Definition der Staatslehre als „Theorie der Kunst in Beziehung auf den Staat [...] für die den Staat Leitenden" stellt er das, „was man das Ideal des Staats nennt". Auch diese eher spekulative Richtung will er nicht verfolgen: „Hiervon unterscheidet sich aber auch meine Absicht sehr bestimmt. Ob es ein solches Ideal eines Staats gibt, ist eine Frage, die uns freilich Alle sehr interessirt [...]." Sich aber darüber zu erklären, würde „außerhalb meiner Grenzen" liegen.[69]

Der Grund dafür findet sich in der unhintergehbaren und insofern notwendigen Bezogenheit der staatstheoretischen Reflexion auf die gegebene politische Verfassung. Denn denken „wir uns das Ideal eines Staates als wirklich: so müssen wir es auch als allgemein denken" und damit zugleich „die höchste Vollkommenheit, daß überall, wo ein Staat ist, auch das Ideal sich darin ausdrückt, und auch, daß überall ein Staat wäre". Eine nähere Betrachtung legt jedoch die hierin liegende Problematik frei: „Das Letzte würde voraussetzen, daß Alle zu einem politischen Leben gekommen sind; das Erste, daß alle Differenzen unter den Menschen so zu einem Minimum geworden sind, daß sie in Beziehung auf den Staat keinen Einfluß mehr

---

[67] Ebd., 69.
[68] Ebd., 496 (Nachschrift Hess).
[69] Ebd., 495–496.

ausüben."[70] Mit der realen politischen und sozialen Situation sind beide
Annahmen nicht vereinbar. Auch dieses Argument, das die gegebenen
Ordnungsstrukturen scheinbar zum Orientierungspunkt für die Staatstheorie erhebt, macht noch einmal die schwierigen Hintergrundbestim-
mungen deutlich, denen Schleiermacher Rechnung zu tragen hatte.

Die schon in den voraufgegangenen Fassungen der Vorlesung entwikkelte funktionale Ausgangsbestimmung versieht Schleiermacher nunmehr
mit einem starken Akzent: Der Staat als „ethische Organisation" dient
einer koordinierten Nutzbarmachung des natürlichen Reichtums der Erde. Die Begrenztheit aller Bodenflächen stellt die ursprüngliche Ursache
für die Entstehung von Staaten dar. Eine sachliche Verschiebung gegenüber früher besteht darin, daß Schleiermacher nun den Staatsbegriff im
Modus der Pluralität vorfindlicher Staaten erörtert. Explizit geht er auf
die Frage einer friedlichen Gestaltung zwischenstaatlicher Verhältnisse
ein. Eine herausgehobene Rolle spielt in diesem Zusammenhang die Idee
des rechtsstaatlich verfaßten, souveränen Weltstaates oder der „Universalmonarchie".

Dabei rekurriert Schleiermacher, ganz ähnlich wie schon im Sommer-
kolleg 1817, auf die Unterscheidung von „UniversalStaat" und Staatenbund. Die Realisierungschancen eines Universalstaates im praktischen
politischen Prozeß werden für verschwindend gering erachtet. Immerhin
kommt ihm als regulative Idee eine gewisse Bedeutung zu, weil sich die
vorhandenen Einzelstaaten durch ihn ihrer geschichtlichen und politischen Relativität bewußt werden müssen.[71] Als von größerer politischer
Tragweite dagegen erweist sich die Idee „eines allgemeinen Staatenbunds":
„[...] der Zielpunkt dafür ist nicht ein höheres Maß von politischem Leben, sondern die Vorstellung von einem ewigen Frieden – von einem dem
entsprechenden Rechtszustande der Staaten unter sich [...]".[72]

In dialektischer Wechselwirkung sollen hier nationale und supranatio-
nale Momente gemeinsam bestehen und einen „beständig fortdauernden"
Prozeß durchlaufen. Die tragende Säule eines Staatenbundes kann nicht
militärische Stärke sein, sondern nur „die gewaltige Kraft der Gesinnung":
„Wenn wir aber diese voraussetzen, so wird die Entscheidung ebenso auch
auf eine friedliche Weise stattfinden auch ohne jene Verbindung – wenn
nur die Gesinnung auf beiden Seiten ernstlich ist." Unter diesen Umständen bedarf es nicht einmal der äußeren Form eines rechtlich kodifizierten
Staatenbundes, „und so sehn wir auch in der neuesten Geschichte häufige
Fälle einer solchen friedlichen Vermittlung und Ausgleichung der Streitigkeiten zwischen den europäischen Mächten".[73]

---

[70] Ebd., 496.
[71] Ebd., 554–555; vgl. oben Abschnitt VI.3.6.: Nationalstaat und Weltstaat.
[72] Ebd., 555–556.
[73] Ebd., 556.

3.2. Die Staatsverwaltung

In der materialen Durchführung schlägt Schleiermacher mit dem Kolleg vom Sommer 1829 gegenüber den früheren Vorlesungen einen neuen Weg ein. Hatte er 1817 die drei Hauptteile noch nach den Leitbegriffen „Staatsbildung", „Staatsverwaltung" und „Staatserhaltung" differenziert, so tritt jetzt die Gliederung „Staatsverfassung", „Staatsverwaltung" und „Staatsverteidigung" an deren Stelle.

Die „Staatsverfassung" umfaßt jenen Bereich der Staatstheorie, der den Staatenbildungsprozeß, den organisatorischen Aufbau und die gesetzgeberischen Funktionen des Staates betrifft.[74] Die „Staatsverwaltung" setzt diese Ebene voraus. Ihren Gegenstand bildet der Staat als makrosoziale Organisationsform. Während Begriff und Sachverhalt der „Staatsverwaltung" in den Akademieabhandlungen des Jahres 1814 erst ansatzweise erörtert worden waren, so widmete Schleiermacher sich ihnen in den Vorlesungen von 1817 und 1817/18 bereits recht ausführlich. Jetzt wendet er sich der Thematik erneut eingehend zu. Auch in den beiden späten Vorlesungen überrascht die methodische und stoffliche Intensität, mit der ein überaus breites und vielschichtiges Material entfaltet wird. Den theoretischen Rahmen bietet auch hier der Produktions-Konsumtions-Kreislauf. Innerhalb der Staatsverwaltung selbst werden drei Abteilungen unterschieden.[75] Die „materielle Seite" umfaßt jene Aspekte, die sich auf die unmittelbare Naturbeherrschung beziehen. Die Entwicklung aller immateriellen Kräfte der Daseinsgestaltung fallen in den Umfang der „geistigen Seite". Der dritte Bereich richtet sich auf den gesamten administrativen und ökonomischen Komplex der Staatsverwaltung.

Ein zentrales Thema der zweiten Abteilung ist die Verhältnisbestimmung des Staates zu anderen, nichtstaatlichen ethischen Organisationsformen, besonders zur Kirche und zu den Wissenschaftsinstitutionen. Der Staat übt hier eine koordinierende, nicht aber eine lenkende Tätigkeit aus. Faktisch geht Schleiermacher von einem zielgleichen, aufeinander zulaufenden Handeln aller ethischen Instanzen aus, so daß die einzelnen Teilkräfte im Kulturprozeß eine gemeinsame Wirkung entfalten können. Der Staat unterliegt dabei in seinem Handeln gegenüber Kirche und Wissenschaft engen Beschränkungen: „Sofern aber der Staat hiebei mit den beiden andern Organisationsformen in Berührung kommt[,] müssen wir uns der Quelle und der Grenzen seines Rechts in der Sache bewußt werden, damit wir ihm nicht auch ein Recht über den religiösen Glauben und über die speculative Wahrheit einräumen."[76]

---

[74]   Vgl.: Ebd., 76–114 (Manuskript). 531–640 (Nachschriften Hess und Willich).
[75]   Vgl.: Ebd., 114–164 (Manuskript). 640–729 (Nachschrift Willich).
[76]   Ebd., 152.

Einen besonderen Fall wechselseitiger Zuordnung stellt nun das Erziehungswesen dar. Die „Bildung der Jugend" fällt jeweils in den Verant-
wortungsbereich von Staat, Kirche und Wissenschaft. Die zentrale Frage
ist dabei, „wie im Staat das Verhältniß beider Generationen gestellt"
ist: „Drei Formen lassen sich denken. 1) Die Kinder gehören ganz den
Eltern, und diese überliefern sie dem Staat erst wenn sie in denselben
selbständig eintreten wollen. 2) Die Kinder gehören ganz dem Staat und
die Eltern haben nur das Erzeugen auf sich – platonische Gemeinschaft.
3) Die Kinder gehören den Eltern und dem Staat gemeinschaftlich."[77]
Die zweite Form kann nicht stattfinden, weil „der Staat die Eltern im
Besitz der Erziehung findet". Die erste scheidet aus, weil im Falle des
Todes der Eltern die Kinder umkommen müßten. Für die dritte Form
spricht, daß „der Staat in seinem Ursprung nur eine erweiterte Familien-
verbindung repräsentirt". Die erzieherische Wirksamkeit der Eltern ist
eng an die ethische Funktion des Staates geknüpft: „Die Eltern werden
aber immer die natürlichsten Organe des Staates hiefür sein [...] und im
Namen wie im Geist des Staats erziehen[.] Wenn die Eltern nicht können
(das Nichtwollen kann man nur als Nichtkönnen construiren) so ist das
ein Verarmen und die Erziehung fällt in das Gebiet der CommunalGa-
rantie."[78]
Über diese Manuskriptformulierung führt Schleiermacher den Gedanken
im Vorlesungsvortrag weiter hinaus: „Die Eltern müssen überall in ihrer
Einwirkung auf die Kinder zugleich wesentlich als Glieder der bürgerlichen
Gesellschaft handeln und gleichsam im Namen des Staats, wenn die Gesellschaft von der politischen Gesinnung gehörig durchdrungen ist – und dann
wird der Staat außerdem gar keines besonderen Handelns bedürfen."[79]
Hieraus ergibt sich für ein ausgebildetes staatliches Erziehungswesen der
Grundsatz der Generationenverknüpfung: „Wenn der Staat die Volks-
Entwiklung bei der Erziehung anfangen will welches nur unter Voraussezung einer mannigfaltig abgestuften Bildung eintreten kann: so müssen
Institutionen entstehn wodurch die Volksjugend in Berührung kommt mit
höher gebildeten Gliedern der alten Generation[.]"[80]
Ein weiterer Komplex der Staatsverwaltung, den Schleiermacher eingehend behandelt, ist das staatliche Finanzwesen. Der Finanzbereich fällt
aus dem Produktions-Konsumtions-Kreislauf heraus; das „Wesen desselben ist nur das Herbeischaffen der Dinge und Thätigkeiten welche zum
formalen Staatsleben gehören inclusive der Staatsvertheidigung".[81] Gesichtspunkte der Geldwirtschaft können hier nicht die entscheidende Rolle

---

[77] Ebd., 152.
[78] Ebd., 152.
[79] Ebd., 710.
[80] Ebd., 152.
[81] Ebd., 154.

spielen: „Das wesentliche der Sache muß immer beurtheilt werden ohne
Rüksicht auf das Geld." [Nota bene!] Um aber die „Gleichmäßigkeit" gegenüber der Lieferantenseite sicherzustellen, ist folgende Einschränkung
vorzunehmen: Das Geld „kann aber doch angewendet werden nur unter
der Voraussezung daß die Thätigkeiten selbst einheimisch sind wenigstens
in dem Verhältniß wie sie Gesinnung voraussezen". Denn andernfalls
„könnten am Ende alle Soldaten und alle Regierenden für Geld gehaltene
Ausländer sein".[82]

Die Gefahr, daß der Staat, um die für seine eigene Existenz erforderlichen Leistungen zu erlangen, verzerrend in das ökonomische System ein-
wirkt, beurteilt Schleiermacher vor allem nach Maßgabe möglicher politischer Auswirkungen: „Das Hauptübel ist, daß der Staat Concurrent der
Einzelnen wird und also seine gleichmäßige Stellung verliert. In frühern
Zuständen ist dies ohne Nachtheil. Bei fortschreitender Entwiklung muß
die politische Gesinnung dadurch getrübt werden indem die Besorgniß
entsteht daß der Staat alle Anordnungen über das Verkehr nur zum Vortheil seiner Production machen wird so daß seine Concurrenten dabei zu
Schaden kommen." Eine solche Entwicklung, die auf die Bildung wirt-
schaftlicher Monopole hinausläuft, hält Schleiermacher für verhängnis-
voll, weil eine dominante Stellung des Staates zu schweren Beeinträchti-
gungen des Wirtschaftsgefüges führen muß: „Die Monopole sind nie zu
erklären aus dem vom Staat gewekten Gewerbsbetrieb denn wenn er den
auch eine Zeitlang für eigne Rechnung führen muß so ist dies wenigstens
niemals sein Zwekk und er giebt seine Etablissements ab sobald andre da
sind. Man muß daher diese Form ansehn als eine solche deren sich der
Staat entledigen muß sobald er kann."[83]

In weiteren Passagen wird ausführlich auf ökonomische Einzelfragen
eingegangen. Die Darstellung ist zumeist deskriptiv, doch zeigt sich Schleiermachers hoher Sachverstand auch gegenüber den elaborierten Diskursen
der zeitgenössischen staatswirtschaftlichen Theorie. Er handelt über das
Problem der Steuergerechtigkeit, über staatliche Kapital- und Zinsbildung
und erörtert aus einer Fülle von Aspekten der administrativen Tätigkeit
insbesondere die diversen Besteuerungsarten. Aber auch die Frage nach
dem angemessenen und für den wirtschaftlichen Prozeß günstigsten Verhältnis zwischen der Geldmenge des Staates und der allgemeinen Zirku-
lation der Zahlungsmittel wird aufgeworfen: „Es gehört aber dazu ein
großer Scharfblikk um das richtige Maaß zu treffen und nicht unnüz die
reale Staatsthätigkeit dadurch zu drükken daß die Vermehrung des Be-
triebsCapitals unmöglich gemacht und auch die AußerCourssezung der

---

[82] Ebd., 154.
[83] Ebd., 155; vgl. aus der Vorlesungsnachschrift die entsprechenden Ausführungen:
      713–715.

Gegenstände geschwächt wird." Wenn nämlich „der Staat zuviel thesau-
rirt hat so ist allerdings die Auskunft sehr nahe liegend daß er seine Vor-
räthe als Vorschüsse vertheilt um das BetriebsCapital zu vermehren [...]
aber dadurch kommt er wieder in die Concurrenz (des Geldhandels) mit
den Unterthanen welches er vermeiden soll".[84]

Die gedankliche Intensität, mit der Schleiermacher auch den materiellen Grundlagen des Staatswesens nachgeht, entspringt seinem kultur- und
sozialtheoretischen Interesse an großen sozialen Einheiten. Schleiermacher hat die Staatstheorie nicht nur genutzt, um den von ihm angestreb-
ten politischen Fortgang in Richtung auf einen konstitutionellen Verfassungsstaat zu befördern. Er hat auch daran mitgewirkt, sie als wissenschaftliche Disziplin neu zu organisieren. Auf der Grundlage der Ansätze
von John Locke, Thomas Hobbes, Charles de Secondat Montesquieu bis
hin zu Jean-Jacques Rousseau entwickelt er die Staatstheorie zu einer be-
schreibend verfahrenden sozialwissenschaftlichen Fachrichtung, die den
Staat in seinen verschiedenen geschichtlichen Erscheinungsformen erörtert, seine Existenzform in der entstehenden bürgerlichen Gesellschaft
analysiert und aus dem Befund normative Gesichtspunkte für die Entwicklung der Staatsorganisation ableitet.

Anders als jene englischen und französischen Klassiker sieht Schleiermacher die staatliche Organisationsform großer Gruppen nicht als Notbehelf
an. Sein Staats- und Politikverständnis reicht über ein rein funktionali-
stisches Modell, in dem der Staat die Instrumente für eine pragmatische
Regulierung individueller Rechte und Ansprüche bereitstellt, weit hinaus.
Schon gar nicht kann mit seinem theoretischen Entwurf eine Auffassung
vom Politischen vereinbart werden, die sich ethisch gibt, tatsächlich aber
ästhetisch substrukturiert ist.

Im geschichtlichen Übergang aus dem absolutistisch-feudalen Zustand
in den bürgerlichen bildet sich nach Schleiermacher die moderne Gestalt
des Staates als notwendiges Resultat des Kulturprozesses aus, ja der Staat
wird sogar selbst mit ihm partiell identisch. Ein fortgeschrittenes Stadium
von Kultur ist nicht möglich ohne eine solche Form politischer Organisation. Schleiermachers Theorie ist vorderhand auf das Ziel ausgerichtet,
die internen Strukturen der Staatsorganisation im bürgerlichen Entwicklungsstand von Staat und Gesellschaft zu ermitteln. Indem sie dieser Aufgabe nachkommt, wandelt sie sich *de facto* aber zu der antizipierenden
Zeichnung eines idealen Organisationsgefüges, eines bürgerlich-modernen,
als Rechtsstaat verfaßten Staates um. Die analytische Beschreibung wird
zu einer normativen Theorie des modernen Staates.

Dennoch sind gegen Schleiermachers Konzeption gewichtige Einwände
erhoben worden. Man hat kritisiert, daß er trotz seiner intensiven Diskus-

---

[84] Ebd., 163.

sion des Finanz- und Wirtschaftssektors innerhalb der „Staatsverwaltung"
den Bereich der bürgerlichen Erwerbsgesellschaft weitgehend ausblen-
det. Das gesamte Themenfeld der Warenproduktion, des Tausches und
Verkehrs, werde nicht adäquat aufgefaßt. Schleiermacher habe zu wenig
herausgearbeitet, daß die Wirtschaftssphäre nicht ausschließlich auf der
Wirtschaftstätigkeit des Staates beruhe; das wirtschaftliche Handeln des
privaten Eigentümers bleibe unterbestimmt. Seine Staatslehre zeige insofern einen „etatistischen Zug".[85] Die Konsequenz sei, daß die ökonomische Macht und Selbständigkeit der bürgerlichen Gesellschaft, wie sie
als Folge der politischen und industriellen Doppelrevolution ausgebildet
worden ist, unberücksichtigt bleibt. Der Prozeß der ökonomischen Vergesellschaftung, der sich nicht einfach als Teilaspekt der „kommunikati-
ven Vergesellschaftung" der Bürger jenseits rationaler Zwecke verstehen
lasse, komme nicht in den Blick.[86]
    In welchem Licht erscheint diese Kritik vor dem Hintergrund der bis-
herigen Rekonstruktion? Schleiermachers sensible Zeichnung der ökonomischen Strukturen dürfte zumindest den Vorwurf erschweren, er sei sich
der Komplexität der Materie nicht hinreichend bewußt gewesen. Es mag
aber sein, daß sich in dem unterstellten Mangel ein Nachteil jener späten
Neuausrichtung der staatstheoretischen Überlegungen bemerkbar macht,
wonach Fragen der Staatswirtschaft weitgehend nur noch aus der Perspektive der staatsverwaltenden Tätigkeit erfaßt werden. Das sachliche
Eigengewicht, das diesem Bereich früher zukam, wird damit wieder eingezogen.
    Zum anderen stellt sich aber auch die Frage, ob es angeht, Schleier-
machers Entwurf nach einem Maßstab zu bemessen, in dem ein bereits
weit fortgeschrittenes Industrialisierungsniveau, wie es in Deutschland
erst während der zweiten Hälfte des neunzehnten Jahrhunderts erreicht
wurde, die Standards für eine Theorie vom modernen Staat vorgibt. Schleiermacher ist als systematischer Denker auch im Kontext der politischen
Wissenschaften aus der friderizianisch-absolutistischen Welt erwachsen.
Das progressive Modell einer freien Wirtschafts- und Handelsgesellschaft
des entwickelten Industriezeitalters war für ihn keine erfahrbare Realität.
Man wird dem vorwärtsweisenden Gehalt seiner Konzeption, die gerade
für den sich anbahnenden Übergang in die Phase der Industrialisierung
und Demokratisierung einen kritischen Beurteilungsrahmen bereitstellte,
nicht gerecht, wenn man aus einer historisch verzerrten Sicht gegen sie
argumentiert.

---

[85] So Kurt Nowak: Schleiermacher. Leben, Werk und Wirkung, 317. Nowak bezieht
      sich ausdrücklich auf die Vorlesung von 1829.
[86] Ebd., 317.

3.3. Die Staatsverteidigung.
Kriegsführung und internationale Friedensordnung

Abschließend sei auch der dritte Teilbereich der Staatstheorie, der die „Staatsvertheidigung" umfaßt, kurz umrissen.[87] Er fällt in der Fassung vom Sommersemester 1829 ausgesprochen knapp aus. Schleiermacher verwendet lediglich die letzten sechs von insgesamt zweiundachtzig Vorlesungsstunden auf seine Erörterung.[88] Gegenstand ist hier der innere und der äußere Schutz des Staates. Diplomatie und Militärwesen dienen der Aufrechterhaltung der äußeren Sicherheit. Das Strafwesen wahrt, indem es Kriminalität und sogenannte „Staatsverbrechen" bekämpft, die Sicherheit nach innen. Wesentlich für die Einschätzung der außenpolitischen Handlungsweise eines einzelnen Staates ist seine Stellung innerhalb des Staatengefüges. Sofern diplomatische Anstrengungen keinen ausreichenden Schutz mehr gewährleisten können, ist nach Schleiermacher die Kriegsführung zum Zwecke der Gefahrenabwehr und Selbstverteidigung gestattet.

Das normative Ziel bildet jedoch auch an dieser Stelle, wie bei allem sachgemäßen politischen Handeln, die Beförderung des Kulturprozesses, der durch den Kriegszustand zwangsläufig gestört und an einem kontinuierlichen Fortschreiten gehindert wird. Insofern stellt im Interesse der „Staatsvertheidigung" jene Form von Politik den Idealfall dar, die zu einer Annäherung und dauerhaften Kooperation von Staaten, das heißt zu einem Staatenbündnis führt: „Die Vertheidigung des Staats nach außen ist zuerst die friedliche durch Unterhandlung. Doch scheinen Unterhandlungen der Staaten nicht bloß dem Kriegszustand vorbeugen oder ihn entfernen zu sollen sondern auch positive Verbindungen unter den Staaten zu stiften."[89]

Eingehende Erörterungen über die „Organisation des Vertheidigungswesens" belegen, daß für Schleiermacher der Krieg nicht generell ein ethisch inakzeptables Instrument der Staatssicherung ist. Kriege scheinen vielmehr notwendige Phasen in der Geschichte von Völkern zu sein und können als solche nur durch eine tiefgreifend veränderte, rechtsförmige Gestaltung der zwischenstaatlichen Verhältnisse überwunden werden.[90]

---

[87] Siehe: Vorlesungen über die Lehre vom Staat (KGA II/8), 164–169 (Manuskript). 729–749 (Nachschrift Willich). Im Manuskript sind die entsprechenden Ausführungen durch eine Zwischenüberschrift abgesetzt.

[88] Die Manuskriptaufzeichnungen reichen nur bis zur achtzigsten Stunde (vgl.: Ebd., 168–169). Zu den beiden letzten Kollegstunden, die Schleiermacher am 29. August 1829, einem Samstag, vorgetragen hat, finden sich hier keine Notizen. Die Vorlesungen werden aber durch die Nachschrift Willich dokumentiert (vgl.: L–LI, LXI und 739–749).

[89] Ebd., 169.

[90] Vgl.: Ebd., 747–749 (Zitat: 747).

Auch die Bildung eines Heeres wird auf politische Aspekte hin erörtert. Im Hintergrund steht die Frage der Volksbewaffnung, wie sie bereits 1813 bei der Einrichtung von Landwehr und Landsturm eine wichtige Rolle gespielt hatte. Allerdings kann das Organisationsproblem nicht isoliert diskutiert werden, sondern wir „müssen es in Verbindung betrachten mit dem Zustand seiner [*scil.*: des Staates] gesammten Gewerbsthätigkeit so wie mit der Entwicklung in welcher sein politisches Leben steht". Die Regel, die hierfür formuliert wird, räumt der politischen Ebene den zentralen Stellenwert ein:

> „Bei vollkommener Harmonie zwischen Volk und Regierung kann in der letzten nie ein Hinderniß liegen daß sich jedesmal der Antheil des Volks an der Vertheidigung so weit verbreite als er will, während bei einem Zustand der Spannung die Regierung bedacht ist die Vertheidigung einer besondren Klasse von Personen anzuvertrauen die sie unter ihrer besondern Aufsicht und in einer besondern Abhängigkeit hält, dagegen die andren ausschließt."[91]

Wiederum lehnt Schleiermacher eine Aussonderung des militärischen Bereiches aus dem gesellschaftlichen Zusammenhang ausdrücklich ab. Der Nachteil einer Einrichtung, in der das „Kriegswesen" einen „eignen Beruf" bildet, besteht nicht allein in den ökonomischen Lasten, die auch im Friedensfall zu tragen sind. Vielmehr läßt sich die „Wahrscheinlichkeit des Kriegszustandes" in dem Maße vermindern, wie das Kriegswesen auf einen „nationalen Fuß" gesetzt wird. Je stärker das Militär in die Gesellschaft integriert ist, desto geringer wird auf seiner Seite die Neigung sein, in den Kriegszustand überzugehen, und desto größer das Interesse, konfliktbereinigende „Institute" zu begründen, „um die Wahrscheinlichkeit des Krieges zu entfernen".[92]

An die Stelle von Kriegen sollen letztlich international Schiedsgerichte mit weitreichenden Kompetenzen treten. Sie fungieren als Ausführungsinstanzen eines völkerrechtlichen Regelungswerkes. Auch hier wird deutlich, daß Schleiermacher sich konsequent am Ideal des Friedenszustandes orientiert. Ein Kriegstheologe ist er nie gewesen. Sein Ziel war die Überwindung des Krieges durch die Etablierung einer dauerhaften, stabilen und im politischen Handeln der Regierungen fest verankerten Friedensordnung. Für ihn gilt: *Pax optima rerum*.[93]

---

[91] Ebd., 747. Siehe auch die Fortsetzung des Zitats: „Hier wird es auch immer die Neigung sein Fremde anzustellen, da diese nicht so leicht von den politischen Bewegungen werden ergriffen werden die man fürchtet."

[92] Ebd., 747; Schlußzitat: 953 (Vorlesungsnachschrift Waitz vom Sommersemester 1833).

[93] Zu Schleiermachers Haltung zum Krieg vgl. auch die eingehende ältere Untersuchung von Hans Reuter: Schleiermachers Stellung zum Kriege, in: Theologische Studien und Kritiken. Eine Zeitschrift für das gesamte Gebiet der Theologie 90 (1917), 30–

Dieser Intention sind insbesondere die Schlußausführungen der Vorlesung gewidmet. Zunächst im Blick auf Europa entfaltet Schleiermacher seine Idee von einem Staatenbund und verbindet sie mit dem auf die Sphäre der Staatenwelt angewandten Ausgleichspostulat. Insofern steht der Friedensgedanke am Ende des gesamten staatstheoretischen Entwurfes: „Da nun ein eigentlicher Rechtsstand sich nicht findet, so bedarf es schiedsrichterlichen Austrages, und so wenn ein Complex von Reichen sich dazu vereinigt, ist die Wahrscheinlichkeit des Krieges eigentlich aufgehoben, und die Nothwendigkeit des Compromisses zeigt sich stets bedeutender und wird stets constanter."[94] Der Staatenbund stellt unter allen denkbaren Formen politischer Kooperation die aussichtsreichste für die Herbeiführung eines „allgemeinen Friedens und Rechtszustandes" dar. Allein, daraus folgt noch nicht „die Wahrscheinlichkeit, daß alle Europäischen Staaten einen solchen bilden werden und können, aber wohl, daß ein constantes Verhältniß wenn auch nicht ganz allgemein Statt finden wird, das sich auf die gegenseitige Lage und die bestehenden Verhältnisse gründet".[95]

Ein „constantes Verhältniß" unter Staaten, bedingt durch die Bereitschaft und Fähigkeit zum Ausgleich, wirkt sich unmittelbar auch auf die politische und soziale Situation der einzelnen Völker aus. Wie schon Kant in seiner Friedensschrift von 1795 geht auch Schleiermacher davon aus, daß nur Rechtsstaaten wirklich friedensfähig sind, daß allein sie als Mitglieder eines föderalen Völker- und Staatenbundes in Frage kommen und nur von ihnen die Anerkennung eines „Weltbürgerrechtes" erwartet werden kann.[96] Asymmetrien in der Rechtsentwicklung werden durch das

80. Reuter hebt die Bedeutung der Kriegsthematik für Schleiermachers staatstheoretisches Denken stark hervor. In ihr sieht er eine Art Bewährung des ethischen Anspruches, den Schleiermacher mit dem Staatsbegriff verbindet. Die im Text gegebene Einschätzung wird geteilt von Christoph Burger: Der Wandel in der Beurteilung von Frieden und Krieg bei Friedrich Schleiermacher, dargestellt an drei Predigten, in: Wolfgang Huber / Johannes Schwerdtfeger (Hrsgg.): Kirche zwischen Krieg und Frieden. Studien zur Geschichte des deutschen Protestantismus, Stuttgart 1976, 225–242; siehe auch Otto Dann: Vernunftfrieden und nationaler Krieg. Der Umbruch im Friedensverhalten des deutschen Bürgertums zu Beginn des 19. Jahrhunderts, in: Ebd., 169–224, besonders: 189–215.
94   Vorlesungen über die Lehre vom Staat (KGA II/8), 953.
95   Ebd., 953–954.
96   Vgl. Immanuel Kant: Zum ewigen Frieden, Königsberg 1795, 40 („Dritter Definitivartikel"). Am Schluß der Ausführungen zum „zweiten Definitivartikel" („Das Völkerrecht soll auf einen Föderalism freier Staaten gegründet sein.") heißt es bei Kant: „Für Staaten im Verhältnisse unter einander, kann es nach der Vernunft keine andere Art geben, aus dem gesetzlosen Zustande, der lauter Krieg enthält, herauszukommen, als daß sie, eben so wie einzelne Menschen, ihre wilde (gesetzlose) Freiheit aufgeben, sich zu öffentlichen Zwangsgesetzen bequemen, und so einen (freilich immer wachsenden) *Völkerstaat* (civitas gentium), der zuletzt alle Völker der Erde befassen würde, bilden. Da sie dieses aber nach ihrer Idee vom Völkerrecht durchaus nicht wollen, mithin, was in thesi richtig ist, in hypothesi verwerfen, so kann an die Stelle der positiven Idee

Streben nach einem Gleichgewicht verringert: „[...] diejenigen, die [...]
sich überrennen[,] müssen in Maaß und Zaum gehalten werden, und befördern in der Länge durch ihr Beispiel wieder die Entwicklung, so daß
gegenseitige Ausgleichung Statt findet." Im Ergebnis erwartet Schleiermacher von einem immer dichter werdenden internationalen politischen
Handlungszusammenhang, daß die Staaten ein derartiges Maß an Gemeinsamkeit ausbilden, „wo alle Keime der Zwistigkeiten sich ausgleichen und auf Compromissarische Weise sich auflösen werden".[97]

Seine rechtsförmige Ausprägung in Gestalt einer allgemein akzeptier-
ten völkerrechtlichen Kodifizierung kann dieser Prozeß nur allmählich
finden. Schleiermachers Versuch, die staatstheoretische Debatte zu euro-
päisieren, unterliegt daher engen Grenzen. Auch waren die Strukturen
des Wirtschafts- und Kulturtransfers erst so rudimentär ausgebildet, daß
ein nationenüberschreitender öffentlicher Kommunikationsraum kaum
bestand. Insofern ist ein „bestimmtes Recht" von Staaten auf eine Kom-
promißlösung bei Konfliktfällen im Jahre 1833 noch schwer vorstellbar
gewesen, ebenso die konkrete Funktionsweise verbindlich handelnder
Entscheidungsinstanzen als Institutionen eines friedlichen Konfliktaus-
trages.

Das Ziel mußte daher vorläufig darin bestehen, alle Staaten in politische, wirtschaftliche und kulturelle Zusammenhänge und Abhängigkeiten
einzubinden, aus denen sich, im Zuge einer gleichsam „natürlichen Entwicklung", Regelungsmechanismen und Verfahrenstechniken zur Frie-
denssicherung ausbilden und über die eine zivile Friedenskonsolidierung
zum Inbegriff politisch-strategischer Handlungsplanung wird: „Werden
auch noch hemmende Bewegungen eintreten, so nähern wir uns doch dem
Zustande sittlicher Motive in der Staatsleitung, wo die inneren Prinzipien
den Gegensatz zwischen ethischer und politischer Richtung aufheben und
der vollkommenen ruhigen Entwicklung Raum geben."[98]

4. Die Konkretisierung:
Der Staat als Thema der „Christlichen Sittenlehre"

Wie bereits am Beispiel der Pädagogikvorlesung von 1813/14 deutlich
geworden ist, hat Schleiermacher Fragen aus dem politischen Themen-

---

einer Weltrepublik (wenn nicht alles verloren werden soll) nur das *negative* Surrogat
eines den Krieg abwehrenden, bestehenden, und sich immer ausbreitenden *Bundes* den
Strom der rechtscheuenden, feindseligen Neigung aufhalten, doch mit beständiger
Gefahr ihres Ausbruchs [...]" (Ebd., 37–38).

[97] Vorlesungen über die Lehre vom Staat (KGA II/8), 954.

[98] Ebd., 954. – Mit dieser Formulierung endet die Nachschrift Waitz vom Sommersemester 1833. Es handelt sich also gewissermaßen um Schleiermachers Schlußwort zur
Staatslehre.

feld nicht allein im Rahmen des Staatslehrekollegs diskutiert. Besonders die beiden Ethikvorlesungen boten vielfach Anlaß zu entsprechenden Erörterungen. Auf die Vorlesung über Philosophische Ethik ist anhand der Fassung vom Winter 1812/13 bereits näher eingegangen worden.[99] Hier sei nun auch die Christliche Sittenlehre in die Untersuchung einbezogen.

Im folgenden wird auf die Version des Wintersemesters 1822/23 zurückgegangen.[100] Die Konzentration auf diese Fassung ist dadurch bedingt, daß für die „Christliche Sitte" noch immer die auf Nachschriften aus diesem Semester basierende Ausgabe von Ludwig Jonas die Textgrundlage bildet.[101] Sofern sinnvoll, wird ergänzungsweise auch auf Ausführungen anderer Vorlesungen zur Christlichen Ethik hingewiesen. Diese Passagen sind gleichfalls der Jonasschen Edition entnommen, wo sie sich als weiterführende Beigaben zum Haupttext finden. Eine Neuedition des überlieferten Materials innerhalb der Vorlesungsabteilung der ‚Kritischen Gesamtausgabe' steht noch auf lange Sicht aus.[102] Die Christliche Sittenlehre ist von Schleiermacher, anders als die Philosophische Ethik, als eine dezidiert handlungstheoretische Fachdisziplin

---

[99] Siehe oben Abschnitt VI.2.2.: Die Vorlesung zur Philosophischen Ethik von 1812/13.

[100] Vgl.: Schleiermachers Briefwechsel (Verzeichnis) nebst einer Liste seiner Vorlesungen, 318. Die Ankündigung im Vorlesungsverzeichnis lautete: „Die *christliche Sittenlehre* [lateinische Fassung: *Ethicen christianam*] trägt vor in fünf wöchentlichen Stunden von 8 – 9 Uhr Hr. Dr. *Schleiermacher*." Die Vorlesung begann am 22. Oktober 1822 und endete am 21. März 1823. Sie wurde von siebenundfünfzig Studenten gehört.

[101] Die christliche Sitte nach den Grundsäzen der evangelischen Kirche im Zusammenhange dargestellt. Aus Schleiermacher's handschriftlichem Nachlasse und nachgeschriebenen Vorlesungen herausgegeben von L.[udwig] Jonas (Sämmtliche Werke. Band I/12), Berlin 1843. Der Band enthält im Hauptteil eine von Jonas angefertigte Rekonstruktion der Vorlesung (vgl.: Ebd., XII–XIV). Im Anhang werden autographe Materialien Schleiermachers geboten. Hieraus ist besonders ein Manuskriptheft vom Winter 1809/10 unter dem Titel „Die christliche Sittenlehre, angefangen den 22. Nov. 1809" bedeutsam (Beilage A, 3–101; siehe: IX). Als Beilagen B, C und D finden sich Manuskripte aus den Jahren 1822, 1828 und 1831. Der Anhang ist gesondert paginiert, so daß bei entsprechenden Bezugnahmen die hier gegebenen Nachweise mit dem Zusatz „Anhang" versehen werden. – Den Gesamttitel hat Jonas in Anlehnung an den Titel des dogmatischen Hauptwerkes („Der christliche Glaube nach den Grundsäzen der evangelischen Kirche im Zusammenhange dargestellt") selbst formuliert (siehe dazu seine Erklärung: Ebd., XVI–XVII).

[102] Schleiermacher hat die Christliche Sittenlehre erneut im Wintersemester 1824/25, im Wintersemester 1826/27 (nicht angekündigt), im Wintersemester 1828/29 und im Sommersemester 1831 vorgetragen. Auch im Sommersemester 1820 las er über diese Disziplin. – Für die einleitenden methodologischen Abschnitte siehe auch: Friedrich Daniel Ernst Schleiermacher: Christliche Sittenlehre. Einleitung (Wintersemester 1826/27). Nach größtenteils unveröffentlichten Hörernachschriften herausgegeben und eingeleitet von Hermann Peiter. Mit einem Nachwort von Martin Honecker, Stuttgart / Berlin / Köln / Mainz 1983. Es handelt sich hierbei um den Teildruck eines umfassenden Editionsprojektes zur Vorlesung von 1826/27; vgl. die bibliographische Angabe unten S. 379 (Anmerkung 139).

entworfen worden. Sie stellt insofern auch einen Anwendungsfall für die Verknüpfung der theologischen Konzeption mit der politischen Theorie dar. In diesem Zusammenhang ist der Umstand von Interesse, daß Schleiermacher sowohl im Sommersemester 1813 als auch im Sommersemester 1817 parallel zur Staatslehre- bzw. Politikvorlesung ein Kolleg über Christliche Sittenlehre vorgetragen hat.[103]

Ein Problem für sich bildet die Verhältnisbestimmung von Philosophischer Ethik und Christlicher Sittenlehre im System der Wissenschaften. Mehrfach hat Schleiermacher an der theologischen Tradition des Protestantismus bemängelt, daß die Unterscheidung von christlicher und philosophischer Ethik nicht klar genug markiert worden sei. Die Notwendigkeit einer solchen Unterscheidung ergebe sich aber aus der Differenz von spekulativem Denken und religiösem Gefühl. Dem stand allerdings bei Schleiermacher selbst das Bewußtsein darum gegenüber, daß die christliche Existenz ihrerseits, als denkende *und* fühlende, auf eine Zuordnung dringt, die beide Seiten als Teilaspekte einer einheitlichen Kulturtätigkeit auffaßt.

Das Verbindende ist der „Kulturprozeß", und zwar als Arbeit an der „höheren Natur" des Menschen. Aus diesem Umstand erklärt sich auch, weshalb Schleiermacher innerhalb der Christlichen Sittenlehre auf Lehnsätze aus der Philosophischen Ethik zurückgreifen konnte.[104] Beide Disziplinen, so unterschiedlich sie in Methodologie, Verfahrensart und Gegenstand auch sind, laufen auf eine gemeinsame Zielbestimmung hinaus. Denn hier wie dort steht die aufsteigende Entwicklungslinie des kulturellen und gesellschaftlichen Prozesses im Mittelpunkt. Insofern wird sich „am Ende" die Christliche Sittenlehre mit der Philosophischen Ethik „ausgleichen".[105]

4.1. Konzeption und Aufbau der Christlichen Sittenlehre

Für Ludwig Jonas bildete Schleiermachers Christliche Sittenlehre „eine großartige Apologie des Christenthums überhaupt und der evangelischen Kirche insbesondere". Es handele sich um „ein Muster für alle auf die Fortbildung der Theologie als Wissenschaft gerichteten Bestrebungen und eine reiche Quelle sowol der Anregung als der Belehrung für alle

---

[103] Vgl.: Schleiermachers Briefwechsel (Verzeichnis) nebst einer Liste seiner Vorlesungen, 308 und 312–313.

[104] Vgl.: Die christliche Sitte. [Anhang:] Beilage A, 14 (§ 42) und öfter. – Zu Schleiermachers Verwendungsweise des Begriffes „Kulturprozeß" im vorliegenden Zusammenhang siehe: Ethik (1812/13), 105 (§§ 136 und 138).

[105] Die christliche Sitte. [Anhang:] Beilage A, 5 (Randbemerkung zu Paragraph 11 des Manuskriptheftes 1809/10).

theologische Praxis, für die im Kirchenregimente und für die im Kirchendienste".[106]
Dennoch hat die Forschung die Christliche Sittenlehre bisher eher als Randbereich des Schleiermacherschen Gesamtwerkes betrachtet. Eingehendere Studien liegen nur vereinzelt vor. Die Bedeutung der Christlichen Ethik für die theologische Konzeption ist noch nicht klar genug herausgestellt worden.[107] Dieser Sachverhalt widerspricht Schleiermachers eigener Zielsetzung. Neben der Dogmatikvorlesung hat er kein anderes theologisches Kolleg so oft und so eingehend vorgetragen wie das über Christliche Sittenlehre. Zur Publikation in einer der Glaubenslehre vergleichbaren Form ist es jedoch, entgegen der immer wieder ausgesprochenen Hoffnung, nicht mehr gekommen. Auch hat wohl die unübersichtliche Edition der zahlreich vorhandenen Materialien durch Jonas eine intensivere Rezeption insgesamt eher behindert als gefördert.

Die erste Vorlesung zur „Christlichen Moral" – in der lateinischen Ankündigung als „Ethica christiana" bezeichnet – stammt aus dem Hallenser Sommersemester 1806.[108] Einschließlich des privaten Kollegs vom Winter 1809/10 hat Schleiermacher die Vorlesung bis zum Sommersemester 1831 insgesamt zwölfmal im Wechsel mit der dogmatisch-theologischen Hauptvorlesung vorgetragen, wobei er, bei weitgehend gleichbleibender Grundkonzeption, die Anlage mehrfach modifiziert und in Teilen neu gestaltet hat. In den zwanziger Jahren verfügte er über eine methodisch sorgfältig fundierte Systematik, die, wiederum durch eine außerordentli-

---

[106] Ludwig Jonas: Vorwort des Herausgebers, in: Die christliche Sitte, VII–XX, hier: VII. – Jonas (1797–1859) war der von Schleiermacher selbst autorisierte Verwalter des Nachlasses und, neben Adolf Sydow, der wichtigste Mitarbeiter am großen Unternehmen der Gesamtausgabe. Seinem „verehrten Lehrer und väterlichen Freund" (Sämmtliche Werke. Band III/3, V) war er nicht allein persönlich, sondern auch theologisch und kirchenpolitisch eng verbunden. Vgl.: Ludwig Jonas und Schleiermacher. Briefwechsel und biographische Dokumente. Zusammengestellt von Wolfgang Virmond. Als Manuskript gedruckt, Berlin [Privatdruck] 1991. In jahrzehntelangem Einsatz suchte Jonas den auch von Schleiermacher vertretenen kirchenpolitischen Forderungen Nachdruck zu verleihen, wobei im Zentrum der Neuaufbau des kirchlichen Verfassungssystems stand. Während der Revolutionszeit und gegen Ende der fünfziger Jahre war Jonas auf regionaler Ebene auch politisch aktiv. Vgl. dazu meinen Aufsatz: Frühliberale Theologie und politischer Liberalismus. Der Schleiermacher-Schüler Ludwig Jonas, in: Jahrbuch zur Liberalismus-Forschung 11 (1999), 60–80.
[107] Die wichtigste Untersuchung ist immer noch jene von Hans-Joachim Birkner: Schleiermachers Christliche Sittenlehre im Zusammenhange seines philosophisch-theologischen Systems (Theologische Bibliothek Töpelmann. Band 8), Berlin 1964; siehe auch Poul Henning Joergensen: Die Ethik Schleiermachers (Forschungen zur Geschichte und Lehre des Protestantismus. Reihe 10. Band 14), München 1959 sowie jetzt die zusammenfassende Übersicht bei Kurt Nowak: Schleiermacher. Leben, Werk und Wirkung, 253–260.
[108] Vgl.: Schleiermachers Briefwechsel (Verzeichnis) nebst einer Liste seiner Vorlesungen, 301–302.

che Materialfülle gestützt, einen der großen ethischen Entwürfe in der protestantischen Theologie des neunzehnten Jahrhunderts bildet. Unter Verwendung von Sprache und Denkform christlicher Frömmigkeit entwirft Schleiermacher in weiten Passagen der Christlichen Sittenlehre das von romantischen Ideen inspirierte Modell einer Zukunftsgesellschaft, in der die Menschheit sich über alle sklavischen Tätigkeiten erhoben und die Erde zu einem sicheren und freiheitseröffnenden Lebensraum gestaltet hat. Freiheit entwickelt sich dabei innerhalb des zweiseitigen Prozesses von Natur- und Selbstbildung. Die Ausübung von Freiheit läßt sich als eine stetige Annäherung an ein die gesamte Persönlichkeit umfassendes, sie steigerndes und erweiterndes Humanitätsideal verstehen. Im menschlichen Einzelwesen konkretisiert sich die Vernunft als diejenige Instanz, die die von Schleiermacher intendierte „Universalisierung von Humanität" (Michael Welker) befördert.[109] Mechanische Tätigkeiten und die knechtische Unterordnung unter vorgegebene äußere Bedingtheiten sind mit einem solchen Ideal nicht vereinbar, „denn wer der Gemeinschaft mit Christo fähig ist, und das sind nach christlicher Anschauung alle, muß ein freies Wesen sein und geistigen Lebens theilhaftig, keine lebendige Maschine".[110]

Erst über die Vernunftwerdung der Natur erhebt sich der Mensch zum Herrn der Erde. Doch ist diese Naturbeherrschung immer als Ergebnis einer kollektiven Leistung zu verstehen. Die Herrschaft über die Natur ist ein gemeinschaftliches Werk aller Menschen, und insofern gebührt die Teilhabe an ihr auch allen gleichermaßen. Die antiständischen, egalitären sozialpolitischen Konsequenzen, die aus dieser Grundauffassung folgen, sind evident und werden von Schleiermacher auch von früh an unmißverständlich formuliert. So entspreche es, wie schon im Manuskript von 1809/10 hervorgehoben wird, „dem Principe der Gleichheit im Christen-

---

[109] Michael Welker: Friedrich Daniel Ernst Schleiermacher: Universalisierung von Humanität, in: Josef Speck (Hrsg.): Grundprobleme der großen Philosophie. Philosophie der Neuzeit 3 (UTB für Wissenschaft. Band 1252), Göttingen 1983, 9–45, siehe hier: 31.
[110] Die christliche Sitte, 466. – Vgl. an dieser Stelle auch die folgenden Ausführungen: „Und hier ist nun einer von den Punkten, wo die religiöse Sittenlehre etwas bestimmteres aufstellen kann, als die philosophische wenigstens vor dem Christenthume immer aufgestellt hat, wenn man auch nicht geradezu sagen darf, überhaupt aufstellen kann. Nämlich sehen wir auf den Unterschied zwischen freien und Sclaven: so ist er nur dadurch real begründet, wenn der Sclave rein die Stelle einer Maschine vertritt, wie denn Aristoteles den Sclaven ganz richtig erklärt als ein ὄργανον ζωόν. Wenn nun die Menschen auch *de jure* nicht Sclaven sind: so werden sie es doch *de facto*, je mehr sie in den Mechanismus eingetaucht werden, denn damit verliert sich immer mehr die Fähigkeit zu einem freien geistigen Leben. Daß nun eine solche Differenz nicht sein solle, das hat die philosophische Sittenlehre des Alterthums nicht gelehrt, vielmehr hat sie sie immer sehr gut und vortheilhaft gefunden. Vom christlichen Standpunkte aus aber hat man sie niemals können gelten lassen und immer auf ihre Aufhebung dringen müssen; [...]. Sclaverei ist gegen den Verbreitungsprozeß, weil sie die einzelnen in Beziehung auf denselben Null macht" (Ebd., 466).

thume", wenn jeder „im ganzen seines Berufes" dem „allgemeinen mechanischen Geschäfte" enthoben sei.[111] Später wird hieraus die Forderung, es sei darauf hinzuwirken, „daß dem ganzen gemeinschaftlichen Bildungsprozesse die Richtung gegeben werde, daß jeder Antheil hat am höheren und eben so jeder auch Antheil am niederen".[112]

In der Sommersemestervorlesung von 1831 stellt Schleiermacher den Fortschritt auf technischem Gebiet unmittelbar mit der politischen Entwicklung zusammen. Der „Gegensaz zwischen bloß mechanischem und überwiegend geistigem Eingreifen" sei „anwendbar auf alle mechanischen Dienste, die einen ehrlichen Zustand mit sich bringen und auch die Abstufungen der bürgerlichen Freiheit". Es liege darin aber „auch zugleich, daß die christliche Gemeinschaft Veranstaltungen zur gesezlichen Aufhebung solcher Ungleichheiten zu machen hat".[113] „Dahin gehört die Maschinentendenz und die Constitutionstendenz"[114], das heißt, wie Schleiermacher einer Nachschrift zufolge diesen Gedanken erläuterte, „die Tendenz, alles mechanische immer mehr durch Maschinen vollbringen, und die Tendenz, immer mehrere [Menschen] positiven Antheil nehmen zu lassen an den gemeinsamen Angelegenheiten, so daß der Gegensaz des Gebietens und des Gehorchens immer mehr nur ein functioneller wird und immer mehr aufhört ein persönlicher zu sein."[115]

Diesem zielgeleiteten, eine qualitativ fortschreitende Kulturentwicklung voraussetzenden Ansatz folgt auch der „Schematismus für die christliche Sittenlehre". Die von Beginn an feststehende formale Argumentationsstruktur unterscheidet zwischen dem „verbreitenden" oder „wirksamen Handeln" auf der einen, dem „darstellenden Handeln" auf der anderen Seite.[116] Beide Handlungstypen realisieren sich jeweils in einer inneren und einer äußeren Sphäre. Als innere Sphäre bezeichnet Schleiermacher den gesamten Bereich der christlichen Gesinnung und der frommen Gemeinschaft, das heißt der Kirche. Die äußere Sphäre umfaßt all jene Lebensvollzüge des Christen, die ihn als Mitglied der bürgerlichen Gesellschaft zeigen. Zwischen beiden Sphären steht die Familie. Sie stellt eine fundamentale Form menschlichen Lebens in physischer und geistiger Hinsicht dar und ist zugleich die elementare Einheit sozialen Lebens. Insofern kann Schleiermacher die Familie auch als „ursprüngliche Kirche" bezeichnen.[117]

---

[111] Ebd., [Anhang:] Beilage A, 98 (§ 244).

[112] Ebd., 479 (Nachschrift aus dem Wintersemester 1824/25).

[113] Ebd., [Anhang:] Beilage D, 189–190 (Notizen zur Vorlesung von 1831).

[114] Ebd., [Anhang:] Beilage D, 190.

[115] Ebd., [Anhang:] Beilage D, 190.

[116] Vgl.: Ebd., 30–75; Zitat: 30.

[117] Im Rahmen seiner Überlegungen zum Verhältnis von innerer und äußerer Sphäre geht Schleiermacher, wenngleich nur am Rande, auch auf das Verhältnis von Kirche und Staat ein. Im Vordergrund steht dabei wiederum der Aspekt des Bildungsprozesses: „Der innere Kreis ist der eigentlich religiöse, der für uns auch aus dem eigenthümli-

Das darstellende Handeln bezieht sich auf die extrovertierte Seite des christlich-frommen Selbstbewußtseins. Es stellt die christliche Existenz in gemeinschaftlichen Lebensformen dar, setzt seinerseits diese aber immer schon voraus. Das darstellende Handeln des Christen und dessen Einbindung in Gemeinschaftsformen gehen Hand in Hand und lassen sich nicht voneinander isolieren. Die Aufgabe der Sittenlehre besteht deshalb darin, das Dasein des Christen im religiösen und im nicht-religiösen sozialen Kontext, also im Kultus einerseits und im Alltag der Welt andererseits, zu beschreiben: „Der Freude am Herrn an sich, abgesehen von aller Differenz als Lust und Unlust, entspricht das rein darstellende Handeln, dessen allgemeiner Typus der Gottesdienst ist." Als Gottesdienst wird dabei nicht allein der Kultus im Sinne der sonntäglichen Andachtsfeier bezeichnet, sondern zugleich der werktätige Gottesdienst des alltäglichen Lebens, das christliche Verhalten in Ehe, Familie und Beruf, in der Zugehörigkeit zur Kirchengemeinde ebenso wie zur bürgerlichen Gesellschaft im allgemeinen.[118]

Die Existenz des Christen steht immer auch im Kontext staatlicher Ordnungsverhältnisse, sofern der Staat als politische Organisationsform der bürgerlichen Gesellschaft aufgefaßt wird. Während als die innere Sphäre des darstellenden Handelns der Gottesdienst im engeren und im weiteren Sinne thematisiert wird, umfaßt die äußere Sphäre die soziale Lebenswelt, in der sich der Christ vorfindet. Nicht der Staat in seiner politischen und rechtlich-organisatorischen Konkretion, sondern die ihn tragende Gesellschaft insgesamt gibt daher für die Sittenlehre den thematischen Rahmen vor.

Zwar spricht Schleiermacher Aspekte der sozialen Ordnung, der Zugehörigkeit des Einzelnen zu Familie, Volk und weiteren gesellschaftlichen „Darstellungskreisen" innerhalb dieses Vorlesungszusammenhanges ausdrücklich an, doch bildet hier der staatliche Bereich keinen eigenen Schwerpunkt. Der für die Fragestellungen aus Politik und Staatslehre wichtigere Teil der Christlichen Sittenlehre ist jener Komplex, der dem sogenannten „wirksamen Handeln" gewidmet ist. Eine strikte Trennung zwischen wirksamem und darstellendem Handeln läßt sich allerdings in der inhaltlichen Entfaltung der Sittenlehre nicht vornehmen. Der Sache nach handelt es sich nicht um zwei voneinander zu unterscheidende Themenfelder,

---

chen Principe des Christenthums hervorgehen muß, so daß es also gilt, die eigenthümlich christliche Gesinnung fortzuentwickeln, und das Talent nur in Beziehung auf sie, nur um ihretwillen. In dem mehr äußeren, wo als der Haupttypus der Gemeinschaft der Staat zu sezen ist, ist die Bildung des Talentes die Hauptsache, und die Gesinnung wird in ihm nur gebildet um der Talentbildung willen" (Ebd., 328).

[118] Ebd., [Anhang:] Beilage A, 17 (§ 53). – Zu Schleiermachers Gottesdiensttheorie vgl. die präzise Zusammenfassung von Theodore M. Vial: Friedrich Schleiermacher on the Central Place of Worship in Theology, in: Harvard Theological Review 91, 1 (1998), 59–73.

sondern um differente Formen der Beschreibung christlichen Lebens. Jener Teil der Sittenlehre, in dem das wirksame Handeln erörtert wird, bezieht sich auf den effektiven, gestaltenden und eingreifenden Aspekt christlicher Existenz in Kirche und Gesellschaft.

Die methodische Schwierigkeit der ethischen Konzeption besteht nun darin, daß aufgrund der Identität des darstellend Handelnden und des wirksam Handelnden beide Seiten aufeinander abbildbar sein müssen. Die systematische Komplexität, aber auch die bisweilen verwirrende und schematisch wirkende Durchführung des theoretischen Entwurfs resultiert aus dieser Aufgabenstellung. Schleiermacher hat bis in die späten Versionen hinein die von ihm erkannte Symmetrie immer wieder neu herstellen und weiter ausbilden wollen, doch ist er – obwohl ein Meister wissenschaftlicher Architektonik – im Ergebnis jeweils aufs neue nur partiell erfolgreich gewesen. Es mag dies auch einer der Gründe dafür sein, daß die Sittenlehre nicht bis zu einer von ihm selbst autorisierten literarischen Gestalt gediehen ist.

Die Darstellung des wirksamen Handelns ist ihrerseits in zwei Teile untergliedert. Grundlegend ist hier, analog zur Dogmatik, der Hauptgegensatz innerhalb des christlichen Selbstbewußtseins, nämlich die Differenz von Sünden- und Gnadenbewußtsein. Der Christ ist sich dieses Gegensatzes permanent bewußt. Der Inhalt seiner tätigen Existenz besteht in der Überwindung des Sündenbewußtseins: „Das wirkliche Leben des frommen ist fortschreitende Einigung im Schwanken; also spaltet sich die Seeligkeit in Lust und Unlust."[119] Die Tätigkeit, von der aus diese Überwindung erfolgen soll, nennt Schleiermacher „reinigendes" oder auch „wiederherstellendes" Handeln, gegründet auf eine kontrafaktisch unterstellte, mithin projektiv vorhandene Einheit mit Gott. Dasjenige Handeln, das aus dem Bewußtsein einer solchen ursprungshaften Einheit, also aus dem ungetrübten Zustand des Gnadenbewußtseins, hervorgeht, wird „verbreitendes" Handeln genannt.[120]

Die Differenzierung des wirksamen Handelns bringt es mit sich, daß Schleiermacher beide Sphären der Sittlichkeit zwar getrennt darstellt, über die zweifache Erörterung einzelner Lebensbereiche, etwa desjenigen der Familie, aber auch wieder eine Reihe von Zusammenhängen offenlegt, durch die die innere und die äußere Sphäre miteinander verbunden sind. Die Familie ist unter dem Aspekt des reinigenden Handelns, also im Kontext der bürgerlichen Gesellschaft, Teil der äußeren Sphäre, unter dem Aspekt des verbreitenden Handelns Teil der inneren Sphäre.

---

[119] Die christliche Sitte. [Anhang:] Beilage A, 16 (§ 48).
[120] Vgl.: Ebd., 97–290 („Das reinigende oder wiederherstellende Handeln"); 291–501 („Das verbreitende Handeln").

4.2. Der Staat als Thema der Christlichen Sittenlehre

In beiden Bereichen des wirksamen Handelns spielt die Existenz des Christen in Staat und Gesellschaft eine zentrale Rolle. Im folgenden wird zunächst der systematische Ort und die thematische Differenzierung der entsprechenden Erörterungen anhand des Gliederungsaufbaus der Vorlesung vom Wintersemester 1822/23 näher beschrieben. Anschließend wird Schleiermachers Argumentation selbst in ihren Grundzügen rekonstruiert.

Die Darstellung des reinigenden oder wiederherstellenden Handelns widmet sich in ihrem ersten, auf die innere Sphäre bezogenen Teil dem „reinigenden Handeln in der christlichen Gemeinde". Hierunter fällt mit der „Kirchenzucht" jener Handlungskomplex, der auf den Einzelnen innerhalb der frommen Gemeinschaft ausgerichtet ist. Es gehört hierher aber auch das reinigende Handeln, das „das ganze" der Kirche betrifft und das deshalb von Schleiermacher, in Anknüpfung an das protestantische Verständnis vom Wesen der Kirche, unter den Titel „Kirchenverbesserung" gestellt wird.[121] In dem zweiten, auf die äußere Sphäre bezogenen Teil ist „das bürgerliche Element" für das reinigende Handeln „mitconstituirend". Zum einen geht es um die sogenannte „Hauszucht", die, in Analogie zur „Kirchenzucht", die Einwirkung auf den Einzelnen umfaßt; zum anderen diskutiert Schleiermacher „das reinigende Handeln im Staat".[122]

Eine ähnliche Unterscheidung führt er im Hinblick auf das verbreitende Handeln, jenen zweiten Sektor innerhalb des Gesamtkomplexes zum wirksamen Handeln, ein. Auch hier steht das verbreitende Handeln, „wie es von der christlichen Kirche selbst ausgeht", dem „verbreitenden Handeln im Staate" gegenüber. In beiden Fällen setzt Schleiermacher als Grundschema die Differenzierung zwischen Kirche einerseits, Staat beziehungsweise Gesellschaft andererseits voraus. Für die politische Thematik sind in einem ersten Durchgang die Ausführungen relevant, in denen Schleiermacher auf das reinigende Handeln im Staat eingeht. Sodann widmet die Darstellung sich den Erörterungen zum verbreitenden Handeln in seiner Einwirkung auf die staatliche Ordnung und das Gemeinwesen.

4.2.1. Das reinigende Handeln im Staat

Die christliche Kirche hat, als sie entstand, den Staat bereits vorgefunden. Er ist nicht selbst ein „Product des christlichen Lebens"; „der Staat wird durch keine kirchliche Handlung gebildet".[123] Zwischen Kirche und Staat

---

[121] Ebd., 139–140.
[122] Ebd., 217.
[123] Ebd., 217. 218.

besteht eine Distanz, die auch nicht durch einen langfristigen Aneignungs-
prozeß, wie im Falle der Familie, überbrückt worden ist. Insofern kann
die normative Idee des Reiches Gottes nicht unmittelbar für die Beurteilung einer bestehenden Staatsorganisation geltend gemacht werden:
„[...]; das Reich Gottes und die gemeinsame Vervollkommnung in demselben ist dem Staate nur Grenze, und man kann sagen, daß keine Gesezgebung nichts dem Reiche Gottes hinderliches enthalten dürfe. So werden
wir denn also auch nicht sagen können, daß das christliche Princip nur
Eine bestimmte Staatsform zulasse, die übrigen aber verwerfe."[124]

Das Verhalten des Christen im Staat wird wesentlich durch den Ort
festgelegt, den er als Teil der Obrigkeit oder als „Unterthan" einnimmt.
Dieser Unterscheidung kommt, wie im staatstheoretischen Kontext, auch
in der Christlichen Sittenlehre eine zentrale Bedeutung zu. Sie ist durch
das Vorhandensein staatlicher Ordnungsverhältnisse selbst gesetzt. Erst
mit der herrschaftssoziologischen Grunddifferenz von Herrschenden und
Beherrschten und der aus ihr folgenden Rechtsstruktur bildet sich nach
Schleiermacher, wie erörtert, der vorstaatlich-vorbürgerliche Zustand in
den staatlich-bürgerlichen Zustand um und nehmen sittliche Überlieferungen einen verbindlichen regulativen Charakter an. Für den ethisch-
normativen Zusammenhang ist dies vor allem im Blick auf die staatliche
Funktion der Rechtssetzung relevant. Denn der Staat ist seinem Wesen
nach ein Rechtszustand, „eine Vereinigung von Menschen unter Gesezen",
wozu immer auch gehört, daß Gesetze auf eine bestimmt geregelte, also
rechtlich normierte Art und Weise zustande kommen und verändert werden.

Sofern die Gesetzgebung als Instrument zur inneren und äußeren Entwicklung des Staates angesehen wird, stellt sich die Frage: „Was ziemt
dem Christen in Beziehung auf das Strafrecht wenn er Unterthan, was
ziemt ihm, wenn er Obrigkeit ist? und, Was ziemt dem Christen als Unterthan und was ziemt ihm als Obrigkeit in Beziehung auf das Bedürfnis
der Staatsverbesserung?"[125] Insoweit der Christ obrigkeitliche Aufgaben
versieht, muß er keine Bedenken tragen, „auch als obrigkeitliche Person
in der Ausübung der Strafgerichtsbarkeit den Willen Gottes zu erfüllen".
Dies ergibt sich nach Schleiermacher hinlänglich aus der rechtssichernden
Funktion staatlichen Handelns, an deren Durchführung der Christ ein
selbstverständliches Interesse hat und die in besonders signifikanter Weise
über die Strafgerichtsbarkeit vollzogen wird.

Aus dieser Zielsetzung ergibt sich für Schleiermacher aber auch die in
der christlichen Tradition immer wieder problematisierte Legitimität straf-
rechtlicher Sanktionshandlungen. Der abschreckende Aspekt der Strafe

---

[124] Ebd., 242 (Nachschrift vom Wintersemester 1826/27).
[125] Ebd., 243–244.

wiege insgesamt höher als der Umstand, daß die Strafpraxis als „Zufügung eines Uebels" gelten müsse. Denn sofern die Strafe als Drohung tatsächlich wirken soll, so ist das Eintreten derselben „nur eine Nothwendigkeit, damit die Drohung Realität habe". Allerdings unterliegt dieser Grundsatz einer Einschränkung, die von Schleiermacher stark betont wird. Denn es „kann der Christ als Obrigkeit sich nur dann vollständig beruhigen, wenn kein anderes Uebel als Strafe darf auferlegt werden, als was jeder sich selbst aufzulegen berechtigt ist". Nun darf aber, so Schleiermacher, niemand sich selbst töten. „Folglich sollte die Todesstrafe in christlichen Staaten gar nicht vorkommen."[126] In der Vorlesungsfassung aus dem Wintersemester 1826/27 geht er noch weiter: „[...] wir verwerfen überhaupt alle Strafen, die den Charakter der Lieblosigkeit an sich tragen und härter sind, als die dringendste Nothwendigkeit es fordert, d.h. also alle Strafen, die es dem christlichen Gemeinwesen erschweren, auf die wirkliche Besserung der Verbrecher zu wirken."[127]

Zwei weitere Argumente führt Schleiermacher an: Zum einen habe „der Staat [...] niemals ein Recht, durch seine Strafen die physischen Kräfte des Verbrechers zu schwächen". Mißhandlung und gar Folter verbieten sich daher von selbst. Doch erstreckt sich die Verpflichtung, die personale Integrität des Straffälligen zu achten, auch auf dessen seelisches Befinden. Für den Theologen ergibt sich hieraus die Feststellung, daß der Staat kein Recht habe, den Verurteilten „von der Theilnahme an der christlichen Kirche und von den belebenden Einwirkungen derselben auf den Geist abzuschließen".[128]

Die Todesstrafe stammt „aus dem Zustande der Barbarei, diesem Kriege zwischen den einzelnen unter einander". Mit der Bildung von Staaten muß das Bestreben wachsen, die Todesstrafe abzuschaffen. Diese Aufgabe obliegt primär den Fürsten, die keine entsprechenden Urteile mehr ausfertigen sollen. Sobald die Erfahrung den Beweis geliefert habe, daß „sich weder der einzelne im Staate, noch der Staat als Staat übel befinde, wenn es keine Todesstrafe mehr giebt", sei der Zeitpunkt für eine gesetzliche Aufhebung erreicht. Da die Fürsten aber als Repräsentanten „des ganzen" handeln, werden sie ihrerseits erst tätig werden, wenn die Abschaffung nicht mehr nur von wenigen gefordert wird, sondern auch die große Mehrheit nicht mehr, wie jetzt noch, mit der Todesstrafe „eine Art von Sicherheit" verbindet. Aus diesem Grunde gilt für Schleiermacher: Der Christ

---

[126] Ebd., 248. – Vgl. hierzu die Untersuchung von Wichmann von Meding: Schleiermacher als Zeuge gegen die Todesstrafe, in: New Athenaeum / Neues Athenaeum. A Scholarly Journal Specializing in Schleiermacher Research and Nineteenth Century Studies / Zeitschrift für Schleiermacher-Forschung und für Studien zum 19. Jahrhundert 2 (1991), 60–68.
[127] Die christliche Sitte, 252.
[128] Ebd., 252.

„muß beharrlich danach trachten", daß die Todesstrafe „abgeschafft" werde.[129]

Das Verhalten des Christen gegenüber der Strafgerichtsbarkeit ist zunächst dadurch gekennzeichnet, daß er sich jeder Strafe unterwerfen muß. Dieser Satz gilt auch in seiner rigorosen Konsequenz: „Ja, in der größten Allgemeinheit müssen wir dieses auffassen und sagen, daß kein Fall denkbar ist, in welchem der Christ sich der Strafe widersezen oder entziehen dürfte, gesezt auch, sie träfe ihn nach seiner Ueberzeugung mit dem entschiedensten Unrecht. Wer anders lehrte, lehrte nur Unrecht häufen auf Unrecht."[130] Auch die Anrufung der Strafjustiz im Falle, daß ihm zerstörerische Unternehmungen gegen den Staat bekannt werden, ist dem Christen aufgetragen, und zwar selbst dann, wenn er sich damit gegen die öffentliche Meinung stellen sollte.

In Privatangelegenheiten, sofern die Ordnung des Staates betroffen ist, rät Schleiermacher ebenfalls zum Handeln. Denn würde „die Bereitwilligkeit das Unrecht zu leiden ganz allgemein gesezt: so kann die bürgerliche Gesellschaft nicht bestehen".[131] Schleiermacher weist die Ansicht zurück, daß sich der Bergpredigt Jesu umstandslos ethische Normen für die Existenz des Christen im staatlich-bürgerlichen Kontext entnehmen ließen. Dies bezieht sich auch auf die Forderung, eigene rechtmäßige Ansprüche gegenüber anderen Personen zurückzunehmen. Denn so lange es noch Menschen in der bürgerlichen Gesellschaft gibt, die Unrecht tun, haben diese „dann völlig freie Hand und werden sich allmählig alle anderen unterordnen". Generell gelte: „Wenn also sonst die Aussprüche Christi und der Apostel überall das Dasein der bürgerlichen Gesellschaft voraussezen: so darf nicht angenommen werden, jene Stelle in der Bergpredigt enthalte Anweisungen, deren Befolgung den Staat auflösen würde."[132]

Im Anschluß an die bürgerliche Strafgerichtsbarkeit „oder das wiederherstellende Handeln des ganzen auf den einzelnen" erörtert Schleiermacher unter dem Titel „Staatsverbesserung" „das wiederherstellende Handeln des einzelnen im Staate auf das ganze". Er unterstellt dabei den

---

[129] Ebd., 250. – Schleiermacher hat sich auch als geistlicher Redner für dieses Ziel eingesetzt. Siehe hierzu besonders die Predigt vom 24. März 1833 über Apg 2, 23; abgedruckt in dem Sammelband: Christenthum und Vernunft für die Abschaffung der Todesstrafe. Sammlung landständischer Verhandlungen des Königreiches Sachsen, nebst anderen wissenschaftlichen Mittheilungen von Großmann, Eisenstuck, Ammon, Paulus, Abegg, Mehring, Schläger u.a., und einer Predigt von Schleiermacher über die Sünde der Todesstrafe. Mit Bemerkungen von Professor [Johann Christian August] Grohmann, Berlin 1835, hier: 64–75 (nachgedruckt unter anderem in: Friedrich Schleiermacher: Predigten. Dritter Band. Neue Ausgabe, Berlin 1843, 529–541).

[130] Die christliche Sitte, 253.

[131] Ebd., 259–260.

[132] Ebd., 259 mit Bezug auf Mt 5, 38–42. Diese Formulierung, die nur auf den ersten Blick kraß anachronistisch erscheint, richtet sich auf den Interpretationsmodus der „Aussprüche Christi und der Apostel", nicht auf deren historische Situierung.

Idealfall einer durch allgemeine politische Partizipation gekennzeichneten Staatsform; konkret schwebt ihm eine konstitutionelle Monarchie vor. Auch hier betont Schleiermacher noch einmal, daß der einzelne, sei er Teil der Obrigkeit, sei er Untertan, auf das „Ganze" nur wirken könne nach Maßgabe seiner politischen Stellung, das heißt nach dem Ort, den er innerhalb der Staatsorganisation einnimmt.

Dabei handelt es sich allerdings lediglich um eine graduelle Unterscheidung, denn „auch die einzelnen, die nicht in der politischen Organisation sind, können auf dieselbe Weise wirken, wie die Glieder derselben, nur anfangend von entfernteren Punkten". Eine Mißachtung der bürgerlichen Ordnung ist dabei in jedem Falle ausgeschlossen. Gewalt kann kein Mittel der Einwirkung sein. Das zur Verfügung stehende Instrument ist, solange ein allgemeines Wahlrecht nicht besteht, allein die überzeugungskräftige politische Argumentation. Ein Staat jedoch, der den Christen an dieser rechtmäßigen staatsverbessernden Einwirkung hindern will, handelt unsittlich, weil er seinen Bürgern die Inanspruchnahme einer ihnen wesentlich zukommenden Freiheit verweigert.[133]

An dieser Stelle wird auch deutlich, wie stark, trotz des progressiven, auf Konstitutionalisierung und Demokratisierung drängenden Gehaltes seiner politischen Theorie, der Einfluß einer gouvernementalen, am altlutherischen Obrigkeitsverständnis orientierten staatstheoretischen Tradition im deutschen Protestantismus auf Schleiermacher noch ist. Die Administration genießt einen derart hohen, im Grunde unantastbaren Rang, daß alle „Staatsverbesserung" grundsätzlich nie anders als in Form einer schrittweise erfolgenden reformerischen Entwicklung denkbar ist. Treffend hat Ernst Müsebeck diesen Aspekt des politischen Denkens von Schleiermacher charakterisiert:

> „Wie seine eigene geistige Entwickelung nicht plötzlich durch ein elementares Ereignis, sondern in dem seelischen Gleichmaße, in dem langsamen, aber stets aufwärts sich bewegenden Wechsel ruhiger Sachlichkeit sich vollzog, so erblickte er auch für die Fortbildung des Staatsbegriffes als das Heilmittel nicht die Revolution, sondern die friedliche Evolution, nicht den Sprung vom Seienden in das Seinsollende, sondern die Fortentwicklung vom Seienden, das sich überlebt hat, zu einer höheren Stufe des geschichtlichen Werdens."[134]

---

[133] Die christliche Sitte, 264–272; Zitat: 266. – In diesem Zusammenhang äußert Schleiermacher sich negativ zum sogenannten „Tyrannenmord": Da das Christentum die Obrigkeit als „im Staate geltende Befugniß" anerkennt, „so kann es so wenig im kleinen als im großen eine Zerstörung derselben gestatten, wie es denn auch niemals gebilligt hat, was doch das classische Alterthum zu so großem Ruhme rechnete, weder das größte dieser Art, den Tyrannenmord, noch sonst irgend eine gewaltsame Staatsbewegung" (Ebd., 267).

[134] Ernst Müsebeck: Schleiermacher in der Geschichte der Staatsidee und des Nationalbewußtseins, Berlin 1927, 21; vgl. auch: 15–16. Allerdings ist Müsebecks strategische

Selbst im Falle äußerster staatlicher Desorganisation ist nach Schleiermacher der einzelne Bürger verpflichtet, „der Sittlichkeit angemessen und nach seinem Gewissen den gesellschaftlichen Zustand auf eine möglichst ruhige Weise wiederherzustellen". Zwischen Obrigkeit und Bürgerschaft besteht ein virtueller Vertrag, dessen Verletzung durch die Obrigkeit sogar zur Zerstörung des Staates und zum „Ausbruch roher Gewalt" führen kann, der aber in seinem Bestehen durch christliches Handeln nie legitimerweise wird in Frage gestellt werden dürfen. Es sei denn – und dies ist als ein äußerster Grenzfall zu verstehen –, die Vertragsverletzung durch die Obrigkeit macht dem Christen als Staatsbürger die „Pflichterfüllung" unmöglich. Das aber wird nur dort der Fall sein, „wo der Staat mit der Freiheit der Mittheilung alles öffentliche Leben hemmt, und wo er seine Bürger zwingen will, bestimmte Aemter anzunehmen oder zu behalten und so positiv mitzuwirken zu demjenigen, was sie eben für eine aufzuhebende Verschlimmerung halten".[135]

Das Öffentlichkeitsprinzip wird hier als Beurteilungskriterium für die Legitimität staatlichen Handelns zur Geltung gebracht. Alle Formen diktatorischer Selbstverabsolutierung der Staatsgewalt müssen insofern, weil sie keine politische Öffentlichkeit zulassen können, als Negation des Staatsbegriffes und deshalb als illegitim angesehen werden. Die nach 1933 von verschiedenen Seiten vorgenommenen Versuche, Schleiermachers Staatsidee mittelbar oder unmittelbar für die nationalsozialistische Ideologie in Anspruch zu nehmen, beruhen daher nicht nur auf einer fehlerhaften Interpretation; sie verkehren vielmehr seine Intention ins genaue Gegenteil.[136]

In einem dritten Abschnitt entwickelt Schleiermacher Überlegungen zum reinigenden Handeln eines Staates auf einen anderen, wobei er frühere Gedanken zum Staatenbund und zur Politik der Annäherung von Staaten wieder aufnimmt. Die Rechtsgrundlage einer staatenübergreifend wirksamen Verfahrensweise ist „die Idee des Völkerrechts", „welches voraussetzt, daß sich die Völker gegen einander in einem Rechtszustande befinden, der sie zu einem ganzen macht". Es komme hier das Bestreben zur Geltung, „nur auf diesen Rechtszustand das reinigende Handeln eines Staates auf den anderen zurükkzuführen".[137]

Intention offenkundig: Er benutzt die gedankliche Verbindung zur reformatorisch-autoritären Staatsauffassung, um Schleiermacher in seiner Interpretation möglichst weit vom demokratischen Staatsideal absetzen zu können.

[135] Die christliche Sitte, 268–269; 272. Das Zitat entstammt der Vorlesung von 1826/27.

[136] Ein wiederauferstandener Schleiermacher hätte, dessen bin ich gewiß, den Nationalsozialismus, seine Gewaltverherrlichung, den Rassismus und die von ihm betriebene Zerstörung der freiheitlichen Kultur bekämpft. Seit 1933 wäre er ein Gegner des NS-Regimes gewesen.

[137] Die christliche Sitte, 274.

Im Blick auf den Kriegsfall operiert Schleiermacher auch hier mit der Unterscheidung von Angriffs- und Verteidigungskrieg: „Von der Idee des Völkerrechtes aus ist jeder Vertheidigungskrieg erlaubt, aber jeder Angriffskrieg unsittlich, auch wenn er den Schein des Vertheidigungskrieges annimmt."[138] Dabei stellt sich nun allerdings die Frage, ob der Christ in seiner ihn zu Loyalität gegenüber dem eigenen Staat verpflichtenden Rolle als Staatsbürger berechtigt sei, die Teilnahme am Krieg zu verweigern. Schleiermacher geht von einem eng begrenzten Modell von Kriegsführung aus: „Kein auf sittliche Weise den Krieg führender Staat befiehlt seinen Unterthanen, die des gegenüberstehenden Staates zu tödten wo immer sie angetroffen werden; er hat also auch niemals die Absicht, sie zu tödten, sondern was er eigentlich will, ist nichts als Schadenersaz und Sicherheit für die Zukunft."[139] Zu einer „barbarischen und unsittlichen" Form der Kriegsführung dürfe niemand veranlaßt werden. Doch kann nach Schleiermacher von einem in der eigenen Gewissensverpflichtung gegründeten Recht zur Verweigerung der Teilnahme an einem Krieg, der nicht aus Unrecht geführt wird, sittlicherweise keine Rede sein. Sofern christliche Religionsgesellschaften, wie die Quäker oder die Mennoniten, ein solches Recht behaupten, „so haben sie damit eigentlich sich selbst außerhalb des Staates gestellt und es scheint uns eine zu große Nachgiebigkeit unserer Regierung zu sein, wenn sie demohnerachtet im Staate geduldet werden".[140]

Schwierig wird für den Christen die Situation dann, wenn seine Regierung einen Angriffskrieg befiehlt. Hierzu erklärt Schleiermacher zum einen, daß „ein einzelner, der nicht selbst obrigkeitliche Auctorität hat", sich niemals anmaßen dürfe, „einen Befehl der Obrigkeit zum Kriege, weil ihm derselbe nicht gerecht scheine, nicht zu vollziehen". Denn dies ist nichts anderes, „als an seinem Theile den Staat auflösen".[141] Eines von beiden sei nur möglich, „entweder muß man Theil nehmen am Kriege, den die Obrigkeit befiehlt, oder man muß überhaupt nicht in einem Staate sein, der nicht ein für allemal erklärt, daß er nie Krieg führen werde". Auf der anderen Seite aber ist jedem das Recht unbenehmbar, seine Überzeugung von der Unrechtmäßigkeit eines Krieges frei vorzutragen: „Dagegen die Ueberzeugung aussprechen, daß man einen Krieg für ungerecht halte und von dieser Ueberzeugung aus mit allen Kräften auf die Obrigkeit wirken, aber im vollkommen Gehorsam gegen sie, das ist eines jeden Pflicht, und wenn er dieser gewissenhaft nachkommt: so kann er vollständig ruhig sein in seinem Gewissen".[142]

---

138 Ebd., 278. Zur Kriegsthematik vgl.: Ebd., 273–285.
139 Ebd., 280–281.
140 Ebd., 282.
141 Ebd., 283–284.
142 Ebd., 285; siehe daneben: [Anhang:] Beilage B, 127 (§ 13).

Zur Kriegsthematik insgesamt läßt sich feststellen, daß Schleiermachers Haltung mit der Zeit immer kritischer wird. Hatte er in den Jahren der militärischen Auseinandersetzung, besonders nach 1806, im Krieg vor allem eine läuternde Kraft gesehen, durch die das Volk geeint wird und Mißstände in Staat und Gesellschaft beseitigt werden, so tritt nun der negative Aspekt deutlich stärker hervor. Mehr und mehr löst Schleiermacher sich in den späteren Jahren von einer Auffassung, die – unter starker Einwirkung ideologisch-konstruktiver Momente – den Krieg als eine Art Katalysator von Volkseinheit und Nationenbildung deutete. Die Vorstellung von der „erzieherischen" Wirkung kriegerischer Geschehnisse, wie sie etwa in Predigten der Hallenser Zeit unmittelbar mit der Idee von Gottes geschichtslenkendem Handeln verbunden sein konnte, taucht jetzt allenfalls vereinzelt und nur als nachrangiger Gedanke noch auf. Zudem hatte Schleiermacher in den Predigten und sonstigen Stellungnahmen aus der Kriegszeit kaum einmal die zerstörerische Dimension des Krieges ausdrücklich angesprochen. In den Vorlesungen zur Christlichen Sittenlehre aus den zwanziger Jahren aber problematisiert er die praktische Kriegsführung gerade anhand der Frage, wie die Vernichtungskraft des Krieges auf das konkrete militärische Ziel begrenzt und Zerstörungen und Folgeschäden im Zivilbereich geringgehalten werden können.[143]
Es geht Schleiermacher um eine Ethisierung der militärischen Praxis, aus der sich, so seine Hoffnung, Antriebskräfte für eine gänzliche Überwindung des Krieges gewinnen lassen. Diesem Bestreben zur Seite steht eine negative Beurteilung des Krieges aus theologischer Sicht. In den späten Vorlesungen über Praktische Theologie qualifiziert Schleiermacher den Krieg im Rückgriff auf die Kategorie der Sünde: „Krieg ist nicht ohne Sünde, die Sünde ist die allgemeine Schuld, der Krieg führt auf die gemeinsame Schuld hin [...]." Insofern ist es auch nicht legitim, im Falle eines militärischen Erfolges Gott zu dessen Urheber zu erklären und den Sieg als eine „göttliche Begünstigung" anzusehen: „Im Sieg ist keine göttliche Rechtfertigung zu finden."[144]
Der Themenkomplex „Reinigendes Handeln im Staate" wird durch eine vierte Erörterung abgeschlossen, die dem „reinigenden Handeln des Staates auf einzelne außerhalb des Staatsverbandes überhaupt" gewidmet ist. In diesem Zusammenhang wirft Schleiermacher eine Frage auf, deren

---

[143] Vgl.: Ebd., 281, wo Schleiermacher die heutige Kriegsführung für „bei weitem edler" erklärt als frühere Formen, „als man noch bloß mit Schwerdt und Lanze focht". „[...] es kann uns gar nicht zweifelhaft sein, welche Art Krieg zu führen die sittlichere sei, die alte, oder die jezige."

[144] Die praktische Theologie nach den Grundsäzen der evangelischen Kirche im Zusammenhange dargestellt (Sämmtliche Werke. Band I/13), 155. Wie schon an anderer Stelle erwähnt, lassen sich Passagen aus Schleiermachers Vorlesungen zur Praktischen Theologie anhand der Edition von Frerichs nicht eindeutig datieren. Die zitierte Formulierung entstammt einer seit 1824 gehaltenen Vorlesungen.

Bedeutung für die Ausübung staatlichen Handelns eher marginal anmutet, der aber doch im Blick auf den zivilen Charakter der bürgerlichen Gesellschaft eine eminente Bedeutung zukommt. Es geht um den zweiseitigen Sachverhalt, daß zum einen Angehörige eines Staates „den bestehenden Zustand des Verkehrs stören durch Treulosigkeit und Betrug", zum anderen Personen, die ihrerseits diesem Staat nicht angehören, von der Störung nachteilig betroffen sind. In einem solchen Fall ist die Obrigkeit verpflichtet, „auch dem, der keinem Staate angehört und also auch von keinem Staate vertreten werden kann, Recht zu schaffen gegen ihre Unterthanen".[145]

Was zunächst als Randbemerkung erscheint, erweist sich bei näherer Betrachtung als Aussage über einen weitreichenden rechtlichen Tatbestand. Denn Schleiermacher konstruiert hier nichts anderes als einen Anwendungsfall der Idee allgemeiner Menschenrechte. Nicht das einem einzelnen konkret zukommende Bürgerrecht begründet den Anspruch von Personen gegen eine Staatsorganisation. Das Recht auf körperliche Unversehrtheit und Achtung der Person ist vielmehr ein universales Rechtsgut, das jedem Staat gegenüber von jedem Einzelnen eingefordert werden kann. Denn „es ist nur eine heidnische Vorstellung, keine christliche, daß es zwar ein Recht gebe zwischen Bürgern und Bürgern, aber nicht zwischen Bürgern und anderen". Einer „christlichen Obrigkeit kann es gar nicht darauf ankommen, wem Unrecht geschehen ist von ihren Unterthanen, sondern nur ob dieselben irgend ein Unrecht verübt haben". Insofern ist in der Tat der „bürgerliche Zustand eine Wohltat für alle Menschen".[146]

4.2.2. Das verbreitende Handeln im Staat

Im Mittelpunkt der Ausführungen zum „verbreitenden Handeln" stehen Reflexionen über die kulturelle Prägekraft des Christentums. Als Voraussetzung gilt: „Das Christenthum muß [...] fordern, daß der Gesinnungbildung die Bildung des gesammten psychischen und physischen Organismus zur Seite gehe."[147] Die Bildung des Menschen, das heißt „die Bildung der Totalität seiner Talente", und die Bildung der Natur für den Menschen stellen „ethisch angesehen" einen und denselben Prozeß dar. Damit aber ist zugleich schon die Gesamtheit der sozialen Lebensbezüge als Rahmenbestimmung der kulturellen Entwicklung bezeichnet: „Bildung aller Talente und Bildung der Natur für den Geist, beides als Eins gesezt, ist

---

[145] Die christliche Sitte, 286.
[146] Ebd., 286. 288.
[147] Ebd., 441 (Vorlesungsnachschrift von 1831).

wesentlich ein gemeinschaftlicher Act aller der menschlichen Gattung angehörigen Einzelwesen."[148]

Kein Einzelner kann infolgedessen in sich ein Resultat dieses Prozesses absolut fixieren. Die einzelne Person ist „nicht Anfangspunkt und nicht Endpunkt sondern Durchgangspunkt" der Kulturentwicklung, die selbst sich zwar als Wirksamkeit des Geistes „in der Form der Persönlichkeit" darstellt, zugleich aber immer über die einzelne Individualität hinausstrebt und sie im Medium von „Communicationen", „Gemeinschaftlichkeit" und „Coexistenz" anschaut.[149]

Auch hier gibt die Relation von Individualität und Sozialität den konzeptionellen Horizont vor. Denn der Gemeinschaftsbezug menschlicher Existenz setzt sich unter konkreten geschichtlichen Bedingungen in der Zugehörigkeit zu ethnischen Gruppen und staatlichen Einheiten um. Die Frage lautet also: Wie verhält sich das Christentum zu dem Bestehen nationaler Differenzen, und wie beeinflußt es die Zugehörigkeit zu einem Volk? Schleiermacher geht vom kulturellen Bildungsprozeß aus, dem, wie bereits erörtert, innerhalb der Ethiktheorie insofern eine organisierende Funktion zukommt, als mit ihm der einheitliche Bezugspunkt für alles ethische Handeln gesetzt ist. Dieser Prozeß aber ist seinem Wesen nach nicht partikular. Der Bildung der Gesinnung muß daher der Aspekt nationaler Verschiedenheit untergeordnet werden. Nationalität und Volkszugehörigkeit können keine letztgültigen Werte einer christlichen Ethik sein: „Das ist ein ächt christlicher Saz und die Einheit des Reiches Gottes ist ohne ihn gar nicht zu construiren [...]." Zum Beleg weist Schleiermacher auf die „morgenländische" und die „abendländische Kirche" hin, die sich beide „über eine Mehrheit von Völkern" verbreitet haben, „ohne daß die nationale Differenz die Kircheneinheit hinderte".[150]

Dennoch stellt die Zugehörigkeit zu einem Volk eine für den Kulturprozeß nicht zu ignorierende soziale Gegebenheit dar. Denn die „absolute Gemeinschaft" aller Menschen als normativer Richtwert liefert keine konkrete Orientierung für die Ausbildung von Individualität. Daher muß es „größere Abtheilungen dieser Art geben [...], welche den Raum zwischen der einzelnen Persönlichkeit und der absoluten Gemeinschaft auf eine construible und systematische Weise ausfüllen". Aus dem gleichen Grunde muß auch die staatliche Organisationsform eines Volkes als notwendig akzeptiert werden: „In den ersten Principien des Christenthums findet sich die ausdrückliche Anerkennung des bürgerlichen Zustandes, also des Staates als der Form des Volkes."[151]

---

[148] Ebd., 446.
[149] Ebd., 448.
[150] Ebd., 451.
[151] Ebd., 452. 455.

Wiederum in Anknüpfung an frühere Aufstellungen thematisiert Schleiermacher anschließend „die Verpflichtung des Christen zu der sogenannten justitia civilis", wobei diese nicht etwa bloß in äußerlichen Handlungen besteht, „sondern wiewol sie der christlichen Tugend untergeordnet
ist: so ist doch auch immer die Gesinnung mit darin niedergelegt". Den
umbildenden, „verbreitenden" Effekt der christlichen Sittlichkeit gegenüber einem utilitaristisch gestützten Sozialethos sieht Schleiermacher in
einer spezifischen Begründung der bürgerlichen Gesinnung. Der Christ
wird sein gesamtes Handeln auf den Willen Gottes beziehen und sich insofern nach einer an den Kantischen Imperativ erinnernden, jetzt aber
religiös zurückgebundenen Maxime richten: „Darum ist es auch, auf die
bürgerliche Tugend bezogen, zwar immer das Bewußtsein von der Art,
wie ich meinen eigenen Willen nach dem gemeinsamen dirigire, aber doch
nie ohne auch Bewußtsein davon zu sein, daß er auch als ein göttlicher
Wille erscheinen kann."[152]
     Eine bürgerliche Tugend hingegen, die aus universalethischer, „kosmo-
politischer" Sicht betrachtet „eine Ungerechtigkeit" wäre, weil sie keinen
„gemeinsamen Willen" kennt, gibt es für den Christen nicht. Denn „die
göttliche Vorsehung kann nie auf das Bestehen nur eines Volkes gerichtet
sein, sondern bezieht sich wesentlich immer auf das Zusammenbestehen
aller".[153]

4.3. „Die bürgerliche Tugend des Christen"

Die Schlußpassagen innerhalb der Ausführungen zum „verbreitenden
Handeln" fassen die teleologische Leitfigur der gesamten Christlichen
Sittenlehre noch einmal prägnant zusammen. Die Differenz zwischen den
unterschiedlichen Begründungsmodellen „bürgerlicher Tugend" sieht
Schleiermacher in den jeweiligen normativen Bezugsgrößen. So sei „das
rein bürgerliche Gewissen" „bloß" die Zusammenstimmung der Willens-
richtung des Einzelnen mit der des Ganzen, „und die Gewissenhaftigkeit
besteht darin, daß keine Willensdirection realisirt wird ohne diese Zusammenstimmung". Das „Ganze" umfaßt hier allerdings nur den partikularen gesellschaftlich-politischen Lebenskontext der einzelnen Person. Auf
„die absolute Gemeinschaftlichkeit" lasse sich solche Gewissenhaftigkeit
nicht anwenden. Demgegenüber „das religiöse Gewissen": Eine Verkür-
zung, wie sie dort bestehe, sei hier undenkbar, „denn dieses kann niemals
umhin, das Bestehen des einzelnen Volkes auf das allgemeine Verhältniß
aller Menschen zu beziehen". Dies Prinzip gelte deshalb, weil es „wesent-

---

[152] Ebd., 461.
[153] Ebd., 461.

lich das Bewußtsein ist der Uebereinstimmung des eigenen Willens mit dem göttlichen".[154]

Insofern nun „das religiöse Gewissen" seinem Wesen nach „alles", das heißt die Gesamtheit der sozialen und politischen Handlungszusammenhänge, am göttlichen Willen orientiert, unterliegt auch das Verhalten des Christen einer anderen ethischen Norm. Der Ausrichtung an dem als bekannt und realisierbar vorausgesetzten Willen Gottes entspricht im Blick auf den kulturellen Prozeß die Idee der „Verbreitung des Reiches Gottes": „Der Christ kann diese ganze Sphäre des Talent- und Naturbildungsprozesses nur beziehen auf die Verbreitung des Reiches Gottes nach der christlichen Idee."[155] Hieraus ergibt sich für seine Stellung im Staat eine elementare Schlußfolgerung: Sofern er die ganze bürgerliche Tugend auf die Verbreitung des Reiches Gottes hin anlegt, ist es ausgeschlossen, daß er sich von seinem Verhältnis zum Staat etwas gebieten läßt, durch das die Verbreitung des Reiches Gottes gehindert werden könnte. Das Gewissen des Christen kann nie befriedigt sein „durch eine bürgerliche Tugend, welche nicht zugleich alle Talent- und Naturbildung auf die Steigerung der christlichen Gesinnung" bezieht. In diesem Sinne ist „die bürgerliche Tugend des Christen" zwar „nicht der Materie, aber der Form nach" eine andere als die eines Staatsbürgers, der nicht aus Gründen der religiösen Überzeugung handelt.[156]

Schleiermacher veranschaulicht die Konsequenzen, die sich hieraus ergeben, am Beispiel der Vaterlandsliebe. Die bisherigen Überlegungen führen zu der Feststellung, daß „der religiöse Standpunkt" – „vom christlichen gar nicht einmal zu reden" – keinen Patriotismus „statuirt", der das Vaterland zu einer „eigennützigen moralischen Person", also zum Inbegriff zweckhaften, in sich selbst begründeten Handelns, erhebt. Wenn nun aber „der bloß politische Standpunkt" gegen einen solchen Patriotismus nicht „sichert", so trete unweigerlich „eine Differenz im Gewissen" ein. Dies aber bedeutet nichts anderes, als daß der Christ genötigt sein wird, jener Selbstsetzung von Vaterlandsliebe und Staatsanhänglichkeit kritisch zu widersprechen.[157]

Schleiermacher argumentiert an dieser Stelle überaus vorsichtig. Dennoch handelt es sich um einen zentralen Punkt seiner Ausführungen zur Staatsthematik im Kontext christlicher Ethik. Vor allem bleibt offen, inwiefern von hier aus eine Spannung zu jener unbedingten Loyalitätsverpflichtung des Untertanen gegenüber der Obrigkeit besteht, von der er in seinen Erörterungen zur Herrschaftsordnung der bürgerlichen Gesell-

---

[154] Ebd., 460–461.
[155] Ebd., 461.
[156] Ebd., 462.
[157] Ebd., 461.

schaft ausgegangen war. Das Problem ergibt sich wiederum daraus, daß „die Idee" des Reiches Gottes und die des Staates nicht ineinanderfallen. Deutlich wird dafür noch einmal, daß Schleiermacher in seiner Christlichen Sittenlehre das politische Engagement unmittelbar aus einer religiösen Motivation herleitet.

Der Begriff von „Nation" und das Verständnis von Nationalität schließlich, die dem Gedankengang zugrunde liegen, sind ihrerseits in letzter Konsequenz auf die moderne, demokratisch und rechtsstaatlich verfaßte Bürgergesellschaft ausgerichtet. Neben die idealistische Vorstellung von Nation als geschichtlich geformter Individualität tritt bei Schleiermacher die Idee einer über kulturelle Faktoren konstituierten Staatsbürgernation, deren normative Basis ein demokratisches Ethos politischer Partizipation ist.[158] Diese Idee bedingt auch, daß Schleiermacher in seiner politischen Theorie nur sehr begrenzt auf soziale Differenzierungskriterien als Instrumente der Politiksteuerung Bezug genommen hat. Darin ist sein Standpunkt wesentlich unterschieden von denjenigen Konzeptionen, die im Liberalismus in der Phase vor 1848 ausgebildet worden sind. Eine Sicherung des Emanzipationsprozesses durch die Beschränkung politischer Teilhaberechte auf die gebildeten und besitzenden Teile der Öffentlichkeit, also die bürgerlichen Schichten, konnte für ihn weder als aktuelle politische Aufgabenstellung in Frage kommen noch auch im Kontext seines Programmes einer liberalen Staatsbürgergesellschaft überhaupt als legitime Position erscheinen. Die Lagebeurteilung im Vormärz-Liberalismus hingegen war stark durch das Bewußtsein für die Gefahren bestimmt, die aus einer Majorisierung des Bürgertums durch die konservative Bauernschaft und die breiten Unterschichten resultieren mußten. Über restriktive Wahlrechtsregelungen sollte einer solchen Majorisierung vorgebeugt werden, wofür man in Kauf nahm, daß hier eine Spannung zur eigenen politischen Programmatik entstand.[159]

Die Ansicht, daß nur jene Bevölkerungsschichten, denen Besitz und festes Einkommen Unabhängigkeit und ein materielles Interesse an der Wohlfahrt des Gemeinwesens gewähren, zur aktiven Mitwirkung an den politischen Entscheidungsprozessen berufen seien, lag Schleiermacher völlig fern, und es wäre ihm wohl auch nur schwer möglich gewesen, die sich auf pragmatische Gründe stützende Rechtfertigung für eine solche Position nachzuvollziehen. Auf der anderen Seite unterstellen seine Überlegungen zum öffentlichen politischen Diskurs nicht nur die Befähigung

---

[158] Vgl. ebenso Otto Dann: Schleiermacher und die nationale Bewegung, in: Internationaler Schleiermacher-Kongreß Berlin 1984. Teilband 2, Berlin / New York 1985, 1107–1120, hier: 1115.

[159] Vgl. Wolfgang J. Mommsen: 1848. Die ungewollte Revolution. Die revolutionären Bewegungen in Europa 1830–1849, Frankfurt am Main 1998, 18–41 (hier auch eingehend zu den zeitgenössischen Demokratievorstellungen).

der Bürger zur Diskursteilnahme, sondern er operiert zugleich mit massiven Voraussetzungen im Blick auf die rationale Struktur und argumentative Substanz der Debatten. Hier sind Präsuppositionen wirksam, denen der tatsächliche Meinungsstreit in einer noch durch keine Parteien oder Vereinsbildungen strukturierten politischen Öffentlichkeit nicht entsprechen konnte.

Schleiermacher zeichnet insofern das Idealbild einer politischen Kommunikationssituation. Dieser Zeichnung kommt im Ganzen eine antizipierende Funktion zu. Erst in ihrem bewußt kontrafaktischen Charakter aber kann die politische Theorie als Programm zur Ausbildung staatsbürgerlicher Handlungskompetenz auftreten und so daran mitwirken, das Fundament für eine liberale Zivilgesellschaft zu errichten. Gerade in dieser Eigenart seiner Konzeption bewahrt Schleiermacher den freiheitlichen Anspruch der bürgerlichen Verfassungsbewegung, und hierin liegt sein konstruktiver Beitrag zur Entwicklung des demokratischen Gedankens in Deutschland. Zugleich soll klargestellt werden, daß die staatliche Ordnungsmacht an normative Vorgaben zurückgebunden bleibt, die nicht selbst ausschließlich politischer Natur sind, sondern in denen sich kulturelle Gegebenheiten und soziale Faktoren niederschlagen. Denn der Kulturprozeß stellt die Rahmenbedingungen für alle Gemeinschaftsformen und so auch für die Nationenbildung dar. Das Ziel ist die Etablierung und Sicherung einer freiheitlichen Verfassung von Staat und Gesellschaft, wie sie nur auf dem Boden einer stabilen, am Ausgleichsprinzip orientierten Rechtsordnung möglich ist. Ihre politisch-organisatorische Gestalt findet die liberale Staatsbürgergesellschaft im demokratisch verfaßten, egalitären Rechtsstaat.[160]

---

[160] An dieser Stelle, am Ende der Rekonstruktion des staats- und politiktheoretischen Gedankenganges, sei ausdrücklich hervorgehoben, daß es nicht die Absicht der vorliegenden Untersuchung ist, Schleiermachers politische Konzeption an den kommunitaristischen Diskussionszusammenhang anzuschließen. Der Begriff der „Bürgergesellschaft" bietet sich im Falle Schleiermachers für eine Analyse um so mehr an, als mit ihm zugleich das Thema der „Öffentlichkeit", und das heißt diejenige politische Zielbestimmung in den Blick kommt, der auch die staatstheoretische Reflexion folgt. Darin allerdings lassen sich durchaus Parallelen ziehen zwischen Schleiermachers Entwurf und neueren Versuchen, ein prozedurales und zugleich bindungskräftiges, nicht vom Nationalstaatsgedanken hergeleitetes zivilgesellschaftliches Paradigma zu entwickeln. Vgl. des näheren die Ausführungen von Bert van den Brink: Die politisch-philosophische Debatte über die demokratische Bürgergesellschaft, in: Bürgergesellschaft, Recht und Demokratie. Herausgegeben von Bert van den Brink und Willem van Reijen. Übersetzungen aus dem Englischen von Jürgen Blasius (edition suhrkamp. Neue Folge. Band 805), Frankfurt am Main 1995, 7–26. Zum Modell der Bürger- oder Zivilgesellschaft aus Sicht des Kommunitarismus siehe etwa Michael Walzer: Was heißt zivile Gesellschaft?, in: Ebd., 44–70.

Neunter Teil
Schleiermacher und das Judentum

Eine Studie zum politischen Denken Schleiermachers kommt nicht ohne einen Blick auf sein Verhältnis zum Judentum aus. Schleiermacher war hier zu einer Stellungnahme sowohl durch sein theologisches Programm als auch durch die zeitgenössische politische Diskussion über die Rechtsstellung der jüdischen Landeseinwohner genötigt. Beide Themenkomplexe können nicht unabhängig voneinander betrachtet werden, weshalb die folgenden Ausführungen nicht allein Schleiermachers Standpunkt in der Rechtsdebatte, sondern seine Einschätzung von jüdischer Frömmigkeit und Kultur insgesamt erörtern. Ein weiterer Grund ergibt sich aus der spezifisch antijüdischen Konnotation, mit der der moderne Nationalstaatsgedanke im Deutschland des neunzehnten Jahrhunderts verbunden war und die sich auch bei Schleiermacher findet.

Es kann allerdings im Rahmen der vorliegenden Untersuchung in keiner der drei Richtungen um eine umfassende Analyse gehen. Vielmehr wird lediglich anhand einiger ausgewählter Aspekte die Entwicklung von Schleiermachers durchweg negativer Urteilsweise nachvollzogen. Der Anteil, den der einflußreichste und wirkungsmächtigste protestantische Theologe der Neuzeit an der judentumskritischen Motivgeschichte im deutschen Kulturprotestantismus hatte, ist mit Händen zu greifen. Ich setze bei meiner Darstellung voraus, daß die Schleiermacher-Forschung sich dieser Einsicht nicht länger verschließen will.

Wenn in diesem Teil der Studie stärker, als es bisher geschehen ist, die theologische Argumentation einbezogen wird, so hängt das mit der unmittelbaren Bedeutung zusammen, die ihr für die Fundierung der politischen Stellungnahme zukommt.[1] Es handelt sich hier um ein evidentes Beispiel dafür, wie bei Schleiermacher die theologische Urteilsbildung und die politische Standortbestimmung in ein Verhältnis gegenseitiger Wechselwirkung eintreten können. Innerhalb gewisser Grenzen spiegelt sich das theologische Urteil im politischen Denken, und ebenso gilt dies auch in der umgekehrten Richtung. Eines der charakteristischen Merkmale des von Schleiermacher mit erheblichen Konsequenzen für

---

[1] Siehe Abschnitt 4: Schleiermachers kritische Sicht der jüdischen Religion.

die gesamte Theologie des neunzehnten und zwanzigsten Jahrhunderts vertretenen Theologieverständnisses bestand gerade in dem Bezug der theologischen Reflexion auf den öffentlichen Raum. Theologie ist nach Schleiermacher eine aus den gesellschaftlichen Bezügen nicht ablösbare Form der Christentumsauslegung. Dieser vor allem in Predigt und Unterricht realisierte Öffentlichkeitsanspruch von Theologie ist es, der den Überlegungen zum Judentum und seinem Verhältnis zur christlichen Religion ihr politisches Gewicht verleiht.

1. Zur gegenwärtigen Einschätzung

Es ist bemerkenswert, daß sich weder die ältere noch die neuere Forschung der Haltung Schleiermachers zum Judentum seiner Zeit in einer dem Gegenstand angemessenen Sorgfalt gewidmet hat. Eingehende Untersuchungen sind bisher weder im Rahmen biographischer noch im Rahmen theologiegeschichtlicher Studien vorgelegt worden. Auch im Kontext der Forschungen zur Geschichte des Judentums in Deutschland ist, abgesehen von vergleichsweise intensiven Erörterungen, die Heinrich Graetz (1817–1891) bereits 1870 im abschließenden Band seiner monumentalen Gesamtdarstellung zur Geschichte der Juden gegeben hat, eine nähere Beschäftigung mit Schleiermacher ausgeblieben.[2] Die Folge dieses Mangels war, daß der sachliche Horizont der Fragestellung in der Schleiermacher-Forschung zu eng begrenzt blieb. Wann immer auf die Thematik eingegangen wurde, standen die frühen Auseinandersetzungen um David Friedländers „Sendschreiben jüdischer Hausväter" von 1799 und Schleiermachers kritische Reaktion aus dem gleichen Jahr im Mittelpunkt.

Eine umfassende Auswertung der Zeugnisse über Schleiermachers Einstellung zum Judentum, zur jüdischen Religion und Kultur, wie sie in Predigten, Briefen, theologischen Schriften und mündlicher Überlieferung für alle Phasen seiner jahrzehntelangen Wirksamkeit vorliegen, hat noch nicht stattgefunden. Besonders die Äußerungen im Zusammenhang theologischer Erörterungen sind bisher nicht adäquat analysiert worden. Dabei wirft Schleiermachers pejorative Beurteilung des Judentums als eines Religionstyps ein klares Licht auf seine Position. Das Judentum erscheint als „statuarische" Gesetzesreligion, die vom paulinischen Heilsuniversalismus definitiv überholt worden sei. Trotz seiner vielfältigen persönlichen Kontakte zu Juden, trotz der sich ihm in der preußischen

---

2   Heinrich Graetz: Geschichte der Juden von den ältesten Zeiten bis auf die Gegenwart. Aus den Quellen neu bearbeitet. Band 11: Geschichte der Juden vom Beginn der Mendelssohn'schen Zeit (1750) bis in die neueste Zeit (1848), Leipzig 1870; Zweite, vermehrte und verbesserte Auflage, bearbeitet von Markus Brann, Leipzig 1900, hier besonders: 166–174.

Metropole mit ihrer großen jüdischen Gemeinschaft bietenden unmittelbaren Anschauung und ungeachtet der dramatischen Entwicklung, die sich gerade in den ersten drei Jahrzehnten des neunzehnten Jahrhunderts innerhalb des deutschsprachigen Judentums vollzog, hat Schleiermacher eine tiefgreifende Fremdheitserfahrung gegenüber dem Judentum niemals überwinden können.

Zu keinem Zeitpunkt ist er in ein fachliches Gespräch mit einem jüdischen Theologen eingetreten. Dem entspricht, daß das Alte Testament, die hebräische Bibel, in Schleiermachers theologischer Reflexion immer auf eine Randexistenz beschränkt blieb. Zwar werden einige biblische Grundgedanken, die Schleiermacher meist mit dem Ganzen der alttestamentlichen Rede von Gott gleichsetzt, für die kritische Darstellung jüdischer Frömmigkeit herangezogen. Das Alte Testament als Zeugnis lebendiger Gotteserfahrung spielt jedoch keine Rolle, und auch im Zusammenhang seiner Überlegungen zur Hermeneutik, zum Verhältnis von Auslegung und Verstehen von Texten oder zum Charakter religiöser Sprache hat Schleiermacher nirgends auf alttestamentliche Aussagen Bezug genommen.

Von einigen Schülern, vor allem aber von judenfeindlichen Propagandisten, die sich des Schleiermacherschen Ansehens für ihre Zwecke bedienen wollten, sind wiederholt einzelne Formulierungen Schleiermachers für eine Abwertung von Judentum und jüdischer Frömmigkeit in Anspruch genommen worden. In den Jahren seit 1933 galt er bisweilen sogar als Gewährsmann des nationalsozialistischen Antisemitismus.[3]

Es steht außer Frage, daß eine derartige Interpretation die tatsächliche Lage verfälscht. Dennoch ist Schleiermacher durch eine unzulängliche Beschreibung jüdischer Religiosität, wie er sie besonders in den Reden „Über die Religion" und der Glaubenslehre gegeben hat, daran beteiligt gewesen, daß sich im deutschen Protestantismus und seinem kulturellen Milieu eine Fehleinschätzung des Judentums als einer auf „das Gesetz" fixierten und durch die religionsgeschichtliche Entwicklung überwundenen Religions-

---

[3] Diese Identifizierung hat eine lange, verhängnisvolle Vorgeschichte. Schon 1893 suchte der spätere Dresdener Kirchenrat Dr. Ernst Katzer (1839–1921) in einer anonymen Schrift unter dem Titel „Das Judenchristentum in der religiösen Volkserziehung des deutschen Protestantismus. Von einem christlichen Theologen" (Leipzig 1893) nachzuweisen, daß Schleiermacher das Alte und das Neue Testament als Dokumente zweier Religionen mit nicht vereinbaren Gottesvorstellungen aufgefaßt habe. Unter Berufung auf ihn fordert Katzer, daß die Deutschen die niedere Stufe des „Judenchristentums" überwinden müßten, um zu der ursprünglichen Reinheit und Selbständigkeit des Christentums zurückzukehren (siehe hierzu Andreas Herzog: „Wider den jüdischen Geist". Christlich argumentierender Antisemitismus 1871–1933, in: Das Jüdische Echo. Zeitschrift für Kultur und Politik 46 (1997), 58–67). Vollends aus einer antisemitischen Perspektive beurteilt Katzer Schleiermacher in einem späteren Aufsatz: Schleiermacher und die alttestamentlich-jüdische Religion, in: Neues Sächsisches Kirchenblatt 26 (1919), 721–724. 737–740. 759–762.

form etabliert hat.[4] Diese Sichtweise, die oft mit einer auffälligen Gering-schätzung des Alten Testamentes in seiner religiösen Bedeutung für den christlichen Glauben einhergeht, lebt in zahlreichen evangelischen Kreisen bis heute fort. Sie erschwert noch immer den Dialog zwischen Christen und Juden und trägt unzweifelhaft Mitverantwortung für das Versagen der evangelischen Kirche in den Jahren des Dritten Reiches und dessen Vorgeschichte.

Es sei hier jenes Verdikt zitiert, mit dem Heinrich Graetz am genannten Ort Schleiermachers Position beschrieben hat:

„Schleiermacher impfte den gebildeten Kreisen Deutschlands von neuem eine eigene, kaum bezeichenbare Antipathie gegen das Judentum ein. Er war kei-neswegs, was man so nennt, ein Judenfeind, er wehrte sich vielmehr dagegen, wenn er als solcher bezeichnet wurde. Aber es waltete in ihm ein dunkles, unangenehmes Gefühl gegen das jüdische Wesen, dessen er sich nicht erwehren konnte. [...] Die Schleiermachersche Schule, welche tonangebend in Deutsch-land wurde, hat diese vornehme Verachtung des Judentums zum Stichwort und zum Ausgangspunkt ihrer Gläubigkeit gemacht."[5]

Man wird einwenden können, daß Graetz hier, seiner auch sonst vielfach belegbaren positionellen Eigenart gemäß, verkürzend und besonders im Hinblick auf jene „Schleiermachersche Schule" nicht zutreffend urteilt. Und dennoch bleibt der Umstand bemerkenswert, daß sich, in Kenntnis der weiteren Geschichte des Judentums im neunzehnten Jahrhundert, einem jüdischen Historiker von solchem Format Schleiermachers Standpunkt in dieser Weise darstellen konnte.

Die Einschätzungen von Schleiermachers Haltung in der Emanzipati-onsfrage fallen bis in die unmittelbare Gegenwart sehr unterschiedlich aus, und zwar im wesentlichen je nach dem, ob sie von jüdischen Histori-kern oder von Historiographen der protestantischen Theologiegeschichte formuliert werden. Von jüdischer Seite überwiegt insgesamt nach wie vor eine negative Beurteilung.[6] Protestantische Theologiehistoriker hingegen

---

4 Siehe hierzu auch die Hinweise in der Studie von Erhard Lucas: Die Zuordnung von Judentum und Christentum von Schleiermacher bis Lagarde, in: Evangelische Theo-logie 23 (1963), 590–607.
5 Heinrich Graetz: Geschichte der Juden vom Beginn der Mendelssohn'schen Zeit (1750) bis in die neueste Zeit (1848). Zweite Auflage, 172 und 173–174.
6 Für die auch derzeit noch vorherrschende Sicht jüdischer Historiker vgl. zum Beispiel den Artikel von Theodor Zlocisti: Schleiermacher, Friedrich, in: Jüdisches Lexikon. Ein enzyklopädisches Handbuch des jüdischen Wissens. Band IV/2, Berlin 1927, 222. Ähnlich kritische Urteile fällen Ismar Elbogen (Geschichte der Juden in Deutschland, Berlin 1935, 178–179) und Jacob Katz (Aus dem Ghetto in die bürgerliche Gesell-schaft, Frankfurt am Main 1986, 68–69). Die Kontroverse von 1799 bildet auch den zentralen Gegenstand der Studie von Micha Brumlik: Schleiermacher – Ein Glaube und eine Freundin, in: Ders.: Deutscher Geist und Judenhaß. Das Verhältnis des phi-losophischen Idealismus zum Judentum, München 2000, 132–195 (siehe auch: Ders.:

heben jene Aspekte hervor, die dafür sprechen, daß Schleiermacher seine
Forderungen nach rechtlicher Gleichstellung um der Juden seiner Zeit
willen und nicht primär aus kirchenpolitischen Erwägungen heraus formuliert hat.[7] Aber auch sie gestehen zu, daß Schleiermachers Standpunkt,
verglichen etwa mit der deutlich weitergehenden Position, die der von
Mendelssohn beeinflußte preußische Staatsrat Christian Wilhelm Dohm
(1751–1820) bereits zwei Jahrzehnte zuvor vorgetragen hatte, von recht
begrenzter Reichweite war. So stellt Kurt Nowak, der Schleiermachers
Haltung zur Emanzipationsfrage bisher noch am sorgfältigsten untersucht hat, im Anschluß an seine insgesamt recht positive Einschätzung
fest: „Zur vorbehaltlosen Bejahung der bürgerlichen Gleichstellung der
Juden stieß Schleiermacher nicht vor."[8]

Die Duldung des Vernichtenden: Schleiermacher zu Toleranz, Religion und Geselligkeit – Eine Fallstudie zur Dialektik der Aufklärung, in: Kritik und Geschichte der
Intoleranz. Herausgegeben von Rolf Kloepfer und Burckhard Dücker, Heidelberg
2000, 41–56). Es sei an dieser Stelle allerdings auch auf die wichtige Untersuchung von
Michael A. Meyer: The Origins of the Modern Jew. Jewish Identity and European
Culture in Germany, 1749–1824, Detroit / Michigan (USA) 1967, hier besonders:
76–78 hingewiesen. Meyer erkennt die Berechtigung der Friedländer-Kritik Schleiermachers an; immerhin betont aber auch er den ironischen Charakter von Schleiermachers Argumentation, die Friedländer, den Streiter für die jüdische Emanzipation,
tief verletzt haben müsse.

[7] Aus der geringen Zahl von Studien, die sich überhaupt dem Gegenstand widmen, siehe
besonders den Aufsatz von Franz Jacobi: Schleiermacher's Stellung zu den Juden, in:
Deutsch-evangelische Blätter 10 (1885), 793–805. Diese Darstellung des Thorner
Pfarrers, der zu zahlreichen kirchengeschichtlichen Gegenständen literarisch hervorgetreten ist, bietet die einzige eingehendere ältere, quellengestützte Untersuchung zum
Thema. Jacobi wendet sich ausdrücklich gegen die antisemitische Grundstimmung
seiner Zeit. „In der heutigen Zeit des Antisemitismus" sei es „nicht uninteressant", an
Schleiermachers „Stellung den Juden gegenüber" zu erinnern. Über längere Strecken
liest sich die Untersuchung wie ein Versuch, am Beispiel des großen Theologen für
eine offene, von Vorurteilen freie Umgangsweise mit Juden zu werben. Die Skepsis,
ob ihm ein solches Unterfangen gelingen könne, ist allerdings den Ausführungen von
Jacobi gleichfalls sehr deutlich anzumerken.

[8] Kurt Nowak: Schleiermacher. Leben, Werk und Wirkung, 97. Vgl. Dohms bekannte
Emanzipationsschrift „Ueber die bürgerliche Verbesserung der Juden" (Zwei Teile,
Berlin und Stettin 1781 / 1783 [Nachdruck: Hildesheim / New York 1973]). Dohms
Standpunkt wird etwa deutlich in der apodiktischen Aussage: „Alles, was man den
Juden vorwirft, ist durch die politische Verfassung, in der sie jetzt leben, bewirkt." –
Zu Dohm vgl. Rudolf Vierhaus: Christian Wilhelm Dohm. Ein politischer Schrift-
steller der deutschen Aufklärung, in: Jacob Katz / Karl Heinrich Rengstorf (Hrsg.):
Begegnung von Deutschen und Juden in der Geistesgeschichte des 18. Jahrhunderts
(Wolfenbütteler Studien zur Aufklärung. Band 10), Tübingen 1994, 107–123; Hans
Erich Bödeker: „Aber ich strebe nach einer weiteren Sphäre als bloß litterarischer
Thätigkeit". Intentionen, Haltungen und Wirkungsfelder Christian Wilhelm von
Dohms, in: Zeitschrift für Religions- und Geistesgeschichte 54 (2002), 304–325;
Heinrich Detering: „der Wahrheit, wie sie er erkennt, getreu". Aufgeklärte Toleranz
und religiöse Differenz bei Christian Wilhelm von Dohm, in: Ebd., 326–351; Chri-
stoph Schulte: „Diese unglückliche Nation" – Jüdische Reaktionen auf Dohms „Über
die bürgerliche Verbesserung der Juden", in: Ebd., 352–365.

Immerhin kann darauf verwiesen werden, daß Schleiermacher in wichtigen Punkten die Dohmsche Position teilt. Auch soll, wie die folgenden Ausführungen zeigen werden, das Gewicht des politischen Aspektes seiner Argumentation nicht geringgeachtet werden. Doch läßt sich nicht übersehen, daß Schleiermacher auch im Kontext der Gleichstellungsproblematik nicht imstande gewesen ist, sich von theologisch bedingten Vorgaben zu lösen. Diese Vorgaben laufen darauf hinaus, daß die Relation des christlichen Glaubens zum Judentum im Modus der Differenz beschrieben werden muß. Ihn vor diesem Hintergrund zu einem Wortführer von Judenemanzipation und theologischem Pluralismus zu stilisieren, wäre verfehlt.

2. Die Kontroverse von 1799 um die Emanzipationsproblematik

Die Kontroverse von 1799 wurde durch zwei Schriften aus der jüdischen Emanzipationsbewegung ausgelöst. Zum einen handelt es sich um den Aufsatz „Politisch-theologische Aufgabe über die Behandlung der jüdischen Täuflinge", zum anderen um ein „Sendschreiben an Seine Hochwürden, Herrn Oberkonsistorialrath und Probst Teller zu Berlin von einigen Hausvätern jüdischer Religion", das von dem jüdischen Emanzipationspolitiker David Friedländer (1750–1834) stammte, jedoch ohne Namensnennung veröffentlicht wurde.[9] Friedländer war insofern autorisiert, seine Stimme zu erheben, als er seit 1783 in der Eigenschaft als Generaldeputierter der preußischen Judenheit eine Sprecherfunktion gegenüber der Regierung innehatte. Schon 1793 war er durch eine Sammlung von „Akten-Stücken, die Reform der jüdischen Kolonieen in den Preußischen Staaten betreffend" hervorgetreten.[10] Wilhelm Abraham Teller (1734–1804), ein einflußreicher

---

[9]   Friedländers Sendschreiben erschien separat im April 1799 in Berlin; der genannte Aufsatz wurde im *Berlinischen Archiv der Zeit und ihres Geschmacks*, herausgegeben von Friedrich Eberhard Rambach und Ignatius Aurelius Feßler. Fünfter Jahrgang. Erster Teilband (1799) (ausgegeben: März 1799), 228–239 veröffentlicht und zudem gleichfalls separat publiziert; im Januarheft dieser Zeitschrift findet sich auch Schleiermachers „Versuch einer Theorie des geselligen Betragens". Die Verfasserschaft des Aufsatzes hat sich nicht klären lassen, doch steht der Text in so enger Verbindung zum Sendschreiben, daß er jenem Text zur Vorbereitung gedient haben und aus dem Kreis um Friedländer lanciert worden sein dürfte. Beide Texte finden sich im Anhang zu: Friedrich Daniel Ernst Schleiermacher: Schriften aus der Berliner Zeit 1796–1799 (KGA I/2), 373–380 (Politisch-theologische Aufgabe) und 381–413 (Sendschreiben an Seine Hochwürden).

[10]   Akten-Stücke, die Reform der jüdischen Kolonieen in den Preußischen Staaten betreffend. Verfaßt, herausgegeben und mit einer Einleitung versehen von David Friedländer, Berlin 1793. – Zu Friedländer vgl. Steven M. Lowenstein: The Jewishness of David Friedlaender and the Crisis of Berlin Jewry (Braun Lectures in the History of the Jews in Prussia. Vol. 3), Ramat-Gan (Israel) 1994; siehe auch die älteren Darstellungen von Immanuel Heinrich Ritter: Geschichte der jüdischen Reformation. Teil 2: David

protestantischer Theologe in Preußen, der zugleich hochrangige kirchen-leitende Ämter bekleidete, hatte ausdrücklich seine Zustimmung zum Druck des Sendschreibens gegeben, so daß die Publikation von der Zensur zugelassen worden war. Im Hintergrund beider Schreiben stand die Absicht, die rechtliche und gesellschaftliche Stellung der Juden in der preußischen Monarchie derjenigen der christlichen Landesbewohner anzugleichen.[11]

2.1. Die Vorgaben

Die Einzelheiten der verwickelten und voraussetzungsreichen, auch theologisch durchaus anspruchsvollen Kontroverse müssen hier auf sich beruhen bleiben. Es sei zum besseren Verständnis der Reaktion Schleiermachers lediglich auf die wichtigsten Aspekte hingewiesen. Seitdem infolge der dreifachen Annexion polnischen Territoriums in den Jahren 1772 bis 1795 die Zahl der in Preußen lebenden Juden von 37.000 auf 224.000 angewachsen war, stellte sich die Frage der Judenemanzipation mit unabweisbarer Dringlichkeit. Einzelne praktikable Reformvorschläge, dazu die publizistische Unterstützung aus reformorientierten Kreisen der preußischen Bürokratie, insbesondere jene Initiative Dohms, hatten zwar den Boden für eine Reformpolitik bereitet. Eine Verbesserung der rechtlichen Situation erfolgte dennoch während der gesamten neunziger Jahre nicht.[12]

Friedländer, Berlin 1861 und Albert Lewkowitz: Das Judentum und die geistigen Strömungen des 19. Jahrhunderts (Grundriß der Gesamtwissenschaft des Judentums), Breslau 1935 [Nachdruck: Hildesheim 1974]. Ritter faßt Friedländers Programm in folgender Formel zusammen: „Emanzipation nach außen und Reformation nach innen" (Ebd., 11). Von zeitgeschichtlichem Interesse ist auch Lion Feuchtwangers Artikel: Ein Vorkämpfer der deutschen Judenemanzipation. David Friedländer zum 100. Todestag, in: Jüdische Rundschau 39 (1934). Nr. 102–103.

[11]   Zu Teller siehe Angela Nüsseler: Dogmatik fürs Volk. Wilhelm Abraham Teller als populärer Aufklärungstheologe (Münchner Theologische Beiträge), München 1999. Teller antwortete Friedländer noch im selben Jahr mit einer Schrift unter dem Titel „Beantwortung des Sendschreibens einiger Hausväter jüdischer Religion an mich, den Propst Teller" (Berlin 1799). An der Tugendliebe und dem Wahrheitssinn der Fragesteller hatte Teller keinen Zweifel. Auch stimmte er ihnen darin zu, daß das Wesentliche der Religion die in dem Sendschreiben genannten Vernunftwahrheiten, nicht aber die jeweiligen „Ceremonien" seien. In der strittigen Frage der Religionszugehörigkeit jedoch war er zu keinem Kompromiß bereit. – Bereits 1788 hatte Teller sich zur Emanzipationsproblematik geäußert: Beytrag zur neusten Jüdischen Geschichte, für Christen und Juden gleich wichtig und veranlaßt durch die vor dem Königl. Cammergericht zu Berlin erhobene Streitfrage: Bleibt der Jude, der zum Christenthum übergeht, bey der jüdischen Religion?, Berlin 1788.

[12]   Vgl. den Überblick von Walter Grab: Der preussische Weg der Judenemanzipation, in: Juden in Preußen. Ein Kapitel deutscher Geschichte. Herausgegeben vom Bildarchiv Preußischer Kulturbesitz, Dortmund 1981, 24–29 und die eingehende Darstellung von Stefi Jersch-Wenzel: Rechtslage und Emanzipation, in: Michael Brenner / Stefi Jersch-

Faktisch fußte die preußische Politik noch immer auf dem „Revidierten General-Privilegium und Reglement vor die Judenschaft im Königreiche Preußen" Friedrichs II. vom 17. April 1750, das die Juden unter diskriminierende Sondergesetze stellte.[13] Die Bestimmungen des Generaljuden-reglements gestatteten es der großen Mehrheit der Juden nicht, am Leben der christlichen Gesellschaft teilzunehmen. Selbst angesehensten Mitgliedern der Berliner jüdischen Gemeinschaft wurde die Naturalisation verweigert, oftmals in Verbindung mit beleidigenden Erklärungen der Behörde.[14] Noch immer blieb die Einsicht, daß in einer modernen Gesellschaft die Schranken von Ständen und Zünften zu fallen hatten und das religiöse Bekenntnis mehr und mehr zu einer Privatangelegenheit des Einzelnen werden mußte, auf eine kleine Gruppe von Intellektuellen begrenzt. Die in der christlichen Bevölkerung weithin herrschende Feindschaft wurde von völlig verfehlten Vorstellungen über Sprache, Sitte, Recht und Gewohnheiten der jüdischen Minorität gestützt. Zu einem Durchbruch in der Regelung der Rechtsstellung von Juden und einer entschlossenen Reformpolitik kam es in Preußen daher erst im Gefolge der militärischen Niederlage im Krieg gegen Napoleon.

Erst das Emanzipationsedikt vom 11. März 1812 erklärte alle Juden zu Staatsbürgern, die gleiche Rechte genießen und gleiche Pflichten erfüllen sollten wie alle anderen Einwohner. Soweit dennoch einzelne Rechtsbeschränkungen fortbestanden, etwa im Blick auf die Übernahme von Funktionen im Staatsdienst, wurden diese im Gesetz ausdrücklich aufgeführt. Das Edikt blieb zwar hinter dem französischen Emanzipationsgesetz von 1791 zurück, doch gab es den Juden in Preußen weit mehr Rechte, als die Juden aller anderen Staaten außerhalb des französischen Herrschaftsgebietes besaßen. Nach 1815 wurde der mit dem Edikt erreichte Fortschritt durch eine restaurative Verwaltungspraxis wieder zunichte gemacht.[15]

Wenzel / Michael A. Meyer: Deutsch-Jüdische Geschichte in der Neuzeit. Band II: Emanzipation und Akkulturation 1780–1871, München 1996, 15–56.

[13] Der Text des Reglements findet sich bei Ismar Freund: Die Emanzipation der Juden in Preußen, unter besonderer Berücksichtigung des Gesetzes vom 11. März 1812. Ein Beitrag zur Rechtsgeschichte der Juden in Preußen. Zwei Bände. Band II: Urkunden, Berlin 1912, 22–55.

[14] Friedländer etwa konnte erst 1810, zwei Jahre vor dem Emanzipationsedikt, Assessor des königlichen Manufaktur- und Kommerzkollegiums werden. 1812 wurde er zum besoldeten Stadtrat ernannt.

[15] Zur Vorgeschichte und Bedeutung des Emanzipationsediktes von 1812, das allerdings auch nach 1815 nur für die mit Schutzbriefen und Konzessionen versehenen Juden in den vier Provinzen Brandenburg, Schlesien, Pommern und Ostpreußen, nicht aber in den rheinländischen und westpreußischen Territorien galt, siehe die Studie von Albert A. Bruer: Geschichte der Juden in Preußen (1750–1820), Frankfurt am Main 1991. Zur Nachgeschichte vgl. Hans Liebeschütz: Judentum und deutsche Umwelt im Zeitalter der Restauration, in: Hans Liebeschütz / Arnold Paucker (Hrsgg.): Das Judentum in der deutschen Umwelt 1800 bis 1850. Studien zur Frühgeschichte der Emanzipation, Tübingen 1977, 1–54. Der Text des Ediktes findet sich unter ande-

1799 hingegen war die Situation noch durch den starken Widerstand der Regierung gegen alle Reforminitiativen geprägt. Kurzfristige Ansätze zu einer Erneuerung, die auf den Regierungsantritt Friedrich Wilhelms II. im Jahre 1786 gefolgt waren – 1787 wurde der erniedrigende Leibzoll abgeschafft und die Wahl von jüdischen Gemeindevertretern angeordnet –, waren rasch am Widerstand christlich-konservativer Kreise gescheitert und mit dem Eintritt Preußens in den Krieg gegen das revolutionäre Frankreich 1792 vollends zum Erliegen gekommen. 1798 hatten Generaldirektorium und Justizministerium eine drei Jahre zuvor eingereichte Eingabe, die auf eine Erleichterung der Lebensbedingungen von Juden zielte, abschlägig beschieden. Es blieb nicht ohne Eindruck, wenn im gleichen Jahr in jenen linksrheinischen Gebieten des Reiches, die im Zuge der Koalitionskriege unter französische Herrschaft gelangt waren, eine liberale, die Stellung der Juden sichernde Staatsangehörigkeitsregelung in Kraft gesetzt wurde.

Unter diesen Umständen gerieten die jüdischen Emanzipationspolitiker in Preußen ihrerseits unter Druck, weil innerhalb der Gemeinden die Erwartung einer nachhaltigen Verbesserung der Situation gewachsen war. Das Sendschreiben an den für seine Unterstützung der Emanzipationsforderungen bekannten Aufklärungstheologen Wilhelm Abraham Teller wirkte daher wie ein Befreiungsschlag. Friedländer ging von dem Grundsatz aus, daß die religiösen Vernunftwahrheiten, also das Dasein Gottes, die Unsterblichkeit der Seele und die Bestimmung des Menschen zu sittlicher Vollkommenheit und zum Glück, das gemeinsame Zentrum aller Religionen und besonders von Judentum und Christentum bildeten.[16] Hierin hoffte er nicht ohne Grund auf Zustimmung aus den Kreisen christlicher Aufklärungstheologen. Allerdings unterschätzte Friedländer die provozierende Wirkung seines religionspolitischen Anerbietens. Indem er für die Kon-

---

rem bei Jeremias Heinemann (Hrsg.): Sammlung der die religiöse und bürgerliche Verfassung der Juden in den königlichen Preußischen Staaten betreffenden Gesetze, Verordnungen, Berichte und Erkenntnisse, Glogau 1831 [Nachdruck: Hildesheim 1976] sowie in: Dokumente zur deutschen Verfassungsgeschichte. Herausgegeben von Ernst Rudolf Huber. Band 1. Dritte Auflage, Stuttgart / Berlin / Köln / Mainz 1978, 48–51. – Heinrich Graetz würdigte die politische Entwicklung bis zum Edikt von 1812 auf seine Weise: „Aber gerade in demselben Jahre, als der verweichlichte Schleiermacher in seiner romantischen Selbstbespiegelung das Judentum als eine Mumie verlästerte, erließ ein Riese im Vergleich zu diesen nörgelnden Zwergengestalten, Bonaparte, einen Aufruf an die Juden, sich um ihn zu scharen. Er wollte das heilige Land ihrer Väter für sie erobern und ihnen, ein zweiter Cyrus, den Tempel wieder erbauen. Die Freiheit, welche die Juden Berlins mit Darangabe ihrer Eigenart, mit Selbsterniedrigung vor der Kirche erlangen wollten, fiel ihnen ohne diesen Preis und ohne schimpflichen Schacher durch Frankreich in den Schoß" (Volkstümliche Geschichte der Juden in Deutschland. Band 3, Leipzig 1914, 519–520).

16 Vgl.: Sendschreiben an Seine Hochwürden, Herrn Oberkonsistorialrath und Probst Teller zu Berlin von einigen Hausvätern jüdischer Religion, 18–24 (Nachdruck: KGA I/2, 387–390).

versionswilligen zwar die „Ceremonien", nicht aber die „Dogmen" zu
akzeptieren bereit war, geriet seine Idee eines Arrangements unversehens
in den Verdacht, das religiöse Bekenntnis zu einer Fiktion zu machen.
Zwar wies Friedländer mit Recht auf die Inkonsequenz hin, die darin
lag, daß der Staat den Angehörigen der jüdischen Religion das Bürgerrecht grundsätzlich versage, es aber einzelnen Überläufern nur deshalb,
weil sie sich taufen ließen, ohne weitere Bedingung gewähre. Doch war
sein Vorschlag zur Verfahrensweise, um diese Inkonsequenz zu überwinden, selbst bei Anwendung denkbar weitester Maßstäbe für einen protestantischen Kirchenvertreter inakzeptabel.[17]

2.2. Schleiermachers Stellungnahme

Mit seinen „Briefen bei Gelegenheit der politisch theologischen Aufgabe
und des Sendschreibens jüdischer Hausväter", die ohne Angabe des Verfassers als „von einem Prediger außerhalb Berlin" stammend annonciert
wurden und im Juli 1799 erschienen, griff Schleiermacher, unmittelbar
nachdem er das Manuskript seiner Reden „Über die Religion" abgeschlossen hatte, in die Diskussion ein.[18] Er gehörte zu jenen protestantischen

---

[17] Zu Friedländers Initiative und der durch sie ausgelösten Debatte, wozu auch die bereits erwähnte Erwiderung Tellers gehört, vgl. Ellen Littmann: David Friedländers
Sendschreiben an Propst Teller und sein Echo, in: Zeitschrift für die Geschichte der
Juden in Deutschland 6 (1935), 92–112. Littmann verzeichnet dreiundzwanzig selb-
ständige Publikationen und zahlreiche Aufsätze, die durch das Friedländersche Sendschreiben veranlaßt wurden. – Teller erklärte in seiner Entgegnung, daß er denjenigen
Juden, die zum Christentum übergehen wollten, das Bekenntnis nicht erlassen könne,
Christus sei der Stifter einer „besseren moralischen Religion". Zwar seien alle übrigen
Dogmen etwas an sich Gleichgültiges, doch könne man an den Vernunftwahrheiten,
die den wahren Kern jeder Religion bildeten, nicht festhalten, ohne sich zugleich zu
der geschichtlichen Grundlage dieser Wahrheiten zu bekennen. Dies sei im Christentum durch das Bekenntnis zu Christus der Fall. Um jedoch dem berechtigten Anliegen der Fragesteller entgegenzukommen, schlug Teller in Anlehnung an Apg 2, 38
und 19, 5 folgende Tauformel vor: „Ich taufe Dich auf den Namen (oder auf das
Bekenntnis) Christi, des Stifters einer geistigeren und erfreuenderen Religion, als die
ist, zu welcher sich die Gemeinde bekennt, zu der Du bisher gehört hast." Teller selbst
äußerte allerdings Zweifel, ob der Staat die Zuerkennung der Bürgerrechte infolge
eines solchen Bekenntnisses vornehmen werde.

[18] Briefe bei Gelegenheit der politisch theologischen Aufgabe und des Sendschreibens
jüdischer Hausväter, Berlin 1799. Das vierundsechzig Seiten umfassende Bändchen
erschien im Berliner Verlag von Friedrich Franke. Einen Faksimiledruck der Erstausgabe hat Kurt Nowak bei der Evangelischen Verlagsanstalt herausgegeben (Berlin
[DDR] 1984; mit einem Nachwort: Schleiermacher und die Emanzipation des Judentums am Ende des 18. Jahrhunderts in Preußen: 65–86). Dafür, daß Marcus Herz
Schleiermacher auf die Thematik aufmerksam gemacht hat, spricht ein Brief Schleiermachers an Henriette Herz vom 16./17. März 1799, in: Briefwechsel 1799–1800
(KGA V/3), 38–39, hier: 39: „Über die theologische Frage etwas zu schreiben ist mir

Theologen, die die energische Zurückweisung des Friedländerschen Vorschlages mit Überlegungen zu einer zeitgemäßen Emanzipationspolitik
verbanden. Der Vorschlag selbst, lediglich aus praktischen Erwägungen
heraus den Juden die Einbürgerung zu erleichtern, indem ihnen eine Taufe
ohne christliches Bekenntnis ermöglicht werde, war mit der von Schleiermacher vertretenen Religionsauffassung unvereinbar. Eine derart pragmatische Taufpraxis mußte ihm als Hohn auf jedes wahrhafte religiöse
Empfinden erscheinen. Friedländers Voraussetzung, die überkommenen
„Riten und Mythen" seien lediglich das objektiv überflüssig gewordene
Beiwerk einer Religion der reinen Vernunft, einer menschheitlichen Auf-
klärungsreligion, und seine Folgerung, daß insofern die von ihm konzi-
pierte Vorgehensweise auch unter religiösen Gesichtspunkten unanstößig
sei, konnte Schleiermacher in keiner Weise teilen.[19]

Schleiermacher stellt an den Beginn seiner Ausführungen ein eindeu-
tiges Votum zugunsten der bürgerlichen Gleichstellung der Juden. Zwar
kritisiert er die von Friedländer angestrebte Lösung mit dem Argument,
auf diese Weise werde aus Gründen der Staatsräson ein „judaisierendes
Christenthum" herbeigeführt und so im Ergebnis beiden Religionen Schaden zugefügt. Doch lehnt er die Verquickung der rechtlichen mit der
religiösen Ebene in der bestehenden Verwaltungspraxis ab, wonach die
Bürgerrechte an die Taufe gebunden waren. Für Schleiermacher gehörte
das durch das Sendschreiben erörterte Problem nicht in die theologische

---

gar nicht so unangenehm als Sie denken, nur jetzt kommt mir's höchst fatal. Können Sie nicht H.[erz] begreiflich machen, daß das [Oster-]Fest mich zu sehr genirte
um fürs nächste Archivstück etwas zu schreiben, daß ich aber gewiß im Maistück
meine Stimme geben würde. Was ich sagen werde wird sehr aus meiner Überzeugung kommen und ihm doch gewiß nicht unangenehm sein." Auf Indizien für eine
frühere, vielleicht ebenfalls durch Herz angeregte Beschäftigung Schleiermachers
mit der Emanzipationsproblematik weist Günter Meckenstock hin: Historische Einführung, in: Schriften aus der Berliner Zeit 1796–1799 (KGA I/2), XVII–LXXXIII,
hier: LXXXII. Eine Studie zu Schleiermachers „Briefen" von Richard Crouter unter
dem Titel „Schleiermacher's ‚Letters on the Occasion' and the Crisis of Berlin Jewry"
befindet sich in Vorbereitung; siehe auch Bernd Oberdorfer: Sind nur Christen gute
Bürger? Ein Streit um die Einbürgerung der Juden am Ende des 18. Jahrhunderts.
Verheißungsvoller Ansatz für ein friedliches Zusammenleben oder erster Schritt zu
den Nürnberger Gesetzen?, in: Kerygma und Dogma 44 (1998), 290–310.

[19]   Zu Schleiermachers Position vgl. neben dem genannten Nachwort Nowaks vor allem
Gunter Scholtz: Friedrich Schleiermacher über das Sendschreiben jüdischer Hausväter, in: Judentum im Zeitalter der Aufklärung. Herausgegeben vom Vorstand der
Lessing-Akademie (Wolfenbütteler Studien zur Aufklärung. Band IV), Wolfenbüttel
1977, 297–351; siehe auch Günter Meckenstock: Historische Einführung (KGA I/2),
LXXVIII–LXXXV. – Der Umstand, daß das „Sendschreiben" von Friedländer stammte,
war Schleiermacher nicht unbekannt. Vgl. den Brief Samuel Ernst Timotheus Stuben-
rauchs an Schleiermacher vom 5. bis 14. September 1799, in: Briefwechsel 1799–1800
(KGA V/3), 175–177; es heißt hier: „An der Ihrigen [Schrift] hat es mir sehr gefallen,
daß Sie dem Friedländer mit vieler Schonung – und dabey doch sehr gut das Unstatt-
hafte in jenem Ansuchen gezeigt haben – [...]" (175).

Auseinandersetzung zwischen Christentum und Judentum, sondern in
das politische Gebiet der Verhältnisbestimmung von Staat und Religion.
Insofern wäre der rechte Adressat für ein Gesuch nicht die Kirche, sondern der König als Repräsentant der bürgerlichen Autorität. Schleiermacher formuliert daher eine klare Mahnung an die staatliche Seite, wie er
überhaupt die Verbesserung der Rechtsstellung der Juden nicht mit der
Konversion in Verbindung bringen will.

Die Voraussetzung, Bürgerlichkeit und Christlichkeit müßten notwendig zusammenfallen, weist Schleiermacher zurück. Zwar sei es ein Ver-
nunftgebot, daß „alle Bürger sein sollen", doch könne nicht verlangt werden, „daß alle Christen sein müssen". Infolgedessen müsse es „auf vielerlei
Art" möglich sein, „Bürger und Nichtchrist" zu sein. Ein Staat dürfe den
Übertritt von Bürgern, die sich seinen sittlichen Prinzipien aus anderen als
christlichen Glaubensgründen unterwerfen, „nicht eben als eine moralische Acquisition ansehen".[20] Ebenfalls bemerkenswert ist Schleiermachers
Kritik an jener „faulen Vernunft" – eine Anspielung auf die *ratio ignava
Kantii* –, derzufolge die Juden erst einem staatsbürgerlichen Erziehungsprozeß unterworfen werden müßten, bevor sie bürgerrechtliche Zugeständnisse erwarten dürften. Indem das Sendschreiben sich auf die Kriterien
einer solchen Denkweise einlasse, schade es seiner eigenen politischen
Zielsetzung mehr, als daß es ihr nütze. Nur aus „Feigheit" werde das Ziel,
die bürgerliche Integration auf politischem Wege zu erreichen, aufgegeben;
Friedländers Votum sei insofern ein „Verrath der besseren Sache".[21] Nicht
leicht abschätzen läßt sich, welche Chancen Schleiermacher selbst der
„besseren Sache", das heißt der politischen Lösung des Emanzipations-
problems, zugemessen hat. Denn zwar spricht er von einem „lobenswer-
then Versuch" des Staates, doch hebt er zugleich hervor, daß die Regierung
sich „in dieser Sache immer nur unthätig verhalten" habe.[22]

Entschieden tritt Schleiermacher dem Vorurteil entgegen, daß Judentum und „antibürgerliche Gesinnung" identisch seien. Legitime Argumente, den Juden die bürgerliche Gleichstellung zu verweigern, könne
der Staat nicht anführen.[23] Lediglich das Vorurteil der Staatsmänner
rechtfertige „die Überreste alter Barbarei" mit dem dogmatischen Satz
„von einer innern Verderbniß der Juden", wobei sich dessen Anhänger
noch in den Widerspruch verwickeln, daß das „angeborene Verderben"
durch den Taufakt wegzuwaschen wäre. Schleiermacher erklärt, es sei

---

[20] Briefe bei Gelegenheit der politisch theologischen Aufgabe (Erstdruck), 17–19.
[21] Ebd., 13–14. Vgl. Immanuel Kant: Kritik der reinen Vernunft. Zweite Auflage (1787),
      B 717 (Gesammelte Schriften. Herausgegeben von der Königlich Preußischen Akade-
      mie der Wissenschaften. Band III, Berlin 1911 [Nachdruck: Berlin 1968], 454).
[22] Briefe bei Gelegenheit der politisch theologischen Aufgabe, 14; siehe Gunter Scholtz:
      Friedrich Schleiermacher über das Sendschreiben jüdischer Hausväter, 334.
[23] Briefe bei Gelegenheit der politisch theologischen Aufgabe, 19.

an der Zeit, „daß man [...] die Dogmen hübsch historisch beleuchtete",
wie es in der „verachteten Theologie" bereits üblich sei.[24]
  Überdies habe innerhalb der jüdischen Bevölkerung ein unübersehba-
rer Wandel stattgefunden: „Ganz andere Menschen sind es, die jezt mit
dem Uebergange zum Christenthum umgehen, gebildete Wohlhabende,
in allen weltlichen Dingen wohl angethane Leute, die Rechte erwerben
und sich einbürgern wollen."[25] Diese Juden haben sich inzwischen in Sitte,
Kultur, Geselligkeit und „Rechtlichkeit" den Christen angeglichen. Sie
haben „von dem Ausländischen in ihren Sitten und ihrem Betragen immer
mehr fahren lassen"; auch sei es „doch vergebens, leugnen zu wollen, daß
die Juden mehr und mehr an der Bildung des Zeitalters einen verhältniß-
mäßig gleichen Antheil nehmen, als die Christen". Die Konsequenz hieraus ist eindeutig: „Je mehr dies alles der Fall ist, desto mehr verschwindet
dasjenige, was dazu dienen könnte, die vorgebliche Rechtmäßigkeit eines
bürgerlichen Unterschiedes zwischen ihnen und den Christen anschaulich
zu machen, desto mehr sieht das Festhalten dieses Unterschiedes einer
ganz grundlosen Partheilichkeit ähnlich."[26]
  Diese Ausführungen stehen für die eine Seite in Schleiermachers Stellungnahme. Auf der anderen Seite finden sich Passagen, die die Fremdheitserfahrung im Umgang mit Judentum, jüdischer Religion und jüdischen
Zeitgenossen zum Ausdruck bringen. Die bereits eingangs angesprochene
Begrenzung von Schleiermachers Standpunkt wird hier unmittelbar deutlich. So kann er nicht auf die Forderung verzichten, die Juden müßten
ihre Loyalität gegenüber dem Staat dadurch unter Beweis stellen, daß sie
die Einhaltung der kultischen Vorschriften zugunsten der Beachtung des
Staatsgesetzes relativieren. Die entsprechende Passage lautet:

> „Kurz, ich verlange, daß die Juden, denen es ein Ernst ist, Bürger zu werden,
> das Ceremonialgesez – nicht durchaus ablegen, sondern nur den Gesezen des
> Staates unterordnen, so daß sie sich erklären, sie wollten sich keiner bürger-
> lichen Pflicht unter dem Vorwande entziehen, daß sie dem Ceremonialgesez
> zuwider laufe, und es sollte von Religions wegen niemandem verboten wer-
> den, irgend etwas zu thun oder zu unternehmen, was von Staats wegen er-
> laubt ist."[27]

Auch sei eine Inkulturation nicht möglich, solange die nationale Hoffnung auf das Heilige Land ausgerichtet bleibe. Für eine vollständige bürgerrechtliche Gleichstellung sei die Auflösung der jüdischen Nationalidee
erforderlich. In diesem Sinne sei ein „Zerbrechen" der jüdischen Nation

---

[24] Ebd., 15–16.
[25] Ebd., 33.
[26] Ebd., 38–39.
[27] Ebd., 46.

die Vorbedingung der Einbürgerung. Schließlich geht Schleiermacher sogar so weit, den Verzicht auf elementare religiöse Vorstellungen zu fordern, weil auf andere Weise das Ziel einer rechtlichen Anerkennung nicht
zu erreichen sei. Im besonderen ist es die Messiasidee, die nach Schleiermacher einer einschränkungslosen Einbürgerung im Wege steht: „Ich ver-
lange ferner, daß sie der Hofnung auf einen Meßias förmlich und öffentlich entsagen; ich glaube, daß dies ein wichtiger Punkt ist, den ihnen der
Staat nicht nachlaßen kann."[28]

Die Begründung für diese Forderung läuft darauf hinaus, daß mit der
messianischen Hoffnung für die Juden die Erwartung verbunden sei, in
einer wenn auch noch so fernen Zukunft wieder eine eigene „Nation"
zu werden. Zwar habe, wie Schleiermacher konstatiert, dieser Glaube
nur noch wenige Anhänger, doch gehöre er zum öffentlichen Bekenntnis
und sei insofern für die Beurteilung der Gesinnung der Juden durch den
Staat relevant. Einen Anspruch darauf, staatlicherseits nicht als Fremde
behandelt zu werden, können die Juden demnach nur dann erheben, wenn
sie durch eine revidierte öffentliche Glaubensbekundung anzeigen, daß
ihre religiöse Gesinnung nicht mehr auf die Bildung einer eigenen Nation
ausgerichtet sei. Dies geschehe durch die förmliche Aufgabe der Messias-
hoffnung.[29]

Besonders mit dieser Zumutung bringt Schleiermacher seine Gering-
schätzung der jüdischen Religion und ihrer Anhänger zum Ausdruck. Sie
zeigt zugleich, wie stark er selbst noch von der Voraussetzung bestimmt
war, Staat und Religion seien notwendigerweise ineinander verwoben.
Die massiven Forderungen, die er hier erhebt – und mit denen er weit
hinter den Standpunkt Dohms zurückfällt –, lassen eine Wahrung der
Identität jüdischer Religion kaum noch zu.[30] Dies gilt auch dann, wenn

---

[28] Ebd., 46–47.
[29] Ebd., 46–47. – Im Hintergrund von Schleiermachers Argumentation steht, wenn
auch unausgesprochen, der in der zeitgenössischen antijüdischen Propaganda geläufige Topos vom „Volk ohne Land". Schleiermacher spricht hier Vorbehalte aus, die
zum klassischen Repertoire der modernen Judentumskritik in Deutschland gehören.
Während des Kaiserreiches war die Ablehnung der jüdischen Nationalidee selbst im
Liberalismus weit verbreitet. Das Fortbestehen eines jüdischen Gruppenbewußtseins
wurde als Gefahr für die politische Einigung der deutschen Nation betrachtet. Diese
Auffassung konnte, etwa bei Theodor Mommsen, mit einer entschlossenen Bekämp-
fung des politischen Antisemitismus einhergehen, und selbst der 1890 gegründete
„Verein zur Abwehr des Antisemitismus" bestand auf seiner Forderung einer vollkommenen Akkulturation, zu der das zionistische Ideal die gerade Gegenposition
markierte. Vgl. Michael Brenner: „Gott schütze uns vor unseren Freunden". Zur
Ambivalenz des Philosemitismus im Kaiserreich, in: Jahrbuch für Antisemitismusfor-
schung 2 (1993), 174–199.
[30] Dohm hatte in seiner Schrift staatliche Reglementierungen lediglich für die Erwerbs-
tätigkeit der Juden vorgesehen. Die Religion selbst sollte ganz unangetastet bleiben.
Das Ziel der pädagogischen Einwirkung von staatlicher Seite bestand für ihn gerade
darin, den Juden innerhalb des modernen Staates die Treue zu ihrer Religion zu ermög-

man in Rechnung stellt, daß die messianische Hoffnung schon von Mendelssohn in ihrer Bedeutung für die jüdische Religiosität stark relativiert worden war.[31] Zutreffend urteilt Gunter Scholtz über diesen Sachverhalt: „Schleiermacher schont doch hier die Intoleranz des noch christlichen Staates weit mehr als die religiöse Gesinnung der Juden und verlangt von diesen, fortschrittlicher zu sein als jener: der Staat soll nur dann seine ‚grundlose Partheilichkeit' für die christliche Religion aufgeben müssen, wenn die Juden alles das in ihrer Religion tilgten, was auch entfernt noch mit ihrem ehemaligen Dasein als Staat und Nation zu tun hat."[32]

Sein offensives Vorgehen verfolgt Schleiermacher auch insofern konsequent, als er eine besondere Form von Judenmission ablehnt. Denn wie sollte, unter Voraussetzung seines Standpunktes, aus Sicht des Christentums noch zwischen jüdischer und „heidnischer" Frömmigkeit unterschieden werden können? Missionarisches Handeln der christlichen Kirchen erstrecke sich auf alle Anhänger nichtchristlicher Religionen und insofern in gleicher Weise auf die Juden. Wo aber Juden unter Christen leben, sei eine spezielle Judenmission unnötig. In dieser Argumentation kommt auch zum Ausdruck, daß Schleiermacher jedem Konfessionswechsel generell skeptisch gegenüberstand.[33]

Schleiermachers Stellungnahme macht, abgesehen von ihrer inhaltlichen Problematik, seine Unkenntnis der im zeitgenössischen Judentum bestehenden Auffassungen deutlich. Die rabbinischen Autoritäten waren weit davon entfernt, im Sinne des Schleiermacherschen Vorwurfes zu lehren. Die von orthodoxen Rabbinern vertretene Position besagte vielmehr,

---

lichen. Vgl. Christian Wilhelm Dohm: Ueber die bürgerliche Verbesserung der Juden. Erster Theil, Berlin und Stettin 1781, 111–123. – Es läßt sich übrigens nachweisen, daß Schleiermacher Dohms Schrift bei der Ausarbeitung seiner „Briefe bei Gelegenheit der politisch theologischen Aufgabe" herangezogen hat; vgl. dazu die Ausführungen von Gunter Scholtz: Friedrich Schleiermacher über das Sendschreiben jüdischer Hausväter, 341.

[31] Siehe Alexander Altmann: Moses Mendelssohn's Concept of Judaism re-examined, in: Ders.: Von der mittelalterlichen zur modernen Aufklärung. Studien zur jüdischen Geistesgeschichte (Texts and Studies in Medieval and Early Modern Judaism. Vol. 2), Tübingen 1987, 234–248.

[32] Gunter Scholtz: Friedrich Schleiermacher über das Sendschreiben jüdischer Hausväter, 318. – Zu Mendelssohn vgl. dessen Schrift: Jerusalem, oder über religiöse Macht und Judenthum [zuerst: Berlin 1783], in: Ders.: Gesammelte Schriften. Nach den Originaldrucken und Handschriften herausgegeben von Georg Benjamin Mendelssohn. Band 3, Leipzig 1843 [Nachdruck: Hildesheim 1972], 256–362, hier: 349. Siehe dazu auch Fritz Bamberger: Mendelssohns Begriff vom Judentum, in: Wissenschaft des Judentums im deutschen Sprachbereich. Ein Querschnitt. Band 2. Herausgegeben von Kurt Wilhelm (Schriftenreihe wissenschaftlicher Abhandlungen des Leo-Baeck-Instituts. Band 16, 2), Tübingen 1967, 521–536; Alexander Altmann: Moses Mendelssohn. A Biographical Study, Alabama / Philadelphia (USA) 1973, 514–552.

[33] Siehe hierzu Walther Sattler: Schleiermachers Stellung zur Judenmission, in: Nathanael. Zeitschrift der Berliner Gesellschaft zur Beförderung des Christentums unter den Juden 30 (1916), 14–22, besonders: 21–22.

daß das Gesetz des Landes, in dem Juden leben, zu befolgen sei. In einigen Fällen sei es sogar dem halachischen Recht vorzuziehen. Der aus Frankfurt am Main stammende Preßburger Rabbiner Moses Schreiber (1762–1839) etwa, der als Begründer der Ultraorthodoxie gilt, erklärte mit Bezugnahme auf diverse talmudische Belege, daß die Unterordnung jüdischen Lebens unter die staatliche Gesetzgebung von der Torah selbst vorgeschrieben sei.[34] Von Bestrebungen einflußreicher Rabbiner des späten achtzehnten Jahrhunderts, unter den Juden Deutschlands und Österreichs einen auch politisch relevanten Patriotismus zu begründen, nahm Schleiermacher keine Notiz. So ist zum Beispiel der in Prag amtierende Rabbiner Ezechiel ben Jehudah Landau (1713–1793), bei einer entschieden orthodoxen Haltung in religiösen Fragen, wiederholt mit aufsehenerregenden Initiativen dieser Art hervorgetreten.[35]

Man wird gegen Schleiermacher, der schon von alttestamentlichen Texten einen weithin unhistorischen, eklektischen Gebrauch machte, schwerlich einen Vorwurf aus dem Umstand ableiten können, daß ihm die rabbinische Diskussion unbekannt war. Auch seine Unkenntnis von Talmud und Halachah, wie überhaupt sein nur mäßiger Bildungsstand in judaistischen Fragen und alttestamentlicher Theologie, sollte nicht vorschnell gegen ihn vorgebracht werden. Schleiermacher repräsentiert in dieser Hinsicht nahezu die gesamte protestantische Theologie der Zeit.[36]

Sehr ins Gewicht fällt hingegen die theologische Argumentation, mit der jene problematischen Forderungen an die jüdischen Gemeinden verbunden werden. Schleiermacher geht in seiner Beurteilung des Judentums von einer johanneisch akzentuierten, dem Geist der Frühromantik entsprechenden Religionsauffassung aus. Dabei bindet er religiöses Empfinden und positive Religion derart eng aneinander, daß es ihm zweifelhaft zu sein scheint, ob ein frommer Jude überhaupt die „Anlage" besitze, ein Christ sein zu können. Ausdrücklich heißt es im dritten Stück seiner als Briefsammlung fingierten Schrift, daß die gewöhnliche Praxis der gebil-

---

[34] Die Belegstellen sind: Traktat Nedarim 28a; Traktat Gittin 10b; Traktat Baba Kama 13a und Traktat Baba Bathra 54b und 55a. Vgl. hierzu Micha Brumlik: Deutscher Geist und Judenhaß, 143 und 330.

[35] Zu Landau vgl. Jeannette Strauss Almstad / Matthias Wolfes: Landau, Ezechiel, in: Biographisch-Bibliographisches Kirchenlexikon. Band 19, Herzberg 2001, 865–869.

[36] Zum Hebräischen hat der ansonsten sehr sprachinteressierte und sprachbegabte Schleiermacher schon seit der Studentenzeit keine nähere Beziehung knüpfen können. Die alttestamentliche Wissenschaft blieb immer ein Randgebiet seines Studieninteresses. Auch liegen Hinweise darauf, daß Schleiermacher sich je näher mit der Geschichte des Judentums, mit jüdischer Kultur und Frömmigkeit beschäftigt hätte, nicht vor. Insgesamt dokumentieren seine Äußerungen zum Judentum einen oberflächlichen Kenntnisstand. Den Mangel eines „tieferen Studiums" auf diesem Gebiet hat bereits Ludwig Diestel (Geschichte des Alten Testamentes in der christlichen Kirche, Jena 1869, 688) kritisiert.

deten Juden, sich aus „niederen" Beweggründen taufen zu lassen, zum Ruin der christlichen Kirchen führen müsse. Die Gefährdung des Christentums durch eine zunehmende Veräußerlichung der Religionspraxis, wie sie sich infolge von neologischer Kritik und schwächer werdender Kirchenbindung im späten achtzehnten Jahrhundert immer mehr ausbreitete, schien ihm durch den Friedländer-Vorschlag um eine weitere Potenz gesteigert zu werden.[37]

Die „wahre Tendenz", den „geheimen Sinn" des Sendschreibens sieht Schleiermacher daher nicht in der Bitte um Aufnahme in die christliche Gemeinde, sondern in der impliziten Feststellung, daß einem Juden eine Konversion nicht zugemutet werden könne. Es sei die Intention der Verfasser, den staatlichen Stellen anzuzeigen, daß die Juden zwar zu gewissen Abstrichen bei den Gebräuchen und religiösen Vorstellungen bereit seien, von einem wahrhaften Übertritt zum Christentum jedoch keine Rede sein könne. Schleiermacher konstatiert sogar einen „aufrichtigen Haß [...] gegen das Christenthum". Er meint, daß das Sendschreiben „voll ist vom Geist des Judenthums und von der Liebe zu demselben". Der „Uebergang zum Christenthum [sei] eine falsche gar nicht hinein gehörige Zuthat".[38] Das Sendschreiben biete faktisch eine Apologie des Judentums, deren Autoren erklärtermaßen Juden bleiben wollen. Es sei „der wahre Codex eines neuen, der politischen Existenz in jeder Rücksicht fähigen und würdigen Judenthums".[39]

Schleiermachers Gegenvorschlag ist daher nur folgerichtig: Nicht um ein haltloses und gefährliches „Christenthum ohne Christus" möge es den Verfassern des Sendschreibens zu tun sein, sondern um die Gründung einer jüdischen Reformgemeinde. Eine solche reformjüdische „neue Sekte" solle dem Zeremonialgesetz folgen, soweit es sich mit den Staatsgesetzen vereinbaren lasse. Auf diese Weise sei es möglich, sowohl der jüdischen Religionsvorschrift zu folgen, wie auch die wesentliche Voraussetzung da-

---

[37] Vgl.: Briefe bei Gelegenheit der politisch theologischen Aufgabe, 30–43, besonders: 38–40. – Zum Verhältnis von romantischem Denken und Judentumskritik vgl. Wolfgang Frühwald: Antijudaismus in der Zeit der deutschen Romantik, in: Conditio Judaica. Judentum, Antisemitismus und deutschsprachige Literatur vom 18. Jahrhundert bis zum Ersten Weltkrieg. Herausgegeben von Hans Otto Horch und Horst Denkler (Interdisziplinäres Symposion der Werner-Reimers-Stiftung Bad Homburg v. d. H.), Tübingen 1989, 2–91; Günter Oesterle: Juden, Philister und romantische Intellektuelle. Überlegungen zum Antisemitismus in der Romantik, in: Athenäum. Jahrbuch für Romantik 2 (1992), 55–89 und Stefan Nienhaus: Aufklärerische Emanzipation und romantischer Antisemitismus in Preußen im frühen neunzehnten Jahrhundert, in: Studia theodisca II. Edidit Fausto Cercignani (Critica Litteraria), Milano 1995, 9–27.

[38] Briefe bei Gelegenheit der politisch theologischen Aufgabe, 51.

[39] Ebd., 53. – Wegen dieser Aussage ist Schleiermacher nach Ritter der beste Zeuge, um jene jüdischen Kritiker des Irrtums zu überführen, denen Friedländer als ein Abtrünniger erscheint (siehe Immanuel Heinrich Ritter: David Friedländer, 117–118).

für zu schaffen, daß den Sektenmitgliedern die staatsbürgerlichen Rechte in vollem Umfang zuerkannt werden können. Eine solche „besondere Kirchengesellschaft" solle dem Staat gegenüber eine „besondere moralische Person" sein, „welcher eigentlich die bürgerlichen Vortheile verliehen werden".[40]

Daß keineswegs alle Juden sich dieser Religionsgesellschaft anschließen werden, lag für Schleiermacher in der Natur der Sache. Es handelte sich für ihn hierbei lediglich um die Konsequenz aus der bereits jetzt gegebenen Trennung in „gebildete", das heißt assimilierte Juden und in die „Übrigen", „Ungebildeten": „die Trennung besteht im Grunde schon lange, und es ist eine Unschicklichkeit, daß sie noch nicht äußerlich constituirt ist".[41] Es sei geradezu ein „ewiges Naturgesez", daß sich eine Gruppe aus einer „größern Masse" absondert, sobald sie beginnt, sich „besonders und eigenthümlich" auszubilden. Friedländer habe die bestehende Trennung zwar gekannt, sie aber nicht genügend respektiert. Die Emanzipation der orthodoxen Glaubensgenossen werde gegen deren eigene Interessen betrieben.[42]

An einer religiösen oder theologischen Weiterentwicklung der „gebildeten", „beßern" jüdischen Gruppe lag Schleiermacher nichts. Auch stehen seine Ausführungen, etwa im Blick darauf, daß die Verfasser des Sendschreibens die Idee einer spezifisch jüdischen Moral „trotz der christlichen" entwickelt haben – woraus ihnen der Vorwurf erwächst, sie betrieben einen religiösen Separatismus –, in einiger Spannung zur Vorgehensweise in den Reden „Über die Religion", wo der Zusammenhang zwischen Religion und Moral gerade kein relevantes Kriterium für die Beurteilung von Religion bildet. Indem Schleiermacher Judentum und „Gesetz" miteinander identifiziert und so die gängige paulinisch-lutherische Lehre reproduziert, erweist er sich in einem Maße, das ihm selbst nicht bewußt gewesen

---

[40] Briefe bei Gelegenheit der politisch theologischen Aufgabe, 51.
[41] Ebd., 56. Weiter heißt es hier: „Es ist ein sehr guter und lobenswerther Grundsaz, den sich die beßern Juden gemacht haben, daß es ihnen obliege, auf die übrigen zu wirken, und mehr für jene als für sich selbst zu thun; und dieser Grundsaz steht dem Bestreben, einen Weg ins Christenthum zu suchen, ganz entgegen." Auch der Konsequenzen eines solchen Vorgehens ist Schleiermacher sich bewußt: „Es ist klar, daß diesen [Weg] nicht nur nicht alle betreten werden, sondern auch, daß die Erbitterung der Zurükbleibenden gegen die Uebergehenden so heftig sein wird, daß alle, denen es mit ihrer Religion einigermaßen Ernst ist, mit ihnen weit weniger Gemeinschaft haben werden, als mit den alten Christen, daß die reicheren ortodoxen [sic] Juden, und es giebt doch wahrscheinlich noch solche, sich ganz zur niedrigeren Klaße schlagen, und allen Aberglauben, alle schlechten Eigenthümlichkeiten, ja den Christen- und Vaterlandshaß durch ihren Einfluß weit kräftiger als bisher unterstüzen werden. [...] Auf diesem Wege ist es also um jede gute Einwirkung der Beßeren auf die Uebrigen gethan, und die Ungebildeten müßen zulezt allein bleiben, dreifach bewafnet gegen alles, was zu ihrem Besten unternommen werden könnte" (56–57).
[42] Ebd., 56–57; vgl. Gunter Scholtz: Friedrich Schleiermacher über das Sendschreiben jüdischer Hausväter, 309.

ist, von Vorurteilen bestimmt.[43] Unklarheiten erzeugt an dieser Stelle aber auch der Umstand, daß Schleiermacher in den „Reden" den Terminus „Sekte" in äußerst negativer Weise qualifiziert. Es handele sich, heißt es hier, überhaupt um „den irreligiösesten Begriff, den man im Gebiet der Religion kann realisiren wollen".[44]

Insgesamt ist zu beobachten, daß Schleiermachers Argumentation zur Frage der rechtlichen Stellung der Juden in Preußen und insbesondere seine Vorhaltungen gegen Friedländers Vorschlag noch nicht primär aus einer grundsätzlich gegen den jüdischen Glauben gerichteten Haltung folgen. Sie zielen vielmehr auf eine Ernsthaftigkeit in der religiösen Praxis, der der von den Verfassern des Sendschreibens vorausgesetzte und intendierte Umgang mit Religion nicht entspricht. Konversionen müssen, sofern sie überhaupt akzeptiert werden können, Ausdruck einer besonders ausgezeichneten religiösen Lebenssituation sein. Sie dürfen ihren Ort aber auf keinen Fall im Kontext strategischer Handlungsplanung haben. Ebenso wie nach Schleiermacher jene Christen, die infolge des Westfälischen Friedens zu Protestanten geworden waren, keine Bereicherung für die evangelische Religionsgemeinschaft dargestellt haben, müßten die zum Zwecke des Erwerbs bürgerlicher Rechte konvertierenden Juden auf „irgend eine Art antichristlich" sein und bleiben: „Es ist unmöglich, daß Jemand, der eine Religion wirklich gehabt hat, eine andere annehmen sollte; und wenn alle Juden die vortreflichsten Staatsbürger würden, so würde doch kein einziger ein guter Christ: aber recht viel eigenthümlich Jüdisches brächten sie in ihren religiösen Grundsätzen und Gesinnungen mit, welches eben um deswillen nothwendig antichristlich ist. – Ja! ein judaisirendes Christenthum das wäre die rechte Krankheit, die wir uns noch inokuliren sollten!"[45]

---

[43] Vgl. ebenso Micha Brumlik: Deutscher Geist und Judenhaß, 157. Edward Parish Sanders hat in seinem Buch „Paulus und das palästinische Judentum" (Göttingen 1985) gezeigt, daß die Haltung des Apostels zum Judentum seiner Zeit wesentlich differenzierter ausgefallen ist, als es jene traditionelle Auffassung unterstellt, der Paulus als ein entschlossener Kritiker jüdischer „Gesetzlichkeit" gilt. Siehe auch Gerd Lüdemann: Paulus, der Gründer des Christentums, Lüneburg 2001, besonders: 93–114 und 217–231.

[44] Über die Religion, in: Schriften aus der Berliner Zeit 1796–1799 (KGA I/2), 301 (Erstauflage von 1799: 253). – Auf weitere Schwierigkeiten, die die Religionsauffassung der „Reden" im Verhältnis zu Schleiermachers Position in den „Briefen bei Gelegenheit der politisch theologischen Aufgabe" einer systematischen Rekonstruktion bietet, weist Gunter Scholtz: Friedrich Schleiermacher über das Sendschreiben jüdischer Hausväter, 311–312 hin.

[45] Briefe bei Gelegenheit der politisch theologischen Aufgabe, 36–37. – Der Widerspruch gegen jede „Art von Mischung von Christenthum und Judenthum", auf die es die jüdischen theologischen Reformer abgesehen hätten, findet sich bei Schleiermacher immer wieder. Vgl. etwa den Brief an Joachim Christian Gaß vom 11. Mai 1811, in: Fr. Schleiermacher's Briefwechsel mit J. Chr. Gaß, 94–96, hier: 95.

3. Juden im persönlichen Umfeld Schleiermachers

Während Schleiermacher in der Kontroverse um Friedländers Vorschlag Stellung bezog, pflegte er in seinem privaten Umfeld selbst enge Kontakte zu Juden. Aber auch später noch, als der Vielbeschäftigte sich von einem allzu bewegten gesellschaftlichen Leben fernhielt, bestanden einige dieser Verbindungen weiter. Überdies brachten die amtlichen Funktionen als Professor und als Mitglied des Departements für Kultus und öffentlichen Unterricht es mit sich, daß Probleme, die sich aus der Rechtsstellung von Juden ergaben, an Schleiermacher herangetragen wurden. Auf einen Fall dieser Art wird weiter unten näher eingegangen.

3.1. „Die sehr gebildeten jüdischen Frauen"

Als junger Prediger zählte Schleiermacher zu den regelmäßigen und häufigen Gästen der in den Jahren um 1800 blühenden Berliner Salonlandschaft. In einem Brief vom August 1798 an die Schwester gibt er Einblick in seine Beweggründe:

> „Daß junge Gelehrte und Elegants die hiesigen großen jüdischen Häuser fleißig besuchen ist sehr natürlich, denn es sind bei weitem die reichsten bürgerlichen Familien hier, fast die einzigen die ein ofnes Haus halten und bei denen man wegen ihrer ausgebreiteten Verbindungen in allen Ländern Fremde von allen Städten antrift. Wer also auf eine recht ungenirte Art gute Gesellschaft sehn will läßt sich in solchen Häusern einführen, wo natürlich jeder Mensch von Talenten, wenn es auch nur gesellige Talente sind gern gesehn wird und sich auch gewiß amüsirt weil die jüdischen Frauen – die Männer werden zu früh in den Handel gestürzt – sehr gebildet sind, von allem zu sprechen wißen und gewöhnlich eine oder die andere schöne Kunst in einem hohen Grade besizen."[46]

---

[46] Brief an Charlotte Schleiermacher (1765–1831) vom 25. Juli bis 16. August 1798, in: Briefwechsel 1796–1798 (KGA V/2), 364–374, hier: 370 (vom 4. August); vgl.: Aus Schleiermacher's Leben. In Briefen. Band 1, 181–189 (gekürzt), hier: 186–187. – Zu den jüdischen Berliner Salons siehe Deborah Hertz: Die jüdischen Salons im alten Berlin. Aus dem Amerikanischen von Gabriele Neumann-Kloth, Frankfurt am Main 1991 [Originalausgabe: Jewish High Society in Old Regime Berlin, New Haven (USA) 1988]. Zur Berliner Salonkultur liegen daneben mittlerweile zahlreiche Arbeiten vor; vgl. insbesondere Ingeborg Drewitz: Berliner Salons. Gesellschaft und Literatur zwischen Aufklärung und Industriezeitalter (Berlinische Reminiszenzen. Band 7), Berlin 1965 [Dritte Auflage: Berlin 1984]; Norbert Miller: Literarisches Leben in Berlin im Anfang des 19. Jahrhunderts. Aspekte einer preußischen Salonkultur, in: Kleist-Jahrbuch 1981/82, Berlin 1983, 13–32; Petra Wilhelmy-Dollinger: Der Berliner Salon im 19. Jahrhundert (1780–1914) (Veröffentlichungen der Historischen Kommission zu Berlin. Band 73), Berlin / New York 1989 [Neuausgabe unter dem Titel: Die Berliner Salons. Mit historisch-literarischen Spaziergängen, Berlin / New York 2000]; Peter

Wie kein anderer aus dem Kreis frühromantischer Philosophen und Literaten hat Schleiermacher den persönlichen Umgang mit jüdischen Männern und Frauen gesucht und gepflegt. Sein Jugendwerk ist ohne diese Kontakte, ohne die Bekanntschaft mit Friedländer, Rahel Levin und Dorothea Veit nicht denkbar. Schleiermachers wichtigste Bezugsperson aus der elitären Berliner Salonkultur, zugleich eine enge persönliche Vertraute und Weggefährtin aus dieser Zeit, war Henriette Herz (1764–1847). Sie war aufgrund ihres intensiven gesellschaftlichen Engagements und als Gattin des berühmten Arztes und Kant-Schülers Marcus Herz (1747–1803) eine der bekanntesten jüdischen Persönlichkeiten im Berlin der Jahrhundertwendezeit. Dank ihrer ausgeprägten Anziehungskraft und, wie viele Gäste rühmten, ungewohnt geistreicher Umgangsformen war es ihr im Laufe der neunziger Jahre gelungen, aus der großen Zuhörerschaft viel beachteter Privatkollegien über Medizin, Philosophie und Experimentalphysik, die ihr Ehemann im eigenen Hause veranstaltete, eine kulturell überaus aktive Salongesellschaft hervorgehen zu lassen.

Henriette Herz' Berliner Existenz ist charakteristisch für das gehobene Gesellschaftsleben der Residenzstadt.[47] Zu ihrem großen Freundes- und Bekanntenkreis aus Literatur, Kunst und Wissenschaft zählten Ludwig Börne und die Brüder Humboldt. Ständige Gäste waren die beiden Schlegel, die Gebrüder Tieck und das Ehepaar Bernhardi. Wilhelm von Humboldt verdankte dem Unterricht bei ihr seine Hebräischkenntnisse. Fragen der Religion spielten für Henriette Herz selbst keine zentrale Rolle. Wenn die Tochter eines sefardischen Einwanderers auch mit Stolz auf ihre südeuropäische Herkunft zurückblickte, so blieb ihr Verhältnis zur religiösen Überlieferung des Judentums doch stets kühl. Als bekennende Jüdin hat sie sich nie verstanden.

Die besondere biographische Bedeutung, die der Beziehung zu Henriette Herz für Schleiermacher zukam, ergibt sich bereits aus dem Umstand, daß es gerade die Jahre eines komplexen inneren Klärungsprozesses waren, während derer er in engstem Kontakt zu ihr stand. In einem Brief vom

---

Seibert: Der literarische Salon. Literatur und Geselligkeit zwischen Aufklärung und Vormärz, Stuttgart / Weimar 1993; Hartwig Schultz (Hrsg.): Salons der Romantik. Beiträge eines Wiepersdorfer Kolloquiums zu Theorie und Geschichte des Salons (Wiepersdorfer Kolloquium. Band 2), Berlin / New York 1997.

47 Zu Henriette Herz siehe vor allem den von Rainer Schmitz herausgegebenen Band: Henriette Herz in Erinnerungen, Briefen und Zeugnissen, Frankfurt am Main 1984; vgl. auch: Henriette Herz. Berliner Salon. Erinnerungen und Portraits. Herausgegeben und mit einem Nachwort versehen von Ulrich Janetzki, Frankfurt am Main / Berlin / Wien 1984. Zu der Beziehung zwischen Schleiermacher und Henriette Herz, die zu Lebzeiten beider immer wieder Gegenstand höhnischer Nachstellungen war, vgl. die in dem Band: Henriette Herz. Ihr Leben und ihre Zeit. Herausgegeben von Hans Landsberg, Weimar 1913, 248–426. 463–480 [Nachdruck: Eschborn bei Frankfurt am Main 2000] mitgeteilten Zeugnisse. Siehe daneben: Schleiermacher und seine Lieben. Nach Originalbriefen der Henriette Herz, Magdeburg 1910.

Mai 1798 schilderte Schleiermacher seiner Schwester die eigentümliche Art dieser Freundschaft:

„Am meisten lebe ich jezt mit der Herz[;] sie wohnt den Sommer über in einem niedlichen kleinen Hause am Thiergarten wo sie wenig Menschen sieht und ich sie also recht genießen kann. Ich pflege jede Woche wenigstens einmal einen ganzen Tag bei ihr zuzubringen. Ich könnte das bei wenig Menschen, aber in einer Abwechselung von Beschäftigungen und Vergnügungen geht mir dieser Tag sehr angenehm mit ihr hin. Sie hat mich italienisch gelehrt, oder thut es vielmehr noch, wir lesen den Shakspeare zusammen, wir beschäftigen uns mit Physik, ich theile ihr etwas von meiner Naturkenntniß mit, wir lesen bald dies bald jenes aus einem guten deutschen Buch, dazwischen gehen wir in den schönsten Stunden spazieren und reden recht aus dem innersten des Gemüthes mit einander über die wichtigsten Dinge."[48]

Die Intensität der Beziehung blieb nicht unbemerkt. Als erster meldete sich Schlegel, der „symphilosophierende" Freund: „Schlegel bekannte mir aufrichtig er wäre eifersüchtig auf die Herz, meine Freundschaft mit ihr wäre so schnell und so weit gediehen als er es mit mir nicht hätte bringen können, er sei fast nur auf meinen Verstand und meine Philosophie eingeschränkt, und sie habe mein Gemüth."[49] Bedenken, die auch die Schwester gegen einen zu engen Umgang geltend machte, wies Schleiermacher zurück: „Daß übrigens die Herz eine Jüdin ist, schien anfangs keinen nachtheiligen Eindruck auf Dich zu machen, und ich glaubte Du seist mit mir überzeugt daß wo es auf Freundschaft ankommt, wo man ein dem seinigen ähnlich organisirtes Gemüth gefunden hat man über solche Umstände hinwegsehn dürfe und müsse."[50]

Die Nähe zu Henriette Herz spiegelt sich auch in den zahlreichen Briefen, die der wegen einer Vertretungstätigkeit zeitweilig in Potsdam weilende Verfasser der Reden „Über die Religion" der Vertrauten nach Berlin sandte.

---

[48] Brief an die Schwester Charlotte vom 23. Mai bis 17. Juni 1798, in: Briefwechsel 1796–1798 (KGA V/2), 318–332, hier: 320–321 (vom 30. Mai).

[49] Ebd., 321–322; siehe auch Schlegels Brief an Charlotte Schlegel von Anfang 1798, in: Friedrich Schlegel: Werke. Band 24: Die Periode des Athenäums (25. Juli 1797 – Ende August 1799). Mit Einleitung und Kommentar herausgegeben von Raymond Immerwahr, Paderborn 1985, 211. – In dem zitierten Brief an die Schwester protestierte Schleiermacher ausdrücklich gegen Verdächtigungen, seine Freundschaft zu Henriette Herz sei auch sexueller Natur (vgl.: Briefwechsel 1796–1798 (KGA V/2), 322). Die Nachgeschichte dieser bewußt diffamierenden Unterstellung ist lang und dauert bis heute an. So sah sich schon Wilhelm Dilthey veranlaßt, die gegenseitige ausdrückliche Versicherung der beiden hervorzuheben, „daß in ihrem Verhältnis nichts von Liebe sei, daß auch unter ganz anderen Umständen keine Ehe aus demselben hätte werden können" (Leben Schleiermachers. Zweite Auflage vermehrt um Stücke der Fortsetzung aus dem Nachlasse des Verfassers herausgegeben von Hermann Mulert, Berlin und Leipzig 1922, 236).

[50] Brief an die Schwester vom 15. Oktober bis 11. November 1798, in: Briefwechsel 1796–1798 (KGA V/2), 414–423, hier: 419 (vom 26. Oktober).

Schleiermacher gewährt hier einen genauen Einblick in sein Tagewerk einschließlich aller Höhen und Tiefen während der Zeit der Niederschrift. Er läßt die Adressatin an seinen Überlegungen, seinen Selbstzweifeln und Hoffnungen teilhaben, von denen die mühevolle und schwierige Ausarbeitung des Buches begleitet wurde. Doch war Henriette Herz auch als Erstleserin und Kommentatorin erwünscht. Wiederholt und eindringlich bittet Schleiermacher sie darum, ihm die eigenen Gedanken über die Behandlung der Themen Gott und Unsterblichkeit mitzuteilen.[51] Zwar sind die Gegenbriefe der Herz nicht erhalten, doch scheint Schleiermacher aus dem engen Kontakt genau jene Bestätigung und Förderung bezogen zu haben, die er für sein Werk benötigte. Denn zusammenfassend heißt es in einem Brief vom 22. Februar 1799, als ein Abschluß der „Reden" allmählich absehbar wurde: „Ja Sie sind doch meine eigentliche nächstverwandte Substanz, ich weiß so weiter keine, und keine kann mich von Ihnen trennen."[52]

Als selbst Schleiermachers Förderer und Vorgesetzter, der reformierte Hofprediger Friedrich Samuel Gottfried Sack, an der Vertraulichkeit Anstoß zu nehmen begann und, um Schleiermacher aus seinen gegenwärtigen geselligen Beziehungen zu lösen, ihm eine gut dotierte Hofpredigerstelle in Schwedt anbot, lehnte dieser ab. Der Versuch der Kirchenbehörde, ihn in die entlegene und unattraktive Provinzstadt zu versetzen, war gegen das gesamte Umfeld gerichtet, in dem der junge Prediger sich bewegte. Interessant ist, daß Sack, ein aufgeklärter und liberaler Theologe, im konfidenten Gespräch ausdrücklich auf den jüdischen Hintergrund der Salons hinwies, deren andauernder Besuch Schleiermacher vor allem angelastet wurde. Schleiermachers brieflicher Bericht von seiner Unterredung mit dem Hofprediger gibt einen Eindruck von der kritischen Haltung, die in der bürgerlich-protestantischen Führungsschicht der Residenzstadt gegenüber persönlichen Kontakten zu Juden vorherrschte:

> „Mit Sack habe ich auch dieser Tage eine Herzenserleichterung über meinen jüdischen Umgang gehabt. Er sagte mir offenherzig er hätte auch deswegen gewünscht daß ich nach Schwedt gegangen wäre weil er fürchte meine Art zu existiren möchte meiner Beförderung hier hinderlich seyn und ein paar Jahre Abwesenheit würden das beßer gut machen was sich sonst vielleicht

---

51 Schleiermachers Briefwechsel mit Henriette Herz ist nur durch Auszüge aus den Briefen Schleiermachers überliefert, die von Henriette Herz selbst angefertigt worden sind. Für den Zeitraum der Entstehung der „Reden" liegen jetzt alle Dokumente in Band V/3 (Briefwechsel 1799–1800) der ,Kritischen Gesamtausgabe', herausgegeben von Andreas Arndt und Wolfgang Virmond (Berlin / New York 1992) vor; vgl. hier auch die Hinweise zur Korrespondenz Schleiermachers mit Henriette Herz und deren Überlieferung: LXXXIII–LXXXV. Zu der Aufforderung zur Kritik siehe etwa den Brief an Henriette Herz vom 1. März 1799, in: Ebd., 23–25, hier: 25.

52 Brief an Henriette Herz vom 22. Februar 1799, in: Ebd., 15–16. Schleiermacher stellte das Manuskript der „Reden" am 15. April 1799 fertig.

nicht ändern ließe. Er sei, wie ich wiße, nicht pedantisch genug gegen den Umgang mit Juden zu seyn (wie denn auch sein Vater und sein Schwiegervater
mit Mendelssohn viel umgegangen sind)[53] aber für diese ‚Bureaux d'Esprit'
[scil.: die Salons], für den Umgang [...] habe er doch keinen Sinn und wenn
es gar zu bekannt wäre, daß ich so ganz unter diesen Menschen lebte, so
müßte das doch auf viele Leute einen nachtheiligen Eindruk machen, und
er selbst besorge der Ton den man in solchen Gesellschaften nach und nach
annehme würde mir mit der Zeit Gleichgültigkeit und Widerwille gegen
mein Amt geben. Ueber den lezten Punkt suchte ich ihn denn zu beruhigen
und ihn über das erste eines beßeren zu überzeugen."[54]

Tatsächlich hielt Schleiermacher an der Freundschaft mit Henriette Herz
bis in seine letzten Tage fest. Die „Hofrätin Herz" zählte lebenslang zum
festen Freundeskreis. 1803 starb ihr Mann, seine Frau in verarmten Verhältnissen zurücklassend, aus denen sie sich aber aufgrund ihrer hervor-

---

[53]   Es handelt sich um August Friedrich Wilhelm Sack (1703–1786) und um Johann
        Joachim Spalding (1714–1804). Sack und Spalding gehörten zu den angesehensten
        Vertretern der Aufklärungstheologie. Sie amtierten zudem als Oberhofprediger bezie-
        hungsweise als Oberkonsistorialrat in führenden kirchlichen Stellungen und verfügten
        über enge Kontakte zu König und Hof.
[54]   Brief an die Schwester vom 2. bis 4. August 1798, in: Briefwechsel 1796–1798 (KGA
        V/2), 364–374, hier: 371. – Zum Schwedter Angebot vgl. Kurt Nowak: Schleiermacher.
        Leben, Werk und Wirkung, 123–124. Die Angelegenheit war mit Schleiermachers
        Ablehnung nicht abgeschlossen. Auch die Reden „Über die Religion" mißfielen Sack.
        Er hielt sie für eine „rednerische Darstellung des spinosistischen Systems". Die Ansich-
        ten, die Schleiermacher hier äußere, seien mit der Stellung eines christlichen Predigers
        nicht zu vereinbaren. Unglücklich war der Umstand, daß Sack zugleich als amtlicher
        Zensor fungierte und Schleiermacher so in zweifacher Weise an ihn gewiesen war.
        Der schwelende Konflikt wurde offenkundig, als Sack Schleiermachers Freundschaft
        mit Schlegel tadelte, woraufhin Schleiermacher sich seit Anfang 1800 weigerte, Sacks
        Haus noch zu betreten. Als schließlich auch die 1801 veröffentlichte erste Predigt-
        sammlung nicht den erhofften Beifall des Hofpredigers fand, vielmehr von ihm in
        einem ausführlichen kritischen Schreiben „dem Strom der Afterweisheit, die unser
        Zeitalter characterisirt", zugeordnet wurde, hatte Schleiermacher des Wohlwollen des
        einflußreichen Kirchenmannes endgültig verspielt (siehe den undatierten Brief Sacks
        an Schleiermacher von Ende 1800 / Anfang 1801 [zugesandt erst Ende April / Anfang
        Mai 1801], in: Briefwechsel 1801–1802 (KGA V/5), 1999, 3–7, hier: 7). Der offiziel-
        len Aufforderung, die Hofpredigerstelle in Stolp anzunehmen, die Anfang 1802 an ihn
        erging, konnte Schleiermacher sich vor diesem Hintergrund nicht mehr entziehen.
        Er mußte im Frühsommer 1802 in die hinterpommersche Kleinstadt übersiedeln, wo
        er während seiner etwas länger als zwei Jahre dauernden Amtszeit nie heimisch ge-
        worden ist. Ob Sack tatsächlich, wie Schleiermacher mutmaßte, im Jahre 1800 den
        städtischen Magistrat dazu bewegt hat, ihn im Zuge der Besetzung einer Berliner Pfarr-
        stelle zu übergehen, ist angesichts der Quellenlage nicht sicher zu entscheiden. – Vgl.
        auch: Briefwechsel zwischen dem Bischof Sack und Schleiermacher. Mitgetheilt vom
        Consistorial-Rath D. K.[arl] H.[einrich] Sack, in: Theologische Studien und Kritiken
        23 (1850), 145–162. Zur Biographie F. S. G. Sacks, dem Schleiermacher Jahre später
        einen pietätvollen Nachruf widmete, siehe jetzt Mark Pockrandt: Biblische Aufklä-
        rung. Biographie und Theologie der Berliner Hofprediger August Friedrich Wilhelm
        Sack (1703–1786) und Friedrich Samuel Gottfried Sack (1738–1817) (Arbeiten zur
        Kirchengeschichte. Band 86), Berlin / New York 2003, 109–152.

ragenden Sprachkenntnisse herausarbeiten konnte. Nach zweijährigem Aufenthalt auf Rügen kehrte sie 1809 nach Berlin zurück und siedelte sich dort in Schleiermachers Nähe an. 1817, nach dem Tode ihrer Mutter, konvertierte sie zum Protestantismus. Diese Entscheidung war nicht unabhängig von Schleiermachers Engagement um die religiöse Option der Freundin.[55]

Schleiermacher hütete die seit Herbst 1796 bestehende Freundschaft gegen alle Reserviertheit seiner Umgebung. Auch der immer wieder zum Ausdruck gebrachten generellen Forderung nach größerer Distanz gegenüber Angehörigen der jüdischen Konfession gab Schleiermacher weder während der ersten Berliner Zeit noch in den Jahren seit 1809 nach. Selbst noch als angesehener Theologieprofessor scheute er den öffentlichen Spott nicht, der sich auf die vertraute Beziehung zu Henriette Herz richtete. Eine Rolle mag dabei der Umstand gespielt haben, daß allein sie in den Jahren der Reife noch als Weggefährtin aus der frühromantischen Zeit gegenwärtig geblieben war.[56]

Bleibt die persönliche Beziehung zu Henriette Herz insgesamt für eine Einschätzung von Schleiermachers Sicht des zeitgenössischen Judentums wenig aussagekräftig, so gilt dies um so mehr für seine Kontakte zu Rahel Levin (1771–1833). Auch sie war eine prägende Gestalt der Berliner Salonkultur.[57] Die Bekanntschaft mit ihr datiert vom Beginn der Tätigkeit als Charité-Prediger, also ebenfalls vom Herbst 1796. Gelegentliche Notizen aus der Zeit um 1800 belegen, daß zumindest zu Beginn das Verhältnis recht eng gewesen sein muß. So wird denn auch Schleiermachers „Versuch einer Theorie des geselligen Betragens" von 1799 immer wieder nicht nur mit der Teilnahme am Berliner Salonleben im allgemeinen, sondern gerade auch mit der Beziehung zu Rahel Levin in Verbindung gebracht.[58] Die bisweilen kolportierte biographische Notiz, Schleierma-

---

[55] Vgl. hierzu die Briefe Schleiermachers an Alexander Graf Dohna vom 10. Mai 1816, in: Schleiermacher als Mensch. Band II. Briefe 1804–1834, 230–232, hier: 231 und vom 4. Juli 1817, in: Ebd., 253–256. Im zweiten Brief heißt es: „Ich wünsche ihr von Herzen Glück dazu, daß sie sich vom Halben zum Ganzen gewendet hat. [...] Ich bin gewiß, es wird ihr noch ein neues und freieres Lebensgefühl aufgehn in der christlichen Gemeinschaft [...]" (Ebd., 255). Vgl. schon den Brief an Henriette von Willich vom 9. November 1808, in: Aus Schleiermacher's Leben. In Briefen. Band 2, 161–162.

[56] Vgl. Ehrenfried von Willich: Aus Schleiermachers Hause. Jugenderinnerungen seines Stiefsohnes, 110.

[57] Vgl. Barbara Hahn: Romantik und Salon. Die Salons der Rahel Varnhagen, in: Hannelore Gärtner / Annette Purfürst (Hrsgg.): Berliner Romantik. Orte, Spuren, Begegnungen, Berlin 1992, 105–122.

[58] Vgl. Norbert Altenhofer: Geselligkeit als Utopie. Rahel und Schleiermacher, in: Martin Greiffenhagen (Hrsg.): Berlin zwischen 1789 und 1848. Facetten einer Epoche (Akademie-Katalog 132), Berlin 1981, 37–42; Hermann Patsch: Schleiermacher und die Bestattung Rahel Varnhagens. Eine kommentierte Briefedition, in: New Athenaeum / Neues Athenaeum. A Scholarly Journal Specializing in Schleiermacher Research and Nineteenth Century Studies II (1991), 69–80.

cher habe seine Freundin am 23. September 1814 getauft, ist Legende. Tatsächlich wurde die Taufe in der Jerusalemer Kirche von dem lutherischen Prediger Johann Jakob Stegmann durchgeführt; Schleiermacher zählte nicht einmal zu den Taufzeugen.

Nachdem im Anschluß an eine mehrjährige Abwesenheit von Berlin Rahel Levin, nunmehr als Ehefrau des Diplomaten und Schriftstellers Karl August Varnhagen von Ense, 1819 erneut einen Salon gründete, schloß Schleiermacher sich ihm nur sehr sporadisch an. „In ihren näheren Kreis" ist er nicht wieder getreten.[59] Offenkundig wollte er sich der Verehrung, die sie ihm in ihrer Idealisierung kultivierter Geselligkeit entgegenbrachte – ein Exemplar der bekannten Rauch-Büste soll neben der Büste des Prinzen Louis Ferdinand zum Interieur ihres Gesellschaftszimmers gehört haben –, entziehen. Anders als Henriette Herz oder gar Dorothea Schlegel, der, wie sie Schleiermacher gegenüber bekannte, die jüdische Religion sogar verhaßt geworden war, blieb Rahel Levin sich auch nach der Taufe ihrer jüdischen Herkunft stets bewußt.[60]

Verbindungen zum zeitgenössischen Judentum gab es jedoch nicht allein auf der Ebene persönlicher Beziehungen oder – wie der sogleich zu schildernde Fall zeigt – im Rahmen amtlicher Befassung. Von Bedeutung ist auch die bisher noch kaum näher untersuchte Anziehungskraft, die Schleiermachers theologische Konzeption, ihre methodische Fundierung und selbst die inhaltliche Ausführung des Religionsbegriffes auf jüdische Theologen des frühen neunzehnten Jahrhunderts ausgeübt haben. Das gleiche gilt für seine Homiletik. Seit Mendelssohns Anregungen hatte die deutsche Predigt immer mehr Einzug in den jüdischen Gottesdienst gehalten.

---

59 Brief an Carl Gustav von Brinckmann vom 19. Februar 1822, in: Aus Schleiermacher's Leben. In Briefen. Band 4, 289. Auf die Spätzeit bezieht sich auch eine Bemerkung Ehrenfried von Willichs, wonach Schleiermacher Distanz zu Rahel hielt (Aus Schleiermachers Hause. Jugenderinnerungen seines Stiefsohnes, 135). Siehe auch Fritz Behrend: Rahel Varnhagen an Schleiermacher, in: Zeitschrift für Bücherfreunde. Neue Folge 9 (Erste Hälfte) (1917), 87–90 (tatsächlich ist der hier mitgeteilte Brief vom 9. Januar 1830 an Henriette Schleiermacher gerichtet). Als Varnhagen im März 1833, nach dem Tod seiner Frau, Schleiermacher bat, er möge die Bestattung vornehmen, lehnte dieser ab.
60 Vgl. Ulrike Landfester: Vom auserwählten Volk zur erlesenen Nation. Rahel Levin Varnhagens „Uremigrantenthum", in: Ute Planert (Hrsg.): Nation, Politik und Geschlecht. Frauenbewegungen und Nationalität in der Moderne, Frankfurt am Main / New York 2000, 66–85. Zu Dorothea Schlegel vgl. Helmut Schanze: Dorothea geb. Mendelssohn, Friedrich Schlegel, Philipp Veit – ein Kapitel zum Problem Judentum und Romantik, in: Hans Otto Horch (Hrsg.): Judentum, Antisemitismus und europäische Kultur, Tübingen 1998, 133–150. Dorotheas Taufe, bei der die Mendelssohn-Tochter ihren ursprünglichen Vornamen Brendel ablegte, fand am 6. April 1804 in der Schwedischen Kapelle in Paris durch einen protestantischen Geistlichen statt. Öffentlich bekannte sie sich erst am 16. April 1808, aus Anlaß des Übertrittes zum Katholizismus, zu ihrer Entscheidung. Es handelte sich dabei um die unter den Zeitgenossen am meisten diskutierte der „romantischen Konversionen".

Zunächst diente sie fast ausschließlich der Würdigung patriotischer Anlässe. Mendelssohn selbst hatte Dankespredigten für die Berliner Synagoge geschrieben, um die Siege der preußischen Armee im Siebenjährigen Krieg zu feiern. Die ersten regelmäßigen wöchentlichen Predigten konnte man 1808 in Dessau hören. Danach wurde die deutsche Predigt wesentlicher Bestandteil aller Entwürfe für eine Modernisierung des jüdischen Gottesdienstes. Dabei stützten sich die jungen Prediger stark auf christliche Vorbilder. Hier kam dem Homiletiker Schleiermacher ein besonderer Stellenwert zu, denn die Zielsetzung der jüdischen Theologen richtete sich nicht primär auf moralische Unterweisung, sondern auf geistliche Erbauung. Genannt seien in diesem Zusammenhang die Rabbiner Samson Wolf Rosenfeld (1780–1862) und Isaak Bernays (1792–1849).[61]

Aber auch für Leopold Zunz (1794–1886), den Begründer der Wissenschaft des Judentums, und sogar für Abraham Geiger (1810–1874), der in anderen Zusammenhängen sehr kritisch auf Schleiermacher reagieren konnte, läßt sich eine Anknüpfung nachweisen.[62] Überdies hat Alexander Altmann die Vermutung ausgesprochen, daß auch „die jugendlichen Prediger am Jacobsonschen Tempel vor Zunz" es „wohl nicht versäumt haben" werden, „den Predigten großer Berliner Kanzelredner wie Schleiermacher [...] zu lauschen", wobei er an Isaak Lewin Auerbach (1785–1853), Carl Siegfried Günzburg (1784–1860) und Israel Eduard Kley (1789–1867) dachte.[63] Ebenfalls den Schleiermacherschen Anregungen geöffnet habe

---

[61] Vgl. hierzu Michael A. Meyer: Jüdische Gemeinden im Übergang, in: Michael Brenner / Stefi Jersch-Wenzel / Michael A. Meyer: Deutsch-Jüdische Geschichte in der Neuzeit. Band II, 96–134, hier: 127–128.

[62] Siehe Alexander Altmann: Zur Frühgeschichte der jüdischen Predigt in Deutschland: Leopold Zunz als Prediger [zuerst in: Leo Baeck Institute Yearbook. Vol. 6, Oxford 1961, 3–59], in: Ders.: Von der mittelalterlichen zur modernen Aufklärung. Studien zur jüdischen Geistesgeschichte, 249–299, hier: 256. Anhand einer Predigt, die Zunz aus der 1816 erschienenen dritten Auflage von Schleiermachers erster Predigtsammlung kannte, weist Altmann nach, wie stark Zunz sich, und zwar bis in die Wortwahl hinein, an Schleiermacher orientiert hat (siehe: Ebd., 259). Zu Geiger vgl. Ulrich Steuer: Schleiermachers Religionsphilosophie in ihrer systematischen und historischen Bedeutung für die jüdische Religionsphilosophie. Diss. phil., Köln 1969, hier besonders: 106–131. Mit einer kritischen Note versieht Lion Feuchtwanger seine Darstellung des Schleiermacherschen Einflusses auf die jüdische Predigt: „Die Religion der Gebildeten". Zum 100. Todestag von Schleiermacher, in: Jüdische Rundschau 39 (1934). Nr. 12.

[63] Alexander Altmann: Zur Frühgeschichte der jüdischen Predigt in Deutschland, 256; vgl. auch: 260–263 und 270. Gemeint ist die von Israel Jacobson gegründete Neue Israelitische Synagoge im Beerschen Hause in Berlin, die in den Jahren von 1813 bis 1823 bestanden hat. – Nicht folgen möchte ich Altmann, wenn er aus einer durch Keyserling überlieferten Notiz im „Schlesischen Schriftstellerlexikon" weitreichende Schlüsse ziehen will (vgl.: Ebd., 257). Es heißt hier in einer undatierten Mitteilung: „Interessant war es zu sehen, wie die beliebtesten christlichen Prediger jener Zeit, Haunstein [!], [Georg Carl Benjamin] Ritschl, Schleiermacher u.a. an den Sabbattagen zuweilen die deutsche Synagoge besuchten und aufmerksame Zuhörer jener jungen

sich, so Altmann, der durch seine Übertragungen der beiden wichtigsten jüdischen Gebetbücher, des Machsor und des Siddur, bekannt gewordene Rabbiner an der Berliner Reformgemeinde Michael Sachs (1808–1864). Für alle diese Prediger gelte, daß sie anstelle der aufklärungsphilosophischen Idee von der einen, ewigen Vernunftreligion eine durch das romantische Religionsverständnis inspirierte Sicht jüdischer Frömmigkeit vertreten haben.[64]

3.2. Der Fall Brogi

Obwohl Schleiermacher im Departement für Kultus und öffentlichen Unterricht beim preußischen Innenministerium der Sektion Unterricht und nicht der Sektion Kultus angehörte, scheint er doch gelegentlich mit Fragen der jüdischen Gottesdiensteinrichtung befaßt gewesen zu sein. Eine nähere Auswertung dieses Aspektes seiner administrativen Tätigkeit ist bisher nicht erfolgt. Hingewiesen sei hier auf ein Antwortschreiben, mit dem Schleiermacher für die Behörde auf eine Einsendung reagierte, die zwei Lehrer an der jüdischen Hauptschule in Dessau an das Departement gerichtet hatten.[65]

Am 21. Januar 1813 wandten sich Gotthold Salomon (1784–1862) und sein nicht näher bekannter Kollege A. Hjorth an das „Königl. Preuß. Hochlöbl. Departement", um demselben „in tiefster Unterwürfigkeit" die beigelegte Schrift „Licht und Wahrheit, oder über die Umbildung des

---

Prediger waren, die sich auf ein neues, früher von ihren Glaubensgenossen nicht betretenes Feld wagten; für die jungen Männer selbst, nach dem Gottesdienste von jenen großen Predigern mannigfache Winke und Belehrungen zu erhalten" (Meyer Keyserling [Hrsg.]: Bibliothek jüdischer Kanzelredner. Eine chronologische Sammlung der Predigten, Biographien und Charakteristiken der vorzüglichsten jüdischen Prediger. Erster Jahrgang, Berlin 1870, 15). Ob Schleiermacher wirklich jemals – geschweige denn „zuweilen" – einen jüdischen Gottesdienst besucht hat, muß bis zum tatsächlichen Erweis dieses Umstandes fraglich bleiben. Briefliche Kontakte jedenfalls sind zu keiner der genannten Personen bezeugt.

64   Siehe Alexander Altmann: Zur Frühgeschichte der jüdischen Predigt in Deutschland, 262–265 und 282–286.

65   Die Einsendung und Schleiermachers Antwortschreiben liegen vor in: GStA PK, I. HA Rep. 76 III (Ministerium der geistlichen, Unterrichts- und Medicinal-Angelegenheiten. Geistliche und Unterrichts Abtheilung), Sekt. 1, Abt. XIIIa, Generalia 1: Sekten- und Juden-Sachen. No. 1, Vol. I: „Acta betreffend die Verbesserung der bürgerlichen Verhältnisse der Juden, ihres Cultus und Schulwesens, sowie die Einrichtung neuer und die Erhaltung schon bestehender Synagogen, 1809–1812", Bl. 22 und 23. Siehe den Abdruck in dem Band: Chevrat Chinuch Nearim. Die jüdische Freischule in Berlin (1778–1825) im Umfeld preußischer Bildungspolitik und jüdischer Kultusreform. Eine Quellensammlung. Herausgegeben von Ingrid Lohmann. Mitherausgegeben von Uta Lohmann unter Mitarbeit von Britta L. Behm, Peter Dietrich und Christian Bahnsen. Zwei Bände (Jüdische Bildungsgeschichte in Deutschland. Band 1 und 2). Teil II, Münster / New York / München / Berlin 2001, 824–825.

israelitischen Cultus" zuzueignen. In dieser soeben in Leipzig erschienenen Arbeit entwickelte Salomon das Programm für eine tiefgreifende Reformierung des jüdischen Gottesdienstes. Sein Plädoyer war von Anfang an nicht unumstritten, doch gehörte Salomon später, besonders seitdem er 1818 neben Eduard Kley das Rabbinat der Reformgemeinde in Hamburg übernommen hatte, zu den einflußreichsten Vertretern des deutschen Reformjudentums.[66]
Schleiermacher antwortete für das Departement am 8. Februar. Er bezeigte „den Herren Verfassern Seinen [*scil*.: des Departements] ganzen Beifall über den Eifer und die Gelehrsamkeit, womit das Werkchen die Parthei vertheidigt, welche Sie in dieser wichtigen Angelegenheit der jüdischen Nation ergriffen haben". Von einer inhaltlichen Beurteilung der Schrift sah er ab. Vielmehr gab er seiner Erwartung Ausdruck, daß nun auch „die entgegen gesetzte Ansicht" über die gottesdienstliche Praxis „mit Einsicht, Gelehrsamkeit, und Eifer" verfochten werde. „Denn nur auf diesem Wege kann eine Vereinigung der Gemüther zu Stande kommen, ohne welche [der] Preussische Staat zufolge der GrundSätze welche Sie so richtig würdigen, in einer Angelegenheit dieser Art nichts zu thun vermag".[67] –
Einen schweren Schatten auf Schleiermachers Umgang mit jüdischen Zeitgenossen wirft ein Fall, der, obwohl er erhebliches Aufsehen erregte und auch aktenmäßig umfassend dokumentiert ist, in seinen diversen Bezügen zur Berliner Professorenschaft, zum universitären Recht und dessen praktischer Handhabung, aber auch in seiner universitätsgeschichtlichen Bedeutung insgesamt bisher erst ansatzweise rekonstruiert worden ist. Es handelt sich um den sogenannten „Fall Brogi", der sich im Frühjahr 1812 ereignete und an dem Schleiermacher als Mitglied des Universitätssenates direkt, wenn auch nicht dominant beteiligt gewesen ist. Schleiermachers Stellungnahme vom 1. April des Jahres darf über ihre unmittelbare Veranlassung hinaus als ein Reflex auf die am 11. März 1812 durch das

---

66 Zu ihm vgl. Willy Cohn: Salomon, Gotthold, in: Jüdisches Lexikon. Band IV/2, Berlin 1930, 59–60. Dem „Neuen Israelitischen Tempelverein" in Hamburg kam für das gesamte deutsche Reformjudentum eine überragende Bedeutung zu. Kley gilt als einer der wichtigsten Repräsentanten der modernen, reformorientierten Strömung. Salomon unterstützte ihn durch eine ausgebreitete publizistische Wirksamkeit. Auch als Prediger hinterließ er in vielen Gemeinden einen starken Eindruck. Aus seiner literarischen Arbeit sei insbesondere die „Deutsche Volks- und Schulbibel für Israeliten" erwähnt, die 1837 unter der Mitarbeit von Isaak Noa Mannheimer erschien. Acht Jahre zuvor hatte Salomon eine philosophische Mendelssohn-Biographie veröffentlicht: Denkmal der Erinnerung an Moses Mendelssohn zu dessen erster Säcularfeier im September 1829 oder Gedanken über die wichtigsten Angelegenheiten der Menschheit aus den Schriften des unsterblichen Weisen. Nebst einem Blick in sein Leben, Hamburg 1829.
67 Zitiert nach: Chevrat Chinuch Nearim. Die jüdische Freischule in Berlin (1778–1825). Teil II, 825.

Emanzipationsedikt ausgesprochene rechtliche Gleichstellung der jüdischen Einwohner Preußens angesehen werden.[68] Der Streit um den aus Posen stammenden Studenten der Medizin Joseph Leyser Brogi bildete die erste schwere Krise der jungen Universität; in ihrem Kontext erklärte Fichte, der Schmalz am 19. Oktober 1811 als Rektor nachgefolgt war, seinen Rücktritt.[69] Brogi gehörte zu jenen sieben Prozent jüdischer Studenten, die – vornehmlich in der Philosophischen und der Medizinischen Fakultät – bereits während der ersten Jahre nach Gründung an der Universität immatrikuliert waren. Ende 1811 war er erstmals in Auseinandersetzungen verwickelt worden. Ein christlicher Kommilitone hatte versucht, ihn zum Duell zu provozieren, war jedoch erfolglos geblieben und hatte daraufhin Brogi „mit einer Hetzpeitsche" aufgelauert und ihn „damit am hellen Tage und vor aller Augen auf dem Platz vor der Universität" geschlagen.[70] In der Folge war der Angreifer von Brogi beim Rektor der Universität, eben Fichte, verklagt worden. Fichte

---

[68] Es stellt eine empfindliche, selbst erklärungsbedürftige Lücke in unserer biographischen Kenntnis dar, daß gegenwärtig keinerlei explizite Zeugnisse zu Schleiermachers Einschätzung des Ediktes vorliegen. Weder in brieflichen oder anderen schriftlichen Äußerungen noch als Gegenstand mündlicher Tradition scheint ein Urteil Schleiermachers zu dieser epochalen Rechtssetzung überliefert zu sein. Auch ein kurzer Bericht zu einem Edikt des bayerischen Königs über die Verhältnisse der Juden in Bayern vom 10. Juni 1813, der in Nr. 72 des *Preußischen Correspondenten* vom 4. August 1813 (Sp. 8) erschien und den man wohl im wesentlichen dem Redakteur der Zeitung zuschreiben kann, bietet keine entsprechenden Anhaltspunkte. Es werden lediglich die zentralen Aspekte zusammengefaßt. In diesem Text heißt es: „Die Juden sollen zu allen bürgerlichen Nahrungszweigen zugelassen werden; dagegen der Schacherhandel allmählig abgestellt. Die Juden bilden keine eigene Corporationen mehr, sondern schließen sich in allen Gemeindeangelegenheiten an die christlichen Einwohner an. Ueberall wo 50 Familien vorhanden sind, können sie eine kirchliche Gemeine bilden. Die Kinder sind zum öffentlichen Schulbesuch mit Ausschluß des Religionsunterrichts verbunden. Doch dürfen die Juden eigne Schulen errichten, wenn sie vorschriftsmäßig geprüfte Lehrer mit wenigstens 300 Fl. Gehalt anstellen. Zum Studium der jüdischen Gottesgelahrtheit wird die Erlaubniß nur ertheilt auf ein von einer öffentlichen Studienanstalt des Reichs über die Vorbereitungskenntnisse des Subjects ausgestelltes günstiges Zeugniß. Rabbiner müssen obrigkeitlich geprüft und bestätigt werden. Die Rechte und Vorzüge dieses Edicts können nur diejenigen genießen, welche das Indigenat [das „Einzöglingsrecht", eine Stufe in der rechtlichen Anerkennung von Ausländern als Bürger] gesetzlich erhalten haben. Deshalb sollen Judenmatrikeln angelegt werden und die Juden Familiennamen annehmen."

[69] Zum folgenden vgl. Max Lenz: Geschichte der Königlichen Friedrich-Wilhelms-Universität zu Berlin. Band I, 410–431. Aus jüngerer Zeit liegt lediglich eine auf die Beteiligung Savignys konzentrierte Untersuchung von Thomas Henne und Carsten Kretschmann vor: Friedrich Carl von Savignys Antijudaismus und die „Nebenpolitik" der Berliner Universität gegen das preußische Emanzipationsedikt von 1812. Anmerkungen zu einem berühmten Fall der Universitätsgerichtsbarkeit, in: Jahrbuch für Universitätsgeschichte 5 (2002) [Separattitel: Universität und Kunst. Herausgegeben von Horst Bredekamp und Gabriele Werner, Stuttgart 2002], 217–225.

[70] Max Lenz: Geschichte der Königlichen Friedrich-Wilhelms-Universität zu Berlin. Band I, 411.

wollte den Fall dem Senat zur Entscheidung übergeben, doch forderten mehrere Mitglieder, unter ihnen Schleiermacher, die Einsetzung eines Ehrengerichtes. Das daraufhin ernannte Kollegium war von einer Mitschuld Brogis überzeugt und verurteilte ihn zu einer achttägigen Karzerstrafe, während jener andere Student vor dem Hochschulverweis bewahrt blieb. Schleiermachers spätere ablehnende Haltung gegenüber Brogi deutet sich hier bereits insofern an, als er in den Diskussionen des Senates als einziger Professor, neben fünf beisitzenden Studenten und dem Syndikus, die höchstmögliche Strafe, nämlich vierzehn Tage Karzer, für den Angegriffenen forderte.[71]

Zum Skandal weitete sich der Fall, als Brogi erneut angegriffen wurde und wiederum klagte. Vorausgegangen war ein Versuch Brogis, im Anschluß an eine Vorlesung eine Präparatübung an einem Tisch im Anatomischen Institut vorzunehmen, der bereits von Studenten umringt war und von dem er mit den Worten verwiesen wurde, er gehöre nicht unter „honorige Studenten". Brogi widersetzte sich, woraufhin er von dem Studenten August Klaatsch geschlagen wurde. Die Akten lassen keinen Zweifel daran, daß der zweite Angriff mit dem ersten in direkter Verbindung stand und Brogi gezielt das Opfer einer judenfeindlichen Aktion war.

Zunächst kam es innerhalb der Universitätsleitung zu heftigen Auseinandersetzungen über die Einschätzung des Falles, über die anzuwendende Verfahrensweise und insbesondere die Befugnisse des Rektors bei der disziplinarischen Klärung. Fichte konnte sich mit seiner Auffassung, daß es sich im wesentlichen um eine Auflehnung, deren Ziel er selbst als Inhaber des Rektorates sei, gegen seinen einflußreichsten Gegenspieler, den Universitätssyndikus und späteren Kultusminister Johann Albrecht Friedrich Eichhorn, nicht durchsetzen und wurde vom Senat am 29. Januar 1812 entsprechend zurückgewiesen. Für Eichhorn, an dessen Seite Schleiermacher stand, stellte der Streit kaum mehr als eine gewöhnliche Rauferei unter Studenten dar. Zudem wollte er Klaatsch, der aus einer angesehenen und wohlhabenden Berliner Familie stammte, in Schutz nehmen, während ihm Brogi lediglich ein „feiger Denunziant" zu sein schien.[72] Nachdem Eichhorns Sichtweise vom Senat übernommen worden war, sah Fichte sich in seinem Kampf gegen das aggressive Gebaren studentischer Kreise, vor allem das Duell und den Trinkzwang, so stark beschränkt, daß er am 14. Februar 1812 bei Schuckmann, dem Leiter des Departements für Kultus und öffentlichen Unterricht, die Entlassung als Rektor beantragte und das weitere Vorgehen seinem Vorgänger überließ.

Die Entscheidung in der Streitsache selbst fiel am 19. Februar während einer gemeinsamen, von Schmalz geleiteten Sitzung von Senat und

---

[71] Vgl.: Ebd., 411.
[72] Ebd., 415.

Ehrengericht. Als Verursacher des Konfliktes wurde Brogi angesehen, dessen Betragen laut Sitzungsprotokoll als „an sich verwerflich" beurteilt wurde und dem man vorwarf, während der vorangegangenen Untersuchung unwahre Aussagen über den Hergang gemacht zu haben. Es wurde eine Haftstrafe von acht Tagen ausgesprochen und, was durch die Fallbeurteilung des Senates vom 29. Januar bedingt war, durch den Syndikus eine „Admonition" ausgesprochen. Dies aber schadete nach dem geltenden Codex der Ehre des Medizinstudenten in hohem Maße. Schließlich wurde ihm, worauf besonders Schleiermacher gedrängt hatte, der Verweis von der Universität für den Fall angedroht, daß er sich in Zukunft durch eigene Schuld „auch nur das geringste" nachsagen lassen müsse. Der christliche Angreifer erhielt eine zweiwöchige, dem Codex nach nicht unehrenhafte Karzerstrafe. Fichte selbst, dessen Bewertung allerdings durch die erlittene Niederlage beeinflußt gewesen sein dürfte und dem man keinerlei Sympathien mit dem Beleidigten wird unterstellen dürfen, nannte das Urteil „für die Person des Brogi höchst ungerecht".[73]

Damit waren die Streitigkeiten jedoch nicht beendet. Wieder trat Fichte, der die Amtsgeschäfte zunächst noch weiterführte, in den Mittelpunkt. Er leitete eine von Studenten verfaßte Eingabe, die die Entscheidung gegen Brogi problematisierte, an das Departement direkt weiter und machte den Absendern sogar Mitteilung von seinen Differenzen gegenüber dem Senat. Aus den Reihen der Senatsmitglieder erhob sich nun ein Sturm der Entrüstung. Schließlich verklagten sich Rektor und Senat gegenseitig, weshalb das Departement entschied, daß ihm selbst alle weiteren Schritte allein vorbehalten sein sollten. Fichtes Entlassungsgesuch wurde abgelehnt, doch blieb seine Stellung in der Universität dauerhaft erschüttert. Den wichtigsten Punkt in den am 12. März ausgehändigten Verfügungen Schuckmanns an Rektor und Senat bildete die Forderung, daß alle Mitglieder des Senates schriftlich Stellung nahmen. Die Senatsmitglieder sollten den Streitfall sowohl nach verfahrenstechnischen als auch nach inhaltlichen Gesichtspunkten beurteilen. Unter denen, die sich ausführlich äußerten, war neben Boeckh, Hufeland, Savigny, Schmalz, Solger und de Wette auch Schleiermacher.[74]

---

[73] Vgl.: Ebd., 417. – Eine singuläre Auffassung in den Diskussionen des Senates vertrat der später eng mit Schleiermacher verbundene Philologe August Boeckh. Er hatte nicht nur dem Senatsbeschluß vom 29. Januar nicht zugestimmt, sondern damals und auch später mehrmals gefordert, daß „schärfere Maßregeln gegen die Beleidiger" ergriffen werden. Er hielt, wie Fichte, die Entscheidung gegen Brogi für ungerecht (vgl.: Ebd., 422).

[74] Vgl. Max Lenz: Ebd., 424–426. – Schuckmanns Verfügungen ergingen, nachdem Fichte zuvor sein Demissionsgesuch noch einmal bekräftigt hatte. Auch seitens der gegen den Rektor opponierenden Senatsmitglieder war, obgleich hierzu nach den Statuten keine Berechtigung bestand, an das Departement appelliert und in einem von Schmalz verfaßten Schreiben die Vorgehensweise Fichtes kritisiert worden. Schleier-

Ihre brisante zeitgeschichtliche Situierung erhalten alle abgegebenen Stellungnahmen durch den Umstand, daß genau in diesen Tagen, nämlich am 24. März 1812, das am 11. des Monats verkündete Emanzipationsedikt in Kraft trat. In unterschiedlicher Deutlichkeit spiegeln die Voten antijüdische Vorbehalte der Hochschullehrer wider. Besonders eklatant ist die Haltung Savignys, der wenige Monate zuvor zu den Gründungsmitgliedern der „Christlich-deutschen Tischgesellschaft" gehört hatte. In seiner auf den 23. März datierten Erklärung forderte er Fichte dazu auf, die disziplinarische Strafe gegen den jüdischen Studenten auszuführen; sie sei gerechtfertigt, da die erste Veranlassung zu den Auseinandersetzungen „in der Sitte des Brogy" zu suchen war.[75] Schon hier kommt Savignys Gleichsetzung der „sittlichen Bestimmung der menschlichen Natur" mit einer „christlichen Lebensansicht" zur Geltung, wie sie später eine weltanschauliche Determinante seines „Systems des heutigen Römischen Rechts" markieren sollte.[76]

Das Emanzipationsedikt konnte insofern nur als Indiz für die Auflösung des kulturellen Fundamentes verstanden werden, auf dem Staat und Gesellschaft beruhten. Ein gesetzlich begründetes Einschreiten zugunsten Brogis lehnt Savigny mit dem Hinweis darauf ab, daß es „in allen Klassen der Gesellschaft einen stillschweigenden Bann" gebe, der, „meist sehr achtbar und heilsam", die Reichweite der geltenden Gesetze überschreite. „*Dieser* Bann, der auf wirklicher Gemeinschaft der Gesinnung beruht, ist auch unter Studenten im allgemeinen nicht zu tadeln, und selbst da, wo er irrt, kann er kein Gegenstand einer Untersuchung und Strafe sein."[77] Gegenüber der „Gemeinschaft der Gesinnung" konnte

---

machers Mitgliedschaft im Departement scheint in den Auseinandersetzungen keine Rolle gespielt zu haben; auf Schuckmanns Vorgehen hatte er keinen Einfluß.

[75] Savignys Votum ist abgedruckt bei Max Lenz: Ebd. Band IV, 163–166, hier: 164.

[76] System des heutigen Römischen Rechts. Band 1, Berlin 1840 [Nachdruck: Aalen 1981], 53. – Die Identifizierung von christlicher Religion und universaler Ethik ist nach Henne und Kretschmann nur verständlich vor dem Hintergrund von Savignys tiefer Religiosität. „Sie war die eigentliche Quelle eines Antijudaismus, der sich wieder und wieder bemerkbar machte" (Friedrich Carl von Savignys Antijudaismus, 221). Umgekehrt bildete Savignys antijüdische Einstellung „einen integralen Bestandteil seiner verinnerlichten Frömmigkeit", so daß beide Aspekte sich gegenseitig stützten. Biographisch dürften hierbei Kontakte zur bayerischen Erweckungsbewegung um Johann Michael Sailer eine wichtige Rolle gespielt haben, aus denen sich auch Savignys Vision einer evangelisch-katholischen Ökumene und sein daraus entwickeltes Ideal eines „christlichen Staats" herleiten. Inwiefern Savignys Sicht des Christentums von Schleiermacher, zu dem er zumindest zeitweise in engerer Verbindung stand, geprägt worden ist, bedarf genauerer Untersuchung; vgl. aber zum Kontext Gunter Scholtz: Schleiermacher und die historische Rechtsschule, in: Schleiermacher's Philosophy and the Philosophical Tradition. Edited by Sergio Sorrentino (Schleiermacher Studies and Translations. Vol. 11), Lewiston / New York 1992, 91–110.

[77] Zitiert nach Max Lenz: Geschichte der Königlichen Friedrich-Wilhelms-Universität zu Berlin. Band IV, 164–165.

358 Schleiermacher und das Judentum

eine als fremdartig empfundene „Sitte" keinen Anspruch auf Schutz erheben. Insofern war das Vorgehen gegen Brogi nach Savigny, der hierin
Schleiermachers Urteil bis in die Formulierung hinein vorwegnimmt,
„unverwerflich".[78]

Schleiermacher stimmte in seinem Votum zunächst in die Kritik an
Fichte ein. Der Rektor habe durch sein eigenmächtiges Vorgehen Verwirrung gestiftet und die Klärung des Falles erschwert. Die Proteste, die aus
den Reihen der Studenten gegen das Verfahren vorgebracht worden waren, wies er mit aller Entschiedenheit und in sehr autoritärem Ton zurück. Vor allem aber rechtfertigte er die Entscheidungen, die hinsichtlich
der Bestrafung Brogis und seiner Kontrahenten gefällt worden waren. Er
ging dabei von der Überzeugung aus, daß die Schärfe der Sanktionierung
Brogis wesentlich durch dessen eigene Haltung bedingt war. Als Außen-
seiter habe er sich einer bestehenden Gemeinschaft aufdrängen wollen
und damit die Motivation zu jener brüsken Zurückweisung selbst erst
geschaffen.[79]

So fragwürdig bereits diese Voraussetzung ist, so sophistisch mutet
Schleiermachers Beurteilung der Vorgehensweise Brogis an: Entweder sei
der Student „feige" gewesen, als er in Reaktion auf die wiederholte Beleidigung geklagt habe, oder aber er war „entschlossen, mit dem Risiko eigner
Bestrafung dem andern ein um so empfindlicheres Übel zuzuziehen, also
rachsüchtig". In keinem Fall könne Brogi als ein solcher angesehen werden,
„der aus rechtlicher Gesinnung" geklagt habe.[80] Die jeweiligen Darstellungen der Kontrahenten, die die tatsächlichen Vorgänge nicht ungetrübt
durch die persönliche Perspektive wiedergeben, faßt Schleiermacher im
Falle Brogis als bewußt lügnerisch, im Falle seines Gegners als Ausdruck
eines „Gedächtnisfehlers" auf.[81]

Im Zusammenhang mit Ausführungen über die offizielle Ermahnung
Brogis, als deren „Auctor" Schleiermacher sich selbst bezeichnet, gibt er
auch eine Charakteristik des Studenten: „Der Brogy erscheint allgemein
als ein durch Zudringlichkeit zu Händeln reizender Mensch, zugleich
von derjenigen gemeinen Gesinnung, welche sich aus der Strafe nichts
macht, wenn nur der Gegner ebenfalls, und zwar härter bestraft wird."
Demgegenüber „beweisen" die Äußerungen des zweiten Angreifers „nur
eine unter einer Majorität der Studirenden stattfindende Gemeinschaft
der Gesinnung", welcher Brogi sich durch sein Verhalten entgegengesetzt

---

[78] Ebd., 165; vgl. Thomas Henne / Carsten Kretschmann: Friedrich Carl von Savignys
Antijudaismus, 222–223.
[79] Schleiermachers am 1. April 1812 abgegebenes Votum ist abgedruckt bei Max Lenz:
Geschichte der Königlichen Friedrich-Wilhelms-Universität zu Berlin. Band IV, 174–
178.
[80] Ebd., 175–176.
[81] Ebd., 176.

habe. Den Ausgangspunkt bildet daher „des Brogy Verschuldung in beiden Fällen". Seine Beleidigung habe er selbst provoziert, indem „er sich in einen Kreis privatim gemeinschaftlich Beschäftigter eindrängen wollte". Nach den bisherigen Erfahrungen sei von ihm eine Wiederholung seines Verhaltens im Konfliktfall „noch sehr oft zu erwarten", so daß das harte Vorgehen gegen ihn als vorbeugende Maßnahme unerläßlich gewesen sei. Schon die Aussicht, „um eines solchen durchaus elenden Menschen willen", Studierende „von dem besten Gehalt" – gemeint sind die planmäßig gegen den jüdischen Kommilitonen vorgehenden Angreifer – zu harten Karzerstrafen verurteilen zu müssen und sie so in ihrem Studium zu hemmen, sei „traurig genug". Daher sei „eine tüchtige Abschreckung für den Brogy der gemeinen Sache sehr heilsam".[82] Die Art, wie Schleiermacher hier das Verhältnis zwischen Aggressor und Opfer umkehrt und alle Schuld allein dem Angegriffenen zuweist, ist grotesk und kann nicht allein aus einem Interesse an der Wiederherstellung und Sicherung der akademischen Disziplin erklärt werden.

Nachdem auch die übrigen Senatsmitglieder ihre Stellungnahmen abgegeben hatten, verschob sich die Debatte noch weiter auf das Gebiet administrativer Fragen. Am Ende ging es ausschließlich um die Kompetenzverteilung zwischen Departement, Rektor und Senat in Sachen der akademischen Gerichtsbarkeit. „Durch Fichtes Taktik" war, wie Max Lenz zusammenfassend formuliert, der Konflikt zu einem „Kampf um die Macht, um die politische Autorität" geworden.[83] Doch macht auch dieser Umstand den spezifischen Charakter des Falles deutlich: Die persönlichen und rechtlichen Belange desjenigen, dessen Schicksal ursprünglich den Anlaß zu der immer verwickelteren und von allen Seiten erbittert geführten Auseinandersetzung gegeben hatte, spielten nicht die geringste Rolle mehr. Keiner der Votanten, ausgenommen August Böckh, ließ ein Interesse daran erkennen, dem Studenten Gerechtigkeit verschaffen zu wollen. Ein Recht darauf, vor Angriffen geschützt zu werden – und zwar Angriffen, die ausschließlich in seiner jüdischen Herkunft begründet waren –, scheint man Brogi nicht zugebilligt zu haben. Als Savigny diese Auffassung in seiner Erklärung offen aussprach, brauchte er nicht zu befürchten, sich damit von seinen Kollegen nachteilig abzusetzen. Auch Schleiermachers Votum steht insofern im Kontext eines Verfahrens, in dem der repressive Umgang mit Juden über eine gezielte administrative Diskriminierung durch die staatlichen Behörden und Verwaltungsorgane erfolgte.[84]

---

82 Ebd., 176.
83 Max Lenz: Ebd. Band I, 426.
84 Siehe dazu auch Martin Behnen: Probleme des Frühantisemitismus in Deutschland (1815–1848), in: Blätter für deutsche Landesgeschichte 112 (1976), 244–279, hier: 262. Behnen spricht sogar von einem „administrativen Antisemitismus", der in der

Vor diesem Hintergrund berührt es sehr eigenartig, wenn Schuckmann in seinem unter Inanspruchnahme der Oberdisziplinargewalt des
Departements ergangenen Schiedsspruch vom 24. April ausdrücklich
vom „Eifer für das Recht" und sogar vom „Eifer für Gerechtigkeit"
spricht, um die Haltung des Senates und besonders diejenige Fichtes zu
kennzeichnen.[85] Immerhin wurde die gegen Brogi verhängte Karzerhaft
um fünf Tage verringert und sowohl jene förmliche Ermahnung als auch
das milde Vorgehen gegen seinen Widersacher bei dem zweiten Angriff
kritisch erörtert. Die Senatsmajorität, darunter Schleiermacher, empfand
diese Entscheidung als „höchst empfindlich und niederschlagend", doch
mußte man sich dem Schlußwort Schuckmanns beugen.[86] Acht Tage vor
der Verfügung, am 16. April, war Fichte durch eine Kabinettsorder aus
dem Rektorenamt entlassen und Savigny „aus besonderem Königlichen
Vertrauen" zu seinem Nachfolger bestellt worden. Dieser nahm, obwohl
er im Vorfeld rechtliche Bedenken wegen der Form der Amtsübertragung
geäußert hatte, die Ernennung am 22. April an. Fichte ließ sich seither,
von einer einzigen Ausnahme abgesehen, „niemals wieder bis an seinen
Tod [...] im Senat blicken".[87]

4. Schleiermachers kritische Sicht der jüdischen Religion

Schleiermachers negative Einschätzung der jüdischen Religion ist, wenn
auch nur zögernd, in den letzten Jahrzehnten von der protestantischen
Theologiegeschichtsschreibung wahrgenommen und in ihrem problematischen Gehalt durchaus kritisch kommentiert worden. So leitet etwa Hans-
Walter Schütte seine Untersuchung über „Christlicher Glaube und Altes
Testament bei Friedrich Schleiermacher" von 1970 mit der Feststellung
ein: „Zu den Anstößigkeiten, die das Denken Schleiermachers der Theologie bis zur Gegenwart bereitet, gehört nicht zuletzt die Art und Weise,
in der er das Verhältnis von Christentum und Judentum, Neuem Testament und Altem Testament bestimmt hat."[88] Dieser Äußerung stehen

---

Zeit zwischen dem Wiener Kongreß und der Revolution von 1848 alle emanzipatorischen Tendenzen durch eine scharfe Diskriminierungspraxis zunichte gemacht habe.

85 Vgl.: Max Lenz: Geschichte der Königlichen Friedrich-Wilhelms-Universität zu Berlin.
Band I, 427.

86 Siehe die wohl von Savigny formulierte Erklärung des Senates vom 29. April; abgedruckt in: Ebd., 428–429.

87 Ebd., 431.

88 Hans-Walter Schütte: Christlicher Glaube und Altes Testament bei Friedrich Schleiermacher, in: Fides et communicatio. Festschrift für Martin Doerne zum 70. Geburtstag.
Herausgegeben von Dietrich Rössler, Gottfried Voigt und Friedrich Wintzer, Göttingen 1970, 291–310, hier: 291. Auf weitere Literatur wird weiter unten hingewiesen.
– Der sachlichen Schwierigkeit, die darin gefunden werden könnte, wenn in diesem

Bezugnahmen ganz anderer Art gegenüber. So hat Harnack unter Berufung auf Schleiermacher seine berüchtigte These vertreten, es sei „die Folge einer religiösen und kirchlichen Lähmung", wenn der Protestantismus seit dem neunzehnten Jahrhundert das Alte Testament noch als kanonische Urkunde „konserviere".[89] Zurückhaltender urteilte Ferdinand Christian Baur. Im Kontext seiner Kritik an Schleiermachers Dogmatik vertrat er die Ansicht, die dort zu konstatierende „Antipathie gegen das Judenthum" finde lediglich bei Marcion eine Entsprechung.[90] Schließlich haben, und zwar bereits viel früher als Harnack, protestantische Theologen, die offen ihre antijüdischen Vorbehalte vertraten, Schleiermachers Abwertung des Alten Testamentes zum Anlaß genommen, sich auf ihn als Gewährsmann ihrer eigenen Ressentiments zu stützen.[91]

Ablehnung und Zustimmung standen und stehen sich diametral gegenüber. Hier fällt es besonders nachteilig ins Gewicht, daß eine eingehende Analyse dem Thema bisher nicht gewidmet worden ist. Zudem ist festzustellen, daß, wo nicht strategische Absichten wirksam sind, das historische Urteil immer wieder eigentümlich unsicher ausfällt. Die folgenden Ausführungen versuchen dem abzuhelfen, indem die wichtigsten Elemente von Schleiermachers Auseinandersetzung mit dem Judentum und der jüdischen religiösen Tradition zusammengestellt und in ihrer kritischen Orientierung ausgewiesen werden. Schleiermacher thematisiert die einschlägigen Sachverhalte – also die Relation des Christentums zum Judentum, die Frage nach der Bedeutung der Bundesschließung Gottes mit dem Volk Israel, die Rolle des Alten Testamentes als Bestandteil der christlichen Bibel, die Relevanz des alttestamentlichen Ethos für das christliche Verständnis von Ethik und den praktischen Umgang mit alttestamentlichen Texten im Gemeindeleben – in unterschiedlichen argu-

---

Abschnitt von „jüdischer Religion" oder „jüdischer Frömmigkeit" gesprochen wird, bin ich mir bewußt, doch folge ich hierin einer mittlerweile in der Fachliteratur weitverbreiteten Praxis.

[89] Adolf von Harnack: Marcion. Das Evangelium vom fremden Gott. Eine Monographie zur Geschichte der Grundlegung der katholischen Kirche. Zweite, verbesserte und vermehrte Auflage (Texte und Untersuchungen zur Geschichte der altchristlichen Literatur. Band 45), Leipzig 1924 [Nachdruck: Darmstadt 1985], 222 und 217.

[90] Ferdinand Christian Baur: Die christliche Gnosis oder die christliche Religionsphilosophie in ihrer geschichtlichen Entwicklung, Tübingen 1835 [Nachdruck: Darmstadt 1967], 660.

[91] Dies gilt etwa für Ernst Wilhelm Hengstenberg, Schleiermachers lutherischen Fakultätskollegen aus den späten Jahren. Hengstenberg sah in Schleiermachers Standpunkt eine Bestätigung für seine Auffassung, daß das Alte Testament für eine illegitime Form theologischen Denkens stehe; vgl.: Ueber Schleiermacher. Auch ein Sendschreiben, in: Evangelische Kirchen-Zeitung 3 (1829), 769–775 (Ausgabe Nr. 97), 777–782 (Nr. 98), 785–790 (Nr. 99) und 793–798 (Nr. 100); Ueber Dr. Schleiermacher's Behauptung der Unkräftigkeit und Entbehrlichkeit der messianischen Weissagungen, in: Evangelische Kirchen-Zeitung 4 (1830), 17–21 (Ausgabe Nr. 3) und 25–31 (Nr. 4).

mentativen Kontexten. Die Darstellung folgt diesem Vorgehen insofern, als auch sie auf zentrale Gesichtspunkte von verschiedenen Seiten aus zu sprechen kommt. Es wird dabei deutlich, daß sich Schleiermachers Gesamteinschätzung aus mehreren, theologisch unterschiedlich angelegten Teilaspekten zusammensetzt.

Zunächst geht es um die theologische Grundlegung der Kritik im Rahmen der christologischen Theorie, wie Schleiermacher sie 1821/22 und 1830/31 in der Glaubenslehre entfaltet hat (4.1). Anschließend wird seine Beschreibung des Verhältnisses von Judentum und Christentum rekonstruiert. Hier steht die Frage im Mittelpunkt, wie sich der sogenannte „Alte Bund", das heißt die durch die Segensverheißung an die Gründergestalten des israelitischen Volkes hergestellte Beziehung zwischen Gott und dem Volk Israel, zu der durch Christus eröffneten Gottesbeziehung des „Neuen Bundes" verhält (4.2). Aufschlußreich ist auch die Anwendung, die Schleiermacher von da aus auf die Einschätzung des Alten Testamentes und seiner Bedeutung für die christliche Theologie und religiöse Praxis gegeben hat (4.3). Schließlich soll anhand einiger ausgewählter Beispiele Schleiermachers Erörterung der Thematik in seinen Predigten geschildert werden (4.4).

4.1. Die christologische Theorie

Schleiermachers Einschätzung des Judentums ist Teil einer theologischen Entwicklung, die mit dem biographischen Werdegang eng verknüpft ist. Der zunehmend negativen Sicht korrespondiert eine zwar ihrerseits nicht unkritische, insgesamt aber doch affirmative Auseinandersetzung mit der dogmatischen Überlieferung des Christentums. In den Stolper Jahren (Juni 1802 bis Sommer 1804) und besonders seit Aufnahme des theologischen Lehramtes an der Hallenser Universität festigte sich Schleiermachers theologische Position. Mehr und mehr trat die Christologie in den Mittelpunkt. Die kleine Gelegenheitsschrift „Die Weihnachtsfeier" von 1806 markiert, bei aller Freiheit im Ausdruck und in der Gedankenführung, eine Aneignung des dogmatischen Lehrbegriffes, die schließlich in der großen dogmatischen Theorie der Glaubenslehre einmündet. Ihren thematischen und systematischen Höhepunkt hat die dort vorgetragene theologische Konzeption – zumindest nach Schleiermachers Selbstdeutung – in der Entfaltung des Glaubens an Christus als den Erlöser.[92]

---

[92] Der christliche Glaube nach den Grundsäzen der evangelischen Kirche im Zusammenhange dargestellt. Zwei Bände, Berlin 1821/22 [Neuedition im Rahmen der ‚Kritischen Gesamtausgabe': Herausgegeben von Hermann Peiter. Zwei Bände (KGA I/7,1 und I/7,2), Berlin / New York 1980 (zitiert als: Der christliche Glaube 1821/22)]; Der christliche Glaube nach den Grundsäzen der evangelischen Kirche im Zusammen-

Dieser Prozeß geht einher mit einer immer differenzierter werdenden theologischen Distanzierung vom Judentum. Schon in den Reden „Über die Religion" war Schleiermacher bestrebt, die Darstellung des Christentums aus dem religionsgeschichtlichen Kontext herauszulösen. Er war sich bewußt, hiermit dem Selbstverständnis seiner jüdischen Freunde nicht gerecht zu werden. An Henriette Herz schrieb er kurz vor Abschluß des Buches: „Das historische im Christenthum werden Sie wol eben nicht goutiren; aber Sie werden doch sehen daß es gut ist in seiner Art."[93] In der Folge wurde die historische Gebundenheit Jesu im Judentum seiner Zeit für Schleiermacher zunehmend zu einem Störfaktor. „Alles lediglich Jüdische aus seinem Leben" wird innerhalb der Erörterungen zur Person Christi auf eine bloße, tatsächlich verzichtbare Randbestimmung reduziert.[94]

Vergleicht man die erste und die zweite Auflage der Glaubenslehre, so läßt sich, ungeachtet der Übereinstimmung in den grundlegenden Aussagen zum Verhältnis von Christentum und Judentum, eine Zuspitzung der Argumentation feststellen. In der ersten Auflage konnte Schleiermacher das Faktum des geschichtlichen Zusammenhanges zumindest ansatzweise noch gelten lassen. So heißt es etwa im Blick auf die Idee der Gottesherrschaft – jener für die Predigt Jesu zentralen Vorstellung –, daß „doch die Abstammung des Erlösers einen überwiegenden geschichtlichen Zusammenhang des Christenthums mit dem Judenthum" bildet. Er müsse sich „um so mehr auch im Lehrbegriff abspiegeln [...], als seine Jünger von den messianischen Hofnungen ihres Volkes ausgingen, und also die Zusammenstellung des neuen Gottesreiches mit dem alten nothwendig in die ersten Darstellungen übergehen mußte".[95] In den zeitlich nahe zur Ausarbeitung der Erstauflage stehenden „Anmerkungen", die Schleiermacher 1821 der dritten Auflage der „Reden" hinzugefügt hat, notiert er aber bereits in vorsorglicher Begrenzung eines jeden Versuches, diesen geschichtlichen Zusammenhang für eine Deutung von Wesen und Werk Christi zu nutzen:

„Wie aber ein jüdischer Rabbi mit menschenfreundlichen Gesinnungen, etwas sokratischer Moral, einigen Wundern, oder was wenigstens Andre dafür nahmen, und dem Talent artige Gnomen und Parabeln vorzutragen [...], eine solche Wirkung wie eine neue Religion und Kirche habe hervorbringen kön-

hange dargestellt. Zweite umgearbeitete Ausgabe. Zwei Bände, Berlin 1830/31 [Neuausgabe: Herausgegeben von Martin Redeker. Siebente Auflage. Zwei Bände, Berlin 1960 (zitiert als: Der christliche Glaube 1830/31)].

[93] Brief an Henriette Herz vom 14./15. April 1799, in: Briefwechsel 1799–1800 (KGA V/3), 89–91, hier: 89.

[94] Vgl.: Der christliche Glaube 1830/31. Band 2, 43; siehe auch insgesamt die Ausführungen in § 93, 2: Band 2, 34–37.

[95] Der christliche Glaube 1820/21. Band 2, 76–77.

nen, ein Mann, der wenn er so gewesen, dem Moses und Mohammed nicht
das Wasser gereicht: dies zu begreifen überläßt man uns selbst."[96]

In der Darstellung der zweiten Auflage seiner Glaubenslehre gibt Schleiermacher dann die geschichtliche Perspektive vollends auf, wie überhaupt
die Problematik von Schleiermachers Geschichtsverständnis an dieser
Stelle offenkundig wird.[97] Seine Urbild-Christologie nimmt jetzt unhi-
storische Züge an. Sie tendiert mehr und mehr dazu, die Verbindungs-
linien zum zeitgenössischen Judentum Jesu, die in zahlreichen neutestamentlichen Berichten zum Ausdruck kommen, zu ignorieren. Auch das
Neue Testament selbst, als maßgebliche Grundlage für jede Vorstellung
vom Wirken Jesu, wird aus seinem religions- und literargeschichtlichen
Kontext gelöst und einer isolierten, maßstablosen und insofern absoluten Wertschätzung unterzogen. Schleiermachers Vorgehen stützt sich
nahezu ausschließlich auf jene Schilderung vom Wirken Jesu, die das Johannesevangelium bietet. Gerade dieser neutestamentlichen Schrift galt
in theologischer Hinsicht seine besondere Hochschätzung. Ihre vergei-
stigt-idealisierende, geschichtslose Christusdarstellung bildet die Grundlage für Schleiermachers eigene Christologie.[98]

Dabei hat Schleiermacher es sich, anders als zahlreiche liberale und
völkisch-theologische Nachfolger, mit der Herkunft Jesu aus dem Judentum nicht leicht gemacht. Es war für ihn an sich keine strittige Frage, daß
die geschichtliche Gestalt des Jesus von Nazareth aus den kulturellen und
religiösen Bezügen zu seiner jüdischen Umwelt nicht gelöst werden könne:
„Sein Sinn und Verstand wurde aus der ihn umgebenden Welt genährt."

---

[96] Zitiert nach: Reden Ueber die Religion. Kritische Ausgabe. Mit Zugrundlegung des
Textes der ersten Auflage besorgt von G. Ch. Bernhard Pünjer, Braunschweig 1879,
297–298.

[97] Auf diesen wichtigen Aspekt kann hier nicht im Detail eingegangen werden; vgl. neben den in Band I, S. 193 (Anmerkung 339) genannten Arbeiten die nach wie vor le-
senswerten älteren Studien von Hermann Süskind: Christentum und Geschichte bei
Schleiermacher: Die geschichtsphilosophischen Grundlagen der Schleiermacherschen
Theologie. Erster Teil, Tübingen 1911; Hermann Mulert: Schleiermacher-Studien.
Teil 1: Schleiermachers geschichtsphilosophische Ansichten in ihrer Bedeutung für
seine Theologie (Studien zur Geschichte des neueren Protestantismus. Heft 3), Gießen
1907 und Horst Stephan: Schleiermachers „Reden über die Religion" und Herders
„Religion, Lehrmeinungen und Gebräuche", in: Zeitschrift für Theologie und Kirche
16 (1906), 484–505. Zum Geschichtsverständnis in Schleiermachers Spätwerk siehe
Wilhelm Gräb: Humanität und Christentumsgeschichte. Eine Untersuchung zum
Geschichtsbegriff im Spätwerk Schleiermachers (Göttinger theologische Arbeiten.
Band 14), Göttingen 1980.

[98] Vgl. hierzu die Darstellung von Dietz Lange: Historischer Jesus oder mythischer Christus. Untersuchungen zu dem Gegensatz zwischen Friedrich Schleiermacher und David
Friedrich Strauß, Gütersloh 1975, hier besonders: 57–172 („Der historische Jesus in
der Theologie des reifen Schleiermacher"). Zum geistesgeschichtlichen Kontext vgl.
Wilhelm A. Schulze: Das Johannesevangelium im deutschen Idealismus, in: Zeitschrift
für philosophische Forschung 18 (1964), 85–118.

Schleiermachers Vorlesungen über das Leben Jesu, vorgetragen in der allerletzten Phase seiner Berliner akademischen Wirksamkeit, bieten hierzu eine Reihe anschaulicher Ausführungen. Ihn beschäftigt etwa die Frage, in welcher Sprache, ob im Original oder in der alexandrinischen Übersetzung, Jesus die heiligen Schriften gelesen, an welchem Schulunterricht er teilgenommen und welche religiösen Ideen seiner Verkündigung aus der Umwelt übernommen sind. Jesus tritt hier durchaus als eine volkstümliche Erscheinung auf.[99]

Die unüberwindliche Spannung in Schleiermachers Konzeption erwächst daraus, daß diese geschichtlich eindeutige, durch ein beschreibbares Verhalten und rekonstruierbare Umweltbezüge individualisierte Gestalt mit der theologischen Heilsfigur des Erlösers, wie sie im Evangelium des Johannes die Szenerie beherrscht, gleichgesetzt wird. Aufgrund dieser Gleichsetzung, die durch eine unzutreffende Auffassung im Blick auf die Historizität der johanneischen Jesus-Schilderung gestützt wird, hadert Schleiermacher im Kontext der dogmatischen Grundlegung seiner Christologie immer wieder mit den jüdischen Bindungen Jesu; und deshalb sieht er sich schließlich genötigt, seine theologische Deutung der individuellen Herkunftsverhältnisse Jesu in eine der Sache nach sehr unprotestantische Richtung zu lenken: „Weil durch den Anfang seines Lebens jene neue Einpflanzung wurde, so mußte dieser Anfang über jeden nachteiligen Einfluß seines nächsten Kreises erhoben sein." Daher sind für „das Sein Gottes in Christus" – wie die zentrale christologische Formel lautet – sämtliche Bindungen Jesu an seinen Herkunftskontext faktisch bedeutungslos. Mit einer solchen Position aber wird jene Einsicht in die geschichtlich bedingten Zusammenhänge von Person und Wirksamkeit Jesu gerade wieder dementiert. Schleiermacher macht die Präsenz Gottes in Christus und die durch ihn verwirklichte vollkommene Erlösung als eine „neue Schöpfung", als ein voraussetzungsloses, absolut stehendes Geschehen geltend. Die Tat des Erlösers ist der Geschichte enthoben.[100]

Schleiermacher verlagert das Problem der Historizität Jesu von der Person auf die von ihr ausgegangene Wirkung.[101] Seinen theoretischen Ausdruck findet dieser Sachverhalt in der Lehre von den drei Ämtern Christi. In Aufnahme der klassischen kirchlich-dogmatischen Tradition profiliert Schleiermacher Christus hier als diejenige Erlösergestalt, in der

---

[99] Das Leben Jesu. Vorlesungen an der Universität zu Berlin im Jahre 1832. Aus Schleiermacher's handschriftlichem Nachlasse und Nachschriften seiner Zuhörer herausgegeben von K.[arl] A.[ugust] Rütenik (Sämmtliche Werke. Band I/6), Berlin 1864, siehe besonders: 46–139.
[100] Siehe: Der christliche Glaube 1830/31. Band 2, 47.
[101] Vgl. Trutz Rendtorff: Der Wandel der Moderne im Bewußtsein der Theologie, in: Ders.: Theologie in der Moderne. Über Religion im Prozeß der Aufklärung (Troeltsch-Studien. Band 5), Gütersloh 1991, 224–246, hier: 228–229.

die messianische Verheißung ihre definitive Erfüllung gefunden hat.[102] Vorausgesetzt wird dabei, daß die ersten Jünger Jesu das neue, durch Christus gestiftete Gottesreich zu dem alten, israelitischen in Beziehung gesetzt haben. Indem sie sich von den überlieferten messianischen Hoffnungen leiten ließen, haben sie die Funktionen Christi in dem von ihm begründeten Gesamtleben als erhöhte Umbildung derjenigen Funktionen aufgefaßt, durch die sich die Gottesherrschaft im Alten Bund darstellte. Weil aber die Vorstellung von der erlösenden Tätigkeit Christi seit den ersten Jüngern bis in die Gegenwart des christlichen Glaubens die gleiche geblieben sei, müssen auch wir, so Schleiermacher, in der Darstellung des Erlösungswerkes die „Kontinuität" bewahren: „Haben wir aber aus unserm eignen christlichen Bewußtsein uns die Sache [...] auf unsre Weise entwickelt: so gebührt uns doch, uns eine Kontinuität mit jenen ursprünglichen Darstellungen zu bewahren, da die erste Begriffsbildung des Christentums auf die Zusammenstellung des neuen Gottesreiches mit dem alten basiert war."[103]

Dies ist der Grundsatz, von dem aus Schleiermacher die dogmatische Darstellung der Gesamttätigkeit Christi auf das prophetische, hohepriesterliche und königliche Amt verteilt. Die prophetische Tätigkeit Christi, die im Lehren, Weissagen und Wundertun besteht, ist zugleich der Gipfel und das Ende der alten Prophetie.[104] Das hohepriesterliche Amt, das „in sich seine vollkommne Gesetzerfüllung oder seinen tätigen Gehorsam, seinen versöhnenden Tod oder seinen leidenden Gehorsam, und die Vertretung der Gläubigen beim Vater" schließt, tritt an die Stelle des repräsentierenden Handelns des jüdischen Hohepriesters im Jerusalemer Tempelkult.[105] Christus ist „der Gipfel des Priestertums"; er ist „über alle Vergleichung auch mit dem Hohepriester hinaus". Zugleich ist er das Ende allen Priestertums:

Denn „was in dem Begriff desselben das Wesentliche ist, wovon aber jedes frühere Priestertum nur eine unvollkommene Andeutung war, das ist in Christo auf eine ewige Weise und schlechthin gesetzt, indem er der vollkommenste Vermittler ist für alle Zeiten zwischen Gott und jedem einzelnen Teil des menschlichen Geschlechtes, deren keiner an und für sich überhaupt ein Gegenstand für Gott sein, noch in irgendeine Verbindung mit ihm treten kann". In der Folge sei das Hohepriestertum Christi auf die Gemeinde der Gläubigen übergegangen, „so daß die Christen insgesamt ein priesterliches Volk heißen".[106]

---

[102] Siehe: Von dem Geschäft Christi (Zweites Lehrstück), in: Der christliche Glaube 1830/31. Band 2, 90–147.
[103] Ebd., 105–106.
[104] Ebd., 108–118.
[105] Ebd., 118–136.
[106] Ebd., 136; mit Hinweis auf 1. Ptr 2, 9.

Die Bedeutung dieser Aussage für das Verhältnis der Christen zu den
Juden liegt offen zutage. Der mit dem Volk des Alten Bundes verknüpfte
Status der Erwähltheit geht faktisch auf die Christen über: Es sei offenbar, daß „die gesamte Christenheit als die mit dem Erlöser schon verei-
nigte Menschheit sich zu der übrigen verhält, wie die Priester sich zu den
Laien verhielten".[107]
  In seinem königlichen Amt, das darin besteht, „daß alles, was die Gemeinschaft der Gläubigen zu ihrem Wohlsein erfordert, immerwährend von
ihm ausgeht", verwirklicht Christus die vollkommene Gottesherrschaft.
Sie besteht in der ausschließlichen Herrschaft Christi über die Gewissen
der Gläubigen. Einen Gegensatz wie im staatlichen Bereich zwischen
Obrigkeit und Untertanen gibt es im Reich Christi nicht. In bezug auf
„das verschiedne Verhältnis zur königlichen Macht Christi" ist dieser
Gegensatz „völlig indifferent".[108] Dies bedeutet nun zugleich nicht nur
das Ende aller „politischen Religion", sondern, wie Schleiermacher in
kritischer Richtung gegen die Tradition des israelitischen Staates betont,
auch das der Theokratie. Er versteht darunter eine „fromme Gemeinschaft", welche „als solche den bürgerlichen Verein unter sich gebracht"
hat und in der „daher der bürgerliche Ehrbetrieb darauf wirkt, etwas
Ausgezeichnetes in der religiösen Gemeinschaft zu sein". Ihr liegt die
Voraussetzung zum Grunde, „die fromme Gemeinschaft oder die göttliche Offenbarung, auf welcher sie beruht, könne auch den bürgerlichen
Verein hervorgerufen haben, welches in diesem Sinn nur bei volkstüm-
lich beschränkten frommen Gemeinschaften möglich ist". Durch seine
„rein geistige Herrschaft des Gottesbewußtseins" macht Christus einer
jeden theokratischen Herrschaftsform ein Ende.[109]
  Mit der gegen die alttestamentliche Überlieferung gerichteten Darstellung der Dreiämterlehre wird die Ablösung des Christentums vom
Judentum theologisch begründet. Zugleich fixiert die dogmatische Theorie die Auffassung, daß das Christentum der Anknüpfung an Elemente
jüdischer Frömmigkeit nicht bedürfe, um seine religiöse Identität auszubilden und zu bewahren. So wird die Christologie zu einer Theorie von
der Selbstbezüglichkeit des christlichen Glaubens. Vorgaben aus der jüdischen religiösen Tradition räumt sie keinerlei Bedeutung mehr ein.[110]

---

[107] Ebd., 136.
[108] Ebd., 136–147; Zitat: 143.
[109] Ebd., 144.
[110] Es muß an dieser Stelle allerdings auch hervorgehoben werden, daß Schleiermacher
keineswegs der erste christliche Theologe gewesen ist, der so argumentiert hat. Die
Lehre von den drei Ämtern Christi reicht dogmengeschichtlich bis in die Zeit der Alten
Kirche zurück. Mit Recht ist gegen diese Lehre eingewendet worden, daß ihr eine nicht
völlig klar begründete Auswahl aus den neutestamentlichen Hoheitstiteln und Funk-
tionszuschreibungen Christi zugrunde liegt. Prophetentum, Priestertum und Königtum umfassen nicht die Gesamtheit der entsprechenden neutestamentlichen Aussa-

Erwähnt sei schließlich noch, daß Schleiermacher seine Ausführungen
zur christologischen Ämterlehre mit einer Bemerkung beendet, die auch
für seine kirchenpolitische Stellung in den zwanziger und frühen dreißiger
Jahren kennzeichnend ist. In Paragraph 105 der Glaubenslehre heißt es:
„[...] je mehr sich sein [*scil.*: Christi] Reich befestigt und verbreitet, um
desto bestimmter sondern sich Kirche und Staat." Welche Bedeutung diese
Aussage für die theologische Beurteilung der bestehenden staatskirchlichen
Verhältnisse haben mußte, erörtert Schleiermacher nicht. Immerhin war
er nach jahrzehntelangen Erfahrungen im kirchenpolitischen und politischen Meinungsstreit versiert genug, um in einer derart sensiblen Frage,
wie es die nach der Stellung der Kirche gegenüber dem Staat war, seine
Position auf eine Weise zu begründen, die den massiven Vorbehalten gegen eine rechtliche Verselbständigung der Kirche Rechnung trug. So gab
er seiner Erwartung Ausdruck, „daß in der gehörigen äußeren Trennung
beider, die freilich unter sehr verschiedenen Gestalten bestehen kann,
die Zusammenstimmung beider sich immer vollkommner ausbildet".[111]
Mußte dies nicht aber auch bedeuten, daß trotz jenes von Schleiermacher
gewünschten und geförderten institutionellen Differenzierungsprozesses
die Privilegierung der christlichen Religion durch den Staat dauerhaft
bestehen bleiben sollte?

4.2. Judentum und Christentum – „Alter Bund" und „Neuer Bund"

Innerhalb der Reden „Über die Religion", Schleiermachers bekanntester
Schrift, kommt der jüdischen Religion insgesamt zwar nur eine Rand-
bedeutung zu, doch finden sich hier jene Äußerungen, die seine negative

---

gen. Ihre ausgeführte Gestalt erhielt die Dreiämterlehre erst in der Lehrbildung der
lutherischen Orthodoxie. Hier wurden das *officium propheticum* (Christi Amt als Of-
fenbarer des göttlichen Heilswillens), das *officium sacerdotale* mit den Teilämtern der
satisfactio (das stellvertretende Sühnopfer am Kreuz) und der fürbittenden *interces-
sio* sowie das *officium regium* mit den drei von Christus regierten Reichen (*regnum
potentiae, regnum gratiae, regnum gloriae*) unterschieden. Problematisch erscheint
im Blick auf die orthodoxe Konzeption eine Tendenz zur Verselbständigung lehrhafter
Aussagen über Christus. Die Christologie verliert den Zugang zu jener Erlösergestalt,
die im Mittelpunkt der synoptischen Evangelien steht. Dies ist auch der Grund dafür, daß die traditionelle dogmatische Christustheorie in der Aufklärungstheologie
erheblich an Bedeutung verloren hat. An ihre Stelle trat eine versöhnungstheologische,
humanistisch angelegte Urbild- oder Idealmensch-Christologie. Schleiermacher hat
durch seine Aufnahme dieses und zahlreicher weiterer klassischer Lehrstücke der
Dogmatik die protestantische Glaubenslehre zu einer differenzierten Weiterbildung
der theologischen Tradition geführt. Dies gilt gerade auch deshalb, weil seine eigenen
Stellungnahmen bisweilen sehr kritisch ausfallen konnten und sich mehrere Fälle
finden, in denen er das Überlieferungsgut einer erheblichen Umprägung ausgesetzt
hat.
[111] Der christliche Glaube 1830/31. Band 2, 144.

Sicht in profiliertester sprachlicher Gestalt zum Ausdruck bringen. Entsprechend haben sie immer wieder dafür dienen müssen, die These von einer judenfeindlichen Grundeinstellung Schleiermachers zu rechtfertigen.[112] Mit seinen rhetorisch ausgesprochen ambitionierten Reden, die im Winter und Frühjahr 1798/99, unmittelbar vor Abfassung der Kritik von Friedländers Sendschreiben, ausgearbeitet wurden, beabsichtigte Schleiermacher, zu einer Verständigung über Eigenart und Wesen der Religion beizutragen. Ihre Adressaten sind, wie der Untertitel bezeugt, „die Gebildeten" unter den „Verächtern" der Religion. Daß der Autor zum Zeitpunkt der Niederschrift im Hause von Juden ein gerngesehener und häufiger Gast war, läßt der Text in keiner Weise erkennen.[113]

Der anonyme Verfasser weist sich zwar als begeisterter Vertreter der Religion aus, nicht aber als ordinierter und im Amt befindlicher Pfarrer der evangelischen Kirche. Wie sehr Schleiermacher seine Darstellung auf jene Zeitgenossen berechnet hat, die ihm aus der intellektuellen Sphäre der Berliner Salons vertraut waren und ihm dort als Gesprächspartner und Kontrahenten auch in Sachen Religion gegenübertraten, zeigt sich in den Erörterungen über die positive Gestalt religiöser Formationen. Denn der Geist der Religion manifestiert sich nirgends in körperloser Reinheit, sondern in geschichtlicher Form und Anschauung. Hier aber komme alles darauf an, daß die Form den Inhalt nicht konterkariert. Genau das sei beim „Judaismus" – oder, wie Schleiermacher in der dritten Auflage von 1821 ersetzt, im Judentum – der Fall: „Der Judaismus ist schon lange eine tote Religion, und diejenigen, welche jetzt noch seine Farbe tragen, sitzen eigentlich klagend bei der unverweslichen Mumie und weinen über sein Hinscheiden und seine traurige Verlassenschaft." Schleiermacher

---

[112] So spricht etwa Emanuel Hirsch mit Bezug auf diese Schrift von einer Schleiermacher „naturhaft eignen Abneigung gegen die alttestamentlich-jüdische religiöse Art" (Geschichte der neuern evangelischen Theologie. Band IV, Gütersloh 1952, 534). Vgl. auch das Urteil von Gunter Scholtz: Friedrich Schleiermacher über das Sendschreiben jüdischer Hausväter, 314, wonach Schleiermacher bereits in den „Reden" „der christlichen Religion scharfe Konturen erst durch ihre Abhebung vom Judentum" gegeben habe. Die „polemische Distanzierung der christlichen von der jüdischen Religion" werde hier „vom Wesen des Christentums selbst her begründet".

[113] [Friedrich Schleiermacher:] Über die Religion. Reden an die Gebildeten unter ihren Verächtern, Berlin 1799 (wieder abgedruckt in: Schriften aus der Berliner Zeit 1796–1799 (KGA I/2), 185–326; Auf der Grundlage des Textes der ‚Kritischen Gesamtausgabe‘ herausgegeben von Günter Meckenstock: Berlin / New York 1999). – Zu den „Reden" siehe jetzt: 200 Jahre „Reden über die Religion". Akten des 1. Internationalen Kongresses der Schleiermacher-Gesellschaft Halle, 14.–17. März 1999. Herausgegeben von Ulrich Barth und Claus-Dieter Osthövener (Schleiermacher-Archiv. Band 19), Berlin / New York 2000. Der voluminöse Band bietet, ungeachtet der Vielzahl von Perspektiven, aus denen der Text interpretiert und erläutert wird, keine Erörterung zu der in den „Reden" vorgetragenen Judentumskritik.

beschreibt das Phänomen eines „gänzlichen Verschwindens der Religion aus einer großen Maße". Der „schöne kindliche Charakter" jüdischer Frömmigkeit sei „gänzlich verschüttet", und ihr Schicksal biete ein merkwürdiges Beispiel von der „Corruption" einer Religion. Es ist offensichtlich, daß Schleiermacher hier mit der Metapher vom unverweslichen Leichnam auf die häufig verwendete Allegorie der Synagoge mit gebrochenem Stab oder der weinenden *Judäa captiva* anspielt.[114]

Im Mittelpunkt jüdischer Frömmigkeit steht nach Schleiermacher der Vergeltungsgedanke. Mit dieser Feststellung zielt er jedoch nicht auf die spezifische Gewichtung von Sitte und Moral im Kontext jüdischer Glaubensvorstellungen. Die seiner Ansicht nach im Judentum mangelhaft durchgeführte Ausdifferenzierung von Glaube, Moral und Politik thematisiert er in den „Reden" nicht weiter. Vielmehr geht es ihm darum, jüdische Frömmigkeit als ein Modell zur Deutung von Schicksal und Ergehen zu beschreiben: „So wird alles betrachtet, Entstehen und Vergehen, Glük und Unglük, selbst nur innerhalb der menschlichen Seele wechselt immer eine Äußerung der Freiheit und Willkühr und eine unmittelbare Einwirkung der Gottheit."[115]

Die dem Vergeltungsprinzip zugrunde liegende Idee des Universums sei die „einer eigenen Reaktion des Unendlichen gegen jedes einzelne Endliche, das aus der Willkühr hervorgeht, durch ein anderes Endliches, das nicht aus der Willkühr hervorgehend angesehen wird". Das aus der Willkür hervorgegangene Endliche sind die Geschöpfe Gottes; das nicht aus der Willkür hervorgegangene Endliche aber ist der Schöpfergott. Die Gottheit selbst wird als „belohnend, strafend, züchtigend das Einzelne im Einzelnen" vorgestellt. Der Geist des Judentums sei ein Geist des Aufrechnens, sein Medium das „Dialogische" in der Bewegung zwischen „Reiz" und „Gegenwirkung". Die ganze Geschichte erscheint als ein „Gespräch zwischen Gott und den Menschen in Wort und That, und alles, was vereinigt ist, ist es nur durch die Gleichheit in dieser Behandlung".[116]

Diese Bestimmungen enthalten das Verdikt über das Judentum bereits in sich: Der Freiheitsbegriff wird aufgelöst; Gott erscheint als ein

---

[114] Über die Religion (KGA I/2), 314–315 (Erstauflage: 286–287). – Zur Leichnams-Metapher, die eine Variante des auch von Kant gelegentlich gebrauchten Ahasver-Mythos ist und die über eine Vielzahl religiöser Darstellungen tradiert wurde, siehe den Hinweis bei Micha Brumlik: Deutscher Geist und Judenhaß, 147.

[115] Über die Religion (KGA I/2), 315 (Erstauflage: 288).

[116] Ebd., 315 (Erstauflage: 288). – Auf diesen Punkt in Schleiermachers Beschreibung des Judentums weist besonders Leo Strauss hin: Das Gespräch. Anmerkungen zu einer Rede Schleiermachers, in: Der Jude. Sonderheft zu Martin Bubers fünfzigstem Geburtstag. Herausgegeben von Robert Weltsch, Wien / Berlin 1927, 101–109. Strauss erkennt an, daß Schleiermacher den dialogischen Charakter jüdischer Gottesbegegnung richtig erfaßt habe. Er kritisiert aber, daß diese Einsicht wieder zunichte gemacht wird, indem die Erfahrung göttlichen Wirkens nach Maßgabe des Vergeltungsgrundsatzes gedeutet wird.

maschineller Schicksalswalter; Geschichte wird in Traditionalismus und Familialismus überführt. Selbst noch die letzte Blüte des Judentums, die Messiasidee, habe eine Erneuerung nicht mit sich gebracht. Statt dessen ist auch diese Frucht am abgestorbenen Stamm „vertroknet". Dem Judentum ist als Religion eine ebenso kurze Lebensdauer beschieden gewesen, wie sein religiöser „Gesichtspunkt" eingeschränkt war. Die Schlußwendung dieser Ausführungen lautet: Die jüdische Religion „starb, als ihre heiligen Bücher geschloßen wurden, da wurde das Gespräch des Jehova mit seinem Volk als beendigt angesehen, die politische Verbindung, welche an sie geknüpft war, schleppte noch länger ein sieches Dasein, und ihr Äußeres hat sich noch weit später erhalten, die unangenehme Erscheinung einer mechanischen Bewegung nachdem Leben und Geist längst gewichen ist."[117]

Mit dem Bild der verlöschenden, sterbenden oder gestorbenen Religion arbeitet Schleiermacher auch in seiner Glaubenslehre. Das Judentum wird hier im Rahmen einer ausgeführten Religionstypologie erörtert, die Schleiermacher seiner Darstellung der christlichen Frömmigkeit voranstellt. Der Kern jüdischer Religiosität bestehe in der vom Alten Testament allenthalben ausgesprochenen Idee einer „allgemeinen unmittelbaren Vergeltung". Gerade wegen seines Vergeltungsdenkens repräsentiere das Judentum im Verhältnis zum Christentum eine unvollkommenere Stufe der Frömmigkeit.[118]

Zwar stehe das Judentum neben Christentum und Islam auf der höchsten Stufe des Monotheismus, doch sei es schon „fast im Erlöschen".[119] Im gleichen Zusammenhang erklärt Schleiermacher in der Erstauflage von 1821, es sei nicht zu leugnen, daß die jüdische Religion, „durch die Art wie die Liebe des Jehovah auf den Abrahamitischen Stamm beschränkt wird, noch eine gewisse Hinneigung zum Fetischismus in sich trägt, und durch manche Schwankungen auf die Seite des Götzendienstes und der Vielgötterei verräth, daß sich das reine Gefühl des höchsten Wesens erst allmählig darin ausgebildet" habe.[120]

---

117 Über die Religion (KGA I/2), 316 (Erstauflage: 290–291). Diese Formulierung hat Schleiermacher in alle späteren Ausgaben der Reden (1806, 1821, 1831) unverändert übernommen. In den „Anmerkungen" zur Auflage von 1821 geht er auf die Ausführungen zur jüdischen Religion nicht ein.
118 Vgl.: Der christliche Glaube 1830/31. Band 1, 55–56. Zu Schleiermachers negativer Einschätzung des Alten Testamentes siehe den folgenden Abschnitt. – Eine ähnliche Sicht kommt in Lessings Theorie von den drei Zeitaltern zur Geltung; vgl.: Die Erziehung des Menschengeschlechts [1780], §§ 26–29 (Gotthold Ephraim Lessing: Werke [Ed. Herbert G. Göpfert]. Band 8: Theologiekritische Schriften III / Philosophische Schriften. Herausgegeben von Helmut Göbel, München 1979, 489–510, hier: 495–496).
119 Der christliche Glaube 1830/31. Band 1, 55–56 (§ 8,4).
120 Der christliche Glaube 1821/22. Band 1, 52 (§ 15,4); vgl.: Der christliche Glaube 1830/31. Band 1, 56.

Für das Verhältnis des Christentums zum Judentum gilt, daß zwar ein geschichtlicher Zusammenhang existiere, doch handele es sich dabei nicht um eine solche Verbindung, durch die das Christentum als Fortsetzung oder Erneuerung des Judentums angesehen werden könne. „Vielmehr steht es, was seine Eigenthümlichkeit betrifft, mit dem Judenthum in keinem anderen Verhältniß als mit dem Heidenthum."[121] Diese Aussage macht noch einmal klar, daß Schleiermacher eine normative Bedeutung jüdischer Gotteserfahrung für das Verhältnis des Christen zu Gott schlechterdings in Abrede stellt. Dem Judentum kommt für das Christentum keinerlei regulative oder auch nur orientierende Funktion zu. Ähnlich wie schon in den Reden „Über die Religion" sieht Schleiermacher in der Glaubenslehre die historische Bindung des Christentums an das Judentum als eine *quantité négligeable* an. Für die theologische Deutung erwächst aus dem historischen Sachverhalt keine inhaltliche Vorgabe mehr. Die christliche Religion weiß sich ihrem Ursprung nicht stärker verpflichtet als allen anderen Formen religiöser Weltdeutung.

Doch das Interesse, jede Verbindung mit dem Judentum, die sich aus der geschichtlichen Situation ergibt, abzuweisen, führt noch weiter: Nach Schleiermacher muß die Beschreibung des Verhältnisses von Christentum und Judentum, will sie dem Selbstverständnis des Christentums angemessen sein, die Differenz zwischen beiden Religionen ausdrücklich betonen. Diese Unterschiedenheit komme in der neutestamentlichen Gegenüberstellung von „Altem Bund" und „Neuem Bund" zum Ausdruck.

Schleiermacher knüpft hier, indem er mit der terminologischen Differenzierung zwei unterschiedliche Religionskonzepte verbindet, an eine für die gesamte neuere protestantische Theologie sehr folgenreiche Lehrbildung der Neologie an.[122] Zugleich aber prägt er sie insofern in seinem Sinne um, als sie ihm zur Bestätigung seiner These von der geschichtlichen Eigenständigkeit der christlichen Religion dient: Die Rede von Altem und Neuem Bund markiere gerade nicht eine historische Verbundenheit, sondern den Neuansatz, die „innere Trennung", die mit der Konstitution des Christentums erfolgt sei. In einer Predigt zum Bußtag führt Schleiermacher hierzu am 16. Mai 1832 aus:

„Gerechtigkeit und Gesez, das stehet beides in einem genauen Verhältniß zu einander. Das Gesez steht vor dem Menschen als ein äußerer Buchstabe, der

---

[121] Der christliche Glaube 1821/22. Band 1, 88 (§ 22. Leitsatz). Der Leitsatz lautet in der zweiten Auflage: „Das Christentum steht zwar in einem besonderen geschichtlichen Zusammenhange mit dem Judentum; was aber sein geschichtliches Dasein und seine Abzweckung betrifft, so verhält es sich zu Judentum und Heidentum gleich" (§ 12. Der christliche Glaube 1830/31. Band 1, 83).

[122] Vgl. dazu Karl Aner: Zum Paulusbild der deutschen Aufklärung, in: Harnack-Ehrung. Beiträge zur Kirchengeschichte ihrem Lehrer Adolf von Harnack zu seinem siebzigsten Geburtstage (7. Mai 1921) dargebracht von einer Reihe seiner Schüler, Leipzig 1921, 366–376.

ihm gegeben ist; und wie er sich auch danach abschäzen möge, weil eben dieser Werth weniger eine Sache des Herzens und des Gemüthes ist, so läßt ihn auch ein solches Urtheil über sich selbst und über Andere kalt. Wir, unter den Segnungen des neuen Bundes lebend, wissen, daß die, welche der Geist Gottes regiert, in Beziehung auf alles, was mit ihrem inneren Leben zusammenhängt, nicht unter dem Geseze stehen [...]. "[123]

Mit Aussagen dieser Art ist der thematische Kontext umrissen, innerhalb dessen Schleiermacher auf die Bedeutung des Alten Testamentes für das christliche religiöse Selbstverständnis eingeht.

4.3. Altes Testament und Neues Testament

Schleiermacher neigt stark dazu, das Alte Testament als grundlegendes Dokument der jüdischen Religion und Kultur mit dem Judentum schlechthin gleichzusetzen.[124] Dabei fällt zunächst auf, daß eine Reflexion über den unterschiedlichen Status der hebräischen Bibel für Juden und Christen fehlt. Den hermeneutischen Prozeß, der mit der Aufnahme jenes durch die jüdische Glaubensgemeinschaft überlieferten Schriftenkomplexes in den christlichen Kanon und seiner damit verbundenen theologischen Neuinterpretation einhergegangen ist und der erst zur Prägung der Bezeichnung „Altes Testament" geführt hat, thematisiert Schleiermacher nicht. Die Aufnahme des „jüdischen Codex" in die Sammlung der christ-

---

[123] Zwei Beispiele davon, wie, wenn die Gerechtigkeit ein Volk nicht erhöht, die Sünde das Verderben desselben wird. Am Bußtage [Predigt zu Prov 14, 34], in: Sämmtliche Werke. Band II/2, Berlin 1834, 490–503, hier: 491–492; mit Hinweis auf Gal 5, 18. Die Predigt ist erstmals 1832 veröffentlicht worden; den genannten Titel gab Schleiermacher ihr bei einem Neudruck im folgenden Jahr (siehe die bibliographischen Angaben zu beiden Drucken in: Bibliographie der Schriften Schleiermachers nebst einer Zusammenstellung und Datierung seiner gedruckten Predigten, 273).

[124] Die wichtigsten Äußerungen Schleiermachers über das Alte Testament sind gesammelt und im Zusammenhang ausgewertet worden von Rudolf Smend: Die Kritik am Alten Testament, in: Friedrich Schleiermacher 1768–1834. Theologe – Philosoph – Pädagoge. Herausgegeben von Dietz Lange, Göttingen 1985, 106–128. Siehe auch die materialreiche Studie von Horst Dietrich Preuss: Vom Verlust des Alten Testaments und seinen Folgen (dargestellt anhand der Theologie und Predigt F. D. Schleiermachers), in: Lebendiger Umgang mit Schrift und Bekenntnis. Theologische Beiträge zur Beziehung von Schrift und Bekenntnis und zu ihrer Bedeutung für das Leben der Kirche. Im Auftrage des Dozentenkollegiums der Augustana-Hochschule herausgegeben von Joachim Track, Stuttgart 1980, 127–160. Zum theologiegeschichtlichen Hintergrund siehe jetzt die Studie von Klaus Beckmann: Die fremde Wurzel. Altes Testament und Judentum in der evangelischen Theologie des 19. Jahrhunderts (Forschungen zur Kirchen- und Dogmengeschichte. Band 85), Göttingen 2002, hier: 31–135 („Dem Alten Testament fremd um Christi willen – Friedrich Schleiermacher"). In eine Diskussion mit Beckmann, der meiner Ansicht nach den Befund viel zu unkritisch interpretiert, möchte ich hier nicht eintreten.

lichen heiligen Schriften führt er auf einen „altkirchlichen Gebrauch" zurück, von dem abzuweichen „nicht nötig" ist, „wiewohl es auch zulässig bleiben muß".[125]

Die Freiheit, das Alte Testament im praktischen religiösen Gebrauch zurückzustellen, hat Schleiermacher durchaus in Anspruch genommen. Im Religionsunterricht wollte er lediglich solche biblischen Inhalte zulassen, die auch im Neuen Testament angeführt werden. Für die Jugendunterweisung und die private Erbauung schien ihm eine Bibelausgabe wünschenswert, in der dem Neuen Testament ausschließlich die Psalmen und die messianischen Weissagungstexte beigegeben sind.[126]

Für die theologische Würdigung des Judentums hat die von Schleiermacher vorgenommene Gleichsetzung von Altem Testament und jüdischer Religion nun aber eine fatale Folge. Denn es wird dem Judentum über die in den biblischen Schriften dokumentierte – von Schleiermacher allerdings ebenfalls nur sehr oberflächlich wahrgenommene – religionsgeschichtliche Entwicklung hinaus eine Erneuerungs- und Entwicklungsfähigkeit abgesprochen. Tatsächlich ignoriert Schleiermacher in seinen Erörterungen die kulturelle Vielfalt und religiöse Differenziertheit des Judentums. Den Begriff „Judentum" selbst bezieht er aus seinem schematischen typologischen Modell, über das die drei monotheistischen Religionsformen vor allen anderen ausgezeichnet und zugleich gegeneinander abgegrenzt werden. Die Idealform einer „teleologischen", das heißt sittlichen Ausrichtung erreicht „am meisten" das Christentum. Das Judentum weist sie „minder vollkommen" auf, während der Islam beiden als Ausdruck einer „ästhetischen" monotheistischen Religion gegenübersteht. Bei inhaltlichen Aussagen zur jüdischen Religion geht Schleiermacher ausschließlich auf alttestamentliche Texte zurück. Jüdische Zeugnisse aus nachbiblischer Zeit nimmt er nicht zur Kenntnis. Insofern kann es für ihn ein modernes, gegenwärtig lebendiges oder gar zukunftsträchtiges Judentum nicht geben, wie er überhaupt unter dem Begriff „Judentum" stets die ältere israeliti-

---

[125] Kurze Darstellung des theologischen Studiums zum Behuf einleitender Vorlesungen. Zweite umgearbeitete Ausgabe, Berlin 1830, 51 (Nachdruck in: Universitätsschriften – Herakleitos – Kurze Darstellung des theologischen Studiums (KGA I/6), 317–446, hier: 369).

[126] Vgl.: Die praktische Theologie nach den Grundsäzen der evangelischen Kirche im Zusammenhange dargestellt. Herausgegeben von Jacob Frerichs (Sämmtliche Werke. Band I/13), 391. – Siehe aber auch die etwas anderslautende Auskunft in einem Brief an August Detlev Christian Twesten vom 22. Februar 1812, wo es heißt: „Eigentlicher Religionsunterricht, denke ich, muß gleich mit Christo und rein christlich anfangen, vorbereitend aber halte ich einige Beschäftigung mit dem alten Testament [für] sehr gut. Am wünschenswerthesten scheint es mir, wenn man im Besitz schöner bildlicher Darstellungen der alttestamentlichen Geschichte ist und bei Anschauung und Erklärung derselben gleich die einzelnen Geschichten in der Bibel lesen läßt, für welche sich die Kinder am Meisten interessiren" (Schleiermacher als Mensch. Band II. Briefe 1804–1834, 144–145, hier: 144).

sche, bisweilen auch „mosaisch" genannte Religion versteht, „das Gesetz und die Propheten".[127]

Schleiermachers Perspektive ist an dieser Stelle allein auf den theologischen Gesichtspunkt beschränkt. Das wird deutlich aus einigen sehr nüchternen, fast schon gleichgültigen Kommentaren zum rechtlichen und gesellschaftlichen Emanzipationsprozeß der Juden. So heißt es in der Staatslehrevorlesung vom Sommersemester 1829: „Auch bin ich überzeugt das Judenthum wird nicht minder schnell aufhören nach der Emancipation als vor der Emancipation."[128] Insofern kommt der jüdischen Gemeinde allenfalls eine marginale, für die Existenz der Kirche jedenfalls unerhebliche Bedeutung zu. Das gleiche gilt für die religiöse Überlieferung. Im Hinblick auf das Alte Testament sei gewiß, daß mit Ausnahme der traditionell in kirchlichen Gebrauch übergegangenen Partien „fast alles" – wie es in sehr summarischer Formulierung heißt – nur „Hülle der Weissagungen" ist und daß „dasjenige den wenigsten Werth hat, was am bestimmtesten jüdisch ist". Für genuin christliche Empfindungen „werden alttestamentische Sprüche kein geeigneter Ausdruck sein, wenn wir nicht einiges daraus hinwegdenken und anderes hineinlegen". Das Alte Testament repräsentiere einen gesetzlichen, ängstlichen Geist. Als Gesetz schaffe es keine Befreiung aus der Sündhaftigkeit. Überdies sei es aufgrund seines statuarischen Charakters notwendigerweise äußerlich ausgerichtet und in hohem Maße partikularistisch.[129]

---

[127] Der christliche Glaube 1830/31. Band 1, 51–58, hier: 58 (§ 8. Leitsatz: „Diejenigen Gestaltungen der Frömmigkeit, in welchen alle frommen Gemütszustände die Abhängigkeit alles Endlichen von einem Höchsten und Unendlichen aussprechen, d. i. die monotheistischen, nehmen die höchste Stufe ein, und alle anderen verhalten sich zu ihnen wie untergeordnete, von welchen den Menschen bestimmt ist, zu jenen höheren überzugehen.") sowie 59–64, hier: 64. – Zu Schleiermachers religionstypologischer Theorie und ihrem Verhältnis zur Religionsgeschichte vgl. die Untersuchung von Klaus Eberhard Welker: Die grundsätzliche Beurteilung der Religionsgeschichte durch Schleiermacher, Leiden / Köln 1965.

[128] Vorlesungen über die Lehre vom Staat (KGA II/8), 108. Den Kontext dieser im Manuskript zur genannten Vorlesung überlieferten Aussage bilden Überlegungen zum Verhältnis von Religion und Staat. Anders als das Christentum steht dabei die jüdische Religion konsequent neben dem Staat. Bemerkenswert ist auch die folgende Formulierung: „Daß es nun vortheilhaft wäre bedeutende und noch dazu gebildete Massen zu haben die vom legalen Mitwirken zum Staat ausgeschlossen sind wird niemand behaupten. Wenn nun Jemand sagt Es entstände daraus daß man entgegengesetztes wollen soll als Bürger und als Christ: so verneine ich dieses: Das Christenthum ist nicht in der Identität mit dem Staat entstanden, also auch sein Fortbestehen kann nicht davon abhängen. Das Christenthum soll sich verbreiten aber nur frei. [...] Und wenn nur die Form festgehalten wird, in allem was Sache des Vertrauens ist darf und muß dann immer die religiöse Ueberzeugung mitsprechen. Wie man es auch in England sehn wird und wie man es in katholischen und evangelischen deutschen Landen sieht" (Ebd., 107–108).

[129] Vgl.: Der christliche Glaube 1830/31. Band 1, 174; Die praktische Theologie nach den Grundsäzen der evangelischen Kirche im Zusammenhange dargestellt (Sämmtliche

Die Unsachgemäßheit von Schleiermachers Umgang mit dem Text wird besonders bei solchen Aussagen deutlich. Denn weder interessiert ihn der theologische Charakter einzelner biblischer Schriften, noch kommt die geschichtliche Dimension des alttestamentlichen Textcorpus in den Blick. Von Polemik ist Schleiermachers Argumentation zwar frei; er ist allerdings auch weit davon entfernt, sich um ein Verständnis der religiösen Erfahrungen zu bemühen, durch die die alttestamentlichen Texte hervorgebracht worden sind. Ein tatsächliches Verstehensinteresse bringt Schleiermacher, der große Theoretiker des Verstehens und der Textauslegung, für das Alte Testament nicht auf. Die Perspektive ist von vornherein durch ein antithetisches, paulinisch inspiriertes Schema festgelegt. Dieses Schema bedingt auch die Überzeugung, daß die christliche Frömmigkeit gegenüber der „veraltenden und unvollkommneren Glaubensweise" des Judentums „eine höhere" sei. Das Christentum bedürfe, wie Schleiermacher immer wieder betont, keines Stützpunktes im Judentum, wie auch der Glaube an die Offenbarung Gottes in Christus von jeder Offenbarung innerhalb der in den alttestamentlichen Schriften überlieferten Geschichte des Volkes Israel unabhängig sei.

Der christliche Glaube an Gott entsteht nach Schleiermacher allein durch den Totaleindruck der Person Jesu Christi, in der sich das Sein Gottes auf einzigartige Weise mit der menschlichen Natur vereint hat zur Erlösung und Versöhnung des Menschengeschlechts.[130] Alttestamentliche Texte sind prinzipiell nicht geeignet, das religiöse Bewußtsein eines Christen darzustellen oder zu stärken. Dies gilt insbesondere auch für solche vermeintlichen Anknüpfungspunkte, von denen her sich Jesu Selbstbewußtsein gebildet haben soll. So lehnt Schleiermacher es etwa ab, den Aussagen in Dan 7 eine Bedeutung für die Entstehung der Selbstbezeichnung „Menschensohn" zuzuerkennen.[131] Grundsätzlich vertritt Schleier-

---

Werke. Band I/13), 239. 391. Verschiedene Predigten enthalten ähnliche Aussagen. – Schon aus Schülerkreisen ist an dieser Position Schleiermachers eine Korrektur vorgenommen worden. Carl Immanuel Nitzsch (1787–1868) hat geglaubt, bei Schleiermacher eine untergründige Tendenz feststellen zu können, die die scharfe Ablehnung des Alten Testamentes zumindest partiell relativiert: „Man hat zwar neuerdings behauptet, was im A.T. am meisten jüdisch sey, bereite am wenigsten aufs Christenthum vor, und was am meisten zugleich heidnisch, das bahne am mehrsten den Weg zum Evangelium. Zum Glück aber hat der Urheber dieser Behauptung durch den treuen und wahren Gebrauch, den er in der Lehre vom Amte des Erlösers, von den drei Pflichten der Theokratie, Hohenpriester, König und Prophet, gemacht hat, sie selbst, wenn mich nicht alles trügt, vollkommen wieder zerstört" (Ueber den Religionsbegriff der Alten, in: Theologische Studien und Kritiken. Eine Zeitschrift für das gesammte Gebiet der Theologie 1 (1828), 527–546 und 725–754, hier: 528). Daß Nitzsch mit dieser Auffassung nicht recht hat, ist oben gezeigt worden.
130 Vgl.: Der christliche Glaube 1830/31. Band 1, 94–96.
131 Vgl.: Das Leben Jesu (Sämmtliche Werke. Band I/6), 95–96; siehe auch: Ebd., 268–269.

macher die durchaus an Harnack erinnernde Ansicht: Sofern die christliche Gemeinde im Gottesdienst mit dem Alten Testament konfrontiert
wird, wird sie auf einen theologisch inadäquaten Standpunkt gestellt.
Das in alttestamentlichen Texten formulierte Religionsverständnis müsse
der Gemeinde als fremd erscheinen, weshalb die Schlußfolgerung lautet:
„Das Alte Testament kann den christlichen Geist nicht rein wiedergeben
und die Gemeinden müssen also allmählich davon abgebracht werden."
Die Gemeinden sollen lernen, den falschen, das heißt normativen Gebrauch alttestamentlicher Texte zu vermeiden und allein das Neue Testament als die lautere Quelle der christlichen Erkenntnis und Erbauung
zu betrachten.[132]
   In der Beschreibung des Verhältnisses der beiden Schriftwerke zueinander greift Schleiermacher auf ein Gegensatzmodell zurück, das bereits
von zahlreichen Vertretern der protestantischen Neologie vorformu-
liert worden war. Ähnlich wie für Johann David Michaelis und Semler,
Johann August Ernesti oder Johann Gottfried Eichhorn, aber auch Herder und Julius August Ludwig Wegscheider bedarf es für Schleiermacher
keiner weiteren Beweisführung, um die Unvereinbarkeit der religiösen
Standpunkte von Altem und Neuem Testament offenzulegen. Von der
zukünftigen Forschung erwartet er lediglich eine nähere Präzisierung des
Sachverhaltes:

> „Der Glaube an eine bis zu einem gewissen Zeitpuncte fortgesetzte besondere
> Eingebung oder Offenbarung Gottes in dem jüdischen Volk ist schon bei dem
> gegenwärtigen Stande der Untersuchung über die jüdische Geschichte so wenig
> Jedem zuzumuthen, und es ist mir so wenig wahrscheinlich, daß er am Schluß
> dieser Untersuchungen mehr Stützen bekommen habe, daß es mir sehr wesent-
> lich schien, auf das bestimmteste auszusprechen, wie ich es eben so deutlich
> einsehe als lebendig fühle, daß der Glaube an die Offenbarung Gottes in
> Christo von jenem Glauben auf keine Weise irgend abhängig ist."[133]

---

[132] Siehe zu diesem gemeindepraktischen Aspekt die Untersuchung von Joachim Hoppe:
Altes Testament und alttestamentliche Predigt bei Schleiermacher, in: Monatsschrift
für Pastoraltheologie 54 (1965), 213–220, hier: 217 (mit Belegstellen). – Eine ver-
harmlosende Interpretation bietet Hans-Walter Schütte, wenn er das Interesse, das
Schleiermacher bei seiner Kritik am Alten Testament geleitet habe, so zusammenfaßt:
„Was Schleiermacher allein wichtig ist, war, den Menschen von heute den Umweg
zu ersparen, der, um die Erlösung aneignen zu können, den Schritt in den Zustand
vor der Erlösung tun zu müssen meint" (Christlicher Glaube und Altes Testament
bei Friedrich Schleiermacher, 301). Sofern Schleiermacher dem Alten Testament
eine „vorbereitende" Funktion für das Christentum zugesprochen habe, habe er eine
„beinahe geräuschlose Rechtfertigung des Alten Testaments" vorgenommen (Ebd.,
309). Diese Schlußfolgerung muß angesichts der tatsächlichen Sachlage als abwegig
bezeichnet werden.

[133] Über die Glaubenslehre. Zwei Sendschreiben an Lücke [1829], in: Theologisch-dogmatische Abhandlungen und Gelegenheitsschriften (KGA I/10), 307–394, hier: 353;
vgl. auch die folgende Formulierung: „Wie viele unserer wohlgesinntesten Geistlichen

Beide Testamente sind nach Schleiermacher durch eine qualitative Differenz geschieden. Mit der Erscheinung Christi habe sich eine Zeitenwende ereignet, die eine lineare geschichtliche Zuordnung von Altem und Neuem Testament nicht mehr zuläßt.[134] Insofern ist es konsequent, wenn Schleiermacher, wie jene aufklärungstheologischen Vorgänger, häufig die Gegensatzkategorien „äußerlich – innerlich", „vergänglich – unvergänglich" und „Buchstabe – Geist" verwendet. Die Bezeichnungen für das Alte Testament entsprechen dabei jeweils der unterstellten alttestamentlichen Gesetzesorientierung. In diesem Zusammenhang werden auch die messianischen Weissagungen als Ausdruck eines toten Buchstabenglaubens abgewertet. Sie lassen sich allenfalls als vage Vorausdeutungen kommenden Heils lesen, stehen aber mit dem „Zeugnis des Evangeliums" in keiner Beziehung.[135]

Gegen eine Tendenz, die seit den mittleren 1820er Jahren in der protestantischen Theologie aufkam, wonach mit Hilfe des Weissagungsbegriffes dem christlichen Glauben eine zusätzliche argumentative Stütze verschafft werden sollte, opponierte Schleiermacher. Bestrebungen, „Christum aus den Weissagungen zu beweisen", zeigen nicht nur einen „Mangel an frischer Zuversicht zu der inneren Kraft des Christenthums". Sie sind zudem, wie es im zweiten Sendschreiben an Lücke heißt, Ausdruck eines fehlerhaften wissenschaftlichen Verfahrens, dem „immer etwas Falsches [...] zum Grunde liegt" und das „die Spaltung [...] zwischen Frömmigkeit und Wissenschaft" offenbar werden läßt.[136] Infolgedessen erscheint

---

auch zur Sprache des alten Testamentes und zum Predigen aus dem alten Testament zurückkehren: es wird sich doch auch auf diesem Gebiet immer mehr bewähren, daß in Christo das Alte vergangen ist und Alles neu worden" [vgl. 2. Kor 5, 17] (334). – Ob sich hinsichtlich der negativen Einschätzung des Alten Testamentes tatsächlich ein Einfluß jener Aufklärungstheologen auf Schleiermacher wird nachweisen lassen, scheint mir zweifelhaft zu sein. Der Sache nach dürfte es sich kaum um eine tiefgreifende Einwirkung handeln. Schleiermachers Position in dieser Frage war seit seiner Frühzeit so sehr durch die eigenen theologischen Vorgaben bedingt, daß es keiner Beglaubigung durch theologische Autoritäten bedurfte.

[134] Von dem Erscheinen Christi als dem großen Wendepunkt der Geschichte spricht Schleiermacher etwa in einer Predigt über 1. Kor 7, 23 vom 20. Juni 1830 („Warnung vor selbstverschuldeter Knechtschaft"), in: Predigten in Bezug auf die Feier der Uebergabe der Augsburgischen Confession (Predigten. Sechste Sammlung), Berlin 1831, 1–19, hier: 3–5.

[135] Der christliche Glaube 1830/31. Band 1, 97: „Wenn nun doch in der Schrift selbst öfter Beweisführungen erwähnt werden, deren sich die Zeugen des Evangeliums bedient haben [Schleiermacher weist hin auf Apg 6, 9–10 sowie 9, 20–22 und 18, 27–28]: so wird doch nie behauptet, daß der Glaube aus der Beweisführung entstanden sei, sondern aus der Verkündigung. Jene Beweise wurden immer nur bei den Juden angewendet in bezug auf die unter ihnen vorhandenen Vorstellungen von dem verheißenen Messias, um den hieraus entstandenen Widerspruch gegen das Zeugnis abzuweisen oder einem solchen zuvorzukommen."

[136] Über die Glaubenslehre. Zwei Sendschreiben an Lücke (KGA I/10), 354; vgl. auch: Ebd., 355–356.

das Alte Testament auch für die Dogmatik „nur als eine überflüssige Autorität".[137]

In der weiteren Argumentation wird deutlich, daß es Schleiermacher an dieser Stelle nicht allein um eine Profilierung des Neuen Testamentes zu Lasten des Alten Testamentes geht, sondern um eine Sicherstellung der religiösen Identität des Christentums überhaupt. Denn um die Eigenart der christlichen Religion zu wahren, müsse die Abgrenzung vom Alten Testament stärker als es derzeit geschehe markiert werden. Es sei unmöglich, sich dessen weiterhin zu versichern, „was uns bisher das eigentliche Christenthum gewesen ist, des Glaubens an eine göttliche Offenbarung in der Person Jesu", wenn damit eine nach alttestamentlichem Muster entworfene Christus-Auffassung einhergehe, der Jesus „bald als Weiser von Nazareth, bald als simpler Landrabbiner" gelte. Von einem so gestalteten, um seine Mittelpunktstellung im christlichen Glauben gebrachten „Jesus" lasse sich nur noch sagen, daß er „zwar die neue Synagoge, die sich so wunderbarer Weise zur christlichen Kirche erweitert hat, fast ohne es zu wollen, gestiftet und das Centrum ihrer Lehre, den Glauben an ihn selbst, hinter dem doch nichts ist als die Fantasmagorien, die sich mittelst geistiger Hohlspiegel bewirken lassen, leider gewissermaßen geduldet, aber doch für seine Zeit gar schöne Sachen gesagt hat, die man immer noch als Motto gebrauchen kann, um unsere heilsamen und vornehmen Gedanken daran zu knüpfen".[138]

Doch auch für die christliche Ethik, aus der alles Gesetzliche verschwinden müsse, sei das Alte Testament ohne Bedeutung, und zwar einschließlich der dekalogischen Tradition. Folgerichtig hat Schleiermacher in seinen diversen Vorlesungen zur Christlichen Sittenlehre an keiner Stelle alttestamentliche Aussagen für seine ethische Lehrbildung herangezogen.[139] Es bleibe die unüberbrückbare Unterschiedenheit, daß die alttestamentliche – das heißt, wie Schleiermacher permanent gleichsetzt, die jüdische – Ethik auf einem von außen gegebenen Gesetz beruhe, während die christliche

---

[137] Der christliche Glaube 1821/22. Band 1, 89; Der christliche Glaube 1830/31. Band 1, 86 und 151 („überflüssige Autorität").
[138] Über die Glaubenslehre. Zwei Sendschreiben an Lücke (KGA I/10), 347–348.
[139] Diese Feststellung stützt sich auf das von Ludwig Jonas seiner Edition zugrunde gelegte Material (Die christliche Sitte nach den Grundsäzen der evangelischen Kirche im Zusammenhange dargestellt. Herausgegeben von L. Jonas (Sämmtliche Werke. Band I/12), Berlin 1843). Sie wird auch durch die von Hermann Peiter erschlossenen Dokumente zur Vorlesung des Wintersemesters 1826/27 bestätigt; vgl. Friedrich Schleiermacher: Das christliche Leben nach den Grundsätzen der evangelischen Kirche im Zusammenhange dargestellt. Vorlesungen über christliche Sittenlehre nach großenteils unveröffentlichten Manuskripten Schleiermachers und Nachschriften seiner Hörer herausgegeben und eingeleitet von Hermann Peiter. Zwei Bände, Berlin [DDR] 1968 [Typoskript]; siehe auch die Druckausgabe der „Einleitung": Christliche Sittenlehre. Einleitung (Wintersemester 1826/27). Herausgegeben und eingeleitet von Hermann Peiter, Stuttgart / Berlin / Köln / Mainz 1983.

Ethik alle Gesetzlichkeit zu überwinden trachte, hierin in Übereinstimmung mit dem Faktum, daß Christus kein Gesetz gegeben habe.[140]

Zum Status der Schriften des Alten Testamentes in der christlichen Bibel erklärt Schleiermacher: „Die alttestamentischen Schriften verdanken ihre Stelle in unserer Bibel teils den Berufungen der neutestamentischen auf sie, teils dem geschichtlichen Zusammenhang des christlichen Gottesdienstes mit der jüdischen Synagoge, ohne daß sie deshalb die normale Dignität oder die Eingebung der neutestamentischen teilen."[141] Allenfalls zum besseren Verständnis neutestamentlicher Aussagen ist die Kenntnis des Alten Testamentes erforderlich: „[...] die alttestamentischen Bücher [sind] zugleich das allgemeinste Hülfsmittel zum Verständniß des neuen Testamentes, nächstdem die alttestamentischen und neutestamentischen Apokryphen, die späteren jüdischen Schriftsteller überhaupt, so wie die Geschichtsschreiber und Geographen dieser Zeit und Gegend". Insofern plädiert Schleiermacher auch für eine Pflege der Hebräischkenntnisse unter Theologen und Theologiestudenten.[142] An dem Gewicht der religionstypologischen Differenz von Christentum und Judentum ändert dieser Sachverhalt nichts. Aus der Einsicht in die historische Eingebundenheit der neutestamentlichen Schriften in den zeitgenössischen religiösen Kontext zieht Schleiermacher keinerlei theologische Konsequenzen.[143]

---

[140] Ganz ähnlich hatte schon Kant geurteilt, indem ihm der jüdische Glaube als „Inbegriff bloß statutarischer Gesetze" galt. Von dem ethisch-moralisch orientierten, auf Vernunft und Gesinnung gegründeten Christentum wird das Judentum scharf abgesetzt (vgl.: Die Religion innerhalb der Grenzen der bloßen Vernunft, in: Ders.: Gesammelte Schriften. Herausgegeben von der Königlich Preußischen Akademie der Wissenschaften. Band VI, Berlin 1907 [Nachdruck: Berlin 1968], 1–202, hier: 125–127). Präzise gesprochen sei das Judentum „gar keine Religion, sondern bloß Vereinigung einer Menge Menschen, die, da sie zu einem besonderen Stamm gehören, sich zu einem gemeinen Wesen unter bloß politischen Gesetzen [...] formten" (Ebd., 125).

[141] Der christliche Glaube 1830/31. Band 2, 304 (§ 132 Leitsatz).

[142] Kurze Darstellung des theologischen Studiums zum Behuf einleitender Vorlesungen. Zweite umgearbeitete Ausgabe, 59 (Nachdruck: KGA I/6, 377). In der Erläuterung zu Paragraph 141 heißt es: „Der geschichtliche Apparat zur Erklärung des neuen Testamentes umfaßt daher die Kenntniß des älteren und neueren Judenthums, so wie die Kenntniß des geistigen und bürgerlichen Zustandes in denen Gegenden, in welchen und für welche die neutestamentischen Schriften verfaßt wurden."

[143] Neben den bereits genannten neueren Untersuchungen zu Schleiermachers Äußerungen über das Alte Testament vgl. auch die Darstellung von Johann Christian Friedrich Steudel: Ueber Schleiermacher's und Marheineke's Ansicht über das A.T., in: Ders.: Vorlesungen über die Theologie des Alten Testamentes. Herausgegeben von Gustav Friedrich Oehler, Berlin 1840, 539–543 (Beilage VI). – In bemerkenswerter Opposition zum antisemitischen Geist der Zeit steht, wie schon die früher erwähnte Studie von Franz Jacobi, eine Untersuchung von Johann Weerts: Schleiermacher und das Alte Testament, in: Zeitschrift für systematische Theologie 16 (1939), 233–249. Allerdings verzeichnet Weerts, der vor 1939 als Pfarrer und Superintendent in Dannenberg (Elbe) amtiert hat, den tatsächlichen Sachverhalt, wenn er nachzuweisen versucht, Schleiermacher habe nicht „eine negative Haltung zum Alten Testament" eingenommen (233). Auch er muß immerhin konstatieren, daß Schleiermacher eine „uneinheitliche Bewer-

4.4. Das Verhältnis von Judentum und Christentum als Predigtthema

Vor einem solchen Hintergrund ist es nur konsequent, wenn Schleiermacher lediglich in Ausnahmefällen über alttestamentliche Texte gepredigt hat. Zwar eröffnet eine Neujahrsrede vom 1. Januar 1797 über Koh 1, 8–9 unter dem Titel „Die Ähnlichkeit der Zukunft mit der Vergangenheit" seine erste, 1801 herausgegebene Predigtsammlung. Insgesamt befinden sich jedoch unter einer Gesamtzahl von fünfhundertvierundachtzig bis 1992 im Druck erschienenen Predigten oder Predigtentwürfen lediglich zweiunddreißig zu alttestamentlichen Schriftstellen.[144]
In keinem Fall hat Schleiermacher einen Text aus der erzählenden Literatur zugrunde gelegt. Ausnahmslos handelt es sich bei den herangezogenen alttestamentlichen Texten um weisheitliche Stücke oder um Gebetstexte, so auch bei der Predigt über 1. Kön 8, 56–58 vom 22. Oktober 1815. Überdies wird die weisheitliche Tradition von Schleiermacher als Aussagenkomplex über allgemein menschliche Gegebenheiten ausgelegt, dem für das religiöse Selbstbewußtsein nur eine nachgeordnete Bedeutung zukomme. Auf diese Weise entledigt er sich der Aufgabe, geschichtliche Ereignisse aus dem Erfahrungszusammenhang des jüdischen Volkes erörtern und deuten zu müssen. Aber auch die prophetische Überlieferung mit ihrer Dialektik von Gerichtsansage und Heilsverkündigung oder die messianischen Weissagungen werden komplett ausgeblendet. Es liegt nicht eine einzige Predigt vor, für die Schleiermacher aus dem prophetischen Schrifttum einen Text ausgewählt hätte.[145]
Die Betonung des Unterschiedes zwischen christlicher und jüdischer Glaubensweise bleibt bei Schleiermacher nicht auf den dogmatisch-theologischen Argumentationszusammenhang beschränkt. Sie geht vielmehr auch in seine Predigten ein und wird hier zu einem Topos breitenwirksa-

---

tung" gegeben habe und sich bei ihm „vereinzelte negativ erscheinende Äußerungen" finden. Es kann Weerts nicht gelingen, „entgegen einer weitverbreiteten irrigen Auffassung von der Stellungnahme Schleiermachers seine tiefe Begründung des unauflöslichen Zusammenhangs des A.T. mit dem N.T. darzulegen, die im Streit der Meinungen für den christlichen Standpunkt von entscheidender Bedeutung ist" (249).

[144] Vgl.: Bibliographie der Schriften Schleiermachers nebst einer Zusammenstellung und Datierung seiner gedruckten Predigten, 229–353.

[145] Die Predigttexte vom 5. August 1810 (Gedenken an Königin Luise: Jes 55, 8–9) und vom 28. März 1813 (Auszug der Soldaten: Jer 17, 5–8 und 18, 7–10) waren jeweils vorgegeben. – Vgl. zu diesem Sachverhalt auch Horst Dietrich Preuss: Vom Verlust des Alten Testaments und seinen Folgen, 134–135. Nach Preuss werden die von Schleiermacher seinen Predigten zugrunde gelegten alttestamentlichen Texte über die vorgenommene „allgemein weisheitliche" Auslegung „nicht selten zum Motto entleert". Preuss bemerkt ferner, „daß den alttestamentlichen Texten Aussagen hinzugefügt wurden, die in ihnen nicht angelegt waren, die aber aus dem Neuen Testament oder aus Schleiermachers Glaubensgut stammten". Durch diese Vorgehensweise habe Schleiermacher deutlich gemacht, daß er „eine Überhöhung der eigentlichen Textaussage für erforderlich hielt" (135).

mer Christentumsauslegung. Auf diesen Aspekt, der durch eine Vielzahl homiletischer Aussagen belegt werden kann, soll hier abschließend noch hingewiesen werden. Eine differenzierte Untersuchung wird sich auf ein breites, aus allen Phasen von Schleiermachers Predigertätigkeit stammendes Material stützen können. Für die vorliegende Studie sei exemplarisch auf die noch zu Lebzeiten mehrfach im Druck erschienene Predigt vom 23. Dezember 1832 über Hbr 3, 5–6, auf eine Ansprache im Rahmen der sogenannten Augustana-Predigten vom Herbst 1830 über 2. Kor 5, 17–18 sowie auf die Adventspredigt vom 30. November 1817 zu Mt 21, 9 eingegangen.[146]

Die Predigt zu Hbr 3, 5–6 widmet sich dem „Unterschied zwischen dem Wesen des neuen und des alten Bundes an ihren Stiftern dargestellt".[147] In typologischer Gegenüberstellung wird Moses, der „Knecht des Herrn", als Repräsentant des Alten Bundes mit Christus, dem Sohn Gottes, konfrontiert. Es gebührt dem Knecht – und zwar auch dann, wenn es sich, wie im Falle des Moses, um einen „großen Mann" handele –, „von außen" Gebote zu empfangen. Seine Treue besteht darin, die Weisungen vollständig und gewissenhaft auszuführen, auch wenn ihm Sinn und Zusammenhang nicht begreiflich sind. Die Tätigkeit des Knechtes zeigt zwar Hingabe an das ihm aufgetragene Geschäft, sie wird aber als ein Werk vollbracht, das „nicht durchleuchtet ist vom Willen Gottes selbst". Überdies erscheint der göttliche Wille nie anders als in einer Vielzahl einzelner Anordnungen, denen unkoordinierte Handlungen entsprechen, die ihrerseits nur an einzelnen und konkreten Situationen ausgerichtet sind. Die Einheit, die das Handeln des Knechtes leitet, bleibt dem Handelnden selbst verborgen. „Der Knecht ist dem Herrn fremd." Im Falle mangelnder Treue erfolgt Bestrafung.[148]

Über dieses Niveau externer Willfährigkeit in der Beziehung zu Gott ist das Alte Testament nach Schleiermacher nicht hinausgekommen. Moses habe daher als der Knecht Gottes, der den göttlichen Willen in seinem inneren Zusammenhang nicht aufgefaßt habe, seinem Volk eine „unerträgliche Last" auferlegt. Aber auch die Propheten können auf keinen

---

[146] Zur Thematik siehe die genannten Untersuchungen von Rudolf Smend und Hans-Walter Schütte; vgl. auch Emil G. Kraeling: Schleiermacher and the Old Testament, in: Ders.: The Old Testament since the Reformation (Lutterworth library. Vol. 47), London 1955 [Neuausgabe: New York 1969], 59–67.

[147] Abgedruckt in: Sämmtliche Werke. Band II/2, 299–313. Die Adventspredigt ist bereits im Jahre 1833 innerhalb zweier Sammlungen veröffentlicht worden (siehe: Bibliographie der Schriften Schleiermachers nebst einer Zusammenstellung und Datierung seiner gedruckten Predigten, 277). Zu dieser Predigt vgl. auch den genannten Beitrag von Rudolf Smend.

[148] So in knapper Zusammenfassung auf einem Dispositionszettel zur Predigt, der sich unter Schleiermachers Notizen und Entwürfen erhalten hat (Schleiermacher-Nachlaß 80/2, ungezähltes Blatt).

anderen Titel Anspruch erheben als auf den von Knechten des Herrn. Diesem Umstand liegt nach Schleiermacher „das dunkle Bewußtsein zum Grunde von der großen Scheidewand zwischen der Menschen Sinn und Geist und dem Sinn und Geist Gottes". Der Menschen „äußerliches Thun" sei den Geboten Gottes insgesamt wesentlich unangemessen, indem es der „Einsicht in seinen Willen und in den Zusammenhang seiner Führungen" entbehre.[149]

Eben eine solche Einsicht sei es aber, die die besondere Würde und Bedeutung Christi auszeichne. Für das Judentum gelte, daß das Verhältnis zwischen Gott und Mensch durch die Kategorie der Fremdheit bestimmt sei. Angewendet auf die große Gründergestalt des Moses bedeutet dies, daß er dem Willen Gottes ohne Einsicht in seinen Sinn gegenübersteht. In Christus aber wird der göttliche Wille zur Grundlage für das gesamte Leben und Handeln. Insofern habe er, als der Sohn, den Willen Gottes gerade nicht „von außen" empfangen. Er konnte ihn „auch nicht von außen empfangen weder einzeln noch im ganzen, er war ihm angeboren". „Und so wie diese ihm einwohnende Fülle göttlicher Kraft allmählig in den vollen Besitz seiner menschlichen Kräfte gekommen war [...], konnte er mit allen seinen Kräften nichts anderes thun als den Willen seines Vaters, weil nichts anderes in ihm lebte als dieser."[150] Christus „ist die Treue ohne Ängstlichkeit".[151] Die Möglichkeit, in Widerspruch zu Gott zu treten, wie sie für die durch Gebote vermittelte und insofern fremdgesteuerte Gottesbeziehung des Moses immer gegeben war, bestand im Falle Christi nicht. Eine solche Tätigkeit fern von aller Ängstlichkeit, „anzusehen wie der richtigste und genaueste Gehorsam gegen den Willen des Vaters", zugleich aber auch „nicht anders als wie das ruhigste unbefangenste sich hingehen lassen in allem wozu das eigne Herz ihn trieb", darin bestand die Treue des Sohnes.[152]

Die von Schleiermacher hier entfaltete Typologie ist mehr als die Zeichnung alternativer religiöser Bezugsmodelle. Ihr entspricht eine klare Aussage über Wert und Bedeutung jüdischer Frömmigkeit: An die Stelle des alten Tempels ist ein neuer getreten, der allen Menschen Raum bietet. Er öffnet sich dem neuen Menschen und ist „nicht zu vergleichen mit dem, was hervorgebracht werden konnte durch die Treue der Knechte, nicht äußerlich, sondern innerlich, nicht vergänglich, sondern ewig, nicht zurücklassend irgend ein ungestilltes Bedürfniß". Während Moses ein Zeugnis „von der Entfernung des Menschen von Gott" gibt, steht Christus für „das Wiederbringen der seligsten Gemeinschaft mit ihm".[153]

[149] Sämmtliche Werke. Band II/2, 305.
[150] Ebd., 306.
[151] Dispositionszettel, in: Schleiermacher-Nachlaß 80/2.
[152] Sämmtliche Werke. Band II/2, 306–307.
[153] Ebd., 313.

384 Schleiermacher und das Judentum

Eine ebenso massive Differenz zwischen Judentum und Christentum findet Schleiermacher in der Vorstellung vom Handeln Gottes. Hierzu äußert er sich in der Predigt vom 24. Oktober 1830 über 2. Kor 5, 17–18. Es handelt sich dabei um eine von Schleiermacher auch sonst mehrfach im Zusammenhang seiner Stellungnahmen zum Judentum herangezogene Textstelle. Die Ansprache selbst wurde im Rahmen der Predigtreihe aus Anlaß der dreihundertsten Wiederkehr der Übergabe der Confessio Augustana gehalten.[154] Im Mittelpunkt steht die These, „daß wir gar keine Veranlassung haben und gar keine Anweisung die Vorstellung von einem Zorne Gottes als in dem Christenthum begründet [...] aufzustellen". Je näher wir einer solchen Vorstellung kommen, um desto weiter entfernen wir uns „von dem wahren Geist des Christenthums".[155]

Schleiermacher entwickelt den Gedanken, daß es sich bei der „Lehre vom göttlichen Zorn" um „etwas dem Geist des Christenthums widersprechendes" handele. Zur Begründung beruft er sich auf die Lehre Jesu, in der „es kein einziges uns von ihm aufbehaltenes Wort giebt, worin von dem Zorne Gottes die Rede wäre".[156] Diesen Sätzen wird man nur zustimmen können. Problematisch sind hingegen die begleitenden Aussagen zum Judentum: „In dem alten Bunde nun wissen wir, daß gar viel die Rede ist von dem Eifer und dem Zorne Gottes; das Gesez und die Propheten sind voll von Vorstellungen dieses Eifers und Zorns, und von Drohungen, welche davon ausgehen."[157] Hier wird gegen den tatsächlichen Sachverhalt unterstellt, eine „Lehre vom göttlichen Zorn" präge die alttestamentliche Gottesvorstellung und sei insofern für jüdische Frömmigkeit von elementarer Bedeutung.

In der Erklärung wendet Schleiermacher ein historisches Schema an: Gott mußte, „bei dem damaligen Zustand der Welt und des menschlichen Geschlechts", einen evidenten Zusammenhang zwischen dem, was ihm „mißfällt", und den Übeln des menschlichen Lebens herstellen, damit die Menschen „von dem was Gott mißfällig ist, durch eine beständige Furcht vor dem, was ihnen selbst mißfällig ist, wenigstens äußerlich abgehalten werden". Hieraus ergab sich die in Zeiten des Alten Bundes geläufige Vorstellung, daß alles Übel Folge der Sünde sei, „daß Jeder jedes Uebel,

---

[154] Daß wir nichts vom Zorne Gottes zu lehren haben, in: Predigten in Bezug auf die Feier der Uebergabe der Augsburgischen Confession (Predigten. Sechste Sammlung), Berlin 1831, 170–190. Innerhalb des Zyklus von zehn Predigten bildet diese die neunte. Der Paulustext lautet: „Darum ist Jemand in Christo, so ist er eine neue Creatur; das Alte ist vergangen, siehe es ist Alles neu geworden, aber das Alles von Gott, der uns mit ihm selber versöhnet hat durch Jesum Christum und das Amt gegeben, das die Versöhnung predigt."
[155] Ebd., 171. Diesem Aspekt ist der zweite Teil der Predigt gewidmet; vgl.: Ebd., 178–190.
[156] Ebd., 183.
[157] Ebd., 173.

das ihn trifft, abzuleiten habe aus einer begangenen Sünde".[158] Ein Vergeltungsprinzip, das es notwendig macht, Tun und Ergehen gegeneinander aufzurechnen, ein schematisch agierender, seinem eigenen Gesetz unterworfener Gott sowie eine ganz und gar am Strafgedanken ausgerichtete Ethik stehen nach Schleiermacher mit der Rede vom Zorn Gottes unmittelbar in Verbindung. Dieser ganze Zusammenhang sei nun durch den von Christus aufgerichteten, festgestellten und besiegelten Neuen Bund „vergangen" und überwunden.

Hier wird deutlich, daß Schleiermacher seine Rekonstruktion jener religiösen Vorstellungen, die seiner Ansicht nach für die jüdische Frömmigkeit kennzeichnend sind, ausschließlich aus einer Perspektive formuliert, die durch den christlich-theologischen Lehrzusammenhang geschaffen wird. Der „Alte Bund" existiert auch in Schleiermachers kritischer Konstruktion nur als Gegenüber zum „Neuen Bund". Er wird durch ihn als theologisches Gegenmodell überhaupt erst konstituiert. Es geht nicht um eine sachlich adäquate, an ihrem Gegenstand interessierte Beschreibung jüdischer Glaubensinhalte oder Überlieferungsbestände, sondern um eine theologische Profilierung des christlichen Heilsverständnisses. Nach dem von Schleiermacher aus der paulinisch-reformatorischen Tradition übernommenen Dualismus von Sünde und Gnade kann jüdische Frömmigkeit allein dadurch qualifiziert sein, daß sie die Existenz des Menschen durch das Bewußtsein permanenter eigener Verfehlung bestimmt sein läßt und zugleich den Weg zur Erkenntnis der Gnadenhaftigkeit göttlichen Handelns versperrt. Dies sei der „alte knechtische Zustand", der in einem „Geist der Furcht" befangen sei, „fern [...] von dem göttlichen Heil". „O! wie viel herrlicher finden wir die Abhaltung von der Sünde in dem neuen Bunde und in dem Erlöser selbst!"[159]

In ähnlichem Sinne thematisiert Schleiermacher das Verhältnis von Christentum und Judentum in einer Adventspredigt vom 30. November 1817. Die Predigt, auf die abschließend noch kurz eingegangen sei, führt den Titel „Christus der da kommt in dem Namen des Herrn".[160] Im Mittelpunkt steht der Gegensatz zwischen der alttestamentlichen Prophetie und der Verkündigung Jesu Christi. Er wird von Schleiermacher bereits in den ersten Sätzen markiert, indem der Lobpreis, den das Volk Jesus, „dem Sohne Davids" (Mt 21, 9; es handelt sich um den Predigttext), spen-

---

[158] Ebd., 174.
[159] Ebd., 175. Die Predigt endet mit dem Satz: „Und so wird denn die rechte Kraft des Christenthums immer heller scheinen, je mehr sich alle falsche Furcht vor dem Zorne Gottes verliert, je mehr wir allen die allein seligmachende Erkenntnis öffnen davon, daß Gott die Liebe ist" (190).
[160] Abgedruckt in: Sämmtliche Werke. Band II/2, Berlin 1834, 5–20. Die Datierung auf das Jahr 1817 ist nicht ganz sicher. Seit der Erstveröffentlichung im Jahre 1826 ist die Predigt insgesamt neunmal, zum Teil in Auszügen, nachgedruckt worden.

det, mit den Worten kommentiert wird, er stamme „freilich aus dem Munde jenes Volkes, dessen Sinn sonst hart und verstokt genug war, und welches sich höchst wandelbar zeigte in allen seinen Erregungen". Wenn Jesus bei seinem Einzug in Jerusalem in traditioneller Form als Prophet begrüßt wird, so entspricht dies seiner besonderen Würde, denn ein Prophet war er in der Tat, nur „auf seine ganz eigene Weise" und mit den alttestamentlichen Prophetengestalten „nicht zu vergleichen". Jene Propheten gingen „alle auf das Gesez" zurück, „welches Moses einst dem Volke gegeben hatte, indem sie dieses zu erläutern suchten in lehrreichen und ergreifenden Reden, wie denn nur der ein ächter Prophet war in dem Sinne des alten Bundes, der von dem Gott des Gesezes in seinen Drohungen und Verheißungen begeistert war". Immer sei ihre Lehre auf einzelne Gesetzesinhalte oder biblische Weissagungen beschränkt geblieben, weshalb die Stimme eines jeden Propheten auch bald verhallte, „und immer Andere mußte der Herr erwekken, wenn sein Volk nicht sollte ratlos dastehen". Demgegenüber „Christus der Herr": Ihm kam das Gotteswort nicht auf diese oder jene äußere Veranlassung zu oder von innen aus Bildern und Erscheinungen; ihm wohnte „es ursprünglich und beständig ein[...] als eine Fülle göttlicher Kraft und Weisheit".[161]

Die Universalität von Sendung und Botschaft Christi steht nach Schleiermacher für den Charakter der christlichen Religion schlechthin: „O welch ein anderer Prophet, der nicht an diesen und jenen gesendet war, nicht ein und das andere Mal erschien im Namen des Herrn, sondern [...] dessen Gotteswort [als] Eine große zusammenhängende Rede an das ganze Menschengeschlecht gerichtet war und noch ist [...]." Zur Erkenntnis der „untheilbaren Einheit" des göttlichen Wirkens sei nur er imstande gewesen, während die Propheten des Alten Bundes an Zeit und Stunde, an einzelne Lehren und Gebote gebunden geblieben seien. Christus habe Gott, „den Vater selbst", und dessen ewigen Friedensrat offenbart, „welcher während der Zeit des Alten Bundes hinter der besonderen Erwählung eines einzelnen Volkes, so wie der Vater selbst hinter dem Gott der Heerschaaren immer war verborgen gewesen".[162]

In weiteren Ausführungen dieser Art stellt Schleiermacher die Predigtweise und den Predigtinhalt Jesu der Verkündigungspraxis der Propheten gegenüber, jeweils mit dem Ziel, die Überbietung dieser durch jene zu veranschaulichen. Das Verhältnis Jesu zu seinen alttestamentlichen Vorläufern ist demnach von Ablösung und Universalisierung geprägt. Es handelt sich auch hier um eine qualitative Differenz, in der selbst der Prophetentitel so stark umgebildet wird, daß er sich kaum noch im klassischen Sinne auf den Begründer des Neuen Bundes anwenden läßt. Gleiches gilt für

---

[161] Ebd., 11.
[162] Ebd., 11–12.

die ethische Verkündigung. An die Stelle des externen Gesetzes sei „das Gesez der Freiheit" getreten. Christus spricht nicht von einem äußerlichen, in Drohung und Verheißung verankerten Gesetz „auf steinernen Tafeln", sondern seine Botschaft erwecke einen „eignen lebendigen Trieb [...] in den Herzen der Menschen". So sei schließlich nicht mehr die Rede „von jenem Abrahamitischen Hause Israel", sondern „von dem Israel im Geist, dem neuerworbenen Volke des Eigenthums", das lebt unter dem „wahren Gesez des Herrn, dem Gesez seines eigenen Wesens, sein Wesen aber ist die Liebe".[163]

Schleiermachers Interpretation des alttestamentlichen Gesetzesverständnisses beruht in theologischer wie auch in historischer Hinsicht auf unzutreffenden Voraussetzungen. Die ethische und religiöse Praxis, die aus den biblischen Gebotsformulierungen erwächst, muß keineswegs von Partikularismus und Unfreiheit bestimmt sein. Zudem wird Schleiermachers Darstellung selbst immer wieder durch sperrige Sachverhalte durchbrochen, etwa wenn er auf Wendungen wie Jer 31, 33 verweist und damit seine eigene Sicht des alttestamentlichen Prophetentums konterkariert.[164] Insofern bleibt festzustellen, daß auch hier der religionstypologische Vergleich nicht auf eine historische Würdigung hin angelegt ist. Es geht ausschließlich um eine Profilierung des Werkes Christi und der durch ihn ausgelösten religiösen Bewegung: „Darum ist der Sohn erschienen, der Abglanz des göttlichen Wesens, und hat, daß ich so sage, mit dem Griffel seiner eigenen erlösenden und befreienden Liebe dieses Gesez in das Herz derer geschrieben, die ihn aufnahmen, auf daß sie das Leben von ihm empfingen." Bekenntnisartig heißt es daher: „Der neue Himmel und die neue Erde, sie dürfen nicht erst kommen [...], sie sind schon da, seitdem der Eine gekommen ist in dem Namen des Herrn."[165]

5. Judenemanzipation und protestantische Theologie.
Ein Fazit

Eine normative Beziehung zwischen den beiden von Schleiermacher gezeichneten Frömmigkeitstypen kann es nicht geben. Das Christentum, im Schleiermacherschen Sinne, beruft sich in keiner Weise auf die alttestamentliche Gotteserfahrung, und insofern hat auch die jüdische religiöse Tradition für das Christentum keine Bedeutung. Schleiermacher hat diese Sichtweise zu einer für ihn selbst grundlegenden Erkenntnis erklärt, indem er 1829 in seinem zweiten Sendschreiben an Friedrich Lücke betonte:

---

[163] Ebd., 16.
[164] Vgl.: Ebd., 16.
[165] Ebd., 16 und 19.

„Diese Ueberzeugung, daß das lebendige Christenthum in seinem Fort-
gange gar keines Stützpunctes aus dem Judenthum bedürfe, ist in mir
so alt, als mein religiöses Bewußtseyn überhaupt."[166] An anderer Stelle
bezeichnet Schleiermacher es gar als sein „Glaubensbekenntniß", „daß
das Christenthum mit Christo anfängt; keine Fortsezung des Judenthums,
kein gleichstehendes mit heidnischen Anfängen."[167]

Von Mendelssohns Standpunkt, daß Christen und Juden sich in ihrem
Glauben an Gott auf einem gemeinsamen Boden befinden und erst von
ihm aus die jeweiligen Formen religiöser Praxis und theologischer Reflexion erwachsen, ist Schleiermacher weit entfernt.[168] Für ihn ist es nicht
möglich, von einer einheitlichen und insofern auch verbindenden Basis
zu sprechen. Statt die Einheit der biblischen Fundamente von Judentum
und Christentum herauszustellen, betont er die Unterschiedlichkeit der
Erfahrungsebenen, auf denen die beiden differenten Beschreibungen des
Gottesverhältnisses beruhen.

Charakteristisch für die ihn dabei leitenden Motive ist der Umstand, daß
Schleiermacher nicht bei der Feststellung stehenbleibt, Altes und Neues
Testament beziehungsweise jüdische und christliche Religion stünden für
je eigene und in ihrer Besonderheit voneinander unabhängige Formationen
des religiösen Bewußtseins. Vielmehr stellt er sie in einer antithetischen
Struktur explizit einander entgegen.[169] Das religiöse Profil von Neuem
Testament und christlichem Glauben wird im kritischen Gegenüber zum
Judentum und seiner biblischen Überlieferung herausgearbeitet. Insofern
hat Schleiermacher als Theologe die Rede vom Wesensunterschied der
beiden Religionen wieder eingeführt. Damit aber errichtete er aufs neue
genau jene Barrieren, deren Überwindung jüdische und christliche Auf-

---

[166] Über die Glaubenslehre. Zwei Sendschreiben an Lücke, in: Theologisch-dogmatische
        Abhandlungen und Gelegenheitsschriften (KGA I/10), 354 (vgl. auch die Edition dieses
        wichtigen Textes durch Hermann Mulert: Schleiermachers Sendschreiben über seine
        Glaubenslehre an Lücke. Neu herausgegeben und mit einer Einleitung und Anmerkun-
        gen versehen (Studien zur Geschichte des neueren Protestantismus. 2. Quellenheft),
        Gießen 1908, 30–68, hier: 42; abgedruckt auch in: Sämmtliche Werke. Band I/2: Zur
        Theologie. Zweiter Band, Berlin 1836, 575–653, hier: 620).

[167] Aphorismen zur Kirchengeschichte, in: Geschichte der christlichen Kirche. Aus Schlei-
        ermachers handschriftlichem Nachlasse und nachgeschriebenen Vorlesungen herausge-
        geben von E.[duard] Bonnell (Sämmtliche Werke. Band I/11), Berlin 1840, 632–637,
        hier: 633. Es handelt sich bei den „Aphorismen" um handschriftliche Aufzeichnungen,
        die Schleiermacher seiner Vorlesung „Kurzer Abriß (Compendium) der Kirchen- und
        Dogmengeschichte" aus dem Wintersemester 1821/22 zugrunde gelegt hat.

[168] Auch der Person Mendelssohns begegnete Schleiermacher mit wenig Respekt; siehe den
        Brief an Carl Gustav von Brinckmann vom Winter 1796/97, in: Briefwechsel 1796–
        1798 (KGA V/2), 113: „Sonst weißt Du wol, daß ich diesen ungekreuzten Juden
        eben nicht sehr verehre."

[169] Vgl. auch Hans-Walter Schütte: Christlicher Glaube und Altes Testament bei Friedrich
        Schleiermacher, 295, der in allerdings mißverständlicher Weise von einem „antithe-
        tischen Zusammenhang" spricht.

klärer gerade angestrebt hatten. Es wird daher am Ende nicht in Abrede gestellt werden können, daß Schleiermacher an der kulturellen Verankerung jenes hochaufgeschichteten Vorrates antijüdischer Motive mitgewirkt hat, aus dem man sich in der jüngeren Vergangenheit im Konfliktfall bedient hat und auch gegenwärtig noch bedient.

Demgegenüber kann, wie die Flugschrift von 1799 zeigt, an Schleiermachers Bejahung des Emanzipationsprogrammes zeitgenössischer jüdischer und nichtjüdischer Reformer, an seiner Unterstützung von Forderungen nach rechtlicher Gleichstellung der Juden und ihrer Anerkennung als gleichberechtigte Staatsbürger kein Zweifel bestehen. Ablehnend ist sein Standpunkt dann, wenn es um die Einschätzung des Judentums, seiner geschichtlichen Tradition und gegenwärtigen religiösen Gestalt geht. Hier spricht Schleiermacher aus einer Warte, die von negativen Affekten bestimmt wird und die deshalb auch im Blick auf die politische Problematik auf eine Engführung hinausläuft.

Es geht Schleiermacher nicht darum, Verständnis oder gar Toleranz für die historische Individualität der jüdischen Religion zu wecken. Seine Zielsetzung richtet sich darauf, das unter den Bedingungen moderner Kirchen- und Religionskritik ohnehin schon fragile Christentum gegen zusätzliche Belastungen abzusichern. Im Zentrum von Schleiermachers Argumentation steht die Sorge um Kirche und Christentum, und aus dieser Sorge heraus grenzt er das Christentum vom Judentum ab. In der Durchführung steht er dabei in der Tradition eines Schematismus, der, wie es bei Schleiermacher selbst heißen kann, „das Antijudaisierende des Christentums" zum Programm macht.[170]

Die von ihm gezeichneten Bilder von Altem Testament und jüdischer Frömmigkeit sind Karikaturen. Daß die Mißachtung des Alten Testamentes zum Verlust wesentlicher Inhalte des christlichen Glaubens führen muß, ist Schleiermacher nicht bewußt gewesen. Man ist geneigt, sich zu wünschen, Schleiermacher hätte die Gunst der Stunde mehr genutzt, als mit Wilhelm Martin Leberecht de Wette ein Theologe neben ihm auf dem Katheder der Berliner Universität stand, für den die Einsicht nicht fremd war, daß das Alte Testament keineswegs von der durch den Apostel Paulus formulierten, von Beginn an mit einer antijüdischen Zielsetzung versehenen Theorie der Gesetzesfixierung her aufgefaßt werden muß.[171]

---

[170] Diese Wendung findet sich im Kontext von Schleiermachers Erörterung der christologischen Dreiämterlehre: „Denn wenn es gleich wahr ist, daß diese Darstellung mehr der ursprünglichen Entstehungszeit des Glaubens angehört – wo es allerdings notwendig war, das Antijudaisierende des Christentums unter der jüdischen Form selbst zur Anschauung zu bringen – als daß sie sich dazu eignete, ein beständiger Typus der Lehre zu sein: so folgt doch daraus nur, daß diese Formen allein uns nicht genügen können" (Der christliche Glaube 1830/31. Band 2, 105–106).

[171] Es wäre allerdings verfehlt, de Wettes Verhältnis zum Judentum zu idealisieren. Auch er stand, ungeachtet des Umstandes, daß er Schleiermachers Position kritisieren konnte,

Das historische Verdienst Schleiermachers besteht demgegenüber darin, das bis 1812 rechtswirksame Junktim von Emanzipation und Religionswechsel – und damit die Basis der zeitgenössischen Judenpolitik – für obsolet erklärt zu haben. Er hat für das Judentum einen Freiraum gegen den durch staatsbürgerliche und zivilrechtliche Interessen bedingten Bekehrungsdruck des christlichen Staates geschaffen. Aus theologischer Sicht war damit die gesamte bisherige Rechtspraxis in Fragen der Judenemanzipation für unannehmbar erklärt worden.[172] Die Konsequenz konnte nur lauten: Die Emanzipation ist ein Vorgang, für den Regelungen im politischen, nicht im religiösen Bereich gefunden werden müssen. Das Problem, das mit der unwürdigen und inakzeptablen Situation, in der die Juden als ausgegrenzte religiöse und kulturelle Minorität inmitten einer christlich dominierten Gesellschaft leben, aufgegeben ist, muß, so Schleiermacher, als politisches Problem auf politischer Ebene gelöst werden.

---

jüdischer Frömmigkeit und Kultur ablehnend gegenüber. In seiner historischen Darstellung des alttestamentlichen Religions- und Gottesverständnisses, in der er Schleiermacher ein erhebliches Maß an Einsicht und Präzision voraus hatte, arbeitete er mit dem Gegensatz von „Hebraismus" und Judentum. Im Vergleich zu der ursprünglichen, in der Verkündigung der Propheten zu höchster Entfaltung gelangten Religiosität des israelitischen Volkes sei das Judentum in jeder Hinsicht mangelhaft: „Das Judenthum ist die verunglückte Wiederherstellung des Hebraismus und die Mischung der positiven Bestandtheile desselben mit fremden mythologisch-metaphysischen Lehren, worin ein reflectirender Verstand, ohne lebendige Begeisterung des Gefühls, waltet: ein Chaos, welches eine neue Schöpfung erwartet. Die charakteristischen Merkmale sind: 1) Statt der sittlichen Richtung metaphysisches Nachdenken, und darin manche Fortschritte. 2) Neben der missverstandenen Symbolik eine schriftliche Religionsautorität, ohne selbständige Hervorbringungskraft. Daher 3) während der Hebraismus Sache des Lebens und der Begeisterung war, ist das Judenthum Sache des Begriffs und des Buchstabenwesens" (Biblische Dogmatik Alten und Neuen Testaments. Oder kritische Darstellung der Religionslehre des Hebraismus, des Judenthums und des Urchristenthums. Zum Gebrauch akademischer Vorlesungen [= Lehrbuch der christlichen Dogmatik in ihrer historischen Entwickelung dargestellt. Erster Theil. Die biblische Dogmatik enthaltend]. Zweyte verbesserte Auflage, Berlin 1818, 116–117; das Buch ist Schleiermacher zugeeignet). Zu de Wette siehe Rudolf Smend: Wilhelm Martin Leberecht de Wettes Arbeit am Alten und am Neuen Testament, Basel 1958.
[172] Ebenso urteilt Kurt Nowak: Schleiermacher und die Emanzipation des Judentums am Ende des 18. Jahrhunderts in Preußen, 79.

Zehnter Teil
„Die Oeffentlichkeit des Lebens".
Schleiermacher als Programmatiker
einer liberalen Staatsbürgergesellschaft

Die Rekonstruktion von Schleiermachers politischer Wirksamkeit ist
an ein Ende gelangt. Im Mittelpunkt standen die politische Predigt, die
staatstheoretische Konzeption, die Mitwirkung an publizistischen Aktivitäten im Rahmen der preußischen Reformpartei und schließlich die
Urteilsbildung in bezug auf Judentum und jüdische Kultur. Es ist zudem
deutlich geworden, daß Schleiermachers Reformprogrammatik sich mit
großer Intensität auch auf sozioökonomische und kulturpolitische Pro-
blemfelder erstreckt.

Schleiermacher hat wie kein zweiter protestantischer Theologe seiner
Zeit in politischen Kategorien gedacht. Dabei bildete die Frage nach dem
„guten Staat" und nach der gerechten Gesellschaft keinen isolierten, von den
theologischen Intentionen abgelösten Bereich.[1] Vielmehr wurde Schleiermacher gerade aus seinem religiösen und theologischen Selbstverständnis
heraus zu einem eminent politischen Denker. Die Zielvorstellung, die er
in seinem vieljährigen politischen Engagement nie aus den Augen verlor
und die auch seine staatstheoretischen Überlegungen kennzeichnete, bleibt
unverstanden, wenn man nicht den religiösen Erfahrungshintergrund beachtet. Denn als eines der wichtigsten Motive wirkte hier die Idee einer
offenen und pluralitätsfähigen Kirche, getragen von den selbstverantwort-
lich teilnehmenden Gemeindemitgliedern. Eine Existenz von Glaube und
Kirche jenseits zur Wirklichkeit der Welt konnte es für Schleiermacher
nicht geben.

Im folgenden möchte ich die wesentlichen Gesichtspunkte der viel-
schichtigen Thematik noch einmal zusammenfassen und zu einem geschlossenen Gesamtbild ineinanderfügen. Ich gehe dabei von jener bereits
in der Einleitung formulierten und seither in der Interpretation der ver-

---

[1] Die Rede vom „guten Staat" findet sich in: Gedanken V (1800–1803), in: Schriften
aus der Berliner Zeit 1800–1802. Herausgegeben von Günter Meckenstock (KGA
I/3), Berlin / New York 1988, 281–340, hier: 328. – Ich gebe im folgenden noch
einmal die Literaturnachweise in weitgehend vollständiger Form, um die separate
Lektüre dieses Teiles der Untersuchung zu erleichtern.

schiedenen Sachverhalte geltend gemachten These aus, daß Schleiermachers politisches Denken, ebenso wie seine theologische Theoriebildung, von einer wechselseitigen Inbeziehungsetzung von Sozialität und Individualität bestimmt wird. Schleiermachers politische Theorie läßt sich, indem die Themen „Öffentlichkeit" und „Bürgergesellschaft" die zentralen Referenzpunkte bilden und alle anderen Aspekte auf sie bezogen werden, als ein Anwendungsfall dieser korrelativen Denkweise verstehen.

Die Zusammenfassung ist in vier Einheiten untergliedert: Zunächst wird Schleiermachers Modell der öffentlichen Meinungsbildung skizziert. Im Anschluß geht es um sein Verständnis von „Volk" und „Nation" als – zumeist synonym verwendete – Leitbegriffe der politischen Theorie. Vom Begriff des Volkes aus wird die Verhältnisbestimmung von Volk und Monarch dargestellt. Ihr kommt im Gesamtrahmen der politischen Theorie insofern eine hervorgehobene Rolle zu, als Schleiermacher sie zum Ausgangspunkt für weitreichende Überlegungen zur künftigen Entwicklung des Staates und der Staatsform nimmt. In einem dritten Abschnitt wird sein Bild des französischen Kaisers als der die Epoche weithin überragenden geschichtlichen Einzelgestalt beschrieben. Schleiermachers Deutung der preußisch-französischen Konfrontation seit 1806 im Sinne einer massiven kulturpolitischen Auseinandersetzung hat ihre Basis in der negativen Beurteilung Napoleons und seines hegemonialen, auf Zerstörung des Protestantismus gerichteten Machtstrebens.

Schließlich werden die Grundlinien von Schleiermachers politischer Theorie unter dem wieder aufgenommenen Titel „Öffentlichkeit und Bürgergesellschaft" nachgezeichnet. Dabei geht es ebenso um sein Verständnis von Politik wie um den reformerischen Anspruch an Staat und Gesellschaft, der aus diesem Verständnis erwächst. Es wird deutlich, daß politisches Handeln nach Schleiermacher die Voraussetzung und zugleich der Ausdruck jener „Oeffentlichkeit des Lebens" ist, die schon für die Zeitgenossen des frühen neunzehnten Jahrhunderts zum Inbegriff für die zunehmende Dynamik des gesellschaftlichen Prozesses geworden war. Insofern läßt sich seine politische Konzeption auch als eine Verarbeitung der Erfahrungen von Komplexitätszuwachs und sozialer Differenzierung verstehen. Das Resultat dieser Anstrengung hat Schleiermacher in der Idealvorstellung einer rechtlich verfaßten, liberalen Bürgergesellschaft niedergelegt.

1. Öffentliche Meinungsbildung

Schleiermacher gebraucht den Begriff „öffentliche Meinung" in einem sehr spezifischen Sinne und verwendet ihn in einem genau umrissenen theoretischen Rahmen. Er hat darin Teil an einer seit dem Ausgang des absolutistischen Zeitalters sich vollziehenden Entwicklung, in der der öffentliche Diskurs als zentrale Instanz von Kultur und Politik fungierte. Besonders die aufkommende, rasch einen weiten Verbreitungsgrad erreichende Tagespublizistik wirkte als Motor für eine Verdichtung der öffentlichen Kommunikation. Die Ausbildung bürgerlicher Gesellschaftsstrukturen und die Etablierung eines öffentlichen Meinungsbildungsprozesses hingen unmittelbar zusammen.[2]

Schleiermacher war sowohl als politischer Publizist wie als Staatstheoretiker an dieser Entwicklung beteiligt. Die Intention der Gründer des *Preußischen Correspondenten* um Reimer und Niebuhr war es gerade gewesen, die unzulängliche Informationsvermittlung der beiden etablierten Berliner Tageszeitungen zu durchbrechen und so eine unverstellte, politisch wirksame Einflußnahme auf das Denken und Handeln der Bevölkerung zu erreichen. Hierin bestand auch Schleiermachers hauptsächliches Ziel bei der Übernahme der Redaktionsgeschäfte im Sommer 1813.[3]

Als Staatstheoretiker hat er die Situation im Kontext einer umfassenden Beschreibung der Kräfte analysiert, die im Verhältnis von Staat und Gesellschaft wirksam waren. Er ist dabei von der Auffassung ausgegangen, daß durch die öffentliche politische Auseinandersetzung nicht allein ein staatsbürgerliches Bewußtsein gefördert werde. Vielmehr werden durch sie auch das Handeln des Staates selbst, sein organisatorischer Aufbau und seine Verfassungsgestalt beeinflußt und verändert. Generell kann Schleiermacher das „Hervortreten der öffentlichen Meinung" als einen Indikator für die Ausbildung konstitutioneller Strukturen, also als Ausdruck für eine „Annäherung zur Verfassung" ansehen.[4] Die reformpolitische Zielsetzung, die er in diversen Zusammenhängen verfolgt hat und die von den frühesten Beiträgen zur sozialethischen Theorie der Geselligkeit über die politische Predigt und die administrative und publizistische Arbeit bis hin zur späten Fassung der Staatstheorie in den einzelnen Tätigkeitsfeldern sehr unterschiedlich ausfallen konnte, hatte in dieser Einschätzung der Bedeutung des öffentlichen Meinungsstreites für die politische Entwicklung ihr Fundament.

In welcher Weise Schleiermacher die Möglichkeiten zu nutzen wußte, die sich ihm als Redakteur einer Tageszeitung boten, ist an dem einschlägigen Material gezeigt worden. Von besonderer Bedeutung sind dabei

---

2 Siehe hierzu die Ausführungen von Ludger Herrmann: Die Herausforderung Preußens. Reformpublizistik und politische Öffentlichkeit in Napoleonischer Zeit (1789–1815), Frankfurt am Main u.a. 1998, 47–51; vgl. auch Jürgen Wilke: Der nationale Aufbruch der Befreiungskriege als Kommunikationsereignis, in: Ulrich Herrmann (Hrsg.): Volk – Nation – Vaterland, Hamburg 1996, 353–368.

3 Siehe dazu Abschnitt V.5.: Waffenstillstand und Kriegserwartung. Grundzüge von Schleiermachers publizistischer Wirksamkeit.

4 Vorlesungen über die Lehre vom Staat. Herausgegeben von Walter Jaeschke (KGA II/8), Berlin / New York 1998, 372; siehe auch: 374.

die zahlreichen Zensurkonflikte, denen er ausgesetzt gewesen ist und die immer wieder, wenn auch mit dem Resultat obrigkeitlicher Zurückweisung, seine Anstrengungen dokumentieren, politischen Einfluß zu nehmen. Denn hier ging es im Kern um die Frage, in welchem Maße es einer nach Kriterien autoritärer Herrschaft agierenden Regierung im Moment der Befreiung noch gelingen konnte, das politische Bewußtsein der Bevölkerung zu steuern. Schleiermachers Gegenwehr gegen die permanenten Eingriffe durch den Zensor ist daher zugleich ein Plädoyer für Sprach- und Diskursfreiheit in der Ausbildung einer öffentlichen politischen Kultur.

Den Zensurkonflikten von 1813 haftet aufs Ganze gesehen ein zwiespältiger Charakter an. Denn betrachtet man Schleiermachers Vorgehensweise in den drei Monaten seiner Herausgeberschaft der Zeitung, so wird deutlich, daß sich die Intentionen, von denen er in der praktischen redaktionellen Arbeit geleitet wurde, in wichtigen Punkten durchaus mit den Interessen der Regierung deckten. Es findet sich unter allen zweiundfünfzig von ihm erstellten Ausgaben des *Preußischen Correspondenten* nicht eine einzige, die nicht geeignet gewesen wäre, den Widerstand gegen die französische Fremdherrschaft zu fördern. Auch das Kriegsgeschehen wird unter diesem Blickwinkel wahrgenommen. Immer wieder wird das Verhalten der feindlichen Truppen als hinterhältig und sogar verbrecherisch dargestellt. Keine Ausgabe liegt vor, in der nicht durch entsprechende Nachrichten der Protest gegen die Besatzungsmacht erhoben würde.

Auf Regierungsseite schätzte man den Sachverhalt anders ein. Mißfällig waren weniger die inhaltlichen Aussagen in Schleiermachers Beiträgen. Es drehte sich vielmehr darum, daß durch das selbständige Vorgehen des Redakteurs das Prinzip der Kommunikationskontrolle durchbrochen wurde. Hierin bestand die eklatante „Anmaßung und Renitenz", derer er sich angeblich schuldig machte.[5] Man bestritt das von ihm in Anspruch genommene Recht zur eigenen Stellungnahme und nutzte deshalb am Ende jeden Anlaß, um seine redaktionelle Arbeit zu behindern.

Man wird im übrigen die Bedeutung der antifranzösischen Propaganda, wie sie auch der *Preußische Correspondent* betrieb, nicht geringschätzen dürfen. Napoleon selbst wußte um die Gefahren, die von ihr ausgehen konnten. Hatte er früher die „deutschen Ideologen" verspottet, so war ihm im Laufe des Krieges bewußt geworden, über wie wirksame Waffen die Intellektuellen verfügten. Eine Aufforderung im *Moniteur* vom 29. Mai 1813 macht dies deutlich. Hier wendet er sich an das deutsche Volk, „sich nicht von den Schriftstellern verführen zu lassen, die Aufruhr und Abfall predigen". Am 24. Februar, in derselben Zeitung, bringt er seine

---

[5] Diesen Vorwurf erhebt der Berliner Zensor und Polizeipräsident Paul Louis Le Coq in einem Schreiben an den Staatskanzler Hardenberg vom 2. Oktober 1813, in: GStA PK, I. HA Rep. 74 J.X. Nr. 9. Band I, Bl. 141–142, hier: 142v. Vgl. oben den Abschnitt V.9.: Das Nachspiel: Die Oktober-Untersuchungen.

Wut über „die unleidigen Schreiber", *les follicullaires*, zum Ausdruck. Sie seien es, „welche die loyalen Deutschen in Giftmischer und Meuchelmörder verwandeln möchten".[6] Und schon im Oktober 1806, als ihm bei seiner Visitation der Berliner Verwaltungseinrichtungen von den versammelten königlichen Justizräten vorgehalten wurde, das geltende preußische Recht ließe ihnen keine Möglichkeit, „das freie Wort zu unterdrücken und die Discussion der öffentlichen Verhältnisse zu verbieten", hat er erklärt: „Mit einer freien Presse läßt sich keine Monarchie aufrecht halten und regieren, und besonders nicht in Zeiten der Bewegungen und Gefahren. Sie sehen, wohin Ihre sogenannte freie Discussion der öffentlichen Zustände Sie gebracht hat!"[7]

Schleiermacher war einer jener inkriminierten „Schreiber", deren Feder dem Streben nach Befreiung und politischer Selbständigkeit diente. Doch richtete sich seine Kritik nicht allein gegen die Besatzer und die durch sie zu verantwortenden Umstände, sondern auch gegen den eigenen Staat und sein politisches Führungspersonal. Nicht minder problematisierte er das Verhalten der Bevölkerung, wenn es um die angemessene Vorbereitung von Gegenwehr und Selbstbefreiung ging. Schleiermacher scheute sich nicht, auf Mißstände und Unzulänglichkeiten in der Staatsverfassung, der Verwaltung und im gesellschaftlichen Leben hinzuweisen. Diese Unerschrockenheit findet sich besonders in den Stellungnahmen der Berliner Zeit seit 1808. Sie hat ihm, in Verbindung mit seiner skeptischen Einschätzung der angeordneten Maßnahmen zur Rettung des Vaterlandes, wiederholt Schwierigkeiten im Umgang mit den Behörden und im Herbst 1813 einen schweren Zusammenstoß mit einzelnen Mitgliedern der Regierung eingebracht.

In den ersten Jahren seit der Katastrophe war vor allem die Entlassung des Ministers vom Stein, die am 24. November 1808 nach entsprechenden französischen Forderungen, aber auch auf Drängen königlicher Berater erfolgt war, ein Anlaß zu solcher Kritik. Brieflich äußerte Schleiermacher sich hierzu: „Unser guter König hat sich überraschen lassen von einer elenden Partei, und sich zu einem Schritt verführen, der Alles aus dem sichern Gang, in den es eingeleitet war, wieder herausbringt."[8] Nur eine „elende Intrige" habe zum Sturz des Regierungschefs führen können. Immerhin war mit der Entlassung nicht sofort auch ein völliger

---

6   Zitiert nach: Die deutschen Befreiungskriege. Deutschlands Geschichte von 1806–1815. Von Hermann Müller-Bohn veranlaßt und herausgegeben von Paul Kittel. Zweiter Band, Berlin o.J. [1909], 554.
7   Zitiert nach Ludwig Häusser: Deutsche Geschichte vom Tode Friedrichs des Großen bis zur Gründung des Deutschen Bundes. Theil 3: Bis zu Napoleons Flucht aus Rußland (1812), Berlin 1856, 41. Napoleons Visitation der hauptstädtischen Behörden fand am 27. Oktober 1806, unmittelbar nach dem Einzug in Berlin, im Stadtschloß statt.
8   Brief an Henriette von Willich vom 15. Dezember 1808, in: Aus Schleiermacher's Leben. In Briefen. Band 2. Zweite Auflage, Berlin 1860, 180–183, hier: 181.

Wechsel in der politischen Richtung verbunden, wie Schleiermacher mit
Erleichterung feststellte.

Die Sympathie für den reformerischen Kopf der preußischen Politik
bewahrte Schleiermacher sich über das Scheitern Steins hinweg. Im Juli
1811 sandte er ihm einen ausführlichen Brief, in dem er sich in diesem
Sinne äußerte und dem Freiherrn in der prekären Situation zu einem
besonnenen Verhalten riet. Stein solle sich gegenüber der jetzigen Re-
gierungsspitze vorsichtig verhalten, der Schleiermacher ein Zeugnis der
Heuchelei und des Verrates ausstellte.[9] Den lange ersehnten Aufbruch
brachte schließlich das Jahr 1813. Die Hoffnungen der Vaterlandsfreunde
schienen sich zu erfüllen. Doch auch jetzt sah Schleiermacher die Gefahren,
die mit einer zuvor bereits immer wieder praktizierten Verzögerungstaktik einhergingen. Deshalb drängte er zu raschem Handeln. Andernfalls
drohe, wie Schleiermachers Freund Gaß sich ganz im Sinne seines Brief-
partners ausdrückte, die „herrschende herrliche Stimmung" wieder zu
verfliegen. Das Ende werde dann schlimmer sein als der Anfang.[10]

Die staatstheoretische Reflexion bildet die Einsichten ab, die Schleiermacher in der publizistischen Tätigkeit und den aus ihr resultierenden
Konflikten gewonnen hat. Erinnert sei an eine Äußerung von 1816: Der
Einzelne „muß als Unterthan das Sein der Obrigkeit mit sezen helfen".
„Dies geschieht formlos, d.h. durch die öffentliche Meinung, förmlich in
der Repräsentation."[11] Die hier formulierte Auffassung, daß jeder, der
an der öffentlichen politischen Meinungsbildung teilnimmt, selbst Teil
der Obrigkeit werde, führt auf eine kritische Erörterung der bestehenden
Herrschaftsverhältnisse hinaus. Tatsächlich hat Schleiermacher in der
Politikvorlesung des Sommers 1817 das Thema der öffentlichen Meinung
im Kontext herrschaftstheoretischer Überlegungen behandelt. Eine Verfassung lasse sich nicht denken, ohne von einer Beteiligung des Volkes am
politischen Entscheidungsprozeß auszugehen. Denn sie muß „dem Geist,
dem Character und dem Geschichtlichen des Volkes entsprechen". Ohne
den Zusammenhang „mit dem Innern des Volks" könne es nicht zu dauerhaften und für die Existenz des Staates grundlegenden Rechtsbildungen
kommen.[12]

---

[9]   Brief an Stein vom 1. Juli 1811, in: Schleiermacher-Nachlaß 772 (fragmentarische
       Abschrift); Druckfassung des vollständigen Schreibens bei Georg Heinrich Pertz: Das
       Leben des Ministers Freiherrn vom Stein. Band 2: 1807–1812, Berlin 1850, 574–576.
[10] Vgl. den Brief von Joachim Christian Gaß an Schleiermacher vom 11. März 1813, in:
       Fr. Schleiermacher's Briefwechsel mit J. Chr. Gaß. Mit einer biographischen Vorrede.
       Herausgegeben von Wilhelm Gaß, Berlin 1852, 109–113, hier: 109–110.
[11] Ethik (1812/13) mit späteren Fassungen der Einleitung, Güterlehre und Pflichtenleh-
       re. Auf der Grundlage der Ausgabe von Otto Braun herausgegeben und eingeleitet
       von Hans-Joachim Birkner, Hamburg 1981, 104; die Aufzeichnung von 1816 wird
       anmerkungsweise mitgeteilt.
[12] Nachschrift Varnhagen zur Politikvorlesung des Sommers 1817, in: Vorlesungen
       über die Lehre vom Staat (KGA II/8), 205–376, hier: 295.

Als „öffentliche Meinung" bezeichnet Schleiermacher an dieser Stelle jene „Anschauung, die möglichst gut- und auf den Geist des Volks gebaut seyn kann". Das Vorhandensein dieser Anschauung, als Ausdruck eines „organischen Zusammenhanges" des Volkes mit dem Staat, ist unverzichtbar, um eine Verfassung zu legitimieren.[13] Ganz ähnlich, und dies zeigt das hohe Maß an Kontinuität, das in Schleiermachers Konzeption gegeben ist, war schon der Gedankengang in den staatstheoretischen Vorträgen vom Winter 1808/09: Die Frage, ob „in dem Volk eine öffentliche Meinung über Staatssachen sich bildet", gilt hier als primäres Beurteilungskriterium für den Entwicklungsgrad der staatlichen Organisationsform.[14]

Schleiermacher verbindet mit dem Terminus „öffentliche Meinung" einen normativen Anspruch. Die durch die Verfassung „constituirte Differenz" in der Herrschaftsstruktur müsse „den Character und das Bedürfnis des Volkes in seinem ganzen Umfang in sich" aufnehmen.[15] Welche Bedeutung dies in der politischen Praxis hat, wird am Beispiel des Erziehungswesens gezeigt. Es ist der Regierung nicht möglich, sich für ein Programm öffentlicher Erziehung auf ein mit dem Staatszweck gesetztes Recht zu berufen, das von jener „Anschauung" des Volkes unabhängig wäre. In einer derartigen Begründung herrschaftlicher Autorität aus einem „erdachten Naturzustand" sieht Schleiermacher eine illegitime Überschreitung staatlicher Handlungsbefugnis.[16]

Das Beispiel macht deutlich, daß für ihn die öffentliche Meinung als politische Instanz ihrem Wesen nach kritisch ist. In diesem Zusammenhang kommt Schleiermacher, und zwar schon relativ früh, der Formulierung eines Grundrechtes auf freie Meinungsäußerung bemerkenswert nahe. Der Staatsbürger befinde sich im Besitz des Rechtes, „seine Meinung zu sagen".[17] Im Effekt wird die öffentliche politische Debatte immer mehr zu einem Korrektiv, durch das das zunächst noch ganz selbstbezügliche Verfahren administrativen Handelns zu Rechtfertigung und Offenlegung gezwungen wird. So kommt ein Moment in den politischen Entscheidungsprozeß, das auf eine Öffnung der politischen Strukturen und das heißt auf eine Beteiligung der Bevölkerung am Staatshandeln hinausläuft. Diese Dynamisierung des Politischen im vorinstitutionellen Bereich stellt nach Schleiermacher einen konstitutiven Faktor im Gesamtzusammenhang des

---

[13] Ebd., 296.
[14] Fragment eines frühen Heftes, in: Ebd., 35–43, hier: 41.
[15] Nachschrift Varnhagen Sommer 1817, in: Ebd., 298.
[16] Vgl.: Ebd., 235 und 236.
[17] Predigt über Eph 2, 19–21 vom 5. August 1797; zitiert nach den Dispositionsnotizen bei Johannes Bauer: Schleiermacher als patriotischer Prediger. Ein Beitrag zur Geschichte der nationalen Erhebung vor hundert Jahren, Gießen 1908, 328–330, hier: 328.

modernen Staates dar. Schon in den Vorträgen von 1808/09 wird daher erklärt, „daß nichts wesentliches geschehen könnte gegen die öffentliche Meinung".[18]

2. „Volk" und „Nation" als Leitbegriffe der politischen Theorie

Der Staat gilt Schleiermacher als höchste Ordnung sozialer Organisation. Im Staatsbegriff wird „die Einheit eines ganzen Volkes als eine wahre und nothwendige Natureinheit im Bewußtseyn" aufgefaßt; sie spricht sich „in den Formen des Lebens" aus.[19] Bereits dieses Zitat aus der Akademieabhandlung von 1814 „Ueber die Begriffe der verschiedenen Staatsformen" macht die Relation zwischen Staat und Volk deutlich. Außerhalb einer staatlichen Organisation kann es zur Bildung eines Selbstverständnisses als „Volk" nicht kommen. Ebenso ist der Staat seinerseits nur in bezug auf ein Volk als reale geschichtliche Größe denkbar. In einem solchen unlösbaren Zusammenhang sieht Schleiermacher eines der Prinzipien geschichtlicher Entwicklung: Das „Erwachen des Bewußtseyns von der Einheit und dem Zusammengehören eines ganzen Volkes ist eine völlig neue Evolution und eine schlechthin höhere Stufe des politischen Bewußtseyns und Triebes". Vor diesem Hintergrund spricht Schleiermacher – ähnlich wie vor ihm bereits Johann Gottfried Herder, durch den die Begriffe Volk und Nation im eigentlichen Sinne popularisiert worden sind – von der „Nationaleinheit" oder „Volkseinheit" als dem „Bewußtseyn der rein nationalen Einheit".[20]

Damit wird eine Vorstellung ausgesprochen, die sich im Deutschland des frühen neunzehnten Jahrhunderts erst allmählich etablierte. Weithin blieb „Nation" hier noch auf das Modell einer „Kultur-" beziehungsweise „Volksnation" beschränkt. Dahinter jedoch entwickelte sich die traditionelle Konzeption des Landespatriotismus über den „monarchischen Nationalismus" immer stärker in Richtung auf ein territorialstaatsübergreifendes Verständnis von Nation als *deutscher Nation*.[21] Bei Schleiermacher ist

---

18   Fragment eines frühen Heftes, in: Vorlesungen über die Lehre vom Staat (KGA II/8), 42.
19   Ueber die Begriffe der verschiedenen Staatsformen (1814), in: Abhandlungen der philosophischen Klasse der Königlich-Preußischen Akademie der Wissenschaften aus den Jahren 1814–1815, Berlin 1818, 17–49, hier: 39.
20   Ebd., 40. 41. – Zum ideen- und begriffsgeschichtlichen Kontext vgl. Bernd Schönemann: „Volk" und „Nation" in Deutschland und Frankreich 1760–1815. Zur politischen Karriere zweier Begriffe, in: Ulrich Herrmann / Jürgen Oelkers (Hrsgg.): Französische Revolution und Pädagogik der Moderne. Aufklärung, Revolution und Menschenbildung im Übergang vom Ancien Régime zur bürgerlichen Gesellschaft, Weinheim / Basel 1989, 275–293.
21   Vgl. Benedict Anderson: Die Erfindung der Nation. Zur Karriere eines folgenreichen Konzepts. Zweite Auflage, Frankfurt am Main / New York 1993. Anderson legt mit Recht ein besonderes Gewicht auf die exklusiven Aspekte dieser Entwicklung, da die

in der Idee des durch die Person des Monarchen repräsentierten Staates
„zuletzt das ganze Volk unter Ein großes und vollkommenes Band zusammengefaßt".[22] Dies gelte zumal dann, wenn die politischen und sozialen Implikationen offengelegt werden, wenn, wie es in einer allerdings
nur sekundär überlieferten Predigt von 1813 heißt, „die ewigen Rechte
des Menschen in jedem Menschen, auch dem Ärmsten, anerkannt und
geehrt werden, und so eine Kraft, von unten nach oben, das ganze Volk
begeisternd durchdringt".[23]

Konsequenzen im Sinne einer völkischen Ideologie können aus Schleiermachers Position nicht gezogen werden.[24] Sie war nicht einmal zu ihrer
Zeit geeignet, einen offensiven nationalen Optimismus zu stützen. Eine
irgendwie begründete Vorordnung des deutschen Volkes vor anderen
Völkern lag gänzlich außerhalb von Schleiermachers Intentionen und
Denkweise. Statt dessen ist er auch noch in jenen Momenten, in denen
ihn eine patriotische Begeisterung erfaßte und er sogar, wie in einer Predigt vom 28. März 1813, den Begriff des „heiligen Krieges" aufgreifen
konnte, immer viel mehr ein Patriot für sein eigenes Volk als einer gegen
andere Völker gewesen.[25] Dem Thema des „Heiligen Krieges" kommt
bei Schleiermacher nur geringe Bedeutung zu. Er unterscheidet sich hierin
– wie auch in einer je länger desto kritischeren Einschätzung des Krieges

---

Zugehörigkeit zur „Nation" unter anderem an das Bekenntnis zum christlichen Glauben geknüpft war (Ebd., 15–17). Siehe auch Hans-Ulrich Wehler: Deutsche Gesellschaftsgeschichte. Band 1: Vom Feudalismus des Alten Reiches bis zur Defensiven
Modernisierung der Reformära 1700–1815, München 1987, 506–507 sowie die
umfassende Darstellung von Jörg Echternkamp: Der Aufstieg des deutschen Nationalismus (1770–1840), Frankfurt am Main / New York 1998, 216–290.

[22] Ueber die Begriffe der verschiedenen Staatsformen, 42–43.
[23] Nach einem Bericht Rulemann Friedrich Eylerts: Charakter-Züge und historische
Fragmente aus dem Leben König Friedrich Wilhelm III. Band 1. Dritte Auflage, Magdeburg 1843, 172–175; zitiert nach Johannes Bauer: Schleiermacher als patriotischer
Prediger, 98–99. – Zum Verhältnis von Staat und Nation bei Schleiermacher siehe auch
die Studie von Hans Reuter: Schleiermachers Stellung zur Idee der Nation und des
nationalen Staates, in: Theologische Studien und Kritiken 91 (1918), 439–504.
[24] Versuche dieser Art sind im Umfeld des aufkommenden Nationalsozialismus mehrfach unternommen worden; vgl. etwa Arthur von Ungern-Sternberg: Schleiermachers
völkische Botschaft aus der Zeit der deutschen Erneuerung, Gotha 1933; Hans Völter:
Schleiermacher und die deutsche Erneuerung, Göppingen 1934. Das interpretatorische
Schema, das hier begründet worden ist, hat sich in der Schleiermacher-Literatur lange
gehalten. Noch 1980 hat Horst Dietrich Preuss über unbedacht von der „völkisch-
patriotischen Predigt" Schleiermachers gesprochen; vgl.: Ders.: Vom Verlust des
Alten Testaments und seinen Folgen (dargestellt anhand der Theologie und Predigt
F. D. Schleiermachers), in: Lebendiger Umgang mit Schrift und Bekenntnis. Theologische Beiträge. Herausgegeben von Joachim Track, Stuttgart 1980, 127–160, hier:
143 und 145.
[25] So zutreffend Horst Dietrich Preuss: Ebd., 143. Siehe: Predigt am 28. März 1813 gesprochen von F. Schleiermacher. Zum Besten der Auszurüstenden, Berlin 1813, 6.
Neben dieser Ansprache vgl. noch den Brief an Charlotte von Kathen vom 20. Juni
1806, in: Aus Schleiermacher's Leben. In Briefen. Band 2, 61–64, hier: 63.

an sich – von großen Teilen der zeitgenössischen protestantischen Kriegs-
und Vaterlandsrhetorik.[26] Den finsteren Weg des Nationalismus hat
Schleiermacher zu keinem Zeitpunkt beschritten, und er ist ihm auch nie
als ein für ihn gangbarer Weg erschienen. Im „Nationalhaß" sah er nur den
„lästigen Bundesgenossen" der nationalen Aufbruchsbewegung, dessen
man sich entledigen müsse. Von einer „Hinwendung" zu nationalistischem
Denken, die man noch in jüngster Zeit Schleiermacher unterstellt hat, kann
keine Rede sein.[27]

In seinen Erörterungen zum Thema der National- oder Volkseinheit
entwickelt Schleiermacher eine eingehende Theorie des Bildungsprozesses
von Staaten. Entscheidend ist, daß die in der staatlichen Organisationsform
gefundene Einheit nicht als geschlossenes makrosoziales System verstanden wird. Vielmehr gehören Differenzierung und Entwicklungsfähigkeit
zu den integralen Momenten der Existenz von Staaten. Schleiermacher
bewahrt so nicht nur dem Staatsgedanken, sondern auch dem Begriff des
Volkes eine Offenheit, die für soziale oder politische Veränderungen und
Entwicklungen Raum läßt. Es kann, unter Voraussetzung dieser Dynamik,
nicht zu einer Selbstisolierung eines Volkes von der Völkergemeinschaft
kommen, deren Zweck darin bestünde, den Grad interner Einheitlichkeit
zu intensivieren.[28] Dieser Sachverhalt sei ausdrücklich hervorgehoben, weil
in der Rezeptionsgeschichte Schleiermachers staatstheoretische Konzeption
wiederholt zur Bestätigung ethnozentristischer Ideologeme herangezogen
worden ist.

Daran, daß Schleiermacher der Monarchie eine tragende Rolle in der
Organisationsform von Staaten zugewiesen hat, kann kein Zweifel bestehen. Einer der sprechendsten Belege hierfür ist ein Artikel aus dem *Preußischen Correspondenten* vom 4. August 1813 aus Anlaß des königlichen
Geburtstages.[29] Zu jeder Zeit sei es „herrlich und erfreulich", wenn sich
„die Liebe des Volkes zu seinem Regenten als eine fromme Liebe zeigt".
„Wol dem Volke, wo beide Theile die Heiligkeit dieses Bandes fühlen,
und das Verhältniß zwischen dem Regenten und den Unterthanen als die

---

26 Vgl. die Abschnitte VI.3.7.3.: „Staatsvertheidigung" und Kriegsführung sowie VIII.3.3.:
    Die Staatsverteidigung. Kriegsführung und internationale Friedensordnung.
27 Vgl. Otto Dann: Schleiermacher und die nationale Bewegung, in: Internationaler
    Schleiermacher-Kongreß Berlin 1984. Herausgegeben von Kurt-Victor Selge. Teil-
    band 2, Berlin / New York 1985, 1107–1120, hier: 1107. Die Formulierung von
    „lästigen Bundesgenossen" des „Nationalhasses" findet sich in einem Zeitungsarti-
    kel, in dem Schleiermacher Betrachtungen zum bevorstehenden Krieg anstellt: Der
    Preußische Correspondent. Nr. 78 vom 14. August 1813, Sp. 1–3, hier: 3.
28 Siehe: Ueber die Begriffe der verschiedenen Staatsformen, 93–94; vgl. auch die ganz
    ähnlichen Ausführungen in der Akademieabhandlung „Ueber den Beruf des Staates
    zur Erziehung" (1814), in: Sämmtliche Werke. Band III/3: Reden und Abhandlungen
    der Königl. Akademie der Wissenschaften vorgetragen von Friedrich Schleiermacher,
    Berlin 1835, 227–251, hier: 236–237.
29 Der Preußische Correspondent. Nr. 72 vom 4. August 1813, Sp. 1.

Quelle und Bedingung aller Tugend und Ehre ansehn und also auch dessen Unverleztheit als den würdigsten Gegenstand aller Bestrebungen und aller Wünsche." Weniger emphatisch, aber sachlich gleichlautend entwickelt Schleiermacher diese Auffassung in einem Akademievortrag vom 24. März 1814, der noch ganz aus dem Geist der Reformzeit heraus entworfen worden ist. Schleiermacher stellt hier Monarch und Volk in der gemeinsamen, geradezu partnerschaftlich verbundenen Leitung des Staates aufs engste zusammen.[30]

Den gleichen reformerischen Impuls überträgt Schleiermacher auch auf seine Interpretation der geschichtlichen Stellung Preußens. Im preußischen Staat sah er die wesentliche Antriebskraft für den politischen Erneuerungsprozeß. Der Befreiungskampf gegen die Fremdherrschaft habe Preußen die Gelegenheit gegeben, „zu zeigen, wie es jedes gemeinsame Interesse wahrnimmt, das Wohl der kleineren Staaten im Auge hat und mit seinen großen Kräften mehr will als sich selbst schüzen und versorgen". Durch das entschlossene Vorgehen der preußischen Regierung sei es gelungen, die fraktionierenden Kräfte des deutschen Partikularismus zu überwinden und erstmals den geeinten Nationalstaat zu einer realpolitisch erreichbaren Größe werden zu lassen.[31]

Diese Sicht von der geschichtlichen Aufgabenstellung Preußens kommt in einem „politischen Glaubensbekenntniß" vom Juni 1813 ebenso zur Geltung wie schon in früheren Äußerungen aus der Hallenser Zeit, deren kontrafaktischer Charakter evident ist.[32] Hierin liegt auch der Sinn jener „Idee von Preußen", von der Schleiermacher in einem Brief an Friedrich von Raumer vom 12. Januar 1807 spricht: „Außerdem daß ich ein Deutscher bin, habe ich wirklich aus vielen Gründen die Schwachheit, ein Preuße zu sein [...]. Aber freilich geht meine Leidenschaft auf eine Idee von Preußen, welche vielleicht in der Erscheinung die wenigsten erkennen."[33] Das „Ideal des Staates" fungiert dabei, wie es einige Jahre später in der Politikvorlesung heißt, als ein „beständiger VergleichsPunkt", an dem die politische Gestaltung sich orientiert, um die „Erscheinung" des Staates der „Vorstellung" immer mehr anzunähern.[34]

---

30 Vgl.: Ueber die Begriffe der verschiedenen Staatsformen, 29 und öfter.
31 Vgl.: An den Herrn Geheimenrath Schmalz. Auch eine Recension, Berlin 1815, 44.
32 Zu dem „politischen Glaubensbekenntniß", das Schleiermacher in einem Brief an Friedrich Schlegel vom 12. Juni 1813 formuliert hat, vgl. den Abschnitt IV.3.: „Ein wahres deutsches Kaiserthum". Das politische Bekenntnis vom Juni 1813. Zu den politischen Äußerungen aus der Hallenser Zeit siehe die Abschnitte II.4.4.: Preußen, Deutschland und Europa sowie II.4.5.: Politische Themen in Schriften der Hallenser Zeit.
33 Zitiert nach: Aus Schleiermacher's Leben. In Briefen. Band 4, Berlin 1863, 131–133, hier: 132.
34 Vorlesungen über die Lehre vom Staat (KGA II/8), 380 (Nachschrift Goetsch zur Politikvorlesung Wintersemester 1817/18). – Im Blick auf die gegebene politische Lage hat Schleiermacher allerdings im Sommer 1817 auch seiner Skepsis Ausdruck verleihen

Die Untersuchung hat gezeigt, daß ein solcher Annäherungsprozeß für Schleiermacher eine sukzessive Aufnahme von Elementen des demokratischen Staatsmodelles einschließt. Schleiermachers Einsatz für die Ausbildung einer öffentlichen politischen Kultur hatte in der Förderung dieses Prozesses sein Ziel. Das kritische Potential, das in einer selbstbewußten Teilnahme der Staatsbürger am öffentlichen politischen Diskurs geborgen ist, soll die Entwicklung des Staatswesens antreiben. Schleiermachers eigenes Verhalten kann als exemplarischer Fall für die Inanspruchnahme des staatsbürgerlichen Rechtes auf Teilhabe und Mitwirkung angesehen werden.

Die am Leitbegriff des Volkes orientierte Verhältnisbestimmung von Bevölkerung und Monarch bildet einen Schwerpunkt der staatstheoretischen Konzeption.[35] Das Modell einer konstitutionellen Monarchie wird dabei noch überboten. Denn es ist Schleiermacher nicht allein um die Teilhabe der Staatsbürger an den Geschäften des Staates und damit an der Handlungsvollmacht des Monarchen zu tun. Die bloße Bürgerrepräsentanz, die der Sache nach nichts anderes ist als eine Teilhabe einiger im Namen aller, erklärt er für unzureichend, weil sie sich immer nur im Bereich kleiner Gruppen realisiert, nicht in einem umfassenden politischen Engagement der Landesbewohner. Zudem beruht sie auf geliehener Vollmacht, denn, ob freiwillig oder unfreiwillig, die vom Monarchen zugestandenen Machtanteile ändern doch nichts an dem Umstand, daß Inhaber der Souveränität er allein bleibt.[36]

In einer Situation, die durch lediglich zugestandene, abgetretene Macht des Souveräns an eine als Nicht-Souverän handelnde Bürgerschaft entsteht, kann es nach Schleiermacher nur eine Form der politischen Auseinandersetzung geben: die Regulierung von Interessenkonflikten zwischen Monarch und Bürgerschaft. Der von ihm anvisierte „Staat höherer Ordnung" jedoch beruht nicht auf einer solchen Konfliktregulierung. Hier handelt es sich um einen viel weitergehenden Begriff von politischer Beteiligung, denn es soll die Ausübung der Staatsbürgerschaft zum wesentlichen Bestandteil des politischen Alltags werden. Die allgemeine Mitwirkung gilt als unverzichtbares Element des politischen Systems, welches ohne sie den Bedingungen der modernen gesellschaftlichen Entwicklung nicht gewachsen ist.

Die zentrale politische Forderung, die Schleiermacher im Kontext seiner Staatstheorie erhebt, lautet: Ausbildung und Entwicklung der staatsbürgerlichen Handlungskompetenz der Landesbewohner sowie deren Einbe-

---

können, „wenn und ob" eine politische Einheit Deutschlands „überhaupt wieder gelingen möchte" (Nachschrift Varnhagen Sommer 1817, in: Ebd., 262).

[35] Zum folgenden siehe wiederum vor allem die Akademieabhandlung „Ueber die Begriffe der verschiedenen Staatsformen" vom 24. März 1814.

[36] Siehe hierzu Abschnitt VI.3.5.: Staatsbürgerschaft und Monarchie.

ziehung in die politische Normalität des Gemeinwesens. Gefordert war die Prägung des gesamten staatlichen Systems durch eine umfassende Beteiligung aller Angehörigen des Staates am legislativen und exekutiven Handeln. Charakteristisch für diese politische Struktur ist das Gesetzgebungsverfahren, das Schleiermacher entwirft und dessen Darstellung im engeren Sinne sein origineller Beitrag zur staatstheoretischen Debatte der Zeit gewesen ist. In Form eines zirkulären Prozesses gehen die Gesetzesinitiativen vom Monarchen oder von Bevölkerungsseite aus, um dann, im Zuge eines wechselseitigen Beratungsvorganges, eine Gestalt zu finden, die den Gesetzesinhalt zum Ausdruck des immer aufs neue festzustellenden Willens der politisch Handelnden werden läßt. Im Ergebnis dokumentiert ein solches Verfahren die von allen getragene politische Verantwortung. Es geht nicht allein um die Bewältigung von Konflikten, die in antagonistischen Interessenlagen begründet sind, sondern vor allem um die Realisierung jener politischen Zielsetzungen, die beide Seiten verbinden. Es geht um die Formulierung von sozialen Ausgleichsregelungen und die Entwicklung eines konsensorientierten, auf der Vereinbarkeit von Motiven und Interessen basierenden Beratungsverfahrens, damit aber zugleich um eine Überwindung der bisherigen Asymmetrie in den Strukturen der Machtverteilung. Monarch und Bevölkerung tragen den Staat gemeinsam.[37]

Schleiermachers Staatstheorie läuft auf eine ideale Situation hinaus. Alle Teilnehmer am politischen Prozeß sind im Bewußtsein der Verantwortung für den Staat geeint. Ein prinzipieller Unterschied zwischen Monarch und Bevölkerung kann hier ebensowenig bestehen wie ein System abgestufter Zugangsberechtigungen zu Einrichtungen des Staates. Dabei unterstellt die Theorie anspruchsvolle anthropologische Gegebenheiten: Vorausgesetzt wird ein hohes Niveau in der Versittlichung der Welt; vorausgesetzt wird aber auch eine grundsätzliche Gemeinschaftsbezogenheit des Menschen.[38]

Schleiermachers Konzeption mag insofern als realitätsfremd bezeichnet werden. Soziale Ressourcen, wie sie sich nur aus dem subjektiven Interesse an der Entwicklung des Staates bilden können, werden in einem Maße als Wirkungsfaktoren des politischen Prozesses unterstellt, dem keine gesellschaftliche Wirklichkeit entspricht. Die Idee, die Beziehung zwischen Monarch und Bevölkerung als Vertrauensverhältnis zu projizieren, ist unhaltbar. Sie kann selbst dann nicht überzeugen, wenn man bedenkt, daß die Akteure in diesem Modell es noch nicht mit undurchsichtigen Kollektiven und mysteriösen Politikgeflechten zu tun hatten.

---

[37] Vgl.: Ueber die Begriffe der verschiedenen Staatsformen, 45.
[38] Vgl. hierzu auch Kurt Nowak: Friedrich Schleiermachers Verschmelzung von Monarchie und Demokratie, in: Freiheit gestalten. Zum Demokratieverständnis des deutschen Protestantismus. Kommentierte Quellentexte 1789–1989. Herausgegeben von Dirk Bockermann und anderen, Göttingen 1996, 69–77.

Die Bedeutung der Schleiermacherschen Konzeption für die Geschichte der modernen Staatstheorie liegt denn auch in einer anderen Richtung: Wenn die beiden politischen Sphären, der „Rand" in Gestalt der Bevölkerung und die „Mitte" in der Person des Monarchen, derart auf den gleichen Handlungszweck ausgerichtet sind, wie es bei Schleiermacher der Fall ist, so fragt sich, welchen Grund es überhaupt noch geben kann, aus der Landesbewohnerschaft einzelne Gruppen auszugrenzen und mit Sonderrechten auszustatten. Zumal dann, wenn die politische Entwicklung bereits dazu geführt hat, daß die Bevölkerung „schon so weit durch die Länge der Zeit politisirt" ist und „ihre Bildung der des herrschenden [Teiles] so das Gleichgewicht halten" kann, erscheint eine „längere Fortdauer der politischen Ungleichheit" als „unnatürlich".[39]

Schleiermacher hat die Frage nach Recht und Berechtigung des monarchischen Prinzips nicht offen gestellt. Für sich persönlich nahm er in Anspruch, „selbst in der wildesten Revolutionszeit immer ein Monarchist gewesen" zu sein.[40] Im Subtext seiner staatstheoretischen Ausführungen allerdings herrscht ein anderer Ton: Durch die Theorie von der notwendigen, im politischen Geschehen selbst begründeten Ergänzung des monarchischen Systems und durch die Zeichnung des Volkes als einer mündigen und voll handlungsfähigen Staatsbürgerschaft hat Schleiermacher die nähere Explikation vorgegeben. Jene peripherische Rollenzuschreibung nimmt unweigerlich einen historischen Charakter an, denn die Monarchie ist eine jener Staatsformen, die durch die Geschichte überwunden werden. Die moderne, verfassungsrechtlich verankerte Staatsform, auf die die geschichtliche Entwicklung aus ihrer inneren Dynamik heraus zuläuft, weist stärker republikanische als monarchische Züge auf.

Auch wenn sich für Schleiermacher, der, wie noch einmal betont werden soll, bis zu seinem achtzehnten Lebensjahr im absolutistischen Königreich Friedrichs II. gelebt hat und dessen politische Beurteilungskriterien in vieler Hinsicht seiner Zeit verhaftet geblieben sind, mit der Alternative von Monarchie oder Republik keine Wahlmöglichkeit verband und es deshalb für ihn auch keinen Anlaß gab, sie in letzter Schärfe aufzuwerfen, so hat er sich doch spätestens in der Streitschrift „An den Herrn Geheimenrath Schmalz" von 1815 klar in diesem Sinne ausgesprochen. Hier, wie auch bei zahlreichen weiteren Gelegenheiten im Rahmen seiner akademischen Wirksamkeit, legte er seine politischen Intentionen offen, indem er nicht nur zugunsten konstitutioneller Regierungsformen Stellung bezog, sondern auch für eine bedingungslose Anerkennung der politischen Teilhaberechte der Bürger eintrat.[41]

---

[39] Ueber die Begriffe der verschiedenen Staatsformen, 42.
[40] Brief an Carl Gustav von Brinckmann vom 31. Dezember 1818, in: Aus Schleiermacher's Leben. In Briefen. Band 4, 240–243, hier: 242.
[41] Vgl. Abschnitt VI.4.3.: Schleiermachers Sendschrift gegen Schmalz.

Der Terminus „Republik" war, anders als etwa noch bei Kant, in den Diskussionen der Restaurationszeit kaum mehr verwendbar. Allzu massiv wirkte sich die antidemokratische Polemik gerade auf diesen Begriff aus. Das galt erst recht nach der französischen Julirevolution von 1830, wovon Schleiermacher selbst in einer Einsendung an die *Allgemeine Preußische Staats-Zeitung* Zeugnis gibt.[42] In seinem wissenschaftlichen Sprachgebrauch hat Schleiermacher sich dem Begriff gegenüber reserviert verhalten. Dem entspricht, daß der Republik innerhalb der Theorie der Staatsformen kein normativer Status zukommt und sie auch nicht etwa den Zielpunkt des Geschichtsprozesses bildet. In seiner Vorstellung von der künftigen Entwicklung des Staatswesens legt Schleiermacher alles Gewicht auf den Konstitutionalisierungsprozeß. Von ihm erwartet er eine nachhaltige Veränderung aller staatlichen Organisationsmerkmale, das heißt auch der Staatsform selbst. Wie sich diese Veränderung vor dem Hintergrund der – nach Schleiermacher allerdings ohnehin eher problematischen – klassischen Staatsformentrias ausnehmen wird, bleibt unbestimmt.

Notierenswert ist in diesem Zusammenhang der Umstand, daß Schleiermacher es sich zu einem Zeitpunkt, als die antidemagogische Verfolgungswelle ihren Höhepunkt erreicht hatte und er selbst davon ausgehen mußte, daß nicht nur seine öffentlichen Stellungnahmen, sondern auch seine schriftlichen Äußerungen, einschließlich der Korrespondenz, einer geheimdienstlichen Kontrolle unterzogen wurden, nicht nehmen ließ, mit unverhohlener Sympathie vom Vereinigten Königreich als dem „Land der ältesten Constitution" zu sprechen.[43] Der staatliche Organisationsaufbau in dem von Schleiermacher anvisierten Sinne ähnelt jedoch in wenigem dem britischen Vorbild oder auch der antiken Vorläufergestalt. Seine staatstheoretische Konzeption ist vielmehr an einem kommunitären Modell, an Zusammenhang und Wechselseitigkeit der politischen Interessen der Staatsbürger orientiert. Sie beruht auf dem Willen zum sozialen Ausgleich und der gleichberechtigten Partizipation aller am politischen Prozeß.

Das wesentliche Medium, über das ein solcher Prozeß organisiert wird, ist der öffentlich ausgetragene politische Meinungsstreit. Er bildet die informelle Grundlage für eine schrittweise, auf gemeindlicher Ebene einsetzende Institutionalisierung jener Teilhaberechte. Von hier aus nimmt Schleiermachers Forderung nach einer „Communalverfassung" ihren Aus-

---

42 An die Redaction der Staats-Zeitung, in: Allgemeine Preußische Staats-Zeitung. Nr. 95 vom 6. April 1831, 772 (siehe oben S. 265–268). – Vgl. Immanuel Kant: Zum ewigen Frieden. Ein philosophischer Entwurf, Königsberg 1795, 20: „Die bürgerliche Verfassung in jedem Staate soll republikanisch sein" („Erster Definitivartikel").

43 Brief an Immanuel Bekker vom 18. März 1820, in: Briefwechsel Friedrich Schleiermachers mit August Boeckh und Immanuel Bekker 1806–1820, Berlin 1916, 119–121, hier: 121.

gang, deren wesentlicher Bestandteil repräsentative Einrichtungen sind.[44] Über derartige Kammern soll, wenn auch zunächst nur „in localem Sinne", „jeder einzelne Bürger" an der Ausübung der vollziehenden Gewalt beteiligt werden. Die „Communal und Provinzialverwaltung der ausübenden Gewalt" liefert ihrerseits die Grundlage für die „Entwikkelung des politischen Bewußtseyns" der Landeseinwohnerschaft und geht insofern einer reichsweiten, verfassungsrechtlich garantierten Mitwirkungspraxis, wie sie nur über eine politisch verantwortlich handelnde Nationalrepräsentation erfolgen kann, voraus.[45]

Dabei wird man auch die spezifischen zeitgeschichtlichen und theoretischen Bedingtheiten beachten müssen, denen Schleiermacher in der Ausbildung seiner Staatslehre unterlag. Ein politisch leistungsfähiges Bürgertum befand sich, wenn man von der hochentwickelten Situation in der preußischen Hauptstadt und einzelnen weiteren städtischen Zentren absieht, zu Beginn des neunzehnten Jahrhunderts erst im Entstehen. Nur langsam arbeitete es sich zu einer Verfassungsidee vor, die seinem gesellschaftlichen Ort entsprach. Selbst die Entwürfe der Paulskirchenversammlung blieben einem obrigkeitsstaatlichen Paradigma noch insofern verpflichtet, als die Inhaber der exekutiven Gewalt nicht allein vom Throninhaber zu berufen, sondern ihm nach wie vor politisch verantwortlich sein sollten. Über dieses Stadium ist Schleiermacher mit seiner staatstheoretischen Konzeption weit hinausgegangen. Ihn sich als Mitglied des Frankfurter Parlamentes vorzustellen, fällt daher schwer.[46]

---

[44] Vgl.: Ueber die Begriffe der verschiedenen Staatsformen, 47.

[45] Vorlesungen über die Lehre vom Staat (KGA II/8), 305. Die Zitate entstammen der Nachschrift Varnhagen zur Politikvorlesung des Sommers 1817. Vgl. auch: Ebd., 301–305.

[46] Die Paulskirchenverfassung vom 28. März 1849 (abgedruckt in: Deutsche Verfassungen. Herausgegeben und mit einer Einführung versehen von Rudolf Schuster. Siebzehnte Auflage, München 1985, 29–56) bietet eine ungewöhnliche Fülle grundrechtlicher Gewährleistungen und legt zugleich deren Unbeschränkbarkeit fest (Paragraphen 131 bis 189; die Grundrechtsgarantie: § 130; eine entsprechende Regelung enthielt erst wieder das Grundgesetz von 1949). Die „oberaufsichtliche" Stellung (vgl. § 53) der „Reichsgewalt" bleibt jedoch in einer im einzelnen nicht völlig klaren Weise an die „Würde des Reichsoberhauptes" (§ 68) gebunden. Auf der anderen Seite werden dem Reichstag in der Haushaltsfeststellung weitgehende Rechte erteilt (§ 103). Besonders die Frage der Ministerverantwortlichkeit ist, obwohl die Einzelbestimmungen noch fehlten (vgl. § 192), in ein fragiles „Kräfteparallelogramm" zwischen Kaiser und Parlament eingebettet (Jörg-Detlef Kühne: Paulskirchenverfassung: Werk mit später Wirkung, in: Deutsche Verfassungsgeschichte 1849 – 1919 – 1949. Von Hans Boldt und anderen, Bonn o.J. [1989], 39–45, hier: 42). Problematisch ist, daß keine politische Verantwortlichkeit der Regierungsmitglieder gegenüber der Legislative bestehet. – Es sei an dieser Stelle immerhin auch daran erinnert, daß zwei Theologen, die sich Schleiermacher aufs engste verbunden fühlten, nämlich Ludwig Jonas und Adolf Sydow, 1848 Mitglieder der preußischen Nationalversammlung waren. Jonas zog noch einmal 1858 als liberales Mitglied in die Berliner Stadtverordnetenversammlung ein.

Das Modell einer liberal-demokratischen, republikanischen Verfassungsordnung, wie es einhundert Jahre später in Deutschland mit der Formulierung des Grundgesetzes Gestalt gefunden hat, konnte Schleiermacher indes aus naheliegenden Gründen nicht vor Augen sein. Die elementaren Prinzipien von Rechtsstaatlichkeit, Gewaltenteilung, Parlamentarismus und Schutz der individuellen Freiheitsrechte, ohne die eine moderne Demokratie undenkbar ist, nehmen in seinem Entwurf keinen adäquaten Platz ein. Die Unabhängigkeit der Justiz galt Schleiermacher noch nicht als Prüfstein für einen demokratischen Verfassungsstaat. Aber auch das wichtigste regulative Prinzip, das aus der Demokratie überhaupt erst eine freiheitliche Ordnung werden läßt, nämlich die Maßgabe, daß der Besitz von Macht unter demokratischen Bedingungen immer nur ein Besitz auf Zeit ist und insofern jede Regierung gezwungen wird, ihr Handeln zumindest in den Grundzügen offenzulegen, kennt Schleiermacher noch nicht. Die Regierungen, denen er sich gegenüber gestellt sah und deren Vorgehen er oft genug massiv kritisierte, waren nicht abwählbar. Insofern wäre es verfehlt, seine Theorie aus einem aktualisierenden Interesse heraus zu eng an die Entwicklung anzuschließen, die sich im deutschen Staatswesen, mit allerdings katastrophalen politisch-moralischen Rückschlägen, seit der Mitte des neunzehnten Jahrhunderts vollzogen hat.

Dennoch formuliert Schleiermacher, so unbestimmt für ihn im einzelnen die zukünftige Verfassung auch sein mochte, zentrale Aspekte eines modernen Demokratieverständnisses. Dazu zählt seine Vorstellung vom politisch aktiven Bürger ebenso wie der Gedanke, daß die öffentliche politische Diskussion die staatlichen Beratungs- und Entscheidungsprozesse trägt. Dazu gehört aber auch seine Forderung, daß die traditional legitimierten, aller Kontrolle entzogenen Eliten in ihrer politischen Führungsfunktion abgelöst und ihrer exklusiven Entscheidungskompetenzen enthoben werden.

Es kann kein Zweifel daran bestehen, daß es Schleiermacher nicht primär um ein technisches Verfahrensprinzip politischer Willensbildung oder gar um die institutionalisierte Umsetzung eines vermeintlich allgemeinen, etwa aus einem als konstant gesetzten Nationalcharakter fließenden Volkswillens gegangen ist. In dieser Hinsicht ist er vor den Gefahren eines pathetisch stilisierten, in seinen Voraussetzungen antidemokratischen Volksbegriffes gewappnet gewesen. Den Kern seiner staatstheoretischen Konzeption bildet vielmehr ein normatives Ideal staatlicher Gestaltung, die Idee einer werterfüllten politischen Ordnung, deren Ziel darin besteht, über differenzierte Ausgleichs- und Regelungsverfahren für das staatlich verfaßte Gemeinwesen einen freiheitlichen Zustand zu sichern, der weder durch autoritäre Eingriffe zerstört noch durch den Mißbrauch von Freiheit untergraben werden kann.

Die kulturpolitischen Voraussetzungen, von denen Schleiermacher in dieser weitreichenden Zielbestimmung ausgegangen ist, werden deutlich, wenn man sich seine Kritik an der hegemonialen Machtpolitik des französischen Kaisers vergegenwärtigt.

3. Das Napoleon-Bild

Es läßt sich zeigen, daß um die Jahrhundertwende in weiten Teilen der deutschen Bevölkerung, und zwar auch in der aufgeklärten Geistlichkeit, die Einschätzung Napoleons weithin von positiven Zügen bestimmt war. Napoleon galt als Befreier der Völker Europas, als Erneuerer der politischen und sozialen Verhältnisse.[47] Nach dem Einzug des Kaisers in München am 24. Oktober 1805 und der Befreiung der bayerischen Residenzstadt von der österreichischen Besatzung kam es in Teilen der deutschen Öffentlichkeit für kurze Zeit zu einem regelrechten Napoleon-Kult. Nicht wenige Intellektuelle, allen voran Hegel, hielten sogar noch nach den Ereignissen des Jahres 1806 an einer Würdigung fest, die im französischen Kaiser nicht den Urheber von Fremdherrschaft und politischer Unterdrückung sah, sondern die ihn, in legitimer Fortsetzung der Französischen Revolution, als das personalisierte Prinzip von Fortschritt und Modernisierung betrachtete.[48]

Bei Schleiermacher verhält es sich anders. Eine unmittelbar positive Einschätzung des Herrschers der Franzosen ist bei ihm, ähnlich wie im Falle des befreundeten Schriftstellers Jean Paul oder auch bei dem realistischen und weitblickenden Heinrich von Kleist, zu keinem Zeitpunkt nachweisbar. Vielmehr war sein Napoleon-Bild von Anfang an durch Ablehnung und Kritik geprägt. Charakteristisch ist eine von Henrich Steffens erzählte Begebenheit aus dem Oktober 1806: Als der Kaiser sich nach der Besetzung Halles für einige Tage in dieser ersten von ihm eingenommenen preußischen Stadt aufhielt und „in glänzender Begleitung der

---

[47] Vgl. Wolfgang Venohr: Napoleon in Deutschland. Zwischen Imperialismus und Nationalismus 1800–1813, München 1998, 172–174; Thomas Stamm-Kuhlmann: König in Preußens großer Zeit. Friedrich Wilhelm III., der Melancholiker auf dem Thron, Berlin 1992, 212–214.

[48] Vgl. hierzu besonders die bekannte Studie von Joachim Ritter: Hegel und die Französische Revolution, Frankfurt am Main 1965; siehe daneben unter anderem Domenico Losurdo: Hegel, die Französische Revolution und die liberale Tradition, in: Deutscher Idealismus und Französische Revolution. Vorträge von Manfred Buhr, Peter Burg, Jacques D'Hondt u.a., Trier 1988, 164–176. – Es wäre allerdings ein Mißverständnis, Hegels Vorstellung von einem europäischen, die einzelstaatlichen Grenzen überschreitenden politischen Modernisierungsprozeß konstitutiv auf den Eindruck zu gründen, den er von Napoleon empfangen hatte. Vgl. dazu etwa Daniel Innerarity: Hegels Idee von Europa, in: Zeitschrift für philosophische Forschung 46 (1992), 381–394.

Marschälle und Generale durch die Straße ritt, in welcher wir wohnten",
lehnte Schleiermacher es ab, der Aufforderung eines in seiner Wohnung
einquartierten Beamten zu folgen und den Zug zu betrachten. „Schleiermacher und ich schlugen es aus, und nur nach wiederholten Bitten warfen
wir einen flüchtigen Blick auf die Straße. Dieser war nicht hinreichend,
um die Personen zu unterscheiden." Auch für Schleiermacher dürfte gelten, was Steffens an den Schluß seines Berichtes stellt: „Napoleon habe
ich nie gesehen."[49]
Auf der anderen Seite ist allerdings auch bemerkenswert, daß Schleiermacher weder in den Jahren um 1806 noch in den Kriegsjahren 1813/14
in die nunmehr sich rasch verbreitende antinapoleonische Propaganda
einstimmte, die, radikal entgegengesetzt zu jener früheren Begeisterung,
in dem französischen Kaiser die Inkarnation des Bösen oder des Teuf-
lischen schlechthin sehen wollte.[50] Tendenzen zu einer negativen My-
stifizierung Napoleons, über die enttäuschte nationale und politische
Hoffnungen kompensiert werden konnten, finden sich bei Schleiermacher
nicht.
Im Mittelpunkt seiner Einschätzung stehen zwei Aspekte: Zum einen
das Verhältnis der napoleonischen Politik zum progressiven Anspruch der
Revolution, zum anderen die Rolle, die konfessionspolitische Motive im
Vorgehen des Kaisers spielten. Schleiermacher sah in Napoleon nicht den
Fortführer oder gar Vollender der Revolution, sondern deren Verderber.
Eine machtpolitische Strategie, deren Ziel die Erringung einer hegemo-
nialen Stellung des Kaiserreiches über ganz Europa bildete, konnte sich
nach Schleiermacher nicht als berechtigte Transformation der revolutio-
nären Freiheitsidee ausgeben. Daß Napoleon selbst seinem Werk eine
weltgeschichtliche Geltung von exorbitantem Rang beimaß, legte in
Schleiermachers Augen nur den hybriden Charakter des kaiserlichen
Selbstbewußtseins offen.[51]

---

[49] Henrich Steffens: Was ich erlebte. Aus der Erinnerung niedergeschrieben. Fünfter
Band, Breslau 1842, 208–209.

[50] Vgl. die materialreiche Darstellung von Gerhard Graf: Gottesbild und Politik. Eine
Studie zur Frömmigkeit in Preußen während der Befreiungskriege 1813–1815, Göt-
tingen 1993, hier: 80–88. Einen Überblick über die wechselhafte, eigenartig unein-
deutige Geschichte der Napoleon-Rezeption in Deutschland bietet Hagen Schulze:
Napoleon, in: Deutsche Erinnerungsorte. Herausgegeben von Etienne François und
Hagen Schulze. Band II, München 2001, 28–46.

[51] Bis in die späte Zeit der napoleonischen Herrschaft sprach er deshalb mit Vorliebe
in despektierlichem Ton von „Bonaparte". Vgl. zum Beispiel den Brief an Friedrich
Rühs vom 23. Juli 1813, in: Aus Schleiermacher's Leben. In Briefen. Band 4, 191–192,
hier: 192. Briefe Schleiermachers an unterschiedliche Personen enthalten zahlreiche
weitere Belege für diese Bezeichnungsweise (siehe den Brief an die Gräfin Voß vom
7. Juni 1813, in: Ebd. Band 2, 291–294, hier: 293; Brief an Henriette Schleiermacher
vom 13. Mai 1813, in: Schleiermacher als Mensch [Band II]. Familien- und Freundesbriefe 1804–1834. Herausgegeben von Heinrich Meisner, Gotha 1923, 155–158,
hier: 156).

Man hat allen Anlaß, Schleiermachers Kritik auf die Voraussetzung zurückzuführen, daß das Verhalten Napoleons im Kern gegen die protestantische Kultur in Deutschland gerichtet war. Die Neukonstituierung des Katholizismus in Frankreich erfüllte ihn, der sich hierin übrigens in erstaunlicher Nähe zu Friedrich Schiller befand, mit tiefer Sorge. Im Protestantismus habe der Kaiser den eigentlichen Feind gesehen, der, mehr noch als feindliche Staaten mit ihren Armeen, seinem ausgreifenden Expansionsdrang und Herrschaftsanspruch entgegenstand.[52]

Im protestantischen Deutschland sei Napoleon, wie es in einem späteren Rückblick auf die Situation nach 1806 heißt, „auf eine ganz andere Art" verfahren „als im katholischen".[53] Im Moment der Unterwerfung

---

[52] Bei Schiller löste die Entwicklung in Frankreich – nach langen Jahren der Indifferenz – sogar eine Rückbesinnung auf den Protestantismus und seine Bedeutung für Kultur, Gesellschaft und Staat aus. In einem Brief an den Direktor der Berliner Singakademie Carl Friedrich Zelter skizzierte er im Juli 1804 ein umfassendes kulturpolitisches Programm, in dem neben der Musik, der Philosophie und der Kunst im weiteren Sinne auch die protestantische Religion für eine politische Erneuerung wirken sollte. Es spricht für Schillers genaue Kenntnis der Sachlage, wenn er ausgerechnet von Schleiermacher, der zu diesem Zeitpunkt noch als Stolper Pfarrer amtierte und sich erst im Übergang zur Hallenser Professur befand, einen maßgeblichen Beitrag erwartete. Diese Erwartung dürfte durch die „Zwei Gutachten in Sachen des protestantischen Kirchenwesens zunächst in Beziehung auf den Preußischen Staat" geweckt worden sein, die Anfang 1804 zwar ohne Namensnennung erschienen waren, deren Verfasser jedoch nicht lange unbekannt blieb. Im Sommer des Jahres konnte Schleiermachers Verfasserschaft Schiller durchaus bekannt sein. Die zentrale Passage des Briefes sei hier zitiert: „Dass es hohe Zeit ist, etwas für die Kunst zu thun, fühlen wenige, aber dass es mit der Religion so nicht bleiben kann, wie es ist, lässt sich allen begreiflich machen. Und da man sich schämt, selbst Religion zu haben, und für aufgeklärt passiren will, so muss man sehr froh seyn, der Religion von der Kunst aus zu Hülfe kommen zu können. Die ganze Sache würde daher gleich ein besseres Ansehen bekommen, wenn die erste Anregung von der kirchlichen und politischen Seite her käme [...]. Es müsste Ihnen nicht schwer fallen, einen oder den andern Ihrer Theologen und Academiker dazu zu veranlassen. Berlin hat in den dunkeln Zeiten des Aberglaubens zuerst die Fackel einer vernünftigen Religionsfreiheit angezündet; dies war damals ein Ruhm und ein Bedürfniss. Jetzt, in den Zeiten des Unglaubens, ist ein anderer Ruhm zu erlangen, ohne den ersten einzubüssen, es gebe nun auch die Wärme zu dem Lichte, und veredle den Protestantismus, dessen Metropole es einmal zu seyn bestimmt ist. Ich wünschte nur auf sechs Wochen ein Berlinischer Academiker zu seyn, um einen Beruf zu haben, mich über diese Sache vernehmen zu lassen, aber es fehlt ja dazu nicht an Leuten, und sollte nicht z.B. *Schleiermacher* der Mann dazu seyn? Es ist jetzt eben der rechte Zeitmoment zu einer solchen Unternehmung in den Brandenburgischen Landen. Man will die Academie, man will die Universitäten in Aufnahme bringen, es soll etwas für das Geistige, für das Sittliche geschehen; ja der Geist der Zeit verlangt es, da sich der Catholicism in Frankreich neu constituiret, dass auch im protestanschen an die Religion gedacht werde, und selbst die Philosophie nahm diese Richtung. Alles dieses und ähnliche Argumente könnten den Stoff zu einer Deduction hergeben, durch welche man diese Sache dem Staat nahe legte" (Brief an Carl Friedrich Zelter vom 16. Juli 1804, in: Friedrich Schiller: Werke. Nationalausgabe. Band 32. Herausgegeben von Axel Gellhaus, Weimar 1984, 153–155, hier: 154).

[53] Anmerkungen zur Nachrede [zur zweiten Auflage der Reden „Über die Religion"], in: Ueber die Religion. Reden an die Gebildeten unter ihren Verächtern. Dritte ver-

sei er sich bewußt gewesen, daß eine dauerhafte Sicherung seines Herr-
schaftssystems nur gelingen könne, wenn der kulturelle Einfluß des Protestantismus gebrochen werde.[54] Gegen Ende des Katastrophenjahres 1806
urteilte Schleiermacher: Sofern die militärische Lage es erlaube und aufgrund der Kräfteverteilung „der Feind" imstande sei, seine Übermacht
zu befestigen, „so wird er auch in Deutschland den wissenschaftlichen
und religiösen Druck beginnen".[55] Bestätigt wurde er durch das Schicksal der Hallenser Hochschule. Denn die unnachgiebige, auch ihn persönlich verletzende Handlungsweise der französischen Administration gegen
die Friedrichs-Universität – „die Krone der deutschen Universitäten"[56] –
fand nach Schleiermacher ihre Begründung darin, daß es sich hier um das
geistige Zentrum des Protestantismus in Norddeutschland handelte. Dessen Zerschlagung sei beabsichtigt gewesen. Die außergewöhnlich scharfe
Erklärung vom Februar 1808, derzufolge die Hallenser Gelehrten durch
die von französischer Seite instruierten Behörden zu einem erniedrigenden
Verhalten genötigt worden seien, bringt die Empörung Schleiermachers
zum Ausdruck.[57]

Für eine abwägende und differenzierte Analyse der Zielsetzungen Napoleons blieb unter solchen Voraussetzungen kein Raum. Dennoch fällt auf,
daß Schleiermacher jene Aspekte kaum wahrzunehmen, vielleicht sogar
bewußt auszublenden scheint, die die Wirksamkeit des Kaisers in einem
anderen Licht erscheinen lassen. Bereits von zahlreichen Zeitgenossen
wurde der vorbildliche Charakter der napoleonischen Verwaltungsinsti-
tutionen erkannt. Ebenso verhielt es sich mit einer Reihe von europaweit
effektiven Maßnahmen im Bildungswesen, im Rechtswesen und in der
Wirtschaftspolitik. Noch heute bildet der *Code Civil* von 1804, trotz aller
Änderungen und Fortbildungen im einzelnen, die Grundlage des Zivil-
rechts für dreihundert Millionen Menschen in allen Teilen der Erde. Die
imperiale Geste seiner Inkraftsetzung überdeckt nicht, daß hier eine der

mehrte Auflage, Berlin 1821, 456–461, hier: 461 (abgedruckt in: Über die Religion /
Monologen. Herausgegeben von Günter Meckenstock (KGA I/12), Berlin / New York
1995, 318–321, hier: 321 [Anmerkung 4]).
54 Diese Auffassung Schleiermachers kommt, neben brieflichen Zeugnissen, am deut-
lichsten in der „Nachrede" zu den Reden „Über die Religion" zum Ausdruck, die er
der zweiten Auflage im August 1806 beigegeben hat: Ueber die Religion. Reden an
die Gebildeten unter ihren Verächtern. Zweite Ausgabe, Berlin 1806, 363–372 (abgedruckt in: Über die Religion / Monologen (KGA I/12), 313–318).
55 Brief an Georg Andreas Reimer vom 6. Dezember 1806; zitiert nach dem Abdruck
in: Neue Briefe Schleiermachers und Niebuhrs an Georg Reimer und Schleiermachers
an E. M. Arndt. Herausgegeben von Ernst Müsebeck, in: Forschungen zur brandenburgischen und preussischen Geschichte 22 (1919), 216–239, hier: 226–227.
56 Brief an Joachim Christian Gaß vom 30. November 1806, in: Fr. Schleiermacher's
Briefwechsel mit J. Chr. Gaß, 56–59, hier: 57.
57 Ludwig Friedrich Froriep / Friedrich Schleiermacher: Anzeige, in: Staats- und Gelehrten Zeitung des Hamburgischen unpartheyischen Correspondenten. Nr. 27 vom 16.
Februar 1808, Sp. 7 (siehe dazu: Band I, S. 249–251).

wichtigsten Konditionen des bürgerlichen Jahrhunderts geschaffen und gegen die traditionalen Rechtsbestände durchgesetzt worden ist. Das enorme Modernisierungspotential der diversen gesellschaftsreformerischen Projekte Napoleons, ein Potential, das etwa in der Neukonzeption der Rechtsordnung nach dem Grundsatz der Gleichheit aller vor dem Gesetz oder der Zurückdrängung feudaler Herrschaftsstrukturen in den Territorien der Verbündeten zum Ausdruck kam, konnte Schleiermacher unmöglich verborgen bleiben. Auch wird ihm die Einsicht nicht ferngelegen haben, daß erst durch die Initiative Napoleons die politisch und gesellschaftlich bedeutendsten Neuerungen der Revolution eine stabile und dauerhafte gesetzliche Form erhielten und damit die Revolution selbst in die Evolution der rechtlichen Gestaltung überführt worden war.

Und dennoch legte er in seiner kritischen Einschätzung alles Gewicht auf den kultur- und religionspolitischen Zusammenhang. Von dieser Seite aus glaubte er, den zentralen Gesichtspunkt erfaßt zu haben, der im Kern die Auseinandersetzungen mit der französischen Großmacht bestimmte. Hier offenbarte sich in seinen Augen das wahre Wesen des bonapartistischen Diktatorialregimes. Die Befreiung von der Fremdherrschaft setzte daher, so Schleiermacher, zunächst voraus, daß sich ein klares Bewußtsein bilde für die tatsächlich von den hegemonialen Bestrebungen des Kaisers ausgehenden Gefahren. Nicht allein die staatliche Souveränität stand hier zur Disposition, sondern die kulturelle und religiöse Integrität Deutschlands in seiner protestantischen Prägung.

Auch wenn Schleiermacher später seine scharfen Formulierungen selbstkritisch kommentieren konnte, so hat er sich doch von seiner prinzipiellen Einschätzung nie distanziert. In den „Anmerkungen zur Nachrede" aus der dritten Auflage der Reden „Über die Religion" von 1821 räumte er zwar ein, daß die Schaffung einer katholischen Vormacht in Europa oder gar eine Katholisierung des Kontinentes außerhalb der Möglichkeiten Napoleons gelegen haben. Im Grundsatz jedoch sei seine Position berechtigt gewesen, denn der Kaiser habe sich von der durchaus zutreffenden Einsicht leiten lassen, daß „unsre religiöse Gesinnung und unsre politische" eine ideelle Einheit bilden und „wesentlich" zusammenhängen.[58] In der Vorlesung über Kirchliche Geographie und Statistik aus dem Sommersemester 1827 bekräftigte Schleiermacher noch einmal diese Sicht, indem er auf die Bindungen hinwies, die Napoleon seit 1801 in verschiedenen Verträgen zwischen dem französischen Staat und der Römischen Kirche geschaffen hatte.[59] Schleiermachers Einschätzung der napo-

---

[58] Anmerkungen zur Nachrede, in: Über die Religion / Monologen (KGA I/12), 321.
[59] Vorlesung über Kirchliche Geographie und Statistik. Sommersemester 1827. Anonyme Nachschrift, in: Staatsbibliothek zu Berlin Preußischer Kulturbesitz. Handschriftenabteilung: Depositum 42 (De Gruyter – Schleiermacher-Archiv). IV Kasten 22. Bestand C 2, Bl. 44v und 104v.

leonischen Strategie und seine Deutung der geschichtlichen Rolle Preußens hängen unmittelbar zusammen. Insofern ist seine Schlußfolgerung
verständlich, wenn er in einer Situation politischer Desorientierung, wie
sie sich nach 1815 abzeichnete, „die Ruhe und Freiheit des protestantischen Deutschlands" geradezu von der staatlichen Entwicklung Preußens
abhängig machen wollte.[60]

4. Öffentlichkeit und Bürgergesellschaft

Schleiermachers Staatstheorie zählt in der Geschichte der Staats- und Poli-
tikwissenschaften nicht zu den großen, zukunftsweisenden Entwürfen. Zu
stark ist der prospektive Gehalt, zu ausgeprägt vielleicht die Sehnsucht
„nach einer neuen Welt"; zu sehr auch erscheint Schleiermachers Modell
als Konstruktion, deren Prämissen, sofern sie aus Anthropologie und Ethik
bezogen werden, im einzelnen hinterfragt werden können. Zudem spricht
Schleiermachers Auffassung, mit seinem Entwurf eine Rekonstruktion der
„Physiologie des Staats" gegeben zu haben, nur sehr bedingt zu seinen
Gunsten.[61] Es herrscht heute, nach der bitteren Erfahrung des absoluten Staatsterrorismus, nicht ohne Grund eine starke Skepsis gegenüber
solchen Ansätzen, die von der unrealistischen Voraussetzung ausgehen,
es handele sich beim Staat um eine Art Organismus, und politische Vorgänge ließen sich insofern nach Art organischer Lebensvollzüge verstehen.
Im Blick auf Schleiermacher muß hier allerdings differenziert werden,
denn er hat der Sache nach keine organizistische oder „organologische"
Staatstheorie entworfen. Eine Inanspruchnahme seiner Konzeption durch
Vertreter einer demokratiefeindlichen Staatsorganologie ist unberechtigt
und beruht auf fehlerhafter Interpretation.[62]
    Immerhin läßt sich nicht bestreiten, daß Schleiermacher in der Tat
auf ein Erklärungsmuster zurückgegriffen hat, das mit der Vorstellung
arbeitet, Abläufe staatlichen Handelns könnten in Analogie zu organischen Prozessen gedeutet werden. Jene Wendung von der „Physiologie
des Staats", mit der Schleiermacher seine Theorie charakterisieren konn-

---

[60] Brief an Alexander Graf Dohna vom 27. Februar 1816, in: Schleiermacher als Mensch.
      Band II. Briefe 1804–1834, 228–230, hier: 229.
[61] Siehe: Vorlesungen über die Lehre vom Staat (KGA II/8), 493–749 (Nachschrift Hess
      zur Staatslehrevorlesung Sommersemester 1829), hier: 496. Schleiermachers Vorträge
      sollen, „um so zu sagen, eine Physiologie des Staats sein". – Jener Sehnsucht nach
      „einer neuen Welt" gibt Schleiermacher in seiner ethischen Jugendschrift von 1800,
      den „Monologen", Ausdruck; siehe: Schriften aus der Berliner Zeit 1800–1802 (KGA
      I/3), 46 (Erstausgabe: 114).
[62] Eine derartige Deutung hat insbesondere Günther Holstein vorgenommen: Die Staats-
      philosophie Schleiermachers, Bonn und Leipzig 1923 [Nachdruck: Aalen 1972]. Siehe
      oben S. 47 (Anmerkung 117).

te, erklärt sich aus dieser Voraussetzung.[63] In der Folge kommt es daher immer wieder zu Formulierungen, die den Staatsapparat als körperähnlichen Zusammenhang erscheinen lassen. Selbst wenn man, wie es in der Analyse der entsprechenden Passagen geschehen ist, in Rechnung stellt, daß Schleiermacher von dem Bestreben geleitet wurde, das abstrakte Staatsdenken der Aufklärungsphilosophie zu überwinden und eine Idee vom Staat einzuführen, die ihn als ein „geschichtliches Naturgebilde" auffaßt, so bleibt doch diese Seite seiner Theorie insgesamt problematisch.

Dennoch ist Schleiermacher mit Recht als „der vielleicht klarste politische Denker des deutschen Protestantismus" bezeichnet worden.[64] Sein Verdienst besteht darin, einen Staatsbegriff angestrebt zu haben, der die komplexe Realität des modernen politischen und gesellschaftlichen Lebens abbildet. Ein derartiger Staatsbegriff sollte von Bewegungsabläufen ausgehen. Er sollte die Dynamik politischer Prozesse ebenso wie soziale Problemzonen der gesellschaftlichen Wirklichkeit erfassen und beschreiben. Schleiermachers Anspruch richtete sich, wie es bezeichnenderweise in einer Predigt heißt, darauf, zu erkennen, „was eigentlich Zeit und Umstände" verlangen angesichts „der freien und je länger je weniger zu beschränkenden Oeffentlichkeit des Lebens".[65] Es mag strittig sein, inwiefern Schleiermacher dieses Ziel tatsächlich erreicht hat. Kaum bestreiten läßt sich hingegen, daß er einen solchen transparenten, flexiblen Begriff des Staates konzeptionell vorbereitet und dabei dessen freiheitliches Potential sichtbar gemacht hat.

Nach Schleiermacher erhält der Staat seine ethisch angemessene Gestalt letztlich erst dann, wenn es gelingt, nationale, das heißt durch partikulare politische Interessen gezogene Grenzen zu überwinden. Dieser Gedanke findet sich bisweilen bereits in den staatstheoretischen Überlegungen der Umbruchsjahre vor 1815. Er wurde aber um so wichtiger, je eingehender Schleiermacher sich dem Thema widmete. In den Vorlesungen des Sommers 1829 trat er in aller Deutlichkeit hervor.[66] Dabei dient die Idee eines supranationalen, kulturoffenen, multiethnischen Weltstaates insgesamt weniger dazu, eine politische Vision oder eine utopische Vorstellung vom zukünftigen Staat zum Ausdruck zu bringen. Ihr kommt vielmehr ein „regulativer Charakter" zu, indem sie die Aufgabe hat, die gegebenen Staaten in ihrer nationalen und kulturellen Begrenztheit auf ihre geschichtliche Relativität zurückzuführen. Daß Schleiermacher bei dem von ihm

---

63 Siehe Abschnitt VI.3.4.: „Natur und Geist", „Leib und Seele". Zur Herrschaftsmetaphorik bei Schleiermacher.
64 Rudolf Ibbeken: Preußen 1807–1813. Staat und Volk als Idee und in Wirklichkeit, Köln und Berlin 1970, 55.
65 Am 19. Sonntage Trinitatis 1832 [Predigt über Apg 12, 19–23], in: Sämmtliche Werke. Band II/3, Berlin 1835, 400–413, hier: 406.
66 Siehe: Vorlesungen über die Lehre vom Staat (KGA II/8), 555–556.

aus pragmatischen Gründen geforderten deutschen Nationalstaat eher föderale als zentralistische Motive hervorhebt, erklärt sich aus diesem Interesse.[67]

Deutlich wird schließlich auch, daß Schleiermacher von einer differenzierten Einschätzung des Verhältnisses von Staat und Gesellschaft ausgeht. Keineswegs repräsentiert der Staat das gesamte Leben der Nation. Eine Vorstellung, wie sie etwa Fichte entwickelt hat, wonach die nationale Gesellschaft im Staat aufgeht und in ihm ihre definitive Vollendung findet – mit der Konsequenz eines totalitären Staatsbegriffes –, ist Schleiermacher fremd. Sein Leitbild war an dem Ideal einer autonomen, selbsttätigen, sich selbst gestaltenden und ausbildenden Bürgergesellschaft ausgerichtet. Gerade eine nicht mehr vorrangig durch einzelstaatliche Sonderinteressen bedingte Organisationsform des Staates bietet den institutionellen Rahmen für einen offenen, zu Pluralität und Meinungsvielfalt fähigen, diskursiven kulturellen Prozeß.[68]

Dieser Kulturprozeß aber stellt nach Schleiermacher das Fundament aller sozialen Interaktion und insofern auch der politischen Gemeinschaft dar. Kultur als innerster Kern und zentrale Möglichkeitsbedingung für die Ausbildung von Individualität ist zugleich die wesentliche Ausgangsbestimmung aller Gemeinschaftlichkeit. Das Miteinander der in einer Nation verbundenen vielen Einzelnen wird primär über den kulturellen Prozeß und nicht über die politische Sphäre definiert. Daher muß, so Schleiermachers Schlußfolgerung, wer mit der Aufgabe konfrontiert wird, ein Staatswesen zu leiten, sich dessen bewußt sein, daß politisches Handeln immer auf die kulturelle Dimension von Gesellschaft angewiesen bleibt und letztlich nur von ihr her seine Plausibilität und Legitimität beziehen kann. –

Erst allmählich wird überhaupt sichtbar, wie groß das Gewicht der politischen Thematik für Schleiermacher gewesen ist und mit welcher intellektuellen Inständigkeit er sich ihr in den unterschiedlichsten Zusammenhängen gewidmet hat. Schleiermacher tritt in seinen Vorlesungen als Staats- und Sozialtheoretiker auf, dem, inspiriert vom freiheitlichen Anspruch der bürgerlichen Verfassungsbewegung, das Modell einer liberalen Zivilgesellschaft vorschwebt. Daher kann seine politische Konzeption nur dann in ihrer zentralen Intention adäquat aufgefaßt werden, wenn sie als ein Programm zur Ausbildung staatsbürgerlicher Handlungskompetenz verstanden wird. Die bewegende Kraft bildet das Prinzip der Öffentlichkeit als einer kritischen Instanz, von der Schleiermacher eine allmähliche Stärkung der politischen Mitwirkungsfähigkeit erwartet.

---

[67] Siehe dazu wiederum den Brief an Friedrich Schlegel vom 12. Juni 1813, in: Schleiermacher-Nachlaß 766/27, Bl. 1–2.

[68] Vgl.: Ethik (1812/13), 105 (§§ 136 und 138).

Über sie werden die Landesbewohner zu einer verantwortlichen „Theilnahme an den öffentlichen Angelegenheiten" und insofern zu einer praktischen Ausübung ihres wichtigsten Staatsbürgerrechtes gelangen können.[69]

Demgegenüber wird Schleiermachers politisches Denken in seiner Ei-
genart verfälscht, wenn man es auf eine nationalstaatliche, „patriotische"
Tendenz reduziert. Neben den auf die Idee des Nationalstaates gerichteten
Überlegungen stehen von Beginn an Motive, die jede nationale Grenzzie-
hung überschreiten. Beide Seiten sind aus dem politischen Impetus der
Revolutionserfahrung erwachsen. Schleiermacher hat als aufmerksamer
und anteilnehmender Beobachter die Zweiseitigkeit des revolutionären
Geschehens erkannt und in sein eigenes politisches Denken übernommen.
Schon die frühe Geselligkeitstheorie weist hier über jede Engführung hinaus. Auch die ausgearbeitete kulturtheoretische Konzeption bleibt diesem
Ansatz verpflichtet: Die Erfahrung zeige, „daß einer mit einem [anderen]
gleicher Bildungsstufe und fremder Nation leichter in freier Geselligkeit
verkehrt als mit einem gleicher Nation und differenter Bildungsstufe".[70]
Nationale und weltbürgerliche Beweggründe werden von Schleiermacher
seit seiner frühen Zeit nicht adversativ aufgefaßt. Sie stehen nebeneinander
und lassen sich als die beiden Glieder eines produktiven Wechselverhält-
nisses beschreiben. In dieser Dynamik, diesem gegenseitigen oder auch
„synthetischen" Bezugsverhältnis liegt ein entscheidendes Charakteristikum seiner politischen Denkweise.[71]

Anders als viele Zeitgenossen war Schleiermacher unempfindlich für
ein Politikverständnis, das von irrationalen, „romantischen" Zügen bestimmt wurde und dessen Anfälligkeit für autoritäre Absolutismen sich
aus diesen Zügen erklärt. Die Gefahr, daß Schleiermacher, wie nicht wenige seiner Generation, die Entwicklung vom jugendlichen Enthusiasten
der Revolution zum alt gewordenen Gewährsmann reaktionärer Interessen zurücklegen würde, bestand zu keinem Zeitpunkt. Der Vorzug seiner Theorie liegt gerade darin, daß sie einen starken Begriff von Politik
voraussetzt. Dabei geht es nicht in erster Linie um Aspekte der optimalen
Funktionsfähigkeit staatlicher Regelungsprozesse. Im Mittelpunkt steht
vielmehr die Frage nach der Einrichtung einer guten Gesellschaft und den
von ihr abhängigen Lebenschancen der Staatsbürger. Denn würde die
Politik sich allein mit jenem technisch-administrativen Aufgabenbereich

---

[69] Brief an Georg Andreas Reimer vom 4. November 1806, in: Schleiermacher-Nachlaß
      761/1, Bl. 65.
[70] Ethik (1812/13), 126 (§ 235).
[71] Den Terminus „Synthese" zur Beschreibung des Verhältnisses von nationalen und
      weltbürgerlichen Motiven bei Schleiermacher hat der niederländische Autor Andries
      David Verschoor in seiner Studie „Die ältere deutsche Romantik und die National-
      idee" (Amsterdam 1928, hier: V–VI und 22) verwendet.

begnügen, so bliebe sie hinter ihrem eigenen Anspruch zurück. Diesen Anspruch offengelegt und in einer breiten, wenn auch zeitgeschichtlich signifikant geprägten Erörterung des politischen Themenfeldes entfaltet zu haben, ist das Verdienst der politischen Theorie Schleiermachers. Mit ihr hat er der weiteren Entwicklung von Staat und Gesellschaft den Weg in eine offene, moderne, freiheitliche Zukunft gewiesen.

Anhang

Behördliche Akten und weitere Dokumente
zum „Preußischen Correspondenten" 1812/13

Vorbemerkung

Der Anhang bietet eine Dokumentation derjenigen Unterlagen aus den Beständen diverser preußischer Regierungsbehörden, die im Zusammenhang mit dem *Preußischen Correspondenten*, insbesondere der Zensuraufsicht über diese Zeitung, entstanden sind. Die Akten werden, soweit sie Schleiermacher betreffen, in erreichbarer Vollständigkeit geboten. Die Edition folgt den Grundsätzen einer kritischen Textwiedergabe.

Bei der Sichtung wurden die Bestände des Staatskanzleramtes, des Innen- und Polizeiministeriums, des Kultusministeriums und des Ministeriums für auswärtige Angelegenheiten, dem seit der „Verordnung über die veränderte Verfassung aller obersten Staatsbehörden in der Preußischen Monarchie" vom 27. Oktober 1810 die Zensuraufsicht über Tageszeitungen und sämtliche weiteren politischen Periodika oblag, sowie der Nachlaß Schleiermachers herangezogen. Sofern die Dokumente sich im *Geheimen Staatsarchiv Preußischer Kulturbesitz* befinden, erfolgt die Publikation mit dessen freundlicher Genehmigung; die Unterlagen aus dem Nachlaß Schleiermachers werden mit Einwilligung des Archivs der *Berlin-Brandenburgischen Akademie der Wissenschaften* veröffentlicht.

Bei den Fundorten handelt es sich im einzelnen um folgende Aktenbestände des *Geheimen Staatsarchivs*:

I. H[aupt]A[bteilung] Rep.[ositur] 9 F 2a: „Acta generalia betr. das Censur-Reglement";

I. HA Rep. 9 F 2a: „Bücher Censur 1810–1814";

I. HA Rep. 74 H. III. Nr. 3: „Acta betreffend: die nach Auflösung der Ober-Regierungs-Commission errichteten Militair- u. Civil-Gouvernements in der Preußischen Monarchie (allgemeine Organisation der obersten Behörden)";

I. HA Rep. 74 J.X. Nr. 1: „Acta betreffend: Die Gesuche um das Imprimatur 1810/11 – 1822 (Depart. der allgem. Policey. Censur Wesen)";

I. HA Rep. 74 J.X. Nr. 5: „Acta betreffend: die Censur Angelegenheiten (Censur Sachen)";

I. HA Rep. 74 J.X. Nr. 5. Band I: „Acta betreffend: die Bestimmungen im allgemeinen wegen der Censur der Zeitungen und Flugschriften, ingleichen Landkarten (Censur Wesen) (1810–1818)";

I. HA Rep. 74 J.X. Nr. 5. Band II: „Acta betreff: die Bestimmungen im Allgemeinen wegen der Censur der Zeitungen, Flugschriften, imgleichen Landkarten (Censur-Wesen)";

I. HA Rep. 74 J.X. Nr. 5. Band III: „Acta betreff: die Bestimmungen im allgemeinen wegen der Censur der Zeitungen, Flugschriften und Landkarten (Censur-Wesen)";

I. HA Rep. 74 J.X. Nr. 9. Band I: „Acta betreffend: die Beschwerden über verschiedene in die hiesige Zeitungen und Flugschriften aufgenommene Artikel, und die Maaßregeln gegen die Aufnahme unziemender Aufsätze (Censur Wesen)";

I. HA Rep. 74 J.X. Nr. 9. Band II: „Acta betreffend: die Beschwerden über verschiedene in hiesigen Zeitungen und Flugschriften aufgenommene Artikel, und die Maaßregeln gegen die Aufnahme unziemender Aufsätze (Censur Wesen)";

I. HA Rep. 74 J.X. Nr. 11: „Acta betreffend: die Herausgabe einer Zeitung von dem Erbpächter der RealSchulBuchhandlung Reimer (Ministerium des Innern. Censur Sachen)";

I. HA Rep. 74 J.X. Nr. 13: „Acta betreffend: Die Gesuche um Erlaubnis zur Herausgabe von Zeitungen, Flugschriften p. (Ministerium des Innern. Censur Wesen)";

I. HA Rep. 76 I, Anhang II. Nr. 55: „Acta betr. den Professor Schleiermacher 1806 / 23";
hieraus: Anlage XIII (= Bl. 78–95) [unter dem separaten Titel: „Acta den Vollzug einer Allerhöchst verordneten Rüge gegen den Profeßor *Dr. Schleiermacher* als Verfaßer eines anstößigen Aufsatzes über die politische Lage des Staats in dem preuß. Correspondenten vom 14ten July 1813. betreffend. 1813]";

I. HA Rep. 77 II.: „Cens. Sachen Spec. Nr. 1 (1809–1831)";

I. HA Rep. 77 II.: „Cens. Sachen Spec. Nr. 2";

I. HA Rep. 77 II.: „Cens. Sachen Spec. Nr. 3";

I. HA Rep. 77 II.: „Cens. Sachen Spec. Lit. R. Nr. 2".

Die Unterlagen der Regierungsadministration werden durch Stücke aus dem *Nachlaß Schleiermachers* ergänzt. Bei den Fundorten handelt es sich um folgende Bestände:

SN 493/1 und 493/2: Schreiben des Preußischen Staatsministeriums [tatsächlich: der Zensurabteilung des Departements der auswärtigen

Angelegenheiten] betr. Pressezensur an Schleiermacher vom 6. Juli 1813 (Abschriften);

SN 495/1: Schreiben des Polizeipräsidenten von Berlin, Le Coq, an Schleiermacher vom 25. September 1813;

SN 495/2: Brief Schleiermachers an den Polizeipräsidenten von Berlin vom 1. Oktober 1813 (Abschrift; Parallelüberlieferung in: GStA PK, I. HA Rep. 74 J.X. Nr. 9 Band I);

SN 496: Schleiermachers Rechtfertigung wegen eines Artikels im Preußischen Correspondenten (Abschrift mit eigenhändigen Korrekturen und Ergänzungen; Parallelüberlieferung in: GStA PK, I. HA Rep. 76 I, Anhang II. Nr. 55).

Die Nummern 12, 15, 21, 31, 36 und 41 werden nach Paul Czygan: Zur Geschichte der Tagesliteratur während der Freiheitskriege. Band II/1, Leipzig 1909 gedruckt. Aufgenommen wurde auch Barthold Georg Niebuhrs Artikel „Die Freiheit der Rede und der Schrift", der die erste Ausgabe des *Preußischen Correspondenten* vom 2. April 1813 eröffnete (Nummer 13).

Die Dokumentation von Aktenstücken aus dem behördlichen Schriftverkehr ergänzt die im Text gegebene Darstellung zur Geschichte des *Preußischen Correspondenten*. Von den ersten Planungen an war Schleiermacher an dem Zeitungsprojekt beteiligt. Aus diesem Grunde umfaßt die Dokumentation auch solche Stücke aus dem Winter 1812/13, die im Zuge der Antragstellung durch Reimer und Niebuhr entstanden sind (Nummern 1 bis 12). Die Hauptmenge der Schriftstücke bezieht sich auf Schleiermachers Tätigkeit als Redakteur der Zeitung (Nummern 16 bis 41). Insbesondere wird jene Auseinandersetzung dokumentiert, die sich an den Artikel zum Prager Friedenskongreß (Ausgabe Nr. 60 vom 14. Juli 1813) angeschlossen hat (Nummern 18 bis 35).

Alle Texte werden in originaler Orthographie und in vollständigem Wortlaut mitgeteilt.[1] Eingriffe in die Zeichensetzung (zum Beispiel: [,]) finden, wie auch im Text dieser Untersuchung, nur dort statt, wo es zum Verständnis des Sinnes nötig erscheint. Sämtliche Anmerkungen sowie Einfügungen in [...] stammen vom Herausgeber, ebenso – in Anlehnung an die Editionspraxis der ‚Kritischen Gesamtausgabe' – alle *kursiv* stehenden Angaben. Werden im Original Hervorhebungen durch Unterstreichung markiert – wobei in einzelnen Fällen schwer zu entscheiden

---

[1] Eine Ausnahme bildet ein Schreiben der Leitung des Militärgouvernements an den Staatskanzler vom März 1813, bei dem eingehende Ausführungen zur Behördenorganisation, die nicht das Zensurwesen betreffen, in Paraphrase wiedergegeben werden (Nummer 11).

ist, ob sie vom jeweiligen Verfasser oder von einem behördlichen Leser stammt –, so wird im Druck ebenfalls unterstrichen. Dieses in wissenschaftlichen Editionen unübliche Verfahren wurde gewählt, um den Fußnotenapparat durch Einzelnachweise von Wortunterstreichungen nicht über Gebühr zu belasten. Durch entsprechende Fußnoten nachgewiesen werden Doppel- und Dreifachunterstreichungen. Alle anderen Hervorhebungen (größerer oder lateinischer Schrifttyp; Kursivierung; Sperrung) werden durch Sperrung wiedergegeben.

Verzeichnis der Dokumente

13. Barthold Georg Niebuhr: Die Freiheit der Rede und der Schrift [Zur Eröffnung des *Preußischen Correspondenten*], in: Der Preußische Correspondent. Nr. 1 vom 2. April 1813, Sp. 1–3

14. Niebuhr an Hardenberg in Breslau. Schreiben vom 3. April 1813

15. Der Zensor Renfner im Namen des Ministers Goltz an die preußischen Gesandten in Wien, Kopenhagen und Stockholm. Schreiben vom 4. Mai 1813

16. Der Zensor Schultz an Hardenberg. Schreiben vom 6. Juli 1813

17. Zirkular des Zensors Schultz an die Redakteure der drei Berliner Zeitungen; datiert auf den 6. Juli 1813

18. Staatsrat Hoffmann an Hardenberg. Schreiben vom 15. Juli 1813

    Anlage: Der Artikel „Privatbriefe erneuern die Gerüchte" aus Nr. 60 des *Preußischen Correspondenten* vom 14. Juli 1813 samt Kommentar Hoffmanns

19. Das Ministerium der auswärtigen Angelegenheiten (Erste und Zweite Sektion: Le Coq, Renfner, von Raumer) an Hardenberg. Schreiben vom 15. Juli 1813

    Anlage I: Abschrift des Schreibens des Ministeriums der auswärtigen Angelegenheiten (Erste und Zweite Sektion: Le Coq, Renfner, von Raumer) an den Zensor Schultz vom 15. Juli 1813 (siehe Nr. 20)

    Anlage II: Der Preußische Correspondent. Nr. 60 vom 14. Juli 1813 [nicht abgedruckt]

20. Das Ministerium der auswärtigen Angelegenheiten (Erste und Zweite Sektion: Le Coq, Renfner, von Raumer) an Schultz (Abschrift). Schreiben vom 15. Juli 1813

21. Das Militärgouvernement (L'Estocq, Sack) an Schultz vom 17. Juli 1813

22. Hardenberg an das Polizeipräsidium (Entwurf). Schreiben vom 17. Juli 1813

23. Polizeipräsidium (Unterschrift unleserlich) an Hardenberg. Schreiben vom 17. Juli 1813

36. Le Coq an Wittgenstein. Schreiben vom 28. Juli 1813

37. Le Coq an Schleiermacher. Schreiben vom 25. September 1813

38. Schleiermacher an Le Coq. Schreiben vom 1. Oktober 1813

    I. Eigenhändige Fassung

    II. Abschrift

    III. Eigenhändiger Entwurf

39. Le Coq an Hardenberg. Schreiben vom 2. Oktober 1813

    Anlage A: Zensurbogen zu dem Artikel „Das Manifest, welches Kaiserl. österreichischer Seits als Ankündigung des Krieges gegen Frankreich erschienen ist" (Der Preußische Correspondent. Nr. 86. Sonnabend, den 28. August 1813, Sp. 1–3)

    Anlage B: Zensurbogen zu dem Artikel „Der Feldzug von 1813 bis zum Waffenstillstande. Glatz 1813." (Der Preußische Correspondent. Nr. 103. Montag, den 27. September 1813, Sp. 5–8)

    Anlage C: Abschrift des Schreibens von Le Coq an Schleiermacher vom 25. September 1813 (siehe Nr. 37)

    Anlage D: Abschrift des Zirkulars des Zensors Schultz an die Redakteure der drei Berliner Zeitungen vom 6. Juli 1813 (siehe Nr. 17)

    Anlage E: Schleiermachers Schreiben an Le Coq vom 1. Oktober 1813 (siehe Nr. 38)

40. Hardenberg an Schleiermacher. Schreiben vom 16./22. Oktober 1813

    I. Erster Entwurf von Staatsrat Jordan (16. Oktober 1813)

    II. Zweiter Entwurf (endgültiger Text) mit Korrekturen und Ergänzungen von Hardenberg (16. Oktober 1813; nachträglich datiert auf den 22. Oktober)

41. Schleiermacher an Hardenberg. Schreiben vom 2. November 1813

1.
Reimer an Hardenberg
Gesuch um Erteilung der Druckerlaubnis für eine Tageszeitung vom 4.
November 1812
GStA PK, I. HA Rep. 74 J.X. Nr. 11, Bl. 7–8; Anlage: Bl. 9r

Hochwohl- und Wohlgebohrner Freiherr,
Höchstzuverehrender Herr Staatskanzler!

Die hiesige Realschule hatte vom König Friedrich II. unterm 23n. Decbr.
1750 das Privilegium erhalten, wöchentlich ein Zeitungsblatt

> von den merkwürdigsten Sachen aus dem Reiche der Natur, der Staaten
> und Wissenschaften

drucken und nach Gefallen distribuiren zu lassen. Von dieser Verleihung
ward in den neuesten Zeiten kein Gebrauch gemacht, weil die Verfassung
der Anstalt keine vortheilhafte Ausübung derselben zuließ. Dies Privilegium ist, nebst dem der Anstalt gehörigen Buchhandel, in Gemäßheit eines
mit dem Curatorio derselben abgeschlossenen Erbpachtcontrakts seit dem
Jahre 1800 auf mich übergegangen, und ich bin Willens, da sich viele günstige Umstände zu einer vorzüglichen Redaction, und zu einem vortheilhaften Absatz der Zeitung vereinigen, das verliehene Recht gegenwärtig
in Ausübung zu bringen.

Ew. Exzellenz bin ich so frei beikommenden Plan der projektirten Zeitung unter Beifügung meines Erbpachtcontrakts mit der ganz gehorsamsten
Bitte zu überreichen

> Hochgeneigt zu genehmigen, daß die Zeitung am 1n. Januar 1813, und
> in der im Plane angegebenen Art von mir herausgegeben werde.

In einer zweifachen Rücksicht kann der Staat von meinem Vorhaben Kenntniß nehmen: insofern es ein Gewerbe beabsichtigt, das in eine Collision
mit dem Gewerbe und den Rechten anderer Privatpersonen geriethe, oder
ein öffentliches Interesse angeht, dessen Wahrnehmung eine Funktion der
Staats-Censur-Behörde ist. Da alle Gewalten des Staats in Ew. Exzellenz
Person sich vereinigen, und eine schleunige Verfügung auf mein Gesuch
wegen der Nähe des Termins mir besonders wünschenswert ist, | [7v] so
habe ich es gewagt, statt an die Sektion für die Gewerbe, unmittelbar an
Ew. Exzellenz mich zu wenden.

Eine Collision mit den Rechten anderer kann meinem Unternehmen
nicht hinderlich seyn, seitdem die allgemeine Gewerbefreiheit in unserm
Staate Gesetz geworden, und das Edict vom 2n. Novbr. 1810 § VI den
Grundsatz ausgesprochen hat „daß keiner Corporation und keinem Einzelnen, ein Widerspruchsrecht, welcher Grund dazu auch angeführt wer-

den möge, gegen die Ausübung irgend eines bestimmten Gewerbes zuste-
hen solle".[2]
Die beiden Concessionierten, welche gegenwärtig in Berlin politische
Zeitungen verlegen, haben schon um meines früheren Privilegiums will-
len, wenn ihre Concession auch eine ausschließliche, vererbliche und
veräußerliche Berechtigung enthielte, doch keinesweges die Befugniß,
diese ausschließende Berechtigung gegen mich geltend zu machen, da
mein Privilegium gewiß eben so wohlbegründet ist. Könnten sie auch
darüber eine Erinnerung erheben, daß ich der Herausgabe der Zeitung
in Absicht der Zeit ihrer Erscheinung eine Ausdehnung geben will, die
in der ursprünglichen Verleihung nicht ausgedrückt ist, so könnten sie
alsdenn höchstens auf eine verhältnißmäßige Entschädigung Anspruch
machen, die nach § VI [richtig: XVII] des Edikts vom 2n Novbr 1810
und der Verfügung vom 7n Septbr. 1811. § 32 seqq. (Gesetzsammlung
p. 265) zu reguliren seyn würde.[3] Aber selbst für diesen Fall müßten jene
die Eigenschaft ihrer Berechtigung, als einer ausschließlichen, vererblichen
und veräußerlichen nachweisen, was sie, wie ich mit Grunde vermuthe,
nicht im Stande sein werden. Zudem hat auch schon früher diese Ausdehnung ohne Widerspruch statt gefunden, indem nachweislich längere Zeit
hindurch von dieser Zeitung wöchentlich drei Stücke wirklich erschienen
sind. Auf keinen Fall halte ich dafür, daß wenn die hiesigen Privilegirten
Einsprache thun, und Erörterungen über die Eigenschaft ihres Rechts und
über die etwanige Anlegung eines Ablösungsfonds veranlassen sollten, die
Erscheinung meiner Zeitung bis zur gänzlichen Hebung aller Ungewißheit
hierüber ausgesetzt bleiben darf. Denn die Herausgabe selbst kann von der
Einsprache nicht ungewiß gemacht werden, da es nur zu erörtern wäre,
ob die Entschädigung zu leisten. Diese ist aber in den oben angeführten
Gesetzen nicht unter der Form hemmender Bedingung angeordnet, sie
soll nur geleistet werden durch Bildung eines Ablösungsfonds, wozu <u>alle</u>

---

[2] Reimer bezieht sich auf die durch Edikte vom 28. Oktober 1810 und 2. November
   1810 verkündete Gewerbe- und Handelsfreiheit. Die angeführte Passage (es handelt
   sich allerdings um Paragraph 17) aus dem Edikt über die Einführung einer allgemeinen Gewerbesteuer vom 2. November 1810 lautet wörtlich: „Keiner Corporation
   und keinem Einzelnen steht ein Widerspruchsrecht, welcher Grund dazu auch angeführt werden mag, zu" (Gesetz-Sammlung für die Königlichen Preußischen Staaten
   1810, Berlin o.J. [1811], 79–87, hier: 83). Über die Anwendung der Verordnung
   auf das Pressewesen werden im Edikt selbst keine Aussagen getroffen, worauf der
   Staatsrat Küster in seinem Gutachten zum Antrag Reimers ausdrücklich hinweist
   (vgl. Dokument 2).
[3] Reimer bezieht sich auf das „Gesetz über die polizeilichen Verhältnisse der Gewerbe,
   in Bezug auf das Edikt vom 2. November 1810, wegen Einführung einer allgemeinen Gewerbesteuer" vom 7. September 1811, hier: §§ 32–51 („Ablösung der Real-
   Gewerbsberechtigung") (Gesetz-Sammlung für die Königlichen Preußischen Staaten
   1811, Berlin o.J. [1812], 263–280, hier: 265–268).

Berechtigte des Gewerbes jährlich 6 Procent des Gesammtwerths der Be-
rechtigungen in vierteljährlichen Raten bezahlen sollen. Dafür daß diese
Beiträge von jedem der Gewerbetreibenden berichtigt werden, kann der-
jenige, dessen Berechtigung abgelöst werden soll, keine Sicherheitsstellung
fordern, die auch an sich unnütz seyn würde. Von der Seite eines möglichen
Widerspruchs der übrigen Berechtigten läßt sich also keine Veranlassung
denken, welche die Erscheinung meiner Zeitung rechtlich verzögern könnte.
Auch spricht die neuerliche Entstehung einer Zeitung in Liegnitz in Schlesien, ungeachtet des ausschließlichen Privilegiums der Breslauer Zeitung,
meinem Gesuche das Wort.[4] |

[8r] Noch weniger halte ich für möglich, daß ein Interesse der obersten
Censurbehörde mein Unternehmen nicht zulassen sollte.

Die Grundsätze, welche die Redaction der Zeitung befolgen wird, und
die der beikommende Plan enthält, richten sich treu und sorgfältig nach
dem System, worin die höchste Censur jederzeit thätig ist, urtheilt und
handelt. Daß diese Grundsätze streng beobachtet und nicht leichtsinnig
übersehen werden, dafür bürgt die Persönlichkeit d[es] Herrn Geh. Staatsraths Niebuhr, der mir versprochen hat in der Redaction die oberste Aufsicht zu führen. Sollte man in der Redaction bei Anwendung der aufgestellten Grundsätze in einzelnen Fällen dennoch irren, und einen Artikel
der Aufnahme fähig halten, welcher der Censurbehörde nicht so erscheint;
so wird man sich die strengste Befolgung der deshalb erhaltenen Weisungen zur ersten Pflicht machen.

Wenn von der einen Seite nirgends also ein Hinderniß gegen die Zulassung meiner Zeitung sich erhebt, so vereinigen sich von der andern
viele Umstände, welche die obersten Staatsbehörden, die nur das Gute
befördern wollen, zu einer besondern Unterstützung meines Unternehmens anzurufen scheinen. Kann sich gleich die Redaction einer politischen Zeitung nur meist bei Aufnahme solcher Artikel beschränken, welche in den Zeitungen anderer Staaten vom gleichen politischen System,
wie der unsrige, sich finden, so ist darin großer Unterschied zwischen
dem zufälligen Uebertragen aus einer kleinen Zahl fremder Blätter, und
dem kritischen und von einem politischen Sinne geleiteten aus dem Kreise
aller irgend interessanten Zeitschriften. In dieser Hinsicht wird nicht leicht
die Redaction einer Zeitung einen so vorzüglichen Beruf haben, als durch
die Hülfe d[es] Herrn Geh. Staatsraths Niebuhr, die meinige. Wegen der
Vorzüge, die ihr die Redaction verspricht, und der Verbreitung, die sie

---

4   Bei der angeführten Neugründung handelt es sich um die Zeitung *Correspondent
    von und für Schlesien*, die im Januar 1812 erstmals erschien. Die erwähnte Breslauer
    Zeitung war 1766 unter dem Titel *Schlesische privilegirte Zeitung* (genannt: *Schlesi-
    sche Zeitung*) gegründet worden. 1820 wurde sie durch die *Neue Breslauer Zeitung*
    (seit 1828: *Breslauer Zeitung*) ersetzt, die bis 1937 erschien.

sich durch jene verdienen mag, werden vielleicht auch Ew. Exzellenz sie
würdig achten, Bekanntmachungen die unsern Staat und dessen Regierung interessiren, ihr besonders zuzuweisen.

Ew. Exzellenz wollen jede gute Absicht und jedes nützliche Unternehmen so gern befördern. Um so zuversichtlicher getröste ich mich einer
geneigten Entscheidung auf eine Bitte deren Erfüllung nichts entgegen
steht. Nur wage ich noch Ew. Exzellenz ganz gehorsamst darauf aufmerksam zu machen, wie die Nähe des Jahreswechsels eine vorzügliche
Beschleunigung mich wünschen läßt.

Mit der geneigten Resolution bitte ich den beigefügten Erbpachtscon-
tract mir wieder zufertigen zu lassen.

Mit unbegränzter Verehrung verharre ich
Ew. Exzellenz
unterthänigster
G. Reimer
Berlin den 4n. Novbr 1812

[Notiz; Bl. 7r]

An den königl. Geheimen StaatsRath Herrn Küster zum Gutachten
Berlin den 16ten November 1812.

[Anlage]

Plan der projektirten Zeitung

Die Zeitung erscheint viermal wöchentlich, zweimal mit einem ganzen,
zweimal mit einem halben Bogen.

Es ist die Absicht ihr in doppelter Hinsicht Wert und Interesse zu verschaffen:

Erstlich in Betreff einheimischer Vorgänge:

theils durch Kundmachung bewährter Nachrichten über die vielfachen
Gegenstände, welche der Politik fremd, für das Inland Interesse haben,
und zur Kenntniß des Publikums gebracht, der Aufmerksamkeit eine veränderte und nützliche Richtung geben könnten;

theils, wo möglich durch Anzeige aller wesentlichen Beförderungen –
etc.

Zweitens in Hinsicht der Zeitgeschichte;

a) durch zweckmäßige und vollständige Benutzung solcher auswärtiger
Zeitungen, deren Circulation im Lande erlaubt ist, und deren Nachrichten,
als mit dem politischen System des Staats übereinstimmend, unbedenklich
wiederholt werden können. In welcher Hinsicht namentlich die französischen Zeitungen besser benützt werden sollen, wie es bisher geschah.

b) durch Notizen, nach Wichtigkeit der Gegenstände, kürzer oder
ausführlicher über die neuerlassenen Gesetze fremder Staaten, aus ihren
officiellen Bekanntmachungen mit Sorgfalt und Treue abgefaßt; ohne
einige Anmerkungen.
Als Nebenartikel werden beabsichtigt:
Notizen über den Stand der Wechsel- und Effectencourse auf den Han-
delsplätzen; vielleicht auch einzelne Handelsberichte.
Einzelne literarische Artikel.
Auszüge aus Reisebeschreibungen über die außereuropäischen Welttheile,
vorzüglich nach der in Genf erscheinenden Bibliotheque britannique.
Nachrichten von merkwürdigen inländischen Criminalprocessen, wenn
die Erlaubniß hiezu zu erlangen wäre.
Theaterartikel, Räthsel u. dgl. würden ausgeschlossen bleiben.

2.
Gutachten Küsters an Hardenberg
betreffend die Eingabe Reimers (siehe Nr. 1) vom 24. November 1812
GStA PK, I. HA Rep. 74 J.X. Nr. 11, Bl. 1–6

An des Königlichen Staats-Kanzlers Herrn Freiherrn von Hardenberg
Excellenz.
Das Gesuch des Erbpächters der Real-Schulbuchhandlung R e i m e r,
um Gestattung einer von ihm herauszugebenden Zeitung, welches Ew.
Excellenz unter dem 16ten d. zu Erstattung eines Gutachtens an mich zu
remittiren geruhet haben und ich gehorsamst hiebei zurückfüge, gründet
sich vorzüglich auf ein Privilegium, welches der Realschule im Jahre 1750
ertheilt worden, und als dessen erneuerten Gebrauch der p.[raedictus]
R e i m e r jene beabsichtigte Herausgabe betrachtet sehen möchte. Obwohl nun dieses Privilegium in jedem Falle und was es auch enthalte, nach
jetzt geltenden Grundsätzen der Gewerbe-Polizey eben so wenig ein eigentliches Recht <u>für</u> den p. R e i m e r begründen dürfte, als die Privilegien der
hier bereits bestehenden beiden Zeitungen ein solches <u>wider</u> ihn begründen, vielmehr die Entscheidung der Sache lediglich auf dem Gutfinden
der Regierung beruht; so lassen doch theils die neuern Gesetze, die eine
Ablösung der Privilegien verordnen, dasjenige noch als einen Gegenstand
billiger Berücksichtigung und Abfindung erscheinen, was als Gegenstand
einer Rechtsforderung nicht mehr geltend gemacht werden kann, und theils
ist die nähere Betrachtung und Vergleichung der beiderley genannten Privilegien durch das Hauptmotiv veranlaßt, auf welches der p. R e i m e r
sich stützt. Derselbe stellt nemlich das Privilegium der Realschule mit dem
Privilegium der Zeitungsverleger auf eine solche Art in Parallele, als ob

zwischen beiderley Privilegien kein | [1v] anderer Unterschied statt fände,
als daß die Blätter der Realschule nach dem Inhalt ihres Privilegiums nur
einmal, die Zeitungen aber dreimal wöchentlich hätten erscheinen dürfen.
Daß aber dieser von ihm genommener Hauptgesichtspunkt wesentlich
unrichtig ist, erhellt ganz unbezweifelt aus der näher betrachteten Natur
jenes Privilegiums, wie aus dem ganzen Verlauf seiner Benutzung, in
Rücksicht dessen nur der p. R e i m e r die von Seiten der Staatsbehörden
seit dreißig Jahren jedesmal eingetretene Weigerung verschweigt, wenn er
im Eingange seines Gesuchs bemerkt, „daß die Verfassung der Anstalt keine
vortheilhafte Benutzung zugelassen"; da vielmehr die ganze Beschaffenheit
des alten Privilegiums selbst eine vortheilhafte Benutzung nicht zuließ, die
Staatsbehörden aber später nach rechtlichen und andern guten Gründen
verhinderten, daß die Realschule zum Nachtheil der eigentlichen Zeitungs-
Privilegien, eine Ausdehnung oder Umgestaltung ihres Rechts eintreten
und damit eine wirkliche neue Zeitung erscheinen ließ.
    Die Zeitung oder vielmehr das Wochenblatt der Realschule erschien in
den Jahren 1752 bis 56. unter dem Titel:

    Wöchentliche Relation der merkwürdigsten Sachen aus dem Reiche
    der Natur, der Staaten, und der Wissenschaften,

und es sollte keinesweges eine Sammlung von Neuigkeiten, wie die gewöhnlichen Zeitungen enthalten; sondern dieses und jenes Zeitereigniß
sollte nur den | [2r] Anlaß zu denjenigen genealogischen, statistischen,
physischen oder sonst wissenschaftlichen Ausführungen geben, welche
den eigentlichen Gegenstand des Blattes ausmachten, und in Hinsicht
deren die Redaction selbst in ihrem ersten Plane ausdrücklich sagt: „sie
werde dem Ansehen gewöhnlicher Zeitungen nicht hinderlich, sondern
beförderlich sein, indem sie zu den von ihnen gemeldeten Ereignißen das
Wesentlichste und Nothwendigste von Erläuterungen geben wolle." So
wie aber angeführtermaßen schon der Plan auf eine solche anderweitige
und auf diese Bestimmung lautet; so lautet auch das Privilegium selbst eben
dahin und enthält gar nichts von solchen Bestimmungen, Modificatio-
nen oder Ausdrücken, mit welchen ein eigentliches Zeitungs-Privilegium
natürlich ertheilt wäre, und welche die Privilegien der Zeitungsverleger
auch wirklich enthalte[n]. Wenn aber schon Plan und Privilegium dieses
Wochen-Blatt so bestimmten, um eine mögliche Collision mit den Zeitungen nicht zuzulassen; so entschied sich solches noch mehr durch die
wirkliche Ausführung, indem in dem wöchentlich erscheinenden halben
Bogen kaum vier bis sechs Neuigkeiten für die ganze Woche zur Meldung
kommen konnten, und der übrige Raum von der einer jeden Neuigkeit
nachgeschickten Erläuterung sofort ausgefüllt wurde. In dieser Art gewährte das Blatt wohl einiges Interesse für gelehrte Liebhaber der hierher
gehörigen Wissenschaften, eigentliche Zeitungsleser konnte es aber auf

keine Weise befriedigen. Nach- | [2v] dem es daher auch schon während
des siebenjährigen Krieges ins Stocken gekommen, erhielt die Realschule
zwar im Jahre 1767. eine Erneuerung des Privilegiums, machte davon aber
keinen wirklichen Gebrauch. Vielmehr beruhte das Blatt wieder bis 1795.
gänzlich. Und da sie jetzt dem Buchhändler Felisch die neue Herausgabe
übertragen wollte; so erfolgte die Bewilligung von Seiten der Staatsbehörden erst nach einer geraumen Untersuchung, ob mit dieser Veränderung
nicht eine solche mehr merkantilische und zeitungsmäßige Einrichtung des
Blattes bezweckt werde, durch welche den Zeitungs-Verlegern Eintrag
geschehe; so wie man denn auch schon im Jahre 1785. einem andern Buchhändler, dem Unger, der das Privilegium ausdrücklich zu einer eigentlichen
Zeitung benutzen wollte, die gesuchte Uebertragung auf ihn, gänzlich ab-
geschlagen hatte. Bei Gelegenheit jenes Gesuchs des Felisch wurde aber
von Seiten des Justiz-Ministeriums das Privilegium nochmals ausdrücklich
dahin declarirt, daß

1. zufolge desselben wöchentlich nur ein Blatt erscheinen könne; daß
2. politische Neuigkeiten nicht den Hauptinhalt ausmachen dürften;
   und daß
3. keine Avertissements und sonstige Insertionen aufgenommen werden könnte[n],

und in derselben verneinenden Art fielen mehrere noch nachher gemachte
Versuche aus, dem Blatt zum Nachteil der Zeitungen eine andere Gestalt
zu geben, als es | [3r] von Anfang an gehabt hatte, und haben durfte. Der
Plan, auf welchen das Privilegium sich gründete, war freilich, wie leicht
zu ersehen, schlecht angelegt, und das Blatt konnte daher auch niemals
aufkommen. Ein vortheilhafter Gebrauch stand aber niemals, wie der p.
R e i m e r zu verstehen giebt, in den Händen der Realschule; sondern er
lag in solcher Art, wie man ihn oft wirklich gesucht und jetzt von neuem
erwirken möchte, ganz außer dem Privilegium, und wurde daher auch nie
zugelassen, weil man damit eben so sehr die Zeitungsverleger in ihren Rechten zu kränken glaubte, als man sich auch in keiner Art bewogen fand,
das alte Privilegium zu einer neuen und dritten erscheinenden Zeitung
gebrauchen zu lassen. Vielmehr hatte anfangs und viele Jahre hindurch
nur das einzige Vossische Privilegium bestanden; und schon die Haude-
und Spenersche Zeitung war ohne Vorwissen des Cabinets-Ministeriums
und ohne förmliches Privilegium, nur aus persönlicher Berücksichtigung
von des Königs Friedrich II. Majestät Selbst autorisiert. Demnach ist auch
eine eigentliche Zeitung auf dem[5] Grund des Realschul-Privilegiums nie
erschienen. Und wenn auch, wie der p. Reimer erwähnt, von dem Blatt
schon einmal wöchentlich drei Blätter erschienen wären; so hat solches

---

[5] Statt „dem" im Manuskript „den".

weder das Recht noch die Natur des Blattes verändert. Auch wurde schon
bei dem ersten Gebrauche des Privilegiums in den 50.ger Jahren nachge-
sehen, daß die Realschule noch ein zweites Blatt drucken ließ, welches |
[3v] aber sich auf Neuigkeiten politischer Art auch nicht einmal bezog,
sondern eines bloß wissenschaftlichen Inhalts war.

    Nach dieser wahren und unverkennbaren Natur des in Frage stehenden
Privilegiums giebt der p. R e i m e r also auch unrichtig und ungenügend
an, daß er ein Gleichberechtigter sey und die Zeitungsverleger auf ihr Privilegium eine verhältnißmäßige Entschädigung nur in der Beziehung etwa
verlangen könnten, daß das Blatt jetzt mehr als einmal wöchentlich erscheinen solle. Der p. R e i m e r kann niemals als ein eigentlicher Mitbe-
rechtigter angesehen werden, und die von den Gesetzen vorgeschriebene
Ablösung und Entschädigung, wenn sie jemals einträte, würde sich auf
den ganzen Werth des Zeitungs-Privilegiums überhaupt beziehen müßen,
indem die Realschule vorgedachtermaßen niemals ein eigentliches Zeitungs-Privilegium beseßen oder benutzt hat, der p. R e i m e r also den
Umfang des Vorrechts der Zeitungsverleger anders angiebt, als er in der
Wirklichkeit statt hat.

    So wie aber das Recht des p. R e i m e r zu den Zeitungs-Verlegern
ganz anders steht, als es bei ihm erscheint, so verhält sein eigentliches
Recht, oder die an dessen Stelle etwa tretende Rücksicht der Billigkeit
auch in Bezug auf die Regierung sich natürlich ganz anders, als es hier
erscheint, indem es dem wahren Umfang des Privilegiums gemäß, sich
über die neue Bewilligung eines einmal wöchentlich herauszugebenden |
[4r] Blattes der vorgeschriebenen Art gar nicht erstrecken könnte, und
die Herausgabe einer eigentlichen Zeitung in mehreren Blättern durchaus der Gegenstand freier Begünstigung bliebe, für welche selbst keine
Rücksicht der Billigkeit spricht, da sie in aller Absicht ein vollkommenes
Novum in der Sache wäre. Vielmehr wäre außer jenem Falle einer eintre-
tenden freien Begünstigung der jetzige Gesuchsfall den früheren überall
und auch in der Hinsicht völlig ähnlich und analog, daß auch jetzt ein
Buchhändler die bessere Ausnutzung eines ursprünglich von Gelehrten
für die Verbreitung historischer und statistischer Kenntniße gestifteten
Blatts zu einträglicheren Zwecken versuchen will, was angeführtermaßen
schon früher häufig, obwohl stets ohne Erfolg, versucht worden.

    Betrachtet man nun aber die Grundsätze näher, nach welchen vormals
und bis dahin diese Gesuche stets abgewiesen wurden, so waren sie theils
Grundsätze des Rechts in Beziehung auf die eigentliche[n] Zeitungs-Privi-
legien, theils Grundsätze des Staats-Interesse[s]. Und wenn die erstern sich
jetzt auch mehr in Rücksichten der Billigkeit verwandelt haben sollten; so
dürfte[6] dagegen den letztern jetzt noch ein entschiedeners Gewicht beizu-

---

6   Statt „dürfte" im Manuskript „dürften".

legen sein. Es hat nämlich von Seiten des Departements der auswärtigen Angelegenheiten nie gewünscht werden können, daß die Zahl der hier erscheinenden politischen Zeitungen sich vermehrte, da die Bewirkung eines überall unanstößigen und tadelfreien Inhalts schon bei zwei erscheinenden Blättern dieser Art bedeutend schwierig | [4v] ist. In der jetzigen Zeit aber sind die meisten Regierungen durch die triftigsten Gründe dahin geführt, die Zahl der in ihren Staaten erscheinenden Zeitungen aufs Aeußerste zu beschränken, so daß viele jetzt nur ein mit größter Vorsicht behandeltes Zeitungsblatt als Staatszeitung und überall kein anderes erscheinen lassen. Die hiesigen Zeitungen sind nun zwar niemals als Staatszeitungen förmlich constituirt. Demohnerachtet aber, und da sie einmal unmittelbar unter den Augen der Regierung erscheinen, kann keiner derselben ihre Relevanz genommen werden, und, soviel ihrer auch erschienen, so wurde in der Anführung: daß keine derselben eine eigentliche Hofzeitung sey, nie ein Entschuldigungsgrund für statt gehabte Verstöße gegen auswärtige Mächte gefunden[7]. Bei dieser Beschaffenheit der Sache würde also auch die Zeitungs-Censur, die wohl niemals füglich von mehr als einer Person versehen werden kann, durch jede neu erscheinende Zeitung mit neuer vermehrter Arbeit belastet werden. Und wenn von einer bewirkten dritten Conceßion Exemplificationen für noch mehrere gemacht oder solche auf den Grund der erweiterten Gewerbefreiheit gesucht würden; so würde es endlich der Regierung wie dem Censor ganz unmöglich fallen, die Aufgabe, alle diese Blätter vorwurfsfrei darzustellen, ferner irgend zu leisten.

In dieser Hinsicht könnte ich daher auch von Seiten meines Ressorts es für nicht anders als ganz unzulä- | [5r] ßig halten, wenn man die vom Staate ausgesprochene erweiterte Gewerbefreiheit auch auf die Anlage neuer politischer Zeitungen unbedingt anwenden zu können glaubte, und es scheint mir, daß die Behandlung der ersten Versuche solcher Art entscheidend wichtig ist, um die allgemeine Ansicht hierunter zu influiren, und unangenehmen Exemplificationen vorzubeugen. Es ist zwar gegründet, daß das allgemeine Polizey-Departement in dem Privilegio der Schlesischen Zeitung kein Hindernis mehr gefunden hat, eine neue Schlesische Zeitung zu L i e g n i t z erscheinen zu lassen, als worauf sich der p. R e i m e r nun schon berufen zu können glaubt. Indessen fanden hiebei alle diejenigen Bedenken nicht statt, die sich wegen einer hier in der Hauptstadt erscheinen sollenden neuen Zeitung darstellen, und das Ministerium der auswärtigen Angelegenheiten fand daher auch keine Ursache, der Einleitung, die deshalb schon früher bei jenem Departement gemacht war, seinerseits entgegen zu treten, obwohl demselben schon damals nicht entging, daß der Fall zu Exemplificationen unangenehmer Art geeignet wäre, und dasselbe eine Vermehrung der im Staate erscheinenden politischen Blätter

---

[7] Im Manuskript steht „gefunden werden".

überhaupt und auch außer B e r l i n niemals wünschen kann. Was indeßen
die Vermehrung der hier erscheinenden Zeitungen betrifft; so haben des
Königs Majestät Allerhöchstselbst, auf den Grund jener Ihnen vorgelegten
Motive, den sonst gar sehr zu besonderer Begünstigung geeigneten Fall
verneinend entschieden, da ein | [5v] vormaliger Officiant, der Regiments-
quartiermeister Curths, ein Mann von nicht gewöhnlicher Qualifikation
zu einem solchen Unternehmen, die Herausgabe einer Zeitung als Mittel
des nothdürftigen Unterhalts benutzen wollte. Und später haben schon
einmal Ew. Excellenz auf meinen mündlichen Vortrag genehmigt, daß
die Herausgabe des Abendblatts auf die alleinige Aufnahme solcher politischen Artikel beschränkt würde, die bereits in den hiesigen Zeitungen
die Aufnahme erhalten hatten, eine Bestimmung, welche noch mehr die
Gefahr[,] mit diesen täglich erscheinenden Blättern noch leichter politische Anstöße zu geben, als die Rücksicht auf die Zeitungsprivilegien zu
erfordern schien.[8]
    Da hiernach schon das politische Staats-Interesse allein die fernere Ab-
weisung aller solcher Gesuche hinreichend motiviren dürfte; so glaube ich
mich einer noch weitern Ausführung der eben dahin ausfallenden übrigen
Rücksichten enthalten zu dürfen. Nicht nur die Verleger, welche jetzt
außer dem jährlichen Canon, noch eine Stempelabgabe entrichten, auch
wenn gleich eine Gesetzsammlung und Amtsblätter vorhanden sind, den-

---

[8] Bei der hier erwähnten Zeitung handelt es sich um die von Heinrich von Kleist her-
    ausgegebenen *Berliner Abendblätter*. Die Zeitung erschien vom 1. Oktober 1810
    (Nr. 1) bis zum 31. Dezember 1810 (Nr. 77) sowie vom 2. Januar 1811 (Nr. 1) bis
    zum 30. März 1811 (Nr. 76). Die Publikationstage von Kleists Zeitung waren Mon-
    tag bis Samstag. Während der ersten drei Monate verfaßte Kleist einen großen Teil
    der Artikel selbst. Sensationell wirkten die lokalen Polizeiberichte, die Kleist durch
    Vermittlung des ihm befreundeten Polizeipräsidenten Justus Karl Gruner zeitweise
    veröffentlichen konnte. Als der Versuch, die Zeitung in ein offizielles Organ umzu-
    wandeln, gescheitert war und nach der Entlassung Gruners im Dezember 1810 auch
    die Polizeiberichte ausblieben, sank das Interesse der Leser. Im zweiten Quartal gab
    Kleist die Redaktion an Friedrich August Kuhn ab, doch war das Scheitern des Blat-
    tes nicht mehr zu verhindern. Da Kleist die Einstellung der *Berliner Abendblätter* als
    Folge von Zensureinwirkungen betrachtete und Anspruch auf Schadensersatz erhob,
    verwickelte er sich in einen heftigen Streit mit dem Staatskanzleramt, der ihn schließ-
    lich nicht nur die Sympathie Hardenbergs, sondern auch die inoffiziell gewährte finan-
    zielle Unterstützung kostete. – Einen Nachdruck der *Berliner Abendblätter* hat 1925
    Georg Minde-Pouet herausgegeben (Faksimiledrucke literarischer Seltenheiten. Band 2,
    Leipzig 1925; Nachdruck hiervon: Darmstadt 1959 [Nachwort und Quellenregister
    von Helmut Sembdner]; erneut erschienen: Darmstadt 1973). Aus der umfangreichen
    Literatur siehe insbesondere Reinhold Steig: Heinrich von Kleist's Berliner Kämpfe,
    Berlin und Stuttgart 1901; Helmut Sembdner: Die Berliner Abendblätter H. v. Kleists,
    ihre Quellen und ihre Redaktion (Schriften der Kleist-Gesellschaft. Band 19), Berlin
    1939. Weshalb neben Ernst Moritz Arndt, Clemens Brentano, Adelbert von Chamisso,
    Wilhelm Grimm, Adam Müller und anderen gelegentlich auch Schleiermacher „zu
    den hervorragendsten Mitarbeitern" der *Abendblätter* gezählt worden ist, bleibt un-
    erfindlich (siehe Walther G. Oschilewski: Zeitungen in Berlin. Im Spiegel der Jahr-
    hunderte, Berlin 1975, hier: 50–51).

noch ununterbrochen eine Menge von Gratis-Insertionen von öffentlichen Anordnungen liefern, können, so lange sie auch in anderm Betracht den Absichten der Regierung gemäß sich einrichten, und ihren Anordnungen Folge leisten, den Schutz derselben bei dem Genuß ihrer mit stetem bedeutenden Kostenaufwande und mancher mit der Natur dieses | [6r] Gewerbes verbundenen besondern Beschwerde erkauften Vortheile allerdings hoffen. Auch dem Staate selbst, und abgesehen von politischen Rücksichten, liegt wesentlich daran, daß ein solches einmal in gutem Gange befindliches Organ öffentlicher Mittheilung aufrecht erhalten werde, da die meisten Anmeldungen von neuen Plänen zu öffentlichen Blättern, so wie auch die vorliegende, der Bereitwilligkeit, einen solchen Dienst für den Staat zu übernehmen, nicht gedenken. Auch das verdient noch erwähnt zu werden, daß es sowohl unbequem als mit manchen andern Inconvenienzen verbunden ist, wenn der Staat diese und jene Aeußerung, die er nach innern oder äußern Staatsrücksichten, auch wohl ohne als Staat sich anzukündigen, zu machen beabsichtigt, selbst in noch mehreren, als zwey Zeitungen erscheinen lassen müßte, um nicht den Zweck einer allgemeinen Verbreitung zu verfehlen.

Wenn ich diese und andere noch vorhandene Gründe gegen die Vermehrung der hier erscheinenden Zeitungen[,] die sich während der unter Leitung der Zweiten Section des Ministerii der auswärtigen Angelegenheiten geschehenen sorgfältigen Censur zahlreich ergeben haben, nicht weiter ausführen zu dürfen glaube; so scheint das Entscheidende der Motive noch weniger ein ferneres Eingehen in die Gründe zu erfordern, womit der p. R e i m e r sein Gesuch noch etwa unterstützen zu können geglaubt hat. Die Aeußerungen sowohl des Gesuches als des beigefügten Planes verrathen gute Absicht und | [6v] soliden Geschmack, auch Rücksicht auf das politische Staats-Interesse. Und der Name des genannten Oberaufsehers für die Redaction würde bei erfolgender wirklicher Thätigkeit desselben ohne Zweifel einem Institute dieser Art zur Ehre gereichen. Alles dieses kann aber die entgegenstehenden Hinderniße der Bewilligung um so weniger aufwägen, da ein Wechsel der Personen bei der Redaction jeden Augenblick vorgehen kann, ohne daß die Regierung davon Kenntniß erhält. Uebrigens enthält auch der vorgelegte Plan nichts Erhebliches, was nicht in den beiden hiesigen Zeitungen und insbesondere in der Haude und Spenerschen, die auch den Nebeninhalt mit gemeinnützigen und interessanten Artikeln ausstattet, geleistet würde. Ew. Excellenz stelle ich daher in allen diesen Rücksichten gehorsamst anheim, den p. R e i m e r dahin zu bescheiden:

daß die Regierung vorzüglich im jetzigen Augenblicke sich nicht bewogen finden könne, die Zahl der hier erscheinenden politischen Zeitungen zu vermehren und daß, wenn man auch das Privilegium der Realschule in irgend eine Rücksicht des Rechts oder der Billigkeit stellen wolle, dasselbe doch eine Zeitung gewöhnlicher Art auch außer der Beschränkung auf ein wöchentlich erscheinendes Blatt niemals begründen könne.

Berlin, den 24sten November 1812.
Küster

3.
Niebuhr an den Geheimen Staatsrat Friedrich von Bülow
Schreiben vom 29. November 1812
GStA PK, I. HA Rep. 74 J.X. Nr. 11, Bl. 14; Anlage: Bl. 15–16

Ew. Hochwohlgebohren wollte ich diesen Vormittag die Einlage persönlich übergeben, um zugleich das Vergnügen zu haben Sie zu sehen, und Ihnen es zu entschuldigen daß ich Sie mit der Sache behellige. Da ich Sie verfehlte, und bey Ihren vielfachen Geschäften befürchten muß Sie leicht auch ein anderes Mal zu verfehlen, muß ich das lezte schriftlich zu ersezen suchen.

Ew. Hochwohlgebohren haben schon vor einiger Zeit Herrn Buchhändler Reimer angewiesen Ihnen sein Gesuch an des Herrn Staatskanzlers Excellenz um Genehmigung, zur Ausgabe einer neuen Zeitung, zu übergeben: Sie haben dasselbe befördert; und sind seitdem mit wiederhohlten Anfragen über den Gang der Sache behelligt worden. Da ich auf den Fall der Realisation des Vorhabens einen Antheil an der Unternehmung habe, finde ich es nicht unzweckmässig zu thun was vielleicht in der Eingabe der Realschulbuchhandlung nicht vollständig genug geschehen ist, nämlich die Gründe welche für dasselbe reden, und die Beantwortung der einzig möglichen gegen dasselbe zu erhebenden Schwierigkeiten aus einander zu sezen.

Dazu dient die Einlage; lassen Ew. Hochwohlgebohren mich Sie bitten diese zu beherzigen, und, wenn Sie dadurch, wie ich gewiß nicht bezweifele, überzeugt werden, gehöriges Orts vorzulegen und zu unterstüzen. Von der Befugniß der Sache kann, nach einem Privilegium und dem Gesez über die Gewerbe- | [14v] freyheit offenbar gar nicht verneinend die Rede seyn. Was sonst in der Anlage auseinandergesezt ist zu wiederhohlen wäre überflüssig, nur das nicht, daß Ew. Hochwohlgebohren gewiß selbst überzeugt seyn werden daß eine von mir geleitete Zeitung, stünde sie auch nicht unter der Censur, für die eigentlich alles zu bändigen ist, zuverlässig niemals den Staat compromittiren könne: denn Sie müssen es wissen, und können darüber richten, ob ich den tollen Kizel Mancher habe die Verhältniße des Staats zu vergessen und den Übermächtigen zu reizen, oder vielmehr, ob ein historisches Gemüth für die politische Beschränkung der Schreibfreyheit Entschädigung an manchen Gegenständen finden wird[,] die lehrreich, nicht ein bloßes Schauspiel sind, und versäumt werden.

Um eine baldige Entscheidung würden wir geziemend um so mehr bitten da es nicht gleichgültig ist ob die Zeitung ihren Anfang mit dem neuen Jahre nehmen könne: Dieses aber bey längerem Verzuge ganz unmöglich fällt.

Ich schmeichle mich, um nur dieses zu bemerken daß die in einer sehr zahlreichen Sammlung fremder Blätter vorkommenden statistischen politischen Notizen welche ich ausziehen lassen würde, sobald Se. Excellenz der H.[err] Staatskanzler es wünschte, für ihn, und für Ew. Hochwohlgebohren nicht gleichgültig seyn würden. Da nun die Realschulbuchhandlung nicht eine Gunst [erbittet,] sondern nur bittet wozu die Gesezgebung berechtigt, so zweifle ich an der Gewährung nicht.

Mit ausgezeichneter Hochachtung empfehle ich mich Ew. Hochwohlgebohren.

Niebuhr

[Berlin] 29. Novbr. 1812.

[Notiz am Rand]

Zu den Acten, da ad Nr. 1415b verfügt ist.[9]
Berlin 2. Dec. 12.
H[arden]b[er]g. Bülow.

[Anlage]

Erklärung über die Befugnis der Realschulbuchhandlung, eine neue Zeitung auszugeben

Die Realschulbuchhandlung darf erwarten daß ihre Befugniß eine neue Zeitung auszugeben aus zwey Gründen anerkannt werden wird: zuerst wegen des ihr früher ertheilten und von ihr benuzten, nachmals, als sie die Benuzung eine Zeitlang schon unterlassen hatte, ausdrücklich confirmirten Privilegii: dann aber zufolge der allgemeinen Gewerbefreyheit, wodurch auch die Liegnizer Zeitung seit einem Jahre mit Genehmigung der höchsten Gewalten entstanden ist.

Wollte man sie nicht nach dem Sinne sondern nach dem Buchstaben des Privilegii derselben auf die wöchentliche Ausgabe eines einzigen Blatts beschränken, so würde dies ungerecht seyn, weil die Gewerbefreyheit allgemein ertheilt ist, und kraft derselben Jeder, unter der Aufsicht der Polizeybehörden, das unbezweifelte Recht hat ein Blatt dieser Art heraus-

---

9   Hardenberg bezieht sich auf einen ablehnenden Bescheid, der behördenintern am 2. Dezember 1812 verfaßt wurde (GStA PK, I. HA Rep. 74 J.X. Nr. 11, Bl. 10–11). Reimer wurde die Ausfertigung am 11. Dezember zugestellt (Ebd., Bl. 12–13). Siehe dazu: Band I, S. 389–390.

zugeben. Es hat ferner mit den beyden andern Zeitungen keine andere
Bewandniß, und vorzüglich mit der Spenerschen die gar kein eigentliches
Privilegium hat.[10]

Mithin kann die Realschulbuchhandlung die Genehmigung ihres Vorhabens auf dieselbe Weise sich ehrerbietigst erbitten, wie jeder Privatmann
die Betreibung irgend einer Unternehmung anzufangen berechtigt, doch
aber der betreffenden Behörde davon Anzeige zu machen verpflichtet ist.

Wie es sich nun in diesem Fall nur frägt: einmal, ob die Unternehmung
eine nüzliche sey (wovon jedoch nach dem Princip der Gewerbefreyheit die
Behörden nicht einmal Veranlassung nehmen würden ihre Genehmigung
zu versagen, wofern sie nur nicht schädlich ist) zweytens aber, ob polizey-
liche Gründe ihr entgegenstehen? so werde ich beyde Gesichtspunkte für
die Realschulbuchhandlung beleuchten.

Zuerst läßt sich die, aus dem Mangel entstandene Unzulänglichkeit
der beyden hiesigen Zeitungen zuverlässig nicht bestreiten. Sie werden
ganz ohne Wahl und Zweckmässigkeit zusammengeschrieben, weil man
des Debits gewiß ist, wie schlecht auch die Zeitung geräth. Es ist immer
anerkannt worden daß keine Zeitungen weniger für das Land selbst ge-
schrieben sind als die unsrigen: man | [15v] vergleiche nur mit ihnen die
französischen, oder selbst die österreichischen. Je mehr es der so oft geäußerte Zweck der Regierung ist die isolirten Provinzen zu einem Staate
zu verbinden, um so förderlicher muß sie es für diesen Zweck finden wenn
eine Zeitung diesen Gesichtspunkt auffaßt, und eben dahin strebt[,] durch
Notizen aller Art, (deren Mittheilung selbst die Regierung, sobald das
neue Blatt seine Zweckmässigkeit erweist, angemessen finden wird, wie
ich gar nicht zweifle) eine einheimische preussische Landeszeitung zu werden. Die Censur gewährt der höchsten Verwaltung das unfehlbare Mittel

---

[10] König Friedrich II. verfolgte bei Amtsantritt den Plan, „das Zeitungswesen in der
Hauptstadt zu heben". Zu diesem Zweck gestattete er die Herausgabe zweier neuer
Zeitungen. Im einen Fall handelte es sich um das französische *Journal de Berlin*, im
anderen um eine Zeitung, die der Buchhändler Ambrosius Haude (1690–1748) unter
dem Titel *Berlinische Nachrichten von Staats- und Gelehrten-Sachen* herausgeben
wollte. Das hierfür erteilte Privileg verlieh der König an Haude „für den geringen
,Canonem' von 20 Reichsthalern an die Rekrutenkasse, weil Haude ihm seiner Zeit
heimlich die verbotenen französischen Bücher nach Rheinsberg geliefert hatte". Da
aber der Drucker Rüdiger, der unter anderem die 1704 gegründete *Berlinische Pri-
vilegierte Zeitung* (genannt zunächst die *Rüdigersche*, später die *Vossische Zeitung*)
druckte, „kraft feierlichen Privilegs ,einzig und allein' befugt war, die Berlinischen
Zeitungen zu drucken, so lautete für Haude die Erlaubnis dahin, daß es ihm nur
gestattet sei, den ,Potsdammischen Merkurius', ein kleines Blättchen, das er einmal
vor drei Jahren kurze Zeit herausgegeben hatte, in Berlin unter anderem Titel fortzusetzen" (Ludwig Salomon: Geschichte des deutschen Zeitungswesens von den ersten
Anfängen bis zur Wiederaufrichtung des Deutschen Reiches. Erster Band: Das 16.,
17. und 18. Jahrhundert, Oldenburg und Leipzig 1900, 121). Auf diese schwache
rechtliche Grundlage der Spenerschen Zeitung spielt Niebuhr in seinem Schreiben an.

auch hier von der Bekanntmachung auszuschliessen, was sie dazu nicht geeignet findet.

Die Blicke der Einwohner auf die innern <u>nicht politischen Verhältnisse des Staats</u> hinzuwenden, und der Bewohner jeder Provinz auf die ihrer Mitunterthanen in andern Provinzen, heißt gewiß auf die passendste Weise dem politisiren entgegenarbeiten. Für den Leser unserer Zeitungen ist aber unser Staat gar nicht vorhanden: er sieht nur auf das Ausland hin, und vernimmt nur die Gegenstände von deren vorherrschender Verhandlung eben die Politik die Gemüther gern abziehen möchte, die sich aber gradehin durchaus nicht verdrängen lassen: oder neben den Kriegsvorfällen alberne Anecdoten und Nichtswürdigkeiten welche wahrhaftig die Aufmerksamkeit nicht theilen.

Dies wird aber in großem Maass erreicht wenn ein fachkundig geschriebenes Blatt Notizen zur Länderkunde und innern Geschichte andrer Staaten sammelt; wie sie z.B. in den französischen Zeitungen oft von großem Werth vorkommen. Von der innern Administration, der Gesezgebung andrer Staaten erfährt der hiesige Leser nichts wenn er sich nicht die Kosten und Mühe macht (für die meisten beyde nicht darauf zu verwenden) fremde Blätter zu lesen. Nicht davon zu reden daß es für den preussischen Leser unter dem Druck der Zeit, eine beruhigende und mit dem Schicksal versöhnende Kenntniß gewährt wenn er erfährt welche Maasregeln in Österreich, Ungarn, Bayern etc. unter dem Druck derselben Umstände genommen werden, so ist eine solche allgemeine Kenntniß eben für den deutschen Sinn gemacht. Ja, bey einer äusserst vollständigen Sammlung fremder Blätter, deren Circulation <u>erlaubt</u> ist, würde die Redaktion im Stande seyn dem Ministerium aus denselben gezogene Notizen vorzulegen welche vielleicht manches | [16r] in ein helleres Licht stellen als officielle Berichte.

Für das Publikum wird, ganz vorzüglich in unsern Zeitungen, der in jeder Hinsicht noch immer so äusserst reichhaltige Moniteur, durchaus nicht ordentlich benuzt.

Nüzlich für den Staat, sogar seiner Aufmunterung werth, muß das Unternehmen deswegen befunden werden, weil es notorisch und in der Sache selbst gegründet ist daß eine neue Zeitung keineswegs eine ihrem Debit gleiche Anzahl von Exemplaren der früher bestehenden verdrängt, daher für den Staat eine Stempeleinnahme von ein Paar Tausend Reichsthalern über den jezigen Betrag mit Gewißheit vorauszusagen ist.

In Hinsicht des <u>zweyten</u> Punkts kann ich folgendes bemerken:

Zuerst daß ich meinen persönlichen Charakter politischer Besonnenheit und Unbefangenheit zum Unterpfand geben kann, daß die Censur leicht weniger Mühe als bey den schon bestehenden finden wird: indem ich mich bey dem Unternehmen dergestalt interessire daß die Redaction theils von mir selbst, theils unter meiner strengsten Revision Statt haben wird; wobey ich wiederhohle daß es bekannt seyn muß daß ich keines-

wegs zu denen gehöre welche ein unwiderstehlicher Kizel treibt gegen den
Stachel zu löcken.

Dann aber, daß die Censur ganz in demselben Verhältniße zu der neuen
Zeitung stehen wird wie zu den früheren: also entweder gar keine, oder
diese ebenso wohl geduldet werden muß. Die Veränderung der Tage der
Publication erleichtert das Geschäft. Weil aber dabey allerdings eine neue
Arbeit entsteht, so wird die Realschulbuchhandlung willig seyn, und ich bin
befugt dies in ihrem Nahmen zu erklären, eine bey Ertheilung der gnädigen Genehmigung Seiner Exzellenz des Herrn Staatskanzlers, derselben, so
lange die Zeitung besteht, aufzulegende jährliche Remuneration von Zwey-
hundert Reichsthalern an die politische Censurbehörde zu entrichten.

Wie nun, nach Privilegium und allgemeiner Gesezgebung, die Buchhandlung berechtigt ist die Zeitung herauszugeben, so hoffe ich dargethan
zu haben daß kein Grund im Wege steht aus besondern Rücksichten, eine,
unter so vielen Gesichtspunkten als möglich sich empfelende Unternehmung, gegen die unläugbare rechtliche Befugniß zu hemmen.

29. November 1812.

Niebuhr

4.
Scharnhorst an Hardenberg
Schreiben vom 9. März 1813
GStA PK, I. HA Rep. 74. J.X. Nr. 13, Bl. 1

Euer Exzellenz gebe ich mir die Ehre, gehorsamst anzuzeigen, wie mir
durch den Prediger S c h l e i e r m a c h e r der Vorschlag zur Herausgabe
einer Zeitung gemacht worden ist, die, von Berlin ausgehend, bestimmt
seyn soll, das teutsche Publikum, den gegenwärtigen politischen Zwekken
gemäß, zu dirigiren und von den laufenden Begebenheiten zu unterrichten.
Es scheint mir eine solche Veranstaltung Bedürfnis der Zeit, und der Prediger S c h l e i e r m a c h e r ganz der Mann zu seyn, dem man die Leitung
dieser Sache übertragen könnte. Ich stelle es demnach dem Ermessen Eurer Exzellenz anheim, ob es nicht zwekmäßig seyn dürfte, an ihn deshalb
eine ausdrükliche Aufforderung ergehen zu lassen, und ihn förmlich zu
der Herausgabe einer solchen Zeitung zu autorisiren.

Breslau den 9. März 1813.

Scharnhorst

[Notiz am Rand]
ad acta mit Bezug auf die spätere Verfügung.
den 10 / 4. 13. Hbg.

5.
Scharnhorst an Hardenberg
Schreiben vom 12. März 1813
GStA PK, I. HA Rep. 74. J.X. Nr. 13, Bl. 4

Euer Exzellenz habe ich bereits vor einigen Tagen die Ehre gehabt, auf die Nothwendigkeit einer den jezzigen Verhältnissen angemessenen Zeitung gehorsamst aufmerksam zu machen. So eben erhalte ich ein abermaliges Ersuchen des Staatsrath N i e b u h r , welches auf diese Angelegenheit bezug hat, und von dessen Tendenz Hochdieselben bereits durch frühere Anträge unterrichtet sind. Ich glaube kaum nötig zu haben, Euer Exzellenz bemerklich zu machen, wie wichtig und unentbehrlich ein solches Blatt ist, in welchem sich die Regierung öffentlich auf eine würdige Art ausspricht; und daß der Staatsrath N i e b u h r in jeder Rüksicht ein Subject sey, dem man diese Angelegenheit anvertrauen könne. Die Schwierigkeiten, welche man wegen des Privilegiums früher gefunden hat, scheinen | [4v] unter den jezzigen Verhältnissen nicht wohl mehr statt zu finden, und ich ersuche Euer Exzellenz daher auf das dringendste, dem Begehren dieses Mannes zu willfahren, ihn zu der Herausgabe einer neuen Zeitung zu autorisiren, und alle deshalb nötigen Verfügungen so schnell als möglich geneigtest zu treffen.

Der Major von R ü h l e , der Euer Exzellenz diesen Brief überbringt, wird im Stande seyn, Ihnen über Eines und das Andere einen nähern Aufschluß zu geben.

Breslau den 12. März 1813.
Scharnhorst

[Notiz am Rand]
ad acta. [Hbg.]

6.
Scharnhorst an Hardenberg
Schreiben vom 18. März 1813
GStA PK, I. HA Rep. 74. J.X. Nr. 13, Bl. 2

Ich kann nicht umhin, Euer Exzellenz nochmals auf das dringendste anzuliegen, daß Sie die Geneigtheit haben mögen, wegen der Redaktion der von mehrern Berliner Gelehrten in Vorschlag gebrachten neuen Zeitung, auf das schleunigste zu verfügen. Es kann nicht fehlen, daß die fortdauernde Zögerung in dieser Angelegenheit, die im eigentlichsten Sinne Bedürfnis des <u>Augenbliks</u> ist, und die Weigerung, den ausgezeichnetsten

und wohlgesinntesten Männern die Erlaubnis zu diesem Geschäfte zu
ertheilen, einen höchst nachtheiligen Einfluß auf das ausländische und
inländische Publikum, und insonderheit auf die Bewohner der Residenz,
äußern muß. Ich erhalte täglich und von allen Seiten Briefe, welche mit
den bittersten Beschwerden erfüllt sind, daß man bei der unerhörten Erbärmlichkeit der Berliner Zeitungen, sich schlechterdings nicht entschließen will, die Herausgabe einer bessern Zeitung zu gestatten, und es ist
sehr natürlich, daß dieses nicht allein jene würdigen Männer, welche sich
dazu erboten haben, sondern überhaupt | [2v] jeden Patrioten in eine un-
glückliche Stimmung versezzen muß. Ich sehe in der That nicht ein, was
einem so gerechten Begehren Gründliches entgegengestellt werden kann.
Die Redakzion einer Zeitung, die von dem Hauptquartier des Königs ausgehen soll, ist eine so weit aussehende Sache, daß sich gar nicht absehen
läßt, ob und wann sie wirklich zu Stande kommen wird.[11]
Mein dringendes Gesuch an Euer Exzellenz gehet demnach dahin, daß
Sie geneigtest, ohne weiteren Aufschub, die Ihnen bereits bekannten Männer autorisiren, die in Vorschlag gebrachte Zeitung von Berlin aus (unter
ihrer eigenen, oder wenn es seyn muß, einer andern sichern Zensur) sofort
zu redigiren und in das Publikum zu versenden.
Breslau, den 18. März 1813.
Scharnhorst

[Notiz am Rand; Bl. 2r]

Die Herausgabe der neuen Zeitung welche Herr Geh. St. Rath Niebuhr
und H. Professor Schleiermacher redigiren wollen wird auf die Dauer
der gegenwärtigen Verhältnisse genehmigt. Sie stehet unter Censur des
Dep.[artements] der ausw. Angelegenheiten.
20/2 - 13
Jordan

7.
Hardenberg in Breslau an Schuckmann in Berlin
Schreiben (Entwurf) vom 25. März 1813
GStA PK, I. HA Rep. 74 J.X. Nr. 13, Bl. 3r

An des Königl. GStRaths Herrn von Schuckmann Hochwohlgeborn Berlin.
Der GStRath Staatsrath Niebuhr und der Herr Professor Schleiermacher
wollen gemeinschaftlich eine neue Zeitung redigiren.

---

[11] Die hier angesprochene beabsichtigte Gründung einer vom Hauptquartier ausgehenden
Zeitung wurde erst im Oktober 1813 in Gestalt der *Preussischen Feldzeitung* realisiert.

Ich habe diesen Antrag für die Dauer der gegenwärtigen Verhältnisse genehmigt und die Censur derselben dem Königl. Departement der auswärtigen Angelegenheiten übertragen, wovon ich Ew. pp. hierdurch benachrichtige.

8.
Hardenberg an von der Goltz in Berlin
Verfügung (Entwurf) vom 25. März 1813
GStA PK, I. HA Rep. 74 J.X. Nr. 13, Bl. 3r

An des Königl. Geheimen Staats und Cabinets Ministers Herrn Grafen v. d. Goltz Excellenz in Berlin.
Der GStRath Niebuhr und der Professor Schleiermacher intendiren gemeinschaftlich die Redaction einer neuen Zeitung.
Ich habe dazu für die Dauer der gegenwärtigen Verhältnisse meine Einwilligung gegeben, und ersuche, Ew. Excellenz ganz ergebenst die Censur derselben bei Ihrem Departement geneigtest zu veranlassen.

9.
Hardenberg an Niebuhr und Schleiermacher
Schreiben (Entwurf) vom 25. März 1813
GStA PK, I. HA Rep. 74 J.X. Nr. 13, Bl. 3

An den Herrn GStRath Niebuhr und den Herrn Professor Schleiermacher Hochwohlgebohren in Berlin.
Die von pp. beabsichtigte Redaction einer neuen Zeitung für die Dauer der gegenwärtigen Verhältnisse genehmige ich hierdurch, und habe bereits die dortigen Behörden davon | [3v] in Kenntniß gesetzt.
Die Censur derselben ist dem Königl. Departement für die auswärtigen Angelegenheiten übertragen worden, und haben Sie Sich deshalb für die Folge an dasselbe zu wenden.

10.
Hardenberg an Scharnhorst
Schreiben (Entwurf) vom 25. März 1813
GStA PK, I. HA Rep. 74 J.X. Nr. 13, Bl. 3v

An des Königl. General Lieutnant Herrn von Scharnhorst Excellenz.
Ew. pp. benachrichtige ich in Beantwortung Ihrer geehrten Zuschrift vom 18ten d. M. daß ich heut den Herrn GStRath Niebuhr und Professor

Schleiermacher meine Genehmigung zur Redaction einer neuen Zeitung
für die Dauer der gegenwärtigen Verhältnisse ertheilt habe.

Sämmtliche betreffende Behörden sind davon in Kenntniß gesetzt und
die Censur derselben ist dem Departement der auswärtigen Angelegenheit[en] übertragen worden.

11.
Das Militärgouvernement (L'Estocq und Sack) in Berlin an Hardenberg
Schreiben vom 25. März 1813
GStA PK, I. HA Rep. 74 H. III. Nr. 3, Bl. 34–37; zitiert: 36–37

Die nachfolgend wiedergegebene Passage steht im Anschluß an einge-
hende Ausführungen zu behördenorganisatorischen Fragen (Bl. 34–36).
Die Absender erklären gegenüber dem Staatskanzler, daß aufgrund der
Neuregelung der Polizeiverhältnisse unter dem Chef der Sicherheitspolizei,
Fürst [Sayn-]Wittgenstein, das bisher von dem Staatsrat von Bülow ausge-
übte Amt des Leiters der Höheren Zensur überflüßig sei. Sie beantragen,
daß die Kontrolle der politischen Schriften dem Militärgouvernement
übertragen werde.

[...]
Wir bitten daher ganz ergebenst, dem HE. Geheimen Staatsrath von Bülow
hiernach die nötige Eröfnung zugehen zu laßen und dabei zu gleicher Zeit zu
bestimmen, daß das Militair-Gouvernement fortan mit der durch die Allerhöchste Cabinetsordre vom 15ten Februar 1811 angeordneten höheren
Censur derjenigen Schriften und Aufsätze beauftragt sei, welche die Staats-
verfaßung und Verwaltung betreffen, oder zugleich politischen Inhalts
sind, insofern in dem lezteren Betrachte, deren Abgabe an die gewöhnliche
politische Censur bei dem Departement der auswärtigen Angelegenheiten
nicht unbedenklich ist.

Was die letztere betrift, so sind wir so frei, Ew. Excellenz darauf gehorsamst aufmerksam zu machen, ob es nicht sehr zweckmäßig sein möchte,
die Zensur unserer hiesigen Zeitungen, welche endlich ihren bisherigen
lahmen Ton seit 8. Tagen umzustim- | [36v] men angefangen haben, dem
Staatsrath Roux zu übertragen. Der Geheime Staatsrath Renfner ist bekanntlich so ängstlich, daß diese Veränderung noch jezt uns sehr nöthig
scheint, obwohl sie früher schon wünschenswerth war.

Da übrigens die Wirkung gut redigirter Aufsätze zur Erhaltung und
Verstärkung des Sinnes, welcher die Nation electrisirt, hinlänglich erprobt
ist, so haben wir unserer Seits dazu am besten dadurch mitzuwirken geglaubt, daß wir die Herausgabe eines periodischen Blattes, unter dem

Titel: Historische Kriegs.Blätter veranlaßt haben, welches einfach und
mit Würde zu dem Volke von deßen heiligsten Interessen reden, und die
öffentliche Meinung, welche uns so mächtig zur Seite steht, mehr durch
Ueberzeugung als durch Ueberredung, mehr durch Darstellungen als durch
Worte an uns fesseln soll.[12] Wir werden dabei überall auf den Umstand
Rücksicht nehmen laßen, daß das französische Volk von dem Oberhaupte
deßelben und seinen Anhängern beständig getrennt, und nicht in dem gewöhnlichen Tone der Tages-Broschüren beides auf eine, mit Recht nicht
allen angenehme Weise vermischt werde.

Schon um dieser Rücksicht wegen wünschen wir, daß Ew. Excellenz
auch wegen der höhern Censur nach unserem Antrage schleunigst ver-
fügen mögen, zu welchem wir nur durch den heis- | [37r] sen Wunsch
veranlaßt sind, unserm Berufe auch in dieser Hinsicht treu nachzukommen und zu dem Ende keines der nötigen Mittel zu entbehren.

Berlin, den 25ten März 1813.

L'Estocq. Sack.

12.

Das Militärgouvernement an den Zensor Le Coq
Schreiben vom 26. März 1813
Zitiert nach Paul Czygan: Zur Geschichte der Tagesliteratur während
der Freiheitskriege. Band II/1, Leipzig 1909, 67

Berlin, den 26. März 1813.

Ew. Hochw. benachrichtigen wir hierdurch, daß wir dem Geh. St.-R.
Niebuhr hierselbst die Erlaubnis erteilt haben, ein politisch-historisches
Wochenblatte im Verlage der hiesigen Realschul-Buchhandlung heraus-
zugeben.

Wir beauftragen Sie hierdurch, die Censur dieses Wochenblatts einstweilen zu übernehmen, und hegen zu Ihnen das Vertrauen, daß Sie sich
diesem Geschäfte auf eine liberale und unsern Verhältnissen angemessene
Weise unterziehen werden.

In zweifelhaften Fällen, haben Sie, sowie in allen Fällen, wo es auf Cen-
surbestimmungen ankommt, bei uns anzufragen, da des Königs Maj. uns
zunächst mit der höhern Polizei zwischen der Elbe und Oder beauftragt
haben.

L'Estocq. Sack.

---

[12] Zu den *Historischen Kriegsblättern* siehe das Schreiben Hardenbergs an die Ober-
    Regierungskommission in Berlin vom 9. März 1813; abgedruckt bei Paul Czygan:
    Zur Geschichte der Tagesliteratur während der Freiheitskriege. Band II/1, 58.

13.

*Barthold Georg Niebuhr: Die Freiheit der Rede und der Schrift [Zur Er-
öffnung des „Preußischen Correspondenten"], in: Der Preußische Correspondent. Nr. 1 vom 2. April 1813, Sp. 1–3.*

Die Freiheit der Rede und der Schrift ist uns wiedergegeben, wie die des
Handelns. Das Handeln leiten die Geseze des Königs: die Verwirklichung
weiser Entwürfe des Monarchen, von unerschütterten und auf Gott ver-
trauenden Feldherren durchdacht und vorbereitet, während der Menge
die Erscheinung freier Tage eine leichtblütige Täuschung, und nichts als
ein Pfad in den immer grundloseren Abgrund der Knechtschaft vor uns
zu liegen schien. Das Gefühl der Noth, das Beispiel erhabener Völker, der
Anblick der Gerichte Gottes, erweckte auch in der ganzen Nation den Instinct der Rettung; er kam den Verordnungen des Königs entgegen; und
die Geseze des Monarchen waren wie einmüthig angenommene Beschlüsse
einer Volksgemeinde.

Wir waren, nach unsern Vätern, in die Erschlaffung und feige Faulheit
versunken gewesen, die seit dem dreissigjährigen Kriege Deutschland zu
untergraben begonnen hatten. Gott mußte uns züchtigen um uns zu hei-
len. Aber es ist ihm genug, was er an uns gethan: er erbarmt sich unser,
weil wir uns von unseren Sünden bekehren: er hat sein Erbarmen gezeigt
durch die Ausdauer Grosbritaniens, durch den Segen mit dem er diese edle
Insel belohnt, durch die Begeisterung der Spanier und Portugiesen, durch
den Heldenmuth und die Aufopferung der Russen, durch den Todesengel
der mit den Russen kämpfte und Frankreichs Heere vertilgte.

Unsere Zeit und die unserer Väter war so tief gesunken, so verirrt,
daß als der Krieg Frankreichs gegen die Welt vor ein und zwanzig Jahren
begann, eine hochverrätherische Parteylichkeit für die ewigen Feinde des
Vaterlandes, die welche Friedrich den Großen verließen und zu Grunde
richten wollten, die, in denen er, noch in den letzten Jahren seines Lebens
einst die nothwendigen Feinde Preußens, und des mit ihm wieder versöhn-
ten Oesterreichs voraussah – Parteylichkeit für sie, und Haß und Hohn gegen die Widersacher der Revolution die öffentliche Meinung tyrannisirten.
Wir hatten die Denkfreiheit, die Friedrich schuf: die Anhänger Frankreichs
misbrauchten sie um das Vaterland zu untergraben. Eins allein mindert
unsere Schande, daß in ganz Deutschland gesündigt ward wie hier.

Von den wohlthätigen Züchtungen Gottes die wir erfahren, und wie
wir ihm dafür danken müssen, werden wir oft reden. Denn, ihm sey Dank,
wir dürfen es uns sagen, sie waren endlich nicht mehr vergeblich: unsere
Verstockung ist geheilt. |

[2] Wir misbrauchten die Schreibfreiheit: unseelige Thoren, verruchte
Verbrecher wendeten sie gegen das Vaterland. Darum haben wir sie entbehren müssen bis ein gesunder Volkssinn ihren Misbrauch unmöglich

machte. Es ist eine unbeschreibliche Seeligkeit, daß wir den Tag erlebt haben, daß die Worte des Königs das beste Gefühl eines jeden Bürgers, vom Höchsten bis zum Geringsten ausdrücken. Das ist die Freyheit, das ist die Gleichheit, aus deren Nahmen vor zwanzig Jahren teuflische Götzenbilder geworden waren.

Wir haben Jahre durchlebt, in denen wir stumm sitzen mußten. Wir mußten jedes Wort ersticken, was Liebe für den König und das Vaterland bey dem Anblick und Mitgefühl ihrer Leiden hervorriefen. Wir durften nicht bewundern, was groß und tugendhaft in der Gegenwart war: schon kam es dahin, daß der Furchtsame sich scheute von den längst verflossenen Jahrhunderten zu reden. Die Besten schwiegen über das Elend der Gegenwart und ihre Gräßlichkeiten: die Furchtsamen verstanden sich zu abscheulichen Huldigungen. Täglich und stündlich mußten wir verbeißen und verschmerzen, was wir sahen und erlitten: und schon suchte der Leichtsinnige es sich in seinen Fesseln bequem zu machen: noch eine kleine Zeit, und wir verdarben ganz.

Das war heilsam, daß wir einsehen lernten, es bedürfe des Handelns, der Arm rette nur mit den Waffen, nicht mit der Feder.

Doch auch sie ist jezt nicht nuzlos, da Gott unsere Ketten gebrochen hat. Wir müssen uns besinnen, wir müssen das lange entwöhnte Licht wieder gebrauchen lernen, und um so mehr da wir es in den früheren Zeiten des äußeren Glücks nicht zu gebrauchen wußten. Der Deutsche muß klar einsehen, was er zu thun hat, er bedarf der Reflexion und des Begriffs. Wir müssen wie Erlösete denken und handeln, nicht wie die, welche ihre Fesseln wild gesprengt haben.

Wir müssen noch nicht genießen wollen, sondern nur siegen und unser Vaterland befreyen und seine Freyheit fest begründen.

Wir müssen in allen allgemeinen Dingen zum gesunden Gefühl, zum gesunden Urtheil zurückkehren: alles nach der Wahrheit betrachten und achten.

Die Rettung liegt in unsern Händen. Das Glück hat schon mehr gethan als der frömmste Schwärmer je hoffen durfte. Vom Glück wollen wir nicht mehr fordern als Gott uns schon gewährt hat. Wir müssen | [3] nie träumen oder täuschen, daß der Feind schwächer, der Kampf leichter sey als er ist. Es schadet ja nichts daß man höret, daß er noch mächtig ist, daß er große Schaaren versammelt und heranführt, da wir uns stark wissen und die edeln Bundesgenossen unsers Königs; da wir nur die Wahl haben welche der König ausgesprochen hat, und nur darum des Lebens froh sind, weil von keiner andern die Rede seyn kann.[13] Von uns hängt es ab daß

---

[13] Der königliche Aufruf „An mein Volk" vom 17. März 1813 endet mit folgenden Worten: „Aber, welche Opfer auch von Einzelnen gefordert werden mögen, sie wiegen die heiligen Güter nicht auf, für die wir sie hingeben, für die wir streiten und siegen

die Macht des Vaterlands wachse, und wie sie wächset und sich begründet, nimmt die des Feindes ab.

Cäsar redete zu seinen Soldaten vor der Schlacht, und vergrösserte die Zahl der feindlichen Streitkräfte, damit jeder der Seinigen alle anwende, welche ihm die Natur verliehen hatte. Dann war er des Siegs gewiß.

14.
Niebuhr an Hardenberg in Breslau
Schreiben vom 3. April 1813
GStA PK, I. HA Rep. 74. J.X. Nr. 13, Bl. 7

Ew. Excellenz statte ich den ehrerbietigsten Dank für die mir gewährte Erlaubniß zur Herausgabe einer Zeitung ab. Aus den beyden ersten Nummern welche Ew. Excellenz durch die heutige Post schuldigst übersandt werden, werden Sie ersehen in welchem Geist ich diese Zeitung verfasse, und des mir geschenkten Vertrauens würdig befunden zu werden hoffe.

Die Teilnahme des Herrn Professors Schleiermacher hat Seine Excellenz Herr Generallieut. v. Scharnhorst nach einem Misverständnisse eines Briefs desselben vorausgesetzt.[14] Ich allein verfasse die Zeitung, im Verlag der Realschulbuchhandlung.

Ich hoffe daß diese Zeitung es verdient von Ew. Excellenz zu officiellen Bekanntmachungen in Hinsicht auf den Krieg gebraucht zu werden: und vertraue fest daß bey Zusendungen an die hiesigen Zeitungen zum Zweck solcher Bekanntmachungen die meinige nicht übergangen werden wird.

Berlin, den 3. April 1813
Niebuhr

[Notiz]
ad acta den 10 / 4 - 13. Hbg

---

müssen, wenn wir nicht aufhören wollen, Preußen und Deutsche zu seyn. Es ist der letzte entscheidende Kampf den wir bestehen für unsere Existenz, unsere Unabhängigkeit, unsern Wohlstand; keinen andern Ausweg giebt es, als einen ehrenvollen Frieden oder einen ruhmvollen Untergang. Auch diesem würdet Ihr getrost entgegen gehen um der Ehre willen, weil ehrlos der Preuße und der Deutsche nicht zu leben vermag. Allein wir dürfen mit Zuversicht vertrauen: Gott und unser fester Willen werden unserer gerechten Sache den Sieg verleihen, mit ihm einen sicheren glorreichen Frieden und die Wiederkehr einer glücklichen Zeit" (zitiert nach: Schlesische privilegirte Zeitung. Extrablatt zu Nr. 34 vom 20. März 1813, Sp. 1–2, hier: 2).

[14]	Hierzu siehe Scharnhorsts Schreiben an Schleiermacher vom 8. März 1813, in dem Scharnhorst von einer Übernahme der Redaktionsgeschäfte durch Schleiermacher ausgeht (Schleiermacher-Nachlaß 368; vgl.: Band I, S. 390).

15.

Renfner im Namen des Ministers Goltz an die preußischen Gesandten in Wien, Kopenhagen und Stockholm
Schreiben vom 4. Mai 1813
Zitiert nach Paul Czygan: Zur Geschichte der Tagesliteratur. Band II/1, 68

Il paraît à Berlin depuis le commencement d'avril une nouvelle gazette allemande, intitulée D e r p r e u s s i s c h e C o r r e s p o n d e n t, dont M. le conseiller intime d'Etat N i e b u h r est l'entrepreneur et l'auteur. Cette feuille se distinguant éminement, tant par la sagacité de la rédaction que par la fraîcher des nouvelle militaires, S. E. le Cte de Goltz a cru qu'elle pourrait être utile et agréable à nos missions principales. Il a donc retenu quelques exemplaires, et il y en a un qu'est destiné pour vous, Mr. Ci-joint quelques-uns des derniers numéros. Les précédents seront complettés successivement, et les futurs vous parviendront à mesure qu'ils paraîtront.
Renfner.

16.

Der Zensor Schultz in Berlin an Hardenberg
Schreiben vom 6. Juli 1813
GStA PK, I. HA Rep. 74 J.X. Nr. 5. Band I, Bl. 86 (textgleiche Abschrift: Ebd., Bl. 95r)

Ew. Exzellenz
überreiche ich unterthänigst in der abschriftlichen Anlage diejenige Vorschriften welche ich den hiesigen Zeitungs.Redactoren, um in ihr Geschäft mehr Planmäßigkeit, Aufmerksamkeit, Ordnung, und Übereinstimmung zu bringen, und um gewissen Mißbräuchen und schädlichen Zumutungen bey Zeiten vorzubeugen, ertheilen zu müßen, nützlich erachtet habe.[15]
Sie gründet sich genau auf die mir von des Herrn Staats- und Kabinets Ministers Grafen v. d. Goltz Exzellenz, und den stellvertretenden, hier anwesenden Mitgliedern des Departements der auswärtigen Angelegenheiten sowohl schriftlich als mündlich gegebenen Instruction, und auf die Überzeugung, daß die in selbigen enthaltenen Grundsätze, der Ehre und Würde eines Souverains, wie der Unsrige ist, und dem wahren Interesse seiner Krone, von dem das des Landes unzertrennlich ist, allein angemessen sind.

---

[15] Siehe Nr. 17.

Aus diesen Gründen darf ich mir die zuversichtliche Hofnung erlauben, daß Ew. Exzellenz höhere Sanction und Billigung, meiner Anweisung nicht ausstehen wird, und daß Hochdieselben mich autorisiren werden, auf deren pünktlicher Befolgung von Seiten der Redactionen, fernerhin zu bestehen.

17.
Zirkular des Zensors Schultz an die Redakteure der drei Berliner Zeitungen vom 6. Juli 1813
GStA PK, I. HA Rep. 74 J.X. Nr. 5. Band I, Bl. 87–88 (Abschrift: Ebd., Bl. 96–97r)

[weitere Abschriften:
GStA PK, I. HA Rep. 74 J.X. Nr. 9. Band I, Bl. 149–150;
Nachlaß Schleiermacher 493/1 (vollständig);
Nachlaß Schleiermacher 493/2 (um die Abschnitte 3 bis 10 verkürzt)]

Circulare
an die Löbl. Redactionen
1. der Haude und Spenerschen Zeitung,
2. der Vossischen Zeitung
3. des Preußischen Correspondenten.

Die Königliche Allerhöchstverordnete politische CensurBehörde findet sich veranlaßt, die Löbl. Redactionen der hier erscheinenden politischen Zeitungen, mit denjenigen Grundsätzen und Gesichtspunkten bekannt zu machen, auf welche sie <u>nach dem ausdrücklichen Willen</u> <u>Seiner Majestät</u> <u>des Königs,</u> künftig ganz besonders Rücksicht zu nehmen haben.

Die mit Zuversicht erwartete gewissenhafte Befolgung dieser DirektionsNormen, für welche die Censur verantwortlich gemacht ist, und worüber sie demnach mit der äußersten Strenge zu wachen die Pflicht auf sich hat, wird unstreitig dazu dienen, den Herren Redacteurs, so wie dem Censor selbst, ihr Geschäft sehr zu erleichtern, und den mancherley Unannehmlichkeiten vorzubeugen, die bey einer ganz fehlenden oder unvollkommenen Kenntniß der eigentlichen Absichten der Regierung, schwer zu vermeiden sind.

1tens
Der große Zweck der Erweckung und Beförderung patriotischer, preußischer, ächt deutscher Gesinnungen; des Gehorsams, des Vertrauens, und der Liebe für den König; der Ehrfurcht gegen das Gesetz und die bestehende Verfaßung; der Achtung gegen Obrigkeit und Obrigkeitliche Anordnungen, ist nie aus den Augen zu setzen: deshalb

2tens

dürfen in keinerlei Form Aufsätze und Äußerungen aufgenommen werden, die offen oder versteckt eine revolutionaire Tendenz haben, oder einen Tadel bestehender Einrichtungen, Verfügungen oder Maaßregeln direkt oder indirekt, enthalten; wodurch Haß, Zwietracht und Verfolgung unter den Staatsbürgern erregt werden kann; die Unzufriedenheit und Mißtrauen gegen die Entschließungen der Regierung zu verbreiten geeignet sind. pp

Was in Hinsicht theoretischer, | [87v] speculativer Erörterungen, zu einer andern Zeit erlaubt und unschädlich, ja vielleicht wünschenswerth seyn könnte, ist in unserer gegenwärtigen politischen Lage oftmals höchst gefährlich und verderblich, und kann und darf daher nicht geduldet werden.

Festes Anschließen an die geheiligte Person unsers allverehrten Monarchen; unbedingtes Vertrauen in die Weisheit und Zweckmäßigkeit der von ihm, nach den jedesmaligen Umständen, gut gefundenen Beschlüsse und Vorschriften; freudige Hingabe von Gut und Blut für den edlen König und das theure Regentenhaus, für vaterländische Freiheit, Unabhängigkeit und Ehre; Ehrerbietung und Folgsamkeit gegen die Vollzieher des Königlichen Willens; sorgfältige Enthaltung von allem lauten Tadel der Maaßregeln der Regierung; bescheidene Versagung alles öffentlichen Urtheils, wodurch ihrem Ermessen und ihrer höhern Uebersicht unschicklich vorgegriffen wird - mit Einem Wort, gänzliche Unterdrückung aller Emanationen der Selbstsucht, nach ihren verschiedenen Gestalten, beym Hinblick auf das, was den einzigen Vereinigungspunkt aller guten Bürger bildet: <u>König</u> und <u>Gesetz</u>! - hierin besteht jetzt die erste und heiligste Pflicht des wahren Patrioten; in <u>diesem Sinne</u> zu wirken durch Wort, Schrift und That[16] ist allein des <u>guten</u> Staatsbürgers würdig.

3tens

Ein HauptAugenmerk muß zugleich dahin gerichtet seyn, daß nicht durch unbedachtsame Äußerungen verbündete oder befreundete Staaten beleidiget, und daß

4tens

überhaupt die Würde, die Sittlichkeit, und das Recht nie verletzt werden. Würde, Anstand, Mäßigung, Bescheidenheit müssen schlechterdings stets beobachtet werden, selbst bey Äußerungen über feindliche Souveraine, feindliche Nationen, feindliche Heere und ihre Anführer oder Mitglieder. Das Gegentheil schadet der heiligen, großen und gerechten Sache, für welche Preußen kämpfet, und man kann mit Nachdruck und Wärme das

---

16 Die Worte „durch Wort, Schrift und That" sind korrigiert aus „durch Schrift und That".

Gute vertheidigen, die Gemüther zu allen edlen Entschließungen einer heroischen Vaterlands- und Freiheitsliebe entflammen, ohne sich zu Persönlichkeiten, Schmähreden und Ausbrüchen einer ungeregelten Leidenschaftlichkeit, die nie und nirgends frommt, hinreißen zu lassen.

5tens

Das gegenwärtige Verhältniß des Waffenstillstandes erfordert eine vorzüglich würdige und zarte Behandlungsweise. Es sollen weder direkte noch indirekte Kritiken desselben geduldet werden, noch unzeitige, vorschnelle, unberufene Vermuthungen über seine Gründe, Zwecke, Wirkungen, und Folgen. Auch bey Verletzungen desselben | [88r] durch den Feind, ist sich vorerst bloß auf die historische Mittheilung der Thatsachen, die schon von selbst zu dem Gefühl aller Rechtlichen sprechen, zu beschränken, und die Verfügungen und Erklärungen der Regierung abzuwarten.

6tens

Wird es den Redactionen auch zu einer besonderen Pflicht gemacht, künftig alle und jede Nachricht über die Märsche, (sey es ganzer Corps, Regimenter, oder Bataillone,) über die Stellungen, Stärke, Pläne, oder etwaige Absichten unserer und der verbündeten Truppen, und selbst Vermuthungen darüber, unbedingt zurückzuweisen. Seine Majestät der König haben es höchst mißfällig bemerkt, daß dergleichen früherhin in die Zeitungen aufgenommen worden sind, das heilig zu bewahrende Kriegsgeheimniß dadurch compromittirt worden ist, und dem Feinde gefährliche Winke gegeben worden sind. Deshalb ist

7tens

in Ansehung der PrivatBriefe von der Armee, die größte Vorsicht zu beobachten, damit nicht zu voreilig Nachrichten unter das Publikum kommen, die hinterher sich nicht bestätigen, oder die Operationen der Armee verrathen, oder das Publikum gar mit Besorgnißen und Muthlosigkeit erfüllen; wie denn überhaupt bei allen, auf PrivatCorrespondenz beruhenden Nachrichten die höchste Umsicht, und jedes angemessene Verwahrungsmittel gegen die Verbreitung unverificirter Angaben, anzuwenden ist, damit die Unzufriedenheit Sr. Majestät des Königs, nicht nur mit der Form so mancher Zeitungsartikel, sondern auch mit der mehreren oder minderen Unwahrheit der angeblichen Thatsachen, und mit so vielem, was nur ‚kleinlichen Sinn verräth‘ recht bald verschwinden möge.

8tens

In Ansehung der Aufnahme feindlicher Kriegsberichte, und auf den Krieg Bezug habender Nachrichten aus feindlichen Zeitungen, oder solchen, die an Orten herauskommen, die mittelbar oder unmittelbar unter feindlichem Einfluß stehen, ist sehr große Vorsicht und eine sorgfältige

Auswahl nöthig. Früher als die diesseitigen Berichte, dürfen die jenseitigen in unseren Blättern nie erscheinen; alles unwesentliche ist weg zu laßen, und bey widersprechenden Angaben bedarf es jedesmal berichtigender Anmerkungen. Diese müssen aber würdevoll und mit Ruhe abgefaßt sein: unbescheidene und höhnende Anmerkungen sollen hier so wie überall, durchaus gestrichen werden.

9tens

Was die raisonnirenden politischen Artikel betrifft, so finden sich | [88v] dabey zu viel Bedenklichkeiten, als daß man es nicht gerathen finden sollte, selbige in der Regel für jetzt ganz zu supprimiren. Besonders sind Rathschläge, Vermuthungen, und Divinationen in die Zukunft hinein, um deswillen immer sehr verfänglich, weil sie für halb oder ganz offizielle Artikel, fälschlich geachtet werden, und alsdann, zu großem Nachtheil unseres Interesse[s], mit unseren wahren Absichten, Plänen, und Unterhandlungen in Widerspruch gerathen können.

10tens

Wird es den Redactionen neuerdings zur Pflicht gemacht, direkte offizielle Mittheilungen hiesiger oberer Behörden ausgenommen, durchaus jeden in die Zeitungen aufzunehmenden Artikel zur Censur vorzulegen, selbst solche, die aus inländischen oder einer anderen hiesigen Zeitung genommen worden, weil Gründe obwalten können, die es widerrathen, eine in einem Provinzialblatt gemachte Anzeige, in die Blätter der Hauptstadt aufzunehmen, und in der Zwischenzeit von einem Censurtage zum andern, der Maaßstab der politischen Critik verändert seyn kann.

Der Königl. Censor, voller Vertrauen in die guten, ächt patriotischen Gesinnungen der Herren Redactoren, ist überzeugt, daß sie bey ihren Arbeiten sich von den vorstehenden, hauptsächlichsten Bestimmungen gern werden leiten laßen, und daß sie ihm keine Veranlaßung geben werden, Seiner Majestät dem Könige, oder des Herrn Staatskanzlers Exzellenz, eine Anzeige von Unfolgsamkeit irgend einer Art, thun zu müssen.

Er bittet schließlich die geschehene Vorlegung und aufmerksame Durchlesung dieses Circulars, hierunter zu bescheinigen.

Berlin den 6ten July 1813.
vSchultz
Königl. Geheimer LegationsRath und ehemaliger Gesandter,
als Allerhöchstverordneter politischer Censor.

[Durch Unterschrift bestätigt]

legi   Schleiermacher d 9t. Juli 1813.
- Cosmar d 9t.
- Catel d 10t.

18.
Hoffmann an Hardenberg
Schreiben vom 15. Juli 1813
GStA PK, I. HA Rep. 74 J.X. Nr. 9. Band I, Bl. 93r; Anlage: Bl. 94–97

Ew. Excellenz beehre ich mich die Anlage in Folge der Kenntniß, die ich bei dem statistischen Bureau von unsern inländischen öffentlichen Blättern zu nehmen verpflichtet bin, gehorsamst vorzulegen. Ich habe es noch nicht gewagt, Ihnen persönlich aufzuwarten, und werde vielmehr Ihren Befehlen deshalb gehorsamst entgegensehen.
Berlin d. 15. Julius 1813.
Hoffmann

[Anlage]
Der preußische Korrespondent No. 60, vom 14. Julius, enthält auf der lezten Seite einen sehr merkwürdigen Aufsatz über die Gerüchte von einem in Prag zu haltenden Friedenskongreße, den ich hier zunächst ganz hersetze, indem ich die auffallendsten Stellen unterstreiche.

„Privatbriefe erneuern die Gerüchte von einem in Prag zu haltenden Friedenscongreß, der schon am 12ten dieses soll zusammengetreten sein. Verbürgen wollen wir sie nicht, zumal uns wenigstens Namen russischer, englischer und französischer Bevollmächtigter noch nicht sind genannt worden, sondern nur österreichischer und preußischer, geehrte Namen, die wir noch nicht weiter ausbringen wollen. Diese Gerüchte wollen Einige unter uns mit übermäßiger Freude erfüllen, und Andere mit tiefer Betrübniß. Die Besten unter den ersten – und mit andern aus dieser Klasse als den Besten möchten wir gar nicht reden – sind unsere kurzathmigen Mitbürger, welche, nachdem sie einen recht guten Ansatz genommen, und die kleine Strecke bis hieher recht wacker mit den Stärkeren gleichen Schritt gehalten, nun von ihrer schwächeren Natur genöthigt gern Erlaubniß haben möchten still zu stehen um sich von ihrer Erschöpfung zu erholen. Wenn sie sich nur ihrer Freude nicht zu früh überlassen, daß ihnen hernach der Schreck, wenn sie wieder fort müssen, die Luft nicht noch mehr versetzt als sie ihnen jetzt fehlt. – Die Besten unter den andern sind die nach außen und innen hellsehenden,[17] welche | [94v] glauben, daß bei den bisherigen Resultaten des Krieges noch kein Friede zu erwarten ist, der Sicherheit gegen einen baldigen neuen Krieg gäbe, und daß, wenn ein solcher auch zwischen den einzelnen[18] Mächten geschlossen werden könnte, dennoch Deutschland im Allgemeinen und unser Staat insbe-

---

[17] Die Wendung „die nach außen und innen hellsehenden" ist zweifach unterstrichen.
[18] „einzelnen" ist zweifach unterstrichen.

sondere um zu einem <u>würdigen</u> <u>Zustande</u>, aus dem sich <u>nahes</u> <u>Heil</u> <u>und</u> <u>Wohlergehen</u>[19] entwickeln kann, zu gelangen, dieser noch einer <u>unge-</u> <u>heuren</u> <u>Kraftentwickelung</u> bedarf, wie sie nur unter kriegerischen An- strengungen möglich ist, und jenes <u>großer</u> <u>entscheidender</u> <u>Ereignisse</u>, wie nur der Krieg sie bringen kann, welche den Grund zu einer künf- tigen Form legen müssen, den man Mühe haben würde im Frieden zu finden. Denn was sich Deutschland von einer Verfassung versprechen kann, welche durch die <u>Willkühr</u>[20] sich <u>durchkreuzender</u> <u>diplomati-</u> <u>scher</u> <u>Verhandlungen</u> <u>begründet</u> <u>wäre</u>, <u>das</u> <u>wissen</u> <u>wir</u> <u>seit</u> <u>dem</u> <u>westfä-</u> <u>lischen</u> <u>Frieden</u>,[21] der Deutschland zerstörte, indem er es neu zu bil- den glaubte. Diese mögen sich damit beruhigen, daß ihre Ansicht <u>nun</u> <u>nicht</u> <u>mehr</u> <u>der</u>[22] Antheil Weniger ist, <u>sondern</u> <u>sich</u> <u>allgemein</u>[23] <u>ver-</u> <u>breitet</u>, <u>und</u> <u>daß</u> <u>sie</u> <u>gewiß</u> <u>auch</u> <u>bei</u> <u>den</u> <u>Friedensunterhandlungen</u> <u>eine</u> <u>Stimme</u> <u>hat</u>.[24] <u>Sollte</u> <u>also</u> <u>demohnerachtet</u> <u>ein</u> <u>Friede</u> <u>geschlossen</u> <u>werden</u>, <u>den</u> <u>man</u> <u>noch</u> <u>nicht</u> <u>als</u> <u>den</u> <u>wahren</u> <u>Anfang</u> <u>einer</u> <u>neuen</u> <u>Ordnung</u> <u>der</u> <u>Dinge</u>[25] <u>ansehen</u> <u>kann</u>: <u>so</u> <u>wollen</u> <u>wir</u> <u>ihnen</u> <u>im</u> <u>voraus</u> <u>vorschlagen</u> <u>ihn</u> <u>nur</u> <u>nach</u> <u>den</u> <u>Prinzipien</u> <u>eines</u> <u>Waffenstillstandes</u>[26] <u>zu</u> <u>beurtheilen</u>, gegen den man ja auch nicht unbedingt kann eingenommen seyn, sondern bei dem alles darauf ankommt, ob er zur rechten Zeit und auf die rechte Art geschlossen wird, und ob man die Vortheile, die er gewährt, gehö- rig benutzt."

Die Urtheile über die Möglichkeit eines dauerhaften, der Welt im Allge- meinen, und Preußen insbesondere, wohlthätigen Friedens können und müssen in dem großen Publikum um so mehr verschieden sein, da wohl nur äußerst wenigen Personen die Data bekannt sein dürften, auf welche allein ein solches Urtheil mit Sicherheit gegründet werden kann: bei allen Uebrigen beruht es auf <u>Meinungen</u>,[27] die nach der Mannigfaltigkeit der Kenntniße und Vorurtheile, die Jeder aufgefaßt hat, ja sehr von einander abweichen werden. Es ist einer liberalen Regierung würdig, zu gestatten, daß Jeder sein Urtheil hierüber öffentlich äußern dürfe; und in so fern ist gar nichts dagegen zu erinnern, daß der Herr Verfaßer des vorstehenden

---

[19] Alle Unterstreichungen von „würdigen" bis „Wohlergehen" sind zweifach ausge-
      führt.
[20] „Willkühr" ist zweifach unterstrichen.
[21] „westfälischen Frieden" ist zweifach unterstrichen.
[22] Im Drucktext „das".
[23] „allgemein" ist zweifach unterstrichen.
[24] Die Wendung „und daß sie gewiß auch bei den Friedensunterhandlungen eine Stimme
      hat" ist zweifach, daraus die Worte „gewiß" und „Friedensunterhandlungen" sind
      dreifach unterstrichen.
[25] Die Worte „wahren Anfang einer neuen Ordnung der Dinge" sind dreifach unterstri-
      chen.
[26] „Waffenstillstandes" ist dreifach unterstrichen.
[27] „Meinungen" ist zweifach unterstrichen.

Aufsatzes erklärt, er[28] halte jetzt noch einen sichern und wohlthätigen
Frieden für unmöglich.

Wünschen wird man zwar immer müssen, daß diese Erklärung mit
weit mehr Unbefangenheit abgefaßt wäre; daß der H.[err] Verfaßer es
als möglich angesehen hätte, daß auch wohlwollende, unterrichtete, und
kräftige Männer wohl andrer Meinung sein könnten; und daß er daher
nicht alle diejenigen, welche einen Versuch, jetzt Frieden zu stiften, für
wohlthätig halten, entweder für Schwächlinge oder für Nichtswürdige
erklärt hätte. Man wird sich sogar nicht verhehlen können, daß wenn der
preußische Staat wirklich an dem angeblichen Friedenscongresse Antheil
nähme, was man wenigstens der heutigen Spenerschen Zeitung (Nr. 84
d. 15. Jul., S. 6) zu erzählen gestattet hat,[29] die Achtung gegen das Ministerium wohl erfordert hätte, die Meinung –

daß ein sichrer und wohltätiger Frieden jetzt noch nicht möglich sei –

mit Bescheidenheit und billigem Mistrauen in die eigne | [96v] Ansicht
zu äußern, wodurch auch der Sache in der That nichts vergeben worden
wäre, da Bescheidenheit sich sehr wohl mit einem klaren und ergreifenden
Vortrage der entgegengesetzten Meinung verträgt. Indeßen ist das Publikum zu sehr an Einseitigkeit auch bei beliebten Schriftstellern gewöhnt, als
daß es den hier bemerkbaren Mangel an Unbefangenheit rügen dürfte; und
die Regierung zeigt sich auch achtbarer und der Richtigkeit ihrer Ansichten
sicherer, wenn sie Unbescheidenheit in den Urtheilen über ihre Maaßregeln
übersieht. Allein es scheint doch, als ob der Herr Verfaßer die Gränzen
der Befugniße, die man auch bei den liberalsten Ansichten einem Volks-
schriftsteller gestatten mag, überschritte, wenn er zum Troste seiner Parthei versichert –

die Ueberzeugung, daß jetzt kein sicherer und wohlthätiger Friede möglich sei, werde gewiß auch bei den Friedensunterhandlungen eine Stimme
haben[30] –

und wenn er den Rath giebt –

einen Frieden, der gegen seine Ueberzeugung jetzt demohngeachtet
geschloßen werden möchte, nur nach den Principien des Waffenstillstandes
zu beurtheilen.[31]

---

[28] „er" ist zweifach unterstrichen.
[29] Spenersche Zeitung. Nr. 84 vom 15. Juli 1813, Sp. 12 [= Seite 6b] unter der Rubrik
„Vermischte Nachrichten": „Privatbriefen aus *Prag* zufolge, waren daselbst Behufs
des Friedens-Congresses bis zum 12ten July, bereits 5 Wohnungen in Beschlag genommen worden für die Abgeordneten von *Rußland, Frankreich, Oesterreich, Preußen*
und *England*."
[30] Die hervorgehobenen Worte sind dreifach unterstrichen.
[31] „nur nach den Principien des Waffenstillstandes zu beurtheilen" ist dreifach unterstrichen.

Was für Ansichten bei den etwanigen Friedensunterhandlungen zur
Sprache kommen sollen, hängt nicht von den Meinungen einzelner Privatpersonen, sondern von den Instruktionen ab, welche die Bevollmächtigten
von ihren Herren erhalten. Wer darf ohne würklich be- | [96r] leidigende
Anmaßung behaupten, der König werde – falls er einen Bevollmächtigten
zur Friedensunterhandlung absendet – denselben instruiren, aus der Ansicht zu unterhandeln, daß der Friede noch nicht zeitgemäß und wohlthätig sei?

Der Herr Verfaßer giebt im Eingange zu verstehn, es sei ihm <u>ein sehr</u>
<u>geehrter Mann</u>,[32] als wahrscheinlicher Bevollmächtigter genannt: um so
weniger sollte er sich das Ansehn geben, als wiße er, aus welcher Ansicht
dieser unterhandeln werde; da ein solcher Mann sich gewiß am wenigsten
authorisirt achten kann, ihm, dem Verfaßer, Kenntniß von seiner Instruktion zu geben.

Noch auffallender ist der gute Rath, den Frieden, der etwan dennoch
geschloßen werden möchte, <u>nur nach den Principien des Waffenstillstan-</u>
<u>des zu beurtheilen</u>.[33] Während also unser edler König, dem selbst seine
Feinde das Zeugniß der höchsten Rechtlichkeit nicht versagen können, auf
gut Treu und Glauben Frieden schließen möchte, sollen seine Unterthanen
es als einen Trost ansehn, daß es damit nicht ernstlich gemeint sei; daß der
Frieden vielmehr nur wie ein Waffenstillstand dienen solle, neue Kräfte zu
sammeln, und eine vortheilhafte Stellung für den nächsten Wiederausbruch
der Feindseligkeiten zu nehmen.

Wenn man solche Anmaßungen liest, kann man sich nicht enthalten,
auch noch andre Aeußerungen in diesem Aufsatze sehr befremdend zu
finden. Was soll das für eine <u>ungeheure Kraftentwicklung</u>[34] sein, | [96v]
deren der preußische Staat zu einem <u>würdigen Zustande</u>,[35] aus dem sich
<u>nahes Heil</u>[36] entwickeln dürfte, noch bedarf? In den regelmäßigen Truppen,
in den Korps der Freiwilligen, in den Landwehren, stehn bereits soviel
Männer unter den Waffen, als ohne Stillstand des Landbaues und der
Gewerbe – durch deren Erwerb diese Macht doch hauptsächlich unterhalten werden muß – aus einer Nation von nur 4 3/4 Millionen Menschen
gezogen werden können. Nach allen einstimmigen Zeugnißen hat auch
eine hohe moralische Kraft sich in allen diesen Theilen des Heeres bereits
entwickelt: sie haben überall sehr tapfer gefochten, auch Ausdauer und
Subordination bezeigt. Es wird sehr viel sein, wenn die Nation ferner die

---

[32] „ein sehr geehrter Mann" ist zweifach unterstrichen.
[33] „nur nach den Principien des Waffenstillstandes zu beurtheilen" ist dreifach unter-
      strichen.
[34] „ungeheure Kraftentwicklung" ist zweifach unterstrichen.
[35] „würdigen Zustande" ist zweifach unterstrichen.
[36] „nahes Heil" ist zweifach unterstrichen.

Mannschaft zur Erhaltung des vollzähligen Zustandes dieses Heeres und
die Mittel zu seiner Unterhaltung aufbringt. Was hierin bisher geschehen
ist, wurde nur mittelst einer ganz ungewöhnlichen Kraftäußerung möglich,
die aus edlem, freiem Willen, aus der reinsten Anhänglichkeit an König
und Vaterland entstand.[37] Soll dieß alles nur ein erster Anlauf sein, sollen
nun doch erst neue Anstrengungen folgen, gegen die alles, was bis jetzt
geschehen ist, nur ein geringer Anfang genannt werden kann: so ist in der
That auf nichts anders mehr, als auf eine völlige Auflösung des socialen
Zustandes, auf ein Schreckenssystem zu rathen, wo die Verzweiflung die
Nation in Maße [= Masse] gegen den Feind spornt.

Wenn Deutschland sich nichts von einer Verfaßung soll versprechen
können, die durch Unterhandlungen be- | [97r] gründet wird; wenn auch
nach einem fast wieder dreißigjährigen Kriege erst Friedensunterhandlungen – wie 1648 – einen haltbaren Zustand herbeiführen sollen, sondern
nur große entscheidende Ereigniße, wie der Krieg nur sie bringen kann:
so muß man billig fragen, ob denn das große Trauerspiel, das seit 1789
vor unsern Augen in Frankreich aufgeführt worden ist, Sinnen und Herzen
noch nicht genug erschüttert hat, um endlich Besonnenheit und Gefühl für
Wahrheit und Recht wieder zu wecken?

Der preußische Korrespondent ist kein obscures Blatt. Er wird in der
Hauptstadt von angesehnen und geachteten Männern geschrieben, und
in großer Ausdehnung gelesen und versandt. Man kann der Welt nicht
verdenken, wenn sie die Stimmung der Nation, wenn sie die Ansichten des
Ministerii selbst nach diesem Blatte beurtheilt. Um so mehr sollte der Herr
Verfaßer über sich wachen, um durch leidenschaftliche Aeußerungen im
Auslande nicht unbillige Urtheile über uns zu veranlaßen, und der gu-
ten Sache des Vaterlandes den Beifall der unbefangenen, und wenn auch
minder zahlreichern, dennoch durch öffentliche Achtung, Bildung und
Vermögen überwiegenden Männer nicht zu entziehen.

Berlin d. 15. Julius 1813
Hoffmann.

---

[37] Hoffmann nimmt hier eine Formel auf, die in den Frühjahrswochen 1813 zum Signal-
wort für die allgemeine Erhebung geworden war. So heißt es in der Urkunde über
die Stiftung des eisernen Kreuzes vom 10. März 1813: „Daß die Standhaftigkeit, mit
welcher das Volk die unwiderstehlichen Uebel einer eisernen Zeit ertrug, nicht zur
Kleinmüthigkeit herabsank, bewährt der hohe Muth, welcher jetzt jede Brust belebt
und welcher, nur auf Religion und auf treue Anhänglichkeit an König und Vaterland
sich stützend, ausharren konnte" (Gesetz-Sammlung für die Königlichen Preußischen
Staaten 1813, Berlin o.J. [1814], 31–33, hier: 31).

19.
Das Ministerium der auswärtigen Angelegenheiten (Erste und Zweite Sektion: Le Coq, Renfner, von Raumer) an Hardenberg
Schreiben vom 15. Juli 1813
GStA PK, I. HA Rep. 74 J.X. Nr. 9. Band I, Bl. 85r
Zwei Anlagen

Eure Excellenz erlauben gnädigst, daß wir Höchstdenenselben ein Exemplar des Preußischen Correspondenten vom 14. Juli No. 60 und die Abschrift unseres Schreibens an den, gewiß von besten Grundsätzen beseelten und Ew. Excellenz Vertrauens würdigen Censor, Geheimen Legationsrath von S c h u l t z, in Hinsicht seines in Zukunft zu beobachtenden Verfahrens, ehrerbietigst überreichen dürfen. Der Ton und die Tendenz mancher Schriftsteller und ihrer Anhänger, zusammengehalten mit gleichzeitigen verwegenen Vorgängen, deuten auf ein Streben jener Personen, ihre Eigenmacht und Willkühr an die Stelle der rechtmäßigen Macht und Autorität zu setzen. Wir glauben daher nach dem Grundsatz verfahren zu müssen:
den Keimen zu widerstehen,[38] und submittiren unsere Ansicht und unser Verfahren Ew. Excellenz erleuchtetem Gutfinden und Befehlen.
Berlin den 15. Juli 1813.
gez. Le Coq. Renfner. vRaumer.

[Anlagen]

I.
Abschrift des Schreibens des Ministeriums der auswärtigen Angelegenheiten (Erste und Zweite Sektion: Le Coq, Renfner, von Raumer) an den Zensor Schultz vom 15. Juli 1813 (siehe Nr. 20)

II.
Der Preußische Correspondent. Nr. 60 vom 14. Juli 1813

[Notiz am Rand]

ad acta da das Nöthige verfügt ist Hbg

---

[38] Die gleiche Formulierung als Ausdruck des anzuwendenden Zensurprinzips findet sich in einem Zensurbericht Renfners vom Januar 1814 im Zusammenhang mit dem „Historischen Taschenbuch" Ernst Moritz Arndts (abgedruckt bei Paul Czygan: Zur Geschichte der Tagesliteratur während der Freiheitskriege. Band II/1, 258–261; es handelt sich um einen „Separatbericht über vier Schriften Arndt's" an Hardenberg; siehe: Ebd., 259).

20.

Das Ministerium der auswärtigen Angelegenheiten (Erste und Zweite Sektion: Le Coq, Renfner, von Raumer) an Schultz (Abschrift)
Schreiben vom 15. Juli 1813
GStA PK, I. HA Rep. 74 J.X. Nr. 9. Band I, Bl. 86r

Der Preußische Correspondent vom 14. Juli No. 60 enthält auf der 4ten Seite einen nur anscheinend im gemäßigten Ton verfaßten Aufsatz über Krieg und Frieden. In der Wirklichkeit enthält dieser Artikel unbefugte anmaßende vorgreifende Urtheile einer Privatperson über künftige Resultate eines Friedenscongresses, zu welchem Se. Majestät der König einen Bevollmächtigten senden. Ferner die absprechende Zurückweisung „diplomatischer Verhandlungen" und die „Berufung auf eine allgemein verbreitete Ansicht, die bei den Friedensunterhandlungen eine Stimme haben werde", die Entgegenstellung der Begriffe: „einzelne Mächte" und „Deutschland und Preußen" giebt eine Tendenz pflichtwidriger Eigenmacht und Willkühr zu erkennen. Wir ersuchen daher Ew. Hochwohlgebohren – ohne eine anzustellende Nachfrage, als welche sorgfältig zu meiden ist – den Verfasser, wenn er sich Ew. Hochwg. kund gegeben hat uns bekannt zu machen, und künftigen etwanigen ähnlichen Artikeln das Imprimatur zu versagen. Hingegen ziehen wir der, wenn auch begründeten Rüge des einmal erschienenen Artikels bey weitem vor, ihn der Vergessenheit, wenn möglich, entgegen gehen zu laßen, indem irgend ein Schritt wider den schon in das Publicum gekommenen Artikel ihn nur noch bekannter machen würde.

Wir theilen Ew. Hochwohlg. diese unsere Bemerkungen um so mehr mit, da wir der Sorgfalt und der Aufmerksamkeit, welche Dieselben bei der Censur anwenden, gewiß alle mögliche Gerechtigkeit wiederfahren lassen.

Berlin den 15. Juli 1813.
Ministerium der ausw. Ang. 1. und 2. Section
gez. Le Coq. Renfner. vRaumer.

21.

Das Militärgouvernement (L'Estocq, Sack) an den Zensor Schultz
Schreiben vom 17. Juli 1813
Zitiert nach Paul Czygan: Zur Geschichte der Tagesliteratur. Band II/1, 379

Allen Unzweckmäßigkeiten, welche wir in den hies. öffentl. Blättern zum öftern Ihnen haben rügen müssen, setzen die in Nr. 60 und 61 des „Preuss. Correspondenten" über den verlängerten Waffenstillstand enthaltenen

Äußerungen die Krone auf.[39] Wir begreifen nicht, wie dieselben das Imprimatur haben erhalten können, und sind geneigt zu glauben, dass die Redaktion höchst strafbarer Weise die Censur umgangen oder unbeachtet gelassen hat. Bei der uns von des Königs Maj. ausdrücklich auferlegten und bei Ihrer [*scil.*: des Königs] jetzigen endlichen Anwesenheit wiederholten Verpflichtung, die hiesigen öffentlichen Blätter zu controlliren, fordern wir Sie hierdurch auf, uns darüber schleunigst Ihre pflichtmässige Anzeige zugehen zu lassen.

22.
Hardenberg an das Polizeipräsidium (Entwurf)
Schreiben vom 17. Juli 1813
GStA PK, I. HA Rep. 74 J.X. Nr. 9. Band I, Bl. 91r

In dem 60sten Stücke des im Verlage der Realschulbuchhandlung erscheinenden Preußischen Correspondenten ist über das Gerücht von einem in Prag bereits angefangenen Friedenscongreß und dessen Folgen ein Aufsatz enthalten, dessen Manuscript durch das Königliche Polizei-Präsidium hier von der RealSchulbuchhandlung heute früh[40] noch abzufordern und mit Nahmfeststellung des Verfassers mir sogleich[41] vorzulegen ist.

Berlin den 17ten[42] July 1813
Hbg

23.
Polizeipräsidium (Unterschrift unleserlich) an Hardenberg
Schreiben vom 17. Juli 1813
GStA PK, I. HA Rep. 76 I, Anhang II. Nr. 55, Bl. 81

Ew. Excellenz Befehle gemäß, habe ich die Realschulbuchhandlung hieselbst aufgefordert, das Manuskript des in dem 60sten Stücke des Preußi-

---

[39]   In Nr. 61 des *Preußischen Correspondenten* vom 16. Juli (Sp. 1) findet sich folgende Notiz Schleiermachers über die vermutete Verlängerung des Waffenstillstandes: „Die Nachricht von Verlängerung des Waffenstillstandes bis zum 10. August ist immer noch nicht officiell. Will man aber diese Verlängerung auf die Erndte beziehn, so ist dieses schwerlich richtig, denn das Getreide diesseits der Oder und jenseits der Elbe ist weit eher in Sicherheit gebracht und genießbar als das jenseit der Oder und an der Weichsel, so daß von dieser Seite der Vortheil übrigens auf französischer Seite wäre." Weitere Nachrichten, auf die sich der Hinweis L'Estocqs und Sacks beziehen könnte, sind nicht vorhanden.

[40]   Korrigiert aus „im Laufe des Tages".

[41]   „sogleich" eingefügt.

[42]   Korrigiert aus „16ten".

schen Correspondenten abgedruckten Aufsatzes, den in Prag angefangenen Bundescongreß betreffend, auszuantworten. Derselbe war zwar nicht mehr im Besitze des Manuscriptes selbst, sondern konnte nur das in den Anlagen gehorsamst beigefügte mit dem Imprimatur des Geheimen Legationsraths von Schulz versehene Censurexemplar ediren. Auf weitere Rückfrage nach der Person des Einsenders hat sich indessen ergeben, daß der Professor Schleiermacher der Verfasser ist, wie aus dessen gleichfalls in der Anlage gehorsamst beygelegten eigenständigen Bekenntnisse von heutigem Tage sich ergiebt.

Berlin, den 17ten July 1813
[Unterschrift]

24.
Angaben Schleiermachers gegenüber dem Polizeipräsidium vom 17. Juli 1813
GStA PK, I. HA Rep. 76 I, Anhang II. Nr. 55, Bl. 82r

Der Artikel „Privatbriefe erneuern p" im 60t. Stück des Correspondenten rührt von mir her; ich kann aber das Manuscript nicht mehr auffinden.

Berlin d. 17t. Jul. 1813.
Schleiermacher

25.
Hardenberg an den Zensor Schultz
Schreiben vom 17. Juli 1813
GStA PK, I. HA Rep. 74 J.X. Nr. 9. Band I, Bl. 92r

In dem vorgestern erschienenen 60sten Stücke des Preußischen Correspondenten ist ein Artikel, das Gerücht von einem in Prag zu haltenden Friedenscongreße betrachtend, enthalten, in welchem auf eine höchst unangemessene und gefährliche Art über die Folgen aller gegenwärtig einzuleitenden Friedensunterhandlungen gegen die Regierung abgesprochen wird.

Ew. Hochwohlgebohren fordere ich auf, mir heute früh[43] noch anzuzeigen, ob dieser Artikel Ihnen zur Censur vorgelegt wurde, und wenn solches geschehen, wie Sie zu dem gegebenen Imprimatur sich haben veranlaßt und Ihrer Meinung nach berechtigt finden können.

Berlin den 17ten[44] July 1813.
Hbg

---

[43] Korrigiert aus „im Laufe des Tages".
[44] Korrigiert aus „16ten".

26.
Schultz an Hardenberg
Schreiben vom 17. Juli 1813
GStA PK, I. HA Rep. 74 J.X. Nr. 9. Band I, Bl. 101r

Ew. Exzellenz
    gnädigstem Befehle zufolge, verfehle ich nicht unterthänigst anzuzeigen, daß ich den von dem jetzigen Redacteur des Preußischen Correspondenten, Professor <u>Schleiermacher</u>, herrührenden Artikel im 60ten Stück dieses Blattes, zu Erreichung eines <u>großen</u>, auf <u>das Wohl des Staates gerichteten</u>, Zwecks, absichtlich habe durchgehen laßen, und daß ich geglaubt habe, selbst meine persönliche Verantwortlichkeit darüber augenblicklich daran setzen zu müßen.
    Hochdieselben bitte ich unterthänigst, mir zu erlauben, Ew. Exzellenz in der mir huldreich bewilligten Audienz, mündlich das Nähere ausführlich vortragen zu dürfen.[45]
    Zugleich überreiche ich in der Anlage eine Abschrift meines unterthänigsten Berichtes vom 6ten d. M. nebst einem dabey befindlichen Circular an die hiesigen Zeitungs.Redactionen, da ich vermuthe, daß selbiger, Ihrer Abwesenheit aus Schlesien halber, noch nicht in Hochdero Hände gekommen ist.[46]
    Glücklich würde ich mich schätzen, wenn die in meiner Instruction ausgesprochenen Grundsätze und Ansichten des Beyfalls und der Sanction von Ew. Exzellenz sich zu erfreuen hätten!
    Berlin den 17ten July 1813.
    vSchultz.

27.
Hardenberg an Schultz (Konzept)
Schreiben vom 17. Juli 1813
GStA PK, I. HA Rep. 74 J.X. Nr. 5. Band I, Bl. 89v

Es ist unbegreiflich, wie Ew. p. den Aufsatz des Herrn Pr.[of.] S c h l e i e r m a c h e r in dem preußischen Correspondenten Nr. 60 vom 14. d. nicht nur haben unanstößig, sondern sogar zu Erreichung eines großen auf das Wohl des Staats gerichteten Zwecks nützlich haben finden können. Dieses beweiset, daß Sie bei sonst unverkennbaren guten Eigenschaften und Verdiensten, zum Censor der politischen Zeitungen durchaus nicht

---

[45] Dieser Bitte wurde nicht entsprochen.
[46] Diese Abschrift liegt der Akte nicht bei.

paßen. Ich sehe mich ungern in dem Fall Ihnen die höchste Misbilligung Sr. Maj. des Königs über die Zulaßung jenes Aufsatzes zu erkennen zu geben, und genöthigt Ihnen die Censur abzunehmen und Sie anzuweisen solche dem Herrn Staats Rath und Poliz. Präsid. Le Coq abzugeben.
Berlin
Hbg.

28.
Hardenberg an das Departement der auswärtigen Angelegenheiten (Konzept)
Schreiben vom 17. Juli 1813
GStA PK, I. HA Rep. 74 J.X. Nr. 5. Band I, Bl. 89r

Berlin den 17. Julius 1813.
Ich finde für nöthig die Censur der hiesigen Zeitungen dem Herrn Geh. Rath v. S c h u l t z abzunehmen und solche dem Herrn Staats Rath und Pol. Präsid. L e C o q unter meiner unmittelbaren Leitung zu übertragen. Da der Herr Geh. Rath H i m l y durch das der Flugschrift „Ueber politische Reformation" gegebene Imprimatur alles Vertrauen als Censor politischer Schriften verloren hat, so erwarte ich so schnell als möglich die Vorschläge des p. [*scil.*: des Departements der auswärtigen Angelegenheiten] wem diese Censur zu übertragen sey?[47]
Uebrigens bin ich ganz damit einverstanden daß der Verkauf der Biene nicht zu gestatten sey.[48]

29.
Hardenberg an Le Coq (Konzept)
Schreiben vom 17. Juli 1813 betreffend den Wechsel der Zensurbefugnis
GStA PK, I. HA Rep. 74 J.X. Nr. 5. Band I, Bl. 90r

Ich finde für nötig die Censur der hiesigen Zeitungen dem Herrn Geheimen Rath. von S c h u l t z abzunehmen und solche Ew. p. unter meiner unmittelbaren Leitung zu übertragen.

---

[47] Gemeint ist der Geheime Legationsrat Johann Friedrich Wilhelm Himly (1769–1831; vgl.: Deutsches Biographisches Archiv I 539, 211–219), der seit 1809 als Zensor tätig gewesen war. Zu der erwähnten Zensursache und der Maßregelung Himlys finden sich in den Akten zahlreiche Dokumente.

[48] Die Biene oder neue kleine Schriften. Eine Quartalsschrift. Sieben Bände. Herausgegeben von August von Kotzebue. Verlegt von Friedrich Nicolovius, Königsberg 1808 / 1809 / 1810.

Obwohl mir bewußt ist,[49] daß Sie ohnehin mit Geschäften beladen sind, so weiß ich doch in diesem Augenblick keine bessere Hand, als die Ihrige, in welche ich diese Censurangelegenheit geben kann. Sie können sich zur Erleichterung bey diesem Geschäft eines andern bedienen; es versteht sich aber, daß Sie mir allein dafür verantwortlich bleiben.

Berlin, den 17. Juli 1813
Hbg.

30.

Kabinettsorder des Königs an Schuckmann (mit Korrekturen Hardenbergs)
Anweisung vom 17. Juli 1813 wegen der Sanktionierung Schleiermachers
GStA PK, I. HA Rep. 74 J.X. Nr. 9. Band I, Bl. 102r
(Parallelüberlieferung der korrigierten Fassung: GStA PK, I. HA Rep. 76 I,
Anhang II. Nr. 55, Bl. 80)

I. Ursprüngliche Fassung
II. Von Hardenberg korrigierte Fassung

I.
Ursprüngliche Fassung

Aus der Anlage werden Sie ersehen, wie der Professor S c h l e i e r m a - c h e r geständigermassen einen höchst anstößigen Artikel über die politische Lage des Staats in den preussischen Correspondenten vom 14. d. M. hat einrücken lassen. Der Censor wird dafür zur Verantwortung gezogen werden, daß er diesem Aufsatze das I m p r i m a t u r ertheilt hat. Dieses verringert aber die Schuld des p. S c h l e i e r m a c h e r nicht, der schon bey mehreren Gelegenheiten eine Tendenz gezeigt hat, die Ich durchaus nicht gestatten kann. Ich trage ihnen auf, demselben in Meinem Namen seine Dienstentlassung anzukündigen und ihn [sic] anzudeuten, binnen 48. Stunden Berlin zu verlassen und sich über Schwedisch-Pommern ins Ausland zu begeben, mache Sie auch verantwortlich dafür, daß dieser Befehl pünctlich zur Ausführung gebracht werde.[50]

Charlottenburg, den 17. July 1813.

---

[49] Von Hardenberg korrigiert aus „Obwohl ich weiß, [...]".
[50] Die Passage von „seine Dienstentlassung" bis „gebracht werde" ist mit dunklem Tintenstrich getilgt. Mit gleicher Tinte ist die abweichende, von Hardenberg stammende Formulierung dem Text der Verfügung hinzugesetzt.

II.
Von Hardenberg korrigierte Fassung

Aus der Anlage werden Sie ersehen, wie der Professor S c h l e i e r m a -
c h e r geständigermassen einen höchst anstößigen Artikel über die politische Lage des Staats in den preussischen Correspondenten vom 14. d. M.
hat einrücken lassen. Der Censor wird dafür zur Verantwortung gezogen werden, daß er diesem Aufsatze das I m p r i m a t u r ertheilt hat.
Dieses verringert aber die Schuld des p. S c h l e i e r m a c h e r nicht, der
schon bey mehreren Gelegenheiten eine Tendenz gezeigt hat, die Ich
durchaus nicht gestatten kann. Ich trage ihnen auf, demselben in Meinem Namen sein Benehmen ernstlich zu verweisen und ihn zu bedeuten,
daß eine[51] Wiederhohlung desselben aufs Nachdrüklichste und[52] mit un-
fehlbarem Verlust seiner Dienststelle wird geahndet werden.
Hbg
Charlottenburg, den 17. July 1813.

[Notiz]

abg. eod.

31.
Schultz an das Ministerium der auswärtigen Angelegenheiten
Schreiben vom 19. Juli 1813
Zitiert nach Paul Czygan: Zur Geschichte der Tagesliteratur. Band II/1, 140

Ohngeachtet eine vollständige Auseinandersetzung der Gründe, die mich
bewogen haben, den gerügten Aufsatz des Prof. Schleiermacher in Nr. 60
des Preußischen Correspondenten absichtlich stehen zu lassen, der Feder
nicht wohl anvertraut werden kann, und ich mir vorbehalten muß, hierüber, sowie über das scheußliche Gewebe von Faktions Intriguen und
Verfolgungen, deren Gegenstand ich während meiner Censurbesorgung
gewesen bin, den verehrungswürdigen Herren Mitgliedern des Departements bei Gelegenheit mündlich nähere Auskunft zu geben, so kann ich
mir doch die Bemerkung nicht versagen, daß das Gelingen meines, aus der
reinsten Anhänglichkeit an den König und den Staat geflossenen Plans,
Seiner Majestät und dem Herrn Staatskanzler, nachdem alle meine früheren eben dahin abzweckenden Versuche fruchtlos gewesen, selbst auf

---

51 Für „eine" gestrichen „er bey d".
52 Vor „und" gestrichen „wird geahndet werden".

die Gefahr meiner persönlichen Verantwortlichkeit einen materiellen, un-
zweideutigen Beweis von der eigentlichen Tendenz gewißer Verbindungen
vor Augen zu bringen, um dadurch womöglich zu kräftigen Maßregeln
gegen Thron und Land verderbliche Anschläge Veranlassung zu geben,
mir, der ich persönliche Rücksichten dem Wohl des Staats vorzusetzen nie
gewohnt gewesen bin, zu einer desto größern Beruhigung gereicht, da ich
die feste Überzeugung habe, daß das bewirkte Resultat auf einem andern
Wege zwar mit weniger Unannehmlichkeiten für mich, aber nie so sicher
und so schnell zu erlangen sein würde.

Meine Beruhigung wird vollständig sein, wenn ich auf die Achtung
meiner verehrungswürdigen Herrn Vorgesetzten, die in dem scheinbaren,
vorsätzlichen Fehler wenigstens die patriotische, gute Absicht nicht verkennen werden, zu rechnen mir erlauben darf.

Berlin den 19. Juli 1813.

vSchultz.

32.
Schuckmann an Hardenberg
Schreiben vom 19. Juli 1813
(beigefügt: Protokoll über die Vernehmung und Verwarnung Schleierma-
chers gemäß dem Kabinettsbefehl vom 17. Juli 1813 [siehe Nr. 30; vgl.
auch Nr. 33])
GStA PK, I. HA Rep. 74 J.X. Nr. 9. Band I, Bl. 98r
(Parallelüberlieferung: GStA PK, I. HA Rep. 76 I, Anhang II. Nr. 55,
Bl. 90);
Protokollabschrift: GStA PK, I. HA Rep. 74 J.X. Nr. 9. Band I, Bl. 99
(Parallelüberlieferung des Protokolls: GStA PK, I. HA Rep. 76 I, An-
hang II. Nr. 55, Bl. 88)

Ew. Excellenz überreiche ich anliegend gehorsamst eine Abschrift des
Protocolls vom heutigen Tage über den gegen den Professor S c h l e i e r -
m a c h e r vollzogenen CabinetsBefehl vom 17ten d. M. und stelle Ew.
Excellenz anheim, ob dies Protocoll Sr. Majestät vorzulegen sei.

Ich kann dabei versichern in die befohlene Warnung den höchstmögli-
chen Nachdruk gelegt zu haben, und habe ihm nach Schlus[s] des Protocolls noch besonders ermahnend zu Gemüthe geführt, wie höchst unrecht
es vorzüglich jezt sei, an dem heiligen Bande zwischen König und Volk
zu freveln, wo die Pflicht aller, sich innig um den König zu sammeln und
zur Vertheidigung für einen Mann zu stehen, so dringend sei.

Berlin, den 19ten July 1813.

vSchuckmann

[Anlage]

Verhandelt Berlin, den 19ten July 1813.
Zufolge Sr. Majestät CabinetsBefehl vom 17ten d. M. wurde der Herr
Profeßor und Prediger Schleiermacher heute vorgefordert und ihm der
von Sr. Majestät gerügte Artikel des Preußischen Correspondenten Nr. 60
vorgehalten. Er wurde bedeutet, daß dieser Artikel die Nothwendigkeit
einer Umwälzung der Preussischen Staatsform durch gewaltsame Ereigniße verkünde, und die Anmaßung des Zeitungsschreibers enthalte, die
Schritte der Regierung öffentlich meistern und leiten zu wollen, um sie
diesem Ziele entgegen zu führen.
Er wurde bedeutet, daß nach deutlicher Bestimmung des LandRechts
IIter Theil XX. Titel 92 dies Hochverrath sei.[53]
Es wurde ihm daher diese strafbare Aeußerung, Namens Sr. Majestät
auf das ernstlichste verwiesen und er gewarnt, sich dergleichen so wie
überhaupt jeder unbefugten politischen Einmischung, die ihm als Geistlichen und Lehrer am wenigsten zustehe, künftig zu enthalten oder unfehl-
bar Entsetzung vom Dienst und außerdem fer- | [99v] nerweite gesetzliche
Ahndung zu gewärtigen.
Der Herr Profeßor Schleiermacher erklärte hierauf: daß er mit Bedauern
sehe, daß dem Artikel im Correspondenten eine Deutung gegeben werde,
die er keinesweges beabsichtigt habe, indem er dadurch so wenig die Ehrfurcht gegen die Befehle Sr. Majestät habe verlezzen, als die Nothwendigkeit einer gewaltsamen StaatsReform habe erklären wollen. Da es hiebei
auf eine genaue Auseinandersezzung der Wortverbindungen und des Sinnes
ankomme; so bittet derselbe um die Erlaubnis, dies schriftlich darlegen zu
können, und versichert, daß er mit doppelter Vorsicht in der Folge jede
Veranlaßung vermeiden werde, wodurch Sr. Majestät Gelegenheit zur Unzufriedenheit gegeben werden könne, worauf dies Protocoll geschloßen,
durchgelesen und unterschrieben worden ist.
Schleiermacher [nicht eigenhändig][54]
vSchuckmann.

---

[53] Der entsprechende Paragraph lautet: „Ein Unternehmen, welches auf eine gewalt-
    same Umwälzung der Verfassung des Staats, oder gegen das Leben oder die Frey-
    heit seines Oberhaupts abzielt, ist Hochverrath" (zitiert nach: Allgemeines Land-
    recht für die Preußischen Staaten von 1794. Textausgabe. Herausgegeben von
    Hans Hattenhauer und Günther Bernert, Frankfurt am Main / Berlin 1970, 669–
    670).
[54] Das Exemplar der Protokollausfertigung in GStA PK, I. HA Rep. 76 I, Anhang II.
    Nr. 55, Bl. 88 trägt Schleiermachers eigenhändige Unterschrift.

33.
Schuckmann an Wittgenstein
Schreiben vom 19. Juli 1813 (als Begleitschreiben zu einer Protokollnie-
derschrift über die Vernehmung und Verwarnung Schleiermachers gemäß
dem Kabinettsbefehl vom 17. Juli 1813)[55]
GStA PK, I. HA Rep. 76 I, Anhang II. Nr. 55, Bl. 89

Ew. Durch.[laucht] habe ich die Ehre anliegend eine Abschrift unter dem
17t d., wegen des Prof. Schleiermacher an mich ergangenen h.[öchsten] Cabinets Ordre ergebenst zu übersenden. Ich habe die darin befohlene Zurechtweisung u. Warnung heute ernstlich vollzogen, und werde ihn in seinen
Amtsverhältnissen als Prediger u. Profeßor so viel möglich beobachten.
    Ich halte mich jedoch um so mehr verbunden Ew. als Chef der höheren
u. Sicherh. Pol. hievon Mittheilung zu machen, um das ergebenste Ersuchen hinzuzufügen, daß wenn dort Anzeigen vorkommen sollten, daß
Schleiermacher sein Amt zu Revolu- |[89v] tionairen Aeußerungen mis-
brauche, mir gefälligst davon Mittheilung geschehen mögte.
    Ber. 19 Ju[li] 13

34.
Schleiermacher an Schuckmann
Schreiben vom 27. Juli 1813 (als Begleitbrief zu der Rechtfertigungsschrift
vom gleichen Tage; siehe Nr. 35)
GStA PK, I. HA Rep. 76 I, Anhang II. Nr. 55, Bl. 91

Euer Hochwohlgebohren
    gebe ich mir die Ehre die vorbehaltene schriftliche Rechtfertigung an-
liegend gehorsam zu überreichen. Ich schmeichele mir, daß sie in allem
was sich auf den Zeitungsartikel bezieht, vollkommen klar und stringent
ist. Wenn sie es in Absicht der allgemeinen Beschuldigung nicht eben so
sein kann: so rechne ich um so mehr darauf daß Euer Hochwohlgebohren
denen die Ehre derer welche unmittelbar unter Ihren Augen zu arbeiten
das Glük haben, nicht gleichgültig sein kann, meinen Wunsch mit dem was
jenen Beschuldigungen zum Grunde liegt bekannt zu werden entweder
selbst befriedigen, oder höheren Ortes zu unterstüzen geneigt sein werden.
    Schleiermacher   27/7.

[Notiz]

    ad acta da der Befehl Sr. Majestät durch das Protokoll erledigt ist
    Sch[uck]m[ann] 30 / 7. 13.

---

[55] Bei dieser Niederschrift handelt es sich um die unter Nr. 32 angeführte Parallelaus-
    fertigung.

35.
Schleiermachers Rechtfertigungsschrift
I. An Schuckmann eingereichte Fassung; datiert auf den 27. Juli 1813
II. Abschrift mit Korrekturen und Ergänzungen Schleiermachers; unda-
tiert

I.
An Schuckmann eingereichte Fassung vom 27. Juli 1813
GStA PK, I. HA Rep. 76 I, Anhang II. Nr. 55, Bl. 92–95[56]

Berlin d. 27t Julius 1813
   Des Professors Schleiermacher Rechtfertigung wegen eines Artikels in
No. 60 des preußischen Correspondenten
   Als die Gerüchte von Verlängerung des Waffenstillstandes und von
einem zu eröffnenden Friedens Congreß sich mehr und mehr verbreiteten,
hörte ich wie die politischen Leidenschaften mehr als je laut wurden. Auf
der einen Seite äußerte sich schon bei der entfernten und unsichern Aussicht auf Frieden eine unbedingte Freude; auf der andern, ehe man noch
wissen konnte, was für ein Friede möchte geschlossen werden, hörte man
bange Besorgnisse, eine niedergeschlagene Hofnungslosigkeit als ob nun
die frohe Aussicht auf Wiedererhebung des Staates völlig verschwunden
wäre. Jede Parthei suchte die andere zu verunglimpfen; man hörte auf der
einen Seite von Feigherzigkeit, eigennüziger Gleichgültigkeit, treuloser
Anhänglichkeit an fremdem Interesse; auf der andern von excentrischem
Wesen, schwärmerischem Nationalhaß, revolutionairen Tendenzen. Ich
hoffte allerdings die Mehrzahl der Staatsbürger werde besonnener und
gemäßigter wenn auch in gespannter Erwartung, doch bestimmter Urtheile
und starker Affekten sich enthalten bis irgend etwas entschieden sei. Dennoch schien mir die Spannung jener Partheien bedenklich, welche Wendung
die große Angelegenheit auch nähme: so mußte auf jeden Fall eine jener
beiden Stimmungen um so hemmender und nachtheiliger wirken, je höher
die Erbitterung zwischen beiden schon gestiegen wäre. Daher schien es mir
für den Redacteur eines besonders dem gebildeten Publicum bestimmten
und nicht lediglich referirenden Tageblattes Pflicht, etwas zu sagen was
zur Mäßigung jener voreiligen Affekten führen könnte. | [92v]
   Unbegreiflich muß es scheinen, wie ein in solchem Sinn geschriebener
Zeitungsartikel zu Vorwürfen hat Anlaß geben können, wie sie diesem sind
gemacht worden, Vorwürfe von politischen Anmaßungen, von Tendenzen
zu pflichtwidriger Eigenmacht und Willkühr, von unbefugten vorgreifen-

---

[56] Eine Druckfassung findet sich auch bei Dankfried Reetz: Schleiermacher im Horizont
      preussischer Politik, Waltrop 2002, 512–519. Die dort gebotene Lesefassung bedarf
      an einer Reihe von Stellen der Korrektur.

den Urtheilen, welche Mangel an Ehrfurcht gegen des Königs Majestät verrathen, ja Vorwürfe des Hochverraths sogar. Nur in der entschiedensten
Ungeschiklichkeit des Schreibers oder in einer die natürlichste Verbindung
der Säze übersehenden, oder von den nachtheiligsten Voraussezungen
ausgehenden Auslegung kann die Ursache davon liegen. Der erste Vorwurf würde mich treffen. Diesen und keinen andern habe ich abzuwälzen;
wegen der Gesinnungen, die mir Schuld gegeben worden sind, mich zu
vertheidigen, dessen überhebt mich billig ein seit zwanzig Jahren dem öffentlichen Lehramt völlig vorwurfsfrei gewidmetes Leben, gegen welches
feindselige Verbreitungen, denen ein Mann von einigem Ruf selten entgeht,
nie anders als im Dunkeln zu schleichen wagten. Ich muß die einzelnen
Punkte durchgehen, um zu zeigen, daß nicht durch meine Ungeschiklichkeit eine Auslegung entstanden ist welche die Absicht des Schreibenden
so gänzlich verfehlte.

Jede der beiden Partheien zu denen ich reden wollte, faßt Menschen
von sehr verschiedener Gesinnung in sich. Um alle zu treffen mußte ich
zu den Besten von jeder Parthei reden, da auch die Schlechteren gern die
Motive der Besseren wenigstens vorschüzen. Unter denen welche sich auf
den Frieden freuen, wie er auch immer sein möge, erklärte ich diejenigen
für die Besten, welche fürchten, der Staat könne die bisherigen Anstrengungen nicht länger durchführen, es sei ihm unbedingt Ruhe nothwendig
damit er sich erhole. Ich warnte sie, sich nicht zu zeitig zu freuen, damit
es ihnen im Falle des erneuten Krieges nicht desto schwerer werde, auch
ihre eigenen Anstrengungen zu erneuern. – Man hätte die Ironie | [93r]
mit der ich dies sagte bitter und hart finden können, und dem Geistlichen
Vorwürfe machen über die Aeußerungen des Zeitungsschreibers; man hat
es nicht gethan.

Den Besten unter denen welche den Frieden unbedingt verwerfen, habe
ich gesagt, wenn auch ihre Voraussagung einträfe, wenn die Umstände
nöthigten einen nicht befriedigenden Frieden zu schließen: so sollten sie
deshalb nicht glauben, der große Zwek Deutschland und Preußen ein
dauerhaftes festgegründetes Wohlergehn zu erwerben sei aufgegeben: er
sei dann gewiß nur weiter hinausgesezt; einen solchen Frieden sollten sie
getrost nur für vorüber gehend halten. Indem ich dies sagte glaubte ich
ganz in dem Sinne Sr. Maj. zu reden. Allerhöchstdieselben haben die
Unabhängigkeit der Staaten und des Ihrigen insbesondere wiederholt als
Zwek des Krieges ausgesprochen. Sollten anderweitige Verhältnisse Sie
nöthigen jezt einen Frieden zu schließen der diese Unabhängigkeit an sich
noch nicht gewährt: so sollen Ihre Unterthanen gewiß nicht glauben, ihr
König wolle den Staat in diesem Zustande immer lassen. Wenn ein Krieg
einen so hohen Zweck hat so kann man ihn unmöglich eher für beendigt
ansehn bis dieser Endzwek entweder wirklich erreicht oder der Staat der
ihn erreichen wollte in seinem rühmlichen Bestreben untergegangen ist.

Dennoch hätte man diese Aeußerungen unvorsichtig finden können, weil
ja der Feind sie auch hörte. Man hat mir auch diesen Vorwurf nicht gemacht; den kleineren bin ich glüklich entgangen; aber wo liegt der Stoff
zu den größeren?

Das bisher gesagte ist es was ich beiden Partheien zu Gemüth führen
wollte, die Absicht des ganzen Artikels ist darin erschöpft. Wenn man
also dies nicht getadelt hat, worauf gehen jene Vorwürfe? Ich habe die
kriegwünschende Parthei damit getröstet, daß ihre Ansicht weit verbrei-
tet sei und auch bei den | [93v] Friedensunterhandlungen eine Stimme
haben werde; ich habe die Ansicht der Besten dieser Parthei dargestellt,
und inwiefern ich sie für die Besten ihrer Parthei erklärte vergleichsweise
mit Lob dargestellt. Wohl wenn ich wirklich, wie man mir vorgeworfen
hat gesagt hätte, diese Besten ihrer Partei glaubten das Heil des preußischen Staats könne nur von gewaltsamen Umwälzungen ausgehen, und
ich hätte mich nicht durch einen scharfen Tadel von allem Antheil an
dieser Ansicht gereiniget: so möchte mich der Vorwurf des Hochverraths
treffen. Wenn ich gesagt hätte, diese Besten sähen mit geringschäzigen
Seitenbliken auf den wenn gleich damals noch ganz problematischen Congreß: und ich hätte sie nicht gezüchtigt so möchte ich selbst absprechender Anmaßung beschuldiget werden. Wenn ich ihnen geschmeichelt hätte,
ihre Ansicht, weil sie die ihrige wäre und sie selbst eine mächtige furchtbare Parthei, werde deswegen ein Gewicht auf die Schale der Unterhandlungen legen: so nenne man mich einen Revolutionair! Von dem allen
aber steht an der fraglichen Stelle meines Artikels auch nicht Eine Silbe.
Es liegt mir ob dies durch eine genaue Auseinandersezung der Stelle darzuthun.

Ich seze bei demselben Theil des Publicums ein zwiefaches Interesse
voraus ein weiteres an Deutschland ein engeres an Preußen. Das Verhältniß dieses doppelten Interesse ist bezeichnet durch die Beisäze Deutschland im allgemeinen und[57] unser Staat insbesondere. Hat jemand diese
so verstanden, als sollte damit etwas gegen alle Geschichte und gegen
den dermaligen Zustand der Dinge gleich sehr streitendes gesagt sein,
nemlich daß Preußen ein Theil von Deutschland sei, und also was ich
von Deutschland sage auch von Preußen gelten müße: so bin ich daran
völlig unschuldig. Denn ich habe was von dem einen und was von dem
andern gesagt wird so bestimmt unterschieden, daß man sich nur an die
ersten Regeln der Sprache halten darf um nicht zu fehlen. Das männliche
Fürwort dieser kann sich nur auf das männliche Hauptwort unser Staat
beziehn; das sächliche Für- | [94r] wort jenes nur auf das sächliche Haupt-
wort Deutschland. Von Preußen gilt also nur was in dem Saz enthalten
ist, der sich mit dem Worte dieser anfängt, also nur daß es um zu einem

---

[57] Nach „und" gestrichen „Preußens".

würdigen Zustande zu gelangen noch einer ungeheuern Kraftentwiklung bedürfe wie sie nur unter kriegerischen Anstrengungen möglich ist. Der Sinn dieser Stelle kann nicht zweifelhaft sein. Was jezt die Nation leistet ist eine zuvor nicht gekannte Entwiklung von Kräften zur Vertheidigung und Sicherstellung des Throns. Die Meinung ist, daß um ein dauerhaftes Heil zu begründen noch mehr Kräfte materielle und geistige sich entwikeln müssen; und daß man dies nur von der alles aufregenden Noth des Kriegs erwarten könne. Das Wort von Revolution zu verstehen ist gar kein Grund[58] und ich bin an einer solchen Deutung ganz unschuldig. – Was in dem Saz enthalten ist, der sich mit dem Fürworte jenes anhebt, ist nicht von Preußen sondern von Deutschland gesagt, nemlich es bedürfe um den Grund zu einer bestimmten Form desselben zu legen entscheidender Ereignisse, die nur der Krieg bringen könne. Dies von Preußen zu sagen, wäre allerdings strafbar gewesen. Preußen hat eine Form, und wenn etwa diese noch nicht in allen Theilen gleich bestimmt und ausgebildet wäre: so hat es eine feste Regierung welche in derselben, wie wir täglich sehen, Veränderungen nach ihrer Weisheit machen kann, ohne daß es dazu äußerer Ereignisse bedürfe. Dasselbe von Deutschland zu sagen ist an sich ganz unbedenklich, indem es ja seine Form erst bekommen muß. Diese Form besteht in der Art wie die einzelnen Fürsten mit einander verbunden sind und unter einer höheren Einheit zusammengefaßt sind. Wenn Viele behaupten diese Form werde sich besser finden lassen nach entscheidenden kriegerischen Ereignissen als ohne dieselben: so ist dies ein politisches Urtheil, vielleicht ein kühnes, aber nicht ein solches, daß ich mich hätte verpflichtet halten müssen es anzugreifen. Offenbar ist auch hier etwas gemeint, worauf schon in der Proclamation an die deutschen Fürsten welche doch ohne alle Autorisation nicht | [94v] hätte ins Publicum kommen können, ist angespielt worden, daß nemlich der Antheil den jedes deutsche Land, jeder deutsche Fürst an dem Werk der Befreiung nehmen würde auch seine Stelle an dem neuen deutschen Reichsverbande bestimmen würde.[59]

Aber in dem Zusaz ist etwas mißzubilligendes gefunden worden, daß es schwer sein würde durch bloße Friedensunterhandlungen Deutschland eine haltbare Form zu geben, und daß also von dem zu eröfnenden Congreß das Rechte in dieser Hinsicht schwerlich zu erwarten wäre, darin liegt[60] eine absprechende Zurückweisung diplomatischer Verhandlungen, darin die voreiligen und anmaßenden Urtheile über einen Congreß zu wel-

---

[58] Die Wendung „Das Wort von Revolution zu verstehen ist gar kein Grund" fehlt in der von Dilthey bekanntgemachten, als Abschrift im Nachlaß erhaltenen Vorfassung (siehe unten Nr. 35/II).
[59] Der Bezug ist nicht völlig klar. Wahrscheinlich denkt Schleiermacher an den Breslauer Vertrag vom 19. März und die Kalischer Proklamation Kutusows vom 25. März 1813.
[60] Für „liegt" lies „liege".

chem Se. Maj. der König einen Abgeordneten sendet, und also Mangel an Ehrfurcht gegen Se. Maj. den König selbst. Ich bemerke zuerst daß dieser Congreß für mich damals noch gar nicht da war; er war ein bloßes Gerücht, auch ist der Saz ganz allgemein gestellt. Wollte man ihn auch in dieser Allgemeinheit unziemlich finden: so würde ich darin die anerkannte Liberalität unserer Regierung um so mehr vermissen als auf der einen Seite Verfassungen zu entwerfen nicht das eigentliche Geschäft eines Friedenscongresses ist, auf der andern Se. Maj. der König die Resultate des Congresses nicht allein herbeiführt sondern nur ein Glied der Einen paciscirenden Seite ist. Vielmehr auf die Schwierigkeiten aufmerksam gemacht zu haben gereicht zu desto größerer Verherrlichung des Congresses wenn er sie überwindet, zu seiner Entschuldigung, wenn er ihnen unterliegt und auch dies ist nur ein Versuch zur Zufriedenheit mit dem was bevorsteht zu stimmen. Ich glaube daher, ich hätte ohne unziemlich zu reden noch mehr, nemlich auch dieses sagen können, es werde, ehe kriegerische Ereignisse schon mehr entschieden haben auch schwer halten den Frieden der einzelnen verbündeten Mächte mit Frankreich auf eine wünschenswerthe Art zu Stande zu bringen. Seit wann sollte es strafbar sein eine schwierige Aufgabe schwierig zu nennen? Auch dies hätte in eben jener guten Absicht können gesagt werden.

Der ganze Artikel also und jeder einzelne Saz desselben ist seinem wahren Sinne nach in vollkommener Uebereinstimmung mit dem was die Censurbehörde selbst den Redactoren der öffentlichen | [95r] Blätter zur Pflicht gemacht hat, nemlich auf einträchtiges Versammeln unter die Fahne der Regierung, auf williges und freies Fügen unter das was der König ordnen würde hinzuwirken. Diese Absicht: ich darf es dreist sagen zeigt sich auf allen Blättern des Correspondenten; dieser Sinn, das darf ich noch kühner behaupten, regiert mein ganzes öffentliches Leben: Ich habe nie den Ehrgeiz gehabt Sr. Maj. persönliche Aufmerksamkeit auf mich zu ziehen; wohl aber ist es mein beständiges Bestreben gewesen, daß wenn je des Königes Auge auf mich fiele, es nur beifällig geschehen könne. Wie kränkend hat es mir sein müssen durch ein Mißverständniß, wozu meinerseits höchstens die vielleicht zu gedrängte Schreibart Veranlassung gegeben hat: durch etwas in Vergleich[61] mit den treuen Bestrebungen meines ganzen Lebens[62] sowol an sich als auch in seinen möglichen Folgen durchaus Unbedeutendes eine solche von Sr. Maj. unmittelbar ausgehende Ahndung zu erfahren. Wie viel kränkender noch daß sie nicht nur diesen Zeitungsartikel trift, sondern auch sich viel weiter verbreitet; denn auch allgemeine Anschuldigungen eines verdächtigen und mißfällig bemerkten Treibens in meinem Leben waren in der Vorhaltung begriffen welche mir

---

[61] Nach „Vergleich" gestrichen „formal".
[62] Nach „Lebens" gestrichen „als".

auf Sr. Maj. Befehl gemacht worden ist. Mein gutes Gewissen freilich beruhigt mich völlig; es zeigt mir keine Richtung welche meinem allergnädigsten König mißfällig sein könnte. Mein seit mehreren Jahren vierfacher Beruf als Prediger Universitätslehrer Departementsmitglied und Akademiker füllt meine Zeit so ganz aus, daß mir nicht vergönnt ist außer meinem Beruf noch etwas anderes zu treiben. Was ich in früherer Zeit ehe ich amtlich so sehr beschäftigt war gethan habe, das liegt in meinen litterarischen Arbeiten zu Tage; damals ließen mir diese keine Zeit zu irgend einem fremdartigen Treiben, wie ich mir eines solchen auch nicht bewußt bin. Nach welchen Richtungen ich aber in meinen verschiedenen Berufsverhält- | [95v] nissen in deren keines ich mich eingedrängt habe wirke, darüber kann ich mich auf meine Vorgesezten, meine Kollegen, meine Gemeine, meine Schüler berufen. Ein nicht unbedeutender Theil des gebildeten Publicums der Hauptstadt von den erhabenen Personen des königlichen Hauses ab, besucht theils häufig theils regelmäßig meine religiösen Vorträge; mögen diese bezeugen ob darin jemals eine Richtung gewesen, welche mir gerechten Tadel zuziehn könnte. Meine Schüler lehren theils selbst schon von der Kanzel und dem Katheder teils stehen sie unter den Fahnen des Königes; man befrage sie oder man beurtheile mich aus ihren Werken und ihrem Geist. Je unschuldiger ich mich aber weiß, und je weniger ich glauben darf daß jene Vorwürfe mir ohne bestimmten Grund sind gemacht worden, um desto mehr muß ich vermuthen, daß Thatsachen erdichtet oder entstellt den höheren Behörden, um mich in einem falschen Lichte darzustellen, sind zugetragen worden, und so vielleicht weiter bis zu der Allerhöchsten Person des Königes gelangt sind. Da nun die gute Meinung Sr. Majestät ein unschäzbares Gut ist, welches keinem Unterthan am wenigsten einem Staatsdiener unverdienterweise entzogen werden darf; so erwarte ich von der höheren Gerechtigkeit, daß sie die angeblichen Thatsachen worauf jene Vorwürfe sich gründen, mir bekannt machen und mich dadurch in den Stand sezen werde die Verunglimpfung die mir schon so großen Nachtheil zugefügt hat abzuwehren und mich in jenes unschäzbare Gut zu restituiren, und auf diese Bekanntmachung ohne welche ich meine Rechtfertigung nicht vollenden kann muß ich daher schließlich meinen Antrag richten.

II.
Abschrift mit Korrekturen und Ergänzungen Schleiermachers; undatiert[63]
Nachlaß Schleiermacher 496, Bl. 1–4[64]

Rechtfertigung wegen eines Artikels im preußischen Correspondenten.

Als die Gerüchte von Verlängerung des Waffenstillstandes und von einem zu eröfnenden Friedenscongreß sich mehr und mehr verbreiteten, hörte ich daß die politischen Leidenschaften mehr als je laut würden. Auf der einen Seite äußerte sich schon bei der entfernten und unsichern Aussicht auf Frieden eine unbegränzte Freude, auf der andern, ehe man noch wissen konnte was für ein Friede mögte geschloßen werden, hörte man bange Besorgniße, niederschlagende Hoffnungslosigkeit, als ob nun die frohe Aussicht auf Wiedererhebung des Staates völlig verschwunden wäre. Jede Parthei suchte die andre zu verunglimpfen, man hörte auf der einen Seite von Feigherzigkeit, eigennüziger Gleichgültigkeit, treuloser Anhänglichkeit an fremdes Intereße, auf der anderen von excentrischem Wesen, schwärmerischem Nationalhaß, revolutionären Tendenzen. Ich hoffte allerdings die Mehrzahl der Staatsbürger werde besonnener und gemäßigter, wenn auch in gespannter Erwartung, doch bestimmter Urtheile, starker Affecten sich enthalten bis irgend etwas entschieden sei. Dennoch erschien mir die Spannung jener Partheien bedenklich; welche Wendung die große Angelegenheit auch nähme, so müßte auf jeden Fall eine jener beiden[65] Stimmungen um so mehr hemmend und nachtheilig wirken, je höher die Erbitterung zwischen beiden schon gestiegen wäre. Daher | [1v] schien es mir für den Redacteur eines besonders dem gebildeten Publicum bestimmten, nicht lediglich referirenden Tageblattes Pflicht, etwas zu sagen, was zur Mäßigung jener voreiligen Affecten führen könnte.

Unbegreiflich muß es scheinen wie ein in solchem Sinne geschriebener Zeitungsartikel zu Vorwürfen hat Anlaß geben können, wie sie diesem sind gemacht worden, Vorwürfe von politischen Anmaßungen, Tendenzen pflichtwidriger Eigenmacht u Willkühr, unbefugten vorgreifenden Urtheilen[,] welche Mangel an Ehrfurcht gegen des Königs Majestät verrathen, ja Vorwürfe des Hochverrathes sogar. Nur in der entschiedensten Ungeschiklichkeit des Schreibers, oder in einer die natürliche Verbindung der Säze übersehenden oder von den nachtheiligsten Voraussezungen ausgehenden Auslegung kann die Ursache davon liegen. Der erste Vorwurf würde mich treffen. Diesen u keinen anderen habe ich abzuwälzen; wegen der Gesinnungen, die mir Schuld gegeben worden sind mich zu vertheidigen, dessen

---

63 Nach Dilthey handelt es sich bei der Abschreiberin um Henriette Herz; vgl. die editorische Notiz in: Aus Schleiermacher's Leben. In Briefen. Band 4, 422.
64 Druckfassung in: Aus Schleiermacher's Leben. In Briefen. Band 4, Berlin 1863, 422–429. Auch Diltheys Lesefassung weist eine Reihe von Versehen und Irrtümern auf.
65 „beiden" vor der Zeile eingefügt.

überhebt mich billig ein seit fast zwanzig Jahren dem öffentlichen Lehramt völlig vorwurfsfrei gewidmetes Leben, gegen welches feindselige Verbreitungen, denen ein Mann von einigem Ruf selten entgeht, nie anders als im Dunkeln zu schleichen wagten. Ich muß die einzelnen Punkte durchgehn um zu zeigen daß nicht durch meine Ungeschiktheit eine Auslegung welche der Absicht des Schreibenden so gänzlich entgegen ist entstanden sei.

Jede der beiden Partheien, zu denen ich reden wollte, faßt Menschen von sehr verschiedenen Gesinnungen [in sich], um alle zu treffen mußte ich zu den Besten von jeder Parthei reden weil auch die Schlechteren gern die Motive der Beßeren wenigstens vorschüzen.

Unter denen welche sich auf den Frieden freuen, wie er auch immer sein möge, erklärte ich diejenigen für die Besten, welche fürchten der Staat könne die bisherigen Anstrengungen nicht länger durchführen, es sei ihm unbedingt Ruhe nothwendig damit er sich erhole. Ich warnte sie sich nicht zu zeitig zu | [2r] freuen, damit es ihnen[66] im Falle eines erneuten Krieges nicht desto schwerer würde auch ihre eigne[n] Anstrengungen zu erneuen. Man hätte die Ironie mit der ich dies sagte bitter und hart finden können, u dem Geistlichen Vorwürfe machen über die Äußerung des Zeitungsschreibers; man hat es nicht gethan.[67] Den Besten unter denen welche den Frieden unbedingt[68] verwerfen habe ich gesagt, wenn nun ihre Voraussagung einträfe, wenn die Umstände nöthigten einen nicht befriedigenden Frieden zu schließen: so sollten sie deshalb nicht glauben, der große Zwek, Deutschland u Preußen ein dauerhaftes, festbegründetes Wohlergehn zu erwerben sei aufgegeben, er sei dann gewiß nur aufgeschoben, einen solchen Frieden sollten sie getrost nur für vorübergehend halten. Indem ich dies sagte glaubte ich ganz im Sinne Sr. Majestät zu reden. Allerhöchstdieselben haben die Unabhängigkeit der Staaten u des Ihrigen insbesondere wiederholt als Zwek des Krieges ausgesprochen. Sollten anderweitige Verhältniße Sie nöthigen jezt einen Frieden zu schließen, der diese Unabhäng[ig]keit an sich noch nicht gewährt: so wollen Sie gewiß nicht daß Ihre Unterthanen glauben, Sie wollten den Staat in diesem Zustande immer laßen. Wenn ein Krieg einen so hohen Zweck hat: so kann man ihn unmöglich eher als beendigt ansehen, bis dieser Zweck entweder wirklich erreicht, oder der Staat der ihn erreichen wollte in diesem rühmlichen Bestreben untergegangen ist. Dennoch hätte man diese Äußerung unvorsichtig finden können, weil ja der Feind sie auch höre. Man hat auch diesen Vorwurf nicht gemacht, den kleineren bin ich glüklich entgangen, weil man zu weit größeren Stoff fand; aber wo?

Das bisher gesagte ist es was ich beiden Partheien zu Gemüthe führen wollte, die Absicht des ganzen Artikels ist darin erschöpft. Wenn man also

---

[66] Die Worte „es ihnen" über der Zeile eingefügt.
[67] Die Worte „man hat es nicht gethan" über der Zeile eingefügt.
[68] „unbedingt" korrigiert aus „überhaupt".

dieses nicht getadelt hat, worauf gehn jene Vorwürfe? Ich habe die Krieg
wünschende Parthei damit getröstet daß ihre Ansicht weit verbreitet | [2v]
sei u auch bei den Friedensunterhandlungen eine Stimme haben werde;
ich habe die Ansicht der Besten dieser Parthei dargestellt, u eben wie ich
sie für die Besten ihrer Parthei erklärte, vergleichungsweise mit Lob dargestellt. Wohl, wenn ich wirklich, wie man mir vorgeworfen hat gesagt
hätte, diese Besten ihrer Partei glaubten das Heil des preußischen Staats
könne nur von gewaltsamen Umwälzungen ausgehn, u ich hätte mich nicht
durch einen scharfen Tadel von allem Antheil an dieser Ansicht gereinigt,
so mögte mich selbst der Vorwurf des Hochverraths treffen. Wenn ich
gesagt hätte sie sähen mit geringschäzigen Seitenbliken auf den, wenn
auch damals noch ganz problematischen Congreß u hätte sie nicht getadelt: so mögte ich selbst absprechender Anmaßung beschuldigt werden.
Wenn ich ihnen geschmeichelt hätte, ihre Ansicht, weil sie die ihrige wäre,
u sie selbst eine mächtige furchtbare Parthei, werde deswegen auch ein
Gewicht auf die Schale der Unterhandlungen legen: so nenne man mich
einen Revolutionair. Von dem allen aber steht in der fraglichen Stelle
meines Artikels nicht[69] Eine Silbe. Es liegt mir ob dies durch eine genaue
Auseinandersezung der Stelle darzuthun.
     Ich seze bei diesem Theil des Publicums ein zwiefaches Interesse vor-
aus, ein weiteres an Deutschland, ein engeres an Preußen. Das Verhältniß
dieses doppelten Interesse ist bezeichnet durch die Beisäze Deutschland
im allgemeinen u unser Staat ins besondere. Hat jemand diese so verstanden als sollte damit etwas gegen alle Geschichte u gegen den dermaligen
Zustand der Dinge gleich sehr streitendes gesagt sein, nämlich daß Preußen
ein Theil von Deutschland sei u also was ich von Deutschland sage auch von
Preußen gelten müße: so bin ich daran völlig unschuldig. Denn ich habe
beides so bestimmt unterschieden daß man sich nur an die ersten Regeln
der Sprache halten darf um nicht zu fehlen. Das männliche Fürwort dieser kann sich nur auf das männliche Hauptwort unser Staat beziehn, das
sächliche Fürwort jenes | [3r] nur auf das sächliche Hauptwort Deutsch-
land. Von Preußen gilt also nur was in dem Saz enthalten ist der sich mit
dem Worte dieser anfängt, also nur daß es um zu einem neuen würdigen
Zustande zu gelangen noch einer ungeheuern Kraftentwiklung bedarf, wie
sie nur unter kriegerischen Anstrengungen möglich ist. Der Sinn dieser
Stelle kann nicht zweifelhaft sein. Was die Nation jezt leistet ist eine bisher
nicht gekannte Entwiklung von Kräften zur Vertheidigung u Sicherung
des Thrones. Die Meinung ist, daß um ein dauerhaftes Heil zu begründen
noch viele Kräfte, materielle u geistige sich entwikeln müßen u daß man
dies nur von der alles aufregenden Noth des Krieges erwarten könne[70].

---

[69] „nicht" für „keine" (gestrichen).
[70] „könne" für „müsse" (gestrichen).

An einer solchen Deutung bin ich ganz unschuldig. Was in dem Saz enthalten ist der sich mit dem Fürworte jenes anfängt, ist nicht von Preußen sondern nur von Deutschland gesagt, nemlich es bedürfe, um den Grund zu einer künftigen Form desselben zu legen, entscheidender Ereigniße welche nur der Krieg bringen kann. Das von Preußen zu sagen wäre strafbar gewesen. Preußen hat eine Form, u wenn diese noch nicht in allen Theilen gleich bestimmt u ausgebildet wäre[71]: so hat es eine feste Regierung welche in derselben, wie wir täglich sehen, Veränderung nach ihrer Weisheit machen kann, ohne daß es dazu äußerer Ereigniße bedürfe. Das letztere hingegen[72] von Deutschland zu sagen ist an sich ganz unbedenklich, indem es seine Form ja erst bekommen muß. Diese Form besteht in der Art wie die einzelnen Fürsten mit einander verbunden u unter einer höheren Einheit zusammengefaßt sind. Wenn viele behaupten, diese Form werde sich beßer finden laßen nach entscheidenden kriegerischen Ereignißen als ohne dieselben, so ist dies ein politisches Urtheil, vielleicht ein kühnes, aber nicht ein solches daß ich mich hätte verpflichtet halten können es anzugreifen oder zu widerlegen. Offenbar ist auch hier etwas gemeint worauf schon in der Proclamation an die deutsche[n] Fürsten, die doch ohne alle Autorisation der ver- | [3v] bündeten Mächte nicht hat ins Publicum kommen können, ist angespielt worden, daß nemlich der Antheil den jeder deutsche Fürst, jedes deutsche Land an dem Werk der Befreiung nehmen würde auch seine Stelle an dem neuen Reichsverbunde bestimmen werde.

Aber in dem Zusaz ist etwas sträfliches gefunden worden: daß es schwer sein würde durch bloße Friedensunterhandlungen Deutschland eine haltbare Form zu geben u daß also von dem zu eröfnenden Congreß das Rechte in dieser Hinsicht schwerlich zu erwarten sei. Darin liegt eine absprechende Zurükweisung diplomatischer Verhandlungen, darin die voreiligen u anmaßenden Urtheile über einen Congreß zu welchem Se. Majestät der König einen Abgeordneten sendet u also Mangel an Ehrfurcht gegen Se. Majestät den König selbst.

Ich bemerke zuerst daß dieser Congreß für mich damals noch gar nicht da war, er war ein bloßes Gerücht; auch ist der Saz ganz allgemein gestellt. Wollte man ihn auch in dieser Allgemeinheit für unziemlich finden[73], so würde ich darin die anerkannte Liberalität unserer Regierung um so mehr vermißen als auf der einen Seite Verfaßungen zu entwerfen nicht das eigentliche Geschäft eines Friedenscongreßes ist, auf der andern Se. Majestät der König die Resultate des Congreßes nicht allein herbeiführt, sondern nur ein Glied der einen paciscirenden Seite ist. Vielmehr auf die

---

71 „wäre" für „ist" (gestrichen).
72 Die Worte „Das letztere hingegen" sind über der Zeile eingefügt; dafür gestrichen: „Dasselbe".
73 „finden" für „halten" (gestrichen).

Schwierigkeiten aufmerksam gemacht zu haben gereicht zu desto größerer
Verherrlichung des Congreßes wenn er sie überwindet, zu seiner Entschuldigung wenn er ihnen unterliegt, u auch dies ist ein Versuch zur Zufriedenheit mit dem was bevorsteht zu stimmen. Ich glaube daher ich hätte,
ohne unziemlich zu reden, noch mehr sagen können, nemlich auch dieses,
daß ehe kriegerische Ereigniße schon mehr entschieden haben werde es
schwer fallen den Frieden der einzelnen Mächte mit Frankreich auf eine
wünschenswerthe Art zu Stande zu bringen. Seit wann sollte es strafbar
sein eine schwierige Aufgabe schwierig zu nennen? Auch dies hätte in eben
jener guten Absicht gesagt werden können.[74] – Wenn ich[75] nun

> gesagt habe die Ansicht daß ohne die Unabhängigkeit von Deutsch-
> land keine Unabhängigkeit von Preußen zu hoffen sei, und daß jene
> Unabhängigkeit werde erkämpft werden müssen[,] sei weit verbreitet
> so habe ich nichts gesagt als was die ganze Welt weiß[,] was[76] selbst
> diejenigen wissen müssen welche noch so eifrig den Frieden wünschen;
> und wenn ich gesagt habe diese Ansicht werde auch auf dem Con-
> greß eine Stimme haben[,] so[77] liegt darin nichts anderes, als daß wenn
> so viele dieser Meinung sind wol auch einer u. der andre auf dem Con-
> gress dieser Meinung sein werde. Ja ich wollte niemand verdenken
> dabei an den Abgeordneten Sr. Maj. unsres Königs ganz besonders zu
> denken.

| [4r] Der ganze Artikel also u jeder einzelne Theil ist, seinem wahren Sinn
nach, in vollkommner Uebereinstimmung mit dem was die Censurbehörde
selbst den Redacteurs der öffentlichen Blätter zur Pflicht gemacht hat,
nemlich auf einträchtiges Versammeln unter die Fahne der Regierung,
auf williges u friedliches Fügen unter das was der König ordnen würde

---

74 Der Wortlaut der Abschrift setzt mit der Wendung „Der ganze Artikel also" in der
    ersten Zeile von Blatt 4r fort (siehe im Text weiter unten). Schleiermacher hat einen
    Freiraum unterhalb der letzten Zeile von Bl. 3v für eine in winzigen Buchstaben ge-
    schriebene, zum Teil nicht völlig sicher zu lesende Einfügung genutzt, deren Fortset-
    zung sich auf dem linken Rand des Blattes findet. Der Schlußsatz dieser Einfügung
    ist von Schleiermacher gestrichen und durch eine andere Formulierung ersetzt worden.
    Im Text oben gebe ich die statt der gestrichenen Passage gesetzte Formulierung wie-
    der; der Wortlaut der Streichung wird anmerkungsweise mitgeteilt (siehe Anm. 77).
75 Die folgenden Sätze von „Wenn ich" bis zum Absatzende „besonders zu denken."
    sind Einfügung Schleiermachers.
76 Der Text von „was" bis „abschließen wollen" steht am linken Rand von Bl. 3v unten.
77 Der Text von „so" bis „besonders zu denken" steht am linken Rand von Bl. 3v oben
    und ersetzt die folgende, von Schleiermacher mit Querstrichen getilgte Passage: „so
    habe ich keine andere Stimme gemeint als die des Abgeordneten unsers Königs selbst,
    wie denn alle[,] welche die Bekanntmachungen u[nsere]s Königs in dem rechten Sinne
    gelesen haben, voraussetzen müssen daß seine Instructionen hierauf gingen, und von
    dem jeder der ihn persönlich kennt hoffen muß daß er nichts halbes und vergebliches
    werde abschließen wollen."

hin zu wirken. Diese Absicht zeigt sich, ich darf es dreist sagen, in allen Blättern des Correspondenten; dieser Sinn, das darf ich noch kühner behaupten, regiert mein ganzes öffentliches Leben.

Ich habe nie den Ehrgeiz gehabt Sr. Majestät persönliche Aufmerksamkeit auf mich zu ziehn, wol aber ist mein beständiges Bestreben gewesen, daß wenn je des Königs Auge auf mich fiele, es nur beifällig geschehen könne. Wie kränkend hat es mir sein müßen durch ein Mißverständniß wozu meinerseits höchstens, die vielleicht zu gedrängte Schreibart, Veranlaßung gegeben hat, durch etwas in Vergleich mit den treuen Bestrebungen meines ganzen Lebens sowol in sich als auch in seinen möglichen Folgen, höchst Unbedeutendes, eine solche, von Sr. Majestät unmittelbar ausgehende Ahndung zu erfahren. Wie viel kränkender noch daß sie nicht nur den unglükseligen Zeitungsartikel betrifft, sondern sich auch viel weiter verbreitet; denn auch allgemeine Anschuldigung[en] eines verdächtigen, mißfällig bemerkten Treibens in meinem Leben waren in der Vorhaltung begriffen, welche mir auf Sr. Majestät Befehl gemacht worden ist. Mein gutes Gewißen freilich beruhigt mich völlig, es zeigt mir keine Richtung die meinem allergnädigsten König mißfällig sein könnte. Mein seit mehreren Jahren vierfacher Beruf, als Prediger, Universitätslehrer, Departementsmitglied u Akademiker füllt meine Zeit so ganz aus daß mir nicht vergönnt ist außer meinem Beruf noch etwas anderes zu treiben. Was ich in früherer Zeit, ehe ich amtlich[78] so sehr beschäftigt war außerdem gethan habe, das liegt in[79] meinen[80] litterarischen Arbeiten zu Tage; damals ließen mir diese keine Zeit zu einem fremdartigen Treiben, wie ich mir eines solchen auch nicht bewußt bin. Nach welchen Richtungen ich aber in meinen verschiedenen Berufsverhältnißen (in deren keins ich mich gedrängt habe) wirke, darüber kann ich mich auf meine Vorgesezte, meine Collegen, meine Gemeine, meine Schüler berufen. Ein nicht unbedeutender | [4v] Theil des gebildeten Publicums, von den erhabenen Personen des königlichen Hauses ab, besucht theils häufig, theils regelmäßig meine religiösen Vorträge, möge dieser bezeugen ob darin jemals eine Richtung gewesen die mir gerechten Tadel zuziehn könnte. Meine Schüler lehren theils selbst schon von der Kanzel u dem Catheder, theils stehn sie unter der Fahne des Königs. Man befrage sie, oder man beurtheile mich aus ihren Werken u ihrem Geist.

Je unschuldiger ich mich aber weiß, u je weniger ich glauben darf daß jene Vorwürfe mir ohne bestimmten Grund sind gemacht worden, um desto mehr muß ich vermuthen daß Thatsachen erdacht oder entstellt den

---

78 „amtlich" von Schleiermacher über der Zeile eingefügt, dafür gestrichen: „nehmlich".
79 „liegt in" über der Zeile eingefügt; dafür gestrichen: „liefern".
80 „meinen" korrigiert aus „meine".

höheren Behörden, um mich in einem falschen Lichte darzustellen, sind zugetragen worden, u so vielleicht wieder zu der allerhöchsten Person des Königs gelangt sind. Da nun die gute Meinung Sr. Majestät ein unschäzbares Gut ist, welches keinem Unterthan, am wenigsten einem Staatsdiener, unverdienter weise entzogen werden darf; so erwarte ich von der hohen Gerechtigkeit, daß sie die eigentlichen Thatsachen worauf jene Vorwürfe sich gründen mir bekannt machen u mich dadurch in den Stand sezen werde die Verunglimpfung, die mir schon so großen Nachtheil zugefügt hat, abzuwehren u mich in jenes unschäzbare Gut zu restituiren, u auf diese Bekanntmachung, ohne welche meine[81] Rechtfertigung nicht vollständig sein[82] kann, muß ich schließlich meinen Antrag richten.

36.
Le Coq an Wittgenstein
Schreiben vom 28. Juli 1813
Zitiert nach Paul Czygan: Zur Geschichte der Tagesliteratur. Band II/1,
150–151; Anlage: 151–153

Berlin, den 28. Juli 1813.
Die hiesige Realschulbuchhandlung legte in dem letzten Stück des in ihrem Verlage erscheinenden Preußischen Correspondenten die Ankündigung einer politischen Flugschrift unter dem Titel: Betrachtungen über die Politik der Dänischen Regierung, von einem Deutschen, ohne Druckort, Julius 1813 – bei mir zur Censur vor. – Durch eine früherhin schon in das 61. Stück des Preuss. Corresp. vom 16. Juli aufgenommene ausführliche Anzeige auf den Inhalt dieser Schrift aufmerksam gemacht, erforderte ich vor Zulassung der Ankündigung und des Debits die Beibringung des Imprimatur für die Schrift selbst. Ich erhielt darauf die Anzeige, daß die Schrift die hiesige Censur nicht passiert habe, sondern in Commission von Greifswalde her eingesandt sei. Inzwischen habe ich von dem Inhalte der Schrift nähere Kenntnis genommen und darin die Bestätigung der Vermutung gefunden, die jene frühere, dem Publico schon aufgefallene Ankündigung veranlaßte:

> daß nämlich die Schrift bei allen sonst unverkennbaren Vorzügen Stellen enthält, die auf die öffentliche Meinung von dem Werte unserer Regierung und der uneingeschränkten Gewalt unseres Königs Majestät einen nachteiligen Einfluß hervorbringen können, auch sonst der Ten-

---

[81] „meine" für „ich" (gestrichen).
[82] „nicht vollständig sein" von Schleiermacher über der Zeile eingefügt; dafür gestrichen:
„nicht vollenden".

denz der gegenwärtigen diplomatischen Verhandlungen unserer und schwedischerseits vielleicht nicht ganz angemessen und jedenfalls für die Verbreitung in einer Flugschrift nach deren eigentümlichen Bestimmung nicht geeignet und bedenklich sein möchten.

Namentlich gilt dies von den bezeichneten Stellen der Anlage fol. 11, 15–28, besonders fol. 30, 35–40. Ich hielt mich daher zu der in der Anlage originaliter gehorsamst beigefügten Verfügung verpflichtet. Nach dem von der Realschulbuchhandlung darauf producierten Briefe der committierenden Buchhandlung wird es nun aber zweifelhaft, ob des Kronprinzen von Schweden Königl. Hoheit, wie angeführt ist, sich wirklich für die Verbreitung dieser Schrift interessiren (ich habe unter der Hand vernommen, daß wenigstens die Aufnahme in die Stockholmer Hofzeitung Anstand gefunden). Wäre solches der Fall, so bliebe der ausdrücklich nur einstweilen angelegte Beschlag meines pflichtmäßigen Dafürhaltens zwar immer gerechtfertigt, da die Verbreitung der gegen unsere constitutionelle Verfassung anstößigen Stellen wohl nicht ohne höhere Genehmigung in einer Flugschrift dieser Art zuzulassen ist und solche bei dem schon erfolgten Abdruck nicht mehr gestrichen werden können. Indessen scheint es doch von Erheblichkeit, darüber einige Aufklärung zu gewinnen, einesteils, damit die Gründe der diesseits erfolgten Beschlagnahme des Kronprinzen Hoheit nicht etwa in einem falschen Lichte hinterbracht und ein übler Eindruck hervorgebracht werde, andernteils damit des Herrn Staatskanzlers Excellenz, zu dessen weiterer Entscheidung ich den Fall einberichten wollte, von der etwanigen Intercession Sr. Königl. Hoheit zugleich bestimmt Kenntnis erhalten, und bei den ferneren Maßregeln darauf vielleicht Rücksicht genommen werden könnte.[83]

Ew. Durchlaucht habe ich nicht ermangeln wollen, von dieser Lage der Sache schleunigst Anzeige zu erstatten, indem ich mir erlaube, die Bitte untertänigst hinzuzufügen: daß Hochdieselben des Kronprinzen Kgl. Hoheit gelegentlich darüber Mitteilung machen und dabei die Richtigkeit der Angaben in jenem Commissionsschreiben einigermaßen zu prüfen geruhen möchten.

Le Coq.

[Notiz]

ad acta. 6. 8. Wittgenstein.

---

[83] Auf diese Einsendung nimmt Le Coq wahrscheinlich in seinem Schreiben an Hardenberg vom 2. Oktober 1813 Bezug; siehe Nr. 39.

[Anlage]

Preußischer Correspondent Nr. 61. Freitag, den 16. Juli 1813.[84] [Abschrift]
Wir machen unsere Leser noch auf eine Druckschrift in den nordischen
Angelegenheiten aufmerksam, die unter dem Titel: B e t r a c h t u n g e n
ü b e r   d i e   P o l i t i k   d e r   D ä n i s c h e n   R e g i e r u n g, von einem
Deutschen,[85] o h n e   D r u c k o r t, soeben erschienen ist. Die Schrift hat
nicht einen eigentlichen officiellen Charakter, aber der Verfasser bezeichnet sich selbst im Vorbeigehen als einen, der Gelegenheit gehabt hat, dem
Gang der Unterhandlungen aus der Nähe zu folgen, und einen ausgezeichneten Schriftsteller verrät die gewandte Feder überall. Wenn der Verfasser
sich sehr stark gegen Dänemark erklärt und diesem Staate, wie es scheinen muß, wenn man die zerstreuten Winke zusammennimmt, gern das
Todesurteil spräche, so geschieht es, so sehr er auch Schweden in Schutz
nimmt, doch weniger in dem besondern Sinne eines Schweden, als in dem
schönen und gerechten Eifer eines Deutschen, ja in dem allgemeinen Sinn,
den alle Bürger der noch nicht unterjochten europäischen Staaten teilen
müssen. Denn Dänemark wird vorzüglich deswegen getadelt, weil es überall nur aus seinem Privatinteresse, nie aus jenem Gemeingeist der gegen
die Universalmonarchie kämpfenden Staaten gehandelt habe. Er wird dargestellt als der einzige Staat, der nicht irgend einmal eine Anstrengung
versucht hätte, um jenem alle bestehenden Verträge, alle Grundsätze des
Völkerrechts einreißenden Strom Dämme entgegen zu setzen. Von 1792–
1807 habe es unter dem Namen der Neutralität bloß die Vorteile seines
Handels berücksichtigt; seit jenem Jahr habe es unter dem Vorwand, das
Continentalsystem aufrecht zu halten, sich durch Kapereien bereichert,
habe, wie auch sein Angriff auf Schill beweise, in einem wahren Schutz-
und Trutzbündnis mit Frankreich oder vielmehr unter diesem Namen in
einem Zustande vollkommner Vasallenschaft sich befunden. Daß es zum
russischen Kriege kein Contingent gestellt, sei bloß der Stellung Schwedens zu verdanken gewesen. Im vorigen Herbst habe es angelegentlich den
Frieden mit England gesucht, aber sorgfältig vermieden, mit den Übrigen
verbündeten Mächten in ein näheres Verhältnis zu treten. Nach der Vernichtung des großen Heeres habe es auch nach der Freundschaft Rußlands
eifrig gestrebt; als man aber wahrgenommen, auch das russische Heer sei
sehr geschwächt, und Napoleon könne schneller große Streitkräfte ins

---

[84]　Ebd., Sp. 6–8; Rezension zu A.[ugust] W.[ilhelm] S.[chlegel]: Betrachtungen über die
　　　Politik der dänischen Regierung von einem Deutschen, o.O. [Berlin: Verlag der Real-
　　　schul-Buchhandlung] 1813.
[85]　Hierzu folgende Fußnote: „Von dieser Schrift wird nächstens in der Realschulbuch-
　　　handlung eine französische Übersetzung erscheinen." Diese Ausgabe erschien Ende
　　　August 1813 ohne Nennung des Druckortes unter dem Titel „Considérations sur la
　　　politique gouvernement Danois". Auch hier wurde der Verfasser nur durch die Initi-
　　　alen A. W. S. angegeben.

Feld stellen, habe es die Forderungen höher gespannt. Man könne nicht zweifeln, alle seine Schritte seien mit dem französischen Gesandten verabredet und nur darauf berechnet gewesen, Zeit zu gewinnen, dasselbe gelte von der Sendung des Grafen von Bernstorf. Das Dilemma, damals habe das Bündnis mit Frankreich entweder noch bestanden, oder Dänemark habe sich davon losgesagt gehabt, wird sehr kräftig geltend gemacht. Ja man könne noch von dem Anerbieten während des Krieges gegen Subsidien die Hansestädte zu besetzen glauben, es sei mit französischer Bewilligung geschehen. Als aber der dänische Unterhändler unverrichteter Sache zurückgekommen, sei das russisch-preußische Heer auf dem Rückzuge begriffen und also der Augenblick dagewesen, über die Hansestädte herzufallen. Die Widersprüche in dem Benehmen gegen Hamburg werden besonders auseinandergesetzt. Von der Einnahme Hamburgs wird gesagt, daß Dänemark fast keine andre Waffe dazu hergereicht, als seine Hinterlist, und sie behaupte einen ausgezeichneten Platz unter den politischen Handlungen, welche mit dem Unwillen zugleich Geringschätzung gegen die Regierung einflößen, die deren fähig war, weil nämlich darin alle Grundsätze verleugnet werden und zugleich Hartheit, Verkehrtheit und ein Gewebe von Kleinlichkeiten und unedlen Triebfedern sich offenbart. So wird auch gezeigt, daß Dänemark nicht Ursach habe, sich von aller Vergrößerungssucht frei zu sprechen, und die Erklärung, der König wolle keine neuen Untertanen, als die sich ihm selbst geben, dagegen aber wolle er sein Gebiet unverletzt bewahren, wird ihrem Gehalt nach beleuchtet. Hierauf wird gezeigt, was man schon hätte gegen Dänemark tun können, wie leicht es für England gewesen wäre, Seeland zu behalten, wie leicht für Schweden, es unmittelbar nach dem Abzuge der Engländer zu besetzen. (Bei dieser Gelegenheit. behauptet der Verf., das Volk habe die Erbitterung der Regierung gegen England gar nicht geteilt.) Dies bringt den Verf. auf Schwedens Forderung wegen Norwegen. Von einer Unterjochung sei nicht die Rede, sondern von einer Vereinigung, wie Groß-Britannien und Ireland jetzt vereinigt wären zu gleichen Rechten; der Reiz der schwedischen Verfassung im Vergleich mit der uneingeschränkten Gewalt des Königs in Dänemark wird den Norwegern vorgehalten. Zu gewinnen sei bei Norwegen nichts, es sei aber in den Händen Dänemarks ein Offensivpunkt gegen Schweden, wogegen es für Schweden nur einen defensiven Wert habe; Schweden wolle nur von dieser Seite auf immer gegen Dänemark gesichert sein, und würde auch befriedigt sein, wenn Norwegen sich in eine Republik umgestaltete oder sich einen eignen König wählte. Endlich wirft der Verf. die Frage auf: wem ein Vaterland liebender Deutscher mit seinen Wünschen mehr zugetan sein müsse, ob Dänemark oder Schweden. Das Hervortreten Schwedens zur Befreiung von Deutschland wird in einem schönen Elogium auf den Kronprinzen geltend gemacht und Dänemarks Verfahren gegen Holstein danebengestellt und die Hol-

steiner gefragt, ob sie wieder in der verbesserten Reichsverfassung oder
unter der Lex regia von Dänemark leben wollten. Dies ist der Hauptinhalt
der kleinen Schrift. Sie ist aber außer der Beziehung auf die besondern
Verhältnisse Dänemarks sehr interessant, auch den großen Gesichtspunkt,
aus welchem sie die jetzige Coalition und den Krieg, in dem wir Gott sei
Dank noch begriffen sind, ansieht, durch die reinen politischen Grundsätze, welche sie klar und eindringend ausspricht und auch die Meisterschaft der Darstellung der man es sehr deutlich ansieht, daß sie nicht aus
der Feder eines Diplomatikers von Profession geflossen ist.

37.
Polizeipräsident Le Coq an Schleiermacher
Schreiben vom 25. September 1813
Nachlaß Schleiermacher 495/1
[textgleiche Abschriften in: GStA PK, I. HA Rep. 74 J.X. Nr. 9. Band I,
Bl. 148 und Bl. 153–154 (mit Beglaubigungsvermerk und Siegel)]

[2v] An
des Königlichen Professors H e r r n   S c h l e i e r m a c h e r   HochEhr-
w ü r d e n

[1r] Ew. HochEhrwürden ist als Redacteur des Preußischen Correspondenten am 9ten Juli c. bereits eine Verfügung der damals fungirenden Al-
lerhöchstverordneten Censurbehörde vom 6ten desselben Monats vorge-
zeigt worden, in welcher die Grundsätze und Gesichtspunkte ausführlich
angegeben sind, auf welche nach dem ausdrücklichen Willen Sr. Majestät
des Königs bei der Redaction der hiesigen Zeitungen strenge Rücksicht
genommen werden soll.[86] Ew. HochEhrwürden haben gleichwohl bisher
so häufige Beläge Ihrer Vergessenheit in Absicht dieser Anweisungen vorlegen lassen, daß ich mich verpflichtet halte, bei Zufertigung einer Abschrift
jener Verfügung Sie vorzüglich an aufmerksamere Beachtung des sub 1 u 2
ausgedrückten Verbots zu erinnern, wonach jeder directe und indirecte
Tadel der bestehenden Verfassung, der Ansichten der Regierung und ihrer
Maasregeln, durchaus unzulässig ist, und alle die Ehrfurcht gegen die königliche Authorität und die Achtung gegen die Obrigkeit und ihre Verfügungen, compromittirende Aeußerungen, wie sich auch ohne ausdrücklich
wiederholte Anweisung schon von selbst verstehet, vermieden werden
müssen. Die Landesgesetze sagen wörtlich:

---

[86] Siehe Nr. 17: Zirkular des Zensors Schultz an die Redakteure der drei Berliner Zeitungen vom 6. Juli 1813.

Es steht einem Jeden frei, seine Zweifel, Einwendungen und Bedenklichkeiten gegen Gesetze und andere Anordnungen im Staate, sowie überhaupt seine Bemerkungen und Vorschläge über Mängel und Verbesserungen, sowohl dem Oberhaupte des Staates als den Vorgesetzten der Departements anzuzeigen, und letztere sind dergleichen Anzeigen [mit] der erforderlichen Aufmerksamkeit zu prüfen verpflichtet.[87]

Eine in der Residenz erscheinende und unter den Unterthanen weit umher cirkulirende politische Zeitung kann mit Hintansetzung jenes allein gesetzlichen Weges nicht geeignet erscheinen zur beiläufigen Erörterung von mißbilligenden Wahrnehmungen und Meinungen, die – wenn es anders ihr Zweck ist, zu nützen, statt dessen durch Erregung von Misvergnügen und Herabsetzung des Vertrauens und der Anhänglichkeit an die bestehende Verfassung nur schaden.

Nach den mancherlei vorausgegangenen Anstößen, von denen Ew. HochEhrwürden die Beläge selbst noch in Händen haben, und die ich in Erwartung künftiger besserer Beobachtung bisher noch [habe] auf sich beruhen lassen, hoffe ich, daß die nur allein bei der Redaction | [1v] des Correspondenten nothwendig gewordenen häufigen Berichtigungen, die dem Censor wie dem Redacteur gleich unangenehm und belästigend gewesen, statt zu ungegründeten Klagen über Beschränkung der Preßfreiheit eher zur Vorsicht und Anerkennung wohlbekannter verbindlicher Vorschriften die Veranlassung geben mögen.

Berlin den 25sten September 1813.

Königlicher Staats-Rath und Polizei-Präsident von Berlin

Le Coq

---

[87] Siehe: Publicandum, wegen Bestrafung der muthwilligen Querulanten vom 12. Juli 1787. Nebst Begleitungs-Rescript vom 16. Juli, in: Novum Corpus Constitutionum Prussico-Brandenburgensium praecipue Marchicarum [NCC] oder Neue Sammlung Königl. Preuß. und Churfürstl. Brandenburgischer, sonderlich in der Chur- und Mark Brandenburg publicirten und ergangenen Verordnungen, Edicten, Mandaten, Rescripten. Band 8 (1786–1790), Berlin 1791, 1497–1507, hier: 1499–1500. – Während der Regierungszeit Friedrich Wilhelms III. ist eine Reihe von Verordnungen erlassen worden, durch die das Eingabe- und Beschwerderecht geregelt wurde; siehe: Publicandum, wie diejenigen sich zu verhalten haben, welche bey Seiner Königlichen Majestät Allerhöchsten Person Vorstellungen und Beschwerden anbringen wollen, vom 17. März 1798, in: Ebd. Band 10 (1796–1800), Berlin 1801, 1597–1606; Publicandum wegen der immediaten Beschwerdeführungen vom 21. Mai 1799, in: Ebd., 2437–2442; Reglement wegen Bestrafung der Wiederhohlung ungegründet befundener Immediat-Beschwerden, auch Verhütung, daß nicht ganze Gemeinden oder zahlreiche Deputationen persönlich queruliren, vom 29. Juni 1801, in: Ebd. Band 11 (1801–1805), Berlin 1806, 313–316; Publikandum wegen der bei Seiner Königlichen Majestät oder Allerhöchstdero Ministerien anzubringenden Gesuche und Beschwerden vom 14. Februar 1810, in: Gesetz-Sammlung für die Königlichen Preußischen Staaten 1806–1810, Berlin o.J. [1810], 641–643; Bekanntmachung vom 10. September 1814, die Immediat-Gesuche betreffend, in: Gesetz-Sammlung für die Königlichen Preußischen Staaten 1814, Berlin o.J. [1815], 87–88.

38.
Schleiermacher an den Polizeipräsidenten Le Coq
Schreiben vom 1. Oktober 1813
I. Eigenhändige Fassung
II. Abschrift
III. Eigenhändiger Entwurf

I.
Eigenhändige Fassung
GStA PK, I. HA Rep. 74 J.X. Nr. 9. Band I, Bl. 151–152 (das Schreiben
liegt als Beilage E dem Schreiben Le Coqs an Hardenberg vom 2. Okto-
ber 1813 bei; siehe Nr. 39)

Ew. Hochwohlgebohren geehrte Zuschrift vom 25t Sept. scheint vorauszusezen, als ob es eine unter uns beiden ausgemachte Thatsache wäre, daß
ich als Redacteur des Correspondenten und zwar nicht selten gegen die
allegirten Censurprincipien gefehlt hätte. Wenn gleich dies nur in einem
sehr uneigentlichen Sinne überhaupt kann gesagt werden, da dieses ja Vorschriften für den Censor sind, dessen es, wenn die Regierung den Schriftstellern Vorschriften geben wollte und könnte, gar nicht bedürfen würde;
wenn gleich eben deshalb diese Censurprincipien nur Behufs einer gegenseitigen Verständigung von dem vorigen Herrn Censor den Redacteurs
mitgetheilt worden sind, und also Vergessenheit derselben nur beim Censor als ein Fehler gerügt werden kann, gar nicht bei einem Redacteur; ich
also das ganze Schreiben auf sich beruhen lassen könnte: so liegt doch in
dem ganzen Tone desselben die gehässige Beschuldigung, als ob ich ein
eignes Vergnügen daran fände, etwas vorlegen zu lassen, das gestrichen
werden muß, und diese Beschuldigung wird durch den Bezug auf die No. 1
u 2 der Censurprincipien ehrenrührig. Ich fordere also[88] Euer Hochwohlgebohren auf[89], mir den Beweis der Thatsache zu liefern, daß ich nemlich
Aeußerungen zum Druck präsentirt hätte, welche – wohl zu merken[90]
nach einer richtigen und verständigen Auslegung – als Verstoß gegen
diese Vorschriften könnten angesehen werden. Daß ich übrigens | [151v]
zu vielen – nicht Berichtigungen wie Sie sich auszudrücken belieben, was
bekanntlich gar nicht die Sache des Censors ist, sondern – Streichungen
Veranlassung gegeben, thut mir insofern leid als ich Euer Hochwohlgebohren oder vielmehr Ihren Stellvertretern Mühe[91] dadurch verursache[92].

---

[88]   Die Worte „fordere also" sind von fremder Hand, vermutlich von Le Coq, unterstri-
         chen. Auch die weiteren Unterstreichungen dürften von Le Coq stammen.
[89]   „auf" unterstrichen; der Satz am Rande angestrichen.
[90]   Die Worte „wohl zu merken" unterstrichen.
[91]   „Mühe" über der Zeile eingefügt, dafür gestrichen „in Schreibsachen".

Allein ich muß Euer Hochwohlgebohren ersuchen zu bedenken, daß ein Redacteur, der es nicht mit bezahlten sondern nur mit gefälligen Correspondenten zu thun hat, gegen diese Rüksichten nehmen muß, die ihn bisweilen nöthigen, dem Censor außer der ohnedies unnachlaßlichen Mühe des Lesens auch noch die kleinere des Streichens zu machen. Es würde mir bisweilen anmaßend[,] oft wunderlich erscheinen, wenn ich meinen Einsendenden sagen wollte ich hätte dies und jenes weggelassen, weil ich vorausgesehen daß der Censor es doch streichen würde. Daher lasse ich in fremden Aufsäzen manches stehen was ich selbst, um die Freude eines recht reinen Censurbogens zu genießen[93], nicht würde geschrieben haben ohnerachtet es nach meinen Grundsäzen nichts unzuläßiges enthält, und legitimire mich bei den Einsendenden durch Vorlegung des Censurbogens. In Fällen dieser Art werde ich also auch in Zukunft nicht anders handeln können. Ich sehe auch nicht ein warum Euer Hochwohlgebohren sich darüber beklagen. Das Verhältniß zwischen Schriftsteller und Censor auf diesem Gebiet ist wie im Handel bei welchem es einmal üblich ist vorzuschlagen und zu dingen.

Euer Hochwohlgebohren bin ich noch für die Anführung einer Gesetzesstelle verbunden; ich kann jedoch den Wunsch nicht zurückhalten Dieselben möchten mich lieber mit einer andern bekannt gemacht haben, nemlich mit derjenigen welche der Censurbehörde als solcher das Recht | [152r] giebt Verweise zu ertheilen und Drohungen zu erlassen, denn diesen Ton habe ich nicht ohne Befremden in Euer Hochwohlgebohren geehrter Zuschrift gefunden. Sollte eine solche Gesetzesstelle nicht existiren: so ersuche ich Dieselben diese schließliche Bemerkung als einen Gebrauch der Freiheit gefälligst zu betrachten, welche die von Ihnen selbst allegirte Gesezstelle mir giebt.

Berlin d. 1t. Octob. 1813
Schleiermacher.

II.
Abschrift[94]
Nachlaß Schleiermacher 495/2

Ew. Hochwohlgebohren geehrte Zuschrift vom 25t Septemb. scheint voraus zu sezen, als ob es eine unter uns beiden ausgemachte Thatsache wäre, daß ich als Redacteur des Correspondenten u zwar nicht selten gegen die

---

92   „verursache" über der Zeile eingefügt, dafür gestrichen „abstumpfe".
93   Die Worte „recht reinen Censurbogens zu genießen" sind unterstrichen und die Zeilen am Rand angestrichen.
94   Die Abschrift des Schreibens an Le Coq stammt vermutlich von Henriette Schleiermacher.

allegirten Censurprincipien gefehlt hätte. Wenn gleich dies nur in einem
sehr uneigentlichen Sinn überhaupt kann gesagt werden, da dieses ja Vorschriften für den Censor sind, dessen es, wenn die Regierung den Schriftstellern Vorschriften geben wollte u könnte, gar nicht bedürfen würde;
wenngleich eben deshalb diese Censurprincipien nur Behufs einer gegenseitigen Verständigung von dem vorigen Hrn Censor den Redacteurs mitgetheilt worden sind, u also Vergessenheit derselben nur beim Censor als
ein Fehler gerügt werden kann, gar nicht bei einem Redacteur; ich also
das ganze Schreiben auf sich beruhen lassen könnte: so liegt doch in dem
ganzen Ton desselben die gehässige Beschuldigung, als ob ich ein eignes
Vergnügen daran fände etwas vorlegen zu lassen das gestrichen werden
muß, u diese Beschuldigung wird durch den Bezug auf die Nr. 1 u 2 der
Censurprincipien ehrenrührig. Ich fordere also Ew. Hochwohlgebohren
auf, mir d. Beweis d. Thatsache zu liefern, daß ich nehmlich Aeußerungen zum Druck präsentirt hätte, welche – wohl zu merken nach einer
richtigen u verständigen Auslegung – als Verstoß gegen diese | [1v] Vor-
schriften könnten angesehen werden. Daß ich übrigens zu vielen – nicht
Berichtigungen wie Sie sich auszudrücken belieben, was bekanntlich gar
nicht die Sache des Censors ist, sondern – Streichungen Veranlassung gegeben thut mir in so fern leid als ich Ew. Hochwohlgeb. od[er] vielmehr
Ihren Stellvertretern Mühe dadurch verursache. Allein ich muß Ew. H.
ersuchen zu bedenken daß ein Redacteur, der es nicht mit bezahlten sondern mit gefälligen Correspondenten zu thun hat, gegen diese Rücksichten
nehmen muß, die ihn bisweilen nöthigen dem Censor außer der ohnedies
unnachlaßlichen Mühe des Lesens auch noch die kleinere des Streichens zu
machen. Es würde mir bisweilen anmaaßend[,] oft wunderlich erscheinen,
wenn ich meinen Einsendenden sagen wollte ich hätte dies u jenes weg-
gelaßen, weil ich vorausgesehen daß der Censor es doch streichen würde.
Daher lasse ich in fremden Aufsäzen manches stehen was ich selbst, um
die Freude eines recht reinen Censurbogens zu genießen, nicht würde geschrieben haben ohnerachtet es nach meinen Grundsätzen nichts unzuläßiges enthält, u legitimire mich bei den Einsendenden durch Vorlegung
des Censurbogens. In Fällen dieser Art werde ich also auch in Zukunft
nicht anders handeln können. Ich sehe auch nicht ein warum Ew. H. sich
darüber beklagen; das Verhältniß zwischen Schriftsteller u Censor auf
diesem Gebiet ist wie im Handel, bei welchem es einmal üblich ist vorzu-
schlagen u zu dingen. |

[2r] Ew. H. bin ich noch für die Anführung einer Gesetzesstelle verbunden; ich kann jedoch den Wunsch nicht zurückhalten Dieselben möchten
mich lieber mit einer andern bekannt gemacht haben, nehmlich mit derjenigen welche der Censurbehörde als solcher das Recht giebt Verweise zu
ertheilen u Drohungen zu erlassen, denn diesen Ton habe ich nicht ohne
Befremden in Ew. H. geehrter Zuschrift gefunden. Sollte eine solche Ge-

setzesstelle nicht existiren: so ersuche ich Dieselben, diese schließliche Bemerkung als einen Gebrauch der Freiheit gefälligst zu betrachten, welche die von Ihnen selbst allegirte Gesezstelle mir giebt.
Schlrm [eigenhändig]

III.
Eigenhändiger Entwurf⁹⁵
Nachlaß Schleiermacher 495/1, Bl. 1v

Resp.[onsum]
Ew. Hochwohlgebohren geehrte Zuschrift vom 25t scheint vorauszusezen als ob es eine unter uns beiden ausgemachte Thatsache wäre daß ich als Redacteur u zwar wie es scheint nicht selten gegen die No 1 u 2 der allegirten Censurprincipien gefehlt hätte. Ich bin mir dessen jedoch keinesweges bewußt, u da es eine ehrenrührige Beschuldigung ist, so muß ich Ew. Hochwohlgebohren auffordern den Beweis zu führen daß ich Aeußerungen zum Druck präsentirt hätte welche nach einer richtigen u verständigen Auslegung als Verstoß gegen diese Vorschriften könnten angesehn werden. Daß ich übrigens zu ziemlich viel nicht Berichtigungen sondern Streichungen Veranlassung gegeben thut mir leid insofern es Ew. p. oder Ihren Stellvertretern Mühe verursacht. Allein ich muß Ew. Hochwohlgeb. ersuchen zu bedenken, daß ein Redakteur der es nicht mit bezahlten Çorrespondenten sondern mit gefälligen Mittheilern zu thun hat gegen diese Rüksichten hat welche ihn nöthigen bisweilen außer der doch unerläßlichen Mühe des Lesens dem Censor noch die kleine des Streichens zu verursachen. Es würde mir nicht selten Anmaßung erscheinen wenn ich meinen Einsendern sagen wollte ich habe dies u jenes weggelassen weil ich doch voraus sehe daß der Censor es streichen würde; ich lasse also in fremden Aufsäzen manches was ich selbst aus Freude an einem recht reinen Censurbogen nicht würde geschrieben haben,⁹⁶ stehen wenn es nur nicht nach meiner eignen Auslegung der bestehenden Vorschriften unzuläßiges enthält, um mich gegen die Einsender durch Vorzeigung des Censurbogens zu legitimiren.⁹⁷ In Fällen dieser Art werde ich also auch in Zukunft nicht anders handeln können. Ew. Hoch[wohl]g[eboren] bin ich noch für die Anführung einer Gesezesstelle verbunden; ich kann jedoch den Wunsch nicht

---

⁹⁵ Schleiermacher hat den Entwurfstext auf der Rückseite des Le Coqschen Schreibens vom 25. September 1813 (siehe Nr. 37) notiert.
⁹⁶ Die Worte von „was ich selbst" bis „geschrieben haben," stehen am linken Blattrand und sind durch Einfügungszeichen zugeordnet.
⁹⁷ Die Formulierung von „ich lasse also" bis „zu legitimiren." stellt die Endstufe eines intensiven Korrekturvorganges dar. Die gestrichenen Worte sind zum Teil nicht sicher lesbar.

zurükhalten, daß Dieselben mich lieber mit einer andern möchten bekannt gemacht haben welche nemlich der Censurbehörde als solcher das Recht giebt Verweise auszutheilen; denn diesen Ton habe ich in der That nicht ohne Befremden in Ihrer geehrten Zuschrift gefunden. Sollte eine solche Gesezesstelle nicht existiren: so ersuche ich Ew. p. diese Bemerkung als eine Anwendung der von Ihnen angeführten gefälligst zu betrachten.

39.
Le Coq an Hardenberg
Schreiben vom 2. Oktober 1813
GStA PK, I. HA Rep. 74 J.X. Nr. 9. Band I, Bl. 141–142 (mit fünf Anlagen: Bl. 143–152; siehe die Einzelangaben unten)

Die Redaction des preussischen Correspondenten, dessen Censur Ew. Excellenz mir unlängst zu übertragen geruhten, hat seitdem unter der Leitung des Professors S c h l e i e r m a c h e r nicht aufgehört, sich durch Vorlegung vieler gegen den Werth der diesseitigen Verfassung, wie gegen das Ansehn der Königlichen Regierung und deren Maasregeln anstößig gerichteten Aeußerungen vor andern auszuzeichnen. Die sprechendsten Beläge darüber habe ich Ew. Excellenz mittelst unterthänigen Berichts vom 2ten August c. bereits einzusenden die Ehre gehabt, indem ich Ew. Excellenz hohem Ermessen selbst anheimstellte, ob es vielleicht gerathen sein dürfte, eine solchergestalt redigirte Zeitung ganz aufhören zu lassen.[98] Das Streichen solcher anfechtenden Stellen ist inzwischen dem Professor S c h l e i e r m a c h e r kein zureichender Beweggrund zu mehrerer Vorsicht und Mäßigung für die Zukunft gewesen.

Den bei Ew. Excellenz noch zurückgebliebenen Belägen erlaube ich mir beispielsweise nur die anliegenden beiden Censurbogen nachträglich beizufügen. In dem ersteren[99] befindet sich eine Ankündigung und Beurtheilung des Kaiserlich österreichischen Manifestes, in welcher, anscheinend nicht ohne Absicht auf andere officielle Erklärungen,

die in <u>Bekenntnisse</u> sich verwandeln,

hingedeutet, und demnächst von dem preußischen Correspondenten hinzugefügt wird:

---

[98] Ein Schreiben, in dem Le Coq vorschlägt, dem *Preußischen Correspondenten* die Druckerlaubnis zu entziehen, liegt in den ausgewerteten Akten nicht vor. Was die bereits erfolgte Vorlage von belastendem Material betrifft, so könnte der Polizeipräsident sich auf sein Schreiben an den Minister Wittgenstein vom 28. Juli 1813 beziehen (siehe Nr. 36).
[99] Siehe Anlage A.

die Gesinnung, welche sich hier ausspreche, sei – wenn man will, in einer Art von <u>Gegensatz</u> gegen die <u>Königliche</u>, die wahrhaft Kaiserliche.

Unmöglich ist es, daß dem Verfasser dieses Aufsatzes, in dem ich keinen andern als den Redacteur selbst erkenne, die darin liegende Hintansetzung aller schuldigen Rücksicht und der grobe Anstoß gegen des Königs Majestät | [141v] Allerhöchste Auctoritaet entgangen sein kann. Mit derselben Tendenz wird auf der Anlage B, nachdem im Eingange der Ankündigung des Feldzuges von 1813 bis zum Waffenstillstande der Vorzug der englischen Verfassung unter Ausfällen gegen die anderweit bestehende Censuraufsicht erwähnt worden, zum Schlusse die <u>einzige</u> unangemessene Stelle eines sonst ausgezeichneten Werks wörtlich ausgehoben, die, des entschuldigenden Nachsatzes ungeachtet, durch den Tadel unsers früheren politischen Verfahrens um so anstößiger gewesen wäre, da sie nach der vorausgegangenen Empfehlung der Schrift, als einer <u>offiziellen</u> Bekanntmachung der Regierung über ihre Motive und Grundsätze, offenbar als das <u>eigene Geständniß</u> eines Fehlers von Seiten der letztern hätte erscheinen müssen.

Ich habe mich unter diesen Umständen verpflichtet gehalten, den Professor S c h l e i e r m a c h e r durch die sub C. anliegende Aufforderung vom 25ten des vorigen Monats[100] an die bessere Befolgung derjenigen Grundsätze zu erinnern, die ihm mit Bezugnahme <u>auf den ausdrücklichen Willen Sr. Majestät des Königs</u> durch das in Abschrift gleichfalls beigefügte Cirkulare sub D des Geheimen Legations-Raths v o n S c h u l t z unter Vorwissen Ew. Excellenz am 9ten July c. bereits zur Achtung vorgezeigt worden.[101] Der Professor S c h l e i e r m a c h e r hat sich dadurch aber bestimmen lassen, in der o r i g i n a l i t e r beiliegenden, unter dem gestrigen Dato an mich erlassenen Erwiederung die Verbindlichkeit jener für die Redaction der hiesigen Zeitungen speciell entworfenen Normen, so wie meine Befugniß zu bestreiten, von fortgesetzten Versuchen der Art, außer dem Streichen des unzuläßig befundenen, auch noch eine weitere officielle Kenntniß und Veranlassung zur Warnung und Rüge zu nehmen.[102] Was die erstere Meinung anlangt, so würde eine Berichtigung darüber zum Zweck der künftigen bessern Beachtung bei der Redaction des Correspondenten zwar cessiren können, da, wie ich erfahre, der Professor S c h l e i e r m a c h e r die | [142r] Redaction der Zeitung jetzt dem Herrn A c h i m v o n A r n i m überlassen will. Der Vorwurf einer Überschreitung meiner amtlichen Befugnisse dagegen, den die Erwiederung des Herrn p.

---

[100] Siehe das Schreiben Le Coqs an Schleiermacher vom 25. September 1813 (oben Nr. 37).
[101] Siehe oben das Zirkular des Zensors Schultz vom 6. Juli 1813 (Nr. 17).
[102] Siehe oben Schleiermachers Schreiben an Le Coq vom 1. Oktober 1813 (Nr. 38). Vgl. auch Nr. 39, Anlage E.

Schleiermacher enthält, bedarf meines Dafürhaltens einer um so
ernstlicheren Berichtigung und Rüge, als in der Art und Weise der Aeußerung er alle Rücksicht und Achtung bei Seite setzt, die eine Privatperson
als solche jeder offiziell fungirenden Behörde, selbst wenn diese durch feh-
lerhaftes Verfahren sich ihrer vorgesetzten Instanz verantwortlich gemacht
hätte, stets zu erweisen schuldig ist. Ew. Excellenz hohen Entscheidung
überlasse ich, ob eine Censurbehörde, deren Aufsicht eine regelmäßig erscheinende Zeitung untergeben ist, als solche in ihren Functionen dergestalt
beschränkt sei, daß sie eine unlängst erst eröffnete und zuvor durchaus
anerkannte Anweisung nach wiederhohlentlich bemerkter Hintansetzung
derselben nicht in Erinnerung bringen dürfte. Sollte ich mich aber auch,
wie ich nicht glaube, und wie der Erfahrung entgegen sein möchte, in
der hierin angenommenen Voraussetzung irren, so habe ich doch keinen
Zweifel, daß nach den Ew. Excellenz Höchstselbst nicht unbekannten
Notizen, die über den Professor Schleiermacher schon längst vorhanden sind,[103] ich in der Eigenschaft als <u>Polizei-Präsident</u> nicht allein
befugt, sondern <u>verpflichtet</u> gewesen wäre, von wiederhohlten Aeußerungen und Versuchen solcher Art, die ganz den Gegenständen der sicher-
heitspolizeilichen Beachtung angehören, auch ganz abgesehen von der
Concurrenz der Censur, sofort offizielle Kenntniß zu nehmen. Aus diesem
Gesichtspunkte betrachtet, habe ich es auch früherhin schon für meine
Schuldigkeit gehalten, des Herrn Fürsten von Wittgenstein Durchlaucht,
als Chef des Departements der höhern und Sicherheitspolizei, von der (nur
zur Bestätigung schon gemachter Erfahrungen gereichenden) gefährlichen
Concludenz der vorgelegten Aeußerungen Vortrag zu machen.[104] Der Geist
der Anmaßung und Renitenz, der | [142v] in diesem Antwortschreiben
des Professors Schleiermacher nur einen neuen Belag findet, bedarf
meines unmaasgeblichen Dafürhaltens ebenso sehr einer nachdrücklichen
Zurückweisung in die Schranken der Ordnung und des Gehorsams, als
die Autorität der Königlichen Behörden sich Ew. Excellenz wirksamen
Schutzes gegen ungeziemende Anfechtungen und Beleidigungen versichert
halten kann. Ohne übrigens meiner persönlichen Concurrenz bei dieser
Veranlassung eine besondere Relevanz verschaffen zu wollen, glaube ich
die Bemerkung hinzufügen zu müssen, daß es um so nothwendiger sein
möchte, dem Professor Schleiermacher eine geschärfte Aufmerksamkeit und nachdrückliche Procedur der Regierung fühlbar zu machen,
als frühere Erinnerungen bisher ganz fruchtlos geblieben, und bei ihm,

---

[103] Vgl. den Brief Hardenbergs an Wittgenstein vom 10. Januar 1813; zitiert bei Paul
Czygan: Zur Geschichte der Tagesliteratur während der Freiheitskriege. Band I, 230
(siehe: Band I, S. 344).
[104] Siehe oben Nr. 36.

wie bei Mehreren seines Geistes, nur die Veranlassung zu neuen dreisteren Urtheilen gegen die höchsten Staatsbehörden selbst geworden sind.
Berlin den 2ten October 1813.
LeCoq.

[Fünf Anlagen; gekennzeichnet: A, B, C, D, E]

A.

Zensurbogen zu dem Artikel „Das Manifest, welches Kaiserl. österreichi- scher Seits als Ankündigung des Krieges gegen Frankreich erschienen ist" (in zensierter Form veröffentlicht in: Der Preußische Correspondent. Nr. 86 vom 28. August 1813, Sp. 1–3).
GStA PK, I. HA Rep. 74 J.X. Nr. 9. Band I, Bl. 143–144

Das Manifest, welches Kaiserl. österreichischer Seits als Ankündigung des Krieges gegen Frankreich erschienen ist, eignet sich nicht dazu in unser Blatt aufgenommen zu werden: auch würden wir mit einer zerstückelten Mittheilung unsern Lesern nur einen schlechten Dienst erweisen.[105] Aber zur Lesung desselben laden wir aufs dringendste ein, da seit langer Zeit nichts so vollendetes in dieser Gattung, uns wenigstens, vorgekommen ist. Zusammengehäufte Gründe zum Kriege sucht man hier vergeblich. Es wird nur dargelegt wie er ein natürliches und nothwendiges Resultat des Ganges der Begebenheiten geworden sei, indem Oesterreich unver- rückt immer einen und denselben politischen Grundsatz befolgt habe. Dies ist das Thema welches eine sehr gebildete und sichere politische Feder nicht nur mit Gewandtheit, sondern mit überzeugender Kraft ausführt. Wir halten uns nicht beim Einzelnen auf, sondern überlassen den Leser sich daran zu erfreuen, wie das Anschließen an Frankreich nach dem Kriege von 1809, wie die Theilnahme an dem Kriege gegen Rußland im vorigen Jahre dargestellt wird. Nur zweierlei was auf uns den stärksten Eindruck gemacht hat, wollen wir andeuten. Zuerst die vollkommenste Leiden- schaftslosigkeit. Keine persönliche[106] Leidenschaft. Nicht von erlittenem Unrecht, nicht von zugefügten Kränkungen ist die Rede, nur von den Wun- den, welche der Monarchie geschlagen worden; auch neue empörende Thatsachen während des Vermittlungsgeschäftes werden mit der größten Ruhe erzählt, nur in Bezug auf die Ueberzeugungen welche sie hervorbrin-

---

[105] Vgl.: Manifest Sr. Majestät des Kaisers von Oestreich, Königs von Ungarn und Böh- men, Prag (K.u.K. Hof- und Staatsbuchdruckerei) 1813, vierundzwanzig Seiten. Auch die Berliner Zeitungen machten den Text bekannt: Vossische Zeitung. Nr. 102 vom 26. August 1813, Sp. 6–7 (Auszug); Beilage zu Nr. 104 vom 31. August 1813, Sp. 1–3; Spenersche Zeitung. Nr. 102 vom 26. August 1813, Sp. 7–8; Nr. 103 vom 28. August, Sp. 4–9; Beilage zu Nr. 103 vom 28. August, Sp. 3–9. Das Manifest ist an verschiedenen Orten zudem als Separatdruck veröffentlicht worden.
[106] „persönliche" vom Zensor unterstrichen.

gen, auf die Maaßregeln, welche sie zur Folge haben mußten. Eben so
wenig findet sich jene[107] Leidenschaft für die Wahrheit hier, durch welche
Staatsschriften bisweilen in Bekenntnisse[108] verwandelt werden,[109] sondern
auch in dieser Hinsicht herrscht eine höhere Besonnenheit, für welche die
Wahrheit nur im Ganzen, im allgemeinen Zusammenhange liegt, und das
einzelne nur untergeordnet erscheint. Zweitens hat unsere Bewunderung
erregt die reine unverrückte Festhaltung des diplomatischen Standpunktes.
Keine Abschweifung in die lezten Zwecke des Staates, kein Enthusiasmus
für die Ideen, welche derselbe realisiren soll, deshalb auch nichts von den
gerechten Klagen über die Gefahr welche der Kultur der Sittlichkeit der
Völker, allen geistigen Gütern durch das Ueberhandnehmen der französischen Herrschaft droht; und nicht die Vertheidigung von diesen wird als
der Zweck des Krieges ausgesprochen, sondern immer nur ausschließend
die Erhaltung des Staates und des großen Staatenvereins, in welchem allein jeder einzelne Staat durch ein wohlabgewogenes Gleichgewicht der
Kräfte mit Sicherheit bestehen kann, wiewol dem was gebildete Regierungen und Völker sich zum Zweck machen, die vollkommenste Anerkennung
widerfährt. Die politische Tugend welche hier herrscht und auf welche
Oestreichs Betragen zurückgeführt wird, ist die reife milde Weisheit des
Alters und es erscheint als ein würdiges Vorbild aller Regierungen.[110] Man
kann sagen die Gesinnung welche sich hier ausspricht, sei, wenn man will
in einer Art von Gegensaz gegen die Königliche[111],[112] die wahrhaft Kaiserliche; denn dem Kaiser gebührt[,] eine Mehrheit von Staaten, die sich in
ihren innern Bestrebungen sehr unterscheiden können mit gleicher ruhiger Liebe zu umfassen, über ihre Sicherheit zu wachen, für ihr Zusammenleben in ruhiger brüderlicher Gemeinschaft Gewähr zu leisten, und
was zu ihrem Schuz gegen äußere Gewalt gehört zu ordnen. Und so die
eigene Monarchie, die umgebenden Staaten und mittelbar ganz Europa
im Auge gehabt und beständig auf gleiche Weise behalten zu haben, das
ist was als der Geist der österreichischen Regierung dargestellt wird. Daher
hat sich uns denn auch nach Lesung dieser Staatsschrift lebhafter als je
der Wunsch aufgedrängt daß in Folge des gegenwärtigen Krieges[113] dieses Fürstenhaus die einer solchen Gemeinschaft angemessene Stelle, aus

---

[107] „jene" vom Zensor gestrichen; dafür am Rand „objectiv eine" (so in der Druckfassung).
[108] „Bekenntnisse" vom Zensor unterstrichen.
[109] Die Worte „hier, durch welche Staatsschriften bisweilen in Bekenntnisse verwandelt
werden," sind gestrichen; in der Druckfassung dafür „hier,".
[110] Im Drucktext „aller alten Regierungen".
[111] „Königliche" vom Zensor unterstrichen.
[112] Die Worte „wenn man will in einer Art von Gegensaz gegen die Königliche," sind gestrichen; sie fehlen in der Druckfassung.
[113] Die Worte „der Wunsch aufgedrängt daß in Folge des gegenwärtigen Krieges" sind gestrichen; dafür am Rand „die Erinnerung aufgedrängt, wie" (so in der Druckfassung).

der es durch die Uebermacht des zerstörenden Princips vorübergehend[114] verdrängt worden, wieder einnehmen möge.[115] – Ein paar Thatsachen[116] die hier unseres Wissens zuerst öffentlich bekannt werden[117], sind wir noch schuldig nachzutragen. Daß nemlich schon im April [1813] der Kaiser Napoleon die Auflösung der preußischen Monarchie als eine natürliche Folge der Abtrünnigkeit dem österreichischen Hofe angekündigt und ihm Schlesien angeboten hat. Ferner daß, als der Kaiser bekannt machte, er habe einen Kongreß in Prag vorgeschlagen, dem österreichischen Hofe hievon nichts bekannt war, sondern er von diesem Vorschlag zuerst durch die öffentlichen Blätter erfuhr.[118] Wegen des Ganges des Vermittlungsgeschäftes, und der Art wie der Congreß sich zerschlagen, bei dem man bis zum 10ten aus Schuld der französischen Verzögerungen und Schwierigkeiten nicht über die ersten Formalitäten hinauskommen konnte, müssen wir nur auf das Manifest selbst verweisen.

B.
Zensurbogen zu dem Artikel „Der Feldzug von 1813 bis zum Waffenstillstande. Glatz 1813." (in zensierter Form erschienen in: Der Preußische Correspondent. Nr. 103 vom 27. September 1813, Sp. 5–8)
GStA PK, I. HA Rep. 74 J.X. Nr. 9. Band I, Bl. 145–147

Der Feldzug von 1813 bis zum Waffenstillstande. Glatz 1813.[119]

Die englische Regierung hat den Vortheil vor allen übrigen voraus[120] durch Darlegung ihrer Motive im Parlament, ihre Ueberzeugung rasch zu verbreiten, das Zutrauen zu gewinnen, den Widerspruch zu widerlegen und auf diesem Wege den ganzen Eifer und die volle Kraft des Volks einem richtig erkannten Ziele zuzuführen. Bei den übrigen Völkern müssen Schriften der Wohlunterrichteten den Mangel solcher officiellen Mittheilungen ersetzen und weil eben darum manche Druckschrift von großer Wichtigkeit ist, so

---

114 „vorübergehend" gestrichen (Druckfassung).
115 „wieder einnehmen möge" gestrichen; dafür am Rand „sonst eingenommen habe" (Druckfassung).
116 „paar" gestrichen; in der Druckfassung dafür „Eine Thatsache".
117 Statt „werden" in der Druckfassung „wird".
118 Der Satz „Ferner daß, [...] durch die öffentlichen Blätter erfuhr." ist gestrichen und fehlt in der Druckfassung.
119 Einzelne Druckfehler im Text des Zensurbogens, wie „ihneu" für „ihnen", „gemncht" für „gemacht", denen keinerlei sachliche Bedeutung zukommt, werden im folgenden nicht nachgewiesen.
120 Die Worte „hat den Vortheil vor allen übrigen voraus" gestrichen; dafür am Rand „sucht ihrer Seits" (so in der Druckfassung).

hat dies leider überall eine krankhafte Wachsamkeit über alles, was durch
Druck der Welt mitgetheilt werden soll zur Folge gehabt, damit kein anderer diesen einzigen Weg der Regierungen sich dem Volke verständlich zu
machen, zu seinen eignen Mißverständnissen misbrauchen könne. Erfah-
rene Staatsmänner sahen inzwischen das Vergebliche aller Censurbemü-
hungen längst ein, das Gespräch der Menschen verbreitet viel Leichtsin-
nigkeit, rascher und verderblicher das Falsche als irgend eine Druckschrift
vermag, ja, die Leichtgläubigkeit wächst bei jedem Volke, daß [sic] sich so
kindisch behandelt sieht, zu einem so verderblichen Grade, daß es endlich
die tollsten Erfindungen boshafter Verläumder wie ernste Wahrheit aufnimmt und bewahrt.[121]
   Der Anfang dieses Krieges brachte auch bei uns Freiheit der gedruckten
öffentlichen Mittheilung hervor, die uns französische Tyrannei auf mehrere
Jahre hielte[122], es[123] war ein Hauptbemühen verdienter politischer Schriftsteller, die Urtheilslosigkeit und Tadelsucht der Menge, die nothwendig
einem solchen gehemmten Zustande folgt, auf alle Art zu berichtigen, aber
freilich bleibt[124] ihnen manches verborgen, wohin ihr Blick nicht reichte,
mancher Tadel gegen die Führung des Krieges blieb unwiderlegt, weil es
an der officiellen Kenntniß mancher Hindernisse fehlte. Die vorliegende
Schrift ersetzt diesen Mangel, sie ist als eine officielle Bekanntmachung
der Regierung über ihre Motive und ihre Grundsätze zu betrachten,[125] sie
enthüllt[126] nicht nur die wichtigsten Aufschlüsse über diesen Feldzug, sondern auch über die Bildung des neuen Zwecks[127], das den preußischen
Namen zu seinem frühern Ruhme neu erhoben hat, mit[128] Ehrfurcht erkennen wir die Vorsorge und Weisheit, die ungeirrt von der leichtsinnigen
unstäten Zeit, e i n e m Ziele mit Festigkeit entgegen ging. Der Traktat mit
Frankreich erlaubte unserm Vaterlande nur ein Heer von 42.000 Mann.
Auch der herrlichste Geist, der sich nach Abschaffung eines[129] Verwalteten[130] Disciplin und des Antiennenteseweus[131] verbreitete, wäre nicht im

---

[121] Der an die Worte „den Mangel solcher officiellen Mittheilungen ersetzen" anschließende Text „und weil eben darum [...] wie ernste Wahrheit aufnimmt und bewahrt"
ist gestrichen; in der Druckfassung schließt der Satz mit „ersetzen."
[122] Statt „hielte" im Drucktext „entzogen hatte".
[123] „es" fehlt im Drucktext.
[124] Statt „bleibt" im Drucktext „blieb".
[125] Die Worte „sie ist als eine officielle Bekanntmachung der Regierung über ihre Motive
und ihre Grundsätz zu betrachten," sind gestrichen und fehlen im Drucktext.
[126] Statt „enthüllt" im Drucktext „enthält".
[127] Statt „Zwecks" im Drucktext „Heeres".
[128] Statt „hat, mit" im Drucktext „hat. Mit".
[129] Statt „eines" im Drucktext „einer".
[130] Statt „Verwalteten" im Drucktext „veralteten"; das verdruckte „w" vom Zensor
angestrichen.
[131] Im Drucktext richtig „Anciennitätswesens". – Gemeint ist die militärische Rangfolge
nach Dienstalter.

Stande gewesen mit dieser Zahl gegen die Uebermacht zur Herstellung alter Rechte in einem Kampfe aufzutreten, deswegen wurden (S. 6) zwar effectiv nur 42.000 Mann in Uniform erhalten, aber in drei[132] Friedensjahren gegen 150.000 Mann exercirt, gleichfalls wurde durch Anlegung neuer Werkstädte[133] zu Neisse, durch ReparaturWerkstädte, durch Ankauf aus Oesterreich 150.000 Gewehre angeschafft, durch Umgiessen der metallenen alten Festungs Kanonen und den Ersatz derselben durch eiserne eine für 120.000 Mann genügende Feldartillerie geschaffen, endlich acht Festungen in Stand gesetzt und durch verschanzte Lager am Meere bei Colberg und Pillau dazu eingerichtet, sie wie Inseln bei einer momentanen Ueberschwemmung durch den Feind brauchen zu können, so wie auch bei Neisse und Glatz durch ähnliche verschanzte Lager (im Fall eines Beistandes von Oesterreich) gesorgt war, um hier die sich entwickelnden Streitkräfte zu sammeln und auszubilden. An diese Einrichtungen sollte sich Landwehr und Landsturm[134] anschließen, durch die erstern konnte die Armee im Augenblick des Krieges vielleicht auf das doppelte gebracht werden, durch den andern würde[135] die gesammte Masse der Einwohner eine Vorbereitung für den Dienst, und eine Fertigkeit gewonnen haben[136] gegen einen eindringenden Feind der Armee theils unmittelbar nützlich zu werden, theils dem Feinde Bedürfnisse zu entziehen, die in einer Art Unwissenheit[137] bei dem frühern Feldzuge ihm[138] ohne alle Schwierigkeit überliefert wurden[139]. In dieser fortschreitenden Einrichtung zu einer neuen Landes-Vertheidigung gegen fremde Unterdrückung machte der Allianztraktat mit Frankerich einen Waffenstillstand[140], durch ihn wurde der kleinen Armee die Hälfte entrissen, um für den entgegengesetzten Zweck verwendet zu werden. Bei der Ungewißheit, ob die Mittel nicht für den entgegengesetzten Zweck geschaffen würden, wäre es unweise gewesen, diese Mittel ferner zu vermehren. Es wurden also in dem Jahre 1812 nicht

---

[132] Statt „drei" im Drucktext „den drei".
[133] Statt „Werkstädte" im Drucktext „Werkstätte".
[134] „Landsturm" vom Zensor unterstrichen.
[135] „würde" gestrichen, fehlt im Drucktext.
[136] „haben" vom Zensor zweifach unterstrichen und gestrichen; für die Worte „gewonnen haben" in der Druckfassung „gewonnen".
[137] Die Worte „in einer Art Unwissenheit" gestrichen; sie fehlen im Drucktext.
[138] Nach „ihm" vom Zensor eingefügt „oft"; so in der Druckfassung.
[139] Die Worte „überliefert wurden" gestrichen; für die Worte „ohne alle Schwierigkeit überliefert wurden" steht in der Druckfassung „ohne Schwierigkeit zukamen".
[140] Statt „Waffenstillstand" im Drucktext „Stillstand". – Die Rede ist von dem Pariser Vertrag vom 24. Februar 1812 über ein „Schutz- und Trutzbündnis" zwischen Frankreich und Preußen. Preußen verpflichtete sich, ein Hilfskorps von 20.000 Mann – etwa die Hälfte der offiziellen Heeresstärke – zur Unterstützung des Rußlandfeldzuges zu stellen. Mit der Führung wurde General Yorck beauftragt; die Truppen wurden in Kurland und Livland stationiert. Am Tage der Vertragsratifizierung überschritt Napoleon mit 450.000 Mann den Njemen.

nur kleine[141] Fortschritte gemacht, sondern die Hülfsarmee kehrten[142] am Ende des Feldzuges um 10.000 Mann geschwächt zurück, wodurch also dem Kern des Ganzen ein Viertheil seiner Größe und Bildungskraft genommen wurde. Vielleicht aber wurde dem Ganzen dieser Nachtheil reichlich vergolten durch die Kriegserfahrung, welche das Hülfs-Corps gemacht, durch das Vertrauen, welches dasselbe zu sich und zu seinen neuen Einrichtungen gewonnen, durch die Achtung, die es seinen Verbündeten, wie seinen Gegnern eingeflößt, durch den neuen Haß, den es gegen den Unterdrücker aller Völker eingesogen hatte. In diesem Zustande befand sich der preußische Militärstaat in dem Augenblicken[143], als der Strom des Verderbens über das französische Heer einbrach und die vielen vorb[e]reiteten Plane ins Werk gerichtet werden sollten; es hing von der Energie in der Ausführung ab, sich dem Ziele mehr oder weniger zu nähern.[144]

Im Monat Januar fing man in Preußen die Aushebung der Mannschaften[145], also ungefähr zu gleicher Zeit wie in Frankreich, innerhalb zwei Monaten war die Armee ohne Festungsbesatzungen 50.000 Mann, in den acht Festungen 15.000, Kranke ungefähr 10.000 und in der Formation begriffnen[146] 35.000, also zusammen 110.000 Mann. Sehr einleuchtend wird nun gezeigt, daß Abzug[147] der zur Blokade von Festungen bestimmten Truppen, der Rest zu schwach war vor Ankunft der russischen Hauptarmee in das Innere von Deutschland vorzudringen, daß auch die russische Hauptmacht nach einem so gewaltigen Feldzuge bei immer zunehmender Entfernung von ihren Hülfsquellen nicht so zahlreich auftreten konnte, als die, welche nur die Größe des Russischen Reichs von der vortheilhaften Seite betrachten, erwartet hatten. In der Schlacht von Görschen fochten 55.000 Preussen und 30.000 Rußen[148] gegen ein Heer von 120.000 Mann, drängten den Feind und würden mit Lust die Schlacht am andern Tage erneuet haben, wenn nicht die höhere Klugheit dies widerrathen hätte. Der ganze Krieg war nothwendig wegen des allgemeinen Ueberdrusses der Deutschen[149] Völker gegen den Ausbruch[150] den Frankreich von seiner

---

141 Statt „kleine" im Drucktext „keine"; das verdruckte „l" vom Zensor angestrichen.
142 Statt „kehrten" im Drucktext „kehrte".
143 Statt „Augenblicken" im Drucktext „Augenblicke".
144 Die Passage „und die vielen vorbreiteten Plane [...] mehr oder weniger zu nähern" gestrichen; dafür am Rand: „während die endliche Erfüllung der vertragsmäßigen Versprechungen Frankreichs fortwährend ohne die geringste Beachtung geblieben war" (so in der Druckfassung).
145 Statt „Mannschaften," im Drucktext „Mannschaft an,".
146 Statt „begriffnen" im Drucktext „begriffne".
147 Statt „daß Abzug" im Drucktext „daß nach Abzug".
148 Statt „Rußen" im Drucktext „Russen".
149 Statt „Deutschen" im Drucktext „deutschen".
150 Statt „Ausbruch" im Drucktext „Misbrauch"; das verdruckte Wort vom Zensor angestrichen.

Gewalt machte, man konnte mit Zuversicht rechnen, daß dieses Gefühl
bald allgemein zu einer gegenwirkenden Thätigkeit reifen würde und so
bedurfte man nur der Zeit um den Willen und Entschlossen[151] der Fürsten
und ihrer Völker allmälig reifen zu sehen, durch die Ueberlegenheit unsrer
Schützen, und besonders unsrer Cavallerie war es möglich Schlachten
nach Willkühr abzubrechen und Rückzüge ohne Verlust zu vollenden;
abschlagen[152] mußte werden theils um den ernsten Willen zu bewähren,
theils um den Feind im raschen Vordringen zu hemmen, theils um seine
Heere zu schwächen, selbst wenn der Sieg bei der Ueberlegenheit des
Feindes um wahrscheinlich[153] war. Aus allen diesen Gründen wurde die
Schlacht bei Bautzen angenommen nach dem die Verstärkungen den beiderseitigen Heeren zugeführt waren, also von beiden Seiten ungefähr mit
verhältnißmässigen Kräften wie bei Märschen[154] gestritten wurde; sie
brachte dem Feinde einen vielleicht dreifachen Menschenverlust bei und
wurde abgebrochen, als die Vortheile der Position verloren waren. Die
Armee zog sich ohne Verlust zurück und lieferte auf dem Rückzuge das
glänzende Cavalleriegefecht bei Heynau. Alle diese Ereignisse werden in
dem Werke mit einer Deutlichkeit erzählt, die selbst Lagen[155] die Einsicht
verstattet, den Schluß machen Betrachtungen über die Ursachen des Waffenstillstandes und über die Art, wie er benutzt worden sey; der Raum
einer Zeitung verstattet keinen Auszug, nur eine Bemerkung haben[156] wir
zum Schlusse aus: (673[157]) Wenn man die einzelnen Momente der seit
dem December 1812 verflossenen Begebenheiten ins Auge faßt, heißt[158] es
keine Frage[159], daß Preußen[160] und Oesterreich ihren Entschluß[161] und
ihre Rüstungen[162] noch mehr hätten beschleunigen und schon ganz früh[163]
manche wichtige Maaßregeln hätten ergreifen können[164], wodurch das
Werk sehr gefördert[165] worden und wonach der Stand der Dinge jezt ein
anderer wäre[166]; allein es verräth wenig Geschlechts[167] und Menschen-

---

[151] Statt „Entschlossen" im Drucktext „Entschluß".
[152] Statt „abschlagen" im Drucktext „geschlagen"; die Buchstaben „ab" vom Zensor angestrichen.
[153] Statt „um wahrscheinlich" im Drucktext „unwahrscheinlich".
[154] Statt „Märschen" im Drucktext „Görschen".
[155] „Lagen" vom Zensor unterstrichen; in der Druckfassung dafür „Layen".
[156] „haben" verdruckt für „heben".
[157] „673" verdruckt für „S. 73".
[158] „heißt" durchgestrichen.
[159] Die Worte „keine Frage" unterstrichen.
[160] „Preußen" unterstrichen.
[161] „Entschluß" unterstrichen.
[162] „Rüstungen" unterstrichen.
[163] Die Worte „ganz früh" unterstrichen.
[164] Die Worte „wichtige Maaßregeln hätten ergreifen können" unterstrichen.
[165] Die Worte „sehr gefördert" unterstrichen.
[166] Die Worte „jezt ein anderer wäre" unterstrichen.
[167] „Geschlechts" verdruckt für „Geschäfts-".

kenntniß, wenn man in praktischen Dingen irgender[168] [Art] das Vollkommene[169] fordert. Ein jeder, der dergleichen thut, mag nur einen Blick
auf seinen eigenen Haushalt, auf die Bewirthschaftung seiner Güter, auf
seinen Lebensplan werfen, so wird er einsehen, wie wenig er ein Recht zu
solcher Forderung hat.[170]
  Die Preussisch russische Campagne im Jahre 1813 von der Eröffnung
bis zum Waffenstillstande vom 5. Juni 1813 mit dem Plan der Schlacht
von Groß Görschen, Bautzen und Haynau von C. v. W. Breslau, Kaiser.[171]
Auch diese Schrift ist von einem Manne der den Ereignissen nahe genug
stand, um über das Militärische manche Aufklärung zu geben, die beigefügten Pläne können zur Erläuterung der ersten Schrift dienen, manches
in der lezteren, wie z.B. der nächtliche Cavallerieangriff nach der Schlacht
von Görschen und dessen Notice[172] kann aus der ersteren Schrift berichtigt werden.

[am Rand von der Hand des Zensors Naudé]

  (Die einzige anstößige und zur weitern Verbreitung durch die Zeitung
  übel geeignete Stelle des sonst ausgezeichneten Werks.)

C.
*Abschrift des Schreibens von Le Coq an Schleiermacher vom 25. Sep-
tember 1813 (siehe oben Nr. 37)
GStA PK, I. HA Rep. 74 J.X. Nr. 9. Band I, Bl. 148*

D.
*Abschrift des Zirkulars des Zensors Schultz an die Redakteure der drei
Berliner Zeitungen vom 6. Juli 1813 (siehe oben Nr. 17)
GStA PK, I. HA Rep. 74 J.X. Nr. 9. Band I, Bl. 149–150*

E.
*Schleiermachers Schreiben an Le Coq vom 1. Oktober 1813 (siehe oben
Nr. 38)
GStA PK, I. HA Rep. 74 J.X. Nr. 9. Band I, Bl. 151–152*

---

[168] „irgender" verdruckt für „irgend der".
[169] „Volkommene" unterstrichen.
[170] Der Abschnitt von „der Raum einer Zeitung" bis zum Ende des Absatzes „ein Recht
     zu solcher Forderung hat" ist gestrichen. Am Rand neben dieser Passage befindet sich
     die unten mitgeteilte Notiz des Zensors Jakob Naudé.
[171] Die initialisierte Verfasserangabe ist fiktiv; der Autor ist Friedrich Carl Ferdinand von
     Müffling.
[172] „Notice" verdruckt für „Motive".

40.
Hardenberg an Schleiermacher
Schreiben vom 16./22. Oktober 1813 (Erster Entwurf und endgültiger Text)
I. Erster Entwurf von Staatsrat Jordan
II. Zweiter Entwurf (endgültiger Text) mit Korrekturen und Ergänzungen von Hardenberg

I.
Erster Entwurf von Staatsrat Jordan, Commothau, 16. Oktober 1813, mit Korrekturen und Ergänzungen
GStA PK, I. HA Rep. 74 J.X. Nr. 9. Band I, Bl. 155–156

Commothau den 16ten Oct. 1813
Der Staats Rath und Polizei Präsident Lecoq hat mir dasjenige Schreiben mitgetheilt, welches Ew. pp. an denselben unterm 1ten d. M. gerichtet haben.

Mir selbst ist es nicht unbekannt geblieben, daß Ew. pp. bei der Redaction des Preußischen Correspondenten seit längerer Zeit ein Gewicht darauf legen, solche Aufsätze in demselben aufzunehmen, worin die von der Preuß. Regierung ergriffenen Maasregeln, vorzüglich die politischen, in der Art getadelt werden, daß [man][173] solche mit denen anderer Staaten vergleicht[174], und durch eine übermäßige[,] oft lächerliche Bewunderung der Letzteren, jede Wendung hervorsucht[175], die Ersteren in einem gehäßigen Lichte darzustellen.[176]

Der Staats Rath LeCoq hat daher vollkommen zweckmäßig geh[a]ndelt, daß er die öftere Wiederhohlung solcher unpaßenden Darstellungen dadurch zu hintertreiben gesucht, daß er Ew. pp.[177] | [155v] unterm 25ten v. M. das Circulare vom 9ten [sic] July d. J. ins Gedächtniß zurückgerufen [hat], welches schon damals auch Ihnen vorgelegt und worin die Grundsätze und Gesichtspunkte angegeben worden sind auf welche nach dem ausdrücklichen Willen Sr. Majestät des Königs bei der Redaktion politischer Zeitschriften Rücksicht genommen werden soll.[178]

---

173 „man" gestrichen.
174 „vergleicht" in „verglichen" korrigiert.
175 „hervorsucht" nachträglich in „hervorgesucht wird" geändert; die Änderung wieder gestrichen.
176 Die Passage von „in der Art getadelt werden" bis „in einem gehäßigen Lichte darzustellen" ist gestrichen und durch die mit Einfügungszeichen markierte Wendung „auf eine indirecte Weise getadelt werden" ersetzt.
177 Die Passage „hat daher" bis „Ew. pp." ist gestrichen und durch folgende, mit Einfügungszeichen versehene Wendung ersetzt: „war daher vollkommen befugt Ihnen".
178 Siehe Nr. 17.

Höchst tadelnswerth[179] ist hingegen der Ton, den Ew. pp. in dem oben bereits angeführten Schreiben vor dem St.R. Lecoq[180] annehmen. Bei einem Manne von der hohen Geistes Bildung wie Sie, verdienen dergleichen Anmaaßungen eine desto strengere Rüge, als der Monarch von Ihnen als Volkslehrer mehr Ehrfurcht vor seinen Gesetzen zu erwarten berechtigt ist als Sie leider in jenem Schreiben an den Tag legen.[181]

Wenn ich daher gleich für diesmal diese Sache noch auf sich beruhen laße, so kann | [156r] ich doch nicht umhin, Ihnen bei dieser Gelegenheit zu eröffnen; daß Sie es Sich lediglich Selbst zuzuschreiben haben, wenn in der Folge bei einer Wiederhohlung solcher Ausfälle gegen die Gesetze und diejenigen Personen, denen durch des Königs Majestät die Handhabung derselben übertragen [ist,] mit aller Strenge gegen Ew. pp verfahren werden wird.[182]

[Notiz]
Abschrift zur Nachschrift
Commothau den 16ten. Oct. 1813
An des Königl. St. Raths und Polizei-Präsidents Herrn Lecoq Hochwohlgeb.

II.
Zweiter Entwurf (endgültiger Text), Commothau 16. Oktober 1813, nachträglich auf den 22. Oktober 1813 datiert, mit Korrekturen und Ergänzungen von Hardenberg
GStA PK, I. HA Rep. 74 J.X. Nr. 9. Band I, Bl. 157

Leipzig den 22t. Octbr, 1813.
Der Staats Rath und Polizey Präsident le Coq hat mir dasjenige Schreiben mitgetheilt, welches Ew. Hochehrwürden an denselben unterm 1ten d. M. gerichtet haben.

---

[179] Die Worte „Höchst tadelnswerth" sind gestrichen und über der Zeile ersetzt durch „Sehr tadelnswerth und unpassend".

[180] Die Worte „vor dem St.R. Lecoq" sind gestrichen.

[181] Der Satz von „Bei einem Manne" bis „an den Tag legen." ist gestrichen und am Rand durch folgende Passage ersetzt: „Sie scheinen darin ganz zu vergessen daß Sie dem Staatsrath le Coq Achtung schuldig sind, und daß es Ihnen in keiner Hinsicht gebührt sich seinen Verfügungen zu widersetzen. Se. Königl. Maj. erwarten von der gebildeten Classe der Nation, daß sie das Beispiel einer willigen Fügung in die gesezlichen Vorschriften gebe. Sie haben hierzu als Volkslehrer eine doppelte Verpflichtung, und sind doppelt straffällig wenn Sie denselben entgegen handeln."

[182] Die Passage von „diese Sache noch" bis „verfahren werden wird." ist gestrichen und durch folgende Formulierung zwischen den Zeilen (bis Seitenwechsel) und am linken Rand des anschließenden Blattes ersetzt: „es bey dieser Zurechtweisung bewenden lassen will, so will ich Sie doch | [156r] zugleich ernstlich warnen, sich künftig bescheidener gegen Königl. Behörden zu betragen und zu äussern widrigenfalls ich mich ungern genöthigt sehen werde solche Ausfälle in der Folge nachdrüklich zu rügen."

Ich will hier ganz übergehen, inwiefern die von der Censur gerügten Stellen in dem preussischen Correspondenten dieser, oder jener Auslegung fähig sind. Darauf kommt es jetzt nicht an: Sie waren schuldig, sich der Censur zu unterwerfen und der Censor brauchte sich gar nicht in eine Discussion mit Ihnen einzulassen. Er war aber[183] vollkommen befugt, Ihnen unterm 25. v. M.[184] das Circulare vom 9t. July d. J. ins Gedächtniß zurükzurufen, welches schon damals[185] auch Ihnen vorgelegt und worin die Grundsätze und Gesichtspunkte angegeben worden sind, auf welche nach dem ausdrüklichen Willen Seiner Majestät des Königs bei der Redaction politischer Zeitschriften Rüksicht genommen werden soll.

Sehr tadelnswerth und unpassend ist hingegen der Ton, den Ew. Hochehrwürden in dem oben bereits angeführten Schreiben annehmen. Sie scheinen darin ganz zu vergessen, daß Sie dem Staats Rath le Coq Achtung schuldig sind, und daß es Ihnen in keiner Hinsicht gebührt, sich seinen Verfügungen zu widersetzen. Seine Königl. Majestät erwarten von der gebildeten Klasse der Nation, daß sie das Beispiel einer willigen Fügung in die gesezlichen Vorschriften gebe. Sie haben hierzu als Volkslehrer eine doppelte Verpflichtung, und sind doppelt straffällig, wenn Sie denselben entgegenhandeln.

Wenn ich daher gleich für diesmal es bei dieser Zurechtweisung bewenden lassen will, so will ich Sie doch zugleich ernstlich warnen, sich künftig bescheidener gegen Königl. Behörden zu betragen und zu äußern, widrigenfalls | [157v] ich mich ungern genöthigt sehen werde, solche Ausfälle in der Folge nachdrüklich zu rügen.

Commothau den 16. October 1813

Hbg.

[Notiz]

Abschrift ferner dem Hrn. Staats Rath und
Polizey-Präsidenten le Coq.
24./10.

fact.

---

183 Die Passage von „Ich will hier ganz übergehen" bis „Er war aber" ist am Rand von Hardenberg eigenhändig hinzugesetzt. Die ursprüngliche, vom Staatskanzler gestrichene Fassung hatte, gleich dem ersten Entwurf, folgenden Wortlaut: „Mir selbst ist es nicht unbekannt geblieben, daß Ew. Hochehrwürden bei der Redaction des Preußischen Correspondenten seit längerer Zeit ein Gewicht darauf legen, solche Aufsätze in demselben aufzunehmen, worin die von der Preuß. Regierung ergriffenen Maaßregeln, vorzüglich die politischen, auf eine indirecte Weise getadelt werden. Der Staats Rath LeCoq war daher".

184 „unterm 25. v. M." gestrichen.

185 „schon damals" gestrichen.

41.
Schleiermacher an Hardenberg
Schreiben vom 2. November 1813
Zitiert nach Paul Czygan: Zur Geschichte der Tagesliteratur. Band II/1,
172–173[186]

Berlin, 2. November 1813.
Hochgeborner Freiherr!
Hochgebietender Herr Staatskanzler.

Es thut mir unendlich leid, daß der Staatsrath Le Coq für gut befunden
hat, die Aufmerksamkeit Ew. Excellenz, welche jetzt mehr als je mit den
wichtigsten Angelegenheiten nicht nur des preussischen Staates, sondern
des gesammten Europa beschäftigt sind, auf eine Kleinigkeit zu lenken, die
im Grunde bloß persönlich ist und nur für eine gereizte Persönlichkeit
einige Bedeutung haben kann. Höchst ungern sehe ich mich dadurch genöthigt, zu meiner Rechtfertigung und damit das audiatur et altera pars
nicht ganz fehle, Ew. Excellenz auch dasjenige Schreiben unterthänigst
in Abschrift vorzulegen, welches der Staatsrath Le Coq unterm 25. Sept.
an mich hatte gelangen lassen und worauf das meinige sich bezieht.[187]
Ich bemerke nur, daß ich zu diesem Schreiben keinesweges so, wie Ew.
Excellenz vorauszusetzen scheinen, die Veranlassung gegeben habe. Niemals habe ich gegen die Operationen der Censur auch nur die mindeste
Einwendung versucht, noch weniger den Staatsrath Le Coq zu einer Diskussion darüber aufgefordert, sondern dieser Briefwechsel ist lediglich
von ihm ausgegangen. Ew. Excellenz hocheigner Beurtheilung stelle ich
nun anheim, ob unter diesen Umständen der Ton seines Schreibens dem
Verhältniß, welches zwischen ihm und mir obwaltete, angemessen war,
ob ich nicht meinerseits Ursach genug gehabt hätte, mich über das Unangemessene desselben zu beschweren, und ob es, da ich zu bescheiden
war Ew. Excellenz mit dieser Kleinigkeit zu behelligen, eine gelindere Art
gab das Unschickliche dieses Schreibens zurückzuweisen, als die ich eingeschlagen habe. Da die Sache aber dennoch ohne meine Veranlassung
vor Ew. Excellenz gekommen ist: so bin ich von Hochdero Gerechtigkeit
überzeugt, Sie werden dem Staatsrath Le Coq kein Recht einräumen mir
höchstehrenrührige Beschuldigungen unerwiesen hinzuwerfen, und werden
mir nicht zumuthen wollen, in meinen Verhältnissen solche schweigend
auf mir ruhen zu lassen. Vielmehr glaube ich mit vollem Recht Ew. Excellenz bitten zu dürfen, Hochdieselben wollen geruhen

    den Staatsrath und Polizeipräsidenten Le Coq dazu anzuweisen, daß
    er die mir in seinem Schreiben gemachten Beschuldigungen, als ob ich

---

[186] Das Autograph dieses Schreibens konnte bisher nicht aufgefunden werden.
[187] Siehe Nr. 37.

gegen die in unterthänigst beiliegenden Censurprincipien sub Nr. 1 und
2 enthaltenen Vorschriften häufig verstoßen hätte, entweder beweise
oder zurücknehme;

zumal mir, da er sie als Polizeipräsident ausgesprochen hat, der gewöhn-
liche Weg einer Injurienklage nicht offen steht.
In tiefster Verehrung verharre ich
Ew. Hochfreiherrlichen Excellenz
unterthänigster Diener
Schleiermacher.

[Notiz]
ad acta Hbg

Verzeichnis der archivalischen Quellen
und der Literatur

Bei anonym erschienenen Werken wird, sofern sich der Verfasser ermitteln läßt, der Name in eckige Klammern gesetzt. Ist ein Autor nicht nachweisbar, so erscheint vor dem Titel die Angabe: [Anonymus]. Lexikonartikel, besonders solche aus der *Allgemeinen Deutschen Biographie* (ADB), der *Neuen Deutschen Biographie* (NDB), der *Deutschen Biographischen Enzyklopädie* (DBE), dem *Deutschen Biographischen Archiv* [Erste Folge] (DBA I), dem *Deutschen Biographischen Archiv. Neue Folge bis zur Mitte des 20. Jahrhunderts* (DBA II) sowie dem *Biographisch-Bibliographischen Kirchenlexikon* (BBKL), werden nur dann aufgeführt, wenn aus ihnen zitiert wird. Bibelzitate werden in der Form geboten, die sich bei Schleiermacher findet, wobei er in der Regel der Übersetzung Martin Luthers folgt.

I. Nachlaß Friedrich Schleiermacher

Archiv der Berlin-Brandenburgischen Akademie der Wissenschaften – Schleiermacher-Nachlaß [SN] 51: Dispositionsnotizen zu Predigten aus der Landsberger Zeit;

SN 52 und 53: Dispositionen von Predigten aus den Jahren 1796 bis 1802;

SN 54: „PredigtEntwürfe. Stolpe.1802" [Dispositionssammlung];

SN 55: „PredigtEntwürfe. Stolpe 1803. Schleiermacher" [Dispositionssammlung];

SN 56: „PredigtEntwürfe beim Akademischen Gottesdienst. 1806" [Dispositionen zu Predigten aus den Jahren 1806 und 1807];

SN 80/2: Notizen und Exzerpte verschiedenen theologischen Inhalts, ungezähltes Blatt: Dispositionszettel zu einer Predigt vom 23. Dezember 1832 über Hbr 3, 5–6;

SN 127, Bl. 1–5 und SN 128, Bl. 1–3: Notizen zu Aristoteles: Politik;

SN 128, Bl. 5–6: Über das Testationsrecht;

SN 128, Bl. 4: Exzerpt aus Immanuel Kant;

SN 147: Gedankenheft 1817–1819;

SN 358/1: Briefe von Georg Andreas Reimer und Frau an Schleiermacher (1802–1813. o.J.);

SN 368: Brief Scharnhorsts an Schleiermacher vom 8. März 1813;

SN 437: Tageskalender für das Jahr 1808;

SN 438/1: Tageskalender für das Jahr 1809;

SN 440: Tageskalender für das Jahr 1811;

SN 443: Tageskalender für die Jahre 1822 und 1824;

SN 444: Tageskalender für das Jahr 1823;

SN 451: Tageskalender für das Jahr 1831;

SN 474/1–4: Zur Breslauischen Streitsache (Sammelkonvolut);

SN 495/1–2: Briefwechsel mit dem Polizeipräsidenten Le Coq vom September 1813;

SN 496: Rechtfertigungsschrift vom 27. Juli 1813 über einen Artikel im „Preußischen Correspondenten" (Abschrift);

SN 497/1–2: Schreiben an den König (1823) (Konzepte);

SN 498/1–2: Rechtfertigungsschrift vom 26. Januar 1823 (Abschriften);

SN 501/1–2: Zwei Schreiben des Polizeipräsidenten an Schleiermacher vom 13. und 16. Januar 1823;

SN 502: Schreiben an den König (undatierter Entwurf) (1828/29);

SN 505/1–8: Urlaubsgesuch vom Sommer 1822 (Sammelkonvolut);

SN 506/1–2: Urlaubsgesuch vom Sommer 1823;

SN 510: Erklärung betr. seiner Anstellung bei der Sektion des öffentlichen Unterrichtes hinsichtlich des akademischen Gottesdienstes vom 3. August 1810;

SN 592: „Zwölf Predigten von D. Schleiermacher. Gehalten im Jahre 1812". Nachschriften von Friedrich August Pischon;

SN 739/1–3: Briefe an Ernst Moritz Arndt und Frau (1805–1819);

SN 761/1–8: Briefe an Georg Andreas Reimer (1804–1832. o.J.);

SN 766: Briefe an Friedrich Schlegel (1800–1804. 1813. o.J.);

SN 767/2: Briefe an Charlotte Schleiermacher (1783–1824. o.J.);

SN 769/1: Brief an einen Ungenannten [Theodor Anton Heinrich Schmalz] vom 27. Dezember 1808;

SN 772: Brief an den Freiherrn vom Stein vom 1. Juli 1811 (Teilabschrift);

SN 776: Briefe an Ehrenfried [den Älteren] und Henriette von Willich (1804–1806. o.J.);

SN 779/2: Briefe an Henriette Schleiermacher aus dem Jahre 1813.

Der *Briefwechsel Schleiermacher – Reimer* (SN 761/1–8, SN 358/1 sowie einzelne Stücke aus weiteren Beständen außerhalb des Schleiermacher-Nachlasses) ist in einer vorläufigen Fassung von Andreas Arndt und Wolfgang Virmond transkribiert worden. Auf diese Transkriptionsfassung wird in der vorliegenden Untersuchung zurückgegriffen.

II. Weitere Archivalien

Geheimes Staatsarchiv Preußischer Kulturbesitz (GStA PK):

Eine Aufstellung der aus dem Geheimen Staatsarchiv herangezogenen archivalischen Unterlagen zu Schleiermachers Redaktionstätigkeit für den *Preußischen Correspondenten* im Jahre 1813 ist dem dokumentarischen Anhang zu dieser Untersuchung vorangestellt (siehe oben S. 421–422). Daneben sind folgende Aktenbestände verwendet worden:

I. HA Rep. 74 Staatskanzleramt, L.V. Brandenburg, Nr. 16: „Acta der geheimen Registratur des Staats-Kanzlers betreffend die Turn-Anstalt des Professors Jahn zu Berlin; ingleichen dessen Vorlesungen über deutsches Volksthum; ingleichen die Vorlesungen des Prof. Schleyermacher, 1814 – 1817";

I. HA Rep. 74 H.X. Nr. 66: „Fragmente. Höhere PolizeiAngelegenheiten. 1811 – 1814";

I. HA Rep. 76 I. Sekt. 30. I. Abtheilung No. 90: „Acta betr.: die Ausführung der Allerhöchsten Cabinets-Ordre vom 12ten April 1822 wegen AmtsEntsetzung demagogischer Jugendlehrer und Geistlicher. Mai 1822 – 1824";

I. HA Rep. 76 I, Anhang I. Nr. 40: „Acta betr.: die Untersuchung gegen den Profeßor und Prediger Dr. Schleiermacher wegen Theilnahme an den politischen Umtrieben. Juni 1822 – 1848.";
daraus: Bl. 56–83: „Halle Acta betreffend Berufung des Hofpredigers Schleiermacher aus Stolpe zum Profeßor *1804*";

I. HA Rep. 76 I, Anhang II. Nr. 55: „Acta betr. den Professor Schleiermacher 1806 / 23.";

I. HA Rep. 76 III. Sekt. 1, Abt. XIIIa, Generalia 1: Sekten- und Juden-Sachen. No. 1, Vol. I: „Acta betreffend die Verbesserung der
bürgerlichen Verhältnisse der Juden, ihres Cultus und Schulwesens,
sowie der Einrichtung neuer und die Erhaltung schon bestehender
Synagogen, 1809 – 1812";

I. HA Rep. 76. X. Nr. 2: „Acta betreffend die Erstattung der Haupt-
berichte, von 1810 – 1811";

I. HA Rep. 77 Tit. 9. Nr. 5 Vol. 2: „Acta betr. den von der Central-
Untersuchungs-*Commission zu Mainz* zu erstattenden *Hauptbericht*
über die geheimen Verbindungen und die demagogischen Umtriebe in
Deutschland und deren hiernächstige Auflösung. v. 28. Jul. 1822 bis
3. Sept. 1824";

I. HA Rep. 77 Tit. 17. Sect. Pars Geh. Verbind.[ungen] Gener.[aliter]
Nr. 40. Ministerium des Innern und der Polizei. Vol. 1: „Acta betr. die
demagogischen Umtriebe und geheime[n] Verbindungen in der *Stadt
Berlin*. 9. Nov. 1821. bis 8. Decbr. 1821.";

I. HA Rep. 77 Tit. 17. Sect. Pars Geh. Verbind. Gener. Nr. 40. Ministerium des Innern und der Polizei. Vol. 2: „Acta betr. die demagogischen Umtriebe und geheime Verbindungen in der *Stadt Berlin*.";

I. HA Rep. 77 Tit. 21. Lit. Sch. Nr. 6: „Acta betr. den Professor und
Prediger Schleiermacher wegen Theilnahme an demagogischen Umtrieben und sträflichen Verbindungen vom 22. Mai 1820. [–] 1847.";

I. HA Rep. 77 Tit. 21. Spec. Lit. W. Nr. 3: „Acta betr. die Untersuchungen gegen den Professor Wilhelm Martin Leberecht de *Wette*, in
Berlin, wegen des Verdachts der Theilnahme an demagogischen Umtrieben und sträflichen Verbindungen. 9. Juli 1819 – 2. Januar 1846";

I. HA Rep. 96 A. Nr. 33 C: „Acta des Königl. Geheimen Staats-Archivs
betreffend Schleiermacher's Berufung nach Halle 1804".

Archiv der Berlin-Brandenburgischen Akademie der Wissenschaften
(BBAW):

I–III (Acta Personalia), Band 6;

I–IV (Verwaltung und Geschäftsgang: Sitzungsprotokolle), Band 35;

II–III (Personalangelegenheiten der Mitglieder der Akademie), Band 18;

Nachlaß Wilhelm Dilthey. Bestand 103;

Nachlaß Heinrich Meisner. Bestände 108, 117 und 118.

Staatsbibliothek zu Berlin Preußischer Kulturbesitz (Handschriftenabteilung):

Autographensammlung. I/1118;

Sammlung Darmstädter. 1912. 236;

Sammlung Darmstädter. 1913. 51.

Archiv des Verlages Walter de Gruyter, Berlin / New York [die verwendeten Archivalien liegen jetzt vor in: Handschriftenabteilung der Staatsbibliothek zu Berlin Preußischer Kulturbesitz]:

Großes Hauptbuch II;

Unterlagen zur vertraglichen Übernahme der Realschulbuchhandlung in Berlin durch Georg Andreas Reimer;

Unterlagen zu polizeilichen Ermittlungen gegen Schleiermacher (De Gruyter – Schleiermacher-Archiv. Bestand K);

Friedrich Schleiermacher: Vorlesung über Kirchliche Geographie und Statistik. Sommersemester 1827. Anonyme Nachschrift (De Gruyter – Schleiermacher-Archiv. Bestand C).

Archiv der Humboldt-Universität zu Berlin [ehemals: Königliche Universität zu Berlin / Königliche Friedrich-Wilhelms-Universität zu Berlin]:

Theologische Fakultät. Nr. 107 (Acta betreffend Promotionen. Von 1827–1836).

III. Gesetzestexte

Allgemeines Landrecht für die Preußischen Staaten von 1794. Textausgabe. Mit einer Einführung von Hans Hattenhauer und einer Bibliographie von Günther Bernert, Frankfurt am Main / Berlin 1970.

Novum Corpus Constitutionum Prussico-Brandenburgensium praecipue Marchicarum [NCC] oder Neue Sammlung Königl. Preuß. und Churfürstl. Brandenburgischer, sonderlich in der Chur- und Mark Brandenburg publicirten und ergangenen Verordnungen, Edicten, Mandaten, Rescripten. Band 8 (1786–1790), Berlin 1791.

Novum Corpus Constitutionum. Band 10 (1796–1800), Berlin 1801.

Code civil des Français. Édition originale et seule officielle, Paris 1804.

Code civil des Français. Nouvelle édition conforme à l'édition originale de l'imprimerie de la république, à laquelle on a ajouté les lois transitoires et une table analytique et raisonnée des matières, Paris 1804.

Novum Corpus Constitutionum. Band 11 (1801–1805), Berlin 1806.

Gesetz-Sammlung für die Königlichen Preußischen Staaten 1806–1810, Berlin o.J. [1810].

Napoleons Gesetzbuch. Code Napoléon. Einzig officielle Ausgabe für das Königreich Westphalen / Edition seule officielle pour le Royaume de Westphalie [1808]. Französisch – Deutsch. Im Auftrag des Instituts für Textkritik herausgegeben von Kurt Dietrich Wolff (Edition Text. Band 4), Frankfurt am Main 2001.

Gesetz-Sammlung für die Königlichen Preußischen Staaten 1810, Berlin o.J. [1811].

Gesetz-Sammlung für die Königlichen Preußischen Staaten 1811, Berlin o.J. [1812].

Gesetz-Sammlung für die Königlichen Preußischen Staaten 1812, Berlin o.J. [1813].

Gesetz-Sammlung für die Königlichen Preußischen Staaten 1813, Berlin o.J. [1814].

Gesetz-Sammlung für die Königlichen Preußischen Staaten 1814, Berlin o.J. [1815].

Gesetz-Sammlung für die Königlichen Preußischen Staaten 1815, Berlin o.J. [1816].

Gesetz-Sammlung für die Königlichen Preußischen Staaten 1816, Berlin o.J. [1817].

Gesetz-Sammlung für die Königlichen Preußischen Staaten 1817, Berlin o.J. [1818].

Gesetz-Sammlung für die Königlichen Preußischen Staaten 1819, Berlin o.J. [1820].

Gesetz-Sammlung für die Königlichen Preußischen Staaten 1822, Berlin o.J. [1823].

Gesetz-Sammlung für die Königlichen Preußischen Staaten 1823, Berlin o.J. [1824].

Deutsche Verfassungen. Herausgegeben und mit einer Einführung versehen von Rudolf Schuster. Siebzehnte Auflage, München 1985.

IV. Tageszeitungen

Hartungsche Zeitung: Königlich Preußische Staats-, Kriegs- und Friedenszeitung. Herausgegeben und verlegt von Georg Friedrich Hartung. Jahrgang 1813, Königsberg.

Der Preußische Correspondent. Im Verlage der Realschul-Buchhandlung. Verlegt von Georg Andreas Reimer, herausgegeben von Barthold Georg Niebuhr, Johann Friedrich Ludwig Goeschen, Friedrich Schleiermacher, Achim von Arnim und anderen. Erster Jahrgang: 1813; Zweiter Jahrgang: 1814, Berlin.

Russisch-Deutsches Volksblatt. Herausgegeben von August von Kotzebue. 1. April – 30. Juni 1813, Berlin [Nachdruck: Herausgegeben von Fritz Lange, Berlin [DDR] 1953].

Spenersche Zeitung: Berlinische Nachrichten von Staats- und Gelehrten Sachen. Im Verlage der Haude- und Spenerschen Buchhandlung. Jahrgänge 1808 und 1813, Berlin.

Vossische Zeitung: Königlich privilegirte Berlinische Zeitung von Staats und gelehrten Sachen. Vossische Zeitungs-Expedition. Im Verlage Vossischer Erben. Jahrgang 1813 [Herausgegeben und verlegt von Christian Friedrich Lessing im Auftrag der Vossischen Erben], Berlin.

V. Gottesdienstagende

Agende für die evangelische Kirche in den Königlich Preußischen Landen. Mit besonderen Bestimmungen und Zusätzen für die Provinz Brandenburg, Berlin 1829.

VI. Verzeichnisse zu Schleiermacheriana

[Arndt, Andreas und Wolfgang Virmond:] Schleiermachers Briefwechsel (Verzeichnis) nebst einer Liste seiner Vorlesungen. Bearbeitet von Andreas Arndt und Wolfgang Virmond (Schleiermacher-Archiv. Band 11), Berlin / New York 1992.

[Meding, Wichmann von:] Bibliographie der Schriften Schleiermachers nebst einer Zusammenstellung und Datierung seiner gedruckten Predigten. Bearbeitet von Wichmann von Meding (Schleiermacher-Archiv. Band 9), Berlin / New York 1992.

Laubisch, Friedrich: Friedrich Schleiermacher. Übersicht über den handschriftlichen Nachlaß, das Familienarchiv und die ergänzenden Bestände. Abgeschlossen im Mai 1969 [Typoskript im Archiv der Berlin-Brandenburgischen Akademie der Wissenschaften], Berlin 1969.

Meisner, Heinrich: Schleiermachers Briefe, in: Zentralblatt für Bibliothekswesen 29 (1912), 542–551.

Tice, Terrence N.: Schleiermacher Bibliography. With Brief Introductions,
Annotations, and Index (Princeton Pamphlets. Vol. 12), Princeton, N.J.
(USA) 1966.

Wolfes, Matthias: Friedrich Schleiermachers Werk im Spiegel Berliner
Verlagsarchivalien. Eine materialgeschichtliche Übersicht über die
Schleiermacher-Bestände im Archiv des Verlages Walter de Gruyter aus
Anlaß der Übergabe an die Staatsbibliothek zu Berlin, in: New Athe-
naeum / Neues Athenaeum. Edited by Ruth Richardson. Vol. 6 (2001),
77–116.

[Ziesak, Anne-Katrin:] Repertorium der Briefe aus dem Archiv Walter
de Gruyter. Ausgewählt von Otto Neuendorff †. Bearbeitet von Anne-Katrin Ziesak, Berlin / New York 1999.

VII. Schriften Schleiermachers

1. Gesamtausgaben

Sämmtliche Werke [SW], Berlin 1834–1864 (Erste Abtheilung: Zur Theologie; Zweite Abtheilung: Predigten; Dritte Abtheilung: Zur Philosophie),
daraus:

Zur Theologie. Erster Band (SW I/1), Berlin 1843;

Zur Theologie. Zweiter Band (SW I/2), Berlin 1836;

Zur Theologie. Fünfter Band (SW I/5), Berlin 1846;

Das Leben Jesu. Vorlesungen an der Universität zu Berlin im Jahre 1832.
Aus Schleiermacher's handschriftlichem Nachlasse und Nachschriften
seiner Zuhörer herausgegeben von K.[arl] A.[ugust] Rütenik (SW I/6),
Berlin 1864;

Geschichte der christlichen Kirche. Aus Schleiermachers handschriftlichem Nachlasse und nachgeschriebenen Vorlesungen herausgegeben
von E.[duard] Bonnell (SW I/11), Berlin 1840;

Die christliche Sitte nach den Grundsäzen der evangelischen Kirche im Zusammenhange dargestellt. Aus Schleiermacher's handschriftlichem Nachlasse und nachgeschriebenen Vorlesungen herausgegeben von L.[udwig] Jonas (SW I/12), Berlin 1843;

Die praktische Theologie nach den Grundsäzen der evangelischen Kirche im Zusammenhange dargestellt. Aus Schleiermachers handschriftlichem Nachlasse und nachgeschriebenen Vorlesungen herausgegeben von Jacob Frerichs (SW I/13), Berlin 1850 [Photomechanischer Nachdruck: Berlin / New York 1983];

Predigten. Erster Band (SW II/1), Berlin 1834;

Predigten. Zweiter Band (SW II/2), Berlin 1834;

Predigten. Dritter Band (SW II/3), Berlin 1835;

Predigten. Vierter Band (SW II/4) Berlin 1835;

Predigten. Vierter Band. Neue Ausgabe (SW II/4) Berlin 1844;

Predigten in den Jahren 1789 bis 1810 gehalten von Friedrich Schleiermacher. Aus Schleiermacher's handschriftlichem Nachlasse und aus Nachschriften der Hörer herausgegeben von A.[dolf] Sydow, Prediger am Cadetteninstitut zu Berlin (SW II/7), Berlin 1836;

Philosophische und vermischte Schriften. Erster Band (SW III/1), Berlin 1846;

Philosophische und vermischte Schriften. Zweiter Band (SW III/2), Berlin 1838;

Reden und Abhandlungen der Königl.[ichen] Akademie der Wissenschaften vorgetragen von Friedrich Schleiermacher. Aus Schleiermachers handschriftlichem Nachlasse herausgegeben von L.[udwig] Jonas (SW III/3), Berlin 1835;

Entwurf eines Systems der Sittenlehre. Aus Schleiermachers handschriftlichem Nachlasse herausgegeben von Alex.[ander] Schweizer (SW III/5), Berlin 1835;

Die Lehre vom Staat. Aus Schleiermacher's handschriftlichem Nachlasse und nachgeschriebenen Vorlesungen herausgegeben von Chr.[istian] A. Brandis (SW III/8) [Schleiermacher's literarischer Nachlaß. Zur Philosophie. Sechster Band], Berlin 1845;

Erziehungslehre. Aus Schleiermachers handschriftlichem Nachlasse und nachgeschriebenen Vorlesungen herausgegeben von C.[arl] Platz (SW III/9), Berlin 1849.

Kritische Gesamtausgabe [KGA]. Herausgegeben von Hans-Joachim Birk-
    ner und Gerhard Ebeling, Hermann Fischer, Heinz Kimmerle, Kurt-
    Victor Selge [seit 1991: Herausgegeben von Hermann Fischer und Ulrich
    Barth, Konrad Cramer, Günter Meckenstock, Kurt-Victor Selge], Berlin /
    New York 1980ff. (Abteilung I: Schriften und Entwürfe; Abteilung II:
    Vorlesungen; Abteilung III: Predigten; Abteilung IV: Übersetzungen;
    Abteilung V: Briefe und biographische Dokumente), daraus:

Jugendschriften 1787–1796. Herausgegeben von Günter Meckenstock
    (KGA I/1), Berlin / New York 1983 [1984];

Schriften aus der Berliner Zeit 1796–1799. Herausgegeben von Günter
    Meckenstock (KGA I/2), Berlin / New York 1984;

Schriften aus der Berliner Zeit 1800–1802. Herausgegeben von Günter
    Meckenstock (KGA I/3), Berlin / New York 1988;

Schriften aus der Stolper Zeit (1802–1804). Herausgegeben von Eilert
    Herms, Günter Meckenstock und Michael Pietsch (KGA I/4), Berlin /
    New York 2002;

Schriften aus der Hallenser Zeit 1804–1807. Herausgegeben von Her-
    mann Patsch (KGA I/5), Berlin / New York 1995;

Universitätsschriften – Herakleitos – Kurze Darstellung des theologi-
    schen Studiums. Herausgegeben von Dirk Schmid (KGA I/6), Berlin /
    New York 1998;

Der christliche Glaube nach den Grundsätzen der evangelischen Kirche
    im Zusammenhange dargestellt (1821/22). Teilband 1. Herausge-
    geben von Hermann Peiter (KGA I/7,1), Berlin / New York 1980;

Der christliche Glaube nach den Grundsätzen der evangelischen Kirche
    im Zusammenhange dargestellt (1821/22). Teilband 2. Herausge-
    geben von Hermann Peiter (KGA I/7,2), Berlin / New York 1980;

Kirchenpolitische Schriften. Herausgegeben von Günter Meckenstock
    unter Mitwirkung von Hans-Friedrich Traulsen (KGA I/9), Berlin /
    New York 2000;

Theologisch-dogmatische Abhandlungen und Gelegenheitsschriften.
    Herausgegeben von Hans-Friedrich Traulsen unter Mitwirkung von
    Martin Ohst (KGA I/10), Berlin / New York 1990;

Akademievorträge. Herausgegeben von Martin Rössler unter Mitwir-
    kung von Lars Emersleben (KGA I/11), Berlin / New York 2002;

Über die Religion / Monologen. Herausgegeben von Günter Mecken-
    stock (KGA I/12), Berlin / New York 1995;

Kleine Schriften 1786–1833. Herausgegeben von Matthias Wolfes und Michael Pietsch (KGA I/14), Berlin / New York 2003;

Vorlesungen über die Lehre vom Staat. Herausgegeben von Walter Jaeschke (KGA II/8), Berlin / New York 1998;

Vorlesungen über die Dialektik. Teilband 1. Herausgegeben von Andreas Arndt (KGA II/10,1), Berlin / New York 2002;

Vorlesungen über die Dialektik. Teilband 2. Herausgegeben von Andreas Arndt (KGA II/10,2), Berlin / New York 2002;

Briefwechsel 1774–1796. Herausgegeben von Andreas Arndt und Wolfgang Virmond (KGA. V/1), Berlin / New York 1985;

Briefwechsel 1796–1798. Herausgegeben von Andreas Arndt und Wolfgang Virmond (KGA V/2), Berlin / New York 1988;

Briefwechsel 1799–1800. Herausgegeben von Andreas Arndt und Wolfgang Virmond (KGA V/3), Berlin / New York 1992;

Briefwechsel 1800. Herausgegeben von Andreas Arndt und Wolfgang Virmond (KGA V/4), Berlin / New York 1994;

Briefwechsel 1801–1802. Herausgegeben von Andreas Arndt und Wolfgang Virmond (KGA V/5), Berlin / New York 1999.

2. Weitere Ausgaben
(Die Texte werden nach dem Erscheinungsjahr aufgeführt.)

Die Gerechtigkeit ist die unentbehrliche Grundlage des allgemeinen Wohlergehens. An einem allgemeinen Bettage [Predigt über Prov 14, 34 vom 20. April 1796], in: Predigten von protestantischen Gottesgelehrten. Siebente Sammlung, Berlin 1799, 231–256.

[Friedrich Schleiermacher:] Versuch einer Theorie des geselligen Betragens, in: Berlinisches Archiv der Zeit und ihres Geschmacks. Herausgegeben von Friedrich Eberhard Rambach und Ignatius Aurelius Feßler. Fünfter Jahrgang. Erster Teilband (1799), 48–66 und 111–123.

[Friedrich Schleiermacher:] Über die Religion. Reden an die Gebildeten unter ihren Verächtern, Berlin 1799 [Nachdruck: Zum Hundertjährigen-Gedächtnis ihres ersten Erscheinens in ihrer ursprünglichen Gestalt neu herausgegeben und mit Übersichten und Vor- und Nachwort versehen von Rudolf Otto, Göttingen 1899; davon: Siebente, durchgesehene Auflage, Göttingen 1991].

[Friedrich Schleiermacher:] Briefe bei Gelegenheit der politisch theologischen Aufgabe und des Sendschreibens jüdischer Hausväter, Berlin
1799 [Nachdruck: Herausgegeben von Kurt Nowak, Berlin 1984].

[Friedrich Schleiermacher:] Monologen. Eine Neujahrsgabe, Berlin 1800.

[Friedrich Schleiermacher:] Vertraute Briefe über Friedrich Schlegels Lucinde, Lübeck und Leipzig 1800.

Predigten [Erste Sammlung], Berlin 1801.

Platons Werke. Ersten Theiles Erster Band, Berlin 1804.

[Friedrich Schleiermacher:] Zwei unvorgreifliche Gutachten in Sachen des
protestantischen Kirchenwesens zunächst in Beziehung auf den Preußischen Staat, Berlin 1804.

Platons Werke. Ersten Theiles Zweiter Band Berlin 1805.

Predigt bei Eröffnung des akademischen Gottesdienstes der Friedrichs-
Universität. Am Geburtstage des Königs den 3ten August 1806 gesprochen, Berlin 1806.

Platons Werke. Zweiten Theiles Erster Band, Berlin 1806.

Die Weihnachtsfeier. Ein Gespräch, Halle 1806.

Predigten [Erste Sammlung]. Zweite Auflage, Berlin 1806.

Über die Religion. Reden an die Gebildeten unter ihren Verächtern. Zweite
Ausgabe, Berlin 1806.

Ueber den sogenannten ersten Brief des Paulos an den Timotheos. Ein
kritisches Sendschreiben an J. C. Gass, Berlin 1807.

Platons Werke. Zweiten Bandes Zweiter Theil, Berlin 1807.

Gelegentliche Gedanken über Universitäten in deutschem Sinn. Nebst
einem Anhang über eine neu zu errichtende, Berlin 1808.

Predigten von Dr. Fr. Schleiermacher. Zweite Sammlung, Berlin 1808.

Friedrich Schleiermacher / Ludwig Friedrich Froriep: Anzeige, in: Staats-
und Gelehrten Zeitung des Hamburgischen unpartheyischen Correspondenten. Nr. 27 vom 16. Februar 1808, Sp. 7.

Ueber das rechte Verhältniß des Christen zu seiner Obrigkeit. Eine Predigt
von D. F. Schleiermacher, Berlin 1809.

Zwei Predigten am 22sten Julius und am 5ten August in der Dreifaltigkeitskirche gesprochen von D. F. Schleiermacher, Berlin 1810.

Kurze Darstellung des theologischen Studiums zum Behuf einleitender Vorlesungen, Berlin, 1811.

Predigt am 28. März 1813 gesprochen von F. Schleiermacher. Zum Besten der Auszurüstenden, Berlin 1813.

Predigten von F. Schleiermacher, D.G.G.D. u. o.o. Prof. zu Berlin, Mitglied der Königl. Akademie der Wissenschaften und evang. ref. Prediger an der Dreifaltigkeitskirche. Dritte Sammlung, Berlin 1814.

[Friedrich Schleiermacher:] Glückwünschungsschreiben an die Hochwürdigen Mitglieder der von Sr. Majestät dem König von Preußen zur Aufstellung neuer liturgischer Formen ernannten Commission, Berlin 1814.

Andenken an den Grafen Ludwig Moritz Achatius zu Dohna, in: Der Preußische Correspondent. Nr. 23 vom 11. Februar 1814, Sp. 7–8 und: Beilage zu Nr. 26 vom 16. Februar 1814, Sp. 1–3 [Nachdruck: Schleiermachers Nekrolog auf Ludwig Dohna. Herausgegeben von P. lic. theol. [Adolf] Benrath, in: Oberländische Geschichtsblätter. Heft XVIII und XIX, Königsberg 1918–1920, 320–325].

F. Schleiermacher an den Herrn Geheimenrath Schmalz. Auch eine Recension, Berlin 1815.

Predigt [über 1. Kön 8, 56–58] am Zwei und Zwanzigsten Oktober in der Dreifaltigkeitskirche zu Berlin gesprochen, Berlin 1815.

Philipp Karl Buttmann und Friedrich Schleiermacher: Über Heindorf und Wolf, Berlin 1816.

Ueber die neue Liturgie für die Hof- und Garnison-Gemeinde zu Potsdam und für die Garnisonkirche in Berlin, Berlin 1816.

Ueber die für die protestantische Kirche des preußischen Staats einzurichtende Synodalverfassung. Einige Bemerkungen vorzüglich der protestantischen Geistlichkeit des Landes gewidmet, Berlin 1817.

Ueber die Begriffe der verschiedenen Staatsformen [1814], in: Abhandlungen der philosophischen Klasse der Königlich-Preußischen Akademie der Wissenschaften aus den Jahren 1814–1815, Berlin 1818, 17–49.

Am 24. Januar 1817, in: Märkisches Provinzialblatt. Herausgegeben von F.[riedrich] A.[ugust] Pischon. Zweiter Band. Achtes Stück [August], Berlin 1818, 90–109 [nachgedruckt unter dem Titel: Rede am Geburtstage Friedrichs des Großen am 24sten Januar 1817, in: SW III/3, Berlin 1835, 28–40].

Ueber die Auswanderungsverbote [1817], in: Abhandlungen der philoso-phisch-historischen Klasse der Königlich-Preußischen Akademie der Wissenschaften aus den Jahren 1816–1817, Berlin 1819, 263–276.

Predigt am 18ten Weinmond [November] 1818 in der Dreifaltigkeitskirche gesprochen, Berlin 1819.

Plan zum Besten der Verwandten unsers Reformators, Doctor M. Luthers, in: Kieler Blätter für 1819 herausgegeben von einer Gesellschaft Kieler Professoren. Erster Band 1819, 247–248.

Predigten von F. Schleiermacher. Zweite Sammlung. Zweite Auflage, Berlin 1820.

Predigten von F. Schleiermacher. Vierte Sammlung [= Predigten über den christlichen Hausstand], Berlin 1820.

Ueber die Religion. Reden an die Gebildeten unter ihren Verächtern. Dritte vermehrte Ausgabe, Berlin 1821.

Predigt am vierten Sonntage nach Trinitatis 1820 in der Dreifaltig-keitskirche gesprochen, Berlin 1821.

Der christliche Glaube nach den Grundsäzen der evangelischen Kirche im Zusammenhange dargestellt. Zwei Bände, Berlin 1821/22.

Predigt am 17ten November 1822 in der Dreifaltigkeitskirche gesprochen, Berlin 1823.

[Friedrich Schleiermacher:] Ueber das liturgische Recht evangelischer Landesfürsten. Ein theologisches Bedenken von Pacificus Sincerus, Göttingen 1824.

Die Weihnachtsfeier. Ein Gespräch. Zweite Ausgabe, Berlin 1826.

[Friedrich Schleiermacher:] Gespräch zweier selbst überlegender evangeli-scher Christen über die Schrift: Luther in Bezug auf die neue preußische Agende. Ein letztes Wort oder ein erstes, Leipzig 1827.

Predigt, gehalten bey der Wieder-Eröffnung der Deutsch-Evangelisch-Lutherischen Kirche, in der SAVOY, zu London, am 16ten Sonntage nach Trinitatis, dem 21. Sept. 1828, Camberwell (UK) 1828.

Kurze Darstellung des theologischen Studiums zum Behuf einleitender Vorlesungen. Zweite umgearbeitete Ausgabe, Berlin 1830.

Der christliche Glaube nach den Grundsäzen der evangelischen Kirche im Zusammenhange dargestellt. Zweite umgearbeitete Ausgabe. Zwei Bände, Berlin 1830/31.

Predigten. Sechste Sammlung [Zwischentitel: Predigten in Bezug auf die Feier der Uebergabe der Augsburgischen Confession], Berlin 1831.

An die Redaction der Staats-Zeitung, in: Allgemeine Preußische Staats-Zeitung. Nr. 95 vom 6. April 1831, 772.

Gedächtnißrede auf Philipp Buttmann [vorgetragen am 8. Juli 1830], in: Abhandlungen der Königlichen Akademie der Wissenschaften zu Berlin. Aus dem Jahre 1830. Nebst der Geschichte der Akademie in diesem Zeitraum, Berlin 1832, XI–XXII.

Predigten von Dr. F. Schleiermacher [Manuskriptdruck: „Reihe IV"], Berlin 1833.

[Predigt vom 24. März 1833 über Apg 2, 23], in: Christenthum und Vernunft für die Abschaffung der Todesstrafe. Sammlung landständischer Verhandlungen des Königreiches Sachsen, nebst anderen wissenschaftlichen Mittheilungen von Großmann [u.a.] und einer Predigt von Schleiermacher über die Sünde der Todesstrafe. Mit Bemerkungen von Professor Grohmann, Berlin 1835, 64–75 [Teildruck].

Schleiermachers Vertraute Briefe über die Lucinde. Mit einer Vorrede von Karl Gutzkow, Hamburg 1835.

Predigten. Dritter Band. Neue Ausgabe, Berlin 1843.

Predigten. Vierter Band. Neue Ausgabe, Berlin 1844.

Ein Kirchenverfassungs-Entwurf von Schleiermacher [1808]. Herausgegeben von A.[emilius] L.[udwig] Richter, in: Zeitschrift für Kirchenrecht 1 (1861), 326–341.

[Predigtentwürfe und Dispositionen], in: Johannes Bauer: Schleiermacher als patriotischer Prediger. Ein Beitrag zur Geschichte der nationalen Erhebung vor hundert Jahren (Studien zur Geschichte des neueren Protestantismus. Band 4), Gießen 1908, 306–356.

Friedrich Schleiermacher's sämmtliche Werke. I. Predigten. Fünfter Theil. Predigten über Christus und das Christenthum sowie Gelegenheitspredigten aus den Jahren 1810–1830 und kleinere Amtsreden. Neue vollständige und revidirte Ausgabe, Berlin [Verlag von Eugen Grosser] 1877 [der Band bietet die Predigten des Bandes: Sämmtliche Werke. Band II/4, Berlin 1835].

Friedrich Schleiermacher's Reden Ueber die Religion. Kritische Ausgabe. Mit Zugrundelegung des Textes der ersten Auflage besorgt von Georg Christian Bernhard Pünjer, Braunschweig 1879.

Schleiermachers Sendschreiben über seine Glaubenslehre an Lücke [1829]. Neu herausgegeben und mit einer Einleitung und Anmerkungen versehen von Hermann Mulert (Studien zur Geschichte des neueren Protestantismus. 2. Quellenheft), Gießen 1908.

Werke. Auswahl in vier Bänden. Herausgegeben und eingeleitet von Otto Braun und Johannes Bauer, Leipzig 1910 / 1913 / 1910 / 1911; daraus:

Band 2: Entwürfe zu einem System der Sittenlehre. Herausgegeben und eingeleitet von Otto Braun (Philosophische Bibliothek. Band 137), Leipzig 1913 [Zweite Auflage: Leipzig 1927; Nachdruck: Aalen 1967];

Band 3: Vorbericht / Dialektik / Die christliche Sitte / Einleitung von Prof. D. Bauer / Predigten über den christlichen Hausstand / Zur Pädagogik / Die Lehre vom Staat / Der christliche Glaube, Leipzig 1910 [Neuausgabe: Leipzig 1911; Zweite Auflage: Leipzig 1927; Nachdruck: Aalen1967].

Predigten über den christlichen Hausstand. Neu herausgegeben und eingeleitet von D. Johannes Bauer, Leipzig 1911.

Patriotische Predigten. Herausgegeben von Walther Schotte, Berlin o.J. [1935].

Das christliche Leben nach den Grundsätzen der evangelischen Kirche im Zusammenhange dargestellt. Vorlesungen über christliche Sittenlehre nach großenteils unveröffentlichten Manuskripten Schleiermachers und Nachschriften seiner Hörer herausgegeben und eingeleitet von Hermann Peiter. Zwei Bände, Berlin [DDR] 1968 [Typoskript].

Dogmatische Predigten der Reifezeit. Ausgewählt und erläutert von Emanuel Hirsch (Kleine Schriften und Predigten. Herausgegeben von Hayo Gerdes und Emanuel Hirsch. Band 3), Berlin 1969.

Ethik (1812/13) mit späteren Fassungen der Einleitung, Güterlehre und Pflichtenlehre. Auf der Grundlage der Ausgabe von Otto Braun herausgegeben und eingeleitet von Hans-Joachim Birkner (Philosophische Bibliothek. Band 335), Hamburg 1981.

Kurze Darstellung des theologischen Studiums zum Behuf einleitender Vorlesungen (1811). Kritische Ausgabe herausgegeben von Heinrich Scholz, Darmstadt 1982.

Christliche Sittenlehre. Einleitung (Wintersemester 1826/27). Nach größtenteils unveröffentlichten Hörernachschriften herausgegeben und eingeleitet von Hermann Peiter. Mit einem Nachwort von Martin Honecker, Stuttgart / Berlin / Köln / Mainz 1983.

Philosophische Schriften. Herausgegeben und eingeleitet von Jan Rachold, Berlin 1984.

Bruchstücke der unendlichen Menschheit: Fragmente, Aphorismen und Notate der frühromantischen Jahre. Herausgegeben und mit einem Nachwort versehen von Kurt Nowak, Berlin 1984.

Pädagogische Schriften. Zwei Bände. Unter Mitwirkung von Theodor Schulze herausgegeben von Erich Weniger, Düsseldorf und München 1957 [Nachdruck: Frankfurt am Main / Berlin / Wien 1984]:

Band 1: Die Vorlesungen aus dem Jahre 1826, Düsseldorf und München 1957;

Band 2: Pädagogische Abhandlungen und Zeugnisse. Unter Mitwirkung von Theodor Schulze herausgegeben von Erich Weniger, Düsseldorf und München 1957.

Der christliche Glaube nach den Grundsätzen der evangelischen Kirche im Zusammenhange dargestellt. Siebente Auflage. Auf Grund der zweiten Auflage und kritischer Prüfung des Textes neu herausgegeben und mit Einleitung, Erläuterungen und Register versehen von Martin Redeker. Zwei Bände, Berlin 1960.

Friedrich Schleiermacher zum 150. Todestag. Handschriften und Drucke. Bearbeitet von Andreas Arndt und Wolfgang Virmond (Ausstellungs-führer der Universitätsbibliothek der Freien Universität Berlin. Band 11), Berlin / New York 1984 [eine gegenüber der Erstauflage gering-fügig veränderte, nicht gekennzeichnete zweite Auflage erschien um 1985].

Dialektik (1811). Herausgegeben von Andreas Arndt (Philosophische Bibliothek. Band 386), Hamburg 1986.

Dialektik (1814/15). Einleitung zur Dialektik (1833). Herausgegeben von Andreas Arndt (Philosophische Bibliothek. Band 387), Hamburg 1988.

[Philosophische] Schriften. Herausgegeben von Andreas Arndt (Bibliothek Deutscher Klassiker. Band 134), Frankfurt am Main 1996.

Über die Religion. Reden an die Gebildeten unter ihren Verächtern (1799) [Auf der Grundlage des Textes der ‚Kritischen Gesamtausgabe']. Her-ausgegeben von Günter Meckenstock, Berlin / New York 1999 [Zweite Auflage: Berlin / New York 2001].

Texte zur Pädagogik. Kommentierte Studienausgabe. Herausgegeben von Michael Winkler und Jens Brachmann. Zwei Bände (suhrkamp taschen-buch wissenschaft. Band 1451 und 1452), Frankfurt am Main 2000.

3. Briefe Schleiermachers sowie
Briefwechsel zwischen Schleiermacher,
Georg Andreas Reimer und Barthold Georg Niebuhr

(Im Rahmen der KGA erschienene Briefbände siehe unter VII.1.)

Briefwechsel zwischen dem Bischof Sack und Schleiermacher. Mitgetheilt vom Consistorial-Rath D. K.[arl] H.[einrich] Sack, in: Theologische Studien und Kritiken 23 (1850), 145–162.

Fr.[iedrich] Schleiermacher's Briefwechsel mit J.[oachim] Chr.[istian] Gaß. Mit einer biographischen Vorrede. Herausgegeben von Dr. W.[ilhelm] Gaß, Berlin 1852.

Aus Schleiermacher's Leben. In Briefen. Band 1: Von Schleiermachers Kindheit bis zu seiner Anstellung in Halle, October 1804, Berlin 1858; Zweite Auflage, Berlin 1860 [hiervon: Nachdruck: Berlin / New York 1974].

Aus Schleiermacher's Leben. In Briefen. Band 2: Von Schleiermachers Anstellung in Halle, October 1804 bis an sein Lebensende, den 12. Februar 1834, Berlin 1858; Zweite Auflage, Berlin 1860 [hiervon: Nachdruck: Berlin / New York 1974].

Aus Schleiermacher's Leben. In Briefen. Band 3: Schleiermachers Brief-wechsel mit Freunden bis zu seiner Uebersiedelung nach Halle, namentlich der mit Friedrich und August Wilhelm Schlegel. Zum Druck vor-bereitet durch Ludwig Jonas, nach dessen Tode herausgegeben von Wilhelm Dilthey, Berlin 1861 [Nachdruck: Berlin / New York 1974].

Aus Schleiermacher's Leben. In Briefen. Band 4: Schleiermachers Briefe an Brinckmann. Briefwechsel mit seinen Freunden von seiner Ueber-siedelung nach Halle bis zu seinem Tode. Denkschriften. Dialog über das Anständige. Recensionen. Vorbereitet von Ludwig Jonas, heraus-gegeben von Wilhelm Dilthey, Berlin 1863 [Nachdruck: Berlin / New York 1974].

[Treitschke, Heinrich von (Hrsg.):] Zum 27. August 1876. Briefe von B. G. Niebuhr und G. A. Reimer [Mit einer Einleitung von Treitschke], in: Preußische Jahrbücher 38 (1876), 172–201.

Schleiermachers Briefe an die Grafen zu Dohna. Herausgegeben von J.[ustus] L.[udwig] Jacobi, Halle 1887.

Bock, Alfred: Drei ungedruckte Briefe Schleiermachers, in: Der Zeitgeist. Beiblatt zum Berliner Tageblatt (Jahrgang 30). Ausgabe Nr. 48 vom 30. November 1891.

Ungedruckte Briefe Georg Andreas Reimers. Mitgetheilt von Georg Hirtzel, in: Deutsche Revue über das gesamte nationale Leben der Gegenwart 18 (1893).

Briefe aus Barthold Georg Niebuhrs Nachlaß (Mittheilungen aus dem Litteraturarchive in Berlin. Band 1), Berlin 1894 / 1895 / 1896 / 1897 / 1899.

Drei Briefe Schleiermachers an Gass. Mitgetheilt von Wilhelm Dilthey, in: Literarische Mitteilungen. Festschrift zum zehnjährigen Bestehen der Literatur-Archiv-Gesellschaft in Berlin, Berlin 1901, 37–50.

Briefe Georg Andreas Reimers an B. G. Niebuhr 1813–1830 (Mittheilungen aus dem Litteraturarchive in Berlin), Berlin 1903.

[Herz, Henriette:] Schleiermacher und seine Lieben. Nach Originalbriefen der Henriette Herz, Magdeburg 1910.

Briefe Friedrich Schleiermachers an Ehrenfried und Henriette von Willich geb. von Mühlenfels 1801–1806. Für die Litteraturarchiv-Gesellschaft in Berlin herausgegeben [von Heinrich Meisner] (Mitteilungen aus dem Litteraturarchive in Berlin. Neue Folge. Nr. 9), Berlin 1914.

Briefwechsel Friedrich Schleiermachers mit August Boeckh und Immanuel Bekker 1806–1820. Für die Litteraturarchiv-Gesellschaft in Berlin herausgegeben [von Heinrich Meisner] (Mitteilungen aus dem Litteraturarchive in Berlin. Neue Folge Nr. 11), Berlin 1916.

Mulert, Hermann: Zwei Briefe Schleiermachers zur Kirchenverfassungsreform, in: Zeitschrift für Kirchengeschichte 36 (1916), 509–533.

Neue Briefe Schleiermachers und Niebuhrs an Georg Reimer und Schleiermachers an E. M. Arndt. Herausgegeben von Ernst Müsebeck, in: Forschungen zur brandenburgischen und preussischen Geschichte 22 (1919), 216–239.

Friedrich Schleiermachers Briefwechsel mit seiner Braut. Herausgegeben von Heinrich Meisner. Mit zwei Jugendbildnissen Schleiermachers, Gotha 1919; Zweite Auflage: Gotha 1920.

Schleiermacher als Mensch. Sein Werden und Wirken. [Band 1:] Sein Werden. Familien- und Freundesbriefe 1783–1804. In neuer Form mit einer Einleitung und Anmerkungen herausgegeben von Heinrich Meisner. Mit drei Bildern, Gotha 1922 [tatsächlich: 1921].

Schleiermacher als Mensch. Sein Werden und Wirken. [Band 2:] Sein Wirken. Familien- und Freundesbriefe 1804–1834. In neuer Form mit einer Einleitung und Anmerkungen herausgegeben von Heinrich Meisner. Mit einem Bilde, Gotha 1923.

Briefe Schleiermachers an Wilhelmine und Joachim Christian Gaß. Mitgeteilt von Johannes Bauer, in: Zeitschrift für Kirchengeschichte 47 [Neue Folge 10] (1928), 250–278.

Die Briefe Barthold Georg Niebuhrs. Herausgegeben von Dietrich Gerhard und William Norvin. Im Auftrage der Literaturgesellschaft zu Berlin. Mit Unterstützung der Preußischen Akademie der Wissenschaften und des Rask Örsted Fond zu Kopenhagen. Band 2: 1809–1816 (Das Literaturarchiv. Veröffentlichungen der Literaturarchiv-Gesellschaft zu Berlin. Zweiter Band), Berlin 1929.

Briefe an einen Freund [d.i. Karl Heinrich Sack] [Herausgegeben und mit Erläuterungen versehen von Paul Seifert], Weimar o.J. [1939].

Raack, Richard C.: A New Schleiermacher Letter on the Conspiracy of 1808, in: Zeitschrift für Religions- und Geistesgeschichte 16 (1964), 209–223.

Ein unbekannter Brief Friedrich Schleiermachers an Gotthilf Heinrich von Schubert. [Mitgeteilt von Horst Weigelt], in: Zeitschrift für Religions- und Geistesgeschichte 20 (1968), 273–276.

Blackwell, Albert W.: Three new Schleiermacher Letters relating to his Würzburg Appointment of 1804, in: The Harvard Theological Review 68 (1975), 333–356.

Töpelmann, Roger: Romantische Freundschaft und Frömmigkeit. Briefe des Verlegers Georg Andreas Reimer an Friedrich Daniel Ernst Schleiermacher (Spolia Berolinensia. Berliner Beiträge zur Geistes- und Kulturgeschichte des Mittelalters und der Neuzeit. Band 16), Hildesheim 1999.

4. Quellensammlungen
einschließlich Schleiermacherscher Texte
(Quelleneditionen ohne Schleiermachersche Texte
siehe unter VIII. und IX.)

Czygan, Paul: Zur Geschichte der Tagesliteratur während der Freiheitskriege. Band II/1: Aktenstücke. Erste Abteilung, Leipzig 1909.

Idee und Wirklichkeit einer Universität. Dokumente zur Geschichte der Friedrich-Wilhelms-Universität zu Berlin. In Zusammenarbeit mit Wolfgang Müller-Lauter und Michael Theunissen herausgegeben von Wilhelm Weischedel (Gedenkschrift der Freien Universität Berlin zur 150. Wiederkehr des Gründungsjahres der Friedrich-Wilhelms-Universität zu Berlin), Berlin 1960.

Köpke, Rudolf: Die Gründung der Königlichen Friedrich-Wilhelms-Universität zu Berlin, Berlin 1860.

Lenz, Max: Geschichte der Königlichen Friedrich-Wilhelms-Universität zu Berlin. Band IV: Urkunden, Akten, Briefe, Halle an der Saale 1910.

Müsebeck, Ernst: Gold gab ich für Eisen. Deutschlands Schmach und Erhebung in zeitgenössischen Dokumenten, Briefen, Tagebüchern aus den Jahren 1806–1815, Berlin / Leipzig / Wien / Stuttgart 1913 [Nachdruck: Braunschweig 1998].

[Spies, Hans B. (Hrsg.):] Die Erhebung gegen Napoleon 1806–1814/15. Herausgegeben von Hans B. Spies (Freiherr vom Stein-Gedächtnisausgabe. Quellen zum politischen Denken der Deutschen im 19. und 20. Jahrhundert. Band 2), Darmstadt 1981.

VIII. Literatur zu Schleiermacher

Abb, Gustav: Schleiermachers Reglement für die Königliche Bibliothek zu Berlin vom Jahre 1813 und seine Vorgeschichte. Dem scheidenden Generaldirektor Geheimen Regierungsrat Dr. Fritz Milkau dargebracht von der Preussischen Staatsbibliothek, Berlin 1926.

Albrecht, Christian: „... eine klare und belebende Darstellung der gemeinsamen inneren Erfahrung". Schleiermachers Predigtweise, untersucht an seiner Neujahrspredigt 1807, in: Wegmarken protestantischer Predigtgeschichte. Homiletische Analysen. Festschrift für Hans Martin Müller zum 70. Geburtstag. Herausgegeben von Albrecht Beutel und Volker Drehsen, Tübingen 1999, 106–136.

Albrecht, Christian: Schleiermachers Predigtlehre. Eine Skizze vor dem Hintergrund seines philosophisch-theologischen Gesamtsystems, in: Christian Albrecht / Martin Weeber (Hrsgg.): Klassiker der protestantischen Predigtlehre. Einführungen in homiletische Theorieentwürfe von Luther bis Lange (UTB für Wissenschaft. Band 2292), Tübingen 2002, 93–119.

Altenhofer, Norbert: Geselligkeit als Utopie. Rahel und Schleiermacher, in: Martin Greiffenhagen (Hrsg.): Berlin zwischen 1789 und 1848. Facetten einer Epoche (Akademie-Katalog 132), Berlin 1981, 37–42.

Arndt, Andreas / Wolfgang Virmond: Friedrich Daniel Ernst Schleiermacher (1768–1834), in: Aus dem Archiv des Verlages Walter de Gruyter. Briefe – Urkunden – Dokumente. Bearbeitet von Doris Fouquet-Plümacher und Michael Wolter (Ausstellungsführer der Universitätsbibliothek der Freien Universität Berlin. Band 4), Berlin / New York 1980, 103–127.

Arndt, Andreas / Wolfgang Virmond: Zur Entstehung und Gestaltung der beiden ersten Bände „Aus Schleiermacher's Leben. In Briefen", in: Zeitschrift für Kirchengeschichte 92 (1981), 60–80.

Arndt, Andreas: Tauschen und Sprechen. Zur Rezeption der bürgerlichen Ökonomie in der philosophischen Ethik Friedrich Schleiermachers 1805/06, dargestellt aufgrund einer unveröffentlichten Vorlesungsnachschrift, in: Philosophisches Jahrbuch 91 (1984), 357–376.

Arndt, Andreas: Rezension zu Bernd Oberdorfer: Geselligkeit und Realisierung von Sittlichkeit. Die Theorieentwicklung Friedrich Schleiermachers bis 1799 (Theologische Bibliothek Töpelmann. Band 69), Berlin / New York 1995, in: Theologische Literaturzeitung 121 (1996), 384–387.

Arndt, Andreas: Grundriss des philosophischen Systems, in: Friedrich Schleiermacher: Schriften. Herausgegeben von Andreas Arndt (Bibliothek Deutscher Klassiker. Band 134), Frankfurt am Main 1996, 1104–1119.

Arndt, Andreas: Rezension zu Dankfried Reetz: Schleiermacher im Horizont preussischer Politik, Waltrop 2002, in: http://hsozkult.geschichte. hu-berlin.de/rezensionen/id=3209 (erschienen am 11. September 2003).

Arnold, Karl Franklin: Schleiermachers Anteil an der preußischen Volkserhebung von 1813. Rektoratsrede, Breslau 1912.

Barth, Ulrich: Schleiermacher in Halle. Vier bedeutsame Jahre als Professor und Student, in: scientia halensis. Das Wissenschaftsjournal der Martin-Luther-Universität Halle-Wittenberg 3 (1995). Septemberheft, 31–32.

Barth, Ulrich und Claus-Dieter Osthövener (Hrsg.): 200 Jahre „Reden über die Religion". Akten des 1. Internationalen Kongresses der Schleiermacher-Gesellschaft Halle, 14.–17. März 1999 (Schleiermacher-Archiv. Band 19), Berlin / New York 2000.

Bauer, Johannes: Schleiermacher als patriotischer Prediger. Ein Beitrag zur Geschichte der nationalen Erhebung vor hundert Jahren. Mit einem Anhang von bisher ungedruckten Predigtentwürfen Schleiermachers (Studien zur Geschichte des neueren Protestantismus. Band 4), Gießen 1908.

Bauer, Johannes: Schleiermachers Konfirmandenunterricht (Friedrich Manns pädagogisches Magazin. Nr. 388), Langensalza 1909.

Behrend, Fritz: Rahel Varnhagen an Schleiermacher, in: Zeitschrift für Bücherfreunde. Neue Folge 9 (Erste Hälfte) 1917, 87–90.

Beintker, Horst: Schleiermacher in Halle. More than a Biographical Comment, in: New Athenaeum / Neues Athenaeum. A Scholarly Journal Specializing in Schleiermacher Research and Nineteenth Century Studies / Zeitschrift für Schleiermacher-Forschung und für Studien zum 19. Jahrhundert 1 (1989), 122–141.

Birkner, Hans-Joachim: Schleiermachers Christliche Sittenlehre im Zusammenhange seines philosophisch-theologischen Systems (Theologische Bibliothek Töpelmann. Band 8), Berlin 1964.

Birkner, Hans-Joachim: Vorwort zum Neudruck, in: Aus Schleiermacher's Leben. In Briefen. Vier Bände. Neudruck, Berlin 1974, hier: Band I, IX–XI.

Birkner, Hans-Joachim: Die kritische Schleiermacher-Ausgabe zusammen mit ihren Vorläufern vorgestellt, in: New Athenaeum / Neues Athenaeum. A Scholarly Journal Specializing in Schleiermacher Research and Nineteenth Century Studies / Zeitschrift für Schleiermacher-Forschung und für Studien zum 19. Jahrhundert 1 (1989), 12–49.

Birkner, Hans-Joachim: Der politische Schleiermacher (1968), in: Ders.: Schleiermacher-Studien. Eingeleitet und herausgegeben von Hermann Fischer (Schleiermacher-Archiv. Band 16), Berlin / New York 1996, 137–156.

Bock, Alfred: Aus einer kleinen Universitätsstadt. Kulturgeschichtliche Bilder. Band 1, Gießen o.J. [1896].

Boeck, Christian: Schleiermachers vaterländisches Wirken 1806–1813, Berlin 1920.

Bötticher, Wilhelm: Lichtblicke durch das Hell-Dunkel in der evangelischen Kirche des neunzehnten Jahrhunderts, oder die Schule Schleiermachers und die Samariterin am Jakobsbrunnen, Berlin 1846.

Brachmann, Jens: Friedrich Schleiermacher. Ein pädagogisches Porträt (UTB für Wissenschaft. Band 2285), Weinheim / Basel 2002.

Brumlik, Micha: Schleiermacher – Ein Glaube und eine Freundin, in: Ders.: Deutscher Geist und Judenhaß. Das Verhältnis des philosophischen Idealismus zum Judentum, München 2000, 132–195.

Brumlik, Micha: Die Duldung des Vernichtenden: Schleiermacher zu Toleranz, Religion und Geselligkeit – Eine Fallstudie zur Dialektik der

Aufklärung, in: Kritik und Geschichte der Intoleranz. Herausgegeben von Rolf Kloepfer und Burckhard Dücker, Heidelberg 2000, 41–56.

Burger, Christoph: Der Wandel in der Beurteilung von Frieden und Krieg bei Friedrich Schleiermacher, dargestellt an drei Predigten, in: Wolfgang Huber und Johannes Schwerdtfeger (Hrsgg.): Kirche zwischen Krieg und Frieden. Studien zur Geschichte des deutschen Protestantismus (Forschungen und Berichte der Evangelischen Studiengemeinschaft. Band 31), Stuttgart 1976, 225–242.

Dann, Otto: Schleiermacher und die nationale Bewegung, in: Internationaler Schleiermacher-Kongreß Berlin 1984. Herausgegeben von Kurt-Victor Selge. Teilband 2 (Schleiermacher-Archiv. Band 1/2), Berlin / New York 1985, 1107–1120.

Dilthey, Wilhelm: Schleiermachers politische Gesinnung und Wirksamkeit, in: Preußische Jahrbücher X/2 (1862), 234–277; Nachdruck in: Ders.: Gesammelte Schriften. Band 12: Zur Preußischen Geschichte, Leipzig und Berlin 1936 [Zweite Auflage, Göttingen 1960], 1–36.

Dilthey, Wilhelm: Leben Schleiermachers. Erster Band, Berlin 1870.

Dilthey, Wilhelm: Leben Schleiermachers. Zweite Auflage vermehrt um Stücke der Fortsetzung aus dem Nachlasse des Verfassers herausgegeben von Hermann Mulert, Berlin und Leipzig 1922.

Dilthey, Wilhelm: Leben Schleiermachers. Herausgegeben von Martin Redeker. Zwei Bände (in je zwei Halbbänden), Berlin 1970 und 1966 [Parallelausgabe: Wilhelm Dilthey: Gesammelte Schriften. Band XIII/1 und 2, Göttingen 1970; Band XIV/1 und 2, Göttingen 1966]:

Band 1. Erster Halbband: Leben Schleiermachers (1768–1802). Dritte Auflage, Berlin 1970;

Band 1. Zweiter Halbband: Leben Schleiermachers (1803–1807). Kritische Neuausgabe des von H.[ermann] Mulert in der zweiten Auflage der Biographie (1922) mitgeteilten Nachlasses, Berlin 1970;

Band 2: Schleiermachers System als Philosophie und Theologie. Aus dem Nachlaß von Wilhelm Dilthey mit einer Einleitung herausgegeben. Erster Halbband: Schleiermachers System als Philosophie, Berlin 1966;

Band 2: Schleiermachers System als Philosophie und Theologie. Aus dem Nachlaß von Wilhelm Dilthey mit einer Einleitung herausgegeben. Zweiter Halbband: Schleiermachers System als Theologie, Berlin 1966.

Dreyhaus, Hermann: Der Preußische Correspondent von 1813/14 und der Anteil seiner Gründer Niebuhr und Schleiermacher, in: Forschungen zur Brandenburgischen und Preußischen Geschichte. Neue Folge der „Märkischen Forschungen" des Vereins für Geschichte der Mark Brandenburg. In Verbindung mit G.[ustav] Schmoller herausgegeben von Otto Hintze 22 (1909), 55–126 [parallele Seitenzählung: 375–446].

Eger, Karl: Schleiermacher als vaterländischer Prediger. Rede gehalten im Dom am 11. Februar (Hallische Universitätsreden. Nr. 61), Halle an der Saale 1934.

Endesfelder, Walter: Schleiermacher – Deutscher und Christ, in: Die Wartburg. Deutsch-evangelische Monatsschrift 37 (1938), 336–338.

Falcke, Heino: Theologie und Philosophie der Evolution. Grundaspekte der Gesellschaftslehre F. Schleiermachers (Theologische Studien. Heft 120), Zürich 1977.

Faure, Alexander: Einige Predigten Schleiermachers aus der Zeit der deutschen Erniedrigung vor 100 Jahren, in: Monatschrift für Pastoraltheologie zur Vertiefung des gesamten pfarramtlichen Wirkens 15 (1919), 118–127.

Faure, Alexander: Eine Predigt Schleiermachers in Fontanes Roman „Vor dem Sturm", in: Zeitschrift für systematische Theologie 17 (1940), 221–279.

Faure, Alexander: Schleiermacher und die Aufrufe zu Beginn der Freiheitskriege 1813, in: Zeitschrift für systematische Theologie 17 (1940), 523–568.

Feuchtwanger, Lion: „Die Religion der Gebildeten". Zum 100. Todestag von Schleiermacher, in: Jüdische Rundschau 39 (1934). Nr. 12.

Fey, Carl: Schleiermacher als vaterländischer Prediger, in: Die Wartburg. Deutsch-evangelische Monatsschrift 18 (1919), 114–115.

Fischer, Hermann: Schleiermacher, Friedrich Daniel Ernst, in: Theologische Realenzyklopädie. Band 30, Berlin / New York 1999, 143–189.

Fischer, Hermann: Friedrich Daniel Ernst Schleiermacher (Beck'sche Reihe. Denker. Band 563), München 2001.

Foerster, Erich: Der Organismusbegriff bei Kant und bei Schleiermacher und seine Anwendung auf den Staat, in: Zeitschrift für Theologie und Kirche. Neue Folge 12 (1931), 407–421.

Frost, Ursula: Die Wahrheit des Strebens. Grundlagen und Voraussetzungen der Pädagogik Friedrich Schleiermachers, in: Kanzel und Katheder. Zum Verhältnis von Religion und Pädagogik seit der Aufklärung. Herausgegeben von Marian Heitger und Angelika Wenger, Paderborn / München / Wien / Zürich 1994, 227–248.

Geck, Albrecht: Schleiermacher als Kirchenpolitiker (Unio und Confessio. Band 20), Bielefeld 1997.

Geck, Albrecht: Sozialethische und sozialpolitische Ansätze in der philosophischen und theologischen Systematik Schleiermachers, in: Sozialer Protestantismus im Vormärz. Herausgegeben von Martin Friedrich, Norbert Friedrich, Traugott Jähnichen und Jochen-Christoph Kaiser (Bochumer Forum zur Geschichte des sozialen Protestantismus. Band 2), Münster / Hamburg / Berlin / London 2001, 133–146.

Geck, Albrecht: Rezension zu Friedrich Daniel Ernst Schleiermacher: Vorlesungen über die Lehre vom Staat. Herausgegeben von Walter Jaeschke (Kritische Gesamtausgabe. Band II/8), Berlin / New York 1998, in: Zeitschrift für Neuere Theologiegeschichte / Journal for the History of Modern Theology 9 (2002), 157–160.

Glockner, Hermann: Hegel und Schleiermacher im Kampfe um Religionsphilosophie und Glaubenslehre, in: Deutsche Vierteljahrsschrift für Literaturwissenschaft und Geisteskultur 8 (1930), 233–259.

Gräb, Wilhelm: Humanität und Christentumsgeschichte. Eine Untersuchung zum Geschichtsbegriff im Spätwerk Schleiermachers (Göttinger theologische Arbeiten. Band 14), Göttingen 1980.

Graf, Friedrich Wilhelm: Vorbeugendes aus der Realschulbuchhandlung. Zur Erziehung gegen Staatskrisen: Schleiermachers Vorschläge zur Ausbildung von Gemeinsinn [Rezension zu Friedrich Daniel Ernst Schleiermacher: Vorlesungen über die Lehre vom Staat. Herausgegeben von Walter Jaeschke (Kritische Gesamtausgabe. Band II/8), Berlin / New York 1998], in: Frankfurter Allgemeine Zeitung. Nr. 51 vom 1. März 2000, 56.

Gutzkow, Karl: Vorrede, in: Schleiermachers Vertraute Briefe über die Lucinde, Hamburg 1835, V–XXXVIII.

Haym, Rudolf: Die Dilthey'sche Biographie Schleiermacher's, in: Preußische Jahrbücher 26 (1870), 556–604.

[Hengstenberg, Ernst Wilhelm:] Ueber Schleiermacher. Auch ein Sendschreiben, in: Evangelische Kirchen-Zeitung. Organ der Evangelisch-Lutherischen innerhalb der Preußischen Landeskirche 3 (1829), 769–775 (Ausgabe Nr. 97). 777–782 (Nr. 98). 785–790 (Nr. 99) und 793–798 (Nr. 100).

Hengstenberg, Ernst Wilhelm: Ueber Dr. Schleiermacher's Behauptung der Unkräftigkeit und Entbehrlichkeit der messianischen Weissagungen, in: Evangelische Kirchen-Zeitung 4 (1830), 17–21 (Ausgabe Nr. 3) und 25–31 (Nr. 4).

Herms, Eilert: Herkunft, Entfaltung und erste Gestalt des Wissenschaftssystems beim späten Schleiermacher, Gütersloh 1974.

Hirsch, Emanuel: Erläuterungen, zu: Friedrich Schleiermacher: Dogmatische Predigten der Reifezeit. Ausgewählt und erläutert von Emanuel Hirsch (Kleine Schriften und Predigten. Herausgegeben von Hayo Gerdes und Emanuel Hirsch. Band 3), Berlin 1969, 347–398.

Holstein, Günter: Die Staatsphilosophie Schleiermachers (Bonner Staatswissenschaftliche Untersuchungen. Heft 8), Bonn und Leipzig 1923.

Hoppe, Joachim: Altes Testament und alttestamentliche Predigt bei Schleiermacher, in: Monatsschrift für Pastoraltheologie 54 (1965), 213–220.

Huber, Wolfgang: Schleiermacher und die Reform der Kirchenverfassung, in: Festschrift für Ernst Rudolf Huber zum 70. Geburtstag am 8. Juni 1973. Herausgegeben von Ernst Forsthoff (Göttinger rechtswissenschaftliche Studien. Band 88), Göttingen 1973, 57–79.

Irrlitz, Gerd: Friedrich Schleiermacher. Der Universitätsmann und Philosoph, in: Internationaler Schleiermacher-Kongreß Berlin 1984. Herausgegeben von Kurt-Victor Selge. Teilband 2 (Schleiermacher-Archiv. Band 1/2), Berlin / New York 1985, 1121–1144.

Jacob, Friedrich: Geschichte und Welt in Schleiermachers Theologie (Theologische Arbeiten. Band 24), Berlin 1967.

Jacobi, Franz: Schleiermacher's Stellung zu den Juden, in: Deutsch-evangelische Blätter. Zeitschrift für den gesammten Bereich des deutschen Protestantismus 10 (1885), 793–805.

Jaeschke, Walter: Paralipomena Hegeliana zur Wirkungsgeschichte Schleiermachers, in: Internationaler Schleiermacher-Kongreß Berlin 1984. Herausgegeben von Kurt-Victor Selge. Teilband 2 (Schleiermacher-Archiv. Band 1/2), Berlin / New York 1985, 1157–1169.

Jansen, Heinz: Sprickmann und Schleiermacher (Nach unveröffentlichten Dokumenten zu Sprickmanns Berufung nach Berlin), in: Westfalen. Hefte für Geschichte, Kunst und Volkskunde 25 (1940). Heft 1–6, 85–88.

Joergensen, Poul Henning: Die Ethik Schleiermachers (Forschungen zur Geschichte und Lehre des Protestantismus. Reihe 10, Band 14), München 1959.

Jonas, Ludwig: Vorwort des Herausgebers, in: Friedrich Schleiermacher: Die christliche Sitte nach den Grundsäzen der evangelischen Kirche im Zusammenhange dargestellt. Aus Schleiermacher's handschriftlichem Nachlasse und nachgeschriebenen Vorlesungen herausgegeben von L. Jonas (Sämmtliche Werke. Band I/12), Berlin 1843, VII–XX.

Jonas, Ludwig: Schleiermacher in seiner Wirksamkeit für Union, Liturgie und Kirchenverfassung, in: Monatsschrift für die unirte evangelische Kirche 5 (1848), 251–490.

Jordan, Stefan: Schleiermachers Geschichtsbegriff und seine Bedeutung für die Geschichtswissenschaft, in: Dieter Burdorf / Reinhold Schmücker (Hrsgg.): Dialogische Wissenschaft. Perspektiven der Philosophie Schleiermachers, Paderborn / München / Wien / Zürich 1998, 187–205.

Kade, Franz: Schleiermachers Anteil an der Entwicklung des preußischen Bildungswesens von 1808–1818. Mit einem bisher ungedruckten Votum Schleiermachers, Leipzig 1925.

Kantzenbach, Friedrich Wilhelm: Friedrich Daniel Ernst Schleiermacher in Selbstzeugnissen und Bilddokumenten (rowohlts bildmonographien. Band 126), Reinbek bei Hamburg 1968.

Kappstein, Theodor: Schleiermacher wider Friedrich Wilhelm III., in: Vossische Zeitung. Nr. 13 vom 31. März 1907. Sonntagsbeilage, 97–98.

Kattenbusch, Ferdinand: Schleiermachers Wohnung in Halle, in: Theologische Studien und Kritiken 92 (1919), 199–200.

Katzer, Ernst: Schleiermacher und die alttestamentlich-jüdische Religion, in: Neues Sächsisches Kirchenblatt 26 (1919), 721–724. 737–740. 759–762.

Kirn, Otto: Schleiermacher, Friedrich Daniel Ernst, in: Realencyklopädie für protestantische Theologie und Kirche. Dritte Auflage. Band 17, Leipzig 1906, 587–617.

Kraeling, Emil G.: Schleiermacher and the Old Testament, in: Ders.: The Old Testament since the Reformation (Lutterworth library. Vol. 47), London 1955 [Neuausgabe: New York 1969], 59–67.

Lange, Dietz: Historischer Jesus oder mythischer Christus. Untersuchungen zu dem Gegensatz zwischen Friedrich Schleiermacher und David Friedrich Strauß, Gütersloh 1975.

Lettow-Vorbeck, Max von: Zur Geschichte des Preussischen Correspondenten von 1813 und 1814 (Historische Studien. Heft XCV), Berlin 1911.

Lohmann, Ingrid: Lehrplan und Allgemeinbildung in Preußen. Eine Fallstudie zur Lehrplantheorie F. E. D. Schleiermachers (Europäische Hochschulschriften. Reihe XI. Band 186), Frankfurt am Main / Bern / New York 1984.

Lommatzsch, Siegfried: Schleiermacher's Lehre vom Wunder und vom Übernatürlichen, Berlin 1872.

Lucas, Erhard: Die Zuordnung von Judentum und Christentum von Schleiermacher bis Lagarde, in: Evangelische Theologie 23 (1963), 590–607.

Meckenstock, Günter: Schleiermachers naturrechtliche Überlegungen zur Vertragslehre (1796/97), in: Internationaler Schleiermacher-Kongreß Berlin 1984. Herausgegeben von Kurt-Victor Selge. Teilband 1 (Schleiermacher-Archiv. Band 1/1), Berlin / New York 1985, 139–151.

Meckenstock, Günter: Schleiermacher, Friedrich Daniel Ernst, in: Lexikon für Theologie und Kirche. Band 9, Freiburg 2000, 158–159.

Meding, Wichmann von: Schleiermachers theologische Promotion, in: Zeitschrift für Theologie und Kirche 87 (1990), 299–322.

Meding, Wichmann von: Schleiermacher als Zeuge gegen die Todesstrafe, in: New Athenaeum / Neues Athenaeum. A Scholarly Journal Specializing in Schleiermacher Research and Nineteenth Century Studies / Zeitschrift für Schleiermacher-Forschung und für Studien zum 19. Jahrhundert 2 (1991), 60–68.

Meding, Wichmann von: Schleiermacher und die Schlesische Separation. Unbekannte Dokumente in ihrem Zusammenhang, in: Kerygma und Dogma 39 (1993), 166–210.

Meisner, Heinrich: Schleiermachers Lehrjahre. Herausgegeben von Hermann Mulert, Berlin / Leipzig 1934.

Müsebeck, Ernst: Schleiermacher in der Geschichte der Staatsidee und des Nationalbewußtseins, Berlin 1927.

Mulert, Hermann: Schleiermachers geschichtsphilosophische Ansichten in ihrer Bedeutung für seine Theologie [Schleiermacher-Studien. Teil 1] (Studien zur Geschichte des neueren Protestantismus. Heft 3), Gießen 1907.

Mulert, Hermann: Die Aufnahme der Glaubenslehre Schleiermachers, in: Zeitschrift für Theologie und Kirche 18 (1908), 107–139.

Mulert, Hermann: Nachlese zu dem Artikel: Die Aufnahme der Glaubenslehre Schleiermachers, in: Zeitschrift für Theologie und Kirche 19 (1909), 243–246.

Mulert, Hermann: Staat und Kirche bei Schleiermacher, in: Deutsch-Evangelisch. Monatsblätter für den gesamten deutschen Protestantismus 1 (1910), 454–472.

Mulert, Hermann: Schleiermacher und die Gegenwart, Frankfurt am Main 1934.

Nowak, Kurt: Schleiermacher und die Emanzipation des Judentums am Ende des 18. Jahrhunderts in Preußen, in: [Friedrich Schleiermacher:] Briefe bei Gelegenheit der politisch theologischen Aufgabe und des Sendschreibens jüdischer Hausväter (Berlin 1799). Herausgegeben von Kurt Nowak, Berlin 1984, 65–86.

Nowak, Kurt: Die Französische Revolution in Leben und Werk des jungen Schleiermacher. Forschungsgeschichtliche Probleme und Perspektiven, in: Internationaler Schleiermacher-Kongreß Berlin 1984. Herausgegeben von Kurt-Victor Selge. Teilband 1 (Schleiermacher-Archiv. Band 1/1), Berlin / New York 1985, 103–125.

Nowak, Kurt: Schleiermacher und die Frühromantik. Eine literaturgeschichtliche Studie zum romantischen Religionsverständnis und Menschenbild am Ende des 18. Jahrhunderts in Deutschland (Arbeiten zur Kirchengeschichte. Band 9), Weimar 1986.

Nowak, Kurt: Friedrich Schleiermachers Verschmelzung von Monarchie und Demokratie, in: Freiheit gestalten. Zum Demokratieverständnis des deutschen Protestantismus. Kommentierte Quellentexte 1789–1989. Herausgegeben von Dirk Bockermann, Norbert Friedrich, Christian Illian, Traugott Jähnichen und Susanne Schatz (Festschrift für Günter Brakelmann zum 65. Geburtstag), Göttingen 1996, 69–77.

Nowak, Kurt: Schleiermacher, Friedrich Daniel Ernst, in: Deutsche Biographische Enzyklopädie. Band 8, München 1998, 665–666.

Nowak, Kurt: Schleiermacher. Leben, Werk und Wirkung (UTB für Wissenschaft. Band 2215), Göttingen 2001.

Oberdorfer, Bernd: Geselligkeit und Realisierung von Sittlichkeit. Die Theorieentwicklung Friedrich Schleiermachers bis 1799 (Theologische Bibliothek Töpelmann. Band 69), Berlin / New York 1995, 365–366.

Oberdorfer, Bernd: Von der Freundschaft zur Geselligkeit. Leitkonfigurationen der Theorieentwicklung des jungen Schleiermacher bis zu den „Reden", in: Evangelische Theologie 56 (1996), 415–434.

Patsch, Hermann: Ein Gelehrter ist kein Hund. Schleiermachers Absage an Halle (mit einem neu entdeckten Schleiermacher-Text), in: Internationaler Schleiermacher-Kongreß Berlin 1984. Herausgegeben von Kurt-Victor Selge. Teilband 1 (Schleiermacher-Archiv. Band 1/1), Berlin / New York 1985, 127–137.

Patsch, Hermann: Der „Erdgeist" als philosophischer Topos bei Friedrich Schlegel, Schleiermacher, Schelling und Hegel, in: Schleiermacher's Philosophy and the Philosophical Tradition. Edited by Sergio Sorrentino (Schleiermacher: Studies and Translations. Vol. 11), Lewiston (USA) u.a. 1992, 75–90.

Patsch, Hermann: „Das gewiß herrliche Werk". Die rhetorische Form der Auseinandersetzung Schleiermachers mit Fichtes Geschichtsphilosophie, in: Schleiermacher und die wissenschaftliche Kultur des Christentums. Herausgegeben von Günter Meckenstock (Theologische Bibliothek Töpelmann. Band 51), Berlin / New York 1991, 441–454.

Patsch, Hermann: Schleiermacher und die Bestattung Rahel Varnhagens. Eine kommentierte Briefedition, in: New Athenaeum / Neues Athenaeum. A Scholarly Journal Specializing in Schleiermacher Research and Nineteenth Century Studies II (1991), 69–80.

Patsch, Hermann: The Fear of Deutero-Paulinism: The Reception of Friedrich Schleiermacher's „Critical Open Letter" Concerning 1 Timothy, in: The Journal of Higher Criticism 6/1 (1999), 3–31.

Patsch, Hermann: Schleiermachers Grabrede auf Carl Friedrich Zelter. Eine kommentierte kritische Edition, in: New Athenaeum / Neues Athenaeum. Edited by Ruth Drucilla Richardson. Vol 6 (2001), 57–76.

Perle, Johannes: Individualität und Gemeinschaft im Denken des jungen Schleiermacher, in: Zeitschrift für systematische Theologie 12 (1934/35), 45–79.

Pleger, Wolfgang H.: Schleiermachers Philosophie (de Gruyter Studienbuch), Berlin / New York 1988.

Prenzler, Wilhelm: Schleiermacher und der Religionsunterricht in den preußischen Gymnasien. Diss. theol., Erlangen 1909.

Preuss, Horst Dietrich: Vom Verlust des Alten Testaments und seinen Folgen (dargestellt anhand der Theologie und Predigt F. D. Schleiermachers), in: Lebendiger Umgang mit Schrift und Bekenntnis. Theologische Beiträge zur Beziehung von Schrift und Bekenntnis und zu ihrer Bedeutung für das Leben der Kirche. Im Auftrage des Dozentenkollegiums der Augustana-Hochschule herausgegeben von Joachim Track, Stuttgart 1980, 127–160.

Raack, Richard C.: Schleiermacher's Political Thought and Activity 1806–1813, in: Church History. Studies in Christianity and Culture. Published by the American Society of Church History 28 (1959), 374–390.

Rade, Martin: Schleiermacher als Politiker, in: Schleiermacher, der Philosoph des Glaubens. Sechs Aufsätze von Ernst Troeltsch [und anderen] und einem Vorwort von Friedrich Naumann (Moderne Philosophie. Band 6), Berlin-Schöneberg 1910, 125–151.

Rade, Martin: Schleiermacher in politischer Untersuchung, in: Die Christliche Welt 24 (1910), 970–972.

Reble, Albert: Schleiermachers Kulturphilosophie. Eine entwicklungsgeschichtlich-systematische Würdigung. Mit einem Geleitwort von Theodor Litt (Akademie gemeinnütziger Wissenschaften Erfurt. Sonderschriften. Band 7), Erfurt 1935.

Reble, Albert: Der Volksbegriff bei Schleiermacher, in: Deutsche Vierteljahrsschrift für Literatur- und Geisteswissenschaft 14 (1936), 361–381.

Redeker, Martin: Friedrich Schleiermacher. Leben und Werk (1768–1834) (Sammlung Göschen. Band 1177/1177a), Berlin 1968.

Reetz, Dankfried: Staatslehre mit „politischer Tendenz"? Schleiermachers Politikvorlesung des Sommersemesters 1817, in: Zeitschrift für Neuere Theologiegeschichte / Journal for the History of Modern Theology 7 (2000), 205–250.

Reetz, Dankfried: Schleiermacher im Horizont preussischer Politik. Studien und Dokumente zu Schleiermachers Berufung nach Halle, zu seiner Vorlesung über Politik 1817 und zu den Hintergründen der Demagogenverfolgung, Waltrop 2002.

Reich, Andreas: Friedrich Schleiermacher als Pfarrer an der Dreifaltigkeitskirche 1809–1834 (Schleiermacher-Archiv. Band 12), Berlin / New York 1992.

Reuter, Hans: Das innere Erleben des Kriegs, verdeutlicht an Schleiermachers Kriegspredigten, in: Monatschrift für Pastoraltheologie zur Vertiefung des gesamten pfarramtlichen Wirkens 13 (1916/17), 83–90. 129–135.

Reuter, Hans: Schleiermachers Stellung zum Kriege, in: Theologische Studien und Kritiken. Eine Zeitschrift für das gesamte Gebiet der Theologie 90 (1917), 30–80.

Reuter, Hans: Schleiermachers Stellung zur Idee der Nation und des nationalen Staates, in: Theologische Studien und Kritiken. Eine Zeitschrift für das gesamte Gebiet der Theologie 91 (1918), 439–504.

Reuter, Hans-Richard: Die Einheit der Dialektik Friedrich Schleiermachers. Eine systematische Interpretation (Beiträge zur evangelischen Theologie. Theologische Abhandlungen. Band 83), München 1979.

Richter, Julius: Das Princip der Individualität in der Moralphilosophie Schleiermachers dargestellt und beurteilt, Gütersloh 1901.

Rinn, Heinrich: Schleiermachers patriotische Gesinnung und Wirksamkeit während der Napoleonischen Fremdherrschaft, in: Die christliche Welt 3 (1890), 1000–1003. 1027–1030.

Rössler, Martin: Schleiermachers Programm der Philosophischen Theologie (Schleiermacher-Archiv. Band 14), Berlin / New York 1994.

Rössler, Martin: Protestantische Individualität. Friedrich Schleiermachers Deutung des konfessionellen Gegensatzes, in: Arnulf von Scheliha / Markus Schröder (Hrsgg.): Das protestantische Prinzip. Historische und systematische Studien zum Protestantismusbegriff, Stuttgart / Berlin / Köln 1998, 55–75.

Rogge, Bernhard: Schleiermachers vaterländische Wirkung vor und in den Tagen der Befreiungskriege, in: Gross-Berliner Kalender. Illustriertes Jahrbuch 2 (1914), 46–54.

Rogge, Bernhard: Schleiermacher als Patriot, in: Preussische Kirchenzeitung. Kirchenpolitische Wochenschrift 10 (1914), 4–7 und 17–24.

Rolle, Hermann: Schleiermachers Didaktik der gelehrten Schule, dargestellt im Zusammenhange seines philosophischen Systems, Berlin 1913.

Rolle, Hermann: Schleiermachers Bildungstheorie, in: Pädagogische Blätter 47 (1918), 323–331.

Sattler, Walther: Schleiermachers Stellung zur Judenmission, in: Nathanael. Zeitschrift der Berliner Gesellschaft zur Beförderung des Christentums unter den Juden 30 (1916), 14–22.

Sattler, Walther: Schleiermachers Besuch in Heidelberg, in: Neue Heidelberger Jahrbücher. Neue Folge [2] 1925, Heidelberg 1925, 97–110.

Savigny, Friedrich Karl von: Rezension zu Friedrich Schleiermacher: Gelegentliche Gedanken über Universitäten in deutschem Sinn. Nebst einem Anhang über eine neu zu errichtende, Berlin 1808, in: Heidelberger Jahrbücher für Philologie, Historie, Literatur und Kunst 1 (1808), 296–305.

Schmidt, Bernhard: Lied – Kirchenmusik – Predigt im Festgottesdienst Friedrich Schleiermachers. Zur Rekonstruktion seiner liturgischen Praxis (Schleiermacher-Archiv. Band 20), Berlin / New York 2002.

Scholtz, Gunter: Friedrich Schleiermacher über das Sendschreiben jüdischer Hausväter, in: Judentum im Zeitalter der Aufklärung. Herausgegeben vom Vorstand der Lessing-Akademie (Wolfenbütteler Studien zur Aufklärung. Band IV), Wolfenbüttel 1977, 297–351.

Scholtz, Gunter: Die Philosophie Schleiermachers (Erträge der Forschung. Band 217), Darmstadt 1984.

Scholtz, Gunter: Schleiermacher und die historische Rechtsschule, in: Schleiermacher's Philosophy and the Philosophical Tradition. Edited by Sergio Sorrentino (Schleiermacher Studies and Translations. Vol.11), Lewiston / New York 1992, 91–110.

Scholtz, Gunter: Schleiermacher, Hegel und die Akademie, in: Die „Jahrbücher für wissenschaftliche Kritik". Hegels Berliner Gegenakademie [Vorgelegt vom Hegel-Archiv der Ruhr-Universität Bochum]. Herausgegeben von Christoph Jamme (Spekulation und Erfahrung. Abteilung 2. Band 27), Stuttgart – Bad Cannstatt 1994, 204–227.

Schütte, Hans-Walter: Christlicher Glaube und Altes Testament bei Friedrich Schleiermacher, in: Fides et communicatio. Festschrift für Martin Doerne zum 70. Geburtstag. Herausgegeben von Dietrich Rössler, Gottfried Voigt und Friedrich Wintzer, Göttingen 1970, 291–310.

Schultz, Werner: Die Grundprinzipien der Religionsphilosophie Hegels und der Theologie Schleiermachers. Ein Vergleich, Berlin 1937.

Schultz, Werner: Schleiermacher und der Protestantismus (Theologische Forschung. Wissenschaftliche Beiträge zur kirchlich-evangelischen Lehre. Band 14), Hamburg-Bergstedt 1957.

Selge, Kurt-Victor (Hrsg.): Internationaler Schleiermacher-Kongreß Berlin 1984. Zwei Teilbände (Schleiermacher-Archiv. Band 1/1 und 1/2), Berlin / New York 1985.

Smend, Rudolf: Die Kritik am Alten Testament, in: Friedrich Schleiermacher 1768–1834. Theologe – Philosoph – Pädagoge. Herausgegeben von Dietz Lange, Göttingen 1985, 106–128.

Spiegel, Yorick: Theologie und bürgerliche Gesellschaft. Sozialphilosophie und Glaubenslehre bei Friedrich Schleiermacher (Forschungen zur Geschichte und Lehre des Protestantismus. Zehnte Reihe. Band XXXVII), München 1968.

[Spranger, Eduard (Hrsg.):] Fichte, Schleiermacher, Steffens über das Wesen der Universität. Mit einer Einleitung herausgegeben von Eduard Spranger (Philosophische Bibliothek. Band 120), Leipzig 1910.

Stephan, Horst: Schleiermachers „Reden über die Religion" und Herders „Religion, Lehrmeinungen und Gebräuche", in: Zeitschrift für Theologie und Kirche 16 (1906), 484–505.

Steuer, Ulrich: Schleiermachers Religionsphilosophie in ihrer systematischen und historischen Bedeutung für die jüdische Religionsphilosophie. Diss. phil., Köln 1969.

Strauss, Leo: Das Gespräch. Anmerkungen zu einer Rede Schleiermachers, in: Der Jude. Sonderheft zu Martin Bubers fünfzigstem Geburtstag. Herausgegeben von Robert Weltsch, Wien / Berlin 1927, 101–109.

Strunk, Reiner: Politische Ekklesiologie im Zeitalter der Revolution (Gesellschaft und Theologie. Abteilung Systematische Beiträge. Band 5), München 1971.

Süskind, Hermann: Christentum und Geschichte bei Schleiermacher: Die geschichtsphilosophischen Grundlagen der Schleiermacherschen Theologie. Erster Teil, Tübingen 1911.

Thadden, Rudolf von: Schleiermacher und Preußen, in: Internationaler Schleiermacher-Kongreß Berlin 1984. Herausgegeben von Kurt-Victor Selge. Teilband 2 (Schleiermacher-Archiv. Band 1/2), Berlin / New York 1985, 1099–1106.

[Thiel, Karl:] Friedrich Schleiermacher, die Darstellung der Idee eines sittlichen Ganzen im Menschenleben anstrebend. Eine Rede an seine ältesten Schüler aus den Jahren 1804–1806 zu Halle von einem der ältesten unter ihnen, Berlin 1835.

Traulsen, Hans-Friedrich: Schleiermacher und Claus Harms. Von den Reden „Über die Religion" zur Nachfolge an der Dreifaltigkeitskirche (Schleiermacher-Archiv. Band 7), Berlin / New York 1989.

Trillhaas, Wolfgang: Schleiermachers Predigt. Zweite um ein Vorwort ergänzte Auflage (Theologische Bibliothek Töpelmann. Band 28), Berlin / New York 1975.

Trillhaas, Wolfgang: Der Berliner Prediger, in: Friedrich Schleiermacher 1768–1834. Theologe – Philosoph – Pädagoge. Herausgegeben von Dietz Lange, Göttingen 1985, 9–23.

Ungern-Sternberg, Arthur von: Schleiermachers völkische Botschaft aus der Zeit der deutschen Erneuerung, Gotha 1933.

Varnhagen von Ense, Karl August: Schleiermacher und Friedrich Schlegel [1836], in: Ders.: Biographien, Aufsätze, Skizzen, Fragmente. Herausgegeben von Konrad Feilchenfeldt und Ursula Wiedenmann (Werke in fünf Bänden. Band 4), Frankfurt am Main 1990, 668–673.

Vial, Theodore M.: Friedrich Schleiermacher on the Central Place of Worship in Theology, in: Harvard Theological Review 91, 1 (1998), 59–73.

Vierhaus, Rudolf: Friedrich Daniel Schleiermacher, in: Berlinische Lebensbilder. Band 3: Wissenschaftspolitik in Berlin. Minister, Beamte, Ratgeber. Herausgegeben von Wolfgang Treue und Karlfried Gründer (Einzelveröffentlichungen der Historischen Kommission zu Berlin. Band 60), Berlin 1987, 77–88.

Virmond, Wolfgang: Schleiermachers Lektüre nach Auskunft seiner Tagebücher, in: Schleiermacher und die wissenschaftliche Kultur des Christentums. Herausgegeben von Günter Meckenstock in Verbindung mit Joachim Ringleben (Theologische Bibliothek Töpelmann. Band 51), Berlin / New York 1991, 71–99.

Virmond, Wolfgang: Schleiermachers Schlobittener Vorträge „Über den Stil" von 1791 in unbekannten Nachschriften, in: Philosophisches Jahrbuch 106 (1999), 159–185.

Völter, Hans: Schleiermacher und die deutsche Erneuerung, Göppingen 1934.

Voß, Gotthard: Das Schleiermacher-Haus in Halle (Saale): Große Märkerstraße 21/22. Herausgegeben vom Landesamt für Denkmalpflege Sachsen-Anhalt, Halle 1994.

Wächtler, August: Schleiermacher in Halle, in: Deutsch-Evangelische Blätter 20 (1895), 321–346.

Walther, Christian: Friedrich Daniel Schleiermachers Beitrag zu einer Kultur der Freiheit, in: Adel – Geistlichkeit – Militär. Festschrift für Eckardt Opitz zum 60. Geburtstag. Herausgegeben von Michael Busch und Jörg Hillmann, Bochum 1999, 235–247.

Weerts, Johann: Schleiermacher und das Alte Testament, in: Zeitschrift für systematische Theologie 16 (1939), 233–249.

Welker, Klaus Eberhard: Die grundsätzliche Beurteilung der Religionsgeschichte durch Schleiermacher, Leiden / Köln 1965.

Wenz, Gunther: Verständigungsorientierte Subjektivität. Eine Erinnerung an den Kommunikationstheoretiker F. D. E. Schleiermacher, in: Edmund Arens (Hrsg.): Habermas und die Theologie, Düsseldorf 1989, 224–240.

Willich, Ehrenfried von: Aus Schleiermachers Hause. Jugenderinnerungen seines Stiefsohnes, Berlin 1909.

Wolfes, Matthias: „Ein Gegensatz zwischen Vernunft und Offenbarung findet nicht statt". Friedrich Schleiermachers Vorlesung über Dogmatische Theologie aus dem Sommersemester 1811, in: 200 Jahre „Reden über die Religion". Akten des 1. Internationalen Kongresses der Schleiermacher-Gesellschaft Halle, 14.–17. März 1999. Herausgegeben von Ulrich Barth und Claus-Dieter Osthövener (Schleiermacher-Archiv. Band 19), Berlin / New York 2000, 629–667.

Zlocisti, Theodor: Schleiermacher, Friedrich, in: Jüdisches Lexikon. Ein enzyklopädisches Handbuch des jüdischen Wissens. Band IV/2, Berlin 1927.

IX. Weitere Literatur

Althaus, Horst: Hegel und die heroischen Jahre der Philosophie. Eine Biographie, München und Wien 1992.

Altmann, Alexander: Zur Frühgeschichte der jüdischen Predigt in Deutschland: Leopold Zunz als Prediger, in: Leo Baeck Institute Yearbook. Vol. 6, Oxford 1961, 3–59.

Altmann, Alexander: Moses Mendelssohn. A Biographical Study, Alabama (USA) 1973 [Parallelausgaben: Philadelphia (USA) 1973; London 1973].

Altmann, Alexander: Moses Mendelssohn's Concept of Judaism re-examined, in: Ders.: Von der mittelalterlichen zur modernen Aufklärung. Studien zur jüdischen Geistesgeschichte (Texts and Studies in Medieval and Early Modern Judaism. Vol. 2), Tübingen 1987, 234–248.

Anderson, Benedict: Die Erfindung der Nation. Zur Karriere eines folgenreichen Konzepts. Zweite Auflage, Frankfurt am Main / New York 1993.

Andreae, Friedrich: Die freiwilligen Leistungen von 1813, in: Zeitschrift des Vereins für Geschichte Schlesiens 47 (1913), 150–197.

Aner, Karl: Zum Paulusbild der deutschen Aufklärung, in: Harnack-Ehrung. Beiträge zur Kirchengeschichte ihrem Lehrer Adolf von Harnack zu seinem siebzigsten Geburtstage (7. Mai 1921) dargebracht von einer Reihe seiner Schüler, Leipzig 1921, 366–376.

Zum Angedenken der Königin Luise v. Preußen. Sammlung der vollständigen und zuverlässigen Nachrichten von allen das Absterben und die
Trauerfeierlichkeit dieser unvergeßlichen Fürstin betreffenden Umständen. Nebst einer Auswahl der bei diesem Anlaß erschienenen Gedichte
und Gedächtnispredigten, Berlin 1810 [Nachdruck: Berlin 2001].

[Anonymus:] Politisch theologische Aufgabe über die Behandlung der jüdi-
schen Täuflinge, in: Berlinisches Archiv der Zeit und ihres Geschmacks.
Herausgegeben von Friedrich Eberhard Rambach und Ignatius Aurelius
Feßler. Fünfter Jahrgang. Erster Teilband (1799), 228–239 [Nachdruck
in: Friedrich Daniel Ernst Schleiermacher: Schriften aus der Berliner
Zeit 1796–1799. Herausgegeben von Günter Meckenstock (KGA I/1),
Berlin 1983, 373–380].

[Anonymus; vermutlich: Philipp Christian Gottlieb Yelin:] Deutschland
in seiner tiefsten Erniedrigung, o.O. 1806 [Nachdruck: Berlin [DDR]
1983].

[Anonymus:] Soll in Berlin eine Universität seyn? Ein Vorspiel zur künftigen Untersuchung dieser Frage, o.O. [Berlin] 1808.

[Anonymus:] Darstellung des unter dem Namen des Tugendbundes bekannten sittlich-wissenschaftlichen Vereins nebst Abfertigung seiner
Gegner, Berlin und Leipzig 1816.

[Anonymus; vermutlich Friedrich von Cölln:] Die Deutschen Roth- und
Schwarz-Mäntler. Eine Seiten-Patrouille zu den Französischen schwarzen und weißen Jakobinern, Neubrandenburg o.J. [1816].

[Anonymus (Hrsg.):] Carl Ludwig Sand, dargestellt durch seine Tagebücher und Briefe von einigen seiner Freunde, Altenburg 1821.

[Anonymus:] Paul Ludwig le Coq, in: Neuer Nekrolog der Deutschen.
Zweiter Jahrgang, 1824. Zweites Heft, Ilmenau 1826, 1126–1130.

[Anonymus:] Theodor Anton Heinrich Schmalz, in: Neuer Nekrolog der
Deutschen. Neunter Jahrgang, 1831. Erster Theil, Ilmenau 1833, 438–
443.

[Anonymus:] Tugendbund, in: Brockhaus. Großes Konversationslexikon.
Band XV, Leipzig 1895, 1045.

[Anonymus:] Hamburgs ausserordentliche Begebnisse und Schicksale
1813–1814, in: Die Hansestädte unter dem Kaiserreich Napoleons.
Herausgegeben von Theodor Rehtwisch (Aus vergilbten Pergamenten.
Band 12), Leipzig o.J. [1910], 193–311.

Anrich, Ernst (Hrsg.): Die Idee der deutschen Universität. Die fünf Grund-
schriften aus der Zeit ihrer Neubegründung durch klassischen Idealismus und romantischen Realismus, Darmstadt 1956.

Aretin, Karl Otmar von: Heiliges Römisches Reich 1766–1806. Reichsverfassung und Staatssouveränität (Veröffentlichungen des Instituts für
Europäische Politik. Abteilung Universalgeschichte. Band 38), Wiesbaden 1967.

Aristotelis: Opera. Ex recensione Immanuelis Bekkeri edidit Academia
Regia Borussica. Drei Bände, Berlin 1831.

Aristoteles: Politica. Edited by William David Ross, Oxford 1957.

[Arndt, Ernst Moritz:] Was bedeutet Landwehr und Landsturm?, Berlin
1813.

[Arndt, Ernst Moritz:] Katechismus für teutsche Soldaten, nebst 2 Anhän-
gen von Liedern, o.O. [Berlin] 1813.

[Arndt, Ernst Moritz:] Katechismus für den teutschen Kriegs- und Wehrmann, worin gelehret wird, wie ein christlicher Wehrmann seyn und
mit Gott in den Streit gehen soll, o.O. [Leipzig] 1813 [Parallelausgabe:
o.O. [Breslau] 1813].

Arndt, Ernst Moritz: Geist der Zeit. Dritter Band, London 1813.

[Arndt, Ernst Moritz:] Über Preußens rheinische Mark und über Bundesfestungen, o.O. [Frankfurt am Main] 1815.

Arndt, Ernst Moritz: Deutsche Lieder für Jung und Alt, Berlin 1818.

Arndt, Ernst Moritz: Die Frage über die Niederlande und die Rheinlande,
Leipzig 1831.

Arndt, Ernst Moritz: Lebensbild Georg A. Reimer, in: [Augsburger] Allgemeine Zeitung. Ausgabe vom 18. Oktober 1842 (Beilage).

Arndt, Ernst Moritz: Schriften für und an seine lieben Deutschen. Band I,
Leipzig 1845.

Arndt, Ernst Moritz: Nothgedrungener Bericht aus seinem Leben und aus
und mit Urkunden der demagogischen und antidemagogischen Umtriebe. Zwei Theile, Leipzig 1847.

Arndt, Ernst Moritz: Gedichte. Vollständige Sammlung. Mit der Handschrift des Dichters aus seinem 90. Jahr, Berlin 1860.

Arndt, Ernst Moritz: Über die künftige ständische Verfassung Deutschlands [1814], in: Ders.: Ausgewählte Werke in sechzehn Bänden. Her-

ausgegeben und mit Einleitungen und Anmerkungen versehen von Heinrich Meisner und Robert Geerds. Band XIII: Kleine Schriften, Leipzig 1908.

Arndt, Ernst Moritz: Meine Wanderungen und Wandelungen mit dem Reichsfreiherrn Heinrich Carl Friedrich vom Stein (Ausgewählte Werke in sechzehn Bänden. Herausgegeben und mit Einleitungen und Anmerkungen versehen von Heinrich Meisner und Robert Geerds. Band VIII), Leipzig 1909.

Arndt, Ernst Moritz: Geist der Zeit. Dritter Band, in: Werke. Auswahl in zwölf Teilen. Herausgegeben und mit Einleitungen und Anmerkungen versehen von August Leffson und Wilhelm Steffens. Band 8, Berlin o.J. [1912].

Arndt, Ernst Moritz: Briefe. Drei Bände. Herausgegeben von Albrecht Dühr (Texte zur Forschung. Bände 8–10), Darmstadt 1972 / 1973 / 1975.

Arndt, Ernst Moritz: Drei Flugschriften. Herausgegeben von Rolf Weber, Berlin [DDR] 1988.

Achim von Arnim und die ihm nahe standen. Herausgegeben von Reinhold Steig und Herman Grimm: Drei Bände, Stuttgart 1894 / 1904 / 1913:
Band I: Achim von Arnim und Clemens Brentano. Bearbeitet von Reinhold Steig, Stuttgart 1894;
Band II: Achim von Arnim und Bettina Brentano. Bearbeitet von Reinhold Steig, Stuttgart 1913;
Band III: Achim von Arnim und Jakob und Wilhelm Grimm. Bearbeitet von Reinhold Steig, Stuttgart 1904.

Arnims Briefe an Savigny. 1803–1831. Mit weiteren Quellen als Anhang. Herausgegeben von Heinz Härtl, Weimar 1982.

Arnim, Achim von: Schriften. Herausgegeben von Roswitha Burwick, Jürgen Knaack und Hermann F. Weiss (Werke. Band 6 / Bibliothek deutscher Klassiker. Band 72), Frankfurt am Main 1992.

[Arnim, Achim von:] Achim von Arnim und Clemens Brentano. Freundschaftsbriefe. Zwei Bände. Vollständige kritische Edition. Herausgegeben von Hartwig Schultz unter Mitarbeit von Holger Schwinn. Band I: 1801–1806 / Band II: 1807–1829 (Die Andere Bibliothek. Bände 157 und 158), Frankfurt am Main 1998.

Arnold, Robert F. (Bearbeiter): Fremdherrschaft und Befreiung 1795–1815 (Deutsche Literatur. Sammlung literarischer Kunst- und Kulturdenkmäler in Entwicklungsreihen. Reihe Politische Dichtung. Band 2), Leipzig 1932 [Nachdruck: Darmstadt 1973].

Aschmann, Birgit: Die Nation – Ein komplexes Konstrukt. Neues zum Zusammenhang von Nation, Krieg und politischen Mythen, in: Das Historisch-Politische Buch 50 (2002), 376–384.

Bab, Bettina und Wolfgang Weiss unter Mitarbeit von Andreas Reich und Walter Thomas: Festschrift 250 Jahre Dreifaltigkeit 1739–1989. Beiträge zur Geschichte der Friedrichstadt und der Kirchengemeinde im ehemaligen Berliner Regierungsviertel. Herausgegeben von der Evangelischen Dreifaltigkeits- und St. Lukas-Gemeinde, Berlin 1990.

Bach, Theodor: Theodor Gottlieb von Hippel, der Verfasser des Aufrufs „An mein Volk", Breslau 1863.

Baersch, Georg: Beiträge zur Geschichte des sogenannten Tugendbundes, mit Berücksichtigung der Schrift des Herrn Professor Johannes Voigt in Königsberg und Widerlegung und Berichtigung einiger unrichtiger Angaben in derselben, Hamburg 1852.

Bamberger, Fritz: Mendelssohns Begriff vom Judentum, in: Wissenschaft des Judentums im deutschen Sprachbereich. Ein Querschnitt. Band 2. Herausgegeben von Kurt Wilhelm (Schriftenreihe wissenschaftlicher Abhandlungen des Leo-Baeck-Instituts. Band 16, 2), Tübingen 1967, 521–536.

[Bassewitz, Magnus Friedrich von:] Die Kurmark Brandenburg im Zusammenhang mit den Schicksalen des Gesammtstaats Preußen während der Zeit vom 22. Oktober 1806 bis zu Ende des Jahres 1808. Von einem ehemaligen höhern Staatsbeamten. Zwei Bände, Leipzig 1851 / 1852.

Batscha, Zwi und Jörn Garber (Hrsgg.): Von der ständischen zur bürgerlichen Gesellschaft. Politisch-soziale Theorien im Deutschland der zweiten Hälfte des 18. Jahrhunderts (suhrkamp taschenbuch wissenschaft. Band 363), Frankfurt am Main 1981.

Bauer, Frank: Großbeeren 1813. Die Verteidigung der preußischen Hauptstadt. Zweite, erweiterte Auflage, Potsdam 1998.

Baur, Ferdinand Christian: Die christliche Gnosis oder die christliche Religionsphilosophie in ihrer geschichtlichen Entwicklung, Tübingen 1835 [Unveränderter reprografischer Nachdruck: Darmstadt 1967].

Baur, Wilhelm: Prinzeß Wilhelmine von Preußen, geborene Prinzeß Marianne von Hessen-Homburg. Ein Lebensbild aus den Tagebüchern und Briefen der Prinzeß. Zweite Auflage, Hamburg 1889.

Beauchamp, Alphonse de: Vie politique, militaire et privée du Général Moreau, Paris 1814.

Becker, Karl Friedrich Becker: Weltgeschichte für die Jugend. Erster und zweiter Teil. Dritte Auflage, Berlin 1810.

Beckmann, Klaus: Die fremde Wurzel. Altes Testament und Judentum in der evangelischen Theologie des 19. Jahrhunderts (Forschungen zur Kirchen- und Dogmengeschichte. Band 85), Göttingen 2002.

Beguelin, Heinrich und Amalie von: Denkwürdigkeiten aus den Jahren 1807–1813 nebst Briefen von Gneisenau und Hardenberg. Herausgegeben von Adolf Ernst, Berlin 1892, 134–135.

Behnen, Martin: Probleme des Frühantisemitismus in Deutschland (1815–1848), in: Blätter für deutsche Landesgeschichte 112 (1976), 244–279.

Beitzke, Heinrich: Geschichte der Deutschen Freiheitskriege in den Jahren 1813 und 1814. Band 2. Dritte Auflage, Berlin 1864.

Bender, Klaus: Vossische Zeitung, Berlin (1617–1934), in: Heinz-Dietrich Fischer (Hrsg.): Deutsche Zeitungen des 17. bis 20. Jahrhunderts (Publizistik-historische Beiträge. Band 2), Pullach bei München 1972, 25–39.

Bender, Klaus: Johann Karl Philipp Spener (1749–1827), in: Heinz-Dietrich Fischer (Hrsg.): Deutsche Presseverleger des 18. bis 20. Jahrhunderts (Publizistik-historische Beiträge. Band 4), Pullach bei München 1975, 63–71.

Bentfeldt, Ludwig: Der Deutsche Bund als nationales Band 1815–1866, Göttingen / Zürich 1985.

Berding, Helmut: Napoleonische Herrschafts- und Gesellschaftspolitik im Königreich Westfalen 1807–1813 (Kritische Studien zur Geschichtswissenschaft. Band 7), Göttingen 1973.

Berding, Helmut: Das geschichtliche Problem der Freiheitskriege 1813/14, in: Karl Otmar Freiherr von Aretin / Gerhard A. Ritter (Hrsgg.): Historismus und moderne Geschichtswissenschaft. Europa zwischen Revolution und Restauration 1797–1815 (Veröffentlichungen des Instituts für Europäische Geschichte Mainz. Abteilung Universalgeschichte. Beiheft 21), Wiesbaden 1987, 201–215.

Béthouart, Antoine: Metternich et l'Europe, Paris 1979.

[Beyschlag, Willibald (Hrsg.):] Elf ungedruckte Cabinetsordre's Friedrich Wilhelm's III., in: Deutsch-evangelische Blätter. Zeitschrift für den gesammten Bereich des deutschen Protestantismus 10 (1885), 413–420.

Bezzenberger, Adalbert (Hrsg.): Urkunden des Provinzialarchivs in Königsberg und des Gräflich Dohnaschen Mayorots-Archivs in Schlobitten betreffend die Erhebung Ostpreußens im Jahre 1813 und die Errichtung der Landwehr, Königsberg 1894.

Blumenthal, Maximilian: Der preußische Landsturm von 1813. Auf archivalischer Grundlage dargestellt, Berlin 1900.

Bobertag, Reinhold E. L.: Über den Religionsunterricht auf Gymnasien, Berlin 1828.

Bock, Helmut: Schill – Rebellenzug 1809. Vierte Auflage (Kleine Militärgeschichte: Biographien), Berlin [DDR] 1988.

Bock, Helmut: Ferdinand von Schill (Preußische Köpfe. Band 33), Berlin 1998.

Bödeker, Hans Erich: „Aber ich strebe nach einer weitren Sphäre als bloß litterarischer Thätigkeit". Intentionen, Haltungen und Wirkungsfelder Christian Wilhelm von Dohms, in: Zeitschrift für Religions- und Geistesgeschichte 54 (2002), 304–325.

Bötticher, Wilhelm: Das Reich Gottes, oder zusammenhängende Darstellung des christlichen Glaubens und Lebens. Zum Gebrauch für die obern Klassen höherer Unterrichtsanstalten, so wie zur Belehrung und Erbauung eines jeden nach Uebereinstimmung seines Wissens und Glaubens strebenden Christen, Berlin 1830.

Botzenhart, Erich: Der Freiherr vom Stein als evangelischer Christ, in: Jahrbuch für westfälische Kirchengeschichte 45/46 (1952/53), 224–271.

[Botzenhart, Manfred (Hrsg.:)] Die deutsche Verfassungsfrage 1812–1815. Eingeleitet und zusammengestellt von Manfred Botzenhart (Historische Texte / Neuzeit), Göttingen 1968.

Botzenhart, Manfred: Reform, Restauration, Krise. Deutschland 1789–1847 (Neue Historische Bibliothek), Frankfurt am Main 1985.

Botzenhart, Manfred: Kleist und die preußischen Reformer, in: Kleist-Jahrbuch 1988/89. Internationales Kleist-Kolloquium 1986. Herausgegeben von Hans Joachim Kreutzer, Berlin 1988, 132–146.

Brandt, Peter: Studentische Lebensform und Nationalismus. Vor- und Frühgeschichte der Allgemeinen Deutschen Burschenschaft (1771–1819/23). Habilitationsschrift Technische Universität Berlin 1988 [Typoskript].

Brandt, Peter: Einstellungen, Motive und Ziele von Kriegsfreiwilligen 1813/14: das Freikorps Lützow, in: Jost Dülffer (Hrsg.): Kriegsbereit-schaft und Friedensordnung in Deutschland 1800–1814 (Jahrbuch für historische Friedensforschung. Band 3), Münster / Hamburg 1995, 211–233.

Brandt, Peter: Die Befreiungskriege von 1813 bis 1815 in der deutschen Geschichte, in: Geschichte und Emanzipation. Festschrift für Reinhard Rürup. Herausgegeben von Michael Grüttner, Rüdiger Hachtmann und Heinz-Gerhard Haupt, Frankfurt am Main / New York 1999, 17–57.

Branig, Hans (Hrsg.): Briefwechsel des Fürsten Karl August von Harden-berg mit dem Fürsten Wilhelm Ludwig von Sayn-Wittgenstein 1806–1822. Edition aus dem Nachlaß Wittgenstein (Veröffentlichungen aus den Archiven Preußischer Kulturbesitz. Band 9), Köln und Berlin 1972.

Branig, Hans: Fürst Wittgenstein. Ein preußischer Staatsmann der Restau-rationszeit (Veröffentlichungen aus den Archiven Preußischer Kultur-besitz. Band 17), Köln und Wien 1981.

Braubach, Max: Von der Französischen Revolution bis zum Wiener Kon-greß (Handbuch der deutschen Geschichte. Taschenbuchausgabe. Band 14), München 1974.

Bredow, Gabriel Gottfried (Hrsg.): Chronik des neunzehnten Jahrhun-derts. Fünfter Band, 1808. Ausgearbeitet von Carl Venturini, heraus-gegeben von G.[abriel] G.[ottfried] Bredow, Altona 1811.

Brenner, Michael: „Gott schütze uns vor unseren Freunden". Zur Ambi-valenz des Philosemitismus im Kaiserreich, in: Jahrbuch für Antisemi-tismusforschung 2 (1993), 174–199.

Breuer, Dieter: Stand und Aufgaben der Zensurforschung, in: Herbert G. Göpfert / Erdmann Weyrauch (Hrsg.): „Unmoralisch an sich ...". Zensur im 18. und 19. Jahrhundert (Wolfenbütteler Schriften zur Ge-schichte des Buchwesens. Band 13), Wiesbaden 1988, 37–60.

Brink, Bert van den: Die politisch-philosophische Debatte über die demo-kratische Bürgergesellschaft, in: Bürgergesellschaft, Recht und Demo-kratie. Herausgegeben von Bert van den Brink und Willem van Reijen. Übersetzungen aus dem Englischen von Jürgen Blasius (edition suhr-kamp. Neue Folge. Band 805), Frankfurt am Main 1995, 7–26.

Brinkmann, Richard: Deutsche Frühromantik und Französische Revolu-tion, in: Deutsche Literatur und Französische Revolution. Sieben Stu-dien (Kleine Vandenhoeck-Reihe. Nr. 1395), Göttingen 1974.

Bruer, Albert A.: Geschichte der Juden in Preußen (1750–1820), Frankfurt am Main 1991.

Brunschwig, Henri: Gesellschaft und Romantik in Preußen im 18. Jahrhundert. Die Krise des preußischen Staates am Ende des 18. Jahrhunderts und die Entstehung der romantischen Mentalität. Übersetzt von Marie-Luise Schultheis, Frankfurt am Main / Berlin / Wien 1976 [Originalausgabe: La crise de l'état prussien à la fin du XVIIIe siècle et la genèse de la mentalité romantique, Paris 1947].

Bruyn, Günter de: Preußens Luise. Vom Entstehen und Vergehen einer Legende, Berlin 2001.

Buchholtz, Arend: Die Vossische Zeitung. Geschichtlicher Rückblick auf drei Jahrhunderte. Zum 29. Oktober 1904, Berlin 1904.

Büchsel, Carl: Über die kirchlichen Zustände in Berlin nach Beendigung der Befreiungskriege. Vortrag im evangelischen Verein gehalten, Berlin 1870.

[Büsch, Otto (Hrsg.):] Handbuch der Preußischen Geschichte. Herausgegeben von Otto Büsch. Band II: Das 19. Jahrhundert und Große Themen der Geschichte Preußens, Berlin / New York 1992.

Büssem, Eberhard: Die Karlsbader Beschlüsse von 1819. Die endgültige Stabilisierung der restaurativen Politik im Deutschen Bund nach dem Wiener Kongreß von 1814/15, Hildesheim 1974.

Burg, Peter: Die Verwirklichung von Grund- und Freiheitsrechten in den Preußischen Reformen und Kants Rechtslehre, in: Günter Birtsch (Hrsg.): Grund- und Freiheitsrechte im Wandel von Gesellschaft und Geschichte. Beiträge zur Geschichte der Grund- und Freiheitsrechte vom Ausgang des Mittelalters bis zur Revolution von 1848 (Veröffentlichungen zur Geschichte der Grund- und Freiheitsrechte. Band 1), Göttingen 1981, 287–309.

Burg, Peter: Der Wiener Kongreß. Der Deutsche Bund im europäischen Staatensystem (Deutsche Geschichte der neuesten Zeit vom 19. Jahrhundert bis zur Gegenwart), München 1984.

Caemmerer, Rudolf von (Bearbeiter): Geschichte des Frühjahrsfeldzuges 1813 und seine Vorgeschichte. Zwei Bände. Band 2: Die Ereignisse von Ende April bis zum Waffenstillstand (Geschichte der Befreiungskriege. Band 1/2), Berlin 1909.

Carl, Horst: Der Mythos des Befreiungskrieges. Die „martialische Nation" im Zeitalter der Revolutions- und Befreiungskriege 1792–1815, in: Dieter Langewiesche / Georg Schmidt (Hrsgg.): Föderative Nation.

Deutschlandkonzepte von der Reformation bis zum Ersten Weltkrieg, München 2000, 63–82.

Clausewitz, Carl von: Historische Briefe über die großen Kriegsereignisse im Oktober 1806. Herausgegeben von Joachim Niemeyer. Mit zwei Faksimile und zwei Karten sowie mit einem Anhang des Herausgebers, Bonn 1977.

Cohn, Willy: Salomon, Gotthold, in: Jüdisches Lexikon. Band IV/2, Berlin 1930, 59–60.

[Colomb, Friedrich August Peter von:] Aus dem Tagebuche des Rittmeisters von Colomb. Streifzüge 1813 und 1814 [Herausgegeben von Enno von Colomb], Berlin 1854.

Conrad, Hermann: Preußen und das französische Recht in den Rheinlanden, in: Adolf Klein / Josef Wolffram (Hrsg.): Recht und Rechtspflege in den Rheinlanden. Festschrift zum 150jährigen Bestehen des Oberlandesgerichts Köln, Köln 1969, 78–112.

Conrady, Emil von: Leben und Wirken des Generals der Infanterie und kommandierenden Generals des V. Armeekorps Carl von Grolmann. Band I, Berlin 1894.

Corsing, Fritz: Jean Baptiste Bernadotte. Biographie, Wien 1960.

Czygan, Paul: Ueber die Zensur während der französischen Okkupation von Berlin und ihren Leiter, den Prediger Hauchecorne, in den Jahren 1806 bis 1808, in: Forschungen zur brandenburgischen und preußischen Geschichte 21 (1908), 99–137.

Czygan, Paul: Zur Geschichte der Tagesliteratur während der Freiheitskriege. Zwei (in drei) Bänden (Publikationen des Vereins für die Geschichte Ost- und Westpreußens. Band 23), Leipzig 1911 / 1909 / 1910:

   Band I: Einleitung und Einführung in die Aktenstücke. Darstellung der Geschichte einiger Zeitungen, Flugschriften, Gedichte etc., Leipzig 1911;

   Band II/1: Aktenstücke. Erste Abteilung, Leipzig 1909;

   Band II/2: Aktenstücke. Zweite Abteilung, Leipzig 1910.

Czygan, Paul: Totenfeier für die Königin Luise 1810, in: Altpreußische Monatsschrift 54 (1917), 347–359.

Dann, Otto: Vernunftfrieden und nationaler Krieg. Der Umbruch im Friedensverhalten des deutschen Bürgertums zu Beginn des 19. Jahrhunderts, in: Wolfgang Huber und Johannes Schwerdtfeger (Hrsgg.): Kirche zwischen Krieg und Frieden. Studien zur Geschichte des deutschen Protestantismus (Forschungen und Berichte der Evangelischen Studiengemeinschaft. Band 31), Stuttgart 1976, 169–224.

Dann, Otto: Die Anfänge der politischen Vereinsbildung in Deutschland, in: Ulrich Engelhardt / Volker Sellin / Horst Stuke (Hrsgg.): Soziale Bewegung und politische Verfassung. Beiträge zur Geschichte der modernen Welt. Festschrift für Werner Conze (Industrielle Welt. Schriftenreihe des Arbeitskreises für moderne Sozialgeschichte. Sonderband), Stuttgart 1976, 197–232.

Dann, Otto: Gruppenbildung und gesellschaftliche Organisierung in der Epoche der deutschen Romantik, in: Romantik in Deutschland. Ein interdisziplinäres Symposion. Herausgegeben von Richard Brinkmann (Deutsche Vierteljahrsschrift für Literaturwissenschaft und Geistesgeschichte. Sonderband), Stuttgart 1978, 115–131.

Dann, Otto: Geheime Organisierung und politisches Engagement im deutschen Bürgertum des frühen 19. Jahrhunderts. Der Tugendbund-Streit in Preußen, in: Peter Christian Ludz (Hrsg.): Geheime Gesellschaften (Wolfenbütteler Studien zur Aufklärung. Band V/1), Heidelberg 1979, 399–428.

Dann, Otto: Der deutsche Bürger wird Soldat. Zur Entstehung des bürgerlichen Kriegsengagements in Deutschland, in: Reiner Steinweg (Hrsg.): Lehren aus der Geschichte? Historische Friedensforschung, Frankfurt am Main 1990, 61–84.

[Daude, Paul (Bearbeiter):] Die Königliche Friedrich-Wilhelms-Universität zu Berlin. Systematische Zusammenstellung der für dieselbe bestehenden gesetzlichen, statuarischen und reglementarischen Bestimmungen. Bearbeitet von Paul Daude, Berlin 1887.

Demel, Walter / Uwe Puschner (Hrsgg.): Von der Französischen Revolution bis zum Wiener Kongreß 1789–1815 (Deutsche Geschichte in Quellen und Darstellungen. Band 6), Stuttgart 1995.

Demps, Laurenz: Berlin-Wilhelmstraße. Eine Topographie preußisch-deutscher Macht, Berlin 1994.

Detering, Heinrich: „der Wahrheit, wie er sie erkennt, getreu". Aufgeklärte Toleranz und religiöse Differenz bei Christian Wilhelm von Dohm, in: Zeitschrift für Religions- und Geistesgeschichte 54 (2002), 326–351.

Deutsche Zeitungsbestände in Bibliotheken und Archiven. Herausgegeben von der Kommission für Geschichte des Parlamentarismus und der politischen Parteien und dem Verband Deutscher Bibliothekare e.V., Düsseldorf 1974.

[Dilthey, Wilhelm:] Der junge Dilthey. Ein Lebensbild in Briefen und Tagebüchern 1852–1870. Zusammengestellt von Clara Misch geb. Dilthey, Leipzig / Berlin 1933.

Diestel, Ludwig: Geschichte des Alten Testamentes in der christlichen Kirche, Jena 1869.

Dönhoff, Marion Gräfin: Kindheit in Ostpreußen, Berlin 1988.

Dohm, Christian Wilhelm: Ueber die bürgerliche Verbesserung der Juden. Zwei Teile, Berlin und Stettin 1781 / 1783 [Nachdruck: Hildesheim / New York 1973].

Dontenville, J.: Le Général Moreau 1763–1813, Paris 1899 [Zweite Auflage: Paris 1905].

Drewitz, Ingeborg: Berliner Salons. Gesellschaft und Literatur zwischen Aufklärung und Industriezeitalter (Berlinische Reminiszenzen. Band 7), Berlin 1965 [Dritte Auflage: Berlin 1984].

Dreyhaus, Hermann: Die Königin Luise in der Dichtung ihrer Zeit, Berlin 1926.

Dröscher, Emilie (Hrsg.): Briefe der Prinzessin Wilhelmine von Preußen an ihren Bruder Ludwig, Homburg v. d. Höhe 1894.

Droß, Elisabeth (Hrsg.): Quellen zur Ära Metternich (Ausgewählte Quellen zur deutschen Geschichte der Neuzeit. Band 23a), Darmstadt 1999.

Droysen, Johann Gustav: Das Leben des Feldmarschalls Grafen Yorck von Wartenburg. Zehnte Auflage (Neue Ausgabe). Erster Band, Leipzig 1897.

Düding, Dieter: Das deutsche Nationalfest von 1814: Matrix der deutschen Nationalfeste im 19. Jahrhundert, in: Öffentliche Festkultur. Politische Feste in Deutschland von der Aufklärung bis zum Ersten Weltkrieg. Herausgegeben von Dieter Düding, Peter Friedemann und Paul Münch, Reinbek bei Hamburg 1988, 67–88.

Dühr, Albrecht: Die Text- und Druckgeschichte des „Soldaten-Katechismus" E. M. Arndts, in: Zeitschrift für Bibliothekswesen und Bibliographie 8 (1961), 337–349.

Dufraisse, Roger: Napoléon (Que sais-je. Vol. 2358), Paris 1987 [Deutschsprachige Ausgabe: Napoleon. Revolutionär und Monarch. Eine Biographie. Mit einem Nachwort von Eberhard Weiss. Aus dem Französischen von Suzanne Gangloff, München 1994].

Dufraisse, Roger: L'Allemagne à l'époque napoléonienne: questions d'histoire politique, économique et sociale. Avec une préface par Horst Möller (Pariser Historische Studien. Band 34), Bonn / Berlin 1992.

Dyroff, Hans-Dieter (Hrsg.): Der Wiener Kongreß 1814/15. Die Neuordnung Europas, München 1966.

Echternkamp, Jörg: Der Aufstieg des deutschen Nationalismus (1770–1840), Frankfurt am Main / New York 1998.

Echternkamp, Jörg: „Religiöses Nationalgefühl" oder „Frömmelei der Deutschtümler"?: Religion, Nation und Politik im Frühnationalismus, in: Nation und Religion in der deutschen Geschichte. Herausgegeben von Heinz-Gerhard Haupt und Dieter Langewiesche, Frankfurt am Main 2001, 142–169.

Eilers, Gerd: Zur Beurtheilung des Ministeriums Eichhorn, von einem Mitgliede desselben, Berlin 1849.

Eiselen, Johann T.: Geschichte des Lützowschen Freikorps, Halle 1841.

Elbogen, Ismar: Geschichte der Juden in Deutschland, Berlin 1935.

Engels, Friedrich [unter dem Namen: F. Oswald]: Ernst Moritz Arndt, in: Karl Marx / Friedrich Engels: Werke. Ergänzungsband. Schriften, Manuskripte, Briefe bis 1844. Zweiter Teil. Herausgegeben von Rolf Dlubek, Erich Kundel und Richard Sperl, Berlin [DDR] 1967, 118–131.

Engels, Hans-Werner: Christian von Massenbach. Notizen zu einem vergessenen Preußen, in: Christian von Massenbach: Historische Denkwürdigkeiten / Friedrich Buchholz: Gallerie Preussischer Charaktere (Haidnische Alterthümer. Literatur des 18. und 19. Jahrhunderts), Frankfurt am Main 1979, 771–873.

Esdaile, Charles J.: The Wars of Napoleon (Modern Wars in Perspective), London / New York 1995.

Eylert, Rulemann Friedrich: Die Gedächtnisfeyer der verewigten Königin Luise von Preußen. Eine Stiftungsschrift, von R. Eylert, Königlichem Hofprediger und Consistorialrathe zu Potsdam, Berlin 1812.

Eylert, Rulemann Friedrich: Ermunterung zum Kampfe wider den nachtheiligen Einfluß unseres Zeitgeistes. Eine Predigt, gehalten bei der Feyer des Krönungs- und Ordensfestes, den 24sten Januar 1819 in der Domkirche zu Berlin, Berlin 1819.

Eylert, Rulemann Friedrich: Rede, gesprochen im Rittersaale des Königl. Schlosses, bei der Feier des Krönungs- und Ordensfestes, den 23. Januar 1831, vom evangelischen Bischofe und Königl. Hofprediger, Ritter des Rothen Adler-Ordens 2ter Klasse mit Stern, und des Civil-Verdienst-Ordens der Baierschen Krone, Dr. Eylert, in: Spenersche Zeitung. Nr. 20 vom 25. Januar 1831, Sp. 7–9.

Eylert, Rulemann Friedrich: Charakter-Züge und historische Fragmente aus dem Leben König Friedrich Wilhelm III. Band 1. Dritte Auflage, Magdeburg 1843.

Eyssenhardt, Franz: Barthold Georg Niebuhr. Ein biographischer Versuch, Gotha 1886.

Fehrenbach, Elisabeth: Vom Ancien Régime zum Wiener Kongreß (Oldenbourg-Grundriß der Geschichte. Band 12), München 1981.

Fehrenbach, Elisabeth: Verfassungs- und sozialpolitische Reformen und Reformprojekte in Deutschland unter dem Einfluß des napoleonischen Frankreich, in: Helmut Berding / Hans-Peter Ullmann (Hrsgg.): Deutschland zwischen Revolution und Restauration (Athenäum-Droste-Taschenbücher. Band 7240), Königstein / Taunus 1981, 65–80.

Fenske, Hans: Deutsche Parteiengeschichte. Von den Anfängen bis zur Gegenwart (UTB für Wissenschaft. Band 1284), Paderborn / München / Wien / Zürich 1994.

Fesser, Gerd: Jena und Auerstedt. Der preußisch-französische Krieg von 1806/07, Jena 1996.

Fesser, Gerd / Reinhard Jonscher (Hrsgg.): Umbruch im Schatten Napoleons. Die Schlachten von Jena und Auerstedt und ihre Folgen (Jenaer Studien. Bausteine zur Jenaer Stadtgeschichte. Band 3), Jena 1998.

Feuchtwanger, Lion: Ein Vorkämpfer der deutschen Judenemanzipation. David Friedländer zum 100. Todestag, in: Jüdische Rundschau 39 (1934). Nr. 102–103.

Feuerbach, Paul Johann Anselm: Betrachtungen über den Geist des Code Napoléon. Herausgegeben, kommentiert und bibliographisch ergänzt von Herbert Kadel, Lauterbach 1992.

Fichte, Johann Gottlieb: Grundlage der gesammten Wissenschaftslehre, Jena / Leipzig 1794/95.

Fichte, Johann Gottlieb: Der geschloßne Handelsstaat. Ein philosophischer Entwurf als Anhang zur Rechtslehre, und Probe einer künftig zu liefernden Politik, Tübingen 1800.

Fichte, Johann Gottlieb: Deduzierter Plan einer zu Berlin zu errichtenden höhern Lehranstalt, die in gehöriger Verbindung mit einer Akademie der Wissenschaften stehe, in: Fichte, Schleiermacher, Steffens über das Wesen der Universität. Mit einer Einleitung herausgegeben von Eduard Spranger (Philosophische Bibliothek. Band 120), Leipzig 1910, 1–104.

Fichte, Johann Gottlieb: Briefwechsel. Kritische Gesamtausgabe. Gesammelt und herausgegeben von Hans Schulz. Band 2, Berlin / Leipzig 1925.

Fichte, Johann Gottlieb: Werke 1791–1794. Herausgegeben von Reinhard Lauth und Hans Jacob unter Mitwirkung von Manfred Zahn und Richard Schottky (Gesamtausgabe der Bayerischen Akademie der Wissenschaften. Band I/1), Stuttgart – Bad Cannstatt 1964.

Fichte, Johann Gottlieb: Reden an die deutsche Nation [1808]. Mit einer Einleitung von Reinhard Lauth. Fünfte, durchgesehene Auflage (Philosophische Bibliothek. Band 204), Hamburg 1978.

Fichte, Johann Gottlieb: Über den Begriff des wahrhaften Krieges in Bezug auf den Krieg im Jahre 1813. Mit einer Einführung herausgegeben von Rudolf Oelschlägel, Rammenau 1987.

Fichte, Johann Gottlieb: Nachgelassene Schriften 1810–1812. Herausgegeben von Reinhard Lauth, Erich Fuchs, Peter K. Schneider und Ives Radrizzani unter Mitwirkung von Hans Georg von Manz (Gesamtausgabe der Bayerischen Akademie der Wissenschaften. Band II/12), Stuttgart – Bad Cannstatt 1999.

Fischer, Fritz: Ludwig Nicolovius. Rokoko – Reform – Restauration (Forschungen zur Kirchen- und Geistesgeschichte. Band 19), Stuttgart 1939.

Flad, Ruth: Der Begriff der öffentlichen Meinung bei Stein, Arndt und Humboldt (Studien zur politischen Begriffsbildung in Deutschland während der preußischen Reform), Berlin / Leipzig 1929.

Foerster, Erich: Die Entstehung der Preußischen Landeskirche unter der Regierung König Friedrich Wilhelms des Dritten nach den Quellen erzählt. Ein Beitrag zur Geschichte der Kirchenbildung im deutschen Protestantismus. Zwei Bände, Tübingen 1905 / 1907.

Förster, Friedrich: Von der Begeisterung des Preußischen Volkes im Jahr 1813 als Vertheidigung unsers Glaubens, Berlin 1816.

[Förster, Friedrich:] Erinnerungen aus dem Befreiungskriege. In Briefen gesammelt von Friedrich Förster, in: Deutsche Pandora. Gedenkbuch zeitgenössischer Zustände und Schriftsteller. Erster Band, Stuttgart 1840, 3–88.

Fontane, Theodor: Vor dem Sturm. Roman aus dem Winter 1812 auf 1813 [Erstausgabe: Berlin 1878]. Vier Bände (Taschenbuchausgabe). Band 4, Frankfurt am Main / Berlin / Wien 1976.

Fouquet-Plümacher, Doris / Michael Wolter (Bearbeiter): Aus dem Archiv des Verlages Walter de Gruyter. Briefe – Urkunden – Dokumente (Ausstellungsführer der Universitätsbibliothek der Freien Universität Berlin. Band 4), Berlin / New York 1980.

Fouquet-Plümacher, Doris: Jede neue Idee kann einen Weltbrand anzünden. Georg Andreas Reimer und die preußische Zensur während der Restauration, in: Archiv für die Geschichte des Buchwesens 29 (1987), 3–14.

Fouquet-Plümacher, Doris: Georg Andreas Reimer und Johann Friedrich Cotta, in: Von Göschen bis Rowohlt. Beiträge zur Geschichte des deutschen Verlagswesens. Festschrift für Heinz Sarkowski, Wiesbaden 1990, 88–102.

Fouquet-Plümacher, Doris / Liselotte Kawaletz: Die Reimersche Gemäldesammlung. Geschichte einer großen Berliner Bildersammlung der ersten Hälfte des 19. Jahrhunderts, in: Jahrbuch der Berliner Museen. Neue Folge 38 (1996), 77–110.

Fournier, August: Napoleon I. Eine Biographie. Zweiter Band: Napoleons Kampf um die Weltherrschaft, Wien und Leipzig 1902.

Fournier, August: Napoleon I. Eine Biographie. Drei Bände. Vierte Auflage, Wien 1922.

Freund, Ismar: Die Emanzipation der Juden in Preußen, unter besonderer Berücksichtigung des Gesetzes vom 11. März 1812. Ein Beitrag zur Rechtsgeschichte der Juden in Preußen. Zwei Bände. Band II: Urkunden, Berlin 1912.

Friedländer, David: Akten-Stücke, die Reform der jüdischen Kolonieen in den Preußischen Staaten betreffend. Verfaßt, herausgegeben und mit einer Einleitung versehen, Berlin 1793.

Friedländer, David: Sendschreiben an Seine Hochwürden, Herrn Oberkonsistorialrath und Probst Teller zu Berlin von einigen Hausvätern jüdischer Religion, Berlin 1799 [Nachdruck in: Friedrich Daniel Ernst Schleiermacher: Schriften aus der Berliner Zeit 1796–1799. Herausgegeben von Günter Meckenstock (KGA I/1), Berlin 1983, 380–413].

Frühwald, Wolfgang: Antijudaismus in der Zeit der deutschen Romantik, in: Conditio Judaica. Judentum, Antisemitismus und deutschsprachige Literatur vom 18. Jahrhundert bis zum Ersten Weltkrieg. Herausgegeben von Hans Otto Horch und Horst Denkler (Interdisziplinäres Symposion der Werner-Reimers-Stiftung Bad Homburg v. d. H.), Tübingen 1989, 2–91.

Gaede, Bernhard: Preußens Stellung zur Kriegsfrage im Jahre 1809. Ein Beitrag zur Geschichte der preußischen Politik vom Erfurter Kongreß, September 1808, bis zum Schönbrunner Frieden, Oktober 1809, Hannover / Leipzig 1897.

Galley, Alfred: Die Jahrhundertfeiern der Augsburgischen Konfession von 1630, 1730 und 1830. Ein Gedenkblatt zur 400jährigen Augustana-Feier von 1930, Leipzig 1930.

Gallo, Max: Napoléon. Vol. 1–4, Paris 1997 [Deutschsprachige Ausgabe: Napoleon. Zwei Bände. Aus dem Französischen von Manfred Flügge, Berlin 2002].

Gaß, Joachim Christian: Ueber das Wesen der Kirchenzucht im Sinne des Protestantismus und über die Möglichkeit ihrer Herstellung, in: Jahrbuch des protestantischen Kirchen- und Schulwesens von und für Schlesien 2 (1820), 1–112.

Gaß, Joachim Christian: Über den Religionsunterricht in den oberen Classen der Gymnasien. Ein Votum, Breslau 1828.

Gassen, Kurt: Georg Andreas Reimer (1776–1842), in: Pommersche Lebensbilder. Band 3, Stettin o.J. [1939], 227–242.

Gates, David: Napoleonic Wars, 1803–1815, London / New York / Sydney / Auckland 1997.

Gaus, Detlef: Bildende Geselligkeit. Untersuchungen geselliger Vergesellschaftung am Beispiel der Berliner Salons um 1800, in: Jahrbuch für historische Bildungsforschung 4 (1998), 165–208.

Gebhardt, Bruno: Wilhelm von Humboldt als Staatsmann. Zwei Bände, Stuttgart 1896 / 1899.

Gebhardt, Bruno: Wittgenstein, Wilhelm Ludwig Georg Graf zu Sayn-W.-Hohenstein, in: Allgemeine Deutsche Biographie. Band 43, Leipzig 1898, 626–629.

Gembruch, Werner: Bürgerliche Publizistik und Heeresreform in Preußen (1805–1808), in: Ders.: Staat und Heer. Ausgewählte historische Studien zum Ancien Régime, zur Französischen Revolution und zu den

Befreiungskriegen. Herausgegeben von Johannes Kunisch (Historische Forschungen. Band 40), Berlin 1990, 334–365.

Gembruch, Werner: Krieg und Heerwesen im politischen Denken des Freiherrn vom Stein, in: Ebd., 499–533.

[Generalstab, Historische Abteilung (Red.):] Geschichte der Organisation der Landwehr: 1. In dem Militair-Gouvernement zwischen Elbe und Weser / 2. In dem Militair-Gouvernement zwischen Weser und Rhein im Jahre 1813 und 1814 (Beiheft zum Militair-Wochenblatt für das 3. Quartal 1857). Redigiert von der Historischen Abtheilung des Generalstabes, Berlin 1857.

[Gentz, Friedrich:] Manifest Sr. Majestät des Kaisers von Oestreich, Königs von Ungarn und Böhmen, Prag 1813.

[Gentz, Friedrich:] Briefe von Friedrich Gentz an Pilat. Ein Beitrag zur Geschichte Deutschlands im XIX. Jahrhundert. Herausgegeben von Kurt Mendelssohn-Bartholdy. Band I, Leipzig 1868.

Gentz, Friedrich von: Tagebücher. Aus dem Nachlaß Varnhagen's von Ense. Band 1, Leipzig 1873.

Gentz, Friedrich von: Österreichs Theilnahme an den Befreiungskriegen. Ein Beitrag zur Geschichte der Jahre 1813–1815. Nach Aufzeichnungen von Friedrich von Gentz. Herausgegeben von Richard Metternich-Winneburg. Geordnet und zusammengestellt von Alfons von Klinkowström. Nebst einem Anhang: Briefwechsel zwischen den Fürsten Schwarzenberg und Metternich, Wien 1887.

Georgi, Arthur: Die Entwicklung des Berliner Buchhandels. Bis zur Gründung des Börsenvereins der deutschen Buchhändler 1825, Berlin 1926.

Gerhardt, Volker: Die republikanische Verfassung. Kants Staatstheorie vor dem Hintergrund der Französischen Revolution, in: Deutscher Idealismus und Französische Revolution. Vorträge von Manfred Buhr, Peter Burg, Jacques D'Hondt u.a. (Schriften aus dem Karl-Marx-Haus Trier. Band 37), Trier 1988, 24–48.

Gerhardt, Volker: Zur philosophischen Tradition der Humboldt-Universität (Akademischer Festvortrag bei der Begrüßung der neuberufenen Professoren. 9. Februar 1993) (Öffentliche Vorlesungen. Nr. 1). Herausgegeben von der Präsidentin der Humboldt-Universität zu Berlin, Berlin 1993.

Gerth, Hans H.: Bürgerliche Intelligenz um 1800. Zur Soziologie des deutschen Frühliberalismus. Mit einem Vorwort und einer ergänzenden Bibliographie herausgegeben von Ulrich Herrmann (Kritische Studien zur Geschichtswissenschaft. Band 19), Göttingen 1976 [zuerst unter dem Titel: Die sozialgeschichtliche Lage der bürgerlichen Intelligenz um die Wende des 18. Jahrhunderts. Ein Beitrag zur Soziologie des deutschen Frühliberalismus. Diss. phil., o.O. [Frankfurt am Main] o.J. [1935]].

Die Geschichte der Evangelischen Kirche der Union. Ein Handbuch. Herausgegeben im Auftrag der Evangelischen Kirche der Union von J. F. Gerhard Goeters und Joachim Rogge. Drei Bände, Leipzig 1992 / 1994 / 1999; daraus:

Band I: Die Anfänge der Union unter landesherrlichem Kirchenregiment (1817–1850). Herausgegeben von J. F. Gerhard Goeters und Rudolf Mau, Leipzig 1992.

[Gesetzlose Gesellschaft (Hrsg.):] Die Gesetzlose Gesellschaft zu Berlin: gegründet am 4. November 1809. Festschrift zum 150jährigen Bestehen, Berlin 1959.

Gisch, Heribert: „Preßfreiheit" – „Preßfrechheit". Zum Problem der Presseaufsicht in napoleonischer Zeit in Deutschland (1806–1818), in: Heinz-Dietrich Fischer (Hrsg.): Deutsche Kommunikationskontrolle des 15. bis 20. Jahrhunderts (Publizistik-historische Beiträge. Band 5), München / New York / London / Paris 1982, 56–74.

[Gittig, Heinz und Willi Höfig (Hrsgg.):] Berliner Zeitungen und Wochenblätter in Berliner Bibliotheken. Katalog der Bestände vom 17. Jahrhundert bis zur Gegenwart. Bearbeitet und herausgegeben von Heinz Gittig und Willi Höfig, Berlin 1991.

[Gneisenau, August Graf Neithardt von:] Der Feldzug von 1813 bis zum Waffenstillstande, Glatz 1813 [gelegentlich genannter Verfasser: Carl von Clausewitz].

Goeters, J. F. Gerhard: Der Anschluß der neuen Provinzen von 1815 (Sachsen, Vorpommern, Posen, Westpreußen, Westfalen, beide Rheinprovinzen) und ihre kirchliche Ordnung, in: Die Geschichte der Evangelischen Kirche der Union. Ein Handbuch. Band I: Die Anfänge der Union unter landesherrlichem Kirchenregiment (1817–1850). Herausgegeben von J. F. Gerhard Goeters und Rudolf Mau, Leipzig 1992, 77–82.

Goldschmidt, Paul: Stein, Karl Freiherr v. St. zum Altenstein, in: Allgemeine Deutsche Biographie. Band 35, Leipzig 1893, 645–660.

Grab, Walter: Der preussische Weg der Judenemanzipation, in: Juden in Preußen. Ein Kapitel deutscher Geschichte. Herausgegeben vom Bildarchiv Preußischer Kulturbesitz, Dortmund 1981, 24–29.

Graetz, Heinrich: Geschichte der Juden von den ältesten Zeiten bis auf die Gegenwart. Aus den Quellen neu bearbeitet. Band 11: Geschichte der Juden vom Beginn der Mendelssohn'schen Zeit (1750) bis in die neueste Zeit (1848), Leipzig 1870; Zweite, vermehrte und verbesserte Auflage, bearbeitet von Markus Brann, Leipzig 1900.

Graetz, Heinrich: Volkstümliche Geschichte der Juden in Deutschland. Dritter Band, Leipzig 1914.

Graf, Gerhard: Ermittlungen zur preußischen Kriegspredigt 1813–1815, in: Pietismus und Neuzeit. Ein Jahrbuch zur Geschichte des neueren Protestantismus 9 (1983), 32–55.

Graf, Gerhard: Gottesbild und Politik. Eine Studie zur Frömmigkeit in Preußen während der Befreiungskriege 1813–1815 (Forschungen zur Kirchen- und Dogmengeschichte. Band 52), Göttingen 1993.

Graff, Paul: Beiträge zur Geschichte des Totenfestes, in: Monatschrift für Pastoraltheologie zur Vertiefung des gesamten pfarramtlichen Wirkens 2 (1906), 62–76.

Granier, Hermann (Hrsg.): Berichte aus der Berliner Franzosenzeit 1807 bis 1809. Nach den Akten des Berliner Geheimen Staatsarchivs und des Pariser Staatsarchivs (Publikationen aus den Königlichen Preussischen Staatsarchiven. Band 88), Leipzig 1913 [Nachdruck: Osnabrück 1969].

Grosse, Walter: Die Entstehung des Landwehrgedankens in Ostpreußen 1812/13, in: Leistung und Schicksal. Abhandlungen und Berichte über die Deutschen im Osten. Herausgegeben von Eberhard G. Schulz, Köln / Graz 1967, 297–302.

Großer Generalstab. Kriegsgeschichtliche Abteilung II (Hrsg.): Das Preußische Heer der Befreiungskriege. Zweiter Band: Das Preußische Heer im Jahre 1813, Berlin 1914.

Gruner, Justus von: Gruner, Karl Justus v., in: Allgemeine Deutsche Biographie. Band 10, Leipzig 1879, 42–48.

Gruner, Justus von: Justus Gruner und der Hoffmannsche Bund, in: Forschungen zur Brandenburgischen und Preußischen Geschichte 19 (1906), 167–189.

Gruner, Justus von: Die Ordensverleihung an den Geheimen Rat Professor Schmalz 1815, in: Forschungen zur Brandenburgischen und Preußischen Geschichte 22 (1909), 169–182.

Gurlt, Ernst: Die freiwilligen Leistungen der Preußischen Nation in den Kriegsjahren 1813–1815: National-Denkmal oder summarische Darstellung der patriotischen Handlungen und Opfer der Preußischen Nation während der Jahre 1813, 1814, 1815, bearbeitet auf Befehl König Friedrich Wilhelms III. von der Königl. General-Ordens-Commission, in: Zeitschrift für preußische Geschichte und Landeskunde 9 (1872), 645–696.

Haake, Paul: König Friedrich Wilhelm III., Hardenberg und die preußische Verfassungsfrage, in: Forschungen zur Brandenburgischen und Preußischen Geschichte 28 (1915), 175–220 und 29 (1916), 305–369.

Haake, Paul: Der preußische Verfassungskampf vor hundert Jahren, München und Berlin 1921.

Habermas, Jürgen: Strukturwandel der Öffentlichkeit. Untersuchungen zu einer Kategorie der bürgerlichen Gesellschaft (Politica. Band 4), Neuwied 1962.

Händel, Heribert: Der Gedanke der allgemeinen Wehrpflicht in der Wehrverfassung des Königreiches Preußen bis 1819, insbesondere ein Beitrag zur Frage des Einflusses der Französischen Revolution auf die Scharnhorst-Boyensche Reformgesetzgebung nach 1807 (Wehrwissenschaftliche Rundschau. Band 19), Frankfurt am Main / Berlin 1962.

Härtl, Heinz: Romantischer Antisemitismus. Arnim und die Tischgesellschaft, in: Weimarer Beiträge 33 (1987), 1159–1173.

Häusser, Ludwig: Deutsche Geschichte vom Tode Friedrichs des Großen bis zur Gründung des Deutschen Bundes. Theil 3: Bis zu Napoleons Flucht aus Rußland (1812), Berlin 1856.

Hagemann, Karen: Tod für das Vaterland: Der patriotisch-nationale Heldenkult zur Zeit der Freiheitskriege, in: Militärgeschichtliche Zeitschrift 60 (2001), 307–342.

Hagemann, Karen: „Mannlicher Muth und Teutsche Ehre". Nation, Militär und Geschlecht zur Zeit der Antinapoleonischen Kriege Preußens (Krieg in der Geschichte. Band 8), Paderborn / München / Wien / Zürich 2002.

Hagen, Carl Hugo Freiherr vom: Die Franzosen in Halle 1806–1808. Nach Rathsakten und andern aktenmäßigen Quellen erzählt, Halle 1871.

Hahn, Barbara: Romantik und Salon. Die Salons der Rahel Varnhagen, in: Hannelore Gärtner / Annette Purfürst (Hrsgg.): Berliner Romantik. Orte, Spuren, Begegnungen, Berlin 1992, 105–122.

Haller, Carl Ludwig von: Handbuch der allgemeinen Staaten-Kunde, des darauf gegründeten allgemeinen Staatsrechts und der allgemeinen Staatsklugheit nach den Gesetzen der Natur, Winterthur 1808.

Haller, Carl Ludwig von: Restauration der Staats-Wissenschaft oder Theorie des natürlich-geselligen Zustands der Chimäre des Künstlich-Bürgerlichen entgegengesetzt. Sechs Bände, Winterthur 1816–1834 [Zweite Auflage: Winterthur 1820–1834].

Hanstein, Gottfried August Ludwig: Die ernste Zeit. Predigten in den Jahren 1813 und 1814 gehalten, Magdeburg 1815.

[Hardenberg, Karl August von:] Briefwechsel des Fürsten Karl August von Hardenberg mit dem Fürsten Wilhelm Ludwig von Sayn-Wittgenstein 1806–1822. Edition aus dem Nachlaß Wittgenstein. Herausgegeben von Hans Branig (Veröffentlichungen aus den Archiven Preußischer Kulturbesitz. Band 9), Köln / Berlin 1972.

Hardenberg, Karl August von: Ueber die Reorganisation des preußischen Staates, verfaßt auf höchsten Befehl Seiner Majestät des Königs 1807, 12. September, in: Leopold von Ranke (Hrsg.): Denkwürdigkeiten des Staatskanzlers Fürsten von Hardenberg. Fünf Bände. Vierter Band: Vom Jahre 1806 bis zum Jahre 1813, Leipzig 1877, Anhang: *1–*108.

Harnack, Adolf: Geschichte der Königlich Preussischen Akademie der Wissenschaften zu Berlin. Im Auftrage der Akademie bearbeitet. Drei Bände [in vier Bänden], Berlin 1900; daraus:

Erster Band. Zweite Hälfte: Vom Tode Friedrich's des Großen bis zur Gegenwart, Berlin 1900;

Zweiter Band: Urkunden und Actenstücke zur Geschichte der Königlich Preussischen Akademie der Wissenschaften, Berlin 1900.

Harnack, Adolf von: Die Bedeutung der theologischen Fakultäten [1919], in: Ders.: Wissenschaftspolitische Reden und Aufsätze. Zusammengestellt und herausgegeben von Bernhard Fabian, Hildesheim / Zürich / New York 2001, 242–255.

Harnack, Adolf von: Marcion. Das Evangelium vom fremden Gott. Eine Monographie zur Geschichte der Grundlegung der katholischen Kirche. Zweite, verbesserte und vermehrte Auflage (Texte und Untersuchungen zur Geschichte der altchristlichen Literatur. Band 45), Leipzig 1924 [Nachdruck: Darmstadt 1985].

Hauptmann, Peter (Hrsg.): Gerettete Kirche. Studien zum Anliegen des Breslauer Lutheraners Johann Gottfried Scheibel (1783–1843) (Kirche im Osten. Monographienreihe. Band 20), Göttingen 1987.

Heger, Adolf: Evangelische Verkündigung und deutsches Nationalbewußtsein. Zur Geschichte der Predigt von 1806–1848 (Neue deutsche Forschungen. Band 252; Abteilung Religions- und Kirchengeschichte. Band 7), Berlin 1939.

Heine, Heinrich: Briefe aus Berlin [Februar bis Juli 1822; in Buchform zuerst in: Reisebilder. Zweiter Theil, Hamburg 1827], in: Sämtliche Schriften. Herausgegeben von Klaus Briegleb. Band II: Schriften 1822–1831, München 1969, 7–68.

Heine, Heinrich: Französische Zustände [Hamburg 1833], in: Sämtliche Schriften. Herausgegeben von Klaus Briegleb. Band III: Schriften 1831–1837, München 1971, 89–279.

[Heine, Heinrich:] Vorrede zu Heinrich Heine's Französischen Zuständen, nach der französischen Ausgabe ergänzt und herausgegeben von P.[aul] G[au]g[e]r, Leipzig 1833.

Heinemann, Jeremias (Hrsg.): Sammlung der die religiöse und bürgerliche Verfassung der Juden in den königlichen Preußischen Staaten betreffenden Gesetze, Verordnungen, Berichte und Erkenntnisse, Glogau 1831 [Nachdruck: Hildesheim 1976].

Heitzer, Heinz: Insurrectionen zwischen Weser und Elbe. Volksbewegungen gegen die französische Fremdherrschaft im Königreich Westfalen (1806–1813), Berlin [DDR] 1959.

Henckmann, Gisela: Das Problem des „Antisemitismus" bei Achim von Arnim, in: Aurora. Jahrbuch der Eichendorff-Gesellschaft 46 (1986), 48–69.

Henne, Thomas / Carsten Kretschmann: Friedrich Carl von Savignys Antijudaismus und die „Nebenpolitik" der Berliner Universität gegen das preußische Emanzipationsedikt von 1812. Anmerkungen zu einem berühmten Fall der Universitätsgerichtsbarkeit, in: Jahrbuch für Universitätsgeschichte 5 (2002) [= Universität und Kunst. Herausgegeben von Horst Bredekamp und Gabriele Werner], 217–225.

Hensler, Dora: Lebensnachrichten über Barthold Georg Niebuhr. Aus Briefen desselben und aus Erinnerungen einiger seiner nächsten Freunde. Drei Bände, Hamburg 1838 / 1838 / 1839.

Herder, Johann Gottfried: Über die neuere deutsche Litteratur. Erste bis dritte Sammlung, Riga 1767 [Zweite Ausgabe: Riga 1768].

Herder, Johann Gottfried: Abhandlung über den Ursprung der Sprache, Berlin 1772.

Herder, Johann Gottfried: Volkslieder. Theil 1, Leipzig 1778 / Theil 2. Nebst untermischten andern Stücken, Leipzig 1778–1779.

Hering, Hermann (Hrsg.): Aus dem ersten Jahrhundert des akademischen Gottesdienstes der Friedrichs-Universität in Halle a. S. Urkundliche Zeugnisse zum Gedächtnis seiner Erneuerung durch König Friedrich Wilhelm III. im Jahre 1806, Halle an der Saale 1906.

Hering, Hermann: Der akademische Gottesdienst und der Kampf um die Schulkirche in Halle a. S. Ein Beitrag zur Geschichte der Friedrichs-Universität daselbst von ihrer Gründung bis zur Erneuerung durch Friedrich Wilhelm III. Zwei Bände, Halle 1909.

Herre, Franz: Freiherr vom Stein. Zwischen Revolution und Reformation, Köln 1973.

Herrmann, Ludger: Reformpublizistik und politische Öffentlichkeit in Napoleonischer Zeit (1789–1815) (Europäische Hochschulschriften III/781), Frankfurt am Main / Berlin / Bern / New York / Paris / Wien 1998.

Hertz, Deborah: Die jüdischen Salons im alten Berlin Aus dem Amerikanischen von Gabriele Neumann-Kloth, Frankfurt am Main 1991 [Originalausgabe: Jewish High Society in Old Regime Berlin, New Haven (USA) 1988].

Herzog, Andreas: „Wider den jüdischen Geist". Christlich argumentierender Antisemitismus 1871–1933, in: Das Jüdische Echo. Zeitschrift für Kultur und Politik 46 (1997), 58–67.

Heubaum, Alfred: Die Geschichte des ersten preußischen Schulgesetzentwurfs (1798–1807), in: Monatsschrift für höhere Schulen 1 (1902), 20–40. 111–122. 145–154. 209–220. 305–321.

Heubaum, Alfred: Die Reformbestrebungen unter dem preußischen Minister Julius von Massow (1798–1807) auf dem Gebiete des höheren Bildungswesens, in: Mitteilungen der Gesellschaft für deutsche Erziehungs- und Schulgeschichte 14 (1904), 186–225.

Hildebrandt, Gunther: Johann Stephan Gottfried Büsching, in: Stadtoberhäupter. Biographien Berliner Bürgermeister im 19. und 20. Jahrhundert. Herausgegeben von Wolfgang Ribbe (Berlinische Lebensbilder. Band 7), Berlin 1992, 51–65.

Hinrichs, Heinrich F. W.: Politische Vorlesungen. Unser Zeitalter und wie es geworden, nach seinen politischen, kirchlichen und wissenschaftlichen Zuständen, mit besonderm Bezuge auf Deutschland und namentlich Preußen. In öffentlichen Vorträgen zu Halle dargestellt. Band I, Halle 1843.

Hinrichs, Hermann Friedrich Wilhelm: Die Religion im inneren Verhältnis zur Wissenschaft, Heidelberg 1822.

Hippel, Theodor Gottlieb von: Beiträge zur Charakteristik Friedrich Wilhelms III., Bromberg 1841.

Hirsch, Emanuel: Geschichte der neuern evangelischen Theologie. Band IV, Gütersloh 1952.

Hölscher, Lucian: Öffentlichkeit, in: Geschichtliche Grundbegriffe. Historisches Lexikon zur politisch-sozialen Sprache in Deutschland. Herausgegeben von Otto Brunner, Werner Conze und Reinhart Koselleck. Band 4, Stuttgart 1978, 413–467.

Hofmann, Hanns Hubert: Lützow, Adolf Ludwig Frh. von, in: Biographisches Wörterbuch zur deutschen Geschichte. Zweite Auflage. Band II, München 1974, 1735–1736.

Hofmann, Hanns Hubert: Schill, Ferdinand, in: Biographisches Wörterbuch zur deutschen Geschichte. Zweite Auflage. Band III, München 1975, 2483–2484.

Hofmeister-Hunger, Andrea: Pressepolitik und Staatsreform. Die Institutionalisierung staatlicher Öffentlichkeitsarbeit bei Karl August von Hardenberg (1792–1822) (Veröffentlichungen des Max-Planck-Instituts für Geschichte. Band 107), Göttingen 1994.

Hortzitz, Nicoline: „Früh-Antisemitismus" in Deutschland (1789–1871/72). Strukturelle Untersuchungen zu Wortschatz, Text und Argumentation, Tübingen 1988.

Hubatsch, Walther: Die Stein-Hardenbergschen Reformen (Erträge der Forschung. Band 65), Darmstadt 1977.

Huber, Ernst Rudolf: Deutsche Verfassungsgeschichte seit 1789. Erster Band: Reform und Restauration 1789–1830. Zweite verbesserte Auflage, Stuttgart / Berlin / Köln 1967.

[Huber, Ernst Rudolf (Hrsg.):] Dokumente zur deutschen Verfassungsgeschichte. Band 1: Deutsche Verfassungsdokumente 1803–1850. Dritte neubearbeitete und vermehrte Auflage. Herausgegeben von Ernst Rudolf Huber, Stuttgart / Berlin / Köln / Mainz 1978.

Hufeland, Christoph Wilhelm: Lehrsätze des Naturrechts und der damit verbundenen Wissenschaften. Zweite Auflage, Jena 1795.

Humboldt, Wilhelm von: „An des Königs Majestät" [Antrag auf Errichtung der Universität Berlin], in: Ders.: Werke in fünf Bänden. Vierter
Band: Schriften zur Politik und zum Bildungswesen. Herausgegeben
von Andreas Flitner und Klaus Giel, Darmstadt 1964 [Dritte Auflage:
Darmstadt 1982], 113–120.

Humboldt, Wilhelm von: Ideen zu einer Instruktion für die Wissenschaftliche Deputation bei der Sektion des öffentlichen Unterrichts, in: Ders.:
Werke in fünf Bänden. Vierter Band, Darmstadt 1964, 201–208.

Humboldt, Wilhelm von: Ueber die innere und äussere Organisation der
höheren wissenschaftlichen Anstalten in Berlin, in: Ders.: Werke in
fünf Bänden. Vierter Band, Darmstadt 1964, 255–266.

Hundt, Michael: Stein und die deutsche Verfassungsfrage in den Jahren
1812 bis 1815, in: Heinz Duchhardt / Andreas Kunz (Hrsgg.): Reich
oder Nation? Mitteleuropa 1780–1815 (Veröffentlichungen des Instituts für Europäische Geschichte Mainz. Beiheft 46: Abteilung Universalgeschichte), Mainz 1998, 141–180.

Ibbeken, Rudolf: Preußen 1807–1813. Staat und Volk als Idee und in
Wirklichkeit (Darstellung und Dokumentation) (Veröffentlichungen
aus den Archiven Preußischer Kulturbesitz. Band 5), Köln und Berlin
1970.

Imhof, Arthur E.: Bernadotte: französischer Revolutionsgeneral und schwe-
disch-norwegischer König (Persönlichkeit und Geschichte. Band 55),
Göttingen 1970.

Innerarity, Daniel: Hegels Idee von Europa, in: Zeitschrift für philosophische Forschung 46 (1992), 381–394.

Jacobs, Manfred: Die Entwicklung des deutschen Nationalgedankens von
der Reformation bis zum deutschen Idealismus, in: Horst Zilleßen
(Hrsg.): Volk – Nation – Vaterland. Der deutsche Protestantismus und
der Nationalismus (Veröffentlichungen des Sozialwissenschaftlichen
Instituts der evangelischen Kirchen in Deutschland. Band 2), Gütersloh 1970, 51–110.

Jagwitz, Fritz von: Geschichte des Lützow'schen Freicorps. Nach archivalischen Quellen. Mit Abbildungen, Karten und Plänen, Berlin 1892.

Jahn, Friedrich Ludwig: Deutsches Volksthum, Leipzig 1813 [Nachdruck:
Hildesheim 1980].

Jahn, Friedrich Ludwig: Werke. Neu herausgegeben und mit einer Einleitung und mit erklärenden Anmerkungen versehen von Carl Euler.
Erster Band, Hof 1884.

Jahn, Friedrich Ludwig: Briefe. Herausgegeben von Wolfgang Meyer (Quellenbücher der Leibesübungen. Band 5), Dresden o.J. [1930].

[Janetzki, Ulrich (Hrsg.):] Henriette Herz. Berliner Salon. Erinnerungen und Portraits. Herausgegeben und mit einem Nachwort versehen von Ulrich Janetzki, Frankfurt am Main / Berlin / Wien 1984.

Jeismann, Karl-Ernst: „Nationalerziehung". Bemerkungen zum Verhältnis von Politik und Pädagogik in der Zeit der preußischen Reformen 1806–1815, in: Geschichte in Wissenschaft und Unterricht 19 (1968), 201–218.

Jersch-Wenzel, Stefi: Rechtslage und Emanzipation, in: Michael Brenner / Stefi Jersch-Wenzel / Michael A. Meyer: Deutsch-Jüdische Geschichte in der Neuzeit. Band II: Emanzipation und Akkulturation 1780–1871, München 1996, 15–56.

Johannesson, Fritz: Reimer. Ein Beitrag zur Geschichte des Berliner Buchhandels, in: Mitteilungen des Vereins für die Geschichte Berlins 46 (1929), 121–134.

Johnston, Otto W.: Der Freiherr vom Stein und die patriotische Literatur. Zur Entstehung eines Mythos der „Nation" in Preußen in napoleonischer Zeit, in: Internationales Archiv für Sozialgeschichte der Literatur 9 (1984), 44–66.

Jonas, Fritz: Reimer, Georg Andreas, in: Allgemeine Deutsche Biographie. Band 27, Leipzig 1888, 709–712.

Jordan, Stefan: Geschichtstheorie in der ersten Hälfte des 19. Jahrhunderts. Die Schwellenzeit zwischen Pragmatismus und klassischem Historismus (Campus-Forschung. Band 793), Frankfurt am Main 1999.

Jungklaus, Rudolf: Wie die Ereignisse der Freiheitskriege zu ihrer Zeit in Berlin kirchlich gefeiert worden sind, in: Jahrbuch für Brandenburgische Kirchengeschichte 11/12 (1914), 304–330.

Junkin, Edward D.: Religion versus Revolution. The Interpretation of the French Revolution by German Protestant Churchmen 1789–1799. Diss. theol., Basel 1968.

Kant, Immanuel: Zum ewigen Frieden. Ein philosophischer Entwurf, Königsberg 1795.

Kant, Immanuel: Kritik der reinen Vernunft. Zweite Auflage [zuerst: Riga 1787] (Gesammelte Schriften. Herausgegeben von der Königlich Preußischen Akademie der Wissenschaften. Band III), Berlin 1911 [Nachdruck: Berlin 1968].

Kant, Immanuel: Die Religion innerhalb der Grenzen der bloßen Vernunft [zuerst: Königsberg 1793], in: Ders.: Gesammelte Schriften. Herausgegeben von der Königlich Preußischen Akademie der Wissenschaften. Band VI, Berlin 1907 [Nachdruck: Berlin 1968], 1–202.

Kant, Immanuel: Die Metaphysik der Sitten. Erster Theil: Metaphysische Anfangsgründe der Rechtslehre [zuerst: Königsberg 1797], in: Ders.: Gesammelte Schriften. Herausgegeben von der Königlich Preußischen Akademie der Wissenschaften. Band VI, Berlin 1907 [Nachdruck: Berlin 1968], 203–372.

Kant, Immanuel: Über den Gemeinspruch: Das mag in der Theorie richtig sein, taugt aber nicht für die Praxis [zuerst: Berlinische Monatsschrift 22 (1793), 201–284], in: Ders.: Gesammelte Schriften. Herausgegeben von der Königlich Preußischen Akademie der Wissenschaften. Band VIII, Berlin 1912 [Nachdruck: Berlin 1968], 273–314.

Kapp, Friedrich: Die preußische Preßgesetzgebung unter Friedrich Wilhelm III. (1815–1840). Nach den Akten im Königl. Preußischen Geheimen Staatsarchiv, in: Archiv für Geschichte des deutschen Buchhandels. Herausgegeben von der Historischen Kommission des Börsenvereins der Deutschen Buchhändler. Band VI, Leipzig 1881, 185–249.

Kastinger Riley, Helene M.: Zeit im Umbruch. Die politische Journalistik Ludwig Achim von Arnims, in: Grenzgänge. Studien zu L. Achim von Arnim. Herausgegeben von Michael Andermatt (Modern German Studies. Vol. 18), Bonn 1994, 103–116.

Katalog von Walter de Gruyter & Co. 1749–1932. Abgeschlossen am 31. Oktober 1932, Berlin 1932.

Katz, Jacob: Aus dem Ghetto in die bürgerliche Gesellschaft, Frankfurt am Main 1986.

[Katzer, Ernst:] Das Judenchristentum in der religiösen Volkserziehung des deutschen Protestantismus. Von einem christlichen Theologen, Leipzig 1893.

Keller, Mechthild: „Agent des Zaren" – August v. Kotzebue, in: Dies.: (Hrsg.): Russen und Rußland aus deutscher Sicht. Dritter Band: 19. Jahrhundert: Von der Jahrhundertwende bis zur Reichsgründung (1800–1871). Unter redaktioneller Mitarbeit von Claudia Pawlik (West-östliche Spiegelungen. Reihe A. Band 3), München 1992, 119–150.

Kettig, Konrad: Berlin im 19. und 20. Jahrhundert 1806–1945, in: Otto-Friedrich Gandert / Berthold Schulze u.a. (Hrsgg.): Heimatchronik Berlin (Heimatchroniken der Städte und Kreise des Bundesgebietes. Nr. 251), Köln 1962, 347–472.

Keyserling, Meyer (Hrsg.): Bibliothek jüdischer Kanzelredner. Eine chronologische Sammlung der Predigten, Biographien und Charakteristiken der vorzüglichsten jüdischen Prediger. Erster Jahrgang, Berlin 1870.

[Kittel, Paul (Hrsg.):] Die deutschen Befreiungskriege. Deutschlands Geschichte von 1806–1815. Von Hermann Müller-Bohn veranlaßt und herausgegeben von Paul Kittel. Zweiter Band, Berlin o.J. [1909].

Klein, Ernst: Von der Reform zur Restauration. Finanzpolitik und Reformgesetzgebung bei dem preußischen Staatskanzler Karl August von Hardenberg (Veröffentlichungen der Historischen Kommission zu Berlin. Band 16), Berlin 1965.

Kleist, Heinrich von: Die Berliner Abendblätter. Herausgegeben von Georg Minde-Pouet (Faksimiledrucke literarischer Seltenheiten. Band 2), Leipzig 1925 [Nachdruck: Darmstadt 1959 (Nachwort und Quellenregister von Helmut Sembdner; erneut erschienen: Darmstadt 1973)].

[Kleßmann, Eckart (Hrsg.):] Napoleons Rußlandfeldzug in Augenzeugenberichten. Herausgegeben und eingeleitet von Eckart Kleßmann, Düsseldorf 1964 [Nachdruck: München 1972].

[Kleßmann, Eckart (Hrsg.):] Deutschland unter Napoleon in Augenzeugenberichten. Herausgegeben und eingeleitet von Eckart Kleßmann, München 1976.

Kluckhohn, Paul [Bearbeiter]: Deutsche Vergangenheit und deutscher Staat, Leipzig 1935.

Knaack, Jürgen: Achim von Arnim. Eine politische Biographie, in: Roswitha Burwick / Bernd Fischer (Hrsgg.): Neue Tendenzen der Arnimforschung. Edition, Biographie, Interpretation, mit unbekannten Dokumenten (Germanic Studies in America. No. 60), Frankfurt am Main / New York / Paris 1990, 9–24.

Knaack, Jürgen: Achim von Arnim und der „Preußische Correspondent". Eine letzte großstädtische Aktivität vor dem Umzug nach Wiepersdorf, in: Universelle Entwürfe – Integration – Rückzug: Arnims Berliner Zeit (1809–1814). Herausgegeben von Ulfert Ricklefs (Wiepersdorfer Kolloquium der Internationalen Arnim-Gesellschaft / Schriften der Internationalen Arnim-Gesellschaft. Band 1), Tübingen 2000, 133–141.

Knaack, Jürgen: Achim von Arnim, der Preußische Correspondent und die Spenersche Zeitung in den Jahren 1813 und 1814, in: Arnim und die Berliner Romantik. Kunst, Literatur und Politik. Herausgegeben von Walter Pape (Berliner Kolloquium der Internationalen Arnim-

Gesellschaft / Schriften der Internationalen Arnim-Gesellschaft. Band 3), Tübingen 2001, 41–51.

Knapp, Georg Friedrich: Die Bauernbefreiung und der Ursprung der Landarbeiter in den älteren Theilen Preußens, Leipzig 1887.

[Knoblauch, Karl von:] Ob die Testamente juris naturalis sind?, in: Der Teutsche Merkur. Herausgegeben von Christoph Martin Wieland, Weimar 1788 (Ausgabe No. 3), 260–266.

Kocka, Jürgen: Preußischer Staat und Modernisierung im Vormärz, in: Barbara Vogel (Hrsg.): Preußische Reformen 1807–1820 (Neue wissenschaftliche Bibliothek. Band 96), Königstein 1980, 49–65.

König, René: Vom Wesen der deutschen Universität (Verpflichtung und Aufbruch), Berlin 1935 [Reprografischer Nachdruck. Mit einem Vorwort zum Neudruck, Darmstadt 1970].

Köpke, Rudolf: Die Gründung der Königlichen Friedrich-Wilhelms-Universität zu Berlin, Berlin 1860.

[Körner, Theodor:] An das Volk der Sachsen [Anonyme Flugschrift vom 5. April 1813], in: Die Erhebung gegen Napoleon 1806–1814/15. Herausgegeben von Hans B. Spies, Darmstadt 1981, 269–270.

Koppe, Karl Wilhelm: Die Stimme eines preußischen Staatsbürgers in den wichtigsten Angelegenheiten dieser Zeit. Veranlaßt durch die Schrift des Herrn Geh. Raths Schmalz: Ueber politische Vereine, Köln 1815.

Korsch, Dietrich: Religion mit Stil. Protestantismus in der Kulturwende, Tübingen 1997.

Koselleck, Reinhart: Preußen zwischen Reform und Revolution. Allgemeines Landrecht, Verwaltung und soziale Bewegung von 1791 bis 1848. Zweite, berichtigte Auflage (Industrielle Welt. Band 7), Stuttgart 1975.

Koselleck, Reinhart: Staat und Gesellschaft im preußischen Vormärz [zuerst: 1962], in: Otto Büsch / Wolfgang Neugebauer (Hrsgg.): Moderne Preußische Geschichte 1648–1947. Eine Anthologie. Drei Bände. Band 1, Berlin 1981, 378–415.

[Kotzebue, August von:] Die Biene oder neue kleine Schriften. Sieben Bände. Eine Quartalsschrift. Herausgegeben von August von Kotzebue. Verlegt von Friedrich Nicolovius, Königsberg 1808 / 1809 / 1810.

Kraft, Heinz: Die Württemberger in den Napoleonischen Kriegen, Stuttgart 1953.

Krämer, Ulrich: „... meine Philosophie ist kein Buch". August Ludwig Hülsen (1765–1809) (Regensburger Beiträge zur deutschen Sprach- und Literaturwissenschaft. Reihe B. Band 77), Frankfurt am Main 2001.

Kraus, Hans-Christof: Theodor Anton Heinrich Schmalz. Zur Biographie eines deutschen Juristen um 1800, in: Zeitschrift für Neuere Rechtsgeschichte 20 (1998), 15–27.

Kraus, Hans-Christof: Theodor Anton Heinrich Schmalz (1760–1831). Jurisprudenz, Universitätspolitik und Publizistik im Spannungsfeld von Revolution und Restauration (Ius Commune. Veröffentlichungen des Max-Planck-Instituts für Europäische Rechtsgeschichte Frankfurt am Main. Sonderhefte: Studien zur Europäischen Rechtsgeschichte. Band 124), Frankfurt am Main 1999.

Kraus, Karl: Politisches Gleichgewicht und Europagedanke bei Metternich, Frankfurt am Main 1993.

Krause, Peter D.: „Vollkommne Republik". Friedrich Schlegels frühe politische Romantik, in: Internationales Archiv für Sozialgeschichte der deutschen Literatur 27 (2002), 1–31.

Kreyenberg, Gotthold: Die Weidmannsche Buchhandlung und Georg Andreas Reimer, Weimar 1885.

Krollmann, Christian (Hrsg.): Altpreußische Biographie. Herausgegeben im Auftrage der Historischen Kommission für ost- und westpreußische Landesforschung. Band 1, Königsberg 1941.

Krug, Wilhelm Traugott: Das Wesen und Wirken des sogenannten Tugendbundes und anderer angeblichen Bünde. Eine geschichtliche Darstellung, Leipzig 1816.

Krug, Wilhelm Traugott: Darstellung des unter dem Namen Tugendbund bekannten sittlich-wissenschaftlichen Vereins, Berlin 1816.

Kühne, Jörg-Detlef: Paulskirchenverfassung: Werk mit später Wirkung, in: Deutsche Verfassungsgeschichte 1849 – 1919 – 1949. Von Hans Boldt und anderen, Bonn o.J. [1989], 39–45.

Küster, Johann Samuel Gottfried: Gedächtnißpredigt nach dem Tode ihrer Majestät der Königin Louise Auguste Wilhelmine Amalie in der Dorotheenstädtischen Kirche, Berlin 1810.

Kunze, Gotthard: Die religiöse und nationale Volksstimmung in Preußen während der Freiheitskriege 1813–1815. Diss. phil. Breslau, Oppeln 1940.

Lagarde, Paul de: Ueber einige Berliner Theologen und was von ihnen zu lernen ist, Göttingen 1890.

Landfester, Ulrike: Vom auserwählten Volk zur erlesenen Nation. Rahel Levin Varnhagens „Uremigrantenthum", in: Ute Planert (Hrsg.): Nation, Politik und Geschlecht. Frauenbewegungen und Nationalität in der Moderne (Reihe „Geschichte und Geschlechter". Band 31), Frankfurt am Main / New York 2000, 66–85.

Landsberg, Ernst: Schmalz. Theodor Anton Heinrich, in: Allgemeine Deutsche Biographie. Band 31, Leipzig 1890, 624–627.

Landsberg, Hans: Henriette Herz. Ihr Leben und ihre Zeit, Weimar 1913 [Nachdruck: Eschborn bei Frankfurt am Main 2000].

Lange, Fritz (Hrsg.): Die Lützower. Erinnerungen, Berichte, Dokumente, Berlin [DDR] 1953.

Latendorf, Friedrich: Friedrich Förster's Körnerfälschungen, in: Die Gegenwart. Zeitschrift für Literatur, Wirtschaftsleben und Kunst 38 (1890), 198–200.

Latendorf, Friedrich: Friedrich Försters Urkunden-Fälschungen zur Geschichte des Jahres 1813. Mit besonderer Rücksicht auf Theodor Körners Leben und Dichten, Schwerin 1891.

Lehmann, August (Hrsg.): Der Tugendbund. Aus den hinterlassenen Papieren des Mitstifters Professor Dr. Hans Friedrich Gottlieb Lehmann, Berlin 1867.

Lehmann, Ludwig: Bilder aus der Kirchengeschichte der Mark Brandenburg. Vom Ausgang des Reformationsjahrhunderts bis zur 300jährigen Reformationsfeier im Jahre 1817, Berlin 1924.

Lehmann, Max: Scharnhorst. Zwei Bände, Leipzig 1886/1887.

Lehmann, Max: Freiherr vom Stein. Drei Bände, Leipzig 1902 / 1903 / 1905.

Lehmann, Max: Fichtes Reden an die deutsche Nation vor der preußischen Zensur, in: Ders.: Historische Aufsätze und Reden, Leipzig 1911, 200–214.

Lenz, Max: Napoleon (Monographien zur Weltgeschichte. Band 24), Bielefeld und Leipzig 1905 [Vierte, verbesserte Auflage: Bielefeld und Leipzig 1924].

Lenz, Max: Zur Entlassung de Wettes, in: Philotesia. Paul Kleinert zum LXX. Geburtstag dargebracht von Adolf Harnack [u.a.], Berlin 1907, 337–388.

Lenz, Max: Geschichte der Königlichen Friedrich-Wilhelms-Universität zu Berlin. Vier (in fünf) Bänden, Halle an der Saale 1910:
Band I: Gründung und Ausbau, Halle an der Saale 1910;
Band II/1: Ministerium Altenstein, Halle an der Saale 1910;
Band II/2: Auf dem Wege zur deutschen Einheit im neuen Reich, Halle an der Saale 1910;
Band III: Wissenschaftliche Anstalten, Spruchkollegium, Statistik, Halle an der Saale 1910;
Band IV: Urkunden, Akten, Briefe, Halle an der Saale 1910.

Lessing, Gotthold Ephraim: Werke [Ed. Herbert G. Göpfert]. Achter Band: Theologiekritische Schriften III / Philosophische Schriften. Herausgegeben von Helmut Göbel, München 1979.

Lettner, Gerda: Das Rückzugsgefecht der Aufklärung in Wien 1790–1792 (Campus Forschung. Band 558), Frankfurt am Main / New York 1988.

Lewkowitz, Albert: Das Judentum und die geistigen Strömungen des 19. Jahrhunderts (Grundriß der Gesamtwissenschaft des Judentums), Breslau 1935 [Nachdruck: Hildesheim 1974].

Liebeschütz, Hans: Judentum und deutsche Umwelt im Zeitalter der Restauration, in: Hans Liebeschütz / Arnold Paucker (Hrsg.): Das Judentum in der deutschen Umwelt 1800 bis 1850. Studien zur Frühgeschichte der Emanzipation, Tübingen 1977, 1–54.

Lindemann, Margot: Deutsche Presse bis 1815. Geschichte der deutschen Presse. Teil I (Abhandlungen und Materialien zur Publizistik. Band 5), Berlin 1969.

Littmann, Ellen: David Friedländers Sendschreiben an Propst Teller und sein Echo, in: Zeitschrift für die Geschichte der Juden in Deutschland 6 (1935), 92–112.

Löschburg, Winfried: Das Griechenkonzert vom Mai 1826 im Hause Reimer, in: Der Bär von Berlin. Jahrbuch des Vereins für die Geschichte Berlins, Berlin 1994, 15–26.

[Lohmann, Ingrid (Hrsg.:)] Chevrat Chinuch Nearim. Die jüdische Freischule in Berlin (1778–1825) im Umfeld preußischer Bildungspolitik und jüdischer Kultusreform. Eine Quellensammlung. Herausgegeben von Ingrid Lohmann. Mitherausgegeben von Uta Lohmann unter Mitarbeit von Britta L. Behm, Peter Dietrich und Christian Bahnsen. Zwei Bände (Jüdische Bildungsgeschichte in Deutschland. Band 1 und 2), Münster / New York / München / Berlin 2001.

[Lombard, Johann Wilhelm:] Materialien zur Geschichte der Jahre 1805, 1806, und 1807, seinen Landesleuten zugeeignet von C. Preussen, Frankfurt / Leipzig [bei Friedrich Nicolai] 1808 [zuerst in französischer Sprache: Frankfurt / Leipzig 1808].

Lommatzsch, Siegfried: Geschichte der Dreifaltigkeitskirche zu Berlin im Zusammenhange der Berliner Kirchengeschichte dargestellt. Festschrift zum 150jährigen Jubiläum der Kirche, Berlin 1889.

Losurdo, Domenico: Hegel, die Französische Revolution und die liberale Tradition, in: Deutscher Idealismus und Französische Revolution. Vorträge von Manfred Buhr, Peter Burg, Jacques D'Hondt u.a. (Schriften aus dem Karl-Marx-Haus Trier. Band 37), Trier 1988, 164–176.

Lowenstein, Steven M.: The Jewishness of David Friedlaender and the Crisis of Berlin Jewry (Braun Lectures in the History of the Jews in Prussia. Vol. 3), Ramat-Gan (Israel) 1994.

[Luden, Heinrich:] Auch ein Wort über politische Vereine, in Beziehung auf den Lärm, welchen Herr geheimer Rath Schmalz in Berlin erregt hat, in: Nemesis. Zeitschrift für Politik und Geschichte 6 (1816), 137–187.

Lüdemann, Gerd: Paulus, der Gründer des Christentums, Lüneburg 2001.

Lüdicke, Reinhard: Die Preußischen Kultusminister und ihre Beamten im ersten Jahrhundert des Ministeriums 1817–1917, Stuttgart / Berlin 1918.

Lützow, Karl von: Adolf Lützows Freikorps in den Jahren 1813–1814, Berlin 1884.

Lützow, Leopold von: Beiträge zur Kriegsgeschichte der Feldzüge 1813 und 1814, Berlin 1815.

Luise, Königin von Preußen: Briefe und Aufzeichnungen 1786–1810. Mit einer Einleitung von Hartmut Bockmann. Herausgegeben von Malve Gräfin Rothkirch, München 1985.

Maentel, Thorsten: Zwischen weltbürgerlicher Aufklärung und stadtbürgerlicher Emanzipation. Bürgerliche Geselligkeitskultur um 1800, in: Bürgerkultur im 19. Jahrhundert. Bildung, Kunst und Lebenswelt. Herausgegeben von Dieter Hein und Andreas Schulz, München 1996, 140–154.

Mann, Golo: Friedrich von Gentz. Gegenspieler Napoleons, Vordenker Europas. Gründlich durchgesehene Neuausgabe mit aktualisierter Bibliographie und Personenregister, Frankfurt am Main 1995.

Massenbach, Christian von: Historische Denkwürdigkeiten zur Geschichte des Verfalls des preußischen Staats seit dem Jahre 1794 nebst seinem Tagebuche über den Feldzug von 1806, Amsterdam 1809.

Maßmann, Hans Friedrich: Das Wartburgfest am 18. Oktober 1817. Kurze und wahrhaftige Beschreibung des großen Burschenfestes auf der Wartburg bei Eisenach. Nebst Reden und Liedern. Herausgegeben von Raimund Steinert, Leipzig 1917.

Max, Pascal: Wilhelm von Humboldts Vorstellungen zur Neuordnung des öffentlichen Schulwesens und deren Beurteilung im deutschsprachigen Raum während des 20. Jahrhunderts, Frankfurt am Main 1996.

Meinecke, Friedrich: Das Leben des Generalfeldmarschalls Hermann von Boyen. Zwei Bände, Stuttgart 1896 / 1899.

M.[ejer], O.[tto] (Hrsg.): Niebuhr und Genossen gegen Schmalz, in: Historische Zeitschrift 61 (1889), 295–301.

Mendelssohn, Moses: Jerusalem, oder über religiöse Macht und Judenthum [zuerst: Berlin 1783], in: Gesammelte Schriften. Nach den Originaldrucken und Handschriften herausgegeben von Georg Benjamin Mendelssohn. Dritter Band, Leipzig 1843 [Nachdruck: Hildesheim 1972], 256–362.

Menze, Clemens: Die Bildungsreform Wilhelm von Humboldts (Das Bildungsproblem in der Geschichte des europäischen Erziehungsdenkens. Band 13), Hannover / Dortmund / Darmstadt / Berlin 1975.

Merkel, Reinhard (Hrsg.): „Zum ewigen Frieden". Grundlagen, Aktualität und Aussichten einer Idee von Immanuel Kant (suhrkamp taschenbuch wissenschaft. Band 1227), Frankfurt am Main 1996.

Meyer, Hans-Friedrich: Berlinische Nachrichten von Staats- und Gelehrten Sachen, Berlin (1740–1974), in: Heinz-Dietrich Fischer (Hrsg.): Deutsche Zeitungen des 17. bis 20. Jahrhunderts (Publizistik-historische Beiträge. Band 2), Pullach bei München 1972, 103–114.

Meyer, Klaus: Das „Russisch-Deutsche Volksblatt" von 1813, in: Mechthild Keller (Hrsg.): Russen und Rußland aus deutscher Sicht. Dritter Band: 19. Jahrhundert: Von der Jahrhundertwende bis zur Reichsgründung (1800–1871). Unter redaktioneller Mitarbeit von Claudia Pawlik (West-östliche Spiegelungen. Reihe A. Band 3), München 1992, 400–416.

Meyer, Michael A.: The Origins of the Modern Jew. Jewish Identity and European Culture in Germany, 1749–1824, Detroit / Michigan (USA) 1967.

Meyer, Michael A.: Jüdische Gemeinden im Übergang, in: Michael Brenner / Stefi Jersch-Wenzel / Michael A. Meyer: Deutsch-Jüdische Geschichte in der Neuzeit. Band II: Emanzipation und Akkulturation 1780–1871, München 1996, 96–134.

Michalsky, Helga: Bildungspolitik und Bildungsreform in Preußen. Die Bedeutung des Unterrichtswesens als Faktor sozialen und politischen Wandels beim Übergang von der ständischen zur bürgerlich-liberalen Gesellschaft (Beltz-Forschungsberichte), Weinheim / Basel 1978.

Mieck, Ilja: Von der Reformzeit zur Revolution (1806–1847), in: Wolfgang Ribbe (Hrsg.): Geschichte Berlins. Erster Band. Von der Frühgeschichte bis zur Industrialisierung, München 1987, 405–602.

Mieck, Ilja: Preußen von 1807 bis 1850. Reformen, Restauration und Revolution, in: Handbuch der Preußischen Geschichte. Herausgegeben von Otto Büsch. Band II: Das 19. Jahrhundert und Große Themen der Geschichte Preußens, Berlin / New York 1992, 2–292.

Miller, Norbert: Literarisches Leben in Berlin im Anfang des 19. Jahrhunderts. Aspekte einer preußischen Salonkultur, in: Kleist-Jahrbuch 1981/82, Berlin 1983, 13–32.

Möller, Horst: Fürstenstaat oder Bürgernation. Deutschland 1763–1815 (Die Deutschen und ihre Nation), Berlin 1989.

Montaigne, Michel de: Essais (Œuvres complètes. Textes établis par Albert Thibaudet et Maurice Rat. Introduction et notes par Maurice Rat (Bibliothèque de la pléiade. Vol. 14), Paris 1962.

[Montgaillard, Jean Gabriel Maurice Rocques Comte de:] Pichegrü's Verschwörungs-Geschichte, vom Grafen Montgaillard niedergelegt im Archiv der Französischen Regierung und von ihr bekannt gemacht. Aus dem Französischen übersetzt. Nebst einer Skizze von Pichegrü's Leben und einigen merkwürdigen Briefen Moreaus, Leipzig 1804.

Morsey, Rudolf: Wirtschaftliche und soziale Auswirkungen der Säkularisation in Deutschland, in: Dauer und Wandel der Geschichte. Aspekte europäischer Vergangenheit. Festgabe für Kurt von Raumer zum 15. Dezember 1965. Herausgegeben von Rudolf Vierhaus und Manfred Botzenhart (Neue Münstersche Beiträge zur Geschichtsforschung. Band 9), Münster 1966, 361–383.

Müffling, Freiherr Friedrich Carl Ferdinand von (genannt Weiß): Aus meinem Leben. Zwei Theile in einem Bande, Berlin 1851.

Mühlbach, L.[ouise] [Clara Mundt]: Napoleon in Deutschland. Band II: Napoleon und Königin Louise. Zweite Auflage, Berlin 1860.

Müller, Adam H.: Die Rückkehr des Königs von Preußen in seine Hauptstadt. Zur Erinnerung an den 23ten December 1809, Berlin 1809 [nachgedruckt in: Adam Müllers vermischte Schriften über Staat, Philosophie und Kunst. Erster Theil, Wien 1812, 3–17].

[Müller, Adolph:] Briefe von der Universität in die Heimath. Aus dem Nachlaß Varnhagen's von Ense. Herausgegeben von Ludmilla Assing, Leipzig 1874.

Müller, Ernst (Hrsg.): Gelegentliche Gedanken über Universitäten. Von J.[ohann] J.[akob] Engel, J.[ohann] B.[enjamin] Erhard u.a., Leipzig 1990.

Müller, Klaus (Hrsg.): Quellen zur Geschichte des Wiener Kongresses 1814/15 (Ausgewählte Quellen zur deutschen Geschichte der Neuzeit. Band 23), Darmstadt 1986.

Müller, Rudolf: Geschichte von Arndts Schrift „Was bedeutet Landwehr und Landsturm?", in: Nord und Süd 123 (1907), 224–253.

Münchow-Pohl, Bernd von: Zwischen Reform und Krieg. Untersuchungen zur Bewußtseinslage in Preußen 1809–1812 (Veröffentlichungen des Max-Planck-Instituts für Geschichte. Band 87), Göttingen 1987.

Münkler, Herfried: „Wer sterben kann, wer will denn den zwingen" – Fichte als Philosoph des Krieges, in: Johannes Kunisch / Herfried Münkler (Hrsgg.): Die Wiedergeburt des Krieges aus dem Geist der Revolution. Studien zum bellizistischen Diskurs des ausgehenden 18. und beginnenden 19. Jahrhunderts (Beiträge zur politischen Wissenschaft. Band 110), Berlin 1999, 241–259.

Münscher, Wilhelm: Politische Predigten, Marburg 1813.

Nasemann, Otto: York, Hans David Ludwig, Graf von Wartenburg, in: Allgemeine Deutsche Biographie. Band 44, Leipzig 1898, 594–606.

Neugebauer, Wolfgang: Die Demagogenverfolgungen in Preußen – Beiträge zu ihrer Geschichte, in: Geschichte als Aufgabe. Festschrift für Otto Büsch zu seinem 60. Geburtstag. Herausgegeben von Wilhelm Treue, Berlin 1988, 201–245.

Neugebauer, Wolfgang: Das Bildungswesen in Preußen seit der Mitte des 17. Jahrhunderts, in: Handbuch der Preußischen Geschichte. Herausgegeben von Otto Büsch. Band II: Das 19. Jahrhundert und Große Themen der Geschichte Preußens, Berlin / New York 1992, 605–798.

Nicolovius, Alfred: Denkschrift auf Georg Heinrich Ludwig Nicolovius, Bonn 1841.

Niebuhr, Barthold Georg: Römische Geschichte. Zwei Theile, Berlin 1811/1812 [ein Ergänzungsband erschien 1832: Theil 3: Nebst Register über die beyden ersten Theile, Berlin 1832].

Niebuhr, Barthold Georg: Nachgelassene Schriften nichtphilosophischen Inhalts. Herausgegeben von Marcus Niebuhr. Zweiter Band, Hamburg 1842.

Niebuhr, Barthold Georg: Politische Schriften. In Auswahl herausgegeben von Georg Küntzel (Historisch-politische Bücherei. Heft 2), Frankfurt am Main 1923.

Nienhaus, Stefan: Aufklärerische Emanzipation und romantischer Antisemitismus in Preußen im frühen neunzehnten Jahrhundert, in: Studia theodisca II. Edidit Fausto Cercignani (Critica Litteraria), Milano 1995, 9–27.

Nienhaus, Stefan: Geschichte der deutschen Tischgesellschaft. Monographie und Textedition. Zwei Bände [Typoskript]. Habil.-Schrift, Jena 2001.

Nipperdey, Thomas: Deutsche Geschichte 1800–1866. Bürgerwelt und starker Staat, München 1983.

Nitschke, Heinz G.: Die Preußischen Militärreformen 1807–1813. Die Tätigkeit der Militärreorganisationskommission und ihre Auswirkungen auf die preußische Armee (Kleine Beiträge zur Geschichte Preußens. Band 2), Berlin 1983.

Nitzsch, Carl Immanuel: Ueber den Religionsbegriff der Alten, in: Theologische Studien und Kritiken. Eine Zeitschrift für das gesammte Gebiet der Theologie 1 (1828), 527–546. 725–754.

Nixdorf, Wolfgang: Die lutherische Separation. Union und Bekenntnis (1834), in: Die Geschichte der Evangelischen Kirche der Union. Ein Handbuch. Band I: Die Anfänge der Union unter landesherrlichem Kirchenregiment (1817–1850). Herausgegeben von J. F. Gerhard Goeters und Rudolf Mau, Leipzig 1992, 220–240.

Nüsseler, Angela: Dogmatik fürs Volk. Wilhelm Abraham Teller als populärer Aufklärungstheologe (Münchner Theologische Beiträge), München 1999.

Obenaus, Herbert: Finanzkrise und Verfassungsbewegung. Zu den sozialen Bedingungen des frühen deutschen Konstitutionalismus, in: Barbara Vogel (Hrsg.): Preußische Reformen 1807–1820 (Neue wissenschaftliche Bibliothek. Band 96), Königstein 1980, 244–265.

Oberdorfer, Bernd: Sind nur Christen gute Bürger? Ein Streit um die Einbürgerung der Juden am Ende des 18. Jahrhunderts. Verheißungsvoller Ansatz für ein friedliches Zusammenleben oder erster Schritt zu den Nürnberger Gesetzen?, in: Kerygma und Dogma 44 (1998), 290–310.

Önnerfors, Andreas: Schwedisch-Pommern – kulturelle Begegnungen und Identifikationen 1720–1815. Diss. phil., Greifswald 2003.

Oer, Rudolfine von: Der Friede von Preßburg. Ein Beitrag zur Diplomatiegeschichte des napoleonischen Zeitalters (Neue Münstersche Beiträge zur Geschichtsforschung. Band 8), Münster 1965.

Oesterle, Günter: Juden, Philister und romantische Intellektuelle. Überlegungen zum Antisemitismus in der Romantik, in: Athenäum. Jahrbuch für Romantik 2 (1992), 55–89.

[Ompteda, Ludwig von:] Politischer Nachlaß des Hannoverschen Staatsund Kabinettsministers Ludwig von Ompteda aus den Jahren 1804–1813, veröffentlicht durch F.[riedrich] von Ompteda. Band III, Jena 1869.

Opitz, Claudia: Der Bürger wird Soldat und die Bürgerin ...? Die Revolution, der Krieg und die Stellung der Frauen nach 1789, in: Viktoria Schmidt-Linsenhoff (Hrsg.): Sklavin oder Bürgerin. Französische Revolution und neue Weiblichkeit 1760–1830, Marburg 1989, 38–54.

Oschilewski, Walther G.: Zeitungen in Berlin. Im Spiegel der Jahrhunderte, Berlin 1975.

Ott, Günther: Ernst Moritz Arndt. Christentum und Kirche in der Entwicklung des deutschen Publizisten und Patrioten (Veröffentlichungen des Stadtarchivs Bonn. Band 2), Bonn 1966.

Owren, Heidi: Herders Bildungsprogramm und seine Auswirkungen im 18. und 19. Jahrhundert (Neue Bremer Beiträge. Band 4), Heidelberg 1985.

Palmer, Alan: Bernadotte: Napoleon's Marshal, Sweden's King, London 1990.

Pankratz, Manfred (Bearbeiter): Mikrofilm Archiv der deutschsprachigen Presse e.V. 10. Bestandsverzeichnis 1998, Berlin 1998.

Pansch, Ch.: Zu der auf den 16. und 17. März angesetzten öffentlichen Prüfung sämmtlicher Classen des Gymnasiums zu Eutin [Schulprogramm], Eutin 1864.

Parisius, Adolf: Zur Würdigung der Persönlichkeit Gottfried August Ludwig Hansteins, in: Jahrbuch für Brandenburgische Kirchengeschichte 18 (1920), 35–55.

Patsch, Hermann: Metamorphosen des Erdgeistes. Zu einer mythologischen Metapher in der Philosophie der Goethe-Zeit, in: New Athenaeum / Neues Athenaeum. A Scholarly Journal Specializing in Schleiermacher Research and Nineteenth Century Studies / Zeitschrift für Schleiermacher-Forschung und für Studien zum 19. Jahrhundert 1 (1989), 248–279.

Petersdorff, Hermann von: Tzschoppe, Gustav Adolf (v.), in: Allgemeine Deutsche Biographie. Band 39, Leipzig 1895, 66–68.

Petersdorff, Hermann von: Marianne, Prinzessin von Preußen, geborene Prinzessin von Hessen-Homburg, in: Allgemeine Deutsche Biographie. Band 52, Leipzig 1906, 202–210.

Perthes, Clemens Theodor: Friedrich Perthes' Leben. Nach dessen schriftlichen und mündlichen Mittheilungen aufgezeichnet. Drei Bände, Hamburg 1848 / 1851 / 1855.

Perthes, Clemens Theodor: Friedrich Perthes' Leben. Nach dessen schriftlichen und mündlichen Mittheilungen aufgezeichnet. Band I. Dritte Auflage, Gotha 1855.

Pertz, Georg Heinrich: Das Leben des Ministers Freiherr vom Stein. Sechs Bände, Berlin 1849–1854, daraus:

Zweiter Band: 1807–1812, Berlin 1850;

Dritter Band: 1812–1814, Berlin 1851.

Pertz, Georg Heinrich: Das Leben des Feldmarschalls Grafen Neithardt von Gneisenau. Zwei Bände, Berlin 1864 / 1865 [ein dritter Band ist fragmentarisch 1869 erschienen].

Pflugk-Harttung, Julius von: Elba und die hundert Tage, in: Ders. / Hans Dechend (Hrsg.): Die Geschichte der Befreiungskriege. Mit 215 Illustrationen erster Künstler. Volksausgabe, Berlin o.J. [1913], 176–251.

Pflugk-Harttung, Julius von: Die Aufrufe „An mein Volk" und „An mein Kriegsheer" 1813, in: Forschungen zur brandenburgischen und preußischen Geschichte 26 (1913), 265–274.

Pick, Albert: Aus der Zeit der Noth 1806 bis 1815. Schilderungen zur Preußischen Geschichte aus dem brieflichen Nachlasse des Feldmarschalls Neidhardt von Gneisenau, Berlin 1900.

Pierson, William: Preußische Geschichte. Neunte, verbesserte und vermehrte Auflage. Herausgegeben von John Pierson. Erster Band, Berlin 1906.

Pockrandt, Mark: Biblische Aufklärung. Biographie und Theologie der Berliner Hofprediger August Friedrich Wilhelm Sack (1703–1786) und Friedrich Samuel Gottfried Sack (1738–1817) (Arbeiten zur Kirchengeschichte. Band 86), Berlin / New York 2003.

Pöggeler, Otto (Hrsg.) in Zusammenarbeit mit Wolfgang Bonsiepen [und anderen]: Hegel in Berlin. Preußische Kulturpolitik und idealistische Ästhetik. Zum 150. Todestag des Philosophen (Ausstellung der Staatsbibliothek Preußischer Kulturbesitz Berlin in Verbindung mit dem Hegel-Archiv der Ruhr-Universität Bochum und dem Goethe-Museum Düsseldorf), Berlin 1981.

Pölitz, Karl Heinrich Ludwig: Die Staatslehre für denkende Geschäftsmänner, Kammeralisten und gebildete Leser. Zwei Bände, Leipzig 1808.

Popkin, Jeremy: Buchhandel und Presse im napoleonischen Deutschland, in: Archiv für die Geschichte des Buchhandels 26 (1986), 285–296.

Portalis, Jean-Étienne-Marie: Discours et rapports sur le Code Civil, Paris 1844 [Nachdruck: Centre de Philosophie Politique et Juridique, Université de Caen. Vol. 19, Caen 1994]).

Portmann-Tinguely, Albert: Romantik und Krieg. Eine Untersuchung zum Bild des Krieges bei deutschen Romantikern und „Freiheitssängern": Adam Müller, Josef Görres, Friedrich Schlegel, Achim von Arnim, Max von Schenkendorf und Theodor Körner (Historische Schriften der Universität Freiburg / Schweiz. Band 12), Freiburg (Schweiz) 1989.

Prévault, Jacques: Le Code Napoléon. Ses fondements philosophiques et son rayonnement dans le monde (Vorträge, Reden und Berichte aus dem Europa-Institut. Nr. 56), Saarbrücken 1985.

Prinz, August: Der Buchhandel vom Jahre 1815 bis zum Jahre 1843. Bausteine zu einer späteren Geschichte des Buchhandels (Altona 1854 [Nachdruck: Heidelberg 1981].

Ranke, Leopold von (Hrsg.): Denkwürdigkeiten des Staatskanzlers Fürsten von Hardenberg. Fünf Bände, Leipzig 1877; daraus:

Vierter Band: Vom Jahre 1806 bis zum Jahre 1813. Mit einer Denkschrift Hardenberg's über die Reorganisation des preußischen Staates vom Jahre 1807, Leipzig 1877.

Ranke, Leopold von: Hardenberg und die Geschichte des preußischen Staates 1793–1813. Zweite Auflage der in dem Werke „Denkwürdigkeiten des Staatskanzlers Fürsten von Hardenberg" den eigenhändigen Memoiren Hardenberg's beigegebenen historischen Darstellungen des Herausgebers. Drei Bände [zugleich: Leopold von Ranke: Sämmtliche Werke. Band 48, 49 und 50], Leipzig 1879 / 1880 / 1881.

Ranke, Leopold von: Das Briefwerk. Eingeleitet und herausgegeben von Walther Peter Fuchs, Hamburg 1949.

Reimer, Doris: Passion und Kalkül. Der Verleger Georg Andreas Reimer (1776–1842), Berlin / New York 1999.

Reimer, Erwin Heinrich: Des deutschen Volkes Freiheitskampf 1806–1815, Hamburg 1913.

Reimer, Hermann: Georg Andreas Reimer. Erinnerungen aus seinem Leben, insbesondere aus der Zeit der Demagogenverfolgung, Berlin 1900.

Rendtorff, Trutz: Der Wandel der Moderne im Bewußtsein der Theologie, in: Ders.: Theologie in der Moderne. Über Religion im Prozeß der Aufklärung (Troeltsch-Studien. Band 5), Gütersloh 1991, 224–246.

Richter, Edmund: Friedrich August von Staegemann und das Königliche Verfassungsversprechen vom 22sten Mai 1815. Diss. phil., Greifswald 1913.

Ritter, Gerhard: Die Staatsanschauung des Freiherrn vom Stein, ihr Wesen und ihre Wurzeln. Festrede zur Reichsgründungsfeier der Universität Freiburg am 18. Januar 1927 (Einzelschriften zur Politik und Geschichte. Nr. 27), Berlin 1927.

Ritter, Gerhard: Stein. Eine politische Biographie. Dritte, neugestaltete Auflage, Stuttgart 1958 [Erste Auflage: Stuttgart 1931].

Ritter, Gerhard: Freiherr vom Stein. Eine politische Biographie, Frankfurt am Main 1983.

Ritter, Immanuel Heinrich: Geschichte der jüdischen Reformation. Theil 2: David Friedländer, Berlin 1861.

Ritter, Joachim: Hegel und die Französische Revolution (Edition Suhrkamp. Band 114), Frankfurt am Main 1965.

[Roeder, Carl von:] Erinnerungen aus dem Leben des Kgl. General-Lieutenants Carl von Roeder, Berlin 1861.

[Roeder, Karl von:] Standhaft und treu. Karl von Roeder und seine Brüder in Preußens Kämpfen von 1806 – 1815. Aufgrund hinterlassener

Aufzeichnungen [Herausgegeben von Maximilian Schultze], Berlin 1912.

Rönne, Ludwig von: Das Unterrichts-Wesen des Preußischen Staates. Zwei Bände. Erster Band, Berlin 1855.

Rogalla von Bieberstein, Johannes: Geheime Gesellschaften als Vorläufer politischer Parteien in Deutschland, in: Peter Christian Ludz (Hrsg.): Geheime Gesellschaften (Wolfenbütteler Studien zur Aufklärung. Band V/1), Heidelberg 1979, 429–460.

Roggen, Ronald: „Restauration" – Kampfruf und Schimpfwort. Eine Kommunikationsanalyse zum Hauptwerk des Staatstheoretikers Karl Ludwig von Haller (Religion – Politik – Gesellschaft in der Schweiz. Band 24), Freiburg (Schweiz) 1999.

Roller, Theodor: Georg Andreas Reimer und sein Kreis. Zur Geschichte des politischen Denkens in Deutschland um die Zeit der Befreiungskriege, Berlin 1924.

[Romberg, Amalie von:] A. v. R.: Sophie Schwerin. Ein Lebensbild, aus ihren eigenen hinterlassenen Papieren zusammengestellt von ihrer jüngeren Schwester, Jena o.J. [1868] [Nachdruck: Herausgegeben von Eberhard König: (Werdandi-Werke. Band 1), Leipzig 1909].

Rudolph, Hartmut: Das evangelische Militärkirchenwesen in Preußen. Die Entwicklung seiner Verfassung und Organisation vom Absolutismus bis zum Vorabend des 1. Weltkrieges (Studien zur Theologie und Geistesgeschichte des neunzehnten Jahrhunderts. Band 8), Göttingen 1973.

Rühl, Franz (Hrsg.): Briefe und Aktenstücke zur Geschichte Preussens unter Friedrich Wilhelm III., vorzugsweise aus dem Nachlass von F. A. Stägemann. Drei Bände (Publikation des Vereins für die Geschichte von Ost- und Westpreußen), Leipzig 1899 / 1900 / 1902.

Rühs, Friedrich: Entwurf einer Propädeutik des historischen Studiums, Berlin 1811 [Nachdruck: Neu herausgegeben und eingeleitet von Hans Schleier und Dirk Fleischer (Wissen und Kritik. Band 7), Waltrop 1997].

Rühs, Friedrich: Das Märchen von den Verschwörungen. Von Friedrich Rühs, Professor der Geschichte an der Universität zu Berlin, Berlin 1815.

Rühs, Friedrich: Die Rechte des Christenthums und des deutschen Volkes, vertheidigt gegen die Ansprüche der Juden und ihrer Verfechter, Berlin 1816.

Sachs, Salomo (Hrsg.): Allgemeiner Anzeiger für die Residenzstadt Berlin, Berlin 1812.

Sack, Friedrich Ferdinand Adolph: Neun Gedichte in Bezug auf die großen Ereignisse der letzten Jahre. Zum Besten der Lazarethe, Berlin 1814.

Friedrich Ferdinand Adolph Sack's, weiland Kön. Preuß. Hof- und Dompredigers und Oberkonsistorialraths hinterlassene Gedichte und Reden nebst einigen Skizzen, Bonn 1843.

Salewski, Michael: Der Freiherr vom Stein und die Französische Revolution, in: Preußen, Deutschland und der Westen. Auseinandersetzungen und Beziehungen seit 1789. Zum 70. Geburtstag von Oswald Hauser herausgegeben von Heinrich Bodensieck, Göttingen 1980, 3–22.

Salewski, Michael: Deutschland. Eine politische Geschichte. Von den Anfängen bis zur Gegenwart. Band 1: 800–1815 (Beck'sche Reihe. Band 1009), München 1993.

Salewski, Michael: Geopolitik und Ideologie, in: Geopolitik. Grenzgänge im Zeitgeist. Band 1.2: 1945 bis zur Gegenwart. Herausgegeben von Irene Diekmann, Peter Krüger und Julius H. Schoeps (Neue Beiträge zur Geistesgeschichte. Band 1.2), Potsdam 2000, 357–380.

Salomon, Gotthold: Licht und Wahrheit, oder über die Umbildung des israelitischen Cultus, Leipzig 1813.

Salomon, Gotthold: Denkmal der Erinnerung an Moses Mendelssohn zu dessen erster Säcularfeier im September 1829 oder Gedanken über die wichtigsten Angelegenheiten der Menschheit aus den Schriften des unsterblichen Weisen. Nebst einem Blick in sein Leben, Hamburg 1829.

Salomon, Gotthold [Hrsg.]: Deutsche Volks- und Schulbibel für Israeliten. Auf's Neue aus dem massoretischen Texte übersetzt. [Unter Mitarbeit von Isaak Noa Mannheimer], Altona 1837.

Salomon, Ludwig: Geschichte des deutschen Zeitungswesens von den ersten Anfängen bis zur Wiederaufrichtung des Deutschen Reiches. Zwei Bände, Oldenburg und Leipzig 1900 / 1906 [Nachdruck: Aalen 1973]:
Erster Band: Das 16., 17. und 18. Jahrhundert, Oldenburg und Leipzig 1900;
Zweiter Band: Die deutschen Zeitungen während der Fremdherrschaft (1792–1814), Oldenburg und Leipzig 1906.

[Sander, Johann Daniel:] Die Briefe Johann Daniel Sanders an Carl August Böttiger. Herausgegeben von Bernd Maurach, Vier Bände. Vierter Band, Bern u.a. 1993.

Sanders, Edward Parish: Paulus und das palästinische Judentum, Göttingen 1985.

Savigny, Friedrich Carl von: System des heutigen Römischen Rechts. Erster Band, Berlin 1840 [Nachdruck: Aalen 1981].

Schäfer, Karl Heinz: Ernst Moritz Arndt als politischer Publizist. Studien zu Publizistik, Pressepolitik und kollektivem Bewußtsein im frühen 19. Jahrhundert (Veröffentlichungen des Stadtarchivs Bonn. Band 13), Bonn 1974.

Schäfer, Karl Heinz: Kollektivbewußtsein am Beginn des 19. Jahrhunderts, dargestellt am Beispiel der Verbreitung der Schriften Ernst Moritz Arndts, in: Presse und Geschichte. Beiträge zur historischen Kommunikationsforschung (Studien zur Publizistik. Bremer Reihe. Band 23), München 1977, 137–148.

Schanze, Helmut: Dorothea geb. Mendelssohn, Friedrich Schlegel, Philipp Veit – ein Kapitel zum Problem Judentum und Romantik, in: Hans Otto Horch (Hrsg.): Judentum, Antisemitismus und europäische Kultur, Tübingen 1998, 133–150.

Scheidler, Karl Hermann: Tugendbund, in: Staats-Lexikon oder Encyklopädie der Staatswissenschaften. Band 15, o.O. [Altona] o.J. [1843], 459–476.

Schelsky, Helmut: Einsamkeit und Freiheit. Idee und Gestalt der deutschen Universität und ihrer Reform (Rowohlts deutsche Enzyklopädie. Band 171/172), Hamburg 1963 [Zweite, um einen „Nachtrag 1970" erweiterte Auflage, Düsseldorf 1971].

Scherbening, Otto von [Bearbeiter]: Die Reorganisation der Preußischen Armee nach dem Tilsiter Frieden. Redigiert von der Historischen Abteilung des Generalstabes (Beihefte des Militair-Wochenblattes). Zwei Bände, Berlin 1862 / 1866:

Erster Band: Die Jahre 1806 bis 1808 mit einem Beitrag zur frühen Geschichte des Generalstabs, Berlin 1862;

Zweiter Band: Die Jahre 1809 bis 1812, Berlin 1866.

Schieder, Theodor: Vom Deutschen Bund zum Deutschen Reich (Handbuch der deutschen Geschichte. Taschenbuchausgabe. Band 15), München 1974.

Schiemann, Theodor: Zur Würdigung der Konvention von Tauroggen, in: Historische Zeitschrift 84 (1900), 210–243.

Schiller, Friedrich: Werke. Nationalausgabe. Band 25: Schillers Briefe
1. Januar 1788 – 28. Februar 1790. Herausgegeben von Eberhard
Haufe, Weimar 1979.

Schiller, Friedrich: Werke. Nationalausgabe. Band 26: Schillers Briefe
1. März 1790 – 17. Mai 1794. Herausgegeben von Edith Nahler und
Horst Nahler, Weimar 1992.

Schiller, Friedrich: Werke. Nationalausgabe. Band 32: Schillers Briefe
1. Januar 1803 – 9. Mai 1805. Herausgegeben von Axel Gellhaus,
Weimar 1984.

Schissler, Hanna: Preußische Agrargesellschaft im Wandel. Wirtschaftliche, gesellschaftliche und politische Transformationsprozesse von 1763
bis 1847 (Kritische Studien zur Geschichtswissenschaft. Band 33), Göttingen 1978.

Schissler, Hanna (Hrsg.): Preußische Finanzpolitik 1806–1810. Quellen
zur Verwaltung der Ministerien Stein und Altenstein. Bearbeitet von
Eckart Kehr, Göttingen 1984.

S.[chlegel], A.[ugust] W.[ilhelm]: Betrachtungen über die Politik der dänischen Regierung, o.O. [Berlin] 1813 [davon französische Übersetzung:
Considérations sur la politique gouvernement Danois, o.O [Berlin]
1813].

Schmale, Wolfgang: Recht und Verfassung: Von der alten Monarchie zur
Republik, in: Die Französische Revolution. Herausgegeben von Rolf
Reichardt, Würzburg 1988, 131–143.

Schmalz, Theodor Anton Heinrich: Das natürliche Staatsrecht, Königsberg 1794 [Zweite verbesserte Auflage: Königsberg 1804].

Schmalz, Theodor Anton Heinrich: Erklärung der Rechte des Menschen
und des Bürgers. Ein Commentar über das reine Natur- und natürliche
Staatsrecht, Königsberg 1798.

Schmalz, Theodor Anton Heinrich: Handbuch der Staatswirthschaft, Berlin 1808.

Schmalz, Theodor Anton Heinrich: Berichtigung einer Stelle in der Bredow-Venturinischen Chronik für das Jahr 1808. Ueber politische Vereine, und ein Wort über Scharnhorsts und meine Verhältnisse zu ihnen.
Vom Geheimenrath Schmalz zu Berlin, Berlin 1815.

Schmalz, Theodor: Ueber des Herrn B. G. Niebuhrs Schrift wider die meinige, politische Vereine betreffend, Berlin 1815.

Schmalz, Theodor Anton Heinrich: Letztes Wort über politische Vereine, Berlin 1816.

Schmalz, Theodor: Brief an den Herausgeber [datiert: Berlin, 13. 9. 1813], in: Deutscher Beobachter oder Hanseatische privilegirte Zeitung. Nr. 409 vom 1. Oktober 1816.

Schmalz, Theodor von: Das teutsche Staats-Recht. Ein Handbuch zum Gebrauche academischer Vorlesungen, Berlin 1825.

Schmalz, Theodor von: Grund-Gesetze des teutschen Bundes. Zum Handgebrauch bei Vorlesungen über das teutsche Staats-Recht, Berlin 1825.

Schmettau, Hermann von: Der 17. März 1813. Ein Wort an die Jugend unseres Vaterlandes, Berlin 1863.

Schmidt, Dorothea: Die preussische Landwehr. Ein Beitrag zur Geschichte der allgemeinen Wehrpflicht in Preussen zwischen 1813 und 1830 (Militärhistorische Studien. Neue Folge. Band 21), Berlin [DDR] 1981.

Schmidt, Dorothea: Die preussische Landwehr 1813 (Militärgeschichtliche Skizzen), Berlin [DDR] 1987.

Schmitz, Rainer (Hrsg.): Henriette Herz in Erinnerungen, Briefen und Zeugnissen, Frankfurt am Main 1984.

Schneider, Eugen: Normann, Karl Friedrich Lebrecht Graf v., in: Allgemeine Deutsche Biographie. Band 24, Leipzig 1887, 18–19.

Schneider, Franz: Pressefreiheit und politische Öffentlichkeit. Studien zur politischen Geschichte Deutschlands bis 1848 (Politica. Band 24), Neuwied am Rhein / Berlin 1966.

Schneider, Franz: Presse, Pressefreiheit, Zensur, in: Geschichtliche Grundbegriffe. Historisches Lexikon zur politisch-sozialen Sprache in Deutschland. Herausgegeben von Otto Brunner, Werner Conze und Reinhart Koselleck. Band 4, Stuttgart 1978, 899–927.

Schömig, Ulrike: Politik und Öffentlichkeit in Preußen. Entwicklung der Zensur- und Pressepolitik zwischen 1740 und 1819 [Typoskript]. Diss. phil., Würzburg 1988.

Schönemann, Bernd: „Volk" und „Nation" in Deutschland und Frankreich 1760–1815. Zur politischen Karriere zweier Begriffe, in: Ulrich Herrmann / Jürgen Oelkers (Hrsgg.): Französische Revolution und Pädagogik der Moderne. Aufklärung, Revolution und Menschenbildung im Übergang vom Ancien Régime zur bürgerlichen Gesellschaft (Zeitschrift für Pädagogik. Beiheft 24), Weinheim / Basel 1989, 275–293.

Schoeps, Hans Joachim: Aus den Jahren preußischer Not und Erneuerung. Tagebücher und Briefe der Gebrüder Gerlach und ihres Kreises 1805–1820, Berlin 1963.

Schottenloher, Karl: Flugblatt und Zeitung. Ein Wegweiser durch das gedruckte Tagesschrifttum. Erster Band: Von den Anfängen bis zum Jahre 1848 (Bibliothek für Kunst- und Antiquitätenfreunde. Band 21), Berlin 1922 [Neu herausgegeben, eingeleitet und ergänzt von Johannes Binkowski, München 1985].

Schrader, Wilhelm: Geschichte der Friedrichs-Universität zu Halle. Zwei Bände, Berlin 1894.

Schünemann, Georg: Carl Friedrich Zelter der Begründer der Preußischen Musikpflege, Berlin 1932.

Schulin, Ernst: Weltbürgertum und deutscher Volksgeist. Die romantische Nationalisierung im frühen 19. Jahrhundert, in: Bernd Martin (Hrsg.): Deutschland in Europa. Ein historischer Rückblick, München 1992, 105–125.

Schulte, Christoph: „Diese unglückliche Nation" – Jüdische Reaktionen auf Dohms „Über die bürgerliche Verbesserung der Juden", in: Zeitschrift für Religions- und Geistesgeschichte 54 (2002), 352–365.

Schultz, Hartwig (Hrsg.): Salons der Romantik. Beiträge eines Wiepersdorfer Kolloquiums zu Theorie und Geschichte des Salons (Wiepersdorfer Kolloquium. Band 2), Berlin / New York 1997.

Schulz, Gerhard: Die deutsche Literatur zwischen Französischer Revolution und Restauration. Erster Teil: Das Zeitalter der Französischen Revolution 1789–1806. Zweite, neubearbeitete Auflage (Geschichte der deutschen Literatur. Band 7/1), München 2000.

Schulz, Gerhard: Die deutsche Literatur zwischen Französischer Revolution und Restauration. Zweiter Teil: Das Zeitalter der Napoleonischen Kriege und der Restauration 1806–1830 (Geschichte der deutschen Literatur. Band 7/2), München 1989.

Schulz, Gerhard: Von der Verfassung der Deutschen. Kleist und der literarische Patriotismus nach 1806, in: Kleist-Jahrbuch 1993. Herausgegeben von Hans Joachim Kreutzer, Stuttgart 1993, 56–74.

Schulz, Johann Heinrich: Geschichte der Königlichen Real- und Elisabethenschule zu Berlin, Berlin 1857.

Schulz, Siegfried: Heinrich von Kleist als politischer Publizist (Europäische Hochschulschriften. Reihe I: Deutsche Sprache und Literatur. Band 1147), Frankfurt am Main / Bern / New York / Paris 1989.

Schulze, Hagen: Sand, Kotzebue und das Blut des Verräters (1819), in: Alexander Demandt (Hrsg.): Das Attentat in der Geschichte (Suhrkamp Taschenbücher. Nr. 2936), Frankfurt am Main 1999, 215–232.

Schulze, Johann Heinrich: Die königliche Realschule zu Berlin. Eine historische Skizze, Essen 1842.

Schulze, Wilhelm A.: Das Johannesevangelium im deutschen Idealismus, in: Zeitschrift für philosophische Forschung 18 (1964), 85–118.

Seibert, Peter: Der literarische Salon. Literatur und Geselligkeit zwischen Aufklärung und Vormärz, Stuttgart / Weimar 1993.

Seidel, Paul: Königin Luise im Bild ihrer Zeit, in: Hohenzollern-Jahrbuch 9 (1905), 108–154.

Sembdner, Helmut: Die Berliner Abendblätter H. v. Kleists, ihre Quellen und ihre Redaktion (Schriften der Kleist-Gesellschaft. Band 19), Berlin 1939.

Seward, Desmond: Metternich, der erste Europäer. Eine Biographie. Aus dem Englischen von Reinhard Tiffert, Zürich 1993.

Sheehan, James J.: State and Nationality in der Napoleonic Period, in: John Breuilly (Ed.): The State of Germany. The National Idea in the Making, Unmaking and Remaking of a Modern Nation-State, London / New York 1992, 47–59.

Siegert, Elvira: Johann Philipp Palm. Verleger, Buchhändler, Patriot, Geleitwort, zu: [Anonymus; vermutlich: Philipp Christian Gottlieb Yelin:] Deutschland in seiner tiefsten Erniedrigung (o.O. 1806). Nachdruck: Berlin [DDR] 1983, 5–23 (separate Seitenzählung).

Siemann, Wolfram: Deutschlands Ruhe, Sicherheit und Ordnung. Die Anfänge der politischen Polizei 1806–1866 (Studien und Texte zur Sozialgeschichte der Literatur. Band 14), Tübingen 1985.

Sikora, Michael: Scharnhorst und die militärische Revolution, in: Johannes Kunisch / Herfried Münkler (Hrsgg.): Die Wiedergeburt des Krieges aus dem Geist der Revolution. Studien zum bellizistischen Diskurs des ausgehenden 18. und beginnenden 19. Jahrhunderts (Beiträge zur politischen Wissenschaft. Band 110), Berlin 1999, 153–183.

Simon, Christian (Hrsg.): Basler Frieden 1795. Revolution und Krieg in Europa, Basel 1995.

Smend, Rudolf: Wilhelm Martin Leberecht de Wettes Arbeit am Alten und am Neuen Testament, Basel 1958.

Sösemann, Bernd (Hrsg.): Theodor von Schön. Untersuchungen zu Biographie und Historiographie (Veröffentlichungen aus den Archiven Preußischer Kulturbesitz. Band 42), Köln / Weimar / Wien 1996.

Spranger, Eduard: Wilhelm von Humboldt und die Reform des Bildungswesens, Berlin 1910 [Dritte Auflage: Tübingen 1965].

Stägemann, Friedrich August von: Vier lyrische Gedichte zur Erinnerung an die Jahre 1830 und 1831, o.O. 1831.

Staehelin, Ernst (Hrsg.): Dewettiana. Forschungen und Texte zu Wilhelm Martin Leberecht de Wettes Leben und Werk (Studien zur Geschichte der Wissenschaften in Basel. Band II), Basel 1956.

Stamm-Kuhlmann, Thomas: König in Preußens großer Zeit. Friedrich Wilhelm III., der Melancholiker auf dem Thron, Berlin 1992.

Stamm-Kuhlmann, Thomas: „Man vertraue doch der Addministration!" Staatsverständnis und Regierungshandeln des preußischen Staatskanzlers Karl August von Hardenberg, in: Historische Zeitschrift 264 (1997), 613–654.

[Stamm-Kuhlmann, Thomas (Hrsg.):] Karl August von Hardenberg. Tagebücher und autobiographische Aufzeichnungen. Herausgegeben und eingeleitet von Thomas Stamm-Kuhlmann (Deutsche Geschichtsquellen des 19. und 20. Jahrhunderts. Band 59), München 2000.

Stamm-Kuhlmann, Thomas (Hrsg.): „Freier Gebrauch der Kräfte". Eine Bestandsaufnahme der Hardenbergforschung, München 2001.

Steig, Reinhold: Heinrich von Kleist's Berliner Kämpfe, Berlin und Stuttgart 1901.

Steig, Reinhold: Berlin in Trauer um die Königin Luise. Eine Hundertjahrs-Erinnerung, in: Deutsche Rundschau 144 (1910), 265–282.

Stein, Heinrich Friedrich Karl Freiherr vom: Briefe und amtliche Schriften. Bearbeitet und herausgegeben im Auftrag der Freiherr-Vom-Stein-Gesellschaft. Bearbeitet von Erich Botzenhart. Neu herausgegeben von Walther Hubatsch. Zehn Bände, Stuttgart 1957–1974, daraus:

Zweiter Band. Erster Teil: Minister im Generaldirektorium. Konflikt und Entlassung. Stein in Nassau – Die Nassauer Denkschrift. Wiedereinstellung (1804–1807). Neu bearbeitet von Peter G. Thielen, Stuttgart 1959;

Zweiter Band. Zweiter Teil: Das Reformministerium (1807–1808). Neu bearbeitet von Peter G. Thielen, Stuttgart 1960;

Dritter Band: In Brünn und Prag. Die Krise des Jahres 1811. In Moskau und Petersburg. Die große Wendung (1809–1812). Neu bearbeitet von Walther Hubatsch, Stuttgart 1961;

Fünfter Band: Wiener Kongreß. Rücktritt ins private Leben. Stein und die ständischen Bestrebungen des westfälischen Adels (Juni 1814–Dezember 1818). Neu bearbeitet von Manfred Botzenhart, Stuttgart 1964;

Achter Band: Ergänzungen und Nachträge. I. Nachträge zu den Briefen Steins 1766–1831; II. Karthographische Dokumentation. Neu bearbeitet von Walther Hubatsch, Stuttgart 1970;

Neunter Band: Historische und politische Schriften. Neu bearbeitet von Walther Hubatsch, Stuttgart 1972.

Steffens, Henrich: Was ich erlebte. Aus der Erinnerung niedergeschrieben. Zehn Bände, Breslau 1840/1844.

Steffens, Heinrich [= Henrich]: Was ich erlebte. Herausgegeben von Willi A. Koch, Leipzig 1938.

Stephan, Horst: Das evangelische Jubelfest in der Vergangenheit, in: Deutsch-Evangelisch. Monatsblätter für den gesamten deutschen Protestantismus 8 (1917), 2–12.

Stern, Alfred: Der Einfluß der Französischen Revolution auf das deutsche Geistesleben. Erste und zweite Auflage, Stuttgart 1928.

Stettiner, Paul: Der Tugendbund (Programm des Städtischen Realgymnasiums. Nr. 18), Königsberg 1904.

Steudel, Johann Christian Friedrich: Vorlesungen über die Theologie des Alten Testamentes. Herausgegeben von Gust.[av] Fried.[rich] Oehler, Berlin 1840.

Stoll, Adolf: Friedrich Karl v. Savigny. Ein Bild seines Lebens mit einer Sammlung seiner Briefe. Drei Bände, Berlin 1927 / 1929 / 1939; daraus: Band II: Professorenjahre in Berlin 1810–1842, Berlin 1929.

Streckfuß, Adolf: 500 Jahre Berliner Geschichte. Vom Fischerdorf zur Weltstadt. Dritte Auflage, Berlin 1880.

Struckmann, Johann Caspar: Staatsdiener als Zeitungsmacher. Die Geschichte der Allgemeinen Preußischen Staatszeitung (Kleine Beiträge zur Geschichte Preußens. Band 1), Berlin 1981.

Stübig, Heinz: Armee und Nation. Die pädagogisch-politischen Motive der preußischen Heeresreform 1807–1814 (Europäische Hochschulschriften. Reihe 11 Pädagogik. Band 5), Frankfurt am Main 1971.

Stulz, Percy: Fremdherrschaft und Befreiungskampf. Die preußische Kabinettspolitik und die Rolle der Volksmassen in den Jahren 1811–1813, Berlin [DDR] 1960.

Süvern, Wilhelm: Johann Wilhelm Süvern. Preußens Schulreformer nach dem Tilsiter Frieden. Ein Denkmal zu seinem 100. Todestage, dem 2. Oktober 1929, Langensalza 1929.

Sybel, Heinrich von: Kleine historische Schriften, München 1863.

Teller, Wilhelm Abraham: Beytrag zur neusten Jüdischen Geschichte, für Christen und Juden gleich wichtig und veranlaßt durch die vor dem Königl. Cammergericht zu Berlin erhobene Streitfrage: Bleibt der Jude, der zum Christenthum übergeht, bey der jüdischen Religion?, Berlin 1788.

Teller, Wilhelm Abraham: Beantwortung des Sendschreibens einiger Hausväter jüdischer Religion an mich, den Propst Teller, Berlin 1799.

Theewen, Eckhard Maria: Napoléons Anteil am Code civil (Schriften zur europäischen Rechts- und Verfassungsgeschichte. Band 2), Berlin 1991.

Thimme, Friedrich: Zu den Erhebungsplänen der preußischen Patrioten im Sommer 1808. Ungedruckte Denkschriften Gneisenau's und Scharnhorst's, in: Historische Zeitschrift 86 (1901), 78–110.

Transfeldt, Walter / Karl Hermann Freiherr von Brand: Wort und Brauch im deutschen Heer. Geschichtliche und sprachkundliche Betrachtungen über Gebräuche, Begriffe und Bezeichnungen des deutschen Heeres in Vergangenheit und Gegenwart. Sechste Auflage. Bearbeitet und erweitert von Otto Quenstedt, Hamburg 1967.

Treitschke, Heinrich von: Deutsche Geschichte im Neunzehnten Jahrhundert. Erster Theil: Bis zum zweiten Pariser Frieden. Fünfte Auflage, Leipzig 1894.

Treitschke, Heinrich von: Deutsche Geschichte im Neunzehnten Jahrhundert. Zweiter Band. Neunte Auflage, Leipzig 1922.

Troeltsch, Ernst: Die Restaurationsepoche am Anfang des 19. Jahrhunderts [zuerst: 1913], in: Ders.: Gesammelte Schriften. Band IV: Aufsätze zur Geistesgeschichte und Religionssoziologie. Herausgegeben von Hans Baron, Tübingen 1925, 587–614.

Ueding, Gert: Klassik und Romantik. Deutsche Literatur im Zeitalter der Französischen Revolution 1789–1815 (Hansers Sozialgeschichte der deutschen Literatur. Band 4), München / Wien 1987 [Nachdruck in zwei Bänden: München 1988].

[Varnhagen von Ense, Karl August (Bearbeiter):] Rahel, ein Buch des Andenkens für ihre Freunde, Berlin 1834.

Varnhagen von Ense, Karl August: Denkwürdigkeiten des eignen Lebens. Zweite Auflage. Erster Theil (Denkwürdigkeiten und Vermischte Schriften. Erster Band), Leipzig 1843.

Varnhagen von Ense, Karl August: Denkwürdigkeiten des eigenen Lebens. Herausgegeben von Karl Wolfgang Becker. Zweiter Band, Berlin 1971.

Vaupel, Rudolf (Hrsg.): Die Reorganisation des Preußischen Staates unter Stein und Hardenberg. Teil II: Das Preußische Heer vom Tilsiter Frieden bis zur Befreiung 1807–1814 (Publikationen aus den Preußischen Staatsarchiven. Band 94), Leipzig 1938.

Venohr, Wolfgang: Napoleon in Deutschland. Zwischen Imperialismus und Nationalismus 1800–1813, München 1998.

Venturini, Carl: Chronik des neunzehnten Jahrhunderts. Fünfter Band, 1808. Ausgearbeitet von Carl Venturini, herausgegeben von G.[abriel] G.[ottfried] Bredow, Altona 1811.

Verschoor, Andries David: Die ältere deutsche Romantik und die Nationalidee, Amsterdam 1928.

Vierhaus, Rudolf: Christian Wilhelm Dohm. Ein politischer Schriftsteller der deutschen Aufklärung, in: Jacob Katz / Karl Heinrich Rengstorf (Hrsgg.): Begegnung von Deutschen und Juden in der Geistesgeschichte des 18. Jahrhunderts (Wolfenbütteler Studien zur Aufklärung. Band 10), Tübingen 1994, 107–123.

Vogel, Barbara (Hrsg.): Preußische Reformen 1807–1820 (Neue wissenschaftliche Bibliothek. Band 96), Königstein 1980.

Vogel, Barbara: Allgemeine Gewerbefreiheit. Die Reformpolitik des preußischen Staatskanzlers Hardenberg 1810–1820 (Kritische Studien zur Geschichtswissenschaft. Band 57), Göttingen 1983.

Vogel, Werner: Karl Sigmund Franz von Altenstein, in: Berlinische Lebensbilder. Band 3: Wissenschaftspolitik in Berlin. Minister, Beamte, Ratgeber. Herausgegeben von Wolfgang Treue und Karlfried Gründer (Einzelveröffentlichungen der Historischen Kommission zu Berlin. Band 60), Berlin 1987, 89–105.

Voigt, Johannes: Das Leben des Königlich-Preussischen Staatsministers Friedrich Ferdinand Alexander Reichs-Burggrafen und Grafen zu Dohna-Schlobitten, Leipzig 1833.

Voigt, Johannes: Geschichte des sogenannten Tugend-Bundes oder des sittlich-wissenschaftlichen Vereins. Nach den Original-Acten, Berlin 1850.

Voß, Christian Daniel: Schicksal der Stadt und Universität Halle, während des (letztern) Krieges, in: Die Zeiten oder Archiv für die neueste Staatengeschichte und Politik. Herausgegeben von Christian Daniel Voß. Zwölfter Band. Zwölftes Stück (December 1807), Halle 1807, 386–412; Dreizehnter Band. Erstes Stück (Januar 1808), Halle 1808, 91–115; Dreizehnter Band. Drittes Stück (März 1808), Halle 1808, 423–434.

Wagner, Michael: Revolutionskriege und revolutionäre Außenpolitik, in: Die Französische Revolution. Herausgegeben von Rolf Reichardt, Würzburg 1988, 114–126.

Walder, Ernst (Bearbeiter): Das Ende des Alten Reiches. Der Reichsdeputationshauptschluß von 1803 und die Rheinbundakte von 1806 nebst zugehörigen Aktenstücken (Quellen zur neueren Geschichte. Band 10), Bern 1948 [Dritte, durchgesehene Auflage: Bern / Frankfurt am Main 1975].

Walther, Gerrit: Niebuhrs Forschung (Frankfurter Historische Abhandlungen. Band 35), Stuttgart 1993.

Walther, Gerrit: Niebuhr, Barthold Georg, in: Neue Deutsche Biographie. Band 19, Berlin 1999, 219–221.

Walzer, Michael: Was heißt zivile Gesellschaft?, in: Bürgergesellschaft, Recht und Demokratie. Herausgegeben von Bert van den Brink und Willem van Reijen. Übersetzungen aus dem Englischen von Jürgen Blasius (edition suhrkamp. Neue Folge. Band 805), Frankfurt am Main 1995, 44–70.

Wappler, Klaus: Karl von Altenstein und das Ministerium der geistlichen, Unterrichts- und Medizinalangelegenheiten, in: Die Geschichte der Evangelischen Kirche der Union. Ein Handbuch. Band I: Die Anfänge der Union unter landesherrlichem Kirchenregiment (1817–1850). Herausgegeben von J. F. Gerhard Goeters und Rudolf Mau, Leipzig 1992, 115–125.

Wehler, Hans-Ulrich: Deutsche Gesellschaftsgeschichte. Band 1: Vom Feudalismus des Alten Reiches bis zur Defensiven Modernisierung der Reformära 1700–1815, München 1987.

Wehler, Hans-Ulrich: Deutsche Gesellschaftsgeschichte. Band 2: Von der Reformära bis zur industriellen und politischen „Deutschen Doppelrevolution" 1815–1845/49, München 1987.

Weidling, Konrad: Dreihundert Jahre. Die Haude und Spenersche Buchhandlung in Berlin 1614–1914, Berlin 1914.

Weilenmann, Heinz: Untersuchungen zur Staatstheorie Carl Ludwig von Hallers. Versuch einer geistesgeschichtlichen Einordnung (Berner Untersuchungen zur allgemeinen Geschichte. Heft 8), Aarau 1955.

Wendland, Walter: Die Religiosität und die kirchenpolitischen Grundsätze Friedrich Wilhelms des Dritten in ihrer Bedeutung für die Geschichte der kirchlichen Restauration (Studien zur Geschichte des neueren Protestantismus. Heft 5), Gießen 1905.

Wenz, Gunther: Geschichte der Versöhnungslehre in der evangelischen Theologie der Neuzeit. Band 1 (Münchener Monographien zur historischen und systematischen Theologie. Band 9), München 1984.

Westerholt, Burchard von: Patrimonialismus und Konstitutionalismus in der Rechts- und Staatstheorie Karl Ludwig von Hallers (Schriften zur Verfassungsgeschichte. Band 59), Berlin 1999.

Wette, Wilhelm Martin Leberecht de: Biblische Dogmatik Alten und Neuen Testaments. Oder kritische Darstellung der Religionslehre des Hebraismus, des Judenthums und des Urchristenthums. Zum Gebrauch akademischer Vorlesungen [= Lehrbuch der christlichen Dogmatik in ihrer historischen Entwickelung dargestellt. Erster Theil. Die biblische Dogmatik enthaltend]. Zweite verbesserte Auflage, Berlin 1818.

Wette, Wilhelm Martin Leberecht de: Aktensammlung über die Entlassung des Professors D. de Wette vom theologischen Lehramt zu Berlin. Zur Berichtigung des öffentlichen Urtheils von ihm selbst herausgegeben, Leipzig 1820.

Widdecke, Erich: Geschichte der Haude- und Spenerschen Zeitung 1734 bis 1874, Berlin 1925.

Wieland, Ludwig: Über die Schmalzische Verteidigungsschrift gegen den Herrn Staatsrath Niebuhr. Ein Gespräch, Erfurt 1815.

Wieland, Ludwig: Bemerkungen gegen die Schrift des Geheimenrath Schmalz zu Berlin über politische Vereine, Erfurt 1815.

Wiese und Kaiserswaldau, Hugo von: Friedrich Wilhelm Graf von Goetzen. Schlesiens Held in der Franzosenzeit 1806 bis 1807, Berlin 1902.

Wilhelmy-Dollinger, Petra: Der Berliner Salon im 19. Jahrhundert (1780–1914) (Veröffentlichungen der Historischen Kommission zu Berlin. Band 73), Berlin / New York 1989 [Neuausgabe unter dem Titel: Die

Berliner Salons. Mit historisch-literarischen Spaziergängen, Berlin / New York 2000].

Wilke, Jürgen: Der nationale Aufbruch der Befreiungskriege als Kommunikationsereignis, in: Ulrich Herrmann (Hrsg.): Volk – Nation – Vaterland (Studien zum achtzehnten Jahrhundert. Band 18), Hamburg 1996, 353–368.

Williamson, George S.: What Killed August von Kotzebue? The Temptations of Virtue and the Political Theology of German Nationalism, 1789–1819, in: The Journal of Modern History 72 (2000), 890–943.

Winter, Georg / Rudolf Vaupel (Hrsgg.): Die Reorganisation des Preussischen Staates unter Stein und Hardenberg. Band 1: Allgemeine Verwaltungs- und Behördenreform. Teil 1: Vom Beginn des Kampfes gegen die Kabinettsregierung bis zum Wiedereintritt des Ministers von Stein (Publikationen aus den Preussischen Staatsarchiven. Band 93), Leipzig 1931.

Wippermann, Karl: Kamptz, Karl Christoph Albert Heinrich v., in: Allgemeine Deutsche Biographie. Band 15, Leipzig 1882, 66–75.

Witte, Barthold C.: Der preußische Tacitus. Aufstieg, Ruhm und Ende des Historikers Barthold Georg Niebuhr 1776–1831, Düsseldorf 1979.

Wolfes, Matthias: Protestantische Theologie und moderne Welt. Studien zur Geschichte der liberalen Theologie nach 1918 (Theologische Bibliothek Töpelmann. Band 102), Berlin / New York 1999.

Wolfes, Matthias: Frühliberale Theologie und politischer Liberalismus. Der Schleiermacher-Schüler Ludwig Jonas, in: Jahrbuch zur Liberalismus-Forschung 11 (1999), 60–80.

Wülfing, Wulf: Eine Frau als Göttin: Luise von Preußen – Didaktische Überlegungen zur Mythisierung von Figuren in der Geschichte, in: Geschichtsdidaktik 3 (1981), 253–271.

Wülfing, Wulf: Königin Luise von Preußen, in: Wulf Wülfing / Karin Bruns / Rolf Parr: Historische Mythologie der Deutschen 1798–1918, München 1991, 59–111.

Wuppermann, Leonie: Prinzessin Marianne von Preußen, geborene Prinzessin von Hessen-Homburg, in den Jahren 1804–1808. Beiträge zu ihrer Lebensgeschichte mit besonderer Berücksichtigung ihrer politischen Stellungnahme. Diss. phil., Bonn 1942.

Zaremba, Michael: Johann Gottfried Herders National- und Volksverständnis. Ein Beitrag zur politischen Kultur der Bundesrepublik

Deutschland (Studien zur deutschen Vergangenheit und Gegenwart. Band 1), Berlin 1985.

Zeeden, Ernst Walter: Hardenberg und der Gedanke einer Volksvertretung in Preußen 1807–1812 (Historische Studien. Band 365), Berlin 1940.

Ziekursch, Johannes: Friedrich v. Cölln und der Tugendbund, in: Historische Vierteljahrschrift 12 (1907), 38–80.

Ziolkowski, Theodore: Berlin. Aufstieg einer Kulturmetropole um 1810, Stuttgart 2002.

Zscharnack, Leopold: Die Pflege des religiösen Patriotismus durch die evangelische Geistlichkeit 1806–1815, in: Harnack-Ehrung. Beiträge zur Kirchengeschichte ihrem Lehrer Adolf von Harnack zu seinem siebzigsten Geburtstage (7. Mai 1921) dargebracht von einer Reihe seiner Schüler, Leipzig 1921, 394–423.

Personenregister

Aufgeführt werden sämtliche Bezeichnungen realer und fiktiver Personen, dazu Pseudonyme und literarische Eigennamen, die im Text sowie im Anhang erscheinen. Kursive Zahlen zeigen an, daß der betreffende Name auf der angegebenen Seite lediglich im Fußnotenbereich erwähnt wird. – Für die freundliche Bereitschaft, die Mühe der Registererstellung auf sich zu nehmen, danke ich Herrn Heinrich Ottinger, Tübingen.

458, 459, 461, 474, 489, 501,
513, 514, 520, 522, 528, 529,
533, 536–538
II 21
Levin, Rahel, siehe: Rahel Varn-
hagen
Lewkowitz, Albert II 331
Lieber, Franz (Francis) II 154, 155
Liebeschütz, Hans II 332
Lindemann, Margot I 490
Lindenberg (königlicher Haupt-
mann a.D.) II 221
Lindenberg, Bernhard II 152–154,
168, 172, 221
Link, Heinrich Friedrich II 36, 147
Litt, Theodor I 299
Littfas, Ernst I 483
Littmann, Ellen II 334
Locke, John II 297
Loder, Justus Christian von I 250
II 72
Loeben, Klaus Günther II 35
Löschburg, Winfried I 404
Lohmann, Ingrid I 21, 71, 267–
269
II 253, 352
Lohmann, Uta II 352
Lombard, Johann Wilhelm I 59
Lommatzsch, Carl I 80
Lommatzsch, Siegfried I 80, 205,
286
Losurdo, Domenico II 408
Louis Ferdinand, Prinz von Preu-
ßen II 350
Louise (Luise), Königin von Preu-
ßen I 13, 44, 45, 63, 223, 254,
257, 260–263
II 381
Lowenstein, Steven M. II 330
Lucas, Erhard II 328
Lucinde (literarische Gestalt bei
Friedrich Schlegel) I 78, 366,
367

Luden, Heinrich II 75, 84
Ludwig Wilhelm Friedrich, Land-
graf von Hessen-Homburg
I 223
Ludwig (Louis) XVI., König von
Frankreich I 37, 119, 120, 123
Ludz, Peter Christian II 75, 79,
214
Lücke, Friedrich II 179, 258, 377,
378, 387, 388
Lüdemann, Gerd II 343
Lüdicke, Reinhard I 265
Lüdtke, Alf II 140
Lützow, Adolf Ludwig von I 14,
316, 439, 440, 449, 474–481
Lützow, Karl von I 475
Lützow, Leopold von I, 231, 232
Luise, Königin von Preußen, siehe:
Louise, Königin von Preußen
Luther, Martin I 87, 255
II 104, 264, 274, 277, 515

Maentel, Thorsten I 104
Mai, Wilhelm vom I 408
Mann, Friedrich I 267
Mann, Golo I 520
Mannheimer, Isaak Noa II 353
Manz, Hans Georg von I 283
Maquet, Betty II 122, 123
Marat, Jean Paul I 122
Marcion II 361
Marheineke, Philipp I 281, 424,
540
II 81, 144, 146, 147, 167, 174,
380
Marianne (auch: Wilhelmine),
Prinzessin von Preußen (ge-
nannt „Prinzeß Wilhelm")
I 222, 223, 224, 227
Marie Louise (zweite Gattin Na-
poleons) I 47
Martin, Bernd I 126
Martin, Siegmund Peter I 399

Montgaillard, Comte de, siehe:
    Jean Gabriel Maurice Rocques
Moreau, Jean Victor I 14, 90, 440,
    465, 467, 481–486
Morsey, Rudolf I 42
Moses II 364, 382, 383, 386
Müffling, Friedrich Carl Ferdinand
    von (genannt Weiß) I 512,
    513
    II 506
Mühlbach, Louise, siehe: Clara
    Mundt
Mühlenfels, Henriette von, siehe:
    Henriette Schleiermacher
Mühlenfels, Ludwig von I 475
    II 208
Müller, Adam I 139, 362, 385
    II 438
Müller, Adam H. I 237
Müller, Adolph I 182, 184, 202
Müller, Ernst I 170
Müller, Hans Martin I 199
Müller, Johannes von I 46
Müller, Klaus I 52
Müller, Rudolf I 401
Müller-Bohn, Hermann I 475
    II 395
Müller-Lauter, Wolfgang I 276
Münch, Paul II 124
Münch, W. I 420
Münchow-Pohl, Bernd von I 54
Münkler, Herfried I 362, 468
Münscher, Wilhelm I 281, 352
Müsebeck, Ernst I 30, 92, 116–
    118, 129, 152, 155
    II 3, 152, 204, 206, 314, 411
Mulert, Hermann I 20, 29, 96,
    115, 122, 134, 137
    II 261, 262, 269, 346, 364, 388
Mundt, Clara (Pseudonym: Louise
    Mühlbach) I 45, 254
Musäus, Johann Karl August
    I 149

Nagler, Karl Friedrich I 226
Nahler, Edith I 126
Nahler, Horst I 126
Napoleon I. (Napoleon Bonapar-
    te) I 3, 9, 10, 11, 16, 33, 34,
    35, 40–45, 46, 47–49, 51, 53,
    56, 58, 59, 61, 68, 69, 89, 121,
    141, 143, 146, 150, 151, 162,
    163, 164, 165, 166, 177, 200,
    209–213, 220, 223, 224, 227–
    234, 236, 237, 239, 253, 254,
    257, 262, 318, 322–324, 326–
    328, 333, 338–340, 359, 376,
    378, 379, 382, 388, 390, 399,
    409, 428, 430, 440, 444, 445,
    448, 451, 453, 455–458, 460,
    461, 464, 465, 466, 475, 476,
    478, 481–483, 513, 514, 520,
    522
    II 16, 77, 86, 89, 227, 332, 392,
    394, 395, 408–412, 488, 501,
    503
    (siehe auch: Buonaparte)
Narbonne, Louis Graf de N.[-Lara]
    I 455, 457
Nasemann, Otto I 324
Natorp, Ludwig Bernhard Chri-
    stoph I 273
Natorp, Paul I 126
Natzmer, Heinrich von I 428
Naudé (auch: Naude), Jakob
    I 523, 531
    II 506
Naumann, Friedrich I 126
    II 261
Neander, Daniel Amadeus Gottlieb
    II 144, 181, 240–242, 244, 250
Neander, Johann August Wilhelm
    I 81, 281
    II 144, 146, 147, 167, 268
Neithardt, August Graf von Gnei-
    senau, siehe: Gneisenau
Neuber (Berliner Händler) I 410

Quednow (konspirative Bezeichnung für Friedrich Wilhelm III.)
I 222, 226, 229
Quenstedt, Otto I 329
Quien, Louis I 410, 412

Raack, Richard C. I 225, 226, 228
Rachold, Jan II 41
Rade, Martin I 126
II 152
Radrizzani, Ives I 283
Rambach, Friedrich Eberhard
I 102
II 330
Ranke, Leopold (von) I 62, 67,
82, 164
Rat, Maurice I 99
Raumer, Friedrich von I 10, 152,
153
II 156, 401
Raumer, Karl Georg von I 182,
493, 496
II 162, 426, 463, 464
Raumer, Kurt von I 42
Reble, Albert I 30, 299
Redeker, Martin I 24, 30, 76, 115,
134, 135, 137, 148, 255, 287,
295
II 24, 100, 363
Reetz, Dankfried I 6, 32, 135, 169,
245, 286, 344, 500, 504, 505
II 7, 9, 20, 46, 99, 100, 103,
107, 115, 127, 128, 150, 154–
156, 176, 177, 178, 181–183,
185–188, 190, 192–197, 199–
207, 209–216, 218–220, 222,
223, 233, 235, 236, 253, 254,
272, 274, 288–290, 474
Reggio, Herzog von, siehe: Charles
Nicholas Oudinot
Rehberg, August Wilhelm II 78
Rehtwisch, Theodor I 359
Reich, Andreas I 205, 254, 255

II 120
Reichardt, Rolf I 39
Reigny, Louis Abel Beffroy de
I 121
Reijen, Willem von II 323
Reil, Johann Christian I 149, 168
II 72
Reimer, Anna I 412
Reimer, Carl I 412
Reimer, Dietrich I 412
Reimer, Doris I 394, 395, 412
Reimer, Ernst Heinrich I 398
Reimer, Georg Andreas I 5, 19,
30, 83, 140, 141, 142, 143,
144, 145, 147, 148, 152, 154,
155, 157, 158, 164, 167, 178,
182, 186, 187, 196, 205, 216,
221, 222, 225, 226–230, 231,
245, 247, 248, 249, 254, 279,
321, 332, 341, 343, 348, 367,
376, 383–390, 392–404, 406–
409, 411–413, 415–421, 427,
428, 434–436, 447, 494, 502,
511, 529, 530, 531–533, 536,
537
II 3, 4, 6, 16, 77, 78, 81, 83, 88,
127, 134, 150, 152, 157, 158,
177, 184, 186, 194, 196, 197,
203, 204, 205, 206, 207, 208,
210, 221, 224, 228, 229, 232,
393, 411, 416, 422, 423, 425,
429, 430, 432–437, 439, 440,
441
Reimer, Georg Ernst I 19, 398
II 200
Reimer, Heinrich I 399, 400
Reimer, Hermann I 389, 412, 530,
536, 537
Reimer, Marie I 412
Reimer, Wilhelmine I 347, 348,
400, 412, 413, 530, 533, 534,
536, 537
II 197

Siemann, Wolfram II *140, 155, 159, 161, 164, 179*

Sieyès, Emmanuel Joseph I 41

Sikora, Michael I *468*

Siméon, Joseph Jérôme Comte I *204*

Simon, Christian I *39*

Skalweit, Stephan II *137*

Smend, Rudolf II *373, 382, 390*

Snethlage, Bernhard Moritz II *254, 255*

Sösemann, Bernd I *58*

Solger, Karl Wilhelm Ferdinand I *395* II *39*, 81, *156, 157*, 356

Sorrentino, Sergio I *302* II *357*

Sowada, Christoph II *137*

Spalding, Georg Ludwig I *133, 135, 268, 272*

Spalding, Johann Joachim I 268 II *348*

Speck, Josef II *306*

Spener, Christian Sigismund I *121*

Spener, Johann Carl Philipp I *115*, 120, 121, 125

Sperl, Richard I *235*

Spiegel, Yorick I 31, *107*

Spies, Hans-Bernd I *45, 257, 318, 453, 476*

Spiker (Mitarbeiter beim „Preußischen Correspondenten") I *536*

Spinoza, Baruch de II 37

Spranger, Eduard I *168, 264*

Sprickmann I *280*

Stadion, Johann Philipp Graf I 213, 247

Staegemann, Friedrich August von I *386* II 79, 81, *117*, 252

Staehelin, Ernst II *143*

Stamm-Kuhlmann, Thomas I *44, 60, 61, 66, 223–225, 275, 327–*

330, 445, 447, 467, 468, 497, 517 II 6, *17, 19*, 90, *95, 102, 119, 140, 408*

Steffens, Henrich I 9, *139*, 144, 145, 146, 147, *152*, 168, *182, 184*, 217, 231, 250 II *39, 243*, 408, 409

Steffens, Johanna (geb. Reichardt) I 144

Steffens, Wilhelm I *425*

Stegmann, Johann Jakob II 350

Steig, Reinhold I 260, *386*, 398, *529–531, 534, 539* II *438*

Steiger, Günter II *160*

Stein, Heinrich Friedrich Karl Reichsfreiherr vom und zum I 3, 14, 33, 47, 54, 55, 58–62, 64, 65, 67, 69, 73, 79, 117, 141, *143, 152*, 200, 211, *212*, 216, 217, 222–229, 230, 234–236, 239, 243, *246, 247, 249*, 264, *275, 305*, 308–315, 317, 318, 326, 328, *331, 332, 353*, 371, *408, 429*, 451, *467, 468*, 502, 532 II 18, 79, 290, *395, 396*

Stein, Karl vom Stein zum Altenstein, siehe: Karl von Stein zum *Altenstein*

Steinert, Raimund II *85*

Steinweg, Reiner I *50*

Stephan, Horst II *278, 364*

Stern, Alfred I *35*

Stettiner, Paul I *212, 215* II *76*

Steudel, Johann Christian Friedrich II *256, 257, 380*

Steuer, Ulrich II *351*

Stolberg, Friedrich Leopold Graf I *426*, 538

Stoll, Adolf II *86*

Bibelstellen